SÚMULAS, TESES E PRECEDENTES

Estudos em Homenagem a Roberto Rosas

Coordenação

Gilmar Ferreira Mendes
Victor Marcel Pinheiro

SÚMULAS, TESES E PRECEDENTES

Estudos em Homenagem a Roberto Rosas

GZ EDITORA

Rio de Janeiro
2024

1ª edição – 2023
1ª edição – 2024 - 2ª tiragem

Diagramação: *Olga Martins*

CIP-BRASIL. CATALOGAÇÃO NA PUBLICAÇÃO
SINDICATO NACIONAL DOS EDITORES DE LIVROS, RJ

S953

Súmulas, teses e precedentes : estudos em homenagem a Roberto Rosas / coordenação Gilmar Ferreira Mendes, Victor Marcel Pinheiro. - 1. ed. - Rio de Janeiro : GZ, 2023.
806 p. ; 24 cm.

Inclui bibliografia e índice
ISBN 978-65-5813-072-7

1. Direito civil - Brasil. 2. Rosas, Roberto - Homenagens. I. Mendes, Gilmar Ferreira. II. Pinheiro, Victor Marcel.

23-83977 CDU: 347.9(81)

Meri Gleice Rodrigues de Souza - Bibliotecária - CRB-7/6439

15/05/2023 17/05/2023

contato@editoragz.com.br
www.editoragz.com.br

Estrada do Capuava, nº 1325 - Box Q - CEP 06715-410
Bairro Barro Branco - Município de Cotia - SP
Tels.: (0XX21) 99585-0737 / 99755-0737

Impresso no Brasil
Printed in Brazil

Sobre Roberto Rosas

01. Bacharel pela Faculdade de Direito da Universidade Federal do Rio de Janeiro (Faculdade Nacional de Direito).

02. Bacharel em Ciências Sociais pela Faculdade de Filosofia da Universidade do Estado do Rio de Janeiro (UERJ).

03. Doutor em Direito pela Faculdade de Direito da Universidade Federal do Rio de Janeiro (1968).

04. Doutor e Mestre em Direito pela Universidade de Brasília.

05. Professor Titular da Faculdade de Direito da Universidade de Brasília, desde 1967 (Mestrado e Graduação).

06. Membro Titular da Academia Brasileira de Letras Jurídicas; da Academia Internacional de Direito e Economia; da Academia Brasileira de Direito Tributário; da Academia Brasiliense de Letras.

07. Membro do Conselho Federal da OAB (20 anos), OAB/DF (6 anos).

08. Membro do Instituto dos Advogados Brasileiros; Instituto dos Advogados do Distrito Federal; Instituto dos Advogados de São Paulo; Instituto dos Advogados de Goiás.

09. Examinador de Concursos para: Juiz Federal (10 vezes), Procurador da República, Juiz do Distrito Federal (2 vezes), Procurador do Incra, Procurador da Fazenda Nacional; Procurador do TCDF; Advogado da União.

10. Examinador de Concursos para Prof. Titular (USP, UFPR; UFGO); Mestrado (UnB, USP, UFC, UFMG, UFGO, UFPE, UFBA, PUC/SP), Doutorado (UFMG; USP; PUC/SP).

11. Livros publicados: Direito Sumular (Malheiros, 14ª ed., 2006); Direito Processual Constitucional (RT, 3ª ed., 1999); Comentários ao CPC, vol. 5, Rev. Tribunais; Pedro Lessa - O Marshall Brasileiro; Processos da Competência do Supremo Tribunal; Locação; Sucessões; Poder Legislativo e Judiciário; Devido Processo Legal; Do Abuso de Direito ao Abuso de Poder; Perfis do Mundo Jurídico.

12. Teses: Do Abuso de Poder (1968); A Família na Sistemática Constitucional; Do Dirigismo Jurisprudencial.

13. 140 artigos jurídicos nas Revistas: Informação Legislativa, Forense, Tribunais, de Direito Público, de Processo, Brasileira de Direito Processual, de Direito Administrativo e outras.

14. Ex-Presidente do Instituto dos Advogados do Distrito Federal.

15. Advogado militante em Brasília (STF /STJ/ Justiça Federal – desde 1969).
16. Sócio-Diretor de Rosas Advogados
17. Ex-Ministro do Tribunal Superior Eleitoral (TSE).
18. Presidente do Instituto Brasileiro de Direito Constitucional (1991-2002; 2007).
19. Diretor Geral do Instituto Brasileiro de Direito Constitucional (2003-2007).
20. Participante de 237 Congressos, Conferências e palestras.
21. Membro da Sociedade Brasileira de Direito Internacional, desde 1970.

Apresentação

Gilmar Ferreira Mendes[1] / *Victor Marcel Pinheiro*[2]

1. Breve apresentação do homenageado

A presente obra em homenagem a Roberto Rosas não é a primeira[3] e – temos a certeza – não será a última, dada a riqueza e profundidade de seus estudos que continuam a ser produzidos, publicados e objeto de debate na academia jurídica. Cabe relembrar aqui, ainda que de modo breve, sua trajetória ímpar e inspiradora.

Roberto Rosas nasceu no Rio de Janeiro e cursou o equivalente ao atual ensino médio no tradicional Colégio Pedro II, instituição na qual atuaram como professores pensadores e juristas à época como Hahnemann Guimarães e Philadelpho Azevedo, que se tornariam Ministros do Supremo Tribunal Federal. Bacharelou-se em Ciências Sociais pela Faculdade de Filosofia da Universidade do Estado da Guanabara (atual Universidade do Estado do Rio de Janeiro) e em Direito pela então Faculdade Nacional de Direito (atualmente a Universidade Federal do Rio de Janeiro). Os primeiros passos de sua trajetória acadêmica ajudam a contextualizar a sólida formação jurídica e das ciências humanas, característica que marca sua atuação acadêmica e profissional.

Ainda nos bancos da Faculdade Nacional de Direito, teve a oportunidade de conhecer o então Ministro do STF Gonçalves de Oliveira, com quem viria trabalhar como assessor (na época, Secretário Jurídico) no ano de 1965.

---

1 Ministro do Supremo Tribunal Federal (STF). Doutor e Mestre em Direito pela Universidade de Münster, na Alemanha. Docente permanente dos cursos de graduação, pós-graduação lato sensu, mestrado e doutorado no Instituto Brasileiro de Ensino, Desenvolvimento e Pesquisa (IDP).

2 Advogado e Consultor Legislativo do Senado Federal. Doutor, Mestre e Bacharel em Direito pela Faculdade de Direito da Universidade de São Paulo. Foi Visiting Scholar na Universidade de Columbia (EUA) e aluno visitante na Ludwig-Maximilians-Universität München (Alemanha). Professor do Instituto Brasileiro de Ensino, Desenvolvimento e Pesquisa (IDP).

3 Arruda Alvim / Eduardo Arruda Alvim / Flávio Galdino (orgs.) Uma vida dedicada ao direito: estudos em homenagem a Roberto Rosas, Rio de Janeiro, GZ Editora, 2020. Os dados biográficos de Roberto Rosas são retirados dessa obra, com destaque para o Prefácio elaborado por Rodrigo Rosas, o artigo "A inestimável contribuição do Professor Roberto Rosas para a Experiência Jurídica Brasileira" de Flávio Galdino e a entrevista concedida ao Prof. Otavio Luiz Rodrigues Junior. Na presente Coletânea, também se destacam os artigos de José Levi Mello do Amaral Júnior e de Vladimir Passos de Freitas, que analisam em maior profundidade a trajetória e influência dos trabalhos do homenageado.

Já no ano de 1967 ingressou no quadro docente da Faculdade de Direito da recém-criada Universidade de Brasília (UnB), instituição na qual obteve o título de Mestre e Doutor em Direito e na qual lecionou como Professor Titular de Direito Civil. Também obteve título de Doutor pela Faculdade de Direito da Universidade Federal do Rio de Janeiro.

Após o trabalho no Tribunal, Roberto Rosas foi e ainda é advogado militante com constante atuação nos Tribunais Superiores. Também foi Procurador do Ministério Público junto ao Tribunal de Contas do Distrito Federal e Ministro do Tribunal Superior Eleitoral.

Tem atuação destacada em diversos órgãos da comunidade jurídica, como exemplos: foi membro do Conselho Federal da Ordem dos Advogados do Brasil (OAB) por vinte anos, Presidente do Instituto Brasileiro de Direito Constitucional e Presidente do Instituto dos Advogados do Distrito Federal. É membro Titular da Academia Brasileira de Letras Jurídicas. Também participou de dezenas de bancas examinadoras para concursos públicos da magistratura, Ministério Público, advocacia pública e para docente de universidades públicas.

Como sua atividade acadêmica e profissional denotam, Roberto Rosas é jurista de ampla produção acadêmica, tendo escrito e publicado intensamente livros e artigos em diversas áreas do direito. Destacam-se, por exemplo, obras no direito constitucional, direito civil, direito processual, história do direito e das profissões jurídicas no Brasil.

Dentre tantos temas possíveis, nesta obra, convidamos juristas de diferentes áreas para refletirem sobre um dos temas em que o legado intelectual de Roberto Rosas é inquestionável: o tema dos precedentes e de sua concretização na prática jurídica brasileira.

2. As contribuições de Roberto Rosas para o estudo dos precedentes

As reflexões de Roberto Rosas para o estudo dos precedentes judiciais remontam a período no direito brasileiro em que esse objeto sequer era assim designado. Cabe nesta Introdução destacar algumas delas com o objetivo não de aprofundar o exame sobre cada uma – tarefa empreendia pelos diversos artigos reunidos nesta Coletânea –, mas apenas realçar sua importância e originalidade para o pensamento jurídico brasileiro. Desse modo, a referências e citações serão feitas apenas à medida que necessário para tanto.

Em 1968, Roberto Rosas apresenta sua tese de doutorado intitulada "Do Dirigismo Jurisprudencial" à Faculdade de Direito da Universidade de Brasília, aprovada com louvor e distinção com pareceres de José Pereira-Lira, Vicente Ráo e Nelson Carneiro. Nessa obra, já se examinavam questões até hoje presentes sobre o significado dos precedentes judiciais, suas categorias e operações dogmáticas. Nesse sentido, já se apontavam:

a) as possibilidades de se considerar a jurisprudência como fonte do direito tanto em sistemas de *common law* e *civil law*;

b) a igualdade como princípio constitucional em que se fundamenta a prática de precedentes e a necessidade de estabilidade dos entendimentos judiciais, passíveis de revisão em casos de modificações das situações jurídicas, sociais ou econômicas;

c) a originalidade da adoção da Súmula da Jurisprudência Dominante do STF em 1963, por iniciativa do Ministro Victor Nunes Leal, e suas relações e distinções com os assentos e prejulgados do direito português e brasileiro;

d) a importância dos votos vencidos (com destaque para os votos dos Ministros do STF Pedro Lessa, Philadelpho Azevedo e Orozimbo Nonato) como instrumentos de futuras mudanças de interpretação e de reforma legislativa; e

e) as características e os limites das "construções jurisprudenciais", entendidas como adaptações da lei geral e abstrata à dinâmica da vida concreta pelas decisões judiciais, em antecipação do hoje conhecido debate sobre o ativismo judicial.

Da conclusão da tese, destaca-se seu último parágrafo: "A jurisprudência estuda as normas jurídicas, aprecia criticamente seus métodos de investigação, aponta seus conceitos abstratos, seus problemas. Mas o direito não pode viver de abstrações.". Aqui está uma das chaves de leitura de toda a obra de Roberto Rosas: trata-se de jurista que, a partir de seu profundo conhecimento das teorias, teses e discussões jurídicas, guiou suas atividades acadêmicas e demais atividades profissionais para as questões práticas sem perder-se em abstrações desconectadas do caráter dogmático do direito.

Pouco tempo depois, em 1971, José Pereira-Lira – como destacamos, um dos examinadores da tese de doutorado de Roberto Rosas – publica artigo em que faz reflexão sobre o "Direito Sumular" e exorta os acadêmicos ao seu estudo: "Que apareçam os 'artesãos especializados' para trabalhar o ouro e o diamante dos nossos veios jurídicos, facilitando a missão dos nossos mestres na 'construção' do Direito Sumular, que é uma criação brasileira"[4].

Roberto Rosas atende ao chamado e publica em 1978 a obra *Direito Sumular: Comentários às Súmulas do STF 1 a 600*. A apresentação da obra foi justamente elaborada por José Pereira-Lira, que, com acertada previsão, destacou que "o livro (...) vai constituir, seguramente, uma publicação indispensável, nas pastas dos advogados militantes e sobre as mesas de audiências dos nossos juízes."[5]

4 José Pereira Lira, O Direito Sumular, Revista do Serviço Público 106 (1971), p. 1971, pp. 79-89.

5 José Pereira-Lira, "Apresentação escusada", in Roberto Rosas, Direito Sumular: Comentários às Súmulas do STF 1 a 600, São Paulo, Revista dos Tribunais, 1978, p. VII.

Entendemos serem, ao menos, três as razões para a grande relevância e impacto dessa obra no meio jurídico brasileiro (que conta, atualmente, com 14 edições).

A primeira razão é a de que se tratou de trabalho pioneiro na consolidação e exposição sistematizada das Súmulas do STF. Cabe lembrar que, à época, não existiam as ferramentas digitais para a consulta a qualquer tempo e de modo ágil à jurisprudência dos tribunais. Os julgados mais importantes e enunciados das Súmula do STF eram publicados na Revista Trimestral de Jurisprudência/ RTJ, à qual boa parte dos membros da comunidade jurídica no Brasil não possuía acesso. A publicação de *Direito Sumular*, portanto, preencheu lacuna importante, contribuindo para disseminação e respeito dos precedentes do STF.

A segunda razão é a de que se trata de uma obra de finalidade eminentemente prática. É interessante notar que ela já em sua versão original contava com mais de 300 páginas, mas não contém uma introdução ou capítulo inicial sobre o significado das súmulas, sua criação e aplicação no direito brasileiro. A obra vai diretamente ao ponto: comentários sobre os julgados que deram origem às primeiras Súmulas do STF. "O direito não pode viver de abstrações", já havia registrado o autor. Somente a partir da 11ª Edição, de 2002, há uma breve introdução com reflexões sobre o tema, sem descaracterizar sua finalidade original.

Por fim, como terceira razão, não se trata de livro exclusivamente doutrinário em que o autor avalia a correção dos enunciados das súmulas à luz de sua visão pessoal. Ao contrário, seu objetivo é examinar o contexto e razões dos julgados que embasaram a edição dos enunciados. Nas palavras do autor, em entrevista de 2020, sobre a obra:

> "O livro *Direito Sumular* nasceu com a finalidade de dar uma informação ao advogado alheio ao círculo dos que frequentavam Brasília ou dispunham de grandes recursos para adquirir aqueles repositórios de jurisprudência. Então essa foi a metodologia que desenvolvi. Não é simplesmente um comentário do texto. Comentário do texto eu não faço como doutrinador. Eu escrevo como explicador do texto. Eu não tenho (e nunca tive) a ideia de me apresentar como um doutrinador ao escrever o livro *Direito Sumular*. Eu não posso (nem poderia) ser doutrinador de todo o Direito, conhecedor de todas as matérias. Meu objetivo era (e é) o de oferecer uma humilde contribuição aos que atuam na advocacia e pretendem conhecer o contexto das súmulas do STF e do STJ".[6]

6 Entrevista de Roberto Rosas a Otávio Luiz Rodrigues Junior, Arruda Alvim / Eduardo Arruda Alvim / Flávio Galdino (orgs.) Uma vida dedicada ao direito: estudos em homenagem a Roberto Rosas, Rio de Janeiro, GZ Editora, 2020, pp. 955-972, p. 969.

Revela-se aqui que seu objetivo era descrever o que hoje se entende como a *ratio decidendi* dos acórdãos do STF que deram origem às súmulas, ou seja, os fundamentos pelos quais uma decisão foi tomada e que servem de parâmetro para casos futuros. Fica o registro para as futuras pesquisas de historiadores do pensamento e prática jurídicos sobre a nossa trajetória na interpretação e aplicação dos precedentes judiciais.

Há, ainda, diversos outros textos em que Roberto Rosas faz novas reflexões sobre a evolução do tema dos precedentes no direito brasileiro.

Em obra de fôlego, analisou a estrutura dos princípios constitucionais basilares do processo civil na Constituição Federal de 1988. São apresentadas importantes considerações sobre os poderes normativos do Poder Judiciário, a edição de súmulas e estabilidade da jurisprudência em um mesmo tribunal – o que atualmente denomina-se eficácia horizontal dos precedentes: "É inconcebível que o que o Supremo Tribunal Federal, num caso concreto, venha decidir de modo contrário ao disposto na súmula."[7]

Ao fazer comentários às Súmulas Vinculantes do STF, criadas pela Emenda Constitucional nº 45, de 2004, destacou: "O passo decisivo na importância da súmula não está no seu momento de elaboração, e sim no futuro, na aplicação, na alteração, no cancelamento" e "Na verdade, os fundamentos do texto são vinculantes, não somente o enunciado"[8].

Sobre a força vinculante dos precedentes no então Anteprojeto de Lei que culminaria no Código de Processo Civil de 2015, é categórico: "rompemos, assim, com a ideia de que as decisões judiciais (precedentes) apenas indicavam aos juízes uma orientação, e não uma imposição"[9].

Em monografia mais recente sobre o princípio do devido processo legal, examina suas bases teóricas, constitucionais e processuais, esclarecendo que todas as atividades do poder público – legislativa, administrativa ou judicial – devem observar suas exigências e traçando balizas para a diferenciação das atividades do magistrado e do legislador no momento da interpretação jurídica e do controle de constitucionalidade[10].

Igualdade, segurança jurídica, Estado de Direito, devido processo legal, democracia e separação de poderes: alguns temas que perpassam toda a obra de Roberto Rosas e se encontram fortemente presentes em suas reflexões sobre

---

7 Roberto Rosas, Direito processual constitucional: princípios constitucionais do processo civil, 3ª ed., São Paulo, Revista dos Tribunais, 1999, p. 60.

8 Roberto Rosas, Da Súmula à Súmula Vinculante, Revista dos Tribunais 879 (2009), pp. 41-47, p. 42.

9 Roberto Rosas, Segurança jurídica. Efetividade. Jurisprudência, Revista de Informação Legislativa 190 (2011), pp. 215-220, p. 216.

10 Roberto Rosas, **Devido Processo Legal**, Rio de Janeiro, GZ Editora, 2020.

os precedentes judiciais. Cabe à academia jurídica revisitá-los para compreender seus desdobramentos à luz das transformações pelas quais passam o direito e a sociedade no Brasil. É o que se pretende com a esta obra.

3. A PRESENTE COLETÂNEA E SUAS PARTES

A presente Coletânea é dividida em três grandes partes.

Na primeira parte ("A incorporação de uma cultura de respeito aos precedentes no direito brasileiro"), reúnem-se artigos que exploram temas da teoria do direito e do direito constitucional para avaliar de que maneira os precedentes judiciais – em suas diversas dimensões, inclusive no direito comparado – têm ganhado cada vez mais importância prática na interpretação do direito vigente. São também examinadas as categorias operacionais básicas dos precedentes como sua força vinculante, o *overruling* e o *distinguishing*, que evitam a petrificação da interpretação jurídica e oferecem diferentes graus de flexibilidade para futuras decisões.

Na segunda parte ("A conformação processual dos precedentes"), o foco recai sobre os institutos do direito processual constitucional, civil e penal que operacionalizam a prática de precedentes no direito brasileiro. Temas como os instrumentos processuais para o respeito aos precedentes, a repercussão geral dos recursos extraordinários e a relevância da questão federal dos recursos especiais são examinados com o objetivo de traçar o quadro normativo atual da legislação e jurisprudência a respeito.

Por fim, na terceira parte ("*Leading cases* dos tribunais superiores à luz da teoria dos precedentes"), há estudos sobre precedentes específicos e linhas jurisprudenciais de diversos ramos do direito como o direito constitucional, administrativo, civil, penal, ambiental, previdenciário e tributário. Aqui as reflexões direcionam-se aos aspectos práticos das operações com precedentes em casos concretos, revelando a riqueza e potencial do diálogo entre academia jurídica e jurisprudência na aplicação mais igualitária e previsível do direito.

Agradecemos aos autores e autoras – magistrados, membros do Ministério Público, advogados, professores e acadêmicos – que prontamente aceitaram o convite para participar da presente Coletânea e atenderam ao chamado lançado há mais de cinco décadas por Roberto Rosas para refletir sobre a vicissitudes teóricas e práticas do desenvolvimento do direito a partir de decisões judiciais.

Agradecemos, também, à Editora GZ, nas pessoas de Guilherme Zincone e Olga Martins, que se interessou por esta obra e ofereceu todo o suporte para a sua editoração e publicação.

Brasília,

Maio de 2023.

Índice Sistemático

Parte II
A conformação processual dos precedentes

Parte III
Leading cases dos tribunais superiores à luz da teoria dos precedentes

Parte I

A INCORPORAÇÃO DE UMA CULTURA DE RESPEITO AOS PRECEDENTES NO DIREITO BRASILEIRO

Breves Anotações sobre o Sistema Brasileiro de Precedentes

Aluisio Gonçalves de Castro Mendes[1]

1. Breves palavras em homenagem ao Ministro, Professor e Jurista Roberto Rosas

É com muita satisfação e honra que se participa desta merecida homenagem ao Ministro, Professor e Jurista Roberto Rosas, referência do mundo jurídico brasileiro, com a sua magnífica cultura, inteligência, sabedoria, verve, memória e oratória.

Com a sua sólida formação nos bancos da renomada Faculdade Nacional de Direito, onde se graduou e obteve o primeiro doutorado, o homenageado complementou os estudos com um segundo doutorado na Universidade de Brasília. A sua experiência prática em Brasília, desde os idos de 1965, é extraordinária: foi Assessor Jurídico no Supremo Tribunal Federal, advogado do Banco Nacional de Desenvolvimento Econômico (BNDE, atual BNDES), Procurador do Tribunal de Contas do Distrito Federal, Ministro do Tribunal Superior Eleitoral (TSE), exercendo por várias décadas uma seletiva advocacia perante os Tribunais Superiores e uma atuação destacada na Constituinte de 1987 e na Ordem dos Advogados do Brasil, tendo sido do Conselho Federal por mais de vinte anos. A sua produção bibliográfica é extensa e profunda, ao longo de mais de uma dezena de livros e artigos publicados. É membro e di-

---

1 Desembargador Federal do Tribunal Regional Federal da 2ª Região; Professor Titular de Direito Processual Civil na Faculdade de Direito da Universidade do Estado do Rio de Janeiro (UERJ); Professor Titular de Direito Processual no Programa de Pós-Graduação em Direito da Universidade Estácio de Sá (Unesa); Bolsista do Programa de Pesquisa e Produtividade da Universidade Estácio de Sá; Professor Titular do Ibmec; Especialista em Direito Processual Civil pela Universidade de Brasília (UnB); Mestre em Direito pela Universidade Federal do Paraná (UFPR); Mestre em Direito pela Johann Wolfgang Universität (Frankfurt am Main, Alemanha); Doutor em Direito pela Universidade Federal do Paraná (UFPR), em doutorado cooperativo com a Johann Wolfgang Universität (Frankfurt am Main, Alemanha); Pós-Doutor em Direito pela Universidade de Regensburg (Alemanha); Diretor do Instituto Brasileiro de Direito Processual (IBDP); Diretor do Instituto Ibero-americano de Direito Processual; Membro da *International Association of Procedural Law*; Diretor da Academia Brasileira de Letras Jurídicas (ABLJ).

retor tesoureiro da Academia Brasiliense de Letras (ABLJ), gozando do prestígio dos seus eminentes confrades e a chave do cofre.

A sua vitalidade é contagiante. Com o seu enorme conhecimento, encanta a todos com os seus depoimentos sobre os mais diversos e interessantes casos ocorridos na história do país, trazendo sempre lições e luzes nas conversas amenas e agradáveis com os seus pares e amigos! Vida longa ao estimado Confrade Roberto Rosas!

2. Considerações iniciais

A prestação jurisdicional apresentou, durante muitos anos, por certo, uma realidade difícil e complexa. Embora existissem aspectos extremamente positivos, como a estruturação do Poder Judiciário a partir do ingresso na carreira mediante concursos públicos, fortalecendo a sua independência; a ampliação do acesso à Justiça; a alta produtividade; a publicidade dos atos processuais e o bom funcionamento de tutelas de urgência e da evidência, há notórios problemas, dentre os quais o número elevadíssimo de processos (cerca de oitenta milhões, para uma população de duzentos milhões), a consequente demora no julgamento dos processos e eventual perda de qualidade na prestação jurisdicional, em razão desta desproporção entre o número de julgadores e de processos, bem como a falta de uniformidade das decisões, levando, por vezes, à quebra da isonomia e da segurança jurídica.

A falta de unidade na interpretação das normas pelos órgãos judiciais fez crescer não apenas o número de recursos, mas também a quantidade de demandas ajuizadas. Por que não demandar ou resistir à pretensão, se os magistrados não possuem um entendimento uniformizado, ou se há juízes e tribunais desafiando o posicionamento estabelecido? Esta falta de segurança jurídica chegou a ser denominada de "loteria judiciária", o que expressa, naturalmente, sentido depreciativo para o Poder Judiciário.

3. O Sistema Brasileiro de Precedentes

Com a edição do Código de Processo Civil de 2015, pode-se dizer que há um sistema de pronunciamentos qualificados, definido legalmente e que, nestes termos, passam a ter um caráter vinculativo no sentido vertical e horizontal.

As hipóteses elencadas no art. 927 se justificam plenamente[2]. Em primeiro lugar, as decisões do Supremo Tribunal Federal em controle concentrado de constitucionalidade, possuem efeito *erga omnes* e caráter vinculativo para os órgãos judiciais e da Administração Pública, no âmbito federal, estadual e municipal, por determinação da própria Constituição da República, nos termos dos artigos 102, § 1º, e 103-A. Não poderia ser de outra maneira, ainda que não houvesse previsão expressa, porque o controle concentrado serve exatamente para isso, ou seja, se estabelecer uma decisão e segurança jurídica geral, e não apenas em relação às partes, quanto à constitucionalidade ou não da norma questionada. Do contrário, não haveria controle concentrado e abstrato nas ações diretas de constitucionalidade e de inconstitucionalidade.

Do mesmo modo, os enunciados da súmula vinculante do Supremo Tribunal Federal prescindiriam da previsão contida no artigo 927. A sua inserção, portanto, procurou apenas consolidar o sistema, permitindo-se, assim, uma imediata visualização das hipóteses vinculativas.

Mas, o Código pretendeu ir além. O inciso III trata, basicamente, de três institutos: a) recursos repetitivos; b) incidente de resolução de demandas repetitivas, *rectius*: de questões comuns, (IRDR); e incidente de assunção de competência (IAC). Nas duas primeiras, adotou-se uma técnica de concentração, a partir de casos ou questões comuns, respectivamente, com a possibilidade de suspensão dos múltiplos processos que dependam da questão prejudicial pendente de uniformização. Naturalmente, somente farão sentido os dois instrumentos (recursos repetitivos e IRDR), se a decisão proferida de modo concentrado for aplicada aos processos dependentes do pronunciamento estabelecido sobre a questão comum de direito.

Do mesmo modo, o incidente de assunção de competência, nos termos do artigo 947 do CPC, prevê o deslocamento para órgãos mais amplos, que devem ter a competência para a uniformização da jurisprudência, para decidir questão de direito com grande repercussão social ou prevenir, preventivamente, o julgamento divergente por órgãos judiciais de questão que possa se tornar controversa em outros processos no futuro.

2 Sobre o tema: MENDES, Aluisio Gonçalves de Castro. *Incidente de Resolução de Demandas Repetitivas:* sistematização, análise e interpretação do novo instituto processual. Rio de Janeiro: Gen/Forense, 2017, pp. 97-99.

No inciso IV, o legislador ampliou a abrangência para os enunciados das respectivas súmulas, desde que versando sobre matéria constitucional, as do Supremo Tribunal Federal, e de matéria infraconstitucional, para as do Superior Tribunal de Justiça, em termos de direito federal. Preservaram-se, assim, as respectivas funções jurisdicionais, procurando-se evitar a possibilidade de dupla vinculação ou de sobreposição de comandos, ainda que, na prática, possa existir certa controvérsia sobre a natureza da matéria sumulada.

Na mesma direção, o inciso V contempla uma uniformidade no posicionamento do Tribunal. Em vários países, esta preocupação chega a se materializar, nos julgamentos colegiados, mediante a divulgação apenas do pronunciamento da corte, não se disponibilizando os votos vencidos. Além da coesão do tribunal, busca-se a adesão dos órgãos fracionários e vinculados, pois a manutenção do entendimento divergente somente iria protrair a duração dos processos, com a necessidade de interposição de recursos, para que se possa efetivar, no caso concreto, o posicionamento já dominante em órgão colegiado mais amplo e representativo do tribunal. O Incidente de Arguição de Inconstitucionalidade é um bom exemplo desta hipótese prevista no inciso V do art. 927 do CPC-2015. O efeito vinculativo, anteriormente, estava restrito ao caso em relação ao qual havia sido suscitado o incidente e, também, para casos que viessem a chegar posteriormente ao tribunal. Na nova sistemática, o caráter cogente do pronunciamento do Plenário passou a ter um alcance ainda maior para já estabelecer um seguimento obrigatório para todos os magistrados vinculados ao respectivo tribunal, evitando-se a proliferação de novos recursos e proporcionando maior tranquilidade para a sociedade.

4. Características e peculiaridades do sistema brasileiro de precedentes

Em relação aos precedentes, é preciso enfatizar algumas características do sistema nacional[3]. O modelo brasileiro de precedentes tem algumas peculiaridades. Podem ser ressaltadas, em dez pontos, as principais características do sistema brasileiro de precedentes, em relação

3 O tema foi tratado em: MENDES, Aluisio Gonçalves de Castro. Jurisprudência e Precedentes no Direito Brasileiro: panorama e perspectivas. *Revista Eletrônica de Direito Processual*, v. 22, 2021, pp. 42-52.

aos que funcionam nos países de *common law*, especialmente no direito norte-americano e inglês:

1) O sistema brasileiro foi legalmente estabelecido, em razão do primado da lei, fixado na Constituição nacional. Nos países do *common law*, o *stare decisis* não foi criado por lei, porque naturalmente concebido que deve ser mantido, nos casos futuros, o que já se encontra fixado em decisões judiciais anteriores. Como se sabe, em termos históricos, o direito possui como base o costume e não as normas escritas, embora, atualmente, também legisle com regularidade, em virtude da recíproca aproximação entre os sistemas. É certo que alguns países possuem normas escritas sobre os precedentes. Na Inglaterra, a *House of Lords* já editava *statements* e hoje a Suprema Corte também o faz. Porém, para o ordenamento pátrio foi importante a previsão legal, afastando ou enfraquecendo a possibilidade de alegação quanto a eventual inconstitucionalidade e, também, deixando o novel instituto dos precedentes mais claro e sistematizado.

Registre-se que o Código de Processo Civil fixou um sistema de precedentes conjugado com a gestão de julgamento de questões comuns ou repetitivas, o que contribui para o melhor funcionamento do sistema judicial. O incidente de resolução de demandas repetitivas (IRDR), por exemplo, pode ensejar a suspensão ou não de demandas que dependam da resolução da questão de direito comum controversa e prejudicial para os denominados "processos paralelos", mas a tese fixada no incidente formado para a uniformização deve ser necessariamente aplicada aos processos individuais em que se discute a questão objeto de anterior controvérsia.

2) O novel instituto processual trabalha, especialmente, com precedentes qualificados, com efeito vinculativo. Não é qualquer precedente. O legislador teve o cuidado de estabelecer alguns procedimentos e hipóteses que levam ao precedente de observância necessária, dentro do rol fixado no artigo 927 do Código de Processo Civil, ao contrário do que ocorre no *common law*. Nos países de direito consuetudinário, qualquer causa pode ensejar o estabelecimento de um precedente. No Brasil, há a necessidade de um determinado procedimento, para que a tese fixada seja fruto de uma divulgação e amadurecimento especial, de modo a ensejar o conhecimento e potencial acompanhamento pelos interessados, com o fortalecimento das possibilidades para o contraditório e o debate sobre as diversas perspectivas e fundamentos, propiciando, em tese, um pronunciamento amplo e profundo pelo respectivo órgão judicial.

3) O legislador indicou também a competência qualificada, para os órgãos colegiados que tenham função uniformizadora no tribunal. É

uma diferença. Um precedente em um país de *common law* pode advir de um órgão que julgaria aquela causa, mas não tem uma função precípua para fixar precedentes, a função de uniformizar a matéria. No Brasil, houve essa preocupação, fixando-se, em regra, o plenário, órgão especial ou seções especializadas, como órgãos competentes para a uniformização e fixação da tese a ser seguida pelos demais órgãos.

4) O legislador estabeleceu um procedimento concentrado em torno da identificação de questões controversas e da resolução dessas, com a formulação de teses, para facilitar o entendimento dos julgamentos e das conclusões firmadas. Na Ação Direta de Constitucionalidade (ADC) ou na Ação Direta de Inconstitucionalidade (ADIn) são questões de direito, no incidente de resolução de demandas repetitivas (IRDR) e nos recursos repetitivos também se está diante de uma controvérsia na interpretação de normas jurídicas como uma questão prejudicial para a resolução do mérito ou de impasse processual surgido. Houve a preocupação com a fixação de um procedimento com as garantias necessárias, importantes, para que possa ocorrer a formulação do precedente, a partir de uma análise ampla e profunda pelo órgão judicial.

5) A definição mais precisa e clara em torno do conteúdo do precedente, consubstanciado na tese e, também, na *ratio decidendi*. No sistema brasileiro, a preocupação era a de não se seguir o modelo dos países de *common law*, porque lá só se sabe que há um precedente depois, quando um outro ou o mesmo órgão julgador vai decidir uma questão e verifica um outro caso anterior julgado de determinado modo, aplicando o precedente. Para se descobrir o precedente e a respectiva *ratio decidendi* nem sempre é fácil, porque eles não trazem à baila uma tese dizendo qual era a questão, qual foi a conclusão e quais são as circunstâncias, o sentido objetivo, e isso dificulta. Os profissionais do Direito têm de ler o acórdão e extrair a conclusão, sendo que nem sempre é fácil e há um consenso até na interpretação quanto às conclusões e aspectos essenciais do julgado, trazendo dúvida do alcance, do sentido e do conteúdo do precedente nos países de família consuetudinária.

No Brasil, preocupou-se com especificação, definição e clareza da questão de direito, desde o início, para que o tribunal a resolva, com a fixação de uma tese objetiva, elencando a conclusão e as circunstâncias em que aquele entendimento deve ser utilizado, porque isso facilita para o juiz, o tribunal, o advogado, a parte e para a sociedade. O objetivo do precedente é a segurança jurídica. É preciso compreender qual é a interpretação firmada, proporcionando isonomia e economia processual.

6) Houve um reforço dos princípios, especialmente no momento ou procedimento utilizado para a definição da interpretação jurídica, com a formulação do precedente. Primeiro, do princípio da publicidade, porque há a necessidade de comunicação, há um rito estabelecido no Código, no artigo 1.037, § 8º. As partes dos processos já instaurados e a sociedade, como um todo, devem ser informados, mediante a intimação das partes dos processos denominados como paralelos, ou seja, que dependem e estarão aguardando a resolução da questão de direito controversa. Mas, também a sociedade, pois muitas pessoas podem estar vivenciando conflitos semelhantes, mas ainda não judicializados. Reforçou-se o princípio da ampla defesa, porque deve haver um debate em torno da questão, com possibilidade de audiência pública, de *amici cuirae*, de acompanhamento pelos interessados etc, em prol da melhor solução possível pelo Judiciário, com a análise dos aspectos jurídicos e econômicos envolvidos.

Os interessados que possuem causas pendentes, já ajuizadas ou que ainda não foram judicializadas, poderão tomar conhecimento e acompanhar. Eventualmente, o advogado poderá colaborar no incidente de resolução de demandas repetitivas (IRDR) ou no recurso repetitivo. Por isso, a preocupação no recurso repetitivo de que não houvesse uma única causa, no mínimo duas, até mesmo três, cinco ou mais, com boas petições para subsidiar os órgãos julgadores.

Do mesmo modo, no incidente de resolução de demandas repetitivas (IRDR), se estabeleceu essa ideia, porque há um sistema e há a necessidade de comunicação das partes nos processos que dependem da decisão. Essa comunicação, aparentemente, pela redação, poderia levar ao entendimento de que a intimação é em virtude de eventual suspensão. Na verdade, poderá ser em razão da suspensão, mas não apenas. Pelo contrário, principalmente para que as partes possam acompanhar o instrumento processual de uniformização, até mesmo colaborando, participando, no sentido de apontar e de suprir eventuais deficiências. Se a petição do procedimento repetitivo não é boa, é a oportunidade de a parte peticionar, para a juntada de outras petições, com o fortalecimento da ampla defesa, do contraditório e da participação no procedimento concentrado.

7) A possibilidade de suspensão dos processos para a preservação da isonomia, da segurança jurídica e da eficácia do futuro precedente também é uma medida inovadora. Deve se evitar a consolidação de situações de quebra da isonomia e, depois, haver a uniformização. Essa suspensão, que pode ser local ou nacional, pode assegurar que a inter-

pretação fixada seja aplicada em todos os casos idênticos ou símiles. A interrupção temporária do trâmite dos processos deve se dar, naturalmente, somente no que diz respeito e dependa da questão a ser uniformizada. Por isso, a suspensão pode ser total ou parcial, se todo o processo depende da questão objeto de afetação para fixação da tese ou se apenas parte dos pedidos está relacionada com a controvérsia de direito a ser pacificada de modo concentrado, com a criação do precedente.

8) Há uma fixação de prioridade e prazo para apreciação dos incidentes de resolução de questões comuns e dos recursos repetitivos, mas que pode ser aplicado também ao incidente de assunção de competência ou mesmo outros procedimentos a ensejar os precedentes, diante de interpretação sistêmica. O prazo de um ano pode parecer muito tempo, mas uma causa julgada em um ano é um tempo razoável. Se houver uma comparação com parâmetros internacionais, talvez seja um lapso muito positivo até em relação a outros países, que demoram até quatro anos para julgar em segunda instância. Por que essa comparação? Porque resolvida a questão de direito controversa e fixada a tese muitas vezes se resolve facilmente a demanda em concreto. Se é fixada uma tese que enseja a improcedência de julgamento de pedidos, provavelmente os juízes estarão imediatamente julgando improcedente o que foi pleiteado e encerrando o processo, ainda que possam ser interpostos recursos. Pensando-se em um direito local, a palavra final caberá ao próprio Tribunal de Justiça (TJ). Se for um direito federal, poderá chegar ao Superior Tribunal de Justiça (STJ), ao Tribunal Superior do Trabalho (TST) ou a outro Tribunal Superior, com a interposição do respectivo recurso diretamente em relação à tese fixada, levando-se mais um ano, se cumprido o prazo legal, com um total de dois anos, se houver a definição, por exemplo, no Superior Tribunal de Justiça, ou três anos, se depender também da apreciação de recurso extraordinário repetitivo pelo Supremo Tribunal Federal (STF). Para isso, é de suma importância a prioridade para a apreciação dos procedimentos previstos no art. 927 do CPC e o cumprimento dos prazos nestes incidentes concentrados.

9) O Código de Processo Civil previu a regulamentação não só da formulação, mas também a da aplicação dos precedentes, o que é positivo e uma inovação do direito brasileiro, em comparação com outros países. Há uma série de hipóteses de estabelecimento de economia processual, com o julgamento a partir dos precedentes, após a fixação da tese. Por exemplo, a tutela da evidência, se houve o acolhimento de uma tese favorável, da qual decorra a procedência do pedido, com a antecipação de efeitos pretendidos, se houver prova documental dos fatos que

servem de fundamento para o pedido. Há uma economia, uma solução rápida. Também a improcedência liminar e uma série de regras de economia processual pertinentes.

A previsão de regramento para a superação e distinção, ou seja, do *overruling* ou *distinguishing*, expressões que existem no *common law*, mas que se procurou regulamentar no Brasil, inclusive com o procedimento de revisão, de superação das teses.

5. Desafios para o sistema brasileiro de precedentes

Em um sistema em construção, a efetivação das normas talvez dependa de alguns aspectos a serem superados. O primeiro é o da cultura. Há, no Brasil, uma praxe decisionista, os juízes estão acostumados a julgar casos concretos, mas os tribunais possuem uma função uniformizadora, que precisa ser assumida e priorizada, em benefício de todos os valores da economia, da isonomia e da segurança jurídica.

Em segundo lugar, há a necessidade de clareza nos julgamentos. Há que se saber o que é a *ratio decidendi* e o *obiter dictum* no julgamento e no precedente, ou seja, as razões da decisão e o que foi somente mencionado de modo secundário, *a latere*, em paralelo ao pronunciamento central. Do mesmo modo, importante se destacar o que foi objeto de acolhimento pelo colegiado e o que fez parte apenas de afirmação individual por um ou alguns julgadores, mas não pela maioria ou integralidade do órgão julgador. A tese tem que estar clara, indicando todos os contornos, em que hipóteses deve ser aplicada e às vezes podendo ser subdivida em subteses, para especificidades detectadas na complexa realidade.

O Supremo Tribunal Federal (STF) e o Superior Tribunal de Justiça (STJ) já subdividiram várias teses, para que a questão ficasse mais clara, abarcando diversas hipóteses analisadas.

Quando há julgamentos colegiados, não se deve priorizar o posicionamento individual do juiz. Se há uma liminar, uma decisão monocrática, não precisa ser levada ao colegiado, mas deve ser prestigiado o entendimento do Tribunal e não o posicionamento pessoal do magistrado.

Por fim, deve ser fortalecida a cultura e a priorização do julgamento de questões de direito comuns e controversas, que estejam afetando a economia dos negócios em larga escala, de modo repetitivo, ensejando insegurança jurídica e paralisação da cadeia produtiva e de serviços.

O legislador optou por priorizar a resolução de questões repetitivas, comuns. N, havia as Ações Diretas de Inconstitucionalidade e de

Constitucionalidade, os recursos repetitivos, instrumentos sem o efeito vinculativo e apenas no âmbito dos Tribunais Superiores. No Código de Processo Civil de 2015, estabeleceram-se os precedentes qualificados nos julgamentos concentrados e, com o incidente de resolução de demandas repetitivas (IRDR) e o incidente de assunção de competência (IAC), a possibilidade de afetação destes temas relevantes e que repercutem em centenas, milhares ou milhões de casos. Com isso, foi trazido para o âmbito do segundo e do primeiro grau, a possibilidade de se estabelecer uma certeza sobre as questões polêmicas, com uma prestação jurisdicional melhor, maior rapidez, com uma duração razoável e, também, um Judiciário mais coerente com a realidade contemporânea e uma sociedade mais confiante na solução dos conflitos.

6. A Contribuição do Conselho Nacional de Justiça (CNJ) para o fortalecimento e o aprimoramento do sistema brasileiro de precedentes[4]

O Conselho Nacional de Justiça, ciente e consciente da importância da jurisprudência e da necessidade de se levantar, analisar e construir propostas para o fortalecimento do sistema de precedentes, mediante a Portaria nº 240, de iniciativa do então Ministro Presidente Luiz Fux, instituiu Grupo de Trabalho (GT)[5] destinado à elaboração de estudos

---

4 O tema foi tratado em MENDES, Aluisio Gonçalves de Castro. O Sistema Brasileiro de Precedentes, o Processo Penal e o Grupo de Trabalho do Conselho Nacional de Justiça para o Fortalecimento dos Precedentes. In: Guilherme Madeira; Gustavo Badaró e Rogério Schietti Cruz. (Org.). *Código de Processo Penal*: Estudos Comemorativos aos 80 anos de Vigência. 1ed.São Paulo: Editora RT, 2021, v. 2, pp. 713-726.

5 Nos termos do art. 3º, integram o Grupo de Trabalho: I – Luiz Fernando Tomasi Keppen, Conselheiro do Conselho Nacional de Justiça; II – Candice Lavocat Galvão Jobim, Conselheira do Conselho Nacional de Justiça; III – Maria Cristina Irigoyen Peduzzi, Presidente do Tribunal Superior do Trabalho; IV – Luis Felipe Salomão, Corregedor-Geral da Justiça Eleitoral; V – Benedito Gonçalves, Ministro do Superior Tribunal de Justiça; VI – Ricardo Villas Bôas Cueva, Ministro do Superior Tribunal de Justiça; VII – Paulo Dias de Moura Ribeiro, Ministro do Superior Tribunal de Justiça; VIII – Rogerio Schietti Machado Cruz, Ministro do Superior Tribunal de Justiça; IX – Antonio Saldanha Palheiro, Ministro do Superior Tribunal de Justiça; X – Joel Ilan Paciornik, Ministro do Superior Tribunal de Justiça, que o coordenará; XI – Bruno Dantas Nascimento, Ministro do Tribunal de Contas da União; XII - Pedro Cesar Nunes Ferreira Marques de Sousa, Ministro de Estado Chefe da Secretaria-Geral da Presidência da República e Subchefe para Assuntos Jurídicos da Secretaria-Geral da Presidência da República; XIII – Aluisio Gonçalves de Castro

e de propostas voltadas ao fortalecimento dos precedentes no sistema jurídico.

O Grupo de Trabalho, coordenado pelo Ministro do Superior Tribunal de Justiça (STJ) Joel Ilan Paciornik, foi subdividido em seis Subgrupos, organizados a partir dos seguintes temas: a) Levantamento e tratamento dos precedentes qualificados/vinculativos no âmbito nacional, regional e estadual - Banco Nacional de Precedentes (Banco Nacional de Demandas Repetitivas): denominação, organização e análise das normas pertinentes e utilização de Inteligência Artificial (Subgrupo Dados); b) Publicidade e divulgação dos precedentes para a sociedade e para os órgãos judiciais, envio de e-mails, introdução/replicação nos sistemas, organização, acesso e busca dos precedentes, comunicação e links entre os sites dos tribunais e outras instituições (análise de unificação ou separação em relação ao tópico acima) (Subgrupo Comunicação); c) Pesquisa, monitorização e análise do funcionamento do sistema de precedentes estabelecido pelo CPC-2015, a partir da sua produção, para que se possa efetuar uma análise quantitativa, qualitativa e comparativa entre os tribunais, com a divulgação e ampliação de boas práticas, bem como a detecção de possibilidades de aprimoramento (exemplo: tribu-

Mendes, Desembargador do Tribunal Regional Federal da 2ª Região; XIV - Luciano Sabóia Rinaldi de Carvalho, Desembargador do Tribunal de Justiça do Estado do Rio de Janeiro; XV - Renata Gil de Alcantara Videira, Juíza de Direito do Tribunal de Justiça do Estado do Rio de Janeiro e Presidente da Associação dos Magistrados Brasileiros; XVI - Ana Lúcia Andrade de Aguiar, Juíza Auxiliar da Presidência do Conselho Nacional de Justiça; XVII - Anderson de Paiva Gabriel, Juiz Auxiliar da Presidência do Conselho Nacional de Justiça; XVIII - Daniel Marchionatti Barbosa, Juiz Auxiliar da Corregedoria Nacional de Justiça; XIX - Daniela Pereira Madeira, Juíza Federal da Seção Judiciária do Rio de Janeiro (TRF 2ª); XX - Márcia Correia Holanda, Juíza de Direito do Tribunal de Justiça do Estado do Rio de Janeiro; XXI - Humberto Dalla Bernardina de Pinho, Promotor de Justiça do Ministério Público do Estado do Rio de Janeiro; XXII - Marcelo Ornellas Marchiori, Secretário de Gestão de Precedentes no Supremo Tribunal Federal; XXIII - José Roberto Mello Porto, Defensor Público do Estado do Rio de Janeiro; XXIV - Fernanda Marinela Sousa Santos, Conselheira Federal da Ordem dos Advogados do Brasil; XXV - Teresa Arruda Alvim, Advogada; XXVI–Humberto Theodoro Júnior, Advogado; XXVII - Luciano Benetti Timm, Advogado; XXVIII - Flávio Pansieri, Advogado Fundador da Academia Brasileira de Direito Constitucional; XXIX - Alexandre Reis Siqueira Freire, Professor e Secretário de Altos Estudos e Pesquisas no Supremo Tribunal Federal; e XXX - Maria Lucia Paternostro Rodrigues, Assessora-Chefe do Núcleo de Gerenciamento de Precedentes e de Ações Coletivas do Superior Tribunal de Justiça.

nais regionais ou estaduais com uma boa prática ou que não vêm cumprindo a respectiva função uniformizadora, considerando-se os números de incidentes suscitados e admitidos). Interação com os núcleos de inteligência e órgãos de pesquisa, para que sejam eventualmente estabelecidas orientações, recomendações e determinações para os tribunais (Subgrupo Produção de Precedentes); d) Observância dos precedentes: levantamento e análise de dados relacionados à efetividade no cumprimento dos precedentes vinculativos, com o estabelecimento de diálogos e propostas, no âmbito de normas, atividades e recomendações, de modo a instar o funcionamento a contento do sistema, em termos de seguimento horizontal e vertical pelos órgãos judiciais, bem como o eventual papel correcional a ser desempenhado (Subgrupo Observância); e) Levantamento, análise, revisão e propostas normativas, especialmente no âmbito das resoluções, regimentos e atos normativos do Conselho Nacional de Justiça (CNJ) e dos tribunais. Exemplos: i) revisão, para verificação quanto à necessidade de atualização, das resoluções pertinentes aos precedentes, como a dos Núcleos de Gerenciamento dos Precedentes (NUGEPs), e de normas pertinentes aos regimentos internos dos tribunais, como a necessidade ou não de fixação de prazo para a admissibilidade de incidentes, como o IRDR (Subgrupo Normas); e f) Técnicas de elaboração e conteúdo dos precedentes. Questões jurídicas, temas, teses, *ratio decidendi*, circunstâncias essenciais e acidentais, padronização etc (Subgrupo Técnicas de Produção).

Por certo, após a entrada em vigor das normas pertinentes ao sistema brasileiro de precedentes, a etapa subsequente passou a ser o de criação e aperfeiçoamento das condições para que a realidade seja modificada, com a utilização e a otimização da inovação no dia a dia. Para tanto, a integração tecnológica construída a partir da interoperabilidade dos sistemas de informática dos tribunais, com a construção de bancos de precedentes em cada tribunal, em todos os ramos do Judiciário, como base para a existência de um Banco Nacional de Precedentes completo e bem organizado.

A estruturação do Banco Nacional de Precedentes foi aprovada pelo Plenário do Conselho Nacional de Justiça e editada a Resolução CNJ nº 444/2022 [6], para instituir o Banco Nacional de Precedentes (BNP), um repositório e plataforma tecnológica unificada de pesquisa textual e es-

6 Disponível em: https://atos.cnj.jus.br/atos/detalhar/4415, último acesso em 16 set. 2022.

tatística para consulta e divulgação por órgãos e pelo público em geral de precedentes judiciais, com ênfase nos pronunciamentos judiciais listados no art. 927 do Código de Processo Civil em todas as suas fases processuais.

Registre-se, inclusive, que nos termos do art. 7º, § 4º, da supracitada resolução, o CNJ deverá agregar ao BNP, oportunamente, ferramenta que permita a identificação e tratamento em lote dos processos aos quais os precedentes se apliquem, o que reduzirá o custo e tempo de tramitação processual, mas também aumentará significativamente a efetividade da Justiça Brasileira.

O segundo ato normativo aprovado, em decorrência do GT, consistiu na Recomendação CNJ nº 134/2022 [7], que dispõe sobre o tratamento dos precedentes no Direito brasileiro.

Em seu art. 1º, já se ressalta que o sistema de precedentes representa uma nova concepção de jurisdição, em que o Poder Judiciário procura não apenas resolver de modo atomizado e repressivamente os conflitos já instaurados, mas se preocupa em fornecer, de modo mais estruturado e geral, respostas às controvérsias atuais, latentes e potenciais, de modo a propiciar a efetiva segurança jurídica.

Salienta-se, ainda, que a sistemática de solução de questões comuns e casos repetitivos, estabelecida pelo CPC/2015, deve ser utilizada com regularidade e representa uma técnica de gestão, processamento e julgamento dos processos, com a metodologia de decisão concentrada sobre questões essenciais de direito e a eventual suspensão de processos que versem sobre a controvérsia que está sendo decidida de modo concentrado (art. 6º).

O referido ato normativo também discorre, ao longo do art. 14, sobre a técnica conhecida como distinção ou distinguishing, preconizando que esta permite ao juiz ou tribunal, afastar precedente de natureza obrigatória ou somente persuasiva, desde que identificada distinção material relevante e indiscutível, mas que não deve ser confundido e utilizado como simples mecanismo de recusa à aplicação de tese consolidada, nem ser considerada instrumento hábil para afastar a aplicação da legislação vigente, bem como estabelecer tese jurídica

7 Disponível em: https://atos.cnj.jus.br/atos/detalhar/4740, último acesso em 16 set. 2022.

(*ratio decidendi*) heterodoxa e em descompasso com a jurisprudência consolidada sobre o assunto.

Com efeito, a indevida utilização do *distinguishing*, nos termos do art. 14, § 5º, da Recomendação, constitui vício de fundamentação (art. 489, § 1º, VI, do CPC/2015), o que pode ensejar a cassação da decisão.

Por tal razão, recomenda-se que, ao realizar a distinção (*distinguishing*), o magistrado explicite, de maneira clara e precisa, a situação material relevante e diversa capaz de afastar a tese jurídica (*ratio decidendi*) do precedente tido por inaplicável, bem como que se imprópria a utilização do *distinguishing* como via indireta de superação de precedentes (*overruling*).

Tratando-se de hipótese de distinção ou de superação, haverá, naturalmente, a necessidade de ser exposta a devida fundamentação no sentido da inaplicabilidade da tese ao caso concreto em julgamento ou da formulação de novos fundamentos que denotem que a tese não deverá mais ser aplicada, em razão de modificações ocorridas, como, por exemplo, a decorrente de alteração legislativa (art. 42).

Ademais, recomenda-se que na própria decisão que altera orientação jurisprudencial pacificada anterior ou adotada em precedente vinculante haja manifestação expressa sobre a modulação dos efeitos da nova orientação, sob pena de que a decisão possa ser tida por omissa, e considerada, portanto, embargável de declaração, bem como que o tribunal leve em consideração preferencialmente o momento da conduta da parte e a orientação jurisprudencial firme existente à época, para fixar parâmetros da eficácia temporal do novo precedente (arts. 46 e 47), em linha com o pragmatismo jurídico consagrado na LINDB por meio da Lei nº 13.655/2018.

Merece destaque também o art. 25, apontando que a suspensão dos processos pendentes é elemento extremamente importante dentro da lógica do funcionamento e dos resultados pretendidos, sob o prisma do sistema dos julgamentos de questões comuns ou repetitivas, especialmente no que diz respeito à economia processual e, consequentemente, da própria duração razoável dos processos.

Outra importante iniciativa é a correlação entre os precedentes e a legislação. Nesse sentido, há que se avançar com o trabalho de integração entre os precedentes e legislação, a partir da consulta a estes dispositivos. A iniciativa de se introduzir a jurisprudência e os precedentes relacionados com as respectivas normas, de modo a fornecer imediata e diretamente a interpretação dada pelos tribunais, por certo, é um marco fundamental para o fortalecimento dos precedentes no Brasil.

O Conselho Nacional de Justiça vem realizando uma verdadeira cruzada em favor dos precedentes, facilitando e organizando melhor o acesso a estes por parte da sociedade e, em especial, pelos sujeitos processuais, dentre os quais os magistrados, de modo que estes entendam, cada vez mais, a importância da uniformização das questões de direito controversas e a sua observância por todos, de modo vertical e horizontal, o que trará uma maior segurança jurídica para toda a sociedade, incluindo as instituições de ensino superior privado no Brasil e todos os segmentos que precisam de um cenário mais estável para a alocação de investimentos, em prol do desenvolvimento, da qualificação e da educação no país.

REFERÊNCIAS BIBLIOGRÁFICAS

MENDES, Aluisio Gonçalves de Castro. *Incidente de Resolução de Demandas Repetitivas*: sistematização, análise e interpretação do novo instituto processual. Rio de Janeiro: Gen/Forense, 2017.

_____. Jurisprudência e Precedentes no Direito Brasileiro: panorama e perspectivas. *Revista Eletrônica de Direito Processual*, v. 22, 2021, pp. 42-52.

_____. O Sistema Brasileiro de Precedentes, o Processo Penal e o Grupo de Trabalho do Conselho Nacional de Justiça para o Fortalecimento dos Precedentes. In: Guilherme Madeira; Gustavo Badaró e Rogério Schietti Cruz. (Org.). *Código de Processo Penal*: Estudos Comemorativos aos 80 anos de Vigência. 1ed.São Paulo: Editora RT, 2021, v. 2, pp. 713-726.

_____; MARINONI, Luiz Guilherme; ALVIM, Teresa Arruda. *Direito jurisprudencial*. Volume II. São Paulo: Revista dos Tribunais, 2014.

_____; PORTO, José Roberto Mello. *Incidente de Assunção de Competência*. 2ª ed. Rio de Janeiro: GZ, 2021.

_____; _____. *Incidente de Resolução de Demandas Repetitivas*: Panorama e perspectivas. Salvador: Juspodivm, 2020.

O STF em Face do Direito Estrangeiro e Internacional: Diálogo e Engajamento Constitucional

Ana Carolina Andrada Arrais Caputo Bastos[1]

1. Introdução

Apesar de não ser um fenômeno tão recente, a globalização segue desafiando inúmeras reflexões e não pode ser explicada apenas do ponto de vista econômico. Gunther Teubner vale-se da expressão "*globalização policêntrica*" para se referir a um processo que não se limita apenas aos mercados, mas também abrange a ciência, a cultura, a tecnologia, a saúde, as forças armadas, os transportes, o turismo e o desporto, bem como, embora de uma forma distintamente mais restrita, a política, o direito e o bem-estar[2].

Dentro dessa complexidade, a análise das grandes transformações percebidas no mundo jurídico revela uma pluralidade de perspectivas entre os estudiosos, mas também alguns pontos de consenso entre eles. É inegável, por exemplo, que outros atores não estatais ganharam grande protagonismo na formulação do direito e na solução das antinomias de normas, em especial no que diz respeito a temas constitucionais.

Cumpre analisar, então, o histórico legislativo e jurisprudencial que culminou no cenário atual. Embora o Brasil tenha aderido a diversos tratados, acordos e convenções internacionais, sobretudo em matéria de direitos humanos que asseguram direitos e garantias não expressos na Constituição Federal (CF), nem sempre se fez distinção ou se reconheceu a prevalência dessas normas em detrimento de disposições internas com elas conflitantes.

O presente artigo não tem a pretensão de esgotar o assunto, o que talvez seja impossível e presunçoso. Antes, se dedica a pensar o novo papel do Supremo Tribunal Federal (STF) diante de tantas mudanças

---

1 Mestranda pela Università degli Studi di Roma, Tor Vergata, LL.M pela Fundação Getúlio Vargas (FGV), Sócia do Caputo Bastos e Fruet Advogados, Secretária-Geral da Associação Brasiliense de Direito Processual Civil (ABPC), Conselheira da OAB/DF e Presidente da Comissão de Assuntos Constitucionais, Cofundadora e ex-Presidente da Elas Pedem Vista. Mãe do Chico e da Clara.

2 GUNTHER, Teubner. *Justice under Global Capitalism*. European Journal of Legal Studies v. 1, n. 3, 2008, p. 184.

jurídicas levadas a cabo nos mais níveis da nossa sociedade global. Propõe-se, ainda, a analisar se a Corte estaria apta a enfrentar os desafios advindos do atual contexto que se apresenta e, em qualquer cenário, de que maneira poderia lidar com isso.

2. Formas de incorporação das normas internacionais

A CF estabeleceu um *iter procedimental* para a incorporação de normas internacionais ao direito brasileiro. Concluída a fase prévia de negociação, o Presidente da República é que detém competência privativa para celebrar o tratado, a convenção ou o ato internacional, nos termos do art. 84, inciso VIII da CF. Quando acarretar encargos ou compromissos gravosos ao patrimônio nacional, a palavra final caberá ao Congresso Nacional (art. 49, inciso I da CF).

Em seguida, a matéria é debatida e votada na Câmara dos Deputados para depois ser analisada pelo Senado Federal. Ambas as casas devem aprovar a norma internacional, sendo que a votação se dará em plenário e pelo quórum comum, isto é, a maioria absoluta do número total de Deputados ou de Senadores. Uma vez aprovada, a norma internacional ainda deverá ser ratificada e promulgada pelo Presidente da República (art. 84, inciso IV da CF).

Apenas a partir do Decreto de promulgação – e somente então – é que a norma passará a integrar o ordenamento jurídico nacional[3]. A exceção fica a cargo das "*normas definidoras dos direitos e garantias fundamentais*", que possuem aplicação imediata (art. 5º, § 1º da CF). Afinal, os direitos e as garantias contidos no texto da CF não excluem outros decorrentes do regime e dos princípios por ela adotados ou previstos nos tratados dos quais o Brasil seja parte, como assegura o § 2º do art. 5º da CF.

3 "*No Brasil se promulgam, por decreto do Presidente da República, todos os tratados que tenham feito objeto de aprovação congressional*". Assinala-se, ainda, que o decreto de promulgação não é propriamente uma exigência constitucional, mas uma praxe tão antiga quanto os primeiros exercícios convencionais do Império e concluiu-se: "*Publica-os, pois, o órgão oficial, para que o tratado – cujo texto completo vai em anexo – se introduza na ordem legal, e opere desde o momento próprio*". In REZEK, José Francisco. *Direito dos Tratados*. Rio de Janeiro: Forense, 1984, pp. 385-386.

Nesse contexto, também se deve mencionar o § 3º do art. 5º da CF - acrescido pela Emenda Constitucional (EC) nº 45/2004 - que introduziu mudança significativa na forma de incorporação de tratados e convenções internacionais sobre direitos humanos. Previu-se que, se forem aprovados (em cada Casa do Congresso Nacional) em dois turnos e por três quintos dos votos de seus respectivos membros, terão *status* de emenda constitucional.

Independentemente da forma como o texto é incorporado ao direito interno, submete-se ao controle de constitucionalidade, seja por força do princípio da supremacia da Constituição ou, em especial, pelo disposto no art. 102, inciso III, alínea "b" da CF. Assim, inobstante a conjugação das vontades dos Poderes Executivo e Legislativo, a atuação do Poder Judiciário (sobretudo do STF) é imprescindível na observância das normas internacionais.

3. Aplicação do direito estrangeiro e internacional[4]

durante anos, inclusive na vigência de Constituições anteriores, houve muito debate quanto à hierarquia constitucional das normas internacionais em relação ao direito brasileiro. É dizer, uma vez incorporadas, qual seria a relação delas com as leis internas, precisamente no que tange à possibilidade de modificação e de revogação recíproca. O STF foi instado a se pronunciar sobre o assunto em diferentes oportunidades. Fez-se, então, um apanhado não exaustivo das suas principais decisões antes e depois da promulgação da CF de 1988.

3.1. Julgamentos anteriores à CF de 1988

O caso mais antigo talvez seja a Extradição (Ext) 7[5], julgada sob a égide da CF de 1891, quando o STF reconheceu a primazia do tratado firmado com o Império Alemão em detrimento da lei interna posterior.

---

4 Parte dos julgados ora colacionados foi objeto de pesquisa publicada no seguinte artigo: CAPUTO BASTOS, Ana Carolina A.; CAPUTO BASTOS, Carlos Eduardo. *Observância dos tratados em matéria tributária: perspectivas de mudança? In*: LEAL, Saul Tourinho; GREGÓRIO JÚNIOR, Eduardo Lourenço (Org.). A Constituição Cidadã e o Direito Tributário: estudos em homenagem ao Ministro Carlos Ayres Britto. Belo Horizonte: Fórum, 2019, pp. 93-112.

5 STF, **Ext 7/GER**, Relator Ministro Canuto Saraiva, julgado em 07/01/1914.

O julgamento ocorreu em 1914. Na vigência da CF de 1937, apreciaram a Apelação Cível (ACi) 7872[6], envolvendo o tratado firmado com o Uruguai sobre uma questão tributária (isenção do imposto de importação e das taxas aduaneiras). Nesse julgamento de 1943, reconheceu-se igualmente a prevalência da norma internacional.

Anos depois, em 1951, o STF julgou a ACi 9.587[7], que dizia respeito à importação de válvulas para aparelhos de rádio provenientes dos Estados Unidos da América (EUA) e da Inglaterra. Decidiu-se, à luz da CF de 1946 e por unanimidade, que *"o tratado revoga as leis que lhe são anteriores, mas não pode ser revogado pelas leis posteriores, se estas não se referirem expressamente a essa revogação ou se não denunciarem o tratado"*.

Em 1969, ao examinar o Conflito de Jurisdição (CJ) 4.663[8], o STF entendeu que haveria equivalência entre a Convenção de Genebra (que dispunha sobre letra de câmbio e nota promissória) e a lei interna correspondente. Embora não fosse o cerne da discussão, registrou-se a ausência de dispositivo capaz de assegurar a prevalência das normas internacionais. Para o Relator, Ministro Eloy da Rocha, admitir essa primazia seria conferir-lhes não só força de lei, mas de restrição constitucional, o que apenas a CF e 1967 poderia fazer.

Já no ano de 1971, ao apreciar disposições específicas da referida Convenção de Genebra no Recurso Extraordinário (RE) 71.154/PR[9], o STF tornou a prestigiar o disposto na norma internacional. O Relator, Ministro Oswaldo Trigueiro, assentou que os tratados possuíam aplicação imediata. Por outro lado, somente poderiam revogar as disposições em contrário previstas na legislação ordinária depois de aprovados em definitivo pelo Congresso Nacional.

A posição mais emblemática ocorreu no histórico julgamento do RE 80.004[10], em 1977, quando o STF afirmou – com base no voto vencedor

6 STF, Primeira Turma, **ACi 7.872**, Relator Ministro PHILADELPHO AZEVEDO, julgado em 11/10/1943.

7 STF, Segunda Turma, **ACi 9.587/DF**, Relator Ministro LAFAYETTE DE ANDRADA, DJ 18/10/1951.

8 STF, Terceira Turma, **CJ 4.663/SP**, Relator Ministro ELOY DA ROCHA, DJ 13/02/1969.

9 STF, Tribunal Pleno, **RE 71.154/PR**, Relator Ministro OSWALDO TRIGUEIRO, DJ 27/08/1971.

10 STF, Tribunal Pleno, **RE 80.004/SE**, Relator Ministro XAVIER DE ALBUQUERQUE, Redator do acórdão Ministro CUNHA PEIXOTO, DJ 29/12/1977.

do Ministro Cunha Peixoto e na teoria dualista de Triepel – inexistir na CF de 1967 qualquer previsão que declarasse irrevogável uma disposição interna pelo simples fato de ter origem em um tratado. Assentou-se, como regra, a possibilidade de o Congresso Nacional editar leis que modificassem ou revogassem, tácita ou expressamente, as disposições provenientes de tratados.

Desde então, estabeleceu-se novo marco temporal no que se refere à relação entre a ordem jurídica interna e a internacional. Eventuais antinomias entre tratados e leis internas seriam resolvidas pelos critérios de cronologia (*lex posterior derogat priori*) e de especialidade (*lex specialis derogat generali*), salvo em matéria tributária, tendo em vista a existência da regra de antinomia contida no art. 98 do Código Tributário Nacional (CTN) já vigente à época.

3.2. Julgamentos posteriores à CF de 1988

Alguns anos depois, em 1997, o STF voltou a enfrentar a questão na ADI 1.480[11-12], em face da Convenção nº 158 da Organização Internacional do Trabalho (OIT). Reafirmou, na linha do voto do Ministro Celso de Mello, que – uma vez incorporados – os tratados situam-se no mesmo plano de validade, eficácia e autoridade das leis ordinárias. Além de reiterar a paridade entre as normas internas e internacionais, a Corte frisou que a norma posterior revoga ou modifica a anterior com ela incompatível e que a norma especial prevalece sobre a geral.

Em meados de 1998, o STF se manifestou especificamente sobre a incorporação dos acordos celebrados no âmbito do Mercado Comum do Sul (Mercosul) no julgamento da Carta Rogatória (CR) 8.279[13]. Afirmou, então, que estariam sujeitos ao mesmo *iter procedimental* das demais normas internacionais. Embora fosse desejável a adoção de mecanismos diferenciados no processo de integração, o Ministro Celso de Mello des-

---

11 STF, Tribunal Pleno, **ADI 1.480 MC/DF**, Relator Ministro CELSO DE MELLO, DJ 18/05/2001.

12 Esclareça-se que, como houve a denúncia da Convenção n. 158 da OIT pelo Brasil, o STF deixou de examinar o mérito da ADI, extinguindo-a por perda superveniente do objeto.

13 STF, Tribunal Pleno, **CR 8.279 AgR/AT**, Relator Ministro CELSO DE MELLO, DJ 10/08/2000.

tacou que a solução dependeria necessariamente de reforma do texto constitucional.

O STF aprofundou-se no tema na ADI 1.600[14], em 2001, para assentar a distinção entre a União (pessoa jurídica de direito público interno) e a República Federativa do Brasil (pessoa jurídica de direito internacional). Poucos anos mais tarde, em 2007, houve o julgamento do RE 229.096[15], em que se reconheceu expressamente a recepção da regra de prevalência dos tratados prevista no art. 98 do CTN pela CF. Consignou-se, ainda, que os tratados podem modificar e/ou revogar a lei brasileira em matéria tributária.

Em 2008, estabeleceu-se novo paradigma em relação às convenções e aos tratados, sobretudo aos que tratam de direitos humanos, reconhecendo-lhes *status* normativo supralegal. É dizer, estão hierarquicamente abaixo da CF, mas acima das leis que compõem o ordenamento jurídico pátrio. A decisão foi firmada no julgamento do RE 349.703[16], RE 466.343[17], *Habeas Corpus* (HC) 87.585[18] e HC 92.566[19].

O STF considerou que a adesão do Brasil, sem reserva, ao Pacto Internacional dos Direitos Civis e Políticos e à Convenção Americana sobre Direitos Humanos (CADH ou Pacto de San José da Costa Rica) tornou inaplicável a previsão que autorizava a prisão civil dos depositários infiéis[20-21].

---

14 STF, Tribunal Pleno, **ADI 1.600/UF**, Relator Ministro SYDNEY SANCHES, Redator do acórdão Ministro NELSON JOBIM, DJ 20/06/2003.

15 STF, Tribunal Pleno, **RE 229.096/RS**, Relator Ministro ILMAR GALVÃO, Redatora do acórdão Ministra CÁRMEN LÚCIA, DJe 11/04/2008.

16 STF, Tribunal Pleno, **RE 349.703/RS**, Relator Ministro AYRES BRITTO, Redator do acórdão Ministro GILMAR MENDES, DJe 05/06/2009.

17 STF, Tribunal Pleno, **RE 466.343/SP**, Relator Ministro CEZAR PELUSO, DJe 05/06/2009.

18 STF, Tribunal Pleno, **HC 87.585/TO**, Relator Ministro MARCO AURÉLIO, DJe 26/06/2009.

19 STF, Tribunal Pleno, **HC 92.566/SP**, Relator Ministro MARCO AURÉLIO, DJe 05/06/2009.

20 O consenso no que tange à prevalência da norma internacional implicou, dentre outras providências, edição da Súmula Vinculante n. 25 do STF, que é de observância obrigatória não só pelos demais órgãos do Poder Judiciário, mas também pela Administração Pública direta e indireta, nas esferas federal, estadual e municipal, por força do disposto no art. 103-A da CF/88.

21 Embora não seja propriamente o foco deste artigo, oportuno fazer uma reflexão sobre o quão longe foi o STF ao adotar essa posição. O Tribunal acabou tornando

Parte dos Ministros defendia a recepção desses tratados como normas constitucionais, com base no § 2º do art. 5º da CF. A tese foi capitaneada pelo Ministro Celso de Mello[22] e seguida pelos Ministros Ellen Gracie, Cezar Peluso e Eros Grau. Prevaleceu, contudo, a posição defendida pelo Ministro Gilmar Mendes, no que foi acompanhado pelos Ministros Marco Aurélio, Ricardo Lewandowski, Cármen Lúcia e Menezes Direito.

Ao apreciar o HC 97.256[23], em 2010, o colegiado do STF reconheceu a supralegalidade da Convenção Contra o Tráfico Ilícito de Entorpecentes e de Substâncias Psicotrópicas (incorporada ao direito interno em 1991). Entendeu-se que, no plano dos tratados e das convenções internacionais, é preciso conferir tratamento diferenciado ao crime de tráfico ilícito de entorpecentes com menor potencial ofensivo, possibilitando alternativas ao encarceramento. Com base na Convenção, assentou-se que cada Estado estaria autorizado a adotar norma comum interna que viabilizasse a substituição da pena privativa de liberdade pela restritiva de direitos.

---

inaplicável uma disposição expressa do texto constitucional, qual seja uma das exceções previstas no inciso LXVII do art. 5º: *"não haverá prisão civil por dívida, salvo a do responsável pelo inadimplemento voluntário e inescusável de obrigação alimentícia e a do depositário infiel"*. Ora, se as convenções e tratados internacionais de direitos humanos que não forem incorporados sob a forma do § 3º do art. 5º possuem *status* normativo supralegal, como poderiam afastar a referida previsão? Sobretudo se considerarmos que se trata de norma elaborada pelo constituinte originário e, portanto, em relação às quais não se pode arguir a inconstitucionalidade? Algumas dessas reflexões não passaram despercebidas pela doutrina, mas ainda assim não parecem ter sido endereçadas de forma suficientemente claras ou profundas.

---

22 *"No ponto, destacou a existência de três distintas situações relativas a esses tratados: 1) os tratados celebrados pelo Brasil (ou aos quais ele aderiu), e regularmente incorporados à ordem interna, em momento anterior ao da promulgação da CF/88, revestir-se-iam de índole constitucional, haja vista que formalmente recebidos nessa condição pelo § 2º do art. 5º da CF; 2) os que vierem a ser celebrados por nosso País (ou aos quais ele venha a aderir) em data posterior à da promulgação da EC 45/2004, para terem natureza constitucional, deverão observar o iter procedimental do § 3º do art. 5º da CF; 3) aqueles celebrados pelo Brasil (ou aos quais nosso País aderiu) entre a promulgação da CF/88 e a superveniência da EC 45/2004, assumiriam caráter materialmente constitucional, porque essa hierarquia jurídica teria sido transmitida por efeito de sua inclusão no bloco de constitucionalidade"*. Informativo 498 do STF, **RE 466.343/SP**, Relator Ministro CEZAR PELUSO, sessão de 12/03/2008.

23 STF, Tribunal Pleno, **HC 97.256**, Relator Ministro AYRES BRITTO, DJe 16/12/2010.

Já em 2011, a extradição de Cesare Battisti exigiu novo pronunciamento no bojo da Reclamação (RCL) 11.243[24]. Foram invocadas ao menos quatro Convenções internacionais e um precedente estrangeiro da Corte Internacional de Justiça (caso Namíbia). Tudo isso em um acórdão de 139 (cento e trinta e nove) páginas, mas para, ao final, não se conhecer do pedido. Prevaleceu a tese de que "*o descumprimento do Tratado de Extradição, ad argumentandum tantum, gera efeitos apenas no plano internacional, e não no plano interno, motivo pelo qual não pode o Judiciário compelir o Chefe de Estado a entregar o súdito estrangeiro*".

Dois anos depois, em 2013, o STF aplicou a Convenção Internacional Sobre os Direitos das Pessoas com Deficiência, incorporada na forma do § 3º do art. 5º da CF (estatura de EC), para reformar decisão do Tribunal de Justiça do Estado de São Paulo (TJSP). Decidiu-se que, mesmo sem disponibilidade orçamentária do ente estatal, era preciso obrigar a Administração Pública a realizar obras e melhorias que garantissem o acesso de pessoas portadoras de necessidades especiais a prédios, logradouros e veículos públicos[25].

O tema de fundo voltou à pauta do STF por meio da ADI 5.357[26], quando se debateu sobre a constitucionalidade de um dispositivo da Lei nº 13.146/2015 – Estatuto da Pessoa com Deficiência – que obrigava escolas privadas a oferecerem atendimento educacional adequado e inclusivo às pessoas com deficiência. Alegava-se que a lei estabelecia medidas de alto custo que poderiam resultar no encerramento das atividades de muitas escolas privadas. O Tribunal, por maioria, rejeitou os argumentos e julgou a ação improcedente.

A Convenção Internacional sobre os Direitos das Pessoas com Deficiência ainda foi objeto de nova deliberação pelo STF, no sentido de obrigar os Estados Partes a assegurarem um sistema educacional inclusivo, sem discriminação e baseado na igualdade de oportunidades. O Tribunal, por maioria, referendou a decisão liminar proferida na ADI 6.590[27] suspenden-

---

24 STF, Tribunal Pleno, **Rcl 11.243**, Relator Ministro GILMAR MENDES, Redator do acórdão Ministro LUIZ FUX, DJe 05/10/2011.

25 STF, Primeira Turma, **RE 440.028**, Relator Ministro MARCO AURÉLIO, DJe 26/11/2013.

26 STF, Tribunal Pleno, **ADI 5.357 MC-Ref**, Relator Ministro EDSON FACHIN, DJe 11/11/2016.

27 STF, Tribunal Pleno, **ADI 6.590 MC-Ref**, Relator Ministro DIAS TOFFOLI, DJe 12/02/2021.

do a eficácia do Decreto nº 10.502/2020 que *"institui a Política Nacional de Educação Especial* [PNEE]*: Equitativa, Inclusiva e com Aprendizado ao Longo da Vida"*. Para o exame do mérito, foram ouvidos diversos especialistas em audiência pública.

Em meados de 2015, examinou-se o Tema 152 da Repercussão Geral, objeto do RE 590.415[28]. A partir da leitura conjunta do art. 7º, inciso XXVI da CF e do disposto nas Convenções OIT nº 98/1949 e nº 154/1981, o STF entendeu ser possível a renúncia genérica a direitos mediante adesão a plano de demissão voluntária. Assim, assentou que a transação "(...) *enseja quitação ampla e irrestrita de todas as parcelas objeto do contrato de emprego caso essa condição tenha constado expressamente do acordo coletivo que aprovou o plano, bem como dos demais instrumentos celebrados com o empregado*".

Na ADI 5.240[29], julgada ainda em 2015, decidiu-se que a CADH – como norma supralegal – poderia servir de fundamento para a edição de Provimento do TJSP sobre audiência de custódia (ou audiência de apresentação). Além de afastar as alegações de ofensa às regras de competência para legislar sobre Direito Processual, ao princípio da legalidade e ao princípio da divisão de poderes, a Corte indicou que a prática fosse adotada pelos demais Tribunais do país.

Outro caso emblemático apreciado em 2015 foi a Arguição de Descumprimento de Preceito Fundamental (ADPF) 347[30], quando se consignou que o sistema penitenciário nacional poderia ser caraterizado como *"estado de coisas inconstitucional"*. O STF se valeu de dispositivos específicos de normas internacionais para impor aos juízes e Tribunais a observância de uma série de medidas, a exemplo da realização de audiências de custódia no prazo de 90 (noventa) dias. Os Ministros que ficaram vencidos delegavam ao Conselho Nacional de Justiça (CNJ) a regulamentação sobre o prazo das referidas audiências.

A ADI 4.815[31] igualmente marcou o ano de 2015. O STF afirmou, por unanimidade, ser inexigível prévia autorização para a publicação

---

28 STF, Tribunal Pleno, **RE 590.415**, Relator Ministro ROBERTO BARROSO, DJe 29/05/2015.

29 STF, Tribunal Pleno, **ADI 5.240**, Relator Ministro LUIZ FUX, DJe 01/02/2016.

30 STF, Tribunal Pleno, **ADPF 347 MC**, Relator Ministro MARCO AURÉLIO, DJe 19/02/2016.

31 STF, Tribunal Pleno, **ADI 4.815**, Relatora Ministra CÁRMEN LÚCIA, DJe 01/02/2016.

de biografias. A Relatora, Ministra Cármen Lúcia, assentou que, "*desde a Declaração de Direitos do Homem e do Cidadão, fruto da Revolução Francesa de 1789, a garantia de exercício das liberdades, realce dado à livre comunicação do pensamento e de opinião, foi erigido em ponto nuclear do sistema*". E, nessa esteira, citou a Declaração de 1948 e o Pacto de 1966 da ONU, bem como a CADH para dizer que a única previsão quanto a uma possível censura prévia se referia a espetáculos públicos, mas no intuito de proteger crianças e adolescentes.[32]

Em 2017, o STF foi instado a se pronunciar sobre a responsabilidade do Estado por danos morais decorrentes de superlotação carcerária. O Tribunal lembrou que a garantia mínima de segurança pessoal, física e psíquica dos detentos é dever estatal assegurado não apenas no ordenamento nacional, mas em variadas fontes normativas internacionais. Assim, o Tema 365, objeto do RE 580.252[33], consignou que devem ser mantidos "*padrões mínimos de humanidade*" nos presídios, sob pena de o Estado ter "*a obrigação de ressarcir os danos, inclusive morais, comprovadamente causados aos detentos em decorrência da falta ou insuficiência das condições legais de encarceramento*".[34]

32 Foram mencionados os seguintes julgados estrangeiros e internacionais: (i) Olmedo Bustos e outros v. Chile, Palamara Iribarne v. Chile, Ricardo Canese v. Paraguay - Corte Interamericana de Direitos Humanos (Corte IDH); (ii) Handyside; Lingens v. Austria, Von Hanover v. Germany - Corte Europeia de Direitos Humanos (CEDH); (iii) Thomas v. Collins, United States v. Carolene Products Co., Jones v. Opelika, Murdock v. Pennsylvania, Whitney v. California, Schenck v. United States, Abrams v. United States, Pierce v. United States, Gitlow v. New York, New York Co. v. Sullivan - Suprema Corte dos Estados Unidos da América (EUA), *Scotus* (como é conhecida); (iv) Sentencias C-010/2000, T-391/2007 e C-442/2011 - Corte Constitucional da Colômbia; (v) Sentencias 6/1981, 106/1986, 159/1986 e 171/1990 - Tribunal Constitucional da Espanha; (vi) BVerfGE 7, 198 - Tribunal Constitucional Federal da Alemanha.

33 STF, Tribunal Pleno, **RE 580.252**, Relator Ministro TEORI ZAVASCKI, Redator do acórdão Ministro GILMAR MENDES, DJe 11/09/2017.

34 Em seu voto vista, o Ministro Roberto Barroso citou diversas decisões estrangeiras. Sobre a jurisprudência da CEDH, destacou os casos (i) Ananyev e outros v. Rússia, julgado em 10/01/2012; (ii) Torreggiani et. al v. Itália, julgado em 08/01/2013; (iii) Stella et al. v. Italie e (iv) Rexhepi et al. v. Italie, julgados em 16/09/2014. Mencionou, ainda, os seguintes precedentes norte-americanos (i) Holt v. Sarver, 309 F (1970); (ii) Hutto v. Finney, 437 U.S. 678 (1978); (iii) Brown et al. v . Plata et al., 131 S. Ct. 1910, 1923 (2011). E, de igual modo, lembrou do emblemático julgado da Corte Constitucional da Colômbia, Sentença T-153, de 1998, sobre "estado de coisas inconstitucional".

Assunto igualmente palpitante foi apreciado no RE 587.970[35] (Tema 173), em que se afirmou a possibilidade de concessão do benefício assistencial social a estrangeiros residentes no Brasil. Para tanto, basta que tenham sido atendidos os requisitos constitucionais e legais, tendo em vista que "*o dever de solidariedade social transcende o vínculo da nacionalidade*" e que o Brasil aderiu a inúmeras normas internacionais que repudiam qualquer discriminação em razão da nacionalidade. Como exemplo, citou-se a Declaração Universal dos Direitos Humanos de 1948 e a CADH.

A garantia dos direitos dos estrangeiros no país foi outra vez afetada à Repercussão Geral, agora em 2021, por meio do RE 1.018.911[36] (Tema 988). Assentou-se que o estrangeiro que demonstrar sua condição de hipossuficiente, nos termos da legislação de regência, é imune ao pagamento de taxas para registro da regularização migratória. Outras normas foram citadas, com destaque para o Pacto Internacional de Direitos Econômicos, Sociais e Culturais e o Pacto Internacional de Direitos Civis e Políticos, ambos de 1966.

Voltando ao ano de 2017, foi quando se concluiu o julgamento do RE 636.331[37-38], em que se alegava a antinomia entre o Código de Defesa do Consumidor (CDC) e as Convenções de Varsóvia e de Montreal, que tratam de transporte aéreo internacional. O STF fixou, em sede de Repercussão Geral (Tema 210), a tese de que as referidas normas internacionais deveriam prevalecer. O critério foi a própria CF que, em seu art. 178, prevê que a lei deverá observar os acordos firmados pela União, atendido o princípio da reciprocidade, quando dispor sobre ordenação do transporte internacional.

Ainda em 2017, o STF deu provimento ao RE 835.558[39], com Repercussão Geral reconhecida (Tema 648), para fixar a tese de que "*compete à Justiça Federal processar e julgar o crime ambiental de caráter transnacional que envolva animais silvestres, ameaçados de extinção e espécimes exóticas ou protegidas por Tratados e Convenções internacio-*

35 STF, Tribunal Pleno, **RE 587.970**, Relator Ministro MARCO AURÉLIO, DJe 22/09/2017.

36 STF, Tribunal Pleno, **RE 1.018.911**, Relator Ministro LUIZ FUX, DJe 02/12/2021.

37 STF, Tribunal Pleno, **RE 636.331/RJ**, Relator Ministro GILMAR MENDES, DJe 13/11/2017.

38 Julgado em conjunto com o seguinte processo: STF, Tribunal Pleno, **ARE 766.618**, Relator Ministro ROBERTO BARROSO, DJe 13/11/2017.

39 STF, Tribunal Pleno, **RE 835.558**, Relator Ministro LUIZ FUX, DJe 08/08/2017.

nais". Consignou-se o interesse da União no cumprimento dos diversos compromissos assumidos pelo Brasil perante a comunidade internacional, o que seria suficiente para deslocar a competência.

A Corte havia externado posição semelhante no RE 628.624[40], igualmente afetado à sistemática da Repercussão Geral (Tema 393), mas atinente à disponibilização de material pornográfico envolvendo criança ou adolescente na rede mundial de computadores. O fato de o Brasil ser signatário da Convenção sobre Direitos da Criança e ter ratificado o respectivo Protocolo Facultativo foi um dos critérios levados em consideração para definir a competência da Justiça Federal para processar e julgar esses crimes.

No curso de 2017, o STF também recorreu ao direito comparado na análise do RE 638.491[41] (Tema 647), que tratava sobre a possibilidade de decretação de perdimento de bem apreendido em decorrência do tráfico ilícito de entorpecentes e drogas afins, quando não comprovada sua utilização habitual ou sua adulteração para o cometimento do crime. Reforçou-se a máxima de que "*o crime não deve compensar*" não só à luz da CF/88, mas também dos "*diversos diplomas internacionais que visam reprimir severamente o tráfico de drogas*".

Em 2017, ainda foram julgadas a ADI 3.356[42], ADI 3.357[43], ADI 3.470[44] e ADI 3.937[45-46] contras leis, respectivamente, dos Estados de

40 STF, Tribunal Pleno, **RE 628.624**, Relator Ministro MARCO AURÉLIO, Redator do acórdão Ministro EDSON FACHIN, DJe 06/04/2016.

41 STF, Tribunal Pleno, **RE 638.491**, Relator Ministro LUIZ FUX, DJe 23/08/2017.

42 STF, Tribunal Pleno, **ADI 3.356**, Relator Ministro EROS GRAU, Redator do acórdão Ministro DIAS TOFFOLI, DJe 01/02/2019.

43 STF, Tribunal Pleno, **ADI 3.357**, Relator Ministro AYRES BRITTO, Redator do acórdão: Ministro DIAS TOFFOLI, DJe 01/02/2019.

44 STF, Tribunal Pleno, **ADI 3.470**, Relatora Ministra ROSA WEBER, DJe 01/02/2019.

45 STF, Tribunal Pleno, **ADI 3.937**, Relator Ministro MARCO AURÉLIO, Redator do acórdão Ministro DIAS TOFFOLI, DJe 01/02/2019.

46 A matéria também foi amplamente debatida pelo Plenário na **ADI 4.066**, mas com o quórum de apenas 9 (nove) Ministros, tendo em vista os impedimentos. Foram cinco votos pela declaração de inconstitucionalidade, por proteção deficiente, da tolerância ao uso do amianto crisotila, e quatro votos pela improcedência da ação. Como não se atingiu o quórum mínimo de seis votos (art. 23 da Lei n. 9.868/1999), maioria absoluta (art. 97 da CF), para a proclamação de um ou de outro resultado, o julgado foi destituído de eficácia vinculante. Confira-se: STF, Tribunal Pleno, **ADI 4.066**, Relatora Ministra ROSA WEBER, DJe 07/03/2018.

Pernambuco, do Rio Grande do Sul, Rio de Janeiro e de São Paulo que proibiam, em maior ou menor grau, a produção, comercialização ou o uso de produtos, materiais, artefatos contendo amianto e/ou asbesto. Reforçou-se, em especial, o compromisso internacional assumido pelo Brasil na Convenção OIT nº 162/1986 de revisar a legislação nacional e de substituir – quando tecnicamente viável – a utilização dessas substâncias tidas como cancerígenas.

Na ADI 2.030[47], apreciada no mesmo ano de 2017, impugnava-se uma lei estadual de Santa Catarina em face da CF e da Convenção sobre Prevenção da Poluição Marinha por Alijamento de Resíduos e Outras Matérias. O STF afirmou, contudo, que a norma internacional não poderia servir como parâmetro para o controle abstrato de constitucionalidade. Apesar de não ter sido usada como paradigma, entendeu-se que serviu como reforço argumentativo.

Outro assunto que merece destaque foi julgado sob a égide da Repercussão Geral (Tema 947) no RE 1.034.840[48]. Reafirmou-se a jurisprudência[49] de que *"o organismo internacional que tenha garantida a imunidade de jurisdição em tratado firmado pelo Brasil e internalizado na ordem jurídica brasileira não pode ser demandado em juízo, salvo em caso de renúncia expressa a essa imunidade"*. Assim, reformou-se acórdão do Tribunal Superior do Trabalho (TST) para reconhecer que o Programa das Nações Unidas para o Desenvolvimento (PNUD), vinculado à Organização das Nações Unidas (ONU), não poderia ter sido demandado em juízo.

Uma exceção foi consignada no RE com Agravo (ARE) 954.858[50] (Tema 944): para dizer que *"os atos ilícitos praticados por Estados estrangeiros em violação a direitos humanos, dentro do território nacional, não gozam de imunidade de jurisdição"*. Consignou-se a diferença entre atos de gestão e atos de império, sendo que os primeiros podem ser submetidos ao crivo do Judiciário. Foram invocados, em especial, a Convenção

47 STF, Tribunal Pleno, **ADI 2.030**, Relator Ministro GILMAR MENDES, DJe 17/10/2018.

48 STF, Tribunal Pleno, **RE 1.034.840 RG**, Relator Ministro LUIZ FUX, DJe 30/06/2017.

49 Confiram-se os seguintes julgados: STF, Tribunal Pleno, **RE 578.543** e **RE 597.368**, Relatora Ministra ELLEN GRACIE, Redator do acórdão Ministro TEORI ZAVASCKI, DJe 27/05/2014.

50 STF, Tribunal Pleno, **ARE 954858**, Relator Ministro EDSON FACHIN, DJe 24/09/2021.

de Viena sobre as Relações Diplomáticas, o Estatuto do Tribunal Militar Internacional de Nuremberg, o Pacto sobre Direitos Civis e Políticos e o julgado Alemanha vs. Itália da Corte Internacional de Justiça.

Em 2018, foram apreciadas, em conjunto, cinco ações sobre a Lei nº 12.651/2012 (Código Florestal): Ação Declaratória de Constitucionalidade (ADC) 42[51-52] e ADI 4.901, 4.902, 4.903 e 4.937. O Relator deu ênfase às Conferências ambientais internacionais em que se reafirmou o direito ao meio ambiente de qualidade e à ideia de governança ambiental global.

Em paralelo, o Relator fez referência aos "incontáveis" documentos bilaterais e multilaterais relativos ao meio tema[53] e afirmou que *"essa movimentação política de âmbito global tem despertado os Estados nacionais e a coletividade para a urgência e a importância da causa ambiental"*. Essas foram as premissas que serviram de base para as deliberações levadas a cabo pela Corte.

Em meados de 2018, houve o julgamento da ADPF 444, em que se declarou ser incompatível com a CF a condução coercitiva de investigados ou de réus para um interrogatório, tendo em vista inexistir obrigação legal para que o imputado participe do ato. Em seu voto, o então decano do Tribunal, Ministro Celso de Mello, fez um resumo de normas internacionais para expressar o que seria a *"justa preocupação da comunidade internacional com a preservação da integridade das garantias*

---

51 STF, Tribunal Pleno, **ADC 42**, Relator Ministro LUIZ FUX, DJe 13/08/2019.

52 Em seu voto na ADC 42, o Relator, Ministro Luiz Fux, invocou expressamente os seguintes precedentes: (i) FCC v. Beach Communications, Inc.; (ii) Baltimore Gas & Electric Co. v. Natural Resources Defense Council, Inc.; (iii) Chevron USA, Inc. v. Natural Resources Defense Council, Inc.; (iv) Robertson v. Methow Valley Citizens Council. O Ministro Edson Fachin, por sua vez, fez referência ao caso Kawas Fernándes v. Honduras, cuja sentença foi proferida pela Corte IDH em 03/042009, e à Opinião Consultiva OC-23/17, solicitada pela República da Colômbia e emitida em 15/11/2017.

53 Constaram expressamente no item "8" da ementa os seguintes: *"Exemplificadamente, cito a Convenção para Prevenção da Poluição Marinha por Fontes Terrestres (1974), a Convenção para Proteção dos Trabalhadores contra Problemas Ambientais (1977), a Convenção sobre Poluição Transfronteiriça (1979), o Protocolo sobre Áreas Protegidas e Fauna e Flora (1985), a Convenção sobre Avaliação de Impacto Ambiental em Contextos Transfronteiriços (1991), a Convenção da Biodiversidade (1992), o Protocolo de Quioto (1997), dentre outros"*.

processuais básicas reconhecidas às pessoas meramente acusadas de práticas delituosas".[54]

No ano de 2020, outras normas internacionais subsidiaram a análise da ADPF 467[55]: Declaração Universal dos Direitos Humanos, CADH, Pacto Internacional sobre Direitos Civis e Políticos, Princípios de Yogyakarta. Segundo o STF, todas denunciam a inconstitucionalidade das normas editadas pelo Município de Ipatinga que excluíam da política local de ensino qualquer referência à diversidade de gênero e à orientação sexual. O Tribunal foi uníssono em apontar que houve *"violação à liberdade de ensinar, aprender, pesquisar e divulgar o pensamento, a arte e o saber"*.[56]

Ainda em 2020, deu-se o julgamento do RE 460.320[57], muito aguardado pelos tributaristas, mas que acabou em empate. O STF se dividiu entre afirmar a natureza infraconstitucional do debate (interpretação da Convenção firmada entre Brasil e Suécia para evitar a bitributação) e afastar a isenção de Imposto de Renda retido na fonte aos não residentes (violação do disposto no art. 150, inciso II da CF). A falta de consenso adiou uma definição importante da Corte acerca do tratamento que deve conferido a essas normas internacionais.

A ADI 2.096[58] também foi julgada em 2020, quando se invocou a Convenção sobre os Direitos da Criança, as Convenções OIT nº 138/1973

---

54 Na ADPF 444, os Ministros, especialmente o Relator, Ministro Gilmar Mendes, citaram farta jurisprudência estrangeira, trazendo casos da (i) Câmara dos Lordes, na Inglaterra – R. v. Sang; (ii) CEDH – Allenet de Ribemont v. França, Butkevičius v. Lituânia, Fatullayev v. Azerbaijão, Garycki v. Polônia, Daktaras v. Lituânia, Arrigo and Vella v. Malta, Khuzhin and Others v. Rússia; (iii) Scotus (EUA) – Miranda v. Arizona, R.v. Baldry, R. v. Priestley, Ibrahim v. R., McDermott v. R., Schmerber v. California, Gilbert v. California, Doe v. United States, Curcio v. United States, Brogan v. United States, Escobedo v. Illinois, Dickerson v. United States, Dow v. United States; e do (iv) Tribunal Constitucional Federal da Alemanha – BVerfGE, 19/268 (273), BVerfGE, 62/338 (342), BVerfGE, 62/230 (232), BVerfGE, 62/117 (144), BVerfGE, 91/93 (106).

55 STF, Tribunal Pleno, **ADPF 467**, Relator Ministro GILMAR MENDES, DJe 07/07/2020.

56 No mês seguinte a esse julgamento, houve a análise de idêntica demanda, mas, desta vez, contra lei do Município de Cascavel. Confira-se: STF, Tribunal Pleno, **ADPF 460**, Relator Ministro LUIZ FUX, DJe 13/08/2020.

57 STF, Tribunal Pleno, **RE 460.320**, Relator Ministro GILMAR MENDES, Redator do acórdão Ministro DIAS TOFFOLI, DJe 06/10/2020.

58 STF, Tribunal Pleno, **ADI 2.096**, Relator Ministro CELSO DE MELLO, DJe 27/10/2020.

e nº 182/1999 e a meta 8.7 da agenda 2030 para o desenvolvimento sustentável. O STF assentou ser vedado "*qualquer trabalho a menores de dezesseis anos, salvo na condição de aprendiz, a partir de quatorze anos*". Sustentava-se que impedir o acesso desses jovens ao mercado de trabalho era transgredir direitos fundamentais dos adolescentes, sob o argumento de que seria imprescindível à sobrevivência e ao sustento deles e da própria família. A tese foi refutada por unanimidade.

No mesmo ano de 2020, o STF se amparou em outra norma internacional para afirmar a imprescritibilidade do crime de injúria racial. A decisão considerou que se trata de espécie do gênero racismo, baseando-se no conceito de discriminação racial previsto na Convenção Internacional Sobre a Eliminação de Todas as Formas de Discriminação Racial. Assim, afastou-se a extinção da punibilidade e, por maioria, denegou-se a ordem requerida no HC 154.248[59].

Na medida cautelar pleiteada na ADPF 635[60], requereu-se uma série de providências em face do Estado do Rio de Janeiro, no que tange à elaboração e à implementação de sua política de segurança pública, especialmente em vista da excessiva e crescente letalidade da atuação policial. Ao analisá-la, o STF evidenciou a preocupação em reforçar os compromissos assumidos pelo Brasil em tratados internacionais, bem assim evitar uma condenação por parte da Corte IDH, como no Caso Favela Nova Brasília vs. Brasil.

Posteriormente, em 2021, a Convenção de Direitos das Pessoas com Deficiência foi outra vez invocada, agora no que tange à participação de candidatos com deficiência em provas físicas de concursos públicos. Por ter sido incorporada com *status* de EC e compor o "bloco de constitucionalidade", serviu de parâmetro para se afirmar que "é inconstitucional a submissão genérica de candidatos com e sem deficiência aos mesmos critérios em provas físicas, sem a demonstração da sua necessidade para o exercício da função pública".

Em 2022, analisou-se o RE 1.224.374[61] (Tema 1079) e as ADI 4.013 e 4.017 que questionavam a adoção de medidas com vistas a desestimular o consumo de bebidas alcoólicas por condutores, como a impo-

59 STF, Tribunal Pleno, **HC 154.248**, Relator Ministro EDSON FACHIN, DJe 23/02/2022.

60 STF, Tribunal Pleno, **ADPF 635 MC**, Relator Ministro EDSON FACHIN, DJe 02/06/2022.

61 STF, Tribunal Pleno, **RE 1.224.374**, Relator Ministro LUIZ FUX, DJe 23/09/2022.

sição de sanção administrativa aos que se recusassem a realizar o teste do etilômetro. Entendeu-se que a recusa não importaria presunção da prática de delito e, por isso, *não haveria ofensa ao princípio da* não-autoincriminação, reconhecido pelo Pacto Internacional de Direitos Civis e Políticos e pela CADH; seria o "*único meio de conferir efetividade à norma e estimular o bom comportamento*".

Houve, por fim, o julgamento do RE 1.008.166 (Tema 548) em 2022. O STF decidiu que o dever constitucional do Estado de assegurar atendimento em creche e pré-escola a crianças de até cinco anos de idade é de aplicação direta e imediata, sendo desnecessária a sua regulamentação pelo Congresso Nacional. A Corte fez referência a julgados de outros países e esse precedente entrou na base de dados de pesquisas de jurisprudência internacional[62-63].

4. Parâmetros e desafios de um novo tempo

A partir desse panorama geral (não exaustivo) das principais decisões do STF sobre incorporação, hierarquia e aplicação de normas estrangeiras e internacionais, incluindo decisões de outras Cortes e Tribunais ao redor do mundo, nota-se uma mudança de paradigma do Brasil. A guinada na jurisprudência ocorreu em 2008 e, desde então, é possível perceber maior comprometimento e engajamento quanto à defesa de garantias e de direitos previstos em compromissos firmados internacionalmente ou reconhecidos por outras jurisdições.

4.1. Perspectivas teóricas: o surgimento de um novo direito comum?

O cenário jurídico mundial era favorável ao novo capítulo da jurisdição constitucional brasileira. Três anos antes, em 2005 nos EUA, a *Scotus* julgava um caso peculiar para a história do direito constitucional comparado e que intensificou os debates sobre a conveniência e a necessidade de se fazer referência a normas e a precedentes fora do direito estatal. Trata-se do emblemático caso *Roper v. Simmons*, em que se

62 Disponível em <https://www.stf.jus.br/arquivo/cms/jurisprudenciaInternacional/anexo/PJI172021DireitoCreche.pdf>.

63 Até a presente data, o acórdão ainda não havia sido publicado. A notícia do julgamento está disponível em <https://portal.stf.jus.br/noticias/verNoticiaDetalhe.asp?idConteudo=494613&ori=1>. Acesso em 2jan2022.

considerou ser inconstitucional[64] a imposição de pena de morte a quem cometeu crime quando ainda era menor de 18 anos[65-66].

Jeremy Waldron, Professor de direito e de filosofia na New York University School of Law, produziu ao menos três trabalhos para aprofundar as diferentes perspectivas trazidas pelos *Justices* naquele julgamento. No artigo *"Foreign Law and the Modern Ius Gentium*[67]*"*, retoma um conceito antigo do direito romano para tentar demonstrar que a jurisprudência ainda é capaz de reconhecer a aplicação da *law of nations* para solucionar problemas jurídicos modernos.

No texto *"Ius Gentium: A Defense of Gentili's Equation of the Law of Nations and the Law of Nature*[68]*"*, explora, em detalhes, a aproximação do termo *ius gentium* com a concepção de direito natural e o legado de Alberico Gentili, sabidamente um dos fundadores do direito internacional. Segundo ele, a citação do direito estrangeiro pode ser entendida como um apelo ao direito das nações, o *ius gentium*, concebido agora como um corpo emergente de direito positivo (embora um corpo de direito positivo cuja apreensão requer discernimento moral).

---

64 A análise do caso se deu à luz da Oitava Emenda da Constituição norte-americana, segundo a qual não será exigida fiança excessiva, nem serão impostas multas excessivas, nem aplicadas punições cruéis e incomuns. Redação original: *"Eighth Amendment - Excessive bail shall not be required, nor excessive fines imposed, nor cruel and unusual punishments inflicted"*. Disponível em <https://constitution.congress.gov/constitution/amendment-8/#:~:text=Constitution%20of%20the%20United%20States,-Eighth%20Amendment&text=Excessive%20bail%20shall%20not%20be,cruel%20and%20unusual%20punishments%20inflicted.>. Acesso em 5jul2022.

65 *"Held: The Eighth and Fourteenth Amendments forbid imposition of the death penalty on offenders who were under the age of 18 when their crimes were committed"*. Roper v. Simmons, 125 S.Ct. 1183 (2005); 543 U. S.___ (2005), United States Supreme Court, 1 March 2005, p. 1. Disponível em <https://www.supremecourt.gov/opinions/04pdf/03-633.pdf>. Acesso em 5jul2022.

66 É preciso deixar claro que esse caso não enfrentou a possibilidade de condenação de crianças à pena de morte. A Corte se debruçou sobre o fato de que Simmons planejou e cometeu o assassinato quando tinha apenas 17 anos, mas só foi sentenciado à morte depois de completar 18 anos.

67 WALDRON, Jeremy. *Foreign Law and the Modern Ius Gentium*. Harvard Law Review, v. 119, n. 1, pp. 129-147, 2005.

68 WALDRON, Jeremy. *Ius gentium: A Defence of Gentili's Equation of the Law of Nations and the Law of Nature*. In: The Roman Foundations of the Law of Nations: Alberico Gentili and the Justice of Empire. Oxford University Press, 2010.

Em seu livro "*Partly Laws Common to All Mankind*", afirma que esse novo direito comum a toda a humanidade seria o produto de correntes convergentes sobre leis estrangeiras, disposições constitucionais estrangeiras e precedentes estrangeiros que se somam a um *body of law* que tem sua própria aplicação sobre os homens. É a lei das nações, ou *ius gentium*, aplicando-se aos norte-americanos – perspectiva de estudo do autor – simplesmente como lei e não como a lei de uma jurisdição em particular.[69]

Ao refletir sobre a contribuição de Waldron, Alonso Freire oferece um contraponto "*em favor não de uma harmonização global, mas de uma integridade transnacional que garanta uma margem de apreciação comparativa para as nações compromissadas com os direitos humanos*[70]". Em outras palavras, defende que os órgãos judiciais invoquem fontes estrangeiras e internacionais envolvendo direitos humanos, mas também levem em conta outras questões, como "*as características das sociedades e os aspectos situacionais dos casos concretos*".

Outros dois juristas trouxeram aportes teóricos igualmente relevantes para se examinar o tema. Embora partam de premissas diferentes, é importante mencionar nesse contexto a teoria de Mireille Delmas-Marty[71] sobre a necessidade de se "reinventar um direito comum" e a de Antônio Augusto Cançado Trindade[72] acerca da construção de um direito internacional para a humanidade, o que – à semelhança de Waldron – chamou de um novo *jus gentium*.

O caso *Roper v. Simmons* ainda chamou a atenção de Vicki C. Jackson, Professora de Direito na Harvard Law School, que identificou três modelos para descrever as relações entre constituições domésticas e leis oriundas de fontes transnacionais (referindo-se tanto ao direito estrangeiro quanto ao internacional): (i) modelo de resistência; (ii) modelo de

---

69 WALDRON, Jeremy. *Partly laws common to all mankind: foreign law in American courts*. New Haven; London: Yale University Press, 2012.

70 FREIRE, Alonso. Integridade transnacional dos direitos humanos. Revista de informação legislativa. Brasília: Senado Federal, Serviço de Informação Legislativa, 1964. v. 53, n. 209, pp. 255–275, jan./mar., 2016.

71 DELMAS-MARTY, Mireille. *Por um direito comum*. Tradução de Maria Ermantina de Almeida Prado Galvão. São Paulo: Martins Fontes, 2004.

72 CANÇADO TRINDADE, Antônio Augusto. *International Law for Humankind: Towards a New Jus Gentium*. Third revised edition. Leiden: Brill Nijhof, 2020.

engajamento; (iii) modelo de convergência. Para melhor descrição dos três modelos, confira-se no original[73]:

> *At least three models might broadly describe the relationships between domestic constitutions and law from transnational sources. Justice Scalia accused the Court in Roper of assuming the desirability of convergence with other nations' laws - the Convergence Model. He proposed instead an approach that relishes resistance by national constitutions to outside influence - the Resistance Model. Neither of these models, standing alone, is a good fit with our constitutional practices. Rather, the Constitution can best be viewed as a site of engagement with the transnational, informed but not controlled by consideration of other nations' legal norms and the questions they put to interpreters of our specifically national constitution - the Engagement Model.*

Ao se debruçarem sobre esses modelos e a experiência brasileira, Patrícia Perrone Campos Mello e Felipe Meneses Graça[74] se dedicaram a parametrizar em que medida o STF lidava com a permeabilidade entre direito constitucional doméstico, direito constitucional comparado e direito internacional dos direitos humanos. Também examinaram quantitativa e qualitativamente como se dava essa atuação do Tribunal "em rede", ou seja, o diálogo e a interação com a jurisprudência de outras Cortes constitucionais e internacionais.

Decidiram, então, propor um quarto modelo comportamental, em se enquadraria o STF: (iv) modelo híbrido ou ambivalente. Segundo os autores, "*um quantitativo relevante dos votos se aprofunda pouco na análise dos precedentes estrangeiros. Algumas decisões, contudo, expressam considerável domínio de tais precedentes e indicam que é possível construir um diálogo mais denso com outras cortes*"[75].

73 JACKSON, Vicki C. *Constitutional Comparisons: Convergence, Resistance, Engagement.* Harvard Law Review, v. 119, n. 1, pp. 109-128, 2005, pp. 112-113.

74 MELLO, Patrícia Perrone Campos; GRAÇA, Felipe Meneses. O STF em rede? Quanto, como, com que engajamento argumentativo o STF usa precedentes estrangeiros em suas decisões? Revista de Direito Internacional, v. 17, pp. 93-124, 2020.

75 MELLO, Patrícia Perrone Campos; GRAÇA, Felipe Meneses. *O STF em rede? Quanto, como, com que engajamento argumentativo o STF usa precedentes estrangeiros em suas decisões?* Revista de Direito Internacional, v. 17, pp. 93-124, 2020, p. 111.

Seja como for, partindo-se de um novo modelo para descrever o exemplo brasileiro ou das classificações originárias introduzidas por Jackson, fato é que a primeira parte deste artigo deixa claro que a interação com o direito estrangeiro e internacional é um caminho sem volta. Assim, diversos outros autores ao redor do globo procuraram explicar esse fenômeno.

Para citar apenas alguns, Mark Tushnet[76] alertou sobre a inevitável globalização do direito constitucional doméstico, enquanto Jürgen Habermas[77] descreveu o que seria a constitucionalização do direito internacional, especialmente no âmbito da União Europeia (UE). Anne-Marie Slaughter[78] também abordou o tema com muita propriedade em diferentes trabalhos sobre a "*nova ordem mundial*".

Vive-se um novo tempo em que as fontes normativas que impactam e regulam a vida em sociedade não se restringem mais às leis estatais ou aos clássicos tratados e convenções internacionais. Ademais, as instâncias decisórias se multiplicaram e introduziu-se o conceito de "*judicial cross-fertilization*", que pode ser percebido como um processo diversificado e confuso de interação judicial (acima e abaixo das fronteiras), em que há troca de ideias e cooperação entre juízes em casos que envolvem tanto o direito nacional como o direito internacional[79].

Não por outra razão, Marcelo Neves propôs (ainda em 2009) uma nova forma de pensar o constitucionalismo no contexto da sociedade mundial cada vez mais integrada. Ao promover uma "ordem diferenciada de comunicação", apresentou um novo modelo de enfrentamento de problemas constitucionais que, não raro, enseja soluções conflitantes entre as diversas ordens jurídicas (estatal, internacional, transnacional, supranacional e local). Sugeriu a construção de "pontes de transição" entre elas e a promoção de "conversações constitucionais".[80]

76 TUSHNET, Mark. *The Inevitable Globalization of Constitutional Law*. Virginia Journal of International Law, v. 49, n. 4, pp. 985–1006, 2009.

77 HABERMAS, Jurgen. T*he Consttutionalization of International Law and the Legitimation Problems of a Constitution for World Society*. Constellations Review. v. 15, n. 4, pp. 444-455, 2008.

78 SLAUGHTER, Anne-Marie. *A New World Order*. New Jersey: Princeton University Press, 2004.

79 SLAUGHTER, Anne-Marie. *Judicial Globalization*. Virginia Journal of International Law, v. 40, n. 4, pp. 1103-1124, 2000, p. 1.104.

80 NEVES, Marcelo. *Transconstitucionalismo*. São Paulo: WMF Martins Fontes, 2009.

4.2. O ESFORÇO INSTITUCIONAL PARA INSERIR O BRASIL EM UM NOVO CONTEXTO NA ERA DO CONSTITUCIONALISMO GLOBAL

A partir de 2003, o STF se envolveu diretamente na realização dos chamados Encontros das Cortes Supremas do Mercosul, com o objetivo de *"contribuir para a evolução institucional do processo de integração e para o fortalecimento e aperfeiçoamento jurídico do bloco*[81]*"*. Foi um marco muito importante no processo de diálogo e de cooperação entre as Cortes Supremas e Tribunais Constitucionais dos países membros.

Em 2015, o CNJ promoveu o 9º Encontro Nacional do Poder Judiciário (ENPJ), no qual foi aprovada a seguinte diretriz estratégica para o ano de 2016: *"é diretriz estratégica do Poder Judiciário, e compromisso de todos os tribunais brasileiros, dar concretude aos direitos previstos em tratados, convenções e demais instrumentos internacionais sobre a proteção dos direitos humanos*[82]*"*.

Logo em 2016, o CNJ e a Corte IDH assinaram memorando de entendimento para tornar o Conselho *"o guardião da jurisprudência da Corte em língua portuguesa*[83]*"*. Em razão disso, o Portal do CNJ passou a manter uma página com decisões da Corte IDH traduzidas do espanhol. Outro memorando foi formalizado em 2021[84], tendo em vista da necessidade de se ampliar compromissos anteriores, inclusive quanto à institucionalização da Agenda 2030 da ONU (algo que foi assumido pelo Brasil em 2018).

É interessante notar que, ao enunciar o acesso à jurisprudência da Corte IDH (repositório de Medidas Provisórias relacionadas ao Brasil, Opiniões consultivas e Sentenças), a página eletrônica do CNJ esclarece que *"a parceria segue o princípio do diálogo jurisprudencial, pelo qual a jurisprudência local se integra à jurisprudência do sistema interamericano de direitos humanos e vice-versa, em uma espécie de via de mão dupla*[85]*"*.

---

81 Disponível em <https://portal.stf.jus.br/noticias/verNoticiaDetalhe.asp?idConteudo=175338>. Acesso em 5jan2023.

82 Disponível em <https://www.cnj.jus.br/wp-content/uploads/2015/10/ad6fa9a3dfbf79d6c2b0ff88d228f9aa.pdf>. Acesso em 5jan2023.

83 Disponível em <https://www.cnj.jus.br/memorando-de-entendimento-permitira-acesso-a-cidh-em-portugues/>. Acesso em 5jan2023.

84 Disponível em <https://www.cnj.jus.br/wp-content/uploads/2021/03/MOU-001_2021.pdf>. Acesso em 5jan2023.

85 Disponível em <https://www.cnj.jus.br/corte-interamericana-de-direitos-humanos-corte-idh/>. Acesso em 5jan2023.

Ainda em 2021, também foi instituída uma Unidade de Monitoramento e Fiscalização de decisões e deliberações da Corte IDH (UMF/CNJ) por meio da Resolução 364/2021[86]. Além de disponibilizar um relatório anual de suas principais atividades[87], o Portal do CNJ divulga outros documentos relevantes envolvendo o Brasil e a Corte IDH e mantém um painel[88] com informações sobre casos já julgados e o estado de cumprimento das decisões.

Como reforço a essas medidas que vêm sendo implementadas nos últimos anos, o CNJ editou a Recomendação 123/2022[89], em que orienta os órgãos do Poder Judiciário a observarem os tratados e as convenções internacionais de direitos humanos em vigor no Brasil e a utilizarem a jurisprudência da Corte IDH em suas decisões. Recomenda, ainda, que procedam ao controle de convencionalidade das leis internas e priorizem o julgamento dos processos nos quais o Estado brasileiro foi condenado[90] a reparar as vítimas de violações a direitos humanos.

Inspirado na referida Recomendação 123/2022, estabeleceu-se o Pacto Nacional do Judiciário pelos Direitos Humanos, que inicialmente contempla cinco ações voltadas para a concretização dos direitos humanos no âmbito do Poder Judiciário. Algumas delas, como os "Cadernos de Jurisprudência do STF: Concretizando Direitos Humanos" já começaram

---

86 Disponível em <https://atos.cnj.jus.br/files/original173529202101186005c6e1b06b3.pdf>. Acesso em 5jan2023.

87 Disponível em < https://www.cnj.jus.br/wp-content/uploads/2021/12/umf-relatorio2021-v3-30112021.pdf>. Acesso em 5jan2023.

88 Disponível em <https://app.powerbi.com/view?r=eyJrIjoiN2E1OTlmNTUtYWE4My00OWI3LTg5ZDktNTQ4OTExOTQ5MWM2IiwidCI6ImFkOTE5MGU2LWM0NWQtNDYwMC1iYzVjLWVjYTU1NGNjZjQ5NyIsImMiOjJ9&pageName=ReportSection99c9b36388ded0a2e72e>. Acesso em 5jan2023.

89 Disponível em <https://atos.cnj.jus.br/files/original151935202201116 1dda007f35ef.pdf>. Acesso em 5jan2023.

90 Até hoje, houve as seguintes condenações: (i) 2006: Caso Ximenes Lopes vs. Brasil; (ii) 2006: Caso Nogueira de Carvalho e outro vs. Brasil (iii) 2009: Caso Escher e outros vs. Brasil; (iv) 2009: Caso Garibaldi vs. Brasil; (v) 2010: Caso Gomes Lund e outros ("Guerrilha do Araguaia") vs. Brasil; (vi) 2016: Caso Trabalhadores da Fazenda Brasil Verde vs. Brasil; (vii) 2017: Caso Cosme Rosa Genoveva, Evandro de Oliveira e outros ("Favela Nova Brasília") vs. Brasil; (viii) 2018: Caso do Povo Indígena Xucuru e seus membros vs. Brasil; (ix) 2018: Caso Herzog e outros vs. Brasil; (x) 2020: Caso Empregados da Fábrica de Fogos de Santo Antônio de Jesus e seus familiares vs. Brasil; (xi) 2021: Caso Márcia Barbosa de Souza e seus familiares vs. Brasil.

a ser implementadas[91]. As demais que foram previstas constam no *site* do Tribunal[92].

A par de todas essas iniciativas do CNJ, o STF igualmente dispõe de uma página no seu Portal intitulada "Jurisprudência Internacional[93]", em que disponibiliza recentíssima edição anotada da CADH[94-95], de acordo com os precedentes do Tribunal e da Corte IDH. A publicação visa demonstrar a interpretação conferida às normas da Convenção por meio de trechos selecionados de julgados de ambas as Cortes e, com isso, facilitar a análise comparativa.

A referida página ainda oferece publicações quadrimestrais em inglês, contendo as principais decisões colegiadas do Tribunal. É o chamado "STF Bulletin", que já está na 4ª edição. A seleção dos processos para essa coletânea leva em consideração temas de interesse de magistrados, juristas e acadêmicos de outros países, enquanto a exposição do seu conteúdo segue os padrões internacionais de estrutura e formato do Tesauro Sistemático[96] adotados pela Comissão de Veneza (CODICES).

O STF igualmente passou a divulgar o *case law compilation*, contendo suas decisões mais relevantes sobre diferentes assuntos. Até o momento, estão disponíveis os seguintes: (i) Covid-19 – 1º volume, 1ª edição (2020); (ii) Covid-19 – 1º volume, 2ª edição (2021); (iii) Freedom

---

91 No dia 08/09/2022, o CNJ promoveu o Seminário de Lançamento do Caderno de Jurisprudência do STF: Concretizando Direitos Humanos – Direito das Pessoas LGBTQIAP+. A íntegra do documento está disponível em <https://www.cnj.jus.br/wp-content/uploads/2022/12/cadernos-stf-lgbtqia-3.pdf>. Acesso em 5jan2023.

92 Disponível em <https://www.cnj.jus.br/poder-judiciario/relacoes-internacionais/monitoramento-e-fiscalizacao-das-decisoes-da-corte-idh/pacto-nacional-do-judiciario-pelos-direitos-humanos/>. Acesso em 5jan2023.

93 Disponível em <https://portal.stf.jus.br/textos/verTexto.asp?servico=jurisprudenciaInternacional>.

94 BRASIL. Supremo Tribunal Federal (STF). Convenção Americana sobre Direitos Humanos: anotada com a jurisprudência do Supremo Tribunal Federal e da Corte Interamericana de Direitos Humanos. 2ª ed. Brasília: STF, Secretaria de Altos Estudos, Pesquisas e Gestão da Informação, 2022.

95 A publicação se deu em celebração aos 53 (cinquenta e três) anos do Pacto de São José da Costa Rica e ao 30º (trigésimo) aniversário de sua promulgação no Brasil. A primeira edição foi lançada em 2018 na gestão da Ministra Cármen Lúcia. Disponível em <https://www.stf.jus.br/arquivo/cms/jurisprudenciaInternacional/anexo/STF_ConvencaoAmericanaSobreDireitosHumanos_SegundaEdicao.pdf>. Acesso em 5jan2023.

96 Disponível em <http://www.codices.coe.int/NXT/gateway.dll?f=templates &fn=default.htm>. Acesso em 7jan2023.

of Speech - 2º volume (2021); (iv) Fundamental Rights - 3º volume (2022). Esclarece que "*as obras apresentam resumos dos entendimentos da Corte (headnotes), com apresentação concisa dos fatos (facts) e dos principais fundamentos das decisões (holdings)*".

Outra ferramenta importante e que também está à disposição para consulta na referida página do STF é o "Boletim de Jurisprudência Internacional". Ao longo dos últimos anos, foram publicados sete volumes, que trazem a compilação de casos (resumidos e traduzidos para o português) decididos por Cortes de diversos países e por órgãos internacionais sobre um tema específico: (i) 1º volume: Trabalho escravo (2017); (ii) 2º volume: Educação domiciliar (2018); (iii) 3º volume: Aborto (2018); (iv) 4º volume: Sacrifício de animais em rituais religiosos (2018); (v) 5º volume: Direito ao esquecimento (2018); (vi) 6º volume: Tipicidade do porte de drogas para uso pessoal (2019); (vii) 7º volume: Revista íntima (2019).

Algo mais simples, mas muito semelhante ao que se pretende disseminar por meio dos mencionados boletins são as "Pesquisas de Jurisprudência Internacional" (PJI). Hoje, o STF reúne 42 (quarenta e duas) em seu Portal, as quais tratam de "dia de guarda religiosa" (PJI 19-2021), "publicidade de alimentos e bebidas para crianças" (PJI 10-2021), "prazo de vigência da patente" (PJI 09-2021), "licença paternidade" (PJI 23-2022), "liberdade de reunião" (PJI 25-2022), dentre tantos outros assuntos.

No mesmo local em seu endereço na internet, o STF ainda inseriu os links para as respectivas bases de dados jurídicos e de jurisprudência mantidas por organismos internacionais com os quais firmou acordos de cooperação: (i) Comissão de Veneza (CODICES); (ii) Cortes Supremas do Mercosul e (iii) Países das Cortes Constitucionais da Comunidade dos Países de Língua Portuguesa (CPLP).

Por fim, cumpre mencionar que o STF também firmou acordos de cooperação com: (i) as Cortes Supremas dos BRICS; (ii) o Reino do Marrocos; (iii) a República de Angola; (iv) a República de Gana; (v) a República do Peru; (vi) a República Popular da China e (vii) a Federação Russa. Conforme se enuncia, "*por meio desses acordos, as Cortes se comprometem a colaborar ampla e diretamente, por meio da troca de experiências e documentos, incluindo material bibliográfico, estudos, avaliações estatísticas e outros, além do intercâmbio em áreas como tecnologia e gestão administrativa*[97]".

97 Disponível em <https://portal.stf.jus.br/internacional/content.asp?id=283555&ori=4&idioma=pt_br>. Acesso em 7jan2023.

5. Conclusão

é possível perceber que um longo caminho foi percorrido até que se introduzisse no direito brasileiro a regra de que tratados e convenções internacionais sobre direitos humanos podem ser incorporados com *status* de emenda constitucional. De igual modo, levou-se tempo para que o STF afirmasse ao menos a supralegalidade dessas normas quando não submetidas a esse *iter procedimental* do § 3º do art. 5º da CF.

A partir dessas alterações legislativas e da mudança de orientação jurisprudencial do STF, foram adotadas uma série de medidas institucionais pela própria Corte e pelo CNJ que colocaram o Brasil em outro patamar de diálogo e de engajamento constitucional perante a sociedade internacional. Constata-se, ainda, que houve uma preocupação especial com o desenvolvimento regional interamericano.

Assim, o Tribunal parece minimamente disposto e preparado para lidar com os desafios do transconstitucionalismo ou com o surgimento do que alguns doutrinadores identificaram como sendo um novo direito comum, uma nova ordem mundial. É certo, contudo, que ainda se deve reconhecer a necessidade de aperfeiçoamento da atuação do STF quanto ao uso de direito estrangeiro e internacional em suas decisões.

Nos julgados que foram analisados, não se vislumbrou a adoção de critérios claros e pré-estabelecidos quanto à identificação das normas e dos precedentes que poderiam ser invocados e aplicados aos casos submetidos ao STF. Tampouco em que medida isso se daria, especialmente considerando as diferenças culturais e o contexto histórico-político de onde são extraídos. Cada julgador parece adotar parâmetros próprios.

Daí a importância de se jogar mais luzes sobre esse debate. A doutrina e os juristas que atuam perante o STF possuem um papel fundamental na consolidação desse novo capítulo da jurisdição constitucional brasileira. É preciso fortalecer cada vez mais o diálogo e a troca de experiências com outras Cortes, Tribunais e instituições, com vistas a delimitar tecnicamente o papel que a Corte começou a ocupar no processo de globalização do direito.

Referências bibliográficas

BRASIL. Supremo Tribunal Federal (STF). *Convenção Americana sobre Direitos Humanos: anotada com a jurisprudência do Supremo Tribunal Federal e da Corte Interamericana de Direitos Humanos.* 2ª ed. Brasília: STF, Secretaria de Altos Estudos, Pesquisas e Gestão da Informação, 2022.

CANÇADO TRINDADE, Antônio Augusto. *International Law for Humankind: Towards a New Jus Gentium*. Third revised edition. Leiden: Brill Nijhof, 2020.

CAPUTO BASTOS, Ana Carolina A.; CAPUTO BASTOS, Carlos Eduardo. *Observância dos tratados em matéria tributária: perspectivas de mudança?* In: LEAL, Saul Tourinho; GREGÓRIO JÚNIOR, Eduardo Lourenço (Org.). A Constituição Cidadã e o Direito Tributário: estudos em homenagem ao Ministro Carlos Ayres Britto. Belo Horizonte: Fórum, 2019.

DELMAS-MARTY, Mireille. *Por um direito comum*. Tradução de Maria Ermantina de Almeida Prado Galvão. São Paulo: Martins Fontes, 2004.

FREIRE, Alonso. *Integridade transnacional dos direitos humanos*. Revista de informação legislativa. Brasília: Senado Federal, Serviço de Informação Legislativa, 1964. v. 53, nº 209, pp. 255–275, jan./mar., 2016.

GUNTHER, Teubner. *Justice under Global Capitalism*. European Journal of Legal Studies v. 1, nº 3, 2008.

HABERMAS, Jurgen. *The Consttutionalization of International Law and the Legitimation Problems of a Constitution for World Society*. Constellations Review. v. 15, nº 4, pp. 444-455, 2008.

JACKSON, Vicki C. *Constitutional Comparisons: Convergence, Resistance, Engagement*. Harvard Law Review, v. 119, nº 1, pp. 109-128, 2005.

MELLO, Patrícia Perrone Campos; GRAÇA, Felipe Meneses. *O STF em rede? Quanto, como, com que engajamento argumentativo o STF usa precedentes estrangeiros em suas decisões?* Revista de Direito Internacional, v. 17, pp. 93-124, 2020.

NEVES, Marcelo. *Transconstitucionalismo*. São Paulo: WMF Martins Fontes, 2009.

REZEK, José Francisco. *Direito dos Tratados*. Rio de Janeiro: Forense, 1984.

SLAUGHTER, Anne-Marie. *A New World Order*. New Jersey: Princeton University Press, 2004.

SLAUGHTER, Anne-Marie. *Judicial Globalization*. Virginia Journal of International Law, v. 40, nº 4, pp. 1103-1124, 2000.

STF, Primeira Turma, ACi 7.872, Relator Ministro PHILADELPHO AZEVEDO, julgado em 11/10/1943.

STF, Segunda Turma, ACi 9.587/DF, Relator Ministro LAFAYETTE DE ANDRADA, DJ 18/10/1951.

STF, Tribunal Pleno, ADC 42, Relator Ministro LUIZ FUX, DJe 13/08/2019.

STF, Tribunal Pleno, ADI 1.480 MC/DF, Relator Ministro CELSO DE MELLO, DJ 18/05/2001.

STF, Tribunal Pleno, ADI 1.600/UF, Relator Ministro SYDNEY SANCHES, Redator do acórdão Ministro NELSON JOBIM, DJ 20/06/2003.

STF, Tribunal Pleno, ADI 2.030, Relator Ministro GILMAR MENDES, DJe 17/10/2018.

STF, Tribunal Pleno, ADI 2.096, Relator Ministro CELSO DE MELLO, DJe 27/10/2020.

STF, Tribunal Pleno, ADI 3.356, Relator Ministro EROS GRAU, Redator do acórdão Ministro DIAS TOFFOLI, DJe 01/02/2019.

STF, Tribunal Pleno, ADI 3.357, Relator Ministro AYRES BRITTO, Redator do acórdão: Min. DIAS TOFFOLI, DJe 01/02/2019.

STF, Tribunal Pleno, ADI 3.470, Relatora Ministra ROSA WEBER, DJe 01/02/2019.

STF, Tribunal Pleno, ADI 3.937, Relator Ministro MARCO AURÉLIO, Redator do acórdão Ministro DIAS TOFFOLI, DJe 01/02/2019.

STF, Tribunal Pleno, ADI 4.066, Relatora Ministra ROSA WEBER, DJe 07/03/2018.

STF, Tribunal Pleno, ADI 4.815, Relatora Ministra CÁRMEN LÚCIA, DJe 01/02/2016.

STF, Tribunal Pleno, ADI 5.240, Relator Ministro LUIZ FUX, DJe 01/02/2016.

STF, Tribunal Pleno, ADI 5.357 MC-Ref, Relator Ministro EDSON FACHIN, DJe 11/11/2016.

STF, Tribunal Pleno, ADI 6.590 MC-Ref, Relator Ministro DIAS TOFFOLI, DJe 12/02/2021.

STF, Tribunal Pleno, ADPF 347 MC, Relator Ministro MARCO AURÉLIO, DJe 19/02/2016.

STF, Tribunal Pleno, ADPF 460, Relator Ministro LUIZ FUX, DJe 13/08/2020.

STF, Tribunal Pleno, ADPF 467, Relator Ministro GILMAR MENDES, DJe 07/07/2020.

STF, Tribunal Pleno, ADPF 635 MC, Relator Ministro EDSON FACHIN, DJe 02/06/2022.

STF, Tribunal Pleno, ARE 766.618, Relator Ministro ROBERTO BARROSO, DJe 13/11/2017.

STF, Tribunal Pleno, ARE 954858, Relator Ministro EDSON FACHIN, DJe 24/09/2021.

STF, Terceira Turma, CJ 4.663/SP, Relator Ministro ELOY DA ROCHA, DJ 13/02/1969.

STF, Ext 7/GER, Relator Ministro Canuto Saraiva, julgado em 07/01/1914.

STF, Tribunal Pleno, CR 8.279 AgR/AT, Relator Ministro CELSO DE MELLO, DJ 10/08/2000.

STF, Tribunal Pleno, HC 87.585/TO, Relator Ministro MARCO AURÉLIO, DJe 26/06/2009.

STF, Tribunal Pleno, HC 92.566/SP, Relator Ministro MARCO AURÉLIO, DJe 05/06/2009.

STF, Tribunal Pleno, HC 97.256, Relator Ministro AYRES BRITTO, DJe 16/12/2010.

STF, Tribunal Pleno, HC 154.248, Relator Ministro EDSON FACHIN, DJe 23/02/2022.

STF, Tribunal Pleno, Rcl 11.243, Relator Ministro GILMAR MENDES, Redator do acórdão Ministro LUIZ FUX, DJe 05/10/2011.

STF, Tribunal Pleno, RE 71.154/PR, Relator Ministro OSWALDO TRIGUEIRO, DJ 27/08/1971.

STF, Tribunal Pleno, RE 80.004/SE, Relator Ministro XAVIER DE ALBUQUERQUE, Redator do acórdão Ministro CUNHA PEIXOTO, DJ 29/12/1977.

STF, Tribunal Pleno, RE 229.096/RS, Relator Ministro ILMAR GALVÃO, Redatora do acórdão Ministra CÁRMEN LÚCIA, DJe 11/04/2008.

STF, Tribunal Pleno, RE 349.703/RS, Relator Ministro AYRES BRITTO, Redator do acórdão Ministro GILMAR MENDES, DJe 05/06/2009.

STF, Primeira Turma, RE 440.028, Relator Ministro MARCO AURÉLIO, DJe 26/11/2013.

STF, Tribunal Pleno, RE 460.320, Relator Ministro GILMAR MENDES, Redator do acórdão Ministro DIAS TOFFOLI, DJe 06/10/2020.

STF, Tribunal Pleno, RE 466.343/SP, Relator Ministro CEZAR PELUSO, DJe 05/06/2009.

STF, Tribunal Pleno, RE 578.543 e RE 597.368, Relatora Ministra ELLEN GRACIE, Redator do acórdão Ministro TEORI ZAVASCKI, DJe 27/05/2014.

STF, Tribunal Pleno, RE 580.252, Relator Ministro TEORI ZAVASCKI, Redator do acórdão Ministro GILMAR MENDES, DJe 11/09/2017.

STF, Tribunal Pleno, RE 587.970, Relator Ministro MARCO AURÉLIO, DJe 22/09/2017.

STF, Tribunal Pleno, RE 590.415, Relator Ministro ROBERTO BARROSO, DJe 29/05/2015.

STF, Tribunal Pleno, RE 628.624, Relator Ministro MARCO AURÉLIO, Redator do acórdão Ministro EDSON FACHIN, DJe 06/04/2016.

STF, Tribunal Pleno, RE 636.331/RJ, Relator Ministro GILMAR MENDES, DJe 13/11/2017.

STF, Tribunal Pleno, RE 638.491, Relator Ministro LUIZ FUX, DJe 23/08/2017.

STF, Tribunal Pleno, RE 835.558, Relator Ministro LUIZ FUX, DJe 08/08/2017.

STF, Tribunal Pleno, RE 1.018.911, Relator Ministro LUIZ FUX, DJe 02/12/2021.

STF, Tribunal Pleno, RE 1.034.840 RG, Relator Ministro LUIZ FUX, DJe 30/06/2017.

STF, Tribunal Pleno, RE 1.224.374, Relator Ministro LUIZ FUX, DJe 23/09/2022.

WALDRON, Jeremy. *Foreign Law and the Modern Ius Gentium*. Harvard Law Review, v. 119, nº 1, pp. 129-147, 2005.

WALDRON, Jeremy. *Ius gentium: A Defence of Gentili's Equation of the Law of Nations and the Law of Nature*. In: The Roman Foundations of the Law of Nations: Alberico Gentili and the Justice of Empire. Oxford University Press, 2010.

WALDRON, Jeremy. *Partly laws common to all mankind: foreign law in American courts*. New Haven; London: Yale University Press, 2012.

O Dever de Fundamentação e a *Ratio Decidendi*

André Ramos Tavares [1]

1. A fundamentação das decisões judiciais como direito e dever fundamental[2]

A Constituição do Brasil de 1988, em seu art. 93, IX, estabeleceu, de maneira expressa, que "[...] os julgamentos dos órgãos do Poder Judiciário serão públicos, e *fundamentadas todas as decisões*, sob pena de nulidade [...]".[3] Em outras palavras, a Constituição de 1988 exige que as decisões judiciais sejam justificadas, isto é, que as razões jurídicas e fáticas dos atos sejam explicitadas, reveladas.[4]

A fundamentação das decisões judiciais e, mas especificamente na fundamentação, sua motivação[5], também estão ligadas intimamente ao dever da publicidade, de modo que "a motivação propicia a comunicação

---

1 Ministro substituto do Tribunal Superior Eleitoral. Professor Titular da Faculdade de Direito do Largo de São Francisco, Universidade de São Paulo – USP; Coordenador dos Programas de Mestrado e Doutorado em Direito da Faculdade Autônoma de Direito, FADISP; Professor Permanente dos Programas de Doutorado e Mestrado em Direito da PUC/SP; foi Presidente da Comissão de Ética da Presidência da República do Brasil (2020-2021). E-mail: artavares@usp.br.

2 Presto minhas homenagens, com esta pesquisa, ao estimado Roberto Rosas, com a alegria da proximidade e orientações que me franqueou ainda nos momentos muito iniciais de minha carreira e, sobretudo, pelo exemplo como ser humano e como profissional.

3 Original não grifado.

4 TAVARES, André Ramos. *Manual do Poder Judiciário*. 2ª ed. São Paulo: SaraivaJur, 2021, p. 154.

5 É oportuno ressaltar a diferença entre *fundamentação* e *motivação* das decisões judiciais. A fundamentação é o "requisito essencial da decisão judicial, no qual o julgador analisa as questões de fato e de direito." Por sua vez, a motivação é a "indicação das *razões* que deram lugar a certo ato, partindo do efeito para causa." (OTHON, Sidou, J. M. *Dicionário jurídico*. Rio de Janeiro: Forense Universitária, 1990, pp. 264 e 369, original não grifado). A motivação é inerente à fundamentação, mas com ela não se confunde. Os motivos são as *razões de decidir*, é o que confere racionalidade aos fundamentos de fato e de direito aventados na decisão. Em outras palavras, "a adequada fundamentação precisa, minimamente, *explicar o porquê* da aplicação do ato normativo em questão." (ALVIM, Arruda. *Manual de Direito Processual Civil*. 18ª ed. São Paulo: Thomson Reuters Brasil, 2019, p. 1070, original não grifado).

ou a divulgação do *iter* seguido pelo magistrado para prolatar sua decisão neste ou naquele sentido."[6]

Sobre a fundamentação e a motivação das decisões judiciais, cumpre retomarmos as lições de ROBERTO ROSAS:

> "A explicitação de um pensamento é a forma de demonstração do raciocínio lógico. Para informar-se a orientação para solucionar-se um conflito, o árbitro da contenda deve explicar as razões do seu convencimento, até para convencer o vencedor das razões da sua vitória. Uma decisão sem lastro de convencimento não significa um juízo e, portanto, vale como força. No Estado de Direito onde os valores devem ser equilibrados, sem pendores unilaterais, a Justiça torna-se exata, no momento da afirmação de um pensamento. A fundamentação desse pensamento deve ser clara e objetiva. Já se estabeleceu entre os romanos o *fundamentum*, significando firmeza, o fortalecimento. Mais alicerçada, mais forte será a decisão se ela tem os fundamentos. Esses são calcados nos motivos, nas razões de decidir. Motivar uma decisão significa portando dar os motivos, a *ratio decidendi*."[7]

O direito à fundamentação das decisões judiciais, como cláusula constitucional expressa, é uma inovação trazida pela Constituição de 1988, não prevista expressamente pela Carta de 1967 e nem pela EC nº 1/69. Mas essa é garantia ínsita ao postulado do Estado Democrático de Direito, mais especificamente à histórica cláusula do devido processo legal, em sua dimensão formal ou processual.

> "O devido processo legal, no âmbito processual, significa a garantia concedida à parte processual para utilizar-se da plenitude dos meios jurídicos existentes [...] A plenitude de defesa, referida no conceito de devido processo legal, significa o direito à defesa técnica, à publicidade da decisão, à citação, à produção ampla de provas, ao juiz natural, aos recursos legais e constitucionais, à decisão final imutável, à revisão criminal, ao duplo grau de jurisdição."[8]

---

6 TAVARES, André Ramos. *Manual do Poder Judiciário*. 2ª ed. São Paulo: SaraivaJur, 2021, p. 156.

7 ROSAS, Roberto. *Direito Processual Constitucional*. Princípios Constitucionais do Processo Civil. 2ª ed. São Paulo: Editora Revista dos Tribunais, 1997, p. 45.

8 TAVARES, André Ramos. *Curso de Direito Constitucional*. 20ª ed. São Paulo: Saraiva, 2021, p. 637.

O mandamento constitucional que determina a necessária fundamentação das decisões judiciais possui precipuamente dois destinatários: os cidadãos e os magistrados.

As decisões devidamente fundamentadas compõem o direito fundamental do cidadão a um processo equitativo[9], pois permitem o conhecimento das razões de fato e de direito que motivaram a decisão.[10] Ou seja, a apresentação das razões permite que as partes apreendam exatamente o que motivou a decisão do magistrado, possibilitando a apresentação de recursos, por exemplo[11].

No tocante aos magistrados, trata-se de autêntico "dever fundamental" de "explicar as razões pelas quais prolatou determinada decisão".[12]

> "O enunciado da motivação dirige-se também ao próprio juiz, e não apenas à parte, por se tratar de decorrência do enunciado do livre convencimento do magistrado. Nesse sentido, há o dever de motivar as decisões, para os magistrados e, pois, de expor os processos intelectuais que conduziram àquela decisão (livre convicção)."[13]

A fundamentação das decisões judiciais tem, dentre outros, o intuito de impedir arbitrariedades, já que permite o acesso às razões do *decisium*, proporcionando um controle pelos interessados ou destinatários.

A fundamentação das decisões judiciais também cumpre importante papel no sistema de precedentes, posto que, nesse sistema, almeja-se que casos semelhantes possam ser decididos de maneira semelhante, o

---

9 "O contraditório não se exaure na resposta, na contestação, também se estende a outros atos processuais, que impliquem a defesa. Se a parte requer determinadas medidas, e elas são negadas *sem explicação*, cerceia-se a defesa e impede-se o contraditório." (ROSAS, Roberto. *Direito Processual Constitucional.* Princípios Constitucionais do Processo Civil. 2ª ed. São Paulo: Editora Revista dos Tribunais, 1997, p. 48, original não grifado).

10 MENDES, Gilmar. *Curso de Direito Constitucional.* 16ª ed. São Paulo: Saraiva, 2021, p. 1123.

11 TAVARES, André Ramos. *Manual do Poder Judiciário.* 2ª ed. São Paulo: SaraivaJur, 2021, p. 155.

12 MENDES, Gilmar. *Curso de Direito Constitucional.* 16ª ed. São Paulo: Saraiva, 2021, p. 1123.

13 TAVARES, André Ramos. *Manual do Poder Judiciário.* 2ª ed. São Paulo: SaraivaJur, 2021, p. 155.

que requer a identificação das razões da decisão e sua eventual incidência em outros casos.

Especificamente no modelo de *case law*, uma decisão judicial é considerada um *precedente* quando, em virtude da fonte que a profere, essa decisão contemplar elementos estruturais internos que a imponham como parâmetro para outras situações análogas e futuras, desde que estas últimas situações guardem similitude com o caso decidido no passado (similitude fato-norma). Ou seja, o precedente é "uma decisão anterior persuasiva para decisões futuras [...] Serve de informação, de simplificação de trabalho."[14] Nesse sentido, alguns elementos estruturais internos tornam-se cruciais e seu formato, bem como sua devida explicitação passam a compor o próprio modelo de Direito.

No Brasil, com as alterações produzidas pela Lei nº 13.105, de 16 de março de 2015 (Código de Processo Civil em vigor), os precedentes judiciais ganharam relevante papel na formulação das razões de decidir e da própria decisão pelo julgador, bem como na compreensão da dinâmica do sistema jurídico pátrio[15].

No sistema de precedentes, não é a parte decisória em si que irá vincular os casos análogos futuros, mas apenas os seus fundamentos centrais, as razões de decidir. Esses fundamentos centrais - de fato e de direito - compõem o que se convencionou chamar de *ratio decidendi*, e deixaram, portanto, de ser apenas um mero direito dos envolvidos no processo judicial, para se tornarem estruturais à prática legítima do Direito dentro desses sistemas.

Uma das ideias correntes sobre o tema é a de que a correta fundamentação, com apresentação das razões de fato e de direito que embasaram a decisão, permite a manutenção de um sistema coerente. Isso reduziria a chamada fragmentação do Direito decorrente da livre convicção judicial.

---

14 ROSAS, Roberto. *Direito Sumular.* Comentários às Súmulas do Supremo Tribunal Federal e do Superior Tribunal de Justiça. 12ª ed. São Paulo: Malheiros, 2004, p. 12.

15 É inegável o benefício do chamado "modelo de precedentes judiciais" para (i) reduzir o volume de processos que tramitam historicamente em nossa Justiça, (ii) conferir coerência ao sistema de Justiça (superando a perpétua fragmentação do Direito decorrente da autonomia dos juízes), (iii) prevenir elevados níveis de litigiosidade. Quanto ao tempo do processo, o sistema de precedentes realiza a determinação constitucional da razoável duração do processo (art. 5º, LXXVIII, da Constituição Brasileira), além de fazê-lo sob os auspícios da igualdade e segurança jurídicas, promovendo calculabilidade e amparando justas expectativas sobre as consequências dos atos individuais.

Portanto, há efeitos mais amplos, quer dizer, externos ao processo, acerca desse dever de fundamentação adequada e sua explicitação.

2. *RATIO DECIDENDI* COMO FUNDAMENTO DETERMINANTE DA DECISÃO JUDICIAL

Fala-se, com toda propriedade, em *ratio decidendi* para designar os *fundamentos centrais*, os fatos relevantes, também chamados de "fatos materiais"[16] da decisão judicial[17]. Assim, é a *ratio decidendi* que irá formar o precedente e vincular os casos futuros.

A *ratio decidendi* é conceito fundamental quando se fala em repercussão geral ou mesmo em sistema de precedentes[18]. Esse conceito se refere à tese jurídica[19], à *específica interpretação da norma jurídica* invocada no julgamento, e que resta consolidada (no julgamento) em face dos fatos relevantes.

Podemos, nessa perspectiva, considerar que o direito à fundamentação não se esgota em seus elementos tradicionalmente elencados, como a indicação de norma jurídica positivada no sistema, mas requer que se explicite a própria interpretação aventada e aplicada a partir de elementos fáticos considerados relevantes para o julgamento do caso[20].

---

16 Sobre a importância do regime de controle dos fatos pelos tribunais, Cf. ESTAGNAN, Joaquín Silgueiro. *El Control de los hechos por el Tribunal Supremo*. Madrid: Dykinson, 1997. O autor adverte que o tratamento dos fatos compreende toda uma série de operações que afetam tanto o juízo de fato como o de direito. (*op. cit.*, p. 126). Ainda a esse propósito, Sagüés lembra da chamada *arbitrariedade fática*, na qual o autor adiciona, para além das hipóteses tradicionais, o afastamento do bom sentido na apreciação dos fatos (Cf. SAGÜÉS, Néstor Pedro, *Recurso Extraordinario*. 3ºª ed. Buenos Aires: Astrea, 1992, p. 340).

17 Que no sistema de precedentes devem nortear a futura decisão judicial.

18 É também conceito essencial no controle abstrato da constitucionalidade, quando se quer emprestar o chamado efeito transcendente às decisões do STF proferidas nessa sede.

19 "A obrigatoriedade da motivação é vista, ademais, como condição do funcionamento eficaz dos mecanismos destinados a promover a uniformização da jurisprudência, para a qual são as teses jurídicas que importam, e não as conclusões nuas dos julgados." (MOREIRA, José Carlos Barbosa. *A motivação da sentença como garantia inerente ao Estado de Direito*. Revista da Faculdade de Direito da UFPR. Disponível em: https://revistas.ufpr.br/direito/article/view/8836/6146. Acesso em: 28.10.2022).

20 "A partir da concretização (conceito moderno de interpretação), incluem-se, no processo de compreensão da norma, os fatos, como elementos inseparáveis desse

Assim, a tese jurídica, em um precedente, é formulada a partir das circunstâncias do caso, que sempre é composto pelos fatos e suas peculiaridades, com a elucidação e solução concreta das questões jurídicas postas por estes (fatos). A *ratio* é composta por um conjunto de decisões. E uma destas é exatamente a decisão sobre os fatos relevantes do caso, o que emerge apenas em função do quadro normativo em vigor. Vejamos como é compreendida na literatura mais tradicional sobre o tema:

> "*Ratio decidendi* de um caso deve ser compreendida como a afirmação do Direito aplicável na decisão do problema jurídico que emerge dos fatos concretos do caso."[21]

O que está em causa aqui, e merece toda a nossa atenção, é uma importante advertência. Não é a parte decisória do julgamento que fixa o precedente. O precedente é colhido em elemento anterior do julgamento. O precedente é "[...] fixado pela regra jurídica na qual a decisão está fundada. Esta norma, que é uma abstração a partir dos fatos do caso, é conhecida como *ratio decidendi* do caso".

Corroborando esse sentido, o próprio art. 926, § 2° do CPC estabelece que "Ao editar enunciados de súmula, os tribunais devem ater-se às *circunstâncias fáticas dos precedentes* que motivaram sua criação".[22]

Trata-se de incorporar âmbitos cognitivos próprios do chamado *case law system*. A razão, ou seja, o fundamento de decidir, está ancorado em fatos relevantes (*material facts*). Fatos são elementos essenciais e suficientes[23] a

---

mesmo processo (e da norma), e não apenas como um objeto sobre o qual se debruça ou em relação ao qual se reporta a disposição normativa (cf. MÜLLER, 1989:115). Ao falar de norma de decisão, a ideia de concretização envolve, num contexto de obrigatoriedade, o problema *concreto* (real ou hipotético). Adota-se um 'critério prático normativo adequado de decisão dos casos concretos' (CASTANHEIRA NEVES, 1993: 84). O *concreto* passa a ser considerado como constitutivo da normatividade, parte integrante da norma de decisão (MÜLLER, 2000:33), indispensável para a compreensão do Direito". (TAVARES, André Ramos. *Fronteiras da Hermenêutica Constitucional.* São Paulo: Editora Método, 2006, p.61, original grifado).

21 SLAPPER, Gary; KELLY, David. *The English legal System.* 18° ed. London: Routledge, 2017, p. 167.

22 Original não grifado.

23 Há discordância doutrinária sobre saber se os precedentes se formam apenas quando nos deparamos com elementos essenciais ou necessários para a decisão. A mesma divergência pode ser vista quanto à suficiência.

guiar a solução final para a hipótese concreta objeto do julgamento. Os fatos de um novo caso, portanto, podem determinar uma divergência decisória, sempre que puderem ser caracterizados como (i) fatos relevantes, mas (ii) a descoberto da decisão anterior (sendo esta *prima facie* considerada como precedente).

A *ratio decidendi*, porém, nem sempre resulta de um acertamento rigoroso, nem sempre está isenta de incertezas[24] e deve ser apurada com muito rigor e precisão, desde o momento da tomada da decisão até o momento de posterior invocação dessa decisão anteriormente adotada[25].

A construção da *ratio decidendi*, para fins de uso de um precedente, é resultado de uma operação judicial discricionária ou volitiva, o que implica na necessidade de extremo cuidado ao serem construídas as razões de um precedente[26].

Por exemplo, o pioneiro Código de Processo Constitucional de Peru, de 2004, em seu art. VII, tratou do precedente e impôs enfaticamente a exatidão do Tribunal sobre quando uma decisão deve ser entendida como precedente, exigindo, ainda, que seus efeitos jurídicos sejam apresentados de maneira precisa. Apesar do comando normativo, como bem advertiu Eloy Espinosa-Saldaña Barrera, isso nem sempre foi observado, servindo-nos de ilustração do mau uso da normativa o julgamento do caso *Municipalidad Distrital de Lurín*[27].

---

24 Incertezas inclusive sobre o que constitui *obiter dictum*. "*Dicta* do mais alto grau de persuasão pode frequentemente, para todos os efeitos práticos, ser indistinguível de pronunciamentos que devem ser tratados como *ratio decidendi*, e há certas situações, onde este é o caso, que são de importância suficiente para serem mencionadas separadamente." (CROSS, Rupert. HARRIS, Jim W. *Precedent in English Law*. 4ª ed. New York: Claredon Press Oxford University Press, 2004. p.77).

25 Além disso, há o problema da chamada autointerpretação da Corte, ou interpretação autêntica de um precedente. O tema é igualmente objeto de celeuma, havendo se fixado o pressuposto, na Itália, de que o significado de uma decisão já proferida resta fora do espaço de disponibilidade posterior da Corte. Essa é a linha oficial da Corte, embora nem sempre observado estritamente (Cf. GRANATA, Renato. *Le Sentenze e le ordinanze autointerpretative della Corte Costituzionale fra Novazione e Ricognizione del Precedente decisum*. Milão: Giuffrè ed., 2009, p. 2).

26 ANZON, Adele. Autorità di Precedente ed Efficacia di *Giudicato* delle Sentenze di Accoglimento nei Giudizi sulle Leggi. *In*: *Strumenti e Tecniche di Giudizio della Corte Costituzionale*. Atti del Convegno. Milano: Dott. A. Giuffrè ed., 1988. p. 277.

27 ESPINOSA-SALDAÑA BARRERA, Eloy. Precedente. *In*: TUPAYACHI STOMAYOR, Jhonny (coord.). *Código Procesal Constitucional Comentado*. Homenaje a Domingo Garcia Belaunde. Arequipa: Ed. Adrus, 2009, p. 76 e ss.

Verifica-se, portanto, que decisão judicial, precedente e *ratio decidendi não se confundem. Embora todo precedente derive de uma decisão judicial, nem toda decisão judicial pode ser considerada um precedente, muito menos todo o seu conteúdo será formalmente um precedente. Para fins de formação de um precedente interessa a ratio decidendi*, as razões de fato e de direito do caso, esses elementos é que irão permitir identificar e vincular os casos futuros, e realçam o nosso tema central, que é o dever de fundamentação adequada.

3. *RATIO DECIDENDI*, FUNDAMENTAÇÃO E APLICAÇÃO DE PRECEDENTES

As decisões judiciais que formam precedentes são apenas aquelas que, em virtude dos seus fundamentos e da sua estrutura, imponham um padrão decisório a ser observado a casos análogos e futuros. Nesse contexto, o que permite a identificação de casos semelhantes, a vinculação e a aplicação dos precedentes são as razões de decidir de fato e de direito, ou seja, a *ratio decidendi*. Daí a importância fundamental do dever de fundamentação dos julgamentos jurídico-judiciais.

Mas os próprios precedentes[28], nesses elementos essenciais acima destacados, demandam uma atividade interpretativa e comparativa para a sua correta aplicação futura. É possível distinguir um caso sucessivo a ser decidido de um caso anteriormente já decidido com base ou *nos fatos narrados* ou *no tópico da lei envolvida*.

Permanece, de maneira invariável, *prima facie*, um campo potencial de distinção entre o precedente (ou o raio de abrangência fática das razões vinculantes de uma decisão) e o novo caso concreto, especialmente considerando que o raciocínio empregado é fortemente analógico. E é nesse espaço que cabe ao operador do Direito avaliar dois elementos essenciais: (i) a dimensão e (ii) a relevância da distinção. É dessa análise que resultará legitimamente a adoção ou a rejeição do paradigma (e da incidência de suas razões) para o novo caso em julgamento.

Precedentes devem ser sempre contrastados com as particularidades ou peculiaridades próprias do novo caso concreto e apenas quando autenticamente semelhantes é que ensejam a invocação do que já foi decidido, quer dizer, a repetição da fundamentação e suas razões. Não se pode universalizar precedentes, de maneira a abstrativizar o campo fáti-

28 Utilizo, doravante, a expressão, em sentido lato, ou seja, incluindo todos os pronunciamentos judiciais considerados paradigmáticos.

co e tornar certos fundamentos como incidências universais. A aplicação indistinta de precedentes judiciais a casos concretos vindouros é inaceitável, sendo necessário o detalhamento do precedente e a exposição de suas similitudes com o caso individual, sob pena de falha no próprio dever de motivação adequada.

Os objetivos constitucionais, no Brasil, de eficiência e celeridade judiciais não podem, de maneira alguma, sobreporem-se ao indispensável exame da adequação do precedente, sob pena de descolamento do Estado de Direito. O emprego de um precedente judicial depende sempre de uma tarefa de compreensão, comparação e tomada de decisão[29], a evidenciar que a tese formada pelo Tribunal guarda pertinência com as particularidades do novo caso em apreço.

A garantia de segurança jurídica, que efetivamente é trazida pela força normativa do modelo de precedentes, apenas se concretiza na vida real quando sua aplicação ocorre dentro dos estritos padrões decisórios e comparativos que o modelo de precedentes exige.

Ao discorrer sobre o necessário cuidado na aplicação dos precedentes, de forma a certificar que sejam aplicados apenas a casos análogos, em doutrina clássica sobre o tema, Cross e Harris apontam que:

> "Não haveria sentido em expor muitas das observações de juízes insistindo na importância de prestar a mais escrupulosa atenção aos fatos dos casos anteriores citados. O número de tais observações é enorme. A exigência vai para a raiz da doutrina do precedente, segundo a qual casos semelhantes devem ser decididos da mesma forma. Só assim é possível garantir que o tribunal vinculado por um caso anterior decida o novo caso da mesma maneira que o outro tribunal teria decidido."[30]

O emprego indistinto e descriterioso de precedentes judiciais, por outro lado, promove uma insuportável *desdiferenciação de situações que são intrinsecamente distintas*, ou seja, situações absolutamente distintas passam a receber um mesmo tratamento jurídico, o que não pode ser aceito no atual estágio de evolução do Estado Constitucional de Direito. Trata-se de um rompimento com o dever de fundamentação adequa-

---

29 Refiro-me, aqui, às razões desse processo interpretativo e comparativo, que pode gerar uma decisão judicial de mérito pré-formatada (por aplicação do precedente).

30 CROSS, Rupert. HARRIS, Jim W. *Precedent in English Law*. 4ªª ed. New York: Claredon Press Oxford University Press, 2004. 43, tradução livre.

da, que é também um dever de atenção concreta com particularidades relevantes.

Requer-se, pois, uma cuidadosa atenção por parte do julgador no momento da aplicação de precedentes, a fim de se poder considerar o precedente como real concretização do princípio constitucional da igualdade, como efetivamente deve ser[31], dentro do dever de fundamentação adequada, e não mero apanágio geral para dificuldades de toda a ordem, como aquelas decorrentes de grande volume de processos ou de imposições normativas e sociais pela máxima celeridade.

Não por outra razão o art. 489, § 1º, V, do CPC estabelece que não se considera fundamentada a decisão judicial que "se limitar a invocar precedente ou enunciado de súmula, sem identificar seus fundamentos determinantes nem demonstrar que o caso sob julgamento se ajusta àqueles fundamentos"[32]. Esse artigo traduz de forma mais minudente e específica o preceito constitucional, inscrito no artigo 93, IX da Constituição do Brasil, que obriga todas as decisões judiciais a serem "fundamentadas [...] sob pena de nulidade"[33].

Erra, pois, quem pretender associar o modelo de precedente com modelo de operações automatizadas, um simplificador do dever judicial de fundamentação, apressando-se em imaginar a proximidade de um Mundo conduzido por um Poder Judiciário com o modelo produtivo *fast food* ou facilmente pacificado por um simples algoritmo.

31 E. W. Thomas faz uma importante advertência sobre os perigos de uma aplicação formalista e rígida dos precedentes, em que novas e diferentes situações acabam desconsideradas, empobrecendo a autonomia judicial necessária a fim de se conferir justiça ao caso concreto (Cf. THOMAS, E. W. *The judicial process*: realism, pragmatism, practical reasoning and principles. Cambridge: University Press, 2005, pp. 140-141).

32 Ordenamentos jurídicos avançados contemplam regras semelhantes, que especificam exigências e determinam o regime de funcionamento dos precedentes. Assim, v.g., o art. VII do Código de Processo Constitucional do Peru, de 2004, *in verbis*: "Quando o Tribunal Constitucional resolva distanciar-se do precedente, deve expressar os fundamentos de fato e de direito que sustentam a sentença e as razões pelas quais se distancia do precedente" (tradução livre).

33 Nem por isso o problema dos precedentes está solucionado, pois é preciso encontrar a *ratio decidendi* dentro do que tradicionalmente chamamos de fundamentos da decisão, o que pode incluir a necessidade de análise detalhada do próprio relatório. Além disso, não se pode olvidar a necessidade da formação de maioria especificamente quanto ao fundamento da decisão que constituirá *ratio* de precedente.

Some-se a este contexto a circunstância de, no sistema processual em vigor (Lei nº 13.105/2015), os precedentes invocados pela parte não poderem ser simplesmente ignorados pelo julgador. Assim prescreve o art. 489, § 1º, VI, do CPC, para considerar não fundamentada a decisão judicial que "deixar de seguir enunciado de súmula, jurisprudência ou precedente invocado pela parte, sem demonstrar a existência de distinção no caso em julgamento ou a superação do entendimento". Este dispositivo demonstra, ademais, a adoção (inevitável) do *distinguishing* pelo Direito positivo brasileiro. E demonstra, *a contrario sensu*, que situações distintas não permitem invocação do precedente.

Este *dever de fidelidade*[34] ao precedente exige do julgador uma análise individualizada do caso concreto (art. 489, § 1º, V, do CPC), seja para reconhecer a sua similitude (análise comparativa) e aplicá-lo, seja para declarar a sua distinção (*distinguishing*) e afastá-lo no caso *sub judice*. É o que se considera como a *strict rule* do precedente.

Assim, o magistrado, ao recorrer à técnica dos precedentes para fundamentar a decisão judicial, tem o dever de demonstrar a sua compatibilidade técnica e real com o caso *sub judice*, sendo inadequado invocar-se uma aplicação instantânea, automatizada, a partir de traços superficiais de aproximação dos casos.

Em síntese, precedentes devem ser seguidos exclusivamente quando forem compatíveis com o caso em exame – *única hipótese em que tornam vinculativas as razões de decidir já apresentadas (incluindo a tese jurídica)* e obrigam a sua adoção pelo magistrado. E por outro lado, razões de julgamento anteriores devem ser afastadas para casos posteriores quando, embora conexos os temas, diferenciem-se com relação a elementos centrais, nos termos que adiante explicitarei[35].

É dever do magistrado, diante de um precedente *prima facie* vinculativo, avaliar se é juridicamente impositiva ou não a sua utilização. Será sempre devido o seu emprego quando constatada a identidade fá-

---

34 Que se pode considerar, em última instância, como dever de fidelidade à Constituição. Sobre este tema, Cf. RUBENFELD, Jed. *On fidelity in constitutional law. In*: 65 Fordham Law Review, 1996-1997, LAYCOCK, Douglas. Taking constitution seriously. *In*: 59 Texas L. Rev. 1981.

35 Ainda com amparo na doutrina de E. W. Thomas, há a necessidade de serem aplicados os precedentes apenas quando "não são distintos ou não possam ser distinguidos" (THOMAS, E. W. *The judicial process*: realism, pragmatism, practical reasoning and principles. Cambridge: University Press, 2005, p. 142).

tica entre elementos centrais de identificação dos casos, não quanto a meras semelhanças, proximidade fática ou mesmo identidade fática em área periférica para a determinação das razões de decidir. Apenas realizada essa leitura atenta dos casos é que se pode falar, efetivamente, em segurança jurídica, previsibilidade e uniformidade do Direito em vigor e cumprimento adequado do dever de fundamentação.

Por outro lado, a existência de discrepâncias fático-jurídicas relevantes do caso atual em face do precedente deve afastar a sua aplicação naquele caso específico posterior, sendo *dever judicial do magistrado* proceder à sua *distinção* (art. 489, § 1º, VI), explicitando sua motivação.

Esses deveres, pois, realizam-se por meio da motivação adequada da decisão judicial quanto ao uso ou não de um potencial precedente[36].

4. O *DISTINGUISHING* E O DEVER DE MOTIVAÇÃO DAS DECISÕES JUDICIAIS

Seguir um precedente ou uma decisão prévia vinculante exige que haja alguma motivação explícita nesse sentido. O mesmo vale para decisões que pretendem não aplicar um determinado precedente, ou seja, ao afastar a aplicação de determinado precedente em um caso concreto, o magistrado também deve justificar as razões que o motivaram.

Nesse contexto, a *ratio decidendi,* por conter as razões de fato e de direito que embasaram a decisão, permite a identificação de casos futuros semelhantes, bem como a identificação de casos que não serão abarcados pelo precedente.

Assim, justamente pelos precedentes judiciais vinculativos – e tanto mais os persuasivos - comportarem uma margem de discricionariedade em sua utilização, margem esta derivada das inevitáveis particularidades do novo caso concreto, é que o Código de Processo Civil em vigor contempla a figura do *distinguishing.*

O chamado "*distinguishing*" é uma fórmula indicativa das particularidades que desassemelham casos que, em uma leitura mais superficial, podem parecer idênticos. A necessidade da distinção aplica-se inequivocamente - e até mesmo intuitivamente - nos modelos em que magistrados devem seguir paradigmas decisórios anteriores.

---

36 ANZON, Adele. Autorità di Precedente ed Efficacia di *Giudicato* delle Sentenze di Accoglimento nei Giudizi sulle Leggi. *In*: *Strumenti e Tecniche di Giudizio della Corte Costituzionale.* Atti del Convegno. Milano: Dott. A. Giuffrè ed., 1988, p. 275.

O mecanismo do "*distinguishing*" oferece a via adequada para superar-se a força atrativa de um precedente ou paradigma a um novo caso concreto. Este não pode submeter-se ao precedente já julgado, por força das mencionadas particularidades. A confusão entre seguir um precedente adequado e seguir cegamente e de maneira genérica e sem justificativa (motivação adequada) os supostos precedentes, significa desrespeito à igualdade, à segurança e à própria ideia de ter uma decisão judicial que analise a situação concreta e apresente motivação adequada.

O mecanismo aqui analisado permite legitimamente "evitar as consequências de uma decisão inconveniente"[37].

Esclareço, pois, que a finalidade do *distiguishing* não é a de negar efeito ao precedente ou paradigma já firmado por um Tribunal, ou refutar a sua tese jurídica, caso em que estaríamos diante ou de um *overruling* (superação) ou de outras técnicas que encaminham uma progressiva superação; a finalidade, na chamada "distinção", é apenas a de evidenciar a impossibilidade de aplicação do paradigma, já que distinto da situação concreta sob julgamento, mantendo-o, porém, íntegro em suas próprias razões.

O CPC em vigor alude à figura da distinção seja como *dever* do magistrado, seja como *dever* da parte. No primeiro caso, deve-se atentar que o art. 927, ao tratar dos precedentes obrigatórios, em seu § 1º, determina que os juízes e tribunais "observarão o disposto no art. 10 e no art. 489, § 1º, quando decidirem com fundamento neste artigo", tendo eu já mencionado que o art. 489, § 1º, VI, traz o dever de o magistrado, para deixar de seguir entendimento de paradigma, demonstrar a existência de distinção no caso em julgamento[38].

37 INGMAN, Terence. *The English Legal Process.* Thirteenth Edition, Oxford: Oxford University Press, 2011, p. 186. E, no mesmo sentido: Cf. SLAPPER, Gary; KELLY, David. *The English legal System*. 18° ed. London: Routledge, 2017, p. 173. Para um aprofundamento no tema do *distinguishing*: Cf. SCHUBERT, Glendon A. *Constitutional Politics*: the political behavior of Supreme Court Justices and the Constitutional Policies that they make. USA: Holt, Rinehart and Winston Inc., 1964, pp. 224-226.

38 O artigo 10 do CPC tem a seguinte redação: "O juiz não pode decidir, em grau algum de jurisdição, com base em fundamento a respeito do qual não se tenha dado às partes oportunidade de se manifestar, ainda que se trate de matéria sobre a qual deva decidir de ofício".

Entendo, assim, que o *distinguishing* vai ao encontro do *princípio da motivação das decisões judiciais* (art. 93, IX, da Constituição Brasileira), a impor ao magistrado a justificação para ter deixado de seguir o paradigma. Mas também, como restou demonstrado, o inverso é verdadeiro. Ou seja, não basta invocar um precedente ou uma decisão prévia vinculante para aplicar a determinado caso concreto, de forma automática, é preciso que nessa hipótese também haja motivação para tal.

Nesse sentido, o Enunciado 306 do Fórum Permanente de Processualistas Civis, ao tratar do art. 489, § 1º, VI, prescreve que "o precedente vinculante não será seguido quando o juiz ou tribunal distinguir o caso sob julgamento, demonstrando, fundamentadamente, tratar-se de situação particularizada por hipótese fática distinta, a impor solução jurídica diversa".

Sob esta perspectiva, incumbe ao órgão julgador proceder ao *chamado distinguishing sempre que houver distinções fundamentais entre o paradigma e o caso sob julgamento*. De se notar que o magistrado exercerá o *distinguishing* sempre que for necessário desvincular o caso *sub judice* da *ratio decidendi* firmada por um suposto paradigma anterior na matéria.

A importância atribuída pelo CPC ao *distinguishing* é, ademais, reconhecida na norma do art. 966, § 5º, que permite a propositura de ação rescisória quando a decisão estiver baseada em enunciado de súmula ou acórdão proferido em julgamento de casos repetitivos "que não tenha considerado a existência de distinção entre a questão discutida no processo e o padrão decisório que lhe deu fundamento".

Ademais, o CPC, ao versar acerca do sobrestamento dos processos judiciais em virtude da afetação de recursos extraordinário ou especial como recursos representativos da controvérsia, estabelece, em seu art. 1.037, § 9º, que a parte poderá requerer o prosseguimento do seu processo concreto desde que seja capaz de demonstrar a existência de *distinção* entre a questão a ser decidida no processo e aquela a ser julgada no processo paradigma. Trata-se de expressa situação em que incumbe à parte demonstrar a desequiparação de seu caso à hipótese do recurso afetado para ser paradigma decisório.

Todavia, sendo corolário do princípio da igualdade, há de se reconhecer que a possibilidade do *distinguishing* é sempre um direito de argumentação da parte em reivindicar que determinado paradigma não lhe seja aplicado, por considerá-lo referente a situação diversa da que está sob julgamento. Usar equivocadamente um precedente equivale, em linguagem direta, a negar Justiça.

5. CONCLUSÕES

Em síntese conclusiva, posso afirmar que a fundamentação das decisões judiciais, como garantia decorrente do Estado Democrático de Direito, é um direito fundamental do cidadão e um dever fundamental magistrado.

É oportuno ressaltar que fundamentação não se limita a apresentação dos dispositivos constitucionais ou legais utilizados para embasar a decisão, mas deve ser entendida como a justificativa, ou melhor, como a apresentação das razões de fato e de direito que motivaram o *decisium* (precedente lógico-argumentativo). Trata-se, ainda, da publicização do raciocínio utilizado pelo magistrado para se chegar a determinado resultado.

Há, portanto, na fundamentação, um elemento de racionalidade que permite a apreensão e o controle das decisões, seja pelas partes ou pelo próprio Poder Judiciário. Esse aspecto garante o exercício do duplo grau de jurisdição e visa a impedir decisões arbitrárias.

A fundamentação das decisões judiciais assume um papel importante no sistema de precedentes brasileiro. Os precedentes são decisões judiciais que, em virtude da sua estrutura interna e dos seus elementos, servem de parâmetro para o julgamento de casos análogos futuros. Ou melhor, os precedentes são as razões de fato e de direito – *ratio decidendi* – que fundamentam determinada decisão judicial e podem ser, de maneira fundamentada, reproduzidas em um novo julgamento.

Assim, não é todo *o decisium* – e nem toda decisão - que é considerado um precedente apto a vincular casos futuros, mas somente a tese jurídica aplicada ao caso concreto. É da aplicação de um determinado quadro normativo aos fatos materiais que se colhe a *ratio decidendi* e, portanto, o precedente.

Daí a importância da correta fundamentação das decisões judiciais: seja para identificar de forma mais clara a *ratio decidendi,* seja para utilizar a *ratio decidendi* como precedente em decisões judiciais posteriores.

Ademais, a aplicação correta dos precedentes não é uma tarefa simples em virtude do grau de discricionariedade e incerteza que decorre da operação de identificar casos semelhantes. Diante desse quadro que o CPC estabeleceu a necessidade de fundamentação das decisões que pretendem utilizar precedentes, seja daquelas que pretendem afastar a aplicação dos precedentes para determinado caso - *distiguishing*.

Em ambas as hipóteses, preza-se pelo dever constitucional da motivação das decisões judiciais, afastando-se qualquer tentativa de tornar o sistema de precedentes um modelo "automático" ou mecanizado de fundamentação das decisões judiciais.

Assim, embora o sistema de precedentes represente um grande avanço no sentido da coerência, da estabilidade e da segurança jurídica, não pode ser aplicado em detrimento dos direitos e garantias individuais, dos quais fazem parte o direito à fundamentação e o dever da motivação das decisões judiciais.

Referências bibliográficas

ALVIM, Arruda. *Manual de Direito Processual Civil.* 18ª ed. São Paulo: Thomson Reuters Brasil, 2019.

ANZON, Adele. Autorità di Precedente ed Efficacia di *Giudicato* delle Sentenze di Accoglimento nei Giudizi sulle Leggi. *In*: *Strumenti e Tecniche di Giudizio della Corte Costituzionale.* Atti del Convegno. Milano: Dott. A. Giuffrè ed., 1988.

CROSS, Rupert. HARRIS, Jim W. Precedent in English Law. 4ª ed. New York: Claredon Press Oxford University Press, 2004.

ESPINOSA-SALDAÑA BARRERA, Eloy. Precedente. *In*: TUPAYACHI STOMAYOR, Jhonny (coord.). *Código Procesal Constitucional Comentado.* Homenaje a Domingo Garcia Belaunde. Arequipa: Ed. Adrus, 2009.

GRANATA, Renato. *Le Sentenze e le ordinanze autointerpretative della Corte Costituzionale fra Novazione e Ricognizione del Precedente decisum.* Milão: Giuffrè, 2009.

INGMAN, Terence. *The English Legal Process.* Thirteenth Edition, Oxford: Oxford University Press, 2011.

KELLY, David, SLAPPER, Gary. *The English legal System.* 18ª ed. London: Routledge, 2017.

LAYCOCK, Douglas. Taking constitution seriously. *In*: *59 Texas Law Review*, 1981.

MENDES, Gilmar. *Curso de Direito Constitucional.* 16ª ed. São Paulo: Saraiva, 2021.

MOREIRA, José Carlos Barbosa. *A motivação da sentença como garantia inerente ao Estado de Direito.* Revista da Faculdade de Direito da UFPR. Disponível em: https://revistas.ufpr.br/direito/article/view/8836/6146. Acesso em: 28.10.2022.

OTHON, Sidou, J. M. *Dicionário jurídico.* Rio de Janeiro: Forense Universitária, 1990.

ROSAS, Roberto. *Devido Processo Legal.* Rio de Janeiro: GZ Editora, 2018.

ROSAS, Roberto. *Direito Processual Constitucional.* Princípios Constitucionais do Processo Civil. 2ª ed. São Paulo: Editora Revista dos Tribunais, 1997.

ROSAS, Roberto. *Direito Sumular.* Comentários às Súmulas do Supremo Tribunal Federal e do Superior Tribunal de Justiça. 12ª ed. São Paulo: Malheiros, 2004.

RUBENFELD, Jed. On fidelity in constitutional law. *In*: 65 Fordham Law Review, 1996-1997.

SAGÜÉS, Néstor Pedro. *Recurso Extraordinario.* 3ª ed. Buenos Aires: Astrea, 1992.

SCHUBERT, Glendon A. *Constitutional Politics*: the political behavior of Supreme Court Justices and the Constitutional Policies that they make. USA: Holt, Rinehart and Winston Inc., 1964.

SILGUEIRO ESTAGNAN, Joaquín. *El Control de los hechos por el Tribunal Supremo.* Madrid: Dykinson, 1997.

SOLA, Juan Vicente. *Control judicial de constitucionalidad.* Buenos Aires: Abeledo-Perrot, 2001.

TAVARES, André Ramos. *Curso de Direito Constitucional.* 20ª ed. São Paulo: Saraiva, 2021.

TAVARES, André Ramos. *Fronteiras da Hermenêutica Constitucional.* São Paulo: Editora Método, 2006.

TAVARES, André Ramos. *Manual do Poder Judiciário.* 2ª ed. São Paulo: SaraivaJur, 2021.

TAVARES, André Ramos. *Nova lei da súmula vinculante*: estudos e comentários à Lei 11.417, de 19.12.2006. 3ª ed., São Paulo: Método, 2009.

TAVARES, André Ramos. *Teoria da Justiça Constitucional.* São Paulo: Saraiva, 2005.

THOMAS, E. W. *The judicial process*: realism, pragmatism, practical reasoning and principles. Cambridge: University Press, 2005.

Práticas de Deliberação do STF e seu Impacto na Formação de Precedentes

André Rufino do Vale[1]

1. Introdução

Os precedentes judiciais têm sido cada vez mais objeto de estudos jurídicos no Brasil. Isso acontece, atualmente, por dois motivos principais. O primeiro é que, conforme há muito destacaram Neil MacCormick e Robert Summers, não há melhor maneira de um jurista conhecer o coração do seu sistema jurídico do que questionar como ele trata os precedentes[2]. O segundo advém do tratamento normativo especial (e em certo sentido inovador no país) que nos últimos anos o tema vem recebendo não apenas do legislador, mas também das normas e procedimentos internos dos tribunais brasileiros.

As mudanças no ordenamento jurídico nacional vêm sendo adotadas com o propósito da construção paulatina de uma *cultura de precedentes* no Brasil, que há alguns anos recebeu impulso definitivo com a renovação normativa do sistema processual civil. Entre as inovações mais importantes do Código de Processo Civil de 2015, houve um destaque especial para a exigência de se uniformizar a jurisprudência dos tribunais e mantê-la estável, íntegra e coerente, inserida no artigo 926, sem dúvida uma das disposições do novo código com mais repercussões para todo o sistema jurídico brasileiro.

Estas três palavras (*estabilidade*, *coerência* e *integridade*), por sua elevada carga axiológica e sua alta complexidade conceitual, podem ser objeto de profundas discussões e estudos teóricos, contexto em que as teorias da argumentação em geral, e da argumentação jurídica em particular, podem oferecer aportes conceituais e pontos de reflexão bastante instigantes. Não obstante, o objetivo deste artigo não é abordar as questões teóricas que rondam esses termos, nem sequer tocar nas diversas problemáticas que eles suscitam.

---

1 Doutor e Pós-Doutor em Direito. Professor do Instituto Brasileiro de Ensino, Desenvolvimento e Pesquisa (IDP). Líder do Observatório Constitucional (CNPq/IDP). Procurador Federal da AGU.

2 MACCORMICK, Neil; SUMMERS, Robert. *Interpreting Precedents*. New York: Routledge; 2016, p. 1 (*introduction*).

A preocupação, neste momento, deve ser de índole mais pragmática, voltada para os aspectos práticos da formação estrutural das decisões que poderão ser conceituadas como precedentes, fenômeno que está umbilicalmente conectado com as práticas de deliberação dos tribunais. A estrutura e a formatação dos textos das decisões dos tribunais brasileiros, especialmente do Supremo Tribunal Federal, traduzem uma espécie de modelo *seriatim* de decisão, que, dessa forma, pode representar uma pedra no caminho da plena efetivação da referida disposição do Código de Processo.

Com o intuito de analisar o impacto das deliberações do STF na formação dos precedentes no Brasil, o presente estudo abordará os aspectos institucionais observados nas práticas de redação, formatação e publicação das decisões, a partir dos distintos modelos de deliberação das Cortes Constitucionais observados no direito comparado. Essa análise revelará uma série de problemas nas práticas deliberativas da Corte Suprema brasileira que atualmente funcionam como difíceis obstáculos para a almejada construção de uma cultura de precedentes no país[3].

2. Modelos de apresentação institucional dos resultados da deliberação das Cortes Constitucionais

Uma das principais linhas de abordagem sobre as práticas deliberativas das Cortes Constitucionais leva em conta os distintos formatos de redação, formatação e publicação das decisões, e nesse sentido adota um enfoque sobre a *apresentação institucional dos resultados da deliberação*. Nessa perspectiva de análise, existem dois tipos de modelos básicos e distintos: 1) os modelos de texto único ou de decisão *per curiam*; 2) os modelos de texto composto ou de decisão *seriatim*.

2.1. Modelos de texto único ou de decisão per curiam

A deliberação entre os magistrados de uma Corte Constitucional geralmente é concluída mediante um procedimento de votação, o qual

3 Algumas das análises expostas neste artigo são resultado de pesquisas empíricas (qualitativas, inclusive por meio de entrevistas aos Ministros do STF) e estudos sobre as práticas de deliberação de Tribunais Constitucionais, todos contidos na obra: VALE, André Rufino do. *Argumentação Constitucional: um estudo sobre a deliberação nos Tribunais Constitucionais*. São Paulo: Almedina; 2019.

pode levar a resultados com coincidência total de votos entre todos os deliberantes, caso em que a decisão é considerada unânime, ou produzir uma pluralidade de opiniões expressadas em votos divergentes entre si, cuja consequência é a necessária decisão tomada por maioria de votos em um ou outro sentido. Alguns sistemas adotam modelos de apresentação do resultado da deliberação que prescrevem que, independentemente do fato de a decisão ter sido tomada por unanimidade ou por maioria, ela deve ser publicada em formato de *texto único*, dotado de uma única estrutura argumentativa – relato do caso, fundamentos jurídicos, parte dispositiva –, a qual possa ser validamente considerada como a opinião do tribunal como um todo ou, em outros termos, como uma decisão *per curiam*. A expressão latina *per curiam* significa "pelo tribunal" e assim é utilizada para dar significado aos processos decisórios que, resultando em posições unânimes ou por maioria de votos do colegiado de juízes, devem ser sempre apresentados ao público como sendo a expressão unívoca do órgão judicial considerado como uma unidade institucional indivisível, desconsideradas as posições individuais dos membros do colegiado. Decisões *per curiam* são assim formatadas e publicadas como um texto redigido com apenas um relato do caso julgado, uma única fundamentação jurídica que delimite e condense as razões de decidir do tribunal, e uma parte dispositiva que apresente o resultado da deliberação e, portanto, a decisão do órgão colegiado. A redação desse texto único que representará o posicionamento do tribunal é normalmente encarregada a um dos membros do órgão colegiado, seja um magistrado qualificado para essa função como *relator* ou *redator*, ou o próprio presidente do órgão, que nesse caso assume a responsabilidade de redigir a opinião do tribunal. A autoria da decisão, não obstante, será sempre do órgão colegiado integralmente considerado, e não do magistrado redator.

O modelo de decisão *per curiam* está intimamente relacionado com os modelos de deliberação fechada ou secreta, pois representam a forma idônea de apresentação da decisão do tribunal desconsiderando-se os debates, as divergências internas e as posições individuais externadas por cada membro do colegiado no momento da deliberação. Justamente por não levar em consideração os votos individuais de cada membro do colegiado, a prática de redação em formato de texto único suscita a questão sobre a necessidade de se publicar junto com esse texto as eventuais opiniões dissidentes expressadas no momento da deliberação por um ou vários magistrados. Diversos tribunais que adotam essa prática de texto único acabaram incorporando (seja por meio de mudanças jurisprudenciais, legais ou constitucionais) a publicação dos *votos dissidentes* (que divergem da decisão tomada pelo tribunal) e dos *votos concorrentes* (que divergem apenas da fundamentação adotada pelo tribunal), na forma de anexo à decisão principal. O tema da publicidade das opiniões dissidentes, no entanto, não receberá um tratamento específico neste artigo. Neste ponto de análise, o que precisa ficar consignado é que o modelo *per curiam* tornou-se adequado para manter em segredo tudo que se passa nos momentos deliberativos entre os magistrados, e revelar o resultado da deliberação em um texto cuidadosamente trabalhado para expressar a posição oficial do tribunal considerado em sua unidade institucional. Por isso, é o modelo de apresentação dos resultados da deliberação adotado pelos tribunais constitucionais que realizam julgamentos a portas fechadas, que em alguns casos é conjugado com a publicação das opiniões dissidentes.

Os tribunais franceses, incluído o *Conseil Constitutionnell,* tradicionalmente adotam uma prática muito peculiar de redação, formatação e publicação de suas decisões, que se tornou uma referência para muitos sistemas de *civil law* e pode ser distinguida como um típico exemplo de modelo de decisão *per curiam* ou de texto único. A singularidade desse "modelo francês" está na confecção de um texto que representa uma *síntese* da decisão do tribunal (em que a parte dispositiva assume mais importância que as razões de decidir) e que se caracteriza pela absoluta *impessoalidade* (distinta que deve ser das posições individuais de cada membro do colegiado) e *univocidade* (pois apresenta a posição unívoca do órgão colegiado considerado como um corpo unitário e indivisível). O estilo formal, conciso e impessoal das decisões dos tribunais franceses assim se justifica em razão da exigência de se manter em segredo absoluto tudo o que se passa nas deliberações colegiadas, que na realidade francesa, como abordado anteriormente, consolidou-se historicamente como um "princípio processual fundamental". Esse modelo redacional também está relacionado com a tradição jurídica francesa (influenciada em muitos aspectos pela conhecida escola da exegese) de considerar que as decisões dos tribunais devem ser apresentadas ao público como manifestações inequívocas do direito ou como respostas ou interpretações jurídicas únicas e corretas dos textos legais[4]. Nesse contexto, não

4 Para uma abordagem do modelo francês nessa perspectiva da "resposta correta", vide: GINSBURG, Ruth Bader. *Remarks on writing separately.* In: Washington Law Review, vol. 65, 1990, pp. 133 e ss. Para outros aspectos da prática deliberative dos tribunais franceses, vide: LASSER, Mitchel. *Judicial Deliberations. A comparative*

há lugar para a consideração das opiniões dissidentes que cada membro de um colegiado judicial expresse, pois a cultura judicial, burocrática e formal, está em geral orientada para não admitir que o direito possa receber interpretações distintas e divergentes. Assim, o sistema francês nunca chegou a institucionalizar a publicação das opiniões dissidentes – apesar das críticas da doutrina[5] – e dessa forma permanece como um modelo puro de decisão *per curiam*.

A *Corte Costituzionale* italiana também adota um modelo puro ou íntegro de decisão *per curiam*. O resultado final das deliberações, realizadas a portas fechadas ('*a porte chiuse*") na "*camara di consiglio*", é publicado em formato de texto único, o qual contém o relato do caso (*ritenuto in fatto*), os fundamentos jurídicos (*considerato in diritto*) e uma parte dispositiva final. Apesar de um amplo e polêmico debate doutrinário que tem resultado numa majoritária posição a favor da publicação das *opinioni dissenzienti* dos magistrados da Corte Constitucional, o modelo *per curiam* tem sido mantido em toda sua integridade, não dando margem para a revelação pública das dissidências internas do órgão colegiado.

Os Tribunais Constitucionais da Alemanha e da Espanha igualmente praticam o modelo de decisão *per curiam*. O resultado da deliberação, realizada secretamente, é publicado em formato de texto único que é assinado por todos os magistrados que participaram da sessão deliberativa, mesmo por aqueles que eventualmente não tenham compartilhado da decisão majoritária. Em ambos os sistemas, não obstante, é assegurado aos juízes o direito de formular voto dissidente – *Sondervotum* na Alemanha e *voto particular* na Espanha –, que deverá ser publicado junto com a decisão *per curiam*. Em comparação com a prática das Cortes Constitucionais francesa e italiana, a publicação das opiniões dissidentes torna os modelos espanhol e alemão um pouco menos rígidos e mais próximos, neste aspecto, aos modelos de decisão *seriatim*.

Além dos modelos de decisão praticados na Alemanha e na Espanha, um modelo tipicamente híbrido pode ser encontrado na prática delibe-

---

analysis of judicial transparency and legitimacy. Oxford: Oxford University Press; 2004.

---

5 LÈCUYER, Yannick. *Le secret du délibéré, les opinions separées et la transparence.* In: Revue Trimestrielle des Droits de L´Homme, Nemesis-Bruylant, n. 57, janvier 2004, p. 204.

rativa da Suprema Corte dos Estados Unidos da América[6]. Em seus primeiros anos de funcionamento (precisamente entre os anos de 1793 e 1800), seguindo o costume judicial inglês advindo da prática do King's Bench (o próximo tópico abordará melhor a tradição inglesa de decisão), a Corte anunciava suas decisões através das *seriatim opinions* de seus membros[7]. Cada *Justice* pronunciava seu voto individualmente e o conjunto de todas as opiniões expostas "em série" era assim apresentado ao público. Quando John Marshall se tornou *Chief Justice*, a Corte passou a adotar a prática de anunciar seus julgamentos em uma *single opinion*, que dessa forma passava a representar a opinião expressada pela maioria de seus membros[8].

A ideia de apresentar as decisões como sendo a expressão da "opinião da Corte" (*opinion of the Court*) parece não ter sido originada de Marshall, pois mesmo antes de sua chegada à Corte já se identificavam decisões com esse formato mais próximo de um modelo *per curiam*[9], mas não há dúvida de que foi ele quem a desenvolveu e consolidou como modelo oficial de pronunciamento das decisões da Corte. A partir de

---

6 Sobre o caráter híbrido ou a posição de meio termo (*midle way, midle ground*) do modelo de decisão praticado na Suprema Corte norte-americana em relação aos modelos *per curiam* e *seriatim*, vide: GINSBURG, Ruth Bader. *Remarks on writing separately*. In: Washington Law Review, vol. 65, 1990, pp. 133-150. Idem. *Speaking in a judicial voice*. In: New York University Law Review, vol. 67, 1992, pp. 1185-1209. Idem. *The role of dissenting opinions*. In: Minnesota Law Review, vol. 95, 2010-2011, pp. 1-8.

7 Sobre os primeiros anos de funcionamento da Suprema Corte norte-americana e a prática de decisões *seriatim*, vide: ZOBELL, Karl M. *Division of Opinion in the Supreme Court: a history of judicial desintegration*. In: Cornell Law Quaterly Review, vol. 44, 1958-1959, pp. 186-214. Karl Zobell menciona as seguintes decisões *seriatim* que foram adotadas em importantes casos decididos pela Suprema Corte em seus primórdios: *Chisholm v. Georgia*, 2 U.S. (2 Dall.) 419 (1793); *Penhallow v. Doane's Administrators*, 3 U.S. (3 Dall.) 54 (1795); *Talbot v. Janson*, 3 U.S. (3 Dall.) 133 (1795); *Hylton v. United States*, 3 U.S. (3 Dall.) 171 (1796); *Wiscart v. D'Auchy*, 3 U.S. (3 Dall.) 321 (1796); *Fenemore v. United States*, 3 U.S. (3 Dall.) 357 (1797); *Calder v. Bull*, 3 U.S. (3 Dall.) 386 (1798); *Fowler v. Lindsey*, 3 U.S (3 Dall.) 411 (1799); *Cooper v. Telfair*, 4 U.S. (4 Dall.) 14 (1800).

8 Sobre o tema, vide: GINSBURG, Ruth Bader. *Remarks on writing separately*. In: Washington Law Review, vol. 65, 1990, pp. 133-150.

9 Conforme anota Zobell, no caso Brown v. Barry, 3 U.S. (3 Dall.) 365, 367 (1797), a decisão foi assim anunciada pelo Chief Justice Ellsworth: *"In delivering the opinion of the court..."*, ZOBELL, Karl M. *Division of Opinion in the Supreme Court: a history of judicial desintegration*. In: Cornell Law Quaterly Review, vol. 44, 1958-1959, p. 193.

1801[10], sob o comando de Marshall, os *Justices* deixaram paulatinamente o costume de proclamar individualmente seus votos e passaram a estar mais comprometidos com a representação da unidade institucional da Corte, através da construção colegiada de uma única decisão, a *opinion of the Court*, dotada de uma única *ratio decidendi*. A redação seria então incumbida ao *Chief Justice*, que no caso era Marshall, mas o texto deveria expressar, ao invés de sua posição pessoal, a opinião do colegiado de juízes, em uma única voz (*speak in one voice*)[11].

Essa inovação na prática deliberativa dos *Justices* demonstrou-se crucial para a afirmação da Suprema Corte como unidade institucional em face dos demais poderes, num contexto político conturbado que marcou os primórdios da república norte-americana, e foi reconhecida posteriormente como um dos grandes feitos da histórica carreira de Marshall[12]. A mudança foi alvo das críticas de Thomas Jefferson, que considerava a nova modalidade deliberativa uma forma encontrada por Marshall de fazer prevalecer seus próprios posicionamentos e apresen-

10 No primeiro caso decidido pela Corte após a chegada de Marshall em 1801 - Talbot v. Seaman, 5 U.S. (1 Cranch) 1 (1801) -, foi o próprio Marshall, na qualidade de Chief Justice, que redatou a "opinion of the Court".

11 Nos primeiros quatro anos após a chegada de Marshall na Suprema Corte, vinte e seis decisões foram tomadas e anunciadas por uma *opinion of the Court*, dentre as quais vinte e duas foram redatadas por Marshall, na qualidade de *Chief Justice*. ZOBELL, Karl M. *Division of Opinion in the Supreme Court: a history of judicial desintegration*. In: Cornell Law Quaterly Review, vol. 44, 1958-1959, pp. 194. Há notícia de que para a extraordinária façanha de Marshall pode ter contribuído o fato de que na época os *Justices* realizavam atividades sociais em conjunto, como jantares, nos quais Marshall aproveitava para discutir os casos e tentar construir posicionamentos comuns, oferecendo-se como redator da decisão. GINSBURG, Ruth Bader. *The role of dissenting opinions*. In: Minnesota Law Review, vol. 95, 2010-2011, pp. 1-8.

12 Conforme relata Karl Zobell, biógrafos de Marshall atestam que "to disregard the custom of the delivery of opinions by the Justices seriatim was 'one of those acts of audacity that later marked the assumption of power which rendered his career historic... Thus Marshall took the first step in impressing the country with the unity of the highest court of the nation". ZOBELL, Karl M. *Division of Opinion in the Supreme Court: a history of judicial desintegration*. In: Cornell Law Quaterly Review, vol. 44, 1958-1959, pp. 193-194. Sobre os primeiros anos de Marshall na Suprema Corte e seu papel na construção da nova prática das *opinion of the Court*, vide: HASKINS, George L. *Law versus politics in the early years of the Marshall Court*. In: University of Pennsylvania Law Review, vol. 130, 1981-1982, pp. 1-27.

tá-los como sendo a opinião da Corte[13]. Jefferson assim defendeu o retorno da "*sound practice of the primitive court*" de pronunciar *seriatim opinions*. Apesar das críticas, a técnica da *opinion of the Court* se consolidou entre os *Justices* e acabou estimulando o uso das *separate opinions*, as quais, a partir de 1805[14], passaram a ser utilizadas pelos *Justices* que queriam anunciar sua divergência em relação à opinião majoritária do tribunal. Em verdade, apesar da mudança das *seriatim opinions* para a *opinion of the Court*, nunca houve questionamentos, e, portanto, não houve qualquer modificação, sobre o direito assegurado a cada *Justice* de expressar suas próprias opiniões em votos separados.

Assim, fixou-se na Suprema Corte norte-americana a prática que privilegia a apresentação pública das decisões na forma de *opinion of the Court* (que a aproxima do modelo *per curiam*) e ao mesmo tempo permite o pronunciamento das divergências por meio das *separate opinions* (*concurring or dissenting opinions*) de cada Justice (que a aproxima do modelo *seriatim*), a qual permanece até os dias atuais. O relevante crescimento da quantidade de *separate opinions* observada na história mais recente da Suprema Corte chegou a suscitar algum questionamento sobre a possibilidade de o tribunal estar de alguma maneira seguindo uma linha de retorno à sua prática inicial das *seriatim opinions*[15]. Observe-se,

---

13 As críticas de Thomas Jefferson à conduta do Chief Justice John Marshall na condução das *opinion of the Court* ficaram registradas em seus escritos: "An opinionis huddled up in conclave, perhaps by a majority of one, delivered as if unanimous, and with the silent acquiesence of lazy or timid associates, by a crafty chief judge, who sophisticates the law to his own mind, by the turn of his own reasoning". In: Letter to Thomas Richie, Dec. 25, 1820, 12 Ford, The Works of Thomas Jefferson 175, 1905. *Apud*, ZOBELL, Karl M. *Division of Opinion in the Supreme Court: a history of judicial desintegration*. In: Cornell Law Quaterly Review, vol. 44, 1958-1959, pp. 193-194.

14 A autoria dos primeiros *dissents* formulados em relação às *opinion of the Court* são atribuídas aos Justices William Johnson, no caso *Huidekoper's Lessee v. Douglas* (1805), e *Paterson, no caso Simms & Wise v. Slacum* (1806).

15 Assim questionou a *Associate Justice* Ruth Bader Ginsburg em artigo escrito sobre o tema no início da década de 1990: "Has our Supreme Court drifted from its once customary middle way – an opinion of the court sometimes accompanied by a separate opinion – toward the Law Lord's pattern of seriatim opinions, each carrying equal weight, and under which 'the English lawyer has often to pick his way through as many as five judgments to find the highest common factor binding on lower courts'?". GINSBURG, Ruth Bader. *Remarks on writing separately*. In: Washington Law Review, vol. 65, 1990, pp. 149. Um importante estudo sobre o modelo de decisão atualmente adotado pela Suprema Corte norte-americana assim con-

não obstante, que as decisões tomadas como uma *opinion of the Court* e as que adquirem o formato *per curiam*[16], em seu conjunto, representam inequivocamente a maior parte das decisões emanadas da Suprema Corte e as *separate opinions*, apesar serem cada vez mais utilizadas, permanecem como uma modalidade excepcional. O modelo peculiar de decisão praticado pela Suprema Corte norte-americana, portanto, ainda estaria mais próximo do modelo *per curiam* do que do modelo *seriatim*.

2.2. Modelos de texto composto ou de decisão SERIATIM

Em contraste com o modelo de decisão *per curiam*, que privilegia a apresentação do resultado da deliberação como "opinião do tribunal" em texto único, o modelo de decisão *seriatim* se caracteriza pela produção de um agregado das posições individuais de cada membro do colegiado, cujos votos são expostos "em série" em um *texto composto* - aí está o significado do termo em latim *seriatim*. Nos tribunais que adotam esse modelo, a deliberação comumente não se desenvolve com o objeti-

cluiu: "In the current jurisprudential universe of five to four divisions and multiple separate opinions, the Justices are unconstrained in expressing their views and have little use for a form of opinion that comunicates consensus. The *per curiam* opinion written 'by the Court' has a vaguely old-fashioned sound, an echo of an era when the institution subsumed the Justices who served it. The current Court acts as nine individual Justices, and today an authentic opinion by the Court is one that speaks not in a single anonymous voice but in a dissonant chorus". RAY, Laura Krungman. *The road to Bush v. Gore: the history of the Supreme Court's use of the per curiam opinion*. In: Nebraska Law Review, 79, 2000, pp. 517-576.

16 Além de toda essa prática acima descrita, que se aplica majoritariamente às decisões adotadas em plenário que resolvem o mérito dos casos e ao final são redatadas e assinadas pelo Justice incumbido da redação (*signed opinions*), não se deve olvidar que uma outra grande massa de casos é decidida pela Suprema Corte conforme o modelo *per curiam*, isto é, na forma de *unsigned opinions*. As decisões *per curiam* são adotadas para os casos que recebem tratamento sumário, como aqueles que são negados através do *certiorari*, os que a Corte decide não atingir o mérito (mesmo após o *full briefing* e o *oral argument*), ou aqueles em que a decisão é considerada óbvia ou de rotina (*routine dispositions*), que alcançam um alto grau de acordo entre os juízes ou são majoritariamente tomadas por unanimidade. Sobre o uso das *per curiam decisions* pela Suprema Corte norte-americana, vide: WASBY, Stephen L.; PETERSON, Steven; SCHUBERT, James; SCHUBERT, Glendon. *The per curiam opinion: its nature and functions*. In: Judicature, vol. 76, 1992-1993, pp. 29-38. ROBBINS, Ira P. *Hinding behind the cloak of invisibility: the Supreme Court and per curiam opinions*. In: Tulane Law Review, vol. 86, pp. 1197-1242.

vo de produzir um texto final com uma única *ratio decidendi* que possa representar a posição institucional da Corte (unívoca e impessoal), mas como uma proclamação sucessiva das decisões individuais dos membros do tribunal, normalmente precedidas de um discurso que cada juiz tem o direito de realizar, seja através de um texto escrito por ele preparado previamente ou por meio da improvisação oral, para apresentar publicamente sua própria argumentação e seu julgamento individual do caso. O resultado da deliberação é apresentado em texto composto pelos diversos votos e suas respectivas *ratio decidendi*, tornando bastante complicada em algumas ocasiões a tarefa de definir com precisão o fundamento determinante da decisão do tribunal, a qual normalmente pode ser realizada pela extração do "mínimo comum" entre os distintos argumentos individuais. Assim, na prática, uma das consequências da adoção desse modelo é a maior importância que adquirem as *ratio decidendi* de cada juiz individualmente consideradas para a técnica de precedentes. Cada juiz passa a estar mais vinculado a suas próprias decisões e argumentos, de modo que não são estranhas a esses sistemas a produção de um "*overruling* pessoal", na hipótese em que determinado juiz tenha que rever seu próprio posicionamento.

Os modelos de decisão *seriatim* estão relacionados com os modelos de deliberação aberta ou pública. A realização de sessões públicas de deliberação, nas quais cada magistrado profere seu voto como sendo um discurso pessoal, com suas próprias razões de decidir, encontra nesse modelo *seriatim* uma forma idônea de apresentar o resultado final de sua deliberação mediante a exposição, em texto composto, da íntegra de todos os pronunciamentos individuais.

O modelo de decisão *seriatim* corresponde à tradição dos órgãos judiciais colegiados do *Common Law* (*The Common Law Courts*), como, por exemplo, o *King's Bench*, cujas sessões deliberativas ficaram caracterizadas pelo pronunciamento "em série" (*seriatim*) dos discursos (*speech*) individuais de cada juiz, os quais eram dessa forma consignados nos textos das decisões destinados à publicação (*published reports*)[17]. O costume britânico de proferir e publicar decisões na forma de *seriatim opinions* foi incorporado pela Câmara dos Lordes (*House of Lords*), que, no exercício da função judicial pela *Law Lords* – ressalte-se, sempre considerada não muito distinta daquela exercida por um organismo legis-

17 ZOBELL, Karl M. *Division of Opinion in the Supreme Court: a history of judicial desintegration.* In: Cornell Law Quaterly Review, vol. 44, 1958-1959, pp. 187-192.

lativo, como é a *House of Lords* – por muito tempo manteve a prática de se manifestar através do conjunto das decisões individuais de cada juiz, as *opinion of the Lords*. Esse tradicional modelo apenas sofreu algumas modificações no recente ano de 2009, com a criação da *Supreme Court of the United Kingdom*, a qual assumiu as funções judiciais antes exercidas pela *Law Lords* e incorporou uma prática de apresentação institucional do resultado de suas deliberações que ainda proclama as opiniões dos Lordes, mas que desde então passou a ser alvo de contundentes críticas e, muito provavelmente, deverá ser objeto de alguma reforma que o torne mais próximo dos modelos *per curiam*. E, como explicado no tópico anterior, o modelo *seriatim* também predominou na prática deliberativa dos primeiros anos de funcionamento da Suprema Corte norte-americana (1793-1801), por influência direta da tradição judicial dos tribunais colegiados do *common law*, mas logo foi transmudado para um modelo que privilegia a formação de uma *opinion of the Court*, que assim mais se assemelha aos modelos de decisão *per curiam*.

Atualmente, talvez seja a prática deliberativa do Supremo Tribunal Federal do Brasil o exemplo mais claro e fidedigno do modelo de decisão *seriatim* ou de publicação dos resultados da deliberação em forma de texto composto. As decisões são proferidas pela Corte Constitucional do Brasil em sessões deliberativas públicas marcadas pela sucessão ordenada dos pronunciamentos orais individuais de cada magistrado, dotados de sua própria *ratio decidendi*, que são posteriormente apresentados ao público em formato de texto composto (o denominado *acórdão*), o qual agrega todos os votos e os debates orais em sua íntegra.

3. O ACÓRDÃO E SUA ESTRUTURA: UM PECULIAR MODELO *SERIATIM*

No Brasil, o texto que apresenta publicamente o resultado da deliberação colegiada é tradicionalmente denominado de *acórdão*, substantivo derivado do verbo acordar, na terceira pessoa do plural, para retratar o fato de a decisão do tribunal ser tomada pela convergência das distintas opiniões expressadas individualmente por cada membro do órgão colegiado[18]. O termo assim traduz a ideia de um acordo intersubjetivamente adotado como resultado da deliberação do tribunal.

18 A figura do acórdão está prevista pelo Código de Processo Civil brasileiro. Segundo Egas Dirceu Moniz de Aragão: "A regra desse artigo (163 do CPC: "Recebe a denominação de acórdão o julgamento proferido pelos tribunais") consagra a tradicio-

Não obstante, na prática, ao invés de consubstanciar uma unidade textual que apresenta de modo unívoco e inequívoco as razões de decidir (*ratio decidendi*) do órgão colegiado considerado em sua totalidade, o acórdão possui uma formatação peculiar, que apenas faz uma junção de todas as manifestações de cada membro do colegiado (todos os votos individuais e a transcrição dos debates). Sua estrutura reúne basicamente: 1) a *Ementa*, que tem a função de apresentar de modo bastante sintético e resumido o fundamento e a parte dispositiva da decisão, e que é acompanhada da descrição do acórdão, isto é, do resultado da votação, com os nomes dos Ministros e seus respectivos votos em um sentido ou outro; 2) o *Relatório*, que faz o relato dos fatos e atos processuais e das circunstâncias fáticas e jurídicas envolvidas no caso julgado; 3) a íntegra de *todos os votos* dos Ministros que participaram da deliberação, na ordem de votação, começando pelo voto do Relator e depois seguindo a ordem crescente de antiguidade (do Ministro mais moderno até o Ministro mais antigo na Corte), terminando com o voto do Presidente,

---

nal denominação dos pronunciamentos colegiais. Derivado do verbo acordar, na terceira pessoa do plural, o substantivo retrata a convergência de opiniões em que se consubstanciam as decisões dos tribunais. Qualquer pronunciamento de tribunal – em processo regulado pelo Código – terá essa denominação; não importa que seja despacho, decisão interlocutória ou sentença, que haja ou não solucionado o mérito da causa. Todavia não se pode perder de vista que *julgamento* é um ato, acórdão, outro. Embora o texto fale que este dá o nome a esse, não se pode esquecer que a denominação, no caso, é menor que o objeto nominado. O julgamento corresponde ao pronunciamento dos tribunais, depois retratado, por escrito, no acórdão. O Código refere indistintamente as duas ideias. (...) Embora substancialmente idênticos, acórdão e sentença diversificam-se, e muito, em sua elaboração e forma. A sentença é ato de uma só pessoa – o juiz. Este a concebe e exterioriza como um todo único. O acórdão, porém, é ato de distintas pessoas – os integrantes do órgão julgador. Cada qual concebe e exterioriza uma opinião, que se denomina voto, a respeito da causa, assim contribuindo para a formação, por partes, do julgamento, que será depois, reduzido a escrito, recebendo, então, o nome de acórdão. Se, em alguns casos, a decisão resulta da adesão de todos os participantes do colégio ao voto proferido por um de seus membros, o relator, em outros, a formação do resultado se alcança por etapas, através da soma dessas opiniões, que podem ser parcialmente diversas entre si. Competirá ao presidente do órgão julgador, conduzindo os trabalhos e recolhendo os votos, apurar a decisão e proclamá-la, acomodando as eventuais disparidades, de modo a extrair o resultado final. Os regimentos dos tribunais expõem os métodos a serem empregados para esse fim, prevendo os meios de reduzir a um denominador comum todos os votos emitidos". Egas Dirceu Moniz de Aragão. *Comentários ao Código de Processo Civil*, Vol. II. 9ª Ed. Rio de Janeiro: Forense; 1998.

se houver; 3) as *transcrições dos áudios* dos debates orais ocorridos na sessão pública de julgamento.

O acórdão, portanto, designa um *texto composto* por todos os atos da sessão deliberativa, apresentados em sequência, desde o relatório até os votos (individualmente considerados) e os debates orais, o que conforma um peculiar modelo de decisão *seriatim*. Esse formato *seriatim* privilegia a apresentação pública de cada opinião individual pronunciada pelos Ministros, com suas próprias razões de decidir, o que por um lado favorece a demonstração da pluralidade que caracteriza as diversas posições que compõem o órgão colegiado, revelando de modo mais aberto a realidade da deliberação, mas que, por outro lado, torna bastante difícil e complexa a tarefa de identificar de forma unívoca e inequívoca a *ratio decidendi* do tribunal como unidade institucional.

Outra característica desse modelo *seriatim* é que ele pode transformar o texto da decisão em um aglomerado de votos com diversas posições e argumentos diferenciados, de modo que não é nada incomum que votos convergentes quanto à decisão tomada divirjam nitidamente nos fundamentos adotados e que outros votos que são muito semelhantes em técnicas argumentativas cheguem a conclusões opostas[19]. Não há, portanto, uma distinção precisa entre *votos vencedores* e *votos vencidos*, nem entre *votos divergentes* (quanto à parte dispositiva da decisão) e *votos concorrentes* (que divergem apenas quanto à fundamentação da decisão). Mesmo a leitura atenta de um acórdão pode ser insuficiente para identificar com precisão as diversas posições e argumentos lançados em variados sentidos por cada Ministro.

Assim, os acórdãos acabam resultando em textos muito longos e com conteúdo extremamente diversificado e fragmentado, na medida

19 O exemplo mais claro ocorreu no denominado "caso Ellwanger" (Habeas Corpus n. 82.424, Relator para o acórdão Ministro Presidente Maurício Correa, julgado pelo Plenário do Tribunal em 17 de setembro de 2003). Os votos dos Ministros Gilmar Mendes e Marco Aurélio utilizaram, de modo bastante semelhante, o método da aferição de proporcionalidade das medidas restritivas de direitos fundamentais e de solução da colisão de princípios constitucionais, e chegaram a resultados completamente opostos. O Ministro Gilmar Mendes concluiu pela idoneidade, necessidade e proporcionalidade da decisão judicial condenatória que tipificou a conduta do paciente (Siegfried Ellwanger) como sendo de crime de racismo, imprescritível conforme a Constituição. O Ministro Marco Aurélio, por outro lado, verificou no caso a violação às três máximas da proporcionalidade (adequação, necessidade e proporcionalidade em sentido estrito) e votou pela concessão do *habeas corpus*, após concluir pela inexistência do crime de racismo.

em que nele estão contidas todas as posições e argumentos lançados na deliberação pública, separados e dispostos na sequência da formatação prevista, e não conforme uma narrativa unitária. Nos casos de maior repercussão, que normalmente são objeto de sessões deliberativas mais duradouras, os textos dos acórdãos comumente contêm algumas centenas de páginas[20], tornando complicada não apenas a leitura de sua íntegra, mas também a compreensão global dos fundamentos que justificam a decisão tomada pelo tribunal.

O fato é que os textos das decisões do Supremo Tribunal Federal hoje têm-se caracterizado por serem longos, prolixos e fragmentados, o que nem sempre foi a prática desenvolvida na Corte. Em sua origem histórica, o Tribunal herdou a prática de redação desenvolvida por seu antecessor, o Superior Tribunal de Justiça do Império, que por sua vez assimilara a tradicional cultura francesa das decisões sintéticas que visavam apresentar um raciocínio jurídico mais lógico e definido, sem margem para doutrina[21]. Ao longo de seu primeiro centenário, o STF praticou um estilo redacional que sempre abriu espaço para doutrina, mas que não por isso deixou de manter as características das decisões

20 Citem-se apenas alguns casos exemplares de acórdão com mais de duas centenas de páginas: Acórdão do *Habeas Corpus* n. 82.424 ("caso Ellwanger", racismo e antissemitismo), 488 páginas; Acórdão da Ação Direta de Inconstitucionalidade n. 3.510 (pesquisa com células-tronco), 526 páginas; Acórdão da Petição n. 3.388 ("caso Raposa Serra do Sol"), 652 páginas; Acórdão da ADPF n. 130 (Lei de Imprensa), 334 páginas; Acórdão da ADPF n. 153 (Lei de Anistia), 266 páginas; Acórdão do Mandado de Injunção n. 670 (direito de greve dos servidores públicos), 206 páginas; Acórdão na Ação Direta de Inconstitucionalidade n. 4.277 (relações homoafetivas), 270 páginas; Acórdão do Recurso Extraordinário n. 633.703 (Lei da Ficha-Limpa), 306 páginas; Acórdão no Recurso Extraordinário n. 349.703 (prisão civil por dívida), 202 páginas.

21 Sobre a característica da redação dos acórdãos do Supremo Tribunal de Justiça do Império, José Reinaldo de Lima Lopes tece as seguintes considerações: "O traço mais evidente de diferença consiste na objetividade e síntese dos acórdãos. Isso não reflete apenas um estilo, ou gênero literário, mas deve ser tributado a uma convicção de que o direito de corte constitucional e liberal é primeiramente o direito legislado. Assim, dando continuidade à tradição ilustrada do século XVIII, na qual tantos juristas da primeira geração brasileira haviam sido formados, recusa-se o apelo à tradição e à doutrina, isto é, à tradição ou costume dos doutores. O Supremo não deve decidir segundo a doutrina, não deve valer-se do que dizem os intérpretes professorais da lei, mas de acordo com a própria lei, cuja aplicação lhe compete". LOPES, José Reinaldo de Lima (org.). *O Supremo Tribunal de Justiça do Império (1828-1889)*. São Paulo: Saraiva; 2010, p. 16.

mais sintéticas, que muitas vezes eram escritas de próprio punho pelo Ministro Relator, sendo que os demais Ministros comumente se limitavam a acompanhá-lo ou, se divergiam, a produzir votos mais elaborados, eventualmente com alguma doutrina, que seriam juntados ao acórdão[22].

O acórdão, com sua estrutura e formatação peculiares e típicas de um modelo de decisão *seriatim*, parece assim conter um déficit de racionalidade em relação aos modelos *per curiam* quanto à forma de apresentação pública do resultado da deliberação do tribunal. Na medida em que não enseja a formação de um texto único que, como nos modelos *per curiam*, contenha um corpo unitário com a *ratio decidendi* da decisão do órgão colegiado considerado em sua totalidade, o acórdão não oferece um modelo de formatação textual que permita ao tribunal demonstrar de forma clara e racional os fundamentos determinantes de sua decisão.

3.1. Cultura individualista de precedentes

O modelo *seriatim* de publicação das decisões pode assim se transformar em um obstáculo ao pleno desenvolvimento de uma cultura de precedentes do tribunal. A tendência mais comum é que, ante a dificuldade de formação e de delimitação de uma única *ratio decidendi*, os diversos fundamentos contidos nos votos individuais de cada magistrado passem a servir como referências distintas e difusas para as futuras decisões e, inclusive, para as críticas e estudos acadêmicos especializados sobre os trabalhos da Corte[23].

---

22 A respeito de algumas características da primeira prática redacional do STF, Aliomar Baleeiro escreveu o seguinte: "No Brasil da primeira década republicana, que não contava com a quinta parte sequer da população de 1972, os Ministros do Supremo Tribunal não tinham a esmagadora carga de trabalho dos últimos anos. (...) Escreviam do próprio punho as decisões com longa série de consideranda logicamente deduzidos. Todos as assinavam e, por vezes, acrescentavam alguns caprichados votos vencidos ou com acréscimos aos argumentos do relator". BALEEIRO, Aliomar. *O Supremo Tribunal Federal*. In: Revista Forense, Rio de Janeiro, abril-maio-junho de 1973, p. 7.

23 Atualmente, não são raros os trabalhos acadêmicos no Brasil (teses de doutorado, dissertações de mestrado etc.) que, com o intuito de estabelecer um pensamento crítico sobre a jurisprudência do Supremo Tribunal Federal em algum tema específico, acabam analisando apenas a posição de um único Ministro, normalmente a do Ministro Relator e/ou do Ministro cujo voto se sagrou vencedor e se sobressaiu entre os demais votos, apesar de muitas vezes estes não representarem o posicionamento do órgão colegiado considerado em sua totalidade.

O resultado mais comum dessa tendência pode ser o desenvolvimento de uma *cultura individualista de precedentes*, em que os magistrados acabam seguindo apenas seus próprios argumentos, isto é, os posicionamentos pessoais estabelecidos em votos individuais, de modo que também as técnicas do *distinguishing* e do *overruling* são aplicadas de forma individual, quando um determinado Ministro resolve distinguir ou revisar/superar suas posições pessoais fixadas em decisões anteriores (um *overruling* pessoal).

Ademais, a dificuldade de identificação dos fundamentos determinantes das decisões gera problemas para o julgamento das reclamações, que são as ações constitucionais que podem ser ajuizadas na Corte com a finalidade de impugnar atos e decisões de instâncias judiciais e administrativas que violem a jurisprudência do STF[24]. Analisar e averiguar se os atos e decisões atacados numa reclamação de fato contrariam determinada decisão do STF pode se tornar uma tarefa bastante complicada ante a dificuldade de se precisar o que realmente consta como *ratio decidendi* nessa decisão[25].

3.2. A VISÃO DOS MINISTROS

Na obra "Argumentação Constitucional: um estudo sobre a deliberação nos Tribunais Constitucionais"[26], apresento os resultados de pesquisas empíricas realizadas no STF a respeito de suas práticas de deliberação, e um dos aspectos importantes daqueles estudos publicados diz respeito à opinião revelada pelos próprios Ministros, por meio de entrevistas, a respeito de suas práticas deliberativas.

24 A Reclamação está prevista no art. 102, inciso "l", da Constituição, no rol de competências de julgamento do Supremo Tribunal Federal. A reclamação é uma ação constitucional que visa impedir a usurpação da competência e a violação às decisões do Supremo Tribunal por parte dos órgãos judiciais inferiores e por órgãos da administração pública.

25 A questão foi bastante discutida no julgamento da Reclamação n. 9.428, Relator Ministro Cezar Peluso, julgada pelo Plenário em 10 de dezembro de 2009.

26 VALE, André Rufino do. *Argumentação Constitucional: um estudo sobre a deliberação nos Tribunais Constitucionais*. São Paulo: Almedina; 2019.

Os Ministros entrevistados[27] foram questionados sobre a adequação do acórdão como modelo de apresentação pública do resultado da deliberação do tribunal. A maioria atualmente reconhece que esse modelo precisaria ser reformado e alguns, inclusive, demonstram ter posições firmes no sentido da maior racionalidade dos modelos de texto único, apesar das opiniões daqueles que sempre consideraram uma vantagem o acórdão poder transmitir a diversidade de opiniões presentes na deliberação. Porém, há a alegação recorrente da dificuldade de se implementar mudanças nesse formato devido à quantidade exacerbada de trabalho atualmente existente no tribunal, cuja quantidade de processos e julgamentos não ofereceria condições para a implementação de um novo sistema que exigisse a redação e formatação de texto único.

27 Em cumprimento dos deveres de ética da pesquisa científica, as transcrições das entrevistas não revelam os nomes de cada magistrado e de suas respectivas respostas às perguntas, apesar do fato de a maioria dos entrevistados ter demonstrado anuência em relação a eventual apresentação de seus nomes e opiniões. Assim, os magistrados são apenas numerados, preservando-se o caráter confidencial da autoria do conteúdo das respostas. Não obstante, essa exigência não deve impedir – em razão da necessidade de se justificar a representatividade dos entrevistados (em relação ao campo investigado) e de demonstrar o peso das opiniões manifestadas – que apenas nesta explicação se mencionem os nomes de cada um dos magistrados que participaram da pesquisa. O importante é que ao leitor continuará sendo muito difícil saber quem exatamente emitiu cada resposta. É possível dizer, portanto, que no Supremo Tribunal Federal foram entrevistados os Ministros Carlos Velloso, Ilmar Galvão, Nelson Jobim, Marco Aurélio, Gilmar Mendes, Joaquim Barbosa, Ricardo Lewandowski e Dias Toffoli. Explicações mais aprofundadas sobre a metodologia da pesquisa empírica podem ser encontradas na obra: VALE, André Rufino do. *Argumentação Constitucional: um estudo sobre a deliberação nos Tribunais Constitucionais*. São Paulo: Almedina; 2019.

Questão: Na sua opinião, o modelo de formatação e publicação das decisões do STF consegue representar de forma fidedigna o resultado da deliberação do Tribunal? Ele não necessitaria ser revisado? Vossa Excelência teria alguma proposta?	
Ministro 1	Acho o modelo do direito comparado mais adequado. Agora, você tem que considerar a realidade brasileira, a realidade processual, do judiciário brasileiro. A Suprema Corte norte-americana adota esse sistema. Geralmente, o Presidente avoca e redige a decisão, que é submetida, em reunião privada, ao tribunal, para que concorde ou não, e vem as sugestões de um ou outro. Esse sistema é, indubitavelmente, o melhor. Mas a realidade brasileira não comportaria, tendo em vista o grande número de processos, de julgamentos, do tribunal. Penso que se adotássemos essa orientação do direito comparado, então a lentidão processual se acentuaria de uma forma realmente exagerada, muito grande. Então é preferível esse sistema da juntada, em que cada um junta seu voto; ou se não junta consta da ata que ele acompanhou o relator, ou divergiu. Agora, eu já vi muitas ementas divorciadas da efetiva decisão. Talvez o ideal seria que o relator, em casos importantes, submetesse a ementa a consideração de seus colegas, o que deveria ocorrer em sessão reservada, sessão administrativa, porque não comportaria uma decisão plenária.
Ministro 2	Sem dúvida, o ideal seria que houvesse uma racionalidade maior, mas de novo voltamos ao mesmo problema sobre o qual já falamos: é possível imprimir essa racionalidade com um tribunal com toda essa carga de trabalho? Como implementar isso? Com essa diversidade e instabilidade na composição. Porque isso tem muito a ver com o modo de proceder de cada Ministro. Tem Ministro que acha que o bom acórdão é aquele que faz a doutrina, outro que pensa que dar a mensagem em poucas linhas já é o suficiente. Eu sou dessa segunda linha.
Ministro 3	Acho que esse é um problema a ser superado, realmente. Lembro que quando ingressei no Tribunal de Alçada, os acórdãos eram assinados por todos os integrantes do julgamento; então, na hora da publicação, certos pontos do acórdão eram discutidos por todos. Mas isso é inviável com o volume de julgamento que nós temos aqui. Talvez nós tenhamos que caminhar para uma ementa, tal como se faz com as súmulas vinculantes, que seja objeto de uma segunda deliberação.
Ministro 4	Nós falamos há pouco sobre a norma regimental, que poderia, de *lege ferenda*, ser objeto de concepção a propósito da formulação do acórdão. Talvez, aqui, o papel do relator devesse ser menos passivo e ele pudesse traduzir essas posições e inclusive submeter a proposta de ementa aos colegas. Tudo isso, obviamente, às vezes é impedido por razões de ordem prática, todas as dificuldades que nós temos de deliberar novamente, de nos pronunciarmos novamente, uma vez que nos encontramos apenas nas sessões (plenárias), ou nas (sessões) administrativas; e não temos outras formas de reunião; e temos também toda uma história de atraso na publicação dos acórdãos em função da liberação dos próprios votos, situação que já superamos agora com a nova disciplina regimental e com a possibilidade de até não publicar o voto que não restou pronto no tempo estabelecido. Em suma, acho que aqui também o relator pode ter, e deve ter, um papel mais ativo. Eu me lembro, por exemplo, de muitas ementas que revelavam essa preocupação: não só a posição vencedora, mas também a posição vencida, de modo que, todos aqueles que buscassem se informar sobre aquele caso saberiam, pelo menos já numa síntese, sobre o que ocorrera naquele julgamento.
Ministro 5	Os enfoques diferenciados proporcionam, e o proporcionam numa gradação maior, o exercício do direito de defesa. E creio que, muito embora se diga que a decisão depois de tomada passa a ser do colegiado, é conveniente que se saiba como cada integrante do colegiado pensa sobre a matéria. Não optaria por outro sistema que não o existente. A ementa é que algo importante porque deve sintetizar a visão da maioria.
Ministro 6	Sem resposta específica.

Ministro 7	Penso, inicialmente em relação à ementa, que ela é a síntese da conclusão tomada pelo colegiado. Por isso, eu procuro evitar ementas longas, pois as ementas longas são as que geralmente dão ensejo a um debate sobre o relator ter colocado ali fundamentos do seu voto que, embora acompanhado por colegas, não formou uma maioria quanto ao fundamento. Como o que faz coisa julgada é a conclusão, penso que a ementa tem que ter o objetivo de externar a conclusão e não os debates. É evidente que elementos dos debates estarão na ementa, que é a síntese do deliberado, mas essa deve ser a síntese da síntese, e não algo que traga uma visão do relator. Como relatores, temos que ter todo o cuidado de que a ementa reproduza o conjunto dos votos e não a posição do relator que é o responsável por elaborar a ementa. Penso também que a colocação dos argumentos vencidos, não é o objetivo de uma ementa. A ementa deve reproduzir a conclusão do voto, e a conclusão do voto é o que a maioria deliberou, e o que a maioria deliberou não contempla os votos vencidos.
Ministro 8	Acho que sim (que precisaria ser reformado o modelo de acórdão). Não tem como fazer, principalmente em tribunais, em que os juízes membros são irresponsáveis - irresponsáveis no sentido de não terem responsabilidade política, e então o índice de individualismo cresce muito -, reformas radicais. Então o que eu propunha, na época em que eu conduzia (como Presidente), era ter a conclusão efetiva da decisão na ementa. Porque hoje, se não tiver uma ementa que represente o conteúdo da decisão, aí fica difícil. Então eu propus na época que fizéssemos ementas institucionais.

É crescente a convicção da maioria dos magistrados de que o Tribunal precisaria adotar algum novo formato de texto que pudesse transmitir com maior precisão e clareza a decisão e seus fundamentos determinantes. Não por outro motivo, muitos hoje propugnam por um modelo que atribua à ementa essa função de traduzir a posição unitária do colegiado (o que será objeto do tópico posterior). É cada vez mais reconhecido que o acórdão, que representa um peculiar modelo de decisão *seriatim*, não contém uma estrutura e uma formatação que permitam ao Tribunal falar com *uma só voz*, que possam definir e distinguir de modo mais preciso as posições vencidas da minoria e os argumentos divergentes ou concorrentes e que criem condições para a apresentação de textos mais claros e mais sintéticos.

As reformas são necessárias - e a maioria parece concordar com isso -, mas de difícil implementação, em razão dos obstáculos impostos pela quantidade exorbitante de processos e pela própria organização dos trabalhos na Corte, que necessitariam ser primeiro amplamente modificados - com as complicações inerentes à mudança de toda uma prática e uma cultura de trabalho consolidadas - para então se poder pensar em possíveis vias de reforma do formato das decisões.

4. O PROBLEMA DAS EMENTAS

Um dos pontos do acórdão que tem sido objeto de maiores críticas é a ementa. Como se pode constatar nas respostas do quadro apresentado no tópico anterior, é recorrente a menção à ementa como o espaço mais propício do acórdão para representar de forma unitária e sintética a decisão do tribunal e seus fundamentos, o que não estaria sendo realizado a contento na prática.

O principal fator apontado como sendo atualmente o problema das ementas diz respeito à sua insuficiência para traduzir e resumir de forma precisa a posição tomada pelo órgão colegiado como um todo, independente das diversas posições individuais de cada um de seus membros. As críticas recaem, na maioria das vezes, sobre o fato de que há uma tendência hodierna de o Ministro Redator do acórdão inserir na ementa apenas os fundamentos de seu próprio voto. O exemplo mais evidente ocorreu no acórdão do Tribunal sobre a inconstitucionalidade da antiga Lei de Imprensa (declaração de não recepção pela Constituição de 1988)[28], cuja ementa continha trechos inteiros dos argumentos contidos apenas no voto do Ministro Relator, o qual havia obtido o apoio da maioria vencedora quanto à sua parte dispositiva, mas não em relação aos fundamentos determinantes. Por não representar de forma fidedigna a *ratio decidendi* do órgão colegiado integralmente considerado, a ementa foi objeto de contestação em sede de uma ação constitucional de reclamação[29], oportunidade na qual o Tribunal (por maioria) confirmou que essa ementa não traduzia uma posição unívoca do colegiado[30]. Existem

28 Arguição de Descumprimento de Preceito Fundamental n. 130, Relator Ministro Carlos Britto, julgado pelo Plenário em 30 de abril de 2009.

29 Reclamação 9.428, Relator Ministro Cezar Peluso, julgada pelo Plenário em 10 de dezembro de 2009.

30 Na ocasião, o Ministro Relator, Cezar Peluso, deixou consignado em seu voto o seguinte trecho: "(...) Daquele acórdão nada consta a respeito desse conflito. Salvas as ementas, que ao propósito refletem apenas a posição pessoal do eminete Min. Relator, não a opinião majoritária da Corte, o conteúdo semântico geral do acórdão traduz, na inteligência sistemática dos votos, o mero juízo comum de ser a lei de imprensa incompatível com a nova ordem constitucional, não chegando sequer a propor uma interpretação uníssona da cláusula do art. 220, § 1º, da Constituição da República, quanto à extensão da literal ressalva a legislação restritiva, que alguns votos tomaram como reserva legal qualificada". Assim, após analisar os fundamentos diversos dos votos de cada Ministro, o Relator concluiu o seguinte: "É, em suma, patente que ao acórdão da ADPF n. 130 não se lhe pode inferir, sequer a título de motivo determinante, uma posição vigorosa e unívoca da Corte que implique, em algum sentido, juízo decisório de impossibilidade absoluta de proteção de direitos da personalidade – tais como intimidade, honra e imagem – por parte do Poder Judiciário, em caso de contraste teórico com a liberdade de imprensa". E mais a frente assevera o Relator: "De todo modo, não me escuso, na oportunidade,

ainda outros casos bastante expressivos desse problema, em que a ementa não apenas reproduz literalmente o voto do Ministro Redator, como também incorpora as citações de doutrina por ele utilizadas de modo pessoal e isolado[31].

As causas para que esse comportamento do Ministro Redator tenha se tornado comum na prática de redação dos acórdãos podem ser variadas, mas tudo indica que as principais residem em dois fatores. O primeiro é a extrema dificuldade que muitas vezes o redator pode encontrar na tarefa de identificar precisamente a *ratio decidendi* de cada voto individualmente considerado, separando-a dos *obiter dicta*, para em seguida extrair um mínimo denominador comum entre todos os votos que possa representar os fundamentos determinantes da decisão de todo o colegiado. Como analisado no tópico anterior, o peculiar modelo *seriatim* adotado para a redação e formatação dos acórdãos torna essa tarefa muito complexa. O segundo fator está relacionado à sempre mencionada carga elevada de trabalho, a qual impõe a cada magistrado a elaboração de ementas para uma quantidade muito grande de decisões que são proferidas pelos órgãos colegiados do tribunal (o Plenário e as Turmas) todas as semanas. Ante um quadro de trabalho em que sempre é escasso o tempo disponível para realizar toda essa tarefa de extração da *ratio decidendi* de um aglomerado de diversos votos, é natural que os redatores dos acórdãos busquem alternativas que facilitem e agilizem seu trabalho, como o de simplesmente copiar trechos de seu próprio voto para a ementa. Além

de enfatizar a parcimônia, senão o rigor e precisão, com que deve acolhida, entre nós, da chamada transcendência dos motivos determinantes, à vista do singular modelo deliberativo historicamente consolidado neste Supremo Tribunal Federal. É que aqui, diferentemente do que sucede em outros sistemas constitucionais, não há, de regra, tácita e concordância necessária entre os argumentos adotados pelos Ministros, que, em essência, quando acordes, assentimos aos termos do capítulo decisório ou parte dispositiva da sentença, mas já nem sempre sobre os fundamentos que lhe subjazem. Não raro, e é coisa notória, colhem-se, ainda em casos de unanimidade quanto à decisão em si, públicas e irredutíveis divergências entre os fundamentos dos votos que a compõem, os quais não refletem, nem podem refletir, sobretudo para caracterização de paradigmas de controle, a verdadeira *opinion of the Court*".

31 A ementa do Acórdão da Reclamação 11.243 (caso Cesare Battisti), Relator para o acórdão Ministro Luiz Fux, contém seis páginas que literalmente reproduzem trechos inteiros do voto do Minstro Relator, inclusive com as citações de doutrina por ele utilizadas.

desses dois fatores principais, não se pode também descartar a possibilidade, sempre presente, de que o redator tenha a clara intensão de fazer com que seus argumentos sejam os representativos da decisão do tribunal, o que pode ser também o reflexo do comportamento individualista assumido pelos Ministros e que atualmente caracteriza a prática deliberativa no STF, como tratado em tópicos anteriores.

Na impossibilidade de se realizar reformas mais radicais no modelo *seriatim* que caracteriza os acórdãos, as críticas às práticas de redação e as respectivas propostas de solução tendem a se concentrar no tópico das ementas, como pode ser constatado nas opiniões dos Ministros apresentadas no último quadro de respostas analisado. Existe hoje uma crescente convicção, por parte dos próprios Ministros, quanto à necessidade de introdução de mudanças estruturais nas ementas, para que possam de fato representar a decisão do colegiado, por meio de um texto mais conciso, claro e que extraia com a máxima fidelidade possível a *ratio decidendi* adotada pelo tribunal.

O reconhecimento quanto à problemática das ementas e à carência de reformas em seu formato textual demonstram uma tendência de necessária aproximação, ainda que mínima, dos modelos *per curiam* de apresentação pública do resultado da deliberação. No Supremo Tribunal Federal, a manutenção do modelo *seriatim* ou de texto composto, em virtude das dificuldades práticas de uma ampla e profunda reforma na estrutura do acórdão, tende a ser complementada e assim mitigada com a introdução de um modelo de redação e formatação das ementas, que permita a construção de um texto unitário e sintético, o qual possa representar a decisão do colegiado como uma unidade institucional. Essa é, ao menos, a perspectiva de médio ou curto prazo que se pode hoje vislumbrar na prática. As reformas na estrutura e formatação das ementas são hoje necessárias para a construção de uma cultura de precedentes do Tribunal, o que, como afirmado anteriormente, tem encontrado um sério obstáculo nesse modelo *seriatim* de apresentação pública das decisões.

5. Considerações finais

Precedentes representam "o Direito observando a si mesmo", afirmaram MacCormick e Summers[32]. Com isso, criaram uma fidedigna ima-

32 MACCORMICK, Neil; SUMMERS, Robert. *Interpreting Precedents*. New York: Routledge; 2016, p. 1 (*introduction*).

gem de auto-observação do sistema jurídico que abarca não apenas a atividade do jurista de enfrentar problemas atuais observando as eventuais soluções adotadas no passado em casos semelhantes, mas especialmente o comprometimento de todos os membros do sistema com a observância de precedentes.

Não obstante, a ideia básica do precedente como um modelo de decisão tomada no passado para a solução de problemas do presente e do futuro pressupõe que as decisões pretéritas do sistema jurídico possam ser identificadas e compreendidas por seus membros, com exigências de argumentação jurídica que tornem possível a formação das razões de decidir (*ratio decidendi*) com consistência e coerência argumentativas.

O sistema jurídico brasileiro atualmente padece de déficits de argumentação jurídica na formação de seus precedentes. Como abordado neste artigo, um dos problemas mais básicos pode ser encontrado nas práticas deliberativas da Corte Suprema brasileira, que dificultam a formação de decisões dotadas de *ratio decidendi* consistentes e coerentes. A estruturação argumentativa com múltiplas e diversificadas razões de decidir tornam difícil a tarefa de identificar e delimitar o fundamento de uma decisão e, portanto, de construir precedentes para o futuro.

A almejada construção de uma cultura de observância de precedentes no sistema jurídico brasileiro está atualmente a depender de reformas das práticas de deliberação do Supremo Tribunal Federal, com o objetivo de possibilitar a formação de decisões cujos fundamentos sejam passíveis de serem bem identificados e compreendidos por todos os participantes do sistema.

Dos Assentos aos Precedentes e sua Inconstitucionalidade

Araken de Assis[1]

Introdução

A uniformidade na interpretação e na aplicação do direito é tanto um bem jurídico altamente desejável, quanto um antigo problema de política legislativa. Variadas soluções buscaram debelar, no tempo e no espaço, a falta de harmonia entre julgados do mesmo e de diferentes órgãos judiciários. O mal é mais profundo do que se poderia supor, conforme demonstra sua sobrevivência, e resistiu a remédios heterogêneos. A desarmonia nas decisões descansa no modo pelo qual, nos ordenamentos filiados à *Civil Law*, os homens e as mulheres que ocupam a função judicante encaram a sua missão social.

A partir do final do Século XIX, vingou a tese que a solução dos litígios porventura ocorridos na sociedade mais interessava ao Estado do que aos próprios desavindos, razão por que o órgão instituído para compor a divergência deveria receber fortes e amplos poderes de direção formal do processo. Essa é a premissa do processo civil autoritário ou "social". Nada obstante, subsistiram determinadas características liberais (*v.g.*, a iniciativa de formar o processo não compete ao órgão judicial). Uma delas interessa ao nosso problema. À pessoa investida na função judicante, com o fito de assegurar-lhe desempenho a contento das suas atividades, há de se reconhecer independência jurídica em dois sentidos complementares: (*a*) no âmbito do processo, compete-lhe selecionar a norma porventura aplicável ao litígio, geralmente apenas no momento de decidir a causa, embora o art. 357, IV, do CPC brasileiro de 2015, ao exigir a delimitação das questões de direito na oportunidade do saneamento do processo, antecipe para essa fase a seleção da norma e de suas possíveis variantes, conforme o resultado da instrução; (*b*) fora do processo, apesar do vínculo administrativo e hierárquico que relaciona o magistrado ao respectivo tribunal e aos tribunais superiores, a ninguém cabe ministrar-lhe instruções e sugestões no modo de julgar a causa, aplicando o direito objetivo.[2] Essa última possibilidade parece

---

1 Professor Emérito e Professor Titular (aposentado) da PUC/RS (Graduação e Pós-Graduação – Mestrado e Doutorado). Doutor em Direito pela PUC/SP. Desembargador (aposentado) do Tribunal de Justiça do Rio Grande do Sul.

2 Araken de Assis, **Processo civil brasileiro**, v. 2, t. 2, n° 923, p. 867.

improvável e teórica. Porém, cumpre recordar sugestivo exemplo histórico: na Alemanha Nazista (1933-1945), o Ministro da Justiça do Reich expedia as tristemente célebres "cartas aos juízes", exigindo-lhes determinadas orientações.[3]

Em virtude dessa autonomia, sem dúvida desejável no Estado Constitucional Democrático, a jurisprudência dominante, como fator de produção de sentido da norma, é mais que uma recomendação, e menos que uma ordem. A força do precedente, incluindo os provenientes dos tribunais superiores, é contida pelo caráter voluntário do seu acatamento. Essa liberdade na formação da convicção, quer na condução do processo, quer na formulação da regra jurídica concreta e ulterior realização prática, constitui a fonte do problema inicialmente identificado: a heterogeneidade das decisões em casos substancialmente idênticos. Cuida-se de efeito colateral perverso, porque compromete seriamente o direito fundamental da igualdade (art. 5°, *caput*, da CF/1988). E, na sociedade pós-moderna, atrapalha os cálculos dos agentes econômicos, tornando imprevisíveis os julgamentos. Às vezes, a sorte do litigante na causa dependerá dos azares da distribuição ao juízo *X* ou ao juízo *Y*, porque o primeiro adota entendimento favorável à tese *Z*, rejeitada pelo segundo.

A par de outros instrumentos de uniformização, a República confiou ao Supremo Tribunal Federal (STF), órgão de sobreposição tanto da Justiça Federal, então instituída, quanto da Justiça Ordinária ou Comum, a cargo dos Estados-membros, a uniformização na aplicação no direito constitucional e do direito federal. A via de impugnação hábil para o STF desempenhar essas elevadas funções chama-se recurso extraordinário. Em virtude do volume de serviço do STF – inicialmente, funcionou como órgão de segundo grau da Justiça Federal –, ou da sua insolúvel "crise", a CF/1988 passou a uniformização do direito federal ao Superior Tribunal de Justiça (STJ), servindo de instrumento primário o recurso especial.

Ora, o esquema de encarregar um tribunal superior de uniformizar a jurisprudência dos tribunais inferiores não logrou sucesso. Nem sequer se verifica harmonia absoluta nos julgados dos próprios tribunais superiores. Por isso, na primeira metade do Século XX, criou-se recurso específico visando a debelar a divergência intestina, admitida a divisão do STF em turmas – questão outrora polêmica –,[4] ou seja, julgados divergentes de órgãos fracionários do próprio tribunal encarregado da unifor-

3 Peter Böhn, Processo civile e ideologia nello stato nazionalsocialista, n° 2, p. 628.

4 Araken de Assis, **Manual dos recursos**, n° 89, p. 981.

mização: os embargos de divergência. E, como não raro os julgamentos do mesmo órgão fracionário variam ao longo do tempo, modificada ou não sua composição, o STF viu-se compelido a exigir diversidade orgânica, estabelecendo em sua Súmula, n° 353, a inadmissibilidade desse recurso quando fundando em "decisões divergentes da mesma Turma do Supremo Tribunal Federal".[5]

O último dado é inquietante – idêntico órgão fracionário, ignorando sua finalidade precípua de uniformizar e de assegurar a integridade do direito, julga diferentemente causas semelhantes –, mas integra a cultura do "espaço lusófono", no qual a jurisprudência é "particularmente instável".[6] A divergência intestina recebeu franca explicação no direito português. E tem muito a ver, como já assinalado, com a ideologia prevalecente no corpo de magistrados. Com efeito, instituído um Tribunal Supremo, no caso brasileiro, e quanto ao direito infraconstitucional, o STF até 1988, caberia a semelhante corte dizer, "a propósito de cada caso particular, em que sentido devia a lei ser interpretada e aplicada; os tribunais inferiores teriam de acatar as determinações do Supremo em relação ao caso em litígio; e era natural e presumível que também as seguissem em casos semelhantes que no futuro se apresentassem". Porém, cuidava-se de ilusão, logo desvanecida, porque "os juízes sobrepuseram os seus pontos de vista pessoais às aspirações e diretivas vidas do alto; em vez de cultivarem o espírito de corporação e da colegialidade, reivindicaram, como bem supremo, o princípio individualista da liberdade de opinião. Formados nesta escola, quando chegavam ao Supremo Tribunal de Justiça tinham criado mentalidade e hábitos pouco adequados para o sacrifício do juízo individual aos interesses da corporação de que faziam parte. Em vez de subordinarem o seu critério próprio às tradições e à doutrina do Tribunal, continuavam a afirmar a sua independência e a sua liberdade de julgamento".[7] É, segundo o maior dos processualistas lusos, o "reverso da medalha" da independência jurídica, fortemente aumentada pelo já mencionado fator cultural.

O propósito do presente estudo é o de revisitar o instituto dos assentos de origem lusitana, talvez o mais efetivo remédio de uniformização, a adoção da figura no direito brasileiro e a constitucionalidade da

5 Idem, ob. cit., n° 98.2, p. 993.

6 António Menezes Cordeiro, **Tratado de direito civil**, v. 1, n° 176, p. 622.

7 José Alberto dos Reis, **Código de Processo civil anotado**, v. 6, p. 235.

vinculação dos órgãos judiciários inferiores às teses jurídicas firmadas nos Tribunais Superiores e prevista no art. 927 do CPC.

1. Origem e evolução dos assentos no direito português

Remontam os assentos às façanhas do direito medieval.[8] Em tal conjuntura histórica, preexistentes regras consuetudinárias gerais e especiais,[9] a façanha constituía julgado sobre caso notável e duvidoso que, em virtude da autoridade do julgador e da sua aprovação, tornava-se direito a ser imitado no futuro. Nas Ordenações Manuelinas (Livro 2, Título 17, § 23), eram as façanhas consideradas fontes do direito, já se visualizando o enfraquecimento da antiga prerrogativa real a intepretação autêntica das leis, haja vista as numerosas atribuições do monarca. Já nas Ordenações Filipinas (Livro 1, Título 1, § 5°), previu-se que, havendo dúvida entre os Desembargadores da Casa de Suplicação, iram com o Regedor à Mesa Grande - dir-se-ia, atualmente, o Tribunal Pleno -, a fim de conjurar a dúvida, e decidida a causa, o Regedor consignaria a tese no livro da Relação, "para depois não vir em dúvida". Esse assento no "livrinho" (Ordenações Manuelinas, Livro 5, Título 58, § 1°), posteriormente Livro Verde, equivalia à façanha medieval, reproduzindo Manuel de Almeida e Souza a seguinte definição: "Chamavam Façanha ao Juízo, ou Assento, que se tomava sobre algum feito notável e duvidoso, que por autoridade de quem a fez, e dos que o aprovarão, ficou servindo como de Aresto para se imitar, e seguir como Lei, quando outra vez acontecesse".[10]

Esses assentos adquiriram força idêntica à da lei interpretada, projetando força vinculativa nos casos vindouros.[11]

A Lei da Boa Razão, de 18.08.1796, estabeleceu que, relativamente aos estilos da Casa de Suplicação, ou seja, a prática dos juízes nos tribunais, vigorariam os que resultassem de assento.[12] E, reafirmando a competência exclusiva da Casa de Suplicação para esse fim, aumentou-lhe os

8 António Menezes Cordeiro, **Tratado de direito civil**, v. 1, n° 176, p. 622

9 José Rogério Cruz e Tucci, **Perspectiva histórica do *precedente judicial* como fonte do direito**, p. 188.

10 Manuel de Almeida e Souza, **Segundas linhas sobre o processo civil**, v. 1, p. 1.

11 José Rogério Cruz e Tucci, **Perspectiva histórica do *precedente judicial* como fonte do direito**, p. 133.

12 António Menezes Cordeiro, **Tratado de direito civil**, v. 1, n° 176, p. 624.

casos, tomando-se assento por glosa do Regedor-Mor, criado por Lei de Dom João III, de 10.10.1534, feita quando do registro do julgamento da Casa de Suplicação, mediante a aposição de selos, caso em que o julgado submetia-se a juízo de retratação ou, mantida a decisão, reenviava-se causa a outros juízes para novo julgamento. Nas duas hipóteses, lavrar-se-ia assento, fixando a "inteligência geral e perpétua da lei em comum benefício". E, igualmente, contemplou o assento tirado em razão da divergência dos advogados quanto à lei aplicável à causa.[13]

Em termos gerais, e abstraindo o caso particular do Tribunal de Relação do Rio de Janeiro, transformado em Casa de Suplicação do Brasil, a partir de Alvará de 10.05.1808, em decorrência da transferência da Corte de Lisboa para o Rio, o regime dos assentos vigorou formalmente até a criação do Supremo Tribunal de Justiça de Portugal, em 1822. A rigor, a Casa de Suplicação subsistiu até 10.07.1833, quando se transformou no Tribunal de Relação de Lisboa, instalando-se o Supremo Tribunal de Justiça somente em 14.09.1833. Assim, na prática, mais assentos foram tirados, efetivamente cessando sua edição em 1832.[14] A criação de tribunal supremo alterou o sistema. Ao Supremo Tribunal de Justiça competiria, mediante recurso de revista, em princípio cabível das sentenças proferidas pelos Tribunais de Relação, nos casos de nulidade e de injustiça notória, desconstituir a decisão impugnada e, mediante reenvio, encarregar outro Tribunal de Relação de julgar a causa. Nesse aspecto, há inegável similitude com o recurso de cassação de modelo francês, por sinal também adotado para o recurso de revista a cargo do Supremo Tribunal de Justiça brasileiro, este criado em 1828.

O fato é que esse sistema, baseado na persuasão dos julgados do Supremo Tribunal de Justiça, rendeu escassos frutos em termos de uniformização. Após algumas iniciativas goradas, incluindo extravagante reunião dos integrantes do Supremo Tribunal de Justiça e dos Tribunais de Relação em assembleia, com o intuito de arrolar as dúvidas e remeter relatório para o Governo disciplinar o assunto legislativamente, no fim do Século XIX, e da breve instituição de recurso para o Tribunal Pleno diante de duas decisões contraditórias (Decreto 4.620, de 13.07.1918), o direito português voltou, outra vez, ao esquema assentos. O art. 66 do Decreto 12.353, de 22.09.1926, previu que, havendo dois acórdãos

13 José Rogério Cruz e Tucci, **Perspectiva histórica do *precedente judicial* como fonte do direito**, p. 141.

14 António Menezes Cordeiro, **Tratado de direito civil**, v. 1, n° 176, p. 624.

contraditórios do Supremo Tribunal de Justiça, cabia recurso para o plenário e, firmada a tese jurídica correta, o acórdão era obrigatório para os tribunais inferiores e o próprio Supremo Tribunal de Justiça, ressalvada modificação posterior, sob certas condições, por outro acórdão da mesma procedência. Em caso de descumprimento da orientação fixada, nas instâncias ordinárias, "é claro que não há outro remédio de direito senão o recurso. Tudo se passa como se o tribunal decidisse contra lei expressa".[15] Essa opinião favorável repercutiu no CPC português de 1939, cuja concepção se deve ao mesmo autor. Assim, a teor do art. 763 desse diploma, demonstrada a existência de dois acórdãos opostos sobre a mesma questão de direito, o vencido poderia recorrer ao Tribunal Pleno. Findo o julgamento, editava-se o assento a respeito da questão julgada, definindo a interpretação correta da norma aplicável à causa, vinculando os tribunais inferiores e o próprio Supremo Tribunal de Justiça. Resolvido o conflito de jurisprudência, sobrevém a jurisprudência uniforme, distinta da jurisprudência imutável, pois o assento comportará revisão e alteração ulteriores, adaptando-se a novas circunstâncias.[16] Não se modificou o quadro, substancialmente, com o advento do CPC português de 1961. O art. 2° do CC português de 1966 localizou os assentos, considerados "doutrina com força obrigatória geral", dentre as fontes do *ius positum*.

Antes de examinar as vicissitudes ulteriores dos assentos na legislação portuguesa, culminando com a declaração de inconstitucionalidade e a revogação do mencionado dispositivo, convém examinar a recepção dos assentos no Brasil.

2. Recepção dos assentos no direito brasileiro

O Tribunal de Relação do Rio de Janeiro foi criado em 1751. Era instância intermediária entre os juízos de primeiro grau (juízes ordinários, juízos de fora e ouvidores) e a Casa de Suplicação instalada em Lisboa até 1808.[17] À semelhança de seus congêneres portugueses, arvo-

15 José Alberto dos Reis, **Breve estudo sobre a Reforma do Processo Civil e Comercial**, n° 49, p. 267.

16 José Alberto dos Reis, A função do Supremo Tribunal de Justiça segundo o Código de Processo Civil português, n° 11, p. 402.

17 Arno Wehling e Maria José Wehling, **Direito e justiça no Brasil colonial: o Tribunal de Relação do Rio de Janeiro (1751-1808)**, p. 177.

rou-se a prerrogativa de ditar assentos, possibilidade cortada pela Lei da Boa Razão (1796). Chegando a Corte ao Rio de Janeiro, o Alvará de 10.05.1808 transformou esse tribunal na Casa de Suplicação do Brasil, com as mesmas prerrogativas da corte de Lisboa, dispondo o art. 1°: "A Relação desta Cidade se denominará Casa da Suplicação do Brasil e será considerada como Superior Tribunal de Justiça, para se findarem ali todos os pleitos em última instância, por maior que seja o seu valor, sem que das últimas sentenças proferidas em qualquer das mesas da sobredita Casa se possa interpor outro recurso que não seja o das revistas nos termos restritos do que se achada disposto nas minhas Ordenações, Leis e mais disposições. E terão os Ministros a mesma alçada que têm os da Casa de Suplicação de Lisboa". Era natural que, sendo a Casa de Suplicação o mais alto tribunal do Reino, "e tendo, por outro lado, de funcionar onde estivesse a Corte, em caráter permanente, aqui se instalasse ela desde logo".[18]

Da disposição transcrita inferiu-se a possibilidade de a Casa de Suplicação do Brasil tirar seus próprios assentos.[19] Nenhuma notícia mais concreta se tem acerca do uso da prerrogativa. E se há algum indício consistente, a circunstância de o art. 1° do Decreto 2.684, de 23.10.1875, conferir força de lei aos "assentos tomados na Casa de Suplicação de Lisboa, depois da criação da do Rio de Janeiro até à época da Independência", salvo os revogados por legislação posterior, insinua o imobilismo do Rio de Janeiro. Nenhuma referência há aos assentos da Casa de Suplicação do Brasil. É de se presumir, já instalado o Supremo Tribunal de Justiça, a necessidade de incorporar, no mínimo, os assentos tomados até 1822, se existentes, senão até o funcionamento efetivo deste último tribunal, substituto da Casa de Suplicação. A omissão induz a inexistência de tais teses jurídicas da Casa de Suplicação do Brasil.

A Casa de Suplicação do Brasil chegou a ser extinta pelas Cortes portuguesas (Lei de 13.01.1822), mas, repelindo tal ingerência Dom Pedro I, funcionou regularmente até depois Independência. A Constituição do Império, no seu art. 164, III, recepcionou o venerando recurso de revista (Ordenações Filipinas, Livro 3, Título 95), instituindo, ademais, o Supremo Tribunal de Justiça (art. 163), em substituição à Casa de Suplicação. A Lei de 18.09.1828 organizou o Supremo Tribunal de

18 José Gomes Bezerra Câmara, **Subsídios para a história do direito pátrio**, t. 2, p. 19.

19 José Rogério Cruz e Tucci, **Perspectiva histórica do *precedente judicial* como fonte do direito**, p. 146.

Justiça do Império, ocorrendo sua instalação em 1829. Nessa organização judiciária, como aconteceu no direito português, o remédio instituído para uniformizar a aplicação do direito era o recurso de revista. A Constituição Imperial de 1824 repetiu a fórmula da Lei portuguesa de 03.11.1768, prevendo a revista nos casos de nulidade manifesta e de injustiça notória, reafirmando essas hipóteses o Decreto de 20.12.1830.[20]

Aqui cabe uma digressão, sem prejuízo do salto histórico. O recurso de revista para o Supremo Tribunal de Justiça do art. 164, III, da Constituição Imperial de 1824 não se confunde com o recurso homônimo previsto no CPC brasileiro de 1939.[21] A revista do primeiro código unitário, e, *a fortiori*, o prejulgado, também aí previsto, objetivavam dissipar, no primeiro caso, e prevenir, no segundo, a divergência intestina dos tribunais de segundo grau, revelando a subsistência da aspiração à uniformização.[22] Consagrado semelhante recurso nas leis processuais do antigo Distrito Federal (Rio de Janeiro) e de São Paulo, a Lei 319, de 15.11.1937, já unificada a competência legislativa quanto ao direito processual civil na União, e, por fim, o art. 853 do CPC brasileiro de 1939, adotaram esse meio de uniformização. Em sua feição moderna e republicana, o recurso de revista visava a uniformizar a jurisprudência interna do tribunal, relativamente às teses jurídicas, pouco importando a matéria (privada ou pública) objeto do dissídio.[23] O remédio não funcionou como desejado, granjeando má fama e carreando forte antipatia dos seus contemporâneos.[24] Um dos críticos mais contundentes, escrevendo sobre a revista vigorante no antigo Distrito Federal, antes do CPC brasileiro de 1939, verberou o seguinte: "Inútil, demorada, indigesta a revista, tal como a temos, é a mais ornamental homenagem que se pode tributar à chicana. Imprestável a mais não poder, atravancou o nosso mais alto tribunal local, roubando aos juízes e aos recorridos (vítimas desse absurdo a que se deu honras de remédio judiciário) tempo, paciência e dinheiro; multiplicou, sem proveito algum para a justiça, os tra-

---

20 Mário Guimarães, **Recurso de revista**, n° 1, p. 8.

21 Alcides de Mendonça Lima, *Recurso de revista no Supremo Tribunal Federal*, pp. 45-46.

22 Lênio Luiz Streck, **Súmulas no direito brasileiro: eficácia, poder e função**, p. 101.

23 Hamilton de Moraes e Barros, ***A revista no sistema do Código de Processo Civil***, n° 18, p. 19. No mesmo sentido, Vercingetorix de Castro Garms, ***Recurso de revista***, n° 1, p. 3; Vicente de Faria Coelho, ***Recurso de revista***, n° 14, p. 59.

24 Em sentido contrário, entretanto, Pontes de Miranda, ***Embargos, prejulgado e revista no direito processual brasileiro***, p. 201.

balhos forenses, mantendo em situação instável e intranquila centenas de soluções definitivas com acerto pela justiça ordinária".[25]

Seja qual for o juízo a respeito da revista, guardava coerência com a estrutura federada do Estado, pois a revista uniformizaria a jurisprudência no território do Estado-membro, além de dar a última palavra sobre direito local, enquanto o recurso extraordinário uniformizaria a jurisprudência entre os Estado.[26] E, de toda sorte, função desempenhada pela revista não desapareceu inteiramente, pois os embargos de divergência, previstos no direito vigente (art. 994, IX, do CPC brasileiro de 2015), visam a eliminar as divergências entre os órgãos fracionários do STF e do STJ.

Igualmente, frustrou-se o prejulgado, ou assento atenuado,[27] inicialmente contemplado no art. 165, § 2°, do Decreto 16.274, de 1923, para a Justiça do antigo Distrito Federal (Rio de Janeiro), definido no art. 861 do CPC brasileiro de 1939 como "pronunciamento prévio das Câmaras Reunidas sobre a interpretação de qualquer norma jurídica, se reconhecer que sobre ela ocorre, ou pode ocorrer, divergência de interpretação entre Câmaras ou Turmas". Faltava-lhe efeito vinculativo: uniformizada a interpretação do direito num caso concreto, apesar dos grandes esforços e da imensa perda de tempo, jamais ficaram inibidos, no julgamento de processos futuros e similares, os pronunciamentos de teor contrário ao prejulgado. E na modesta finalidade de corrigir a divergência já instalada, surgia outro defeito congênito: reparava-se tão só o erro verificado no caso sob julgamento, porque verdadeira e exata a tese discrepante pretérita; todavia, não há meio para alterar os casos anteriormente julgados, reputando-se verdadeira a tese discrepante encapada no julgamento em curso.[28] O prejulgado sobrevive camuflado no art. 947, § 4°, do CPC brasileiro de 2015, ao menos sob a forma de afetação da competência pelo órgão fracionário do tribunal assinalado no regimento interno no intuito de prevenir divergência entre turmas e câmaras.

25 Oscar da Cunha, ***Breves considerações sobre o Código de Processo Civil brasileiro***, n° 41, pp. 83-84.

26 Alfredo Araújo Lopes da Costa, **Direito processual civil brasileiro**, v. 3, n° 221, p. 189.

27 Álvaro Villaça de Azevedo, Assentos e uniformização da jurisprudência (direito processual civil), n° 4, p. 208.

28 José Carlos Barbosa Moreira, **Comentários ao Código de Processo Civil**, v. 5, n° 4.

Volvendo à antiga revista, persistindo a necessidade de uniformização da jurisprudência, e não estabelecendo a Constituição Imperial de 1824 providência concreta para estabelecer a unidade da jurisprudência nacional,[29] retomaram-se os assentos. Como já adiantado, o art. 1° do Decreto 2.684, de 23.10.1875, emprestou força de lei aos assentos da Casa de Suplicação de Lisboa, editados até 1822, sem prejuízo dos casos julgados contra ou conforme ditos assentos. E o art. 2°, do mesmo diploma, autorizou o Supremo Tribunal de Justiça tomar assento para a inteligência das leis civis, comerciais e criminais, ocorrendo divergências no mesmo Tribunal, Relações e juízos de primeiro grau nas causas de alçada, exigindo-se o quórum qualificado de dois terços dos integrantes da Corte. É estranhável, para dizer o mínimo, importar a "jurisprudência vinculante" de outro País,[30] aplicando-a *lex loci*, embora o exportador e o importador comungassem, até certo ponto, as fontes formais do direito. Em seguida, o Decreto 6.142, de 10.03.1876, disciplinou em pormenores (*a*) o procedimento, precisando a natureza e alcance do dissídio; (*b*) a legitimidade para provocar a uniformização (o art. 4°, II, legitimou o Instituto da Ordem dos Advogados para semelhante finalidade); (*c*) o procedimento do julgamento; (*d*) a publicidade do assento; e, por fim, (*e*) a incorporação da norma à coleção das leis imperiais. O Supremo Tribunal de Justiça do Império jamais exerceu esse poder, supostamente por inclinações conservadoras.[31]

Na realidade, o Decreto 2.684 de 1875 foi mal recebido e, ao mesmo tempo que censurava o Supremo Tribunal de Justiça de desconhecer a "revista de graça especialíssima" e ater-se rigidamente às alçadas, Teixeira de Freitas assim se manifestou: "... como se o Supremo Tribunal de Justiça correspondesse à velha Casa de Suplicação, como se a interpretação autêntica das leis fosse da competência do poder judiciário, como se o poder legislativo pudesse delegar uma das suas constitucionais atribuições".[32]

Proclamada a República em 1889, a estruturação Estado federal brasileiro mudou a orientação. Antes mesmo da CF/1891, o Decreto

29 José Frederico Marques, **Instituições de direito processual civil**, v. 4, n° 926, p. 103.

30 Marcelo Alves Dias de Souza, **Do precedente judicial à súmula vinculante**, n° 12.2, p.180.

31 Paulo Macedo Garcia Neto, O Judiciário no crepúsculo do Império (1871-1889), n° 5, pp. 126-127.

32 Augusto Teixeira de Freitas, Alçadas, p. 390.

848, de 11.10.1890, organizou a Justiça Federal, encimada pelo STF, e disciplinou o procedimento das causas cíveis e criminais. Inspirado no *Judiciary Act* norte-americano, de 1789, e no *writ of error* como meio de acesso à Suprema Corte (atualmente substituído pelo *writ of certiorari*), o art. 9°, parágrafo único, do Decreto 848/1980, criou um recurso (inominado) para o STF, "quando a interpretação de um preceito constitucional ou de lei federal, ou de cláusula de um tratado ou convenção, seja posta em questão". A designação de "recurso extraordinário" para esse meio de impugnação surgiu no art. 33, § 4°, do RISTF, de 08.02.1891. Em seguida, a nomenclatura ("recurso extraordinário") apareceu no art. 678, *d*, e no art. 744 do Dec. 3.084, de 05.11.1898, que consolidou as leis referentes à Justiça Federal, e no art. 24 da Lei 221, de 20.11.1894, diploma dotado de propósitos similares.

É tão intensa e marcante a influência norte-americana, nos albores da República, que o esquecido art. 386, segunda parte, do Decreto 848/1890, admitiu como fonte subsidiária do direito pátrio, em caso de lacuna, "os estatutos dos povos cultos e especialmente os que regem as relações jurídicas na República dos Estados Unidos da América do Norte, os casos de *common law* e *equity*", no respeitante à jurisprudência e ao processo federais. Eis aí, posto que sob forma subsidiária, a origem do sistema de precedentes, mas sem maiores reflexos práticos. Poucos juízes e advogados dominavam a língua inglesa e a consulta aos repertórios (físicos, bem entendido) da jurisprudência norte-americana ou inglesa era particularmente difícil.

Não ficaria completo o quadro esboçado sem menção ao art. 519 do Anteprojeto de CPC, concebido por Alfredo Buzaid, no âmbito do incidente de uniformização de jurisprudência. Esse dispositivo prescrevia que, julgado o incidente, o presidente do Tribunal baixaria um assento, refletindo o entendimento esposado, o qual ostentaria "força de lei, em todo o território nacional", quarenta e cinco dias depois da sua publicação no diário oficial. Essa sistematização da matéria foi rejeitada, "antes de mais nada, por inconstitucional".[33] Em seu lugar, inspirado na súmula de jurisprudência dominante do STF, sobreveio o incidente de uniformização dos arts. 476 a 479 do CPC brasileiro de 1973, cujo julgamento, tomado por maioria absoluta de votos, fixaria determinada tese jurídica, passível se se transformar em súmula, constituindo "precedente na

33 José Carlos Barbosa Moreira, **Comentários ao Código de Processo Civil**, v. 5, n° 5, p. 7.

uniformização da jurisprudência" (art. 479, *caput*, parte final, do CPC de 1973). A despeito de o texto sugerir eficácia vinculante, tomando-se a palavra precedente no sentido mais comum, semelhante proposição não vingou, dentre outras razões porque descabido "reintroduzir no Código, por via exegética, uma eiva de que o texto se purgou a tempo".[34] Assim, na opinião prevalecente, a norma vincularia o órgão julgador da espécie; porém, relativamente aos casos futuros, era imperativa só para o órgão uniformizador, "ressalvado sempre o seu poder de revoga-la, implícita, ou tacitamente, desde que observado o procedimento de sua criação".[35] O sistema não convidava à uniformização da interpretação das leis federais, pois a última palavra sobre tal matéria era do STF e, após sua criação, do STJ,[36] motivo bastante para a relutância inicial transformar-se em inércia e tornar o incidente pouco usual.

Como quer que seja, a República renegou o instituto dos assentos; na verdade, "arrebentou-se esse funcionamento autoritário da elaboração da lei, com o que, certamente, ganhou a evolução social. O Supremo Tribunal Federal não teve o poder da antiga Casa de Suplicação ou do Supremo Tribunal de Justiça".[37]

Por outro lado, o insucesso da reintrodução do venerando instituto português no CPC brasileiro de 1973, porque inconstitucional, enseja a abertura de item específico para examiná-lo sob esse ângulo.

3. Natureza jurídica e inconstitucionalidade dos assentos

À luz dos subsídios históricos, não há margem para dúvida: o assento é uma proposição geral e abstrata,[38] traduzindo norma aplicável aos casos futuros. Em determinadas hipóteses, funciona como lei interpretativa; em outras, supre lacuna legal; em ambas, atua universalmente. Formalmente, há um acórdão do Supremo Tribunal de Justiça, mas a ele acrescenta-se um "trecho final autonomizado que representa a fixação em termos genéricos, e com abstração do caso concreto, da solução

34 Idem, ob. cit., n° 20, p. 27.

35 José de Albuquerque Rocha, **O procedimento da uniformização da jurisprudência**, n° 38, p. 129.

36 Observação de Sidney Sanches, **Uniformização da jurisprudência**, n° 17, p. 46.

37 Pontes de Miranda, **Fontes e evolução do direito civil brasileiro**, n° 40, pp. 67-68.

38 António Menezes Cordeiro, **Tratado de direito civil**, v. 1, n° 177, p. 634.

a dar à questão de direito controvertida".[39] Por essa razão, o revogado art. 2° do CC português previu como fonte do direito, nos seguintes termos: "Nos casos declarados na lei, podem os tribunais fixar, por meio de assentos, doutrina com força obrigatória geral". A circunstância de o assento submeter-se, por força do art. 768, § 2°, do CPC português de 1939, à censura governamental, comportando revogação, modificação ou restrição por via legislativa não elimina sua equiparação à lei em sentido formal.[40] Ao contrário, demonstra justamente esse fato.

Em monumental monografia dedicada ao assunto, publicada em partes e depois transformada em livro, Castanheira Neves assinala a singularidade da figura, apontando-lhe o caráter original no sentido de que "confere 1) a um órgão judicial (a um *tribunal*) de prescrever 2) *critérios jurídicos universalmente vinculantes*, mediante o enunciado de 3) normas (no sentido estrito de *normas gerais*, ou de 'preceitos gerais e abstratos'), que, como tais, 4) abstraem (na sua intenção) e se destacam (na sua formulação) dos casos ou decisões jurisdicionais que tenham estado na sua origem, com o propósito de 5) estatuírem para o futuro, de se imporem em ordem a uma aplicação futura".[41] Não há figura que lhe seja totalmente similar. No tocante ao precedente da *Common Law*, a distinção é patente. O *stare decisis* é uma decisão judicial, "vinculada como tal ao caso historicamente concreto que decidiu", e, aplicando-se "de particular a particular, e não do geral (a norma) ao particular (ao caso)",[42] como acontece com o assento. O que mais se lhe assemelhava eram as diretivas emitidas pelos tribunais soviéticos, ou seja, instruções vinculativas para as jurisdições subordinadas, determinando como devem decidir casos concretos. Mas, o paralelo é imperfeito, pois a diretiva integrava sistema jurídico de controle centralizado, fundado em obediência hierárquica, incapaz de distinguir as funções legislativas, jurisdicionais e administrativas do autêntico Estado Constitucional Democrático.[43]

Por conseguinte, no sistema jurídico da *Civil Law*, em que as referidas funções correspondem a órgãos distintos e os produtos da ativida-

39 José de Oliveira Ascensão, **O direito – introdução e teoria geral**, n° 174, pp. 258-259.

40 Nesse sentido, porém, José Alberto dos Reis, **Código de Processo Civil anotado**, v. 6, pp. 316-317.

41 A. Castanheira Neves, **O instituto dos "assentos" e a função jurídica dos supremos tribunais**, n° 1, pp. 2-4.

42 Idem, ob. cit., n° 1, p. 12.

43 Idem, ob. cit., n° 1, pp. 7-10.

de legislativa são taxativamente enumerados (*v.g.*, art. 59 da CF/1988), o assento é inconstitucional.[44] No regime constitucional português, o princípio básico da produção de normas jurídicas impede que determinada fonte atribua a outra valor idêntico ao seu, razão por que o assento, "transmutação, autorizada por lei, de um ato de jurisdição em ato de legislação praticado por autoridade sem competência legislativa",[45] não poderia ser harmonizado com a Constituição. Assim reconheceu o Tribunal Constitucional português no Acórdão 810/1993.[46] Em decorrência, apesar da crítica feita à intervenção do legislador,[47] lei posterior revogou o art. 2° do CC português de 1966.

Formula-se o problema constitucional subjacente aos assentos ou da decisão judicial vinculativa, no sistema filiado à *Civil Law*, nos seguintes termos, lançados com vista à súmula vinculante brasileira, mas pertinentes ao regime geral da vinculação: "se aspirarem a constituir uma forma de *legislatio* com efeito vinculante geral e obrigatório, é difícil compatibilizá-la (salvo credencial constitucional expressa) com o princípio da separação de poderes. Se elas forem apenas vinculantes para os tribunais integrantes da mesma ordem e suscetíveis de revisão (nos termos fixados por lei) a sua configuração ainda é a de um ato de *jurisdição* destinado a dizer-se o direito e a assegurar uma tendencial uniformização".[48]

Chegado a esse estágio, é preciso examinar a vinculação estabelecida no art. 927 do CPC brasileiro de 2015 e sua compatibilidade com a CF/1988.

4. Inconstitucionalidade do precedente obrigatório

Fitando os direitos fundamentais à igualdade e à segurança jurídica, o CPC de 2015 erigiu peculiar sistema de precedentes, considerando sua origem heterogênea. O art. 927 obriga juízes e tribunais a observar: (*a*)

44 Idem, ob. cit., n° 4, pp. 618-619. Em sentido contrário, José de Oliveira Ascensão, **O direito – introdução e teoria geral**, n° 177, pp. 262-263.

45 J. J. Gomes Canotilho, **Direito constitucional e teoria da Constituição**, p. 702.

46 *Vide*, Gustavo Santana Nogueira, **Stare decisis et non quieta movere: a vinculação dos precedentes no direito comparado e brasileiro**, n° 3.5.2, pp. 132-135.

47 António Menezes Cordeiro, **Tratado de direito civil**, v. 1, n° 179, pp. 539-643.

48 J. J. Gomes Canotilho, **Direito constitucional e teoria da Constituição**, pp. 938-939.

as decisões do STF no controle concentrado de constitucionalidade (inciso I); (*b*) os enunciados de súmula vinculante (inciso II); (*c*) os acórdãos em incidente de assunção de competência ou de resolução de demandas repetitivas e em julgamento de recurso extraordinário e recurso especial repetitivos (inciso III); (*d*) os enunciados da súmula do STF e da súmula do STJ (inciso IV); (*e*) a orientação do plenário ou do órgão especial do tribunal a que esteja vinculados juízes e órgãos fracionários (inciso V).

Essa obrigatoriedade é reforçada por disposições singulares, a saber: (*a*) no incidente de assunção de competência, o art. 947, § 3.º, assinala: "O acórdão proferido em assunção de competência vinculará todos os juízes e órgãos fracionários, exceto se houver revisão da tese"; (*b*) no incidente de resolução de causas repetitivas, a tese jurídica aplicar-se-á nas causas pendentes (art. 985, I) – processos individuais e coletivos – e nas causas futuras (art. 985, II), em que se discuta idêntica *questio juris*, acrescentando o art. 985, § 1.º, o cabimento da reclamação no caso da falta de observância do precedente; (*c*) no julgamento do recurso extraordinário e do recurso especial repetitivo, a publicação do acórdão paradigma determinará o término da suspensão dos processos no primeiro e no segundo grau e, no julgamento, aplicar-se-á a orientação do tribunal superior (art. 1.040, III).

A observância estrita (*a*) das decisões do STF, no controle concentrado, haja ou não súmula vinculante, em princípio subordinada à reiteração orientação em matéria constitucional (art. 103, *caput*, da CF/1988), mas conhecendo-se casos em que fundou-se em caso único (Súmula Vinculante, n° 11); (*b*) dos enunciados da súmula vinculante; e (*c*) do precedente haurido de julgamento de casos repetitivos – para esse efeito, o art. 928 entende o incidente de resolução de demandas repetitivas (inciso I) e o recurso extraordinário ou recurso especial repetitivos (inciso II), versando questão de direito material ou processual (art. 928, parágrafo único) – e do incidente de assunção de competência, recebeu remédio drástico: a reclamação, consoante as hipóteses de cabimento dos incisos III e IV do art. 988. Realmente, julgada procedente a reclamação, o tribunal (superior ou de segundo grau) "cassará a decisão exorbitante de seu julgado", determinando, ainda, as medidas adequadas à solução da controvérsia (art. 992). O emprego do verbo "cassar" denota a violência intrínseca ao remédio. Na verdade, o tribunal competente desconstituirá o provimento que contrariou o julgado do STF, no controle concentrado, o enunciado de súmula vinculante ou o precedente, constrangendo o órgão encarregado do julgamento de aplicar a tese jurídica aí consagrada.

Os enunciados de súmula do STF e do STJ vinculam os órgãos judiciários inferiores, nos termos do art. 927, IV. É de se observar que a súmula vinculante do STF apresenta essa eficácia (compreendendo-se, então, a obrigatoriedade prevista no art. 927, II, e o cabimento da reclamação, a teor do art. 988, III) em função do art. 103-A, *caput*, da CF/1988. Eventual decisão discrepante, nos casos do incidente de resolução de demandas repetitivas (art. 928, I) e de assunção de competência, porque vinculante a tese jurídica aí firmada, termos do art. 927, III, submetem-se, por igual, ao controle da reclamação (art. 988, IV). Já os enunciados da súmula do STF, em matéria constitucional, e da súmula do STJ, em matéria infraconstitucional, bem como o julgamento dos recursos extraordinário e especial repetitivos (art. 928), aparentemente só exibem força persuasiva, em que pesem os termos imperativos do art. 927, *caput*, e inc. III.

Logo se percebe a assimetria: nos casos do art. 927, I (controle concentrado de constitucionalidade) e do art. 927, II (súmula vinculante do STF) há previsão constitucional; nas demais hipóteses, posto que passíveis de reclamação, inexiste essa "credencial".

Embora jamais utilize a palavra, o CPC de 2015 reintroduziu o precedente obrigatório, ou seja, o velho assento do direito português. Essa menção fica reforçada pela menção à de "tese jurídica" (*v.g.*, art. 988, § 4.º). Em outras situações, a lei preferiu mencionar "acórdão" (art. 927, III), abstraindo que a documentação do julgamento colegiado não pode ser confundida com a norma, localizada na *ratio decidendi*, que aí porventura seja localizada. No entanto, as vacilações terminológicas, e a algazarra conceitual em torno da palavra precedente,[49] não toca o essencial.

Com efeito, ao juiz brasileiro é dado proferir sentença *contra legem*, e até contra a própria Constituição, hipótese em que a eventual injustiça do provimento corrigir-se-á, ou não, por meio da interposição do recurso próprio, assegurando-se a última palavra, no primeiro caso, ao STJ e, no segundo, ao STF; ao invés, descumprindo o precedente (*v.g.*, deixando de aplicá-lo sem realizar o *distinghishing* do art. 489, § 1°, VI) ou aplicando-o erroneamente, sujeitar-se-á a embaraçosa situação de ter seu cassado pelo tribunal competente por meio de reclamação do vencido (art. 988, III e IV). Por conseguinte, a vinculação do órgão judicial ao precedente é mais intensa do que à própria Constituição!

49 Lucas Buril de Macêdo, **Precedentes judiciais e o direito processual civil**, n° 2.5, pp. 89-92.

É verdadeiramente notável que se haja chegado a esse ponto. Não se desconheciam manifestações nesse sentido, entendendo insuficiente a força persuasiva, salvo radical mudança na mentalidade e no comportamento das pessoas investidas na função judicante,[50] abandonando o individualismo. Era pouco provável, realmente, sem embargo dos benefícios da lei do menor esforço, esperar se alterasse o contexto que, no primeiro quartel do Século XX, recomendava em Portugal a adoção dos assentos. Mas, entre nós, censurava-se a preferência dada aos repertórios de jurisprudência às "exposições sistemáticas de doutrina jurídica", sustentando o erro do método de valer-se das "palavras dos profetas" em vez "das tábuas da lei", em termos radicais e duros: "Os julgados constituem bons auxiliares de exegese, quando manuseados criteriosamente, criticados, comparados, examinados à luz dos princípios, com os livros de doutrina, com as exposições sistemáticas do Direito em punho. A jurisprudência, só por si, isolada, não tem valor decisivo, absoluto. Basta lembrar que a formam tanto os arestos brilhantes, quanto as sentenças de colégios judiciários ondem reinam a incompetência e a preguiça".[51]

Mas, para alcançar conclusões satisfatórias, impõe-se algumas distinções. Em primeiro lugar, o vínculo estabelecido no art. 927 do CPC brasileiro de 2015 situa-se no plano da eficácia. Assim, o caráter vinculante ou persuasivo do precedente dependerá da natureza do vínculo imposto aos órgãos judiciários inferiores, denotado, a mais das vezes, por meio da energia da reação ao seu descumprimento. Por essa linha de raciocínio, vinculante é o precedente que, descumprido, enseja a reclamação do art. 988, I a IV, do CPC. E, ademais, o precedente agasalha uma regra jurídica, pois sem sua formulação não se resolveria o caso concreto,[52] passível de aplicação aos casos símiles futuros. Já não parece decisivo investigar se a *ratio decidendi* funda-se em regra legal preexistente, em princípios ou, até mesmo, a ausência de *ratio decidendi* discernível – há precedentes, na *Commow Law*, desprovidos de fundamento bastante –,[53] porquanto (*a*) a universalização (aplicação aos casos futuros) e (*b*) a intensidade do vínculo gerado para os órgãos

50 Eduardo de Albuquerque Parente, **Jurisprudência: da divergência à uniformização**, n° 1.6, p.. 28.

51 Carlos Maximiliano, **Hermenêutica e aplicação do direito**, n° 194, p. 182.

52 Com razão, Lucas Buril de Macêdo, **Precedentes judiciais e o direito processual civil**, n° 5.5.2.3, p. 244.

53 Neil Duxbury, **The nature and authority of precedent**, p. 108.

judiciários inferiores (reclamação) torna a norma tirada do precedente autônoma em relação às suas origens. Verdade que, na sua aplicação posterior (problema da maior envergadura, mas alheio ao objeto do presente trabalho), o órgão judiciário há de atender à *ratio decidendi*. À semelhança de qualquer norma, o precedente atém-se a determinado esquema de fato, propiciando o *distinguishing*, existindo diferenças significativas nos fatos da causa, e, por seu intermédio, legitimar-se-á ou não sua aplicação. Ora, essa atividade é substancialmente idêntica à realizada pelo órgão judicial na subsunção (aplicação de regra) quando não houver precedente a considerar. O que varia é a sanção para o descumprimento ou *error in iudicando*. Por idêntica razão, põe-se a questão dos limites temporais do precedente. São três as espécies a considerar: (*a*) novo precedente não surpreendente; (*b*) novo precedente inovador, ou seja, cujo sentido diverge da concepção geral anterior acerca da questão de direito; (*c*) precedente revogador ou modificador da anterior orientação jurisprudencial. No primeiro caso, o precedente pode aplicar-se retroativamente, inclusive servindo de fundamento para ação rescisória; no segundo, em tese é possível atribuir efeito retroativo ou efeito prospectivo, conforme o prognóstico da decisão à época do seu reexame; e, por fim, no terceiro caso, só o efeito prospectivo (aplicação nos casos futuros) é admissível.[54]

Essas considerações demonstram que o precedente, no sistema brasileiro, constitui regra jurídica geral e obrigatória. O art. 985, § 2°, do CPC de 2015, quanto ao caráter geral do precedente haurido do incidente de resolução de demandas repetitivas, não olvidou de estabelecer que, versando questão relativa à prestação de serviço público concedido, permitido ou autorizado, a formulação da tese jurídica será comunicada à respectiva agência reguladora, "para fiscalização da efetiva aplicação". À semelhança de qualquer outra norma superveniente, o precedente simplesmente regulará semelhante prestação de serviço público, projetando eficácia extraprocessual,[55] ou melhor: extrajudiciária. Sua eficácia geral e abstrata não recebeu qualquer subterfúgio.

54 Jaldemiro Rodrigues de Ataíde Júnior, **Precedentes vinculantes e irretroatividade do direito no sistema processual brasileiro**, n° 4.5, pp. 260-269.

55 Rodolfo de Camargo Mancuso, **Incidente de resolução de demandas repetitivas**, p. 193.

Conclusão

Se o precedente formula regra jurídica geral e abstrata, vinculando os órgãos judiciários inferiores, sonegando-lhes a possibilidade de divergência, e, conseguintemente, restringindo-lhes a independência jurídica – liberdade de seleção da norma porventura aplicável ao litígio –, necessita de autorização constitucional expressa, porque equipara-se, *in totum*, aos produtos da atividade legislativa enumerados no art. 59 da CF/1988.

Logo, afigura-se inconstitucional o art. 927, III e IV, do CPC de 2015, e, conseguintemente, o art. 988, IV. Ressalvam-se (*a*) a súmula vinculante do STF e (*b*) as decisões proferidas no controle concentrado de constitucionalidade. O instituto da súmula vinculante, largamente controvertido, decorreu de emenda à CF/1988. E a Constituição garante, senão diretamente, ao menos indiretamente a independência jurídica dos órgãos judiciais. Dependeria de emenda constitucional mudança metodológica tão radical em país cujo ordenamento compõe-se de normas gerais e abstratas, e, não, de precedentes gerais e obrigatórios.

Bibliografia

ALMEIDA E SOUZA, Manuel de. **Segundas linhas sobre o processo civil**. Lisboa: Imprensa Nacional, 1855.

ASSIS, Araken de. **Processo civil brasileiro**. 2ª Ed. São Paulo: RT, 2016.

____. **Manual dos recursos**. 8ª Ed. São Paulo: RT, 2016.

ASCENSÃO, José de Oliveira. **O direito – introdução e teoria geral.** 8ª Ed. Rio de Janeiro: Renovar, 1994.

ATAÍDE JÚNIOR, Jaldemiro Rodrigues de. **Precedentes vinculantes e irretroatividade do direito no sistema processual brasileiro.** Curitiba: Juruá, 2012.

AZEVEDO, Álvaro Villaça de. Assentos e uniformização da jurisprudência (direito processual civil). **Enciclopédia Saraiva do Direito**. V. 8. São Paulo: Saraiva, 1970-1978.

BÖHM, Peter. Processo civile e ideologia nello stato nazionalsocialista, n° 2, p. 628. **Rivista Trimestrale di Diritto e Procedura Civile**. V. 58. Milão: Giuffrè, 1984.

BARBOSA MOREIRA, José Carlos. **Comentários ao Código de Processo Civil**. V. 5. 15ª Ed. Rio de Janeiro: Forense, 2009.

CÂMARA, José Gomes Bezerra. **Subsídios para a história do direito pátrio**. V. 2. Rio de Janeiro: Livraria Brasiliana Editora, 1966.

CANOTILHO, J. J. Gomes. **Direito constitucional e teoria da Constituição.** 7ª Ed. Coimbra: Almedina, 2003.

CASTANHEIRA NEVES, A. **O instituto dos "assentos" e a função jurídica dos supremos tribunais**. Coimbra: Coimbra Editora, 1983.

COELHO, Vicente de Faria ***Recurso de revista***. Rio de Janeiro: Editora Nacional de Direito, 1957.

CORDEIRO, António Menezes. **Tratado de direito civil**. V. 1. 4ª Ed. Coimbra: Almedina, 2012.

CRUZ E TUCCI, José Rogério. José Rogério Cruz e Tucci, **Perspectiva histórica do *precedente judicial* como fonte do direito**. São Paulo: RT, 2003.

CUNHA, Oscar da. ***Breves considerações sobre o Código de Processo Civil brasileiro***. Rio de Janeiro: Jornal do Comércio, 1935.

DUXBURY, Neil. **The nature and authority of precedent**. Nova Iorque: Cambridge University Press, 2008.

GARCIA NETO, Paulo Macedo. O Judiciário no crepúsculo do Império (1871-1889). Lopes, José Reginaldo de Lima (org). **O Supremo Tribunal de Justiça do Império (1828-1889)**. São Paulo: Saraiva, 2010.

GARMS, Vercingetorix de Castro. ***Recurso de revista***. São Paulo: RT, 1966.

GUIMARÃES, Mário. **Recurso de revista**. São Paulo: Livraria Martins, 1942.

LOPES DA COSTA, Alfredo Araújo. **Direito processual civil brasileiro**. 2ª Ed. Rio de Janeiro: José Konfino, 1948.

MACÊDO, Lucas Buril de. **Precedentes judiciais e o direito processual civil.** 2ª Ed. Salvador: JusPodium, 2017.

MANCUSO, Rodolfo de Camargo. **Incidente de resolução de demandas repetitivas.** São Paulo: RT, 2016.

MARQUES, José Frederico. **Instituições de direito processual civil**. 3ª Ed. Rio de Janeiro: Forense, 1969.

MAXIMILIANO, Carlos. **Hermenêutica e aplicação do direito**. 10ª Ed. Rio de Janeiro: Forense, 1988.

MENDONÇA LIMA, Alcides. *Recurso de revista no Supremo Tribunal Federal.* **Direito, doutrina, legislação e jurisprudência**. V. 11, t. 58. Rio de Janeiro: Freitas Bastos, 1949.

MORAES E BARROS, Hamilton. ***A revista no sistema do Código de Processo Civil***, n° 18, p. 19. Rio de Janeiro, s/e, 1960.

NOGUEIRA, Gustavo Santana. **Stare decisis et non quieta movere: a vinculação dos precedentes no direito comparado e brasileiro**. Rio de Janeiro: Lumen Juris, 2011.

PARENTE, Eduardo de Albuquerque. **Jurisprudência: da divergência à uniformização**. São Paulo: Atlas, 2006.

PONTES DE MIRANDA. **Fontes e evolução do direito civil brasileiro**. 2ª Ed. Rio de Janeiro: Forense, 1981.

____. ***Embargos, prejulgado e revista no direito processual brasileiro***, p. 201. Rio de Janeiro: A. Coelho Branco Filho, 1937.

REIS, José Alberto dos. **Código de Processo civil anotado**. V.6. Reimpressão. Coimbra: Coimbra Editora, 1982.

____. **Breve estudo sobre a Reforma do Processo Civil e Comercial**. Coimbra: Coimbra Editora, 1917.

____. A função do Supremo Tribunal de Justiça segundo o Código de Processo Civil português. **Studi in onere di Enrico Redenti nel XL Anno del suo Insegnamento**. Milão: Giuffrè, 1951.

ROCHA, José Albuquerque. **O procedimento da uniformização da jurisprudência**. São Paulo: RT, 1977.

SANCHES, Sidney. **Uniformização da jurisprudência**. São Paulo: RT, 1976.

SOUZA, Marcelo Alves Dias de. **Do precedente judicial à súmula vinculante**. Curitiba: Juruá, 2006.

STRECK, Lênio Luiz. **Súmulas no direito brasileiro: eficácia, poder e função**, p. 101. Porto Alegre: Livraria do Advogado, 1995.

WEHLING, Arno; WEHLING, Maria José. **Direito e justiça no Brasil colonial: o Tribunal de Relação do Rio de Janeiro (1751-1808)**. Rio de Janeiro: Renovar, 2004.

TEIXEIRA DE FREITAS, Augusto. Alçadas. Monte, João José do. **O Direito: revista mensal de legislação, doutrina e jurisprudência**. V. 10. Rio de Janeiro: Tipografia teatral e comercial, 1876.

Precedentes e Segurança na era da Aceleração

Flávio Galdino[1]

> *"Há, em tudo, a necessidade de preservação da segurança jurídica, com estabilidade para o cidadão, seja parte ou não numa demanda"*
>
> Roberto Rosas[2]

1. *Tempus Regit Actum*

Tempus regit actum. A expressão latina reflete a noção bem ampla de que o *tempo* condiciona as ações humanas – na verdade, nesta expressão, o *tempo* designa as circunstâncias fáticas existentes e as preferências e os valores dominantes em um determinado momento, que condicionam as ações humanas. Quando transportada para o Direito, essa mesma expressão, sinteticamente, pretende indicar que a regulação jurídica vigente no momento em que ocorre um determinado comportamento humano será aplicável a ele – são percepções convergentes, pois o Direito é uma das múltiplas circunstâncias que condicionam ou pelo menos tentativamente condicionam o comportamento das pessoas, expressando sob a forma normativa as preferências e os valores dominantes em uma dada sociedade.

A um só tempo, dentre outras referências, no plano jurídico, a expressão *tempus regit actum* e a sua variante *tempus regit factum* designam parâmetros de adequação e de segurança jurídica. Por adequação pretende-se entender incialmente e de modo superficial que a regulação deve ser adaptada às circunstâncias fáticas existentes em um determinado momento em um dado lugar em um específico ambiente sócio-cultural, refletindo muito particularmente as *preferências* e os *valores* dominantes em uma dada sociedade. Por evidente, exemplificativamente, a regulação adequada para o trânsito de pedestres, carroças e carruagens na Cidade de São Paulo no final do século XIX não seria *adequada*

---

1 Professor da Faculdade de Direito da UERJ.

2 ROSAS, Roberto. Devido Processo Legal. Rio de Janeiro: GZ Editora. 2018, p.1. Este ensaio foi escrito como singela e modesta homenagem ao Mestre e Amigo, Professor Roberto Rosas, com admiração e afeto.

para regular o tráfego de veículos automotores no início do século XXI nesta mesma Cidade.

De outro lado, por segurança jurídica pretende-se compreender inicialmente que a regulação jurídica vigente reflete as referidas circunstâncias fáticas, preferências e valores, condicionando o comportamento das pessoas. A regulação jurídica estabelece impulsos e restrições, impõe *sanções*, como prêmios e punições, aos mais diversos comportamentos, e essas condições são observadas pelas pessoas na maior medida possível, de modo que os comportamentos conformes à regulação vigente devem ser também na maior medida possível respeitados pela comunidade, especialmente pelas sociedades organizadas (designadas pelo *Estado*).

Embora nem sempre tenha sido entendido assim, como as circunstâncias fáticas condicionantes das ações humanas sofrem *naturalmente* alterações com o passar do tempo, a experiência demonstrou que as preferências e os valores pessoal e/ou socialmente relevantes também se alteram com frequência mais ou menos intensa. Em decorrência dessas alterações, tornou-se *natural* que as respectivas regulações jurídicas também sejam alteradas, de modo a que se mantenham adequadas aos melhores interesses presentes e futuros da coletividade. Em suma, as regulações jurídicas se sucedem no tempo para se adaptarem às circunstâncias fáticas, preferências e valores, tentativamente prevendo as alterações que se sucederão ou também tentativamente condicionando as circunstâncias futuras, na medida em que sejam capazes de direcionar os comportamentos futuros das pessoas.

Diante desse fenômeno *natural* da sucessão normativa e ainda em homenagem à idéia de *segurança jurídica*, vem também dos latinos a expressão *lex non retro agit*, que atravessou *os tempos* e conformou-se como um princípio jurídico conhecido e aplicado com diferentes medidas em parcela substancial o mundo ocidental, ainda que sob diferentes roupagens, como *lex prospicit, non respicit* ou *lex posterior derogat priori* – entendida em alguns sistemas como princípio da precedência da lei posterior.

Vem da Teoria Geral do Direito uma interessante observação, que muitas vezes escapa aos nossos estudos de direito intertemporal: a vedação à retroatividade decorre da aspiração de respeito à noção fundamental de *imparcialidade* (N. M. Korkunov), que é uma característica muita cara ao Direito *contemporâneo*. Com efeito, o estabelecimento de normas após a ocorrência de determinados fatos considerados relevantes para o Direito (*ex post facto*) tende a pecar pela parcialidade, beneficiando ou prejudicando deliberadamente determinadas pessoas interessadas. Essa nuance marcou de modo particularmente intenso a experiência do direito norte-americano.

Embora essa premissa usualmente não seja destacada entre nós na análise da sucessão de normas de direito material, ela resta clara no âmbito do direito processual, ao menos quando se veda que as normas sobre competência dirijam a alocação de processos aos órgãos jurisdicionais (e aos respectivos juízes) após a ocorrência dos fatos a serem julgados, consagrando-se entre nós, como princípio do juiz natural, também de hierarquia constitucional – que é uma espécie de faceta do princípio da imparcialidade judicial. Com exceções que não interessam aqui, este princípio do juiz natural reflete a idéia mais ampla de irretroatividade das normas sobre competência jurisdicional.

Historicamente, a principal aplicação da ideia de irretroatividade das leis provém das normas penais. A noção se expressa através de mais um brocardo latino: *nullum crimen nulla poena sine lege*. De um modo geral, a civilização ocidental abraçou essa idéia como parâmetro de *justiça*, reconhecida como princípio jurídico da *legalidade penal (ou legalidade estrita em matéria penal)*. Em última análise, contudo, não há equívoco em se dizer que se está diante também de uma norma de direito intertemporal consoante a qual a caracterização jurídica de um crime e/ou a imposição de uma sanção criminal não devem retroagir, como forma de proteção à segurança jurídica.

Com efeito, sustenta-se com razão que tal princípio da legalidade penal é multifuncional – *o princípio dos princípios* em matéria penal (Cláudio Brandão) – abrangendo também a relevantíssima dimensão temporal. Fala-se assim em *nullum crimen nulla poena sine praevia lege*, destacando-se dessa forma a vedação à retroação normativa.

Estudando-se os julgamentos de Nuremberg acerca dos crimes de guerra e crimes contra a humanidade cometidos durante a Segunda Guerra Mundial (1939-1945), enfocando especificamente a violação ao princípio *nullum crimen nulla poena sine praevia lege* afirmou-se que *the rule against retroactive legislation is a principle of justice* (Hans Kelsen, que concluiu também após análise detida que os julgamentos em questão não constituíam *precedentes* em sentido técnico-jurídico). Observando o mesmo fenômeno, outro estudo concluiu que as referidas normas incriminadoras retroativas do pós-Guerra constituiriam ao mesmo tempo violação dos padrões de justiça e violação da segurança do Direito (Martin Golding – segundo ele, violações justificadas no caso sob análise). Sem embargo da autoridade desses entendimentos, parece haver consenso atualmente no sentido de que a base da irretroatividade está no ideal de segurança jurídica, inclusive no âmbito do direito penal, tanto que eventualmente será sopesado com o ideal de justiça para de alguma forma *relativizar a vedação à retroatividade* – esse tema será objeto de reflexão na sequência do texto. Seja qual for o seu fundamento último, a idéia de irretroatividade das normas em geral e das normas penais em particular é amplamente adotada no direito ocidental.

No Brasil, por exemplo, a irretroatividade possui alta hierarquia, designada como *princípio da irretroatividade das leis*, desde muito tempo e ainda hoje de estatura constitucional entre nós (CF, art. 5º, XXXVI e XXXIX). A norma constitucional irradia efeitos e essa idéia informa praticamente todos os ramos do *Direito positivo brasileiro*, constituindo a relevante disciplina do chamado *direito intertemporal*, que regula *conflitos normativos* no tempo – trata-se aqui, portanto, de normas secundárias, operacionais ou integrantes do chamado *sobredireito*, que dispõem sobre a criação e aplicação das normas materiais. Em outros lugares, a irretroatividade *aparentemente* possui muito menos rigidez, configurando *apenas* uma espécie de presunção para solver conflitos normativos no plano temporal: *presumptio against retroactivity* (Antonin Scalia e Bryan Garner) ou *presumption of prospectivity* (Daniel Troy). A diversidade de tratamentos, contudo, é mesmo meramente aparente, pois como se demonstrará não há diferença essencial quanto à operação lógica de aplicação da irretroatividade, existindo *apenas* diferenças de graus de intensidade da proteção aplicada.

Embora já se tenha afirmado entre nós que a idéia de irretroatividade se funda na *razão natural* (Limongi França) – o que parece ser questionável –, fato é que a gradação quanto à rigidez dessa norma é *natural*, pois já se concluiu não ser possível estabelecer soluções universalmente aceitas para os conflitos temporais de normas jurídicas (Luis Diez-Picazo Giménez) ou, em outras palavras, ninguém pode conseguir uma fórmula estereotipada, aplicável cegamente, automaticamente (Carlos Maximiliano), daí porque não parece correto falar que exista alguma espécie de atraso na ciência jurídica no fornecimento de critérios para solução dos conflitos temporais (Fábio Konder Comparato), uma vez que as soluções são casuísticas e dependem das circunstâncias fáticas, preferências e valores dominantes em um dado momento da experiência jurídica: o fato de inexistirem soluções unívocas não implica atraso.

Neste sentido, em uma das mais influentes teorizações acerca do ordenamento jurídico (ao menos entre nós, brasileiros), concluiu-se que esses conflitos de normas no tempo configuram *antinomias* apenas *aparentes* (Norberto Bobbio), pois o sistema normativo oferece soluções para esses problemas – diversamente do que ocorre com as chamadas *antinomias reais*. Assim, ainda que não haja soluções prontas e acabadas – como as tais fórmulas estereotipadas – o ordenamento oferece critérios e orientação para s solução dessas antinomias temporais.

De fato, embora não haja solução uniforme ou estereotipada, parece haver algum consenso na quadra atual no sentido de que a *retroatividade é tolerável* (Luis Roberto Barroso), especialmente, no caso Brasileiro, fora do âmbito das restrições constitucionais mais rígidas. Em outros países e momentos históricos, as restrições se mostram ainda mais tênues, considerando-se muitas vezes que o legislador está expressamente autorizado a determinar efeitos retroativos às normas exaradas (Pasquale Fiore). Com efeito, sem embargo de respeitáveis opiniões em contrário, no sentido de que a elevação da irretroatividade ao patamar constitucional representaria vedação absoluta à sua ocorrência (Caio Mário da Silva Pereira), o entendimento dos estudiosos e dos tribunais, no Brasil e em diversos países, milita no sentido da aceitação eventual, quicá excepcional, da retroatividade das normas.

Neste sentido, constata-se que a idéia de irretroatividade de uma *nova* regulação jurídica como apanágio da segurança jurídica não tem aplicação irrestrita a qualquer situação. Na verdade, consoante se acentuou com perspicácia, o princípio constitucional em vigor no Brasil desde longa data não veda a retroatividade das leis novas – veda apenas que essa eficácia retroativa prejudique situações jurídicas constituídas (Francisco Campos), como sejam os direitos adquiridos, a coisa julgada e congêneres. Na verdade, houve quem afirme que a retroatividade seria a regra no Brasil, excepcionada pelas referidas situações protegidas (Paulo Dourado de Gusmão), o que não parece ter aceitação ampla.

Fato é que, em muitas situações, o Direito autoriza ou mesmo determina que uma nova regulação jurídica seja aplicável a fatos ou comportamentos ocorridos anteriormente à sua vigência, especialmente quando se trata de fatos ou comportamentos que se protraem no tempo, mas não apenas em relação a eles. Refere-se aqui à chamada *retroatividade máxima* (diferenciadas em relação à *média* e à *mínima*, na terminologia de Matos Peixoto) ou, em outra nomenclatura, *retroatividade autêntica* (em oposição à *inautêntica* ou *aparente*). No direito anglo-saxônico, fala-se em retroatividade forte ou fraca (*strongly or weakly retroactivity*). No direito alemão em retroatividade *própria* ou *imprópria* (referida por Karl Larenz). De outra perspectiva, falou-se em retroação *justa* e *injusta* (Reynaldo Porchat) – de novo, a retroatividade poderia ser considerada justa se não ofendesse situações jurídicas constituídas.

Diante dessa multiplicidade de nomenclaturas e de igualmente numerosas hipóteses de ocorrência, a expressão *retroatividade* realmente parece ser um *caleidoscópio* (Basil Frison). Em outros ordenamentos jurídicos, efetua-se adicionalmente a distinção entre os termos *retroatividade* e *retrospectividade* (como ocorre, por exemplo, em sistemas que professam o *common law*), eventualmente com repercussão na doutrina brasileira. A expressão *retroatividade* indicaria que a nova regulação jurídica alcança os atos jurídicos pretéritos e os seus efeitos pretéritos, enquanto a *retrospectividade* indicaria apenas o alcance de efeitos futuros de atos jurídicos pretéritos. Para o direito brasileiro essa tentativa de diferenciação vernacular não parece ter acolhimento na prática processual – e, honestamente, as duplicações ou multiplicações conceituais nesta matéria não se provaram realmente eficientes.

Ainda assim, embora a tentativa de classificação não seja aplicável, esse referencial parece útil: em sentido extremamente amplo, independentemente das nomenclaturas utilizadas, os principais problemas no âmbito da segurança jurídica no plano do direito intertemporal residem em saber se efeitos pretéritos de atos jurídicos pretéritos serão alcançados por uma nova regulação jurídica e se efeitos futuros de atos jurídicos pretéritos serão alcançados por uma nova regulação jurídica; quando esses atos e/ou efeitos corporificam situações jurídicas subjetivas consolidadas – expressão que utilizamos em lugar de direitos adquiridos ou congêneres, como *vested rights*, e que abrange também o ato jurídico perfeito e a coisa julgada –, os problemas tendem a se agravar. A observação empírica demonstra à saciedade que as soluções do legislador são *casuísticas*, assim como também o serão as soluções dos tribunais.

Assumida a premissa de que necessariamente haverá sucessão de regulações jurídicas, de modo a que tais regulações possam se adaptar às circunstâncias fáticas, preferências e valores, as necessidades de segurança jurídica impõem que a alteração dessas regulações seja cuidadosamente tratada pelo ordenamento jurídico, originando as chamadas *regras de transição* do direito intertemporal, as quais regularão os impactos das novas normas sobre as relações jurídicas, fatos e/ou atos jurídicos e seus efeitos respectivos, pretéritos ou futuros, e situações jurídicas existentes, especialmente sobre aquelas consideradas *consolidadas*.

A caracterização dessa *consolidação* tem sido objeto das maiores discussões nos planos doutrinário e jurisprudencial, havendo extensa e intensa produção sobre o tema, sob a ótica da terminologia mais utilizada (*direitos adquiridos*). Vez por outra, este ensaio utilizará exemplos, mas sem a pretensão de explorá-los mais detidamente ou aprofundar as discussões, que também extrapolam o objeto de análise aqui. Desta forma, tais exemplos servem apenas para explicar a operação lógica de aplicação da ideia de irretroatividade, como forma de analisar o impacto da retroação sobre a segurança jurídica.

Novamente, então, à guisa de exemplo, também herdamos dos latinos a expressão *lex mitior*, consoante a qual, de modo sintético, a atenuação das punições criminais que haviam sido estabelecidas para determinados comportamentos deve beneficiar os eventuais infratores, chamada eventualmente de eficácia positiva do princípio da legalidade penal ou, sob o prisma temporal, retroatividade *in bonam partem* ou *reformatio in melius*. Neste sentido, diz-se que determinadas normas sancionatórias mais benéficas retroagem, o que também está expresso no nosso ordenamento jurídico - novamente no plano constitucional - acerca das leis penais e as nossas Cortes de Justiça ocasionalmente expandem esse benefício para as leis processuais penais também.

A partir desse exemplo simples, de plano, confirma-se-se que a idéia de segurança jurídica é aplicada em conjunto com outras idéias igualmente relevantes, como sejam as idéias de justiça e de eficiência, por exemplo, para a solução de complexas questões de direito intertemporal. Com efeito, no exemplo da lei penal mais benéfica, não pareceu justo ao legislador brasileiro que uma pessoa ficasse encarcerada em razão da aplicação de uma norma que não está mais em vigor. Supostamente, se a norma que incidira não está mais em vigor, aquele comportamento não é (mais) reputado ruim ou reprovável, de modo que a muitas pessoas não parece *justo* manter a pessoa encarcerada. Todavia, de novo, essa não é uma conclusão auto-evidente, pois ela implica um juízo de valor com o qual nem todos estarão necessariamente de acordo.

Haverá sempre quem considere que a infração à regulação jurídica deve ser sancionada (punida), ainda que posteriormente aquele comportamento não seja mais reputado ilícito - é assim, por exemplo, no sistema jurídico dos Estados Unidos da América, no qual esse efeito retroativo *benéfico* deve ser expressamente prescrito pelo legislador, sob pena de não incidir e a pessoa condenada continuar encarcerada mesmo depois da edição de uma norma descriminalizadora da conduta que gerou a condenação criminal -, de modo que a regulação jurídica penal sancionatória cumpra uma de suas mais relevantes funções que é a de desestimular ou mesmo deter a ocorrência de comportamentos ilícitos. De outro giro, no Direito Europeu dos Direitos Humanos, a retroação benéfica também não foi prevista originalmente e se encontra em fase de construção, sendo considerada uma espécie de garantia implícita.

Essa diferença de tratamento entre a irretroatividade da lei maléfica e a retroatividade da lei benéfica muitas vezes é percebida como uma assimetria inconsistente, a depender do ordenamento jurídico onde se manifesta. Quando se busca justificá-la, além do argumento em torno da idéia de *justiça*, o fiel da balança parece ser a proteção da liberdade individual (Ben Juratowitch), ao qual um estudo brasileiro acrescentou o postulado da proporcionalidade e o princípio da *máxima restrição das normas restritivas de direitos fundamentais* (Vinicius Peluso) – e, de fato, sob outro prisma, há uma correlação importante entre a segurança jurídica e a proteção da liberdade individual, tema a que se retorna posteriormente na sequência do ensaio.

Da mesma forma, é plausível considerar que em muitas situações, a necessidade de eficiência pode se *sobrepor* ao que eventualmente se pudesse considerar um parâmetro ideal de segurança jurídica, tal como genericamente enunciado acima. A nossa triste experiência com a Pandemia do Covid-19 – recente e por isso mesmo infelizmente ainda bem viva na memória de todos – evidenciou diversos exemplos expressivos: por todo o mundo foram editadas as chamadas *leis de emergência* para regularem diversas relações jurídicas que haviam sido drástica e adversamente afetadas por alterações abruptas das circunstâncias fáticas, em sua grande maioria imprevisíveis e inevitáveis, para as quais as pessoas por isso mesmo não tiveram a oportunidade de se preparar. Assim, essas normas emergenciais alteraram a regulação aplicável a diversas relações jurídicas públicas e privadas, alcançando situações jurídicas constituídas e consolidadas e consequentemente muitos efeitos futuros de atos jurídicos realizados sob a vigência das normas anteriormente vigentes. De certa forma, a experiência traumática da Pandemia nos relembrou da existência de uma categoria importante, das *normas temporárias* (normas *ad tempus*), de existência finita ou mesmo efêmera (expressamente referidas pelo Código Penal brasileiro) – também designadas *leis conjunturais* e que observam a parêmia latina *cessante rationes legis cessat lex ipsa*.

Em um exemplo simplório, porém expressivo, no Brasil, inicialmente por força de uma decisão judicial (STF, ADPF 828-DF, Relator o Ministro Roberto Barroso) e depois com base em uma lei, a qual também teve a eficácia prorrogada por meio de nova decisão judicial, locadores de imóveis ficaram *repentinamente* impedidos de promover o despejo de locatários inadimplentes, embora a legislação então vigente lhes assegurasse esse direito estavelmente durante várias décadas anteriores. Em diversos círculos e especialmente na doutrina mais tradicional, argumenta-se que a vedação à retroatividade eventualmente cede em razão de interesses de ordem pública (Cláudia Toledo). De nossa parte, parece melhor a concepção de que se tem aqui um exemplo da busca pela eficiência sobrepujando ou moldando a incidência da segurança jurídica.

Em síntese, de acordo com a doutrina brasileira especializada, tem-se a aplicação conjugada ou ponderada ou balanceada entre as noções de segurança jurídica e de justiça e de eficiência, consideradas como valores que informam todo o ordenamento jurídico – o que já foi designado por um dos nossos maiores jusfilósofos como o *Cabo Horn* da Filosofia do Direito (Miguel Reale). Há uma *busca incessante pelo equilíbrio* entre esses valores e/ou princípios, cujo conflito constitui uma das *contradições básicas* do ordenamento jurídico (Ricardo Lobo Torres).

Houve quem acrescentasse outros elementos para ponderação em face do princípio da irretroatividade. Neste sentido, afirmou-se que o princípio da irretroatividade deverá sucumbir quando do outro lado da balança houver *valor* cuja inobservância causar danos à coletividade (consoante a autoridade de Gustavo Tepedino). A referência genérica a valores jurídicos realmente parece ser mais eficiente do ponto de vista da operação a ser realizada. E, consoante referido, diversos valores vêm sendo invocados, como sejam a ordem pública, o bem comum, o interesse público e os princípios do bom governo dos povos (San Tiago Dantas), dentre outros – alguns por demais amplos e outros aparentemente ultrapassados como fatores de ponderação. Sem embargo, esses breves exemplos buscam apenas evidenciar que a relevantíssima noção de segurança jurídica – decomposta na sequência do ensaio – é um valor fundamental do Estado e do Direito e, mesmo assim poderá ser ponderada com outros valores ou objetivos igualmente relevante, sendo certo que poderá ceder diante de outros valores ou fins legítimos perseguidos pelo ordenamento jurídico.

A questão central deste ensaio, que se propõe breve – e possui limitações espaciais rígidas, razão pela qual não apresenta notas de rodapé com referências detalhadas e nem bibliografia, cingindo-se a mencionar os autores referenciados –, diz respeito à *sucessão de regulações jurídicas* em razão da busca permanente de adequação dessas regulações às circunstâncias fáticas, preferências e valores de uma dada comunidade em um dado momento no tempo e/ou à tentativa de direcionar ou moldar comportamentos futuros, à luz da segurança jurídica. Na verdade, o escopo central é mais limitado em um sentido: debruçar-se sobre uma questão específica, que vem a ser a sucessão de precedentes judiciais no tempo e particularmente no que se vem chamando *nossos tempos acelerados*, tal como descritos na sequência do texto.

Para debater esse tema da sucessão no chamado *tempo acelerado* de normas emanadas de *precedentes vinculantes*, optou-se pelo seguinte percurso: primeiro fala-se sobre a geração de normas jurídicas, especialmente as normas jurisprudenciais e sobre a segurança jurídica que delas se espera. Depois fala-se sobre o tempo: discorre-se sobre a noção de tempo, com especial enfoque sobre o *tempo jurídico* – e apresenta-se a construção consoante a qual o tempo social e o tempo jurídico vêm sendo *acelerados* nas últimas décadas, em razão dos mais variados fenômenos externos à *vida jurídica*. De posse desse arcabouço conceitual, ao final apresenta-se uma reflexão acerca da produção e sucessão acelerada de precedentes no nosso tempo à luz da necessidade de segurança jurídica, redimensionada à luz das novas circunstâncias fáticas, preferências e valores dominantes.

2. Normas Jurídicas, Fontes do Direito, Jurisprudência e Precedentes Vinculantes

No seio de incontáveis construções teóricas, tomando aqui a sua concepção mais simples, as normas jurídicas servem para regular condutas humanas (Hans Kelsen). Parece muito apropriada para o presente ensaio a afirmação aparentemente redundante de que *uma norma é uma proposição normativa que se presta a reconhecer e estabelecer um comportamento normal* (Norberto Bobbio). Em complemento, o estabelecimento desse comportamento normal é obtido através da orientação dada pelas normas aos indivíduos: *law is a social method of regulating human behaviour by* guiding *it* (Joseph Raz). Voltaremos aos temas da *normalidade* e da *orientação* adiante.

Se buscarmos precisão técnica e terminológica, concluiremos que as normas jurídicas não se confundem com os dispositivos ou com os textos jurídicos, nem mesmo com os textos normativos – as normas são o sentido que se extrai desses textos ou dispositivos. O significado da norma é produzido pelo intérprete (entre nós, Eros Grau). Dito de outra forma, que se tornou muito influente também entre nós, *não é a proposição normativa que é vinculante, mas sim a norma que perfaz seu conteúdo enunciativo* (Friedrich Muller). Neste viés, está correta novamente a afirmação de que todo ato de aplicação do Direito é também um ato de produção do Direito (Hans Kelsen) – ou, para usar uma terminologia cara aos processualistas, o ato de aplicar uma norma jurídica é constitutivo dessa mesma norma.

Ainda assim, consoante a prática consagrada, nós utilizamos a expressão *norma jurídica* em um sentido muito amplo para abranger também a referência a dispositivos ou textos normativos específicos e não apenas ao sentido extraído da sua aplicação ou construção pelos intérpretes ou aplicadores propriamente ditos. Neste sentido, por exemplo, quando se fala em *sucessão de normas no tempo* sob o enfoque da segurança jurídica, esta expressão usualmente considera os dispositivos legais e não a interpretação que deles se faz para extração do seu sentido (a norma jurídica propriamente dita).

Uma das principais questões da Teoria do Direito diz respeito justamente a como reconhecer a existência de uma norma jurídica, formulada como pergunta que se tornou simbólica: o que distingue uma norma jurídica de uma ordem emanada por um bando de salteadores? Com efeito, se o objetivo do Direito é regular o comportamento das pessoas através das suas normas, parece imprescindível que as pessoas possam reconhecer a existência e a eficácia dessas normas – o que vem sendo entendido há muito tempo como *certeza do direito* e será referido adiante como *cognoscibilidade*. Alguns dos mais relevantes estudos jurídicos do século XX discutiram com proficiência essa temática, sendo famosa, dentre tantas outras, a formulação que busca estabelecer uma *regra de reconhecimento* (Herbert Hart) que sirva para guiar a investigação, especialmente em sociedades complexas em que se verifica uma enorme profusão de *fontes* de textos normativos mais ou menos abrangentes, como é o caso brasileiro.

Isso nos remete à temática das chamadas Fontes do Direito. Malgrado já tenha sido dito com autoridade que esta expressão é imprestável (Hans Kelsen), ela continua sendo utilizada de modo contínuo e constante pelos teóricos e operadores do Direito. Dentre tantas outras questões, o reconhecimento da jurisprudência e dos precedentes jurisprudenciais como Fontes do Direito foi objeto de enorme controvérsia, no Brasil e em diversos outros sistemas normativos. Durante muitas décadas, discutiu-se se a jurisprudência seria fonte primária ou subsidiária do Direito – nesta segunda hipótese, aplicável na ausência de lei expressa acerca de determinado tema (assim designada *lacuna*). Hoje essa questão parece estar superada no Direito brasileiro, porquanto há reconhecimento razoavelmente assente de que pelo menos algumas decisões judiciais – provavelmente as mais importantes dentre elas – são fontes do Direito (fontes primárias e não meramente subsidiárias ou supletivas), mercê de dispositivos constitucionais e legais que as reconhecem como tais.

A expressão jurisprudência parece simples, mas eventualmente pode ser utilizada de forma ardilosa. Em alguns sistemas jurídicos, a expressão é utilizada para designar o estudo científico do direito, de que é exemplo a expressão inglesa: *jurisprudence*. No nosso sistema jurídico brasileiro, de inspiração romano-germânica, sob outro prisma designado como *civil law*, em oposição ao *common law*, a jurisprudência é definida em termos simples como o conjunto de decisões produzidas pelos tribunais ou órgãos judiciários acerca de disputas submetidas à sua apreciação.

Nos sistemas de direito legislado, historicamente a jurisprudência era caracterizada pela reiteração de pronunciamentos convergentes sobre a mesma matéria. Na expressão do jurista, a jurisprudência *revelava a tendência do Poder Judiciário* (Leonardo Greco). A multiplicação de casos debatendo os mesmos temas produzia julgados dissonantes ou mesmo contraditórios pelos órgãos judiciários, usualmente pelas chamadas instâncias inferiores, e a análise da jurisprudência revelaria a orientação dos tribunais, aos quais usualmente atribui-se uma função uniformizadora. Com tempo e a multiplicação de processos e de órgãos jurisdicionais, foram desenvolvidas técnicas mais elaboradas de uniformização de jurisprudência (nos planos vertical e horizontal) e, no Brasil, os órgãos de cúpula do Poder Judiciário foram incumbidos dessa tarefa de uniformização – a que um estudo seminal denominou *função nomofilácica* (Piero Calamandrei) – com efeito, no caso do Direito brasileiro, a Constituição Federal outorga essa tarefa ao Supremo Tribunal Federal e ao Superior Tribunal de Justiça, mas por evidente não exclui a atuação uniformizadora dos tribunais locais (estaduais e federais) no âmbito das suas competências.

Mais recentemente, ao invés de expressarem uma tendência jurisprudencial, o que normalmente consome muito mais *tempo de maturação*, os procedimentos destinados à formação dos precedentes prestam-se a fixar a *orientação* a ser seguida pelos órgãos inferiores, eventualmente antes mesmo de potenciais divergências jurisprudenciais se manifestarem de modo consistente, como ocorre exemplificativamente com o incidente de resolução de demandas repetitivas e o incidente de assunção de competência – e já ocorrera no plano constitucional entre nós com a criação da ação declaratória de constitucionalidade, que tinha justamente a pretensão de evitar a multiplicação de dissídios interpretativos acerca da (in)constitucionalidade de determinadas normas.

Fica clara aqui uma característica das normas jurídicas em geral hoje refletidas na jurisprudência: as uniformizações eram baseadas em decisões já proferidas por diversos órgãos e agora diversamente parecem ser predominantemente prospectivas – literalmente *orientações* a serem seguidas pelos órgãos judiciais inferiores, que eventualmente ainda não apreciaram aquelas questões, até porque um dos instrumentos utilizados nas técnicas de formação de precedentes consiste justamente da suspensão do curso dos processos nas instâncias inferiores em prol da eficiência, de modo que a grande maioria dos órgãos inferiores sequer chega a decidir propriamente muitas dessas matérias, restringindo-se a aplicar a orientação afinal firmada pelas instâncias superiores competentes para a decisão respectiva.

Há utilizações restritivas e ampliativas do termo jurisprudência. É comum referir-se a jurisprudência aos chamados *casos concretos*, mas isso representa um reducionismo indesejável. Com efeito, não há equívoco em falar-se na jurisprudência em sede de controle concentrado de constitucionalidade, o qual, em tese, não resolve casos concretos – daí porque se fala também em controle abstrato. No mais, alargou-se o conceito para que fosse aplicável também a decisões de outros entes não judiciários (estatais ou não estatais), como seja a extensão às decisões administrativas, falando-se então em *jurisprudência administrativa*, não sem críticas autorizadas pelo alargamento também indesejável (Rodolfo de Camargo Mancuso).

Tem sido comum também o recurso a imagens e figuras sofisticadas – quase literárias – para realçar a relevância da jurisprudência na adaptação do Direito às mudanças sociais e a novas circunstâncias fáticas, notadamente no último século. Já se disse que a jurisprudência evita a fossilização das normas (José Carlos Barbosa Moreira) e que a jurisprudência tem o condão de infundir à palavra nua do legislador a perpétua juventude da vida (Carlos Maximiliano). Essas afirmações sugerem discussões aprofundadas sobre os limites da atuação do juiz (*rectius*: do Poder Judiciário), que se aproximam das discussões sobre o chamado *ativismo judiciário* e seus consectários como a *judicialização da política*, os quais transcendem o objeto do presente ensaio.

Fato é que, no Brasil (e em diversos países), dentre outras, por *razões metodológicas*, as alterações de orientações jurisprudenciais tendem a ser implementadas de modo mais simples do que as alterações legislativas – ou pelo menos do que diversos tipos de alterações legislativas, muito particularmente as emendas constitucionais. Em texto referencial sobre o tema, voz autorizada sugeriu que a *morosidade dos aparelhos legislativos seria um elemento de segurança jurídica* (Gustav Radbruch). Com efeito, de um modo geral, os procedimentos legislativos sempre tenderam a ser mais complexos do que os procedimentos judiciários – e a complexidade importa lentidão – e isso vinha tornando estes mais atrativos para estamparem primariamente as mudanças que se julgassem necessárias para adaptar o Direito às novas circunstâncias fáticas, assim compreendidas também as realidades sociais e culturais, e preferências e valores dominantes, naturalmente cambiantes. Historicamente, não raro, as orientações sedimentadas pela jurisprudência acabavam sendo posteriormente incorporadas pelo legislador aos diplomas legislativos. Hoje, por várias razões, essa utilização de procedimentos judiciários em lugar de procedimentos legislativos tem sido intensificada e a incorporação não parece ser realmente necessária, senão sob o prisma do incremento da cognoscibilidade das normas – que promove a segurança jurídica. Esses temas serão retomados adiante.

A utilização de expressões que procuram designar tal sedimentação do entendimento dos órgãos judiciários – como sejam a *jurisprudência dominante* e a *jurisprudência pacificada*, utilizadas no nosso direito processual civil –, pode conduzir a problemas sensíveis. Novamente, a relevante questão do reconhecimento: como reconhecer uma orientação jurisprudencial como dominante ou pacificada (ou não) para fins de ser observada pelos demais órgãos judiciários e eventualmente incorporada pela legislação? Durante anos essas questões foram debatidas pelos processualistas, sem que se tenha logrado consenso significativo. A instituição de precedentes, especialmente dos precedentes vinculantes, rompe com uma tradição longeva e resolve esses problemas relativos ao reconhecimento e à utilização da jurisprudência como Fonte do Direito.

Em comparação com outros países, a experiência brasileira é recente acerca da chamada eficácia vinculante das decisões judiciais – os chamados *precedentes vinculantes* –, que as transformou realmente em Fontes formais do Direito após uma *longa saga* (na expressão e descrição autorizada de Rodolfo de Camargo Mancuso).

É de se recordar que, concebida de forma mais ampla no âmbito da teoria geral do Direito, desenvolveu-se no direito processual civil a noção de que as sentenças judiciais constituem em *normas jurídicas concretas*, em oposição às normas jurídicas abstratas que seriam editadas pelo legislador, de acordo com a tradicional formulação acerca da tripartição dos poderes e das funções atribuídas a esses poderes. Na verdade, a própria jurisdição seria definida a partir desse conceito, como a *atividade destinada a formular e atuar a regra jurídica concreta* (Enrico Tullio Liebman). No mesmo sentido, fala-se em *normas jurídicas individualizadas*.

Normalmente não se dá muita atenção a um aspecto interessante dessa construção. Considerando que as normas jurídicas concretas são formuladas em ambientes processuais, e que usualmente os processos são instaurados após a ocorrência dos fatos que são objeto de controvérsia, é possível afirmar que as normas jurisdicionais concretas possuirão eficácia retroativa, sem que isso tenha sido objeto de consideração, inclusive sob o prisma da segurança jurídica. Isso já foi dito de forma mais incisiva: *l'effet attendu de la fonction juridictionelle [et de la fonction jurisprudentielle] est la création de la norme juridique applicable au cas (...) Aussi la norme juridictionelle [et jurisprudentielle] efficace est inconditionnellement rétroactive* (Caroline Malpel-Bouyjou). Essa questão será retomada adiante também.

Seja como for, com a elevação dos precedentes judiciais à categoria de Fontes do Direito entre nós, sem prejuízo do seu valor metodológico, essa distinção entre sentença e lei perde parcialmente a utilidade – ao menos para os propósitos da análise aqui empreendida, pois muitos precedentes judiciais considerados vinculantes cumprem *exatamente* a mesma função das normas abstratas exaradas pelos Poderes Legislativo e Executivo.

No seio de um debate predominantemente doutrinário que se desenvolveu durante décadas acerca da caracterização da jurisprudência como fonte do Direito, a prática impôs uma evolução lenta, porém firme, iniciada com a proposta de utilização de enunciados sumulados como *métodos de trabalho* no Supremo Tribunal Federal (Victor Nunes Leal), de modo a enfrentar o número então considerado insuportável de recursos – e que viriam a se converter em *filtros recursais*. Com o passar do tempo, desenvolveu-se uma espécie de argumento de força persuasiva das súmulas (Lênio Streck), mas que não possuíam força realmente vinculante – falou-se a propósito em *vinculação meramente ilusória* (Daniel Mitidiero). Ainda sob a vigência do Código de Processo Civil de 1973, a jurisprudência em geral (especialmente aquela *dominante*) e as súmulas em particular ganharam mais peso na apreciação dos recursos – reforçando a sua utilização como instrumentos de filtragem, o que também se chamou de *jurisprudência defensiva*, que se prestaria a conter o número considerado abusivo de processos submetidos aos tribunais superiores, praticamente inviabilizando o seu funcionamento *tempestivo*.

Mesmo fora do ambiente dos filtros recursais, a utilização reiterada de muitas súmulas dos tribunais superiores ao longo dos anos criou uma espécie de *vinculação de fato* para tais enunciados (Thomas da Rosa de Bustamante) – de certo modo, parece lícito afirmar que o *tempo conso-*

lidou a vinculação. Vale lembrar, a título exemplificativo, a (equivocada) jurisprudência acerca do descabimento da condenação em honorários advocatícios em sede de mandado de segurança, sumulada originariamente pelo Supremo Tribunal Federal e que posteriormente foi objeto de deferência pelo Superior Tribunal de Justiça também sob a forma de súmula e pelos demais órgãos judiciários, servindo-se de diversos argumentos em prol da importância da estabilidade da jurisprudência (ou da segurança jurídica).

Merece registro o fato de que, durante todo esse período eram erguidos argumentos relevantes em desfavor da adoção de força vinculante para as decisões judiciais, mesmo das mais elevadas esferas judiciárias, como sejam notadamente o enfraquecimento da independência judicial (defendida enfaticamente, por exemplo, pela autoridade moral de Evandro Lins e Silva) e o desequilíbrio na aplicação do princípio constitucional da separação de poderes. Chegou-se a afirmar à época dos debates mais acirrados acerca da adoção do efeito vinculante entre nós, que tais efeitos eram *abominados por boa parte da comunidade jurídica e da opinião nacional* (Cássio Scarpinella Bueno). Mesmo após a entrada em vigor do Código de Processo Civil (após anos de vigência das normas que regem o controle de constitucionalidade), muitas vozes autorizadas continuaram a sustentar a inconstitucionalidade das normas que estabelecem eficácia vinculante para os diversos precedentes jurisprudenciais (e.g. Olavo Augusto Vianna Alves Ferreira) – essas vozes, contudo, não tiveram eco, incluindo, mas não se limitando à jurisprudência do Supremo Tribunal Federal.

Em estudo de grande valor, apontou-se que os modelos de produção de decisões judiciais – processos e procedimentos e poderes dos órgãos judiciais – influenciam de modo determinante e, em última análise, são expressões de modelos políticos mais autoritários ou mais democráticos (Mirjan Damaska). As análises indicam, então, os perfis desses modelos, classificando-os. Exemplificativamente, tornou-se normal avaliar se o modelo de funcionamento da jurisdição criminal é garantista ou punitivista; se o modelo de funcionamento da jurisdição constitucional é auto-contido ou ativista. Nesta linha de análise, a história do Direito ocidental registra períodos em que a sociedade desconfiava do exercício das funções jurisdicionais, usualmente tidas por autoritárias, e limitou seus poderes sensivelmente (Ovídio Baptista da Silva). Neste sentido, o modelo de produção de decisões vinculantes pelos órgãos judiciários vis-a-vis a independência judicial é realmente um fator importante para a caracterização e qualificação dos processos políticos de um dado

Estado – mas novamente essa discussão interessante transborda os limites propostos para este ensaio.

Fato é que de novo as necessidades práticas impuseram a sua força quase sempre irrefreável. Mesmo após a Constituição Federal de 1988 ter criado o Superior Tribunal de Justiça e ali alocado diversas competências, a atuação do Supremo Tribunal Federal tornou-se quase impraticável em razão do acúmulo de processos originários e recursos. Assim, com uma emenda à Constituição em dezembro de 2004, passou-se a tratar de modo juridicamente consistente da vinculação aos precedentes judiciais, consolidando a curta porém consistente experiência com as ações declaratórias de constitucionalidade, incorporadas em 1993. Foi um passo deveras relevante – depois reforçado com ênfase e ampliado substancialmente pelo Código de Processo Civil de 2015.

Obviamente as necessidades práticas foram e são sufragadas por diversos argumentos substanciais em prol da vinculação aos precedentes, destacados ou enfatizados pelos estudos especializados. O argumento mais significativo – e que nos interessa aqui – é a segurança jurídica, tal como destacada adiante. Somaram-se outros tantos argumentos: a agilidade processual, também designada como celeridade processual (Monica Sifuentes), a igualdade e a proporcionalidade (Taís Schilling Ferraz), a isonomia e a efetividade (Tiago Asfor Rocha Lima), a supremacia da Constituição (Patricia Perrone Campos Mello), o aumento da racionalidade e a proteção da vinculatividade dos juízes ao Direito com a consequente redução do arbítrio, especialmente em matéria penal (Hermes Zaneti Jr), a redução da litigiosidade e, por conseguinte, do acervo de processos pendentes (Ronaldo Cramer), o óbice à vulgarização dos pronunciamentos das cortes superiores, especialmente quando eventualmente contraditórios (Bruno Dantas), a credibilidade do Judiciário (Romulo Ponticelli Giorgi Júnior), dentre outros. Não raro, recorreu-se às origens anglo-saxônicas dos precedentes vinculantes, reportando-se que repousam sobre duas diretrizes fundamentais: eficiência e humildade (Mark Tushnet).

Além dos argumentos estritamente jurídicos, aduziu-se também a relevância moral da vinculatividade dos precedentes, ao menos, entre nós, daqueles oriundos do Supremo Tribunal Federal. Quando a própria vinculatividade estava em discussão nesta Corte, voz autorizada afirmou: *parece-me uma situação imoral, com que a consciência jurídica não deveria (...) contemporizar. De modo que me pergunto: faz sentido não ser vinculante uma decisão da Suprema Corte do País?* (Francisco Rezek, no julgamento pelo STF da ADC 1, Relator o Ministro Moreira Alves, em 1994).

Sem embargo de discussões conceituais acerca das origens e dos fundamentos respectivos, parece possível afirmar que hoje tem-se por adotado no Brasil um *sistema de precedentes* de alguma forma semelhante ao que se aplica nos países que praticam o *common law* e que hoje convive em harmonia (na verdade, uma espécie de armistício) com o nosso tradicional sistema legislado (ou *legicêntrico*).

Com efeito, desde longa data o Brasil experimentava o que foi chamado de *paradoxo metodológic*o (Cândido Rangel Dinamarco), em referência à convivência de um modelo constitucional de origem anglo-saxônica e um modelo processual civil de origem européia-continental, salteado por diversas particularidades do direito português, que se tornara luso-brasileiro. Ainda que a lógica de formação e respeito aos precedentes no Brasil seja diversa daquela utilizada pelos modelos de *common law* (e por isso mesmo criticável sob vários prismas), não parece haver distinção substancial quanto à eficácia normativa dos precedentes judiciais nesses sistemas jurídicos. E a incorporação desse modelo brasileiro de precedentes ao nosso sistema jurídico é um passo importante na superação daquele paradoxo, sem embargo dos problemas que tal modelo *sincrético* (Maurício Ramires) parece carregar.

Parece oportuno lembrar a observação deveras inspirada de que o direito brasileiro terá sido capaz de adotar *atitude antropofágica* – bem ao sabor do nosso centenário movimento modernista – no âmbito da incorporação dos modelos europeu- continental e norte-americano de controle de constitucionalidade (Gustavo Binenbojm) – com sucesso, seja consentido grifar.

Não por outra razão, como se constata, diversos instrumentos desenvolvidos no *common law* são fartamente estudados pelos acadêmicos e aplicados pelos tribunais brasileiros, consoante indicados adiante. Considerando a frequência e a intensidade da prolação de decisões vinculantes pelos tribunais brasileiros nos últimos anos, realmente já parece melhor evitar a distinção entre juiz e legislador para fins da edição de normas jurídicas, porquanto não parece mais haver distinção sensível para fins de eficácia entre as normas legais e as normas jurisprudenciais (i.e. aquelas formadas através de precedentes vinculantes).

Obviamente é possível traçar distinções, como seja, por exemplo, o fato de que eficácia do precedente judicial não é vinculante para o legislador, que preserva o seu poder-dever de legislar (correto, quanto ao ponto, Georges Abboud). Em estudo sobre o mandado de injunção quando da promulgação da Constituição – antes, portanto, da sua construção pelo Supremo Tribunal Federal – sustentou-se com grande autoridade que, mesmo diante de um precedente da Corte Suprema, o legislador poderia dispor de forma diversa sobre a mesma matéria, cessando a força vinculante do precedente (Celio Borja). Seja como for, diante da grande similitude entre essas categorias de normas jurídicas, parece melhor aqui também usar a expressão inglesa para se referir a *lawmakers*, embora a tradução "fazedores de normas" não tenha o mesmo charme.

Demais disso, segundo estudos autorizados a própria idéia de precedente jurisprudencial - muito antes mesmo da adoção de precedentes vinculantes no Brasil - surge como modelo de promoção da segurança jurídica. A exemplo da função da lei nos sistemas legislados, nos sistemas de direito comum (*common law*) os precedentes cumprem a relevante função de estabelecer *previsibilidade* e segurança jurídica (Daniel Mitidiero). Antes mesmo da vigência do atual Código de Processo Civil, falava-se que a vinculação aos precedentes seria um importante *mecanismo de redução das incertezas* decorrentes das chamadas *crises de interpretação* (Marcelo Pacheco Machado), com indicação de ganhos substanciais para os parâmetros de segurança jurídica.

Fato é que o Código de Processo Civil brasileiro em vigor ressalta e exalta essa função dos precedentes no nosso sistema. Falou-se a propósito em uma *correlação íntima* entre os precedentes e a segurança jurídica e acentuou-se que *o objetivo do precedente é a segurança jurídica* (Luiz Fux). Desde a edição da aludida Emenda Constitucional em 2004, afirmou-se que a principal beneficiária da vinculação aos precedentes seria a segurança jurídica (Osmar Mendes Paixão Cortes) e, em formulação interessante, afirmou-se que a edição de decisões vinculantes *serve como um bom farol do controle de expectativas da sociedade* (Jorge Amaury Maia Nunes).

A doutrina brasileira frequentemente procura lastro na experiência anglo-saxônica para justificar a adoção de precedentes como fator de promoção da segurança jurídica. Todavia, essa percepção parece incorreta. A vinculação vertical entra as cortes não parece ter relação com a segurança jurídica. Em tom incisivo ressaltou-se com que a base dessa vinculação vertical é a hierarquia, pois *lower courts may be obliged to follow the lead of higher courts even in the face of disagreement for the same reason that we expect privates to obey the orders of sergeants and sergeants to obey the orders of lieutenants.*

Somente quando se toma em consideração a vinculação horizontal - vinculação dos próprios órgãos aos seus precedentes - é que as principais virtudes dos sistemas de precedentes *are all located in the vicinity of the related ideas of stability, reliance and predictability* (Frederick

Schauer). Em que pese não termos a intenção de aprofundar a história dos precedentes nos sistemas que professam o *common law*, parece razoável afirmar que a vinculação horizontal se considera fundada na estabilidade - e também na confiança e na igualdade. A própria expressão que designa esse modelo - stare decisis - implica estabilidade. A expressão completa é *stare decisis et non quieta movere* e indica manutenção tanto quanto possível do *status quo*. Da mesma forma a proteção da confiança merece ser destacada, pois o *princípio que está na base do stare decisis é proteger a confiança justificável sobre o direito estabelecido* (Pamela Stephens). De outro giro, em outro estudo seminal sobre a formação do direito ocidental, observou-se que o fundamento principal desse modelo repousava na igualdade: *intense interest in cases was linked with the moral principle or equality before the law - that principle which underlies the maxim, "like cases should be decided alike"* (Harold Berman). São realmente idéias complementares e serão retomadas adiante no tratamento da segurança jurídica especificamente considerada.

Em última análise os precedentes jurisprudenciais vinculantes constituem textos normativos de cujo sentido serão extraídas normas, da mesma forma que ocorre com as leis exaradas pelos legisladores e com as regulações produzidas pelos órgãos administrativos em geral, que possuam competências normativas. Neste viés de orientação, embora possam ser indicadas controvérsias, já se assinalou corretamente que não há diferença metodológica na aplicação entre a norma-lei e a norma-precedente (Hermes Zaneti Jr). Não haveria equívoco técnico ou terminológico, portanto, em referi-los como *normas jurisprudenciais*.

Essas normas jurisprudenciais são tratadas *mutatis mutandis* como as demais normas jurídicas. Com o perdão do truísmo, normas jurídicas são interpretadas e aplicadas como normas jurídicas, seja qual for a sua origem (constituição, tratados internacionais, leis, decisões judiciais, contratos e negócios jurídicos em geral), o que já fora objeto de estudo detido e valioso pela doutrina mais *antiga* (*v.g.* Emilio Betti) e por consistentes estudos *contemporâneos* (*v.g.* Neil MacCormick e Robert Summers). Como também se verá adiante, as expressões *antiga* e *contemporâneos* carregam juízos de valor relevantes para a nossa análise.

No Brasil, também vêm sendo produzidos estudos consistentes acerca da interpretação das decisões judiciais em geral (como reportado por Antônio Tibúrcio) e dos precedentes em particular, segundo prodigiosa produção doutrinária. Por evidente a atividade interpretativa sofre alterações de acordo com o objeto normativo a ser interpretado e aplicado (um contrato, uma lei ou uma decisão judicial - ou mesmo um precedente), mas isso não a desnatura nem altera de modo substancial a natureza interpretativa, nem a natureza normativa do objeto a ser interpretado.

A partir da utilização fecunda de inúmeras expressões latinas incorporadas à nossa linguagem técnica jurídica, é significativa, por exemplo, a necessidade de análise da *ratio decidendi* (ou *holding*) e dos *obiter dicta* para se interpretar uma norma jurisprudencial (e.g. Ravi Peixoto), com muito mais ênfase do que se perscrutam as razões que levaram o legislador a editar uma lei, onde sempre se destaca que a *ratio legis* não se confunde com a *ratio legislatoris* (também se utilizam *mens legis* e *mens legislatoris*). Antes mesmo de a nossa Constituição Federal atribuir eficácia vinculante aos precedentes jurisprudenciais, essa diferenciação metodológica já ficara clara nas discussões hermenêuticas acerca da chamada *transcendência dos motivos determinantes* das decisões proferidas em sede de controle de constitucionalidade.

Da mesma forma, além de interpretadas, as normas jurisprudenciais devem ser aplicadas. E aí coloca-se o problema da sucessão temporal de precedentes jurisprudenciais – isto é, com o perdão da redundância, das normas jurídicas oriundas desses precedentes. Na verdade, qualquer que seja a forma da sua expressão normativa, o Direito regula ou pelo menos procura regular a sua própria criação e recriação (Gabriel Ivo). Até porque *os padrões decisórios constantes dos precedentes vinculantes não são eternos* (Alexandre Freitas Câmara). Novamente, um problema assemelhado à sucessão de normas legais, que é enfrentado há séculos na cultura jurídica ocidental, notadamente na continental-européia, da qual o Brasil é herdeiro, mas que possui peculiaridades dignas de nota em razão do modo de produção e da estrutura desses precedentes normativos.

Para as normas oriundas da jurisprudência (normas jurisprudenciais) é necessário desenvolver técnicas diferenciadas de criação e, por conseguinte, de recriação. No plano do *sobre-direito*, ao invés de falar-se em revogação e derrogação e ab-rogação das leis, desenvolvem-se outros instrumentos. Certa voz autorizada sugeriu a utilização da expressão *ab-rogação jurisprudencial* (Ricardo Guastini), mas com o significado de reconhecimento judicial de uma ab-rogação legal não expressa. Assim é que, com forte inspiração nos modelos de *common law* – e por isso mesmo usando-se somando-se terminologia inglesa à latina já referida – fala-se, por exemplo, em *distinguishing, overruling, overriding, transforming, modifying* (*narrowing* ou *extending*), *signaling*, dentre outros instrumentos de aplicação e sucessão de decisões judiciais vinculantes, que operam de forma expressa ou tácita (explícita ou implícita).

Embora os instrumentos técnicos sejam diversos, eles colocam os mesmos problemas acerca da retroatividade ou ultratividade das normas jurídicas referidos acima na primeira parte do ensaio. Neste sentido, costuma-se classificar os efeitos decorrentes da superação dos precedentes em retrospectivos ou prospectivos – e dentro destes haveria várias dimensões ou graus de intensidade, falando-se, por exemplo em efeitos prospectivos puros, clássicos ou a termo, dentre outros (consoante o levantamento de Jaldemiro de Ataíde Júnior). A adoção de eficácia retrospectiva nas técnicas de superação dos precedentes é bastante comum e traz sérias preocupações relacionadas à segurança jurídica, a exemplo do que ocorre com as normas legisladas.

Realmente parece assente na esfera dos estudos jurídicos que a sucessão de precedentes vinculantes implica problemas sensíveis para a segurança jurídica – sendo certo também que os tribunais brasileiros, com destaque evidente para o Supremo Tribunal Federal, mas também para o Superior Tribunal de Justiça, reconhecem o relevo dessa questão e procuram meios técnicos para preservar a segurança jurídica na maior medida possível.

Neste viés de orientação, as *regras de transição* do direito legislado foram convertidas em *regras de modulação* do direito jurisprudencial. Mesmo antes de haver o reconhecimento de precedentes vinculantes no Direito Brasileiro, a legislação atinente ao exercício do controle de constitucionalidade datada de 1999 estabelecia, em prol da segurança jurídica, uma técnica de proteção contra eventuais efeitos nocivos da declaração de inconstitucionalidade em relação a comportamentos efetuados em conformidade com a legislação vigente (mas posteriormente declarada inconstitucional). Com inspiração na doutrina germânica, construiu-se a diferenciação entre o efeito da decisão no plano normativo (*Normebene*) e no plano do ato singular (*Eizelaktebene*) mediante a utilização de formas de preclusão, de modo que, em homenagem à segurança jurídica, determinados atos praticados em consonância com a norma inconstitucional fossem preservados (Gilmar Ferreira Mendes).

As profundas discussões acadêmicas que se haviam desenvolvido sobre a eficácia *ex tunc* ou *ex nunc* das declarações de inconstitucionalidade e que grassavam nos manuais, de certa forma foram suplantadas pelas necessidades pragmáticas de segurança jurídica. Aliás, note-se que muito antes disso (ainda em 1990), a mais autorizada doutrina constitucionalista já sustentava que a *coisa julgada* consistia num importante limite à eficácia da declaração de inconstitucionalidade (novamente Gilmar Ferreira Mendes), ressaltando assim a relevância da segurança jurídica proporcionada por este instituto, mesmo em sede de decisões fundadas em normas inconstitucionais – tema que ciclicamente volta à discussão entre nós.

A copiosa produção doutrinária brasileira sugere que a atribuição de efeitos prospectivos puros poderia ser uma solução adequada para muitos dos problemas relacionados à segurança jurídica no âmbito da sucessão de precedentes vinculantes. A importação de modelos estrangeiros eventualmente induz a problemas, pois o ambiente jurídico norte-americano não é o mesmo que se encontra no Brasil. Lá há problemas sensíveis envolvendo o *prospective overruling*, desde saber se as cortes possuem poder para decretar tais efeitos até a afirmação de que essa forma de decisão desestimula os litigantes a provocarem as cortes ao aperfeiçoamento do sistema jurídico.

Ainda que não se trate de importação a-crítica, mas de desenvolvimento de um modelo tipicamente brasileiro e adequado às nossas necessidades, parece importante estabelecer parâmetros para a modulação, a exemplo do que se construiu em termos de regras de transição para normas legisladas. À guisa de exemplo, note-se a contribuição no sentido de que a modulação deve ser utilizada em caráter excepcional no momento de formação do precedente (Teresa Arruda Alvim), mas possui maior flexibilidade no momento de sucessão. Pode-se concordar ou não com a tese, mas é uma definição da questão certamente é relevante para a configuração da segurança jurídica na aplicação das técnicas de modulação.

Em estudo pioneiro acerca da temática da modulação, especificamente no âmbito do controle de constitucionalidade, mas ainda sem relação com a sucessão de precedentes, ressaltava-se que a proteção da confiança dos jurisdicionados seria aspecto fundamental a ser considerado quando está em questão saber se se deve ou não proceder à manutenção de efeitos de atos inválidos, tendo em vista razões de segurança jurídica (Ana Paula de Oliveira Ávila). A mesma idéia vale – com mais fortes razões – para as questões envolvendo sucessão de precedentes, pois além da sucessão normativa em si, semelhante à sucessão de normas legisladas, há uma contradição entre as orientações formuladas pelo mesmo órgão judicial (usualmente considerado funcionalmente competente para rever os seus próprios precedentes).

Nota-se então nesses institutos uma preocupação com a proteção da *confiança* e/ou das *expectativas legítima* dos cidadãos nas normas em vigor – e a *confiabilidade* também é um dos pilares da segurança jurídica. Aliás, já se afirmou que, nos sistemas que aspiram à legitimação democrática, é da confiança que nasce a autoridade (Sérgio Sérvulo da

Cunha). Todavia, para que se possa realmente protegê-la, deve-se ter atenção também aos demais caracteres da segurança jurídica: cognoscibilidade e previsibilidade, já referidas acima também e tal como designadas no item que se segue.

Dizia um notável jurista que o legislador brasileiro muitas vezes infelizmente legisla com escassa racionalidade (José Carlos Barbosa Moreira) – não só o legislador brasileiro, seja consentido acrescentar – e a crítica não se restringe apenas aos legisladores, mas a todos aqueles encarregados de editar normas jurídicas. Sem embargo, pelo menos em tese, as alterações normativas devem ser sempre precedidas de um cálculo tentativo de justiça e eficiência da alteração, à luz de parâmetros – também mutáveis – de segurança jurídica. É hora de refletir um pouco sobre a noção segurança jurídica.

3. Segurança Jurídica

Em um texto reputado clássico da Filosofia do Direito do século XX, afirmou-se que o Direito foi instituído em tempos ancestrais – e se mantém instituído até hoje – em razão de imperativos de segurança nas relações interpessoais, que se converteram com o tempo na noção de segurança jurídica (Recaséns Siches) – esta constituiria a verdadeira essência do Direito.

Estudos de antropologia jurídica parecem confirmar essa afirmação, concluindo que o direito inicialmente se caracterizou como uma *ordem* que estabelecia mecanismos de reciprocidade entre as obrigações assumidas pelas pessoas, independentemente da existência de governos ou instituições dotadas de poder coercitivo (consoante reportado por Fernanda Pirie) – isto é independente da existência do Estado ou de figuras funcionalmente assemelhadas.

Neste sentido restrito, a noção de ordem confunde-se com a noção de segurança, que depois viria a ser especificada e entendida também como segurança jurídica. Não é por outra razão que se utilizam as expressões *ordem jurídica* e *ordenamento jurídico* para designar o Direito – na expressão inspirada, o *direito é uma conjugação de ordem e hermenêutica* (Nelson Saldanha).

Com ênfase talvez exagerada, um estudioso francês afirmou: *le droit c'est la securité ou c'est rien* (B. Pacteau). Entre nós, afirmou-se com fins argumentativos que a expressão *segurança jurídica* constituiria uma espécie tautologia (Cármen Lúcia Antunes da Rocha), uma vez que o Direito existe precisamente para propiciar segurança para as relações interpessoais. Na verdade, a expressão segurança jurídica traduz um conceito indeterminado, quase um ideal ou, como prefere parcela respeitável da doutrina especializada, um *estado de coisas*. Mais precisamente, talvez seja a conjugação de ambas as noções um *estado ideal de coisas* (Humberto Ávila). E, como já se disse, os ideais são muitos difíceis de serem encaixados em fórmulas jurídicas precisas.

Sem embargo da inexistência de definições unívocas ou precisas capazes de apreender seu conteúdo de forma satisfatória, parece correto afirmar que a segurança jurídica tem relação com a idéia de *orientação* (Antonio-Enrique Perez Luno) - como visto, o Direito e as suas normas servem para orientar os indivíduos acerca dos comportamentos que são considerados normais - ou mesmo valiosos.

Talvez por essas razões - trata-se de uma noção inata e de difícil apreensão e expressão -, a segurança jurídica não tenha sido adequadamente descrita ou prescrita entre nós durante muitos anos. Como apontava um arguto observador, ainda em 2005: *Quais são os dispositivos que prevêem os princípios da segurança jurídica e da certeza do Direito? Nenhum* (Humberto Ávila). Segundo outro especialista, essa temática ficou *hibernando* durante longo tempo (Antonio Cabral). Parece lícito afirmar que os temas envolvendo segurança jurídica somente ganhavam atenção quando se sucediam leis importantes, que provocavam discussões de direito intertemporal, mas sem uma abordagem conceitualmente mais consistente do fenômeno.

Depois disso, diversas normas foram editadas - no plano constitucional, inclusive -, fazendo expressa menção à segurança jurídica, incluindo, mas não se limitando a alterações relevantes na Lei de Introdução às Normas do Direito Brasileiro, que trouxe importante contribuição quanto aos regimes de transição a serem observados quando houver alteração substancial das regulações jurídicas aplicáveis a determinadas situações, que é um dos temas enfocados aqui.

Na verdade, sem embargo da ausência de debates qualificados durante muitos anos, o ordenamento jurídico brasileiro desde muito tempo possui instrumentos voltados à proteção e promoção da segurança jurídica, tais como o direito adquirido, o ato jurídico perfeito e a coisa julgada - que são institutos voltados à *estabilização* das relações jurídicas, mesmo diante de alterações nas respectivas regulações jurídicas. Em épocas mais recentes, foram trazidos ou desenvolvidos outros institutos, de que são exemplos a teoria do fato consumado e a proibição de comportamento contraditório (*venire contra factum proprium*), que já contam com substanciosa produção acadêmica e jurisprudencial.

Outro exemplo relevante de instituto voltado à segurança jurídica, porém usualmente esquecido é o das cláusulas pétreas constitucionais, por meio das quais o constituinte procurou preservar determinados institutos e valores subjacentes, salvaguardando-os de alterações ou modificações, mesmo que as circunstâncias fáticas, preferências e valores pudessem indicar em contrário em momento posterior, possivelmente afrontando a premissa de que *não se deve colocar grilhões para o futuro* (Jean Jacques Rousseau). Mais amplamente, a própria idéia de *rigidez constitucional* tem a ver com a estabilidade dos sistemas políticos e jurídicos respectivos e, portanto, com a segurança jurídica. Embora tenha sido notado que esse grau de rigidez venha baixando na nossa vida constitucional (segundo o escólio autorizado de Nelson de Sousa Sampaio), ele ainda revela um aspecto ambíguo quanto à segurança jurídica.

Com efeito, a Constituição rígida parece denotar uma interessante ambiguidade: de um lado, normalmente são estabelecidas regras de proteção relativa ou absoluta contra as mudanças, como sejam as maiorias parlamentares qualificadas e as cláusulas pétreas e, portanto, devotado à proteção e à promoção da segurança jurídica. De outro lado, a promulgação de uma Constituição possui natureza *disruptiva*, pois não tem inclinação a respeitar as normas vigentes e nem tampouco as situações jurídicas consolidadas – afora outras eventuais questões referidas na sequência do texto, como a permissão aparentemente ilimitada para o fenômeno da *mutação constitucional*.

Neste sentido, afirma-se que o Poder Constituinte originário poderá determinar retroatividade máxima (Ana Paula de Barcellos), alcançando, portanto, leis em vigor e situações jurídicas subjetivas consolidadas, desde que o faça expressamente. Correta a afirmação de que se trata, à toda evidência de uma questão de direito intertemporal (*lex posterior derogat priori*), apesar da nuance hierárquica em questão (Marcelo Neves) e da terminologia diferenciada (designada por *recepção*). A Constituição Federal brasileira em vigor, por exemplo, pela voz do constituinte derivado lançada no Ato das Disposições Constitucionais Transitórias (que é objeto de atenção abaixo), faz referência expressa à imposição de efeitos retroativos máximos, referindo expressamente a inadmissibilidade de arguição da existência de direitos adquiridos, os quais, como visto, são espécies notáveis de situações jurídicas consolidadas.

O exemplo constitucional demonstra que as já aludidas *regras de transição* do direito intertemporal voltadas à proteção e promoção da segurança jurídica não são novidades entre nós. Diversos diplomas legislativos importantes vigentes, como o Código Civil e o Código de Processo Civil, possuem capítulos específicos acerca das chamadas *Disposições Transitórias*. Acima delas, como exemplificado, a própria Constituição Federal brasileira de 1988 veio acompanhada do *Ato das Disposições Constitucionais Transitórias*.

A expressão *transitória* também é capaz de induzir a equívocos, que devem ser evitados. Em determinados círculos acadêmicos ou doutrinários, por força de importante contribuição teórica, a expressão *direito transitório* é utilizada como sinônima de direito intertemporal. Neste ambiente do direito intertemporal, normalmente são editadas normas acima referidas como disposições transitórias - que procuram regular a transição entre os regimes jurídicos. Já a expressão *normas transitórias* usualmente designa normas que possuem vigência transitória, isto é, são promulgadas sem pretensão de definitividade, cabendo-lhe viger por tempo determinado (ou pelo menos determinável), daí porque são chamadas também de *normas temporárias* - como indicado acima, as chamadas *normas de emergência* são exemplos usuais de *normas transitórias*.

Ainda acerca de instrumentos tradicionalmente devotados À proteção e promoção da segurança jurídica, pode-se referir aqui também à *vacatio legis* (vacância da lei) tradicionalmente adotada nos textos legislativos, que nada mais é do que uma tentativa de promover o conhecimento das novas normas e de propiciar melhores condições de adaptação, especialmente quando ocorrem alterações das regulações jurídicas. Tecnicamente, vigência é o lapso temporal dentro do qual uma norma está apta a produzir efeitos (Adrian Sgarbi). Assim sendo, muitas vezes, as normas são editadas e/ou promulgadas e/ou publicadas e não produzem efeitos imediatos de modo que as pessoas possam se preparar para o cumprimento delas, para o que são concedidos prazos mais ou menos extensos, de acordo com a complexidade e com a relevância da matéria regulada. Em algumas áreas do Direito, essa preocupação com a segurança levou ao estabelecimento de regimes jurídicos especiais, como seja a noção de *anterioridade* no direito fiscal, em suas várias vertentes, ou a anterioridade no direito eleitoral - *mutatis mutandis*, são espécies de *vacatio legis* automaticamente aplicáveis a determinadas matérias.

Talvez as tradicionais regras de transição habitualmente não tenham o dinamismo das *regras de modulação* aplicáveis aos precedentes vinculantes, mas essa não é uma característica essencial e sim meramente ocasional dessas regras de transição. Tanto assim que uma das formas de modulação consiste justamente em estabelecer um período de adaptação para os interessados, em tudo semelhante à *vacatio legis* e que já se usou chamar *vacatio sententiae*. Demais disso, essas regras aparentemente simples podem evitar problemas, como seja o *vácuo normativo* na hipótese de reconhecimento de inconstitucionalidade pelo Supremo Tribunal Federal – daí porque eventualmente se justifica a decretação de eficácia exclusiva *pro futuro* em sede de modulação de decisões proferidas em controle de constitucionalidade, evitando-se ou pelo menos tentando-se evitar que a decisão forme um *buraco negro* normativo (Daniel Sarmento). A título meramente exemplificativo, relembre-se o posicionamento do STF ao estabelecer a observância de um prazo de seis meses para o início da eficácia de determinada decisão em sede de controle concentrado de constitucionalidade (STF, ADI 3819-AC, Relator o Ministro Eros Grau).

O fato é que nos últimos anos a temática da segurança jurídica vem despertando enorme atenção dos estudiosos do Direito e o interesse não se cinge à Teoria do Direito ou à Filosofia do Direito – a preocupação se manifesta, com evidente repercussão na produção acadêmica dos vários ramos do Direito, como seja exemplificativamente no âmbito do Direito Constitucional (Luís Roberto Barroso), do Direito Internacional (Otávio Augusto Cançado Trindade), do Direito Administrativo (Walter Shuenquener, Patrícia Batista e Rafael Valim), do Direito Previdenciário – e com muita ênfase na seara do Direito Tributário (Humberto Ávila e Heleno Torres), onde a celeuma é maior e provoca prejuízos palpáveis e imediatos aos administrados-contribuintes (Ricardo Lodi e Daniel Castro Gomes da Costa), afora as grandes discussões atinentes às reformas legislativas em geral, notadamente aquelas realizadas no âmbito previdenciário.

No Direito Eleitoral, tomado por exemplo nada óbvio, identifica-se uma interessante discussão acerca do *princípio da temporariedade*. Como se sabe, o exercício da atividade judicante na Justiça Eleitoral brasileira é exercido por períodos determinados – diversamente do que ocorre em relação ao exercício das demais magistraturas do Poder Judiciário, cujo exercício é caracterizado pela vitaliciedade. Sustenta-se que a alteração dos julgadores é causa de insegurança jurídica em um setor tão sensível da vida social (Gustavo Bohrer Paim). O mesmo se dá em relação a outros órgãos que exercem função de julgamentos (administrativos e/ou disciplinares, por exemplo), nos quais a temporariedade dos mandatos também pode redundar em mutação substancial da orientação colegiada em razão da alteração dos quadros de julgadores ou eventualmente da maioria deles, como ocorre nas agências reguladoras e – ainda, mas não menos relevante – na Ordem dos Advogados do Brasil.

Essa profusão de estudos demandou aprofundamento e definição de contornos mais precisos para o instituto da segurança jurídica. Neste sentido, muitos estudos específicos sobre o tema procuraram estabelecer o seu conteúdo de forma mais consistente. Exemplificativamente, sugere-se que a segurança se define apenas através de duas premissas ou pilares: estabilidade e confiança (Fredie Didier Jr.) ou continuidade e confiança (Ingo Wolfgang Sarlet). Em outra acepção, falou-se que a segurança seria aferida a partir de três premissas ou parâmetros centrais, a certeza, a estabilidade e a confiança (Carlos Alberto Navarro Perez). Acrescentando-se conceitos, sugerem-se cinco conteúdos: instituições dotadas de poder, confiança, estabilidade, previsibilidade e igualdade (Luis Roberto Barroso); ou certeza, intangibilidade das posições jurídicas, estabilidade, confiança e tutela jurisdicional (Leandro Paulsen). Não raro, algumas dessas feições são justapostas, afirmando-se que *a previsibilidade nutre a confiança na estabilidade dos direitos* (José Adércio Leite Sampaio).

De nossa parte, embora a maioria dessas construções seja valiosa e apresente noções semelhantes ou convergentes, com a síntese que preside a produção do presente ensaio e com base na construção que nos pareceu a mais consistente a que se tem acesso, toma-se por empréstimo aqui a idéia de que segurança jurídica possui três pilares centrais: a cognoscibilidade, a confiabilidade e a previsibilidade ou calculabilidade (Humberto Ávila), todas já referidas incidentalmente ao longo deste ensaio e que agora merecem atenção mais detida.

Antes do mais, a imposição do cumprimento das normas jurídicas depende do seu conhecimento pelas pessoas destinatárias dessas normas. Consoante assentado acima, esse conhecimento depende precipuamente do *reconhecimento* das normas jurídicas pelos seus destinatários, o que, por usa vez, na expressão apropriada, depende do *grau de institucionalização* entre o emissor e o destinatário da norma (Tércio Sampaio Ferraz Júnior) – e também da *clareza* das normas, que seria atributo inafastável delas e do Direito em si mesmo (Lon Fuller). Na verdade, essa premissa parece ter sempre sido uma mera ficção jurídica, jamais suportada pelos fatos e que serve de lastro à obrigatoriedade dos cumprimento das normas (Vicente Ráo), conformada e repetida ao longo dos séculos e refletida na expressão latina *ignorantia legis neminem excusat* (de forma livre, a ignorância da lei não escusa o seu cumprimento), mesmo em ambientes jurídicos caracterizados pela (aparente) *simplicidade*. Com efeito, no seio de inúmeras discussões acerca da *certeza* do direito, incluindo, mas não se limitando à produção italiana sobre o tema, indagou-se: a expressão certeza do direito constituiria uma tautologia ou um oxímoro? (Luca Longhi).

Em verdade, a realidade é outra e bem distante: o conhecimento pelo *homem médio* das normas jurídicas no caótico cipoal jurídico em que vivemos é uma impossibilidade prática - aliás, mesmo para o *homem letrado*, se é que essa expressão traduz algum significado apropriado. E o problema não diz respeito apenas ao Brasil ou aos países em desenvolvimento, sendo anotado em nações que ostentam os melhores padrões de instrução. Demais disso, o problema é maximizado pela *complexidade* que caracteriza as relações sociais e jurídicas - e portanto, os respectivos sistemas normativos - na época contemporânea, a que se retorna a seguir. Ainda assim, o conhecimento das normas tem sido considerado uma presunção indispensável à sua aplicação. Haveria de se buscar meios menos ilusórios de garantir a certeza do direito e a segurança jurídica (Arnaldo Vasconcellos).

A idéia de *cognoscibilidade* é menos ficcional e apenas assume a premissa de que as normas jurídicas devem ser *conhecíveis* pelos seus destinatários, que constituiria a *dimensão estática* da segurança jurídica. Em expressão sumária, no plano da segurança jurídica, isso implica *acessibilidade* e *inteligibilidade*, e que é referido em alguns círculos como *qualidade da lei*.

Por sua vez, a confiabilidade parece ser o aspecto subjetivo da segurança - não por outra razão já se falou há mais de setenta anos em *segurança jurídica em sentido subjetivo* (Pontes de Miranda). Segundo alguns, a confiança reside no estado anímico que o sistema jurídico deve inspirar, no sentido de que o destinatário de uma norma jurídica poderá se comportar em conformidade com ela, fruindo os eventuais benefícios desse comportamento e evitando as eventuais sanções negativas de algum comportamento desconforme. Segundo outros, o estado anímico pode ser desconsiderado, devendo ser tomada em consideração também aqui a boa-fé em sua faceta objetiva (Francisco Rosito). Em sentido análogo, situa-se o dever de proferir decisões *pro futuro* como forma de proteção da confiança (no âmbito constitutivo da segurança jurídica) na esfera da boa-fé objetiva dos tribunais (Nelson Nery Junior). Na expressão do estudioso do tema, haverá confiabilidade se o destinatário da norma puder ver assegurados hoje os direitos que lhe foram prometidos ontem ou se ele puder *presentificar o passado* (Humberto Ávila).

A previsibilidade ou calculabilidade - o segundo termo parece preferível - tem a ver com a conformidade dos comportamentos futuros. Se o Direito contemporâneo efetivamente cuida de estabelecer normas tendentes a (tentar) prever e conformar o futuro e assim direcionar os comportamentos das pessoas em determinados sentidos, essas mesmas pessoas também devem ser capazes de prever ou calcular como deverão se comportar para fruírem os benefícios dessa conformidade. Novamente na expressão inspirada, trata-se aqui de *presentificar o futuro*.

Ao se referir a esse fenômeno, um estudo percuciente utiliza outra expressão muito apropriada e já referida acima: a segurança jurídica tem a ver com a *orientação* dada pelo sistema jurídico aos indivíduos hoje sobre como devem se comportar no futuro (Luiz Guilherme Marinoni) e aí residiria a essência da noção de calculabilidade. Os já referidos precedentes vinculantes servem de bom exemplo simbólico aqui, pois não raro refere-se à *orientação jurisprudencial*, expressão utilizada algumas vezes acima.

Confiabilidade e calculabilidade integram a dimensão dinâmica da segurança jurídica (ainda na terminologia sugerida por Humberto Ávila com lastro em construções da doutrina francesa). Como se percebe com clareza ofuscante, esses dois últimos caracteres têm relação direta com a dimensão temporal do Direito, tentando *presentificar* tanto o passado como o futuro, isto é, tentando assegurar que tanto os comportamentos passados como os comportamentos futuros realizados em conformidade com a regulação jurídica vigente sejam respeitados na maior medida possível.

A percepção conjunta dessas dimensões temporais é muito importante. Gosto da expressão de que o *presente é o momento pontual em que o futuro se transforma em passado* (Niklas Luhmann).

Parece-nos, então, correta a afirmação de que a *bidirecionalidade passado/futuro é fundamental para que se estabeleça um ambiente de segurança jurídica* (Paulo de Barros Carvalho). Como já se ressaltou, a entrada em vigor de uma norma é um marco temporal relevante para a segurança jurídica, que teria eficácia *ex ante*, entendida como estabilidade, e eficácia *ex post*, entendida como previsibilidade (José Joaquim Gomes Canotilho). Com o empréstimo da figura mitológica, embora sem ênfase na segurança jurídica, assentou-se que a tarefa de legislar – de fazer normas – *is tipically Janus-faced. It looks backward toward older laws and traditions, and it looks forward to social goals and aspirations* (Martha Nussbaum). Implicitamente a segurança jurídica está compreendida na imagem, pois dentre outras atribuições, Janus fora referido na literatura romana como *Deus das transições*.

Como se constata, a segurança jurídica não pode ser entendida como fator de imobilismo, mas sim como promotora do *encadeamento entre o passado e o futuro, não como mera sucessão de fatos, mas como verdadeira continuidade* (Danilo Knijnik). Dito de outra forma, a segurança jurídica permite programar o futuro, evitando *que a vida seja uma simples sucessão de instantes, mas sim uma continuidade* (Gustav Radbruch). A idéia de *continuidade* possui utilidade nesse ambiente conceitual e será retomada a seguir.

Merece ser ressaltado que a questão da segurança jurídica se coloca de forma mais direta em razão da natural alteração das circunstâncias fáticas, das preferências e dos valores dominantes em um dado momento em uma dada sociedade e, por conseguinte, da aspiração ou mesmo da necessidade de alteração das regulações jurídicas vigentes – e do impacto que essas alterações podem gerar nas situações jurídicas subjetivas, especialmente quando consolidadas, das pessoas que confiaram nas regras vigentes e moldaram seus comportamentos em conformidade com elas.

Do ponto de vista da regulação jurídica, a discussão se colocou durante muito tempo no sentido de saber se é interessante alterar total ou parcialmente as normas legisladas para adaptá-las às novas circunstâncias fáticas, preferências e valores dominantes ou se é preferível mantê-las inalteradas para preservar a segurança jurídica dos indivíduos. Por exemplo, ma das discussões atinentes ao *prospective overruling* referido acima ao se cuidar da modulação de efeitos da sucessão de precedentes tinha a ver justamente com essa questão: nos Estados Unidos da América, diversos estudiosos sugerem que essa forma de decisão deveria ser proibida, como forma de manutenção dos precedentes, o que traduziria promoção da segurança jurídica.

Na medida em que se conclua por qualquer razão pública que é preferível alterar determinada regulação jurídica, continua sendo imperativo estabelecer *regimes de transição* que, de alguma forma, preservem algum grau de segurança jurídica para as pessoas que confiaram na regulação vigente e se comportaram no passado e/ou se programaram para o futuro em conformidade com ela. Essa necessidade se mostra ainda mais relevante nos chamados *tempos acelerados* como os que vivemos, nos quais ocorre uma espécie de sucessão frenética de regulações jurídicas. Em realidade, de per se, o estudo da sucessão de normas no tempo já sugeriria uma reflexão um pouco mais detida sobre o tempo. Com a permissão do jogo de palavras, já é tempo de refletir sobre o tempo e sobre a sua aceleração.

4. Tempo e Sincronia

Intuitivamente todas as pessoas julgam compreender a referência ao tempo, a partir do simples reconhecimento da ocorrência de *fatos sucessivos* que são percebidos pelos sentidos humanos e de alguma forma *racionalizados*. Como esse reconhecimento se passa no plano psicológico ou no plano psicossomático, já houve quem dissesse – com genial autoridade – que o tempo não passa de uma ilusão persistente (Albert Einstein).

A verdade é que a expressão *tempo* é empregada em diversos sentidos diferentes, tanto na linguagem comum, como nas diversas linguagens técnicas. De fato, sem embargo da aparente univocidade, trata-se de expressão polissêmica, situação agravada por várias percepções culturais diferentes acerca do tempo. Ainda diante dessa multiplicidade de percepções, há notáveis convergências. Tomando-se por exemplo sugestivo a cultura japonesa, afirma-se que coexistiam três visões diferentes sobre a consciência do *tempo* desde muito *tempo*: o tempo cotidiano, descrito como um movimento cíclico sem começo e sem fim; o tempo universal da vida, que teria começo e fim; e o tempo histórico, representado por uma linha reta sem começo e sem fim. E todos os três tempos se voltariam para a ênfase do viver no *agora* – uma espécie de idealismo do presente (Shichi Kato). A seu turno, consoante acentuado por um estudioso da sociologia alemã (sem qualquer referência à milenar cultura japonesa), o *nosso tempo* é, portanto, *ao mesmo tempo*, o do nosso cotidiano, o da nossa vida e o da nossa época (Harmut Rosa). Assim, embora as representações possam ter se desenvolvido através de imagens diferentes, as percepções do tempo pelas pessoas e pelas coletividades se desenvolveram de modos semelhantes ou pelo menos convergentes.

Por outro lado, filosoficamente e também cientificamente é muito difícil explicar ou definir o tempo, sendo certo que algumas noções construídas durante séculos pelos estudos de Física (Mecânica) foram substancialmente alteradas no século passado em razão de progressos nas capacidades experimentais, que redundaram em sensíveis avanços, manifestados na Teoria da Relatividade, na Termodinâmica e na Física Quântica, que correlacionam de modo intrínseco as noções de tempo e energia – designadas grandezas físicas conjugadas. Estas concepções da chamada *Física Moderna* (em oposição àquela designada como *Física Clássica*) extrapolam e muito a compreensão do modesto autor destas linhas e o interesse do leitor de um estudo jurídico. Fato é que muitas delas são contra-intuitivas, até porque as noções desenvolvidas e ensinadas pela Física Clássica haviam moldado o imaginário das pessoas não iniciadas na ciência. Algumas parcas noções essenciais serão enunciadas de modo breve e superficial, pretensamente evitando erros mais sérios, na medida em que sejam de alguma forma úteis à compreensão do texto.

De plano, é interessante notar que alguns dos mais modernos estudos científicos sobre o tempo destacam a sua *função criativa*, após muito tempo em que se entendia de modo predominante que o tempo exerceria uma função meramente dissipativa ou mesmo destrutiva. Sem embargo da complexidade de alguns conceitos, é muito interessante a conclusão de um estudioso vencedor do prêmio Nobel de Química, na sua célebre conferência acerca do tempo (realizada em 1987):

> *Alguns acreditam que o futuro do universo não poderá ser mais do que uma repetição segundo a ideia de que o tempo não é mais do que ilusão; ou então consistirá numa inevitável decadência, derivada do esgotamento dos recursos, como quer a termodinâmica clássica. A realidade do universo é mais complexa: em tempos longos e a nível cosmológico estão implicadas tanto a gravitação como a entropia, e o jogo da gravitação e da entropia está muito longe de estar esclarecido. A partir de agora já pode pensar-se que, uma vez esclarecidas estas conexões mais complexas, a ideia de se poder saber se o universo se reproduzirá sem fim ou se degradará até desaparecer por dissipação, parecerá simplista. (...)*
> *Não podemos prever o futuro da vida ou da nossa sociedade ou do universo. A lição do segundo princípio é que este futuro permanece aberto, ligado como está a processos sempre novos de transformação e de aumento da complexidade. Os recentes desenvolvimentos da termodinâmica propõem-nos, por conseguinte, um universo em que o tempo não é nem ilusão nem dissipação, mas no qual o tempo é criação (Ilya Prigorine).*

De fato, é muito interessante a observação de que no âmbito físico-químico a passagem do tempo parece estar associada a processos de transformação e a aumento de complexidade, pois essa é uma nota marcante na análise da passagem do tempo no âmbito sócio-cultural, a que se retorna adiante.

Com ou sem assimilação adequada entre processos físicos e sociais – que será objeto de uma observação crítica na sequência do ensaio, o fato é que a vida em comunidade depende do estabelecimento de uma estrutura uniforme de contagem do tempo, que possui inúmeras funções, inclusive relevantes funções políticas, econômicas, religiosas e jurídicas. É correta a afirmação de que a mensuração do tempo decorre de um *emaranhado de dados naturais e elaborações culturais* (François Ost). Desde tempos imemoriais, mesmo antes do estabelecimento de liturgias religiosas mais elaboradas, a contagem do tempo seria uma junção de dados da experiência com convenções – um mínimo de experiência e uma ampla gama de convenções (Henri Hubert). A convencionalidade da medição do tempo é relevante e voltaremos a ela adiante.

Praticamente todos os povos (antigos e modernos) utilizaram técnicas de observação dos movimentos dos corpos celestes para estruturar a contagem do tempo, porquanto, pelo menos em tese, ela seria acessível a qualquer pessoa. A observação dos movimentos naturais razoavelmente constantes ou recorrentes dos corpos celestes - Sol e Lua, por exemplo - indicava um ritmo determinado e uma unidade passível de mensuração. Deste modo, os ciclos cósmicos ou astronômicos se converteram em medidas de contagem de tempo. De forma acentuadamente simplória, o dia foi idealizado como tempo que a Terra leva para girar no seu próprio eixo; o mês foi idealizado como o tempo que a Lua leva para circundar a Terra; e o ano foi idealizado como tempo que a Terra leva para circundar o Sol. De certo modo, nós nos *apropriamos* dos movimentos celestes para medir o nosso tempo - e fomos influenciados por eles e pela sua forma cíclica.

A partir dessas técnicas de observação e mensuração e de diversas convenções, desenvolvemos instrumentos para tentar *controlar* o tempo, como relógios e calendários. E a partir daí, o fenômeno físico-químico se converte em um fenômeno cultural, nos seus mais variados matizes. Com efeito, as cronologias e as narrativas em geral sobre a passagem do tempo, o passado, o presente e o futuro, são construções sociais, de modo que utilizamos medições de tempo para as mais várias finalidades.

Um exemplo simples da vida cotidiana: os maiores eventos esportivos do nosso tempo – as Olimpíadas –, acontecem ciclicamente de quatro em quatro anos, respeitando-se na era moderna a tradição seguida pelos criadores na era antiga, quando os jogos estavam associados a determinados rituais religiosos, ainda que esses rituais não sejam mais observados. A bem da verdade, a religião tem uma relação íntima com o tempo. E como as religiões também estabelecem as suas próprias ordens normativas, a sua correlação com o tempo é interessante.

Com efeito, apenas a título de exemplo, dentre os mais relevantes fenômenos culturais, as religiões guardam íntima correlação com o tempo, até porque muitas delas pretendem explicar o que seria o *final do tempo* humano - explicar a morte ou o *juízo final* ou pelo menos o final da experiência humana terrena, para a qual a mensuração do tempo seria muito relevante.

Daí também advém algumas explicações sobre a *eternidade*, que de certa forma se confunde com a infinitude do tempo ou mesmo com a *atemporalidade*. Como se disse com autoridade, as religiões tendem a conotar uma imagem inalterável do mundo (Nelson Saldanha).

Desse modo, foi e é relevante para a religião medir e controlar o tempo e o seu uso. Na religião cristã, largamente adotada no Ocidente e particularmente na católica (mas também na ortodoxa, na anglicana e na luterana), o ano litúrgico é dividido em *tempos*, sendo certo que alguns deles são especialmente relevantes e conformam de modo muito específico os comportamentos dos seus seguidores, como seja por exemplo a *quaresma*, que se constitui em um período de penitência, como jejum e abstinência, e purificação para os fiéis, em modo de preparação para a Páscoa, que é um dos principais eventos de celebração dessa experiência religiosa. Ou seja, a religião demarcou o tempo e prescreveu comportamentos a serem observados em determinado intervalo temporal.

Por evidente, sob certo prisma, assim como o Direito, a religião é um fenômeno cultural que possui caracteres normativos e exerce enorme influência sobre o comportamento das pessoas – ou pelo menos de muitas pessoas que as seguem e que são a imensa maioria da população mundial – e por isso costuma ser respeitado pelo próprio Direito, mesmo nos chamados Estados laicos. O tema da laicidade é por demais amplo e transcende o objeto deste breve ensaio, mas a simplória observância da existência de *feriados religiosos* em boa parte das sociedades ocidentais é uma demonstração simples e fácil da juridicização de determinados fenômenos religiosos relacionados ao uso e ao valor atribuído ao tempo, no mínimo em razão do seu relevo sócio-cultural, dentre várias outras razões.

Também é muito interessante observar a correlação do tempo e da religião no islamismo, onde os horários para a realização das orações diárias são de suma importância litúrgica. Segundo notaram estudos especializados, a necessidade de identificação precisa dos horários terá gerado uma interessante simbiose entre religião e ciência (Barbara Freyer Stowasser), de modo que a prática escorreita dos preceitos religiosos demandou e promoveu desenvolvimento científico acentuado acerca do estudo do tempo, da sua mensuração e do seu *controle*.

A religião é apenas um exemplo da forma pela qual as sociedades procuraram dimensionar e direcionar o uso do tempo individual, mas muito mais importante é o sentido social do tempo. Já se afirmou – sem excesso – que as estruturas temporais são uma *segunda natureza*. Com efeito, estudando com profundidade *a semana*, afirmou-se com proficiência a convencionalidade e a artificialidade das estruturas temporais sociais e cunhou-se essa noção de *segunda natureza*, esclarecendo-se que *days, months, and years were given to us by nature, but we invented the week for ourselves. (...) it represents an arbitrary rhythm imposed on our activities (...). But where the week exists (...) it is so deeply embedded in our experience that we hardly ever question its rightness, (...) for most of us it is a matter of second nature* (Eviatar Zerubavel).

Em última análise, a determinação do tempo representa em essência um sistema de referências articulado e substancialmente ajustado à realidade física, que permite a sincronização das atividades humanas (Norbert Elias), na esfera individual e na esfera coletiva, sendo certo que esta condiciona aquela. Mais precisamente: os ritmos individuais são determinados pelos modelos temporais coletivos e pelas exigências de sincronização da sociedade (Hartmut Rosa) – por isso desde tempos muito antigos as diversas representações do tempo são essencialmente rítmicas (Henri Hubert). Essa sincronia é considerada de fundamental importância para a coesão e o desenvolvimento das sociedades organizadas.

A sincronização das atividades humanas é um esforço muito antigo e sempre em andamento. Apenas a título de exemplo geral e ilustrativo, embora seja tomado como algo evidente nesta quadra histórica, tem pouco mais de cem anos a implementação do acordo que normalizou os fusos horários e permitiu que os tempos das diversas regiões do mundo fossem de alguma forma coordenados. Hoje o Tempo de Greenwich (GMT) foi substituído pelo Tempo Universal Coordenado (UTC), que utiliza relógios atômicos para medir e indicar o tempo – a radioatividade permitiu que as *medidas do tempo fossem dissociadas do curso dos astros* (Pascal Richet). E essas medições do tempo são essenciais para a coordenação de inúmeras atividades humanas – ou, em uma palavra, para a *sincronização*. Pode-se exemplificar especificamente com os controles de tráfego aéreo, que administram mais de 220 mil voos comerciais por dia (quase 70 milhões por ano), atividade para a qual a coordenação horária é absolutamente indispensável, utilizando-se o UTC, sob pena de se colocar em risco a integridade física e a vida de milhares de pessoas. Curioso notar que, ainda assim, até hoje, alguns países não adotam internamente as divisões entre os fusos coordenados e *universalmente* aceitos.

Sem embargo desse enorme esforço científico e depois político – com evidentes reflexos jurídicos –, fato é que as tentativas de controle do tempo e eventualmente de estabelecimento da sincronia muitas vezes encontram óbices das mais variadas naturezas. O que se nota com clareza é que o mesmo desenvolvimento tecnológico que permitiu enorme controle sobre tempo e sincronização, de outro lado hoje ameaça afetá-la muito adversamente.

5. Aceleração e Dissincronia

A expressão *aceleração do tempo* (ou *tempo acelerado*) tem sido utilizada para explicar vários fenômenos sociais. Por aceleração do tempo, então, entende-se o aumento da velocidade dos processos de produção de bens e serviços, de comunicação e de transporte, que teriam produzido uma mudança da percepção ou da consciência espaço-temporal para as pessoas em geral. Esse fenômeno não é novo e já vem sendo percebido, identificado e criticado pelos estudiosos das ciências sociais há algumas décadas – da mesma forma, diversos estudos jurídicos já identificaram e muitos criticaram essa aceleração, incluindo, mas não se limitando a críticas relacionadas à (in)segurança jurídica. Este breve ensaio não comunga de muitas dessas críticas, mas tem o dever de visitá-las.

Em síntese, sugere-se que essas mudanças sofridas nos processos de produção, transporte e comunicação redundaram em igual mudança na consciência espaço-temporal dos indivíduos. Do ponto de vista espacial, teria ocorrido um encolhimento dos espaços – já se notou que na Europa da segunda metade do século XVIII a maior parte das pessoas nascia, crescia, vivia e morria na mesma paróquia ou circunscrição territorial ou espacial, sem conhecer qualquer outro lugar (Eric Hobsbawn). Hoje, a mobilidade espacial é a regra, que se traduz exemplarmente em intensos movimentos migratórios, com impactos sociais e culturais ainda não mensurados de modo preciso – nosso tempo já foi chamado de Era das Migrações. Demais disso, as distâncias físicas deixaram de ser um entrave à comunicação entre as pessoas – também já se disse que a tecnologia aproxima as pessoas distantes (e eventualmente afasta as pessoas próximas).

Do ponto de vista temporal – ou da percepção do tempo –, as mudanças parecem ser ainda mais sensíveis. Se os mapas e os transportes alteraram a percepção individual e social do espaço e das distâncias, os relógios alteraram a percepção do tempo e da sua passagem pelas pessoas: como se usa dizer, os relógios biológicos e ambientais foram substituídos pela tecnologia – em um primeiro momento, especialmente pelos relógios de pulso. Embora os relógios tenham sido inventados há séculos, não se pode superestimar a relevância da popularização dos relógios de pulso no século XX na análise das alterações sofridas pelas sociedades neste período. No início do século XX, de modo a manejar de modo eficiente as suas invenções, Alberto Santos Dumont tivera que pedir ao seu amigo Louis Cartier um artefato que lhe permitisse ver as horas de modo mais ágil do que os relógios de bolso permitiam – os relógios eram caros e apesar de já existirem desde o século anterior, os relógios de pulso não eram disponíveis. Após a Primeira Guerra Mundial (1914 - 1918) eles passam a ser produzidos massivamente e se tornam disponíveis, tornando-se *popularizados*. Na virada do século XXI, todos os aparelhos de telefonia celular possuem relógios precisos embutidos e virtualmente todas as pessoas são capazes de individualmente medir, controlar e sincronizar o seu tempo com o das outras pessoas.

A consciência e o controle do tempo, dissociadas de rituais, aumentam substancialmente a autonomia das pessoas e das coletividades por elas integradas. Como acentuado por um observador qualificado, *the modern industrial regime could do without coal and iron and steam easier than it could do without the clock* (Lewis Mumford).

Ainda mais importante sob o prisma social do que a medição e controle do tempo é a aceleração da comunicação. A comunicação, entendida do modo mais simples como a transmissão e a recepção de informações tornou-se instantânea e desse modo alterou-se o sequencialismo que estava incorporado às práticas sociais em geral há séculos. Na expressão que se tornou referencial, a *instantaneidade cria descontinuidades aleatórias e altera com isso a nossa percepção do tempo*; tem-se o fenômeno foi designado como *tempo atemporal (timeless time* - Manuel Castells*)*. Há uma sensação generalizada de que as pessoas perderam o *controle* do tempo, que esteve assegurado por muitos séculos anteriores - e talvez essa sensação não corresponda à realidade, tema a que se retorna adiante também. E teriam assim perdido também o controle da informação e do conhecimento, o que seria ainda mais grave.

Como ilustração, relembre-se uma pesquisa realizada no Reino Unido na virada do século passado para este, que indicou que a maioria das pessoas em determinada faixa etária não identificara Winston Churchill como um líder real, mas sim como uma espécie de personagem fictício. A partir da análise desse resultado - e de diversas outras considerações relevantes, um arguto observador do nosso tempo foi levado a considerar que a nossa relação com o passado mudou muito nos últimos setenta anos (Umberto Eco) e tomando por empréstimo a expressão adotada pela sociologia (Zygmut Bauman), referiu-se à nossa como uma *sociedade líquida*, marcada pela fluidez e volatilidade. A expressão líquida tem nítida correlação com o tempo: no ambiente físico-químico, as alterações dos corpos líquidos parecem ser muito mais rápidas do que a dos corpos sólidos e quando essa idéia metafórica é refletida nas ciências sociais, afirma-se que as relações sociais não são mais dotadas de estabilidade, o que remete à noção de segurança jurídica revisitada acima.

Como fenômeno social, por evidente o Direito não é imune a essas mudanças. Na verdade, até o século XVIII, a sociedade ocidental era de certa forma *resistente ao tempo* – e assim também o seu Direito. Embora as análises históricas muitas vezes tomem como elemento central as mudanças nos modos de produção (mudanças econômicas, portanto), interessa-nos aqui a mudança na estrutura temporal da normatividade. A ordem jurídica tinha os olhos postos nas experiências passadas, fundando-se na estabilidade, uma vez que as mudanças nas circunstâncias sociais ocorriam de forma que hoje consideramos lenta. Como se afirmou com proficiência, naquele momento ocorre um importante ponto de inflexão: a *institucionalização cultural da mutabilidade* (Tércio Sampaio Ferraz Júnior), que tinha a virtude de permitir a manipulação mais ágil do tempo através de instrumentos legislativos do que permitira o direito predominantemente costumeiro dos séculos anteriores. Paradoxalmente, a positivação do Direito através de normas escritas (lei) também prometia trazer mais segurança jurídica, pois dela *emana o estímulo principal de segurança e de certeza para a coletividade* (Theophilo Cavalcanti Filho) – a elevação do padrão de certeza potencialmente compensaria a perda de estabilidade decorrente da institucionalização da mutabilidade.

Ainda que se fale em mutabilidade, é interessante lembrar que as normas editadas sob tal inspiração – as normas positivas – pretendiam a priori ser eficazes por tempo indeterminado: *las leyes son tendencialmente permanentes, se dictan para el futuro y para que produzcan efectos con carácter indefinido* (Beatriz Verdera Izquierdo). No Brasil, afirmou-se que a Constituição Federal tem *vocação de permanência* (Luis Roberto Barroso) e sempre se faz referência ao princípio da conservação das leis, consoante o qual, uma vez promulgada, a lei permanece vigente (eficaz) *sine die* (por todos, Adrian Sgarbi).

Neste viés da mutabilidade, o assim chamado direito positivo surge como forma de atender às necessidades de adaptação mais ágil do Direito às circunstâncias sociais – ou, dito de outro modo, como forma de controlar o tempo das mudanças sociais. Observou-se naquele momento histórico que o presente não era mais uma expressão do passado e sim uma expectativa do futuro, pois a realidade se alterara de modo mais veloz do que se imaginara. O que acontecerá no futuro torna-se a preocupação central do Direito, revelando uma nova e instigante relação entre Direito e Tempo, designada com autoridade por *princípio da variabilidade estrutural do Direito* (Niklas Luhmann).

As mudanças sociais que eram estabelecidas com base nas experiências pretéritas passaram a ser resultantes de expectativas futuras. É uma mudança muito expressiva. Ao invés de condicionar o presente com base no passado, tenta-se condicionar o futuro com base na expectativa do que ele será – ou do que se espera ou deseja que ele seja. Ocorre que futuro se mostrou diferente do que havia sido projetado – a sociedade e as suas relações tornaram-se muito mais complexas, as circunstâncias fáticas sofreram e continuam sofrendo alterações sensíveis e assim também as preferências e os valores dominantes, sem que o sistema normativo estivesse preparado para regular as respectivas relações jurídicas.

Quanto ao ponto, seja permitido relembrar desde logo a advertência (correta) consoante a qual a aceleração dos tempos jurídicos parece ser um corolário necessário de sociedades irreversivelmente complexas, pluralistas, pluriculturais e indeterminadas quanto ao seu devir (François Ost). No plano das ciências sociais, a partir de um complexo arcabouço teórico auto-referencial, entendeu-se que a complexidade decorre da multiplicação exponencial das relações estabelecidas entre os diversos elementos integrantes da sociedade, sem que o limitado sistema jurídico seja capaz de absorvê-las e regulá-las adequadamente (Niklas Luhmann), acabando por utilizar conceitos com elevado grau de indeterminação, o que pode contribuir para elevar os padrões de insegurança jurídica. Acrescentou-se que a *complexidade* derivada da imbricação das causas e consequências de múltiplos fatos sociais é maximizada pela tecnologia, que permite a apreensão de um número colossal de dados (André-Jean Arnaud), cuja análise cada vez mais rápida produz regulações e desregulações que se sucedem de modo igualmente veloz e imprevisível.

À conta dessas considerações, a transformação que se vem considerando acelerada e radical das práticas sociais do nosso tempo impede que o futuro seja previsto ou moldado a partir de práticas passadas, o que é um problema cultural de per si, com evidentes reflexos sobre as regulações jurídicas. Contudo, mais relevante ainda é o fato de que essa *aceleração* torna a regulação jurídica anacrônica e abala a sincronia das atividades humanas ou, de forma mais direta, produz *dissincronia*.

Por evidente a aceleração da comunicação e da produção de bens materiais e imateriais que produzam integração social e saciem as necessidades humanas é algo desejável, mas a dissincronia eventualmente resultante da aceleração intensa do tempo pode produzir resultados adversos em vários aspectos da vida social (e da vida pessoal também, seja consentido acrescentar), sempre com relevantes impactos nas respectivas regulações jurídicas e na *atualidade* das normas jurídicas.

Sem prejuízo dessa linha de argumentação, seja consentida uma breve interrupção com o escopo de salientar que o *conceito social* de *aceleração* parece ser perigoso, pois induz a um juízo de valor que não necessariamente é compartilhado por todos os observadores desse fenômeno. Na verdade, como a *aceleração* é um conceito emprestado da Física, para que não sejamos induzidos em equívocos graves – e ainda mais importante, para não induzirmos ninguém neles –, convém novamente tentar tratar dos termos com a precisão possível para não iniciados nessa ciência, como o autor deste ensaio. E a precisão talvez desaconselhasse o seu uso.

Nos estudos da Física Clássica – mais especificamente da Mecânica, a *velocidade* de um objeto é designada pela taxa de variação de sua posição no espaço em função do tempo. E designa-se como a *aceleração* a taxa de *variação da velocidade* de um objeto (novamente, tendo-se como parâmetro o tempo). Assim sendo, quando a velocidade de um corpo em *movimento* varia com o passar do tempo – esse movimento não é constante ou uniforme – estuda-se como essa variação ocorre no decorrer do tempo. Usualmente diz-se que ocorreu aceleração quando a velocidade de mudança da posição espacial de um objeto aumentou durante um determinado período de tempo (embora a redução também possa ser designada tecnicamente como aceleração – ou pelo menos como desaceleração). Portanto, assim para a velocidade como para a aceleração, tem-se como premissa o *movimento* – a alteração da posição de um objeto a partir de um determinado quadro de referência, que se mostra constante ou não no decorrer de um determinado período de tempo. Note-se que expressão *tempo* foi deliberada e redundantemente utilizada seis vezes em um parágrafo para explicar os conceitos de velocidade e aceleração, evidenciando que se trata do conceito fundamental nessa análise.

Quando migramos esses conceitos para as ciências sociais – especialmente para as ciências sociais aplicadas, como o Direito – devemos agir com enorme cautela, pois não estamos utilizando o conceito como mudança de posição espacial (movimento) em alguma medida referencial de tempo. Ademais, consoante já afirmado, muitos desses conceitos da Física Clássica revistos pela Física Moderna tornaram-se contra-intuitivos, o que desaconselha a sua utilização. Se vale de exemplo, na Física moderna demonstrou-se que a passagem do tempo é desacelerada pela velocidade – isto é, o tempo passa mais lentamente na medida em que o corpo observado eleva a velocidade do movimento (Carlo Rovelli, comentando os estudos de Albert Einstein).

Como já disse um notável observador acerca do diálogo entre os físicos e químicos e os cientistas sociais, é perigoso ter duas culturas que não podem ou não querem comunicar-se entre si (C. P. Snow). Por outro lado, a migração de conceitos de modo impreciso tende a ser ainda pior do que a falta de comunicação. Na linha defendida por um estudo clássico de filosofia, parece difícil unificar aspectos da noção de tempo da experiência psicológica e os conceitos físicos (Ferrater Mora). Neste sentido, migrar os conceitos clássicos de aceleração e velocidade das ciências físicas para as ciências sociais em geral e para o Direito em particular pode induzir a equívocos sensíveis, o que deve ser evitado – e por isso a assimilação não será explorada aqui. Ainda assim, as expressões *tempos acelerados* e *era da aceleração* parecem estar de alguma forma *consagradas pelo uso* e serão mantidas neste ensaio, como quadro de referência da sociedade contemporânea.

Ao se falar em *aceleração do tempo* no terreno das ciências sociais, pretende-se induzir a compreensão de que os comportamentos sociais estão se alterando de modo mais rápido neste momento do que em outras Eras e, ainda, do que fora possível prever: não estamos vivendo o futuro que imaginaram nossos antepassados distantes e recentes. Tem-se aqui um relevante *juízo de valor*, pois há diversas variáveis que são escolhidas arbitrariamente pelos estudiosos das ciências sociais e não meramente observadas, como ocorre no campo das ciências físicas e químicas. Demais disso, as experiências físicas normalmente são controladas – o que vem sendo otimizado pelo incremento das capacidades técnicas experimentais. As experiências sociais infelizmente não o são.

Independentemente de se concordar ou não com o juízo de valor acerca da aceleração do tempo, é possível consentir com a indicação de diferenças essenciais entre as sociedades moderna e contemporânea – isto é, entre os modos de viver em sociedade, que decorrem das circunstâncias fáticas e expressam as preferências e valores das pessoas nesses momentos históricos. Como se disse, novamente com autoridade, a segunda é pautada pelo risco, pela incerteza, pela instabilidade, pela indeterminação lógica e temporal enquanto a primeira fora respaldada no perigo, na certeza, na estabilidade e na determinação e lógica temporal (Ulrich Beck). Ou seja, parece haver realmente uma diferença na percepção do tempo entre essas gerações e o resultado é uma dissincronia, que se manifesta inclusive entre as práticas sociais e os sistemas normativos: realmente parece lícito sugerir desde logo o Direito não acompanhou essas transformações, acarretando a caracterização de uma *dissincronia jurídica*.

Neste sentido, o eventual juízo de valor negativo sobre essas preferências e valores dominantes na sociedade contemporânea parece desprezar a realidade – as circunstâncias fáticas que as condicionam – e, na verdade, parece desprezar as próprias preferências manifestadas pelas pessoas, o que inspira muitos escrúpulos e cautelas sob o prisma científico e também sob o prisma político, que escapa ao nosso objeto de análise. Infelizmente esse tema não pode ser desenvolvido aqui, senão para dizer que ao invés de se criticar e/ou se tentar contender com a chamada *aceleração dos tempos*, talvez seja mais eficiente estabelecer novos parâmetros que convivam com a suposta aceleração e permitam que se tente novamente controlar o tempo nessa formatação que virtualmente se reputa *acelerada*. E a regulação jurídica exerce ou pelo menos pode exercer papel relevante aqui.

6. Direito, Tempo e Dissincronia

Assim como se dá em relação a outros fenômenos sociais e culturais, o Direito somente pode ser entendido a partir de uma dimensão temporal, mas essa questão filosófica não nos interessa mais detidamente neste momento. Interessa-nos aqui apenas o *tratamento jurídico do tempo* e as repercussões das referidas aceleração e dissincronia sobre o sistema normativo, notadamente sobre a sua criação e sobre a sua recriação.

Na verdade, da mesma forma que ocorre em relação a diversas circunstâncias da vida humana, a relevância (ou irrelevância) jurídica do tempo varia de acordo com o instituto jurídico sob análise. O tempo influencia de modo determinante diversos aspectos da vida humana e da vida social, sendo natural que possua relevo jurídico para a configuração de inúmeras situações jurídicas. É correto dizer que o tempo exerce influência marcante sobre a própria identidade das pessoas (Norbert Elias), da imagem que a pessoa faz de si mesma e das outras pessoas. É natural, portanto, que o tempo, a passagem do tempo, a velocidade e a potencial *aceleração do tempo* sejam juridicamente relevantes para diversas finalidades.

Neste sentido, para fins de mera ilustração e exemplo, o tempo é considerado relevante para a obtenção de capacidade jurídica plena pelas pessoas físicas – ou para a obtenção de capacidade eleitoral ativa ou mesmo para a sujeição a determinadas sanções penais (a chamada maioridade penal). Aliás, entre nós, a gravidade dos delitos é matizada pelo acúmulo de anos de segregação relativo às sanções penais – pelo menos conceitualmente, um homicídio recebe pena maior em anos de vida segregada do que um furto. Ainda no mesmo sentido, o decurso do tempo - aliado a outras circunstâncias juridicamente relevantes - tem a aptidão de criar situações jurídicas subjetivas para as pessoas, de que é exemplo histórico a usucapião. E tem também a possibilidade de extingui-las, do que servem de exemplos a prescrição e a decadência - ou, no plano do direito processual, a fluência dos prazos processuais, que gera preclusões e extingue faculdades e ônus, por exemplo.

Por outro lado, para diversas outras figuras jurídicas, o tempo se mostra juridicamente irrelevante. Por exemplo, para a configuração, persecução e punição do crime de racismo no Brasil, o decurso do tempo mostra-se juridicamente irrelevante *a priori* - eis que se trata de uma espécie de *crime imprescritível.* No plano do direito privado, sustenta-se que as *situações jurídicas existenciais não devem se sujeitar à prescrição, que seria o símbolo maior da segurança jurídica* (na expressão de Rose Melo Vencelau Meireles) ou, de outra forma, que em casos de imprescritibilidade, a segurança jurídica pode ser gerada não pela prescrição, mas sim pela imprescritibilidade (Gustavo Kloh Muller Neves). Essa circunstância é eventualmente reconhecida pela jurisprudência, inclusive do Supremo Tribunal Federal, podendo-se referir exemplificativamente à imprescritibilidade da ação de investigação de paternidade.

Para os fins do presente estudo, possui interesse mais substancial a análise acerca da dimensão temporal das relações jurídicas, explorada por muitos autores autorizados (exemplificativamente, por Teori Albino Zavascki). Uma vez que se está a tratar de alterações sucessivas nas regulações jurídicas, a duração das relações jurídicas torna-se um referencial relevante. Sob o prisma temporal, as relações jurídicas transitam entre a instantaneidade e a permanência.

As relações jurídicas instantâneas são aquelas que se esgotam no momento em que implementadas. Os exemplos multiplicam-se e pode-se trazer à colação a situação de uma doação de um bem móvel de pequeno valor - uma esmola: a relação jurídica estabelecida entre o doador e o donatário é instantânea, esgotando-se no mesmo momento em que o ato é praticado. As relações jurídicas designadas permanentes são aquelas que aspiram à perenidade - ou pelo menos à extensão temporal possível para as pessoas humanas ou, ainda, às quais não se possa atribuir duração definida (Carlos Maximiliano). Os exemplos normalmente advêm de relações patrimoniais, como as relações previdenciárias, mas as relações existenciais também fornecem significativos exemplos, como sejam as relações de parentesco, destacando-se a maternidade e/ou a paternidade, nos seus múltiplos aspectos jurídicos. No extremo, há relações jurídicas que aspiram à perpetuidade e nessa hipótese hoje considerada excepcional, haverá infinitas alterações nas regulações jurídicas – na sequência do texto invocam-se exemplos interessantes neste sentido.

Entre esses *extremos*, há diversas relações jurídicas que se protraem no tempo, nos mais variados intervalos ou amplitudes temporais. Normalmente utilizam-se exemplos de relações contratuais a esse propósito. O contrato de financiamento de um veículo automotor normalmente consome dois ou três anos (uma espécie de contrato de *curto prazo*). O contrato de financiamento de um imóvel residencial usualmente consome duas ou três décadas (que seria, então, um *longo prazo*). Em ambos os casos, tem-se as chamadas relações jurídicas sucessivas ou relações de trato sucessivo, nas quais pode haver alterações nas regulações jurídicas aplicáveis.

O processo judicial talvez seja um bom exemplo de relação continuada na qual o problema da segurança jurídica à luz da sucessão de regulações jurídicas se coloca de modo significativo, especialmente em ambientes de morosidade processual, na qual uma relação jurídica que deveria se desenvolver em curto prazo passa a durar excessivamente longos prazos. Consoante um estudo reputado clássico sobre o direito processual civil intertemporal, o processo deve ser considerado *um fato jurídico complexo e pendente sobre o qual a normatividade inovadora deverá incidir imediatamente* (Galeno Lacerda).

Tomando-se como mero exemplo a vigência do Código de Processo Civil de 1973, pode-se fazer um exercício interessante, sem preocupação com a precisão, mas apenas com "a ordem de grandeza". Nos últimos vinte anos de vigência deste Diploma Legal (*substituído* em 2015), ele terá sofrido alterações por dezenas de leis novas, que alteraram de modo mais ou menos substancial centenas dos seus dispositivos – muitas vezes dos mais relevantes dispositivos, que mereceram atenção do legislador (por exemplo, o capítulo do recurso de agravo de instrumento foi alterado diversas vezes nesse período). E nesta conta não estão incluídas as inúmeras viradas jurisprudenciais pelas quais a interpretação do Código fora materialmente alterada. Considerando um tempo médio de duração dos processos da ordem de seis anos àquela altura, é razoável sugerir que cada processo passou por várias regulações jurídicas diferentes, que foram aplicadas imediatamente, como era e é a regulação do direito processual civil intertemporal.

Parece intuitivo que a passagem do tempo projeta efeitos de modo diverso a depender da extensão temporal da relação jurídica. Parece possível enunciar que, quanto maior for a duração de uma relação jurídica, mais ela estará suscetível a mudanças nas respectivas regulações jurídicas. Mais importante: a sucessão de regulações jurídicas também impacta de modo diverso essas relações.

Cuidando do tema a propósito das relações contratuais, um estudo inspirado (Ronaldo Porto Macedo Júnior) lembrou que nas relações instantâneas e de trato sucessivo de curto prazo tendem a ser infensas ou refratárias às mudanças regulatórias, aplicando-se-lhes os parâmetros *tradicionais* de restrição à retroação, uma vez que as situações jurídicas se consolidam rapidamente. Já nas relações permanentes e nas relações de trato sucessivo de longo prazo, a alteração das circunstâncias fáticas, valores e preferências tende a ser a regra. Assim, as novas regulações jurídicas tendem a ser aplicáveis a essas relações – no dizer de autoridade, o *domínio da lei nova abrange imediatamente as situações permanentes* (Carlos Maximiliano) –, no mais das vezes alterando os efeitos futuros de relações constituídas no passado. A questão volta a ser a análise dos impactos sobre as situações jurídicas subjetivas consolidadas.

Para que se possam considerar os efeitos jurídicos do tempo para a criação e/ou para a extinção de situações jurídicas subjetivas, é preciso mensurar e de alguma forma controlar o tempo. E, neste momento, a aceleração e a dissincronia que ela produz podem gerar problemas relevantes no que concerne ao controle do tempo e por conseguinte à segurança jurídica, notadamente na sua dimensão dinâmica. Em tom agudamente crítico, chegou-se a sugerir que mais do que mera insegurança jurídica, a aceleração parece estar apta a gerar propriamente uma *desorientação jurídica*, que seria uma forma de violência institucional (Guillaume de Stexhe). A observação faz sentido: note-se que a expressão *orientação* já fora utilizada algumas vezes acima para designar a faceta da *calculabilidade* do âmbito da segurança jurídica; entretanto, a nossa preocupação aqui diz respeito apenas à (in)segurança jurídica, não sendo cabível aprofundar a discussão sobre a temática da violência jurídica institucional, que projeta outras ordens de considerações.

Com efeito, o fenômeno da chamada aceleração do tempo vem sendo objeto de atenção detida dos estudiosos, eis que o tempo jurídico não parece capaz de acompanhar o tempo social – uma relevantíssima dissincronia que se vem reportando aqui: a dissincronia jurídica. Tomam-se como exemplo ilustrativo novamente os estudos produzidos no âmbito do Direito Processual, onde a questão é muito sensível – e parece evidenciar bem essa *dissincronia* de que se vem falando.

Na verdade, antes mesmo da completa identificação e sistematização da análise do fenômeno da aceleração do tempo no plano das ciências sociais e das suas eventuais repercussões jurídicas, um estudioso do direito processual italiano afirmara que *o processo não pode parar o tempo* e *não raro o juiz julga um fato aplicando parâmetros que não são mais verdadeiros*. Afirmou-se com tom de ênfase que *per giudicare occorre fissare il thema; e, quindi, fermare il tempo. Ma fermare il tempo non si può, se non a rischio di giudicare su una realtà non più vera: un dilemma ontologicamente insolubile* (Ítalo Andolina).

Sem usar o conceito, o processualista descreveu uma face do que se pode chamar *dissincronia processual*, espécie do gênero *dissincronia jurídica*. Com efeito, parece existir hoje um risco real de dissincronia entre as práticas processuais e a realidade, pois o tempo do processo eventualmente não acompanha o tempo da sociedade – e o problema por evidente atinge a produção judicial de precedentes vinculantes também, a que se retorna adiante.

Os estudos sociológicos identificaram de forma clara esse problema para os processos políticos, aduzindo que os processos políticos eleitorais e legislativos adquiriam enorme complexidade e padrões elevados de governança que consomem muito tempo para ser performados. Somados a outros motivos relevantes, isso faz com que a produção de normas seja transferida para outras esferas públicas e privadas (como a arbitragem, por exemplo), no plano interno e no plano internacional também. Sob certo aspecto, a produção de precedentes vinculantes pelos órgãos judiciários pode ser considerada resultante da dissincronia dos processos políticos legislativos, dentre várias outras concausas igualmente relevantes.

Ocorre que, como se vem de salientar, a mesma idéia de dissincronia também parece de alguma forma aplicável aos próprios processos judiciais, incluindo, mas não se limitando àqueles nos quais são produzidos os precedentes vinculantes, porquanto o tempo do processo não corresponde ao tempo que se reputa socialmente acelerado que vivenciamos. O fato é que os processos duram muito mais tempo do que o que a sensibilidade das pessoas parece indicar como desejável ou razoável – e aqui não emito juízo de valor, mas sim juízo meramente descritivo sobre a percepção generalizada da sociedade quanto ao funcionamento do Poder Judiciário no plano temporal.

Mercê de avanços tecnológicos importantes e de pesquisas sérias, em sua maioria dirigidas pelo CNJ – Conselho Nacional de Justiça (*Justiça em Números*), hoje parece possível dimensionar com grau de precisão apreciável o tempo do processo no Brasil e a eficiência dos instrumentos processuais, afastando-nos do mero *impressionismo jurídico* (na expressão sempre inspirada de José Carlos Barbosa Moreira). Também parece possível afirmar que – novamente em razão de avanços tecnológicos (e voltaremos à tecnologia na sequência do estudo) e do empenho pessoal dos magistrados e servidores – nos últimos anos houve significativa diminuição do acervo de processos judiciais e do tempo consumido para o processamento das causas. A redução do acervo de processos, sem que tenha havido quedas substanciais nos ingressos de novas causas (afora o período inicial da Pandemia do Covid-19) é da ordem de 30%. A redução do tempo médio de duração de diversos tipos de processos socialmente relevantes é da mesma ordem.

verdade, não é ocioso lembrar que a simples existência de dados transparentes e disponíveis sore a matéria é um eficiente fator de controle externo da morosidade ou lentidão processual injustificada, que fora objeto de uma proposta acadêmica séria acerca do problema temporal do processo (José Rogério Cruz e Tucci). É uma hipótese plausível que o desenvolvimento do sistema de precedentes entre nós tenha contribuído também para essas reduções significativas, mas a sua confirmação depende de análises jurimétricas consistentes.

Ainda assim, em números absolutos, o tempo do processo parece bem superior ao que seria desejável – *rectius*: do que é desejado pelos consumidores dos serviços jurisdicionais e pelos operadores jurídicos em geral. Por evidente, não é possível deixar de registrar a preocupação de outros estudos sérios na esfera do direito processual acerca dos riscos das análises meramente quantitativas e que desprezam o que se vem chamando de *tempo qualitativo* ou *tempo benéfico*, em oposição ao que seria o *tempo inimigo* do processo (Ricardo Quass Duarte). Segundo se sustenta, deve-se combater a morosidade, mas esse tempo qualitativo seria imprescindível à formulação e execução de um *processo justo* (no seio de larga produção recente, destacam-se aqui alguns autores, como André Roque, Francisco Carlos Duarte, José Augusto Garcia de Souza e Victor Saldanha Priebe).

Talvez a mais importante expressão dessa crítica tenha vindo da distinção entre a efetividade virtuosa e a efetividade perniciosa (Carlos Alberto Alvaro de Oliveira), consoante a qual a busca desenfreada pela efetividade poderia colocar em primeiro plano a performance estatística em lugar dos chamados valores fundamentais do processo – inclusive a segurança jurídica –, recrudescendo uma alegada tensão entre celeridade e devido processo legal. Assimilam-se os problemas do tempo processo judicial às doenças que acometem os seres humanos, designando-se o uso do tempo como fisiológico ou patológico (Rafael Sirangelo de Abreu, lastreado em Andrea Proto Pisani). O presente ensaio não comunga integralmente dessas críticas e retornará a elas a seguir.

Seja como for, sem que isso importe qualquer deslustre para essas críticas, parece razoavelmente assente que o tempo do processo não atende às necessidades manifestadas pela sociedade, o que reforça a percepção de dissincronia entre as práticas sociais e os modelos processuais vigentes para solução de controvérsias, produzindo, ao lado de tantos outros fatores (deliberadamente omitidos aqui), sensíveis padrões de insegurança jurídica. Em termos de precedentes vinculantes, o problema se vê agravado pela relevância social das normas criadas e recriadas através desses procedimentos. E com esse tema caminha-se para a conclusão deste breve ensaio.

7. Precedentes e Segurança na *Era da Aceleração*

Frequentemente afirma-se que a única coisa realmente constante na vida é a mudança. Além disso, como demonstrado acima, tem parecido a muitos estudiosos que a nossa Era é marcada pela perda parcial de controle sobre o tempo e pela dissincronia entre diversos fenômenos culturais e sociais – inclusive no plano jurídico.

Na imagem apresentada acima acerca das normas jurídicas, ressaltou-se a visão de que as *normas* se voltam hoje precipuamente a comportamentos futuros, com a ambição de direcioná-los, de modo que procuram estabelecer os comportamentos a serem considerados *normais* no futuro próximo ou distante. Por evidente a noção de *normalidade* transcende o direito e não é conceituada por ele (pelo menos entre nós), mas o fato é que as normas jurídicas pretendem determinar para o futuro o que seria um comportamento normal, fixando o tal *estado ideal de coisas* a que se poderia designar *normalidade* e orientando os indivíduos a se comportarem em conformidade com ele, fomentando a *calculabilidade*, de modo que os indivíduos possam exercer a liberdade de programar seus comportamentos em conformidade com as normas vigentes – *prospectivamente* vigentes, seja consentido ressaltar.

A sensação de muitos estudiosos da vida em sociedade é de que a normalidade contemporânea é muito diversa e sofre alterações de modo mais veloz do que aquela sobre qual construímos o nosso imaginário em torno da vida social, inclusive das nossas percepções acerca do tempo, as quais, inclusive, foram construídas sobre alguns conceitos hoje considerados superados pela Física moderna. Neste sentido, tomando empréstimo da filosofia da história, concordamos com a afirmação de que o *sentimento de aceleração da história é um efeito da dissociação do vínculo entre expectativa e experiência* (Paul Ricoeur). Parece, contudo, que o problema não está na experiência em si, mas na falha na capacidade de previsão quanto ao que seria experimentado – essa falha é especialmente grave no âmbito dos sistemas normativos e do Direito em particular.

Com efeito, hoje parece haver acentuada dificuldade em imaginar e/ou prever o que seria ou o que deveria ser a normalidade em *futuros próximos* e isso gera impacto adverso na capacidade de *normatizar* a sociedade (e, por conseguinte, de *normalizar* a sociedade). O Direito torna-se ultrapassado ou mesmo anacrônico rapidamente. Em última análise, parece haver uma falha sistemática na capacidade de orientar os indivíduos quanto aos comportamentos cabíveis em futuros próximos – e mais ainda em futuros que possam ser considerados distantes. Esse impacto é agravado sobremodo pela dissincronia entre os processos de criação e recriação de normas jurídicas, tanto no âmbito legislativo e executivo, como no âmbito Judiciário, e as práticas sociais às quais elas se destinam.

É digno de nota, ainda, que esse movimento parece estar em curso e longe de algum momento de estagnação. Como já se disse, em razão do constante aumento da complexidade do mundo e da sociedade, *caminha-se sempre em direção a novos fenômenos e a um futuro imprevisível* (Bernard Piettre). Como normatizar hoje um futuro que não se consegue prever? Existe a certeza de que haverá Direito, mas paira grande incerteza quanto ao que será o seu conteúdo (Leonel Severo Rocha, com lastro em Luhmann).

Ao nosso ver, essa dissincronia impõe pelo menos duas ordens de consequências que demandam reflexões no plano jurídico. De início, a atenção se concentra na questão normativa meta-jurídica, quanto à sucessão de regulações jurídicas em geral e de precedentes vinculantes em particular, inclusive com atenção às situações jurídicas subjetivas consolidadas, notadamente em razão dos parâmetros de confiabilidade e calculabilidade, que é o objeto deste estudo. Demais disso, parece importante rever a dissincronia em si mesma. Contudo este escopo transborda os limites deste estudo, sendo efetuado em uma próxima oportunidade.

No que interessa aqui, então, quanto à sucessão no tempo das normas jurídicas em geral e dos precedentes vinculantes em especial, parece importante alterar-se o padrão de proteção contra as alterações normativas, assim como rever os padrões que informam e consubstanciam a segurança jurídica em épocas de alterações normativas frequentes. Como as alterações normativas parecem ser mais frequentes, mais rápidas e mais intensas do que fora previsto, os modelos normativos desenvolvidos em épocas anteriores mostram-se insuficientes ou mesmo ineficientes.

Obviamente é possível anotar – com indisfarçada insatisfação – que algumas alterações normativas se mostram descabidas, quase inusitadas. Já se disse aqui que muitas vezes os nossos legisladores (*rectius*: os *lawmakers*) legislam com escassa racionalidade. Esse problema existe e deve ser enfrentado através de técnicas de controle do processo legislativo e do funcionamento dos tribunais encarregados da edição de precedentes vinculantes e das decisões judiciais em geral. Entretanto, esse não é o foco aqui. A questão central aqui é alteração das leis e especialmente dos precedentes vinculantes em razão de alterações sensíveis nas circunstâncias fáticas, nas preferencias e valores dominantes na sociedade.

Como visto acima, a extensa e proficiente doutrina brasileira formada nas últimas duas décadas acerca dos precedentes vinculantes habitualmente ressalta que esses precedentes vinculantes contribuem para a elevação dos padrões de segurança jurídica na sociedade, porquanto elevam o parâmetro de cognoscibilidade do Direito, registrando adicionalmente que tão importante quanto a observância dos precedentes por quem esteja a eles vinculado é o respeito às situações jurídicas subjetivas das pessoas que se comportam em conformidade com eles, em homenagem à segurança jurídica (Paulo Mendes Oliveira)

Sem embargo do acerto dessa premissa, a assim chamada aceleração dos nossos tempos impõe a (re)construção da idéia de segurança jurídica em um formato mais flexível e dinâmico, referido por autoridade como um paradigma da *continuidade jurídica* (Antonio Cabral), que evidentemente preocupa-se com a estabilidade, mas possivelmente tem em consideração o *longo prazo* (daí a utilização da expressão *continuidade*).

Segundo essa linha de entendimento, a exemplo do que acontece em relação à aplicação de outras normas jurídicas, a segurança jurídica como estabilidade teria uma primazia *prima facie*, mas poderia ser afastada se as circunstâncias evidenciassem a necessidade de alteração da regulação jurídica aplicável, mesmo que elas afetem situações jurídicas subjetivas consideradas consolidadas. Na verdade, consoante acentuado no início do ensaio acerca da teoria da irretroatividade das leis, essa construção guarda semelhança com o conceito de presunção utilizado no direito norte-americano no terreno do direito intertemporal – como usualmente ocorre com as presunções, elas podem ser afastadas na presença de certas circunstâncias autorizadoras. Essa comparação mereceria análise mais detalhada, mas os limites deste estudo desaconselham que seja feita aqui. Todavia, um exemplo pode ser ilustrativo.

Pode-se, então, retomar aqui o exemplo da irretroatividade das leis penais expresso através da locução latina *nullum crimen nulla poena sine praevia lege*, referido no início do estudo. Analisando decisões em que se discutiu a violação ao princípio da irretroatividade em matéria penal, utilizou-se o argumento de que o *tribunal teria que escolher o mal menor entre dois males igualmente graves* (consoante a autoridade de Robert Alexy). É, portanto, um argumento relativo à ponderação.

No caso, estavam sendo julgados os *guardas do muro de Berlin* e os líderes da estratégia de manutenção do muro, que atiravam para matar nas pessoas que tentavam atravessar para o *outro lado*. Eles foram condenados pelos homicídios ocorridos durante décadas de pessoas que tentavam fugir do regime socialista da antiga Alemanha Oriental para o regime capitalista da Alemanha Ocidental. Após queda do muro de Berlim – esse sim um evento disruptivo – e a reunificação do País, as Cortes alemãs entenderam que aquele comportamento era punível criminalmente, ainda que não houvesse lei anterior cominando sanção penal para tal comportamento, em nítida *violação* do princípio da legalidade estrita em matéria penal e, por conseguinte, à vedação à retroatividade nessa matéria. A escolha do mal menor, em última análise, corresponde a um exercício de ponderação, acerca do qual afirma-se que a segurança jurídica teria primazia *prima facie*, sendo subjugada no caso concreto em razão da relevância de parâmetros de justiça material. De fato, os aludidos parâmetros de justiça material (a "justiça") prevaleceram no *confronto* com a segurança jurídica. Em última análise, essa operação lógica parece semelhante à aplicação da irretroatividade por meio do estabelecimento de uma presunção (*praesumptio against retroactivity*), como ocorre nos países que adotam o sistema *common law*. Talvez possam ser conjugados.

Retomando a discussão acerca da *continuidade* e tomando por empréstimo a figura do historiador e da historiografia, afirma-se que somente a continuidade, a longa duração é que permite que se observem modelos de comportamento histórico (José Honório Rodrigues, com lastro em Fernand Braudel): *somente a longa duração permite observar a estrutura, a coerência e a conexão dos vários nexos.*

Da mesma forma para o Direito e muito especialmente para a caracterização da segurança jurídica na época contemporânea, parece razoável afirmar que hoje a análise impõe que se tomem em consideração períodos mais longos, de modo que se possam analisar os fenômenos de forma mais ampla e abrangente. É sintomática a transformação semântica da expressão *evento*, cuja origem latina designara coisa passageira e a concepção corrente na língua francesa designa *expor ao vento*. Na análise dos fenômenos jurídicos à luz da segurança jurídica, a consideração de eventos isolados que se sucedem rapidamente tende a ser pouco produtiva e pode mesmo induzir a equívocos, sendo mais relevante analisar a chamada *continuidade* dos fenômenos jurídicos, de modo a investigar e de certa forma gerar estabilidade.

Novamente pedindo auxílio interdisciplinar, os estudos de estatística aplicados às ciências sociais já identificaram que a qualidade das análises pode estar na dependência da escolha dos intervalos temporais (*time series*) escolhidos e efetivamente analisados, podendo-se decompor tais intervalos em um espectro bastante amplo. Entretanto, mesmo se dividirmos a análise em apenas dois grandes e abrangentes grupos, as diferenças ficam claras. Neste sentido, *a more precise formulation of these two groups of movements in time would distinguish cumulative, irreversible changes on the one hand and cancelable, reversible changes on the other. The cumulative, irreversible changes are designated secular movements or trends. The cancelable, reversible changes are represented by cyclical movements of various types, distinguished by the period and regularity of the swing* (Simon Kuznets).

Assim sendo, análise dos fenômenos jurídicos e particularmente dos fenômenos de sucessões normativas decorrentes das necessidades de adequação às cambiantes circunstâncias fáticas, preferências e valores, com atenção especial aos precedentes vinculantes, pode produzir efeitos mais profícuos em amplitudes temporais mais alargadas (longa duração – continuidade).

Da mesma forma, em que pese a categorização da estabilidade como a face estática da segurança jurídica de que se falou acima, essa estabilidade hoje deve ser entendida também em perspectiva dinâmica – a *estabilidade dinâmica* (de que fala Niklas Luhmann, secundado entre nós por Leonel Severo Rocha). Se essa expressão soar contraditória, talvez eventualmente seja melhor realmente assumir a sua existência e tratar as instabilidades do sistema jurídico de forma técnica, até porque já se sugeriu que *instabilities are an intrinsic part of such a complex and contradictory system as reflected by contemporary Law* (Luis Edson Fachin). Fato é que estabilidade não se confunde com inalterabilidade e assim não pode ser entendida.

Os referidos estudos especializados sugerem a incorporação e utilização de conceitos *novos* de *constância* e *consistência*, construídos em outros países – a serem, então, construídos entre nós para aferição dessa estabilidade dinâmica em séries temporais contínuas e presumivelmente mais longas, que permitam análises mais aprofundadas dos movimentos (isto é, das alterações normativas) e dos seus impactos na vida social e nas expectativas das pessoas. Em última análise, essa continuidade deve ser permeável a modificações que se mostrem necessárias, ainda que isso regularmente interfira de modo mais ou menos intenso em situações jurídicas subjetivas consolidadas. Embora proposto entre nós (novamente Antonio Cabral) a partir de influência germânica e incialmente para enfrentar o tormentoso tema das estabilidades processuais (e da coisa julgada), viu-se desenvolvido no âmbito mais amplo da segurança jurídica e do direito intertemporal. Também como já se disse, a produção de expectativas é também uma forma de tentativa de controle do tempo – e quando elas não se materializam é importante ser permeável a correções.

Se a sociedade mudou o seu referencial temporal – o que se chamou em diversos estudos sociais de *aceleração* – o Direito necessita adaptar-se a essa nova realidade. Há aqui ao que tudo indica alteração das circunstâncias fáticas, das preferências e dos valores dominantes, impondo-se a alteração das regulações jurídicas de modo a que se possa (re)aproximar a normatividade da normalidade e novamente dotá-la de capacidade de previsão e conformação do futuro próximo.

Como também já se disse – ainda e sempre com autoridade, a propósito do movimento de constitucionalização do Direito Civil – *a transformação da realidade social significa a alteração da realidade normativa* (Pietro Perlingieri). Dito de outra forma por igualmente relevante autoridade no âmbito do estudo das mutações constitucionais, *a normalidade social deve incorporar-se à normatividade* (Konrad Hesse). Nestes casos, tem-se o "melhor dos mundos": a autoridade do argumento conjuga-se com o argumento de autoridade.

Adicione-se que a proteção da confiança do administrado ou do jurisdicionado – o elemento *confiabilidade* na equação da segurança jurídica – deve ser realmente considerada com seriedade, no sentido de se verificar se as expectativas em questão são realmente legítimas, o que a experiência estrangeira chama de *actual reliance*, sem a qual não há proteção especial. Neste sentido, cumpre indagar: seria realmente possível afirmar-se que as intensas e frequentes alterações legislativas ocorridas no Brasil nos tempos atuais são imprevisíveis e frustram as expectativas legítimas das pessoas?

A começar pela nossa *rígida* Constituição Federal, houve nada menos do que 131 emendas em 34 anos de vigência, indicando uma média de quase 4 por ano – sendo certo que nos últimos quatro anos a média aproxima-se de 6 por ano, quase sempre em matérias sensíveis e, como visto, com eventual referência expressa à inobservância de direitos adquiridos, isto é, situações jurídicas consolidadas sob a égide da igualmente *rígida* norma constitucional revogada pela emenda em questão. Não estão consideradas aqui as propostas de emenda (não aprovadas por quaisquer razões, mas que também podem gerar instabilidades) e as *releituras* da Constituição pelos órgãos judiciários em geral e especialmente pelo Supremo Tribunal Federal, o que tornaria o número de alterações exponencialmente mais elevado.

No plano da legalidade, a situação é ainda mais expressiva e vem igualmente de longa data. Comentando *a crise da legalidade* há mais de 60 anos, um emérito publicista brasileiro – que além do magistério, atuou também no Parlamento, tornando-se referência como um *Estadista da República* – advertia para a urgente necessidade de transformação dos métodos legislativos, para se evitar o colapso deste Poder democrático, pois as leis eram confeccionadas *em arrastados trabalhos* (Afonso Arinos de Melo Franco), o que só seria superado atribuindo-se rapidez e flexibilidade ao processo legiferante. Tomando-se em consideração a produção normativa multifacetada que inclui os órgãos judiciários, pode-se referir aqui genericamente à necessidade de rapidez e flexibilidade do processo de produção normativa como um todo. No mesmo sentido, no terreno do direito administrativo, a propósito da expansão substancial dos poderes normativos dos órgãos integrantes do Poder Executivo, afirmou-se que, por conta do progresso tecnológico, diversos aspectos da vida social demandam *regulação muito mais rápida e intensa do que era necessária no passado* (Celso Antonio Bandeira de Mello). Fato é que através das mais variadas fontes, as normas jurídicas são produzidas de modo incessante – produzidas e consumidas com voracidade (Natalino Irti). Esse cenário é identificado há muitas décadas e já não constitui uma surpresa para as pessoas em geral e muito menos para os operadores jurídicos.

Da mesma forma, os valiosos estudos de ciências sociais que *denunciaram*, estudaram e sistematizaram esses fenômenos de aceleração e dissincronia, assim como as crises dos sistemas normativos também já contam várias décadas, tendo provocado debates aprofundados sobre o fenômeno, inclusive em arenas públicas que transcendem os operadores jurídicos.

Como essa *crise* acometeria os sistemas jurídicos ocidentais de um modo geral, não é ocioso compartilhar a observação autorizada de um estudo referencial na História do Direito – na verdade, a sua relevante proposta acadêmica –, consoante a qual *once there was a civilization called "Western"; that it developed distinctive "legal" institutions, values, and concepts; that these Western legal institutions, values, and concepts were consciously transmitted from generation to generation over centuries, and thus came to constitute a "tradition"; that the Western legal tradition was born of a "revolution" and thereafter, during the course of many centuries, has been periodically interrupted and transformed by revolutions; and that in the twentieth century the Western legal tradition is in a revolutionary crisis greater than any other in its history, one that some believe has brought it virtually to an end* (Harold Berman).

E um interessante diálogo entre duas figuras capitais do direito processual italiano acerca da certeza do Direito em razão da publicação de um livro (de Flavio Lopez de Oñate) produziu reflexões úteis para as análises empreendidas neste momento. Em 1953, advertia-se para a falta de previsibilidade do Direito, aduzindo-se que *la vita s'é incaricata di mettermi in chiaro: (...) ma invece [le leggi] sono molte e si succedono rapidamente, anzi vertiginosamente (...) Oh! La certeza...* (Francesco Carnelutti). De outro lado, apontava-se que a o problema central relativo à certeza era a *crisi della fiducia nella legge* (Calamandrei). Como se poderia então sustentar que passados setenta anos de intensa produção normativa e sucessão de regimes jurídicos constitucionais e legais, as pessoas se comportaram com base nas expectativas acerca da lei e foram surpreendidas por uma determinada alteração em particular?

Pede-se licença para expressa concordância com um estudo especializado em problemas normativos no tempo, o qual sugere que em muitas situações o argumento da confiança verdadeiramente não se sustenta. Na verdade, o tom é sensivelmente mais incisivo, recorrendo-se à imagem da *bizarria*: *the idea that legal change is to be expected means that reliance on the existing state of the law is not reasonable (that is, it is neither rational nor legitimate). (...) In fact, expectations – or reliance on existing law – may be unreasonable for a more general reason: namely that an expectation that the law will never change is somewhat bizarre* (Charles Sampford).

Na verdade, o que se busca eventualmente caracterizar como *crise* ou como *revolução* em diversos estudos de ciências sociais e de Direito – talvez essa seja a percepção inicial quando uma alteração se anuncia ou começa a projetar seus efeitos – na verdade não o é. Obviamente é possível identificar crises, revoluções e outros momentos disruptivos para as diversas ordens jurídicas nas últimas décadas. A queda do muro de Berlin, o *Brexit* e a Guerra na Ucrânia são eventos críticos realmente, afetando diretamente diversas sociedades (e outras tantas indiretamente), sugeridos aqui como meros exemplos. No Brasil, a promulgação de uma nova Constituição em 1988 foi um evento "revolucionário". Todavia a imensa maioria das alterações normativas, ainda que frequentes e intensas, não corresponde a essas figuras críticas, revolucionárias ou de alguma outra forma disruptivas.

Com efeito, no movimento natural de incorporação de novas práticas sociais às ordens normativas não há verdadeiramente crises – ou pelo menos não deveria haver, pois também não se trata de estados passageiros: na verdade, os estados transitórios podem ser longos e não meramente passageiros, tratando-se de qualificações inconfundíveis. Usa-se aqui por analogia uma (triste) constatação efetuada pela ciência social para designar o estado de muitos refugiados na nossa época: o refúgio humanitário seria hoje uma situação *permanentemente temporária* (a expressão é de Zygmut Bauman). O tratamento jurídico do refúgio humanitário por evidente refoge ao escopo desse estudo, mas a observação presta-se a realçar a observação da realidade, no sentido de que muitas das pessoas refugiadas passarão anos das suas vidas sob regimes jurídicos transitórios – para elas, exemplificativamente, a transitoriedade se converte em normalidade.

No mesmo viés de orientação, de modo mais amplo e com referência ao ordenamento jurídico como um todo e à sociedade em geral, pode-se concordar em que o transitório é o (novo) estado normal (François Ost). Assim sendo, as situações em que a edição de normas jurídicas criará a percepção de inalterabilidade para os seus destinatários tendem a ser consideras remotas sob o prisma estatístico e nesses casos é importante rever os padrões de proteção à confiabilidade como integrante da segurança jurídica.

Nesse novo *paradigma*, as normas jurídicas em geral, materiais e instrumentais, refletirão esse estado, tornando-se passíveis de revisão e/ou substituição em intervalos menores de tempo. Com o perdão do truísmo, *norm as social institutions, have careers. They emerge, endure, pass away. While they endure, they may change or be revised* (Edna Ullman-Margalit). Se a sociedade normatizada está em constante evolução, parece natural que as suas normas jurídicas também estejam e isso impõe a revisão dos parâmetros de observância da segurança jurídica, tanto a confiabilidade como a calculabilidade, permitindo-se a revisão ou alteração de situações jurídicas subjetivas que em outros momentos gozavam de proteção mais ampla.

Como afirmou um grande jurisconsulto norte-americano, importante para a configuração do common law naquele País, e que curiosamente tinha origens lusitanas, *the inn that shelters for the night is not the journey´s end. The law, like the traveler, must be ready for tomorrow* (Benjamin Cardozo, *apud* Arthur Goldberg).

Precedentes e Súmulas no Problema Metodológico da Realização do Direito

Francisco Amaral[1]

Introdução

Honrado com o prestigioso convite para participar do livro que eminentes juristas, o Ministro Gilmar Ferreira Mendes e o Prof. Victor Marcel Pinheiro, promovem em justa homenagem a Roberto Rosas, jurista formado na tradicional Faculdade Nacional de Direito e posteriormente sediado em Brasília, onde se notabilizou como advogado, Ministro do Tribunal Superior Eleitoral, Professor de Direito Processual Civil da Faculdade de Direito da Universidade de Brasília (UnB) e autor de diversos livros jurídicos, com destaque para o *Direito Sumular,* contribuo com modesta reflexão sobre os precedentes e as súmulas na realização do direito, principalmente no que diz respeito à interpretação jurídica de suas respectivas disposições legais.

Tema geral é, assim, o sistema brasileiro de precedentes, passando pela Súmula da Jurisprudência Dominante do STF e sua expansão para outros tribunais e institutos, como a Súmula Vinculante, na perspectiva de sua interpretação jurídica.

1. Os precedentes e as súmulas da jurisprudência dominante no STF. A súmula vinculante

O precedente é uma decisão anterior persuasiva para decisões futuras. Não é compulsória, apenas norteará o futuro julgador a seguir aquela decisão. Serve de informação, de simplificação de trabalho. Não é obrigatória.[2] São assim, decisões que venham a ser «repetidas» em casos idênticos ou essencialmente semelhantes.[3] "O precedente judicial é assim, uma única decisão, mas uma decisão paradigmática, que norteará

---

1 Presidente da Academia Brasileira de Letras Jurídicas.

2 ROSAS, Roberto. *Direito Sumular. Comentários às Sumulas do Supremo Tribunal,* 14ª Edição, Revista e ampliada. São Paulo, Malheiros Editores, 3012, p 10.

3 ARRUDA ALVIM, Teresa e DANTAS, Bruno. *Recurso especial, recurso extraordinário e a nova função dos tribunais superiores no direito brasileiro,* 4ª ed., São Paulo, RT, 2017, p. 277.

outras decisões judiciais em casos idênticos ou essencialmente semelhantes". A presença marcante do sistema de precedentes ao longo do todo o Código de Processo Civil/2015.

O papel do precedente com força normativa não foi apenas anunciado pelo Código de Processo Civil de 2015. Sua presença e influência manifestam-se a todo momento, ao longo de toda a sistemática do Código, voltada sempre para o objetivo de acelerar os procedimentos e aumentar a eficiência da prestação jurisdicional.

Eis uma resenha feita por Pedro Augusto Silveira Freitas que, com fidelidade, bem evidencia a presença significativa do precedente em momentos decisivos da marcha processual, não como ocorrência episódica, mas como elemento profundamente enraizado no espírito e na dinâmica funcional do atual Código.[4]Assim é que a existência de precedente em torno do processo a decidir:

i) afasta a regra do julgamento por ordem cronológica de conclusão, autorizando o imediato julgamento de processos em bloco para aplicação de tese jurídica firmada em julgamento de casos repetitivos, bem como nos casos de julgamento dos próprios recursos repetitivos Ou de incidente de resolução de demandas repetitivas (incisos II e III do § 2º do art. 2º do CPC/ 2015);

ii) permite concessão de tutela da evidência, independentemente da demonstração de perigo de dano ou de risco ao resultado útil do processo, quando houver comprovação documental das alegações fáticas e houver tese firmada em julgamento de casos respectivos ou em súmula vinculante (inciso II do art. 311 do CPC/2015);

iii) viabiliza o julgamento liminar do pedido quando contrariar precedentes (incisos I, II, III e IV do art. 332 do CPC/2015);

iv) afasta a necessidade da remessa necessária quando a sentença estiver fundada em precedentes judiciais (incisos I, II e III do § 4º do art. 496 do CPC/2015);

v) dispensa a prestação de caução, no âmbito do cumprimento provisório de sentença, relativamente ao levantamento de depósito em dinheiro, e a prática de atos que importem transferência de posse ou alienação de propriedade ou de outro direito real, ou dos quais

4 FREITAS, Pedro Augusto Silveira. *Tutela jurisdicional mediante precedente judicial: a adequada proteção do ordenamento jurídico no modelo do justo processo.* Dissertação (Mestrado) – UFMG. Belo Horizonte, 2020, nº 8, pp. 175-177.

possa resultar grave dano ao executado, quando a sentença a ser provisoriamente cumprida estiver em consonância com súmula da jurisprudência do Supremo Tribunal Federal ou do Superior Tribunal de Justiça ou em conformidade com acórdão proferido no julgamento de casos repetitivos (inciso IV do art. 521 do CPC/2015);

vi) concede ao relator o poder de decidir de forma monocrática, seja para negar provimento a recursos que forem contrários ao precedente judicial, seja para dar provimento ao recurso quando a decisão recorrida for contrária ao precedente judicial seja para julgar monocraticamente o conflito de competência (alíneas "a", "b" e "c" dos incisos IV e V do art. 932 e incisos I e II do parágrafo único do art. 955, todos do CPC/2015);

vii) autoriza o cabimento de ação rescisória quando a decisão de mérito violar manifestamente norma jurídica, aí compreendida a hipótese de decisão baseada em enunciado de súmula ou acórdão proferido em julgamento de casos repetitivos que não tenha considerado a existência de distinção entre a questão discutida no processo e o padrão decisório que lhe deu fundamento (inciso V e § 5º do art. 966 do CPC/2015, incluído pela Lei nº 13.256, de 2016);

viii) permite o cabimento de reclamação contra decisão que aplica indevidamente a tese jurídica ou que não precede à sua aplicação aos casos que a ela correspondam (incisos III e IV do art. 988 do CPC/2015);

ix) admite a exequibilidade imediata da sentença que confirma, concede ou revoga tutela provisória de evidência (inciso V do § 1º do art. 1.012 c/c inciso II do art. 311, ambos do CPC/2015);

x) autoriza o presidente ou o vice-presidente do Tribunal recorrido a negar seguimento a recurso extraordinário que discuta questão constitucional à qual o Supremo Tribunal Federal não tenha reconhecido a existência de repercussão geral ou a recurso extraordinário interposto contra acórdão que esteja em conformidade com entendimento do Supremo Tribunal Federal exarada no regime de repercussão geral, bem como a recurso extraordinário ou a recurso especial interposto contra acórdão que esteja em conformidade com entendimento do Supremo Tribunal Federal ou do Superior Tribunal de Justiça, respectivamente, exarado no regime de julgamento de recursos repetitivos (alíneas "a" e "b" do inciso I do art. 1.030 do CPC/15, incluídas pela Lei nº 13.256, de 2016);

xi) permite ao presidente ou ao vice-presidente do Tribunal recorrido encaminhar o processo ao órgão julgador para realização do juízo de retratação, se o acórdão recorrido divergir do entendimento do Supremo Tribunal Federal ou do Superior Tribunal de Justiça exarado, conforme o caso, nos regimes de repercussão geral ou de recursos repetitivos (inciso II do art. 1.030 do CPC/2015, incluído pela Lei nº 13.256, de 2016);

xii) viabiliza que o presidente ou o vice-presidente do Tribunal recorrido suspenda o recurso que versar sobre controvérsia de caráter repetitivo ainda não decidida pelo Supremo Tribunal Federal ou do Superior Tribunal de Justiça, conforme se trate de matéria constitucional ou infraconstitucional (inciso III do art. 1.030 do CPC/2015, incluído pela Lei nº 13.256, de 2016);

xiii) automatiza o reconhecimento de repercussão geral no recurso extraordinário nos casos em que a decisão impugnada atingir súmula ou precedente do Supremo Tribunal Federal (inciso I do § 3º do art. 1.035 do CPC/2015)."

A súmula é o conjunto das teses jurídicas reveladoras da jurisprudência reiterada e predominante no tribunal, expresso em verbetes sintéticos numerados e editados.[5] A função de regular a uniformização da jurisprudência por meio da súmula da jurisprudência dominante compete a cada tribunal, na forma do seu respectivo regimento interno A matéria encontra fundamento na Constituição da República Federativa do Brasil, no seu art. 102, e sua disciplina legal no Código de Processo Civil, art. 926. A Constituição da República, no § 2 desse artigo 102, dispõe também que as decisões definitivas de mérito, proferidas pelo Supremo Tribunal Federal, nas ações diretas de inconstitucionalidade e nas ações declaratórias de constitucionalidade produzirão eficácia contra todos e efeito vinculante, relativamente aos demais órgãos do Poder Judiciário e à administração pública direta e indireta, nas esferas federal, estadual e municipal. Força vinculante é a que obriga todos, inclusive o próprio Estado.

Também no seu Art. 103-A, a Constituição da República Federativa do Brasil dispõe, que o Supremo Tribunal Federal poderá, de ofício ou por provocação, mediante decisão de dois terços dos seus membros,

5 NERY JUNIOR, Nelson – NERY, Rosa Maria de Andrade. *Código de Processo Civil,* 16ª. ed., São Paulo, Revista dos Tribunais, 2016, p. 1958

após reiteradas decisões sobre matéria constitucional, aprovar súmula que, a partir de sua publicação na imprensa oficial, terá efeito vinculante em relação aos demais órgãos do Poder Judiciário e à administração pública direta e indireta, nas esferas federal, estadual e municipal, bem como proceder à sua revisão ou cancelamento, na forma estabelecida em lei.[6] A súmula terá por objetivo a validade, a interpretação e a eficácia de normas determinadas, acerca das quais haja controvérsia atual entre órgãos judiciários ou entre esses e a administração pública que acarrete grave insegurança jurídica e relevante multiplicação de processos sobre questão idêntica (**§ 1º**). Sem prejuízo do que vier a ser estabelecido em lei, a aprovação, revisão ou cancelamento de súmula poderá ser provocada por aqueles que podem propor a ação direta de inconstitucionalidade (§ 2º). Do ato administrativo ou decisão judicial que contrariar a súmula aplicável ou que indevidamente a aplicar, caberá reclamação ao Supremo Tribunal Federal que, julgando-a procedente, anulará o ato administrativo ou cassará a decisão judicial reclamada, e determinará que outra seja proferida com ou sem a aplicação da súmula, conforme o caso.

Sobre a matéria sumular o Código de Processo Civil dispõe, por sua vez, no seu art. 926, que os tribunais devem uniformizar sua jurisprudência e mantê-la estável, íntegra e coerente e que, na forma estabelecida e segundo os pressupostos fixados no regimento interno, os tribunais editarão enunciados de súmula correspondentes a sua jurisprudência dominante. Ao editar enunciados de súmula, os tribunais devem ater-se às circunstâncias fáticas dos precedentes que motivaram sua criação. Dispõe-se ainda no seu **art. 927 que os juízes e os tribunais observarão:**

> **I - as decisões do Supremo Tribunal Federal em controle concentrado de constitucionalidade;**
>
> **II - os enunciados de súmula vinculante;**
>
> **III - os acórdãos em incidente de assunção de competência ou de resolução de demandas repetitivas e em julgamento de recursos extraordinário e especial repetitivos;**
>
> **IV - os enunciados das súmulas do Supremo Tribunal Federal em matéria constitucional e do Superior Tribunal de Justiça em matéria infraconstitucional;**

6 Incluído pela Emenda Constitucional nº 45, de 2004.

> **V - a orientação do plenário ou do órgão especial aos quais estiverem vinculados. § 1º Os juízes e os tribunais observarão o disposto no art. 10 e no art. 489, § 1º, quando decidirem com fundamento neste artigo. § 2º A alteração de tese jurídica adotada em enunciado de súmula ou em julgamento de casos repetitivos poderá ser precedida de audiências públicas e da participação de pessoas, órgãos ou entidades que possam contribuir para a rediscussão da tese. § 3º Na hipótese de alteração de jurisprudência dominante do Supremo Tribunal Federal e dos tribunais superiores ou daquela oriunda de julgamento de casos repetitivos, pode haver modulação dos efeitos da alteração no interesse social e no da segurança jurídica. § 4º A modificação de enunciado de súmula, de jurisprudência pacificada ou de tese adotada em julgamento de casos repetitivos observará a necessidade de fundamentação adequada e específica, considerando os princípios da segurança jurídica, da proteção da confiança e da isonomia.§ 5º Os tribunais darão publicidade a seus precedentes, organizando-os por questão jurídica decidida e divulgando-os, preferencialmente, na rede mundial de computadores.**

Deve-se, preliminarmente, observar que tais disposições não se aplicam e não criam direito automaticamente, apenas orientam a sua criação pelo jurista intérprete, superada que deve ser a concepção normativista dominante no direito brasileiro, que considera a norma jurídica como *prius,* o direito como um sistema de normas e o pensamento jurídico como referido a normas com o objetivo de sua aplicação, tudo isso a caracterizar o *paradigma da aplicação*, que deve substituir-se por um novo paradigma, o da autônoma constituição normativa, mediante um raciocínio que parta do caso, não da norma, que tem apenas uma função mediadora. As regras jurídicas contidas nas leis não criam direito, apenas orientam a sua criação pelo intérprete *in casu*, o magistrado.

2. A DISCIPLINA LEGAL DOS PRECEDENTES, DAS SÚMULAS DA JURISPRUDÊNCIA DOMINANTE NO STF E DA SÚMULA VINCULANTE

A matéria encontra fundamento legal na Constituição da República Federativa do Brasil (art. 102) e no Código de Processo Civil (art. 926).

Art. 102, § 2° As decisões definitivas de mérito, proferidas pelo Supremo Tribunal Federal, nas ações diretas de inconstitucionalidade e nas ações declaratórias de constitucionalidade produzirão eficácia contra todos e efeito vinculante, relativamente aos demais órgãos do Poder Judiciário e à administração pública direta e indireta, nas esferas federal, estadual e municipal. Força vinculante é a que obriga todos, inclusive o próprio Estado.

Art. 103-A. O Supremo Tribunal Federal poderá, de ofício ou por provocação, mediante decisão de dois terços dos seus membros, após reiteradas decisões sobre matéria constitucional, aprovar súmula que, a partir de sua publicação na imprensa oficial, terá efeito vinculante em relação aos demais órgãos do Poder Judiciário e à administração pública direta e indireta, nas esferas federal, estadual e municipal, bem como proceder à sua revisão ou cancelamento, na forma estabelecida em lei.[7]

§ 1º A súmula terá por objetivo a validade, a interpretação e a eficácia de normas determinadas, acerca das quais haja controvérsia atual entre órgãos judiciários ou entre esses e a administração pública que acarrete grave insegurança jurídica e relevante multiplicação de processos sobre questão idêntica.

§ 2º Sem prejuízo do que vier a ser estabelecido em lei, a aprovação, revisão ou cancelamento de súmula poderá ser provocada por aqueles que podem propor a ação direta de inconstitucionalidade.

§ 3º Do ato administrativo ou decisão judicial que contrariar a súmula aplicável ou que indevidamente a aplicar, caberá reclamação ao Supremo Tribunal Federal que, julgando-a procedente, anulará o ato administrativo ou cassará a decisão judicial reclamada, e determinará que outra seja proferida com ou sem a aplicação da súmula, conforme o caso.

E no Código de Processo Civil, art. 926

Art. 926. Os tribunais devem uniformizar sua jurisprudência e mantê-la estável, íntegra e coerente.

§ 1º Na forma estabelecida e segundo os pressupostos fixados no regimento interno, os tribunais editarão enunciados de súmula correspondentes a sua jurisprudência dominante.

§ 2º Ao editar enunciados de súmula, os tribunais devem ater-se às circunstâncias fáticas dos precedentes que motivaram sua criação.

7 Incluído pela Emenda Constitucional nº 45, de 2004. Vide Lei nº 11.417, de 2006.

Art. 927. Os juízes e os tribunais observarão:

I - as decisões do Supremo Tribunal Federal em controle concentrado de constitucionalidade;

II - os enunciados de súmula vinculante;

III - os acórdãos em incidente de assunção de competência ou de resolução de demandas repetitivas e em julgamento de recursos extraordinário e especial repetitivos;

IV - os enunciados das súmulas do Supremo Tribunal Federal em matéria constitucional e do Superior Tribunal de Justiça em matéria infraconstitucional;

V - a orientação do plenário ou do órgão especial aos quais estiverem vinculados.

§ 1º Os juízes e os tribunais observarão o disposto no art. 10 e no art. 489, § 1º, quando decidirem com fundamento neste artigo.

§ 2º A alteração de tese jurídica adotada em enunciado de súmula ou em julgamento de casos repetitivos poderá ser precedida de audiências públicas e da participação de pessoas, órgãos ou entidades que possam contribuir para a rediscussão da tese.

§ 3º Na hipótese de alteração de jurisprudência dominante do Supremo Tribunal Federal e dos tribunais superiores ou daquela oriunda de julgamento de casos repetitivos, pode haver modulação dos efeitos da alteração no interesse social e no da segurança jurídica.

§ 4º A modificação de enunciado de súmula, de jurisprudência pacificada ou de tese adotada em julgamento de casos repetitivos observará a necessidade de fundamentação adequada e específica, considerando os princípios da segurança jurídica, da proteção da confiança e da isonomia.

§ 5º Os tribunais darão publicidade a seus precedentes, organizando-os por questão jurídica decidida e divulgando-os, preferencialmente, na rede mundial de computadores.

3. O PROBLEMA DA INTERPRETAÇÃO JURÍDICA. A METODOLOGIA DA REALIZAÇÃO DO DIREITO[8]

As disposições legais supracitadas levam à questão fundamental que é a interpretação jurídica, mais propriamente a metodologia da realização do direito pelo magistrado, proferindo a decisão justa do caso concreto

No campo do direito, a metodologia estuda as diversas atividades de: 1) elaboração de regras e textos jurídicos (*metodologia da arte de legislar*); 2) construção científica do direito, que compreende a elaboração de princípios, conceitos e sistemas (*metodologia da ciência do direito*); e 3) *realização do direito*, determinando o que é justo em cada caso concreto. Entende-se a *realização* do direito como a decisão judicial concreta, distinguindose da *aplicação*, mero procedimento de conexão silogística dos fatos com as regras jurídicas. A metodologia da realização ou determinação do direito estudaria, portanto, os procedimentos com que se decidem os casos jurídicos, questões jurídicas concretas,[9] determinando-se o que é justo.

Levase aqui prioritariamente em conta que o *pensamento jurídico é um pensamento prático*, seu objetivo é a *decisão concreta*, cabendo à teoria do direito a tarefa, também prática, de propor diretivas ou modelos jurídicos que proporcionem e justifiquem a resolução correta de problemas.[10]

O problema metodológico da realização do direito assume, portanto, dimensão relevante no pensamento jurídico, porque este pensamento está em crise, superado que foi o modelo sistemático, conceitual e positivista da época moderna (século XIX), ainda hoje dominante.

Disso decorre uma necessária reflexão sobre os procedimentos adequados à determinação do direito, que, partindo da fundamental diferença entre a *aplicação* e a *realização* do direito, como defende a teoria tradicional, proceda a uma renovação metodológica que estabeleça novos procedimentos para a realização do direito.

---

8 Seja-me permitido transpor para aqui algumas considerações já expostas em meu livro "*Direito Civil. Introdução*", 10ª ed., revista e modificada, São Paulo, Editora Saraiva, 2018, pg. 99.

9 NEVES, António Castanheira. *Metodologia do direito.* Problemas fundamentais, pp. 18 e 26.

10 Idem. *Digesta*, vol. 2, p. 260; CORDEIRO, António Menezes. *Tratado de direito civil português*, I, p. 23; WIEACKER, Franz. *História do direito privado moderno*, p. 729.

Nas últimas décadas a teoria jurídica, principalmente de origem alemã, defende a renovação da metodologia jurídica moderna,[11] visando superar os limites do jusnaturalismo e do positivismo, ambos referentes a um direito que nos é previamente dado, formado e cristalizado em normas, e cuja aplicação se mostra insatisfatória em face da crescente complexidade das relações sociais.

Essa revisão metodológica começou com o livro de Theodor Viehweg, em 1953, *Tópica e jurisprudência*, com o qual o autor demonstra ser a ciência do direito marcada por um estilo de pensamento, o pensamento problemático, "uma técnica de raciocínio que se orienta a partir de e em direção a problemas", o que exigiria um método jurídico diverso do até então usado pelo positivismo jurídico, adequado a outro tipo de pensamento, o pensamento sistemático. O então chamado pensamento tópico levou à compreensão de que o instrumento decisivo do método jurídico não é a subsunção mas sim a *retórica* e o *argumento*. A par disso, o direito natural, como referência legitimadora do direito positivo, teria sido substituído pelos valores e princípios das Constituições, sendo notória a importância do texto constitucional para a garantia de direitos fundamentais de natureza privada. Isso teria levado à abertura da ciência jurídica a outras ciências do espírito, como a hermenêutica,[12] a teoria da linguagem[13] e a teoria sociológica dos sis-

---

11 MENGONI, Luigi. *Il metodo dell ari cerca civilistica*, in Rivista critica del diritto privato, p. 11.

12 Hermenêutica é o estudo dos princípios metodológicos de interpretação e explicação. *Webster Third New International Dictionary*, apud Richard E. Palmer. *Hermeneutics – Interpretation theory in Schleiermacher, Dilthey. Heidegger and Gadamer*, p. 16. No que diz respeito ao direito, "a *hermenêutica jurídica* apresentase como uma teoria de compreensão histórica do direito e como uma filosofia prática, no sentido de que o direito não é recondutível na sua integralidade a uma autoridade legiferante, mas é conformado pela vida, pela prática de sua aplicação". A interpretação jurídica tem um reconhecido papel criador, e o pensamento jurídico é um pensamento orientado por problemas, não por normas propriamente estabelecidas. REALE, Miguel. *Fontes e modelos do direito.* Para um novo paradigma hermenêutico, pp. 108 ss.; Cf. LAMEGO, José. *Hermenêutica e jurisprudência*, pp. 227 ss.; SALDANHA, Nelson. *Filosofia do direito*, pp. 191 ss.

13 A teoria da linguagem é uma concepção jusfilosófica segundo a qual a teoria do direito é a análise da linguagem dos juristas. É uma teoria dos textos jurídicos, em sentido amplo. Também denominada de semiótica jurídica, seria o caminho para a superação da clássica dicotomia direito natural/direito positivo. Aproveitando os estudos de semiótica, poderia dividirse essa teoria em três níveis: a *pragmática*, correspondente à criação do texto e, no direito, a uma *teoria da decisão jurídica;* a *semântica*, dedicada ao significado da linguagem e, no direito, correspondente a uma teoria da

temas.[14] Dessas contribuições surge uma ciência jurídica marcada pelo pluralismo temático e metodológico, ciência jurídica simultaneamente hermenêutica c analíticosistemática.[15] *Hermenêutica* no sentido de buscar a *compreensão* do mundo históricocultural em que se desenvolve o direito, compreensão que só é possível por meio da comunicação e, por isso, uma teoria compreensiva é o mesmo que uma teoria comunicativa.[16] O objetivo da hermenêutica jurídica é demonstrar que a investigação do direito não é uma subsunção, de acordo com regras lógicoformais fixadas em lei, mas sim um processo criativo, construtivo e concretizador da norma adequada ao caso, que parte da compreensão de que a lei não é unívoca e completa, que sua realização não é mera reprodução mecânica. Para a moderna hermenêutica jurídica, "as normas positivas são estruturas linguísticas abertas, cujo significado não se deixa colher completamente senão em relação ao caso a decidir, e, portanto, por meio de um processo de transformação da norma em regra concreta de decisão".[17] A compreensão da norma está condicionada à específica relação com a situação de fato a que a norma se destina. Além disso, reconhecese o papel criador da interpretação jurídica e considerase o pensamento jurídico como um "pensamento orientado ao problema". A par da hermenêutica, e como contribuição do pensamento anglosaxão, desenvolvese a teoria analítica que se debruça sobre a linguagem do direito para investigar sua estrutura formal. Essas duas correntes doutrinárias - hermenêutica e analítica - que sempre se opuseram, hoje se aproximam em produtiva colaboração. O objetivo da analítica é "produzir enunciados evidentes sobre o direito, por meio de análises lógicolinguísticas, com estrita separação entre moral e direito".[18] A lógica analítica, que trabalha com a ideia de sistema axiomático, fechado, ideia comum ao jusracionalismo e ao positivismo jurídico, é contrabalançada pela jurisprudência tópica[19]

dogmática ou da *ciência jurídica;* e a *sintaxe*, que estuda as estruturas formais da linguagem, correspondente, no direito, a uma *teoria da estrutura formal do direito.* Cf. ROBLES, Gregorio. *Introduccion a la teoria delderecho*, pp. 155 ss.

14 MENGONI, p. 18.

15 ROBLES, Gregório. *El pensamiento jurídico contemporáneo*, p. 17.

16 Idem, ibidem.

17 MENGONI, p. 20.

18 KAUFMANN, Arthur. *El pensamiento jurídico contemporáneo*, p. 127.

19 Tópica é, no âmbito da metodologia jurídica, uma técnica ou estilo de pensamento que se orienta a partir de problemas, donde também chamarse de pensamento

que trabalha com o modelo de sistema aberto,[20] ao qual é subjacente a ideia de que os critérios, para se alcançar a decisão justa, são ilimitados em número. Aqui se encontram, também, as raízes da moderna teoria da argumentação.[21] Essas correntes, por sua vez, consideramse hoje superadas, por insuficientes, pois não são constitutivas de direito, limitamse à sua aplicação, pela concepção metodológica segundo a qual a interpretação jurídica deixa de ser mera *interpretação da lei* para constituirse em ato de *realização do direito*,[22] a partir não do texto legal, mas do caso concreto a decidir.

Enfim, o direito existente não depende, na sua integralidade, de um poder legiferante, mas é conformado pela vida, pela prática de sua aplicação.[23] Não deve considerarse como objeto previamente dado e construído, mas um processo de construção permanente.

Como efeito desse movimento póspositivista, passa a ocupar um lugar central na teoria do direito o tema da decisão judicial que, tido como "fenômeno central e paradigmático do pensamento jurídico, é analisado à luz da sua motivação e de sua justificação racional". Passa a considerarse que a realização do direito é muito mais do que um simples silogismo,

problemático, e se desenvolve por meio de uma argumentação jurídica não sistematizada. Cf. FERRAZ, Tercio Sampaio. *Direito, retórica e comunicação*, e, principalmente, VIEHWEG, Theodor. *Topikund Jurisprudenz.*

20 KAUFMANN, p. 128.

21 A teoria da argumentação jurídica teve, nos últimos anos, notável desenvolvimento, sobretudo por obra de teóricos e filósofos do direito de diversos países europeus, cujo objetivo comum seria construir modelos de racionalidade que sirvam de orientação para as decisões jurídicas. No âmbito da cultura alemã, a teoria da argumentação jurídica mais representativa é a de ALEXY, Robert, na sua *Theorie der juristischenargumentation. Die theorie des rationales Diskursesals Theorie der juristischen Begründung*, Frankfurt, Shurkamp, 1978, reimpressão em 1983. Alexy parte concretamente da teoria do discurso racional, elaborada basicamente por HABERMAS, Jürgen, desenvolvendo a partir dela a tese de que a argumentação jurídica é um caso particular do discurso prático geral, que precede e fundamenta as decisões judiciais concretas (extrato da nota dos tradutores Manuel Atienza e Isabel Espejo, à edição espanhola – *Teoria de la argumentación jurídica*, Madrid, Centro de Estudios Constitucionales, 1989). Cf. No direito brasileiro, Tercio Ferraz Sampaio. *Direito. Retórica. Comunicação.*

22 NEVES , Castanheira. *O actual problema metodológico da interpretação jurídica*, p. 11.

23 LAMEGO, p. 282.

e que o juiz também cria direito, não é só a boca que pronuncia as palavras da lei.

O direito, de ciência normativa, passa a ciência da ação,[24] a ciência práticointerpretativa.

Do exposto, pode concluirse que o pensamento jurídico atual, acompanhando o elevado grau de complexidade e diversificação da sociedade contemporânea, caracterizase por uma grande variedade temática e um pluralismo epistemológico, o que, se atesta a crise e a superação do positivismo, não faz pressupor a volta do direito natural, pelo menos no sentido estrito. Ambas as concepções estariam superadas, entre outras razões, pela circunstância de se referirem a um direito previamente estabelecido, que o jurista, o realizador do direito, já encontra formulado à sua disposição, anterior à realidade que deve ordenar. Ora o direito não é um dado, mas uma realidade construída. Essas concepções aproximamse e integramse, todavia, na criação e reconhecimento de princípios jurídicos estabelecidos nos textos constitucionais, assim como no respeito à justiça, como valor, e a pessoa como titular dos direitos humanos, ideia até então de matriz jusnaturalista.

Quanto ao direito brasileiro, podese afirmar que, desde os primórdios até 1940, foi dominante a corrente positivista, com destaque para as figuras eminentes de Clóvis Beviláqua, Pedro Lessa e Pontes de Miranda. A partir dessa data (superado o positivismo sem retorno ao direito natural), desenvolvese o culturalismo jurídico que, remontando a Tobias Barreto, da Escola do Recife, desenvolvese em várias perspectivas, sendo francamente dominante a que enfoca o direito como *experiência jurídica*, e que tem no Prof. Miguel Reale a sua mais excelsa figura.

No campo do direito civil iniciouse um processo de reflexão sobre a pessoa e o conceito de pessoa e de sujeito de direito, e suas implicações no campo dos principais institutos jurídicos, como o da família, da propriedade e do contrato, cujos princípios fundamentais encontraram acolhida no texto constitucional. No que respeita à sistematização do direito, ideia tão cara ao jusnaturalismo, passouse a assistir à fragmentação dos sistemas e ao surgimento dos microssistemas jurídicos com todas as suas implicações no campo das fontes do direito, e à superação do pensamento sistemático pelo pensamento problemático, embora am-

24 KAUFMANN, p. 360.

bos reciprocamente se exijam.[25] Isso levou ao reconhecimento da necessidade de revisão do sistema jurídico brasileiro, tendose decidido, em 1961, a reformulação dos principais códigos, o que ficou a cargo de notáveis juristas. Disso resultou um processo que, no direito civil, se concluiu com a aprovação do novo Código Civil, em 10 de janeiro de 2002, para entrar em vigor um ano após a sua publicação. O novo Código apresentase como um sistema aberto e flexível, no sentido de incompleto, mutável e evolutivo, graças aos princípios, às cláusulas gerais e aos conceitos indeterminados que enriquecem a sua estrutura.

Isso implica mudanças na metodologia da realização do direito civil, que, da concepção tradicional de interpretação jurídica, que tinha por objeto as normas do texto legal, a caracterizar um sentido hermenêuticopositivista,[26] passa a ter um sentido práticonormativo, no sentido de orientar a criação, pelo intérprete, da norma adequada ao caso concreto. A interpretação jurídica pode deixar de ser uma simples hermenêutica do texto legal para transformarse em uma atividade práticocriativa do direito a cargo do jurista intérprete.

A abertura do pensamento jurídico contemporâneo aos valores éticojurídicos, como decorrência da crise e superação do positivismo e de sua teoria formal do direito, justifica uma especial consideração pelos princípios jurídicos e o reconhecimento da sua importância para uma concepção do direito como prática interpretativa, no sentido de criadora do direito.

25 REALE, Miguel. *O direito como experiência*, p. 138.

26 NEVES, Castanheira. *Metodologia jurídica. Problemas fundamentais*, p. 115.

Reflexões sobre o Direito Sumular em Homenagem a Roberto Rosas

José Levi Mello do Amaral Júnior[1]

Introdução

Roberto Rosas é o autor de livro dedicado ao "Direito Sumular" brasileiro, cuja primeira edição é de 1978, seguida por outras treze edições (a mais recente é de 2012), sempre pelos prestigiados Malheiros Editores.

Obra sem igual na literatura brasileira[2], examina, verbete a verbete, a Súmula do Supremo Tribunal Federal. Em edições mais recentes, passou a cuidar, também, da Súmula do Superior Tribunal de Justiça.

Os verbetes recebem comentários – a um só tempo – concisos, objetivos e consistentes, muitos deles com citações doutrinárias e jurisprudenciais. Trabalho complexo, dada a imensa diversidade de temas tratados nos verbetes, muitos dos quais, não obstante sumulados, ainda estão sujeitos a divergências não ignoradas, mas, sim, debatidas por Roberto Rosas.

Foi por meio dessa obra, ainda nos bancos acadêmicos, em meados dos anos 1990, que tomei consciência de Roberto Rosas. Ademais, Roberto Rosas integrou a banca examinadora do concurso público de provas e títulos que prestei, em 1998, para Procurador da Fazenda Nacional. Mais tarde, já nos anos 2000, tive o imenso gosto de conhecer Roberto Rosas, jurista merecidamente reconhecido e admirado, sobretudo, pessoa humana de trato agradabilíssimo.

Súmulas na Jurisdição Constitucional Brasiliera

Voltando aos anos 1990, àquele tempo, ainda eram vivamente discutidas algumas "novidades" à jurisdição constitucional brasileira, a co-

---

1 Professor Associado de Direito Constitucional da Faculdade de Direito da USP. Professor do Mestrado e Doutorado em Direito do CEUB. Livre-Docente (USP), Doutor (USP) e Mestre (UFRGS) em Direito do Estado. Secretário-Geral da Presidência do TSE. Procurador da Fazenda Nacional. Foi Advogado-Geral da União.

2 Há obra recente dedicada à Súmula com efeito vinculante: TAVARES, André Ramos. *Novo Direito Sumular brasileiro: súmulas vinculantes do STF comentadas,* São Paulo: Editora Liquet, 2021.

meçar pelo efeito vinculante, introduzido pela Emenda Constitucional nº 3, de 17 de março de 1993, a propósito da Ação Declaratória de Constitucionalidade[3]. Com efeito, o mecanismo não foi propriamente "introduzido", mas, sim, sabiamente recuperado pela Emenda nº 3, porque encontra um antecedente direto na força vinculante da antiga representação interpretativa[4].

Poucos anos depois viriam, primeiro, a Lei nº 9.868, de 10 de novembro de 1999, e, logo depois, a Lei nº 9.882, de 03 de dezembro de 1999, que estenderam o efeito vinculante à Ação Direta de Inconstitucionalidade e à Arguição de Descumprimento de Preceito Fundamental. Tem-se, aqui, contribuição de Comissão de Juristas que teve como membro Roberto Rosas, segundo registra a Exposição de Motivos nº 189, de 07 de abril de 1997, do então Ministro de Estado da Justiça, Nelson Jobim:

> "Trata-se de anteprojeto elaborado por Comissão para formular propostas de reforma das leis que dispõem sobre ação popular, ação civil pública, mandado de segurança e representação interventiva, bem como para propor projetos de lei sobre mandado de injunção, *habeas data,* ação direta de inconstitucionalidade e ação declaratória de constitucionalidade.
>
> Referida Comissão de Juristas, composta pelos Professores Ada Pelegrini Grinover, Álvaro Villaça de Azevedo, Antonio Jamyr Dall'Agnol, Arnold Wald, Carlos Alberto Direito, Gilmar Ferreira Mendes, Luís Roberto Barroso, Manoel André da Rocha, Roberto Rosas e Ruy Rosado de Aguiar Junior e presidida pelo Professor Caio Tácito, apresentou, como resultado inicial dos trabalhos realizados, o anteprojeto de lei acima referido."[5]

Paralelamente, cogitava-se dar às Súmulas dos Tribunais, em especial à Súmula do Supremo Tribunal Federal, efeito vinculante. A in-

---

3 Percuciente "escorço histórico" do controle abstrato de normas perante o Supremo Tribunal Federal é feito por um dos seus maiores protagonistas: MENDES, Gilmar Ferreira. *Jurisdição constitucional: o controle abstrato de normas no Brasil e na Alemanha,* São Paulo: Saraiva, 1996, pp. 60-81.

4 Cf. Constituição brasileira de 1967, art. 119, inciso I, alínea "l", com a redação da Emenda Constitucional n. 7, de 13 de abril de 1977, combinada com o Regimento Interno do Supremo Tribunal Federal, art. 187 (*vide* LEAL, Roger Stiefelmann. *O efeito vinculante na jurisdição constitucional,* São Paulo: Saraiva, 2006, pp. 136-138).

5 Diário da Câmara dos Deputados, 09 de abril de 1997, p. 08867. Da publicação consta "Luiz Alberto Barroso". Corrigi quando da transcrição, o que agradeço a Gilmar Ferreira Mendes.

tenção era passar as Súmulas de um mero efeito persuasivo a um efeito normativo, geral e obrigatório, seja para os demais juízos, seja para a Administração Pública, direta e indireta, de todos os entes federados. Isso só veio a acontecer com a Reforma do Poder Judiciário realizada pela Emenda Constitucional nº 45, de 30 de dezembro de 2004[6].

Recordo palestra a que assisti, de Evandro Lins e Silva, na Faculdade de Direito da Universidade Federal do Rio Grande do Sul, sobre o assunto. Lógico, a exposição de Evandro Lins destacava o empenho de outro gigante do Direito brasileiro, Victor Nunes Leal, em favor da melhor ordenação dos trabalhos do Supremo Tribunal Federal por meio de uma Súmula de entendimentos dominantes firmados pela Corte. Diga-se, por razões bastante compreensíveis, Roberto Rosas dedica o seu livro sobre Direito Sumular também a Victor Nunes[7].

Eram assuntos que despertavam polêmica intensa, especialmente pela pecha de uma pretensa ofensa à independência dos juízes. De outro lado, argumentava-se, era questão de segurança jurídica (seja pelo viés da previsibilidade, seja pelo viés da coerência) fazer valer os entendimentos firmados pelos Tribunais, sobretudo os do Supremo Tribunal Federal. Felizmente, é o que veio a prevalecer, superada a polêmica de outrora, infundada já na origem[8]. A rápida aceitação que veio a conhecer o efeito vinculante abriu caminho à súmula com efeito vinculante.

Com isso, o Direito Sumular parecia robustecido.

---

6 A propósito, confira-se as sempre precisas observações de Roger Stiefelmann Leal (*O efeito vinculante na jurisdição constitucional...*, pp. 174-177).

7 A dedicatória do livro de Roberto Rosas é a seguinte: "A Victor Nunes Leal, Gonçalves de Oliveira e José Pereira Lira, juristas que acreditaram nas Súmulas como instrumento de aplicação do Direito." Mais recentemente, sobre os "idealizadores das súmulas" anotou Roberto Rosas: "à frente o grande Victor Nunes Leal" (ROSAS, Roberto. *Lembranças do mundo jurídico,* Rio de Janeiro: GZ, 2021, pp. 134-135).

8 Houve quem renegasse a Ação Declaratória de Constitucionalidade (*vide* MARTINS, Ives Gandra da Silva. *Ação declaratória de constitucionalidade* **in** Ação declaratória de constitucionalidade, Ives Gandra da Silva Martins e Gilmar Ferreira Mendes (coordenadores), São Paulo: Saraiva, 1994, p. 123), sem antever os resultados exitosos do efeito vinculante, bem assim a jurisprudência, talvez supletiva, do Supremo Tribunal Federal que veio a requerer a demonstração de controvérsia relevante, exigência mais tarde colocada em nível legal (cf. Lei n. 9.868, de 1999, art. 14, inciso III).

No entanto, como já tive oportunidade de anotar[9], parece em curso certo decaimento da súmula, seja a "tradicional", sem efeito vinculante, seja a com efeito vinculante. No Supremo Tribunal Federal, o último verbete da Súmula sem efeito vinculante (nº 736) foi aprovado em Sessão Plenária ocorrida em 26 de novembro de 2003. Os dois últimos verbetes da súmula vinculante (nº 57 e nº 58) foram aprovados em Sessões Plenárias ocorridas em 15 e 27 de abril de 2020, respectivamente, após hiato de quase quatro anos relativamente ao verbete imediatamente anterior (nº 56), aprovado em Sessão Plenária de 29 de junho de 2016. É compreensível o aparente desuso da súmula sem efeito vinculante em face da superveniência de mecanismo mais robusto: a súmula vinculante. Porém, esse não é o único motivo do decaimento da súmula tradicional. Há um outro motivo, cuja colocação parece afetar também a súmula vinculante, seja porque resulta efeito prático assemelhado, seja porque é de implementação mais simples, a saber: a fixação de teses de repercussão geral.

Importa aprofundar o quadro e as suas razões.

Remetendo, uma vez mais, ao estudo que tive oportunidade de fazer[10], há 736 verbetes na Súmula (sem efeito vinculante) do Supremo Tribunal Federal. Os 370 primeiros foram aprovados em 13 de dezembro de 1963. Depois, outros 102 verbetes foram aprovados em três blocos ao longo do ano seguinte: 03 de abril, 1º de junho e 1º de outubro de 1964. Seguiu-se, então, um hiato de cinco anos: outros 79 verbetes foram aprovados apenas em 03 de dezembro de 1969. Sobreveio novo hiato, agora de sete anos: mais 48 verbetes foram aprovados em 15 de dezembro de 1976. Mais um lapso seguiu-se, agora de quase oito anos: 21 verbetes foram aprovados em 17 de outubro de 1984. Por fim, foi necessário o transcurso de vinte anos para que fossem aprovados os últimos 115 verbetes, o que se deu em dois blocos: um em 24 de setembro e outro em 26 de novembro de 2003.

Por sua vez, a Súmula vinculante conta com 58 verbetes. Os três primeiros são de 30 de maio de 2007. Outros dez foram aprovados ao longo

---

9 AMARAL JÚNIOR, José Levi Mello do. *A súmula vinculante como mecanismo de controle difuso de constitucionalidade* **in** Jurisdição constitucional. Em homenagem ao Ministro Luís Roberto Barroso, George Salomão Leite (Coordenador), São Paulo: Revista dos Tribunais, 2022, p. 145.

10 AMARAL JÚNIOR, *A súmula vinculante como mecanismo de controle difuso...*, pp. 154-156.

de 2008 e mais quatorze em 2009. Em 2010 foram aprovados apenas quatro verbetes (um dos quais pendente de publicação, o de nº 30). Em 2011, um único. Então, 2014 conheceu cinco verbetes; 2015, dezesseis; 2016, três; e, por fim, 2020, os últimos dois.

Por que houve o decaimento de ambas as Súmulas?

Uma primeira conclusão, bastante óbvia, é que a própria Súmula (sem efeito vinculante) não encontrou o sucesso desejado. Victor Nunes Leal projetava uma Súmula com até três mil enunciados[11]. No entanto, em quarenta anos, foram elaborados apenas 736, e isso com grandes hiatos temporais. A jurisprudência é um empreendimento humano e, por isso mesmo, está sujeita às virtudes e às dificuldades humanas. Assim como é complexo alcançar alguma uniformidade acerca das questões jurídicas, preservá-la no tempo também é um desafio. Logicamente, essas contingências refletem-se às respectivas sínteses (quando propostas e quando sumuladas). Essas são observações, talvez críticas, mas construtivas, que não escapam a Roberto Rosas:

> "Toda obra humana é passível de crítica, para a melhor construção, a alteração ou até a sua extinção. Assim ocorre com as súmulas, por isso chegaremos a tudo isso, com sentido construtivo."[12]

Uma segunda conclusão, muito natural e de fácil compreensão, é que a Súmula tradicional (sem efeito vinculante) perdeu muito da sua atratividade com o advento da Súmula vinculante. Basta observar que não houve mais nenhum enunciado aprovado àquela primeira, a partir de 2004, ano em que essa última foi introduzida.

Porém, uma terceira conclusão, talvez surpreendente a um exame superficial, é que a própria Súmula vinculante parece estar perdendo fôlego. Em verdade, isso decorre da contingência humana apontada à Súmula sem efeito vinculante, aqui potencializada pela ainda maior dificuldade decorrente da maioria de dois terços (oito votos) exigida à aprovação da Súmula vinculante. No entanto, há outro fator a considerar, qual seja, a concorrência com outros meios análogos, mas sujeitos, quando muito, à maioria absoluta (seis votos), notadamente a aprova-

---

11 LEAL, Victor Nunes. *A Súmula do Supremo Tribunal e o* restatement of the Law *dos norte-americanos* **in** Problemas de Direito Público e outros problemas, volume 2, Brasília: Ministério da Justiça, 1997, p. 63.

12 ROSAS, *Lembranças do mundo jurídico...*, p. 135.

ção de teses de repercussão geral. Com efeito, a regulamentação que veio a conhecer a repercussão geral acabou por transformá-la em sucedâneo de *stare decisis*. Painel eletrônico mantido no sítio do Supremo Tribunal Federal[13] revelava, em 31 de janeiro de 2023, 829 temas com repercussão geral reconhecida, 404 com repercussão geral negada e um pendente de análise. No mérito, 658 temas foram julgados, 171 estavam pendentes de julgamento.

CONCLUSÃO

Terá perdido sentido a Súmula? O Direito Sumular estaria superado?

O Direito Sumular e a Súmula têm papel que não pode ser descartado, em especial no contexto de uma jurisdição constitucional complexa como a brasileira. A simplicidade é algo sempre desejável na medida do possível, ou seja, na medida em que seja suficiente para resolver os problemas reais com que se depara a jurisdição constitucional. Porém, muitas vezes, problemas complexos demandam soluções complexas. O exitoso enfrentamento de inconstitucionalidades requer a existência de mecanismos variados para que se tenha uma teia protetiva verdadeiramente capaz de impedir que a Constituição seja malferida. Neste sentido, as Súmulas, com e sem efeito vinculante, têm papel estratégico, no mínimo para composição de um quadro protetivo o mais possível completo. Por exemplo, decisão judicial contrária a enunciado da Súmula vinculante permite o ajuizamento de reclamação diretamente no Supremo Tribunal Federal, possibilidade que – ao menos até aqui – não favorece as teses de repercussão geral, não obstante essas, na prática, pareçam substituir a Súmula, ocupando-lhe espaço.

O controle de constitucionalidade brasileiro caracteriza-se pelo convívio de mecanismos de controle concreto com mecanismos de controle abstrato. Combina instrumentos de acionamento difuso, com mecanismos de acionamento direto. A Súmula pressupõe decisões reiteradas, logo, remete ao contexto do controle difuso, concreto. Por sua vez, a Súmula vinculante adota consequência própria ao controle abstrato, o efeito vinculante, o que lhe insere em interessante debate, qual seja, aquele relativo a que se refere o efeito vinculante: o que vincula? A propósito, confira-se a melhor doutrina:

13 Sítio do Supremo Tribunal Federal na Internet (http://www.stf.jus.br), observado o seguinte caminho: "Estatística", "Painéis Estatísticos" e "Repercussão Geral".

> "(...) a atribuição de efeito vinculante às súmulas, a exemplo do que sucede em relação às decisões do Supremo Tribunal Federal em controle abstrato de normas, tem como resultado prático a imposição de seus fundamentos determinantes aos órgãos e poderes especificados na norma constitucional. A *ratio decidendi* do verbete sumular - objeto da vinculação - alcança, na hipótese, os princípios e interpretações asseverados na motivação dos reiterados julgados que embasaram a sua edição. Em outras palavras: os fundamentos determinantes das súmulas são os fundamentos determinantes dos precedentes que lhes deram origem.
>
> Tal solução, além de preservar íntegros os elementos conceituais do instituto, minimiza o perigo das imperfeições que, não raro, recaem sobre a simplificação de complexas questões jurídicas em verbetes condensadores da jurisprudência dominante. Desse modo, cumprirá aos destinatários do efeito vinculante observar não só o enunciado da súmula, mas também as condições e circunstâncias em que tem aplicação."[14]

Em suma, a compreensão e a amplitude do efeito vinculante de uma decisão passam pela identificação e análise dos fundamentos determinantes do respectivo Acórdão em controle abstrato. Também é assim relativamente às Súmulas com efeito vinculante, cujo alcance é determinado pelo respectivo enunciado, sem prejuízo de recurso aos precedentes que deram ensejo ao verbete sumulado, mormente aos fundamentos determinantes pertinentes.

Roberto Rosas, ao discutir o que sumular, bem assim que vantagem teria um enunciado, expõe - em raciocínios ágeis e sugestivos - as vicissitudes das Súmulas: "Há enunciados repetitivos do texto legal, talvez com caráter didático."[15] Prossegue: "Há enunciados com a interpretação da lei. É interessante porque é diretriz (...)."[16] Por outro lado, anota: "Há enunciados sem leis, apenas interpretação doutrinária (...)."[17] Lembra, ainda, enunciado "vacilante", porque editado, cancelado e repristina-

14 LEAL, *O efeito vinculante na jurisdição constitucional...*, p. 177.

15 ROSAS, *Lembranças do mundo jurídico...*, p. 135.

16 Cita o Verbete n. 343 da Súmula do STF, sobre cabimento de ação rescisória (ROSAS, *Lembranças do mundo jurídico...*, p. 136).

17 Cita o Verbete n. 146 da Súmula do STF, sobre "prescrição pela pena em concreto" (ROSAS, *Lembranças do mundo jurídico...*, p. 136).

do por lei[18]. Aponta a existência de "enunciados contrários à lei (554 e 521/STF)", bem assim "repetitivos (81, 365, 512/STF)"[19]. Refere, ainda, "verbete alterado por lei"[20], "imutável" [21], "editados por uma solução de justiça"[22], "com o sabor de legislação"[23] e o mais polêmico: "é o 400/STF – razoável interpretação à lei, ainda que não seja a melhor"[24]. Tudo isso para concluir: "A crítica não é à sua existência, e, sim, a enunciados duvidosos, casuísticos ou longe da realidade jurídica ou legal."[25]

Portanto, dada essa pequena amostra de um quadro tão instigante quanto complexo, a sabedoria do Direito Sumular segue estratégica, o que reitera e enfatiza a importância e a atualidade da obra pioneira de Roberto Rosas, dedicada que é ao exame dos verbetes sumulados pelo Supremo Tribunal Federal e pelo Superior Tribunal de Justiça.

Referências bibliográficas

AMARAL JÚNIOR, José Levi Mello do. *A súmula vinculante como mecanismo de controle difuso de constitucionalidade* **in** Jurisdição constitucional. Em homenagem ao Ministro Luís Roberto Barroso, George Salomão Leite (Coordenador), São Paulo: Revista dos Tribunais, 2022, pp. 145-157.

18 Refere caso que corresponde ao (revogado) Verbete n. 388 da Súmula do Supremo Tribunal Federal, sobre a sequência da ação penal com superveniente casamento da ofendida (ROSAS, *Lembranças do mundo jurídico...*, p. 136).

19 ROSAS, *Lembranças do mundo jurídico...*, p. 136. No caso dos enunciados repetitivos, argutamente cogita a razão da repetição: "Num desejo de segurança jurídica (...)"

20 Cita o Verbete n. 228 da Súmula do STF, sobre execução na pendência de recurso extraordinário (ROSAS, *Lembranças do mundo jurídico...*, p. 136).

21 Cita os Verbetes n. 279 da Súmula do STF e n. 7 da Súmula do STJ, que dão pela impossibilidade do reexame de provas nos recursos extraordinário e especial, respectivamente: "Tal hipótese só seria revertida mudado o cerne desses recursos, seus pressupostos, finalidades." (ROSAS, *Lembranças do mundo jurídico...*, p. 136).

22 Cita os Verbetes n. 634 e n. 635 da Súmula do STF, sobre a concessão de cautelar para dar efeito suspensivo ao recurso extraordinário (ROSAS, *Lembranças do mundo jurídico...*, p. 136).

23 Cita o Verbete n. 560 da Súmula do STF, sobre a extensão da extinção da punibilidade pelo pagamento do tributo devido também aos casos de contrabando ou descaminho (ROSAS, *Lembranças do mundo jurídico...*, p. 136).

24 ROSAS, *Lembranças do mundo jurídico...*, p. 137.

25 ROSAS, *Lembranças do mundo jurídico...*, p. 137.

LEAL, Roger Stiefelmann. *O efeito vinculante na jurisdição constitucional,* São Paulo: Saraiva, 2006.

LEAL, Victor Nunes. *A Súmula do Supremo Tribunal e o* restatement of the Law *dos norte-americanos* **in** Problemas de Direito Público e outros problemas, volume 2, Brasília: Ministério da Justiça, 1997, pp. 59-64.

MARTINS, Ives Gandra da Silva. *Ação declaratória de constitucionalidade* **in** Ação declaratória de constitucionalidade, Ives Gandra da Silva Martins e Gilmar Ferreira Mendes (coordenadores), São Paulo: Saraiva, 1994, pp. 121-136.

MENDES, Gilmar Ferreira. *Jurisdição constitucional: o controle abstrato de normas no Brasil e na Alemanha,* São Paulo: Saraiva, 1996.

ROSAS, Roberto. *Lembranças do mundo jurídico,* Rio de Janeiro: GZ, 2021.

TAVARES, André Ramos. *Novo Direito Sumular brasileiro: súmulas vinculantes do STF comentadas,* São Paulo: Editora Liquet, 2021.

Laços, Limites e Possibilidades entre as Jurisdições Constitucionais da África do sul e do Brasil Á Luz do Conceito Jurídico de Compromisso Significativo

Luiz Edson Fachin[1] *e José Arthur Castillo de Macedo*[2]

Introdução

A jurisdição constitucional brasileira, sua teorização e prática, bem sabe a ontem. Ainda pouco sabe a amanhã. O futuro já se mostra pleno de interrogações. É possível que o Poder Judiciário promova, a um só tempo, a implementação de direitos fundamentais sociais e o protagonismo das pessoas ou de grupos que serão destinatárias e construtoras de prestações dos poderes públicos? Isso pode ser feito por processos de deliberação pública e com a participação direta das partes?

O presente texto apresenta-se resposta afirmativa às questões formuladas. Para tanto, será apresentada a experiência de alguns casos paradigmáticos julgados pela Corte Constitucional da África do Sul, na qual ela desenvolveu o instituto do *compromisso significativo* (*meaningful engagement*). Expõe-se que não é qualquer compromisso que poderá ser considerado um *compromisso significativo*[3]. Destaca-se, também, o fomento à democracia deliberativa pela técnica, porquanto se exige o engajamento efetivo do Poder Público e dos cidadãos para a resolução do problema e na melhoria da política pública. Trata-se da combinação do comprometimento de cidadãos e do Estado na implementação de direitos sociais de forma democrática, tornando o princípio democrático inscrito na Constituição sul-africana, forma e conteúdo da atividade pública.

A escolha de tais decisões não se deu por acaso. Ela ocorreu por duas razões. Trata-se de um exercício de direito constitucional comparado, a partir do qual serão apresentadas decisões proferidas em casos

---

1 Luiz Edson Fachin, Ministro do Supremo Tribunal Federal, *Alma Mater* UFPR; Professor do Programa de Pós-Graduação do CEUB da Academia Brasileira de Letras Jurídicas.

2 José Arthur Castillo de Macedo professor de Direito do IFPR, cedido ao Supremo Tribunal Federal e pesquisador do CCONS do PPGD/UFPR.

3 Registre-se que Brian Ray classifica o *compromisso significativo* que ocorre antes do ajuizamento da ação como um *compromisso significativo político*, para distingui-lo daquele que ocorre em instâncias judiciais.

que envolvem o direito à moradia e a discussão sobre despejos numa sociedade ainda marcada pelas múltiplas violências do regime brutal de segregação racial e espacial conhecido como *apartheid*. Em que pese o racismo no Brasil não ter tido esse grau de institucionalização em anos recentes, o país ainda é marcado pelas chagas da escravidão, cujas consequências estão presentes no dia a dia, no racismo estrutural aqui presente[4]. Dos dois lados do Atlântico a segregação racial-espacial soma-se a outras formas de desigualdades e preconceitos, marcando e restringindo a liberdade e a dignidade de pessoas e de grupos.

Além dessas –desditosas – proximidades, e para além da curiosidade, há outras político-jurídicas que estão a autorizar a apresentação da experiência sul-africana para estimular futuras reflexões sobre o Brasil.

A Constituição sul-africana de 1996 é uma Constituição democrática, centrada na dignidade, na liberdade e na igualdade das pessoas, que prescreve direitos fundamentais sociais, inclusive o direito à moradia[5]. Foi esse documento normativo que alçou a Corte Constitucional condição relevantíssima na vida institucional[6].

Conjugada a dimensão histórico-contextual com a dimensão normativa, há de se reconhecer que a África do Sul enfrenta, como o Brasil, a dificuldade de implementar direitos sociais em situação de enormes desigualdades sociais, marcada pela escassez de recursos e a concentração de renda. Tais razões justificam a escolha do tema.

A CONSTITUIÇÃO DO COMPROMISSO SIGNIFICATIVO: CINCO PRECEDENTES

Serão apresentados cinco casos nos quais a Corte Constitucional sul-africana afirmou a necessidade de proteção do direito fundamental à moradia e elaborou, paulatinamente, critérios para que sua implemen-

4 Sobre a inserção das pessoas negras na sociedade de classes brasileira ver: FERNANDES, Florestan. **A Integração do Negro na Sociedade de Classes.** 6 ª ed. São Paulo; Contracorrente, 2021; sobre o racismo estrutural contemporâneo no Brasil: ALMEIDA, Silvio Luiz de. **Racismo Estrutural**. São Paulo: Sueli Carneiro; Pólen, 2019.

5 KLUG, Heinz. **The Constitution of South Africa**: A Contextual Analysis. Oxford: Hart, 2010.

6 HIRSCHL, R. (2009). O novo constitucionalismo e a judicialização da política pura no mundo. **Revista De Direito Administrativo, Rio de Janeiro,** n. 251, pp. 139–178, 2009; IRSCHL, Ran. **Rumo à Juristocracia**: As origens e consequências do novo constitucionalismo, Trad. Amauri Feres Saad. Londrina: E.D.A – Educação Direito e Alta Cultura, 2020.

tação fosse mais democrática, de modo a estabelecer requisitos tanto para a realização de despejos de grupos vulneráveis, como para a elaboração e a implementação de políticas públicas. Ao assim decidir, contribuiu para a reforma incremental de políticas públicas e de estruturas sociais.

O instituto analisado em seus limites e possibilidades será o *meaningful engagement*, o qual designaremos por *compromisso significativo*[7], que possui potencialidades para fomentar a realização dos direitos fundamentais e da democracia. Serão apresentados os cinco casos: *Grootboom, Port Elizabeth, Olivia Road, Mamba* e *Joe Slovo I e II*, que constituem a elaboração, com avanços e recuos, desse instituto.

O CASO *GROOTBOOM*

Segundo Rosalind Dixon[8], o caso *Grootboom* é um dos casos mais debatidos no âmbito do direito constitucional comparado. Essa repercussão se deu, pois, a decisão da Corte Constitucional sul-africana teria equilibrado a implementação de direitos fundamentais sociais, sem desrespeitar a separação dos poderes e levando em consideração a escassez de recursos. Tais razões de decidir contribuiriam para que autores inicialmente críticos da positivação de direitos fundamentais sociais, tais

---

7 É pertinente a observação feita por Matheus Serafim a respeito da tradução do termo, tendo em vista que o engajamento pode ser maior ou menor, isto é, significativo ou insignificante. Porém, assim como ele, adota-se no presente texto o termo *compromisso significativo*, pois é terminologia que tem sido adotada por outros autoras e autores que escreveram sobre o tema em língua portuguesa. Cf.: SERAFIM, Matheus Cassimiro Gomes. **Compromisso Significativo**: Contribuições sul-africanas para os processos estruturais no Brasil. Belo Horizonte: Fórum, 2021, pp. 27 e 81. Na literatura brasileira sobre o tema, ver: BROOCKE, Bianca M. Schneider van der. **Litígios Estruturais, Estado de Coisas Inconstitucional e Gestão Democrática do Processo**: Um papel transformador para o controle judicial de políticas públicas. Londrina: Thoth, 2021; BROOCKE, Bianca M. Schneider van der. Constitucionalismo Transformador e Litígios Estruturais na África do Sul: O Compromisso Significativo (Meaningful Engagement) e a tomada de decisão participativa. In: CASIMIRO, Matheus, CUNHA, Eduarda (orgs.) **Processos Estruturais no Sul Global.** Londrina: Thoth, 2022, pp. 93-113; CASIMIRO, Matheus; MARMELSTEIN, George. O Judiciário como Fórum de Protestos em Processos Estruturais: Revisitando Grootboom. In: CASIMIRO, Matheus, CUNHA, Eduarda (orgs.) **Processos Estruturais no Sul Global.** Londrina: Thoth, 2022, pp. 139-168.

8 DIXON, Rosalind. "Creating Dialogue about Socioeconomic Rights: Strong-form versus Weak-form Judicial Review Revisited," **International Journal of Constitutional Law** (ICON), 5 (3): 391 – 418, 2007, p. 392.

como Cass Sunstein[9], revisassem seus posicionamentos, por compreender que a criativa solução da Corte Constitucional respondia de forma adequada as objeções anteriormente feitas.

Irene Grootboom era uma integrante de um grupo de 900 pessoas, sendo 510 crianças e 390 adultos, que viviam num assentamento informal em Wallacedene. Muitas delas estavam há mais de sete anos na fila para moradias de baixo custo. Com o aumento das chuvas e a chegada do inverno, o grupo ocupou um terreno privado, próximo ao local, que seria usado para a construção de casas populares[10]. O proprietário do terreno obteve uma ordem de despejo, o qual foi realizado de modo violento, sendo que as posses e os materiais de construção do grupo foram destruídos. Desesperado, o grupo retornou a Wallacedene, onde assentaram-se em um campo esportivo que não possuía condições de recebê-los de forma adequada, pois ocorriam diversos problemas, tais como inundações, que colocavam em risco a saúde dos adultos e sobretudo das crianças[11].

Os moradores enviaram comunicações ao município da Cidade do Cabo requerendo providências, com base nos artigos 26. 2 e 28, 1, c da Constituição sul-africana, os quais prescrevem o direito à moradia (art. 26), o dever de adotar medidas razoáveis, com seus recursos, para atingir a progressiva realização do direito à moradia; e a proteção básica das crianças à saúde, nutrição básica e serviços sociais, além de abrigo (art. 28, 1, c).

Diante da inércia do município, o grupo, liderado por Irene Grootboom, pediu ao Tribunal Superior do Cabo da Boa Esperança uma ordem para obrigar o governo local a fornecer abrigo adequado e alojamento provisório até a obtenção de um local permanente. O pleito foi negado em relação à concessão de abrigo temporário. Contudo, foi deferida a medida para que fosse provido abrigo às famílias com crianças, afirmando-se o caráter absoluto da obrigação com as crianças, fundada no art. 28, I, c.

9 SUNSTEIN, Cass. Social and Economic Rights? Lessons from South Africa. **Const. Forum,** V, 2000; SUNSTEIN, Cass. **Designing Democracy**: What Constitution Do. New York: Oxfor, 2001.

10 ÁFRICA DO SUL. Corte Constitucional. Government of the Republic of South Africa and Others v Grootboom and Others (CCT11/00). Joahnesburgo. 2000. Disponível em: http://www.saflii.org/za/cases/ZACC/2000/19.html Acesso em: 28/12/2022.

11 MÖLLER, Gabriela Samrsla. **Proteção à moradia adequada pelo processo estrutural**: litígios e comportamentos das cortes. Londrina: Thoth, 2021, pp. 254 e ss.

O governo local recorreu à Corte Constitucional, que apreciou a questão com base no art. 26 (direito à moradia). Segundo a Corte, a Constituição exige a verificação da adoção, pelo Poder Público, de medidas razoáveis para a efetivar o direito à moradia. No caso, foi reconhecido que a políticas de moradia eram coerentes e coordenadas. Não obstante, elas não eram razoáveis por não adotarem medidas específicas para a população que se encontrava em situações semelhantes – de risco.

Ao decidir, a Corte afirmou a dimensão positiva e negativa do direito à moradia. De um lado, determinou-se a obrigação do Estado de promover progressivamente medidas razoáveis para realizar o direito à moradia e, do outro, o dever de não prejudicar ou dificultar o acesso à moradia. Assim, foi declarada a inconstitucionalidade da política pública adotada sem que fosse estabelecida alguma ordem específica a ser cumprida pelo Poder Executivo[12].

Conforme afirmado, o acórdão do caso ganhou fama, sobretudo em círculos acadêmicos do Atlântico Norte, em razão do equilíbrio entre proteção dos direitos fundamentais sociais, produção de modificação na política pública e respeito às prerrogativas do Poder Executivo[13]. Não obstante, houve críticas porque foram estabelecidas medidas muito vagas e pouco detalhadas, o que teria contribuído para a inefetividade da prestação jurisdicional. Inclusive, parcela da comunidade não conseguiu uma moradia mesmo anos após o julgamento do caso, especialmente Irene Grootboom, que faleceu em 2008 sem ter assegurado o direito, 8 anos após o julgamento.

César Rodríguez-Garavito ressalta que provimentos estruturais possuem, geralmente, duas dimensões: simbólica e concreta[14]. Do pon-

---

12 LIEBENBERG, Sandra. The Right to Social Assistance: The Implications of *Grootboom* for Policy Reform in South Africa. **South African Journal on Human Rights.**, 1 (2), pp. 2322-257, 2001, p. 257 e SERAFIM, Matheus Cassimiro Gomes. **Compromisso Significativo**: Contribuições sul-africanas para os processos estruturais no Brasil. Belo Horizonte: Fórum, 2021, p. 96.

13 Cf.: CASIMIRO, Matheus; MARMELSTEIN, George. O Judiciário como Fórum de Protestos em Processos Estruturais: Revisitando Grootboom. In: CASIMIRO, Matheus, CUNHA, Eduarda (orgs.) **Processos Estruturais no Sul Global.** Londrina: Thoth, 2022, pp. 139-168.

14 RODRÍGUEZ-GARAVITO, César. El activismo dialógico y el impacto de los fallos sobre derechos sociales. In: GARGARELLA, Roberto (org.) **Por una justicia dialógica**: El Poder Judicial como promotor de la deliberación democrática. Buenos Aires: Siglo XXI, 2014, pp. 211-244.

to de vista simbólico, a decisão afirmou o papel da Corte e estabeleceu critérios - ainda que mínimos - para a implementação progressiva do direito à moradia. Apesar de não ter se realizado o pedido em sua integralidade (efeito concreto), o provimento influenciou a atuação do Executivo, que criou em 2004 um plano nacional do governo sul-africano (BNG - Breaking New Ground) com o objetivo de erradicar as moradias informais no país no menor tempo possível. A partir dele foram desenvolvidas outras políticas de reestruturação urbana para reformar assentamentos informais[15]. Adiante será exposto como algumas das críticas foram incorporadas pela Corte em decisões posteriores na elaboração do compromisso significativo.

O CASO *PORT ELIZABETH*

O segundo caso, *Port Elizabeth,* guarda relevância com o instituto do *compromisso significativo* por promover o que Brian Ray descreveu como a *procedimentalização* do processo estrutural[16], o que pode ser considerado um esboço das medidas que seriam adotadas posteriormente.

Neste caso, tratava-se de uma tentativa de despejo de 68 pessoas, das quais 23 eram crianças, que construíram moradias provisórias em terras particulares no Município de Port Elizabeth. Os proprietários e moradores do bairro fizeram uma petição solicitando ao município o despejo contra os ocupantes, o que foi atendido.

A Corte Constitucional fundamentou sua decisão especialmente no PIE (*Prevention of Illegal Eviction from and Unlawful Occupation of Land Act*). lei que regulamenta relações entre o direito de propriedade e à moradia. Em decisão unânime, entendeu-se que o PIE não permite o despejo de ocupantes ilegais sem uma ordem judicial prévia e sem uma análise da equidade e da razoabilidade da remoção, a qual só pode ocorrer se todos os fatores relevantes forem levados em consideração[17].

---

15 SERAFIM, Matheus Cassimiro Gomes. **Compromisso Significativo**: Contribuições sul-africanas para os processos estruturais no Brasil. Belo Horizonte: Fórum, 2021, p. 97.

16 RAY, Brian. Proceduralisation's Triumph and Engagement's Promise in Socio- Economic Rights Litigation (2011). **Law Faculty Articles and Essays.** Cleveland State University 1042. Disponível em: https://engagedscholarship.csuohio.edu/fac_articles/1042

17 O que está de acordo com a seção 26, 3 da Constituição sul-africana. Sobre o caso cf.: ÁFRICA DO SUL. Corte Constitucional. ÁFRICA DO SUL. Corte Constitucional.

Baseada nesse raciocínio, a Corte entendeu que não seria razoável promover o despejo, por diversas razões, dentre elas, a desnecessidade de expulsá-los para tornar a propriedade produtiva, a situação de vulnerabilidade dos ocupantes e a falta de comprometimento do município em dialogar com o grupo.

Para os fins do presente texto, destacamos dois pontos do processo de *procedimentalização* do litígio estrutural levado a efeito pela Corte nesse caso. Primeiro, ela adota um papel de *supervisão*, de modo a incentivar negociações entre o setor público e os segmentos populacionais afetados, com destaque dado pelo redator do acórdão, Ministro Albie Sachs, à mediação como forma de resolver conflitos de interesses e de concretizar princípios constitucionais em tensão[18]. Em suas palavras:

> Ao procurar resolver as contradições acima, os aspectos processuais e substantivos da justiça e da equidade nem sempre podem ser separados. O papel gerencial dos tribunais pode ter que se expressar de maneiras inovadoras. Assim, um modo potencialmente digno e eficaz de alcançar reconciliações sustentáveis dos diferentes interesses envolvidos é incentivar e exigir que as partes se envolvam em um esforço proativo e honesto para encontrar soluções mutuamente aceitáveis. Sempre que possível, o engajamento face a face ou a mediação conduzida por terceiros devem substituir o combate de oponentes distantes e intransigentes[19].

Além disso, o segundo ponto é que foi enfatizada a relevância da mediação para casos futuros e que os tribunais *deveriam ser cautelosos em qualificar* uma ordem de despejo como justa e equitativa *se não houvesse real diálogo* entre o Poder Público e os ocupantes. Esta ideia foi

---

Port-Elizabeth Municipality v. Various Occupiers. Joanesburgo (CCT 53/03). 2004. Disponível em: http://www.saflii.org/za/cases/ZACC/2004/7.html Acesso em: 28/12/2022.

---

18 SERAFIM, Matheus Cassimiro Gomes. **Compromisso Significativo**: Contribuições sul-africanas para os processos estruturais no Brasil. Belo Horizonte: Fórum, 2021, pp. 98-99.

19 ÁFRICA DO SUL. Corte Constitucional. ÁFRICA DO SUL. Corte Constitucional. Port-Elizabeth Municipality v. Various Occupiers. Joanesburgo (CCT 53/03). 2004. Disponível em: http://www.saflii.org/za/cases/ZACC/2004/7.html Acesso em: 28/12/2022, parágrafo 39, e SERAFIM, Matheus Cassimiro Gomes. Ob. Cit.

fundamental para a elaboração do compromisso significativo no caso *Olivia Road*, o qual passamos a expor.

O CASO *OLIVIA ROAD*

Com o objetivo de realizar reformar urbanas, de 2002 a 2006, ocorreram diversos e violentos despejos na cidade de Joanesburgo. Assim como outras cidades da África do Sul, durante o regime do *apartheid*, a segregação no espaço urbano era uma política praticada para confinar as pessoas negras nas periferias das cidades, e as pessoas brancas residiam em regiões mais centrais, mais caras e com melhor infraestrutura. Essa combinação de discriminação racial e espacial reforçou o processo de degradação das regiões periféricas, resultando em concentração populacional, pequena ou inexistente infraestrutura de equipamentos urbanos ou de lazer, bem como a existência de milhares de pessoas negras vivendo em moradias inadequadas[20]. É sobre esta espacialidade que tais políticas pretendiam agir, para reconfigurar a paisagem da cidade, sobretudo de locais degradados.

No plano de regeneração de 2004, dentre as justificativas para sua realização, encontravam-se a necessidade de reforma dos prédios insalubres, sobretudo no centro, a viabilização de investimentos e a valorização dos imóveis. Por tais razões, segundo o município, deveriam ocorrer os despejos. Contudo, o plano não tratava sobre como cumprir o art. 26 da Constituição sul-africana, bem como não explicitava o que fazer com as famílias desalojadas. Eis o pano de fundo da controvérsia.

O caso inicia-se com o ajuizamento da ação pelo município no Tribunal Regional de *Witwatersrand*, no qual foi requerida a autorização para realizar o despejo da região que incluía *Olivia Road*[21]. Neste

---

20 Esta não era a realidade exclusiva da África do Sul durante o apartheid. Na obra "The Color of Law" Richard Rothstein demonstra como a perversa combinação entre políticas pública e práticas de mercado – regras sobre a contratação de financiamentos para a compra de imóveis – reforçaram práticas discriminatórias isolando pessoas negras em bairros periféricos, com infraestrutura ruim, de modo a delimitar espacial e inconstitucionalmente o seu espaço em cidades dos Estados Unidos após a 2ª Guerra Mundial, cf.: ROTHSTEIN, Richard. **The Color of Law**: A forgotten history of how our government segregated America. New York: Liveright, 2017.

21 ÁFRICA DO SUL. Corte Constitucional. Occupiers of 51 Olivia Road, Berea Township, and 197 Main Street v City of Johannesburg. Johanesburgo, 2008. Disponível em: http://www.saflii.org/za/cases/ZACC/2008/1.html Acesso em: 29/12/2022.

Tribunal o pedido foi negado por violar o art. 26 da Constituição, pois se pretendia realizar o despejo sem providenciar abrigos alternativos. Note-se que tal decisão é consoante com a linha de raciocínio construída nos casos Grootboom e *Port Elizabeth* ao afirmar o compromisso com o direito à moradia e a necessidade de oferta de abrigos.

O município recorreu à Suprema Corte de Apelação, que cassou a decisão, autorizando o despejo. Determinou, nada obstante, que a cidade possuía o dever de providenciar abrigo àquelas pessoas que perdessem sua residência. Os residentes recorreram à Corte Constitucional, que aceitou o caso em maio de 2007. Em 30 de agosto, a Corte exarou a primeira ordem para que fosse realizado um *compromisso significativo* entre as partes envolvidas no litígio.

A decisão retoma os fundamentos dos precedentes *Grootboom* e *Port Elizabeth*[22], para afirmar que as partes devem se *engajar significativamente*[23], isto é, devem realizar um *compromisso significativo*, assim que possível, para resolver os conflitos e as dificuldades expostas na ação à luz dos valores da Constituição, dos deveres constitucionais do município e dos direitos e deveres dos cidadãos. O compromisso é significativo, pois as partes devem participar realmente na elaboração da solução para a situação. Assim, são elas as protagonistas do desate do problema.

Depois de dialogar por alguns meses, as partes entabularam um acordo parcial, segundo o qual o governo municipal não realizaria o despejo e implementaria medidas de limpeza da área residencial, acesso à

---

22 ÁFRICA DO SUL. Corte Constitucional. Occupiers of 51 Olivia Road, Berea Township, and 197 Main Street v City of Johannesburg, pp. 8-9.

23 Conforme exposto no início do texto a expressão utilizada é *"meaningful engagement"*, o que, literalmente pode ser traduzida como engajamento significativo. Porém, optamos, pelo uso da tradução mais difundida, compromisso significativo, tal como: BROOCKE, Bianca M. Schneider van der. **Litígios Estruturais, Estado de Coisas Inconstitucional e Gestão Democrática do Processo**: Um papel transformador para o controle judicial de políticas públicas. Londrina: Thoth, 2021; BROOCKE, Bianca M. Schneider van der. Constitucionalismo Transformador e Litígios Estruturais na África do Sul: O Compromisso Significativo (Meaningful Engagement) e a tomada de decisão participativa. In: CASIMIRO, Matheus, CUNHA, Eduarda (orgs.) **Processos Estruturais no Sul Global.** Londrina: Thoth, 2022, pp. 93-113, e, SERAFIM, Matheus Cassimiro Gomes. **Compromisso Significativo**: Contribuições sul-africanas para os processos estruturais no Brasil. Belo Horizonte: Fórum, 2021.

água e saneamento básico. Outras medidas foram acordadas e a cidade aceitou continuar o diálogo por longo prazo[24].

Encerrada a primeira fase de negociações, as partes retornaram à Corte para que fossem aprovados os termos do acordo e para que fosse proferida decisão sobre a adequação do ajuste aos requisitos do caso *Grootboom*. A Corte não analisou esta questão, preferindo formalizar o *compromisso significativo* como um requisito constitucional a ser realizado em todos os futuros casos em que o despejo de residentes pudesse ocorrer[25].

Na decisão a Corte justificou a existência do *compromisso significativo* nos seguintes dispositivos constitucionais: a seção 152, que trata do engajamento das comunidade locais na resolução de matérias relacionadas à região; a seção 7(2), que fixa o dever estatal de promover e respeitar os direitos fundamentais; a seção 26, que trata do direito à moradia e da importância do diálogo com cidadãos que podem ser despejados, antes que sejam realocados; e a seção 195 que prescreve valores de participação pública nas decisões administrativas[26].

A Corte definiu quatro elementos que devem ser levados em consideração para realizar o *compromisso significativo*. Primeiro, o compromisso deve seguir um padrão flexível e adaptável aos contextos específicos de cada caso. Segundo, sempre que houver uma política pública de larga escala, como os planos de regeneração urbana, que puderem afetar uma parcela da população, o município deve realizar o *compromisso* logo no início do planejamento. Vale dizer, o diálogo com os cidadãos deve anteceder a etapa judicial, devendo ocorrer no momento de formulação da política pública. Ainda que isso imponha um custo à Administração,

24 Dentre as medidas acordadas estava a reforma de prédios na periferia da cidade, fornecimento de serviços públicos essenciais para a região, além de limitar as taxas de aluguel para não mais de 25% da renda mensal dos ocupantes, além da decisão cf.: SERAFIM, Matheus Cassimiro Gomes. **Compromisso Significativo**, p. 102.

25 ÁFRICA DO SUL. Corte Constitucional. Occupiers of 51 Olivia Road, Berea Township, and 197 Main Street v City of Johannesburg. Johanesburgo, 2008. Disponível em: http://www.saflii.org/za/cases/ZACC/2008/1.html Acesso em: 29/12/2022.

26 ÁFRICA DO SUL. Constituição (1996). Constitution of the Republic of South Africa. Pretória, 1996. Disponível em: https://www.gov.za/documents/constitution-republic-south-africa-1996 Acesso em: 09/12/2022. Além desses artigos da Constituição a Corte se baseou sua decisão na legislação infraconstitucional que exige a participação dos cidadãos em decisões a respeito de reforma urbana (*The Housing Act* 107 de 1997) e na lei sobre processos e atos administrativos justos, lícitos e razoáveis (*Promotion of Adminstrative Justice Act – PAJA* DE 2000).

a participação deve ser fomentada para que os grupos afetados sejam participantes ativos na formulação da política e não meros receptores de prestações estatais. Terceiro, reconhece-se a vulnerabilidade dos cidadãos afetados pelos despejos e a necessidade de representação especializada. Por isso, organizações da sociedade podem apoiar as demandas dos grupos e facilitar o processo de negociação, fornecendo informações e contribuindo para que as negociações sejam bem-sucedidas. Quarto, o governo deve manter um arquivo público a respeito de cada *compromisso significativo* firmado, para que o Poder Judiciário possa analisar não só o resultado das negociações, mas o próprio procedimento utilizado para promover o diálogo entre as partes. Assim, é possível verificar se foram adotadas todas as medidas necessárias para alcançar um acordo com os grupos afetados. Importa frisar que, segundo a Corte, a falha em realizar o *compromisso* pode ser, *per se*, razão suficiente para negar um pedido de despejo.

O CASO *MAMBA*

A despeito do expressivo avanço no caso *Olivia Road*, a Corte Constitucional não exigiu o cumprimento desse precedente no caso *Mamba*, no qual, em maio de 2008, ocorreram diversos protestos de caráter xenofóbico, que se iniciaram em Joanesburgo e se estenderam para Durban e Cape Town. Em razão disso, milhares de pessoas foram obrigadas a sair de suas moradias e migraram para outras regiões. Alguns governos provinciais criaram campos provisórios para abrigar as vítimas, como em *Gauteng*, e foram auxiliados por ONGs que deram apoio logístico e financeiro. Cessadas as práticas violentas, iniciou-se um debate sobre onde deveriam ser realojados os refugiados que estavam nos campos provisórios.

Os representantes dos refugiados afirmaram que o fechamento dos campos aumentaria a situação de vulnerabilidade. De outro lado, alguns governos provinciais caracterizaram os atos de violência como incidentes isolados e, por isso, os campos poderiam ser fechados.

O governo de *Gauteng* determinou o fechamento dos campos no final de julho de 2008 e estabeleceu 15 de agosto como a data limite para a remoção de todos os refugiados. Houve oposição política de várias organizações lideradas pela CoRMSA (*Consortium for Refuges and Migrants in South Africa*) para adiar o fechamento até que houvesse um plano de reintegração dos refugiados. Tal esforço foi ignorado pela província, que manteve o seu cronograma. O CoRMSA ajuizou ação para impedi-lo, mas ela fora julgada improcedente no Tribunal Regional de *Transvaal*. O Consórcio recorreu à Corte Constitucional que emitiu, no dia 21 do mesmo mês, uma ordem proibindo o fechamento completo dos campos e determinando ao governo provincial a realização de um *compromisso significativo*, em linguagem semelhante a *Olivia Road*. O *compromisso* deveria incluir ONGs e outros grupos da sociedade civil que atuassem na proteção de refugiados para auxiliá-los nos diálogos com a província. As partes também deveriam apresentar o resultado das negociações após algumas semanas[27]. Todavia, o compromisso significativo não foi realizado, efetivamente.

A província interpretou restritivamente a decisão da Corte e passou a informar os refugiados dos avanços do plano de fechamento, sem envidar maiores esforços de diálogo com os grupos afetados para procurar uma solução consensual. A Corte tentou promover a realização do *compromisso* em setembro, sem sucesso, pois a província prosseguiu em sua interpretação inicial e restritiva dos termos da decisão, sem formular qualquer plano de reintegração. Por isso, em outubro de 2018 o CoRMSA desistiu da ação.

A excessiva deferência da Corte no caso *Mamba* foi bastante e duramente criticada[28]. Se comparado com o caso *Olivia Road*, entende-se que o fator fundamental para distinguir os dois casos foi a vontade política das partes. Em *Olivia Road* houve vontade e empenho para que se chegasse a *compromisso significativo* para enfrentar o problema. Em *Mamba* tal vontade foi diminuta, senão inexistente.

---

27 ÁFRICA DO SUL. Corte Constitucional. Mamba and Others vs. Minister of Social Development nº 36573/08. Joanesburgo. 2000. Disponível em: http://www.saflii.org/za/cases/ZAGPHC/2008/255.html .Acesso em: 30/12/2022.

28 Por exemplo: LIEBENBERG, Sandra. Engaging the paradoxes of the universal and particular in human rights adjudication: The possibilities and pitfalls of 'meaningful engagement'. **African Human Rights Law Journal** 12(1): 1-29, jan. 2012; CHENWI, Lilian. Democratizing the socio-economic rights-enforcement process. In: GARCÍA, Helena Alviar; KLARE, Karl; WILLIAMS, Lucy A. (eds.) **Social and Economic Rights in Theory and Practice**: Critical Inquires. London: Routledge, 2015, pp. 178-196 e mais recente: GARGARELLA, Roberto. Why Do We Care about Dialogue? 'Notwithstanding Clause,' 'Meaningful Engagement' and Public Hearings: A Sympathetic but Critical Analysis. In: YOUNG, Katharine (ed.). **The Future of Economia and Social Rights.** Cambridge: Cambridge, 2019, pp. 212-232.

Sandra Liebenberg afirma (em crítica quiçá excessiva) que o caso *Mamba* demonstra os riscos de uma atuação *excessivamente* deferente da Corte, na qual não é afirmada uma interpretação substancial dos direitos fundamentais em disputa. Isso gera um vácuo normativo que reforça a vulnerabilidade da população afetada em face do Poder Público[29]. Por não haver uma interpretação com conteúdo mínimo que deveria orientar o diálogo entre as partes, foi possível sustentar a interpretação minimalista por parte da província. Por fim, outras medidas, inclusive medidas temporárias ou sancionatórias poderiam, mas não foram emitidas[30]. Tais erros foram corrigidos no caso conhecido como *Joe Slovo*.

O CASO *JOE SLOVO*

Em Joe Slovo, a Corte Constitucional acrescenta duas melhorias na construção do *compromisso significativo*: ela estabelece uma interpretação mínima, que auxilia a realização do diálogo e melhora os mecanismos de acompanhamento da prática.

A cidade de *Cape Town* iniciou projeto (*N2 Gateway*) para construir casas de baixo custo aos moradores. Ela fazia parte da política nacional adotada pela África do Sul desde 2004, para melhorar as periferias do país, como resposta ao caso *Grootboom*. A comunidade de *Joe Slovo* era uma comunidade formada por mais de 20.000 residentes símbolo da desigualdade exclusão social e seria afetada pela política. Tais reformas não costumam demandar a remoção dos moradores, porém o governo local optou por fazer uma reforma mais ampla, o que exigiria a realocação dos moradores para outra região.

O governo local fez reuniões com a comunidade para informar a forma como o projeto seria implantado, o que contou com a concordância de alguns moradores, pois lhes foi assegurado que iriam pagar aluguéis mais baixos após a reforma. Todavia, após a conclusão das três primeiras fases do projeto, nenhuma das novas casas foi destinada aos moradores originais de *Joe Slovo*. Esses moradores organizaram protestos formais e informais para impedir a continuidade do projeto.

29 LIEBENBERG, Sandra. Engaging the paradoxes of the universal and particular in human rights adjudication: The possibilities and pitfalls of 'meaningful engagement'. **African Human Rights Law Journal** 12(1): 1-29, jan. 2012

30 SERAFIM, Matheus Cassimiro Gomes. **Compromisso Significativo,** p. 119.

Para superar a situação, o Poder Público recorre ao Tribunal Regional com o objetivo de garantir o despejo dos residentes. O Tribunal autorizou a continuidade das realocações e afirmou que o governo municipal já havia se esforçado suficientemente para dialogar com os moradores.

Os moradores originários recorreram diretamente à Corte Constitucional, que proferiu duas decisões neste caso. A primeira, exarada em 2009, chamada de *Joe Slovo I*, autorizou a continuidade do programa com a realocação dos moradores, porquanto ela fazia parte de uma política pública destinada a assegurar o direito à moradia dos próprios residentes, garantindo-lhes uma moradia temporária. Entretanto, decidiu que deveria ser realizado um *compromisso significativo* entre a comunidade e a cidade para decidir a melhor forma de implementar a política pública (*N2 Gateway*).

Diferentemente do caso *Mamba,* a Corte se acautelou. Primeiro, fixou parâmetros e objetivos que deveriam guiar as negociações entre as partes envolvidas do *compromisso significativo*. Dentre as metas, incluía-se:

> Primeiro, a ordem desta Core impõe uma obrigação aos demandados de garantir que 70% dos novos lares construídos no local do assentamento informal *Joe Slovo* são alocados a essas pessoas que atualmente residem lá ou que foram residentes, mas se mudaram após o lançamento do *N2 Gateway Housing Project*. Em segundo lugar, a ordem desta Corte especifica a qualidade do alojamento temporário em que os ocupantes serão alojados após o despejo; e terceiro, a ordem deste tribunal exige um processo contínuo do envolvimento entre os residentes e os demandados em relação ao processo de alocação[31].

Por outro lado, a Corte decidiu manter a sua jurisdição sobre o caso, exigindo que as partes informassem o andamento e o resultado do diálogo. Assim, eventual ilegalidade ou desrespeito à decisão da Corte poderia ser reportada imediatamente. Essas medidas pressionaram o poder público a manter diálogo efetivo com a comunidade afetada e a reconsiderar a decisão de realocá-la.

31 ÁFRICA DO SUL. Corte Constitucional. Residents of Joe Slovo Community, Western Cape v Thebelisha Homes and Others (CCT 22/08). Johanesburgo, 2009. Disponível em: https://www.saflii.org/za/cases/ZACC/2009/16.html. Acesso em: 30/12/2022, p. 03

Após o início dos diálogos, a cidade decidiu rever o seu posicionamento. E, depois do caso ter sido levado à Corte, houve mudança de partido que estava à frente do governo local. O novo governo – da Aliança Democrática – levou em consideração os parâmetros determinados pela Corte e conclui que seria viável a continuidade do projeto sem a necessidade de remoção dos residentes, de modo a atender aos interesses dos moradores da região.

Após tal resultado, em 2011, a Corte profere a decisão *Joe Slovo II*, de modo a revogar a autorização de despejo dos residentes, tendo em vista que as reformas foram realizadas sem a necessidade de realocá-los[32].

Conclusões: compromissos significativos com a Constituição e a democracia

Os precedentes apresentados no presente texto estão a demonstrar que a jurisdição constitucional pode desempenhar papel relevante no exercício da tutela de direitos fundamentais em processos estruturais. Descortinam possibilidade de decisões que protejam, respeitem e promovam simultaneamente direitos fundamentais sociais e a democracia. Vislumbra-se possibilidades de afirmação da cidadania pela participação e deliberação coletiva sobre os direitos fundamentais. Tal iniciativa deve ser louvada, mas sem ingenuidades.

Alguns limites devem ser reconhecidos para que melhorias possam ser implementadas. Há limites estruturais que são constituintes das sociedades desiguais do Sul-global. Destaca-se as desigualdades que se acumulam de forma interseccional (étnica, gênero, classe e espacial) nas pessoas que vivem nas periferias dos grandes centros urbanos, de modo a limitar de modo ilegítimo o exercício de direitos fundamentais.

Além disso, a democratização também da implementação dos direitos fundamentais pelo Poder Judiciário, tal qual levado a cabo pela Corte Constitucional sul-africana, está sujeita a retrocessos e não está, ela mesma, imune ao processo de aprendizagem falível[33] que caracteriza

32 ÁFRICA DO SUL. Corte Constitucional. Residents of Joe Slovo Community, Western Cape v Thebelisha Homes and Others (CCT 22/08). Johanesburgo, 2011. Disponível em: http://www.saflii.org/za/cases/ZACC/2011/8.html. Acesso em: 30/12/2022

33 HABERMAS, Jürgen. O Estado Democrático de Direito – uma amarração paradoxal de princípios contraditórios? In: HABERMAS, Jürgen. **Era das Transições.** Trad.: Flávio Beno Siebeneichler. Rio de Janeiro: Tempo Brasileiro, 2003, pp. 153-173.

as democracias contemporâneas. Isso pode ser visto nos recuos e retrocessos nos casos *Mamba* e *Joe Slovo I*.

Para a implementação de *compromissos significativos* não se deve olvidar das críticas feitas a respeito do diálogo, o qual, como bem lembra Roberto Gargarella, deve ser um diálogo de verdade[34], no qual os grupos vulneráveis possam expressar e tenham seus pontos de vista levados em consideração. Igualmente, há que se reconhecer que a exigência de tentativas efetivas de engajamento e de realizações de compromissos significativos, tal como decidido em *Olivia Road* não podem estar à disposição do Poder Público, o que o desestimulará a praticá-lo.

Por fim, práticas de monitoramento podem ser formas mais fracas (*weak forms*) de controle de constitucionalidade, mas podem ser mais legítimas e efetivas do que o uso de determinações muito específicas e do uso da cominação de multa em caso de descumprimento[35], as quais podem ser pouco úteis para a resolução legítima do problema. É evidente, contudo, que o uso de mecanismos de monitoramento demanda pessoal adequado para realizá-lo[36], pois a Corte Constitucional sul-africana julga poucos casos se comparada ao Supremo Tribunal Federal brasileiro[37]. Essas e outras questões precisam ser levadas em consideração para que o *compromisso significativo* seja utilizado, com sucesso, no Brasil.

Para saber a futuro a jurisdição constitucional brasileira precisa acertar esse passo e evitar que se lhe aplique, em tempo breve, a frase (como descrita por Rosa Montero no belíssimo livro 'Historia del Rey Transparente'. Santilana: Madrid, 2005, p. 525): "quanto tú nombras, ya no estoy". O porvir dos processos estruturais e desses horizontes já não tão novos da jurisdição constitucional não pode ser remoto nem estranho. Nele ver-se-á um renascimento ou um crepúsculo.

---

34 GARGARELLA, Roberto. Why Do We Care about Dialogue? 'Notwithstanding Clause,' 'Meaningful Engagement' and Public Hearings: A Sympathetic but Critical Analysis. In: YOUNG, Katharine (ed.). **The Future of Economia and Social Rights.** Cambridge: Cambridge, 2019, pp. 218-222.

35 TUSHNET, Mark. A response to David Landau. In: ARENHART, Sérgio Cruz; JOBIM, Marcos Félix (orgs.). **Processos Estruturais**. Salvador: Juspodivm, 2017, p. 62.

36 ARENHART, Sérgio Cruz. Processos Estruturais no Direito Brasileiro: Reflexões a partir da ACP do Carvão. Inn: GRINOVER, Ada Pellegrini; WATANABE, Kazuo; COSTA, Suzana Henriques da (coords). **O processo para solução de conflitos de interesse público**. Salvador: Juspodivm, 2017, pp. 475-492.

37 SERAFIM, Matheus Cassimiro Gomes. **Compromisso Significativo**, pp. 88-89.

Referências e fontes

ÁFRICA DO SUL. Corte Constitucional. Government of the Republic of South Africa and Others v Grootboom and Others (CCT11/00). Joanesburgo. 2000. Disponível em: http://www.saflii.org/za/cases/ZACC/2000/19.html Acesso em: 28/12/2022.ÁFRICA DO SUL. Corte Constitucional. ÁFRICA DO SUL. Corte Constitucional. Port-Elizabeth Municipality v. Various Occupiers. Joanesburgo (CCT 53/03). 2004. Disponível em: http://www.saflii.org/za/cases/ZACC/2004/7.html Acesso em: 28/12/2022.

ÁFRICA DO SUL. Corte Constitucional. Occupiers of 51 Olivia Road, Berea Township, and 197 Main Street v City of Johannesburg. Johanesburgo, 2008. Disponível em: http://www.saflii.org/za/cases/ZACC/2008/1.html Acesso em: 29/12/2022.

ÁFRICA DO SUL. Corte Constitucional. Mamba and Others vs. Minister of Social Development nº 36573/08. Joanesburgo. 2000. Disponível em: http://www.saflii.org/za/cases/ZAGPHC/2008/255.html. Acesso em: 30/12/2022.

ÁFRICA DO SUL. Corte Constitucional. Residents of Joe Slovo Community, Western Cape v Thebelisha Homes and Others (CCT 22/08). Johanesburgo, 2009. Disponível em: https://www.saflii.org/za/cases/ZACC/2009/16.html Acesso em: 30/12/2022.

ÁFRICA DO SUL. Corte Constitucional. Residents of Joe Slovo Community, Western Cape v Thebelisha Homes and Others (CCT 22/08). Johanesburgo, 2011. Disponível em: http://www.saflii.org/za/cases/ZACC/2011/8.html. Acesso em: 30/12/2022.

ALMEIDA, Silvio Luiz de. **Racismo Estrutural**. São Paulo: Sueli Carneiro; Pólen, 2019.

ARENHART, Sérgio Cruz. Processos Estruturais no Direito Brasileiro: Reflexões a partir da ACP do Carvão. Inn: GRINOVER, Ada Pellegrini; WATANABE, Kazuo; COSTA, Suzana Henriques da. **O processo para solução de conflitos de interesse público**. Salvador: Juspodivm, 2017, pp. 475-492

BROOCKE, Bianca M. Schneider van der. **Litígios Estruturais, Estado de Coisas Inconstitucional e Gestão Democrática do Processo**: Um papel transformador para o controle judicial de políticas públicas. Londrina: Thoth, 2021.

BROOCKE, Bianca M. Schneider van der. Constitucionalismo Transformador e Litígios Estruturais na África do Sul: O Compromisso Significativo (Meaningful Engagement) e a tomada de decisão participativa. In: CASIMIRO, Matheus, CUNHA, Eduarda (orgs.) **Processos Estruturais no Sul Global.** Londrina: Thoth, 2022, pp. 93-113.

CASIMIRO, Matheus; MARMELSTEIN, George. O Judiciário como Fórum de Protestos em Processos Estruturais: Revisitando Grootboom. In: CASIMIRO, Matheus, CUNHA, Eduarda (orgs.) **Processos Estruturais no Sul Global.** Londrina: Thoth, 2022, pp. 139-168.

CHENWI, Lilian. Democratizing the socio-economic rights-enforcement process. In:

GARCÍA, Helena Alviar; KLARE, Karl; WILLIAMS, Lucy A. (eds.) **Social and Economic Rights in Theory and Practice**: Critical Inquires. London: Routledge, 2015, pp. 178-196.

DAVIS, Dennis. The scope of the judicial role in the enforcement of social and economic rights: limits and possibilities viewed from the South African experience. In: GARCÍA, Helena Alviar; KLARE, Karl; WILLIAMS, Lucy A. (eds.) **Social and Economic Rights in Theory and Practice**: Critical Inquires. London: Routledge, 2015, pp. 197-214.

DIXON, Rosalind. "Creating Dialogue about Socioeconomic Rights: Strong-form versus Weak-form Judicial Review Revisited," **International Journal of Constitutional Law** (ICON), 5 (3): 391 - 418, 2007.

GARAVITO, César Rodríguez. El activismo dialógico y el impacto de los fallos sobre derechos sociales. In: GARGARELLA, Roberto (org.) **Por una justicia dialógica**: El Poder Judicial como promotor de la deliberación democrática. Buenos Aires: Siglo XXI, 2014, pp. 211-244.

FERNANDES, Florestan. **A Integração do Negro na Sociedade de Classes**. 6ª ed. São Paulo; Contracorrente, 2021.

GARGARELLA, Roberto. Why Do We Care about Dialogue? 'Notwithstanding Clause,' 'Meaningful Engagement' and Public Hearings: A Sympathetic but Critical Analysis. In: YOUNG, Katharine (ed.). **The Future of Economia and Social Rights.** Cambridge: Cambridge, 2019, pp. 212-232.

HABERMAS, Jürgen. O Estado Democrático de Direito – uma amarração paradoxal de princípios contraditórios? In: HABERMAS, Jürgen. **Era das Transições.** Trad.: Flávio Beno Siebeneichler. Rio de Janeiro: Tempo Brasileiro, 2003, pp. 153-173.

HIRSCHL, R. (2009). O novo constitucionalismo e a judicialização da política pura no mundo. **Revista De Direito Administrativo, Rio de Janeiro,** n. 251, pp. 139–178, 2009.

HIRSCHL, Ran. **Rumo à Juristocracia**: As origens e consequências do novo constitucionalismo, Trad. Amauri Feres Saad. Londrina: E.D.A – Educação Direito e Alta Cultura, 2020.

KLUG, Heinz. **The Constitution of South Africa**: A Contextual Analysis. Oxford: Hart, 2010.

LIEBENBERG, Sandra. The Right to Social Assistance: The Implications of *Grootboom* for Policy Reform in South Africa. **South African Journal on Human Rights.**, 1 (2), pp. 2322-257, 2001.

LIEBENBERG, Sandra. Engaging the paradoxes of the universal and particular in human rights adjudication: The possibilities and pitfalls of 'meaningful engagement'. **African Human Rights Law Journal** 12(1): 1-29, jan. 2012.

LIEBENBERG, Sandra. The Participatory Democratic Turn in South Africa's Social Rights Jurisprudence. In: YOUNG, Katharine (ed.). **The Future of Economia and Social Rights.** Cambridge: Cambridge, 2019, pp. 187-211

MÖLLER, Gabriela Samrsla. **Proteção à moradia adequada pelo processo estrutural**: litígios e comportamentos das cortes. Londrina: Thoth, 2021.

RAY, Brian. Proceduralisation's Triumph and Engagement's Promise in Socio-Economic Rights Litigation (2011). **Law Faculty Articles and Essays**. Cleveland State University 1042. Disponível em: https://engagedscholarship.csuohio.edu/fac_articles/1042

RODRÍGUEZ-GARAVITO, César. El activismo dialógico y el impacto de los fallos sobre derechos sociales. In: GARGARELLA, Roberto (org.) **Por una justicia dialógica**: El Poder Judicial como promotor de la deliberación democrática. Buenos Aires: Siglo XXI, 2014, pp. 211-244.

ROTHSTEIN, Richard. **The Color of Law**: A forgotten history of how our government segregated America. New York: Liveright, 2017.

SERAFIM, Matheus Cassimiro Gomes. **Compromisso Significativo**: Contribuições sul-africanas para os processos estruturais no Brasil. Belo Horizonte: Fórum, 2021.

SUNSTEIN, Cass. Social and Economic Rights? Lessons from South Africa. **Const. Forum,** V, 2000.

SUNSTEIN, Cass. **Designing Democracy**: What Constitution Do. New York: Oxford, 2001.

TUSHNET, Mark. A response to David Landau. In: ARENHART, Sérgio Cruz; JOBIM, Marcos Félix (orgs.). **Processos Estruturais**. Salvador: Juspodivm, 2017, pp. 53-62.

EFEITO VINCULANTE E *RATIO DECIDENDI*:

30 ANOS DE OSCILAÇÃO E INSTABILIDADE

Roger Stiefelmann Leal[1]

1. CONSIDERAÇÕES INICIAIS

Em 17 de março de 1993, foi promulgada a Emenda Constitucional n° 3, que, entre outras inovações, introduziu a ação declaratória de constitucionalidade. As decisões de mérito proferidas em face dessa ação produziriam, segundo o texto aprovado, além eficácia contra todos, efeito vinculante em relação aos demais órgãos do Poder Judiciário e ao Poder Executivo.

O advento do efeito vinculante foi, em seus primeiros anos, objeto de acesa polêmica junto à comunidade jurídica. Muitas críticas e reprovações recaíram sobre o instituto. Foi acusado de "manifestação de totalitarismo, que (...) nenhuma lógica pode sustentar e que atropela e sufoca a independência dos juízes"[2]. Afirmou-se, também, que, "além de antidemocrática e inconstitucional", sua positivação conteria "uma agressão à lógica"[3]. Tratar-se-ia de mecanismo que, segundo críticos, denotaria a passagem "de um modelo de Judiciário para outro de cunho autoritário e desconforme as tradições do nosso ordenamento jurídico"[4].

Neste ano de 2023, o efeito vinculante completa 30 anos de vigência. Seu uso foi ampliado. Seu significado sofreu variações em face dos contornos que a jurisprudência lhe atribuiu ao longo do tempo. Em especial, sua associação à observância obrigatória da *ratio decidendi* dos julgados foi tema de muitas reflexões em âmbitos doutrinário e jurisprudencial. De um lado, a ideia era avaliada como remédio eficaz contra o acúmulo de processos e a recalcitrância dos juízes em face dos entendi-

---

1 Professor Doutor de Direito Constitucional na Faculdade de Direito da Universidade de São Paulo. *Visiting Scholar* na *Harvard Law School* (2019). Doutor em Direito do Estado pela Universidade de São Paulo.

2 GRAU, Eros Roberto. Efeito vinculante e totalitarismo, **Folha de S. Paulo**, 22-11-1998, p. 3.

3 DALLARI, Dalmo de Abreu, **O poder dos juízes**, São Paulo: Saraiva, 1996, p. 69.

4 BASTOS, Celso Ribeiro. Aspectos inconstitucionais da ação declaratória de constitucionalidade de lei ou ato normativo federal. **Ação declaratória de constitucionalidade**. São Paulo: Saraiva, 1994, p. 38.

mentos adotados pelo STF em matéria constitucional. De outro, contudo, era percebida como causa do aumento excessivo de demandas judiciais e da degeneração do exercício ordinário da função jurisdicional.

Pretende-se com o presente estudo examinar a evolução do efeito vinculante no direito constitucional brasileiro. Tal análise será centrada sobre o seu conteúdo normativo e as variações que sofreu nesses 30 anos de vigência. Especial atenção será dedicada, outrossim, à sua concepção como instrumento voltado a tornar vinculativos os fundamentos determinantes das decisões proferidas pelo STF em sede de jurisdição constitucional. Buscar-se-á, sobretudo, identificar se essa específica noção ainda tem espaço e aplicação ante o avanço da jurisprudência e do direito positivo.

2. Formulação e evolução legislativa

Liderada pelo Deputado Roberto Campos, foi apresentada, em 1° de setembro de 1992, a Proposta de Emenda à Constituição n° 130. Cuidava-se de proposição que, de um lado, revelava preocupação com as limitações e deficiências que apresentava o modelo de suspensão pelo Senado da execução das leis declaradas inconstitucionais, disciplinado no art. 52, X, da Constituição. Segundo a justificativa que acompanhava a Proposta, tratava-se de instrumento "que se tornou manifestamente obsoleto sob o império da Constituição de 1988"[5].

De outro lado, buscava-se aperfeiçoar a ordem constitucional à medida em que seu arranjo original promovia "a valorização dos juizados de 1ª instância" sem, porém, "a contrapartida de um instrumento processual de uniformização célere". Na prática, a orientação adotada no âmbito do Supremo Tribunal Federal quanto a questões constitucionais relevantes, se inobservada em casos concretos pelas instâncias judiciais inferiores, somente poderia ser reafirmada, nesses mesmos casos, em sede de recurso extraordinário, após anos de tramitação processual. Decisões com tais características, quando proferidas por magistrados em sede de 1° grau – asseverou-se na mesma justificativa – assumiriam "forma satisfativa, desde que o Tribunal imediatamente superior não

5 Proposta de Emenda Constitucional n° 130, de 1992. **Diário do Congresso Nacional**, Seção I, Câmara dos Deputados, de 23-09-1992, pp. 21693-21695, disponível em http://imagem.camara.gov.br/Imagem/d/pdf/DCD23SET1992.pdf#page=19, acessado em 20 de fevereiro de 2023.

suspenda" sua eficácia. A avaliação adotada pelos autores da Proposta considerava, àquele tempo, que "um juiz de 1ª instância, mormente na Justiça Federal, em determinadas circunstâncias", seria "mais forte que um Ministro do S.T.J. ou S.T.F." [6].

A proposição – inspirada nas ideias e estudos desenvolvidos por Gilmar Ferreira Mendes[7] – visava, assim, (a) a supressão da competência do Senado Federal para suspender a execução das leis declaradas inconstitucionais pelo STF. Tencionava também (b) atribuir às decisões definitivas proferidas pelo Supremo Tribunal Federal, em sede de jurisdição constitucional, "eficácia *erga omnes* e efeito vinculante para os órgãos e agentes públicos".

Muito embora apresentasse considerável grau de ambiguidade e inexatidão[8], a expressão "efeito vinculante" continha, para seus proponentes, sentido determinado e objetivo. Tomou-se como norte a noção conceitual do instituto, como desenvolvido no direito alemão, que assegura "força vinculante não apenas à parte dispositiva da decisão, mas também aos chamados fundamentos ou motivos determinantes (*tragende Gründe*)". Aludiu-se, ademais, à situação de recalcitrância ensejada pela reiteração de atos já declarados inconstitucionais, apontando que "tanto a coisa julgada quanto a força de lei (eficácia *erga omnes*) não lograriam evitar esse fato". Com a adoção do efeito vinculante, tal situação

6 Proposta de Emenda Constitucional n° 130, de 1992. **Diário do Congresso Nacional**, Seção I, Câmara dos Deputados, de 23-09-1992, pp. 21693-21695, disponível em http://imagem.camara.gov.br/Imagem/d/pdf/DCD23SET1992.pdf#page=19, acessado em 20 de fevereiro de 2023.

7 Em julgamento no STF, reconheceu o Ministro Gilmar Mendes ter sido o "autor intelectual da proposta que o deputado Roberto Campos apresentou ao Congresso": a PEC n° 130/1992 (voto proferido na Rcl n° 4.335/AC, Rel. Min. Gilmar Mendes, DJe de 22.10.2014). Em trabalho doutrinário, mencionou ter preparado estudo "sobre esse assunto que foi incorporado às justificações apresentadas no aludido Projeto" (MENDES, Gilmar Ferreira. **Controle abstrato de constitucionalidade: ADI, ADC e ADO: Comentários à Lei n° 9.869/99**. São Paulo: Saraiva, 2012, p. 681).

8 Consoante assinalado por Elival da Silva Ramos, "a expressão causou perplexidade, na medida em que sempre se associou à coisa julgada uma espécie de eficácia vinculativa" (**Controle de constitucionalidade no Brasil: perspectivas de evolução**. São Paulo: Saraiva, 2010, p. 285; em sentido semelhante MESQUITA, José Ignácio Botelho de. O desmantelamento do sistema brasileiro de controle de constitucionalidade. **Revista do Advogado**, v. 22, n. 67, 2002, p. 88; MACHADO, Hugo de Brito. Ação declaratória de constitucionalidade. **Ação declaratória de constitucionalidade**. São Paulo: Saraiva, 1994, p. 114).

se sujeitaria a limitações ante a imposição dos fundamentos determinantes subjacentes à decisão que, na prática, obrigaria órgãos e agentes públicos "a observar estritamente a interpretação que o tribunal conferiu à Constituição"[9].

O efeito vinculante, nessa linha, produziria consequências semelhantes "quanto às chamadas nomas paralelas". Segundo a justificativa, "se o tribunal declarar a inconstitucionalidade de uma lei do Estado A", teria o efeito vinculante "o condão de impedir a aplicação de norma de conteúdo semelhante do Estado B ou C"[10].

Em que pese a referida proposição não tenha chegado à fase de deliberação[11], parte de seu conteúdo – inclusive o acréscimo do efeito vinculante – acabou assimilado, com ajustes e reduções, pelo texto que resultou na Emenda Constitucional n° 3, de 17 de março de 1993. Desse modo, foi introduzida no âmbito do controle abstrato de constitucionalidade praticado no país a ação declaratória de constitucionalidade cujas decisões de mérito passariam a produzir, segundo expressa previsão constitucional (art. 102, § 2º), "eficácia contra todos e efeito vinculante, relativamente aos demais órgãos do Poder Judiciário e ao Poder Executivo".

Cerca de 06 anos mais tarde, ante a aprovação da Lei n° 9.868, de 10 de novembro de 1999, que disciplinou "o processo e julgamento da ação direta de inconstitucionalidade e da ação declaratória de constitucionalidade perante o Supremo Tribunal Federal", o efeito vinculante voltou a receber tratamento normativo. Nesse diploma, (a) estendeu-se o efeito vinculante às decisões prolatadas em ação direta de inconstitucionalidade, (b) elegendo como seus destinatários os órgãos do Poder

9 Proposta de Emenda Constitucional n° 130, de 1992. **Diário do Congresso Nacional**, Seção I, Câmara dos Deputados, de 23-09-1992, pp. 21693-21695, disponível em http://imagem.camara.gov.br/Imagem/d/pdf/DCD23SET1992.pdf#page=19, acessado em 20 de fevereiro de 2023.

10 Proposta de Emenda Constitucional n° 130, de 1992. **Diário do Congresso Nacional**, Seção I, Câmara dos Deputados, de 23-09-1992, pp. 21693-21695, disponível em http://imagem.camara.gov.br/Imagem/d/pdf/DCD23SET1992.pdf#page=19, acessado em 20 de fevereiro de 2023.

11 A PEC n° 130/1992 acabou transformada, por ato da Presidência da Câmara dos Deputados, em Proposta de Emenda Revisional, em dezembro de 1993, por ocasião do processo de revisão constitucional ocorrido com base no art. 3° do ADCT. Com o fim dos trabalhos da Revisão, foi considerada prejudicada, sendo, por conseguinte, arquivada.

Judiciário e a administração pública federal, estadual e municipal (art. 28, parágrafo único).

Algumas semanas depois, foi promulgada e publicada a Lei n° 9.882, de 3 de dezembro de 1999, que dispôs sobre a arguição de descumprimento de preceito fundamental a que alude o § 1º do art. 102 do texto constitucional. Às decisões proferidas em face do ajuizamento desse instrumento o legislador também conferiu *eficácia contra todos e efeito vinculante relativamente aos demais órgãos do Poder Público* (art. 10, § 3º).

Com a promulgação da Emenda Constitucional n° 45, de 30 de dezembro de 2004, o § 2º do art. 102 da Constituição ganhou nova redação, modificando-se, uma vez mais, o regime jurídico do efeito vinculante. Além de estatuir em âmbito constitucional sua extensão à ação direta de inconstitucionalidade, alterou a definição dos órgãos e entidades que, segundo a Constituição, se sujeitavam ao efeito vinculante na ação declaratória de constitucionalidade. Conforme a nova redação, as decisões de mérito proferidas em ambas as ações (ação direta de inconstitucionalidade e ação declaratória de constitucionalidade) passaram a produzir efeito vinculante em relação aos demais órgãos do Poder Judiciário e à administração pública direta e indireta, em todas as esferas da federação. Substituiu-se, no caso da ação declaratória de constitucionalidade, o Poder Executivo pela administração pública, aproximando-se da solução adotada na Lei nº 9.868/99.

De outra parte, a Emenda Constitucional n° 45/2004 atribuiu efeito vinculante também às súmulas aprovadas por 2/3 dos membros do Supremo Tribunal Federal, desde que consubstanciassem entendimentos jurisprudenciais reiterados da Corte em matéria constitucional (art. 103-A). Nesse específico caso, além de conferir efeito vinculante sem que também se atribua expressamente eficácia contra todos, rompeu a Emenda com a inspiração inicial que informou a introdução do instituto, estendendo-o a provimentos decisórios proferidos fora do controle abstrato de constitucionalidade.

3. Conteúdo normativo

Os textos normativos que, desde a Emenda Constitucional n° 3/1993, passaram a consagrar o efeito vinculante foram formulados de modo a sugerir distinção conceitual em relação à eficácia contra todos. Ao atribuir às decisões proferidas em sede de controle abstrato de constitucionalidade eficácia contra todos e efeito vinculante, logicamente se está a dissociar, em termos substantivos, os dois institutos. Assimilar o efeito vinculante à eficácia *erga omnes*, ou mesmo à coisa julgada, seria negar-lhe autonomia de conteúdo e utilidade prática, bem como violentar o dogma do legislador – ou constituinte – racional[12].

A determinação do significado do efeito vinculante recomenda, sob esse ângulo, o emprego de raciocínio dedutivo que elimine de seu conteúdo normativo os aspectos elementares que qualificam coisa julgada e eficácia contra todos. A inovação promovida pelo acréscimo[13] do efeito vinculante não autoriza, assim, confusão ou sobreposição em face dos demais efeitos e atributos que tradicionalmente já qualificavam as decisões proferidas em sede de jurisdição constitucional.

Desse modo, descabe extrair do efeito vinculante a imposição contra todos do comando final constante da parte dispositiva da decisão. Sabe-se que a coisa julgada material torna definitivo o comando decisório da sentença judicial – dotada de força de lei (art. 503 do CPC) – constante de sua parte dispositiva[14]. A eficácia *erga omnes*, por seu turno, torna a sentença oponível a *todos*, exigindo de qualquer pessoa, órgão ou autoridade estrita observância. Seria, sob essa perspectiva, destituído de racionalidade ressalvar determinados agentes ou órgãos públicos do universo abrangido pela eficácia contra "todos" somente para confe-

---

12 Sobre o pressuposto hermenêutico do legislador racional, ver NINO, Carlos Santiago, **Introducción al análisis del derecho**, Buenos Aires: Editorial Astrea, 1998, 2ª ed., pp. 328 e segs.; também FERRAZ JÚNIOR, Tércio Sampaio. **Introdução ao estudo do direito: técnica, decisão, dominação**, São Paulo: Atlas, 1990, pp. 254-255;

13 Afirmou, a esse propósito, o Ministro Moreira Alves, ainda antes da vigência da Lei n. 9.868/99, que o efeito vinculante é um "*plus* com relação à ação direta de inconstitucionalidade" (voto proferido na ADC QO 1-1, Rel. Min. Moreira Alves, *DJU* de 16-6-1995). Em outra oportunidade, asseverou o eminente Ministro, nessa mesma linha, que o efeito vinculante não constitui eficácia inerente à Constituição ou ao modelo de controle de constitucionalidade adotado, asseverando seu caráter adicional e complementar ao sistema (cf. voto proferido na Rcl AgRg 1.880/SP, Rel. Min. Maurício Corrêa, *DJU* de 19-3-2004).

14 Consoante ensinava Liebman sobre a coisa julgada, "é só o comando pronunciado pelo juiz que se torna imutável, não a atividade lógica exercida pelo juiz para preparar e justificar a decisão" (LIEBMAN, Enrico Tullio. **Eficácia e autoridade da sentença: e outros escritos sobre a coisa julgada**. Rio de Janeiro: Forense, 1984, 3ª ed., p. 55; em sentido semelhante SILVA, Ovídio Araújo Baptista da. **Curso de Processo Civil.** Porto Alegre: SAFE, Vol. 1, 1991, 2ª ed, p. 435). Tal lição encontra, ademais, repercussão no art. 504 do CPC que assinala não fazerem coisa julgada (I) os motivos, ainda que importantes para determinar o alcance da parte dispositiva da sentença, e (II) a verdade dos fatos, estabelecida como fundamento da sentença.

rir sentido autônomo ao acréscimo representado pelo efeito vinculante. Não há razão - permita-se a platitude - para excluir juízes, tribunais ou autoridades administrativas do conceito de *todos*.

Cumpre, assim, perceber o efeito vinculante - para conferir-lhe conteúdo autônomo - como instituto voltado a tornar obrigatória parte da decisão diversa da dispositiva aos seus destinatários, relacionados expressamente no texto constitucional. Tais premissas acabam por favorecer noção que acarrete a imposição, para além do *decisum* em sentido estrito, dos seus fundamentos determinantes, a *ratio decidendi* subjacente ao julgado. Trata-se justamente do sentido normativo sustentado pelos proponentes da PEC n° 130/1992, que, como salientado, influenciou a positivação do instituto em face da Emenda Constitucional n° 3/1993. Alinha-se, outrossim, à concepção de efeito vinculante praticada em experiências constitucionais de outros países como Alemanha[15] e Espanha[16].

A ideia de tornar vinculativa a *ratio decidendi* das decisões proferidas em sede de jurisdição constitucional suscitou divergências e reações. Trata-se de solução que, além de impor novos limites à interpretação judicial da Constituição, rompe com certos dogmas assentados no direito processual praticado no país[17].

Noções outras acabaram, desse modo, sendo propostas e defendidas devido, em boa medida, à falta de definição normativa do instituto. Várias delas acolhiam compreensão do efeito vinculante como expedien-

15 CALLIESS, Christian, The Future of the Eurozone and the Role of the German Federal Constitutional Court, **Yearbook of European Law**, v. 31, n. 1, 2012, p. 412; DAMLE, Sarang Vijay, Specialize the Judge, Not the Court: A Lesson from the German Constitutional Court, **Virginia Law Review**, v. 91, n. 5, 2005, p. 1295; FINCK, Danielle E., Judicial Review: The United States Supreme Court Versus the German Constitutional Court, **Boston College international and comparative law review**, v. 20, 1997, p. 127; HÄBERLE, Peter. **La Verfassungsbeschwerde nel sistema della giustizia costituzionale tedesca**. Giuffrè, 2000, p. 72.

16 FALLA, Fernando Garrido. La elaboración de las sentencias del Tribunal Constitucional: una experiencia personal. **Direito Público**, v. 4, n. 17, 2007, pp. 80-81; GARCÍA-PELAYO, Manuel. El «status» del Tribunal Constitucional. **Revista Española de Derecho Constitucional**, n. 100, 2014, p. 36; SEGADO, Francisco Fernández. Algunas reflexiones generales en torno a los efectos de las sentencias de inconstitucionalidad ya la relatividad de ciertas fórmulas estereotipadas vinculadas a ellas. **Anuario Iberoamericano de Justicia Constitucional**, n° 12, 2008, p. 169.

17 Ver, entre outros, RAMOS, Elival da Silva. **Controle de constitucionalidade no Brasil: perspectivas de evolução**, pp. 293-294; MESQUITA, José Ignácio Botelho de. O desmantelamento..., pp. 88-89.

te de reforço ou qualificação da eficácia *erga omnes* das decisões proferidas em sede de jurisdição constitucional. Assim, foi o instituto descrito como "força obrigatória qualificada em relação a supervenientes atos administrativos ou judiciais[18], que "não altera o alcance essencial das sentenças"[19]. Há, ainda, posicionamentos que relacionam o efeito vinculante à responsabilização pessoal dos agentes públicos que inobservam as decisões proferidas pelo STF[20], como se, antes do seu advento, fossem autorizados a livremente descumpri-las sem se sujeitar a quaisquer sanções e penalidades.

4. A ADC-QO N° 1-1/DF: PRIMEIROS PARÂMETROS

Ao apreciar a Ação Declaratória de Constitucionalidade n° 1-1/DF, o STF, em sede de questão de ordem, analisou, pela primeira vez após a promulgação da Emenda Constitucional n° 3/1993, a controvérsia atinente ao conteúdo do efeito vinculante. Ao examinar a questão na condição de relator, proferiu o Ministro Moreira Alves voto que, acompanhado pela maioria da Corte, traçou as linhas mestras que passaram a pautar, nos anos subsequentes, a compreensão e a aplicação do novo instituto.

Muito embora tenha reconhecido que se tratava de "um *plus* com relação à ação direta de inconstitucionalidade", considerou o Ministro que a decisão dotada de efeito vinculante "se restringe ao dispositivo dela, não abrangendo – como sucede na Alemanha – os seus fundamentos determinantes"[21]. Logo em seguida, admitiu que tal decisão "alcança os atos normativos de igual conteúdo daquele que deu origem a ela, mas que não foi seu objeto, para o fim de, independentemente de

---

18 ZAVASCKI, Teori Albino. **Eficácia das sentenças na jurisdição constitucional**. São Paulo: RT, 2012, 2ª ed., p. 63.

19 BASTOS, Celso Ribeiro. **Emendas à Constituição de 1988: comentários às Emendas Constitucionais n. 1 a 10 e Emendas Constitucionais de Revisão n° 1 a 6**. São Paulo: Saraiva, 1996, p. 40. Em sentido semelhante, asseverou José Afonso da Silva que "o efeito vinculante relativamente à função jurisdicional dos demais órgãos do Poder Judiciário (...) já decorreria da própria afirmativa da eficácia contra todos, mas, assim mesmo, o texto quis ser expresso para alcançar também os atos normativos desses órgãos (...)" (**Curso de direito constitucional positivo**. São Paulo: Malheiros, 2004, 23ª ed., p. 60).

20 RAMOS, Elival da Silva. **Controle de constitucionalidade no Brasil: perspectivas de evolução**, p. 294.

21 Voto proferido na ADC QO 1-1, Rel. Min. Moreira Alves, *DJU* de 16-6-1995.

nova ação, serem tidos como constitucionais ou inconstitucionais" [22]. Evidentemente, tal projeção sobre atos semelhantes era restrita "aos demais órgãos do Poder Judiciário e do Poder Executivo", únicos destinatários do efeito vinculante segundo a Emenda Constitucional n° 3/1993.

A análise de tais considerações apresenta aspectos interessantes sobre a definição dos elementos das sentenças que seriam efetivamente alcançados pelo instituto. Em primeiro lugar, restringiu-se o efeito vinculante à parte dispositiva, recusando sua extensão aos fundamentos determinantes. Sabe-se que a parte dispositiva cuida apenas e tão-somente de expressar o resultado decisório da ação. Define, no caso de conhecimento da ação de constitucionalidade, se o ato julgado – e apenas ele – é constitucional ou inconstitucional. Ou seja, em se tratando de controle abstrato de normas, apenas o conjunto normativo que teve sua constitucionalidade apreciada em juízo é objeto do comando decisório constante do dispositivo da sentença.

Se, todavia, a decisão judicial se estende, como admitido pelo próprio Ministro Moreira Alves, aos demais atos de semelhante teor oriundos do Poder Judiciário e do Poder Executivo, em virtude do efeito vinculante, é forçoso reconhecer que seu alcance transcende a parte dispositiva da decisão. Ultrapassa seus limites, projetando-se sobre atos que não foram apreciados pelo julgado. Significa dizer que eventual identidade entre o ato declarado inconstitucional e outros atos, quanto a suposto vício de inconstitucionalidade, somente será possível aferir a partir da *ratio decidendi* que fundamenta o julgado. Em outras palavras, o efeito de impor a eliminação de atos normativos de igual conteúdo e a vedação de reiteração material do ato inconstitucional somente podem ter aplicação adequada mediante o cotejo desses outros atos com os fundamentos determinantes da decisão, e não com a sua parte dispositiva. Cuida-se justamente da questão relativa às "chamadas normas paralelas" a que se referia a justificativa da PEC n° 130/1992.

Outro aspecto destacado pelo Ministro Moreira Alves em seu voto reside no cabimento de reclamação em caso de transgressão da decisão prolatada com efeito vinculante. Caso juízes ou tribunais "não respeitarem a decisão prolatada nessa ação", observou o eminente julgador, "a parte prejudicada poderá valer-se do instituto da reclamação para o Supremo Tribunal Federal, a fim de que este garanta a autoridade dessa decisão". Ou seja, reconhece-se como decorrência do efeito vinculante

22 Voto proferido na ADC QO 1-1, Rel. Min. Moreira Alves, *DJU* de 16-6-1995.

que "os prejudicados com o desrespeito" da decisão "se valham da reclamação (...), meio mais rápido de desconstituir esse desrespeito do que o recurso extraordinário"[23]. Admitiu, desse modo, a ativação de instrumento processual mais célere para impugnar violações aos pronunciamentos judiciais dotados de efeito vinculante quando cometidas pelas autoridades por ele alcançadas.

5. Reclamação e efeito vinculante

Previamente à introdução do efeito vinculante pela Emenda Constitucional nº 3/93, a jurisprudência do STF posicionava-se restritivamente quanto ao cabimento de reclamação para – nos termos do art. 102, "l", da Constituição – garantir a autoridade de suas decisões prolatadas em sede de controle abstrato de normas. Logo após a promulgação da Constituição de 1988, afirmava-se "que o instituto da reclamação não se revela compatível com o caráter objetivo do processo de fiscalização abstrata de constitucionalidade"[24]. Sua admissibilidade, apesar da eficácia *erga omnes* das decisões proferidas em controle abstrato de constitucionalidade, encontrava-se atrelada à restrita concepção sobre a legitimidade da parte autora. Era descabido, segundo o STF, considerar "parte interessada (...) para o efeito de legitimação ativa para propor reclamação sob o fundamento de não cumprimento do acórdão prolatado em ação direta de inconstitucionalidade, terceiros que tenham, subjetivamente, interesse jurídico ou econômico na observância dessa decisão"[25]. A propositura da reclamação, nessas circunstâncias, era limitada apenas aos legitimados para oferecer ação direta de inconstitucionalidade, nos termos do art. 103 da Constituição. Conforme sintetizado pelo Ministro Sydney Sanches, o STF "só tem admitido Reclamações relacionadas com seus acórdãos em Ações Diretas de Inconstitucionalidade,

23 Voto proferido na ADC QO 1-1, Rel. Min. Moreira Alves, *DJU* de 16-6-1995.

24 Voto do Min. Celso de Mello na Rcl n° 390-6/RS, Rel. p/ acórdão Min. Néri da Silveira, DJ de 19.11.2001. Nesse mesmo sentido, ver Rcl AgRg n° 354/DF, Rel. Min. Celso de Mello, DJ de 28.06.1991; Rcl n° 385-0/MA, Rel. Min. Celso de Mello, DJ de 18.06.1993.

25 Rcl-QO n° 518-6/BA, Rel. Min. Moreira Alves, DJ de 24.10.1997; também Rcl-QO n° 397-3/RJ, Rel. Min. Celso de Mello, DJ de 21.05.1993; Rcl AgRg n° 486-5/DF, Rel. Min. Carlos Velloso, DJ de 04.11.1994.

excepcionalmente, e quando formuladas por quem nelas tenha figurado como parte formal ou informante, no processo respectivo"[26].

A orientação jurisprudencial que naquele período prevalecia também amparava posicionamento restritivo quanto à legitimação passiva nas reclamações propostas em face do descumprimento das decisões proferidas em controle de abstrato de normas. Assim, admitia-se a reclamação quando o "ato que se diz discrepante haja sido praticado pelo próprio autor do normativo que restou fulminado" em ação de inconstitucionalidade[27]. Ou seja, a insubmissão à autoridade da decisão deveria – para fins de admissibilidade da reclamação – ser do mesmo órgão que editou o ato normativo declarado inconstitucional.

O advento do efeito vinculante suscitou – a partir do entendimento adotado na ADC-QO n° 1-1/DF – importante revisão da jurisprudência sobre o instrumento da reclamação. Passou-se a admitir sua propositura por qualquer parte prejudicada em razão da inobservância de julgado proferido em sede de controle abstrato de constitucionalidade. Na prática, utilizou-se do efeito vinculante para ampliar a legitimidade para ajuizamento da reclamação. Bastaria evidenciar prejuízo em virtude do descumprimento de decisão dotada de efeito vinculante proferida em controle principal de constitucionalidade para ser considerada parte legítima para propor reclamação perante o Supremo Tribunal Federal. Seu ajuizamento passou a ser admitido, inclusive, contra órgão judicial ou administrativo que não tenha participado na elaboração do ato declarado inconstitucional.

Na verdade, o elevado grau de restrição gerado pela jurisprudência anterior à Emenda Constitucional n° 3/93 acerca do uso da reclamação impedia garantia eficaz da autoridade de decisões judiciais que descumprissem julgados proferidos pelo STF em sede de controle abstrato de normas. Como admitia-se à época, tal orientação jurisprudencial conduziria "praticamente ao esvaziamento dessa (...) hipótese reclamatória[28]. A inadmissibilidade da reclamação em tais casos mantinha em vigor por

---

26 Rcl n° 447-3/PE, Rel. Min Sydney Sanches, DJ de 31.03.1995; Rcl AgRg n° 707/SP, Rel. Min. Sepúlveda Pertence, DJ de 20.03.1998; também Rcl-QO n° 397-3/RJ, Rel. Min. Celso de Mello, DJ de 21.05.1993.

27 Rcl n° 399-0/PE, Rel. Min. Sepúlveda Pertence, DJ de 24.03.1995; também Rcl n° 479-1/RS, Rel. Min. Marco Aurélio, DJ de 24.08.2001.

28 Voto proferido pelo Ministro Francisco Rezek na Rcl n° 390-6/RS, Rel. p/ acórdão Min. Néri da Silveira, DJ de 19.11.2001.

longo tempo pronunciamentos recalcitrantes das instâncias inferiores até que eventual recurso extraordinário fosse finalmente apreciado. Deteriorava-se, na prática, a eficácia *erga omnes* das sentenças prolatadas pelo STF em ações de inconstitucionalidade.

Tal processo de degradação era percebido pelo próprio STF já no início dos anos 90. Em julgado sobre a matéria, assinalou-se explicitamente "a conveniência de que se atenue o rigor dessa vedação jurisprudencial", sobretudo em virtude "da notória insubmissão de alguns tribunais judiciários às teses jurídicas consagradas nas decisões proferidas pelo Supremo Tribunal Federal em ações diretas de inconstitucionalidade"[29]. Muito embora a Emenda Constitucional n° 3/93 não tenha sequer feito menção à reclamação, aproveitou-se da introdução do efeito vinculante para romper com as restrições erigidas pela jurisprudência sobre a legitimidade das partes e, na prática, revitalizar a força da eficácia *erga omnes* no âmbito do controle abstrato de constitucionalidade. O simples advento do efeito vinculante desobstruiu instantaneamente a via da reclamação.

6. *RATIO DECIDENDI* VINCULANTE

Com a extensão do efeito vinculante a outros instrumentos, promovida principalmente pela Emenda Constitucional n° 45/2004 e pelas Leis n° 9.868/1999 e n° 9.882/1999, o STF passou naturalmente a receber número mais elevado de reclamações. Assim, foi possível explorar os limites da paradoxal concepção adotada no julgamento da ADC-QO n° 1-1/DF, que, embora afirmasse a restrição do efeito vinculante ao dispositivo da decisão, admitia a imposição dos fundamentos determinantes ao reconhecer sua projeção sobre atos normativos de conteúdo semelhante àquele que fora objeto da sentença.

Tal questão foi, enfim, dirimida pelo STF no julgamento da Reclamação n° 1.987/DF, ao apreciar a conformidade entre a decisão proferida na ADI n° 1.662/DF e o ato da Presidente do TRT da 10ª Região que determinou o sequestro de verba pública ante a falta de depósito de quantia para pagamento de precatório expedido. No julgado da ADI n° 1.662/DF, definiu-se que pagamento a menor não constituía causa para a determinação do sequestro, dado que se tratava de medida cabível "exclusivamente para o caso de preterimento" do direito de

29 Rcl-QO n° 397-3/RJ, Rel. Min. Celso de Mello, DJ de 21.05.1993.

precedência. Em razão disso, foi declarada inconstitucional a Instrução Normativa n° 11/1997 do TST. Na qualidade de relator do feito, assentou o Ministro Maurício Correia, em seu voto, a contrariedade entre o ato da Presidente do TRT da 10ª Região e o decidido na mencionada ação direta. Asseverou, a esse propósito, que "a ordem impugnada, contrariou, em substância, o entendimento (...) assentado no julgamento do pedido liminar e, de forma direta e literal, o que expressamente fixado quando da apreciação de mérito"[30]. Em seguida, de modo a concluir pela procedência da reclamação, reconheceu os fundamentos determinantes como parâmetro aplicável para aferir a observância da decisão do STF, considerando, assim, que "o ato impugnado não apenas contrastou a decisão definitiva proferida na ADI n° 1.662, como, essencialmente está em confronto com seus motivos determinantes"[31]. Pronunciamentos de outros Ministros se alinharam à posição do Relator formando maioria. Assim, considerou-se cabível a reclamação quando o proponente for "afetado, em sua esfera jurídica, por decisões de outros magistrados ou Tribunais que se revelem contrárias ao entendimento fixado, em caráter vinculante (...), no julgamento dos processos objetivos de controle normativo abstrato"[32]. Concluiu-se, portanto, no julgamento que "o alcance do efeito vinculante das decisões não pode estar limitado à sua parte dispositiva, devendo, também, considerar os chamados 'fundamentos determinantes''[33].

Essa orientação, ademais, passou a ser empregada em vários julgados subsequentes do STF. Reconhecia-se ostensivamente que o "Supremo Tribunal tem-se firmado no sentido de que os fundamentos ou os motivos determinantes adotados em decisões proferidas em processos de controle concentrado de constitucionalidade são dotados de eficácia vinculante (...)"[34]. Adotou-se, na prática, a posição de atribuir vinculatividade à *ratio decidendi* das decisões proferidas em sede de

30 Rcl n° 1.987/DF, Rel. Min. Maurício Correia, DJ de 21.05.2004.

31 Rcl n° 1.987/DF, Rel. Min. Maurício Correia, DJ de 21.05.2004.

32 Voto proferido pelo Min. Celso de Mello na Rcl n° 1.987/DF, Rel. Min. Maurício Correia, DJ de 21.05.2004.

33 Voto proferido pelo Min. Gilmar Mendes na Rcl n° 1.987/DF, Rel. Min. Maurício Correia, DJ de 21.05.2004.

34 Voto da Min. Carmen Lúcia na Rcl AgR n° 5.389-0/PA, Rel. Min. Carmen Lúcia, DJ de 19.12.2007.

controle abstrato de normas[35], em consonância com as justificativas que apoiaram sua proposição em 1992.

7. A CRISE ANUNCIADA

A assimilação sistêmica do efeito vinculante acabou, contudo, por produzir consequências consideradas disfuncionais. Sua incorporação à ordem processual aplicável à jurisdição constitucional seguramente repercutiu sobre institutos e práticas que já a integravam anteriormente. Sua acomodação à sistemática pré-existente, sem a remodelação de outros mecanismos e procedimentos, não se revelou imune a distúrbios, contradições e sobreposições.

Originalmente, como se viu, o efeito vinculante tinha aplicação reduzida. Segundo estatuído na Emenda Constitucional n° 3/93, decorria unicamente das decisões de mérito proferidas em ação declaratória de constitucionalidade. Apenas um instrumento processual, cujo uso mostrava-se consideravelmente limitado, estava juridicamente habilitado a produzir tais decisões. O diminuto número de ações dessa espécie acabou por conter o pleno desenvolvimento jurisprudencial do instituto. Também tolheu a visibilidade de eventuais distorções e disfuncionalidades.

Em poucos anos, o efeito vinculante foi estendido a vários e diferentes parâmetros e provimentos decisórios. Logo após o julgamento da ADC-QO n° 1-1/DF, passou, por interpretação judicial, a alcançar também as medidas cautelares prolatadas em[36]. Mais adiante, foi também atribuído, em face das Leis n° 9.868/1999 e n° 9.882/1999, às decisões cautelares e de mérito emitidas em sede de ação direta de inconstitucionalidade e arguição de descumprimento de preceito fundamental. Sua aplicação foi, ainda, ampliada pela Emenda Constitucional n° 45/2004, de modo a dimanar das chamadas súmulas vinculantes (art. 103-A). Não

35 Mencione-se, entre outros, os seguintes julgados do STF: Rcl n° 2.363-0, Rel. Min. Gilmar Mendes, DJ de 01.04.2005; Rcl nª 4.587/BA, Rel. Min. Sepúlveda Pertence, DJ de 23.03.2007; Rcl MC n° 4.999/RN, Rel. Min. Celso de Mello, DJ de 22. 03.2007; Rcl n° 4.906/PA, Rel. Min. Joaquim Barbosa, DJ de 11.04.2008; Rcl MC n° 4.387/PI, Rel. Min. Celso de Mello, DJ de 22. 10.2006; Rcl nº 4.788/SE, Rel. Min. Carmen Lúcia, DJ de 28.11.2006; Rcl nº 5.928/SP, Rel. Min. Carmen Lúcia, DJ de 11.09.2009; Rcl MC n° 4.220/SP, Min. Rel. Carlos Britto, DJ de 11.05.2006; Rcl nº 5.771/MG, Rel. Min. Eros Grau, DJ de 05.03.2008.

36 ADC-MC n° 4-6, Rel. Min. Sydney Sanches, DJ de 21.05.1999.

bastasse isso tudo, os motivos que fundamentam essas decisões, sobretudo as proferidas em sede de controle abstrato, passaram, outrossim, a produzir efeito vinculantc.

Determinadas práticas processuais e decisórias enraizadas na rotina do STF não foram, nesse sentido, adaptadas em face da inovação propiciada pelo efeito vinculante enquanto imposição da *ratio decidendi* dos julgados. A identificação dos motivos determinantes das decisões é tarefa particularmente problemática ante o modelo de deliberação empregado pela Corte. É ele propenso - principalmente em face dos avanços da tecnologia - a gerar julgamentos com votos e arrazoados extensos e individualizados. Não são raras, nesse âmbito, sentenças judiciais com centenas de páginas. Tal circunstância, consequentemente, lançou inúmeros operadores do direito na tarefa de garimpar, em cada voto prolatado, frases e considerações que lhes permitissem impugnar decisões judiciais e atos administrativos. Abria-se a possibilidade de alegar ofensa ao efeito vinculante ante a confrontação com observações laterais - arguidas como parte da *ratio decidendi* - pronunciadas por qualquer dos integrantes da Corte durante os julgamentos.

Tamanha extensão do instituto cobrou preço elevado. Foi fator de estímulo ao significativo aumento do volume de reclamações propostas perante o STF. A tabela abaixo[37] exemplifica bem esse crescimento:

ANO	RECLAMAÇÕES AJUIZADAS
1994	45 reclamações
2001	228 reclamações
2004	491 reclamações
2011	1.856 reclamações

A união da (a) ampliação do número de decisões que produzem efeito vinculante com a (b) imposição dos seus motivos determinantes, a (c) desobstrução da via rápida da reclamação e (d) julgamentos com votos individuais de excessiva extensão textual formou ambiente propício

37 BRASIL. Supremo Tribunal Federal. **Relatório de atividades 2020 - Supremo Tribunal Federal**. Brasília: STF, 2021; BRASIL. Conselho Nacional de Justiça. **Supremo em ação 2018: ano-base 2017**. Brasília: CNJ, 2017; BRASIL. Supremo Tribunal Federal. **Banco Nacional de Dados do Poder Judiciário**. Disponível em http://www.stf.gov.br/bndpj/stf/ClasseProc.asp. Acessado em 11.02.2004.

à desmedida proliferação de novos processos. No caso, de reclamações. A inconveniente sobrecarga que se anunciava precipitou o reexame da questão. A situação reclamava premente mudança de rumos. Entre 2006 e 2010, período em que se julgou a Reclamação nº 3.014/SP[38], ganhou corpo nova proposta de revisão do entendimento que prevalecia sobre a matéria. O preocupante prognóstico foi bem resumido no enfático alerta proclamado por um dos Ministros presentes àquele julgamento: "Ministro, daqui a pouco só teremos processos de capa rosa! Isso assusta!"[39].

8. O RECUO

É certo que a compreensão do efeito vinculante como imposição da *ratio decidendi* nunca alcançou a pacificação. No âmbito do STF, mesmo nos julgados em que tal entendimento era meramente reiterado – corroborando os primeiros precedentes que o acolhiam –, vozes dissidentes se levantavam em contraposição.

A reação levada a efeito na Reclamação nº 3.014/SP fundou-se, principalmente, na preocupação dos Ministros com a quantidade de reclamações, visto que, como salientado naquele julgado, "o número de reclamações aumenta assustadoramente"[40]. Dados e números foram trazidos em diferentes votos com o objetivo de evidenciar tal crescimento e, portanto, a temível sobrecarga que se aproximava.

Detida análise dos votos proferidos nessa decisão, todavia, não autoriza concluir que a maioria dos Ministros rejeitou a imposição dos fundamentos determinantes dos julgados proferidos em sede de controle abstrato de normas[41]. Mais importante ainda: nenhum dos eminentes julgadores que se posicionaram pela rejeição da vinculatividade da *ratio decidendi* explicitaram concepção alternativa sobre o efeito vinculante. Opuseram-se à noção adotada a partir da Reclamação n° 1.987/DF, mas não apresentaram outra em seu lugar.

Ainda assim, a decisão proferida na Reclamação nº 3.014/SP passou a ser mencionada, nos casos subsequentes, como o precedente que

38 Rcl. nº 3.014/SP, Rel. Min. Ayres Britto, DJ de 20.05.2010.

39 Rcl. nº 3.014/SP, Rel. Min. Ayres Britto, DJ de 20.05.2010.

40 Rcl. nº 3.014/SP, Rel. Min. Ayres Britto, DJ de 20.05.2010. Ver a propósito PINHEIRO, Victor Marcel. **Decisões vinculantes do STF: a cultura dos precedentes**. São Paulo: Almedina, 2021, p. 87.

41 PINHEIRO, Victor Marcel. **Decisões vinculantes do STF**, p. 87.

superou a tese da vinculatividade ou "transcendência" dos motivos determinantes[42]. Ao examinar novas reclamações que invocavam o descumprimento da *ratio decidendi* de decisões com efeito vinculante, o STF limitou-se a declarar a "inaplicabilidade da transcendência dos fundamentos determinantes adotados no julgamento das ações diretas"[43].

Na prática, o efeito vinculante – aprovado como acréscimo de eficácia às decisões do STF – acabou, em sede de controle abstrato, reduzido à pálida projeção da eficácia *erga omnes*. Distante de sua inspiração europeia, sua principal funcionalidade resumiu-se a superar as restrições erigidas pela jurisprudência sobre a legitimidade das partes nos processos de reclamação. Viabilizou, assim, o uso da reclamação por qualquer pessoa prejudicada em face de decisões judiciais e atos administrativos que contrariem a parte dispositiva dos julgados proferidos em ações de controle abstrato. Trata-se de aspecto processual que, conceitualmente, deveria advir da própria eficácia contra *todos*. Afinal, ao se aplicar a *todos*, legitimaria *todos* que forem lesados pelo descumprimento do *decisum* a pleitear, pela via adequada, a garantia judicial de sua autoridade.

9. EFEITO VINCULANTE E REPERCUSSÃO GERAL

Paralelamente ao debate sobre o conteúdo normativo do efeito vinculante e o cabimento da reclamação, outra questão ganhava espaço no âmbito da jurisdição constitucional. Em relação ao volume de processos, uma das principais preocupações, há muito tempo, tem recaído sobre os recursos extraordinários. Trata-se, em termos quantitativos, do principal instrumento do controle de constitucionalidade manejado perante o STF.

Com a finalidade de racionalizar seu uso e diminuir a significativa demanda, foi instituído, a partir da Emenda Constitucional nº 45/2004, novo pressuposto para sua admissibilidade. Nos termos do art. 102, § 3º, da Constituição, os recursos extraordinários interpostos devem evi-

42 Ver, entre outros, Rcl AgR nº 9.778/RJ, Rel. Min. Ricardo Lewandowski, DJ de 11.11.2011; e Rcl AgR nº 11.477/CE, Rel. Min. Marco Aurélio, DJ de 30.08.2012.

43 Rcl AgR nº 6.204/AL, Rel. Min. Eros Grau, DJ de 28.05.2010; Rcl AgR nº 3.385/RN, Rel. Min. Dias Toffoli, DJ de 08.09.2011; Rcl AgR nº 11.479/CE, Rel. Min. Cármen Lúcia, DJ de 25.02.2013; Rcl AgR nº 19.099/GO, Rel. Min. Celso de Mello, DJ de 27.05.2015; Rcl AgR nº 11.058/PR, Rel. Min. Rosa Weber, DJ de 14.04.2016; Rcl AgR nº 9.778/RJ, Rel. Min. Ricardo Lewandowski, DJ de 11.11.2011; Rcl AgR nº 11.477/CE, Rel. Min. Marco Aurélio, DJ de 30.08.2012.

denciar "a repercussão geral das questões constitucionais discutidas no caso". Trata-se de "mecanismo de filtragem"[44] que tem por objetivo reservar ao Supremo Tribunal Federal apenas as controvérsias constitucionais de maior importância e magnitude, de modo a não comprometer seu desempenho mediante o necessário exame de questões de menor expressão.

Definida inicialmente na Lei nº 11.418/2006 – que introduziu modificações ao CPC de 1973 – e nas alterações regimentais aprovadas pelo STF, a disciplina infraconstitucional do instituto estabeleceu novos contornos normativos aos efeitos das decisões proferidas em sede de recurso extraordinário.

Ante o ingresso de múltiplos recursos sobre idêntica controvérsia, passou-se a autorizar a seleção de um ou mais feitos representativos da questão, determinando a devolução dos demais às instâncias judiciais *a quo*. Em tais casos de multiplicidade, comunica-se tribunais e turmas de juizado especial de modo a sobrestar todas as demais causas que apresentem questão idêntica. Tal sobrestamento deve, assim, perdurar até que o STF concluísse o julgamento da controvérsia[45].

O julgamento de mérito do recurso extraordinário, assim, passou a determinar a apreciação dos recursos sobrestados e devolvidos pelos tribunais inferiores, sem remetê-los à Corte Suprema. Nos termos do art. 543-B, § 3º, do CPC de 1973, cumpriria declará-los prejudicados ou emitir juízo de retratação de forma a adequar os pronunciamentos à orientação aprovada na decisão proferida pelo STF. Considerou-se, em razão disso, a desnecessidade de decisões repetidas sobre a mesma controvérsia. Em julgamento do STF sobre a questão, afirmou-se que "toda a reforma processual foi concebida de forma a permitir que a Suprema Corte se

44 Ver, dentre outros, TUCCI, José Rogério Cruz e. Anotações sobre a repercussão geral como pressuposto de admissibilidade do recurso extraordinário (Lei nº 11.418/2006). **Revista da ESMAPE**, vol 12, nº 25, jan.-jun. de 2007, p. 185; também PAIVA, Lúcio Flávio Siqueira de. Lei nº 11.418 e a repercussão geral no recurso extraordinário. **Revista IOB de direito civil e processual civil**. Ano IX, nº 56, nov./dez. de 2008, p. 19.

45 Ambas as providências – (a) a comunicação dos tribunais *a quo* para que sobrestem os recursos e agravos que versam a mesma matéria e (b) a devolução de recursos e agravos que já haviam chegado à Corte que cuidavam da mesma controvérsia – foram definidas, em decisão plenária, ante a controvérsia sobre a constitucionalidade dos arts. 45 e 46 da Lei nº 8.112/91 e do art. 5º, parágrafo único, do Decreto-lei nº 1.569/77 (cf. RE-QO nº 556.664/RS, Rel. Min. Gilmar Mendes, DJ de 09.05.2008).

debruce uma única vez sobre cada questão constitucional"[46]. Em outra decisão, encontra-se juízo ainda mais assertivo ao se reconhecer que "o Tribunal se manifesta uma única vez a respeito de matéria veiculada em recurso extraordinário interposto após a vigência do sistema da repercussão geral (...) o julgamento, repito, será único"[47].

A ideia de que a repercussão geral enseja apenas uma manifestação plenária sobre a matéria vem associada, de outra parte, à observância pelos demais tribunais da orientação definida no julgamento, segundo o art. 543-B, § 3º, do CPC de 1973. Vale destacar, a esse propósito, que a solução a ser aplicada pelas instâncias inferiores não se encontra - como regra geral - na parte dispositiva do julgado do STF. Está ela radicada na motivação que ampara a decisão. Na prática, consiste em sua *ratio decidendi*.

Cuida-se, em outras palavras, de impor aos demais casos sobrestados as razões que pautaram o julgamento do recurso extraordinário, ainda que os diplomas legislativos contestados sejam outros. O que importa ao juízo de retratação levado a efeito pelos tribunais *a quo* são justamente os fundamentos determinantes sufragados pelo STF.

Tal concepção encontra-se claramente refletida no exame que o STF realizou sobre a sistemática do recurso extraordinário estabelecida a partir da Lei nº 11.418/2006. Ao analisar a matéria, reconheceu

46 Cf. voto proferido pelo Min Gilmar Mendes no AI-QO nº 760.350/SE, Rel. Min. Gilmar Mendes, DJ de 19.02.2010. Também em sede doutrinária encontra-se conclusão semelhante, a exemplo do que se verifica em THEODORO JÚNIOR, Humberto. Repercussão geral no recurso extraordinário (Lei nº 11.418) e súmula vinculante do Supremo Tribunal Federal (Lei nº 11.417). **Revista IOB de direito civil e processual civil**. Ano VIII, nº 48, jul.-ago. de 2007, p. 121.

47 despacho monocrático proferido no RE nº 565.089/SP, Rel Min. Marco Aurélio, DJ de 10.12.2008. Diversas outras decisões contemplam a mesma perspectiva. Ao examinar a questão, a Ministra Carmen Lúcia afirmou expressamente que "o instituto da repercussão geral tem por objeto consolidar o exame da matéria num único julgamento" (cf. despacho monocrático proferido no RE nº 598.037/RS, Rel. Min. Carmen Lúcia, DJ de 02.08.2011; também AI-AgR nº 598.528/MG, Rel. Min. Carmen Lúcia, DJ de 21.06.2011; RE-AgR nº 391.793/SC, Rel. Min. Carmen Lúcia, DJ de 13.06.2011; RE-ED nº 614.358/SE, Rel. Min. Carmen Lúcia, DJ de 25.11.2010). Orientação semelhante foi corroborada pelo Ministro Dias Toffoli, ao asseverar que "o instituto da repercussão geral tem por objeto consolidar o exame da matéria constitucional discutida em um único julgamento considerando todas as premissas relacionadas ao tema" (cf. despacho monocrático proferido no RE-AgRg nº 234.995/SP, Rel. Min. Dias Toffoli, DJ de 21.02.2011; também RE nº 608.552/AL, Rel. Min. Dias Toffoli, DJ de 07.04.2011; RE-AgR nº 590.659/PR, Rel. Min. Dias Toffoli, DJ de 08.11.2010).

a Ministra Ellen Gracie que "seria possível a aplicação ampliativa da decisão proferida por este Supremo Tribunal, desde que restrita à tese fixada sobre a matéria"[48]. Aludindo aos casos de declaração de inconstitucionalidade de leis municipais instituidoras de IPTU progressivo, considerou a eminente julgadora que "seria possível a aplicação de tal entendimento às leis de outras municipalidades que também tenham estabelecido a progressividade para o mesmo imposto"[49]. Recorrendo também à orientação jurisprudencial sobre a instituição de IPTU progressivo, o Ministro Gilmar Mendes, por sua vez, declarou ser necessário "admitir que essa decisão seja válida, como *leading case*, para solucionar todos os processos em que se questione a constitucionalidade do IPTU progressivo, ainda que originada de leis de outros municípios"[50]. Para ele, "é plenamente consentânea, portanto, com o novo modelo, a possibilidade de se aplicar o decidido quanto a uma questão constitucional a todos os múltiplos casos em que a questão se apresente como determinante do destino da demanda, ainda que revestida de circunstâncias acidentais diversas"[51].

Em outro julgado ocorrido no mesmo período, foi reiterada essa mesma orientação. Nos termos do voto proferido pela Ministra Ellen Gracie – e sufragado à unanimidade –, considerou-se ser "inerente ao sistema inaugurado pela EC 45/2004 que decisões proferidas pelo Plenário do Supremo Tribunal Federal quando do julgamento de recursos extraordinários com repercussão geral *vinculem* os demais órgãos do Poder Judiciário no que diz respeito à solução, por estes, de outros feitos sobre idêntica controvérsia"[52].

A *aplicação ampliativa* da orientação adotada – uma única vez – em julgamento de recurso extraordinário pelas demais instâncias do Poder Judiciário não se restringe – vale perceber – à sua parte dispositiva.

---

48 Voto proferido pela Min Ellen Gracie no AI-QO nº 760.350/SE, Rel. Min. Gilmar Mendes, DJ de 19.02.2010.

49 Voto proferido pela Min Ellen Gracie no AI-QO nº 760.350/SE, Rel. Min. Gilmar Mendes, DJ de 19.02.2010.

50 Voto proferido pelo Min Gilmar Mendes no AI-QO nº 760.350/SE, Rel. Min. Gilmar Mendes, DJ de 19.02.2010.

51 Voto proferido pelo Min Gilmar Mendes no AI-QO nº 760.350/SE, Rel. Min. Gilmar Mendes, DJ de 19.02.2010.

52 Voto proferido pela Min. Ellen Gracie na Rcl nº 10.793/SP, Rel. Min. Ellen Gracie, DJ de 06.06.2011.

Passou a alcançar os seus fundamentos determinantes. Em suma, implícita ao modelo da repercussão geral, tal como interpretado pelo Supremo Tribunal Federal, está a atribuição de efeito vinculante às decisões de mérito - únicas e avulsas - proferidas em sede de recurso extraordinário[53]. Trata-se de um efeito vinculante implícito ou subliminar[54].

O regime legal da repercussão geral foi mantido e aperfeiçoado em face do advento do CPC de 2015 e, mais adiante, da Lei nº 13.256, de 2016. Assim, preservou modelo de seleção de recursos representativos das controvérsias, estatuindo formato que conta com a colaboração dos tribunais *a quo* (art. 1.036 do CPC/2015). Também foi salvaguardado o procedimento de sobrestamento dos processos mediante a emissão de "decisão de afetação", que inaugura prazo de 1 (um) ano para o julgamento do recurso (art. 1.037 do CPC/2015). Quanto aos efeitos do chamado "acórdão paradigma", estipulou-se semelhante modelo de juízo de retratação, impondo ao tribunal de origem negar seguimento aos recursos extraordinários sobrestados na origem, se o acórdão recorrido "coincidir com a orientação" fixada pelo STF ou reexaminá-los caso a contrarie. Determina, ademais, a retomada do curso dos processos sobrestados "para julgamento e aplicação da tese firmada pelo tribunal superior" (art. 1.040 do CPC/2015). Vale observar que, no caso, a lei fala na aplicação pelas instâncias inferiores da *orientação* (art. 1.040, I e II, do CPC/2015) e da *tese* (art. 1.040, III e IV, do CPC/2015) adotadas nos julgamentos.

Os primeiros debates no STF sobre a repercussão geral - e, por decorrência sobre o efeito vinculante das decisões proferidas em recurso extraordinário - revelou certa hesitação quanto ao controle sobre a observância de seu conteúdo pelas instâncias inferiores. Naturalmente, a aplicação equivocada da orientação definida no "acórdão paradigma" sugere a necessidade de atuação supervisora do STF. Ainda que se conseguisse vislumbrar a necessidade de garantir a autoridade da decisão nesse âmbito, resistências se antepunham ao uso da reclamação[55]. A

53 No mesmo sentido, ver VALLE, Vanice Lírio. Repercussão geral: um passo a mais na difícil construção da vinculatividade das decisões judiciais. **Revista da EMERJ**, v. 10, nº 40, 2007, pp. 150-151.

54 Vanice Lírio Valle afirma, nesse sentido, haver uma *vinculatividade insinuada*, instituída em lei de forma *oblíqua* (Repercussão geral: um passo a mais na difícil construção da vinculatividade das decisões judiciais, p. 146).

55 Ver a propósito os diversos votos proferidos no AI-QO nº 760.350/SE, Rel. Min. Gilmar Mendes, DJ de 19.02.2010; também as manifestações proferidas por ocasião do julgamento da Rcl AgRg nº 11.427/MG, Rel. Min. Ricardo Lewandowski, sessão

questão acabou dirimida em face do CPC de 2015. Consoante estabelecido em seu texto, não é cabível reclamação "para garantir a observância de acórdão de recurso extraordinário com repercussão geral reconhecida ou de acórdão proferido em julgamento de recursos extraordinário (...), quando não esgotadas as instâncias ordinárias" (art. 988, § 5°, II, do CPC/2015).

A desassociação ocorrida nesse caso entre a vinculatividade dos fundamentos determinantes e o cabimento da reclamação lança luzes, ademais, sobre os contornos conceituais do efeito vinculante. De um lado, está o significado da eficácia acrescida à decisão ante a introdução do efeito vinculante. Trata-se de saber – como acima analisado – se tal ampliação teria, assim, ocorrido em relação ao conteúdo da decisão (limites objetivos) ou aos seus destinatários (limites subjetivos). Questão diversa recai, de outro lado, sobre os mecanismos legais disponíveis para controlar eventual descumprimento. É juízo sobre os meios processuais a serem empregados para impugnar a inobservância da decisão.

No caso das decisões proferidas em sede de recurso extraordinário, passou-se a (a) considerar a imposição de sua *ratio decidendi* – permitindo que se perceba a produção de efeito vinculante mesmo sem expressa disposição legal – e (b) obstar o uso da reclamação. A garantia da autoridade dos fundamentos determinantes da decisão, nesse caso, recai sobre as demais ações e recursos admitidos pela ordem processual[56]. Ao final, após superadas as vias judiciais ordinárias, caso a última decisão não tenha aplicado corretamente a orientação definida em sede de recurso extraordinário – violando sua *ratio decidendi* – mostra-se possível cogitar (a) de reconhecimento *ex lege* da repercussão geral para fins de interposição de recurso extraordinário (art. 1.035, § 3°, I, do CPC/2015) ou (b) do exaurimento que, em caráter excepcional, autoriza a propositura de reclamação (art. 988, § 5°, II, do CPC/2015).

---

de 04.08.2011 (Informativo STF nº 634). Consoante assinalado por Patrícia Perrone Campos Mello, tal resistência ao uso da reclamação "privou os precedentes firmados em sede difusa de um mecanismo essencial para assegurar a sua efetividade" (O Supremo Tribunal Federal: um Tribunal de Teses. **Revista da EMERJ**, Rio de Janeiro, v. 21, n. 3, t.2, 2019, p. 447).

56 PINHEIRO, Victor Marcel. **Decisões vinculantes do STF**, p. 102.

10. Deliberação judicial e teses de julgamento

Ainda em relação à sistemática aplicável ao recurso extraordinário, a Lei nº 11.418/2006 incorporou ao CPC de 1973 disposição determinando que "a Súmula da decisão sobre a repercussão geral constará de ata, que será publicada no Diário Oficial e valerá como acórdão" (art. 543-A, § 7º, do CPC/1973). O cumprimento desse comando normativo deu origem à nova prática deliberativa: a aprovação de teses para figurar como súmula da decisão. Passou o recurso extraordinário a ser compreendido como instrumento voltado a "julgar caso concreto" e, ao mesmo tempo, "fixar teses"[57].

Em julgado do STF ocorrido em 2014, entendeu o Ministro Dias Toffoli - em posição que obteve o apoio da maioria - "essencial" a fixação das "teses do julgado, em sede de repercussão geral, para que gerem efeitos *erga omnes* e para que os objetivos da tutela jurisdicional especial alcancem de forma eficiente os seus resultados jurídicos"[58]. Consoante seu entendimento, tal procedimento deliberativo seria cabível "para não ficarem os fundamentos ao longo do voto e, depois, em razão da repercussão geral, não se saber o que pinçar", cabendo, portanto, explicitar "as diretrizes de maneira objetiva"[59]. Outros casos julgados em sede de recurso extraordinário[60] observaram essa fase do processo decisório com vistas a aprovar a tese adotada. Passaram, assim, a figurar as teses no corpo dos acórdãos como verbetes ou enunciados destinados - de forma geral e abstrata - a sintetizar sua fundamentação.

---

57 Voto do Ministro Teori Zavascki proferido no RE nº 561.836/RN, Rel. Min. Luiz Fux, DJe de 10.02.2014. Em dezembro de 2015, foi submetido, em sede de sessão administrativa, ao exame dos integrantes do STF estudo com "todas as teses de repercussão geral firmadas pelo Plenário e as propostas de teses que ainda não foram expressamente fixadas". O objetivo, segundo explicitado na ata da sessão, residia no cumprimento do disposto no § 7º do art. 543-A do Código de Processo Civil. (STF - Ata da 12ª sessão administrativa, em 09.12.2015. Disponível em https://portal.stf.jus.br/textos/verTexto.asp?servico=legislacaoAtasSessoesAdministrativas&pagina=atasSessoesAdministrativas. Acessado em 21.02.2023).

58 RE nº 596.692/MT, Rel. Min. Dias Toffoli, DJe de 30.10.2014.

59 RE nº 596.692/MT, Rel. Min. Dias Toffoli, DJe de 30.10.2014.

60 Ver, entre outros, ARE nº 664.335/SC, Rel. Min. Luiz Fux, DJe de 12.02.2015; RE nº 658.312/SC, Rel. Min. Dias Toffoli, DJe de 10.02.2015; RE nº 570.392/RS, Rel. Min. Cármen Lúcia, DJe de 19.02.2015; RE nº 586.224/SP, Rel. Min. Luiz Fux, DJe de 08.05.2015; RE nº 591.054/SC, Rel. Min. Marco Aurélio, DJe de 26.02.2015.

No CPC de 2015, diversas disposições se referem à observância da tese firmada ou adotada pelo STF em recurso extraordinário, contribuindo para sua consolidação como aspecto elementar dos julgados. Determinou-se, nessa linha, que, em face da publicação do chamado acórdão paradigma, "os processos suspensos em primeiro e segundo graus de jurisdição retomarão o curso para julgamento e aplicação da tese firmada pelo tribunal superior" (art. 1.040, III, do CPC/2015). Após o julgamento do recurso extraordinário interposto contra decisão proferida em incidente de resolução de demandas repetitivas, estabeleceu-se que "a tese jurídica adotada pelo Supremo Tribunal Federal (...) será aplicada no território nacional a todos os processos individuais ou coletivos que versem sobre idêntica questão de direito" (art. 987, § 2°, do CPC/2015).

A deliberação sobre a tese adotada acaba, como visto, por sumarizar em enunciados ou verbetes os fundamentos determinantes da decisão[61], viabilizando que agentes públicos, além da sociedade em geral, possam identificá-los com mais clareza e objetividade. Sob certo aspecto, trata-se de fórmula, ainda em desenvolvimento, que explicita as razões subjacentes ao julgado a serem consideradas vinculativas. Impõe, assim, abrandamento ao ímpeto de postular a vinculação de cada frase ou comentário encontrado nos extensos votos e pronunciamentos que têm marcado a atuação judicante do STF nos dias de hoje.

É certo que diversas decisões de mérito proferidas em sede de recurso extraordinário têm aprovado enunciados de tese excessivamente reduzidos. Em muitos casos, sem explicitar parte relevante da fundamentação, a tese limita-se a registrar a declaração de (in)constitucionalidade de determinado preceito legal sem discriminar as razões que justificam tal juízo. Tome-se como exemplo a tese fixada no julgamento do RE n° 602.917/RS: "É constitucional o artigo 3º da Lei

61 Segundo Patrícia Perrone Campos Mello, "a tese emergente do julgamento, ou seja, a sua *ratio decidendi*, deve corresponder ao entendimento firmado pela maioria da Corte como uma premissa necessária para solucionar o caso concreto" (O Supremo Tribunal Federal: um Tribunal de Teses, p. 462). Em sentido semelhante, afirmou Victor Marcel Pinheiro que "as teses são razões utilizadas pelo Tribunal para resolver questões prévias ao julgamento da questão principal do caso sob análise e, desse modo, do ponto de vista da teoria da decisão judicial, sempre são parte de sua fundamentação" (A fixação de teses pelo STF e a "sumulização" dos precedentes constitucionais. **Consultor Jurídico: conjur.com.br**, 1º-08-2020, disponível em https://www.conjur.com.br/2020-ago-01/observatorio-constitucional-fixacao-teses-stf-sumulizacao-precedentes, acessado em 27.02.2023).

7.798/1989, que estabelece valores pré-fixados para o IPI"[62]. Não restam dúvidas que os motivos que amparam o reconhecimento da constitucionalidade de tal disposição legal não constam da tese aprovada, tornando-a incompleta e deficiente. No entanto, não se pode deixar de reconhecer, no caso, que o conteúdo do enunciado da tese integra os motivos determinantes do acórdão.

Em decisões proferidas no âmbito do controle de constitucionalidade *incidenter tantum*, como no caso dos recursos extraordinários, o juízo sobre a constitucionalidade da lei constitui, como regra geral, fundamento da sentença que decide o caso concreto. Não é elemento próprio da parte dispositiva. O exame da constitucionalidade dos atos do poder público, consoante a lição de Rui, "não entra na lide senão como elemento de julgar: não é o seu ponto de mira judicial". Segundo ele, "a inconstitucionalidade (...) não se aduz como alvo da ação, mas apenas como subsídio à justificação do direito, cuja reivindicação se discute"[63]. Trata-se de parâmetro dogmático que continua plenamente atual e aplicável, considerando-se que, nessa modalidade de controle judicial, "o pronunciamento acerca da constitucionalidade ou não de uma norma faz parte do itinerário lógico do raciocínio jurídico a ser desenvolvido"[64]. Constitui, portanto, questão que "precisa ser decidida como premissa necessária para a resolução do litígio" [65]. É, por conseguinte, parte integrante da *ratio decidendi*, pois – frise-se – o juízo de constitucionalidade, no âmbito do controle incidental, é "premissa necessária" que se insere no "itinerário lógico do raciocínio jurídico" levado a efeito para a resolução jurídica da controvérsia.

Há, de outra parte, decisões que, diferentemente, aprovaram teses com maior abrangência e extensão. Sumarizam, nessa linha, em maior extensão a *ratio decidendi*, muito embora aperfeiçoamentos possam,

62 RE n° 602.917/RS, Rel. Min. Rosa Weber, DJe de 21.10.2020.

63 BARBOSA, Rui. Os atos inconstitucionais do Congresso e do Executivo. **Obras Seletas de Rui Barbosa: Trabalhos Jurídicos**. Rio de Janeiro: Casa de Rui Barbosa, vol. XI, 1962, p. 82.

64 BARROSO, Luís Roberto. **O controle de constitucionalidade no direito brasileiro**. São Paulo: Saraiva, 2009, 4ª ed., p. 49; TAVARES, André Ramos. **Tratado da arguição de preceito fundamental**. São Paulo: Saraiva, 2001, p. 271; RAMOS, Elival da Silva. **Controle de constitucionalidade no Brasil: perspectivas de evolução**, p. 294.

65 BARROSO, Luís Roberto. **O controle de constitucionalidade no direito brasileiro**, p. 49.

ainda, ser reivindicados. Tome-se como exemplo a tese aprovada no RE n° 631.240/MG[66], colacionada abaixo:

> I - A concessão de benefícios previdenciários depende de requerimento do interessado, não se caracterizando ameaça ou lesão a direito antes de sua apreciação e indeferimento pelo INSS, ou se excedido o prazo legal para sua análise. É bem de ver, no entanto, que a exigência de prévio requerimento não se confunde com o exaurimento das vias administrativas; II – A exigência de prévio requerimento administrativo não deve prevalecer quando o entendimento da Administração for notória e reiteradamente contrário à postulação do segurado; III – Na hipótese de pretensão de revisão, restabelecimento ou manutenção de benefício anteriormente concedido, considerando que o INSS tem o dever legal de conceder a prestação mais vantajosa possível, o pedido poderá ser formulado diretamente em juízo – salvo se depender da análise de matéria de fato ainda não levada ao conhecimento da Administração –, uma vez que, nesses casos, a conduta do INSS já configura o não acolhimento ao menos tácito da pretensão; IV – Nas ações ajuizadas antes da conclusão do julgamento do RE 631.240/MG (03/09/2014) que não tenham sido instruídas por prova do prévio requerimento administrativo, nas hipóteses em que exigível, será observado o seguinte: (a) caso a ação tenha sido ajuizada no âmbito de Juizado Itinerante, a ausência de anterior pedido administrativo não deverá implicar a extinção do feito; (b) caso o INSS já tenha apresentado contestação de mérito, está caracterizado o interesse em agir pela resistência à pretensão; e (c) as demais ações que não se enquadrem nos itens (a) e (b) serão sobrestadas e baixadas ao juiz de primeiro grau, que deverá intimar o autor a dar entrada no pedido administrativo em até 30 dias, sob pena de extinção do processo por falta de interesse em agir. Comprovada a postulação administrativa, o juiz intimará o INSS para se manifestar acerca do pedido em até 90 dias. Se o pedido for acolhido administrativamente ou não puder ter o seu mérito analisado devido a razões imputáveis ao próprio requerente, extingue-se a ação. Do contrário, estará caracterizado o interesse em agir e o feito deverá prosseguir; V – Em todos os casos acima – itens (a), (b) e (c) –, tanto a análise administrativa quanto a judicial deverão levar em conta a data do início da ação como data de entrada do requerimento, para todos os efeitos legais.

---

66 RE n° 631.240/MG, Rel. Min. Roberto Barroso, DJ de 10.11.2014.

Certamente, convém que a formulação das teses firmadas nos julgados proferidos em sede de recurso extraordinário, tanto quanto possível, apresente de forma completa os fundamentos determinantes que sustentam racionalmente os comandos decisórios constantes da parte dispositiva. Deveria explicitar, em ordem lógica e encadeada, todas as razões jurídicas que, sufragadas pela maioria, justificam coerentemente a decisão. Nesse sentido, a redução extremada – como a presente nas teses que se limitam a afirmar a inconstitucionalidade de certo preceito legal – restringe em demasia os efeitos benéficos do sistema de teses. Obsta que se compreenda, a partir da leitura de seus enunciados, a motivação que levou à determinada decisão[67]. Acaba por estimular, ademais, o esquadrinhamento dos alargados pronunciamentos constantes dos votos individuais de modo a colher em sua fraseologia fundamentos vinculativos não explicitados na tese aprovada.

11. Efeito vinculante e controle abstrato de normas

Em relação às decisões proferidas em sede de controle abstrato, tem o STF reiterado a orientação que rejeita o efeito vinculante como imposição dos fundamentos determinantes. Diversas reclamações seguem sendo inadmitidas[68] em face da acanhada noção adotada de efeito vinculante, materializada mediante discreto reforço aos demais efeitos e atributos que qualificam tais julgados.

O esforço institucional em romper com a posição anterior – que reconhecia vinculatividade à *ratio decidendi* das decisões proferidas em controle abstrato – não resultou, contudo, na contenção do volume de reclamações propostas. O número de ajuizamentos, como se temia, se-

67 A distinção entre tese e *ratio decidendi* alvitrada por Taís Schlling Ferraz acaba por evidenciar as deformidades e incompletudes que têm marcado a redação de teses em várias decisões. Como destaca a autora, seria "um caminho possível", nessa linha, "construir a tese de forma a trazer conjuntamente sua motivação essencial" (FERRAZ, Taís Schlling. **O precedente na jurisdição constitucional**. São Paulo: Saraiva, 2017, pp. 266-267).

68 Rcl-ED-AgR n° 43.142/SP, Rel. Min. Cármen Lúcia, DJe de 12.02.2021; Rcl-AgR n° 53.957/PB, Rel. Min. Nunes Marques, DJe de 16.02.2023, Rcl-AgR n° 31.037/PR, Rel. Min. Nunes Marques, DJe de 28.04.2022; Rcl-AgR n° 48.910/PI, Rel. Min. Ricardo Lewandowski, DJe de 22.10.2021; Rcl-ED n° 43.549/MA, Rel. Min. Alexandre de Moraes, DJe de 20.09.2021; Rcl-AgR n° 44.644/AC, Rel. Min. Cármen Lúcia, DJe de 17.03.2021; Rcl-AgR n° 45.092/PI, Rel. Min. Rosa Weber, DJe de 08.03.2021.

guiu aumentando *assustadoramente*. É o que se extrai dos dados[69] apresentados no quadro abaixo:

ANO	RECLAMAÇÕES AJUIZADAS
2011	1.856 reclamações
2014	2.375 reclamações
2017	3.326 reclamações
2020	6.576 reclamações

Exame detido das decisões proferidas após 2010 em sede de reclamação, no entanto, evidencia importante flexibilização da jurisprudência que nega a imposição vinculativa dos fundamentos determinantes. Tome-se como exemplo o julgamento da Reclamação n° 43.930/ES[70] em que se impugnava decisão proferida pelo TJ/ES por contrariar o julgado na ADI n° 423/ES que declarou inconstitucional o art. 32 do ADCT da Constituição estadual. No preceito declarado inconstitucional, garantia-se "aos atuais escreventes juramentados (...) o direito de optar, no prazo de até cento e vinte dias, pelo regime jurídico dos servidores públicos civis do Poder Judiciário". A decisão do TJ/ES – fundada no art. 48, § 2º, da Lei nº 8.935/1994, que determina a aplicação do regime dos servidores públicos – assegurou a permanência dos escreventes nos cargos vinculados às serventias onde sempre exerceram suas atribuições. A reclamação foi julgada procedente com base no exame dos fundamentos da decisão prolatada na ADI n° 423/ES em que se negava aos escreventes juramentados a condição de servidores públicos em sentido estrito, e, portanto, garantias de permanência, estabilidade e lotação.

Ainda mais emblemáticos dessa tendência de flexibilização são os casos em que se tem apreciado a inobservância da ADPF n° 130/DF, que declarou a não recepção da Lei n° 5.250/1967, a chamada "Lei de imprensa". Têm sido admitidas reclamações que impugnam decisões judiciais que suspendem a divulgação de matérias e reportagens com base em outros fundamentos como os direitos à intimidade, à imagem e

69 Brasil. Supremo Tribunal Federal. **Relatório de atividades 2020 – Supremo Tribunal Federal**. Brasília: STF, 2021; Brasil. Conselho Nacional de Justiça. **Supremo em ação 2018: ano-base 2017**. Brasília: CNJ, 2017; Supremo Tribunal Federal.

70 Rcl n° 43.930/AC, Rel. Min. Edson Fachin, DJe de 16.04.2021.

ao esquecimento, assim como a máxima da proporcionalidade[71]. Mesmo sem qualquer cogitação sobre a aplicação da "Lei de imprensa", a confrontação de tais decisões judiciais em face da *ratio decidendi* adotada no julgamento da ADPF n° 130/DF passou a ser admitida em sede de reclamação. Consoante ressaltado pela Ministra Rosa Weber, "a jurisprudência deste Supremo Tribunal Federal tem excetuado a inaplicabilidade da teoria da transcendência aos motivos determinantes de suas decisões em reclamação constitucional quando o paradigma suscitado é a ADPF 130"[72].

Tem o STF, por conseguinte, sem indicar critérios objetivos de distinção, em diferentes casos, conhecido de reclamações ante a inobservância dos fundamentos determinantes de decisões proferidas em ações de controle abstrato. Paradoxalmente, tem inadmitido outras tantas justamente por considerar incabível, nas ações diretas, a transcendência do efeito vinculante à *ratio decidendi* do julgado. Ao tornar o juízo de admissibilidade dependente da preferência judicial quanto à temática de fundo da controvérsia, suscita concepção variável ou discricionária de efeito vinculante. Quando a controvérsia implica a inobservância de decisão considerada vital ou essencial ao modelo constitucional, tocando o coração sensível do guarda da Constituição[73], estende-se *ad hoc* a vinculatividade da decisão de forma a qualificar também seus motivos determinantes. Divisa-se aqui, portanto, um efeito vinculante de caráter seletivo.

Outro aspecto dessa tendência de flexibilização da jurisprudência contrária à imposição vinculante da *ratio decidendi* reside na extensão do sistema de aprovação de teses às decisões proferidas no âmbito do

71 Rcl-AgR n º 46.059/SP, Red. p/ acórdão Min. Marco Aurélio, DJe de 01.06.2021; Rcl-AgR nº 20.757/PI, Red. p/ acórdão Min. Edson Fachin, DJe de 08.02.2022; Rcl n º 22.328/RJ, Rel. Min. Roberto Barroso, DJe de 10.05.2018; Rcl-AgR nº 35.039/DF, Rel. Min. Cármen Lúcia, DJe de 03.12.2020; Rcl-AgR nº 39.670/SP, Rel. Min. Cármen Lúcia, DJe de 30.11.2020; Rcl n º 38.782/RJ, Rel. Min. Gilmar Mendes, DJe de 24.02.2021; Rcl n º 30.105/PA, Rel. Min. Luiz Fux, DJe de 29.11.2018; Rcl-AgR nº 51.153/RS, Rel. Min. Gilmar Mendes, DJe de 08.08.2022.

72 Voto proferido na Rcl-AgR n º 46.059/SP, Red. p/ acórdão Min. Marco Aurélio, DJe de 01.06.2021.

73 A subjetividade pessoal que qualifica a restauração circunstancial da concepção superada – legitimando, no caso, a imposição vinculativa da *ratio decidendi* subjacente à ADPF n° 130/DF – encontra exemplo na seguinte passagem: "por considerar que uma vez mais se está diante de situação de sacrifício ilegítimo da liberdade de expressão, conheço da reclamação" (voto proferido na Rcl nº 22.328/RJ, Rel. Min. Roberto Barroso, DJe de 10.05.2018).

controle abstrato de normas. A prática adotada em face da introdução do instituto da repercussão geral acabou por ser ampliada, alcançando também as ações de controle principal de constitucionalidade[74]. No entanto, a observância das teses pelas demais instâncias judiciais remanesce, nos termos da lei (§ 2° do art. 987 e art. 1040 do CPC/2015), como efeito das decisões de recurso extraordinário.

As teses aprovadas, entretanto, têm sido inseridas – como regra geral – na parte dispositiva dos julgados. Ou seja, enunciados que sumarizam os fundamentos determinantes da decisão são enxertados artificialmente no conteúdo imperativo da decisão explicitado no seu dispositivo. Tal solução acaba por frustrar as balizas erigidas pela jurisprudência de modo a admitir a propositura da reclamação ante a inobservância da *ratio decidendi* da decisão, implantada de forma postiça em capítulo diverso da fundamentação.

Exemplo dessa prática encontra-se no julgamento da Reclamação AgR-ED n° 37.012/SP[75]. Nela, apreciou-se impugnação a decisão judicial que impedia empresa de "terceirizar atividades de natureza essencial ou permanente (atividade-fim), salvo nos casos permitidos pela legislação trabalhista, como vigilância, limpeza e atividades-meio". A procedência parcial da reclamação foi reconhecida justamente em face da confrontação da decisão impugnada com a tese firmada na ADPF n° 324/DF[76], que estabeleceu como "lícita a terceirização de toda e qualquer atividade, meio ou fim, não se configurando relação de emprego entre a contratante e o empregado da contratada". Assim, o STF cassou a decisão reclamada e determinou que outra fosse proferida "pelo órgão reclamado, com a observância, na parte dispositiva, da jurisprudência vinculante do Supremo Tribunal Federal"[77].

Nesse caso, é flagrante o uso da tese firmada, que condensa aspecto essencial da *ratio decidendi* do acórdão, para conhecer e julgar pro-

---

74 Ver, entre diversos outros, ADI n° 7.158/DF, Rel. Min. Roberto Barroso, DJ de 10.02.2023; ADI n° 6.891/SP, Rel. Min. Roberto Barroso, DJ de 09.01.2023; ADI n° 2.142/CE, Rel. Min. Roberto Barroso, DJ de 04.07.2022; ADI n° 6.034/RJ, Rel. Min. Dias Toffoli, DJ de 21.03.2022; ADI n° 6.713/PB, Rel. Min. Edson Fachin, DJ de 03.03.2022; ADI n° 6.034/RJ, Rel. Min. Dias Toffoli, DJ de 21.03.2022; ADI n° 4.858/DF, Red. p/acórdão, Min. Gilmar Mendes, DJ de 20.10.2021.

75 Rcl-AgR-ED nº 37.012/SP, Rel. Min. Roberto Barroso, DJe de 14.12.2020.

76 ADPF nº 324/DF, Rel. Min. Roberto Barroso, DJe de 06.09.2019.

77 Rcl-AgR-ED nº 37.012/SP, Rel. Min. Roberto Barroso, DJe de 14.12.2020.

cedente em parte a reclamação sem sequer cogitar da orientação que rejeita a imposição dos motivos determinantes do julgado. A introdução da tese na parte dispositiva, consoante o extrato da ata de julgamento, foi um hábil artifício para encobrir o caráter vinculativo das razões empregadas na decisão da ADPF n° 324/DF. Tem-se, nessa seara, um efeito vinculante camuflado.

12. Considerações finais

Com a finalidade de não confundir o efeito vinculante com os demais efeitos e qualidades das decisões proferidas em controle abstrato de constitucionalidade, notadamente a coisa julgada oponível *erga omnes*, foi o instituto proposto, inspirado na experiência de outros países, como eficácia que transcende a parte dispositiva da decisão de modo a alcançar sua *ratio decidendi*. A vinculação dos demais órgãos e poderes do Estado a essa *ratio decidendi* impor-lhes-ia, assim, o dever de não produzir novos atos que a contrariassem, ou ainda, que incorressem no mesmo vício nela descrito. Exigiria, ainda, a eliminação dos diplomas em vigor que contemplam semelhante ilicitude.

Tais parâmetros animaram a incorporação do efeito vinculante à ordem constitucional brasileira a partir da Emenda Constitucional n° 3, de 1993. Sua compreensão, nesses termos, revelou-se, porém, controversa. A acesa polêmica sobre seu conteúdo normativo acabou por sujeitar sua assimilação em sede judicial a muitas hesitações, instabilidades e oscilações. A concorrência entre noções conceituais distintas e a inconstância da jurisprudência sobre a matéria formam, talvez, a principal marca dos 30 anos de vigência do instituto.

Outro aspecto que caracterizou a evolução do efeito vinculante durante esse período reside na sua adaptação a outras práticas e institutos ante a sua extensão a outras decisões do STF, ocorrida, sobretudo, a partir da Emenda Constitucional n° 45, de 2004. Seu impacto sobre a quantidade de reclamações ajuizadas e o modelo de deliberação da Corte gerou impasses e demandas por ajustes. O natural tensionamento entre esses elementos deu causa a nova orientação jurisprudencial – formada a partir da Reclamação nº 3.014/SP – que estreitou o conteúdo jurídico do efeito vinculante, tornando-o insosso rudimento eficacial voltado a reiterar os demais atributos e efeitos que as decisões prolatadas em ações de controle abstrato já exibiam anteriormente à sua positivação.

Apesar da orientação jurisprudencial assentada, a realidade acabou se sobrepondo, revelando, no caso, considerável intolerância com decisões recalcitrantes, que confrontam os fundamentos deduzidos nos julgados prolatados pelo STF. Assim, segue-se afirmando a inaplicabilidade da extensão do efeito vinculante aos motivos determinantes. No entanto, tal concepção – que inspirou sua proposição em âmbito legislativo – continua sendo adotada em diferentes casos. Sua aplicação pelo STF como imposição da *ratio decidendi* dos julgados tem ocorrido basicamente em face de três situações, caracterizadas nos seguintes termos:

(a) *efeito vinculante subliminar ou implícito*: encontra-se nos julgamentos de recurso extraordinário que, com a sistemática da repercussão geral, importam na aplicação pelas instâncias judiciais inferiores das teses e orientações que lhes serviram de fundamento (§ 2° do art. 987 e art. 1040 do CPC/2015). Exige-se, assim, a observância da *ratio decidendi* sem que a correspondente disciplina normativa sequer mencione a expressão efeito vinculante. Nesses casos, por expressa disposição legal, descabe a propositura de reclamação para garantia da autoridade da decisão "quando não esgotadas as instâncias ordinárias" (art. 988, § 5°, II, do CPC/2015).

(b) *efeito vinculante seletivo*: decorre das decisões emitidas em ações de controle abstrato em que, ante a singular importância atribuída *ex post facto* à matéria apreciada, se torna irresistível a imposição da *ratio decidendi*. Nesses casos, a autoridade que emite decisão impugnada via reclamação – como regra geral – desconhece com antecipação quais julgados têm fundamentos determinantes vinculativos.

(c) *efeito vinculante camuflado*: deflui dos julgados prolatados em sede de controle abstrato que introduzem, em sua parte dispositiva, enunciados que sumarizam sua *ratio decidendi* a título de tese adotada. Assim, sua exigência é artificialmente tomada como se estivesse entre os ditames de resolução da demanda que caracterizam o dispositivo da decisão. Passa a tese a vincular como tal, tornando admissível a propositura de reclamação caso tenha sido inobservada por órgãos judiciais e administrativos. Tal solução, todavia, enseja raciocínio que vincularia também o próprio STF, dado que a coisa julgada material, que recai sobre essa parte do julgado (art. 504 do CPC/2015), também incide sobre a Corte.

O robustecimento do processo de aprovação de teses – de modo a expressar, com maior exatidão e completude, todos os fundamentos determinantes que obtiveram aprovação da maioria dos integrantes do STF – é tendência que favorecerá não apenas o aperfeiçoamento da forma de deliberação, mas também a identificação das razões que efetivamente justificam a decisão. Promoverá, ainda, melhores condições ao restabelecimento do efeito vinculante como eficácia autônoma das decisões proferidas em sede de jurisdição constitucional. Implantará, assim, fórmula decisória mais ajustada à imposição da *ratio decidendi* dos julgados, a exemplo das experiências estrangeiras que lhe serviram de inspiração. Os aludidos efeitos vinculantes camuflado e implícito evidenciam amostras promissoras nesse sentido. Trata-se, no fundo, de inverter a ordem de relevância, conferindo, no processo de deliberação judicial, maior magnitude e importância prática à aprovação da tese do que à grandiloquência dos prolongados e eruditos votos individuais.

Muito embora a concepção de efeito vinculante como imposição da *ratio decidendi* da decisão tenha sofrido restrições e abalos nesses 30 anos de vigência, tem ela resistido. Sua rejeição em âmbito jurisprudencial não implicou, como esperado, redução do crescente número de reclamações. Também não resistiu a graves recalcitrâncias judiciais que confrontavam orientações afirmadas pelo guarda da Constituição. Não restam dúvidas quanto à sua utilidade em face da relutância de órgãos e autoridades judiciais e administrativos a certos entendimentos e interpretações levados a efeito pelo STF. Cumpre, principalmente, conciliar definitivamente seu uso em face das imperfeições evidenciadas no modelo de deliberação judicial ora praticado e do manejo das reclamações para garantia da autoridade das decisões.

Referências bibliográficas

BARROSO, Luís Roberto. **O controle de constitucionalidade no direito brasileiro**. São Paulo: Saraiva, 2009.

BASTOS, Celso Ribeiro. Aspectos inconstitucionais da ação declaratória de constitucionalidade de lei ou ato normativo federal. **Ação declaratória de constitucionalidade**. São Paulo: Saraiva, 1994.

BASTOS, Celso Ribeiro. **Emendas à Constituição de 1988: comentários às Emendas Constitucionais nº 1 a 10 e Emendas Constitucionais de Revisão nº 1 a 6**. São Paulo: Saraiva, 1996.

BRASIL. Supremo Tribunal Federal. **Relatório de atividades 2020 – Supremo Tribunal Federal**. Brasília: STF, 2021.

BRASIL. Conselho Nacional de Justiça. **Supremo em ação 2018: ano-base 2017**. Brasília: CNJ, 2017.

CALLIESS, Christian, The Future of the Eurozone and the Role of the German Federal Constitutional Court, **Yearbook of European Law**, v. 31, nº 1, 2012

DALLARI, Dalmo de Abreu, **O poder dos juízes**, São Paulo: Saraiva, 1996.

DAMLE, Sarang Vijay, Specialize the Judge, Not the Court: A Lesson from the German Constitutional Court, **Virginia Law Review**, v. 91, nº 5, 2005.

FALLA, Fernando Garrido. La elaboración de las sentencias del Tribunal Constitucional: una experiencia personal. **Direito Público**, v. 4, nº 17, 2007.

FERRAZ, Taís Schlling. **O precedente na jurisdição constitucional**. São Paulo: Saraiva, 2017.

FERRAZ JÚNIOR, Tércio Sampaio. **Introdução ao estudo do direito: técnica, decisão, dominação**, São Paulo: Atlas, 1990.

FINCK, Danielle E., Judicial Review: The United States Supreme Court Versus the German Constitutional Court, **Boston College International and Comparative Law Review**, v. 20, 1997.

GARCÍA-PELAYO, Manuel. El «status» del Tribunal Constitucional. **Revista Española de Derecho Constitucional**, nº 100, 2014.

GRAU, Eros Roberto. Efeito vinculante e totalitarismo, **Folha de S. Paulo**, 22-11-1998.

HÄBERLE, Peter. **La Verfassungsbeschwerde nel sistema della giustizia costituzionale tedesca**. Giuffrè, 2000.

LIEBMAN, Enrico Tullio. **Eficácia e autoridade da sentença: e outros escritos sobre a coisa julgada**. Rio de Janeiro: Forense, 1984.

MACHADO, Hugo de Brito. Ação declaratória de constitucionalidade. **Ação declaratória de constitucionalidade**. São Paulo: Saraiva, 1994.

MENDES, Gilmar Ferreira. **Controle abstrato de constitucionalidade: ADI, ADC e ADO: Comentários à Lei n° 9.869/99**. São Paulo: Saraiva, 2012.

MESQUITA, José Ignácio Botelho de. O desmantelamento do sistema brasileiro de controle de constitucionalidade. **Revista do Advogado**, v. 22, nº 67, 2002.

MELLO, Patrícia Perrone Campos, O Supremo Tribunal Federal: um Tribunal de Teses. **Revista da EMERJ**, Rio de Janeiro, v. 21, nº 3, t.2, 2019.

NINO, Carlos Santiago, **Introducción al análisis del derecho**, Buenos Aires: Editorial Astrea, 1998.

PAIVA, Lúcio Flávio Siqueira de. Lei nº 11.418 e a repercussão geral no recurso extraordinário. **Revista IOB de direito civil e processual civil**. Ano IX, nº 56, nov./dez. de 2008.

PINHEIRO, Victor Marcel. **Decisões vinculantes do STF: a cultura dos precedentes**. São Paulo: Almedina, 2021.

PINHEIRO, Victor Marcel, A fixação de teses pelo STF e a "sumulização" dos precedentes constitucionais. **Consultor Jurídico: conjur.com.br**, 1º-08-2020, disponível em https://www.conjur.com.br/2020-ago-01/observatorio-constitucional-fixacao-teses-stf-sumulizacao-precedentes, acessado em 27.02.2023.

RAMOS, Elival da Silva. **Controle de constitucionalidade no Brasil: perspectivas de evolução**. São Paulo: Saraiva, 2010.

SEGADO, Francisco Fernández. Algunas reflexiones generales en torno a los efectos de las sentencias de inconstitucionalidad ya la relatividad de ciertas fórmulas estereotipadas vinculadas a ellas. **Anuario Iberoamericano de Justicia Constitucional**, nº 12, 2008.

SILVA, José Afonso da, **Curso de direito constitucional positivo**. São Paulo: Malheiros, 23ª ed., 2004.

SILVA, Ovídio Araújo Baptista da. **Curso de Processo Civil**. Porto Alegre: SAFE, Vol. 1, 1991.

THEODORO JÚNIOR, Humberto. Repercussão geral no recurso extraordinário (Lei nº 11.418) e súmula vinculante do Supremo Tribunal Federal (Lei nº 11.417). **Revista IOB de direito civil e processual civil**. Ano VIII, nº 48, jul.-ago. de 2007.

TAVARES, André Ramos. **Tratado da arguição de preceito fundamental**. São Paulo: Saraiva, 2001.

TUCCI, José Rogério Cruz e Tucci. Anotações sobre a repercussão geral como pressuposto de admissibilidade do recurso extraordinário (Lei nº 11.418/2006). **Revista da ESMAPE**, vol. 12, nº 25, jan.-jun. de 2007.

VALLE, Vanice Lírio. Repercussão geral: um passo a mais na difícil construção da vinculatividade das decisões judiciais. **Revista da EMERJ**, v. 10, nº 40, 2007.

ZAVASCKI, Teori Albino. **Eficácia das sentenças na jurisdição constitucional**. São Paulo: RT, 2012.

A Fixação de Teses pelo Supremo Tribunal Federal e a "Sumulização" dos Precedentes Constitucionais

Victor Marcel Pinheiro[1]

No dia 3 de junho de 2020, o Pleno do STF encerrou o julgamento da ADI 2.167, em que se discutiu a constitucionalidade de dispositivos da Emenda nº 7, de 1999, à Constituição do Estado de Roraima, que condicionavam a nomeação de agentes públicos do Poder Executivo (entre eles o Defensor Público Geral, Procurador-Geral do Estado e titulares de entidades da administração pública indireta) à prévia aprovação pelo Poder Legislativo estadual. Por maioria, o Tribunal entendeu que tais dispositivos violavam o princípio da separação de poderes.

Após formar-se maioria pelo provimento parcial da ação, o Redator para o Acórdão, Min. Alexandre de Moraes, sugeriu a adoção de uma "tese" como o extrato do que foi julgado pelo Tribunal. A principal justificativa para a necessidade da fixação da tese foi o constante desrespeito aos entendimentos do STF pelos demais órgãos do Poder Judiciário, de modo que "mesmo quando a tese da repercussão geral é específica, nós verificamos o número de decisões judiciais que simplesmente ignoram a tese."[2]

Contudo, houve questionamentos no sentido da fixação de tese em sede de controle abstrato de constitucionalidade. Segundo os Ministros Marco Aurélio e Ricardo Lewandowski, a fixação de tese seria uma alteração da praxe de décadas do controle abstrato no STF, que criaria o risco de transformar o Tribunal em legislador positivo. Em suas palavras:

> O SENHOR MINISTRO MARCO AURÉLIO – Atuamos há pouco, Senhor Presidente, como legisladores negativos. Vamos, então, em passo seguinte, atuar como positivos?

---

1 Mestre e Doutor em Direito do Estado pela Faculdade de Direito da Universidade de São Paulo (USP). *Visiting Scholar* na Universidade de Columbia (EUA). Consultor Legislativo do Senado Federal e Advogado. Professor do Instituto Brasiliense de Direito Público (IDP). Agradeço ao Prof. Roger Stiefelmann Leal e à Profa. Nina Pencak pelas críticas e sugestões a versões anteriores do texto. O presente trabalho é uma versão atualizada de artigo publicado na Revista Jurídica da Comissão de Assuntos Constitucionais da OAB-DF 1 (2022). Mestre e Doutor.

2 STF, ADI 2167, Rel. Min. Ricardo Lewandowski, Red. para Acórdão Min. Alexandre de Moraes, Pleno, j. 03/06/2020, DJe 07/12/2020, p. 92.

O que ocorre no processo objetivo? Declara-se a constitucionalidade ou inconstitucionalidade da norma, de norma específica. O Tribunal fica preso ao pedido formulado. A causa de pedir é aberta. Não cabe, sob pena de complicar-se ainda mais o tema, editar-se tese - nunca se editou - no controle concentrado de constitucionalidade. Ter-se-á ementa a ser redigida pelo relator. Ela, em si, sinalizará - se é que estarão atentas - às assembleias nos Estados a óptica, simples óptica, do Tribunal.

Creio que se dará passo muito largo se editada tese para, posteriormente, inclusive, como já enfocado pelo ministro Luís Roberto Barroso, admitir-se reclamação, caso assembleia diversa vier a dispor em sentido contrário ao entendimento do Supremo. (...)

> O SENHOR MINISTRO RICARDO LEWANDOWSKI (RELATOR) - Presidente, não sou contra a fixação de teses. Quanto mais explícito o acórdão, evidentemente, melhor é o seu entendimento. Eu só quero dizer que nós estamos alterando uma praxe que vem de décadas, desde a instauração do controle de constitucionalidade pelo Supremo Tribunal Federal.
>
> E ressalto o que foi dito pelo eminente Ministro Marco Aurélio, nós corremos um risco de deixarmos aquela tradicional posição do Supremo Tribunal Federal de sermos apenas legisladores negativos. Há um perigo na fixação de tese, o de avançarmos na competência do Legislativo, isso é o normal, é o natural.[3]

Em razão da ausência da Presidente, Ministra Cármen Lúcia, o Plenário entendeu por bem postergar a decisão sobre o cabimento da fixação de teses em controle abstrato de constitucionalidade - o que não ocorreu no caso em questão, em razão do encerramento do julgamento. De todo modo, ela acabou sendo registrada na ementa elaborada pelo Redator para o Acórdão, Min. Alexandre de Morais[4].

---

3 STF, ADI 2167, Rel. Min. Ricardo Lewandowski, Red. para Acórdão Min. Alexandre de Moraes, Pleno, j. 03/06/2020, DJe 07/12/2020, pp. 96-7.

4 Ementa da decisão item 2: "2. É VEDADA À LEGISLAÇÃO ESTADUAL SUBMETER À APROVAÇÃO PRÉVIA DA ASSEMBLEIA LEGISLATIVA A NOMEAÇÃO DE DIRIGENTES DE AUTARQUIAS, FUNDAÇÕES PÚBLICAS, PRESIDENTES DE EMPRESAS DE ECONOMIA MISTA, INTERVENTORES DE MUNICÍPIOS, BEM COMO DE TITULARES DE DEFENSORIA PÚBLICA E DA PROCURADORIA-GERAL DO ESTADO; POR AFRONTA À SEPARAÇÃO DE PODERES."

A questão que parece ter sido óbice para a fixação da tese na ocasião foi: poderia o Tribunal fixar teses em decisões em controle abstrato de constitucionalidade? A verdade é que o faz e já há algum tempo.

No caso dos recursos extraordinários, após a criação do requisito de admissibilidade da repercussão geral pela Emenda Constitucional nº 45, de 2004, o Tribunal tem firmado teses costumeiramente. Como exemplo a Tese nº 15 (RE 570.177, j. 30/04/2008): "Não viola a Constituição o estabelecimento de remuneração inferior ao salário-mínimo para as praças prestadoras de serviço militar inicial"[5]. Seu teor é idêntico ao da Súmula Vinculante nº 6, de modo que se destaca a identidade não só textual, mas também da função desempenhada pelos dois tipos de enunciado, conforme será abordado.

Exemplo mais recente de tese – inclusive em classe processual diferente dos recursos extraordinários – foi aquela fixada no RHC nº 163.334 (j. 18/12/2019), constando do dispositivo decisório que "O contribuinte que, de forma contumaz e com dolo de apropriação, deixa de recolher o ICMS cobrado do adquirente da mercadoria ou serviço incide no tipo penal do art. 2º, II, da Lei nº 8.137/1990".

Já havia também a prática de fixação de teses no julgamento de ações de controle abstrato de constitucionalidade. A primeira delas data de 2015 na ADI 2.699 (Rel. Min. Celso de Mello, j. 20/05/2015), em que se declarou a inconstitucionalidade de dispositivos da Lei nº 11.404, de 19 de dezembro de 1996, do Estado de Pernambuco, que fixava valor de depósito prévio recursal no âmbito dos Juizados Especiais Cíveis do Estado. No dispositivo do acórdão consta a seguinte tese: "A previsão em lei estadual de depósito prévio para interposição de recursos nos Juizados Especiais Cíveis viola a competência legislativa privativa da União para tratar de direito processual (art. 22, I, da Constituição)".

Na ADI 4.848 (Rel. Min. Roberto Barroso, j. 01/03/2021), o Tribunal, por unanimidade, ao apreciar a constitucionalidade do art. 5º, parágrafo único, da Lei nº 11.738, de 16 de julho de 2008, fixou a seguinte tese, que consta do dispositivo decisório do Acórdão: "É constitucional a norma federal que prevê a forma de atualização do piso nacional do magistério da educação básica".

---

5 Cabe destacar que, em 09/12/2015, na 12ª Sessão Administrativa do STF houve a fixação de teses para diversos casos anteriormente julgados como exemplifica o RE 570.177.

O CPC de 2015, de modo lacônico, prevê a existência de teses no julgamento de recursos repetitivos (art. 927, §§ 2º e 4º), no julgamento do incidente de resolução de demandas repetitivas (art. 979, § 2º), nas Súmulas Vinculantes e no controle concentrado de constitucionalidade (art. 988, inciso III e § 4º). Contudo, não há definição legal de sua natureza ou regime jurídico.

Para avaliar o significado das teses nos precedentes do STF, há, pelo menos, quatro problemas a serem investigados: 1º) natureza jurídica das teses, 2º) o cabimento de sua fixação no ordenamento constitucional brasileiro, 3º) qual é o grau de discricionariedade do Tribunal ao fixar o enunciado textual de uma tese e 4º) as razões da utilização cada vez mais frequente da fixação de teses pelo STF.

I) NATUREZA JURÍDICA DAS TESES

Seriam as teses um enunciado prescritivo semelhante à lei, como posto em discussão na ADI 2.167? A resposta é negativa. As teses nada mais são do que enunciados prescritivos sintéticos nos quais se encontra o entendimento do Tribunal sobre a questão discutida. Não se trata de uma norma jurídica autônoma que apresenta uma eficácia própria: as teses são apenas descrições sintéticas das razões de decidir utilizadas pelo Tribunal.

As semelhanças aqui não são mera coincidência: trata-se, na verdade, de enunciados cuja expressão textual se assemelha aos enunciados da Súmula Vinculante (criada pela EC 45/2004) e aos enunciados da Súmula da Jurisprudência Dominante (criada em 1963, tendo como um de seus idealizadores o Min. Victor Nunes Leal), tendo por precedente remoto os assentos da antiga Casa de Suplicação de Lisboa, recepcionados pelo direito brasileiro mediante o Decreto nº 2.684, de 1875.[6] Nesse sentido, pode-se falar em uma tendência de "sumulização" dos precedentes constitucionais na prática do STF.

As teses são expressão da razão de decidir (*ratio decidendi*) comum à maioria dos membros do Tribunal, também denominada fundamentos determinantes (na terminologia do art. 489, § 1º, inciso V, do CPC/2015). As teses não são as *rationes decidendi*, mas apontam para elas. A tese é uma das formulações textuais que procura identificar com maior clareza

6 O Supremo Tribunal de Justiça do Império, entretanto, não proferiu assentos até sua extinção em 1890 (Garcia Neto, 2010).

uma *ratio decidendi*. Como todo enunciado textual normativo, as teses, por definição, são imprecisas e incompletas, pois não podem retratar toda a argumentação desenvolvida pela Corte do precedente. Diante disso, não se deve ter dúvidas: o que é mais relevante para a operacionalização do precedente é sua *ratio decidendi* e não a tese que a procura descrevê-la com maior ou menor precisão.

Adianta-se: não se pode confundir as teses com dispositivos normativos legais. As teses são enunciados estabelecidos a partir de decisões judiciais e, por essa razão, devem ser compreendidas conforme o papel dos precedentes judiciais em um sistema democrático, que guarda significativas diferenças com a legislação em geral, como será visto abaixo.

Além disso, independentemente da parte textual da decisão em que estejam expressas (ementa, fundamentação ou, até mesmo, dispositivo decisório), as teses são apenas descrição das razões utilizadas pelo Tribunal para resolver questões prévias ao julgamento da questão principal do caso sob análise e, desse modo, do ponto de vista da teoria da decisão judicial, sempre são parte de sua fundamentação.

Isso é primordial para reconhecer que o regime jurídico das teses é, na verdade, o mesmo regime jurídico dos fundamentos determinantes das decisões do Tribunal, inclusive para fins de cabimento de recursos e meios de impugnação autônomo (como a reclamação constitucional). Considerando-se a jurisprudência recente do STF sobre a vinculatividade da *ratio decidendi* em julgamentos de recursos extraordinários, pode-se afirmar que as razões de decidir descritas pelas teses definidas em Plenário – independentemente da classe processual em que fixadas – são vinculantes para as demais instâncias do Poder Judiciário, nos termos do art. 927, inciso V, CPC/2015.[7]

Voltando ao caso da ADI 2.167, qual a consequência jurídica de o Tribunal não ter fixado uma tese? A resposta é nenhuma. Isso porque a função da tese é facilitar a identificação da *ratio decidendi* de uma decisão judicial. Com ou sem a fixação de tese, o regime jurídico da *ratio* não muda.

---

7 Ver, por exemplo, excerto da ementa da Rcl-AgR 27.939 (Rel. Min. Dias Tofolli, j. 14/08/2018): Com a sistemática da repercussão geral, a competência do STF para julgar a matéria constitucional é exercida no representativo da controvérsia (...), competindo aos demais órgãos do Poder Judiciário a concretização do precedente, mediante juízo de adequação da ratio decidendi do STF nos processos de matéria constitucional idêntica."

II) Possibilidade de fixação de teses no Direito brasileiro

A fixação de teses é compatível com o ordenamento jurídico brasileiro, inclusive no julgamento de ações de controle abstrato de constitucionalidade? A resposta é sim, desde que elas sejam compreendidas de maneira correta.

As teses jamais podem ser consideradas regras legislativas, uma vez que, ao contrário dessas, as circunstâncias fáticas dos casos em que utilizadas e as razões expostas pelos julgadores para a sua enunciação são decisivas e condicionam sua interpretação. Dito de outro modo, as teses são apenas descrições aproximadas da *ratio decidendi* das decisões judiciais, muito distante, portanto, dos textos normativos legais. Fica mais fácil perceber que, do ponto de vista jurídico, as teses não inovam o sistema jurídico e não apresentam uma eficácia própria separada das *rationes decidendi* dos casos em que adotadas.

Trata-se de observação já feita por Castanheira Neves a respeito dos criticáveis assentos imutáveis do direito português, declarados inconstitucionais pelo Tribunal Constitucional português no Acórdão 810/1993. Ele claramente diferencia o modelo correto de compreensão dos precedentes judiciais como decisões fundadas em argumentação específica para um caso concreto com pretensão de universalidade para casos semelhantes do modelo incorreto formalista ("lógico-normativista") de compreensão dos precedentes judiciais em que eles seriam semelhantes a decisões legislativas, que estabelecem regras gerais desvinculadas das circunstâncias em que editadas. Em suas palavras, em crítica aos assentos justamente pelo fato de serem compreendidos como normas gerais e abstratas semelhantes à lei:

> (...) o julgador deve decidir, 'exprimindo-nos como Kant, de tal modo que possa querer que a máxima de sua decisão se converta numa lei geral', pois o que assim se pretende é que a decisão concreta satisfaça a exigência da racionalidade (da universalidade), i. e., que a decisão concreta possa ser pensada em geral (para todos os casos da mesma natureza, para todos os casos 'iguais') sem contradição: que a decisão não se esgote intuitiva e indiscernivelmente naquele caso, mas que se justifique como decisão racional dele (nos seus fundamentos e consequências) e, portanto, justificada também todas as vezes que ele se repita.
>
> (...)É por isso que a racionalidade jurídica de uma normatividade judicativa de precedentes e da utilização destes como critério normativo se não confunde com a racionalidade de uma normatividade

> lógico-normativista e de aplicação uniforme de regras ou normas gerais e abstractas – e é a esta racionalidade, não àquela, que corresponde a racionalidade jurídica dos assentos, como sabemos." (NEVES ,1983, p. 640)

No mesmo sentido, Lenio Luiz Streck já apontava, em relação às Súmulas Vinculantes, que elas não poderiam ser compreendidas de modo abstrato e desvinculado dos casos concretos em que tiveram origem:

> quem transforma a Súmula vinculante em um mal em si são as suas equivocadas compreensão e aplicação. Explico: pensa-se, cada vez mais, que, com a edição de uma súmula, o enunciado se autonomiza da faticidade que lhe deu origem. É como se, na própria common law, a ratio decidendi pudesse ser exclusivamente uma proposição de direito, abstraída da questão de fato. Se isso é crível, então realmente a súmula e qualquer enunciado ou verbete (e como gostamos de verbetes, não?) será um problema. E dos grandes." (STRECK, 2009, p. 309).

Esses autores apontam o problema de se misturar a racionalidade de atividades essencialmente diferentes como jurisdição e legislação. Na mesma linha, Jeremy Waldron destaca que, desde o pensamento moderno sobre a separação de poderes, essas duas atividades estatais teriam "integridades" diferentes, ou seja, procedimentos, discursos, racionalidade e argumentos admissíveis diferentes para que cada uma possa ser exercida com base em seus valores e objetivos específicos (WALDRON, 2016, p. 70). Não se pode esquecer que as *rationes decidendi* e as teses que as descrevem (assim com as súmulas) são fruto de atividade jurisdicional e necessariamente dessa maneira devem ser compreendidas. Isso leva ao problema interessante de saber em que medida e como o Tribunal pode fixar suas teses.

III) Limites e possibilidades na fixação das teses

O Tribunal tem discricionariedade para escolher o enunciado textual da tese a ser fixada? Essa questão é delicada e se relaciona diretamente com a discussão acima feita sobre a separação entre legislação e jurisdição. Para abordá-la, volta-se ao caso da ADI 2.167.

Como exposto, a maioria que se formou no caso entendeu pela inconstitucionalidade de condicionar à aprovação prévia pela Assembleia Legislativa o nome dos indicados a dirigentes das entidades da

Administração Indireta (autarquias, fundações públicas e empresas estatais), interventores municipais, Defensor Público-Geral do Estado e Procurador-Geral do Estado. Contudo, a maioria, neste ponto liderada pelo Min. Roberto Barroso, expressamente reconheceu que, em caráter excepcional, os dirigentes das agências reguladoras, por serem autarquias de natureza especial, poderiam ser submetidos à aprovação prévia por parte do Poder Legislativo.[8]

Nessa corrente vencedora, formularam-se duas propostas de tese.

A primeira, liderada pelo Redator para Acórdão, Min. Alexandre de Moraes, que – embora não tenha sido objeto de deliberação do Tribunal – consta da ementa do Acórdão, apresenta a seguinte redação: "É vedado à legislação estadual submeter à aprovação prévia da Assembleia Legislativa a nomeação de dirigentes das autarquias, fundações públicas, presidentes das empresas de economia mista, interventores de municípios, bem como os titulares de Defensoria Pública e da Procuradoria-Geral do Estado."

Já a proposta do Ministro Roberto Barroso era formalizada a partir do seguinte enunciado: "A aprovação prévia das nomeações do Executivo estadual ao Legislativo deve seguir o modelo federal, sob pena de afronta à reserva da Administração".[9]

O exame da literalidade dos enunciados propostos mostra significativas diferenças. Pelo enunciado proposto pelo Min. Alexandre de Moraes todas as autarquias – inclusive as agências reguladoras – estariam abarcadas pela impossibilidade de submissão de seus dirigentes à aprovação prévia pelo Poder Legislativo. Já pela redação proposta pelo Min. Roberto Barroso, haveria simetria do modelo estadual em relação ao federal, o que levantou dúvidas no caso do Defensor Público-Geral do Estado, tendo em vista que o Defensor Público-Geral Federal é submetido à aprovação prévia pelo Senado Federal, nos termos do art. 6º da Lei Complementar nº 80, de 12 de janeiro de 1994.

Qual seria a diferença de se adotar, portanto, a primeira ou a segunda proposta de tese?

Do ponto de vista jurídico, nenhuma. A tese é apenas uma descrição aproximada da *ratio decidendi* de uma decisão judicial. Naturalmente,

8 STF, ADI 2167, Rel. Min. Ricardo Lewandowski, Red. para Acórdão Min. Alexandre de Moraes, Pleno, j. 03/06/2020, DJe 07/12/2020, p. 48.

9 *Idem.*

quanto mais precisa e clara for a tese, mais facilitará a tarefa de identificar a *ratio.* A tese nada mais é do que um dos elementos que deve ser levado em consideração para identificação das razões de decidir utilizadas por um órgão jurisdicional. A rigor, a tese desempenha a mesma função jurídica da ementa de um julgado: descrever as razões de decidir adotadas pela Corte.

No direito comparado, há várias propostas para a definição do que é uma *ratio decidendi*, sendo que não há espaço aqui para análise detalhada de cada uma delas.[10] De todo modo, para compreensão do significado das teses no direito brasileiro, retomam-se alguns elementos dessa discussão.

Uma clássica formulação é a proposta por Arthur Goodhart, em que ele aponta ser necessário identificar quais fatos foram considerados relevantes (*material facts*) por uma corte para encontrar a *ratio decidendi* de um julgado – caso os fatos sejam alterados em um caso futuro, poderá ser adotada uma decisão diferente do precedente (Goodhart, 1930). Outra proposta difundida na prática dos precedentes no *common law* é a que entende que a *ratio decidendi* é a regra de direito necessária para o julgamento de um caso; ou seja, na hipótese de se inverter o sentido da regra de direito, inverte-se o sentido do julgamento. (ABRAMOWICZ & STEARNS, 2004-2005, p. 58)

Embora essas propostas sejam de relativa simplicidade, elas podem levar a equívocos, pois pode haver mais de um fato ou regra utilizada em um caso concreto para obtenção do mesmo resultado, ou seja, mais de uma *ratio decidendi* que justifica a tomada de decisão (basta pensar em um exemplo de inconstitucionalidade de uma norma jurídica por um vício formal e por um vício material: aqui as duas regras utilizadas são *rationes decidendi*, ainda que a alteração dos fatos do caso ou dos sentidos das regras individualmente não altere o resultado do julgamento).

Uma visão mais adequada de *ratio decidendi* é apresentada por Neil MacCormick quando aponta que ela é uma regra de direito suficiente para a resolução de uma questão que deve ser julgada pelo órgão judicial. Em suas palavras:

10 Para uma discussão aprofundada das diferentes propostas, ver Victor Marcel Pinheiro, *Decisões Vinculantes do STF: a cultura de precedentes*, São Paulo, Almedina, 2021, pp. 175 e ss.

> Uma *ratio decidendi* é uma regra expressa ou implicitamente utilizada por um juiz a qual é suficiente para definir um ponto de direito colocado em debate pelos argumentos das partes em um caso concreto, sendo um ponto no qual uma resolução era necessária para justificativa do juiz (ou para uma de suas justificativas alternativas) para a decisão do caso. Argumentos sobre princípios jurídicos e argumentos que avaliam outros elementos normativos ou as consequências da regra utilizada e de outras regras conflitantes pertencerão à categoria de obiter dicta. (MACCORMICK, 2005, p. 153)

Em outras palavras, a resolução de questões postas em juízo exige a utilização de regras jurídicas com suporte fático e consequência jurídica que servirão de parâmetro para casos futuros. Vale lembrar que para MacCormick todo raciocínio normativo (inclusive o jurídico) se utiliza de um silogismo para resolver situações concretas e, portanto, depende de uma premissa maior formulada na forma de regra que incidirá sobre a premissa menor levando à conclusão do caso.

Isso não significa que o silogismo seja suficiente para resolver os casos jurídicos, muito pelo contrário: toda a tarefa interpretativa no caso concreto de compreender os textos legislativos, precedentes, costumes, avaliar princípios relevantes e todos os demais tipos de argumentos discursivamente admitidos no direito são necessários justamente para identificar quais regras jurídicas, ao fim e ao cabo, deverão ser utilizadas para resolver o caso concreto. Dessa maneira, embora o raciocínio silogístico seja uma estrutura mental que permite trabalhar com categorias normativas aplicadas a situações concretas ele não esgota, nem de longe, a tarefa de interpretação jurídica (MACCORMICK, 2005, p. 42).

É importante também relembrar que não há texto autointerpretável ou norma jurídica autoaplicável. Adotar a ideia de que a *ratio decidendi* é uma regra jurídica não é pressupor um automatismo na interpretação jurídica do direito vigente por parte do tribunal que edita o precedente ou do juízo que deve interpretá-lo e aplicá-lo em casos futuros. Isso porque a construção jurídica do suporte fático e da consequência jurídica de uma *ratio* é o produto da hermenêutica jurídica, permeável aos mais variados tipos de argumentos admitidos no discurso jurídico, inclusive os argumentos fundados nos princípios constitucionais.

Retomando as críticas contundentes de Lenio Streck, não se pode admitir que existiria determinados órgãos judiciais responsáveis pela interpretação do direito e fixação das *rationes decidendi* e outros, cuja tarefa seria somente aplicá-los aos casos concretos. Isso porque não há enunciado textual que transmita sentido sem a atividade de interpretação (STRECK, 2021).

Perante uma tese fixada em uma decisão judicial, portanto, a tarefa do intérprete (e não apenas aplicador) é avaliar toda a fundamentação da decisão para depreender quais elementos fáticos foram considerados relevantes pela corte no precedente, quais categorias foram utilizadas para descrever esses fatos e quais argumentos jurídicos foram utilizados para chegar à *ratio decidendi* do caso. Isso porque os elementos fáticos dos casos julgados podem ser submetidos a categorias de diversos graus de abstração e, logicamente, quanto maior for a abstração das categorias utilizadas, mais abrangente será o suporte fático da *ratio decidendi.* É na fundamentação da própria decisão judicial que se encontram as categorias utilizadas para construção do suporte fático da *ratio decidendi.*

Deixa-se registrado que a discussão sobre o melhor "modelo" ou "conceito" de *ratio decidendi* não é uma questão semântica ou nominalista (como, aliás, nunca são as questões de interpretação jurídica). As posições acima são propostas fundadas em diferentes valores normativos, que são em maior ou menor medida concretizados por elas.

Quais são, então, os valores fundantes do modelo de *ratio decidendi* como regra de direito suficiente para a resolução de questões a serem resolvidas em um processo judicial? De um lado, ela evita que os tribunais resolvam questões jurídicas desnecessárias muito além das questões postas em juízo, preservando as exigências de inércia, imparcialidade e contraditório que são marcas do exercício do poder judicial. De outro lado, alcança-se elevado grau de segurança jurídica e isonomia, uma vez que casos semelhantes (ou seja, situações futuras em que haja incidência do suporte fático da *ratio decidendi*) sejam efetivamente regidos pela mesma razão de decidir do precedente.

Em fechamento a essa incursão na teoria dos precedentes, é possível afirmar que: a) é o tribunal que edita o precedente – frise-se: a partir da interpretação do direito vigente e não de uma atitude voluntarista pré-jurídica – que define o grau de abstração das regras de direito que devem ser utilizadas para resolver as questões necessárias, b) é a *ratio decidendi* o elemento da decisão judicial relevante para casos futuros e não a "tese", que de modo invariavelmente imperfeito a descreve, e c) eventual *distinguishing* (afastamento de uma *ratio decidendi* mediante a criação de uma cláusula de exceção pela corte que deve interpretar e aplicar o precedente) deve ser feito tendo em vista o suporte fático da *ratio decidendi* na forma como entendido pela corte que julgou o precedente e não apenas com base na literalidade do enunciado da tese, ou seja, não basta apontar qualquer dessemelhança fática entre os casos, mas de justificar o porquê de as circunstâncias presentes não justificarem a incidência da *ratio* à luz dos argumentos utilizados no precedente.

IV) Aumento da frequência na utilização das teses

Se a adoção de teses nada mais significa do que uma formulação aproximada de uma *ratio decidendi* comum à maioria do Tribunal, por que sua adoção é cada vez mais comum na prática do STF? Aqui é interessante retomar a razão do surgimento da Súmula da Jurisprudência Dominante do STF ainda na década de 1960.

Nas palavras do Min. Victor Nunes Leal, em artigo em que revisita o surgimento do instituto, havia a dificuldade de

> (...) sistematizar os julgamentos do Tribunal, para se localizarem os precedentes com menor dificuldade. (...) Veio, assim, a Súmula, na mesma linha da publicação em dia da Revista Trimestral de Jurisprudência, bem como da sua distribuição (até há pouco gratuita) aos membros dos tribunais do país e a todos os juízes de direito. Um passo adiante, em busca de solução mais perfeita, será inevitavelmente a computação eletrônica das decisões judiciais. (LEAL, 1981, p. 14).

Em sentido semelhante, Roberto Rosas assim descrevia o cenário jurídico no que se refere à uniformização de entendimentos judiciais:

> A jurisprudência brasileira vivia hibernada nos repositórios (dentre eles a Revista dos Tribunais e a Revista Forense) num trabalho fantástico de catalogação, ou então em fichas individuais, mas, acima de tudo, a vacilação de interpretações para a mesma questão ou teses. Aí estava a fuga do ideal federativo implantado na Constituição de 1891, quando atribuiu ao STF a uniformização do direito federal. Como fazer com precárias comunicações ou acesso aos repertórios jurisprudenciais? (ROSAS, 2021, p. 135)

A "computação eletrônica" hoje é realidade no STF e nos demais tribunais brasileiros, entretanto, ainda permanece a dificuldade de se "localizarem os precedentes" do Tribunal e evitar que sua jurisprudência viva "hibernada". Não há grandes obstáculos para se acompanharem os trabalhos da Corte pelos diversos veículos de informação e imprensa - inclusive do próprio Tribunal, como seu *site*. De modo diverso, as dificuldades de conhecimento das razões de decidir de seus julgados são relacionadas: (a) à grande quantidade de casos julgados todos os anos pela Corte e (b) a seu modelo deliberativo.

De um lado, há um volume de casos muito grande, o que dificulta a tarefa de identificar o posicionamento do STF a respeito de uma determinada questão. Não é raro encontrar casos em que há entendimentos diferentes dentro da mesma Turma ou entre uma Turma e o Plenário. De outro lado, há um modelo deliberativo arraigado na prática do Tribunal de construção de acórdãos mediante a soma de manifestações orais e juntada de votos escritos, cujo teor, em alguns casos, somente é revelado para os demais ministros após a tomada da decisão. Deve ser lembrado que, desde seu surgimento, o STF já adotou diferentes estilos de redação de suas decisões, tendo utilizado modelos mais próximos do *per curiam* (decisão textualmente única da corte) em suas origens (KLAFKE, 2019, p. 114).

Nesse sentido, no próprio julgamento da ADI 2.167, destacou o Min. Roberto Barroso:

> Se nós não estabelecermos uma tese, acontecem episódios bizarros, como por exemplo na ADPF 130, em que se considerou a revogação de sistema da Lei de Imprensa do Regime Militar, de 1967. O sistema de votação no Supremo Tribunal Federal é um sistema agregativo, não é deliberativo. No sistema deliberativo, as pessoas sentam, debatem e produzem em consenso uma decisão, seja com o consenso de todos, seja com um consenso majoritário. O nosso sistema não é deliberativo. De modo que, para se saber a tese do julgamento, é preciso que ela seja pronunciada. No caso da ADPF 130, por exemplo, cada Ministro tinha um fundamento e até hoje, em reclamação, nós temos dificuldade de saber exatamente o que é que foi decidido, qual é a tese jurídica da ADPF 130.
>
> Dessa forma, sempre que exista efeito vinculante, é preciso se definir qual é a tese, para que as pessoas saibam a que elas estão vinculadas. Porque, do contrário, há acórdãos, com toda a vênia e com todo o respeito, em que a tese jurídica é ininteligível, visto que a ementa do Relator, com muita frequência, não espelha o consenso. De modo que, em tudo que é vinculante, se tem que estabelecer qual é o ponto de consenso. Senão, não funciona.[11]

11 STF, ADI 2167, Rel. Min. Ricardo Lewandowski, Red. para Acórdão Min. Alexandre de Moraes, Pleno, j. 03/06/2020, DJe 07/12/2020, pp. 89-90.

Diante desse cenário, fica mais fácil construir uma hipótese explicativa para a tendência de "sumulização" dos precedentes constitucionais no Brasil, mediante a crescente adoção de teses pelo STF: diante de dificuldades de "localizarem os precedentes", o Tribunal fixa teses para que suas razões de decidir possam efetivamente guiar as decisões dos demais juízos brasileiros. Há uma aproximação da função desempenhada pelas Súmulas tradicionais, Súmulas Vinculantes e teses no sentido de facilitar a identificação das posições colegiadas do Tribunal.

V) Conclusão

Para além da possibilidade de fixação de teses, a efetiva adoção de uma cultura de precedentes exige mais para que se tenham os almejados ganhos de isonomia e segurança jurídica de um tal sistema. Embora as teses (assim como as súmulas e os assentos) facilitem a identificação de uma *ratio decidendi* comum presente em votos individuais, elas não são enunciados prescritivos independentes das circunstâncias dos casos em julgamento e das razões de decidir efetivamente usadas pelo Tribunal. A dogmática dos precedentes requer que as razões de decidir efetivamente utilizadas (e não enunciados que podem ser mais ou menos abrangentes que as razões de decidir) em um caso sejam parâmetros para decisões futuras. Entender o contrário significaria mesclar a divisão funcional entre jurisdição e legislação, justamente como questionou o Min. Ricardo Lewandowski na ADI 2.167.

Isso mostra que a prática de adoção de teses pelo STF pode ser entendida como uma etapa intermediária na implementação da cultura de precedentes no Brasil. Para que se possa avançar, é importante que o Tribunal dê passos decisivos para facilitar a disseminação dos entendimentos colegiados da Corte. Entre esses passos, é necessário que haja a forte valorização dos precedentes em sentido horizontal pela Corte, ou seja, que o próprio STF leve a sério seus precedentes de modo que qualquer *distinguishing* ou superação sejam claramente identificados e justificados.

É tempo de discutir a almejada reforma do modelo deliberativo do Tribunal (que não depende de reforma legislativas, mas apenas regimental) para que suas posições enquanto órgão colegiado sejam facilmente identificáveis pelo teor da decisão em si e não pela tentativa de formular um enunciado textual que retrate a razão de decidir comum. Possivelmente com algumas mudanças nesse sentido, a fixação de teses não será mais necessária enquanto etapa procedimental separada ao final de um julgamento, uma vez que as próprias razões de decidir efetivamente utilizadas no caso poderão ser facilmente identificadas nas decisões do Tribunal – o que trará mais simplicidade procedimental, segurança jurídica e isonomia para o sistema jurídico brasileiro.

Referências bibliográficas

ABRAMOWICZ, Michael / STEARNS, Maxwell. **Defining Dicta**, Standford Law Review 953 (2004-2005) pp. 953-1094.

GOODHART, Arthur. "Determining the ratio decidendi of a case", **Yale Law Journal 40** (1930), pp. 161-183.

KLAFKE, Guilherme. **Continuidade e mudanças no atual modelo de acórdãos do STF: a prática, as razões para sua manutenção e caminhos para aperfeiçoamento**. Tese de Doutorado apresentada à Faculdade de Direito da Universidade de São Paulo, 2019.

LEAL, Victor. **Passado e futuro da Súmula no STF**. Revista de Direito Administrativo. nº 145, 1981. pp. 1-20; 14.

MACCORMICK, Neil. ***Rhetoric and the Rule of Law: a Theory of Legal Reasoning***. Oxford: Oxford University, 2005, pp. 153-9; 42.

NEVES, Antonio Castanheira. **O instituto jurídico dos 'assentos' e a função dos supremos tribunais**. Coimbra: Coimbra Editora, 2014.

PINHEIRO, Victor Marcel. **Decisões Vinculantes do STF: a cultura de precedentes**. São Paulo: Almedina, 2021.

ROSAS, Roberto. **Lembranças do Mundo Jurídico**. Rio de Janeiro: GZ Editora, 2021.

STRECK, Lenio. **Precedentes Judiciais e Hermenêutica: o sentido da vinculação no CPC/2015.** Salvador: Jus Podium, 2021.

STRECK, Lenio. **Súmulas vinculantes em *terrae brasilis*: necessitamos de uma 'teoria para a elaboração de precedentes?**. Revista Brasileira de Ciências Criminais. ISSN 1415-5400. nº 78, 2009, pp. 284-319.

WALDRON, Jeremy. ***Political Political Theory***. Oxford: Harvard University Press, 2016, p. 70.

Os Reflexos da Obra de Roberto Rosas no Mundo Jurídico Brasileiro

Vladimir Passos de Freitas[1]

1. Introdução

Foi com grande alegria que recebi o convite para participar da obra em homenagem ao Professor Roberto Rosas, um colecionador de amigos, que se impôs no mundo jurídico brasileiro por mérito, não por antiguidade e muito menos pelo uso de métodos escusos. Múltiplas razões justificam o meu prazer.

A primeira delas é o fato de a obra não se destinar a satisfazer interesses pessoais. Para chegar-se a tal conclusão basta ler o nome das pessoas que nela se envolveram. É fato notório que, como bem sabem os profissionais do Direito, dispensa a produção de provas, nos termos do artigo 374, inciso I, do Código de Processo Civil.

A segunda é poder chamar a atenção para o ecletismo da obra de Roberto Rosas. Não se trata de homenagem a alguém que se destacou em uma das vertentes do Direito, o que por si só justificaria a iniciativa. Trata-se de tributo a uma pessoa que, tal qual um Leonardo da Vinci do Direito, foi e é advogado, atuante defensor dos direitos da classe, professor, magistrado, parecerista, doutrinador e, principalmente, agregador de pessoas, esta, quiçá, a mais complexa de todas as atividades.

A terceira é poder participar do reconhecimento em vida. Sim, bem sei que isto por vezes tem dificuldades éticas, como enaltecer alguém que disponha de poder no momento e que, por tal condição, poderá ser sensível a algum tipo de reivindicação, certa ou errada. Não por acaso a antiga Lei 6.454, de 1977, editada nos tempos do regime militar, proibia

---

1 Professor de Direito Ambiental e Sustentabilidade do Programa de Graduação (mestrado/doutorado) da Pontifícia Universidade Católica do Paraná – PUCPR. Desembargador Federal Aposentado, ex-Presidente do Tribunal Regional Federal da 4ª Região. Mestre e Doutor em Direito pela Universidade Federal do Paraná, pós-doutor pela FSP da Universidade de São Paulo. Foi Promotor de Justiça nos Estados do Paraná e São Paulo, Presidente da Associação dos Juízes Federais do Brasil, da "International Association for Court Administration - IACA e Secretário Nacional de Justiça do Ministério da Justiça e Segurança Pública. E-mail: vladimir.freitas@terra.com.br.

no artigo 1º que se desse nome de pessoa viva a bem público.[2] Mas, por óbvio, esta objeção não se aplica ao livro em homenagem ao Professor Roberto Rosas.

Em suma, cita-se por totalmente adequada a poesia de Nelson Cavaquinho, corporificada em música,[3] ao dizer:

> Sei que amanhã, quando eu morrer
> Os meus amigos vão dizer
> Que eu tinha um bom coração
> Alguns até hão de chorar
> E querer me homenagear
> Fazendo de ouro um violão
> Mas depois que o tempo passar
> Sei que ninguém vai se lembrar
> Que eu fui embora
> Por isso é que eu penso assim
> Se alguém quiser fazer por mim
> Que faça agora

2. O AUTOR, SUA VIDA, DESAFIOS E CONQUISTAS

Roberto Ferreira Rosas nasceu no Rio de janeiro, tendo passado a sua infância e a juventude no Rio de Janeiro. No ano de 1960 ingressou na Faculdade Nacional de Direito da Universidade do Brasil, posteriormente denominada Universidade Federal do Rio de Janeiro (UFRJ), onde se graduou no ano de 1964. Ávido de conhecimentos, também se formou em Ciências Sociais pela Faculdade de Filosofia da Universidade do Estado da Guanabara, em 1963.

Mal havia se formado quando, em 1965, teve a percepção de que Brasília lhe ofereceria oportunidades únicas. Assim, naquele ano não hesitou em aceitar o convite para assumir o cargo de Secretário Jurídico do Supremo Tribunal Federal, na nova capital.

Por óbvio, não foram poucos os desafios, a começar pela simples adaptação. E não estou a falar apenas da troca de cidade, dos encantos do Rio de Janeiro, que na época atravessava uma fase áurea, pela aridez do Planalto.

2 Este artigo foi revogado pela Lei 12.781, de 2013.

3 SILVA, Nelson Antônio. **Quando eu me chamar saudade**. Disponível em: https://www.letras.com/nelson-cavaquinho/198132/. Acesso em: 1º fev. 2023.

A perda do habitat é uma provação aos que deixam sua cidade de origem. As perdas são muitas e vão muito além da nostalgia pelo afastamento da família e dos amigos. No caso, a troca do visual da Floresta da Tijuca, com a exuberante Mata Atlântica, pelas árvores do cerrado, "com troncos tortos, cobertos por uma cortiça grossa, cujas folhas são geralmente grandes e rígidas",[4] certamente agravou o sentimento de perda.

Também as dificuldades de moradia, à época poucas e caras, o que levava muitos pioneiros a residir em hotéis. O corpo médico de Brasília era deficiente e isto, ainda que o jovem advogado gozasse, como até hoje goza, de boa saúde, certamente era motivo de preocupações.

Mas Roberto Rosas, dia a dia foi se integrando naquela cidade então em formação. Cresceram ambos lado a lado, ele profissionalmente, ela tornando-se uma cidade com excelente nível de vida, inclusive com uma quantidade de lindas árvores plantadas no início da criação, que servem de exemplo a muitas capitais de estados do Brasil.

Na sua caminhada, avançando em conquistas de toda ordem, Roberto Rosas foi ocupando espaços. Professor da graduação e do mestrado da Faculdade de Direito na Universidade de Brasília (UnB), onde fez o mestrado e o doutorado, Procurador do Tribunal de Contas do Distrito Federal, membro de diversas academias, Ministro do Tribunal Superior Eleitoral, examinador de dezenas de concursos públicos de ingresso na Magistratura, Ministério Público e em faculdades de Direito das mais conceituadas universidades, autor de diversos livros e centenas de artigos publicados em revistas especializadas.

Tal trajetória o levaria, inevitavelmente, à magistratura nas Cortes Superiores. Dizem que, convidado para integrar o Supremo Tribunal Federal, polidamente declinou, optando por permanecer na sua verdadeira vocação, a advocacia. Contudo, aceitou a missão de julgar temporariamente. Foi assim que se tornou Ministro do Tribunal Superior Eleitoral (TSE), representando a classe dos advogados. Sentindo o peso da responsabilidade de julgar, completou o ciclo de experiências profissionais.

4 INSTITUTO BRASILEIRO DE FLORESTAS. **Bioma Cerrado**. Disponível em:https://www.ibflorestas.org.br/bioma-cerrado?utm_source=google&utmmedium=cpc&utm_campaign=google-ads&keyword=vegeta%C3%A7%C3%A3o%20do%20cerrado&creative=465946616797&gclid=CjwKCAiAleOeBhBdEiwAfgmXf0ebiWZ6cqsNdL5Pq6-hhK5D7mxK6JM8RSswdPYYIaPfc-kvQNre6BoCsk8QAvD_BwE. Acesso em: 30 jan. 2023.

Como se vê, a trajetória de Roberto Rosas é única. Deixou o Rio de Janeiro, onde jamais deixou morrerem as amizades dos tempos de sua formação e outras que foi fazendo ao longo do tempo, para firmar com Brasília um pacto de amor e fidelidade. Foi na então nova capital que expandiu seus conhecimentos, aproveitou todas as oportunidades que a vida lhe ofereceu e alcançou um sucesso invulgar.

3. As múltiplas experiências

Poucos se interessam e, menos ainda, refletem sobre a influência das experiências na vida das pessoas. Mas, afinal, será significante viver vários papéis? Ouvir, falar, conhecer, discutir com pessoas diferentes entre si sobre temas que vão do trivial a problemas filosóficos e existenciais? Será tudo isto decisivo para o sucesso? Ou não terá significado algum?

O sucesso não tem resposta pronta e acabada. Se assim fosse, filhos de milionários repetiriam o sucesso do pai, após receberem a mais esmerada educação disponível no planeta. O que a vida mostra é a ausência de regras ou costumes que assegurem a alguém aquilo que os norte-americanos enfatizam como sendo um *winner*.

Regra geral, as experiências do profissional do Direito limitam-se à carreira abraçada, cumulada eventualmente com mais uma, ou seja, a de professor. No entanto, esta profissão cada vez mais deixa de ser uma segunda opção complementar, para tornar-se uma carreira com exclusividade, seguindo os moldes da Europa e dos Estados Unidos da América.

O aprendizado formal nas Ciências Jurídicas, passa pela graduação e a pós-graduação, sendo a *lato sensu* (mestrado e doutorado) plena de obrigações, como leituras e publicações de artigos. O aprendizado informal, aquele que vem da experiência, não tem regras fixas, dá-se por atos da vida, que podem decorrer de estágios, empregos, visitas, viagens, de tudo, enfim, inclusive conversas com pessoas letradas e iletradas, mas que possam ampliar a visão de mundo do profissional.

No Brasil o ensino acadêmico formal despreza o aprendizado baseado na prática. No entanto, em diversos países, o próprio doutorado exige que o estudante faça um estágio de um semestre em local ligado às suas pesquisas. Para ficar em um só exemplo, cita-se o curso de doutorado em Direito e Ciências Sociais da "Università degli studi dell'Ìnsubria", localizada em Como, Itália.

Assim, se é certo que ter múltiplas experiências na trajetória existencial, com certeza, pode colaborar para uma vida de vitórias profissionais, não é correto afirmar o oposto, ou seja, que a falta de experiências tem como resultado inquestionável o fracasso. Domenico De Masi, na obra "A emoção e a regra",[5] aponta a existência de exceções ao analisar as estratégias que tornaram possível a grupos corporativos compostos por pessoas criativas, alcançarem enorme sucesso, muitas vezes partindo de pequenas cidades do interior sem qualquer disponibilidade de cultura ou de lideranças.

Disto se pode concluir que as experiências não são requisitos insuperáveis para o sucesso, mas, se os curiosos, criativos e ambiciosos tiverem tais oportunidades, as possibilidades de sucesso serão maiores do que as daqueles que não tiveram oportunidade alguma.

Roberto Rosas, fácil é ver, traz a curiosidade como característica de sua personalidade. Interessado pelas histórias, pelos locais, pela vida enfim, não perde a oportunidade de visitar novos lugares, de participar de uma animada conversa e de fazer novos amigos. E quando se trata de pessoas, seu interesse vai desde um culto Ministro do Supremo Tribunal Federal até um homem do povo que traga consigo aquela sabedoria consolidada e transmitida por muitas gerações, conhecimentos empíricos que dispensam teses científicas para se revelarem verdadeiros.

Vejamos agora onde e de que forma tanta experiência acumulada foi utilizada, para tanto, escolhendo três atividades profissionais de Roberto Rosas.

3.1 . A ADVOCACIA

Começando pela advocacia, em 1969 foi fundado em Brasília o escritório Rosas Advogados, que em 2002 teve a adesão de Rodrigo de Medeiros Rosas. A advocacia dedicada, voltada para o cível, com o tempo fixou-se na defesa praticamente exclusiva de casos em trâmite nos Tribunais Superiores. O resultado é que a Rosas Advogados é considerada uma das bancas de maior sucesso em Brasília, fruto dos conhecimentos e do relacionamento social do seu fundador, predicados estes herdados por seu filho Rodrigo.

Colecionador de amizades, nem por isso pode ser acusado de abusar desta condição para obter vantagens pessoais. Ao contrário, sua atuação é marcada pela ética e a discrição. Neste particular, deixa prova

---

5 DE MASI, Domenico. **A emoção e a regra**. São Paulo, Ed. José Olympio, 9. ed., 2007.

clara na simplicidade do portal de seu escritório, que, fugindo à regra de pretenciosa ostentação de poder, limita-se a apontar dados básicos.[6] Deixa implícita a mensagem, "aqui nossa preocupação não é alcançar o sucesso através do marketing, mas sim pelos resultados".

A ação de Roberto Rosas, todavia, não fica na vitória pessoal. Buscando sempre o fortalecimento das instituições e entre elas, com preocupação maior para a advocacia, serviu à classe atuando por 20 anos como membro do Conselho Federal da Ordem dos Advogados do Brasil (OAB) e por 6 anos na Seccional do Distrito Federal.

A sua participação foi além da OAB, atuando também como membro do Instituto dos Advogados Brasileiros, Instituto dos Advogados do Distrito Federal, Instituto dos Advogados de São Paulo, Instituto dos Advogados de Goiás e Instituto dos Advogados da Bahia.

Mas a defesa dos interesses alheios não ficou apenas nos reclamos dos particulares. Roberto Rosas foi também Procurador do Tribunal de Contas do Distrito Federal e, assim, pôde colher as nuances diversas da advocacia pública, viver novas experiências e colaborar para com o interesse público.

Porém de nada valeria a experiência acumulada nesta área, se ficasse, egoisticamente, restrita ao seu mentor. Por tal motivo, Roberto Rosas, além das lições transmitidas nas atividades de rotina, que vão de conversas tomando um café a uma conferência em um auditório com invulgar assistência, fez questão de dar os seus "Conselhos aos Advogados".[7] Neles discorre sobre a importância de manter-se boa conduta profissional e social perante o Judiciário, de evitar longas petições com citações impertinentes, da importância do memorial, de quando deve ou não ser feita a sustentação oral e tantas outras de importância no exercício da profissão.

3.2. A DOCÊNCIA

Analisando agora o ensino jurídico, ou seja, aquele que forma os atores jurídicos das várias profissões, constataremos que Roberto Rosas, ainda moço, passou a lecionar na graduação da Faculdade de Direito da

6 Rosas Advogados. Disponível em: https://www.rosasadvogados.adv.br/. Acesso em: 6 fev. 2023.

7 ROSAS, Roberto. **Lembranças do Mundo Jurídico**. Rio de Janeiro: GZ, 2021, p. 87.

Universidade de Brasília, da Faculdade de Direito da Universidade do Distrito Federal e do Centro de Ensino Unificado de Brasília (UniCEUB).

As suas aulas de Direito Civil e Processo Civil foram sempre plenas de exemplos práticos, fruto de suas múltiplas atividades, em especial a advocacia, o que as tornava atrativas aos alunos. E aí não se pode olvidar o tratamento atencioso e cordial que dedicava aos discentes, nunca se furtando a responder uma dúvida que lhe era apresentada, inclusive fora da classe.

Exatamente por sua condição de professor, participou de inúmeros concursos públicos representando a Universidade. Trata-se de uma experiência que poucos têm na vida. Decidir o destino daqueles que surgem à sua frente, lutando por um cargo público de grande expressão social, uma missão da máxima relevância, ainda que pouco visível à sociedade. Impõe que se procure penetrar no âmago daquelas pessoas, verificar não apenas os seus conhecimentos jurídicos, mas, também, suas inclinações, maturidade, temperamento e desejos de bem servir à sociedade. A partir deste conjunto de predicados, decidir se devem ou não assumir determinada função pública.

Vejamos a relação das participações como examinador de bancas de certames de ingresso em carreiras públicas. A magistratura federal foi a mais frequentada, nada menos do que 10 participações em concursos para Juiz Federal Substituto.[8] Além dela, Roberto Rosas esteve presente em bancas de concurso para Juiz de Direito Substituto do Distrito Federal e Territórios, Procurador da República, Procurador da Fazenda Nacional, Procurador do INCRA, Procurador do Tribunal de Contas do Distrito Federal e Advogado da União.

Também por sua condição de docente, participou de bancas de concurso para a admissão de professores na Universidade de São Paulo (USP), Universidade Federal do Paraná (UFPR), Universidade Federal de Goiás (UFGO), Universidade Nacional de Brasília (UnB), Universidade Federal do Ceará (UFCE), Universidade Federal de Minas Gerais (UFMG), Universidade Federal de Pernambuco (UFPE), Universidade Federal da Bahia (UFBA), Pontifícia Universidade Católica de São Paulo (PUCSP) e Pontifícia Universidade Católica do Paraná (PUCPR).

8 O autor deste artigo foi examinado pelo Professor Roberto Rosas em concurso nacional para Juiz Federal Substituto realizado pelo Tribunal Federal de Recursos, aberto de 1978 e finalizado em 1979.

Consequência direta foi passar a fazer parte de várias academias. Segue-se a relação, mas, em se tratando de Roberto Rosas, ela não é *numerus clausus*, a qualquer momento pode surgir mais uma: Academia Brasileira de Letras Jurídicas, Academia Internacional de Direito e Economia, Academia Brasileira de Direito Tributário e Academia Brasiliense de Letras.

Tão rica atividade, ao longo de décadas, com certeza influenciou positivamente milhares de alunos e de pessoas examinadas, nelas introduzindo um pouco do seu pensamento e de sua forma de se conduzir.

3.3. Os livros

Os livros transmitem conhecimentos e influenciam pessoas. É verdade que, atualmente, perdem espaço para outras formas de comunicação, principalmente as mensagens eletrônicas, sejam em forma de artigos, vídeos ou notícias. Porém, os livros clássicos, impressos ou expostos *on line*, continuam sendo uma grande fonte de informação. Roberto Rosas tem dez livros publicados, no entanto, fiz a opção pelos três que mais me impressionaram.

3.3.1. Direito Sumular

O primeiro deles é o clássico Direito Sumular, cuja primeira edição é de 1978 e que hoje se encontra na sua 14ª. versão.[9] Lembro-me de tê-lo comprado logo após a minha aprovação no concurso para Juiz Federal, no ano de 1979. Mais ainda do quanto me foi útil desde o início da judicatura, quando, no primeiro dia de exercício, buscava como dar conta de 442 processos recebidos para sentenciar. Não havia tempo a perder nem espaço para sentenças rebuscadas. Era o dar a cada um o que é seu de forma direta e objetiva. O Direito Sumular caía-me como uma luva.

Forçando a memória a retroagir aos anos 1980, recordo-me de um recurso trabalhista em que se discutia a absolvição de instância. Àquela época, os juízes federais julgavam matéria trabalhista a qual, com certeza, não era o forte da maioria. Eu, tal qual outros tantos, debatia-me naquele dilema. Eis que, no Direito Sumular, encontro a resposta, não só com a Súmula 216 explicitada, mas também com a fundamentação:

9 ROSAS, Roberto. **Direito Sumular**. 14ª ed. São Paulo: Malheiros, 2012.

> Para a decretação da absolvição de instância, pela paralização do processo por mais de 30 dias, é necessário que o autor, previamente intimado, não promova o andamento da causa.

Em outra ocasião, o conflito girava em torno da imunidade na cobrança de taxas. O Direito Tributário não era o meu forte, para poder enfrentar a rigorosa banca de concurso fiz um curso de especialização na PUC de São Paulo. Frente àquele processo pronto para sentença, a discussão da matéria toda baseada na Constituição de 1946, percorria as obras de Aliomar Baleeiro e Fábio Fanuchi, sem chegar a conclusão alguma. Recorro então ao Direito Sumular, como sendo a última esperança, e eis que lá encontro expressa e com boa fundamentação, a Súmula 324, que dizia: "A imunidade do art. 31, V, da Constituição Federal não compreende as taxas". Sentenciei e, aliviado, retirei mais um da prateira dos conclusos parra sentença.

E assim foi a referida obra auxiliando-me por anos seguidos, inclusive atualmente. Na sua última versão está mais completa, com as Súmulas Vinculantes e as do Superior Tribunal de Justiça.

3.3.2. Pedro Lessa – O Marshall Brasileiro

Em 1985 veio a público a notável obra "Pedro Lessa - O Marshall Brasileiro".[10] Interessado nos estudos sobre a magistratura, não hesitei em comprá-la. Degustei-a saborosamente, tomando conhecimento, pela primeira vez com profundidade, em que consistia ser um bom juiz.

Aí fiquei convencido da importância da presença de membros estranhos à carreira da magistratura comporem os tribunais. Pedro Lessa, aprovado em concurso público, assumiu a cátedra na Universidade de São Paulo (USP) em 1891. Reconhecido por todos, suas aulas faziam com que a classe ficasse cheia. Todavia, era rigoroso e exigia disciplina. Certa feita incomodado com ruídos, assim se expressou:

> Não sei porque - vêm a esta Faculdade - e aqui se matriculam - rapazes - sujeitos - que fariam melhor se fossem trabalhar em estábulos - que há na Barra Funda... - A profissão é rude, mas digna - e os que não têm jeito para estudar Direito - poderiam mudar de escola. Não darão juristas - mas podem dar bons vaqueiros. (p. 41).

---

10 ROSAS, Roberto. **Pedro Lessa - O Marshall Brasileiro**. Brasília: Horizonte Editora Limitada, 1985.

Segundo Roberto Rosas, sua banca de advocacia em São Paulo era "considerada uma das maiores do seu tempo, tal o volume de causas importantes" (p. 51), havendo quem diga que, em um primeiro momento, recusou o convite para integrar a Corte Suprema.

Ensinando e advogando intensamente, Pedro Lessa levou ao Supremo Tribunal Federal a visão ampla dos que convivem diretamente com os jovens e com as partes, sentindo de perto seus anseios e suas agruras.

Pedro Lessa não mantinha relações cordiais com Epitácio Pessoa. Ambos brilhantes, divergiam, contudo, na forma de ver o Direito. Suas desavenças eram expostas na imprensa da época, em especial no Jornal do Comércio, do Rio de Janeiro.

Ironicamente, quis o destino que as quizílias se eternizassem. Na cidade de Santos (SP), ambos deram nome a importantes e longas avenidas, traçadas em paralelo ao longo da orla marítima, estando uma distante da outra cerca de 1,5 km. Assim, nem na posteridade nem em formas de vias públicas foram os dois gigantes se encontrar.

Desta contenda, fica a lição de que o conflito pode dar-se em todas as esferas sociais, não havendo, nesta reação humana, nenhuma diferença entre pessoas, qualquer que seja o nível cultural. A reação será a mesma entre professores de Harvard e índios Yanomamis da mais remota aldeia da Amazônia. O importante é saber restringi-lo dentro dos padrões de civilidade e, em especial, não deixar que maculem a instituição à que se pertence.

Em outro momento, narra Roberto Rosas a sua visão do que é uma questão política e a difícil função do Poder Judiciário ao decidir. Mostra que muitas vezes é impossível evitar declarações de inconstitucionalidade, ou julgar inválidos e inexequíveis atos do Legislativo ou do Executivo (p. 123).

Como se vê, as dificuldades da intervenção das Cortes em atos dos outros Poderes de Estado é algo que se discute há mais de 100 anos. Elas não existem quando o regime é de ditadura, porque então os juízes não têm coragem de decidir contra o Poder Executivo. Mas na democracia elas são comuns. Neste exato momento, o "Presidente da Argentina pede ao Congresso que abra processo de impeachment de juízes da Corte Suprema", sob a alegação de intromissão indevida, agravado por deci "no fim de dezembro, quando os magistrados emitiram um veredicto que obriga a Casa Rosada a aumentar os repasses para Buenos Aires, distrito mais rico do país e governado por um presidenciável de oposição".[11]

3.3.3. Lembranças do Mundo Jurídico

O terceiro livro a merecer menção especial, "Lembranças do Mundo Jurídico",[12] lançado em 2021, é o mais recente de Roberto Rosas. Nele o autor faz um retrospecto de sua vida, de tudo que lhe despertou interesse e do que interessava ser transmitido a terceiros. Os assuntos são variados e vão desde as lembranças do "Rio Antigo. A velha capital brasileira" até as "Estórias do Judiciário e da advocacia". Precioso em todos os sentidos, pincemos alguns aspectos, entre tantos, de interesse.

O estudo do Poder Judiciário e a sua evolução foi sempre uma das paixões de Roberto Rosas. Nesta obra ele analisa os registros no tempo do Império, a criação dos juizados de paz, as movimentações dos juízes por todo o território nacional e o envolvimento que tinham com funções políticas, o que cessou somente em 1871. Prossegue com o Judiciário após a República, com a criação do Supremo Tribunal Federal e da Justiça Federal e dos avanços conquistados na Constituição de 1934. Lembra e aponta decisões corajosas, como o voto proferido pelo ministro Carlos Velloso ao decidir pela condenação criminal no julgamento do ex-Presidente da República Collor de Mello, que o havia indicado para a Corte.

Importante também a referência à consolidação da advocacia, a começar pela criação do Instituto dos Advogados Brasileiros (1843), da Ordem dos Advogados do Brasil (1930), as disputadas eleições para a presidência (v.g., Mário Sérgio Duarte Garcia, que venceu com 1 voto de vantagem), as agruras, a resistência no período de governo militar, a inclusão da advocacia como essencial ao sistema de Justiça no art. 133 da Constituição de 1988 e o Exame de Ordem como requisito para o exercício da profissão.

Grandes advogados também foram lembrados, a começar por Sobral Pinto que, a uma simples alegação de insuficiência de recursos, abria mão dos honorários. Rui Barbosa, por óbvio, permeia as folhas

---

11 O Globo. Presidente da Argentina pede ao Congresso que abra processo de impeachment de juízes da Corte Suprema. Rio de Janeiro, 4 jan. 2023. Disponível em: https://oglobo.globo.com/mundo/noticia/2023/01/presidente-da-argentina-pede-impeachment-da-corte-suprema.ghtml. Acesso em: 5 fev. 2023.

12 ROSAS, Roberto. **Lembranças do Mundo Jurídico**. Rio de Janeiro: GZ, 2021.

do livro em diversos momentos, com sua presença. Pimenta Bueno no passado, José Carlos Barbosa Moreira mais recentemente e outros tantos. Da mesma forma, doutrinadores de destaque como Orosimbo Nonato, San Tiago Dantas, Carlos Maximiliano, que esteve nos três poderes, e Miguel Reale, que recusou o cargo de Ministro do STF para bem cuidar dos netos que ficaram órfãos com pouca idade. Faz justiça ao mencionar Aliomar Baleeiro, cuja maestria tornava o árido Direito Tributário matéria encantadora e, também, Hely Lopes Meirelles, cujo livro Direito Administrativo Brasileiro enfrentava, com clareza, os temas mais controvertidos.

Histórias à parte, vale registrar a visão do autor a respeito de aspectos importantes – e por vezes polêmicos – no cenário atual. Vale aqui lembrar os comentários sobre o item 33, ao defender o respeito às instituições e à legalidade, quando chama a atenção para algo sobre o que pouco se fala atualmente, ou seja, a necessidade de não apenas exigirmos nossos direitos, mas também de cumprirmos nossas obrigações.

Ao encerrar o livro, narra muitas histórias que se tornaram célebres no universo jurídico brasileiro, por vezes contadas como se tivessem ocorrido em mais de um local. Nem todos dão relevância aos aspectos jocosos, às fragilidades humanas, às reações absurdas, por vezes vindas de pessoas da mais alta expressão cultural e posição social. Mas Roberto Rosas, observador atento, não só apreende o lado jocoso de determinadas atitudes, mas registra os casos que, na oralidade, são passados de geração a geração.

Com estas três obras, sem prejuízo de outras tantas escritas por Roberto Rosas, milhares de pessoas conheceram melhor o Brasil e o seu sistema de Justiça, podendo nele exercer as suas profissões com maior profundidade, porém sem nunca perder o senso de humor.

4. A RELEVÂNCIA DAS LIÇÕES DE ROBERTO ROSAS PARA A COMUNIDADE JURÍDICA

Infelizmente, não foi criado um instrumento que permita quantificar os reflexos da vida de uma pessoa sobre a dos demais, até onde o que ela tenha feito de bem ou de mal terá repercutido nos outros. Este hipotético e útil aparelho, no caso de Roberto Rosas, acusaria alta pontuação na hipótese A, contra zero na hipótese B.

No entanto, sem quantificação exata, é possível afirmar que a trajetória de Roberto Rosas influenciou e ajudou muitas pessoas nos mais diversos locais, idades e profissões jurídicas. E isto ocorreu no dia a dia, imperceptivelmente, irradiando-se para um universo de pessoas grande, porém indefinido.

Fácil é constatar que se trata de um colecionador de amizades, do sul ao norte do nosso país e também do exterior, com destaque especial a Portugal. Porém, ao mesmo tempo em que é um homem de muitos amigos, tem, ainda, as raras virtudes de sempre que possível ajudar o próximo e ser agregador, vez que aproxima os seus mais queridos, mostrando com isto generosidade e, simultaneamente, repulsa a um procedimento egoísta, que seria a opção de ser o centro único das atenções.

Tais traços de personalidade, unidos a uma inteligência que acumula QIs e a um humor refinado, acabaram gerando a abertura de espaços em todos os ramos do Direito. Por tal motivo é ouvido, lido e consultado. No seu último livro, seus conselhos não se confinam aos advogados, estendendo-se também aos magistrados.

Entretanto, de nada valeria a autoridade de seu sucesso profissional como advogado, suas conquistas acadêmicas, econômicas, sua experiência em áreas tão diversificadas, se na vida pessoal se revelasse um fracasso. E aí, talvez, resida o aspecto menos conhecido de sua personalidade e de sua obra como um todo, retratado com rara felicidade por seu filho Rodrigo Rosas:

> Mas há outra área em que meu pai me traz enorme orgulho e, quanto a esta, sinto a obrigação de fazer um registro: Roberto Rosas é a melhor pessoa que conheço. Como pai, marido e avô, sempre colocou a família em primeiríssimo plano. Com ele aprendi o valor das amizades, vendo-o carregá-las por toda a vida com a leveza de um homem bom, correto e justo, e a tentar o meu melhor como ser humano, tratando com o mesmo respeito a todos e valorizando os mais diversos ofícios. Com ele, aprendi o valor da honestidade e do trabalho duro, da paciência, generosidade e empatia.[13]

5. Conclusão

É flagrante a oportunidade desta obra em homenagem a Roberto Rosas. Um homem não deve ser avaliado por uma etapa de sua vida, mas sim pelo conjunto da obra. Não basta ter exercido um cargo de grande

13 ROSAS, Rodrigo. Uma vida dedicada ao direito - estudos em homenagem a Roberto Rosas, coord. Arruda Alvim et alli. Prefácio. Brasília: GZ, 2020, p. X.

expressão, ter praticado um ato de heroísmo ou haver angariado muitos amigos. Na verdade, o valor está na reunião de diversas qualidades, isto, sim, distingue uma pessoa destacada da grande massa de seres humanos. Todavia, além disto, é necessário que tais virtudes tenham se prolongado ao longo do tempo. De nada valerá ter-se conduzido bem durante décadas se na terceira fase de sua existência a pessoa praticar condutas que ferem a ética ou a moral. Da lei, por óbvio, nem se fala.

Pois bem, Roberto Rosas é um desses casos raros em que a vida é levada com dedicação espartana, porém sem perder a sensibilidade para desfrutar as coisas boas que ela oferece. Seu exemplo reflete-se em um enorme número de pessoas de diversas gerações. E, ao que se espera, isto assim permanecerá por muitos e muitos anos.

Referências bibliográficas

DE MASI, Domenico. **A emoção e a regra**. São Paulo, Ed. José Olympio, 9. ed., 2007.

INSTITUTO BRSILEIRO DE FLORESTAS. **Bioma Cerrado**. Disponível em:https://www.ibflorestas.org.br/bioma-cerrado?utm_source=google&utm_medium=cpc&utm_campaign=google-ads&keyword=vegeta%C3%A7%C3%A3o%20do%20cerrado&creative=465946616797&gclid=CjwKCAiAl-eOeBhBdEiwAfgmXf0ebiWZ6cqsNdL5Pq6-hhK5D7mxK6JM8RSswdPYYIaPfc-kvQNre6BoCsk8QAvD_BwE. Acesso em: 30 jan. 2023.

O Globo. Presidente da Argentina pede ao Congresso que abra processo de impeachment de juízes da Corte Suprema. Rio de Janeiro, 4 jan. 2023. Disponível em: https://oglobo.globo.com/mundo/noticia/2023/01/presidente-da-argentina-pede-impeachment-da-corte-suprema.ghtml. Acesso em: 5 fev. 2023.

Rosas Advogados. Disponível em: https://www.rosasadvogados.adv.br/. Acesso em: 6 fev. 2023.

ROSAS, Roberto. **Direito Sumular**. 14ª ed. São Paulo: Malheiros, 2012.

ROSAS, Roberto. **Pedro Lessa** – O Marshall Brasileiro. Brasília: Horizonte Editora Limitada, 1985.

ROSAS, Roberto. **Lembranças do Mundo Jurídico**. Rio de Janeiro: GZ, 2021.

ROSAS, Rodrigo. Uma vida dedicada ao direito - estudos em homenagem a Roberto Rosas, coord. Arruda Alvim et alii. Prefácio. Brasília: GZ, 2020, p. X.

SILVA, Nelson Antônio. **Quando eu me chamar saudade**. Disponível em: https://www.letras.com/nelson-cavaquinho/198132/. Acesso em: 1º fev. 2023.

Parte II

A CONFORMAÇÃO PROCESSUAL DOS PRECEDENTES

Cartas Rogatórias. Exequatur. Cooperação Jurídica Internacional. Convenção da Haia sobre Citação[1]

Carlos Mário da Silva Velloso[2]

I. Introdução

Empresas estrangeiras costumam trazer, por intermédio de seus advogados, cartas rogatórias, apresentando-as diretamente ao órgão judiciário competente para o exequatur, o Superior Tribunal de Justiça. Ao distribuí-las, requerem, além da citação para responder à ação que tramita perante o Tribunal estrangeiro, o cumprimento de cautelares deferidas pela Corte estrangeira, como, por exemplo, indisponibilidade de bens do citando.

A questão a saber é se seria possível a transmissão das cartas rogatórias passivas, ou seja, aquelas dirigidas por autoridade estrangeira (juízo rogante) ao Poder Judiciário brasileiro (juízo rogado), pela parte interessada, ou, noutras palavras, se seria viável a tramitação da carta rogatória pelas mãos do particular, sem a intermediação da autoridade central, o Ministério da Justiça.

Examinemos a matéria.

---

1 Este artigo, que foi escrito em homenagem ao advogado Roberto Rosas, tem base em parecer que emiti sobre o tema, recentemente. Roberto Rosas, professor titular da Faculdade de Direito da Universidade de Brasília - UnB, doutor em Direito, autor de notáveis livros jurídicos, dos maiores juristas brasileiros, foi Ministro do Tribunal Superior Eleitoral. Excepcional pessoa humana, amigo certo de todas as horas, forma com a Célia, sua esposa e grande companheira, um casal primoroso. Já disse e vale repetir: homenagear Roberto Rosas enobrece a quem homenageia.

2 Advogado. Da Academia Brasileira de Letras Jurídicas. Ministro aposentado do Supremo Tribunal Federal. Professor emérito da Universidade de Brasília (UnB) e da Pontifícia Universidade Católica de Minas Gerais (PUC/MG), em cujas Faculdades de Direito foi professor titular de Direito Constitucional e Teoria Geral do Direito Público. Professor emérito da Escola da Magistratura Federal da 1ª Região (TRF/1ª R., Brasília, DF). Foi professor de Direito Constitucional Tributário no Instituto Brasiliense de Direito Público – IDP.

II. COOPERAÇÃO JURÍDICA INTERNACIONAL: AS CARTAS ROGATÓRIAS

A cooperação jurídica internacional,[3] para a execução de decisão estrangeira, é realizada por meio de carta rogatória ou homologação de sentença estrangeira, conforme previsto no artigo 40 do CPC/2015.[4] Delimitado o objeto da Consulta, examinaremos os aspectos principais das cartas rogatórias passivas, ou seja, aquelas dirigidas por autoridade estrangeira (juízo rogante) ao Poder Judiciário brasileiro (juízo rogado).

Ao longo dos anos, houve nítida evolução, legislativa e jurisprudencial, quanto a possibilidade de cumprimento de cartas rogatórias com caráter executório. O Aviso de 1º de outubro de 1847, admitiu trânsito às cartas rogatórias *"expedidas pelas autoridades judiciárias para simples citação ou inquirição de testemunhas, sendo repelidas quaisquer executórias, tragam ou não insertas as sentenças"* (artigo 1º), desde que *"legalizadas pelos Cônsules brasileiros"* (art. 3º).

Arthur Briggs, em 1913, demonstra que, na Circular expedida em 7 de janeiro de 1888, o Ministério da Justiça reiterou a *"nulidade de cartas rogatórias executórias, por serem repelidas pelas Justiças de todas as Nações."* Permanecia, portanto, a impossibilidade de diligência com natureza executiva, como, por exemplo, *"as que se referem a arresto de propriedade"*, entendimento que perdurou por mais de um século.[5]

De fato, enquanto a competência para apreciação de pedidos de cooperação jurídica internacional era do Supremo Tribunal Federal, deixando de sê-lo com a promulgação da Emenda Constitucional nº 45, de 2004, a jurisprudência se firmara no sentido de que as cartas rogató-

---

3 Para a Professora Maristela Basso, *"o termo cooperação jurídica internacional em matéria processual é muito abrangente e ao mesmo tempo define a exata extensão do cumprimento de diligências e atos executórios que sejam objeto de pedido formulado pelo juiz estrangeiro endereçado ao juiz nacional, e que estarão, portanto, submetidos à cooperação direta entre autoridades judiciárias. Essa relação se instaura por meio de tratados bilaterais ou multilaterais em matéria civil, comercial, penal e administrativa, sendo intermediada, na grande parte das vezes, por uma autoridade central, coincidente ou não com os respectivos Ministérios das Relações Exteriores das partes"* BASSO, Maristela. "Curso de Direito Internacional Privado". 6ª ed. São Paulo: Atlas, 2020, pp. 270-271.

4 "Art. 40. A cooperação jurídica internacional para execução de decisão estrangeira dar-se-á por meio de carta rogatória ou de ação de homologação de sentença estrangeira, de acordo com o art. 960".

5 BRIGGS, Arthur. Cartas rogatórias internacionais. Rio de Janeiro: Imprensa Nacional, 1913, pp. 7-12.

rias deveriam ser restritas aos atos citatórios, de intimação, inquirição de testemunhas e de instrução, sendo vedada a concessão de *exequatur* para atos executórios e de constrição não homologados por sentença estrangeira.[6]

Todavia, após a competência para apreciação de pedidos de cooperação jurídica internacional ser conferida ao Superior Tribunal de Justiça, pela EC nº 45, de 2004, o STJ editou a Resolução nº 9/2005, que passou a prever a possibilidade de as cartas rogatórias terem *"por objeto atos decisórios ou não decisórios"* (artigo 7º), possibilitando-se, assim, a concessão de *exequatur* também para atos executórios. Essa previsão foi reiterada quando da alteração do Regimento Interno do Superior Tribunal de Justiça, que passou a permitir a concessão de *exequatur* à *"carta rogatória que tiver por objeto atos decisórios ou não decisórios"* (art. 216-O, § 1º).[7]

Outro aspecto importante envolve os motivos para a recusa do processamento das cartas rogatórias ou para a não concessão do *exequatur*. Nos termos do Regimento Interno do Superior Tribunal de Justiça, o juízo realizado pelo STJ é meramente delibatório, apenas não sendo concedido *exequatur* à carta rogatória *"que ofender a soberania nacional, a dignidade da pessoa humana e/ou a ordem pública"* (RI/STJ, art. 216-P).[8]

Assim, embora o procedimento perante o Superior Tribunal de Justiça seja de jurisdição contenciosa (CPC/15, artigo 36), é certo que a contenciosidade é limitada (CPC/15, artigo 36, §§ 1º e 2º), uma vez que a defesa somente poderá versar sobre autenticidade dos documentos, a inteligência da decisão e a observância dos requisitos previstos no Regimento Interno (RI/STJ, artigo 216-Q, § 2º).

No ponto, uma crítica, *data venia*, poderia ser feita ao Regimento Interno do Superior Tribunal de Justiça, ao limitar as possibilidades de

6 CR 7157/AT, Min. Sepúlveda Pertence, DJ 15.02.1996.

7 ARAÚJO, Nádia de. "Direito Internacional Privado: teoria de prática brasileira". 9ª ed. São Paulo, Thomson Reuters, 2020, p. 254.

8 Nesse ponto, o Regimento Interno do Superior Tribunal de Justiça está em consonância com a Lei de Introdução às Normas de Direito Brasileiro, que prevê que *"as leis, atos e sentenças de outro país, bem como quaisquer declaraçõesde vontade, não terão eficácia no Brasil, quando ofenderem a soberania nacional, a ordem pública e os bons costumes"*(LINDB, artigo 17). Também o Código de Processo Civil prevê que o *exequatur* não será concedido caso esteja presente*"manifesta ofensa* à *ordem pública"* (CPC/15, artigo 963, VI).

defesa em sede de cartas rogatórias. É que nos parece que o artigo 216-Q, § 2º, do RI/STJ, necessita ser atualizado após a entrada em vigor do novo Código de Processo Civil, que passou a prever outros requisitos para a concessão do *exequatur*.

Na forma do atual Código de Processo Civil, o pedido passivo de cooperação jurídica internacional será recusado se configurar manifesta ofensa à ordem pública (artigo 39). Por outro lado, somente será possível a concessão do *exequatur*, quando comprovado que a decisão proferida pela Justiça rogante foi proferida por autoridade competente, tenha havido citação regular, seja a decisão eficaz no país de origem, não haja ofensa à coisa julgada brasileira, estiver a decisão acompanhada de tradução e, por fim, não ofender à ordem pública (artigo 963, incisos I, II, III, IV, V e VI). Ademais, também não será concedido o *exequatur* na hipótese de competência exclusiva da autoridade judiciária brasileira (artigo 964).

Assim, embora o contencioso seja limitado, certo é que, com o advento do Código de Processo Civil de 2015, a defesa apresentada pela parte interessada poderá versar sobre todos esses requisitos - formais e materiais - essenciais ao processamento da carta rogatória e à concessão do *exequatur*, revelando-se ultrapassada, por demais restritiva, a previsão contida no artigo 216-Q, § 2º, do RI/STJ.

Por outro lado, entendemos que o conceito de ordem pública é indeterminado, não sendo de fácil definição ou aplicação. No ponto, vale invocar a lição de Beat Walter Rechsteiner, para quem a ordem pública é violada quando o ato *"for incompatível com os princípios fundamentais da ordem jurídica pátria"*,[9] conceito que se confunde, em certa medida, com a própria noção de soberania nacional, valendo acrescentar que são normas de ordem pública as normas constitucionais, processuais, administrativas, dentre outras. A perfeita identificação de um conceito indeterminado constitui talvez a tarefa mais relevante do trabalho do juiz, revelando-se, aí, o preparo intelectual, o equilíbrio e a sensatez do magistrado.

Por fim, adota-se o sistema centralizado para a análise de cartas rogatórias, atribuindo ao Superior Tribunal de Justiça a competência exclusiva para a concessão de *exequatur* às cartas rogatórias provenientes do exterior.[10] Mas, nem sempre foi assim. No Brasil Império e durante a

9 RECHSTEINER, Beat Walter. "Direito Internacional Privado: teoria e prática". 14ª ed., Saraiva, 2011, pp. 319-320.

10 DOLINGER, Jacob. TIBÚRCIO, Carmen. "Direito Internacional Privado". 15ª ed. Forense, 2020, p. 614.

Primeira República, as cartas rogatórias eram cumpridas diretamente pelos juízes deprecados, num sistema descentralizado.

Somente com a promulgação da Constituição de 1934 é que o Brasil passou a adotar a competência centralizada, prevendo a competência do Presidente do Supremo Tribunal Federal para a concessão de exequatur às cartas rogatórias das Justiças estrangeiras (artigo 77).[11] Essa tradição foi mantida pelas Constituições seguintes: Constitituição de 1937 (artigo 102)[12].

Constituição de 1946 (artigo 102)[13], Constituição de 1967 (artigo 115, parágrafo único, 'd')[14] e, finalmente, pela Constituição de 1988 (artigo 102, I, 'h').[15] Com o advento da Emenda Constitucional 45/2004, a competência para a concessão de *exequatur* às cartas rogatórias provenientes do exterior passou a ser do Superior Tribunal de Justiça, preservadas todas as demais particularidades (artigo 105, I, 'h')[16].

No que diz com a competência interna do STJ, recentemente restou definido que a competência para a concessão do *exequatur* é da Corte Especial do Superior Tribunal de Justiça - e não do seu Ministro Presidente - conforme reconhecido pelo Supremo Tribunal Federal quando do julgamento do RE 813.611-DF (*"compete ao Superior Tribunal de Justiça, em atuação colegiada, a homologação de sentenças estrangei-*

11 CONSTITUIÇÃO DE 1934, "Art. 77. Compete ao Presidente da Corte Suprema conceder exequatur às cartas rogatóriasdas Justiças estrangeiras."

12 CONSTITUIÇÃO DE 1937 - "Art. 102. Compete ao Presidente do Supremo Tribunal Federal conceder "exequatur" àscartas rogatórias das justiças estrangeiras.

13 CONSTITUIÇÃO DE 1946 - "Art. 102. Com recurso voluntário para o Supremo Tribunal Federal, é da competência doseu Presidente conceder exequatur a cartas rogatórias de Tribunais estrangeiros."

14 CONSTITUIÇÃO DE 1967 - "Art. 115. O Supremo Tribunal Federal funcionará em Plenário ou dividido em Turmas. Parágrafo único. O Regimento Interno estabelecerá: (...) (d) a competência de seu Presidente para conceder exequatur acartas rogatórias de Tribunais estrangeiros."

15 CONSTITUIÇÃO DE 1988 - "Art. 102. Compete ao Supremo Tribunal Federal, precipuamente, a guarda da Constituição,cabendo-lhe: I - processar e julgar, originariamente: (...) (h) a homologação das sentenças estrangeiras e a concessão do"exequatur" às cartas rogatórias, que podem ser conferidas pelo regimento interno a seu Presidente."

16 CONSTITUIÇÃO DE 1988, EC 45/2004, "Art. 105. Compete ao Superior Tribunal de Justiça: I - processar e julgar, originariamente: (...) i) a homologação de sentenças estrangeiras e a concessão de exequatur às cartas rogatórias"

ras, bem como a concessão de exequatur às *cartas rogatórias, sendo incabível a decisão individual")*. Essa decisão afasta a previsão do artigo 216-O, do Regimento Interno do Superior Tribunal de Justiça, que prevê a competência do seu Presidente para a concessão do *exequatur*.[17]

Assentadas essas premissas básicas, examinemos os procedimentos exigidos pelos tratados internacionais e pela legislação nacional correlata para a tramitação das cartas rogatórias.

Hipótese Geral: obrigatoriedade de tramitação das cartas rogatórias pela via diplomática.

Durante a maior parte do Brasil Império não havia qualquer formalidade para a transmissão dos pedidos de cooperação judicial internacional, que eram entregues aos juízes diretamente pelas partes interessadas.[18] Em 1863, a possibilidade de apresentação direta das cartas rogatórias foi *"abandonada por inconveniente"*, uma vez que poderia resultar na *"quebra da soberania nacional"*.[19] Abolida a transmissão direta aos juízes rogados, as partes interessadas passaram a submeter as cartas rogatória diretamente ao Ministério da Justiça e Negócios Interiores, desde que houvesse *"perfeita reciprocidade"* com o país de origem.[20]

---

17 DOLINGER, Jacob. TIBÚRCIO, Carmen. "Direito Internacional Privado". 15ª ed. Forense, 2020, p. 614.

18 Antes da Circular do 1° de Outubro de 1847, nada havia assentado sobre o cumprimento de cartas rogatórias internacionais. Muito poucas eram transmitidas por via diplomática e como não havia ato que limitasse a sua natureza nem formalidade alguma para o seu andamento, os Juízes as recebiam diretamente da parte interessada e as cumpriam ou recusavam o seu cumprimento. O maior número de rogatórias vinha de Portugal e, com ellas, tinham cumprimento no Brasil, sem ciência do Governo Imperial, precatórias executórias." (BRIGGS, Arthur. Cartas rogatórias internacionais. Rio de Janeiro: Imprensa Nacional, 1913, p. 7).

19 *Segundo se depreende do Aviso de 8 de Julho de 1863, do Ministério da Justiça ao dos Estrangeiros, essa regra de apresentação direta das cartas rogatórias foi abandonada por inconveniente. Considerou-se quanto era perigoso confiar de um tribunal local, muitas vezes servido por pessoa ignorante, graves e ponderosas questões de direito civil internacional. Refletiu-se nas serias complicações que poderiam resultar, com a quebra da soberania nacional, pela execução dada a cartas não simplesmente citatórias, mas executórias. O facto é que os Ministérios dos Negócios da Justiça e de Estrangeiros do Brasil, abandonando a regra da apresentação direta permitida nos Avisos do 1° de Outubro de 1847 e 20 de Abril de 1849, estabeleceram a nova regra da transmissão, cumprimento e devolução oficial das cartas rogatórias"* (BRIGGS, Arthur. Ob. Cit., p. 27).

20 Não havia, portanto, proibição para que a parte interessada apresentasse a Comissão Rogatória diretamente ao Ministério da Justiça e Negócios Interiores,

Em resumo, o Brasil passou a adotar, a partir daí, o sistema centralizado para a análise de cartas rogatórias, atribuindo ao Superior Tribunal de Justiça a competência exclusiva para a concessão de *exequatur* às cartas rogatórias provenientes do exterior, constituindo regra geral que *"as cartas rogatórias devem tramitar por via diplomática, sob pena de invalidade"*.[21]

Para os casos envolvendo países que não possuem tratado de cooperação jurídica internacional com a República Federativa do Brasil, a Portaria Interministerial MRE/MJ n.º 501, de 21 de março de 2012,[22] previu que os pedidos de cooperação jurídica internacional passivos, em matéria penal e civil, que tramitam pela via diplomática, devem ser obrigatoriamente encaminhados pelo Ministério das Relações Exteriores ao Ministério da Justiça (artigo 4º)[23], que possuí competência exclusiva para instruir, opinar e coordenar a execução dos pedidos de cooperação jurídica internacional, em matéria penal e civil, encaminhando-os à autoridade judicial ou administrativa competente (artigo 6º, inciso I).[24]

O Código de Processo Civil é expresso ao prescrever que a cooperação jurídica internacional deve observar *"a existência de autoridade central para recepção e transmissão de pedidos de cooperação"* (artigo 26, IV), e que, *"na ausência de tratado, a cooperação jurídica internacional poderá realizar-se com base em reciprocidade, manifestada por via diplomática"* (artigo 26, § 1º), devendo o Ministério da Justiça exercer *"as funções de autoridade central na ausência de designação específica"* (artigo 26, § 4º).

por si ou por procurador. Naquele momento, era possível *"à parte interessada apresentar diretamente ao Ministério da Justiça e Negócios Interiores o instrumento judiciário"* e desde que houvesse *"perfeita reciprocidade"* com o país de origem (BRIGGS, Arthur. Cartas rogatórias internacionais. Rio de Janeiro: Imprensa Nacional, 1913, pp. 28-32).

21 ASSIS, Carlos de Augusto. In CRUZ E TUCCI, José Rogério (Coord.). "Código de Processo Civil Anotado". São Paulo, AASP, 2016, p. 402.

22 A Portaria Interministerial MRE/MJ n.º 501/2012 revogou a Portaria Interministerial MRE/MJ nº 26, de 14/08/1990, e a Portaria Interministerial MRE/MJ de 16/09/2003.

23 Art. 4º. O Ministério das Relações Exteriores encaminhará ao Ministério da Justiça os pedidos de cooperação jurídica internacional passivos, em matéria penal e civil, tramitados pela via diplomática.

24 Art. 6º. Cabe ao Ministério da Justiça: I. instruir, opinar e coordenar a execução dos pedidos de cooperação jurídica internacional, em matéria penal e civil, encaminhando-os à autoridade judicial ou administrativa competente.

Ou seja, o exame conjunto da Portaria Interministerial MRE/MJ nº 501/2012 e dos artigos 26, inciso I e §§ 1º e 4º do CPC/15, revela que, ausente tratado prevendo forma diversa de tramitação, as cartas rogatórias devem, obrigatoriamente, ser encaminhadas e processadas pela via diplomática, sob pena de nulidade.

A jurisprudência também se pacificou no sentido da imprescindibilidade de tramitação dos pedidos de cooperação jurídica internacional pela via diplomática. Antes mesmo da entrada em vigor do novo Código de Processo Civil, o Superior Tribunal de Justiça, em acórdão paradigmático, reconheceu a impossibilidade de a carta rogatória ser trazida para homologação pela própria parte interessada, ausente tratado prevendo essa excepcional possibilidade de tramitação:[25]

> "PROCESSO CIVIL. AGRAVO REGIMENTAL. CARTA ROGATÓRIA. TRÂMITE POR VIA PARTICULAR. IMPOSSIBILIDADE. EXIGÊNCIA DA VIA DIPLOMÁTICA.
>
> - Os pedidos de cooperação jurídica internacional, cujas diligências dependem da prévia concessão de exequibilidade pelo Superior Tribunal de Justiça, devem tramitar pela via diplomática, sendo inviável o requerimento articulado diretamente pelo autor do processo em trâmite na Justiça estrangeira.
>
> - *Conclusão pacífica na doutrina de Pontes de Miranda, Susan Kleebank e Moniz de Aragão e resultado da interpretação conjunta do art. 211 do Código de Processo Civil, combinado com os artigos 7º, parágrafo* único, *e 14 da Resolução STJ nº 09 de 2005 e com os artigos 4º e 6º, I, da Portaria Interministerial nº 501, de 2012, que define a tramitação das cartas rogatórias.*
>
> Agravo regimental desprovido."

A Corte Especial do Superior Tribunal de Justiça, com base na doutrina e na legislação sobre o assunto, assentou que *"sequer o juiz estrangeiro pode fazer o pedido de diligências diretamente ao juiz nacional"*, devendo o pedido de cooperação jurídica internacional tramitar, obrigatoriamente, pela *"via diplomática ou por meio das autoridades centrais competentes"*.

25 STJ - CR 9563/CN, Min. Francisco Falcão, DJ 09.03.2015.

Procedimento diverso somente poderá ser adotado na hipótese de haver tratado estabelecendo, expressamente, a possibilidade de tramitação das cartas rogatórias pelas mãos de particulares interessados na concessão do *exequatur*. A regra geral, todavia, é o trâmite, pela via diplomática, vedada a apresentação da carta rogatória pela própria parte interessada, procedimento marcado pela nota da *"clandestinidade"*, nas palavras de Pontes de Miranda.[26]

Importante salientar que o Supremo Tribunal Federal manteve o entendimento do Superior Tribunal de Justiça ao negar provimento ao subsequente agravo em recurso extraordinário interposto pela parte requerente da CR 9.563/CN.[27]

Ao apreciar o caso, o Supremo Tribunal Federal entendeu que a ofensa ao texto constitucional seria meramente reflexa, uma vez que o Superior Tribunal de Justiça, ao negar o *exequatur*, baseou o seu convencimento na interpretação da legislação infraconstitucional que regula a hipótese. Assentou, por outro lado, que a submissão da carta rogatória à via diplomática seria essencial para se garantir a autenticidade dos documentos que a instruem.[28]

No que interessa ao caso ora examinado, anote-se que o Supremo Tribunal Federal afastou a alegação do requerente de que teria sido com-

---

26 Nádia de Araújo também ressaltou a existência desse precedente da Corte Especial, que impede o particular de trazer, por suas próprias mãos, a comissão rogatória para *exequatur* do STJ: *"Outro exemplo interessante recente é o da inadmissibilidade de trâmite da carta rogatória por via particular. Uma parte de um processo quis dar entrada diretamente no STJ com o pedido de citação de réu brasileiro. Na ausência de tratado entre o Brasil e Hong Kong, decidiu o STJ que a via diplomática era imprescindível para o recebimento do pedido (AgRg na CR 9563). Não há notícia de que a hipótese tenha sido objeto de anterior análise."* ARAÚJO, Nádia de. "Direito Internacional Privado: teoria de prática brasileira." 9ª edição revista e atualizada. São Paulo: Thomson Reuters Brasil, 2020, pp. 252-3.

27 AgR no ARE 936 062-DF, Min. Carmen Lucia, DJ 09.05.2016.

28 *"Tampouco a sujeição da modalidade passiva da carta rogatória à via diplomática configura mera formalidade, como sustentado pelo Agravante, pois essencial para atribuir autenticidade e veracidade aos documentos que a instruem, conforme assentado por este Supremo Tribunal no exercício da competência para conceder exequatur às cartas rogatórias, sendo exemplo o Habeas Corpus nº 90.567/CE, Relator o Ministro Ricardo Lewandowski, Primeira Turma, DJe 10.5.2007; o Agravo Regimental na Carta Rogatória nº 9.194, Relator o Ministro Carlos Velloso, Plenário, DJ 7.12.2000; e os Embargos na Carta Rogatória nº 4.340, Relator o Ministro Moreira Alves, Plenário, DJ 16.5.1986"* (ARE 936.026-DF, Ministra Carmen Lúcia, DJ-e 23.02.2016).

pelido a apresentar a carta rogatória diretamente ao Superior Tribunal de Justiça, visando atender ao exíguo prazo concedido pela Justiça rogante para o cumprimento da diligência.[29]

Embora o requerente tenha insistentemente alegado que *"a tramitação da carta rogatória pela via diplomática comprometeria a razoável duração do processo"*, o Supremo Tribunal Federal afastou esse argumento ao fundamento de que a celeridade não pode ser invocada como subterfúgio para a parte interessada se furtar ao cumprimento de procedimentos para a tramitação dos pedidos de cooperação jurídica internacional.

Decidiu o Supremo Tribunal Federal que *"o princípio da duração razoável do processo corresponde à observância do tempo necessário para a realização dos atos processuais previstos na legislação aplicável, e não à supressão de procedimentos legalmente estabelecidos em pretensa homenagem à celeridade processual"*.[30] Em outras palavras, o Supremo entendeu que o devido processo legal, em sua acepção processual, não pode ser sacrificado frente a alegação de que tramitação da carta rogatória pela via diplomática seria inadequada, por morosa.

Em síntese, doutrina, legislação e jurisprudência são uníssonas ao atestar a necessidade de tramitação da carta rogatória pela via diplomática.

Hipótese específica: obrigatoriedade de tramitação da carta rogatória pela autoridade central quando aplicável a Convenção da Haia sobre Citação.

Como visto, somente é possível o trâmite de pedidos de cooperação jurídica internacional pelas mãos de particulares quando houver tratado prevendo expressamente essa forma de submissão. Por outro lado, se determinado tratado, vinculante entre o Brasil e o país de origem,

---

29 Conforme se extrai do voto condutor proferido pela Ministra Carmen Lúcia, o Requerente asseverou em seu recurso de agravo que *"a tramitação da carta rogatória pela via diplomática comprometerá a razoável duração do processo. Consoante outrora assinalado e demonstrado, o Juízo Rogante concedeu o prazo de 63 (sessenta e três) dias para que o ora Agravante providenciasse a citação dos ora Agravados (...) Em que pese não se tratar de prazo peremptório, eventual dilação se sujeita à discricionariedade do Juízo Rogante"*. O Requerente argumentou, ademais, que *"a experiência revela que o processamento da carta rogatória de citação pela via diplomática demanda um lapso temporal significativamente superior a 63 (sessenta e três) dias. Nessa razão, o pedido de concessão de 'exequatur' dirigido diretamente ao Colendo Superior Tribunal de Justiça não configurou uma mera opção do ora Recorrente"* (AgR no ARE 936026-DF, Ministra Carmen Lucia, DJ-e 09.05.2016).

30 AgR no ARE 936026-DF, Ministra Cármen Lucia, DJ-e 09.05.2016.

estabelecer forma específica para a tramitação dos pedidos de cooperação jurídica internacional, essa forma deverá ser respeitada, sob pena de indeferimento da rogatória. É que a cooperação jurídica internacional deve se submeter ao disposto nos tratados vigentes no Brasil e ao quanto previsto na Constituição e na lei.

No que diz com a hipótese objeto deste estudo, a Convenção Relativa à Citação, Intimação e Notificação no Estrangeiro de Documentos Judiciais e Extrajudiciais em Matéria Civil e Comercial (*"Convenção da Haia sobre Citação"*), incorporada no ordenamento jurídico pelo Decreto 9.734, de 2019, estabeleceu um procedimento uniforme e bastante específico para as citações entre os países signatários.

Nos termos da Convenção da Haia sobre Citação, os países signatários deverão designar uma Autoridade Central que assumirá o encargo de receber as solicitações de citação, intimação ou notificação provenientes de outros Estados Contratantes (artigo 2º).[31] Para o cumprimento da Carta Rogatória, o Estado de origem deve encaminhar à Autoridade Central do Estado requerido uma solicitação de cooperação, preenchida de acordo com formulário específico anexado à Convenção da Haia sobre Citação (artigo 3º).[32] No Brasil, o Ministério da Justiça e Segurança Pública foi designado como Autoridade Central (Decreto 9.734/2019, artigo 2º, § 1º).

No ponto, importante salientar que o artigo 3º da Convenção da Haia sobre Citação é expresso ao prever que a solicitação de cooperação jurídica internacional deverá ser enviada pela *"autoridade ou agente judiciário competente"* à Autoridade Central do Estado requerido. Ou seja, veda, expressamente, que os pedidos sejam encaminhados por qualquer outra pessoa, especialmente particulares interessados no processamen-

31 Art. 2º. Cada Estado Contratante designará uma Autoridade Central que assumirá o encargo de receber as solicitações de citação, intimação ou notificação provenientes de outros Estados Contratantes e proceder de acordo com o disposto nos artigos 3º a 6º. Cada Estado organizará sua Autoridade Central nos termos de sua própria legislação.

32 Art. 3º. A autoridade ou agente judiciário competente, de acordo com a legislação do Estado de origem dos documentos, encaminhará à Autoridade Central do Estado requerido uma solicitação de acordo com o modelo anexo à presente Convenção, sem a necessidade de qualquer legalização dos documentos ou de outra formalidade equivalente. O documento objeto da citação, intimação ou notificação, ou a sua cópia, deverá ser anexado à solicitação. A solicitação, assim como tal documento, deverá ser fornecida em duplicata.

to da comissão rogatória. No ponto, a doutrina estrangeira reconhece que *"particulares não têm competência para enviar uma solicitação de citação diretamente para a Autoridade Central"*.[33]

Além da maior celeridade no cumprimento dos pedidos de cooperação jurídica internacional, que passam a tramitar apenas pelo Ministério da Justiça e Segurança Pública (Autoridade Central), dispensando-se a necessidade de tramitação adicional pelo Ministério das Relações Exteriores (via diplomática), a incorporação da Convenção da Haia sobre Citação ao ordenamento jurídico brasileiro trouxe maior segurança ao procedimento, atribuindo à Autoridade Central dos Estados requeridos ampla competência para apreciar a regularidade dos pedidos formulados pelos Estados requerentes.

Nos termos da Convenção da Haia sobre Citação, compete à Autoridade Central analisar o cumprimento dos requisitos previstos para a tramitação a Carta Rogatória, podendo, inclusive, recusar o seu processamento (artigo 4º). Compete à Autoridade Central, ademais, providenciar a distribuição da Carta Rogatória para um órgão adequado para proceder a citação (artigo 5º), exigir a tradução do documento (artigo 5º), emitir certificado específico anexado à Convenção da Haia sobre Citação informando a forma, o lugar e a data do cumprimento, assim como a pessoa a quem o documento foi entregue ou, ainda, as razões que impediram o cumprimento da Carta Rogatória (artigo 6º).

A Autoridade Central possui função relevante e ativa para o processamento dos pedidos de cooperação jurídica internacional formulados com base na Convenção da Haia sobre Citação, que não se limita a conferir autenticidade aos documentos que acompanham o pedido:[34] *"a figura da Autoridade Central fundamenta-se em dois eixos principais que fortificam sua existência. O primeiro está relacionado ao trabalho de rece-*

33 *"At the outset, it is important to note that private persons are not entitled to send directly a request of service to the Central Authority" (Pratical Handbook on the Operation of the Service Convention. The Hague Conference on Private International Law, 2016, p. 43).*

34 Antes mesmo da incorporação ao ordenamento jurídico nacional da Convenção da Haia sobre Citação, a Portaria Interministerial MRE-MJ n.º 501/2012, atribuiu ao Ministério da Justiça a relevante função de instruir, opinar e coordenar a execução dos pedidos de cooperação jurídica internacional, em matéria penal e civil, encaminhando- os à autoridade judicial ou administrativa competente (artigo 6º, inciso I), além da competência exclusiva para exarar e publicar entendimentos sobre cooperação jurídica internacional no âmbito de suas competências (artigo 6º, II).

ber, analisar, adequar e tramitar os pedidos de cooperação jurídica, conferindo maior celebridade e efetividade a este processo. O segundo, tão ou mais importante que o primeiro, refere-se à lisura da cooperação, dando ao Estado e aos cidadãos que dela se utilizam maior garantia da autenticidade e legalidade do que se tramita"[35]

Além da submissão pela Autoridade Central, a Convenção da Haia sobre Citação autorizou a utilização de outras três vias de transmissão: (i) remessa por via postal diretamente a pessoas que se encontrem no estrangeiro; (ii) possibilidade de o Poder Judiciário ou outras autoridades competentes do Estado de origem realizaram intimações diretamente por meio de agente do judiciário, autoridades ou outras pessoas competentes do Estado de destino; e, (iii) autonomia de qualquer pessoa interessada em um processo promover as citações, intimações ou notificações de documentos judiciais diretamente por meio de agentes do judiciário, autoridades ou outras pessoas competentes do Estado de destino (art. 10).[36]

Todavia, o Brasil ressalvou expressamente a impossibilidade de utilização, em seu território, dos métodos alternativos de intimação e notificação previstos no artigo 10 da Convenção da Haia sobre Citação, conforme cláusula de reserva veiculada no artigo 1º, parágrafo único, do Decreto 9.734/2019.[37]

---

35 SAADI, Ricardo Andrade e BEZERRA, Camila Colares. A Autoridade central no exercício da cooperação jurídica internacional. In: "Manual de Cooperação Jurídica Internacional e Recuperação de Ativos", 2014, p. 22, disponível em: https://bit.ly/3i5sG7N.

36 Art. 10. Se o Estado destinatário não se opuser, a presente Convenção não se interporá à: (a) autonomia de remeter documentos judiciais, por via postal, diretamente a pessoas que se encontrem no estrangeiro; (b) autonomia de os agentes do judiciário, autoridades ou outras pessoas competentes do Estado de origem promoverem as citações, intimações ou notificações de documentos judiciais diretamente por meio de agente do judiciário, autoridades ou outras pessoas competentes do Estado de destino; e (c) autonomia de qualquer pessoa interessada em um processo promover as citações, intimações ou notificações de documentos judiciais diretamente por meio de agentes do judiciário, autoridades ou outras pessoas competentes do Estado de destino.

37 Art. 1º. Fica promulgado o texto da Convenção Relativa à Citação, Intimação e Notificação no Estrangeiro de Documentos Judiciais e Extrajudiciais em Matéria Civil e Comercial, firmada na Haia, em 15 de novembro de 1965, com reserva ao Artigo 8º e Artigo 10, anexo a este Decreto. Parágrafo único. Em relação à reserva a que se refere o caput, a República Federativa do Brasil se opõe ao uso dos métodos de transmissão de documentos judiciais e extrajudiciais previstos nos Artigo 8º e Artigo 10 da Convenção."

Assim, o processamento de cartas rogatórias lastreadas na Convenção da Haia sobre Citação somente pode ocorrer por intermédio da Autoridade Central (Ministério da Justiça e Segurança Pública) que é a autoridade principal para o recebimento de solicitações de citação oriundas do estrangeiro.[38]

Por fim, cumpre ressaltar o caráter exclusivo da Convenção da Haia sobre Citação, cujas regras e procedimentos devem ser obrigatoriamente observados sempre que houver a necessidade de transmissão de uma ordem de citação ao exterior.

Nos Estados Unidos, a Suprema Corte reconheceu que *"a obediência aos termos da Convenção é obrigatória para todos os casos no quais ela se aplica."*[39] É dizer, a Convenção da Haia deve ser rigorosamente aplicada sempre que um documento judicial ou extrajudicial deva ser transmitido ao exterior para ser objeto de citação, intimação ou notificação, uma vez que nela se contém *"o rol de métodos possíveis para a transmissão da citação ao exterior"*, revelando-se, nesse sentido, *"exclusiva"*.[40]

---

38 Conforme reconhecido pelos Tribunais Norte-americanos, o principal método de citação previsto pela Convenção da Haia é por intermédio da Autoridade Central, que deve ser previamente designada por cada um dos países signatários: *"The primary means by which service is accomplished under the Convention is through a receiving country's 'Central Authority'. The Convention affirmatively requires each member country to designate a Central Authority to receive documents from another member country"* (*Brockmeyer v. May*, 383 F.3d 798, 801).

39 *"Compliance with the Convention [Hague Service Convention] is mandatory in all cases to which it applies" Volkswagenwerk Aktiengesellschaft v. Schlunk*, 486 U.S. 694, 108 S. Ct. 2104 (1988).

40 *"If, under the law of the forum a judicial or extrajudicial document is to be transmitted abroad for service, the Convention applies and it provides the relevant catalogue of possible means of transmission for service abroad. In this sense, the Convention is 'exclusive'."* (Practical Handbook on the Operation of the Service Convention. The Hague Conference on Private International Law, 2016, p. 21). Também nesse sentido, a Corte de Apelações de Alberta, Canadá, reconheceu que *"o conceito de caráter exclusivo significa que quando a lex fori impõe a transmissão de um documento ao exterior para ser objeto de citação, a Convenção da Haia sozinha fornece todos os canais relevantes para a submissão dessa citação"* (*"The notion of the exclusive character of the Hague Convention means that when the law of the forum determines a document is to be transmitted abroad for service under the Hague Convention, the Hague Convention alone provides the relevant channels of transmission for such service" - Metcalfe Estate v. Yamaha Motor Canada Ltd.*, 2012 ABCA 240, 41).

Hipótese excepcional: carta rogatória trazida diretamente pela parte interessada quando houver tratado autorizando essa forma de tramitação.

Como ficou claro, a cooperação jurídica internacional deve se submeter ao disposto nos tratados em vigor no Brasil e ao quanto previsto na legislação sobre o assunto. Assim, a transmissão pelo particular será possível quando houver tratado válido e em vigor entre o Estado rogante e Estado rogado, prevendo essa excepcional forma de submissão.

O Brasil é signatário de Convenções que facultam a transmissão das cartas rogatórias pelas próprias partes interessadas, com o objetivo de ampliar as vias de comunicação entre os Estados parte. O Protocolo de Cooperação e Assistência Jurisdicional em Matéria Civil, Comercial, Trabalhista e Administrativa - *"Protocolo de Las Lenãs,"* promulgado pelo Decreto 2.067/1996, com as alterações promovidas pelo Decreto Legislativo 970/2003, prevê expressamente que as partes interessadas poderão transmitir diretamente as Cartas Rogatórias, desde que legalizadas pelos agentes diplomáticos ou consulares.[41] No mesmo sentido, o Protocolo de Medidas Cautelares – *"Protocolo de Ouro Preto,"* promulgado pelo Decreto 2.626/1998, estabelece ser possível a transmissão da Carta Rogatória pelas partes interessadas, desde que seja previamente legalizada perante os agentes diplomáticos ou consulares do Estado requerido.[42]

41 "Art. 10. As cartas rogatórias poderão ser transmitidas por via diplomática ou consular, por intermédio da respectiva Autoridade Central ou pelas partes interessadas, em conformidade com o direito interno. Caso a transmissão da carta rogatória seja efetuada por intermédio das Autoridades Centrais ou por via diplomática ou consular, não se exigirá o requisito da legalização. Caso seja transmitida por intermédio da parte interessada, deverá ser legalizada pelos agentes diplomáticos ou consulares do Estado requerido, salvo se entre o Estado requerente e o requerido tiver sido suprimido o requisito da legalização ou substituído por outra formalidade. As cartas rogatórias e os documentos que as acompanham deverão redigir-se no idioma da autoridade requerente e serão acompanhadas de uma tradução para o idioma da autoridade requerida".

42 "Art. 19. A carta rogatória relativa ao cumprimento de uma medida cautelar será transmitida pela via diplomática ou consular, por intermédio da respectiva Autoridade Central ou das partes interessadas. Quando a transmissão for efetuada pela via diplomática ou consular, ou por intermédio das autoridades centrais, não se exigirá o requisito da legalização. Quando a carta rogatória for encaminhada por intermédio da parte interessada, deverá ser legalizada perante os agentes diplomáticos ou consulares do Estado requerido, salvo se, entre os Estados requerente e requerido, haja sido suprimido o requisito da legalização ou substituído por outra formalidade".

É o caso, também, da Convenção Interamericana Sobre Cartas Rogatórias, promulgada no Brasil pelo Decreto nº 1.899, de 9 de maio de 1996, que estabelece em seu artigo 4º que as rogatórias poderão ser transmitidas diretamente à autoridade requerida pelas partes interessadas, dispensando-se o trâmite diplomático, desde que, nos termos do artigo 5º, estejam devidamente legalizadas e acompanhadas de todos os documentos necessários e de suas respectivas traduções juramentadas:

> *"Artigo 4. As cartas rogatórias poderão ser transmitidas às autoridades requeridas pelas próprias partes interessadas, por via judicial, por intermédio dos funcionários consulares ou agentes diplomáticos ou pela autoridade central do Estado requerente ou requerido, conforme o caso".*

Diante dessa expressa autorização, o Supremo Tribunal Federal reconheceu, em pelo menos duas oportunidades, a possibilidade de a própria parte interessada apresentar diretamente pedidos de cooperação jurídica internacional fundamentados na Convenção Interamericana Sobre Cartas Rogatórias.

Ao ensejo da apreciação da CR 8.564/GB, o Ministro Celso de Mello, então Presidente do Supremo Tribunal Federal, assentou que o ingresso de cartas rogatórias naquela Corte deveria ocorrer apenas *"excepcionalmente por iniciativa formal da própria parte"* e desde que atendidos a dois requisitos: (i) que houvesse tratado permitindo às partes interessadas a transmissão da comissão rogatória diretamente ao Supremo Tribunal Federal; e que (ii) houvesse a parte interessada obtido a chancela consular, em ordem a atribuir às peças documentais que compõem o instrumento rogatório, a necessária autenticidade.[43]

---

43 Vale destacar o voto do Ministro Celso de Mello: *"A primeira razão consiste na relevantíssima circunstância de que, ao contrário da adequada instrução do pedido formulado na Pet nº 1.590, a instituição financeira ora requerente não providenciou, na origem, a necessária chancela consular brasileira, que, segundo adverte a jurisprudência do Supremo Tribunal Federal (RTJ 114/500), constitui ato destinado a conferir autenticidade a documentos estrangeiros, que, como os que instruem este pedido, não tenham sofrido trânsito por via diplomática. (...) "O segundo motivo - que se me afigura mais relevante do que aquele anteriormente exposto - apoia-se no fato de se revelar inaplicável, ao caso presente, a Convenção Interamericana sobre Cartas Rogatórias, promulgada pelo Decreto nº 1.899/96, que admite a possibilidade de as comissões rogatórias serem transmitidas, 'às autoridades requeridas, pelas próprias partes interessadas...' (Artigo 4), independentemente de seu trânsito por via*

Na oportunidade, a parte requerente, que havia levado a comissão rogatória diretamente ao Supremo Tribunal Federal, pretendia se socorrer à excepcional regra prevista no artigo 4º da Convenção Interamericana Sobre Cartas Rogatórias. Todavia, o Ministro Celso de Mello não concedeu o *exequatur*, seja porque os documentos apresentados não estavam autenticados, seja porque a diligência processual solicitada havia disso emanada do Reino Unido Reino da Grã- Bretanha e da Irlanda do Norte, que não é signatário da Convenção. Ressalvou, ademais, que *"as cartas rogatórias passivas, antes de serem submetidas ao juízo de delibação do Presidente do Supremo Tribunal Federal, para efeito de concessão de exequatur, devem transitar por via diplomática, sendo esse, em princípio, o meio ordinário de transmissão das comissões rogatórias"*.

Quando do julgamento da CR 10.514/BO, o Ministro Marco Aurélio, em decisão monocrática, também reconheceu a possibilidade de o particular submeter o pedido de cooperação jurídica internacional diretamente ao Supremo Tribunal Federal, uma vez que a diligência era oriunda da República da Bolívia, signatária da Convenção Interamericana Sobre Cartas Rogatórias.[44]

Na linha desse entendimento, o Superior Tribunal de Justiça também passou a admitir que a parte interessada apresentasse a carta rogatória diretamente, sem necessidade de trâmite prévio pelas vias diplomáticas ou autoridade central, em casos nos quais a carta rogatória estivesse amparada na Convenção Interamericana sobre Cartas Rogatórias. São citados os seguintes precedentes, cujas diligências eram oriundas de países signatários da Convenção Interamericana sobre Cartas Rogatórias:

diplomática. Também neste ponto, o caso ora em exame não guarda qualquer identidade com a decisão por mim proferida na Pet nº 1.590, que se referia a pedido de cooperação jurisdicional emanado de País - Estados Unidos da América -, que, além de vinculado, política e juridicamente (e não apenas geograficamente), ao sistema interamericano, também subscreveu a Convenção Interamericana sobre Cartas Rogatórias, celebrada no Panamá. Note-se que, no presente caso, a diligência processual, ainda que ordenada por autoridade judiciária das Ilhas Cayman, emanou da Justiça do Reino Unido da Grã-Bretanha e da Irlanda do Norte, pois, como se sabe, as Cayman Islands, desde 1670, estão sujeitas à soberania daquele País europeu, que, por razões evidentes, não subscreveu e nem aderiu à Convenção Interamericana sobre Cartas Rogatórias" (CR 8.564/GB, Ministro Celso de Mello, DJ 18.11.1999).

44 CR 10541/BO, Ministro Marco Aurélio, DJ 06.11.2002. Posteriormente, o Ministro Maurício Corrêa, sucessor do Ministro Marco Aurélio na Presidência do STF, concedeu o *exequatur* (DJ 13.10.2003).

CR 13.193-US (DJe 15.03.2019)[45]; CR 14.293-US (DJe 21.06.2019); CR 13.776-US (DJe 28.02.2019); CR 2.566-PY (DJ 10.09.2007)[46]; e CR 2.169-CL (DJ 28.02.2007). Verifica-se, pois, que a possibilidade de tramitação de cartas rogatórias pelas mãos de particulares representa exceção à tramitação pela autoridade central ou pela via diplomática.

Conclusão

O Código de Processo Civil, CPC/2015, preceitua que, *"na ausência de tratado, a cooperação jurídica internacional poderá realizar-se com base em reciprocidade, manifestada por via diplomática"* (art. 26, § 1º). Assim, inexistindo tratado que permita a tramitação do pedido de cooperação jurídica via Autoridades Centrais, deve o Estado Requerente submeter a carta rogatória para a apreciação do Ministério das Relações Exteriores - MRE, o qual, então, providenciará a sua remessa ao Ministério da Justiça e Segurança Pública - MJSP para posterior envio ao Superior Tribunal de Justiça.

Admite-se o ingresso excepcional por iniciativa da própria parte, quando atendidos os requisitos da existência de tratado que permita às partes interessadas a transmissão da carta rogatória diretamente ao Tribunal competente (no corpo deste estudo estão mencionados os tratados vigentes no Brasil, que autorizam tal procedimento: Seção V, retro) e desde que a parte interessada haja obtido a chancela consular a atribuir às peças documentais, que compõem o instrumento rogatório, a necessária autenticidade.

Conforme previsto no artigo 26, § 4º, do CPC/2015, deve o Ministério da Justiça e Segurança Pública - MJSP exercer *"as funções de autoridade central na ausência de designação específica"*, competindo-lhe encaminhar ao Superior Tribunal de Justiça as Cartas Rogatórias recebidas do Ministério das Relações Exteriores - MRE.

Em nome da celeridade processual, não há falar na submissão da carta rogatória diretamente ao Superior Tribunal de Justiça, sem observância dos artigos 26, §§ 1º e 4º, do CPC/15, que exigem sejam os pedidos

45 Envolvendo as mesmas partes e/ou o mesmo tema: CR 13.189-US; CR 13.196-US; CR 13.187-US; CR 13.197-US; CR 13.190-US; CR 13.191-US; CR 13.194-US; CR 13.186-US; CR 13.195-US; CR 13.191-US; e, CR 13.187-US.

46 Envolvendo as mesmas partes e/ou o mesmo tema: CR 2.570-PY; CR 2.567-PU; CR 2.569-PY; e, CR 2.568-PY.

de cooperação jurídica internacional processados pela via diplomática. O Supremo Tribunal Federal, no ponto, assentou que a celeridade não pode ser invocada para não ser dado cumprimento aos procedimentos previstos em lei ou tratado, para a tramitação dos pedidos de cooperação jurídica internacional.[47]

A Convenção da Haia sobre Citação, promulgada no Brasil pelo Decreto 9.734/2001, é de caráter exclusivo e deve ser aplicada em todos os casos nos quais os países signatários pretendem realizar a citação de pessoa domiciliada no exterior. No Brasil, o processamento de Cartas Rogatórias lastreadas na Convenção da Haia sobre Citação somente pode ocorrer por intermédio da Autoridade Central, que é o Ministério da Justiça e Segurança Pública.

Mesmo que se admita a inaplicabilidade da Convenção da Haia sobre Citação, ainda assim deve ser respeitada a orientação jurisprudencial firmada pelo Superior Tribunal de Justiça no sentido da impossibilidade de a carta rogatória ser trazida e apresentada para homologação pela própria parte interessada, quando ausente qualquer tratado ou convenção internacional a regular o seu processamento.[48]

47 AgR no ARE 936.026-DF, Min. Carmen Lucia, DJ 09/05/2016.

48 STJ - CR 9.563-CN, Min. Francisco Falcão, DJ 09.03.2015.

A RELEVÂNCIA COMO FILTRO DE ADMISSIBILIDADE NOS RECURSOS ESPECIAIS

Elias Marques de Medeiros Neto[1]
Luana Paiva Corrêa Groba Vieira[2]

I. INTRODUÇÃO

É com grande honra que atendemos ao convite para homenagear o ilustre Professor e Advogado Roberto Rosas, um dos juristas e profissionais do Direito mais admirados do Brasil.

O tema certamente, para além do Processo Civil, deve dialogar com o Direito Constitucional, razão pela qual elegemos a matéria de filtros seletores para a admissibilidade de recursos interpostos perante os Tribunais Superiores; com especial destaque para o recente filtro da relevância previsto na Emenda Constitucional nº 125/2022.

A sobrecarga do Poder Judiciário é um fato notório na sociedade. A grande quantidade de recursos submetida aos Tribunais Superiores dificulta o dia a dia dos ministros e servidores.

Diante desse cenário, recentemente o Poder Legislativo, por meio da Emenda Constitucional nº 125, incluiu dois parágrafos no artigo 105 da Constituição Federal, a fim de incorporar a relevância como requisito de admissibilidade dos recursos especiais.

Situação semelhante ocorreu com a arguição de relevância e, posteriormente, com a repercussão geral, ambos requisitos de admissibilidade dos recursos extraordinários. Já no âmbito da Justiça do Trabalho,

---

1 Pós-doutorados em Direito Processual Civil nas Faculdades de Direito da Universidade de Lisboa, da Universidade de Coimbra/IGC e da Universidade de Salamanca. Doutor e Mestre em Direito Processual Civil pela PUC/SP. Professor Doutor de Direito Processual Civil nos Cursos de Mestrado e Doutorado na Universidade de Marília – Unimar, Titular de Direito Processual Civil no CEU-LAW e na Graduação da Facamp. Membro do Instituto Brasileiro de Direito Processual (IBDP). Presidente da Comissão de Direito Processual Civil da OAB/SP, Pinheiros, e Vice-Presidente da Comissão de Direito Processual Civil da OAB/SP. Presidente da Comissão de Energia do IASP. Diretor e membro fundador do Ceapro. Advogado.

2 Pós-graduanda em Direito Civil e Direito Processual Civil pela Fundação Getúlio Vargas – FGV. Graduada em Direito pela Pontifícia Universidade Católica de São Paulo – PUC-SP. Advogada.

pode-se vislumbrar o princípio da transcendência como requisito dos recursos de revista endereçados ao Tribunal Superior do Trabalho.

Assim, propõe-se neste artigo uma análise dos mencionados requisitos de admissibilidade incluídos *a posteriori* nos textos constitucionais, em diferentes épocas da sociedade brasileira.

2. Breve panorama dos Tribunais Superiores

2.1. O Supremo Tribunal Federal

A história dos Tribunais no Brasil tem início no ano de 1587, quando foi prevista a implementação do Tribunal de Relação, mas que acabou por sair do papel apenas em 1609.

Quando a capital do Brasil foi transferida de Salvador para o Rio de Janeiro, referido órgão passou a ser chamado de Tribunal de Relação do Rio de Janeiro para, posteriormente, ter seu nome modificado para Casa da Suplicação do Brasil[3].

A Constituição de 1824, conhecida como "Constituição Política do Império do Brasil", foi elaborada por um Conselho de Estado e outorgada após a Proclamação da Independência por D. Pedro I. Essa Constituição, em seu "Titulo 6º", que tratava "Do Poder Judicial", previu a criação do Supremo Tribunal de Justiça.

Após quatro anos, sobreveio a Lei de 18 de Setembro de 1828, que estabeleceu as atribuições do então Supremo Tribunal de Justiça, que deveria ser composto por dezessete juízes letrados, tirados das Relações em razão da antiguidade. Ainda, estabeleceu que os juízes não teriam outro emprego, usariam beca e capa, receberiam tratamento de excelência e ordenado, sem qualquer outro emolumento ou propina.

O Supremo Tribunal de Justiça manteve suas atividades até a Proclamação da República por Marechal Deodoro da Fonseca, tendo sido sucedido pelo Supremo Tribunal Federal, cuja implementação foi estabelecida pela Constituição dos Estados Unidos do Brasil, publicada pelo Decreto nº 510, de 22 de junho de 1890.

Com o objetivo de organizar a Justiça Federal, foi editado o Decreto nº 848, de 11 de outubro de 1890, segundo o qual o Supremo Tribunal

3 MELLO, Celso de. *Notas sobre o Supremo Tribunal (Império e República).* Brasília, 2014. [livro eletrônico]

Federal seria composto por quinze juízes e decidiria as questões relacionadas à sua competência, fosse em primeira e única instância, ou em última, a depender da natureza e do valor da causa. Dentre as competências do Supremo Tribunal Federal estabelecidas pelo artigo 9º do referido Decreto nº 848, podemos destacar:

> "II. Julgar em grão de recurso e em ultima instancia:
>
> a) as questões decididas pelos juizes de secção e de valor superior a 2:000$000;
>
> (...)
>
> Paragrapho unico. Haverá tambem recurso para o Supremo Tribunal Federal das sentenças definitivas proferidas pelos tribunaes e juizes dos Estados:
>
> a) quando a decisão houver sido contraria á validade de um tratado ou convenção, á applicabilidade de uma lei do Congresso Federal, finalmente, á legitimidade do exercicio de qualquer autoridade que haja obrado em nome da União - qualquer que seja a alçada;
>
> b) quando a validade de uma lei ou acto de qualquer Estado seja posta em questão como contrario á Constituição, aos tratados e ás leis federaes e a decisão tenha sido em favor da validade da lei ou acto;
>
> c) quando a interpretação de um preceito constitucional ou de lei federal, ou da clausula de um tratado ou convenção, seja posta em questão, e a decisão final tenha sido contraria, á validade do titulo, direito e privilegio ou isenção, derivado do preceito ou clausula."

O Supremo Tribunal Federal passou por algumas mudanças em seu número de ministros durante o período da ditadura militar, chegando a ter dezesseis e, posteriormente, onze ministros. Com o fim da ditadura militar e restabelecimento da democracia no Brasil, foi editada a Constituição Federal de 1988, que delimitou as estruturas e competências do Supremo Tribunal Federal da forma que conhecemos atualmente, além de ter atribuído a função precípua de guarda da Constituição, por meio do artigo 102.

Sobre a função precípua de guarda da Constituição, merecem destaque as palavras de Nelson Nery Junior e Rosa Maria de Andrade Nery[4]:

---

4 NERY JUNIOR, Nelson. NERY, Rosa Maria de Andrade. *Constituição federal comentada.* 8ª ed. São Paulo: RT, 2022 [livro eletrônico].

> "A CF 102 caput atribui ao STF a função precípua de guardião da Constituição. Isto quer significar que o órgão máximo do Poder Judiciário do Brasil tem o dever de dedicar sua atividade à proteção da Constituição, o que pressupõe as tarefas de cumpri-la, de respeitá-la e de aplicá-la. A atual etapa em que se encontra a Teoria Constitucional, contudo, não permite mais que seja dada a apenas uma pessoa ou órgão a proteção do texto constitucional, pois a proteção da Constituição é assunto e dever de todos, ou seja, todos os cidadãos ou grupos que interpõem recursos constitucionais, todos os órgãos estatais que estão sujeitos à Constituição têm de defendê-la, nos limites de sua competência ou atribuição. Além de proteger, também devem desenvolver, aplicar e respeitar a Constituição (Häberle. Estado constitucional, § 72, p. 431). (...)."

Uma das atribuições do Supremo Tribunal Federal é julgar o recurso extraordinário, que poderá ser interposto nas causas decididas em única ou última instância, quando a decisão recorrida contrariar dispositivo da Constituição Federal, declarar a inconstitucionalidade de tratado ou lei federal, julgar válida lei ou ato de governo local contestado em face da Constituição ou julgar válida lei local contestada em face de lei federal. Desde 2004, é previsto que a parte recorrente demonstre a repercussão geral das questões constitucionais discutidas no caso que será submetido à apreciação do Supremo Tribunal Federal.

2.2. O Superior Tribunal de Justiça

O Superior Tribunal de Justiça teve origem com a Constituição Federal de 1988. Composto por, no mínimo, trinta e três ministros, o Tribunal tem como missão garantir a uniformização da interpretação das leis federais, com exceção das competências exclusivas da Justiça do Trabalho, da Justiça Eleitoral e da Justiça Militar.

Destaque-se, abaixo, as considerações do Ministro Gilmar Mendes[5], do Supremo Tribunal Federal, sobre a criação do Superior Tribunal de Justiça:

> "Razão justificadora da criação do STJ foi o excesso de recursos extraordinários que tinham por objeto o direito federal ordinário, sob o modelo da Constituição de 1967/69. Criticava-se asperamente a

5 MENDES, Gilmar Ferreira; COELHO, Inocêncio Mártires; BRANCO, Paulo Gustavo Gonet. *Curso de direito constitucional.* 4ª ed. São Paulo: Saraiva, 2009, p. 1016.

> utilização da arguição de relevância pelo Supremo Tribunal Federal nos recursos extraordinários nos quais se alegava a ofensa ao direito federal. Esse argumento vinha, em geral, acompanhado de outro, que enfatizava a necessidade de um órgão judicial superior de revisão da aplicação do direito federal pelos Tribunais de Justiça."

O Ministro Luis Felipe Salomão, integrante do Superior Tribunal de Justiça, em seu artigo "Os 30 Anos do Superior Tribunal de Justiça"[6], classifica o Tribunal como um desmembramento do Supremo Tribunal Federal que, com o fim da ditadura militar, viu-se assoberbado com os recursos extraordinários que tratavam da constitucionalidade das leis e da interpretação do direito infraconstitucional, além das questões de competência originária e controle concentrado de constitucionalidade.

Na obra "O STJ Enquanto Corte de Precedentes", Luis Guilherme Marinoni[7] bem destaca que o Superior Tribunal de Justiça dá a última palavra com relação à atribuição judicial de sentido às leis federais. Isso não significa que os tribunais inferiores devem respeitar os entendimentos do Superior Tribunal de Justiça.

Enquanto o Supremo Tribunal Federal tem a atribuição de ser o guardião da Constituição, o Superior Tribunal de Justiça é conhecido como Tribunal da Cidadania.

Ainda, uma das competências do Superior Tribunal de Justiça é julgar, em sede de recurso especial, as causas decididas em única ou última instância quando a decisão recorrida contrariar tratado ou lei federal ou negar-lhes vigência, ou julgar válido ato de governo local contestado em face de lei federal, ou der à lei federal interpretação divergente de outro tribunal.

Como se verá mais adiante neste trabalho, a Emenda Constitucional nº 125 de 2002 incluiu mais um requisito de admissibilidade dos recursos especiais, qual seja, a relevância das questões de direito federal infraconstitucional discutidas no caso *sub judice*.

---

6 Disponível em: https://www.stj.jus.br/static_files/STJ/Midias/arquivos/Noticias/OS%2030%20ANOS%20DO%20SUPERIOR%20TRIBUNAL%20DE%20JUSTI%C3%87A.pdf [acesso em 04/02/2023].

7 MARINONI, Luiz Guilherme. *O STJ Enquanto corte de precedentes.* 2ª ed. em e-book baseada na 3ª ed. impressa. São Paulo: RT, 2017 [livro eletrônico].

2.3. O Tribunal Superior do Trabalho

Em 1923, por meio do Decreto nº 16.027, foi criado o Conselho Nacional do Trabalho, órgão de caráter consultivo e vinculado ao Poder Executivo. Tinha como atribuição se ocupar dos sistemas de remuneração, contratos coletivos de trabalho, conciliação e arbitragem, trabalho de menores, trabalho de mulheres, seguros sociais, caixas de aposentadoria e pensões de ferroviários.

Cinco anos depois, o Decreto nº 18.074, dentre outras questões, vinculou o Conselho Nacional do Trabalho ao Ministério da Agricultura, Indústria e Comércio[8].

A Constituição de 1934 instituiu a Justiça do Trabalho, a fim de dirimir questões entre empregadores e empregados, mas ainda vinculada ao Poder Executivo. À época, contava-se com as Juntas de Conciliação e Julgamento, em primeira instância, os Conselhos Regionais do Trabalho, em segunda instância, e o Conselho Nacional do Trabalho, em terceira instância.

Em 1946, o Decreto-Lei nº 9.797 extinguiu o Conselho Nacional do Trabalho e criou o Tribunal Superior do Trabalho. Além disso, os Conselhos Regionais passaram a ser denominados Tribunais Regionais do Trabalho. Contudo, apenas com a Constituição de 1946 a Justiça do Trabalho passou a ser vinculada ao Poder Judiciário.

A Emenda Constitucional nº 45, de 2004, ampliou a competência da Justiça do Trabalho, a fim de abranger os conflitos decorrentes das relações de trabalho (e não apenas das relações de emprego) e delimitou o número de ministros do Tribunal Superior do Trabalho para vinte e sete.

O Tribunal Superior do Trabalho é responsável pelo julgamento dos recursos de revista, interpostos com a finalidade de uniformizar a jurisprudência trabalhista e restabelecer a norma tida por violada.

3. Os remédios legislativos contra a sobrecarga do Poder Judiciário

Como será explorado a seguir, tanto a arguição de relevância, como a repercussão geral, como o princípio da transcendência têm como objetivo reduzir a quantidade de recursos direcionados aos Tribunais

8 Disponível em: https://www.tst.jus.br/historia-da-justica-do-trabalho [acesso em 04/02/2023].

Superiores, para que possam se ocupar de questões centrais para a intepretação e aplicação do Direito.

Frisa-se que a questão da preocupação com a uniformidade na aplicação do Direito não é necessariamente nova.

Já em 1843, Nabuco de Araújo apresentou proposta de organização da estrutura judiciária nacional, com a possibilidade de a mais alta corte do país, na época, o Supremo Tribunal de Justiça, conferir efeito vinculante às suas decisões. Desse período é interessante lembrar que adotamos a solução portuguesa dos Assentos, em sede legislativa, que poderia ter funcionado bem como meio de equacionamento da divergência jurisprudencial, mas que, até o seu decaimento, em 1891, não foi uma única vez utilizada pelo Supremo Tribunal de Justiça.

Joaquim Nabuco asseverava que: *"Um dos grandes problemas do exercício da atividade judicial diz respeito a "poderem os tribunais revisores decidir, em matéria de direito, o contrário do que decide o Supremo Tribunal(...), invertida assim a hierarquia judiciária" (...) "provindo daí a incoerência da jurisprudência, a incerteza dos direitos do cidadão e a fraqueza do império da lei, aplicada por motivo vário e contraditório" (...) "não basta unidade de legislação, é preciso unidade de jurisprudência; sem unidade de jurisprudência não há unidade na legislação; sem unidade de legislação, não há unidade nacional"*[9].

Com a Constituição de 1891, e com inegável contribuição de Ruy Barbosa para unificar a aplicação do direito no Brasil, criou-se um esquema de efeito persuasivo entre as jurisdições federais e estaduais, no qual os juízes federais, ao aplicar legislação estadual, deveriam seguir a orientação do judiciário estadual, e vice-versa. Ou seja, os juízes estaduais, ao aplicar legislação federal, deveriam seguir a orientação dos órgãos federais.

Indo além, Ruy Barbosa já entendia que o sistema brasileiro deveria encontrar alguma forma de conferir efeito vinculante às decisões da mais alta corte do país[10]: *"se o julgamento foi feito pelo mais alto tribunal de recursos a todos cidadãos se estende 'imperativo e sem apelo no tocante aos princípios constitucionais que versa'. Nem a legislação tentará contrariá-lo,*

9 NABUCO, Joaquim. *Um estadista do império* – Nabuco de Araújo. Volume I. São Paulo: Instituto Progresso Editorial, 1.949, p. 279.

10 Nunca é demais lembrar que não havia, à época, instâncias intermediárias no plano federal e os tribunais de justiça, nos estados, eram a instância das quais seguiam os recursos ao Supremo Tribunal Federal.

porquanto a regra stare decisis exige que todos os tribunais daí em diante o respeitem como res judicata; e enquanto a constituição não sofrer reforma que lhe altera os fundamentos nenhuma autoridade o infringiria".[11]

Em que pese sua preocupação, não era essa a realidade brasileira. Pairava a liberdade de decidir que gerava, muitas das vezes, decisões superpostas e contraditórias. Em 1933, em trabalho para a elaboração do anteprojeto da Constituição, a subcomissão do Itamarati, composta, dentre outros, por João Mangabeira, Osvaldo Aranha, Carlos Maximiliano, Temístocles Cavalcanti, propôs a criação de precedente de obrigatório seguimento pela magistratura. Nas palavras do próprio João Mangabeira[12]: *"Inscrevendo no pórtico do Poder Judiciário que 'o seu órgão supremo terá por missão principal manter pela jurisprudência a unidade do direito e interpretar conclusivamente a Constituição em todo o território brasileiro', o anteprojeto definia e realçava, desde logo, a formidável função política desta entidade, que declara sem apelo aos indivíduos, aos outros poderes, aos Estados e á União, qual, no caso controvertido, a regra a que elles se devem submeter, obedientes ao mandamento da Carta Soberana"; "Esse 'tremendo poder', do qual resulta para o Supremo Tribunal o seu papel oracular. Não somente o de interpretar a Constituição. Mas o de interpretá-la conclusivamente em todo o território brasileiro. Este 'tremendo poder', do qual pende, muita vez, com a segurança pública, a vida da nação. Este o 'tremendo poder' que o anteprojeto expressamente confiava ao Supremo Tribunal, evitando possíveis conflitos e consagrando-lhe, num texto definitivo, a posição oracular de árbitro da Constituição em nosso regime".*

Mas, não foi o que ocorreu, nem com a Constituição de 1934, nem com a de 1937. Não bastasse o surgimento da participação do Senado Federal em âmbito da jurisdição constitucional, nos moldes do atual artigo 52, X, da Constituição Federal de 1988, também, em 1937, em seu artigo 96, §único, permitia-se que o Congresso Nacional anulasse decisões do Supremo Tribunal Federal. Como o Congresso Nacional esteve fechado durante todo o período do que denominamos Estado Novo, o próprio Presidente da República, unilateralmente, anulou decisões do Supremo Tribunal Federal, mediante Decretos-Leis.

11 BARBOSA, Rui. *Comentários à CF Brasileira.* São Paulo: Saraiva, 1934. p.86.

12 MANGABEIRA, João. *Em torno da Constituição.* Rio de Janeiro: Ed, Nacional, 1934, p. 102.

Carlos Alberto Lucio Bittencourt, em obra de 1949, sobre o controle jurisdicional da constitucionalidade das leis, já dizia que: *"O juiz inferior não pode ter como constitucional, para aplicá-lo a um caso concreto, o ato legislativo que os tribunais superiores declararam inconstitucional em outro processo.*[13]"

Em 1963, o Ministro Victor Nunes Leal sugeriu que o Supremo Tribunal Federal consolidasse em um único documento seus enunciados com orientações dominantes: surge a súmula. Em 1965, o mesmo Ministro sugere a criação de um filtro seletor para que o Supremo Tribunal Federal pudesse se dedicar apenas às matérias de relevante indagação constitucional[14]. Criam-se aqui bases fortes para os movimentos legislativos de prestígio às orientações dominantes do Supremo Tribunal Federal e dos demais tribunais.

A partir da Constituição Federal de 1988, e mais especificamente, da Emenda 3/1993, pode-se dizer que há efeito vinculante nas decisões do Supremo Tribunal Federal proferidas em sede de controle concentrado de constitucionalidade. Primeiramente, com a ADC, e depois com a ADI e com a ADPF (Lei nº 9868/99 e Lei nº 9882/99), esse cenário foi se transformando. A partir da Emenda 45/2004, também há efeito vinculante nos enunciados de súmula proferidos em conformidade com o artigo 103-A da Constituição Federal e com a Lei nº 11.417/2006: a famosa súmula vinculante[15]. O filtro seletor, mais conhecido como repercussão geral, também traz consigo ao menos efeitos persuasivos, conforme Emenda Constitucional nº 45/2004 e Lei nº 11.418/2006 (artigo 543-B da Constituição Federal).

Outras preocupações com a uniformização da jurisprudência podem ser notadas nos seguintes movimentos legislativos: Lei nº 9.756/98, com o artigo 557 do Código de Processo Civil de 1973; Lei nº 11.276/2006, com o artigo 518, parágrafo primeiro, do Código de Processo Civil de 1973; Lei nº 11. 277/2006, com o artigo 285-A do Código de Processo

13 BITTENCOURT, Carlos Alberto Lúcio. *O controle jurisdicional da constitucionalidade das leis.* 2ª edição. Rio de Janeiro: Forense, 1949, p. 145.

14 NUNES, Castro. *Teoria e Prática do Poder Judiciário.* Rio de Janeiro: Forense, 1.943, p. 542.

15 Sobre a reforma introduzida, consultar CONCI, Luiz Guilherme Arcaro e LAMY, Marcelo. Reflexões sobre as súmulas vinculantes. In: LORA ALARCÓN, Pietro de Jesús; TAVARES, André Ramos; LENZA, Pedro (Coord.). Reforma do judiciário: analisada e comentada. São Paulo: Método, 2005.

Civil de 1973; Lei nº 11.672/2008, com o artigo 543-C do Código de Processo Civil de 1973; Lei nº 13.015/2014, com as reformas processuais da Consolidação das Leis do Trabalho; e o Código de Processo Civil de 2015, com os artigos 926 e 927.

Uma das marcas do Código de Processo Civil de 2015, agora já sancionado, é o de valorizar a uniformização de jurisprudência, com a prática de observância aos precedentes consagrados pelos tribunais.

Os benefícios da estrutura de precedentes são apontados pela jurista americana **Toni M. Fine** como os seguintes: (i) imparcialidade do sistema, na medida em que as regras não mudam de juiz para juiz; (ii) previsibilidade quanto à intepretação e aplicação de determinada norma, (iii) fortalecimento institucional do judiciário, na medida em que haverá uniformidade; (iv) estabilidade do ordenamento jurídico[16].

Para **Luiz Guilherme Marinoni:** *"A segurança jurídica, postulada na tradição do civil law, está a exigir o sistema de precedentes, há muito estabelecido para assegurar essa mesma segurança no ambiente do common law, em que a possibilidade de decisões diferentes para casos iguais nunca foi desconsiderada e, exatamente por isso, fez surgir o princípio, inspirador do stare decisis, de que os casos similares devem ser tratados do mesmo modo (treat like cases alike)"*[17].

E, nesse contexto, conforme Daniel Mitidiero bem elucida, as Cortes superiores ganham a função de "cortes de vértice e de interpretação", devendo se ocupar de pontos nucleares para a fixação de precedentes e garantia da uniformidade na aplicação do Direito; razão pela qual filtros seletores passam a ser importantes para a seleção de quais matérias realmente devem ser enfrentadas pelos Tribunais Superiores[18].

Com o mesmo sentir, Gisele Mazzoni Welsch destaca que filtros seletores, tal qual ocorre na Alemanha, podem contribuir para o desempenho da função de intepretação das Cortes Superiores, sendo ferramentas essenciais para se buscar a uniformidade na aplicação do direito, com vistas à segurança jurídica[19].

---

16 FINE, Toni M. *O uso do precedente e o papel do princípio do stare decisis no sistema legal norte americano.* Revista dos Tribunais, São Paulo, v.89, n. 782, p. 90-96, dez. 2000.

17 MARINONI, Luiz Guilherme. *Precedentes Obrigatórios.* São Paulo: RT, 2011, p. 101.

18 MITIDIERO, Daniel. *Relevância no Recurso Especial.* São Paulo: RT, 2022. p. 83

19 WELSCH, Gisele Mazzoni. *Precedentes judiciais e unidade do Direito.* Londrina: Thoth, 2021. P. 84.

Passamos, portanto, a explorar quais são os filtros seletores do sistema nacional, com vistas a contribuir para o refino das matérias que devem ser apreciadas pelos Tribunais Superiores, na qualidade de Cortes de Vértice ou Cortes de Interpretação, com o objetivo de fixação de precedentes estipulados no artigo 927 do Código de Processo Civil de 2015.

3.1. A ANTIGA ARGUIÇÃO DE RELEVÂNCIA

A arguição de relevância surgiu em 1969, por meio da Emenda Constitucional nº 1, quando o País estava sob a égide da Constituição de 1967. O artigo 119 do referido texto legal previa que era de competência do Supremo Tribunal Federal julgar as causas decididas em única ou última instância por outros tribunais quando a decisão recorrida (i) contrariasse dispositivo da própria Constituição, ou negasse vigência a tratado ou lei federal; (ii) declarasse a inconstitucionalidade de tratado ou lei federal; (iii) julgasse válida lei ou ato do governo local contestado diante da Constituição ou lei federal; ou (iv) conferisse à lei federal interpretação divergente daquela conferida por outro tribunal ou pelo Supremo Tribunal Federal.

A Emenda Constitucional nº 1 adicionou o parágrafo único ao artigo 119, segundo o qual as causas a que se referem as alíneas do inciso III do referido artigo seriam indicadas no Regimento Interno do Supremo Tribunal Federal, "que atenderá à sua natureza, espécie e valor pecuniário"[20].

Com isso, o artigo 308 foi incluído no Regimento Interno do Supremo Tribunal Federal, que previa os casos em que não era admitido o recurso extraordinário, afunilando o exame de admissibilidade recursal. Referido artigo acabou por ser alterado por Emendas Regimentais, com destaque para a Emenda Regimental nº 3, de 1975, que incluiu a expressão "relevância da questão federal" no referido artigo 308.

Assim, o Regimento Interno do Supremo Tribunal Federal previa que não era cabível a interposição de recurso extraordinário, exceto nos casos em que se configurasse ofensa à Constituição, ou relevância da questão federal, garantindo a função do Supremo Tribunal Federal como fiscal das leis federais e da própria Constituição.

A própria Constituição passou por modificações, por meio da Emenda Constitucional nº 7 de 1977, a fim de positivar a necessidade

20 https://www.planalto.gov.br/ccivil_03/constituicao/constituicao67.htm

de relevância da questão federal em seu texto. Com isso, para admissibilidade do recurso extraordinário, deveria se observar a natureza, a espécie e o valor da causa, além da relevância da questão federal.

Como bem sintetizado por Osmar Mendes Paixão Cortês, de acordo com o artigo 327 do Regimento Interno do Supremo Tribunal Federal, estava-se diante de uma questão federal relevante quando "*pelos reflexos na ordem jurídica, e considerados os aspectos morais, econômicos, políticos ou sociais da causa, exigisse a apreciação do recurso extraordinário*"[21].

Após diversas críticas, é certo que, com a promulgação da Constituição Federal de 1988, teve-se o fim da arguição de relevância de questão federal.

3.2. A REPERCUSSÃO GERAL

Todavia, diante da necessidade de reforma do Poder Judiciário, em 2004, foi publicada a Emenda Constitucional nº 45, que, dentre outras mudanças, trouxe ao texto constitucional a figura da "repercussão geral", inserida no artigo 102, § 3º:

> "Art. 102. Compete ao Supremo Tribunal Federal, precipuamente, a guarda da Constituição, cabendo-lhe:
>
> (...)
>
> § 3º No recurso extraordinário o recorrente deverá demonstrar a repercussão geral das questões constitucionais discutidas no caso, nos termos da lei, a fim de que o Tribunal examine a admissão do recurso, somente podendo recusá-lo pela manifestação de dois terços de seus membros."

Nas palavras de Nelson Nery Junior e Rosa Maria de Andrade Nery[22]:

> "O instituto da repercussão geral, que tem natureza jurídica de medida restritiva ao cabimento do RE, é sucessor da arguição de relevância, que vigorou entre nós no sistema da revogada CF/1969. No regime anterior, a CF/1969 119 § 1.º delegava ao STF determinar,

21 Disponível em: https://www.migalhas.com.br/arquivos/2021/11/E645EB7E9F21FD_RELEVANCIADAQUESTAODEDIREITOFE.pdf. Acesso em: 06/02/2023.

22 NERY JUNIOR, Nelson. NERY, Rosa Maria de Andrade. *Constituição federal comentada*. 8ª ed. São Paulo: RT, 2022 [livro eletrônico].

> em seu Regimento Interno, quais seriam os casos de relevância da questão federal, que autorizariam a admissibilidade do RE. No regime vigente, não é mais ao STF que cabe essa tarefa, mas à lei federal, que poderá indicar positiva ou negativamente o que será ou que não será de repercussão geral. A norma somente produzirá eficácia depois da edição de lei regulamentando a matéria. (...)"

Merecem destaque, também, as palavras do Ministro Gilmar Mendes[23] sobre a repercussão geral:

> "A Emenda Constitucional nº 45/2004 (Reforma do Judiciário) consagrou
>
> no art. 102, § 3º, da Constituição, o instituto da repercussão geral, segundo o qual "no recurso extraordinário o recorrente deverá demonstrar a repercussão geral das questões constitucionais discutidas no caso, nos termos da lei, a fim de que o tribunal examine a admissão do recurso, somente podendo recusá-la pela manifestação de dois terços de seus membros". Tem-se mudança radical do modelo de controle incidental, uma vez de que os recursos extraordinários terão de passar pelo crivo da admissibilidade referente à repercussão geral. A adoção desse novo instituto deverá maximizar a feição objetiva do recurso extraordinário."

O instituto foi regulamentado em 2006 pela Lei n° 11.418, que adicionou os artigos 543-A e 543-B ao Código de Processo Civil de 1973, e passou a ser exigido apenas em 2007, após a publicação da Emenda Regimental nº 21, que concluiu a disciplina do tema no Regimento Interno do Supremo Tribunal Federal.

À época, o Supremo Tribunal Federal, a fim de solucionar as discussões sobre o termo inicial da aplicação do instituto da repercussão geral, firmou o entendimento de que "a demonstração formal e fundamentada da existência de repercussão geral de questões constitucionais (art. 543-A, § 2°, do Código de Processo Civil de 1973) só é exigível para os recursos extraordinários interpostos de acórdãos publicados após 3.5.2007 (data da publicação da Emenda Regimental n° 21)". Nesse mesmo sentido há diversos acórdãos da Corte.

---

23 MENDES, Gilmar Ferreira; COELHO, Inocêncio Mártires; BRANCO, Paulo Gustavo Gonet. *Curso de direito constitucional.* 4ª ed. São Paulo: Saraiva, 2009, p. 1126.

O Código de Processo Civil de 2015 positivou as regras processuais sobre a repercussão geral. Nesse sentido, o *caput* de seu artigo 1.035 prevê que o Supremo Tribunal Federal não conhecerá do recurso extraordinário quando a questão constitucional veiculada não tiver repercussão geral. Já o § 1º do referido artigo cuidou de estabelecer que para efeito de repercussão geral, será considerada a existência de questões relevantes do ponto de vista econômico, político, social ou jurídico que ultrapassem os limites subjetivos do processo. Ainda, o § 3º prevê que a repercussão geral estará presente quando o recurso impugnar acórdão que contrariar súmula ou jurisprudência dominante do Supremo Tribunal Federal, ou tenha reconhecido a inconstitucionalidade de tratado ou lei federal.

3.3. O PRINCÍPIO DA TRANSCENDÊNCIA

O princípio da transcendência, por sua vez, é afeto à Justiça do Trabalho e foi positivado no artigo 896-A da Consolidação das Leis do Trabalho. Ao receber o recurso de revista, o Tribunal Superior do Trabalho deverá examinar previamente se a causa oferece transcendência com relação aos reflexos gerais de natureza econômica, política, social ou jurídica.

Na sequência, o § 1º do artigo 896-A estabelece que são indicadores de transcendência: (i) econômica, o elevado valor da causa; (ii) política, o desrespeito da instância recorrida à jurisprudência sumulada do Tribunal Superior do Trabalho ou do Supremo Tribunal Federal; (iii) social, a postulação de direito social assegurado pela Constituição Federal; e (iv) jurídica, a existência de questão em torno da interpretação da legislação trabalhista. Destaque-se que o final do § 1º possui o indicativo "entre outros", de modo que, portanto, seu rol não se mostra taxativo.

Assim como os demais institutos tratados neste capítulo o princípio da transcendência busca desafogar o Tribunal Superior, a fim de que possa se preocupar com os recursos cuja matéria transcenda do interesse individual das partes para o interesse geral das relações de trabalho.

4. A EMENDA CONSTITUCIONAL Nº 125 DE 2022

O recurso especial, juntamente ao Superior Tribunal de Justiça, surgiu com o objetivo de descongestionar o Supremo Tribunal Federal, que se mostrava muito atribulado com a grande quantidade de recursos extraordinários.

Dentre outras atribuições, nos termos do artigo 105, III, da Constituição Federal, compete ao Superior Tribunal de Justiça processar e julgar, em recurso especial, as demandas decididas em única ou última instância pelos Tribunais Regionais Federais, ou Tribunais Estaduais, ou do Distrito Federal e Territórios, quando a decisão recorrida: (i) contrariar tratado ou lei federal, ou negar-lhes vigência; (ii) julgar válido ato de governo local contestado em face de lei federal; ou (iii) dar a lei federal interpretação divergente daquela conferida por outro tribunal.

Contudo, atualmente é necessário melhorar o fluxo de julgamentos no Superior Tribunal de Justiça, diante da grande quantidade de recursos especiais a ele submetidos e dos consequentes riscos ao seu eficiente funcionamento.

Nesse sentido, em 2021 foi apresentada a Proposta de Emenda à Constituição nº 125, com a finalidade de acrescentar os parágrafos 1º e 2º ao artigo 105 da Constituição Federal, bem como renumerar o parágrafo único a fim de instituir no recurso especial, direcionado ao Superior Tribunal de Justiça, o requisito da relevância das questões de direito federal infraconstitucional.

De acordo com o projeto da mencionada Proposta[24], seu objetivo era reduzir a quantidade de recursos especiais mediante a imposição de um novo requisito como filtro de acesso ao Superior Tribunal de Justiça, diante de um cenário semelhante ao vivido pelo Supremo Tribunal Federal ao longo do século XX.

Ainda, o projeto informa que no ano de 1989 foram julgados 856 recursos especiais e em 2021 foram julgados 72.311. A despeito de a quantidade de recursos julgada em 2021 parecer altíssima, o pico foi atingido em 2008, ano em que o Superior Tribunal de Justiça julgou 106.984 recursos especiais. Já os agravos em recurso especial se aproximam da marca de 200.000 por ano.

A inclusão do requisito da repercussão geral nos recursos extraordinários foi apontada como experiência prévia de sucesso, uma vez que

24 Disponível em: https://www.camara.leg.br/proposicoesWeb/prop_mostrarintegra?codteor=2194638&filename=Avulso%20PEC%2039/2021%20(Fase%202%20-%20CD). Acesso em: 04/02/2023.

houve uma drástica redução na quantidade de recursos extraordinários após a sua entrada em vigor.

De acordo com Marcelo Marchiori, secretário de Gestão de Precedentes do Supremo Tribunal Federal, antes da repercussão geral os ministros ocupavam seu tempo com a repetição de milhares de decisões e, atualmente, quando um tema é julgado, sob a égide da repercussão geral, fica estabelecida uma orientação para o ordenamento jurídico, que deve passar a seguir o entendimento do Tribunal, tendo-se favorecido uma atividade mais racional de julgamentos e conferido maior celeridade para o ritmo de trabalho do tribunal[25].

Ainda, a Proposta de Emenda Constitucional nº 125 teria o condão de reconduzir o recurso especial à sua conceção original, reforçando a sua natureza de apelo extraordinário, de defesa do direito federal e unificação da jurisprudência, e evitando que o Superior Tribunal de Justiça atue como um mero órgão revisor de terceira instância.

A Câmara dos Deputados e o Senado Federal aprovaram a Emenda e foram incluídos os parágrafos 2º e 3º ao artigo 105 da Constituição Federal, instituindo a necessidade de demonstração de relevância pelo recorrente como requisito de admissibilidade recursal.

Diante disso, além dos requisitos do inciso III, a parte recorrente deverá demonstrar a relevância das questões de direito federal infraconstitucional discutidas no caso para que a admissão do recurso seja examinada pelo Tribunal Superior (§ 2º).

Já o § 3º, tratou de especificar que estará presente a relevância mencionada no § 2º nos seguintes casos: ações penais, ações de improbidade administrativa, ações cujo valor da causa ultrapasse quinhentos salários mínimos, ações que possam gerar inelegibilidade, quando o acórdão recorrido contrariar jurisprudência dominante do Superior Tribunal de Justiça, além de outras hipóteses previstas em lei.

Em recente orientação, o Superior Tribunal de Justiça prolatou o Enunciado nº 8, o qual prevê que: "A indicação, no recurso especial, dos fundamentos de relevância da questão de direito federal infraconstitucional somente será exigida em recursos interpostos contra acórdãos publicados após a data de entrada em vigor da lei regulamentadora prevista no artigo 105, parágrafo 2º, da Constituição Federal".

25 Disponível em: https://portal.stf.jus.br/noticias/verNoticiaDetalhe.asp?idConteudo=465224&ori=1. Acesso em 04/02/2023.

Com a nova redação do artigo 105 da Magna Carta, naturalmente instalou-se a dúvida se o filtro seletor da relevância já seria desde logo – independentemente de normas regulamentadoras - exigido para fins de verificação da admissibilidade dos recursos especiais; especialmente diante da redação do artigo 3º da Emenda Constitucional nº 125/2022.

Não tardaram aparecer decisões de tribunais a quo negando seguimento a recursos especiais interpostos após a vigência da referida emenda constitucional, com a motivação de que o filtro seletor da relevância não teria sido abordado nos apelos endereçados ao Superior Tribunal de Justiça; e isso mesmo, diga-se, a despeito de a própria redação do artigo 105 da Constituição Federal ser explícita quanto à competência do Superior Tribunal de Justiça para examinar a presença da relevância das questões de direito federal infraconstitucional discutidas no caso.

Na decisão proferida no Recurso Especial nº 5738415-77.2019.8.09.0051, a Vice- Presidência do TJ-GO, em setembro de 2022, entendeu que: "uma vez que não consta da peça recursal em estudo a alegação de relevância infraconstitucional, e tampouco se enquadra o caso em alguma das hipóteses de presunção de relevância, a inadmissão deste recurso é medida que se impõe".

Igualmente, em setembro de 2022, em decisão proferida no Recurso Especial nº 0801223-97.2019.8.12.0027/50000, a Vice-Presidência do TJ-MS entendeu que "as questões aqui discutidas não se enquadram nos casos de relevância presumida citados, sendo, portanto, ônus da parte recorrente demonstrar a existência desse requisito, do que in casu não se desincumbiu, daí que, a meu juízo, o presente recurso não merece prosperar". E na mesma linha foi a posição do gabinete da presidência do TJDF, em decisão proferida no Recurso Especial nº 0727063-86.2020.8.07.0001.

Neste cenário, em diálogo com a segurança jurídica, elogiável foi a postura do Superior Tribunal de Justiça ao prolatar o mencionado Enunciado nº 8, que demonstra a necessidade de se aguardar a vigência de lei regulamentadora da disciplina do filtro seletor da relevância aplicável aos recursos especiais.

5. A RELEVÂNCIA DAS QUESTÕES DE DIREITO FEDERAL INFRACONSTITUCIONAL

A despeito de o § 3º do artigo 105 da Constituição Federal especificar as situações em que haverá relevância, esse conceito e sua abrangência ainda serão objeto de discussões de doutrina e jurisprudência quando o requisito de admissibilidade de relevância de fato estiver em vigor.

Sobre o filtro da relevância, Daniel Mitidiero[26] entende que:

> "A relevância capaz de justificar a atuação do STJ é aquela cujo julgamento pode levar à unidade do direito. Essa se caracteriza em duas direções. Em primeiro lugar, como a interpretação dos textos normativos pode dar lugar a uma multiplicidade de significados, a unidade do direito buscada pode ser retrospectiva, isto é, direcionada para resolver a questão de interpretação controvertida nas Cortes de Justiça ou mesmo perante o próprio STJ. Em segundo, como o direito encontra-se sujeito a cultura, a unidade do direito procurada pode ser prospectiva, isto é, orientada para o desenvolvimento do direito diante das novas necessidades sociais, dando soluções para novas questões. É em uma dessas mãos que a parte precisa dirigir para demonstrar a relevância da questão impugnada."

O requisito da relevância será avaliado pelo colegiado responsável pelo julgamento do recurso especial. Dessa forma, esse requisito não será objeto de avaliação pelos Tribunais "a quo" quando é feito o juízo de admissibilidade extrínseco do recurso especial[27].

Ainda, o § 2º do artigo 105 da Constituição Federal prevê que o recurso especial poderá não ser admitido em razão da ausência de relevância quando dois terços do órgão julgador se manifestar contra a admissibilidade.

Em dezembro de 2022, o Superior Tribunal de Justiça entregou ao Senado uma sugestão de anteprojeto[28] com o objetivo de regulamentar o filtro de relevância. De acordo com o próprio Tribunal Superior[29], essa proposta é semelhante à regulamentação da repercussão geral.

A proposta prevê a inclusão do artigo 1.035-A no Código de Processo Civil, segundo o qual o Superior Tribunal de Justiça não conhecerá, por

---

26 MITIDIERO, Daniel. *Relevância no Recurso Especial.* São Paulo: RT, 2022, p. 97.

27 MITIDIERO, Daniel. *Relevância no Recurso Especial.* São Paulo: RT, 2022, p. 114.

28 Disponível em: https://www.stj.jus.br/sites/portalp/SiteAssets/documentos/noticias/Anteprojeto%20PEC%20Relev%c3%a2ncia%2007122022.pdf. Acesso em: 04/02/2023.

29 Disponível em: https://www.stj.jus.br/sites/portalp/Paginas/Comunicacao/Noticias/2022/05122022-STJ-entrega-ao-Senado-proposta-para-regulamentar-filtro-de-relevancia-do-recurso-especial.aspx. Acesso em: 04/02/2023.

meio de decisão irrecorrível, do recurso especial quando a questão de direito federal infraconstitucional não for relevante.

Sobre a demonstração da relevância, de acordo com o § 2º atribuído ao artigo 1.035-A no projeto de regulamentação da relevância, a parte recorrente deverá demonstrar expressamente as razões pelas quais seu caso se enquadra nas hipóteses constitucionalmente previstas, em tópico específico e fundamentado. De todo modo, o tópico específico e fundamentado acerca da relevância será exigido apenas nos recursos interpostos contra acórdãos publicados após a entrada em vigor da lei que irá regulamentar o requisito da relevância[30].

O projeto que pretende inserir o artigo 1.035-A no Código de Processo Civil também estabeleceu a possibilidade de se presumir a relevância nas hipóteses elencadas pelo § 3º do artigo 105 da Constituição Federal.

Ainda, o projeto pretende compatibilizar o rito da relevância com as atribuições do relator e demais questões recursais, com sugestões de inclusão de incisos, alíneas e parágrafos nos artigos 927, 932, 979, 998, 1.030, 1.039 e 1042, todos do Código de Processo Civil.

5. Conclusão

A arguição de relevância, a repercussão geral, o princípio da transcendência e a relevância da questão de direito federal infraconstitucional foram soluções criadas pelo legislador diante da sobrecarga do Poder Judiciário.

Esses requisitos de admissibilidade dizem respeito a recursos em que não se discute, em regra, os fatos e provas discutidos nos autos, mas sim a recursos que deveriam tratar da correta aplicação da legislação, seja ela constitucional ou infraconstitucional.

A fim de que o Supremo Tribunal Federal, o Superior Tribunal de Justiça e o Tribunal Superior do Trabalho não sejam tratados com verdadeira terceira instância, como acaba por ocorrer em alguns casos, faz-se necessária a criação de requisitos de admissibilidade recursal que não restrinjam o acesso à justiça, mas que garantam que o Tribunal poderá cumprir a função de "vértice e de interpretação" para a qual foi criado.

30 No mesmo sentido, foi editado o Enunciado Administrativo 8 pelo Superior Tribunal de Justiça.

Nesse cenário, viu-se a necessidade de elaboração da Emenda Constitucional nº 125 e do filtro da relevância, que apesar de seu texto já ter sido incluído na Constituição Federal, ainda não está de fato sendo exigido; conforme Enunciado nº 8 do Superior Tribunal de Justiça.

6. Bibliografia

BARBOSA, Rui. *Comentários à CF Brasileira*. São Paulo: Saraiva, 1934, p. 86.

BITTENCOURT, Carlos Alberto Lúcio. *O controle jurisdicional da constitucionalidade das leis*. 2ª edição. Rio de Janeiro: Forense, 1949, p. 145.

CÂMARA DOS DEPUTADOS. Brasil. Disponível em: https://www.camara.leg.br/proposicoesWeb/prop_mostrarintegra?codteor=2194638&filename=Avulso%20PEC%2039/2021%20(Fase%202%20-%20CD). Acesso em: 04/02/2023.

__________. Brasil. Disponível em: https://www2.camara.leg.br/legin/fed/emecon/2004/emendaconstitucional-45-8-dezembro-2004-535274-exposicaodemotivos-149264-pl.html. Acesso em 04/02/2023.

CÔRTES, Osmar Mendes Paixão. A relevância da questão de direito federal no STJ: será um filtro individual ou integrará o microssistema de demandas repetitivas? Migalhas, 2021. Disponível em https://www.migalhas.com.br/arquivos/2021/11/E645EB7E9F21FD_RELEVANCIADAQUESTAODEDIREITOFE.pdf. Acesso em: 06/02/2023.

DIAS, Jefferson Aparecido. Supremo Tribunal Federal. PUCSP, 2021. Disponível em: https://enciclopediajuridica.pucsp.br/verbete/462/edicao-2/supremo-tribunal-federal. Acesso em 04/02/2023.

FINE, Toni M. *O uso do precedente e o papel do princípio do stare decisis no sistema legal norte americano.* Revista dos Tribunais, São Paulo, v. 89, nº 782, pp. 90-96, dez. 2000.

MANGABEIRA, João. *Em torno da Constituição*. Rio de Janeiro: Ed, Nacional, 1934, p. 102.

MARINONI, Luiz Guilherme. *Precedentes Obrigatórios.* São Paulo: RT, 2011, p. 101.

__________. *O STJ Enquanto corte de precedentes.* 2ª ed. em e-book baseada na 3ª ed. impressa. São Paulo: RT, 2017 [livro eletrônico].

MEDINA, José Miguel Garcia. *Prequestionamento, repercussão geral da questão constitucional, relevância da questão federal.* 1ª ed. em e-book baseada na 7ª ed. impressa. São Paulo: RT, 2017.

MELLO, Celso de. *Notas sobre o Supremo Tribunal* (Império e República). Brasília, 2014 [livro eletrônico].

MENDES, Gilmar Ferreira; COELHO, Inocêncio Mártires; BRANCO, Paulo Gustavo Gonet. *Curso de direito constitucional.* 4ª ed. São Paulo: Saraiva, 2009, pp. 1016 e 1126.

MITIDIERO, Daniel. *Relevância no Recurso Especial.* São Paulo: RT, 2022, pp. 83 e 114.

NABUCO, Joaquim. *Um estadista do império* – Nabuco de Araújo. Volume I. São Paulo: Instituto Progresso Editorial, 1.949, p. 279.

NERY JUNIOR, Nelson. NERY, Rosa Maria de Andrade. *Constituição federal comentada.* 8ª ed. São Paulo: RT, 2022 [livro eletrônico].

NUNES, Castro. *Teoria e Prática do Poder Judiciário.* Rio de Janeiro: Forense, 1.943, p. 542.

PINHO. Humberto Dalla Bernardina de; SALOMÃO. Rodrigo Cunha Mello. Relevância da questão de direito federal: considerações históricas. Migalhas, 2022. Disponível em: https://www.conjur.com.br/2022-dez-10/pinho-salomao-relevancia-questao-direito-federal. Acesso em: 04/02/2023.

SALOMÃO. Luis Felipe. *Os 30 Anos do Superior Tribunal de Justiça: Principais Precedentes que Marcaram sua Evolução.* STJ. 2019. Disponível em: https://www.stj.jus.br/static_files/STJ/Midias/arquivos/Noticias/OS%2030%20ANOS%20DO%20SUPERIOR%20TRIBUNAL%20DE%20JUSTI%C3%87A.pdf. Acesso em: 04/02/2023.

__________. *A relevância da questão de direito Federal.* FGV, 2022. Disponível em: https://ciapj.fgv.br/sites/ciapj.fgv.br/files/relatorio_relevancia_da_questao_do_direito_federal.pdf. Acesso em: 04/02/2023.

SUPERIOR TRIBUNAL DE JUSTIÇA. Brasil. Disponível em: https://www.stj.jus.br/sites/portalp/SiteAssets/documentos/noticias/Anteprojeto%20PEC%20Relev%c3%a2ncia%2007122022.pdf. Acesso em: 04/02/2023.

__________. Brasil. Disponível em: https://www.stj.jus.br/sites/portalp/Paginas/Comunicacao/Noticias/2022/05122022-STJ-entrega-ao-Senado-proposta-para-regulamentar-filtro-de-relevancia-do-recurso-especial.aspx. Acesso em: 04/02/2023.

__________. Brasi. Disponível em: https://international.stj.jus.br/pt/Sobre-o-STJ/Criacao-do-STJ. Acesso em 04/02/2023.

__________. Brasi. Disponível em: https://www.stj.jus.br/sites/portalp/Institucional/Historia/Surge-o-STJ. Acesso em 04/02/2023.

SUPREMO TRIBUNAL FEDERAL. Brasil. Disponível em: https://portal.stf.jus.br/noticias/verNoticiaDetalhe.asp?idConteudo=465224&ori=1. Acesso em: 04/02/2023.

__________. Brasil. Disponível em: https://portal.stf.jus.br/textos/verTexto.asp?servico=sobreStfConhecaStfJulgamentoHistorico&pagina=STFHistorico#:~:text=Ap%C3%B3s%20a%20Revolu%C3%A7%C3%A3o%20de%201930,nos%20artigos%2073%20a%2077. Acesso em 04/02/2023.

__________. Brasil. Disponível em: https://portal.stf.jus.br/textos/verTexto.asp?servico=sobreStfConhecaStfInstitucional. Acesso em 04/02/2023.

__________. Brasil. Disponível em: https://portal.stf.jus.br/hotsites/130anos/. Acesso em 04/02/2023.

__________. Brasil. Disponível em: https://portal.stf.jus.br/textos/verTexto.asp?servico=sobreStfConhecaStfHistorico. Acesso em 04/02/2023.

TRIBUNAL SUPERIOR DO TRABALHO. Brasil. Disponível em: https://www.tst.jus.br/documents/10157/24824010/CNT.pdf/3565b25e-7b28-e4ab-3250-0f0e30c1068d. Acesso em 04/02/2023.

__________. Brasil. Disponível em: https://www.tst.jus.br/historia-da-justica-do-trabalho. Acesso em 04/02/2023.

VIVEIROS, Luciano. CLT comentada. 1ª ed. em e-book baseada na 8ª ed. impressa. São Paulo: RT, 2015.

WELSCH, Gisele Mazzoni. *Precedentes judiciais e unidade do Direito.* Londrina: Thoth, 2021, p. 84.

A Repercussão Geral no Sistema Brasileiro de Precedentes

Heleno Taveira Tôrres[1]

1. Evolução Histórica

A partir da Emenda Constitucional nº 45/2004, no esforço da reforma do Judiciário, para redução dos litígios em andamento, tivemos a criação da Repercussão Geral no Supremo Tribunal Federal – STF pela Emenda Regimental nº 21/2007. Desde então, o instrumento tem contribuído para diminuir o número de processos que tramitam naquele Tribunal, além de assegurar uniformidade e celeridade nos julgamentos dos recursos extraordinários sobre matérias idênticas e conferir efeitos *erga omnes* às teses firmadas, com vinculação de todos os demais juízes e tribunais.

A confirmar sua importância prática, em 2006, foram protocolados 127.535 recursos, enquanto entre 2008 e 2009, um ano após sua implementação, este número caiu para 100.781 e 84.369, respectivamente.[2] Em comparação com Suprema Corte dos EUA, que ouve cerca de 80 casos em sustentação oral por ano no Plenário,[3] ou com a Tribunal Federal Constitucional da Alemanha,[4] que recebe cerca de seis mil casos, os números do STF ainda são estonteantes e, desde 2014, apresenta sinais de reversão da queda do número de processos que chegam ao Tribunal. Em verdade, desde 2018 o número dos processos recebidos pela Corte retornou ao patamar de 2006, ao passo que 2020 superaram-no em larga escala.

---

1 Professor Titular e Chefe do Departamento de Direito Econômico, Financeiro e Tributário da Faculdade de Direito da Universidade de São Paulo (USP). Acadêmico da Cadeira 44 da Academia Paulista de Direito (APD). Presidente da Associação Brasileira de Direito Financeiro (ABDF), foi Vice-Presidente e membro do Comitê Executivo da International Fiscal Association (IFA), com sede em Amsterdã Holanda. Mestre, Doutor e Livre Docente. Advogado e Parecerista, sócio fundador de Heleno Torres Advogados.

2 BRASIL. Supremo Tribunal Federal – STF. Estatísticas. Disponível em: <https://portal.stf.jus.br/textos/verTexto.asp?servico=estatistica>. Acesso em 11 nov. 2022.

3 HARVARD UNIVERSITY. Supreme Court Statistics. Disponível em <https://harvardlawreview.org/supreme-court-statistics/>. Acesso em 11 nov. 2022.

4 BUNDESREPUBLIK DEUTSCHLAND. Bundesverfassungsgericht. Acesso em 11 nov. 2022.

O art. 323, do Regimento Interno do STF ("RISTF"), com a redação dada pela Emenda Regimental nº 21/2007, primeira parte, esclarece que a análise sobre a existência da repercussão geral somente se faz necessária "*quando não for o caso de inadmissibilidade do recurso por outra razão*".

De acordo com artigo 102, § 3º, CF, a demonstração da repercussão geral da matéria é indispensável para o regular processamento do Recurso Extraordinário,[5] nos seguintes termos:

> "*Art. 102. (...). 3º No recurso extraordinário o recorrente deverá demonstrar a repercussão geral das questões constitucionais discutidas no caso, nos termos da lei, a fim de que o Tribunal examine a admissão do recurso, somente podendo recusá-lo pela manifestação de dois terços de seus membros.*"

Esse dispositivo, inserido pela EC nº 45/2004, tem a clara finalidade de reduzir o número de processos que se submeteriam ao exame do STF, ao considerar, principalmente, o caráter de excepcionalidade dessa medida processual. Isto porque não se trata de instância regular com devolução de matéria de fato e de direito.

A atividade do constituinte derivado, nas palavras de André Ramos Tavares, "*vislumbra-se uma referência constante à celeridade processual, consagrada em duas perspectivas que se complementam: (i) como direito fundamental e (ii) como diretriz estrutural do Judiciário*".[6] A EC nº 45/2004, então, cumpre seu papel de criar verdadeira "Reforma do Poder Judiciário" ao pormenorizar a repercussão geral como instrumento que qualifica a atuação direta do STF e reduz a sua sobrecarga de trabalho e a dos Tribunais inferiores que deverão seguir a orienta-

---

5 Conforme se verifica do Glossário Jurídico do Supremo Tribunal Federal, "*[a] Repercussão Geral é um instrumento processual inserido na Constituição Federal de 1988, por meio da Emenda Constitucional 45, conhecida como a 'Reforma do Judiciário'. O objetivo desta ferramenta é possibilitar que o Supremo Tribunal Federal selecione os Recursos Extraordinários que irá analisar, de acordo com critérios de relevância jurídica, política, social ou econômica. O uso desse filtro recursal resulta numa diminuição do número de processos encaminhados à Suprema Corte. Uma vez constatada a existência de repercussão geral, o STF analisa o mérito da questão e a decisão proveniente dessa análise será aplicada posteriormente pelas instâncias inferiores, em casos idênticos.* (BRASIL. Supremo Tribunal Federal – STF. **Glossário Jurídico**, verbete da Repercussão Geral).

6 TAVARES, André Ramos. **Manual do Poder Judiciário brasileiro**. São Paulo: Saraiva, 2012, p. 55.

ção firmada pela Corte Suprema,[7] cujo maior apreço, apontou Roberto Rosas à época do poder constituinte reformador, centrou-se no princípio da efetividade.[8]

Não estamos, contudo, diante de figura análoga à arguição de relevância da questão federal, existente na Constituição de 1967, com redação dada pela EC nº 01/1969. Àquela, percebeu com perspicácia José Carlos Barbosa Moreira, é inspirada no mecanismo americano do "*certiorari*",[9] que é muito mais flexível, pois permite que a Corte crie "*its own agenda, facilitating its role as a policy maker, but allowing the Court to avoid certain issues that may carry undesirable institutional consequences*",[10] nas palavras de Otis H. Stephens Junior e John M. Scheb II.

Bem descreveu o Ministro Bilac Pinto, nos autos da Rcl nº 57, que o exame da relevância bloqueava a ação dos Tribunais inferiores, eis essa tarefa era privativa do STF.[11] Por isso os casos de relevância da questão federal, entendeu Victor Nunes Leal, "*poderiam furar o bloqueio conquanto tivesse havido manifestações anteriores, em julgamentos isolado das vedações ao uso do recurso extraordinário*".[12] Daí porque o Ministro Cunha Peixoto já descrevera, na Rcl nº 62, que "*a finalidade da argüição é superar a alçada com a demonstração de que o assunto, dada a sua importância, merece o conhecimento por parte do Supremo Tribunal Federal*".[13]

No RE nº 87.162, dispôs ainda com mais clareza o Ministro Moreira Alves que "*não tendo havido argüição de relevância da questão federal, o cabimento do recurso só será possível se configurada ofensa à Constituição*

---

7 SANTOS, Evaristo Aragão Santos. A EC n. 45 e o tempo dos atos processuais. In: WAMBIER, Teresa Arruda Alvim et al (Coord). **Reforma do judiciário**: primeiros ensaios críticos sobre EC n. 45/2004. São Paulo: Revista dos Tribunais, 2005.

8 ROSAS, Roberto. Pontos e Contrapontos da Reforma do Judiciário. **Revista dos Tribunais**, v. 840, p. 79-83, out. 2005, p. 83.

9 MOREIRA, José Carlos. **Temas de Direito Processual**. 8ª ed. São Paulo: Saraiva, 2004, p. 46.

10 STEPHENS JUNIOR, Otis H.; SCHEB II, John. **American Constitutional Law**. New York: Thomson-Wadsworth, 2008, v. 1, p. 23.

11 BRASIL. Supremo Tribunal Federal – STF. Rcl nº 57. Relator Ministro Bilac Pinto, Tribunal Pleno, j. 17/12/1976, DJ 18/04/1977.

12 LEAL, Victor Nunes. Passado e Futuro da Súmula do STF. **Revista de Direito Administrativo**, p. 1-20, jul./set. 1981, p. 16.

13 BRASIL. Supremo Tribunal Federal – STF. Rcl nº 62. Relator Ministro Cunha Peixoto, Tribunal Pleno, j. 15/09/1977, DJ 21/10/1977.

Federal".[14] Era nítido mecanismo sequencial e que permitia ao STF avaliar questões que transcendiam a esfera constitucional. Assim também averiguou Luís Roberto Barroso, *in verbis*:

> *"Assim que entrou em vigor, o requisito da repercussão geral despertou comparações com a controvertida arguição de relevância da questão federal, existente no regime constitucional anterior. A arguição de relevância tinha por principal objetivo — tal como a repercussão geral — racionalizar o volume de trabalho que chegava à Corte, já assustador à época. No entanto, há importantes diferenças entre os institutos, sobretudo no que toca ao procedimento. Sob a Constituição anterior, prevaleceu a tese de que a arguição de relevância não ostentava natureza tipicamente jurisdicional, sendo antes questão política. Disso decorria a apreciação em sessão administrativa secreta e a ausência de fundamentação, características que não poderiam ser repetidas no mecanismo atual em razão das regras contidas no art. 93, IX, da Constituição"*[15]

A repercussão geral aparece, portanto, como ferramenta que opera efeitos muito além de mero pressuposto de admissibilidade do recurso extraordinário. Trata-se de instituto da jurisdição constitucional que permite ao STF concentrar-se na análise de demandas cujo objeto ultrapassa os interesses subjetivos das partes.[16]

Como enfatiza Roberto Rosas, o surgimento dessa figura processual vai ao encontro de uma particularidade do constituinte de 1988, identificada na sua minuciosidade em tratar diversos temas deixados, em regra, ao campo ordinário ou complementar. Logo, "*a violação do texto constitucional brasileiro é muito mais notória do que em relação aos textos constitucionais estrangeiros, normalmente sintéticos ou enunciadoras de princípios*", o que densifica a quantidade de trabalho do STF.[17]

---

14 BRASIL. Supremo Tribunal Federal - STF. Re nº 87.162. Relator Ministro Moreira Alves, Segunda Turma, j. 23/08/1977, DJ 17/10/1977.

15 BARROSO, Luís Roberto. **O controle de constitucionalidade no direito brasileiro**: exposição sistemática da doutrina e análise crítica da jurisprudência. 6ª ed. rev. e atual. São Paulo: Saraiva, 2012, p. 87.

16 BUZAID, Alfredo. A crise do STF. In: BUZAID, Alfredo. **Estudos de Direito**. São Paulo: Saraiva, 1972, p. 121-177.

17 ROSAS, Roberto. Declaração de Inconstitucionalidade. **Cadernos de Direito**, v. 5, n. 8-9, p. 131-137, jan./dez. 2005, p. 134.

2. Os objetivos fundamentais da Repercussão Geral

Como bem observa Humberto Theodoro Júnior, a justificativa para a introdução da exigência de repercussão geral ao recurso extraordinário *"foi, sem dúvida, a necessidade de controlar e reduzir o sempre crescente e intolerável volume de recursos da espécie que passou a assoberbar o Supremo Tribunal a ponto de comprometer o bom desempenho de sua missão de Corte constitucional"*.[18]

A finalidade precípua da repercussão geral, quando arguida e reconhecida, consiste em reunir todos os recursos extraordinários em tramitação na Corte por um critério de *ratione materiae*, que passam a se submeter à única decisão do Plenário. De igual modo, todos os demais processos de idêntica matéria que estejam sobrestados.

Esse modelo põe em destaque o papel da Corte de guardiã da Constituição, ao lado de outras funções que exerce, e deixa claro o seu ofício de uniformização da interpretação constitucional em última instância. Essa condição, por si só, bem evidencia que as decisões do STF com repercussão geral constituem verdadeiros precedentes para fins de reprodução por outros Tribunais.

A despeito da controvérsia acerca de quais órgãos seriam capazes de formar precedentes (STF, STJ, TRF ou TJ), certo é que, não há dissenso quanto à aptidão das Cortes Superiores, como STJ e STF, para a formação de precedentes.

De fato, as Cortes Superiores têm justamente a função de determinar o significado do direito, de modo que os fundamentos da decisão proferida naquele caso individual possam ser transpostos para outros casos, desde que se identifique a similaridade com o caso-paradigma, nas palavras de Frederick Schauer, *in verbis*:

> *"Vertical precedent is commonly referred to as being binding. That is, a lower court is ordinarily understood to have no choice about whether to obey a precedent from a higher one. (...).*
> *That the decisions of higher courts are binding does not mean that there is no play in the joints at the lower court level, even when there seems to be a binding precedent 'on point.' Sometimes it can be argued*

18 THEODORO JR., Humberto. **Curso de direito processual civil**. 50 ed. Rio de Janeiro: Forense, 2017, v. 3, p. 1112.

> *that the decision of the higher court is mere dicta and no part of the holding the lower court is expected to obey."*[19]

Ou seja, não há análise de fatos e provas, mas apenas o desempenho da função uniformizadora de interpretação do direito, cuja última palavra na interpretação infraconstitucional compete ao STJ, enquanto na de interpretação constitucional, caberá ao STF.

Dispõe o art. 322 do RISTF, com a redação da Emenda Regimental nº 21/2007, que a Corte recusará Recurso Extraordinário que não verse sobre questão constitucional dotada de repercussão geral. E o parágrafo único do mesmo dispositivo destaca as hipóteses em que a Corte considera presente a repercussão geral do tema. A saber:

> *"Art. 322. O Tribunal recusará recurso extraordinário cuja questão constitucional não oferecer repercussão geral, nos termos deste capítulo. Parágrafo único. Para efeito da repercussão geral, será considerada a existência, ou não, de* ***questões que, relevantes do ponto de vista econômico, político, social ou jurídico, ultrapassem os interesses subjetivos das partes.****"* (g.n.)

O art. 1035 do CPC determinou que será considerada como de repercussão geral a matéria que tenha relevância econômica, política, social ou jurídica. Ou seja, para que o recurso seja admitido, deve o recorrente demonstrar "*que o tema constitucional discutido no recurso extraordinário tem uma relevância que transcende aquele caso concreto, revestindo-se de interesse geral*", destaca José Miguel Garcia Medina.[20]

A "*relevância jurídica*" está presente quando a discussão visa esclarecer o significado de uma norma constitucional ou definir o seu alcance ou quando o objetivo é fixar os contornos conceituais de um instituto trazido pela Constituição Federal. Sua análise é, em essência, casuística, pois depende da "*virtude da natureza da controvérsia e do seu potencial alcance*", nos termos do ARE nº 1.282.091 AgR.[21]

---

19 SCHAUER, Frederick. **Thinking like a lawyer**: a new introduction to legal reasoning. Cambridge: Harvard University Press, 2009, p. 57.

20 MEDINA, José Miguel Garcia. **O prequestionamento nos recursos extraordinário e especial***:* e outras questões relativas à sua admissibilidade e ao seu processamento. 4ª ed. São Paulo: Revista dos Tribunais. 2005, p. 132.

21 BRASIL. Supremo Tribunal Federal – STF. ARE nº 1.282.091 AgR. Relator Ministro Edson Fachin, Segunda Turma, j. 15/12/2020, DJe 15/01/2021.

A "*relevância social*", por sua vez, se verifica quando a discussão envolve as entidades de assistência social e/ou temas previdenciários. No que se refere à "relevância econômica", considera-se o impacto financeiro que o debate poderá trazer. Em grande parte, conforme definido no ARE 875.958 RG/GO, esses dois critérios caminham juntos e precisam averiguar se "*a situação tem grande potencial de ser replicada em outros casos nos quais se discuta a constitucionalidade*" do tema tratado.[22]

Já a "*relevância política*" envolve temas do próprio Estado, como a separação de poderes ou a quantidade de municípios envolvidos na discussão.

As indagações desta ordem devem constar nos parágrafos do art. 1.035, dentre as quais as "*questões relevantes do ponto de vista econômico, político, social ou jurídico, que ultrapassem os interesses subjetivos do processo*".

Conforme leciona Fredie Didier Júnior, *in verbis*:

> "*Como se trata de conceitos jurídicos indeterminados, o preenchimento da hipótese de incidência não prescinde do exame das peculiaridades da situação concreta. (...) [N]ão é possível estabelecer uma noção a priori, abstrata, do que seja questão de repercussão geral, pois essa cláusula depende, sempre, das circunstâncias do caso concreto*"[11]

O autor sintetiza cinco hipóteses de relevo ao caso:

> "*i) decisão capaz de influir concretamente, de maneira generalizada, em grande quantidade de casos; ii) decisão capaz de servir à unidade e ao aperfeiçoamento do Direito, ou particularmente significativa para seu desenvolvimento; iii) decisão que tenha imediata importância jurídica ou econômica para círculo mais amplo de pessoas ou para mais extenso território da vida pública; iv) decisão que possa ter como consequência a intervenção do legislador no sentido de corrigir o ordenamento positivo ou de lhe suprir lacunas; v) decisão que seja capaz de exercer influência capital sobre as relações com os estados estrangeiros ou com outros sujeitos do Direito Internacional Público*".[12]

Ademais, Alexandre de Moraes bem demonstra que se presume a repercussão geral "*quando o recurso versar questão cuja repercussão já houver sido reconhecida pelo Tribunal, ou quando impugnar decisão con-*

---

22 BRASIL. Supremo Tribunal Federal – STF. ARE 875.958 RG/GO. Relator Ministro Roberto Barroso, Tribunal Pleno, j. 16/02/2017, DJe 24/02/2017.

trária à súmula ou à jurisprudência dominante".[23] Em todo caso, poderão existir divergências quanto à admissão, o que poderá ser arguido pelo primeiro dos Ministros do Tribunal que não concordar com a admissão, nos termos do art. 325 do RISTF, cabendo a este disponibilizar razões fundadas no sistema eletrônico de votação.

A cautela e a presunção de admissão são atribuições caras à repercussão geral, eis que ao ser interposto o recurso extraordinário e admitida a sistemática exposta, os Tribunais ou Turmas Recursais de origem estarão incumbidos de observar se as questões versadas são isoladas ou repetitivas. Na primeira situação, além do juízo de admissibilidade do recurso extraordinário, deverá o órgão julgador verificar a existência de preliminar formal de repercussão geral, em mecanismo completamente diverso daquele existente na arguição de questão federal, centralizada no STF. Como aludem Gilmar Ferreira Mendes, Inocêncio Coelho, e Paulo Gonet Branco, entretanto, "*cabe exclusivamente ao Supremo reconhecer a efetiva existência da repercussão geral*".[24]

Caso existam processos múltiplos, todavia, a Corte de origem poderá selecionar três recursos extraordinários *representativos da controvérsia* para análise do STF, enquanto restam sobrestados os demais até a decisão sobre a repercussão geral, que serão dotados de prioridade na ordem processual tão logo o STF finde a questão.

Nesse cenário, os recursos sobrestados, se admitida a repercussão geral, após o julgamento pelo plenário do STF, deverão ser apreciados pela origem, que poderão destacar a prejudicialidade ou se retratarem. Deveras, a repercussão geral contempla efeitos de caráter *erga omnes* em relação aos processos sobrestados e àqueles que ainda devam ser julgados, em deferência aos precedentes do STF.[25]

---

23 MORAES, Alexandre de. **Direito Constitucional**. 34ª ed. rev. e atual. São Paulo: Gen-Atlas, 2018, p. 780.

24 MENDES, Gilmar Ferreira; COELHO, Inocêncio Mártires; BRANCO, Paulo Gustavo Gonet. **Curso de Direito Constitucional**. 4ª ed. rev. e atual. São Paulo: Saraiva-IDP, 2009, p. 1004.

25 Mesmo nos EUA, a concessão do "*writ of certiorari*", figura que inspirou a Repercussão Geral brasileira por seu mecanismo de triagem ("*rule of four*"), não tem a força de retirar os efeitos vinculantes da coisa julgada de prontidão, sendo necessário que as matérias sejam revistas caso a caso. Naquele país, a coisa julgada, alcunhada "*issue preclusion*", não é desmaterializada automaticamente por uma decisão da Suprema Corte, confira-se, a propósito a doutrina de ROSSUM, Ralph A; TARR, Alan G.; MUÑOZ, Vicent Phillip. **American Constitutional Law**. 11ª ed. New York: Routledge, 2019, v. 1, p. 567-582.

Como expõe Teresa Arruda Alvim Wambier *et al*, *in verbis*:

> *"O instituto da repercussão geral é descendente direto da arguição de relevância (...). Na verdade, porém, o que interessa, para que o recurso extraordinário seja conhecido, é a relevância, é a importância, da questão constitucional, ventilada no recurso, do ponto de vista econômico, político, social ou jurídico,* ***relevância esta que deve ultrapassar e muito o*** âmbito ***do interesse individual das partes****"*[13]. (Grifos aditados)

O mesmo raciocínio percorre o conflito entre lei local e lei federal na repercussão geral, conforme bem observou Edson Fachin, em manifestação pela existência de repercussão geral no RE nº 940.769, a saber:

> *"Com o advento da EC 45/2004, o Texto Constitucional passou a prever hipótese de cabimento de recurso extraordinário, quando estiver em cotejo a validade de lei local em face de lei federal,* à ***luz do condomínio legislativo brasileiro e com potencialidade de instauração de conflito federativo****."*[14] (Grifos aditados)

É indispensável que o recorrente expressamente indique o atendimento a esses requisitos[26] ou demonstre que a repercussão geral da matéria em discussão já foi reconhecida pelo STF em caso análogo. Afinal, neste último caso, já estará superada a discussão referente à relevância da matéria posta nos autos.

3. A INSPIRAÇÃO NO "*STARE DECISIS*" NORTE-AMERICANO E SEUS REFLEXOS DIANTE DO ORDENAMENTO JURÍDICO BRASILEIRO

No passado, o Código de Processo Civil de 1973, no seu artigo 543-B, §§ 3º e 4º, determinava a reprodução das decisões proferidas pelo STF em recurso extraordinário, com repercussão geral, nos casos que envolvam matéria idêntica (com recurso sobrestado), seja pelo Tribunal *a quo*, seja pela próprio Tribunal Superior (caso seja mantida a decisão contrária ao seu entendimento).

Ao acompanhar essa determinação, o NCPC, no seu art. 927,[27] também obriga os juízes e tribunais a observarem não apenas as decisões do

---

26 LEAL, Saul Tourinho. **Controle de Constitucionalidade Moderno**. 2ª ed. Niterói: Impetus, 2012, p. 207.

27 *"Art. 927. Os juízes e os tribunais observarão:I - as decisões do Supremo Tribunal Federal em controle concentrado de constitucionalidade;II - os enunciados de súmula*

STF em controle concentrado de constitucionalidade e suas súmulas vinculantes, mas também as decisões proferidas em julgamento de recursos extraordinários repetitivos, que são justamente aqueles nos quais foi reconhecida a repercussão geral da matéria constitucional, como bem aludem Fredie Didier Júnior, Paula Sarno Braga e Rafael Alexandria de Oliveira, *in verbis*:

> *"Para adequada compreensão desse dispositivo, é necessário observar que o efeito vinculante do precedente abrange os demais efeitos, sendo o mais intenso de todos eles. Por isso, o precedente que tem efeito vinculante por determinação legal também deve ter reconhecida sua aptidão para produzir efeitos persuasivos, obstativos, autorizantes etc.*
> *No mais, exatamente por ser obrigatória sua observância, os juízes e tribunais, independentemente de provocação, deverão conhecê-los de ofício, sob pena de omissão e denegação de justiça- mas não sem antes ouvir as partes a seu respeito."*[28]

O dever de reproduzir a decisão, ressalte-se, somente existirá se estivermos diante de casos idênticos. Assim, para decidir pelo sobrestamento de um caso até que seja decidido o "*leading case*" no STF ou pela aplicação de decisão já proferida, com repercussão geral, é necessário, primeiro, verificar se existe ou não identidade entre os casos. Essa técnica é importada do modelo norte-americano da "*common law*", que já constava do texto de Hans Kelsen, confira-se, *in verbis*:

> *"Um tribunal, especialmente um tribunal de última instância, pode receber competência para criar, através da sua decisão, não só uma* ***norma individual, apenas vinculante para o caso sub judice, mas também normas gerais****. (...). Uma decisão judicial pode ter um tal caráter de precedente quando a norma individual por ela estabelecida não é predeterminada, quanto ao seu conteúdo, por uma norma geral criada por via legislativa ou consuetudinária, ou quando essa*

---

vinculante;III - os acórdãos em incidente de assunção de competência ou de resolução de demandas repetitivas e em julgamento de recursos extraordinário e especial repetitivos;IV - os enunciados das súmulas do Supremo Tribunal Federal em matéria constitucional e do Superior Tribunal de Justiça em matéria infraconstitucional;V - a orientação do plenário ou do órgão especial aos quais estiverem vinculados."

28 DIDIER JÚNIOR, Fredie; BRAGA, Paula Sarno; OLIVEIRA, Rafael Alexandria. **Curso de Direito Processual Civil**. 11ª ed. rev. atual., e ampl. Salvador: JusPodivm, 2016, v. 2, p. 469.

> *determinação não é unívoca e, por isso, permite diferentes possibilidades de interpretação.* ***No primeiro caso, o tribunal cria, com a sua decisão dotada de força de precedente, Direito material novo; no segundo caso, a interpretação contida na decisão assume o caráter de uma norma geral.***"[29] (g.n.)

Ora, o caso julgado sob a sistemática da repercussão geral poderá ter caráter de norma geral, mas nunca essa decisão poderá ser aplicada aos casos concretos sem que o Tribunal faça a possível distinção.

Por conseguinte, a repercussão geral prevista naquele dispositivo, por afirmação do constituinte derivado (EC nº 45/2004), presente no atual art. 1.035 do CPC, não tem o condão de desfazer os efeitos vinculantes da coisa julgada material.

Como decisões de controle difuso apenas produzam efeitos concretos *inter partes*, mesmo com a repercussão geral, que produz efeitos *erga omnes*, os processos sobrestados devem ser averiguados em suas particularidades, mormente para os fins do "*distinguishing*". Não há, repita-se, efeitos automáticos em repercussão geral que imediatamente decida completamente outros litígios ou relativize a coisa julgada. Por conseguinte, sempre haverá necessidade, direta ou indireta, de que sejam proferidas decisões próprias para tanto.

É dizer, a decisão de aplicar cada precedente a um novo caso concreto importa em um debate prévio acerca de sua *ratio decidendi*, pelos órgãos de aplicação, o que não resulta simplesmente da declaração por parte do órgão que originou o precedente. Nesse diapasão, a técnica do precedente não esvazia o processo argumentativo; ao contrário, o reforça.

Na aplicação do precedente, em apoio às lições de Ronald Dworkin, deve-se avaliar o que é "*holding*" ou "*dicta*" e se há "*distinguishing*" ou" *overruling*" que afaste a força gravitacional da questão firmada em repercussão geral.[30] Isto porque, ao contrário da lei, a força gravitacional não se exaure nos seus limites linguísticos.

O argumento para uma regra pode ser mais importante do que aquele que vem da regra ao caso particular. A força gravitacional dos

29 KELSEN, Hans. **Teoria Pura do Direito**. Trad. port. de João Baptista Machado. 6ª ed. São Paulo: Martins Fontes, 1998, p. 174.

30 DWORKIN, Ronald. Hard Cases. **Harvard Law Review**, v. 88, n. 6, p. 1057-1109, abr. 1975, p. 1089-1092.

precedentes advém da máxima de tratar casos iguais da mesma forma, além da decisão política de assim proceder.

Por outro lado, a possibilidade de reinterpretação do precedente e de suas razões por parte dos tribunais hierarquicamente inferiores conduziria ao chamado "*paradoxo dos precedentes obrigatórios*", porque, ao mesmo tempo em que é da própria essência da *ratio decidendi* a sua contenção e expansão em face dos casos que estão por vir, a partir do momento em que os Tribunais de grau inferior e juízes interpretam a *ratio decidendi*, podem eles ir além do que o precedente o fez.

Atentos a este fato, Antônio Aurélio de Souza Viana e Dierle Nunes ressaltam que o sistema de precedentes inglês não está imune a críticas, tanto que foi alterado ao longo do tempo. Apesar disso, é inegável a sua estabilidade como fruto de um processo argumentativo que faz parte da "descoberta" da *ratio decidendi* dos precedentes e, portanto, implica em sua própria legitimação.[31]

E prosseguem os autores, ao alertarem que, no Brasil, a simplificação do método para fins de determinação da *ratio decidendi* a partir do critério hierárquico das Cortes Supremas indica que o caminho para algo ainda mais perigoso já foi aberto, isto é, ensaia-se a proteção da escolha voluntarista no processo decisório. Isso implica dizer que poderia a Corte Suprema eleger, em algumas hipóteses, por mero ato de vontade, aquilo que entende como a *ratio decidendi* de seus precedentes e, assim, "criar" a norma que vinculará os demais casos sem que ela necessariamente advenha de um debate amplo, legitimada pela complexidade do processo argumentativo.[32]

4. Separabilidade e conexão entre Repercussão Geral e as Súmulas do STF. Análise a partir da doutrina de Roberto Rosas

Conforme aduz Roberto Rosas, "*[n]ão importa o nome quando o tribunal fixa entendimento e diretriz. É a chamada força vinculante da decisão, pouco importa o nome – orientação, precedente, jurisprudência, súmula*"[33]. Não haveria, assim, como escapar do "*paradoxo dos prece-*

31 VIANA, Antônio Aurélio de Souza; NUNES, Dierle. **Precedentes**: a mutação no ônus argumentativo. Rio de Janeiro: Forense, 2018. p. 258-259.

32 *Ibidem*, p. 260.

33 ROSAS, Roberto. Da Súmula à Súmula Vinculante. **Justiça & Cidadania**, v. 11, n. 106, p. 44-47, mai. 2000. p. 45.

dentes obrigatórios" sem assimilação de uma teoria consistente de precedentes, da qual a repercussão geral é grande aliada, elenca Hermes Zanetti Júnior, *in verbis*:

> *"Com o CPC/2015, suplantou-se, em definitivo, o paradoxo metodológico da justiça brasileira (...).*
> *A teoria dos precedentes normativos vinculantes é um claro exemplo desta mudança paradigmática, pois os juízes e tribunais são menos livres e mais responsáveis pela interpretação no quadro da teoria dos precedentes do que no quadro da mera legalidade. Lei e precedentes vinculam, ambos têm caráter normativo. A mudança mais clara é esta. O modelo de precedentes não é uma forma de liberar o juiz da lei, mas um método de vincular a discricionariedade do juiz na interpretação da lei, controlando a sua autoridade de forma democrática, tendo como parâmetro a universalização da decisão para os casos futuros (formação do precedente) e o já decidido nos casos anteriores (aplicação do precedente)."*[34]

Nesse aspecto, comungamos da mesma posição, com reforço na ideia de que a fixação de uma "*tese jurídica*" ao final dos julgamentos de Repercussão Geral, pelo STF, não implica vedação à interpretação do conteúdo das decisões da Corte pelos Tribunais de grau inferior. Tampouco, obstrução da interpretação do próprio STF acerca do que restou decidido, justamente porque a assimilação do sistema de precedentes e sua estabilidade advém da argumentação em torno da *ratio decidendi* dos casos.

Nas conclusões de Victor Marcel Pinheiro, a adoção de teses pelo STF pode ser entendida como uma etapa intermediária na implementação da cultura de precedentes no Brasil. Porém, em suas palavras, para que se possa avançar:

> *"[É] importante que o Tribunal dê passos decisivos para facilitar a disseminação dos entendimentos colegiados da Corte. Entre esses passos, é necessário que haja a forte valorização dos precedentes em sentido horizontal pela Corte, ou seja, que o próprio STF leve a sério seus precedentes de modo que qualquer distinguishing ou superação sejam claramente identificados e justificados."*[35]

---

34 ZANETTI JÚNIOR, Hermes. Precedentes Normativos formalmente vinculantes. In: DIDIER JÚNIOR, Fredie; et al (Coord.). **Precedentes**. Salvador: JusPodivm, 2015, p. 413.

35 PINHEIRO, Victor Marcel. A fixação de teses pelo STF e a 'sumulização' dos precedentes constitucionais. **Observatório Constitucional da Revista Eletrônica Consultor Jurídico**. 1º de agosto de 2020.

Ademais, adverte Antonio do Passo Cabral, a tese deve ser firmada após amplos debates, como forma de melhor se adaptar a casos futuros com maior aderência à realidade, *in verbis*:

> *"[O] primeiro aspecto que deve ser salientado é que, para que se possa fixar uma tese jurídica a ser aplicada a inúmeros processos já em andamento, e provavelmente a muitos outros casos futuros, é preciso que sejam examinados todos os pontos de vista potencialmente condicionantes daquele debate."*[36]

Desse modo, cremos que o debate em torno da aplicação do precedente não se esgota com a enunciação da tese jurídica final do julgamento por parte do STF. Até mesmo porque, muitas vezes, a Corte opta pela fixação de uma tese que não expressa todas as *rationes decidendi* do julgamento (dita "*minimalista*"). Logo, é preciso que o próprio STF interprete o conteúdo de seus precedentes para além do reducionismo expresso em uma frase, a fim de respeitar as suas próprias decisões.

Ao considerar que a *ratio decidendi* é um enunciado jurídico, Geoffery Marshall enxerga três possibilidades de seu relacionamento com os casos concretos, *in verbis*:

> *"1. a rule of law or a ruling in the light of material facts that, a prior court explicitly declares or believes itself to be laying down or following; or*
> *2. a ruling in the light of material facts that a prior court (when the decision is analyzed) is, as a matter of fact, laying down or following; or*
> *3. a ruling in the light of material facts that a prior court ought properly (in view of the existing law, facts and precedents) to be laying down or following."*[37]

Ou seja, a criação da tese no âmbito da repercussão não se confunde com a atividade legislativa, muito menos findará discussões jurídicas de temas análogos, conquanto as razões de decidir apontem para saídas outras que não transpareçam *ad oculus* na redação expressa da tese.

---

36 CABRAL, Antonio do Passo. A escolha da causa-piloto nos incidentes de resolução de processos repetitivos. In: DIDIER JÚNIOR, Fredie; CUNHA, Leonardo Carneiro de. **Julgamento de casos repetitivos**. Salvador: JusPodivm, 2017, p. 48.

37 MARSHALL, Geoffrey. What is a Binding Precedent?. In: MACCORMICK, Neil; SUMMERS, Robert S. **Interpreting Precedents**: A Comparative Study. Hants-Vermont: Dartmouth-Ashgate, 1997, p. 506.

Daí porque não se confundem com as súmulas, verdadeiros enunciados decorrentes de reiteradas decisões dos Tribunais transferidas para uma linguagem clara e que é aplicável a diversos casos semelhantes.

Da mesma forma, as Súmulas Vinculantes (em sentido estrito) também são decorrentes dessas reiteradas decisões, desde que envolvam matéria constitucional, com força vinculante para os órgãos do Judiciário e da Administração Pública Direta. Servem, nas palavras de Roberto Rosas, para tornarem "*mais ágil a justiça sobre o mesmo tema, com impedimento da multiplicação de demandas, ou encerramento das múltiplas demandas, no percurso dos vários graus de justiça*".[38]

Vinculantes ou não, fato é que as Súmulas podem tratar de matéria relacionada à admissibilidade de recursos ou do mérito de direito material.

Não há, portanto, que se falar *lato sensu* de ordem de análise entre Súmulas e Repercussão Geral. Há requisitos de admissibilidade que devem ser analisados em primeiro lugar, ao passo que a repercussão geral será o último requisito a ser analisado ao lado dos fundamentos de mérito, de modo exauriente, ainda que as normas vigentes sejam silentes sobre este aspecto, na forma do art. 93, IX, da CF, consoante notou Marcos Afonso Borges, *in verbis*:

> "*Outra questão que merece enfoque diz respeito à necessidade, ou não, de que a decisão sobre a repercussão deva ser fundamentada, uma vez que a lei regulamentadora é silente acerca do assunto. Qualquer menção à necessidade, ou não, da fundamentação, é despicienda em face do que prescreve o art. 93, IX, da CF/88, no sentido de que as decisões judiciais deverão ser fundamentas sob pena de nulidade. A fundamentação, pois, in casu, pela importância da matéria em debate deve, além de ser obrigatória, ser exaustiva.*"[39]

Assim, aquelas súmulas que tratam de requisitos de admissibilidade, como as que tratam da necessidade de ofensa direta à Constituição Federal (Súmula 636 do STF) e da impossibilidade de exame de provas (Súmula 279 do STF), por exemplo, serão examinadas anteriormente aos requisitos da repercussão geral.

---

38 ROSAS, Roberto. Da Súmula à Súmula ...*Op cit.*, p. 46.

39 BORGES, Marcos Afonso. O recurso extraordinário e a repercussão geral. **Revista de Processo**, n. 156, 36-44, fev. 2008, p. 41.

Nessa mesma lógica, as Súmulas, vinculantes ou não, que tratam de questões de mérito serão examinadas posteriormente aos requisitos da repercussão geral.

O papel anti-deliberativo do plenário virtual sobre a temática das repercussões gerais é enorme, uma vez que pode beneficiar a simples inércia dos Ministros, avalia José Levi Mello do Amaral Júnior:

> *"A exposição da TV Justiça, que torna muito familiares à opinião pública brasileira os membros da Corte, faz escapar que boa parte das causas migrou para um Plenário virtual. Dele são próprias as repercussões gerais (para admitir ou não um recurso extraordinário que, em si mesmo, caso admitido, será subsequentemente julgado pelo Plenário 'tradicional'). Porém, começa a ampliar suas atribuições, já envolvendo embargos de declaração e agravos internos, cada vez mais julgados por esse mecanismo: nos termos do art. 2o da Resolução STF no 587, de 29 de julho de 2016, o Relator insere – no ambiente virtual – Ementa, Relatório e Voto. Transcorridos sete dias, considera-se que os demais Ministros acompanharam o Relator caso não tenham se manifestado"*[40]

A racionalização das pautas do STF que advém da sinergia desses dois mecanismos, entretanto, não pode deixar que a sistemática dos julgamentos virtuais desvirtue a finalidade intrínseca da competência recursal extraordinária de defender a Constituição no caso concreto, como bem aduz Marcos Paulo Veríssimo, *in verbis*:

> *"As emendas nº 21, 22 e 23 ao Regimento Interno do STF criaram o mecanismo do 'Plenário Virtual' para processar as decisões sobre repercussão geral eletronicamente, criando ainda condições para a própria secretaria aplicar, com certas restrições, os mecanismos de filtro criados."*[41]

Cumpre destacar que segundo o art. 2º, § 1º da Resolução nº 642/2019, o prazo mencionado reduziu-se para cinco dias úteis e chan-

---

40 AMARAL JÚNIOR, José Levi. O Supremo Tribunal Federal: composição, organização e competências. **Revista Jurídica da Presidência**, v. 21, n. 124, p. 411-425, jun./set. 2019, p. 419.

41 VERÍSSIMO, Marcos Paulo. A Constituição de 1988, vinte anos depois: a Suprema Corte e o ativismo judicial "à brasileira". **Revista Direito GV**, v. 4, n. 2, p. 407-440, jul./dez. 2008, p. 429.

celou que essa sistemática incida sobre recursos extraordinários com repercussão geral reconhecida, desde que a matéria discutida tenha jurisprudência dominante no STF. Logo, na forma do art. 2º, § 3º, da Resolução nº 642/2019, "*[c]onsiderar-se-á que acompanhou o relator o ministro que não se pronunciar*" em até cinco dias após a manifestação do relator.

De há muito alerta Roberto Rosas que a consolidação da jurisprudência, na função de fator de estabilidade jurídica, firma orientação de conduta para sociedade, sobretudo à Administração Pública.[42] É expressão de segurança jurídica por orientação. De fato, a cláusula do devido processo legal, inscrita no art. 5º, LIV, da CF, impõe a observância não apenas de restrições ao aspecto formal da atuação do Poder Público, mas, também, material, o que repele a incidência de atos desprovidos de proporcionalidade, razoabilidade e aderência às características sensíveis da demanda.[43]

A Repercussão Geral deverá, sempre, observar as particularidades da *rationes decidendi* e de cada caso levado ao Tribunal. Não por outro motivo, Roberto Rosas pontuava que a adoção da Repercussão Geral deve ser feita com cautela e máxima clareza e coesão entre os Ministros, sob pena de desprestígio das decisões e relutância de ingresso da demanda no seio do Poder Judiciário[44].

Nesse sentir, a consolidação da orientação jurisprudencial por meio da Repercussão Geral somente será enxergada como fator de estabilidade quando sua observância seja rigorosa; sem, todavia, imiscuir-se em qualquer demanda que pareça, por exame raso, similar à anterior. A aderência à realidade jamais pode ser sobrepujada sob o pálio da celeridade em detrimento da efetividade processual.

REFERÊNCIA BIBLIOGRÁFICA

AMARAL JÚNIOR, José Levi. O Supremo Tribunal Federal: composição, organização e competências. **Revista Jurídica da Presidência**, v. 21, nº 124, pp. 411-425, jun./set. 2019.

---

42 ROSAS, Roberto. Poder de Iniciativa das Leis. **Revista de Informação Legislativa**, v. 7, n. 26, p. 25-68, abr./jun. 1970, p. 39.

43 ROSAS, Roberto. Devido Processo Legal: Proporcionalidade e Razoabilidade. **Revista dos Tribunais**, v. 783, p; 11-15, jan. 2001, p. 14.

44 ROSAS, Roberto. Segurança Jurídica: Efetividade – Jurisprudência. **Revista de Informação Legislativa**, n. 190, p. 215-220, abr./jun. 2011, p. 216.

BARROSO, Luís Roberto. **O controle de constitucionalidade no direito brasileiro**: exposição sistemática da doutrina e análise crítica da jurisprudência. 6ª ed. rev. e atual. São Paulo: Saraiva, 2012.

BORGES, Marcos Afonso. O recurso extraordinário e a repercussão geral. **Revista de Processo**, nº 156, 36-44, fev. 2008.

BUZAID, Alfredo. A crise do STF. In: BUZAID, Alfredo. **Estudos de Direito**. São Paulo: Saraiva, 1972.

CABRAL, Antonio do Passo. A escolha da causa-piloto nos incidentes de resolução de processos repetitivos. In: DIDIER JÚNIOR, Fredie; CUNHA, Leonardo Carneiro de. **Julgamento de casos repetitivos**. Salvador: JusPodivm, 2017.

DIDIER JÚNIOR, Fredie; BRAGA, Paula Sarno; OLIVEIRA, Rafael Alexandria. **Curso de Direito Processual Civil**. 11ª ed. rev. atual., e ampl. Salvador: JusPodivm, 2016, v. 2.

DWORKIN, Ronald. Hard Cases. **Harvard Law Review**, v. 88, n. 6, pp. 1057-1109, abr. 1975.

KELSEN, Hans. **Teoria Pura do Direito**. Trad. port. de João Baptista Machado. 6ª ed. São Paulo: Martins Fontes, 1998.

LEAL, Saul Tourinho. **Controle de Constitucionalidade Moderno**. 2ª ed. Niterói: Impetus, 2012.

LEAL, Victor Nunes. Passado e Futuro da Súmula do STF. **Revista de Direito Administrativo**, pp. 1-20, jul./set. 1981.

MARSHALL, Geoffrey. What is a Binding Precedent?. In: MACCORMICK, Neil; SUMMERS, Robert S. **Interpreting Precedents**: A Comparative Study. Hants-Vermont: Dartmouth-Ashgate, 1997.

MEDINA, José Miguel Garcia. **O prequestionamento nos recursos extraordinário e especial**: e outras questões relativas à sua admissibilidade e ao seu processamento. 4ª ed. São Paulo: Revista dos Tribunais. 2005.

MENDES, Gilmar Ferreira; COELHO, Inocêncio Mártires; BRANCO, Paulo Gustavo Gonet. **Curso de Direito Constitucional**. 4ª ed. rev. e atual. São Paulo: Saraiva-IDP, 2009.

MORAES, Alexandre de. **Direito Constitucional**. 34ª ed. rev. e atual. São Paulo: Gen-Atlas, 2018.

MOREIRA, José Carlos. **Temas de Direito Processual**. 8ª ed. São Paulo: Saraiva, 2004.

PINHEIRO, Victor Marcel. A fixação de teses pelo STF e a 'sumulização' dos precedentes constitucionais. **Observatório Constitucional da Revista Eletrônica Consultor Jurídico**. 1º de agosto de 2020.

ROSAS, Roberto. Da Súmula à Súmula Vinculante. **Justiça & Cidadania**, v. 11, n. 106, pp. 44-47, mai. 2000.

________. Declaração de Inconstitucionalidade. **Cadernos de Direito**, v. 5, n. 8-9, pp. 131-137, jan./dez. 2005.

________. Devido Processo Legal: Proporcionalidade e Razoabilidade. **Revista dos Tribunais**, v. 783, p; 11-15, jan. 2001

________. Poder de Iniciativa das Leis. **Revista de Informação Legislativa**, v. 7, nº 26, pp. 25-68, abr./jun. 1970.

________. Pontos e Contrapontos da Reforma do Judiciário. **Revista dos Tribunais**, v. 840, pp. 79-83, out. 2005.

________. Segurança Jurídica: Efetividade – Jurisprudência. **Revista de Informação Legislativa**, nº 190, pp. 215-220, abr./jun. 2011.

ROSSUM, Ralph A; TARR, Alan G.; MUÑOZ, Vicent Phillip. **American Constitutional Law**. 11ª ed. New York: Routledge, 2019, v. 1.

SANTOS, Evaristo Aragão Santos. A EC nº 45 e o tempo dos atos processuais. In: WAMBIER, Teresa Arruda Alvim et al (Coord). **Reforma do judiciário**: primeiros ensaios críticos sobre EC nº 45/2004. São Paulo: Revista dos Tribunais, 2005.

SCHAUER, Frederick. **Thinking like a lawyer**: a new introduction to legal reasoning. Cambridge: Harvard University Press, 2009.

STEPHENS JUNIOR, Otis H.; SCHEB II, John. **American Constitutional Law**. New York: Thomson-Wadsworth, 2008, v. 1.

TAVARES, André Ramos. **Manual do Poder Judiciário brasileiro**. São Paulo: Saraiva, 2012.

THEODORO JR., Humberto. **Curso de direito processual civil**. 50 ed. Rio de Janeiro: Forense, 2017, v. 3.

VERÍSSIMO, Marcos Paulo. A Constituição de 1988, vinte anos depois: a Suprema Corte e o ativismo judicial "à brasileira". **Revista Direito GV**, v. 4, nº 2, pp. 407-440, jul./dez. 2008.

VIANA, Antônio Aurélio de Souza; NUNES, Dierle. **Precedentes**: a mutação no ônus argumentativo. Rio de Janeiro: Forense, 2018.

ZANETTI JÚNIOR, Hermes. Precedentes Normativos formalmente vinculantes. In: DIDIER JÚNIOR, Fredie; et al (Coord.). **Precedentes**. Salvador: JusPodivm, 2015.

Breves Considerações sobre a Força Vinculante dos Precedentes

Humberto Martins[1]

Dá instrução ao sábio, e ele se fará mais sábio; ensina o justo e ele crescerá em doutrina. (Provérbios 9:9.)

1. Introdução

Sinto-me muito honrado com o convite para participar desta obra coletiva de estudos em homenagem ao Professor Roberto Rosas, expoente no meio jurídico, admirado e respeitado por sua trajetória ímpar no exercício da advocacia, sua profícua atuação acadêmica – seja no magistério superior na Universidade Federal de Brasília (UNB), na Universidade do Distrito Federal e no UNICEUB, seja na produção de vários livros indispensáveis à formação de todo profissional do direito e jurista –, sua atuação como ministro do Tribunal Superior Eleitoral (TSE), na classe dos advogados, e sua inestimável colaboração ativa na Assembleia Constituinte de 1987 no capítulo referente ao Poder Judiciário.

Destaca-se, entre suas obras, *Direito Sumular*, tratado pioneiro na apresentação das súmulas do STF e do STJ, interpretadas e comentadas, imprescindível para atualização no Direito Positivo brasileiro, notadamente ao tempo de suas primeiras edições, anteriores às facilidades propiciadas pela internet.

Ela remete ao tema desta obra coletiva: a formação da cultura de precedentes no direito brasileiro; o alargamento de seu regramento nas esferas constitucional e ordinária nos últimos trinta anos; sua valorização e seu emprego como mecanismo jurídico útil para o aprimoramento e racionalização do funcionamento do aparelho judicial, o descongestionamento das diversas instâncias, a gestão de casos repetitivos, a consecução do direito fundamental à razoável duração do processo e aos meios que garantam a celeridade de sua tramitação, conforme o art. 5º, inciso LXXVIII, da CF/1988, e o resguardo da isonomia, da previsibilidade e da segurança jurídica.

---

1 Ministro do Superior Tribunal de Justiça. Presidente do Superior Tribunal de Justiça e do Conselho da Justiça Federal (biênio 2020-2022). Corregedor Nacional de Justiça (biênio 2018-2020).

Logo de início, faz-se necessária uma breve distinção conceitual entre precedente e súmula.

O precedente consiste em julgamento emitido em um caso concreto cujos fundamentos (*ratio decidendi*) podem e devem servir de regra ou paradigma para a resolução de processos que tenham como objeto a aplicação das mesmas normas jurídicas para casos com similitudes fáticas com aquele do processo no qual resultou a produção do precedente.

A jurisprudência é sequência expressiva de julgamentos de um mesmo tribunal que tenham adotado idêntica interpretação de uma questão de direito para casos com as mesmas características fáticas. Há, pois, a aplicação repetida de um precedente, que revela que o entendimento adotado em todos os julgados que a compõem é o mais correto e corresponde ao verdadeiro sentido da norma jurídica, o que faz prever a sua aplicação em conflitos de interesses semelhantes.

A súmula corresponde ao conjunto de verbetes ou enunciados genéricos, normativos e concisos, que identificam a interpretação de determinado tribunal a respeito de certa questão jurídica.

Este artigo apresentará sucintamente as paulatinas evoluções constitucionais e legais que foram atribuindo eficácia vinculante aos precedentes dos tribunais a partir da CF/1988.

Em seguida, discutir-se-á o contraditório na formação dos precedentes enquanto fonte incontornável de sua legitimidade.

Por fim, haverá a abordagem da contribuição dos precedentes vinculantes para a redução do acervo processual, a melhor gestão do fluxo de processos em todas as instâncias, a segurança jurídica e a pacificação social.

2. A ATRIBUIÇÃO DE EFICÁCIA VINCULANTE AOS PRECEDENTES A PARTIR DA CF/1988

Desde a promulgação da Constituição Federal de 1988, o ordenamento jurídico brasileiro iniciou uma trajetória marcada por alterações constitucionais e legislativas projetadas para a atribuição aos julgamentos do Supremo Tribunal Federal e, posteriormente, aos proferidos pelos outros tribunais superiores e pelos tribunais locais de efeitos exorbitantes das partes do processo, com eficácia vinculante sobre os órgãos jurisdicionais a eles subordinados.

Já no início da década de 1990, a Emenda Constitucional nº 3, de 18/3/1993, acrescentou à redação do art. 102, inciso I, da Carta Magna a competência originária do Supremo Tribunal Federal para processar e julgar a ação declaratória de constitucionalidade, e adicionou ao artigo o § 2º, que prevê que as decisões definitivas de mérito proferidas pelo STF nas ações declaratórias de constitucionalidade de lei ou ato normativo federal produzirão eficácia contra todos e efeito vinculante relativamente aos demais órgãos do Poder Judiciário e ao Poder Executivo.

No julgamento da Rcl-AgR nº 1.880-SP, de relatoria do saudoso Ministro Maurício Corrêa, ocorrido em 7 de novembro de 2002, o Plenário do Supremo Tribunal Federal assentou que a eficácia vinculante prevista no art. 102, § 2°, da Carta Magna, com a redação então vigente, determinada pela Emenda Constitucional nº 3/1993, era aplicável às ações diretas de inconstitucionalidade, porque os efeitos das decisões de mérito nelas proferidas não se distinguiam, na essência, dos efeitos das decisões de mérito das ações declaratórias de constitucionalidade.

Posteriormente, a Emenda Constitucional nº 45, de 8 de dezembro de 2004, não só modificou o § 2º do art. 102 da Carta Magna, para prescrever expressamente que as decisões definitivas de mérito proferidas pelo Supremo Tribunal Federal, também nas ações diretas de inconstitucionalidade, terão eficácia contra todos e efeito vinculante relativamente aos demais órgãos do Poder Judiciário e à Administração Pública direta e indireta, nas esferas federal, estadual e municipal, positivando norma que já era implícita ao sistema constitucional, conforme o mencionado julgamento do STF.

Igualmente, a EC n. 45/2004 acresceu ao texto constitucional o art. 103-A, que prevê a edição de súmulas vinculantes pelo Supremo Tribunal Federal e regula os requisitos para a sua aprovação, bem como o procedimento para a sua revisão e o seu cancelamento. A súmula terá por objetivo a validade, a interpretação e a eficácia de normas determinadas, acerca das quais haja controvérsia atual entre órgãos judiciários ou entre esses e a Administração Pública que acarrete grave insegurança jurídica e relevante multiplicação de processos sobre questão idêntica (§1º). Do ato administrativo ou da decisão judicial que contrariar a súmula aplicável ou que indevidamente a aplicar, caberá reclamação ao Supremo Tribunal Federal que, julgando-a procedente, anulará o ato administrativo ou cassará a decisão judicial reclamada, e determinará que outra seja proferida com ou sem a aplicação da súmula, conforme o caso (§ 3º).

A referida emenda constitucional não concedeu idêntico poder ao Superior Tribunal de Justiça nem aos demais Tribunais Superiores.

A Lei nº 11.417, de 19 de dezembro de 2006, disciplinou o procedimento para a edição, a revisão e o cancelamento da súmula vinculante pelo STF.

Na mesma data, ocorreu a promulgação da Lei nº 11.418, que, por meio da inclusão dos arts. 543-A e 543-B ao CPC/1973, dispôs sobre a repercussão geral no âmbito do recurso extraordinário, introduzida pelo § 3º do art. 102 da Carta Magna, adicionado pela EC nº 45/2004; e o sistema de julgamento dos recursos extraordinários repetitivos calcados em idêntica controvérsia constitucional, com a seleção e afetação de um ou de alguns recursos-modelo tanto para o exame da existência da repercussão geral como para o julgamento do mérito, com o sobrestamento dos demais recursos extraordinários similares no próprio STF e nos tribunais de segundo grau. Em momento seguinte, o juízo efetuado pelo STF sobre a presença da repercussão geral e o seu pronunciamento de mérito no recurso-modelo será aplicável aos demais recursos sobrestados, e os órgãos fracionários dos tribunais de segundo grau poderão retratar-se para adequar o julgamento da causa ao entendimento adotado pelo STF no julgamento do recurso paradigma.

Ulteriormente, ao acrescentar o art. 543-C ao CPC/1973, a Lei nº 11.672/2008 estendeu a técnica do julgamento dos recursos extraordinários repetitivos para o recurso especial.

O CPC de 2015 manteve e aprofundou o regramento dos recursos extraordinário e especial repetitivos nos arts. 1.036 a 1.041.

Ademais, abeberando-se no direito alemão, o legislador de 2015 inseriu no CPC, nos arts. 976 a 987, o incidente de resolução de demandas repetitivas, que estende, com algumas alterações, a técnica do julgamento dos recursos extraordinário e especial repetitivos ao segundo grau de jurisdição, ainda que o próprio incidente possa ser instaurado na seara de todos os tribunais de superposição, por meio da escolha de um ou de alguns processos-modelo naquela instância e da atribuição de efeitos vinculantes ao pronunciamento a seu respeito da questão jurídica nele versada.

Criou-se, igualmente, o incidente de assunção de competência, quando o julgamento de recurso, de remessa necessária ou de processo de competência originária envolver relevante questão de direito, com grande repercussão social, sem repetição em múltiplos processos, consoante o art. 947 do atual CPC.

A seleção de processos-modelo, até então restrita às instâncias extraordinárias, ganha autorização normativa para ocorrer também nos tribunais locais, com a vantagem de permitir o tratamento coletivo de uma questão jurídica repetitiva já no âmbito da justiça local, com a suspensão de processos repetitivos na primeira e na segunda instâncias, sem a necessidade de se aguardar a afetação de recursos especiais ou extraordinários repetitivos pelo STF ou pelo STJ, conforme a sede normativa da questão jurídica controversa, o que, em regra, somente ocorre quando as instâncias ordinárias já estão assoberbadas de processos sobre a controvérsia.

E fecha-se o cerco para que todas as questões jurídicas repetitivas estejam sujeitas à formação de precedentes vinculantes. Muitas lides no seio do Poder Judiciário estadual se relacionam a divergências de interpretação do direito local, editado pelo Estado-Membro ou por município, sobre fatos similares, muito comuns nas varas de fazenda pública, sem nenhum substrato na constituição ou na legislação federal.

Por esses motivos, a decisão a seu respeito pelos tribunais locais não enseja a interposição de recurso especial e de recurso extraordinário e, por isso, escapa de qualquer possibilidade de ação interpretativa uniformizadora por parte do STF ou do STJ.

Cândido Dinamarco já advogava a atribuição constitucional ou legislativa de eficácia vinculante aos precedentes e à jurisprudência das cortes locais a fim de propiciar o descongestionamento e a racionalização do funcionamento da Justiça estadual, uma vez que são exatamente aqueles órgãos jurisdicionais que emitem a palavra final sobre o direito local[2].

Assim, houve a formação de um microssistema de incidentes de fixadores de teses jurídicas[3], no qual as normas jurídicas regradoras dos recursos especiais e extraordinários repetitivos complementam e suprem as lacunas dos dispositivos de regência dos incidentes de resolução de demandas repetitivas e de assunção de competências, e vice-versa.

O ponto nodal que cimenta, une e dá coesão ao microssistema é este: a consagração da obrigatoriedade de os tribunais, de qualquer grau hierárquico, uniformizarem sua jurisprudência e mantê-la estável, íntegra e coerente (art. 926 do CPC); e o consequente dever de juízes

2 DINAMARCO, Cândido Rangel. **Fundamentos do processo civil moderno**. v. II. 2ª ed. São Paulo: Saraiva, 2000, p. 1.143

3 MENDES, Aluisio Gonçalves de Castro. O sistema de precedentes, o processo penal e o grupo de trabalho do Conselho Nacional de Justiça para o fortalecimento dos precedentes – in: MADEIRA, Guilherme et ali. **Código de Processo Penal:** estudos comemorativos aos 80 anos de vigência, vol. II, São Paulo: Thomson Reuters Brasil, 2021, p. 713-725.

e tribunais de observar as decisões do Supremo Tribunal Federal em controle concentrado de constitucionalidade; os enunciados de súmula vinculante; os acórdãos em incidente de assunção de competência ou de resolução de demandas repetitivas e em julgamento de recursos extraordinário e especial repetitivo; os enunciados das súmulas do Supremo Tribunal Federal em matéria constitucional e do Superior Tribunal de Justiça em matéria infraconstitucional; e a orientação do plenário ou do órgão especial aos quais estiverem vinculados (art. 927) .

Previu-se, ainda, o cabimento da reclamação para garantia da observância de enunciado de súmula vinculante e de decisão do Supremo Tribunal Federal em controle concentrado de constitucionalidade (art. 988, inciso II, do CPC); e de acórdão proferido em julgamento de incidente de resolução de demandas repetitivas ou de incidente de assunção de competência (art. 988, inciso III, do CPC). A redação originária do art. 988 do CPC prescrevia o cabimento da reclamação no caso de descumprimento de tese fixada pelo STF ou STJ em recursos repetitivos. Todavia, a Lei nº 13.256/2016 suprimiu essa hipótese de admissibilidade da reclamação com o intuito de evitar o comprometimento da celeridade e da qualidade da prestação jurisdicional daquelas cortes de superposição.

A marcha destinada à consolidação e ao aprimoramento desse sistema de precedentes não para.

Recentemente, após quatro anos de tramitação, foi promulgada a Emenda Constitucional nº 125/2022, conhecida como a emenda constitucional da relevância da questão federal, que pretende criar um filtro para a admissão dos recursos especiais que serão julgados pelo Superior Tribunal de Justiça (STJ).

A EC nº 125/2022 corrige uma distorção do sistema ao permitir que o Superior Tribunal de Justiça se concentre em sua missão constitucional de uniformizar a interpretação da legislação federal.

O objetivo da proposta é fazer com que o STJ deixe de atuar como terceira instância, revisando decisões em processos cujo interesse é restrito às partes, e exerça de forma mais efetiva seu papel constitucional.

A produção de precedentes de modo adequado e eficiente demanda que o tribunal respectivo possa se dedicar ao estudo aprofundado das questões jurídicas que lhe são submetidas e disponha do tempo razoável para o amadurecimento da compreensão da controvérsia, a ponderação dos valores e interesses em conflito, o cotejo dos argumentos jurídicos das partes ou atores sociais envolvidos, e a reflexão sobre as consequências práticas e jurídicas das eventuais soluções possíveis para a interpretação da regra jurídica controvertida.

O ritmo de trabalho imposto pela necessidade de uma diuturna produção industrial de julgamentos embaraça ou retarda a investigação de todas aquelas variáveis. A quantidade é, quase sempre, inimiga da qualidade.

3. O CONTRADITÓRIO E A PARTICIPAÇÃO SOCIAL NA FORMAÇÃO DO PRECEDENTE VINCULANTE

A produção de precedentes e súmulas com efeitos vinculantes sobre os demais órgãos do Poder Judiciário depende de procedimento específico, com as garantias do contraditório e da participação social.

A tese jurídica que vier a ser definida em todos os instrumentos processuais ora investigados será vinculante para a resolução dos demais processos que tratam da mesma questão jurídica e se encontram suspensos, bem como dos futuros processos referentes à mesma questão jurídica. A decisão do incidente alcançará a esfera jurídica de sujeitos que não são parte dos processos afetados no julgamento dos recursos repetitivos ou nos incidentes de resolução de demandas repetitivas ou de assunção de competência, e que, em tese, não puderam participar diretamente do contraditório neles desenvolvido e apresentar argumentos para o convencimento dos magistrados que firmaram a tese jurídica no incidente.

Por isso, a seleção dos processos que serão afetados é primordial. Antônio do Passo Cabral defende que a escolha dos processos afetados deve ser norteada pela amplitude do contraditório, e a pluralidade e representatividade dos sujeitos do processo originário[4].

Nesse sentido, o art. 1.036, § 6º, do CPC ordena que, no caso de recursos extraordinário e especial repetitivos, somente podem ser afetados recursos admissíveis que contenham abrangente argumentação e discussão a respeito da questão a ser decidida.

Ademais, o art. 983 do CPC ordena que o relator ouvirá as partes dos processos selecionados no incidente de resolução de demandas repetiti-

4 CABRAL, Antonio do Passo. A escolha da causa-piloto nos incidentes de resolução de processos repetitivos. **Revista de Processo**, v. 39, n. 231, São Paulo: Ed. RT, maio 2014, p. 201-224.

vas e os demais interessados, inclusive pessoas, órgãos e entidades com interesse na controvérsia, que, no prazo comum de quinze dias, poderão requerer a juntada de documentos, bem como as diligências necessárias para a elucidação da questão de direito controvertida; em seguida, no mesmo prazo, manifestar-se-á o Ministério Público. Igualmente, há a previsão, no parágrafo único, da designação de data para a oitiva, em audiência pública, de depoimentos de pessoas com experiência e conhecimento na matéria. Há, ainda, a faculdade do relator de requisitar informações a órgãos em cujo juízo tramita processo no qual se discute o objeto do incidente (art. 982, inciso II).

Esta regra também está cristalizada no art. 1.038, incisos I, II e III, do CPC, que prescreve sobre o processamento e julgamento dos recursos extraordinário e especial paradigmas no caso de multiplicidade de recursos sobre a mesma questão jurídica, que o relator poderá solicitar ou admitir a manifestação de pessoas, órgãos ou entidade com interesse na controvérsia, fixar data para, em audiência pública, ouvir depoimentos de pessoas com experiência na matéria, com a finalidade de instruir o procedimento, e requisitar informações aos tribunais inferiores a respeito da controvérsia.

Sob esse aspecto, o sistema de produção de precedentes vinculantes em nosso sistema processual tem, aparentemente, uma vantagem sobre o modelo do *common law*, no qual o precedente vinculante é formado a partir do julgamento de um único caso, sem essa franquia ampla de contraditório e participação de terceiros.

Nesse contexto, a formação de precedentes tem alicerce nas bases do contraditório, da motivação e da publicidade.

4. Os precedentes, a gestão processual, a segurança jurídica e a isonomia

Nos últimos anos, observa-se uma sensível melhoria da gestão dos recursos repetitivos no âmbito do STJ, inclusive com a possibilidade do emprego da inteligência artificial para a identificação de casos concretos que concentram grande volume de processos, cuja discussão de fundo é a mesma tese jurídica, para que, então, sejam elaborados pela Corte os respectivos precedentes qualificados.

A crescente sobrecarga numérica de processos resultante da judicialização e o exercício do direito de ação trouxeram um grande desafio ao Poder Judiciário: fazer frente a essa demanda e, ao mesmo tempo, manter a garantia de acesso à Justiça, a duração razoável do processo, a qualidade da prestação jurisdicional, a motivação, a hermenêutica de subsunção e a uniformidade.

A efetiva observância dos precedentes judiciais auxiliará não somente o STJ, enquanto unificador da jurisprudência infraconstitucional, mas trará segurança e produtividade aos juízos de primeiro e segundo graus, que terão um norte para seguir quando se depararem com teses jurídicas firmadas nas instâncias superiores.

Ao se firmarem teses jurídicas de forma qualificada, de observância obrigatória pelas instâncias ordinárias, os precedentes também irradiam efeitos diretos nas atividades de conciliação e desjudicialização, gerando, inclusive, desistências de ações e de recursos pelos litigantes. Para potencializar tais efeitos e diminuir efetivamente o volume processual dos tribunais, devem ser aplicadas as metodologias preconizadas no CPC e replicadas nos regimentos internos das Cortes Nacionais.

Nesse contexto, as unidades jurisdicionais e administrativas relacionadas à gestão de precedentes e à admissibilidade de recursos excepcionais merecem atenção especial, como é o caso das presidências, das vice-presidências, dos centros de inteligência, das secretarias e dos núcleos de gerenciamento de precedentes e de ações coletivas. Isso porque, na prática, grande parte das atividades praticadas pelos tribunais e pelos juízos de origem no tratamento dos precedentes qualificados possui impacto direto nos tribunais superiores, com consequências jurisdicionais e de gestão processual.

Todo esse panorama vislumbrado com a instituição do sistema de precedentes brasileiro serviu de norte para a definição da visão de futuro do STJ para o horizonte firmada no recém-lançado Plano Estratégico do STJ 2021-2026, qual seja, "consolidar o STJ como uma corte de precedentes que oferece justiça ágil, moderna, preventiva e cidadã".

E não é só! Em relação aos recursos repetitivos, vale dizer que, até o final do primeiro semestre de 2021, considerando a pandemia de covid-19, o foco primordial do STJ foi diminuir o tempo entre a afetação e a publicação dos acórdãos à luz do novo Código de Processo Civil, demonstrando a preocupação de dar celeridade aos processos no rito dos repetitivos. Apesar da extensão do quadro pandêmico nacional naquele momento, essa priorização influenciou no julgamento de diversos processos sobrestados nas instâncias de origem e no próprio STJ.

Observa-se, no entanto, que diversas atividades atinentes ao sistema de precedentes brasileiro ainda estão em construção ou em consolidação pelos tribunais superiores, e a aplicação dos efeitos dos precedentes vinculantes ocorre, em sua maioria, perante as instâncias ordinárias.

Esse aspecto reforça a necessidade de um espaço acadêmico e institucional de interlocução entre gestores dos tribunais superiores e dos tribunais e juízos de onde se originam os processos, para que haja a necessária atenção dos operadores do direito com as questões referentes aos temas e procedimentos específicos relacionados ao gerenciamento da repercussão geral e dos recursos repetitivos, ao sobrestamento de processos, à aplicação de tese e ao juízo de retratação, bem como quanto à admissibilidade de recursos excepcionais.

Por outro lado, não se deve olvidar que cumpre ao Poder Judiciário a relevante tarefa de apoiar a governabilidade e a governança nos demais poderes. Isso porque ao Poder Judiciário cabe realizar a interpretação definitiva sobre os institutos jurídicos que são aplicados rotineiramente pelo Poder Executivo e pelo Poder Legislativo.

Assim, uma interpretação que observe as decisões dos tribunais superiores, os enunciados de súmulas vinculantes, os acórdãos em incidentes de assunção de competência ou de resolução de demandas repetitivas torna todo o sistema federativo mais seguro e estável.

A segurança jurídica é, pois, fruto de transformações complexas que a distinguem de sua acepção clássica, a qual se caracterizava, principalmente, pela solidez de atos e decisões emanados dos poderes públicos, embora, com o tempo, os administrados passassem a contar não somente com certa estabilidade desses provimentos, mas também com a proteção das legítimas expectativas em face de eventual necessidade de alteração do ordenamento.

O princípio da segurança jurídica orienta, por conseguinte, a atuação dos poderes públicos na realização dos fins do Estado de Direito, poderes entre os quais está aquele incumbido da jurisdição propriamente dita, o Poder Judiciário.

Logo em seu preâmbulo, a Constituição Federal de 1988 confere fundamentalidade ao princípio da segurança jurídica no Estado Democrático de Direito, o qual está "*destinado a assegurar o exercício dos direitos sociais e individuais, a liberdade, a segurança, o bem-estar, o desenvolvimento, a igualdade e a justiça*", além de atribuir-lhe uma necessária funcionalidade, a fim de que ele não se limite a simbolizar um mero conceito aberto[5].

A retomada da atividade econômica, dos investimentos, ou seja, do crescimento do nosso país, sobretudo neste momento de pós-pandemia que estamos vivenciando, depende muito da qualidade das decisões emanadas pelo Poder Judiciário, que, nesse contexto, exerce um papel central na sinalização dos agentes econômicos. A regra para o investimento é a previsibilidade das decisões judiciais de cunho econômico e a garantia da segurança jurídica. O mercado precifica o investimento de acordo com a qualidade das normas jurídicas.

Nesse passo, a ausência de diretrizes jurídicas definidas afasta totalmente o investimento. Assim, como bem destacou o Ministro Dias Toffoli, do Supremo Tribunal Federal:

> "A nação que estabelece, em seu território, um Estado Democrático de Direito, necessita primordialmente de uma Justiça forte e dinâmica para satisfazer as demandas com rapidez e segurança, restaurando o equilíbrio e a paz rompidos em razão dos conflitos e tensões sociais que comprometem o desenvolvimento do País e a realização dos valores estruturantes da sociedade".

Do mesmo modo, o Ministro Luiz Fux, em evento realizado em julho de 2020, afirmou:

> "[...] o que o Poder Judiciário pode oferecer de melhor neste momento pós-pandemia, para o público interno e para os investidores, é a segurança jurídica, que as pessoas e as empresas saibam o que podem e o que não podem fazer."

Por tudo que foi dito, compete, portanto, ao Poder Judiciário velar pela segurança e previsibilidade de suas decisões, o que contribuirá para o fortalecimento não só da sociedade e das relações econômicas, mas especialmente da própria integridade do Sistema de Justiça.

A aplicação correta dos precedentes no julgamento de casos repetitivos ostenta também um efeito de pacificação social e fortalecimento do sentimento de justiça na sociedade.

---

5 Nesse sentido: ÁVILA, Humberto. Teoria da segurança jurídica. 5ª ed. rev. e atual. São Paulo: Malheiros, 2019, p. 49.

Se os precedentes, a jurisprudência e as súmulas são efetivamente observadas, o julgamento não é favorável apenas quanto a um determinado litigante, mas a favor de todos na mesma situação; ou, ao contrário, o julgamento não é meramente contra um autor ou réu determinado, mas contra todos em situação similar.

Luiz Guilherme Marinoni enfatiza que o respeito ao precedente constitui importante fator para a despersonalização das demandas, a aceitabilidade das decisões e a afirmação do poder estatal, porquanto o resultado dos litígios passa a ser visto como consequência exclusiva das normas existentes no ordenamento jurídico, e não como produto de circunstâncias vinculadas a situações pessoais do magistrado que o proferiu ou das partes do processo no qual foi prolatado.

Por fim, os precedentes vinculantes não eximem o tribunal que os produziu nem os órgãos judiciários a ele subordinados de examinar a congruência dos casos concretos a ser julgados com a tese jurídica naqueles fixada.

Os órgãos jurisdicionais conservam o seu poder de investigar se a hipótese fática em análise reúne as características que permitem seu perfeito enquadramento com o modelo abstrato contido na tese jurídica cristalizada no precedente. Os magistrados de qualquer grau de jurisdição não podem se descurar da tarefa de identificar o substrato fático da causa sob sua apreciação e a *ratio decidendi* do precedente.

A formação do precedente resolve somente a controvérsia quanto à aplicação da norma jurídica sobre determinados fatos com a mesma característica, ao seu alcance e ao seu conteúdo.

Portanto, a motivação das decisões continua obrigatória, nos termos do art. 93, inciso IX, da Constituição Federal.

Se o juiz ou o tribunal decidirem pela aplicação do precedente, devem motivar sua decisão, ou seja, indicar, no caso em julgamento, os elementos concretos que o assemelham às hipóteses fáticas dos processos afetados ao julgamento do incidente de modo a autorizar a aplicação ao caso da tese jurídica nele consagrada, conforme o art. 489, § 1º, inciso V, do novo CPC.

Se, ao contrário, decidirem pela não incidência do precedente no caso *sub judice*, estão obrigados a apontar as circunstâncias fáticas do caso concreto que o diferenciam dos processos afetados ao julgamento do incidente e repelem a observância do entendimento jurídico nele firmado, sob pena de nulidade da decisão, segundo o art. 489, § 1º, inciso VI, e eventual cabimento de reclamação nas hipóteses mencionadas anteriormente.

A aplicação dos precedentes vinculantes não pode ser mecânica, irrefletida e acrítica, sob pena de os objetivos do instituto não serem atendidos e de haver intensificação do congestionamento das diversas instâncias com recursos e reclamações totalmente desnecessários.

5. Conclusão

Este artigo apresentou uma visão geral sobre as emendas constitucionais e alterações legislativas que, ao longo dos últimos trinta anos, atribuíram eficácia vinculante aos precedentes produzidos pelo Supremo Tribunal Federal, Superior Tribunal de Justiça e demais tribunais.

Em seguida, cuidou brevemente do contraditório e da participação de terceiros no processo de formação de precedentes vinculantes pelos tribunais como pressuposto legal para que a tese jurídica fixada possa se aplicar legitimamente a todos os indivíduos em idêntica situação, ainda que não tenham sido partes dos processos afetados aos respectivos incidentes.

Por fim, sintetizou os impactos da observância dos precedentes sobre a racionalização do serviço judiciário, a pacificação social e a criação de um ambiente de segurança jurídica indispensável para o desenvolvimento das atividades humanas.

Reitero, mais uma vez, minhas homenagens ao professor e jurista Roberto Rosas e espero que a gestão da aplicação dos precedentes pelos tribunais possa se aprimorar cada vez mais, para que alcancemos um sistema judicial célere, efetivo e justo.

6. Referências bibliográficas

ÁVILA, Humberto. **Teoria da segurança jurídica**. 5ª ed. rev. e atual. São Paulo: Malheiros, 2019.

BUCH, Roberto; FACHIN, Luiz Edson. Reflexões sobre formação, observância e alteração de precedentes como instrumento de construção de segurança jurídica essencial à prestação jurisdicional *in* ALVIM, Arruda et al. (coord). **Estudo em homenagem à professora Thereza Alvim: controvérsias do direito processual civil: 5 anos do CPC.** São Paulo, Thomson Reuters Brasil, 2020, pp. 643-655.

CABRAL, Antônio do Passo. **A escolha da causa-piloto nos incidentes de resolução de processos repetitivos.** Revista de Processo, v. 39, nº 231, São Paulo: Ed. RT, maio 2014, pp. 201-224

DINAMARCO, Cândido Rangel. **Fundamentos do processo civil moderno**. v. II. 2ª ed. São Paulo: Saraiva, 2000.

GAJARDONI, Fernando da Fonseca (Coord.). **Coleção Repercussões do novo CPC, vol I** - Magistratura. Salvador, Juspodivm, 2015.

MARINONI, Luiz Guilherme. **Precedentes obrigatórios**. 3 ed. São Paulo: Revista dos Tribunais, 2013.

MENDES, Aluisio Gonçalves de Castro. O sistema de precedentes, o processo penal e o grupo de trabalho do Conselho Nacional de Justiça para o fortalecimento dos precedentes – in: MADEIRA, Guilherme et ali. **Código de Processo Penal: estudos comemorativos aos 80 anos de vigência, vol. II,** São Paulo: Thomson Reuteurs, 2021, pp. 713-725.

Regime do Precedente Judicial no Atual Sistema Processual Brasileiro

José Rogério Cruz e Tucci[1]

> *"O juiz não pode ser um escravo do passado e um déspota do futuro" (Arthur Goodhart, Precedent in English and Continental Law and Case Law: a Short Replication, Law Quaterly Review, 50, 1934).*

1. Premissas

O presente artigo, em homenagem ao eminente Amigo Roberto Rosas, parte de duas premissas básicas, extraídas da atual experiência jurídica brasileira: a) o reconhecido protagonismo dos tribunais superiores; e b) a ausência de uma dogmática consolidada sobre precedente judicial.

2. CF de 1988 e a crescente relevância dos Tribunais Superiores

Com a promulgação da Constituição Federal de 1988 e dos inúmeros textos legais que lhe seguiram (*v. g.*: Código de Defesa do Consumidor, reforma da Lei de Ação Civil Pública etc.), infundiu-se em cada brasileiro um verdadeiro "espírito de cidadania". Os cidadãos passaram a ser senhores de seus respectivos direitos, com a expectativa de verem cumpridas as garantias que lhes foram então asseguradas.

Observe-se ainda que também foram incrementados, a partir do início dos anos 90, mecanismos processuais adequados a recorrer aos tribunais com maior efetividade, como, por exemplo, a ampliação do rol dos legitimados ativos a manejar as ações diretas de inconstitucionalidade, a ajuizar ações coletivas em prol dos interesses difusos, a consagração da autonomia e independência do Ministério Público e a opção determinada por um modelo de assistência judiciária e de promoção de acesso à justiça.

---

1 Advogado. Ex-Presidente da AASP. Professor Titular Sênior da Faculdade de Direito da USP. Membro da Academia brasileira de Letras Jurídicas.

Na visão insuspeita do sociólogo e jurista Boaventura de Sousa Santos[2], a redemocratização e o novo marco constitucional, no Brasil, geraram maior credibilidade à utilização da vertente judicial como alternativa válida para conquistar direitos. De forma natural, os instrumentos jurídicos que já existiam no período autoritário, como a ação popular e a ação civil pública, passaram a ser amplamente colocados em evidência no foro brasileiro.

Diante desse importante fenômeno, houve, como era notório, um vertiginoso crescimento da demanda perante o Poder Judiciário. Os números alarmantes são de conhecimento geral. E isso tudo agravado pela circunstância de que a constitucionalização de um conjunto tão ousado de garantias, sem a consecução consistente de políticas públicas e sociais correlatas, tem propiciado, sem dúvida, maior judicialização dos conflitos.

Tem-se outrossim clara percepção da ineficiência das agências reguladoras de serviços que também contribuem para a intervenção judicial. O recurso aos tribunais para garantir o acesso a medicamentos e tratamentos médicos é constante. Não é crível que nos dias hoje muitos brasileiros tenham de ir à justiça para obter indenização por atraso de voo e extravio de bagagem, ou, ainda, para forçar adequada prestação de serviço em várias atividades. O Poder Judiciário está se tornando um verdadeiro SAC – Serviço de Atendimento ao Consumidor.

O sistema judicial passa, assim, a suplantar o sistema da administração pública, a quem, por óbvio, compete sancionar as referidas falhas.

Chega-se mesmo ao que poderíamos denominar de "banalização de demandas", sem esquecer o papel de exator dos tribunais, na função substitutiva de ser o principal palco da cobrança de tributos, diante dos milhares de executivos fiscais que abarrotam os escaninhos dos cartórios forenses.

Ressalte-se, a propósito, que, nestes últimos anos, os nossos tribunais superiores passaram a desempenhar papel relevantíssimo, por duas diferentes razões. Em primeiro lugar, pela necessidade de uniformizar a jurisprudência, diante das incertezas e divergências de julgados, que conspiram contra a segurança jurídica. São mais de 50 tribunais de segundo grau, espalhados nos diversos Estados brasileiros.

Em segundo lugar, pela "nova" tarefa, que passa também a ser carreada ao Judiciário e que o coloca em destaque nos noticiários, referente

2 *Para uma revolução democrática da justiça*, Coimbra, Almedina, 2014, p. 23 ss.

aos julgamentos sobre crimes de viés político, no combate à corrupção de agentes estatais e de grandes empresários.

Há alguns anos, a população de um modo geral não conhecia o nome de nenhum ministro do Supremo Tribunal Federal. Atualmente, são conhecidíssimos. Há de fato um controle social externo muito saliente da atividade jurisdicional.

Não é possível analisar, nos dias de hoje, o papel dos tribunais sem considerar as interações entre eles e os meios de comunicação. Assevera, a respeito, Sousa Santos[3] que o "novo protagonismo judiciário decorrente de uma judicialização dos conflitos políticos não pode deixar de traduzir-se na politização dos conflitos judiciários. Mas é óbvio que nenhuma destas transformações sociais teriam retirado os tribunais da obscuridade e do silêncio a que desde sempre estiveram remetidos se, entretanto, não tivessem ocorrido mudanças profundas, tanto técnicas, como políticas, no domínio das tecnologias, de informação e de comunicação. Foi no bojo da expansão desta indústria que os tribunais se transformaram, quase de repente, num conteúdo apetecível. A plácida obscuridade dos processos judiciais deu lugar à trepidante ribalta dos dramas judiciais".

Nota-se, pois, enorme influencia dos tribunais superiores – inclusive do STJ e do TSE – nos outros poderes, seja na administração, seja no legislativo.

3. Relevância, estabilidade e superação dos precedentes judiciais

Nos horizontes do direito brasileiro, não há dúvida de que, ao longo da história, a atividade judicial sempre desempenhou importantíssimo mister, tanto no exercício da prática forense, quanto no próprio aperfeiçoamento dogmático de institutos jurídicos.

Nenhum operador do direito, de época contemporânea, pode negar a utilidade e eficiência dos precedentes judiciais acerca das várias teses que deve sustentar na defesa de um caso ou para fundamentar uma decisão; qualquer acadêmico sabe da importância do conhecimento da jurisprudência como um dos mais poderosos instrumentos de persuasão.

É simplesmente indispensável, para o exercício profissional, a consulta em repertórios de julgados e em coletâneas de jurisprudência

3 *Para uma revolução democrática da justiça*, cit., p. 142.

selecionadas por matérias tópicas e/ou anotadas; estas, aliás, com sucessivas edições atualizadas.

Os próprios tribunais de um modo geral, zelosos em difundir os seus respectivos precedentes, disseminam-nos pela rede mundial de computadores, e até mesmo interagem e "dialogam", *on line*, com os usuários, chegando a "responder consultas" pontuais sobre determinada questão.

Diante da desmedida pletora de recursos que pendem de julgamento em nossas cortes de justiça, a experiência tem demonstrado que os acórdãos, via de regra, são fundamentados na jurisprudência, em particular, dos tribunais superiores, fator esse que aumenta em muito a previsibilidade do resultado do processo.

Na verdade, a exigência de interpretação e aplicação, tanto quanto possível, homogênea do *ius positum* tem efetivamente ocupado a atenção do legislador pátrio, inclusive, por certo, como meio de minimizar o afluxo exagerado de demandas.

Ocorre que, com o passar do tempo, a mudança dos paradigmas sociais implica saudável evolução das teses jurídicas e, consequentemente, do posicionamento dos tribunais. Isso significa que os precedentes judicias do passado, sobre inúmeras questões, vão sendo superados por novas orientações que decorrem da dinâmica do direito.

Seja como for, é certo que tais alterações normalmente não são abruptas, até porque a uniformidade da jurisprudência garante a certeza e a previsibilidade do direito. Os cidadãos de um modo geral, informados por seus advogados, baseiam as suas opções não apenas nos textos legais vigentes, mas, também, na tendência dos precedentes dos tribunais, que proporcionam àqueles, na medida do possível, o conhecimento de seus respectivos direitos. Na verdade, a harmonia pretoriana integra o cálculo de natureza econômica, sendo a previsibilidade que daquela decorre pressuposto inafastável para o seguro desenvolvimento do tráfico jurídico-comercial: uma mudança abrupta e não suficientemente justificada da posição dos tribunais solapa a estabilidade dos negócios.

Ademais, a jurisprudência consolidada garante a igualdade dos cidadãos perante a distribuição da justiça, porque situações análogas devem ser julgadas do mesmo modo, sobretudo no Brasil, em que há grande número de tribunais. O tratamento desigual é forte indício de injustiça em pelo menos um dos casos.

Em suma, ao preservar a estabilidade, orientando-se pelo precedente judicial em situações sucessivas assemelhadas, os tribunais contribuem, a um só tempo, para a certeza do direito e para a proteção da confiança na escolha do caminho trilhado pela decisão judicial.

Em nosso país, na órbita da tutela jurisdicional, avulta, a respeito dessa relevante temática, a importância do Superior Tribunal de Justiça, como corte federal, cuja vocação precípua é a de uniformizar a interpretação e aplicação do direito nacional infraconstitucional.

E tal inequívoca função nomofilácica foi reiterada, em tom de exortação, pelo Ministro Humberto Gomes de Barros, em conhecido voto proferido no Agravo Regimental no Recurso Especial nº 228.432-RS, julgado pela Corte Especial: "O Superior Tribunal de Justiça foi concebido para um escopo especial: orientar a aplicação da lei federal e unificar-lhe a interpretação, em todo o Brasil. Se assim ocorre, é necessário que sua jurisprudência seja observada, para se manter firme e coerente. Assim sempre ocorreu em relação ao Supremo Tribunal Federal, de quem o Superior Tribunal de Justiça é sucessor, nesse mister. Em verdade, o Poder Judiciário mantém sagrado compromisso com a justiça e a segurança. Se deixarmos que nossa jurisprudência varie ao sabor das convicções pessoais, estaremos prestando um desserviço a nossas instituições. Se nós – os integrantes da Corte – não observarmos as decisões que ajudamos a formar, estaremos dando sinal, para que os demais órgãos judiciários façam o mesmo. Estou certo de que, em acontecendo isso, perde sentido a existência de nossa Corte. Melhor será extingui-la".

Todavia, a despeito dessa premissa notória, o exercício profissiobal revela que acerca de inúmeras questões importantes há flagrante e indesejada instabilidade nos precedentes dos tribunais superiores. E isso ocorre – o que é pior – num mesmo momento temporal e sem qualquer justificação plausível!

É indiscutível que o juiz não pode ser escravo do precedente judicial, porque certamente haveria aí uma abdicação da independência do livre convencimento, assegurado pelo art. 371 do Código de Processo Civil.

Contudo, se o tribunal resolver desprezar o precedente judicial cabe-lhe o ônus do argumento contrário. Gino Gorla[4], em um de seus últimos ensaios, pondera, acerca desse verdadeiro dever, que seria até temerário permitir, sem uma argumentação consistente, que um posicionamento jurisprudencial sedimentado deixasse de ser aplicado em hipótese similar.

4 *Precedente giudiziale*, Enciclopedia giuridica treccani, v. 23, 1990, p. 11-12.

A tutela do cidadão, que confiou no Judiciário, não pode jamais ser relegada a pretexto do poder discricionário da magistratura!

4. TÉCNICAS DE UNIFICAÇÃO DA JURISPRUDÊNCIA E DE OBSERVÂNCIA DO PRECEDENTE

O expressivo número de tribunais e a ausência de uma dogmática consistente sobre precedente judicial acarreta evidente insegurança jurídica, diante da divergência jurisprudencial acerca de inúmeras teses importantes.

Atento a este significativo problema, de todo indesejado, o legislador pátrio estabeleceu – e continua legislando acerca da questão – inúmeras técnicas tendentes à uniformização da jurisprudência, visando sobretudo a assegurar a harmonia de julgamentos.

O art. 1.036 do Código de Processo Civil estabelece o procedimento do julgamento de recursos repetitivos acerca de controvérsias que tenham como fulcro a mesma questão jurídica.

A tese fixada pelo tribunal superior servirá de paradigma para o julgamento dos demais recursos.

Visando à análoga finalidade, destacam-se os embargos de divergência, previstos no art. 1.043, que constituem um meio de impugnar acórdão proferido, no âmbito de recurso extraordinário ou especial, por uma das turmas, respectivamente, do Supremo Tribunal Federal ou do Superior Tribunal de Justiça (art. 994, IX, do CPC: "São cabíveis os seguintes recursos: ... IX - embargos de divergência").

Enfatiza, de forma precisa, o Ministro Humberto Gomes de Barros, ao relatar os Embargos de Divergência no Recurso Especial nº 222.524-MA, que: "Os embargos de divergência foram concebidos no escopo de preservar - mais que o interesse tópico de cada um dos litigantes - a necessidade de que o Tribunal mantenha coerência entre seus julgados".

Se os órgãos fracionários dos aludidos tribunais superiores dissentirem sobre questões de direito federal, a missão constitucional que lhes foi confiada não estará sendo cumprida. Assim, exatamente para reforçar a previsibilidade e harmonia dos julgamentos e, até mesmo, a segurança jurídica, é que os embargos de divergência se tornam um importante instrumento para resolver as inexoráveis divergências *intra muros*, ou seja, nos quadrantes das respectivas cortes de justiça.

Como bem escreve José Carlos Barbosa Moreira[5], "os embargos de divergência visam afastar interpretação divergente do sentido das normas positivas, em tese, nos órgãos do Supremo Tribunal Federal e do Superior Tribunal de Justiça. Essa é a razão maior da sua existência em nosso sistema processual".

Assim, na esfera dos tribunais superiores, em consonância com a regra do art. 1.043 do Código de Processo Civil, somente é admissível a interposição de embargos de divergência:

> "I - em recurso extraordinário ou em recurso especial, divergir do julgamento de qualquer outro órgão do mesmo tribunal, sendo os acórdãos, embargado e paradigma, de mérito;
> III - em recurso extraordinário ou em recurso especial, divergir do julgamento de qualquer outro órgão do mesmo tribunal, sendo um acórdão de mérito e outro que não tenha conhecido do recurso, embora tenha apreciado a controvérsia".

Ademais, no modelo brasileiro vigente, tão eficaz é o precedente judicial sumulado, ou até mesmo "dominante", por força do disposto no art. 932, IV, do Código de Processo Civil, qualquer recurso poderá ser liminarmente improvido, pelo relator, quando for contrário a: a) súmula do Supremo Tribunal Federal, do Superior Tribunal de Justiça ou do próprio tribunal; b) acórdão proferido pelo Supremo Tribunal Federal ou pelo Superior Tribunal de Justiça em julgamento de recursos repetitivos;c) entendimento firmado em incidente de resolução de demandas repetitivas ou de assunção de competência...".

A Emenda Constitucional nº 45, de 2004, a seu turno, voltou a instituir, no sistema jurídico brasileiro, de forma generalizada, a denominada "súmula vinculante", ao adicionar no texto da Constituição Federal o art. 103-A, com a seguinte redação: "O Supremo Tribunal Federal poderá, de ofício ou por provocação, mediante decisão de dois terços dos seus membros, após reiteradas decisões sobre matéria constitucional, aprovar súmula que, a partir de sua publicação na imprensa oficial, terá efeito vinculante em relação aos demais órgãos do Poder Judiciário e à administração pública direta e indireta, nas esferas federal, estadual e municipal, bem como proceder à sua revisão ou cancelamento, na forma estabelecida em lei".

5 *Comentários ao Código de Processo Civil*, v. 5, 15ª ed., Rio de Janeiro, Forense, 2009, p. 641.

O enunciado da súmula, a teor do § 1º do art. 2º da Lei nº 11.417/2006, que regulamentou o instituto em apreço, deve ter por "objeto a validade, a interpretação e a eficácia de normas determinadas, acerca das quais haja, entre órgãos judiciários ou entre esses e a administração pública, controvérsia atual que acarrete grave insegurança jurídica e relevante multiplicação de processos sobre idêntica questão".

Trata-se de precedente judicial com eficácia vertical obrigatória.

A desobediência enseja o ajuizamento de reclamação ao Supremo Tribunal Federal, contra o órgão que desrespeitou o princípio sumulado.

A indigitada Lei nº 11.417 introduziu ainda um importante mecanismo democrático de participação popular, na forma de *amicus curiae*, no processo de elaboração, revisão e cancelamento da súmula vinculante. Dispõe o § 2º do art. 3º que: "No procedimento de edição, revisão ou cancelamento de enunciado da súmula vinculante, o relator poderá admitir, por decisão irrecorrível, a manifestação de terceiros na questão, nos termos do Regimento Interno do Supremo Tribunal Federal".

A despeito de todas estas técnicas de uniformização e de observância do precedente judicial ainda remanescem graves problemas atinentes a esta questão, inclusive no âmago de um mesmo tribunal.

5. O PROBLEMA DA EFICÁCIA RETROATIVA DO PRECEDENTE

Cumpre destacar, já sob diferente enfoque, outro problema que ainda se encontra em aberto, uma vez que nem pelo prisma da história e tampouco pela dogmática moderna obteve solução satisfatória.

Referimo-nos à árdua questão da eficácia retroativa do "novo" precedente judicial.

Na verdade, a incerteza que nasce do advento de um novo precedente em substituição à orientação consolidada, acarreta um custo social e econômico elevadíssimo, mesmo nos sistemas que não conhecem força vinculante da jurisprudência, uma vez que a situação de insegurança gerada pela mudança somente poderá ser eliminada depois de um período relativamente considerável para que seja consolidada a *nova regula*.

Estipulada a "regra do jogo" deve ser evitada, com efeito, a perversa retroatividade de novel posicionamento pretoriano, circunstância que impede a perpetração de qualquer emboscada aos advogados, preservando-se, como precípuo escopo da jurisdição, o direito material dos litigantes.

Decorre desse importante comportamento a consciência de lealdade que deve fluir da função judicante, ao infundir confiança e segurança jurídica à sociedade e, em particular, aos jurisdicionados.

Esse problema foi enfrentado pela Suprema Corte da Alemanha, que revelou grande perplexidade com o fato de que a mudança de rumo dos precedentes judiciais pode mesmo ensejar o "desaparecimento da base do negócio, quando as partes contratantes acreditaram na situação jurídica que resultava da jurisprudência anterior".[6]

No entanto, sem embargo da possibilidade de ocorrência dessa inevitável situação, tanto o Supremo quanto a Corte Constitucional Federal alemães consideram que as regras que proíbem a retroatividade das leis não poderiam estender-se às decisões dos tribunais. Se tal fosse possível, "conduziria a que os tribunais houvessem de estar vinculados a uma jurisprudência outrora consolidada, mesmo quando esta se revela insustentável à luz do conhecimento apurado ou em vista da mudança das relações sociais, políticas ou econômicas".[7]

Diante do interesse da coletividade, a modulação dos efeitos pretéritos, a critério do tribunal, constitui então técnica oportuna e deveras significativa, a evitar injustiça.

Contudo, nem sempre é assim!

Diante do resultado do julgamento dos temas 881 e 885 pelo nosso Supremo Tribunal Federal, em fevereiro de 2023, fico me perguntando se não seria o caso de me matricular em algum curso de direito para me atualizar acerca de novos princípios e conceitos que emergem da atual interpretação que a nossa Corte Suprema tem conferido a algumas questões transcendentes, de grande relevância social e econômica.

De fato, com o referido julgamento por apertadíssima maioria, o Brasil se torna, com certeza, o único país do mundo no qual a jurisprudência retroage ferindo de morte a coisa julgada material, que tem expresso assento constitucional.

Ora, é ressabido que a ordem se descortina essencial tanto à vida individual como ao convívio no seio da coletividade. Toda sociedade, independentemente de seu grau de evolução, pressupõe mínima organização, sem a qual de modo algum poderia subsistir. Conhecida é, a

6 Cf. Karl Larenz, *Metodologia da ciência do direito*, 3ª ed., tr. port. José Lamego, Lisboa, Fund. C. Gulbenkian, 1997, p. 617.

7 Larenz, *Metodologia da ciência do direito*, cit., p. 618.

propósito, a exortação de Goethe, no sentido de que é preferível alguma injustiça à desordem, numa significativa demonstração de que ao seu sagaz espírito não passou despercebido que a existência normal do ser humano impõe uma estabilidade que só a ordem permite proporcionar. Essa exigência de ordem, que traz implícita a noção de segurança, indispensável a qualquer modelo de convivência, é de tal sorte profunda, que, ao longo do tempo, irrompe espontânea e natural.

Com o desenvolvimento da sociedade, uma das principais funções das instituições públicas é a de construir estruturas de ordem e estabilidade para regrar as relações entre os membros da comunidade. Cabe, assim, às normas jurídicas acrescentar a essa estabilidade ordenadora das instituições sociais, uma segurança específica e própria, à qual se costuma denominar de segurança jurídica.

Como bem destaca Arthur Kaufmann, na esteira, aliás, de secular concepção, um elemento indispensável da segurança jurídica é a força da coisa julgada das sentenças judiciais, significando que um provimento judicial que adquire tal *status* não mais pode ser impugnado pelos instrumentos jurídicos ordinários. "O processo se encontra terminado: *Roma locuta, causa finita*".[8]

Com efeito, o dogma da coisa julgada visa essencialmente a pôr um ponto final nos litígios. É famoso, a propósito, o brocardo *interest rei publicae ut sit litium finis*...

A imutabilidade que passa a exornar o conteúdo decisório da sentença de mérito transitada em julgado, como expressivo e peculiar fenômeno do processo de conhecimento, tem por escopo, como é curial, de um lado, obstar à eternização dos litígios e, de outro, garantir a paz social, prestigiando a previsibilidade e sobretudo a segurança jurídica, ainda que em detrimento da própria justiça.

Não obstante, a teor do art. 505, I, do Código de Processo Civil, tratando-se de relação jurídica de prestações sucessivas, é possível que, com o passar do tempo, sobrevenha novo entendimento pretoriano, cuja eficácia se projetará para o futuro (*ex nunc*), ainda que contrária à precedente coisa julgada.

Tal fenômeno, aliás, não é incomum, em particular, nas relações tributárias. Determinado tributo poderá passar a ser exigido, por força de

8 *Filosofía del derecho*, tr. cast. Luis Villar Borda e Ana Maria Montoya, da 2ª ed. alemã de 1997, p. 349.

norma jurídica ou de decisão em controle concentrado supervenientes, tornando insubsistente a eficácia da coisa julgada formada sobre sentença anterior que havia declarado a inexigibilidade daquele tributo. São, na verdade, situações corriqueiras de mudança do estado de direito a revogação ou a derrogação das leis objeto do controle de constitucionalidade e o advento de novos preceitos normativos, inclusive de natureza constitucional.

Desse modo, declarada, por exemplo, constitucional a lei na qual se baseou a sentença para reconhecer não tributável determinada atividade do contribuinte, a obrigação tributária, em relação ao futuro, passará a ser exigível. O efeito vinculante da declaração de constitucionalidade é, sob o aspecto temporal, logicamente posterior à eficácia dessa respectiva decisão, portanto, *ex nunc*.

É, pois, segundo lição de Teori Albino Zavascki, "a partir da data da publicação da decisão do Supremo, cuja eficácia *erga omnes* lhe outorga incontestável valor normativo, que se opera uma relevante modificação do estado de direito: a da declaração, com efeito vinculante e *erga omnes*, da constitucionalidade ou da inconstitucionalidade do preceito normativo. Essa modificação, embora não seja apta a desconstituir automaticamente os efeitos passados e já consumados da sentença que julgou o caso concreto, terá, certamente, influência em relação aos seus efeitos futuros. Relativamente a estes prevalecerá, em substituição ao comando da sentença anterior, o efeito vinculante da decisão proferida na ação de controle concentrado".[9]

Foi nessa direção, em obséquio à garantia da coisa julgada, que, há mais de 10 anos, a 1ª Seção do Superior Tribunal de Justiça fixou a tese atinente ao tema repetitivo 340, por ocasião do julgamento do Recurso Especial nº 1.118.893/MG, no sentido de que: "Não é possível a cobrança da Contribuição Social sobre o Lucro (CSLL) do contribuinte que tem a seu favor decisão judicial transitada em julgado declarando a inconstitucionalidade formal e material da exação conforme concebida pela Lei 7.689/88, assim como a inexistência de relação jurídica material a seu recolhimento. O fato de o Supremo Tribunal Federal posteriormente manifestar-se em sentido oposto à decisão judicial transitada em julgado em nada pode alterar a relação jurídica estabilizada pela coisa julgada, sob pena de negar validade ao próprio controle difuso de constitucionalidade".

9 *Coisa julgada em matéria constitucional: eficácia das sentenças nas relações jurídicas de trato continuado*, Doutrina do STJ, edição comemorativa – 15 anos, 2005, p. 129.

Ora, todos estes fatores ao longo do tempo infundiram nos contribuintes a certeza de que não seria mais exigida a CSLL até que eventualmente tal orientação fosse modificada. Assim, como bem apontado em lúcido e preciso texto de Hamilton Dias de Souza, diante da situação jurídica então vigente, "empresas que possuíssem decisões, definitivas, que validassem o não recolhimento de determinados tributos não estavam obrigadas a reportar tais fatos em seus balanços, muito menos provisionar os valores aproveitados".[10]

É ocioso frisar que a eficiência da justiça e a constância da jurisprudência em relação a determinadas questões de natureza empresarial trazem significativos reflexos no contexto econômico.

No entanto, no indigitado pronunciamento por demais tardio, o plenário do Supremo Tribunal Federal, ao julgar em fevereiro de 2023, os Recursos Extraordinários ns. 949.297 e 955.227 (temas de repercussão geral 881 e 885), de forma absolutamente inusitada, por maioria, deixou de modular os efeitos da decisão. O ponto fulcral do debate estabelecido entre os ministros girava em torno da discussão se a exigência de recolhimento da CSLL seria a partir do acórdão ou se retroagiria a 2007, quando o Supremo reputou constitucional a cobrança da contribuição.

Deixando então de fixar um marco temporal, ou seja, de modular os efeitos do acórdão, não tenho dúvida em afirmar que o resultado da decisão colegiada vulnera expressamente a coisa julgada, para atingir *ex tunc* "os efeitos temporais das decisões transitadas em julgado" atinentes à exigência da CSLL.

Isso significa que os contribuintes que estavam garantidos porque tinham a seu favor a eficácia da coisa julgada mesmo antes de 2007 agora passam a dever, certamente com todos os encargos incidentes, a CSLL a partir de 2007 (em muitos casos, mesmo observando-se os prazos decadencial e/ou prescricional aplicáveis)! Como se infere de exemplo fornecido em reportagem estampada no caderno Economia & Negócios, publicada no Estadão de 10 de fevereiro de 2023, o "grupo Pão de Açúcar (GPA) estava isento da CSLL desde 1992, por decisão judicial. Agora, terá de pagar o tributo, retroagindo a 2007 – ano em que o STF definiu que essa cobrança era constitucional. A empresa estimou que terá de pagar R$ 290 milhões". A rigor, invocando mais uma vez o experiente ponto de vista de Hamilton Dias de Souza, "o prejuízo imposto aos contribuintes, relativamente a períodos passados, tem origem na demora do próprio

10 *Nota a respeito do julgamento dos temas 881 e 885 de repercussão geral*, inédito.

Judiciário, que, apenas em 2023, veio a regrar, por seu Tribunal de cúpula, os efeitos de suas decisões sobre os casos transitados em julgado".

Não se trata, à evidência, de aposta alguma, uma vez que estes contribuintes tinham assegurada a inexigibilidade da CSLL: a) pela coisa julgada; e b) pelo expressivo pronunciamento do Superior Tribunal de Justiça, consubstanciado na fixação do tema repetitivo 340. Sabe-se que esta orientação se aplica a diversos contribuintes amparados pela eficácia da coisa julgada que lhes asseguravam a inexigibilidade de outros tributos posteriormente declarados constitucionais pelo Supremo Tribunal Federal, como IPI na revenda de importados e COFINS de sociedades prestadoras de serviços.

Igualmente legítima e compreensível a expectativa, surpreendentemente frustrada, de que o novo entendimento somente agora adotado pudesse ser objeto de modulação. Afinal, assim se dera em situação em tudo semelhante, em que foram resguardados os interesses fazendários em razão da "interpretação até então consolidada pelo Superior Tribunal de Justiça, inclusive em sede de recurso repetitivo" (STF, tema 69).

O referido julgamento, além de rasgar a Constituição Federal, que consagra, no art. 5º, XXXVI, a garantia fundamental da coisa julgada, produz inequívoca incerteza e insegurança às relações negociais, em detrimento do prestígio ao Supremo Tribunal Federal.

6. O PRECEDENTE JUDICIAL NO ATUAL REGIME PROCESSUAL

Seja como for, na incessante busca de reafirmar a importância das decisões dos tribunais superiores, o nosso Código de Processo Civil valoriza os precedentes judiciais, embora sem critério científico algum.

O art. 926 insere uma regra, de cunho pedagógico, totalmente desnecessária e inócua: "Os tribunais devem uniformizar sua jurisprudência e mantê-la estável, íntegra e coerente".

É o mínimo que se espera!

O art. 927 dispensa idêntico tratamento às diversas espécies de precedente, sem qualquer distinção ontológica, ao determinar que: "Os juízes e os tribunais observarão: I – as decisões do Supremo Tribunal Federal em controle concentrado de constitucionalidade; II – os enunciados de súmula vinculante; III – os acórdãos em incidente de assunção de competência ou de resolução de demandas repetitivas e em julgamento de recursos extraordinário e especial repetitivos; IV – os enunciados das súmulas do Supremo Tribunal Federal em matéria constitucional e do

Superior Tribunal de Justiça em matéria infraconstitucional; V – a orientação do plenário ou do órgão especial aos quais estiverem vinculados".

Salta aos olhos o lamentável equívoco constante desse dispositivo, uma vez que impõe aos magistrados, de forma cogente – "os tribunais observarão" –, os mencionados precedentes, como se todos aqueles arrolados tivessem a mesma força vinculante vertical.

Daí, em princípio, a inconstitucionalidade da regra, visto que a Constituição Federal, como acima referido, reserva efeito vinculante apenas e tão somente às súmulas fixadas pelo Supremo, mediante devido processo e, ainda, aos julgados originados de controle direto de constitucionalidade.

À míngua de uma dogmática própria, o legislador pátrio perdeu uma excelente oportunidade para regulamentar um regime adequado da jurisprudência de nossos tribunais, entre as várias espécies de precedente judicial, a partir de sua natureza, considerando a sua respectiva origem.

Todavia, a despeito desse aspecto negativo, que coloca em xeque a principal regra sobre tal importante matéria, merece destaque o alvitre cuidadoso e democrático que disciplina o superamento do precedente, inclusive no que se refere ao tormentoso problema de sua eficácia retroativa.

Com efeito, preceituam os sucessivos parágrafos do art. 927 que: "§ 2º. A alteração de tese jurídica adotada em enunciado de súmula ou em julgamento de casos repetitivos poderá ser precedida de audiências públicas e da participação de pessoas, órgãos ou entidades que possam contribuir para a rediscussão da tese"; "§ 3º. Na hipótese de alteração de jurisprudência dominante do Supremo Tribunal Federal e dos tribunais superiores ou daquela oriunda de julgamento de casos repetitivos, pode haver modulação dos efeitos da alteração no interesse social e no da segurança jurídica"; e "§ 4º. A modificação de enunciado de súmula, de jurisprudência pacificada ou de tese adotada em julgamento de casos repetitivos observará a necessidade de fundamentação adequada e específica, considerando os princípios da segurança jurídica, da proteção da confiança e da isonomia".

Ademais, o subsequente § 5º do mesmo art. 927 determina que: "Os tribunais darão publicidade a seus precedentes, organizando-os por questão jurídica decidida e divulgando-os, preferencialmente, na rede mundial de computadores".

Torna-se realmente imperioso que os tribunais divulguem as suas decisões, sobretudo daquelas referentes às teses mais polêmicas, a nortear as demais cortes de justiça, evitando com isso, indesejada divergência pretoriana.

7. À guisa de conclusão: esboço de uma teoria geral do precedente judicial

Seja como for, para bem compreender e interpretar as regras do vigente Código de Processo Civil sobre esta temática, necessário se torna traçar algumas linhas mestras que podem ser consideradas comuns à dinâmica das decisões judiciais.

Na verdade, uma teoria sobre os precedentes que aspire a ser geral, e portanto desfrutar de alguma utilidade heurística, deve, segundo entendo, partir da premissa de que o precedente é uma realidade em sistemas jurídicos histórica e estruturalmente heterogêneos, e que apresenta características próprias em diferentes legislações.

O regime do precedente judicial opera em todo sistema jurídico a partir da interação de vários fatores, que podem ser classificados, segundo esquema traçado por Michele Taruffo[11], pelos seguintes vetores: 1. a dimensão institucional; 2. a dimensão objetiva; 3. a dimensão estrutural; e 4. a dimensão da eficácia.

A primeira delas – a dimensão institucional – deve ser analisada à luz da organização judiciária e a forma pela qual a relação de subordinação hierárquica entre os tribunais é escalonada. Entram aqui em cena as espécies de precedente vertical, horizontal e auto-precedente (precedente no âmbito do mesmo tribunal).

Desde que exista uma estrutura burocrática de sobreposição de tribunais, é natural que o precedente de tribunal superior, com eficácia vinculante ou não, exerça um grau de influência maior no âmbito das cortes e juízos inferiores.

É claro que o denominado auto-precedente, via de regra, também se impõe, *interna corporis*, como medida de coerência, além, é claro, da segurança jurídica que deve ser preservada pelos tribunais.

Pelo contrário, os precedentes horizontais, provenientes de órgãos postados no mesmo patamar hierárquico, possuem relativa eficácia persuasiva. Ressalte-se que, nessa hipótese, a autoridade intrínseca do

11 *Dimensioni del precedente giudiziario*, Studi in memoria di Gino Gorla, t. 1, Milano, Giuffrè, 1994, p. 387-388.

julgado, sobretudo quando estiver enfrentando matéria nova, poderá realmente ser seguida por outros tribunais.

A dimensão objetiva do precedente, por outro lado, diz respeito à determinação de sua influência na decisão de casos futuros. Tem aqui relevância a distinção entre *ratio decidendi* e *obiter dictum*, tendo-se em vista que o predicado formal de precedente é atribuído apenas à *ratio decidendi*.

Já no tocante à dimensão estrutural, ou seja, ao conceito substancial de precedente, exige-se, normalmente, um número considerável de decisões similares, para chegar-se à concepção de "jurisprudência consolidada", "dominante" ou "unânime".

Assinale-se que, nessa hipótese, o fator temporal também é importante, porque uma orientação pretoriana sedimentada reclama, normalmente, um longo período.

Precedentes contraditórios, em qualquer sistema jurídico, também geram um problema que deve ser resolvido pelo tribunal que está incumbido de decidir o caso sucessivo.

Finalmente, a dimensão da eficácia deriva do grau de influência que o precedente exerce sobre a futura decisão em um caso análogo, ou ainda da técnica instituída pela legislação, quanto à sua respectiva eficácia (vinculante ou simplesmente persuasiva).

Aduza-se que, sob tal perspectiva, as técnicas do *overruling* (*common law*) e do *revirement* (*civil law*) representam situações específicas e excepcionais com o escopo de excluir do ordenamento jurídico determinado precedente, ultrapassado, para substituí-lo por outro que melhor se ajuste à hipótese então examinada, à luz da realidade do momento em que a decisão é proferida.

Não é preciso dizer, a esse respeito, que a preservação, na medida do possível, das correntes predominantes da jurisprudência, constitui obra de boa política judiciária, porque infunde na sociedade confiança no Poder Judiciário.

Mas é evidente, por outro lado, que a jurisprudência deve evoluir, dando resposta, realista e tempestiva, às exigências sociais em constante transformação.

8. Referências bibliográficas

BARBOSA MOREIRA, José Carlos. *Comentários ao Código de Processo Civil*, v. 5, 15ª ed., Rio de Janeiro, Forense, 2009.

GORLA, Gino. *Precedente giudiziale*, Enciclopedia giuridica treccani, v. 23, 1990.

KAUFMANN, Arthur. *Filosofía del derecho*, tr. cast. Luis Villar Borda e Ana Maria Montoya, da 2ª ed. alemã de 1997, Bogotá, Univ. Ext. de Colombia, 1999.

LARENZ, Karl. *Metodologia da ciência do direito*, 3ª ed., tr. port. José Lamego, Lisboa, Fund. C. Gulbenkian, 1997.

SANTOS, Boaventura de Sousa. *Para uma revolução democrática da justiça*, Coimbra, Almedina, 2014.

SOUZA, Hamilton Dias de. *Nota a respeito do julgamento dos temas 881 e 885 de repercussão geral*, inédito.

TARUFFO Michele. *Dimensioni del precedente giudiziario*, Studi in memoria di Gino Gorla, t. 1, Milano, Giuffrè, 1994.

ZAVASCHI, Teori Albino. *Coisa julgada em matéria constitucional: eficácia das sentenças nas relações jurídicas de trato continuado*, Doutrina do STJ, edição comemorativa – 15 anos, 2005.

A Implementação do Sistema de Precedentes no Brasil e a Efetivação do Princípio da Segurança Jurídica

Luiz Alberto Gurgel de Faria[1]
Isabela Medeiros Gurgel de Faria[2]

I. Introdução

Pode-se considerar que, em março de 2016, quando entrou em vigor a Lei nº 13.105/2015, novo Código de Processo Civil (NCPC), foi introduzido no Brasil um sistema de precedentes, o que vai ao encontro do princípio fundamental da segurança jurídica, previsto na Constituição da República. No entanto, parte dos magistrados ainda apresenta resistência à observância dos precedentes, o que se percebe quando se analisa que a maioria dos juízes ainda entende que "deveria poder decidir sem se pautar necessariamente pelo sistema de súmulas e precedentes vinculantes"[3] e que esse sistema "afeta a independência do magistrado em sua interpretação das leis e em sua aplicação"[4].

É que, por séculos, entendeu-se que, no Brasil, país tradicionalmente de *civil law*, caracterizado pela preponderância da lei, não seria possível a adoção de fenômenos considerados inerentes a outros sistemas, como é a noção de que precedentes constituem importante fonte de direito, típica do *common law*. No entanto, a confiança presente nos países de *civil law* de que o texto legal já revelaria a norma a ser aplicada no caso

---

1 Doutor e Mestre em Direito pela Universidade Federal de Pernambuco (UFPE). Graduado pela Universidade Federal do Rio Grande do Norte (UFRN). Professor de Direito Tributário na UFRN, atualmente em colaboração com a Universidade de Brasília (UnB), e no Instituto Brasileiro de Ensino, Desenvolvimento e Pesquisa (IDP). Professor do Programa de Pós-Graduação em Direito (PPGD) da Universidade Nove de Julho (UNINOVE). Membro da Academia Norte-rio-grandense de Letras (ANLR), da Academia de Letras Jurídicas do Rio Grande do Norte (ALEJURN) e do Instituto Potiguar de Direito Tributário (IPDT). Ministro do Superior Tribunal de Justiça (STJ).

2 Graduada em Direito pela Universidade de Brasília (UnB). Pós-graduanda pela Fundação Escola Superior do Ministério Público do Distrito Federal e Territórios (FESMPDFT).

3 ASSOCIAÇÃO DOS MAGISTRADOS BRASILEIROS. *Quem somos. A magistratura que queremos.* 2018, p. 112. Disponível em <https://www.amb.com.br/wp-content/uploads/2019/02/Pesquisa_completa.pdf>. Acesso em 27 out. 2022.

4 *Ibidem*, p. 114.

concreto, sem que fosse preciso que os juízes realizassem um processo interpretativo, mas sim uma mera subsunção, entra em conflito com a realidade: a de que magistrados interpretam o mesmo texto legal de maneiras distintas, decidindo de maneira diferente casos semelhantes. Assim, entendeu-se ser necessária a adoção de um meio para que fossem garantidas segurança jurídica: um sistema de precedentes[5].

Nesse sentido, neste trabalho, analisa-se, primeiramente, a atividade dos magistrados nos dois grandes sistemas processuais do mundo ocidental. Relativamente ao *civil law*, reflete-se sobre a preponderância da lei e a transformação dessa ideia, com o neoconstitucionalismo. Quanto ao *common law*, discorre-se sobre como o direito se desenvolveu em tribunais. No ponto seguinte, situa-se o Brasil em um contexto global de aumento da relevância dos tribunais e de um altíssimo grau de judicialização, demonstrando a necessidade de uma alternativa para reduzir o número de processos pendentes no país e para garantir uniformidade às decisões relativas a casos semelhantes.

Por fim, no último tópico expõe-se quais decisões são consideradas pelo CPC como precedentes e quais delas devem vincular de forma obrigatória, destacando-se a função do Supremo Tribunal Federal (STF) e do Superior Tribunal de Justiça (STJ), entendidos aqui como Cortes Supremas, visto que sua principal função é a de dar unidade ao direito mediante a formação de precedentes.

II. O JUIZ CONFORME OS SISTEMAS JURÍDICOS DE *COMMON LAW* E *CIVIL LAW*

Conforme as tantas circunstâncias históricas, socioeconômicas, culturais e políticas no mundo, diferentes formas de organizar as sociedades por meio do direito foram surgindo. Como grandes sistemas jurídicos, John Gilissen lista os direitos romanistas, o *common law*, o direito dos países socialistas, o direito muçulmano, o direito hindu, o direito chinês e os direitos africanos[6]. Dentre esses, as duas grandes tradições

---

5 Sobre este tema: FARIA, Isabela Medeiros Gurgel de. *Os precedentes formados pelas Cortes Supremas no direito brasileiro e sua necessária observância nas decisões judiciais.* Monografia de Final de Curso (Graduação em Direito). Faculdade de Direito, Universidade de Brasília, Brasília/DF, 73f, 2022.

6 GILISSEN, John. *Introdução histórica ao direito.* 2ª ed. Lisboa: Fundação Calouste Gulbenkian, 1995, pp. 19-25.

jurídicas ocidentais[7] e que mais influenciam o direito brasileiro são os direitos romanistas, chamados de *civil law*, e o *common law*.

Para entender suas diferenças e, assim, como se situa o direito brasileiro no mundo, é preciso, primeiramente, analisar o papel do Poder Judiciário na passagem da Idade Moderna, período marcado pela ausência de limites aos poderes do soberano e pela escassez de direitos da população, para a Idade Contemporânea. Esta última teve como marco inicial a Revolução Francesa, impulsionada, por sua vez, pela doutrina liberal, que tinha como foco o individualismo e a luta da população pela liberdade[8].

Nos países de *civil law*, como a França, os juízes não contribuíam para que a sensação de injustiça presente no absolutismo diminuísse. Eles, que eram membros da classe aristocrática, buscavam realizar seus interesses e manter privilégios sem ter consciência sobre a realidade da população, motivo pelo qual, no Estado Liberal, passaram a ser vistos com extrema desconfiança. De maneira diferente, na Inglaterra os juízes estavam ao lado do Legislativo na luta contra o arbítrio do monarca e na busca pela concretização de direitos fundamentais.

Dessa forma, o *common law* é um sistema criado conforme a jurisprudência nascida dos processos nos tribunais ingleses[9], tendo sofrido pouca influência direta do direito romano, o que só foi possível em razão da confiança da população nos magistrados. Hoje, ele é entendido como o sistema jurídico que teve origem na Inglaterra a partir do século XII e que se impôs na maior parte dos países de língua inglesa, como Estados Unidos da América, Canadá e Austrália.

Na Inglaterra, o direito privado era aplicado por jurisdições tradicionais, enquanto, para aplicar direito público, surgiram Cortes Reais

---

7 JALES, Túlio de Medeiros. Falsos distanciamentos e reais diferenças entre *common law* e *civil law*. *Revista Eletrônica de Direito Processual.* Ano 11. Volume 18. Número 1. Jan.-abr., 2017, p. 379.

8 FARIA, Luiz Alberto Gurgel de; FARIA, Isabela Medeiros Gurgel de. O direito de ser informado: pressuposto ao pleno exercício da dignidade da pessoa humana. *In:* SOBRINHO, José de Ribamar Froz *et. al.* (org.). *Direitos humanos e fraternidade*: estudos em homenagem ao ministro Reynaldo Soares da Fonseca [recurso eletrônico]. Volume 2. São Luís: ESMAM: EDUFMA 2021, pp. 105-106. Disponível em: <https://www.edufma.ufma.br/wp-content/uploads/woocommerce_uploads/2021/03/DIREITOS-HUMANOS-E-FRATERNIDADE-VOLUME-2-2021.pdf>. Acesso em 26 out. 2022.

9 GILISSEN, John. *Introdução histórica ao direito.* 2ª ed. Lisboa: Fundação Calouste Gulbenkian, 1995, pp. 207-208.

que utilizavam técnicas distintas e mais modernas. Diferentemente das decisões proferidas por aquelas, o direito aplicado nas Cortes Reais valia para todo o reino e, por essa razão, passou a ser chamado de *common law*. Com o tempo, todo o direito inglês foi influenciado pelas técnicas aplicadas nesses tribunais, tornando-se, assim, jurisprudencial, contencioso e aberto, sempre em elaboração pelos juízes e tribunais: os conceitos ligados a normas processuais têm seu âmbito ampliado de decisão em decisão, "de precedente em precedente"[10].

Teve grande importância para o desenvolvimento do *common law* o *stare decisis*, ideia que pode ser entendida como a observância ao que foi previamente decidido, o respeito às decisões tomadas pelos tribunais e a doutrina de respeito aos precedentes[11]. Nos países de *common law*, é antiga a ideia de que casos semelhantes devem ser decididos de modo semelhante, ou seja, de que um juiz deve ser inclinado a decidir um caso do mesmo modo que outro juiz decidiu um caso similar[12]. Entende-se, assim, que na Inglaterra o juiz sempre teve uma posição de destaque na imposição limites aos poderes, na busca pela concretização de direitos fundamentais e na organização da sociedade.

De maneira diferente, a maior parte da Europa ocidental e dos países por ela colonizados sofre até hoje grande influência do direito romano e do direito desenvolvido em universidades. Nesses países de tradição romanista, como o Brasil, já que historicamente os juízes haviam contribuído para a manutenção do *status quo* e para o favorecimento apenas das classes antes já favorecidas, a atividade judicial passou a ser extremamente limitada pela literalidade das leis. O Poder Legislativo era visto como grande representante das vontades e dos desejos do povo, razão pela qual os magistrados deviam se subordinar a ele, único detentor do poder de criar o direito.

Nesse sentido, a atividade dos juízes deveria ser puramente intelectual e cognitiva, ou seja, deveria se restringir à mera declaração da lei.

10 DAVID, René. *O direito inglês*. Tradução de Eduardo Brandão. Revisão técnica e da tradução de Isabella Soares Micali. 3ª ed. São Paulo: Editora WMF Martins Fontes, 2020, p. 6.

11 BARBOZA, Estefânia Maria de Queiroz. Uma introdução à doutrina dos precedentes vinculantes e obrigatórios. *Teoria jurídica contemporânea*, v. 1, n. 2. Jul.-dez./2016, p. 151.

12 *Ibidem*, p. 153.

Eram, assim, os juízes "boca da lei", ou, em francês, "*bouche de la loi*"[13], sendo o direito positivo considerado autossuficiente. Entendia-se que era possível uma lei ser geral e abstrata a ponto de abranger todas as situações conflitivas futuras. Desse modo, pressupunha-se uma unidade entre o texto e a norma, visto que o legislador teria redigido não apenas o texto, mas também a norma aplicável ao caso concreto – afinal, esta seria apenas declarada pelo juiz para a solução do litígio[14].

Percebe-se, no entanto, que desconsiderar a interpretação judicial é algo extremamente conflitante com a realidade. Seja em países de tradição romanista, seja em países de *common law*, a interpretação do magistrado – que não é algo mecânico, mas sim complexo – é recurso que precede toda e qualquer decisão judicial. Nessa linha, desconsiderar o papel do juiz na construção da norma a ser aplicada no caso concreto é fator que gera grande insegurança para os jurisdicionados, pois juízes diferentes podem interpretar de forma diferente e julgar casos semelhantes de maneira distinta.

A situação começou a mudar após o fim da Segunda Guerra Mundial, quando se percebeu que as maiorias políticas podem, nas palavras de Sarmento[15], "acumpliciar-se com a barbárie", produzindo leis extremamente discriminatórias e autoritárias. Surgiu, assim, como reação, o neoconstitucionalismo: se antes as Constituições eram vistas como meros programas políticos, passaram a ser autênticas normas jurídicas.

Uma consequência do neoconstitucionalismo é a necessidade de as leis serem limitadas e contornadas pelos direitos fundamentais. Em outras palavras, o magistrado do *civil law* passou a exercer um papel incompatível com a tradição romanista clássica: a de analisar a compatibilidade da legislação com a Constituição do país e com os direitos fundamentais. Assim, a noção de Constituição como filtro para a análise do conteúdo dos direitos previstos no ordenamento jurídico fornece uma abertura para o processo interpretativo dos juízes, cuja atividade

13 RAMOS NETO, Newton Pereira. *Poderes do juiz no Processo Civil e sua conformação Constitucional.* 2ª ed. Salvador: Editora JusPodivm, 2021, p. 159.

14 MITIDIERO, Daniel. *Cortes Superiores e Cortes Supremas*: do controle à interpretação, da jurisprudência ao precedente. 3ª ed. São Paulo: Editora Revista dos Tribunais, 2017, p. 21.

15 SARMENTO, Daniel. O neoconstitucionalismo no Brasil: riscos e possibilidades. *Revista Brasileira de Estudos Constitucionais*, Belo Horizonte, v. 3, n. 9, jan. 2009, p. 2. Disponível em: <https://bdjur.stj.jus.br/jspui/handle/2011/29044>. Acesso em 26 out. 2022.

não seria mais ser reduzida à aplicação dos textos normativos de forma silogística[16].

Nesse sentido, o magistrado no Brasil[17] deve aplicar o direito não mais de uma maneira que seja previsível matematicamente, pois a lei, que é geral e abstrata, deve ser interpretada em conformidade com o caso, que é concreto e individual. A interpretação é, portanto, pressuposto da atividade jurisdicional e deve ocorrer não porque a linguagem jurídica é ambígua e imprecisa, mas porque a aplicação do direito pressupõe sua compreensão[18].

Dessa maneira, são os juízes, atuem eles em primeira instância ou em Cortes Supremas, os autorizados a decidir o caso concreto, criando, após interpretar a Constituição, as leis aplicáveis e as circunstâncias relacionadas ao caso e à sociedade, uma norma individual para cada situação. Ocorre que a norma se encontra apenas parcialmente contida no texto, motivo pelo qual diferentes intérpretes produzem, a partir de um mesmo texto, diferentes normas de decisão[19].

Para ilustrar o entendimento de que diferentes juízes podem decidir de forma diferente, Eros Grau apresenta uma situação hipotética: a entrega de três blocos de mármore iguais a três escultores, para que cada um produza uma Vênus de Milo. Apesar de eles não terem liberdade para produzir as figuras que desejam, indubitavelmente as três esculturas entregues apresentariam distinções: "em uma a curva do ombro aparece mais acentuada; noutras as maçãs do rosto despontam; na

---

16 RAMOS NETO, Newton Pereira. *Poderes do juiz no Processo Civil e sua conformação Constitucional.* 2ª ed. Salvador: Editora JusPodivm, 2021, pp. 168-169.

17 No Brasil, com a promulgação da Constituição de 1891, adotou-se o modelo de controle difuso de constitucionalidade das leis (TOFFOLI, José Antonio Dias; LIRA, Daiane Nogueira de. A jurisdição constitucional e o processo de convergência entre os sistemas de *common law* e do *civil law* no Brasil. *In*: SANTA CRUZ, Felipe; FUX, Luiz; GODINHO, André. *Avanços do sistema de justiça*: os 5 anos de vigência do Novo Código de Processo Civil. Brasília: OAB Editora, 2021, p. 164). Todo juiz pode analisar a compatibilidade de leis ou de atos normativos com a Constituição Federal, declarando uma lei inconstitucional no caso concreto, sabendo-se que, no caso de tribunais, somente pelo voto da maioria absoluta de seus membros ou dos membros do órgão especial é que pode ser declarada a inconstitucionalidade, conforme o art. 97 da CRFB/88.

18 GRAU, Eros Roberto. *Por que tenho medo dos juízes* (a interpretação/aplicação do direito e os princípios). 7ª ed. São Paulo, Malheiros, 2016, p. 31 e 33.

19 *Ibidem*, p. 47.

terceira os seios estão túrgidos"[20]. Da mesma forma, quando um mesmo pedido é feito a juízes diferentes, eles não têm liberdade de fazer o que querem, pois estão vinculados ao caso e à lei, mas a decisão proferida por cada um, embora possa ser parecida, apresentará diferenças.

Nessa perspectiva, tornou-se necessário, com o tempo, que países de *civil law* encontrassem artifícios relacionados ao *common law* para decidir de maneira semelhante casos semelhantes, o que, com a globalização, foi possível. Embora historicamente se entenda que o sistema de *common law* valoriza o direito costumeiro, atribuindo força normativa aos precedentes judiciais, e que, no sistema de *civil law*, é a lei que constitui o ordenamento jurídico[21], na prática, em países de tradição de *common law* é crescente a valorização do direito positivado, e em países de tradição romanista é frequente a adoção de institutos de origem jurisprudencial[22], o que acontece no Brasil.

III. O CENÁRIO BRASILEIRO DE INTENSA JUDICIALIZAÇÃO E A ADOÇÃO DE UM SISTEMA DE PRECEDENTES

Com o neoconstitucionalismo, foi atribuído aos juízes um papel mais ativo na sociedade, pois eles deveriam, caso a caso, garantir a proteção dos direitos fundamentais. Com o passar dos anos, notou-se ainda mais a ampliação de um consenso sobre a relevância da função dos tribunais[23], que passaram a ocupar um novo espaço deliberativo sobre questões sociais antes tomadas por outras esferas[24]. Magistrados passaram a ser protagonistas da afirmação de direitos, de maneira que

20 *Ibidem*, p. 47.

21 FARIA, Luiz Alberto Gurgel de. Cinco anos do CPC: a importância dos precedentes. *In*: SANTA CRUZ, Felipe; FUX, Luiz; GODINHO, André. *Avanços do sistema de justiça*: os 5 anos de vigência do Novo Código de Processo Civil. Brasília: OAB Editora, 2021, p. 291.

22 TOFFOLI, José Antonio Dias; LIRA, Daiane Nogueira de. A jurisdição constitucional e o processo de convergência entre os sistemas de *common law* e do *civil law* no Brasil. *In*: SANTA CRUZ, Felipe; FUX, Luiz; GODINHO, André. *Avanços do sistema de justiça*: os 5 anos de vigência do Novo Código de Processo Civil. Brasília: OAB Editora, 2021, p. 160.

23 VERONESE, Alexandre. A judicialização da política na América Latina: panorama do debate teórito contemporâneo. *Revista da Fundação Casa de Rui* Barbosa, ano 3, nº 3, 2009, p. 249. Disponível em <http://escritos.rb.gov.br/numero03/FCRB_Escritos_3_13_Alexandre_Veronese.pdf>. Acesso em 26 out. 2022.

24 *Ibidem*, p. 255.

praticamente não há mais temas fora de sua pauta[25], o que culminou no crescimento dos litígios submetidos ao Judiciário.

No Brasil não é diferente. Analisando-se o Relatório Justiça em Números, que, organizado anualmente pelo Conselho Nacional de Justiça (CNJ), divulga a realidade e a litigiosidade dos tribunais brasileiros, percebe-se que o Poder Judiciário finalizou o ano de 2021 com 77,3 milhões de processos em tramitação[26], um número altíssimo, considerando que, na jurisdição contenciosa, há ao menos duas pessoas litigando.

O número de processos é um empecilho para que os magistrados consigam se dedicar aos processos da melhor forma possível, possibilitando uma resposta razoável em um tempo razoável. E, conforme a ideia de que "é preciso que as cortes trabalhem menos para que trabalhem melhor"[27], ou seja, de que um volume de trabalho muito elevado obsta que juízes alcancem a consecução dos fins a que se encontram vinculados, torna-se essencial a adoção de estratégias para que as partes possam ter seus pedidos julgados em tempo razoável e de forma justa e equânime em relação a outros pedidos semelhantes.

Levando-se em consideração que o cidadão não ajuíza uma ação por mera preferência, mas sim porque, como não pode fazer justiça pelas próprias mãos, deve valer-se do sistema disponibilizado pelo poder público, é preciso entender o direito de ação como um direito fundamental[28], devendo o litígio ser julgado e acontecer a atividade satisfativa em um tempo razoável. Em outras palavras, deve ser observado o princípio da razoável duração do processo.

Ocorre que, como no Brasil o amplo acesso à justiça só foi garantido com a Constituição de 1988, ou seja, em um período que coincidiu com o fenômeno da judicialização, o aumento de número de processos e a ausência de técnicas para acelerar seu julgamento tornou a Justiça

25 RAMOS NETO, Newton Pereira. *Poderes do juiz no Processo Civil e sua conformação Constitucional.* 2ª ed. Salvador: Editora JusPodivm, 2021, p. 10.

26 CONSELHO NACIONAL DE JUSTIÇA. Justiça em Números 2022. Brasília: CNJ, 2022, p. 104. Disponível em <https://www.cnj.jus.br/wp-content/uploads/2022/09/justica-em-numeros-2022-1.pdf>. Acesso em 26 out. 2022.

27 MITIDIERO, Daniel. *Cortes Superiores e Cortes Supremas*: do controle à interpretação, da jurisprudência ao precedente. 3ª ed. São Paulo: Editora Revista dos Tribunais, 2017, p. 37.

28 PEREIRA FILHO, Benedito Cerezzo; MORAES, Daniela Marques. O tempo da justiça no Código de Processo Civil. *Revista da Faculdade de Direito da UFMG*, n. 76, 2020, p. 137.

morosa. Pode ser considerado que "alargou-se a porta de entrada, sem, porém, conceber-se meios que pudessem reproduzir esse fenômeno na porta de saída"[29].

O excessivo número de processos no país, associado ao alto número de temas novos submetido à apreciação do Judiciário em todo o amplo território brasileiro, faz com que nossa jurisprudência seja chamada de "lotérica"[30] por diversos doutrinadores. É que, diante de diversas lacunas no ordenamento jurídico e da diversidade de casos na justiça, cada juiz, se sem uma orientação de uma corte superior, pode decidir de maneira bastante diferente, o que faz com que indivíduos que vivem uma mesma situação possam ter sua pretensão julgada de maneira parcial ou totalmente distinta. Isso inclusive incentiva o ajuizamento de novas ações e, consequentemente, a litigância lotérica.

O princípio da segurança jurídica resta, assim, inobservado. É que o direito deve ser cognoscível – os cidadãos devem compreender bem seu conteúdo, para atuar conforme as normas jurídicas –, confiável – não deve haver mudanças repentinas e injustificadas sobre a interpretação das consequências jurídicas aplicadas em cada caso – e calculável – os indivíduos devem conseguir medir e antecipar as consequências de seus atos[31]. Quando os aplicadores do direito agem de forma diferente, todas essas características restam prejudicadas.

Por esses motivos, percebeu-se a necessidade de reduzir os processos pendentes perante o Judiciário e de gerenciar as centenas de casos com pretensão semelhante distribuídos pelo Brasil, de maneira a garantir um acesso à justiça de forma isonômica[32] e célere. Implementou-se,

---

29 RAMOS NETO, Newton Pereira. *Poderes do juiz no Processo Civil e sua conformação Constitucional.* 2ª ed. Salvador: Editora JusPodivm, 2021, p. 22.

30 STRECK, Lenio Luiz. *Precedentes judiciais e hermenêutica*: o sentido da vinculação no CPC/2015. 3ª ed. Salvador: Editora JusPodivm, 2021, p. 9.

31 ÁVILA, Humberto. Indicadores de seguridad jurídica. *In*: MORATONES, Carlos Cruz; BLANCO, Carolina Fernández; BELTRÁN, Jordi Ferrer (Eds.). *Seguridad jurídica y democracia em Iberoamérica.* Cátedra de Cultura Jurídica: Marcial Pons, 2015, pp. 212 e 220

32 CERQUEIRA, Társis Silva de; SALAZAR, Rodrigo Andres Jopia. Participação em formação de precedente judicial e o acesso à justiça. *In: Acesso à justiça.* MORAES, Daniela Marques de; BRANDÃO, Fernanda Holanda de Vasconcelos (Coords.). Florianópolis: CONPEDI, 2017, p. 410. Disponível em <https://1library.org/document/yngrvnpz-participacao-formacao-precedente-justica-tarsis-cerqueira-rodrigo-salazar.html>. Acesso em 26 out. 2022.

assim, no país, um sistema de precedentes[33]. Enquanto na Inglaterra o sistema surgiu porque os conceitos jurídicos tinham seu âmbito ampliado de decisão em decisão, ou seja, porque eram os precedentes que produziam normas para casos concretos, o que aconteceu de maneira lenta e progressiva na história, não havendo lei que previsse a força ou o respeito aos precedentes[34], no Brasil o sistema foi criado de forma bem diferente.

Aqui, o regime de precedentes não é uma aquisição histórica, pois foi implementado de uma única vez, por lei, com o objetivo de se conquistar rapidamente coerência sistêmica e previsibilidade[35]. Dessa maneira, foi com o CPC de 2015 que, em meio à preocupação com a segurança jurídica, adotou-se o sistema de precedentes no Brasil e determinou-se que o respeito a eles se relaciona intrinsecamente com STF e o STJ. Estes, por darem unidade ao direito mediante a formação de precedentes, são chamados por Daniel Mitidiero de Cortes Supremas: devem ser tribunais proativos e direcionados ao futuro, de forma a fornecer ao Poder Judiciário e à sociedade civil uma única interpretação justa da ordem jurídica[36].

Não se desconsidera que o Brasil é um país tradicionalmente de *civil law* e que aqui, por séculos, entendeu-se que a norma jurídica era sinônimo do texto legal. Por outro lado, também deve ser considerado que os milhares de juízes no Brasil, que atuam nos mais diversos cantos do país e que apresentam origens, vivências e experiências nada parecidas, podem interpretar os textos de maneira diferente, fazendo com que, de um mesmo texto, advenham muitas normas individuais distintas.

---

33 VITORELLI, Edilson; BORTOLAI, Luís Henrique. (In)devido processo: precedentes e tecnologia em um sistema judiciário sobrecarregado. *Revista Novos Estudos Jurídicos* – eletrônica, vol. 26, n. 1, jan.-abr. 2021, p. 380.

34 NOGUEIRA, Gustavo Santana. Notas sobre o dever de fundamentação e os precedentes no NCPC. *In: A nova aplicação da jurisprudência e precedentes no CPC/2015*. NUNES, Dierle; MENDES, Aloisio; JAYME, Fernando. 1ª ed. São Paulo: Editora Revista dos Tribunais, 2017, p. 515.

35 FREIRE, Alexandre. Precedentes judiciais: conceito, categorias e funcionalidade. *In*: NUNES, Dierle; MENDES, Aloisio; JAYME, Fernando. *A nova aplicação da jurisprudência e precedentes no CPC/2015*. 1ª ed. São Paulo: Editora Revista dos Tribunais, 2017, p. 52.

36 MITIDIERO, Daniel. *Cortes Superiores e Cortes Supremas*: do controle à interpretação, da jurisprudência ao precedente. 3ª ed. São Paulo: Editora Revista dos Tribunais, 2017, p. 65.

Mostrou-se necessário, assim, uma certa aproximação do sistema de *civil law* aqui desenvolvido com o *common law*, para que certas decisões judiciais fossem valorizadas e observadas como fonte do direito: os precedentes, ou seja, uma única decisão, relativa a um único caso concreto, que fornece uma regra que deve ser aplicada como critério para a decisão do próximo caso concreto semelhante, reduzindo a equivocidade do direito[37].

Alguns juristas criticam a forma de instituição de um sistema de precedentes no Brasil por meio de lei, mas, em um país baseado primordialmente na legislação, é natural que a implementação surja com uma previsão legal[38]. Ademais, embora haja quem chame, ainda em tom de crítica, esse fenômeno de "*commonlização* do direito brasileiro" ou de "sistema de precedentes à brasileira", é preciso entender que a integração dos precedentes judiciais nos países de *civil law* pode e deve acontecer, mas de forma gradual, a fim de que os operadores do direito não desconsiderem as diferenças existentes entre o *common law* e o *civil law* e respeitem a tradição histórica e cultural do sistema jurídico[39].

O fato de "pertence[r]mos ao sistema jurídico europeu continental (...) não impede a adoção de instrumentos de estabilidade"[40], pois a segurança jurídica, entendida como a estabilidade das relações jurídicas, deve ser garantida em todos os sistemas jurídicos. É que "de nada adianta uma eficiente legislação processual se as decisões variam ao sabor do dia, do julgador, da Câmara julgadora. É instabilidade pura"[41].

37 TARUFFO, Michele. Precedente e jurisprudência. *Civilistica.com*. Rio de Janeiro: a.3, n.2, jul.-dez. 2014, p. 4. Disponível em: <https://civilistica.emnuvens.com.br/redc/article/download/587/428>. Acesso em 26 out. 2022.

38 FREIRE, Alexandre. Precedentes judiciais: conceito, categorias e funcionalidade. *In*: NUNES, Dierle; MENDES, Aloisio; JAYME, Fernando. *A nova aplicação da jurisprudência e precedentes no CPC/2015*. 1ª ed. São Paulo: Editora Revista dos Tribunais, 2017, pp. 59-60.

39 CARVALHO, Sabrina Nasser. Decisões paradigmáticas e dever de fundamentação: técnica para a formação e aplicação dos precedentes judiciais. *Revista de Processo*, vol. 248, nov. 2015, p. 14. Disponível em <http://www.mpsp.mp.br/portal/page/portal/documentacao_e_divulgacao/doc_biblioteca/bibli_servicos_produtos/bibli_boletim/bibli_bol_2006/RPro_n.249.19.PDF>. Acesso em 26 out. 2022.

40 ROSAS, Roberto. Jurisprudência e respeito. Justiça & Cidadania. Rio de Janeiro, v. 13, n. 133, p. 10, set. 2011.

41 ROSAS, Roberto. Jurisprudência e respeito. *Justiça & Cidadania*. Rio de Janeiro, v. 13, n. 133, p. 10, set. 2011. Importante registrar que este artigo tem por objetivo compor livro em homenagem ao Professor Roberto Rosas, que tem vasta pesquisa relacionada ao tema, como *Direito Sumular*. 14ª ed. São Paulo: Malheiros, 2012.

IV. O que determina o Código de Processo Civil de 2015

Na prática, STJ e STF são vistos como meras Cortes Superiores[42], e não como autênticas Cortes Supremas, pois são a eles direcionados diversos recursos buscando-se o controle da legalidade e da constitucionalidade de um determinado caso individual e concreto do passado, como uma "terceira instância", o que contribui para que, com o "bombardeio" de recursos a eles direcionados, haja uma alta litigiosidade no país. No entanto, é essencial que ambos sejam pensados como efetivas Cortes Supremas, voltadas à uniformização da interpretação do direito brasileiro, a fim de que casos futuros sejam julgados de forma justa e semelhante.

Nesse sentido, na exposição de motivos do anteprojeto do CPC, após ser considerado que posicionamentos diferentes em tribunais a respeito de uma mesma regra jurídica fragmentam o sistema e geram intranquilidade, expôs-se que a função dos tribunais superiores brasileiros é a de proferir decisões que moldem o ordenamento jurídico[43]. Foi nesse contexto em que o CPC determinou, em seu art. 926, que "os tribunais devem uniformizar sua jurisprudência e mantê-la estável, íntegra e coerente".

Em seguida, no art. 927, o CPC estabelece que juízes e tribunais "observarão", isto é, necessariamente devem observar, a) a orientação do plenário ou do órgão especial a que estão vinculados, b) os acórdãos em incidente de assunção de competência (IAC) ou de resolução de demandas repetitivas (IRDR) e em julgamento de recurso extraordinário (RE) e recurso especial (REsp) repetitivos; c) decisões do STF em controle concentrado de constitucionalidade; d) enunciados das súmulas do STF em matéria constitucional e do STJ em matéria infraconstitucional; e) enunciados de súmula vinculante.

Observar as decisões do tribunal a que o juiz está vinculado (art. 927, V) é de extrema importância, visto que, em um país de dimensão continental como o Brasil, é inevitável que certas demandas surjam de formas diferentes em cada estado ou região, principalmente quando relativas a direito local. Desse modo, os juízes vinculados ao tribunal de

---

42 MITIDIERO, Daniel. *Cortes Superiores e Cortes Supremas*: do controle à interpretação, da jurisprudência ao precedente. 3ª ed. São Paulo: Editora Revista dos Tribunais, 2017, p. 18.

43 BRASIL. *Anteprojeto do Novo Código de Processo Civil*. Brasília: Senado Federal, 2010, p. 25. Disponível em <https://www2.senado.leg.br/bdsf/bitstream/handle/id/496296/000895477.pdf?sequence=1&isAllowed=y>. Acesso em 26 out. 2022.

justiça do estado A, por exemplo, devem julgar conforme a orientação dos desembargadores desse tribunal, e não de acordo com as diretrizes do tribunal de justiça do estado B. A orientação advinda do tribunal é essencial, portanto, para que todos os juízes a ele vinculados decidam de forma uníssona casos semelhantes, contribuindo para que surja a confiança legítima da sociedade.

Deve-se considerar, por outro lado, que, se as decisões de um determinado tribunal de justiça ou de um tribunal regional federal forem divergentes da orientação das Cortes Supremas (STF e STJ), os magistrados devem, em geral, julgar conforme a posição destas. Por essa razão, Barroso e Perrone classificam os acórdãos dos tribunais locais como precedentes meramente persuasivos, assim como as decisões proferidas pelos juízes de primeiro grau[44]. Ainda que não sejam sempre obrigatórios, se houver no acórdão uma razão determinante para a solução do caso concreto que forneça uma regra universalizável (*ratio decidendi*), e se ela não for divergente da orientação das Cortes Supremas, deve ser seguida, prestigiando-se a segurança jurídica.

A situação não é tão diferente quando se trata de IRDR e IAC. A *ratio decidendi* das decisões proferidas no IAC, que ocorre quando a questão de direito tratada apresenta grande repercussão social (art. 947 do CPC), e no IRDR, instaurado quando existe repetição de processos com a mesma controvérsia e risco de ofensa à isonomia e à segurança jurídica (art. 976 do CPC), vincula os órgãos jurisdicionais sujeitos à jurisdição do tribunal, sendo dotados, conforme Barroso e Perrone, de eficácia vinculante ou normativa em sentido estrito[45]. Por outro lado, não se pode olvidar que o tema julgado ainda pode ser sujeito a exame no STF e/ou no STJ, e, como consequência disso, "não será possível reconhecer à tese firmada a segurança jurídica necessária para unificar o direito e, portanto, a natureza de verdadeiro precedente"[46].

---

44 MELLO, Patrícia Perrone Campos; BARROSO, Luís Roberto. *Trabalhando com uma nova lógica*: a ascensão dos precedentes no sistema brasileiro. 2016, p. 16. Disponível em: <https://luisrobertobarroso.com.br/2016/11/02/artigo-sobre-precedentes-no-direito-brasileiro/>. Acesso em 26 out. 2022.

45 *Ibidem.*

46 FARIA, Luiz Alberto Gurgel de; FARIA, Isabela Medeiros Gurgel de. O recurso especial repetitivo e a arguição de relevância: instrumentos para a efetivação do STJ como Corte Suprema. *In:* DANTAS, Marcelo Navarro Ribeiro (Org.). *Inovações no sistema de justiça*: meios alternativos de resolução de conflitos, justiça multiportas e iniciativas para a redução de litigiosidade. São Paulo: Thomson Reuters Brasil, 2021, p. 217.

Sendo assim, são as Cortes Supremas que têm a função de definir, mediante as melhores razões, a norma que deflui do texto legal ou constitucional[47]. Desse modo, têm eficácia vinculante o RE e o REsp repetitivos, que ocorrem quando há multiplicidade de recursos com fundamento em idêntica questão de direito (art. 1036 do CPC)[48]. Importante ressaltar que, na prática, não são apenas as decisões proferidas em RE e REsp repetitivos que devem obrigar a observação por parte de juízes e tribunais, mas sim as decisões preferidas em todos os REs e REsps, tendo em vista que a *ratio decidendi* dos julgados têm claro efeito vinculante. A autoridade dessas decisões, entretanto, depende do modo como o STJ e o STF se comportam diante delas, ou seja, se as turmas e seções a observam, decidindo de maneira uniforme[49].

Seguindo uma lógica semelhante, as decisões proferidas em controle concentrado de constitucionalidade pelo STF (ADIs, ADCs, ADPFs e ADOs) têm eficácia *erga omnes*, não podendo ser questionadas por ninguém[50]. Nesse sentido, seus fundamentos determinantes devem ser seguidos por todos os juízes e tribunais brasileiros.

Por fim, as súmulas do STJ, do STF e vinculantes também apresentam eficácia normativa em sentido forte. Não pode ser esquecido, todavia, que, enquanto o precedente é um discurso oriundo da generalização de razões empregadas para a decisão de um caso, devidamente contextualizado, a súmula é um enunciado derivado do precedente com a abstração dos fatos[51]. Dessa forma, embora não haja hierarquia entre a decisão, que é um discurso elaborado para a solução de um caso, o precedente e a súmula, há entre eles uma crescente abstração. Apesar de a súmula ter uma importância expressiva, não é ela, isoladamente – nem

47 MARINONI, Luiz Guilherme. *Julgamento nas cortes supremas*: precedentes e decisão do recurso diante do novo CPC. 2ª ed. São Paulo: Editora Revista dos Tribunais, 2017, p. 22.

48 Cabe destacar, aqui, a relevância da suspensão do trâmite dos processos pendentes que versem sobre a mesma questão de direito, pois decidir somente após a fixação do precedente é garantir que casos semelhantes sejam decididos de maneira semelhante, ou seja, é garantir isonomia.

49 MARINONI, Luiz Guilherme. *Julgamento nas cortes supremas*: precedentes e decisão do recurso diante do novo CPC. 2ª ed. São Paulo: Editora Revista dos Tribunais, 2017, pp. 21-22.

50 *Ibidem*.

51 MITIDIERO, Daniel. *Reclamação nas Cortes Supremas*: entre a autoridade da decisão e a eficácia do precedente. São Paulo: Thomson Reuters Brasil, 2020, p. 45.

as teses que surgem dos julgamentos dos REs e REsps –, que vincula, mas sim o precedente subjacente[52].

Cabe, assim, ao STF e ao STJ dar a última palavra a respeito da interpretação da Constituição e da legislação infraconstitucional federal, respectivamente, outorgando a elas sentido[53]. Nessa perspectiva, o juiz brasileiro deve observar obrigatoriamente as decisões proferidas em a) ações de controle concentrado de constitucionalidade pelo STF e em b) recursos extraordinários e especiais julgados no STJ ou STF, caso i) os fatos relevantes presentes nesses casos sejam os mesmos do caso concreto, e ii) exista *ratio decidendi*, ou seja, uma razão determinante para a decisão determinada pela maioria dos ministros e iii) esses próprios tribunais respeitem a autoridade de suas decisões.

Em resumo, o magistrado deve sempre interpretar a lei, o caso concreto a ser decidido, com suas particularidades, e a própria decisão anterior, para definir se, de acordo com sua *ratio decidendi*, ela realmente constitui um precedente a ser observado. Se as circunstâncias indicarem que um precedente oriundo do STF ou do STF deve ser seguido e não for possível realizar distinções ou superações, ele deve ser respeitado obrigatoriamente, o que não obsta a independência do juiz, mas sim assegura a busca pela coerência no ordenamento jurídico e pela segurança jurídica, o que deve ser intrínseco à atividade jurisdicional.

V. Considerações finais

O Brasil, colonizado por países da Europa continental, é caracterizado pelo predomínio do *civil law*, sistema jurídico marcado, por séculos, pela preponderância da lei como fonte do direito. Após a Segunda Guerra Mundial, com o neoconstitucionalismo, as Constituições tornaram-se autênticas normas jurídicas e os juízes se transformaram em agentes fundamentais em uma democracia, pois passaram assegurar direitos fundamentais e, em certos países, a realizar o controle difuso de constitucionalidade das leis.

No Brasil, a atribuição da força normativa da Constituição aconteceu apenas com a promulgação da Constituição Federal de 1988, que previu

52 *Ibidem*, pp. 46 e 48.

53 MITIDIERO, Daniel. *Cortes Superiores e Cortes Supremas*: do controle à interpretação, da jurisprudência ao precedente. 3ª ed. São Paulo: Editora Revista dos Tribunais, 2017, p. 93.

um amplo acesso à justiça. O período coincidiu com o fenômeno global da judicialização, motivo pelo qual o número de processos aumentou exponencialmente, o que, somado ao fato de que cada magistrado pode interpretar um mesmo texto legal de diferentes maneiras, acarretou um número altíssimo de processos semelhantes sendo julgados de formas bastante distintas.

Tornou-se necessário, assim, para que casos que compartilhassem os mesmos fatos relevantes fossem julgados do mesmo modo e para garantir o princípio da segurança jurídica, estabelecer uma estratégia que garantisse ao direito cognoscibilidade, confiabilidade e calculabilidade. Nesse sentido, mostrou-se fundamental no Brasil a adoção sistema de precedentes, o que foi possível em razão da globalização e da evolução dos sistemas jurídicos, embora tradicionalmente a observância ao que foi previamente decidido seja entendida como uma característica do *common law*.

Assim, no Brasil, país que historicamente valoriza o texto legal, foi uma lei, o CPC/2015, que instituiu o sistema de precedentes e determinou que o respeito às decisões se relaciona intrinsecamente com o Supremo Tribunal Federal e o Superior Tribunal de Justiça. Essas cortes são aqui entendidas como Cortes Supremas, tendo em vista que sua função é a de orientar a aplicação do direito em todo o país mediante uma interpretação da ordem jurídica que atribui a um texto legal um sentido a ser seguido por todos os magistrados.

Dessa forma, os juízes de primeira e segunda instância devem, ao decidir um caso concreto, examinar seus fatos e particularidades, analisar a Constituição Federal, as leis a serem aplicadas no caso e as decisões proferidas em ações de controle concentrado de constitucionalidade e em recurso extraordinário e recurso especial julgados pelo STF e pelo STJ. Caso essas decisões i) tenham *ratio decidendi,* ii) apresentem os mesmos fatos relevantes do caso concreto a ser julgado e iii) sejam observadas pela própria Corte Suprema, pode-se considerar que os magistrados devem obrigatoriamente seguir o mesmo entendimento.

Portanto, é o juiz que, analisando o caso a ser decidido e o caso precedente oriundo de uma Corte Suprema, determina se, naquela ocasião, existe ou não precedente a ser seguido; se há, este deve ser impreterivelmente observado, pois só assim são respeitados os princípios da segurança jurídica e é assegurada coerência ao ordenamento jurídico.

Referências bibliográficas

ÁVILA, Humberto. Indicadores de seguridad jurídica. *In*: MORATONES, Carlos Cruz; BLANCO, Carolina Fernández; BELTRÁN, Jordi Ferrer (Eds.). *Seguridad jurídica y democracia em Iberoamérica*. Cátedra de Cultura Jurídica: Marcial Pons, 2015.

ASSOCIAÇÃO DOS MAGISTRADOS BRASILEIROS. *Quem somos. A magistratura que queremos.* 2018. Disponível em <https://www.amb.com.br/wp-content/uploads/2019/02/Pesquisa_completa.pdf>. Acesso em 27 out. 2022

BARBOZA, Estefânia Maria de Queiroz. Uma introdução à doutrina dos precedentes vinculantes e obrigatórios. *Teoria jurídica contemporânea*, v. 1, nº 2. Jul.-dez./2016.

BRASIL. *Anteprojeto do Novo Código de Processo Civil*. Brasília: Senado Federal, 2010, p. 25. Disponível em <https://www2.senado.leg.br/bdsf/bitstream/handle/id/496296/000895477.pdf?sequence=1&isAllowed=y>. Acesso em 26 out. 2022.

CARVALHO, Sabrina Nasser. Decisões paradigmáticas e dever de fundamentação: técnica para a formação e aplicação dos precedentes judiciais. *Revista de Processo*, vol. 248, nov. 2015. Disponível em <http://www.mpsp.mp.br/portal/page/portal/documentacao_e_divulgacao/doc_biblioteca/bibli_servicos_produtos/bibli_boletim/bibli_bol_2006/RPro_n.249.19.PDF>. Acesso em 26 out. 2022.

CERQUEIRA, Társis Silva de; SALAZAR, Rodrigo Andres Jopia. Participação em formação de precedente judicial e o acesso à justiça. *In: Acesso à justiça.* MORAES, Daniela Marques de; BRANDÃO, Fernanda Holanda de Vasconcelos (Coords.). Florianópolis: CONPEDI, 2017. Disponível em <https://1library.org/document/yngrvnpz-participacao-formacao-precedente-justica-tarsis-cerqueira-rodrigo-salazar.html>. Acesso em 26 out. 2022.

CONSELHO NACIONAL DE JUSTIÇA. Justiça em Números 2022. Brasília: CNJ, 2022. Disponível em <https://www.cnj.jus.br/wp-content/uploads/2022/09/justica-em-numeros-2022-1.pdf>. Acesso em 26 out. 2022.

DAVID, René. *O direito inglês*. Tradução de Eduardo Brandão. Revisão técnica e da tradução de Isabella Soares Micali. 3ª ed. São Paulo: Editora WMF Martins Fontes, 2020.

FARIA, Isabela Medeiros Gurgel de. *Os precedentes formados pelas Cortes Supremas no direito brasileiro e sua necessária observância nas decisões judiciais*. Monografia de Final de Curso (Graduação em Direito). Faculdade de Direito, Universidade de Brasília, Brasília/DF, 73f, 2022.

FARIA, Luiz Alberto Gurgel de. Cinco anos do CPC: a importância dos precedentes. *In*: SANTA CRUZ, Felipe; FUX, Luiz; GODINHO, André. *Avanços do sistema de justiça*: os 5 anos de vigência do Novo Código de Processo Civil. Brasília: OAB Editora, 2021.

FARIA, Luiz Alberto Gurgel de; FARIA, Isabela Medeiros Gurgel de. O direito de ser informado: pressuposto ao pleno exercício da dignidade da pessoa humana. *In:* SOBRINHO, José de Ribamar Froz *et. al.* (org.). *Direitos humanos e fraternidade*: estudos em homenagem ao ministro Reynaldo Soares da Fonseca [recurso eletrônico]. Volume 2. São Luís: ESMAM: EDUFMA 2021. Disponível em: <https://www.edufma.ufma.br/wp-content/uploads/woocommerce_uploads/2021/03/DIREITOS-HUMANOS-E-FRATERNIDADE-VOLUME-2-2021.pdf>. Acesso em 26 out. 2022.

FARIA, Luiz Alberto Gurgel de; FARIA, Isabela Medeiros Gurgel de. O recurso especial repetitivo e a arguição de relevância: instrumentos para a efetivação do STJ como Corte Suprema. *In:* DANTAS, Marcelo Navarro Ribeiro (Org.). *Inovações no sistema de justiça*: meios alternativos de resolução de conflitos, justiça multiportas e iniciativas para a redução de litigiosidade. São Paulo: Thomson Reuters Brasil, 2021.

FREIRE, Alexandre. Precedentes judiciais: conceito, categorias e funcionalidade. *In*: NUNES, Dierle; MENDES, Aloisio; JAYME, Fernando. *A nova aplicação da jurisprudência e precedentes no CPC/2015*. 1ª ed. São Paulo: Editora Revista dos Tribunais, 2017.

GILISSEN, John. *Introdução histórica ao direito*. 2ª ed. Lisboa: Fundação Calouste Gulbenkian, 1995.

GRAU, Eros Roberto. *Por que tenho medo dos juízes* (a interpretação/aplicação do direito e os princípios). 7ª ed. São Paulo, Malheiros, 2016.

JALES, Túlio de Medeiros. Falsos distanciamentos e reais diferenças entre *common law* e *civil law*. *Revista Eletrônica de Direito Processual.* Ano 11. Volume 18. Número 1. Jan.-abr., 2017.

MARINONI, Luiz Guilherme. *Julgamento nas cortes supremas*: precedentes e decisão do recurso diante do novo CPC. 2ª ed. São Paulo: Editora Revista dos Tribunais, 2017.

MELLO, Patrícia Perrone Campos; BARROSO, Luís Roberto. *Trabalhando com uma nova lógica*: a ascensão dos precedentes no sistema brasileiro. 2016. Disponível em: <https://luisrobertobarroso.com.br/2016/11/02/artigo-sobre-precedentes-no-direito-brasileiro/>. Acesso em 26 out. 2022.

MITIDIERO, Daniel. *Cortes Superiores e Cortes Supremas*: do controle à interpretação, da jurisprudência ao precedente. 3ª ed. São Paulo: Editora Revista dos Tribunais, 2017.

MITIDIERO, Daniel. *Reclamação nas Cortes Supremas*: entre a autoridade da decisão e a eficácia do precedente. São Paulo: Thomson Reuters Brasil, 2020.

NOGUEIRA, Gustavo Santana. Notas sobre o dever de fundamentação e os precedentes no NCPC. *In: A nova aplicação da jurisprudência e precedentes no CPC/2015*. NUNES, Dierle; MENDES, Aloisio; JAYME, Fernando. 1ª ed. São Paulo: Editora Revista dos Tribunais, 2017.

PEREIRA FILHO, Benedito Cerezzo; MORAES, Daniela Marques. O tempo da justiça no Código de Processo Civil. *Revista da Faculdade de Direito da UFMG*, nº 76, 2020.

RAMOS NETO, Newton Pereira. *Poderes do juiz no Processo Civil e sua conformação Constitucional.* 2ª ed. Salvador: Editora JusPodivm, 2021.

ROSAS, Roberto. *Direito Sumular.* 14ª ed. São Paulo: Malheiros, 2012.

ROSAS, Roberto. Jurisprudência e respeito. *Justiça & Cidadania*. Rio de Janeiro, v. 13, nº 133, pp. 10-13, set. 2011.

SARMENTO, Daniel. O neoconstitucionalismo no Brasil: riscos e possibilidades. *Revista Brasileira de Estudos Constitucionais*, Belo Horizonte, v. 3, nº 9, jan. 2009. Disponível em: <https://bdjur.stj.jus.br/jspui/handle/2011/29044>. Acesso em 26 out. 2022.

STRECK, Lenio Luiz. *Precedentes judiciais e hermenêutica*: o sentido da vinculação no CPC/2015. 3ª ed. Salvador: Editora JusPodivm, 2021.

TARUFFO, Michele. Precedente e jurisprudência. *Civilistica.com*. Rio de Janeiro: a.3, n.2, jul.-dez. 2014, p. 4. Disponível em: <https://civilistica.emnuvens.com.br/redc/article/download/587/428>. Acesso em 26 out. 2022.

TOFFOLI, José Antonio Dias; LIRA, Daiane Nogueira de. A jurisdição constitucional e o processo de convergência entre os sistemas de *common law* e do *civil law* no Brasil. *In*: SANTA CRUZ, Felipe; FUX, Luiz; GODINHO, André. *Avanços do sistema de justiça*: os 5 anos de vigência do Novo Código de Processo Civil. Brasília: OAB Editora, 2021.

VERONESE, Alexandre. A judicialização da política na América Latina: panorama do debate teórito contemporâneo. *Revista da Fundação Casa de Rui* Barbosa, ano 3, nº 3, 2009, p. 249. Disponível em <http://escritos.rb.gov.br/numero03/FCRB_Escritos_3_13_Alexandre_Veronese.pdf>. Acesso em 26 out. 2022.

VITORELLI, Edilson; BORTOLAI, Luís Henrique. (In)devido processo: precedentes e tecnologia em um sistema judiciário sobrecarregado. *Revista Novos Estudos Jurídicos* – eletrônica, vol. 26, nº 1, jan.-abr. 2021.

Os Precedentes Judiciais e Realização da Eficiência no CPC de 2015[1]

Luiz Fux[2]

1. Introdução

O Código de Processo Civil de 2015 foi pensado a partir de três premissas: racionalidade, eficiência e segurança jurídica.

Para que se garanta que as disposições do Código de Processo Civil serão refletidas em frutos concretos para os cidadãos, é imperioso estar atento à racionalidade que inspirou a sua elaboração. Como ensina Richard Posner, eminente Professor da Universidade de Chicago, *a jurisprudência é um estoque de capital que gera incremento produtivo às futuras decisões do Judiciário. Trata-se de um acúmulo de conhecimento que produz utilidade por vários anos a potenciais litigantes, em formato de informações sobre suas obrigações jurídicas.* O estoque de capital, assim, traduz-se em menos demandas judiciais, já que, sendo possível realizar um prognóstico de suas chances em juízo, as partes tendem a solucionar suas desavenças consensualmente – ou as desavenças podem sequer ocorrer. Mais ainda, a heurística derivada da aplicação de precedentes simplifica a tarefa do julgador, poupando recursos na solução dos casos.

É papel dos juízes impedir que esse capital se deteriore, adaptando-o às evoluções sociais ao longo do tempo, mas também formulando precedentes bem fundamentados e os respeitando em julgamentos subsequentes.

O magistrado que decide em desacordo com precedentes, sem observância das regras próprias do *overruling*, para satisfazer preferências pessoais, agendas políticas ou até mesmo para que suas habilidades argumentativas ganhem destaque, ameaça diretamente o capital consubs-

---

1 O presente ensaio é uma singela homenagem ao Jurista Roberto Rosas. Homem múltiplo: gentleman, intelectual sofisticado; Professor notável; Advogado de primeira linha e Juiz de escol que ilustrou histórica composição do Tribunal Superior Eleitoral. Roberto Rosas reúne as virtudes que lhe distingue como um dos grandes homens públicos do nosso tempo.

2 Ministro do Supremo Tribunal Federal e Professor Titular da Faculdade de Direito da Universidade do Estado do Rio de Janeiro – UERJ. Da Academia Brasileira de Letras Jurídicas.

tanciado no arcabouço jurisprudencial. A proliferação dessa conduta assistemática transmuda o Judiciário em um aparelho disfuncional para a multiplicação de regras socialmente ineficientes. Recursos serão desnecessariamente gastos com a reforma de decisões não alinhadas à jurisprudência. As *externalidades negativas* também atingem os juízes: se a atual geração de magistrados não respeita os precedentes criados pelos mais antigos, a próxima geração provavelmente também não respeitará os julgados dos juízes de hoje. E se os magistrados das Cortes Superiores ignorarem os próprios precedentes, o respeito a estes por todo o sistema judicial restará comprometido. Em última análise, a credibilidade do Poder Judiciário como instituição resta comprometida, legitimando a ampliação do espaço de atuação dos outros Poderes.

Noutro prisma, a boa-fé do Estado-Juiz, insculpida no art. 5º do CPC/2015, também compreende o dever de coerência na atividade jurisdicional.

Com efeito, trata-se de uma preocupação central do Código de Processo Civil, cujo art. 926 impõe aos Tribunais a uniformização de sua jurisprudência para mantê-la estável, íntegra e coerente. Repise-se que a segurança jurídica quanto ao entendimento dos Tribunais pauta não apenas a atuação dos órgãos hierarquicamente inferiores, mas também o comportamento extraprocessual de pessoas envolvidas em controvérsias cuja solução já foi pacificada pela jurisprudência.

Lembra, como muita razão, Mitchell Polinsky, Professor de Direito e Economia da Universidade Stanford, que "a disposição das partes a resolver suas disputas por um acordo, à luz da teoria dos atores racionais, resulta da multiplicação da probabilidade de vitória pelo proveito (ou prejuízo, no caso do potencial réu) esperado com o valor fixado em condenação por eventual sentença judicial, subtraindo-se disso o custo de litigar em juízo."

Para termos uma ideia da eficiência de um sistema de precedentes, tomemos como exemplo a experiência do direito comparado.

Nos Estados Unidos, onde a higidez dos precedentes é valorizada, apenas 2% (dois por cento) das causas de acidentes automotivos, 4% (quatro por cento) de todas as causas cíveis nas Cortes estaduais e menos de 2% (dois por cento) das causas cíveis federais são resolvidas por ato jurisdicional de mérito.

2. Distinguishing e overruling como categorias centrais na teoria dos precedentes

A não aplicação de precedentes pode ocorrer legitimamente sob a forma de distinção (*distinguishing*) ou de superação (*overruling*).

Deveras, quando regularmente aplicada, a distinção não configura desrespeito à jurisprudência, mas a sua complementação à luz de informações colhidas em casos subsequentes. O *distinguishing* preserva a racionalidade dos julgados anteriores, ao mesmo tempo em que agrega novas razões, à luz de fatos diferentes apresentados ao Judiciário. Casos futuros, assim, devem respeitar tanto os precedentes anteriores quanto aquele gerado pela distinção.

Por sua vez, a superação de um precedente reduz o seu valor a zero, de modo que a repetição frequente da prática de *overruling* desestabiliza a segurança jurídica. Não por acaso, o art. 927, § 4º, do CPC/2015 determina que a *"modificação de enunciado de súmula, de jurisprudência pacificada ou de tese adotada em julgamento de casos repetitivos observará a necessidade de fundamentação adequada e específica, considerando os princípios da segurança jurídica, da proteção da confiança e da isonomia"*.

Ante a natureza excepcional da superação de precedentes, é prevista no Código de Processo Civil a possibilidade de modulação temporal dos efeitos do *overruling*, bem assim de realização de audiências públicas ou oitiva de pessoas, órgãos ou entidades que possam contribuir para a rediscussão da tese (art. 927, §§ 2º e 3º, do CPC/2015).

Não se quer afirmar que o *overruling* é prática sempre deletéria. Cuida-se de importante mecanismo para eliminar regras jurídicas ineficientes e substituí-las por normas mais consentâneas com a evolução dos tempos. É, portanto, característica essencial de um sistema jurídico funcional, malgrado excepcional.

A ineficiência surge nos casos em que o desrespeito aos precedentes ocorre de forma velada, como um falso *distinguishing*, pela deturpação dos fatos da causa para conduzir ao resultado de preferência do julgador, independente dos seus motivos para tanto.

Quando as regras jurídicas para complementação de precedentes são rigorosamente seguidas, incluído o dever de detalhada fundamentação, a evolução da jurisprudência tenderá ao aumento do bem-estar social, ainda que os juízes responsáveis pela mudança sejam movidos por inclinações políticas, interesses de carreira, experiências pessoais ou outras preferências diversas da maximização da eficiência do sistema jurídico.

A incerteza jurisprudencial impede que as partes possam prever adequadamente o resultado de uma demanda em juízo, dificultando que cheguem a conclusões semelhantes sobre o custo-benefício do processo judicial e sobre o âmbito dentro do qual os termos do acordo podem variar sem deixar de gerar proveito para todos os envolvidos.

3. Notas sobre os instrumentos de formação de precedentes previstos no CPC de 2015

Quando se elaborou o anteprojeto do Código de Processo Civil essas preocupações motivaram a comissão a aperfeiçoar a técnica dos julgamentos dos recursos excepcionais repetitivos (Resp e RE); redesenhar a sistemática da repercussão geral e desenvolver os incidentes de resolução de demandas repetitivas e o de assunção de competência.

Passarei a explicar os contornos gerais de cada um desses institutos.

Desde o Código de 1973, sentiu-se a necessidade, escancarada pelo volume de recursos chegados aos tribunais superiores, de filtros para a ampla recorribilidade, otimizando a prestação jurisdicional. Por isso, criou-se o *requisito de admissibilidade da repercussão geral*, para *o recurso extraordinário*, e *a sistemática dos recursos repetitivos*, para o *recurso especial* e para o *recurso extraordinário* (arts. 543-A, 543-B e 543-C do CPC/1973). O novel CPC aprimorou a técnica, largamente utilizada, com sucesso, nas últimas décadas, uniformizando tratamento de ambos, na forma dos arts. 1.036 a 1.041. Pode-se estatuí-la em algumas etapas.

Inicialmente, há a percepção de multiplicidade de recursos sobre a mesma questão de direito, cabendo a qualquer Ministro ou ao Presidente do tribunal superior afetar uma das insurgências para julgamento pela sistemática. Também Presidentes ou Vice-Presidentes do tribunal local podem selecionar recursos representativos da controvérsia e apontá-los à Corte Superior (art. 1.036), sem que isso a vincule, naturalmente. Nesse caso, já determinará o sobrestamento dos processos pendentes no Estado ou na Região e, caso alguma das partes entenda que o sobrestamento que a alcançou foi equivocado, pode suscitar a distinção, cabendo, da decisão do Presidente ou Vice, agravo interno. Selecionados os recursos, pelo relator de um deles, no STJ, no caso do recurso especial repetitivo, profere-se decisão de afetação, (i) identificando a questão submetida a julgamento, (ii) requisitando-se a Presidentes de tribunais locais recursos representativos da mesma controvérsia e (iii) suspendendo-se, em âmbito nacional, processos que versem sobre o tema. Sublinhe-se que a suspensão não é automática, dependendo de decisão específica e explícita, conforme juízo de oportunidade. No âmbito do Supremo Tribunal Federal, por exemplo, a suspensão poderá ser inclusive modulada. Porém, caso determinada, podem as partes dos processos alegar a distinção entre a matéria tratada em seu feito e aquela submetida a julgamento repetitivo, a ser decidida pelo juiz natural do caso. Dessa decisão, cabe agravo de instrumento (em primeiro grau – feitos suspensos na origem) ou agravo interno (art. 1.037).

Visando a assegurar o respeito aos princípios do contraditório e da ampla defesa, ou seja, que os argumentos dos recursos especiais sejam devidamente analisados, a lei prevê, na fase de instrução, a fim de melhor instruir o tribunal, poderem ser admitidos *amici curiae*, marcadas audiências públicas e ouvidos os tribunais locais, além do Ministério Público. Uma vez transcorrido o prazo para o Ministério Público e remetida cópia do relatório aos demais Ministros, o processo será incluído em pauta na seção ou na Corte Especial, devendo ser julgado, no prazo de um ano, com preferência sobre os demais feitos, ressalvados os que envolvam réu preso e os habeas corpus, manifestando-se o tribunal sobre todos os argumentos relevantes ventilados (art. 1.038). Observe-se que no âmbito do STJ, o órgão julgador do recurso repetitivo pode ser a seção quando a matéria competir apenas à mesma, v.g., o direito tributário encartado na competência da seção de direito público, ou da Corte Especial, quando o *thema iudicandum* for do interesse de todos os órgãos julgadores.

No Supremo Tribunal Federal, o recurso extraordinário repetitivo é registrado a Presidência. Caberá à Presidência da Suprema Corte a submissão do extraordinário ao Plenário Virtual para a análise do eminentes Ministros. Uma vez reconhecida a repercussão geral, o recurso é distribuído a um dos ministros que se manifestou pelo reconhecimento da repercussão geral para que possa submeter o tema a julgamento do Plenário para a definição da *ratio decidendi* e fixação da tese. O acórdão em recurso repetitivo é de crucial importância, na medida em que vincula todos os julgadores do território nacional, representando o entendimento obrigatório sobre a matéria legal ou constitucional. Como consequência, os Presidentes ou Vice-Presidentes dos tribunais locais podem negar seguimento aos recursos especiais e extraordinários pendentes, bem como determinar o reexame dos acórdãos discutidos pelos órgãos locais que os proferiram (arts. 1.039 e 1.040). Neste caso, mantido o entendimento, o recurso será remetido ao tribunal superior, para apreciação definitiva da correção da aplicação da tese fixada em sede de recurso repetitivo (art. 1.041). Percebe-se, assim, que essa *técnica de julgamento de recursos repetitivos* conferiu maior *racionalidade* e *eficiência ao sistema de justiça*, notadamente aos tribunais superiores.

Em relação a *repercussão geral da questão constitucional*, é importante rememorar a trajetória dessa importância técnica de gerenciamento de precedentes do sistema de justiça.

No ano de entrada em vigor da prática da repercussão geral (2007), o Supremo Tribunal Federal enfrentava o período de maior recebimento de recursos extraordinários e de agravos de instrumento decorrentes de inadmissão de recursos extraordinários nas instâncias de origem. Ao mesmo tempo, pelo quantitativo expressivo de processos, não era possível julgá-los na mesma proporção em que novos feitos eram recebidos, como se constata em consulta ao *portal Corte Aberta da Corte* do Supremo Tribunal Federal, segundo o qual, no ano de 2006, o STF recebeu 122.995 recursos e baixou 75.509, com uma impressionante taxa de aumento de acervo de 38,6% em relação ao ano anterior.

A partir de 2007, ano da regulamentação da repercussão geral no STF, esses números mudaram consideravelmente, com uma continua taxa de redução de acervo nas classes recursais extraordinárias da Corte, que iniciou o mesmo ano de 2007 com 15,8% de redução, chegando a incríveis 45,7% no ano de 2011.

Além da diminuição de recursos a serem julgados pelo STF, identificou-se uma considerável diminuição de recebimento dessas classes, com redução dos já mencionados 122.995 recursos no ano de 2007 para pouco mais de 47.000 em 2020. Assim, a tendência de constante alta de recebimento de recursos identificada no início dos anos 2000 foi contida pela implementação eficiente de práticas procedimentais na sistemática da repercussão geral no âmbito do Supremo Tribunal Federal.

Em linhas gerais, o STF atua em três vertentes: i) reconhecimento da repercussão geral com futuro julgamento do recurso pelo Plenário; ii) reconhecimento da repercussão geral com o julgamento imediato do tema em que identificada a possibilidade de reafirmação de jurisprudência; e iii) reconhecimento da ausência de repercussão geral em recursos que veiculem questões infraconstitucionais, com recusa imediata do recurso. Com base nessas práticas, o STF qualifica o seu posicionamento jurisdicional em dois sentidos: o mérito da questão e a competência para dar a última palavra sobre o tema.

O reconhecimento da repercussão geral em recurso extraordinário submetido ao Supremo Tribunal Federal permitirá a formação do precedente de modo dialogado com a sociedade. Nesse procedimento, o STF primeiro apresenta o que será decidido, para, em momento posterior, com a participação do Ministério Público e de terceiros (*amici curiae*), julgar a questão, que deverá ser observada por todos os tribunais (inclusive a própria Suprema Corte) e juízes do País.

Em outra vertente, por meio da *reafirmação de jurisprudência*, o STF, com a submissão de recursos à sistemática da repercussão geral, define, colegiadamente e no prazo de vinte dias, sua posição sobre questão, em regra, repetitiva, que enseja o ajuizamento e a interposição de recursos perante o Poder Judiciário. Nessa hipótese, identificam-se, principalmente, matérias jurídicas definidas pelo STF em julgamento de classes originárias, como as ações de controle concentrado de constitucionalidade, o mandado de segurança e o habeas corpus, bem como a deliberação da Corte, em recursos extraordinários, em momento anterior à sistemática da repercussão geral.

De modo muito eficiente, é com o reconhecimento da ausência de repercussão geral em matérias infraconstitucionais que o Supremo Tribunal Federal estabelece a organicidade do sistema processual brasileiro, definindo o tribunal competente para declarar a interpretação final da norma. No caso de legislação infraconstitucional federal, essa incumbência caberá ao Superior Tribunal de Justiça. Já em relação às leis estaduais ou municipais, com a ausência de repercussão geral declarada pelo Supremo, a definição soberana sobre o tema caberá aos tribunais de justiça. A importância dessa prática é destacada pela atuação do STF nos temas jurídicos em que a Corte se manifestou pela ausência de repercussão geral. Dos 402 temas dessa categoria, os ministros declararam que 355 não deveriam ser conhecidos pelo STF, em julgamento de recurso extraordinário, exatamente porque tratavam de questão infraconstitucional federal ou local.

Com a análise global da prática da repercussão geral cotidianamente aperfeiçoada pelo STF e dos números dela decorrentes, é possível verificar a sua relevância para todos os ramos e instâncias do Poder Judiciário, mas, sobretudo, para a sociedade brasileira. É preciso levar em consideração que a demora na definição de temas jurídicos pelo Poder Judiciário é causa de crescente litigiosidade.

Pode-se assim dizer, que a sistemática da repercussão geral foi uma das principais responsáveis pela transformação da atuação extraordinária do STF, com reflexos em todo o sistema de justiça.

Por sua vez, *o incidente de resolução de demandas repetitivas* possui inspiração no procedimento-modelo *(Musterverfahren)* do direito alemão, com influências também do *Group Litigation Order (GLO) – da Inglaterra e do País de Gales – e do Pilot-judgement* da Corte Europeia de Direitos Humanos. Todos esses, com especial destaque para o modelo alemão, pretendiam conferir efetividade à jurisdição que se viu abarrotada de processos cujo mérito discutido envolvia questão jurídica semelhante, senão idêntica.

No exemplo alemão, o *Musterverfahren* foi introduzido inicialmente, ainda sem previsão legal, nos órgãos judiciais que apreciam as causas da Administração Pública alemã *(Verwaltungsgericht)*, na década de 1970, em face das dezenas de milhares de objeções apresentadas diante da construção de usinas nucleares e outras obras públicas. Decidir uma a uma era não só repetitivo, mas extremamente desgastante, de forma que não havia tempo e aparato suficientes para dar conta das demais demandas, igualmente relevantes. A massificação da Justiça acarreta, assim, consequências desastrosas para todos os envolvidos, com especial prejuízo ao jurisdicionado. Desenhou-se, portanto, um sistema em que fossem reunidos todos os processos de mérito idêntico ou semelhante e, por meio da solução de um deles, irradiou-se o entendimento ali alcançado a todos os demais processos que tratavam do mesmo tema. Destarte, foi alcançada solução que concretiza segurança jurídica – vez que é conferido tratamento igual a todos, evitando-se divergências internas do próprio tribunal –, igualdade aos jurisdicionados e, sobretudo, eficiência processual.

Com algumas adaptações, o CPC de 2015 inaugurou o incidente de resolução de demandas repetitivas, em que, muito embora relevante o interesse das partes envolvidas, a decisão se destina sobremaneira à realização de valores constitucionais relevantes. O incidente de resolução de demandas repetitivas, também denominado de IRDR, constitui procedimento incidental (incidente processual) a um processo em trâmite perante juízo de primeiro grau ou tribunal. Está previsto no art. 976 do CPC e é cabível quando houver simultaneamente a efetiva repetição de processos que contenham controvérsia sobre a mesma questão unicamente de direito e risco de ofensa à isonomia e à segurança jurídica. Estes requisitos são cumulativos, de sorte que eventual ausência de qualquer um deles importa o não cabimento do IRDR.

Por fim, ***o incidente de assunção de competência*** consubstancia-se em incidente processual destinado a assegurar a segurança jurídica, conferindo previsibilidade e isonomia às decisões judiciais. Trata-se, na verdade, de instituto decorrente de aprimoramento do *incidente de uniformização de jurisprudência* anteriormente previsto no artigo 476 e *do incidente de relevante questão de direito*, estampado no art. 555, parágrafo primeiro, ambos do CPC de 1973.

Em vista do dever de os tribunais uniformizarem a jurisprudência (art. 926), o CPC faz previsão da assunção de competência no art. 947, afirmando ser admissível a assunção de competência quando o julgamento de recurso, de remessa necessária ou de processo de competência originária envolver relevante questão de direito, com grande repercussão social, sem repetição em múltiplos processos. À época da legislação anterior, que previa o incidente de uniformização de jurisprudência, já afirmávamos que, se já era inquietante a aplicação divergente do direito nacional pelos tribunais das unidades da federação, causava maior preocupação essa diversidade dentro do mesmo órgão jurisdicional.

4. A GUISA DE CONCLUSÃO

Perceba-se, portanto, que ordenamento jurídico possui instrumentos adequados de *realização da isonomia* e promoção da *segurança jurídica* que promovem *eficiência ao sistema de justiça a partir da formação de precedentes qualificados*. Porém, ainda existem desafios a superar, consoante passa-se a delinear nos parágrafos seguintes, a partir de reflexões que já teve oportunidade de sustentar em outro sítio.[3]

Em um sistema em construção, a efetivação das normas talvez dependa de alguns aspectos a serem superados. O primeiro é o da cultura. Há, no Brasil, uma praxe decisionista, os juízes estão acostumados a julgar casos concretos, mas os tribunais possuem uma função uniformizadora, que precisa ser assumida e priorizada, em benefício de todos os valores da economia, da isonomia e da segurança jurídica.

Em segundo lugar, há a necessidade de clareza nos julgamentos. Há que se saber o que é a *ratio decidendi* e o *obiter dictum* no julgamento e no precedente, ou seja, as razões da decisão e o que foi somente mencionado de modo secundário, *a latere*, em paralelo ao pronunciamento central. Do mesmo modo, importante se destacar o que foi objeto de aco-

3 FUX, Luiz; MENDES, Aluísio Gonçalves de Castro; FUX, Rodrigo. Sistema Brasileiro de Precedentes: principais características e desafios. Revista Eletrônica de Direito Processual – REDP. Rio de Janeiro. Ano 16. Volume 23. Número 3. Setembro-Dezembro de 2022. p. 221-237.

lhimento pelo colegiado e o que fez parte apenas de afirmação individual por um ou alguns julgadores, mas não pela maioria ou integralidade do órgão julgador. A tese tem que estar clara, indicando todos os contornos, em quais hipóteses deve ser aplicada e às vezes podendo ser subdividida em subteses, para especificidades detectadas na complexa realidade.

O Supremo Tribunal Federal e o Superior Tribunal de Justiça já subdividiram várias teses, para que a questão ficasse mais clara, abarcando diversas situações analisadas.

Qual há julgamentos colegiados, não se deve priorizar o posicionamento individual do juiz. Se há uma liminar, uma decisão monocrática, não ser levada ao colegiado, mas deve ser prestigiado o entendimento do Tribunal e não posicionamento pessoal do magistrado.

Deve ser fortalecida a cultura e a priorização do julgamento de questões de direito comuns e controversas, que estejam afetando a economia dos negócios em larga escala, de modo repetitivo, ensejando insegurança jurídica e paralização da cadeia produtiva e de serviços.

Em suma, é bastante provável que o demandismo e a "*cultura de litigância*" tão propalados sejam, em parte, um reflexo, não da ausência de instrumentos processuais adequados como se notou, mas do descompromisso com a estabilidade da jurisprudência. Que o Código de Processo Civil seja um marco em direção a um sistema de justiça mais eficiente.

Quero finalizar esse ensaio com a lembrança do pensamento de Cora Coralina, que simboliza a mensagem de que embora tenha-se dado os primeiros passos na missão de realizar uma Justiça mais eficiente, ainda há muito por fazer: "o que vale na vida não é o ponto de partida e sim a caminhada. Caminhando e semeando, no fim, terás o que colher."

5. Referências biliográficas

COOTER, Robert; KORNHAUSER, Lewis; LANE, David. Liability Rules, Limited Information, and the Role of Precedent. *In*: *The Bell Journal of Economics*, Vol. 10, No. 1 (Spring, 1979), pp. 366-373.

FUX, Luiz. Curso de Direito Processual Civil. 6ª ed. Rio de Janeiro: Forense, 2022.

______. MENDES, Aluísio Gonçalves de Castro; FUX, Rodrigo. Sistema Brasileiro de Precedentes: principais características e desafios. Revista Eletrônica de Direito Processual – REDP. Rio de Janeiro. Ano 16. Volume 23. Número 3. Setembro-Dezembro de 2022. pp. 221-237.

GALANTER, Marc. "The Vanishing Trial: An Examination of Trials and Related Matters in Federal and State Courts". *In*: *Journal of Empirical Legal Studies*, Volume 1, Issue 3, 459–570, Nov. 2004.

LEONI, Bruno. *Freedom and the Law*. 3ª ed. Indianapolis: Liberty Fund, 1991.

LEVITT, Steven D. "Heads or Tails: The Impact of a Coin Toss on Major Life Decisions and Subsequent Happiness". *In*: NBER Working Paper Nº. 22487, aug. 2016, JEL No. D12, D81.

POLINSKY, A. Mitchell. *An Introduction to Law and Economics*. 4ª ed. New York: Wolters Kluwer, 2011.

POSNER, Richard A. *Economic Analysis of Law*. 9ª ed. New York: Wolters Kluwer, 2014.

RICCI, Gian Franco. La riforma del processo civile. Torino: G. Giappichelli, 2009.

SHLEIFER, Andrei. *The Failure of Judges and the Rise of Regulators*. Cambridge: The MIT Press, 2012.

SPIER, Kathryn E. Litigation. *In*: *Handbook of Law and Economics*. Steven Shavell e Mitchell Polinsky (org.). V. 1. Amsterdam: Elsevier, 2007.

O CONTROLE DA SUFICIÊNCIA ARGUMENTATIVA DOS ACÓRDÃOS LOCAIS E DOS RECURSOS ESPECIAIS E EXTRAORDINÁRIOS PARA FORMAÇÃO DE PRECEDENTES: ENSAIO SOBRE O DIÁLOGO ENTRE STF, STJ E TRIBUNAIS *LOCAIS* (ART. 1.030, I, II E V, DO CPC, TEMA Nº 339 DA REPERCUSSÃO GERAL E O ART. 1.022 DO CPC)

Luiz Henrique Krassuski Fortes[1]
Rodrigo Rosas[2]

Sumário: 1. Introdução; **1.1.** O desafio e as oportunidades de homenagear o Dr. Roberto Rosas; **1.2.** O controle da suficiência argumentativa dos acórdãos e recursos que alimentam os tribunais superiores como cortes de precedentes. As duas questões específicas que serão enfrentadas neste ensaio; **2.** Pressupostos de análise; **3.** Primeira questão: o juízo local prévio sobre a idoneidade recursal e a necessidade prática de compatibilização das hipóteses de *encaminhamento para retratação, negativa de seguimento* e *inadmissibilidade do recurso* (art. 1.030, I, II e V, do CPC) em um mesmo capítulo recorrido; **4.** Segunda questão: a zona de penumbra entre STF e STJ no controle da suficiência argumentativa dos acórdãos recorridos; **4.1.** Atual conformação e aplicação do entendimento sobre a violação ao art. 1.022 do CPC pelo STJ; **4.2.** Atual conformação e aplicação do entendimento sobre a violação ao art. 93, IX, da CF pelo STF (tema nº 339 da repercussão geral); **4.3.** Proposta de compatibilização; **5.** Conclusões.

1. INTRODUÇÃO

1.1. O DESAFIO E AS OPORTUNIDADES DE HOMENAGEAR O DR. ROBERTO ROSAS

É desafiador homenagear o jurista, professor, pai, e amigo, Dr. Roberto Rosas. É possível destrinchar o porquê de essa tarefa ser tão rica e complexa a partir de dois *fronts*.

---

1 Luiz Henrique Krassuski Fortes é doutorando, mestre e graduado em Direito pela UFPR. Professor de Direito Processual Civil e Constitucional na Pós-Graduação da Faculdade Presbiteriana Mackenzie e do Instituto Brasileiro de Ensino, Desenvolvimento e Pesquisa (IDP). Professor voluntário da graduação em Direito da Universidade de Brasília (UnB). Secretário-Geral Adjunto da ABPC, membro do IBDP e do IADF. Advogado em Brasília/DF. E-mail: krassuski@gmail.com.

2 Rodrigo Rosas é pós-graduado em Direito Constitucional pelo IDP e em Direito Processual Civil pelo CEUB. Membro do IADF. Advogado sócio do escritório Rosas Advogados.

Primeiro, em razão do afeto inerente a quem tem o privilégio de conviver com o Dr. Roberto. Como filho (Rodrigo), pai de seus netos e sócio, os frutos de seu amor e intelecto afiado são diários, colhidos em dedicação, generosidade e presença. Como amigo (Luiz), a leveza e brandura das conversas, que revelam o ensinamento estoico para que nunca nos envaideçamos - mesmo que, como o Dr. Roberto, tenhamos uma das vidas e carreiras mais estelares no direito[3].

O segundo grupo de razões que revela o porquê de se tratar de desafio pode ser sintetizada pinçando apenas alguns dos inúmeros elementos da biografia, bibliografia e, em especial, da produção do Dr. Roberto, nas inúmeras carreiras jurídicas que honra, ontem, hoje e sempre.

O *inúmeras*, vale frisar, não é excesso de retórica, ou hipérbole indevida. Um dos desbravadores de Brasília ainda na década de 1960, Dr. Roberto é história viva da nova capital, dos tribunais superiores e, ousamos dizer, do Brasil. Em sua vasta carreira, foi *law clerk* do Ministro Gonçalves de Oliveira, no STF já instalado em Brasília, logo após sua formatura. E desde então, foram inúmeras as suas colaborações para o mundo jurídico, na advocacia pública e privada, no Conselho Seccional e Federal da Ordem dos Advogados do Brasil, no Ministério Público de Contas do Distrito Federal, como Ministro do Tribunal Superior Eleitoral – em pleno processo de redemocratização! –, e, também, na qualidade de Professor Titular da Faculdade de Direito da Universidade de Brasília.

Somem-se a isso dezenas de bancas de avaliação para ingresso nas mais variadas carreiras jurídicas, além das bancas de conclusão para outorga de títulos de mestrado e doutorado país afora. Sua produção acadêmica, notória e notável, inclui, entre tantos, o clássico *Direito Sumular*, de 1978 - atualmente na 14ª Edição -, bem como *Direito Processual Constitucional*, de 1983, e *Devido Processo Legal,* de 2018, estes últimos também reeditados inúmeras vezes.

Como se pode ver, o desafio de realizar uma homenagem acadêmica ao Dr. Roberto está justamente em encontrar um tema que permeie as suas várias facetas, isso é, um fio condutor para além de sua inquietude e esmero intelectual, que permita uma homenagem à altura de sua

---

3 Jamais esquecerei também o seu carinho – e de Dona Célia – quando fui recentemente internado por problemas de saúde, e o Dr. Roberto fez questão de me visitar no hospital e oferecer sua ternura, como bom professor que é, acompanhada de um belo livro para amenizar a angústia.

história. Se o desafio é claro, o convite ao diálogo também transparece revelando algumas oportunidades de ouro.

Isso porque, a bem da verdade, é possível ver que as reflexões intelectuais do Dr. Roberto sempre estiveram, direta ou indiretamente, preocupadas com franquear maior acesso ao direito, tal como interpretado e *produzido*, pelos Tribunais superiores. Especialmente como alguém que, sem descurar da profundidade teórica, nunca deixou de manter olhar humanista alinhado com uma dimensão mais pragmática.

É o que se percebe, por exemplo, em seu *Direito Sumular* e confessa o próprio autor[4]. Mas não parece ter sido apenas esse o combustível central de sua produção, uma vez que também muito se preocupou com a *função* a ser desempenhada pelo STF e STJ, analisando de forma crítica e propositiva sua razão de ser; veja-se, nesse sentido, os capítulos 9 e 10 de seu *Direito Processual Constitucional*[5].

Assim, atando talvez duas das principais pontas de sua obra (o "*como é?*" e o "*por que é?*", especialmente direcionados aos Tribunais superiores, abrindo espaço para uma frutuosa discussão sobre o *como deve*

4 RODRIGUES JÚNIOR, Otávio Luiz Rodrigues. Entrevista com Roberto Rosas. In: ALVIM, Arruda *et al.* **Uma vida dedicada ao Direito:** estudos em homenagem a Roberto Rosas. Rio de Janeiro: Editora GZ, 2020, p. 955-972, p. 969: "As súmulas foram bem recebidas, mas havia uma observação das pessoas no sentido de que se lia o texto da súmula sem comentários e sem uma contextualização adequada. Até que alguém me incentivou a elaborar comentários às súmulas, porque o advogado, especialmente o que estava nos rincões do Brasil, não sabia quais os motivos e os fundamentos que levaram à elaboração da súmula. Por que essa súmula existe? Qual a finalidade de seu conteúdo? Em razão disso, eu formulei uma proposta metodológica para estudo sistemático das súmulas. Eu cotejava seu teor com a posição da doutrina e com as circunstâncias que levaram a consolidar tal ou qual entendimento na jurisprudência. Veja que estou falando dos anos 1960 e 1970. (...) Naquela época, era bem diferente. O livro *Direito Sumular* nasceu com a finalidade de dar uma informação ao advogado alheio ao círculo dos que frequentavam Brasília ou que dispunham de grandes recursos para adquirir aqueles repositórios de jurisprudência. Então essa foi a metodologia que desenvolvi. Não é simplesmente um comentário do texto. Comentário do texto eu não faço como doutrinador. Eu escrevo como um explicador do texto. Eu não tenho (e nunca tive) a ideia de me apresentar como um doutrinador ao escrever o livro *Direito Sumular*. Eu não posso (nem poderia) ser o doutrinador de todo o Direito, conhecedor de todas as matérias. Meu objetivo era (e é) o de oferecer uma humilde contribuição aos que atuam na advocacia e pretendem conhecer o contexto das Súmulas do STF e do STJ (...)".

5 ROSAS, Roberto. **Direito Processual Constitucional:** princípios constitucionais do processo civil. 3ª Edição. São Paulo: RT, 1999, p. 109-147.

ser), que parabenizamos os coordenadores da presente obra, Ministro Gilmar Mendes e o prof. Victor Pinheiro, pela sensibilidade de propor um debate tão relevante. Uma homenagem ao Dr. Roberto Rosas, que permeia o ontem, o hoje e o amanhã das *súmulas*, *teses* e *precedentes* no direito brasileiro.

Sem maiores delongas, propomos breve colaboração para a Parte II deste livro (*a conformação processual dos precedentes*), a partir do diálogo frutuoso que deve haver entre Tribunais locais e Tribunais superiores, bem como a partir de uma mirada que valoriza o *dever de fundamentação das decisões judiciais*.

1.2. O CONTROLE DA SUFICIÊNCIA ARGUMENTATIVA DOS ACÓRDÃOS E RECURSOS QUE ALIMENTAM OS TRIBUNAIS SUPERIORES COMO CORTES DE PRECEDENTES. AS DUAS QUESTÕES ESPECÍFICAS QUE SERÃO ENFRENTADAS NESTE ENSAIO

O presente ensaio busca identificar duas questões ligadas à *prática* do sistema de precedentes em vigor no Brasil, conectadas ao controle da suficiência argumentativa dos acórdãos *locais* e dos recursos especiais e extraordinários.

Nessa dimensão, estamos preocupados em responder questões pragmáticas relacionadas diretamente com a qualidade do *combustível* que alimenta o STF e o STJ. Afinal, trata-se de tema essencial para que ambas as cortes possam operar adequada, tempestiva e efetivamente como cortes de precedentes, diante de nosso arranjo constitucional e legal complexo. Para delimitar o problema vale desde já adiantar três pontos de partida:

i) Para desempenhar suas funções como cortes de precedentes, o STF e o STJ, especialmente diante da repercussão geral e da relevância da questão federal, precisam de recursos *idôneos*, formal e materialmente, capazes de levar ao seu conhecimento as mais importantes *questões* constitucionais e federais infraconstitucionais, que tenham sido suficientemente *enfrentadas* pelos Tribunais locais ao *decidir as causas* submetidas à sua jurisdição;

ii) o legislador do CPC, em respeito ao longo processo de maturação sistêmico-institucional ainda em curso, optou pelo *compartilhamento parcial* dessa atividade com os Tribunais locais, como se vê no art. 1.030 do Código, na redação dada pela Lei Federal nº 13.256/2016; e

iii) a atividade de *controle da suficiência argumentativa* e o compartilhamento institucional de responsabilidade em sua implementação não são desimportantes ou desprovidas de significado. Revelam parcela significativa do funcionamento do STF e STJ como cortes de precedentes, e, em realidade, essencial para todo o sistema de administração de justiça civil.

Fixadas as premissas, fica clara a emergência de duas questões, distintas e práticas, que enfrentaremos no presente artigo. Primeiro, qual a melhor forma de as Presidências ou demais órgãos regimentalmente responsáveis dos Tribunais locais, compatibilizarem as hipóteses previstas nos incisos I e II, com o inciso V do art. 1.030, do CPC?

Isso é, como operar o controle da idoneidade formal e argumentativa dos recursos especiais e extraordinários interpostos perante os tribunais locais quando se está diante de uma *questão constitucional ou federal infraconstitucional* suscitada no recurso especial específica a um determinado capítulo decisório? Dito de outro modo, como compatibilizar *encaminhamento para retratação, negativa de seguimento* e *inadmissibilidade do recurso* quando estamos diante de um *mesmo capítulo* decisório do acórdão recorrido (art. 1.030, I, II e V, do CPC)[6]?

O ponto tem consequências práticas, como, por exemplo, a efetividade da alocação/distribuição de competências *intrajudiciário*, e também os debates subsequentes sobre a recorribilidade cabível (via agravo interno - AgInt - e/ou agravo em recurso especial extraordinário - AREsp ou ARE)[7].

Segundo, qual é a importância de se controlar a suficiência argumentativa da fundamentação dos acórdãos *locais* que permitirá ao STF e ao STJ o enfrentamento das *causas decididas*? E a quem cabe tal controle? Há aqui, a bem da verdade, uma zona de sobreposição entre as funções desempenhadas pelo STF e pelo STJ, nesse particular juízo de mérito, que envolve relevante causa de anulação de acórdãos locais.

Não se trata de questão puramente teórica, especialmente quando a questão é abordada, de um lado, à luz do art. 93, IX, da Constituição

6 Perceba-se, portanto, que aqui não se está a tratar de capítulos decisórios *independentes*, que pode conduzir a decisões naturalmente complexas.

7 Apenas para registrar ainda mais um problema prático, a questão reaquece discussão sobre a totalidade da impugnação de tais capítulos decisórios, que pode fazer eventuais agravos incidirem na Súmula nº 182 do STJ.

e do precedente firmado no Tema nº 339 da repercussão geral, e, de outro, do que dispõe a legislação federal, notadamente o art. 1.022, II, e parágrafo único, II, combinado com o art. 489, § 1º, do CPC, em especial seu inciso IV.

Essa segunda indagação é igualmente importante para que tanto o STF quanto o STJ possam enfrentar as *questões constitucionais* e *federais infraconstitucionais* relevantes e sobre elas tenham condições de editar precedentes. Afinal, é pressuposto da atuação dos Tribunais superiores a *causa decidida* pelos Tribunais ou demais órgãos jurisdicionais locais. Como ficará claro, aqui haverá duas recomendações. A uma, a autocontenção das presidências locais no juízo de admissibilidade de questões que devem ter seguimento negado. A duas, a recomendação de uma possível revisitação parcial da jurisprudência do STF quanto ao Tema nº 339, quando diante de possível simultânea ao art. 93, IX, da Constituição e ao art. 1.022 do CPC.

2. Pressupostos de análise

Como adiantamos, as reflexões constantes do presente ensaio partem de um conjunto de pressupostos teórico-dogmáticos[8], mais especificamente de 3 (três) pontos relevantes.

Em primeiro lugar, de que inexiste sentido unívoco aos textos normativos, prévio à interpretação, à interação necessária entre a normatividade *legal* e os fatos, e à própria apreensão e reconstrução social, e técnica, de tais sentidos, inclusive pela jurisdição civil[9].

---

8 O presente item constitui adaptação e complementação de artigo recente escrito sobre a relevância da questão federal, *cf.* KRASSUSKI, Luiz. Relevância da questão federal: o problema da solução o problema da solução prematura de divergências interpretativas e algumas sugestões para regulamentação/operação do instituto. In: CAMPBELL, Mauro *et al.* (Coord.) **Relevância da questão federal no recurso especial.** Londrina: Thoth, 2023, p. 367-378.

9 Sobre a questão, ver KRASSUSKI, Luiz. Direito Processual Constitucional e Racionalidade: raciocínio jurídico, interpretação e alguns aportes teóricos conclusivos a partir de Jerzy Wróblewski. In: MARINHO, Daniel Octávio Silva *et al* (Orgs.). **Interpretação e Processo Constitucional:** estudos sobre a efetivação contemporânea de direitos fundamentais. Londrina: Editora Thoth, 2022, p. 363-379, em especial p. 365-376.

Daí decorre que inexiste uma pureza semântica que permita que pensemos apenas em "uma única resposta correta"[10], que faria com que sequer existisse a necessidade de pensarmos em cortes de precedentes. Afinal, qualquer interpretação ou aplicação *desviante* de um sentido unívoco aos textos normativos – do próprio direito, no final das contas –, implicaria apenas um desvio, a ser resolvido por simples "cassação" de decisões *erradas*.

Nesse cenário, a existência de disputas judiciais seria nada além de uma artificialidade ou disfuncionalidade do sistema de administração de justiça, de modo que o papel de todos os órgãos jurisdicionais que o compõem seria extremamente apequenado. A descrição de textos normativos como se sempre tivessem um sentido único não apenas é contraproducente, mas não corresponde sequer à realidade do direito tal como hoje o vivenciamos.

Claro que isso não significa, de modo algum, que *tudo esteja sempre sob disputa* a todo momento, ou que não haja situações de *clareza* de significado, ainda que eventual texto normativo, considerado isoladamente, aparentemente comporte um cardápio maior de normas jurídicas que seriam extraíveis dele.

É que, para além da semântica, tal percepção do fenômeno jurídico nos permite olhar para outras dimensões da semiótica (da linguagem e do direito), talvez até mesmo entre a *sintaxe* (que poderia ser vista, em uma primeira aproximação, como a interrelação entre as diversas normas, *e.g.* a interpretação sistemática do direito), ou mesmo a *pragmática* (isso é, como a partir do texto normativo tem sido entendida determinada norma jurídica, na vivência dos órgãos de interpretação

10 Não se desconhece a teoria do direito como integridade, teoria interpretativa construída por Ronald Dworkin, de onde se extrai a célebre "resposta correta", a qual pode ser vista nos capítulos "Não existe mesmo nenhuma resposta certa em casos controversos?", "De que maneira o Direito se assemelha à Literatura", e "Interpretação e objetividade", todos de DWORKIN, Ronald. **Uma questão de princípio**. (1985) São Paulo: Martins Fontes, 2005, além dos capítulos "Interpretive concepts" e "Integrity in Law", de DWORKIN, Ronald. **Law's Empire.** Cambridge: The Belknap Press of Harvard University Press, 1986. De todo modo, procuramos evidenciar o porquê diante de descordos morais deve-se abandonar a pressuposição de possibilidade de cognitivismo moral, pressuposto pela solução da "resposta correta", a partir da revisitação do positivismo exclusivista, em especial da teoria do direito como planejamento de Scott Shapiro. Nesse sentido, v. KRASSUSKI, Luiz, **Justificação dos precedentes:** direito como planejamento, Poder Judiciário e a motivação a partir do precedente, Dissertação de Mestrado, UFPR, 2015.

e aplicação do direito, vale dizer, pela sociedade civil, pela academia, e pelo judiciário).

Ou seja, tais outras dimensões apontam para uma redução paulatina de equivocidade e maior grau de *concretização* do direito. O papel desempenhado pelos precedentes do STF e do STJ se insere nesse contexto, uma vez que desempenham, ao longo do tempo, a função de redução de *dúvidas/equivocidade interpretativa*, ou mesmo do cardápio de normas jurídicas decorrentes dos textos normativos interpretados e aplicados pelos tribunais superiores

Esse ponto de partida acaba nos impondo trazer o debate para a sofisticação e complexidade do nosso sistema de administração de justiça. E, com isso, revelar que se os sentidos dos textos normativos estão ao menos potencialmente sempre em disputa, o processo e o acesso à jurisdição[11], constituem elemento essencial da própria democracia[12]. É por meio do processo em que se permite, em grande medida, o acesso à participação na reconstrução dos sentidos normativos que irão diretamente impactar a vida de todos os jurisdicionados.

Tem-se, portanto, um componente democrático da jurisdição e a percepção da maior importância e dignidade dos atores processuais que nela atuam. E, em especial, a relevância e centralidade da solução dos *casos concretos*, por meio da estruturação de um sistema de Cortes que permita a ampla análise de todos os elementos necessários para prestação da tutela adequada e tempestiva do direito material em disputa. E, nesse mesmo sistema, a eventual edição de precedentes pelos Tribunais assim vocacionados (STF e STJ). Vale dizer, a *suficiência* e *completude* dos julgamentos nos Tribunais locais, é um passo necessário para que

11 Pense-se aqui nos diversos direitos e garantias fundamentais processuais, como a defesa técnica, o contraditório, a paridade de armas, o direito à prova, o direito a um juízo natural provido de garantias que assegurem formalmente a sua imparcialidade, como corolários do direito de ação etc.

12 O direito fundamental de ação compõe elemento essencial de qualquer estado que se pretenda constitucional e democrático, de modo que a participação no processo constitui não só elemento do direito fundamental ao devido processo legal (art. 5º, LIV, da CF), mas da própria democracia. Por isso que se pode afirmar, com segurança, que a ação não é apenas proposta, mas sim exercida em juízo, dando ao cidadão os instrumentos - inclusive dialogais e participativos -, para obter uma adequada, tempestiva e efetiva proteção do direito material, cuja violação ou ameaça de lesão se alega, cf. MARINONI, Luiz Guilherme, ARENHART, Sérgio Cruz, MITIDIERO, Daniel. **Curso de Processo Civil:** Teoria do Processo Civil, São Paulo: RT, 2016, p. 247 e ss.

os Tribunais superiores possam exercer sua função como cortes de precedentes[13].

Sobre o ponto, vale ainda uma consideração adicional: o STF e o STJ são Tribunais que, na ambiência recursal, em que operam como órgãos de cúpula, *julgam* casos concretos (*causas decididas*), a partir do RE e do REsp interposto diante de um conflito específico[14]. Trata-se, portanto, de instrumentos processuais vocacionados ao exercício de uma função de ambas as Cortes que é muito diferente daquela exercida pelos recursos de ampla devolutividade, direcionados aos Tribunais de Justiça e Regionais Federais.

Daí decore que o STF e o STJ não julgam tais recursos como simples cortes de revisão (em um terceiro ou quarto grau de jurisdição), mas sim a partir de - e com fundamento em - uma a função/competência se justifica apenas e tão somente *na medida em que* os casos concretos permitem o desenvolvimento do direito. Isso é, os *casos* abrem a oportunidade para um alcance que vai muito para além das partes diretamente envolvidas.

Os recursos excepcionais, portanto, são o combustível que *alimenta* tanto o STF quanto o STJ em sua missão constitucional. Não se tratando, porém, puras cortes de revisão de fatos e provas, de cortes reconstrutoras do acertamento fático delineado pelos tribunais locais, nem tampouco de cortes vocacionadas a se imiscuir no controle do direito local, o que se tem são cortes *nacionais* que interpretam o direito *a partir* dos casos que nelas aportam, com uma *finalidade* específica que vai para além da solução do caso concreto – ainda que o solucionem como um passo necessário para o desempenho dessa função.

---

13 Já é de conhecimento convencional, são inúmeras as razões pelas quais os precedentes não são invenção doutrinária no contexto brasileiro, muito menos criação do Código de Processo Civil vigente. Em realidade, eles são meio necessário para implementar valores fundamentais do Estado Constitucional diante da sofisticação da compreensão – e operação – do fenômeno jurídico. Sobre o tema, v. MARINONI, Luiz Guilherme. **Precedentes Obrigatórios.** *7ª Edição. São Paulo: RT, 2022, passim*; KRASSUSKI, Luiz, **Justificação dos precedentes:** direito como planejamento, Poder Judiciário e a motivação a partir do precedente, Dissertação de Mestrado, UFPR, 2015, p. 129 e ss.

14 Não se descuram aqui das possíveis exceções a essa regra - sem adentrar, inclusive, se seriam verdadeiras exceções, o que vai para além do objeto do presente ensaio - tais como recursos extraordinários interpostos no âmbito de representações de inconstitucionalidade perante os Tribunais de Justiça, ou mesmo recursos extraordinários provenientes de incidentes de resolução de demandas repetitivas.

Assim, tanto o STF quanto o STJ dependem do diálogo frutuoso entre os julgadores nos Tribunais de Justiça e Regionais Federais, da advocacia e de demais atores (*e.g.* Ministério Público, Defensoria Pública etc.), que devem, respectivamente, almejar, a lavratura de acórdãos e de recursos que permitam o adequado enfrentamento da interpretação da lei e da Constituição federais vindicada pelas partes em seus recursos. A linha de chegada desse processo dialogal culmina, caso admitido o recurso extraordinário e especial, em um *julgamento* e potencialmente um *precedente,* especialmente diante da instituição da repercussão geral e da relevância da questão federal.

Em segundo lugar, essa percepção permite que olhemos para as nossos Tribunais superiores da jurisdição civil (STF e ao STJ), analisando a confiança que a Constituição depositou em sua *estrutura,* para que possamos enxergar a sua principal *função*[15]. Nesse sentido, ao questionarmos sobre o cabimento do RE e do REsp, enxergamos recursos vocacionados à tutela do direito "*objetivo*".

O ponto justifica um breve aprofundamento. Isso porque, com efeito, nem a jurisdição do STF, nem tampouco do STJ, por meio do REsp, se justificam pela simples existência de sucumbência e de interesse da parte em ver reformada uma decisão que lhe foi.desfavorável. É necessário, acima de tudo, que o acórdão recorrido contrarie ou negue vigência, no caso do REsp, a tratado ou lei federal, julgue "*válido ato de governo local contestado em face de lei federal*" ou, ainda, divirja da interpretação outorgada por outro Tribunais ("*der a lei federal interpretação divergente da que lhe haja atribuído outro tribunal*"), nos termos do art. 105, III, *a*, *b*, e *c* da Constituição[16].

Percebe-se, portanto, uma "clara passagem do *caso em si* para o *caso além de si mesmo*"[17]. Os recursos excepcionais, extraordinário e especial

---

15 MARINONI, Luiz Guilherme. **O STJ enquanto corte de precedentes:** recompreensão do sistema processual da corte suprema. São Paulo: RT, 2013; MITIDIERO, Daniel. **Cortes superiores e cortes supremas:** do controle à interpretação, da jurisprudência, ao precedente. São Paulo: RT, 2013; KRASSUSKI, Luiz. **Justificação dos Precedentes:** direito como planejamento, Poder Judiciário e a motivação a partir do precedente, Dissertação de Mestrado, UFPR, 2015.

16 O mesmo se vê, *mutatis mutandis,* quando analisados os incisos do art. 102, III, da Constituição.

17 FACHIN, Edson; KRASSUSKI, Luiz, Repercussão geral do recurso extraordinário: dever de demonstração da transcendência e relevância da questão constitucional, **Revista de Processo Comparado**, São Paulo, V. 7, No. 1, p. 227-252, jan./jun. 2018.

são os instrumentos que permitem que o STJ e o STF desempenhem a sua função como cortes de precedentes.

Daí porque ressai como consequência que não é *todo REsp* ou *todo RE* que deve ser conhecido e provido pelo STF e STJ, mas sim aqueles que permitam às cortes o efetivo enfrentamento das questões constitucionais dotadas de *relevância e transcendência* (repercussão geral; art. 102, §3º, e art. 1.035, §1º do CPC), e as questões constitucionais *relevantes* (relevância da questão federal, art. 105, §§. 2º e 3º, do CPC)[18].

Isso significa que não é suficiente a afirmação de questão federal infraconstitucional ou constitucional que implique violação ou negativa de vigência à lei federal ou à Constituição conduzirá a recursos especiais e extraordinários *viáveis*. Basta aqui pensar nas situações de *isomorfia*, ou seja, em que pragmaticamente inexista dúvida quanto ao sentido da norma jurídica extraível da Constituição ou da lei federal, pela já existência de precedente do STF ou do STJ.

Por fim, e *em terceiro lugar*, atando os dois pontos anteriores, cabe verificar que, no desenho institucional brasileiro, fruto de uma maturação da repercussão geral e dos recursos repetitivos que vem desde o último conjunto de reformas ao CPC/1973, o juízo prévio de admissibilidade/negativa de seguimento foi compartilhado com os Tribunais locais, ao menos parcialmente. Nesse sentido, ainda que a redação original do CPC/2015 não o previsse, a Lei Federal nº 13.256/2016 modificou o art. 1.030 do CPC, em uma importante demonstração de confiança nos Tribunais de Justiça e Regionais Federais[19].

Daí decorre que se é certo que seria no mínimo questionável e temerária uma delegação total da função de *controle de idoneidade formal dos recursos* pelos Tribunais superiores aos Tribunais locais[20], é preciso

---

18 Nesse mesmo cenário, passam a ser especialmente importantes também os recursos especiais e extraordinários que reconheçam que, pelo não enfrentamento de determinada questão de fato ou de direito suficiente para infirmar a conclusão do Tribunal *a quo* - a implicar vício de fundamentação no acórdão recorrido -, acabariam por "fechar artificialmente" tanto STF quanto o STJ da concretização de sua principal missão constitucional.

19 Raciocínio que, de rigor, também pode ser estendido para o Tribunal Superior do Trabalho e Tribunal Superior Eleitoral quanto ao recurso extraordinário, diante da não recorribilidade imediata das decisões dos Tribunais Regionais especializados.

20 MARINONI, Luiz Guilherme; KRASSUSKI, Luiz, **Tema 1.155 submetido ao Plenário Virtual da repercussão geral no STF (parte 2)**, Revista Consultor Jurídico - ConJur, 29/6/2021, disponível online em <https://www.conjur.com.

buscar harmonizar essa função com as finalidades últimas dessa competência compartilhada, bem como com a função do STF e do STJ como cortes de precedentes, novamente, Cortes vocacionadas a julgar recursos extraordinários e especiais provenientes de casos dos quais brotem questões que necessariamente devem ser dotadas de *repercussão geral* e *relevância*.

Fixadas as premissas, podemos enfrentar duas questões que *dialogam* com ambos os lados dessa moeda: a necessidade de acórdãos bem fundamentados, e o poder compartilhado de exercício da admissibilidade/negativa de seguimento local.

3. Primeira questão: o juízo local prévio sobre a idoneidade recursal e a necessidade prática de compatibilização das hipóteses de *encaminhamento para retratação, negativa de seguimento* e *inadmissibilidade do recurso* (art. 1.030, I, II e V, do CPC) em um mesmo capítulo recorrido[21]

Como visto acima, o legislador depositou sua confiança na concretização e efetividade do sistema de precedentes aos Tribunais locais, concentradas em seus Presidentes/Órgãos Especiais[22].

Essa divisão de competências foi, em realidade, um modo inteligente e sofisticado de conjugar *jus litigatoris* (o interesse recursal subjetivo dos recorrentes) e o *jus constitutionis* (o interesse *transobjetivo* na for-

br/2021-jun-29/direito-civil-atual-tema-1155-submetido-plenario-virtual--repercussao-geral-parte>, último acesso em 31/1/2023: "(...) fica claro caber às Cortes Supremas, e apenas a elas, verificar em última análise a idoneidade formal dos casos que lhes permitirão o desempenho de suas missões constitucionais. Se esse poder for integralmente delegado, ou, então, substancialmente reduzido, ao fim e ao cabo, as Cortes locais passarão a ter verdadeiro 'poder de veto' na criação do cardápio de questões a ser analisado pelo Supremo".

21 Não poderíamos deixar de registrar o agradecimento pelo diálogo travado com os professores Dulce Dias Pontes, de Pernambuco, e Pedro Freitas, de Minas Gerais, no grupo "Observatório de concretização do Direito Processual pelos tribunais superiores e filtro de relevância no REsp", do XII Fórum Permanente de Processualistas Civis, ocorrido de 24 a 25 de março de 2023 em Brasília/DF. O presente item busca responder a algumas das inquietações debatidas.

22 Nos termos da legislação infraconstitucional hoje vigente tal questão se aplica à repercussão geral e aos recursos especiais repetitivos, apesar de tudo levar a crer que a mesma solução poderá vir a ser adotada quanto à relevância da questão federal.

mação de um precedente que reduza a *equivociade* da legislação federal infraconstitucional e constitucional), otimizando "*o trabalho do STF e da Jurisdição como um todo, de modo que, se bem aplicada a sistemática, se evite uma sobrecarga desnecessária de trabalho no Supremo diante da interposição de recursos indevidos*"[23].

A questão que se coloca, porém, é como compatibilizar a hipótese do inciso V do art. 1.030 do CPC, isso é, a realização do juízo de admissibilidade dos recursos excepcionais, com as hipóteses de negativa de seguimento (inciso I, do art. 1.030 do CPC), pelo fato de: (i) o STF já ter afirmado a inexistência de repercussão geral ou o acórdão estar em conformidade com o entendimento do STF quanto ao mérito de repercussão geral (alínea *a*); ou (ii) de o acórdão estar em conformidade com o entendimento do STJ quanto ao mérito, firmado na sistemática de recursos repetitivos (alínea *b*). Não se esqueça, ainda, da hipótese de se determinar o encaminhamento do processo para juízo de retratação ao órgão julgador prolator, caso o acórdão divirja do precedente de repercussão geral ou REsp repetitivo (art. 1.030, II, do CPC)

Vale registrar que aqui não se está a discutir a hipótese em que haja mais de um capítulo recursal autônomo no REsp ou no RE, que pode dar, legitimamente, abertura para decisões locais que simultaneamente *neguem seguimento*, ao recurso quanto a um dos capítulos, e o *inadmitam* quanto a outro. Nessa hipótese, ter-se-á uma decisão complexa que caracteriza uma das poucas exceções atualmente vigentes, na jurisdição civil, ao princípio processual da unirecorribilidade, implicando, a necessidade de interposição, simultânea, de agravo interno (AgInt), nos termos do art. 1.030, §2º, do CPC, e de AREsp e/ou ARE.

Aqui, o que se discute, é se, diante de um mesmo capítulo recursal em que já haja precedente de mérito do STF ou do STJ (incisos I e II do art. 1.030 do CPC), devem as Presidências dos Tribunais locais, ao mesmo tempo, verificar a eventual ocorrência de demais óbices processuais ao conhecimento do REsp ou RE para além da tempestividade do recurso[24], muitas delas cristalizadas nos enunciados de Súmula dos Tribunais

23 KRASSUSKI, Luiz. Como aprimorar o funcionamento da repercussão geral? Um diálogo com Luís Roberto Barroso e Frederico Montedonio Rego. In: MARINONI, Luiz Guilherme *et al* (Coord.). **Processo Constitucional.** São Paulo: RT, 2019, p. 797-830, p. 805-808.

24 Perceba-se que é fora de discussão que a tempestividade deve ser necessariamente analisada pelo Tribunal local, uma vez que implica a própria preclusão – e, de ri-

Superiores[25]. Isso é, se se deve negar seguimento a um RE ou um REsp em razão de o acórdão recorrido estar alinhado com precedente de mérito firmado em repercussão geral ou na sistemática dos recursos repetitivos e, ainda assim, afirmar que tal violação à lei federal infraconstitucional ou à Constituição suscitada no REsp ou no RE incorreria, a título de exemplo, em necessidade de reexame do arcabouço fático-probatório dos autos, em substituição à narrativa fática delineada pelo acórdão recorrida, matéria vedada pelas Súmulas/STF nº 279 e STJ nº 7.

Já adiantamos que a resposta para essa questão é negativa, isso é, não se deve a um só tempo "negar seguimento" e "inadmitir" RE e REsp quanto ao mesmo capítulo decisório em que já se tem precedente firmado pelos tribunais superiores. São três as razões para tanto.

Primeiro, porque assim se inflacionaria, indevidamente, os casos de necessidade de interposição simultânea de AgInt e ARE/AREsp, com uma complexificação processual desnecessária, e que ocorreria diante da imperiosidade de impugnação total da decisão proferida pela Presidência/Corte Especial do Tribunal local, tal como cristalizada nas Súmulas/STJ nº 192 e STF nº 287.

Segundo, porque o dispositivo (art. 1.030 do CPC) perderia sua razão de ser, esvaziando inclusive o papel dos Tribunais locais, uma vez que as decisões ali preconizadas constituiriam mero rito de passagem. Afinal, o STF e o STJ passariam a ser obrigados a dar a última palavra sobre a inadmissibilidade em todos os recursos, ainda que já firmado

gor, o trânsito em julgado – do acórdão recorrido. Tanto é assim que o art. 1.029, §3º, do CPC, abriu a possibilidade de desconsideração de vício formal não grave de REsp ou RE *desde que tempestivo*, além de o art. 1.036, §2º, do CPC possibilitar a exclusão de eventual recurso *intempestivo da ordem de sobrestamento,* que é vista como indevida, hipótese, mesmo que decorrente da sistemática dos recursos repetitivos.

25 A título de exemplo, as Súmulas/STF nº 279 (inviabilidade de revisão do arcabouço fático-probatório), 280 (não cabimento de recurso excepcional por violação a direito local), 282 e 356 (prequestionamento), 283 (completude da impugnação do capítulo recorrido), 284 (necessidade de demonstração da violação ao dispositivo apontado como violado), e as Súmulas/STJ nº 5 (inviabilidade de utilização do REsp para discutir interpretação de cláusula contratual) , 7 (inviabilidade de revisão do arcabouço fático-probatório), 13 e 83 (inviabilidade de a divergência se dar no âmbito do mesmo tribunal local, ou de o acórdão recorrido estar em consonância com a jurisprudência do STJ), 126 (completude da impugnação do capítulo recorrido por meio de recurso extraordinário quando houver fundamento constitucional autônomo) e 211 (prequestionamento).

precedente vinculante de mérito na matéria ou sobre a inexistência de *relevância e/ou transcendência*, por meio do julgamento de AREsps e AREs.

Vale lembrar, adicionalmente, que tais agravos não podem ter o trânsito retido pelos tribunais locais sob pena de usurpação da competência do STF e do STJ. Não haveria, portanto, mais um compartilhamento de responsabilidade entre Tribunais superiores e Tribunais *locais* no juízo formal de admissibilidade, mas a decisão local apenas se tornaria um rito de passagem formalista e penoso, em prejuízo para as partes e para o sistema de administração de justiça.

Terceiro, porque, se houver uma necessidade/demonstração de superação em relação ao precedente vinculante no caso concreto específico em julgamento, o ponto deverá ser efetivamente discutido no próprio julgamento do recurso ordinário (apelação ou agravo de instrumento), que, por sua vez, gerará um acórdão que desafiará um REsp ou RE dotado de alto ônus argumentativo[26]. A consequência disso é que, em princípio, tal acórdão – e posterior REsp/RE - conduzirá a uma determinação, pela Presidência, de juízo de retratação pelo órgão fracionário, a qual, se não vier a ocorrer, abrirá espaço para que seja feita, aí sim, a admissibilidade e remessa para o STF ou para o STJ, nos termos do art. 1.030, V, *c*, do CPC.

Lembre-se, ademais, que o dispositivo é textual ao afirmar caber "*realizar o juízo de admissibilidade e, se positivo, remeter o feito ao Supremo Tribunal Federal ou ao Superior Tribunal de Justiça, desde que:* (...) *c) o tribunal recorrido tenha refutado o juízo de retratação*").

Perceba-se, especialmente quanto ao último ponto (não apenas de índole prático/pragmática, mas em especial teórico), que se valoriza a competência atribuída ao Tribunal local no sistema de precedentes (especialmente contida na Presidência/Cortes Especiais dos Tribunais de

---

26 Perceba-se que não se está aqui a tratar da hipótese de correção de aplicação indevida ou teratológica de precedente vinculante pelo Tribunal local, que reclama solução distinta. Como se sabe, nesse caso o STF admite o ajuizamento de reclamação, após o esgotamento da instância ordinária, entendido como o julgamento do AgInt interposto com fundamento no art. 1.030, §2º, do CPC. Nesse sentido, v., exemplificativamente, STF, Rcl 57.117 AgR, Rel. Min Luís Roberto Barroso, Primeira Turma, j. 13/03/2023, DJe 14/03/2023 e STF, Rcl 41.487 AgR, Rel. Min. Ricardo Lewandowski, Segunda Turma, j. 22/02/2023, DJe 27/02/2023. O STJ, porém, negou completamente o cabimento de reclamação na hipótese, no precedente firmado na Rcl 36.476/SP, rel. Min. Nancy Andrighi, Corte Especial, j. 5/2/2020, DJe 6/3/2020. É possível que o STJ venha a revisitar a questão após a plena vigência da relevância da questão federal.

Justiça ou Regionais Federais). E, ainda, respectivamente, se valorizam o papel das partes, ao intensificar o ônus de se realizarem impugnações fundamentadas e sofisticadas dos precedentes vinculantes nas hipóteses de distinção ou superação, além do dever de os órgãos fracionários dos Tribunais dialogarem com os precedentes e as razões jurídicas desenvolvidas pelas partes em sua fundamentação.

Assim, por todas as pontas, se evita a incidência de recalcitrância indevida ao precedente do STF e do STJ por todos os atores processuais envolvidos, valorizando, em especial, o relevante papel desempenhado pelos Tribunais locais.

Em suma, para além do caso de intempestividade do REsp ou do RE, nossa compreensão é de que para capítulos decisórios do acórdão ligados às hipóteses previstas no art. 1.030, I e II, do CPC, isso é, *negativa de seguimento* e *encaminhamento para retratação,* não seja feito qualquer juízo complementar quanto à *inadmissibilidade do recurso*, especialmente quanto à incidência de eventuais óbices sumulares processuais do STF e do STJ, pela Presidência dos Tribunais locais.

4. Segunda questão: a zona de penumbra entre STF e STJ no controle da suficiência argumentativa dos acórdãos recorridos

Como visto até aqui, para além do papel desempenhado pelos Tribunais locais à luz do art. 1.030, do CPC, o controle da fundamentação adequada e completa dos acórdãos recorridos revela, acima de tudo, uma função de grande dignidade que também é desempenhada tanto pelo STF quanto pelo STJ. E que, no limite, não pode, nem deve, ser totalmente delegada.

Isso é, cabe aos Tribunais superiores realmente dar a última palavra sobre o controle da idoneidade argumentativa do combustível que os alimenta (*os casos*, soma de *acórdãos suficientemente bem fundamentados sobre a questão federal infraconstitucional e constitucional* e *recursos que preencham os requisitos formas e de impugnação argumentativa relevante*). Afinal, são elas, as *causas decididas*, que aportarão às cortes por meio de recursos extraordinários e especiais, que permitirão que o STF e o STJ desempenhem sua missão constitucional como cortes de precedentes[27].

27 MARINONI, Luiz Guilherme; KRASSUSKI, Luiz, **Tema 1.155 submetido ao Plenário Virtual da repercussão geral no STF (parte 2)**, Revista Consultor Jurídico – ConJur, 29/6/2021, *cit.*.

De outro lado, não é de hoje que a doutrina tem chamado a atenção para o problema da "zona de penumbra" entre ambos os tribunais para tratar especificamente sobre a sobreposição de funções entre RE e REsp, considerando a proximidade teórica e prática inerente ao ato de se interpretar à lei federal à luz da Constituição (missão outorgada pela própria Constituição a todos os órgãos jurisdicionais), e interpretar o que diz a própria Constituição[28].

Assim, há uma possível sobreposição bastante complexa e sofisticada, inclusive potencialmente quanto ao mesmo capítulo decisório de um acórdão recorrido, que pode ser lastreado em fundamento constitucional e infraconstitucional, com inúmeras repercussões importantes quanto à sua própria recorribilidade e conhecimento, seja pelo STF ou pelo STJ[29].

Para além disso, quando tratamos do tema da suficiência argumentativa da fundamentação, estão em jogo regra constitucional e de lei federal expressas, a saber, o art. 93, IX, da Constituição[30], que conduziu à edição do precedente firmado no Tema nº 339 da repercussão geral[31], e o art. 1.022, II, parágrafo único, II, que afirma ser omissa qualquer

28 MARINONI, Luiz Guilherme. **A zona de penumbra entre o STJ e o STF:** a função das Cortes Supremas e a delimitação do objeto dos recursos especial e extraordinário. São Paulo: RT, 2019.

29 Há reiterados exemplos dessa problemática, que conduzem a uma necessidade de interposição simultânea e refinada – e complexa – de ambos os recursos, sob pena de seu não conhecimento por falta de interesse de agir, como se vê, por exemplo, pelo inteiro teor das Súmulas/STJ nº 126 e STF nº 283: "É inadmissível recurso especial, quando o acórdão recorrido assenta em fundamentos constitucional e infraconstitucional, qualquer deles suficiente, por si só, para mantê-lo, e a parte vencida não manifesta recurso extraordinário" e "É inadmissível o recurso extraordinário, quando a decisão recorrida assenta em mais de um fundamento suficiente e o recurso não abrange todos eles".

30 Constituição Federal, art. 93, IX: "todos os julgamentos dos órgãos do Poder Judiciário serão públicos, e fundamentadas todas as decisões, sob pena de nulidade, podendo a lei limitar a presença, em determinados atos, às próprias partes e a seus advogados, ou somente a estes, em casos nos quais a preservação do direito à intimidade do interessado no sigilo não prejudique o interesse público à informação".

31 Repercussão geral, tema nº 399: "O art. 93, IX, da Constituição Federal exige que o acórdão ou decisão sejam fundamentados, ainda que sucintamente, sem determinar, contudo, o exame pormenorizado de cada uma das alegações ou provas". STF, Tribunal Pleno, AI 791.292 QO-RG, Rel. Ministro Gilmar Mendes, julgado em 23/06/2010, DJe divulgado em 12/08/2010.

decisão judicial que incorra em "qualquer das condutas do art. 489, §1º, do CPC[32].

O problema enfrentado por este ensaio se insere no contexto de que, ao menos em princípio, tem-se hipótese em que ambas as cortes podem – e devem – controlar, seja por violação constitucional direta, seja por violação à densificação do *dever de fundamentação* do art. 489 do CPC. Vale dizer, ambas estariam, no âmbito de suas competências, legitimadas para controlar se o acórdão recorrido é dotado de adequação apta a permitir o enfrentamento das questões federais ou constitucionais suscitadas no recurso extraordinário ou especial.

O que se pretende aqui é entender – e propor breves apontamentos – sobre a relação hoje entre a violação ao art. 1.022 do CPC e o tema nº 339 da repercussão geral à luz da função dos tribunais superiores como cortes de precedentes.

4.1. ATUAL CONFORMAÇÃO E APLICAÇÃO DO ENTENDIMENTO SOBRE A VIOLAÇÃO AO ART. 1.022 DO CPC PELO STJ

No âmbito do STJ, pode-se afirmar, com segurança, que o Tribunal, no mínimo, conhece de alegações de violação à legislação federal por violação ao art. 1.022, II, e ao art. 489, §1º do CPC, e ao dever de fundamentação das decisões judiciais, desde que tenham sido veiculadas a tempo e modo adequados no recurso especial, ainda que seja para afirmar, no mérito, a sua não ocorrência[33].

---

32 Código de Processo Civil, art. 489: "São elementos essenciais da sentença: (...) § 1º Não se considera fundamentada qualquer decisão judicial, seja ela interlocutória, sentença ou acórdão, que: I - se limitar à indicação, à reprodução ou à paráfrase de ato normativo, sem explicar sua relação com a causa ou a questão decidida; II - empregar conceitos jurídicos indeterminados, sem explicar o motivo concreto de sua incidência no caso; III - invocar motivos que se prestariam a justificar qualquer outra decisão; IV - não enfrentar todos os argumentos deduzidos no processo capazes de, em tese, infirmar a conclusão adotada pelo julgador; V - se limitar a invocar precedente ou enunciado de súmula, sem identificar seus fundamentos determinantes nem demonstrar que o caso sob julgamento se ajusta àqueles fundamentos; VI - deixar de seguir enunciado de súmula, jurisprudência ou precedente invocado pela parte, sem demonstrar a existência de distinção no caso em julgamento ou a superação do entendimento".

33 A título de exemplo: STJ, AgInt no REsp 1.991.052/MG, rel. Min. Sérgio Kukina, Primeira Turma, j. 06/3/2023, DJe 09/3/2023; STJ, AgInt no AREsp 2.136.760/MT, rel. Min. Humberto Martins, Segunda Turma, j. 06/3/2023, DJe 3/3/2023; STJ,

Isso é, mesmo quando no mérito do recurso especial a Corte nega provimento aos recursos ou ainda, em sede de AREsp, os conhece para negar provimento ao REsp quanto ao vício de fundamentação suscitado, é inquestionável que a questão, vale dizer, a "suficiência argumentativa da fundamentação adotada pelo Tribunal *a quo*", é reiteradamente enfrentada.

De outro lado, ainda que a sua jurisprudência seja bastante restritiva quanto ao *provimento* de recursos especiais pela insuficiência da fundamentação local, algumas hipóteses de provimento se destacam, em especial:

(i) o provimento do REsp diante de omissão quanto à matéria fática relevante, importante para a causa de pedir e, consequentemente, para a densificação do sentido da lei federal (causa decidida), em especial pela impossibilidade de revisão de fatos e provas na instância extraordinária. Nesse sentido, confiram-se os seguintes exemplos ilustrativos:

> "(...) **2. Ocorrência de omissões relevantes no exame da alegação de que as rés teriam agido com dolo, induzindo-a a erro, e de que haveria, pois, vício de consentimento, abuso de confiança e de ofensa às normas protetivas do consumidor e do idoso.**
>
> 3. Tribunal de origem que não apresentou fundamentação adequada e suficiente, tendo deixado de examinar, com a devida extensão e profundidade, todas as provas dos autos em face da pretensão formulada pela autora, a prejudicar o exame do mérito da questão por parte deste Superior Tribunal e a negar à autora a prestação jurisdicional a que tem direito.
>
> 4. Necessidade de retorno dos autos à origem para rejulgamento dos embargos de declaração, de modo a sanar as omissões verificadas, bem como examinar, com detalhe e profundidade, todas as provas constantes dos autos, mormente diante da gravidade dos fatos alegados. (...)".
>
> (STJ, Resp 1.928.874/SP, rel. Min. Paulo de Tarso Sanseverino, Terceira Turma, j. 08/11/2022, DJe 11/11/2022)

AgInt no AgInt no AREsp 2.088.504/RJ, rel. Min. Moura Ribeiro, Terceira Turma, j. em 06/3/2023, DJ 09/3/2023; STJ, AgInt no REsp 2.006.334/PB, rel. Min. Maria Isabel Gallotti, Quarta Turma, j.13/3/2023, DJ de 16/3/2023.

"(...) **1. Ofendem os arts. 489 e 1.022 do CPC/15 acórdão que, a despeito da oposição de embargos de declaração, não examina matéria essencial ao deslinde da controvérsia.**

2. Agravo interno a que se nega provimento"

(STJ, AgInt nos EDcl no AREsp 2.050.302/SP, rel. Min. Maria Isabel Gallotti, Quarta Turma, j. 12/12/2022, DJe 16/12/2022)

"(...) Com efeito, verifico que **a parte agravada buscou a manifestação da Corte local acerca da existência nos autos de prova dotada de fé pública declarando que o imóvel objeto da penhora "cuja desconstituição se buscava com amparo nas disposições da Lei 8.009/90, servia de residência familiar ao casal"** (...).

O Tribunal de origem, por sua vez, instado a se pronunciar, **não enfrentou o argumento trazido pela parte**, conforme se extrai dos seguintes trechos do acórdão recorrido (...):"

(STJ, AgInt nos EDcl no AREsp 2.050.302/SP, rel. Min. Maria Isabel Gallotti, Quarta Turma, j. 12/12/2022, DJe 16/12/2022, trecho do voto da relatora)

(ii) o provimento do REsp diante de omissão quanto à matéria jurídica relevante, importante para o prequestionamento da suscitada violação à lei federal. Confira-se:

"(...) II - Na hipótese dos autos, não houve, no acórdão recorrido, exame detalhado acerca das matérias articuladas nos aclaratórios.

III - O Estado ofereceu embargos de declaração buscando pronunciamento da Corte de origem, mas o apelo foi rejeitado. Sustenta que a Corte local não se manifestou sobre a interpretação do art. 982, I, do CPC/2015, no tocante à expressão "processos pendentes" e sobrestamento deste processo.

IV - Nesse contexto, impõe-se o provimento do recurso especial em face da reconhecida violação dos arts. 489 e 1.022 do CPC/2015.

Nesse sentido: AgInt nos EDcl no REsp n. 1.911.483/PE, relatora Ministra Assusete Magalhães, Segunda Turma, julgado em 28/6/2021, DJe 30/6/2021; AgInt no AREsp n. 1.377.683/SP, relator Ministro Gurgel de Faria, Primeira Turma, julgado em 28/9/2020, DJe 1º/10/2020.

V - Agravo interno provido nos termos da fundamentação.

(STJ, AgInt no REsp 1.818.528/PR, rel. Min. Francisco Falcão, Segunda Turma, j. 25/4/2022, DJe 28/4/2022)

De outro lado, a jurisprudência mais atual da Corte, especialmente nas Turmas de Direito Público, é no sentido de que não seria possível analisar violações ao art. 1.022 e ao art. 489 do CPC quanto a omissões na fundamentação dos acórdãos recorridos, suscitadas quanto a questões de natureza constitucional. Na compreensão do STJ haveria, na hipótese, usurpação da competência do STF. Nesse sentido, confiram-se os seguintes julgados:

> (...) 2. **Não cabe ao Superior Tribunal de Justiça, com vistas a examinar suposta ofensa ao art. 1.022 do CPC/2015, aferir a existência ou não de omissão do Tribunal de origem acerca de matéria constitucional, sob pena de usurpação da competência do STF**. (...)
>
> (STJ, AgInt no AREsp 1.948.285/PE, rel. Min. Manoel Erhardt (Desembargador Convocado do TRF5), Primeira Turma, j. 28/3/2022, DJe 30/3/2022)

> (...) 1. Firme é o entendimento desta Corte no sentido de que "não cabe ao Superior Tribunal de Justiça, a pretexto de examinar suposta ofensa ao art. 1.022, II, do CPC, aferir a existência de omissão do Tribunal de origem acerca de matéria constitucional, sob pena de usurpar a competência reservada ao Supremo Tribunal Federal" (AgInt no REsp 1.377.313 /CE, Rel. Ministra Assusete Magalhães, Segunda Turma, DJe de 26/4/2017; AgInt no AREsp 224.127/SP, Rel. Ministro Raul Araújo, Quarta Turma, DJe de 10/2/2017; AgRg no AREsp 743.167/SP, Rel. Ministro Herman Benjamin, Segunda Turma, DJe de 2/2/2016).
>
> (STJ, AgInt no AREsp 1.388.645/AP, rel. Min. Sérgio Kukina, Primeira Turma, j. 30/8/2021, DJe 02/9/2021)

> (...) 3. Ressalta-se ainda que também é descabido, nesta via recursal, analisar omissão quanto a teses e dispositivos constitucionais, mesmo por suposta afronta ao art. 1.022 do CPC/2015, sob pena de usurpar a competência do Supremo Tribunal Federal.
>
> 4. Agravo conhecido para não se conhecer do Recurso Especial.
>
> (STJ, AREsp 1.588.033/RS, rel. Min. Herman Benjamin, Segunda Turma, j. em 21/11/2019, DJe 19/12/2019)

Percebe-se, portanto, que ainda que a jurisprudência do STJ seja no sentido de conhecer alegações sobre violação aos dispositivos do CPC em razão da insuficiência da fundamentação dos acórdãos recorridos, inclusive provendo os recursos especiais quando tal omissão implique revolvimento fático ou prequestionamento, a Corte é bastante autocontida em fazer o mesmo no que se refere a omissões argumentativas ligadas a possível violação à Constituição Federal, em razão de deferência à jurisdição e competências específicas do STF.

O problema, aqui, é que o STJ deixa de enfrentar uma hipótese importante de violação à legislação federal (aos arts. 1.022 e 489 do CPC), e que, de rigor, deixa de atender aos próprios pressupostos delineados pela sua jurisprudência – ainda que com o objetivo nobre de respeito à competência do STF. Vale dizer, a corte deixa de reconhecer omissão quanto à matéria fática ou jurídica relevante, importante para a causa de pedir, e para a densificação subsequente do sentido da Constituição, pontos importantes, considerando-se a necessidade de o STF e o STJ rejulgarem *causas decididas*.

Como se verá a seguir, o ponto é particularmente grave considerando o entendimento atualmente prevalente no STF quanto à matéria.

4.2. Atual conformação e aplicação do entendimento sobre a violação ao art. 93, IX, da CF pelo STF (Tema nº 339 da repercussão geral)

No STF consolidou-se o precedente firmado no Tema nº 339 da repercussão geral, de 2010, no sentido de que se o acórdão for fundamentado, ainda que sucintamente, não se exigiria o exame pormenorizado de cada uma das alegações das partes ou mesmo das provas produzidas nos autos. Isso é, havendo fundamentação sucinta pelo Tribunal *a quo,* inexistiria violação ao art. 93, IX, da Constituição Federal[34], mesmo que o acórdão realmente tivesse sido omisso quanto a questão relevante, fática e/ou jurídica, apta a infirmar a conclusão a que chegou o Tribunal *a quo*.

A aplicação do entendimento tem sido majoritariamente realizada no âmbito das duas Turmas do STF sem grandes modificações ou aprofundamentos[35], inclusive afirmando-se, em alguns casos, que os recur-

34 Repercussão geral, tema nº 399: "O art. 93, IX, da Constituição Federal exige que o acórdão ou decisão sejam fundamentados, ainda que sucintamente, sem determinar, contudo, o exame pormenorizado de cada uma das alegações ou provas". STF, Tribunal Pleno, AI 791.292 QO-RG, Rel. Ministro Gilmar Mendes, julgado em 23/06/2010, DJe divulgado em 12/08/2010.

35 A título de exemplo: STF, RE 1.292.418 AgR, rel. Min. Edson Fachin, Segunda Turma, j.05/12/2022, DJe 08/2/2023; STF, RE 1.110.955 AgR, rel. Min. Alexandre de Moraes, Primeira Turma, j. 04/10/2021, DJe 13/10/2021.

sos incorreriam na necessidade de reexame do acervo fático-probatório dos autos (Súmula/STF nº 279)[36].

Como exceção a essa regra geral de aplicação do precedente, percebeu-se uma tendência de aproximação do Tema nº 339 com o comando normativo do art. 489, §1º, IV, do CPC, em especial em decisões de relatoria da Min. Rosa Weber. Nelas se chegou a afirmar que "*enfrentadas todas as causas de pedir veiculadas pela parte, capazes de, em tese, influenciar no resultado da demanda*", nesse contexto "(...) *fica* [ria] *dispensando o exame detalhado de cada argumento suscitado, considerada a compatibilidade entre o que alegado e o entendimento fixado pelo órgão julgador*"[37].

Percebe-se, portanto, que o STF, em princípio, mantém uma postura tímida quanto à anulação de acórdãos locais por insuficiência de fundamentação, aplicando o Tema nº 339 da repercussão geral sem adentrar, como regra geral, na importante discussão sobre a possibilidade de o argumento ou questão omissa ser relevante para o julgamento do caso.

4.3. PROPOSTA DE COMPATIBILIZAÇÃO

Como se mostrou acima, está-se diante de uma situação bastante sensível. De um lado, o STF e o STJ, como cortes de precedentes, têm a importante missão de selecionar os casos que lhes deem condições de pinçar questões federais infraconstitucionais e constitucionais *relevantes*, para que possam, a partir do manancial de casos, fazer brotar precedentes capazes de desenvolver o direito federal e constitucional. De outro, tem que controlar a suficiência argumentativa dos acórdãos recorridos, sob pena de se verem privadas da possibilidade de desenvolver adequadamente a sua principal missão constitucional, a qual é indelegável.

O STJ, por sua vez, tem conhecido recursos especiais interpostos com fundamento no art. 1.022 e 489 do CPC, inclusive provendo-os diante de situações de fato ou de direito que impeçam o desempenho da função primeira da Corte. Apesar disso, tem sido autocontido em reconhecer omissões que estejam relacionadas com matéria constitucional, a fim de não usurpar a jurisdição do STF.

---

36 *E.g.* STF, RE 1394518 AgR, rel. Min. Luís Roberto Barroso, Primeira Turma, j. 03/11/2022, DJe 22/11/2022.

37 *E.g.* STF, ARE 1.271.602 AgR, rel. Min. Rosa Weber (Vice-Presidente), Tribunal Pleno, j. 15/12/2020, DJe 15/01/2021; STF, ARE 1.285.938 AgR, rel. Min. Rosa Weber, Primeira Turma, j. 07/12/2020, DJe 09/12/2020.

Uma possível solução para o ponto seria o STJ reconhecer que está no âmbito de um controle de suficiência de fundamentação regulamentado pela legislação federal, de modo que sua atuação na matéria não implicaria violação a competência do STJ (arts. 489 e 1.022 do CPC).

Ocorre, porém, que o ponto tem se tornado ainda mais grave pelo entendimento hoje prevalecente no próprio STF. Vale dizer, a Suprema Corte não tem adentrado em um juízo similar ao preconizado pelo art. 489 do CPC quanto à anulação de acórdãos locais, aplicando de forma indistinta o precedente firmado no Tema nº 339 da repercussão geral. Como se pode perceber, nesse cenário é preciso buscar compatibilizar a autocontenção do STJ na matéria, com uma revisitação do Tema nº 339 pelo STF.

Uma outra possível solução, para além da superação do entendimento atual do STJ, é o STF se aproximar da prática do STJ de reconhecer a necessidade de anulação do acórdão local quando a omissão puder inviabilizar a própria jurisdição recursal pelo STF. Isso é, quando a omissão for relevante a ponto de até mesmo inviabilizar um posterior recurso extraordinário.

Perceba-se que o que ora se afirma, ainda que não constitua a prática atual da corte, já foi enfrentado pela Segunda Turma do STF em agravo em recurso extraordinário recentemente julgado (maio de 2022). Confira-se:

> AGRAVO INTERNO NOS EMBARGOS DE DECLARAÇÃO NO RECURSO EXTRAORDINÁRIO COM AGRAVO. TRIBUTÁRIO. ICMS. SERVIÇOS DE VALOR ADICIONADO. COISA JULGADA. ENFRENTAMENTO. NEGATIVA DE PRESTAÇÃO JURISDICIONAL. DEFICIÊNCIA NA FUNDAMENTAÇÃO. NULIDADE. ARTIGO 93, IX, DA CONSTITUIÇÃO FEDERAL. VIOLAÇÃO. OCORRÊNCIA.
>
> 1. Implica negativa de prestação jurisdicional o desprovimento de embargos de declaração opostos ante arguida existência de vício, na hipótese de o Tribunal de origem não haver apreciado a matéria neles versada.
>
> **2. Articulada no recurso extraordinário ofensa ao art. 93, IX, da Constituição Federal, impõe-se a nulidade do acórdão recorrido.**
>
> **3. Agravo interno provido, determinando-se o retorno do feito à origem para o enfrentamento dos argumentos veiculados nos declaratórios.**
>
> (STF, ARE 1.210.762 ED-AgR, rel. Min. Nunes Marques, Segunda Turma, j. 17/05/2022, DJe 20/6/2022)

De todo modo, o relevante é que a questão que ora se coloca não seja ignorada e possa ser equacionada, seja pelo STJ, seja pelo STF. No final das contas, estamos diante de uma zona penumbral entre ambas as cortes que merece nossa atenção e cuidado, tendo em vista que pode, no longo prazo, inviabilizar o bom funcionamento de ambas como cortes de precedentes.

5. Conclusões

Em síntese, quanto às duas questões trabalhadas no presente ensaio em homenagem ao prof. Roberto Rosas, concluímos que:

(i) a melhor forma de compatibilizar as hipóteses de decisão previstas no art. 1.030, I, II e V, do CPC, quando relacionadas a um mesmo capítulo decisório do acórdão recorrido, é a Presidência dos Tribunais locais, após verificar a tempestividade do recurso excepcional, se limitar a realizar o *encaminhamento para retratação* ou a *negativa de seguimento*, quando cabíveis, sem adentrar em demais razões de *inadmissibilidade do recurso especial ou extraordinário* quanto a esse mesmo capítulo recursal;

(ii) a operação do STF e do STJ como cortes de precedentes inclui o controle da suficiência argumentativa dos acórdãos recorridos, de modo a viabilizar a boa seleção de casos dos quais emergirão as questões federais infraconstitucionais e constitucionais *relevantes*. Diante da autocontenção do STJ frente a omissões de índole constitucional, é importante que o STJ supere o seu entendimento atual, ou, então, que o STF revisite o Tema nº 339 da repercussão geral, aumentando a plasticidade de sua atuação na matéria.

A Relevância da Questão Federal no Recurso Especial e seus Prováveis Impactos na Prestação Jurisdicional do Superior Tribunal de Justiça

Mauro Campbell Marques[1]

1. Introdução

Há quase um século, juristas brasileiros vêm sendo desafiados a pensar uma solução para a quase perene *crise do Poder Judiciário*, invariavelmente contextualizada por dados estatísticos que revelam, na frieza dos números, um fato inarredável da realidade jurídica no Brasil: o número avassalador de ações, cujo trâmite se arrasta por anos – *às vezes décadas!* – da primeira instância às Cortes Superiores.

Foi num desses cenários de crise, acentuado pela sobrecarga de trabalho do Supremo Tribunal Federal, que, a partir dos anos 60, passou-se a se debater sobre a necessidade de criação de outro tribunal que pudesse assumir parcela da competência da Suprema Corte. Este tribunal viria a ser criado com a Constituição de 1988: o Superior Tribunal de Justiça.

Para além da criação do Superior Tribunal de Justiça e da nova conformação do Poder Judiciário trazida pela Constituição de 1988, variadas soluções, decorrentes de sucessivas reformas processuais, já foram implementadas no cenário jurídico nacional, numa busca constante por maior efetividade na prestação jurisdicional e por maior celeridade na sua entrega. Desde o surgimento da antecipação da tutela, em 1994, passando pela redução das hipóteses de cabimento de agravo de instrumento, criação de agravo retido, modificação do regime dos embargos infringentes, da ação rescisória, foram muitas as reformas processuais havidas no Brasil, todas, sem exceção, orientadas pela efetividade e celeridade da prestação jurisdicional.

Relevantes que tenham sido essas reformas, entretanto, nenhuma foi tão impactante quanto aquelas trazidas pela Emenda Constitucional

---

1 Bacharel em Direito pelo Centro Universitário Metodista Bennett – UniBennett. Foi Procurador-Geral de Justiça do Ministério Público do Estado do Amazonas e Secretário de Segurança Pública do mesmo ente federativo. Foi Corregedor-Geral da Justiça Federal entre 2016-2017 e Ministro do Tribunal Superior Eleitoral entre 2020-2022. É Diretor da Escola Nacional de Formação e Aperfeiçoamento de Magistrados e Ministro do Superior Tribunal de Justiça.

nº 45 de 2004, que, dentre outras inovações, cristalizou em texto o princípio da duração razoável do processo, e, no que mais importa ao presente artigo, incluiu § 3º ao art. 102 da Constituição Federal para exigir que, na interposição do recurso extraordinário, o recorrente demonstrasse a repercussão geral das questões constitucionais discutidas no caso.

Seguramente, a Emenda Constitucional nº 45/04, e sua posterior regulamentação, geraram uma nova concepção acerca das funções do Supremo Tribunal Federal, que se serviu da repercussão geral não apenas como um filtro recursal, mas, também, como instrumento para a elaboração de precedentes vinculantes e para a construção da sua própria agenda.

Esse breve introito histórico e essa perspectiva acerca da importância da repercussão geral para o Supremo Tribunal Federal são essenciais à contextualização do objeto do presente artigo. Aqui, pretende-se analisar as funções atribuídas pelo constituinte ao Superior Tribunal de Justiça e a ressignificação da Corte a partir da análise da relevância da questão federal, inserida na Constituição Federal como requisito do recurso especial pela Emenda Constitucional nº 125/2022, após mais de uma década de tramitação da proposta.

Neste artigo, demonstrar-se-á o atual paradoxo existente entre a função atribuída ao Superior Tribunal de Justiça pela Constituição Federal e a sua prática processual, buscando-se averiguar em que medida o Tribunal pode – ou deve – mover-se do controle sobre a correta aplicação da lei à atribuição de sentido à norma e ao desenvolvimento do Direito, e, ainda, a importância de um filtro recursal nesse contexto de mudança.

Por fim, far-se-á a análise da relevância da questão federal como verdadeiro ponto de inflexão nesse giro funcional do Superior Tribunal de Justiça, buscando-se compreender a função do instituto, se apenas um mero filtro recursal ou se um meio adequado de formação de precedentes, e, ainda, serão avaliados os prováveis circuitos processuais no âmbito da Corte que podem resultar da sua efetiva implementação

2. Função constitucional e ressignificação do Superior Tribunal de Justiça

O Superior Tribunal de Justiça foi criado com uma finalidade bastante clara, qual seja, a de ser o intérprete máximo das normas federais infraconstitucionais, função que herdou do Supremo Tribunal Federal, com o intuito principal de desafogar a Corte Suprema. Tal função, estampada no art. 105 da Constituição Federal, não inspira qualquer dissidência doutrinária[2]

Paradoxalmente, a prática processual parece ter erigido o Superior Tribunal de Justiça a uma verdadeira instância de correção de decisões proferidas pelos Tribunais Estaduais e pelos Tribunais Regionais Federais. E, sobre isso, há casos bastante emblemáticos, e até pitorescos, dessa distorcida função atribuída à Corte.

Em 2015, por exemplo, a Segunda Turma foi provocada a decidir sobre a incidência de contribuições sociais na importação de girafas[3]. Também a Segunda Turma já teve que examinar se seria cabível a impetração de habeas corpus em favor de chipanzés[4]. O Tribunal já foi insta

---

2 A propósito, Athos Gusmão Carneiro afirma que [...] "a instituição do Superior Tribunal de Justiça atendeu a tais reclamos. A uma, liberando o Supremo Tribunal Federal para um menos atribulado exercício de sua missão maior, de custódia da Constituição Federal e órgão tutelar dos direitos e garantias individuais. A duas, com a substituição do Tribunal Federal de Recursos – até então o principal tribunal de 2º grau da Justiça Federal, por cinco Tribunais Regionais Federais, melhor aparelhados para servir como instância recursal ordinária das decisões dos juízes federais. Finalmente, o Superior Tribunal de Justiça, como tribunal nacional, posto acima dos Tribunais Regionais Federais e dos Tribunais dos Estados, irá exercer, sem óbices regimentais, a tutela da legislação federal infraconstitucional, nos casos previstos na Lei Maior" (CARNEIRO, Athos Gusmão. Recurso especial, agravos e agravo interno. Rio de Janeiro: Forense, 2003. p. 4).
Na mesma linha, Teresa Arruda Alvim e Bruno Dantas ensinam que, "por meio do recurso especial, o STJ exerce sua função principal, que é a de assegurar a inteireza do sistema jurídico federal infraconstitucional, garantindo que está sendo aplicado em todo o Brasil e na mesma interpretação. A relevância política dessa função é evidente, uma vez que, por sua atuação, devem-se garantir isonomia, segurança e previsibilidade, sendo o recurso especial uma exigência de síntese do Estado Federal. É recurso de estrito direito, cuja vocação é fazer valer o ordenamento jurídico, embora, já que se trata de recurso, venha também a beneficiar o recorrente. Por isso se diz que o interesse da parte é um veículo do interesse geral (Vehikel des Allgemeinteresses)" ARRUDA ALVIM, Teresa; DANTAS, Bruno. Recurso especial, recurso extraordinário e nova função dos tribunais superiores precedentes no direito brasileiro [livro eletrônico]. 4ª ed. São Paulo: Thomson Reuters Brasil, 2019.

3 https://www.stj.jus.br/sites/portalp/Paginas/Comunicacao/Noticias-antigas/2015/2015-08-25_08-47_Se gunda -Turma-mantem-incidencia-de-contribuicoes-sociais-na-importacao-de-girafas.aspx

4 https://stj.jusbrasil.com.br/noticias/106103/stj-julga-se-chimpanzes-devem-permanecer-em-cativeiroou-se-serao-soltos

do a decidir se um *golden retriever* poderia – ou não – utilizar o elevador social de condomínio[5].

Mais recentemente, a mesma Segunda Turma foi demandada a se manifestar sobre a necessidade de remoção/transferência de Robinho, não o jogador de futebol, mas o Urso Robinho, do zoológico de Goiânia para um Santuário no interior de São Paulo em razão de más-condições de habitação[6]. O próprio caso do jogador, ademais, é também sujeito à jurisdição do STJ que, no âmbito de pedido de homologação de decisão estrangeira formulado pelo Ministério da Justiça, decidirá se a sentença proferida pela Justiça Italiana poderá, ou não, ser executada no Brasil[7].

São variadas as demandas – *recursais e originárias* – articuladas junto à Corte diariamente, o que resulta em um número impressionante de processos que aportam no Superior Tribunal de Justiça todos os anos, transformando o Tribunal, seguramente, no mais produtivo do país e do mundo. Apenas em 2022, foram distribuídos aos Ministros mais de 430.000 processos e julgados 441.902 processos. Se considerados os recursos internos – *agravos interno e regimental e embargos declaração* – o número é ainda mais assustador: foram 588.413 decisões proferidas em 2022[8].

Outro dado que deve ser destacado na atual prática processual do Superior Tribunal de Justiça é o de que, de 2016 a 2018, do total de processos decididos, o percentual de julgados colegiados não alcançou, na média, 3% dos casos[9]. Em 2021, de 427.885 processos julgados, apenas 5200 foram decididos colegiadamente, o que representa apenas 1,2% do total[10].

---

5 https://www.stj.jus.br/sites/portalp/Paginas/Comunicacao/Noticias/2022/22112022-Obra-lancada-nesta-terca--22--discute-novo-filtro-processual-do-STJ.aspx

6 AgInt no AREsp n. 2.102.248, Relator Ministro Francisco Falcão, sessão virtual de 22-11 a 28-11-2022.

7 https://www.stj.jus.br/sites/portalp/Paginas/Comunicacao/Noticias/2023/23022023-STJ-determina-citac ao-de-Robinho-no-processo-que-discute-cumprimento-da-pena-por-estupro-no-Brasil.aspx

8 Dados disponíveis em: https://www.stj.jus.br/docs_internet/processo/boletim/2022/Relatorio2022.pdf. Consulta realizada em 27/2/2023

9 Dadosdisponíveisem:https://app.powerbi.com/view?r=eyJrIjoiNjY4ZjBhZTUtMTg3NS00NT kxLWIyNWItODMwMmI4NTYzNjJhIiwidCI6ImRlMjNkNWYwLWNjYWMtNGM4NC04MWQ2LTI4OTJhOGMwNTVhYSJ9&pageName=ReportSectionf21b3ef02bef59259ffe. Acesso em 27/02/2023

10 Dados disponíveis em: https://www.stj.jus.br/docs_internet/processo/boletim/2022/Relatorio2022.pdf. Consulta realizada em 27/2/2023

Significa dizer: de todos os processos que chegam ao Tribunal, mais de 97% deles são decididos de maneira singular, o que leva à compreensão de que se enquadram nas hipóteses legais ou regimentais que autorizam o relator a decidir os respectivos processos, a saber, ou são manifestamente inadmissíveis, prejudicados ou não impugnaram os fundamentos da decisão recorrida, ou contêm algum vício que impede seu conhecimento, ou são recursos interpostos contra acórdãos conformados à jurisprudência da Corte ou, ainda, atacam acórdãos que discrepam da jurisprudência consolidada no Tribunal[11]. É de se indagar: será que todos esses processos deveriam chegar ao Superior Tribunal de Justiça? Ou há um desvirtuamento da sua função constitucional?

A resposta a essas questões não é simplória e passa, necessariamente, por um olhar atento à missão Constitucional do Superior Tribunal de Justiça, pelo reconhecimento da função exercida atualmente pelo Tribunal e pelo papel que deve desempenhar a Corte num sistema de precedentes judiciais[12].

Em artigo doutrinário, o Ministro Sidnei Benetti[13] bem esquadrinhou essa relação entre a demanda por correção de decisões proferidas em litígios individuais e a função do STJ:

> A função do Superior Tribunal de Justiça, como Corte nacional, no sistema de organização judiciária do país, consiste em, pela operação de abstração à análise dos precedentes individuais, extrair a ideia universal jurídica que constitui a jurisprudência.

---

11 Conforme art. 932, do Código de Processo Civil de 2015, e arts. 253 e seguintes do Regimento Interno do Superior Tribunal de Justiça.

12 Em que pese a ainda viva discussão acerca da existência ou não de um sistema de precedentes judiciais no Brasil, tal ponto não constitui objeto de investigação do presente trabalho. Parte-se, aqui, de uma concepção prévia de que há no ordenamento jurídico brasileiro um sistema orientado à formação e aplicação de precedentes obrigatórios. Em sentido contrário, por todos: Lênio Streck (https://www.conjur.com.br/2016-set-29/senso-incomum-critica-teses-defendem-sistema-precedentes-parte-ii). Outros autores possuem uma visão diversa acerca do que vem a ser precedente. Roberto Rosas, por exemplo, afirma ser o precedente "uma decisão anterior persuasiva para decisões futuras. Não é compulsória; apenas norteará o futuro julgador a seguir aquela decisão. Serve de informação, de simplificação de trabalho. Não é obrigatório." (ROSAS, Roberto. Direito Sumular: Comentários às Súmulas do Supremo Tribunal Federal e do Superior Tribunal de Justiça. 11ª ed. São Paulo: Malheiros. p. 8)

13 BENETI, Sidnei. Formação de jurisprudência nacional no Superior Tribunal de Justiça in Doutrina: edição comemorativa 25 anos.

> Vê-se que o Superior Tribunal de Justiça possui missão constitucional muito mais profunda que a por vezes erroneamente imaginada de julgar conflitos individuais trazidos pelos jurisdicionados. Acima de cada litígio unitário e além do interesse de cada litigante, compõe o Superior Tribunal de Justiça a visão panorâmica do conjunto. Em outras palavras, exige-se a visão de toda a sociedade que frequenta os autos vindos a exame no Superior Tribunal de Justiça.
>
> Daí se segue que o julgamento do Superior Tribunal de Justiça é de interesse, antes de mais nada, de toda a sociedade brasileira. Quando as partes trazem o caso ao Superior Tribunal de Justiça, buscando a reforma do julgado do tribunal de origem, que as desfavoreceu, fazem-no implicitamente pedindo, em primeiro lugar, a proclamação da jurisprudência para toda a sociedade nacional e, apenas em segundo lugar, a reforma do julgado para que o julgamento que as desamparou seja corrigido de acordo com a jurisprudência, que se proclame.

Na mesma linha, Sérgio Bermudes[14], ao tratar da finalidade dos recursos extraordinários, sustenta o seguinte:

> Embora os recorrentes os interponham com o indissimulável propósito de satisfazer suas pretensões, os chamados recursos extraordinários foram criados pela Constituição com a finalidade primordial de assegurar a hegemonia dela própria e do direito positivo federal. Mediante o julgamento desses recursos, o Supremo Tribunal Federal e o Superior Tribunal de Justiça, se terminam revendo pronunciamentos contrários aos recorrentes, exercem a jurisdição com o transcendental objetivo de indicar aos demais órgãos do Judiciário e à nação o sentido, o alcance, a vontade das normas constitucionais e de direito federal, assegurando-lhes interpretação e a consequente aplicação, tanto quanto possível, uniformes.

Percebe-se que, nada obstante nenhuma referência tenha sido feita pelos dois juristas nos excertos citados, é possível extrair deles a correta compreensão da missão constitucional do Superior Tribunal de Justiça e do recurso especial, seja considerado o contexto jurídico anterior ao Código de Processo Civil de 2015, seja no cenário atual, tendo presente a transmutação que vem experimentando o Superior Tribunal de Justiça, passando de Corte de controle à Corte de precedentes.

---

14 BERMUDES, Sérgio. Introdução ao processo civil. 6ª ed. Rio de janeiro: Forense, 2019. p. 146.

Para a adequada compreensão sobre a função do Superior Tribunal de Justiça, entretanto, é imprescindível que os operadores do direito, e mesmo os próprios integrantes da Corte, façam uma análise acurada acerca da expectativa gerada pelo Tribunal no exercício das suas funções: ou se tem uma Corte com os olhos no passado, a corrigir equívocos de outras instâncias na interpretação e na aplicação das leis, ou se pretende uma Corte voltada ao futuro, com um atuar prospectivo, desenvolvendo o direito que deve orientar a vida em sociedade.

2.1. Entre a correta aplicação da lei e a atribuição de sentido à norma jurídica

Esse aparente conflito de identidade pelo qual passa o Superior Tribunal de Justiça – *ora Corte de correção, ora Corte de interpretação* –, se equilibrando entre o julgamento de centenas de milhares de processos, que veiculam apenas interesses individuais, e a elaboração de teses em regime de recursos repetitivos, utilizado como meio de produção de decisões de observância obrigatória, tende a ser equalizado com a implementação da relevância da questão federal, como se verá mais adiante.

Todavia, para o desenvolvimento do tema, é preciso que se compreenda um importante elemento presente na conformação do Tribunal em Corte de precedentes, fazendo-se uma necessária releitura do artigo 105, inciso III, da Constituição Federal, que estratifica a missão constitucional do Superior Tribunal de Justiça. A busca por uma única e correta interpretação do texto legal já não deve pautar a atuação do Tribunal, mas, sim, a concepção de que cabe à Corte, mediante interpretação e individualização dos sentidos que racionalmente podem ser extraídos da lei, decidir qual o sentido que, estando mais ajustado às normas constitucionais e ao momento histórico-social, deve nortear as relações jurídicas na sociedade.

Quanto ao ponto, essencial a lição de Luiz Guilherme Marinoni[15]:

> A transformação da função da Corte outorga novo significado à ideia de "uniformidade". O problema não mais está em declarar o sentido exato da lei para propiciar a "uniformidade das decisões" dos tribu-

15 MARINONI, Luiz Guilherme. O STJ enquanto corte de precedentes [livro eletrônico]: recompreensão do sistema processual da corte suprema. 3ª ed. São Paulo: Thomson Reuters Brasil, 2019.

> nais ordinários; busca-se agora, mediante a voz da Suprema Corte, o "sentido e a unidade do direito" para a orientação da sociedade e para a promoção da igualdade. Não mais importa controlar as decisões, porém definir o direito que deve orientá-las. A decisão da Suprema Corte, bem por isso, não mais tem caráter puramente retroativo, derivado da declaração da lei, mas está preocupada com o futuro, em orientar os jurisdicionados e em servir de critério para as vindouras decisões judiciais. Daí porque a "uniformidade", no novo contexto de Corte Suprema, não visa a tutelar a lei, mas objetiva garantir a igualdade perante o direito revelado nos precedentes. Aliás, não é por outro motivo que aí é preferível falar em unidade do direito (fim da Corte de Interpretação) do que em uniformidade da jurisprudência (meio que a antiga Corte empregava para o controle).

Ainda nessa seara, a corroborar a assertiva já declinada, de que o Superior Tribunal de Justiça, enquanto Corte de interpretação, não deve revelar o significado exato do texto legal, mas, sim, atribuir-lhe sentido, Daniel Mitidiero[16] decompõe a operação a ser realizada pelo Tribunal:

> No âmbito da interpretação jurídica, o modelo de Corte Suprema pressupõe a adoção da teoria *lógico-argumentativa* da interpretação. Nesse contexto, interpretar não significa revelar, mediante uma atividade *exclusivamente* cognitivista, o único e verdadeiro significado intrínseco do texto normativo. Nessa linha, a teoria lógico-argumentativa é uma *teoria não cognitivista*, também conhecida como *cética* ou *realista*. Interpretar – aqui entendida interpretação como *"interpretazione-attività"*[1] – significa *atribuir significado* a um texto e a elementos não textuais da ordem jurídica. Como se trata de atividade potencialmente *equívoca*, o processo interpretativo depende da *individualização*, *valoração* e *escolha* de significados possíveis das palavras constantes dos enunciados. Desse modo, a interpretação acarreta sempre uma *escolha* do intérprete dentre significados alternativos concomitantes e possíveis. Como a interpretação é um processo que visa à redução da equivocidade do enunciado e definição da norma que se última mediante uma *escolha* – ainda que lógica e argumentativamente guiada – do intérprete, o seu resultado não pode ser qualificado como exato, correto ou único possível. Dito claramente: *inexiste uma*

16 MITIDIERO, Daniel. Cortes superiores e cortes supremas [livro eletrônico]: do controle à interpretação, da jurisprudência ao precedente. 3ª ed. São Paulo: Thomson Reuters Brasil, 2022.

> *única resposta correta para todo e qualquer problema interpretativo.* A interpretação do Direito admite a obtenção de uma *pluralidade de significados*, dada a *equivocidade* da linguagem jurídica ("*legal language is vague*") e a inevitável necessidade de *escolhas* para determinação do seu sentido normativo ("*legal reasoning includes value judgments*").

Essa unidade do direito, que deve ser perseguida pelo Tribunal, por meio de outorga de sentido aos textos normativos, é precisamente o trabalho que deve ser realizado por uma Corte de interpretação e cujo produto será o precedente judicial.

A desenvoltura com que o Tribunal atuará nessa chave interpretativa é que determinará o seu próprio futuro que, espera-se, seja o de se consolidar como uma Corte de Precedentes, desempenhando uma essencial função de coesão na aplicação do Direito, traçando balizas interpretativas a serem observadas a casos análogos. A propósito, adequa-se perfeitamente a essa expectativa a afirmação de Neil Maccormick[17] no sentido de que "é fácil transmitir em poucas palavras o ponto crucial sobre os argumentos a partir da coesão no direito. Existe um mandamento judicial fundamental: não contraditarás normas do direito estabelecidas e vinculantes".

2.1. UMA CORTE DE PRECEDENTES SEM FILTRO RECURSAL?

A consolidação do Superior Tribunal de Justiça em Corte de Precedentes, todavia, encontrava um óbice, consistente na inexistência de instrumento que possibilitasse ao Tribunal fazer sua própria agenda. Quer dizer, nada obstante a Corte tenha nos recursos repetitivos uma via de formação de precedentes obrigatórios, ainda se vê obrigada a julgar incontáveis casos que escapam das teses fixadas nesse regime processual.

Noutro giro, se o número de decisões proferidas pelo Superior Tribunal de Justiça todos os anos impressiona, é igualmente impressionante a quantidade de temas afetados ao regime dos recursos repetitivos e efetivamente julgados. Desde a implementação desse regime, introduzido no Código de Processo Civil de 1973 pela Lei nº 11.672, de 8 de maio de 2008, o Tribunal já afetou e julgou quase 1000 temas

17 MACCORMICK, Neil. Argumentação jurídica e teoria do direito. 2ª ed. São Paulo: Editora WMF Martins Fontes, 2009. p. 255

em recursos repetitivos, resultando, portanto, quase 1000 precedentes obrigatórios[18].

Sem embargo disso, a observação da série histórica dos dados estatísticos[19] demonstra que, de 2008 – *ano da entrada em vigor do regime dos recursos repetitivos* – até dezembro de 2022, houve um evidente e acentuado incremento no número de processos distribuídos ao Superior Tribunal de Justiça:

Processos distribuídos, julgados e pendentes de 1º julgamento
Período: 1/1/2008 a 31/12/2022

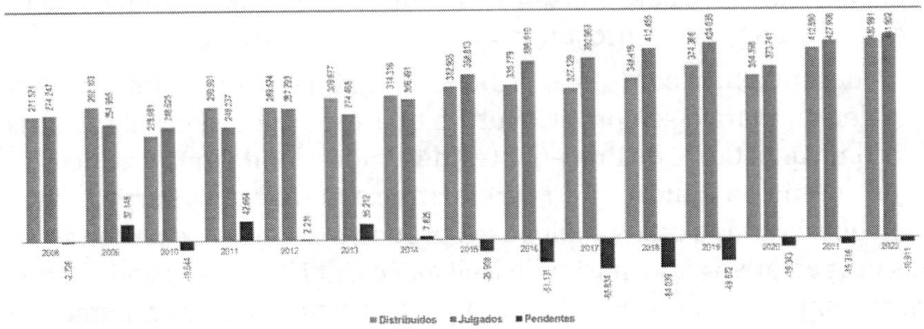

Fontes: Secretaria Judiciária; Assessoria de Apoio a Julgamento Colegiado; Secretaria de Processamento de Feitos; ARP e STI (BI).
Nota: Os números negativos em 2008, 2010, 2015, 2016, 2017, 2018, 2019, 2020, 2021 e 2022 são decorrentes de processos distribuídos em períodos anteriores e que foram julgados nos citados anos.
Nos processos julgados não estão incluídos no período: 433.333 Agravos Internos, 609.720 Agravos Regimentais e 433.951 Embargos de Declarações, totalizando, 1.477.004 feitos.

Observa-se que em 2008 foram distribuídos 271.521 processos, ao passo que em 2022 os Ministros do Superior Tribunal de Justiça receberam 441.902 processos. Os dados confirmam um fato: apesar dos sucessivos recordes de produtividade, o regime dos recursos repetitivos não foi capaz de racionalizar o exercício da função jurisdicional da Corte.

Esse elemento estatístico é apto a revelar, por outro lado, que, sem um instrumento adequado para o controle do acesso à Corte, o número alarmante de processos recebidos acabaria por inviabilizar a atuação do Tribunal como Corte de interpretação, condenando-o a exercer o estrito papel de Corte de controle. Faltava ao Superior Tribunal de Justiça um filtro recursal capaz de dotá-lo explicitamente de um poder que sempre esteve implícito, o de fazer a sua própria agenda, escolhendo para julgamento os casos que veiculam questões relevantes para a sociedade.

---

18 Disponível em: https://www.stj.jus.br/docs_internet/processo/boletim/2022/Relatorio2022.pdf. Acesso em 01/03/2023

19 Disponível em: https://www.stj.jus.br/docs_internet/processo/boletim/2022/Relatorio2022.pdf

O estabelecimento desse filtro recursal, como ensina Daniel Mitidiero, não é uma singularidade do Superior Tribunal de Justiça ou do ordenamento jurídico brasileiro, mas um traço comum a variadas Cortes Supremas pelo mundo[20].

---

20 Como a nomofilaquia do recurso dirigido à Corte Suprema não está no exercício de um controle casuístico das decisões recorridas, mas na definição da adequada interpretação do Direito, o recurso a ela endereçado *não tem nenhuma razão para ser encarado como um direito subjetivo da parte*. Está, em outras palavras, ancorado no *jus constitutionis* e não no *jus litigatoris*. Daí porque se legitima a introdução do filtro de relevância no recurso especial: sendo uma Corte Suprema, o STJ só pode atuar quando, a partir de determinado caso, puder exercer sua função institucional de dar unidade ao direito.
Nesse contexto, o Superior Tribunal de Justiça está longe de estar sozinho. Além de ser uma tendência que emerge da comparação com outros ordenamentos, a *relevância* não é senão outro nome para a *repercussão geral* no recurso extraordinário e para a *transcendência* no recurso de revista. Com a sua explicitação, o Superior Tribunal de Justiça caminha de forma ainda mais rápida para a sua conformação como uma *"cour suprême idéale"*.
O filtro recursal mais notório no mundo é, sem dúvida, o *certiorari* para a *U.S. Supreme Court*. Sua admissão *"is not a matter of right, but of judicial discretion"*. O conhecimento do recurso é condicionado à demonstração do *interesse público* no seu julgamento, consubstanciado na consecução da unidade do direito pela *Supreme Court* mediante o seu conhecimento. O poder concedido à corte para formar sua própria agenda é tão significativo que a respectiva admissão ou inadmissão independe de fundamentação: basta um carimbo - *certiorari"denied"* ou *"granted"*. É interessante perceber, aliás, a estreita conexão entre esse filtro - inserido em 1925 mediante o *Bill of Judges* - e a afirmação da obrigatoriedade do precedente em 1932 em *Burnet v. Coronado Oil & Gas Co.*. Essa ligação mostra que só é possível imaginar que basta a análise de um caso paradigmático para que todos os demais possam ser alcançados se partirmos do pressuposto de que o precedente é vinculante.
Outro mecanismo de seleção bastante conhecido pode ser encontrado no direito inglês. Quando a *House of Lords* funcionava como Corte Suprema, só era possível acessá-la mediante *"leave to appeal"*, isto é, uma permissão dada pela corte recorrida ou pela própria *House* para subir suas escadas. Introduzido em 1934, esse filtro dissolveu o *right to appeal* previsto desde 1876 no poder discricionário da *House* de conhecer ou não da irresignação da parte. A passagem da Corte Suprema para o lado da Catedral de *Westminster*, com a construção da *Supreme Court of the United Kingdom* em 2005, não alterou em nada esse panorama: a *"permission"* para alcançá-la também só é concedida nos casos em que o recorrente alegue *"points of law of general public importance"*. Ontem e hoje, a decisão que admite ou não o *appeal* independe de qualquer fundamentação.
O poder de fazer a própria agenda não está presente apenas na paleta de ideias do *Common Law*. Com o tempo, as Cortes Supremas inseridas na tradição romano-canônica também amanheceram para a necessidade de que o menos é mais. Dois exemplos importantes dessa tendência são a *Corte Suprema de la Nación* da

Luiz Guilherme Marinoni[21], na mesma direção, afirma que:

> A existência de filtros, como é óbvio, tem como resultado a impossibilidade de toda e qualquer decisão ser discutida nos tribunais superiores. Porém, embora isso seja absolutamente evidente diante dos requisitos tradicionais de admissibilidade dos recursos extraordinário e especial, surge alguma perplexidade quando se pensa em filtros como a técnica da repercussão geral, recentemente instituída no Supremo Tribunal Federal.
> Os filtros tradicionais, assim como as técnicas semelhantes à repercussão geral, legitimamente eliminam a possibilidade de se discutir determinadas decisões de tribunais ordinários. Não há um direito subjetivo à revisão das decisões proferidas em segundo grau de jurisdição. Tanto é verdade que ninguém tem direito a interpor recurso especial para rever matéria de prova ou para solicitar a revisão da "justiça da decisão". Ou seja, se o recurso especial já é restrito às três hipóteses do inciso III do artigo 105 da Constituição Federal, inexiste obstáculo para limitá-lo por conta de outras regras, desde que referendadas por emenda constitucional. Portanto, não há como pensar que filtros recursais, tais como a repercussão geral, destinados a dar às Cortes Supremas efetiva possibilidade de exercerem as suas funções, espelhem violação ao direito fundamental de acesso à justiça.

Também não se mostra propriamente uma novidade a carência de mecanismos para que o Superior Tribunal de Justiça exerça com completude as atribuições que lhe outorgou a Constituição de 1988. Há mais de duas décadas, Ovídio Baptista[22], em obra comemorativa dos 10 anos do Tribunal, afirmava o seguinte:

> [...] a moderna função dos tribunais supremos há de ser a de um instrumento voltado para o futuro, que vise à unidade do Direito, não à uniformidade da jurisprudência dos respectivos tribunais.

Argentina e o *Bundesgerichtshof* da Alemanha. (MITIDIERO, Daniel. Relevância no recurso especial [livro eletrônico]. 1ª ed. São Paulo: Thomson Reuters Brasil, 2022.)

---

21 MARINONI, Luiz Guilherme. O STJ enquanto corte de precedentes [libro eletrônico] : recompreensão do sistema processual da corte suprema. 3ª ed. São Paulo: Thomson Reuters Brasil, 2019.

22 SILVA, Ovídio A. Baptista. A função dos Tribunais Superiores. *In* 10 anos: obra comemorativa 1989-1999. Disponível em: https://www.stj.jus.br/publicacaoinstitucional/index.php/Dezanos/article/view/ 3404/3528. Acesso em 28/02/2023.

> Para que essas cortes cumpram, nas circunstâncias atuais, sua função primordial, é indispensável que se lhes dê competência seletiva, permitindo-lhes escolher, dentre o número de processos que lhe são encaminhados, aqueles que, pelo grau de relevância para o sistema, mereçam sua apreciação

Arruda Alvim[23], na mesma obra, prenunciava que "a solução de outorga de maiores poderes ao STJ, através da possibilidade de escolha das causas que são relevantes, é a solução possível, senão a única solução viável, e que parte da identificação verdadeira do problema e o equaciona realística e adequadamente".

Nessa ordem de ideias, parecia desarrazoado, e até mesmo incongruente, imaginar que o Superior Tribunal de Justiça pudesse ocupar uma posição de vértice num sistema de precedentes, mas não fosse dotado de um mecanismo que lhe possibilitasse exercer, de forma integral, as atribuições inerentes à sua posição[24]. Faltava-lhe um filtro recursal, que, após mais de uma década de debates no Parlamento, foi criado com a Emenda Constitucional nº 125/2022: a relevância da questão federal no recurso especial.

Instrumento análogo à repercussão geral, da qual o Supremo Tribunal Federal já dispõe há mais de 15 (quinze) anos, a relevância da questão federal não se resume a um mero filtro recursal, como se demonstrará em linhas próximas, mas apresenta variadas facetas, todas essenciais à consolidação do Superior Tribunal de Justiça como Corte de precedentes.

---

23 ALVIM, Arruda. A alta função jurisdicional do Superior Tribunal de Justiça no âmbito do Recurso especial e a relevância de questões. *In* 10 anos: obra comemorativa 1989-1999. pp. 37-46. Disponível em: https://www.stj.jus.br/publicacaoinstitucional/index.php/Dezanos/article/view/3404/3528. Acesso em 28/02/2023.

24 Em sentido contrário, por todos, Lenio Luiz Streck: "As perguntas que ficam são: se sem a nova PEC, apenas 4,2% dos agravos em recurso especial são providos, como será com a relevância? Alguém duvida que os números de recursos não conhecidos irá aumentar? Com a PEC aprovada, que volume deixará de subir ao STJ? A PEC da Relevância não trará um impacto ainda maior ao acesso à justiça? Essa *accountability* precisa ser feita pelo tribunal que propôs a mudança constitucional aos seus jurisdicionados". Emenda da Relevância e a exclusão das causas "irrelevantes" no STJ. Disponível em: https://www.conjur.com.br/2022-jul-21/senso-incomum-emenda-relevancia-exclusao-causas-irrelevantes-stj . Acesso em 01.03.2023

3. A RELEVANCIA DA QUESTÃO FEDERAL COMO PONTO DE INFLEXÃO

Dentro dessa perspectiva da ressignificação do Superior Tribunal de Justiça, a relevância da questão federal, introduzida como requisito do recurso especial pela Emenda Constitucional nº 125/2022, certamente representa um verdadeiro ponto de inflexão.

A despeito de ainda carente de regulamentação[25], essa afirmação – *de que a relevância da questão federal infraconstitucional constitui ponto de inflexão na ressignificação do Superior Tribunal de Justiça* - pode ser articulada a partir da análise dos efeitos que a repercussão geral – *requisito/filtro congênere aplicável ao recurso extraordinário* – teve no âmbito do Supremo Tribunal Federal.

Integrado ao texto constitucional pela Emenda Constitucional nº 45/04, o requisito da repercussão geral para a Suprema Corte foi posteriormente regulamentado pela Lei nº 11.418/06 e efetivamente implementado com a edição da Emenda Regimental nº 21/07. Essa implementação do filtro da repercussão geral causou verdadeira revolução no Supremo Tribunal Federal, implicando em vertiginosa diminuição do seu acervo e queda no número de recursos recebidos pela Corte, passando de 122 mil recursos recebidos no ano de 2007 para pouco mais de 47 mil recursos recebidos em 2020[26].

Hoje, o Supremo Tribunal Federal trabalha com um acervo diminuto, de pouco mais de 22 mil processos em trâmite, dos quais apenas 12

---

25 Em que pesa a existência de abalizada doutrina no sentido de que o Superior Tribunal de Justiça poderia promover a regulamentação da relevância da questão federal por alteração regimental nos termos do art. 96, inciso I, da Constituição Federal – *nesse sentido: Paulo Mendes, Daniel Mitidiero e José Miguel Garcia Medina* –, a Corte fez opção diversa, trilhando o caminho do diálogo institucional e prestigiando o Poder Legislativo. Na sessão do dia 19 de outubro de 2022, o Plenário do Tribunal editou o Enunciado Administrativo STJ n. 8 cujo teor é o seguinte: "A indicação no recurso especial dos fundamentos de relevância da questão de direito federal infraconstitucional somente será exigida em recursos interpostos contra acórdãos publicados após a data de entrada em vigor da lei regulamentadora prevista no art. 105, § 2º, da Constituição Federal". Nesse cenário, embora a Emenda Constitucional n. 125/2022 tenha afirmado no seu art. 2º que "A relevância de que trata o § 2º do art. 105 da Constituição Federal será exigida nos recursos especiais interpostos após a entrada em vigor desta Emenda Constitucional", o tema acerca da eficácia imediata da alteração constitucional perdeu sentido.

26 https://www.stf.jus.br/arquivo/cms/bibliotecaConsultaProdutoBibliotecaBibliografia/anexo/Repercussao_geral_15_anos.pdf. Acesso em 01/03/2023.

mil são recursos[27]. Em 15 anos, portanto, o STF reduziu em 90% (noventa por cento) o número de recursos no seu acervo.

Tendo em vista a similaridade entre os institutos da repercussão geral e da relevância da questão federal, há uma justa expectativa de que o Superior Tribunal de Justiça possa experimentar o mesmo sucesso obtido pelo Supremo Tribunal Federal na gestão do seu acervo e na redução da taxa de recebimento de novos recursos. Essa expectativa, aliás, é realçada pela divulgação de relatório preliminar de estudo que vem realizando a Fundação Getúlio Vargas, sob a Coordenação do Ministro Luís Felipe Salomão, acerca da relevância da questão federal.

Dentre os resultados preliminares, um chama bastante atenção: considerados apenas os recursos especiais e agravos em recursos especiais que aportaram no Superior Tribunal de Justiça em 2021 e 2022 (até julho), e considerando as hipóteses de relevância presumida no próprio texto constitucional, apenas 15,33% dos recursos estariam abrangidos pelos incisos com hipóteses objetivamente quantificáveis (incisos I, II e IV)[28].

Nesse cenário, tendo como parâmetros a experiência exitosa da repercussão geral e os dados valorados pela pesquisa realizada pela Fundação Getúlio Vargas, é possível afirmar, com grande probabilidade de êxito, que a relevância da questão federal, enquanto filtro recursal, terá um impacto muito significativo no acesso à Corte, racionalizando a quantidade de recursos recebidos pelo Tribunal. É preciso cuidar, entretanto, para que essa restrição de acesso ao Superior Tribunal de Justiça, que naturalmente ocorrerá com a efetiva implementação do novel requisito do recurso especial, não seja interpretada como restrição de acesso à Justiça[29].

Para tanto, rememore-se, a partir do que já visto em linhas anteriores, que o recurso especial não deve servir de instrumento para carrear

27 https://transparencia.stf.jus.br/extensions/acervo/acervo.html. Acesso em 01/03/2023

28 https://ciapj.fgv.br/sites/ciapj.fgv.br/files/relatoriopreliminar_relevancia.pdf. pp. 47-48. Acesso em 01/03/2023

29 Lenio Streck faz crítica ao argumento de que a melhoria da prestação jurisdicional passa pela redução dos recursos: "Neguem ou não, o objetivo central tem sido o de criar filtros e jurisprudência defensiva. Ou seja: em nome do acesso à justiça... retirar acesso à justiça. Tese central: recorre-se demais. Solução: impedir recursos, dificultá-los ao máximo". STRECK, Lenio Luiz. PEC da Relevância: impedir o acesso à Justiça melhora o acesso à Justiça? Disponível em: https://www.conjur.com.br/2022-jul-18/lenio-streck-impedir-acesso-justica-melhora-acesso-justica. Acesso em 01.03.2023

ao Tribunal litígios individuais, mas, sim, para oportunizar ao Superior Tribunal de Justiça a análise da questão jurídica nele veiculada, quando a solução da controvérsia for de tal modo importante que represente um interesse público, extrapolando os limites intersubjetivos do recurso. Com clareza, sobre o ponto, explica Daniel Mitidiero[30]:

> A nomofilaquia do recurso dirigido à Corte Suprema, como se vê, não está no exercício de um controle casuístico das decisões recorridas. Essa consiste na definição da adequada interpretação do Direito. Desse modo, o recurso à Corte Suprema *não tem nenhuma razão para ser encarado como um direito subjetivo da parte*. É por essa razão, a propósito, que a admissão do *writ of certiorari* para *Supreme Court* estadunidense *"is not a matter of right, but of judicial discretion"* (Rule 10, *Rules of the Supreme Court*). A admissão do recurso aí é submetida à demonstração do *interesse público* no seu julgamento, consubstanciado na consecução da unidade do Direito pela Corte Suprema mediante o seu conhecimento. Com a compreensão da função de nomofilaquia da Corte Suprema como uma função interpretativa, surge a possibilidade de submeter o recurso à corte a *filtros recursais*, bem como permitir a *concentração de julgamentos de casos* que versem idêntica controvérsia para obtenção de um *quadro mais amplo de razões recursais* que viabilizem uma *compreensão plural do caso* e a formulação de uma adequada interpretação das normas aí envolvidas.

Se é assim, se o recurso especial dirigido ao Superior Tribunal de Justiça é, embora interposto pelas partes, um instrumento com função pública[31] – a de conferir unidade do direito e de desenvolvê-lo –, própria

30 MITIDIERO, Daniel. Cortes Superiores e Cortes Supremas: do controle à interpretação, da jurisprudência ao precedente [livro eletrônico]. 3ª ed. São Paulo: Thomson Reuters Brasil, 2022.

31 Paula Pessoa afirma, quanto às funções das Cortes Supremas, que, "[...] da análise da experiência do direito comparado, podemos afirmar que duas são as principais funções que podem ser atribuídas a uma Corte Suprema: uma pública, consistente na tutela da uniformidade da jurisprudência, por meio da criação dos precedentes (justiça formal), e na promoção do desenvolvimento do direito; outra privada, configurada na tutela da correção da decisão do caso concreto, por meio da realização da justiça substantiva. A tendência que podemos verificar nos últimos anos, a qual parece colocar-se em nível geral, revela que a função tradicional reativa de tutela da legalidade no caso concreto cede espaço para o desempenho da função proativa na evolução do direito, de modo que, com poucas exceções, a finalidade pública e prospectiva está se revelando a função de maior importância, caracterizando-se

dos precedentes judiciais, revela-se necessário perquirir sobre a natureza da relevância da questão federal, se um mero filtro recursal ou se um meio adequado para formação de precedentes.

3.1. *Filtro recursal ou meio adequado de formação de precedentes?*

A concepção de que a relevância da questão federal, como requisito específico do recurso especial, representa um filtro recursal colocado à disposição do Superior Tribunal de Justiça, não parece agitar maiores debates entre processualistas brasileiros[32]. Entretanto, é preciso avançar na interpretação do termo, que não pode ser lido – *e pensado* – como uma barreira intransponível de acesso à Corte.

É notório que uma das finalidades da instituição da relevância da questão federal foi a de dotar o Superior Tribunal de Justiça de um instrumento jurídico capaz de racionalizar a prestação jurisdicional do Tribunal, servindo como *filtro negativo* de admissibilidade do recurso especial[33]. Sob esse prisma, caberá ao STJ, analisando a questão infraconstitucional veiculada no recurso, decidir se a controvérsia jurídica goza de importância do ponto de vista econômico, social, político ou jurídico e se ultrapassa os interesses subjetivos das partes. Tem-se, aí, os dois pilares do instituto, a relevância e a transcendência.

Negada a existência de relevância da questão, o tema estará interditado de ascender ao Superior Tribunal de Justiça, resolvendo-se os processos subsequentes com idêntica controvérsia nas instâncias inferiores. Essa faceta de *filtro negativo* que assume a relevância da questão federal tem especial destaque – e, talvez por isso, o requisito constitucional tenha sido desde logo denominado de filtro recursal –, porque repre-

como o aspecto decisivo (e às vezes o único) da maior parte das cortes supremas" (PEREIRA, Paula Pessoa. Legitimidade dos Precedentes: universabilidade das decisões do STJ. 1ª ed. em e-book baseada na 1 ed. Impressa. São Paulo: Revista dos Tribunais. 2014)

32 Nesse sentido: ALVIM, Teresa Arruda; UZEDA, Carolina; MEYER, Ernani. Mais um filtro, agora para o STJ: uma análise da EC 125/2022. Revista de Processo. vol. 330. ano 47. São Paulo: Ed. RT, agosto 2022, página 1.; ABBOUD, Georges; KROSCHINSKY, Matthäus. Notas sobre a nova arguição de relevância em recurso especial. Conjur. 2022. Disponível em: https://www.conjur.com.br/2022-jul-20/abboud-kroschinsky-arguicao-relevancia-resp. Acesso em 01/03/2023

33 Arruda Alvim – A alta função jurisdicional do Superior Tribunal de Justiça

senta a principal modificação desse novo regime em relação ao regime dos recursos repetitivos.

Após a regulamentação da relevância, poderá o Tribunal *recusar* a análise de determinada questão de direito por compreender que o tema não é suscetível de impactar social, jurídica, política ou economicamente parcela significativa da sociedade. Tal providência, hoje, não é viabilizada ao Superior Tribunal de Justiça, que está sujeito ao exame de rigorosamente todos os recursos que aportam na Corte, salvo aqueles recursos que, por alguma razão, escaparam da correta aplicação de tese já fixada em recurso repetitivo e que, por isso, são devolvidos aos tribunais locais para análise segundo a sistemática prevista no artigo 1.030 do Código de Processo Civil.

De outro lado, a relevância da questão federal também representa um *filtro positivo* de admissibilidade, constituindo, nesse cenário, meio adequado para a formação de precedentes. Com efeito, afirmada a existência de relevância de determinada questão infraconstitucional federal, tem-se a sinalização de que a matéria será apreciada pelo Superior Tribunal de Justiça e que do julgamento desse recurso resultará, necessariamente, a formação de um precedente obrigatório. Também aqui há, portanto, uma alteração significativa comparativamente com o regime dos recursos repetitivos.

Isso porque, nada obstante o julgamento de recursos repetitivos também ofereça ao Tribunal a oportunidade para a elaboração de decisão de observância obrigatória, a afetação de recursos especiais a esse regime supõe a multiplicidade de recursos fundados em idêntica controvérsia. A partir da implementação do regime da relevância da questão federal, entretanto, o Superior Tribunal de Justiça estará autorizado a formar precedentes mediante o julgamento de um único recurso, ainda que a questão nele veiculada seja inédita e até mesmo isolada, bastando que se reconheça nela a relevância e a transcendência.

Dito isso, é provável que os recursos repetitivos deixem de ter importância para esse fim e se tornem obsoletos, circunstâncias que podem ser antevistas a partir da observação de um dado concreto: apesar de haver previsão legal[34] para que o Supremo Tribunal Federal processe

34 Código de Processo Civil de 2015, art. 1.036: "Sempre que houver multiplicidade de recursos extraordinários ou especiais com fundamento em idêntica questão de direito, haverá afetação para julgamento de acordo com as disposições desta Subseção, observado o disposto no Regimento Interno do Supremo Tribunal Federal e no do Superior Tribunal de Justiça."

recursos extraordinários repetitivos, a Corte jamais julgou um único recurso sob esse regime, tendo fixado todas as suas teses no julgamento de recursos submetidos ao regime da repercussão geral.

Quanto ao ponto, Marinoni[35] vai além, afirmando existir manifesta incompatibilidade entre a arguição de relevância e o recurso repetitivo, de modo que a convivência desses dois regimes implicaria verdadeira contradição em termos. Para além disso, o referido doutrinador faz uma perspicaz observação, de que, ao implementar a relevância da questão federal, o Superior Tribunal de Justiça devolverá aos tribunais locais a análise de questões repetitivas que, na sua visão, é matéria que lhes pertence.

Em arremate, dada a evidente simetria entre a repercussão geral no recurso extraordinário e a relevância da questão federal infraconstitucional no recurso especial, e considerada a proposta de regulamentação encaminhada pelo Superior Tribunal de Justiça ao Congresso Nacional[36], é bastante provável que a relevância assuma uma terceira espécie de filtro, que é a de filtro individual. Pode-se afirmar isso porque, havendo regulamentação bastante similar a que ocorreu com a repercussão geral, é provável que, tal como ocorre no Supremo Tribunal Federal, o Ministro Relator possa, isoladamente, negar a existência de relevância com efeitos apenas para o caso concreto. Significa dizer que, nessa hipótese, a inexistência de relevância servirá como pressuposto negativo de

---

35 Nas palavras do autor: "Como a arguição de relevância tem o efeito de esclarecer a função do Superior Tribunal de Justiça e, ao mesmo tempo, evidenciar que o recurso especial não é um direito daquele que não se conforma com a decisão do Tribunal, *não há como deixar de ver que a convivência entre a arguição de relevância e o recurso repetitivo constitui uma contradição em termos.*Diante da arguição de relevância, as questões repetitivas foram devolvidas aos Tribunais ou ao local que lhes pertence. Ora, se a função de resolver os casos concretos é dos Juízes e Tribunais – e não das Cortes Supremas –, cabe-lhes decidir as questões prejudiciais que se repetem diante dos casos que lhes são submetidos. O dever de solucionar tais questões, sejam ou não repetidas, é certamente dos Tribunais e não do Superior Tribunal de Justiça. Este último apenas pode atuar quando a questão repetitiva solucionada, especialmente diante da comparação com outras decisões tomadas por outros Tribunais do país, constitui questão federal relevante" (MARINONI, Luiz Guilherme. O filtro da relevância [livro eletrônico]. 1ª ed. São Paulo: Thomson Reuters Brasil, 2023.)

36 https://www.stj.jus.br/sites/portalp/Paginas/Comunicacao/Noticias/2022/05122022-STJ-entrega-ao-Sen ado-proposta-para-regulamentar-filtro-de-relevancia-do-recurso-especial.aspx

admissibilidade recursal, filtro recursal típico, sem que leve à formação de precedente.

3.2. Os prováveis circuitos processuais decorrentes da sua implementação

Feitas essas considerações a respeito da relevância da questão federal infraconstitucional, a observação da sistemática da repercussão geral e a leitura atenta da proposta de regulamentação remetida ao Congresso Nacional permitem ao menos supor que o Tribunal disporá de três circuitos processuais para o julgamento dos recursos submetidos à Corte.

O primeiro circuito, o mais simples deles, constitui-se da negativa de relevância da questão federal com efeitos apenas para o caso concreto[37]. Trata-se de hipótese em que o Ministro Relator poderá decidir, monocraticamente, pela inexistência de relevância da questão federal veiculada em determinado recurso, decisão esta que estará sujeita à análise do respectivo órgão colegiado, mediante interposição de agravo interno. Nessa hipótese, tem-se a aplicação do requisito da relevância como mero filtro recursal, sem efeitos expansivos ou obrigatórios, ou seja, sem a formação de precedente que deva ser observado por outros órgãos do Poder Judiciário.

O segundo circuito processual a ser implementado pelo Superior Tribunal de Justiça provavelmente será bastante similar ao que já ocorre hoje com a proposta de afetação de recursos repetitivos no âmbito da Corte e com a definição de existência ou inexistência de questão constitucional e de repercussão geral no âmbito do Supremo Tribunal Federal. O modelo deliberativo adotado, em ambos os casos, é de votação, em ambiente virtual[38], por meio do qual os Ministros decidem se acolhem a proposta de afetação e a abrangência da suspensão de processos, no

37 Conforme disposto no art. 326, § 1º, do Regimento Interno do Supremo Tribunal Federal, "Poderá o relator negar repercussão geral com eficácia apenas para o caso concreto".

38 Dispõe o art. 323 do Regimento Interno do Supremo Tribunal Federal que "quando não for caso de inadmissibilidade do recurso por outra razão, o(a) Relator(a) ou o Presidente submeterá, por meio eletrônico, aos demais ministros, cópia de sua manifestação sobre a existência, ou não, de repercussão". Já o Regimento Interno do Superior Tribunal de Justiça, no seu art. 257 dispõe que "É obrigatório ao relator o uso da ferramenta eletrônica de afetação do recurso especial à sistemática dos repetitivos e de admissão do incidente de assunção de competência, nos termos desse capítulo."

caso dos recursos repetitivos, ou concordam ou discordam da proposta do Relator quanto à existência ou inexistência de questão constitucional e de repercussão geral no âmbito do STF.

Não há, nesses modelos, complexos sistemas de votação, com abertura de divergências elaboradas ou submissão de votos com acréscimos de fundamentos. Ao votar, os Ministros utilizam um sistema binário de votação, em que apenas concordam ou discordam das propostas oferecidas pelo Relator. Com a implementação do regime da relevância da questão federal, esse modelo deve ser adotado, dele resultando a elaboração, se é possível chamar assim, de um *precedente negativo*. Significa dizer, negada a existência de relevância de questão federal infraconstitucional, todos os recursos especiais que versarem sobre o mesmo tema deixarão de subir ao Superior Tribunal de Justiça, resolvendo-se as controvérsias no âmbito dos tribunais locais.

De outro lado, reconhecida a relevância da questão federal no circuito processual anterior, abre-se o terceiro circuito, no âmbito do qual o mérito do recurso especial será julgado pelo órgão julgador competente, com a participação das partes, de *amicus curiae*, oportunizando ao Superior Tribunal de Justiça a realização de julgamentos sobre temas de grande importância, com a necessária profundidade.

Para finalizar o tema, é ainda atual a observação feita pelo Ministro Sidnei Beneti, em artigo escrito doutrinário, que, ao tecer severas críticas ao que chamou de *monocratismo* no âmbito da Corte, chegou a predizer o seguinte :

> [...] um bom sistema banirá, um dia, o monocratismo, retornando-se à inexcedível vantagem do julgamento colegiado, em que o pensamento final da Corte certamente difere da opinião individual inicial de cada um de seus componentes – lembrando-se que é para isso, para a coletividade, que os Tribunais são compostos de mais de um julgador, quando, se não fosse para isso, muito mais econômico para o Estado e menos dificultoso para o trabalho, seria o julgamento do recurso por um único julgador.

Espera-se que, com a implementação efetiva da relevância da questão federal no recurso especial, finalmente tenha chegado ao Superior Tribunal de Justiça esse *bom sistema* a que se referiu há quase 10 anos o Ministro Sidnei Beneti, e que a Corte abrace esta oportunidade de cumprir sua missão constitucional com a máxima eficiência, não baseada em recordes estatítiscos, mas na relevância das teses que virá a fixar para orientar a vida em sociedade.

4. Conclusão

Sem a pretensão de ditar regras ou fixar conceitos, tampouco de criar ou inflar aspectos polêmicos sobre o sistema de precedentes e sobre a relevância da questão federal, o presente artigo buscou analisar, pela via da compreensão histórica e da análise de dados da realidade, a função constitucional do Superior Tribunal de Justiça, sua prática processual e os impactos que a implementação da relevância da questão federal infraconstitucional pode ter na sua prestação jurisdicional.

A partir dessa análise, percebe-se que, a despeito da inegável eficiência na afetação e no julgamento de recursos repetitivos e da impressionante produtividade dos Ministros do Tribunal, a Corte vem desempenhando uma clara função de Corte de correção, envolta na resolução de conflitos individuais, de interesses particulares, e na reforma de decisões equivocadas, o que tem resultado num igualmente impressionante acréscimo de processos recebidos ano após ano.

Dentro desse contexto, avaliou-se, por meio revisão bibliográfica e de observação da prática de outras Cortes, notadamente do Supremo Tribunal Federal, em que medida a utilização de filtros recursais pode favorecer a mudança dos rumos do Superior Tribunal de Justiça, sendo possível concluir que a instituição da relevância da questão federal representou um verdadeiro ponto de inflexão na sua transformação de Corte de controle à Corte de interpretação.

Por fim, analisando-se também a prática do Supremo Tribunal Federal e a proposta de regulamentação remetida pelo Superior Tribunal de Justiça ao Congresso Nacional, descreveu-se três circuitos processuais que, espera-se, venham a ser estabelecidos no Tribunal.

Dito tudo isso, é possível concluir que a relevância da questão federal infraconstitucional veio ao encontro da missão conferida ao Superior Tribunal de Justiça pela Constituição Federal, de conferir unidade ao direito e de desenvolvê-lo, propiciando à Corte a racionalização da sua atividade judicante, o domínio da sua própria agenda e, o mais importante, um meio adequado para a formação de precedentes.

Referências bibliográficas

ABBOUD, Georges; KROSCHINSKY, Matthäus. **Notas sobre a nova arguição de relevância em recurso especial**. Conjur, 2022. Disponível em: https://www.conjur.com.br/2022-jul-20/abboud-kroschinsky-arguicao-relevancia-resp. Acesso em 01/03/2023.

ALVIM, Arruda. **A alta função jurisdicional do Superior Tribunal de Justiça no âmbito do Recurso especial e a relevância de questões.** *In* 10 anos: obra comemorativa 1989-1999. pp. 37-46. Disponível em: https://www.stj.jus.br/publicacaoinstitucional/ index.php/Dezanos/article/view/3404/3528. Acesso em 28/02/2023.

ALVIM, Teresa Arruda; DANTAS, Bruno. **Recurso especial, recurso extraordinário e nova função dos tribunais superiores precedentes no direito brasileiro** [livro eletrônico]. 4ª ed. São Paulo: Thomson Reuters Brasil, 2019.

ALVIM, Teresa Arruda; UZEDA, Carolina; MEYER, Ernani. **Mais um filtro, agora para o STJ: uma análise da EC 125/2022**. Revista de Processo. vol. 330. ano 47. São Paulo: Ed. RT, agosto 2022.

BENETI, Sidnei. **Formação de jurisprudência nacional no Superior Tribunal de Justiça.** *In* Doutrina: edição comemorativa 25 anos. Disponível em: https://www.stj.jus.br/publicacaoinstitucional/index.php/Dout25anos/article/view/1111/1045. Acesso em 01/03/2023.

BERMUDES, Sérgio. **Introdução ao processo civil**. 6ª ed. Rio de janeiro: Forense, 2019.

CARNEIRO, Athos Gusmão. **Recurso especial, agravos e agravo interno**. Rio de Janeiro: Forense, 2003.

MACCORMICK, Neil. **Argumentação jurídica e teoria do direito**. 2ª ed. São Paulo: Editora WMF Martins Fontes, 2009.

MARINONI, Luiz Guilherme. **O filtro da relevância** [livro eletrônico]. 1ª ed. São Paulo: Thomson Reuters Brasil, 2023.

______. **O STJ enquanto corte de precedentes [livro eletrônico]: recompreensão do sistema processual da corte suprema.** 3ª ed. São Paulo: Thomson Reuters Brasil, 2019.

MITIDIERO, Daniel. **Cortes superiores e cortes supremas [livro eletrônico]: do controle à interpretação, da jurisprudência ao precedente**. 3ª ed. São Paulo: Thomson Reuters Brasil, 2022.

______. **Relevância no recurso especial** [livro eletrônico]. 1ª ed. São Paulo: Thomson Reuters Brasil, 2022.

PEREIRA, Paula Pessoa. **Legitimidade dos Precedentes: universabilidade das decisões do STJ**. 1ª ed. em e-book baseada na 1 ed. Impressa. São Paulo: Revista dos Tribunais, 2014.

ROSAS, Roberto. **Direito Sumular: Comentários às Súmulas do Supremo Tribunal Federal e do Superior Tribunal de Justiça**. 11ª ed. São Paulo: Malheiros.

SILVA, Ovídio A. Baptista. **A função dos Tribunais Superiores**. *In* 10 anos: obra comemorativa 1989-1999. Disponível em: https://www.stj.jus.br/publicacaoinstitucional /index.php/Dezanos/article/view/ 3404/3528. Acesso em 28/02/2023.

STRECK, Lênio. **Crítica às teses que defendem o sistema de precedentes – parte II**. Disponível em: https://www.conjur.com.br/2016-set-29/senso-incomum-critica-teses-defendem-sistema-precedentes-parte-ii. Acesso em 01/03/2023.

______. **Emenda da Relevância e a exclusão das causas "irrelevantes" no STJ**. Disponível em: https://www.conjur.com.br/2022-jul-21/senso-incomum-emenda-relevancia-exclusao-causas-irrelevantes-stj . Acesso em 01.03.2023

______. **PEC da Relevância: impedir o acesso à Justiça melhora o acesso à Justiça?** Disponível em: https://www.conjur.com.br/2022-jul-18/lenio-streck-impedir-acesso-justica-melhora-acesso-justica. Acesso em 01.03.2023.

Precedentes – Repercussão Geral Colaborativa, Advocacia, Sociedade, Academia e Judiciário

Paulo Dias de Moura Ribeiro[1]

1. Agradecimento inicial

Convidado que fui pelo insigne Ministro Gilmar Ferreira Mendes para participar da obra coletiva por ele coordenada em conjunto com o Dr. Victor Marcel Pinheiro, em homenagem a Roberto Rosas, me apressei em honrar a generosidade do convite, de tão ilustres personalidades do mundo jurídico.

Agradecendo-lhes a bondade, fiz algumas considerações sobre o sistema de precedentes pátrio, amparado nos precedentes do Superior Tribunal de Justiça.

2. Apresentação

O sistema de precedentes criados pelo Código Fux abriu uma bela estrada no contexto da hermenêutica para trazer segurança jurídica e consequente estabilidade para as relações jurídicas.

Elas, aliás, devem ser entendidas como o negócio celebrado entre credor e devedor, ocasião em que este último se obriga perante aquele a uma prestação positiva ou negativa de dar, fazer e não fazer, ficando ligados por algum tempo por um vínculo que é prestigiado pelo direito e por isso recebe o nome de vínculo jurídico.

Acrescente-se que o vínculo jurídico tende a se romper normalmente com o pagamento que extingue a obrigação, mas, também, pode se romper pelo descumprimento da obrigação, levando o credor, ao menos, a postular a composição das perdas e danos.

3. *Common law* e *civil law*

Se é certo que a globalização toma conta do planeta, viável se compreender que o direito estrangeiro venha a se intrometer no Direito brasileiro, arraigado ao sistema chamado *civil law*.

---

1 Ministro do Superior Tribunal de Justiça. Ouvidor-Geral do Superior Tribunal de Justiça. Pós-Doutor em Direito pela Universidade de Lisboa. Doutor em Direito Civil pela PUC/SP. Mestre em Direito Civil pela PUC/SP. Coordenador Científico do Curso de Direito da UNISA. Professor Titular da FDSBC. Professor do Curso de Direito da UDF.

A *civil law*, de origem romano-germânica, encontra fundamento na lei escrita posta em vigor por uma autoridade.

De outro lado, *a common law*, de tradição normando-inglesa, guarda lastro nos usos e costumes de uma determinada comunidade, busca dar solução a um determinado caso e não se agarra a uma regra de conduta voltada para o presente e para o futuro.

Parece lúcido se poder afirmar que o sistema da *civil law* veio do *Corpus Iuris Civilis*, do Imperador Justiniano, que pretendeu unificar as legislações romanas esparsas (Séc. VI d.C. - ano 533).

Vale anotar que com a Revolução Francesa (1789), a *civil law* ganhou destaque porque, à vista da tripartição dos poderes defendida por Montesquieu, foi dado destaque à lei e à necessidade da codificação de um Direito escrito a ser seguido.

Os magistrados passaram a declarar apenas o conteúdo da lei *(bouche de la loi).*

4. Precedentes – regramento legal (arts. 926,927 e 928, NCPC)

Ensina José Miguel de Garcia Medina que o sistema implantado busca manter a integridade, a estabilidade e coerência da jurisprudência no Estado Constitucional e Democrático de Direito ("Novo Código de Processo Civil Comentado. Ed. RT, 5ª edição revista, ampliada e atualizada, 2017, pág. 1.322).

Esta, aliás, a ideia que se extrai da leitura do art. 926 do NCPC, quando estabelece que *os Tribunais devem uniformizar sua jurisprudência e mantê-la estável, íntegra e coerente.*

Agregue-se que tal norma encontra eco no art. 489, § 1º, VI, do NCPC porque não considera fundamentada a decisão que *deixar de seguir enunciado de súmula, jurisprudência ou precedente invocado pela parte,* se não apontar *a distorção ou a superação do entendimento.*

Por seu turno, o art. 927 do NCPC indica uma gradação legal entre os pronunciamentos que ele aponta, na medida em que o desrespeito a um deles pode permitir o ajuizamento de reclamação, nos termos do art. 988 do mesmo Código (*op.cit.*, Garcia Medina, pág. 1.322).

Por fim, o art. 928 do NCPC confere um tratamento diferenciado à litigiosidade de massa, uma reprodução intensa de processos judiciais, embora não necessariamente implicam lides sobre direitos coletivos.

Logo, o objetivo do art. 928 do NCPC no julgamento de casos repetitivos pode e deve servir para minorar os problemas recorrentes da litigiosidade de massa (*op.cit.*, Garcia Medina, págs. 1.350/1.351).

Neste cenário, a jurisprudência do STJ já firmou teses em casos repetitivos, a saber:

> *RECURSO ESPECIAL. RITO DOS RECURSOS ESPECIAIS REPETITIVOS. PLANO DE SAÚDE. CONTROVÉRSIA ACERCA DA OBRIGATORIEDADE DE FORNECIMENTO DE MEDICAMENTO NÃO REGISTRADO PELA ANVISA.*
> *1. Para efeitos do art. 1.040 do NCPC:*
> *1.1. As operadoras de plano de saúde não estão obrigadas a fornecer medicamento não registrado pela ANVISA.*
> *2. Aplicação ao caso concreto: 2.1. Não há ofensa ao art. 535 do CPC/73 quando o Tribunal de origem enfrenta todas as questões postas, não havendo no acórdão recorrido omissão, contradição ou obscuridade.*
> *2.2. É legítima a recusa da operadora de plano de saúde em custear medicamento importado, não nacionalizado, sem o devido registro pela ANVISA, em atenção ao disposto no art. 10, V, da Lei nº 9.656/98, sob pena de afronta aos arts. 66 da Lei nº 6.360/76 e 10, V, da Lei nº 6.437/76. Incidência da Recomendação nº 31/2010 do CNJ e dos Enunciados nº 6 e 26, ambos da I Jornada de Direito da Saúde, respectivamente, A determinação judicial de fornecimento de fármacos deve evitar os medicamentos ainda não registrados na Anvisa, ou em fase experimental, ressalvadas as exceções expressamente previstas em lei; e, É lícita a exclusão de cobertura de produto, tecnologia e medicamento importado não nacionalizado, bem como tratamento clínico ou cirúrgico experimental.*
> *2.3. Porém, após o registro pela ANVISA, a operadora de plano de saúde não pode recusar o custeio do tratamento com o fármaco indicado pelo médico responsável pelo beneficiário.*
> *3. Recurso especial parcialmente provido. Acórdão sujeito ao regime do art. 1.040 do NCPC.*
> *(REsp 1.726.563/SP, Rel. Ministro MOURA RIBEIRO, SEGUNDA SEÇÃO, julgado em 8/11/2018, REPDJe 3/12/2018, DJe 26/11/2018)*

> *RECURSO ESPECIAL. AÇÃO DE RESSARCIMENTO CUMULADA COM COMPENSAÇÃO POR DANOS MORAIS. OBRIGAÇÃO DE A OPERADORA DE PLANO DE SAÚDE CUSTEAR MEDICAMENTO NÃO REGISTRADO NA ANVISA. TEMA 990. APLICAC_APO DA TÉCNICA DA DISTINÇÃO (DISTINGUISHING) ENTRE A HIPÓTESE CONCRETA DOS AUTOS COM A QUESTÃO DECIDIDA EM SEDE DE RECURSO REPETITIVO. INTERPRETAÇÃO RAZOÁVEL DA CLÁUSULA*

CONTRATUAL. DANO MORAL NÃO CONFIGURADO. JULGAMENTO: CPC/15.
1. Ação de ressarcimento cumulada com compensação por danos morais ajuizada em 30/09/2016, da qual foi extraído o presente recurso especial, interposto em 28/11/2019 e atribuído ao gabinete em 16/09/2021. Julgamento: CPC/15.
2. O propósito recursal consiste em decidir sobre (i) a obrigação de a operadora de plano de saúde custear medicamento importado para o tratamento da doença que acomete o beneficiário, o qual, apesar de não registrado pela ANVISA, possui autorização para importação em caráter excepcional; e (ii) o cabimento da compensação por dano moral.
3. Segundo o entendimento consolidado pela 2ª Seção no julgamento do REsp 1.712.163/SP e do REsp 1.726.563/SP, sob a sistemática dos recursos repetitivos, "as operadoras de plano de saúde não estão obrigadas a fornecer medicamento não registrado pela ANVISA" (Tema 990 - julgado em 01/09/2020, DJe de 09/09/2020).
4. A autorização da ANVISA para a importação excepcional do medicamento para uso hospitalar ou sob prescrição médica, é medida que, embora não substitua o devido registro, evidencia a segurança sanitária do fármaco, porquanto pressupõe a análise da Agência Reguladora quanto à sua segurança e eficácia, além de excluir a tipicidade das condutas previstas no art. 10, IV, da Lei 6.437/77, bem como nos arts. 12 c/c 66 da Lei 6.360/76.
5. Necessária a realização da distinção (distinguishing) entre o entendimento firmado no precedente vinculante e a hipótese concreta dos autos, na qual o medicamento (CYTOGAM) prescrito à beneficiária do plano de saúde, embora se trate de fármaco importado ainda não registrado pela ANVISA, teve a sua importação excepcionalmente autorizada pela referida Agência Nacional, sendo, pois, de cobertura obrigatória pela operadora de plano de saúde.
6. A orientação adotada pela jurisprudência desta Corte é a de ser possível, em determinadas situações fáticas, afastar a presunção de dano moral na hipótese em que a recusa de cobertura pelo plano de saúde decorrer de dúvida razoável na interpretação do contrato, por não configurar conduta ilícita capaz de ensejar o dever de compensação.
7. Hipótese em que a atuação da operadora esta revestida de aparente legalidade, a afastar a ocorrência do ato ilícito caracterizador do dano moral.
8. Recurso especial conhecido e parcialmente provido.
(REsp 1.886.178/SP, Rel. Ministra NANCY ANDRIGHI, TERCEIRA TURMA, julgado em 25/11/2021, DJe 29/11/2021)

RECURSO ESPECIAL REPRESENTATIVO DE CONTROVÉRSIA - ARTIGO 1036 E SEGUINTES DO CPC/2015 - AÇÃO DE OBRIGAÇÃO DE FAZER

JULGADA IMPROCEDENTE EM PRIMEIRO GRAU DE JURISDIÇÃO - REFORMA EM SEDE DE APELAÇÃO - INSURGÊNCIA DA OPERADORA DE PLANO DE SAÚDE - CUSTEIO DE TRATAMENTO POR MEIO DE FERTILIZAÇÃO IN VITRO - INVIABILIDADE - ESCÓLIO JURISPRUDENCIAL PACÍFICO DAS TURMAS QUE COMPÕEM A SEGUNDA SEÇÃO.
1. Para fins dos arts. 1036 e seguintes do CPC/2015:1.1. Salvo disposição contratual expressa, os planos de saúde não são obrigados a custear o tratamento médico de fertilização in vitro.
2. Caso concreto: ausente cláusula autorizando a cobertura do tratamento de fertilização in vitro, impõe-se o acolhimento da insurgência recursal a fim de restabelecer a sentença de improcedência do pedido inicial.
3. Recurso especial provido.
(REsp 1.822.420/SP, Rel. Ministro MARCO BUZZI, SEGUNDA SEÇÃO, julgado em 13/10/2021, DJe 27/10/2021)

RECURSO ESPECIAL REPETITIVO. NEGATIVA DE PRESTAÇÃO JURISDICIONAL. NÃO OCORRÊNCIA. CIVIL. PLANO DE SAÚDE. MODALIDADE INDIVIDUAL OU FAMILIAR. CLÁUSULA DE REAJUSTE DE MENSALIDADE POR MUDANÇA DE FAIXA ETÁRIA. LEGALIDADE. ÚLTIMO GRUPO DE RISCO. PERCENTUAL DE REAJUSTE. DEFINIÇÃO DE PARÂMETROS. ABUSIVIDADE. NÃO CARACTERIZAÇÃO. EQUILÍBRIO FINANCEIRO-ATUARIAL DO CONTRATO.
1. A variação das contraprestações pecuniárias dos planos privados de assistência à saúde em razão da idade do usuário deverá estar prevista no contrato, de forma clara, bem como todos os grupos etários e os percentuais de reajuste correspondentes, sob pena de não ser aplicada (arts. 15, caput, e 16, IV, da Lei nº 9.656/1998).
2. A cláusula de aumento de mensalidade de plano de saúde conforme a mudança de faixa etária do beneficiário encontra fundamento no mutualismo (regime de repartição simples) e na solidariedade intergeracional, além de ser regra atuarial e asseguradora de riscos.
3. Os gastos de tratamento médico-hospitalar de pessoas idosas são geralmente mais altos do que os de pessoas mais jovens, isto é, o risco assistencial varia consideravelmente em função da idade. Com vistas a obter maior equilíbrio financeiro ao plano de saúde, foram estabelecidos preços fracionados em grupos etários a fim de que tanto os jovens quanto os de idade mais avançada paguem um valor compatível com os seus perfis de utilização dos serviços de atenção à saúde.
4. Para que as contraprestações financeiras dos idosos não ficassem extremamente dispendiosas, o ordenamento jurídico pátrio acolheu o princípio da solidariedade intergeracional, a forçar que os de mais tenra idade suportassem parte dos custos gerados pelos mais velhos, originando, assim, subsídios cruzados (mecanismo do community rating modificado).

5. As mensalidades dos mais jovens, apesar de proporcionalmente mais caras, não podem ser majoradas demasiadamente, sob pena de o negócio perder a atratividade para eles, o que colocaria em colapso todo o sistema de saúde suplementar em virtude do fenômeno da seleção adversa (ou antisseleção).
6. A norma do art. 15, § 3º, da Lei nº 10.741/2003, que veda "a discriminação do idoso nos planos de saúde pela cobrança de valores diferenciados em razão da idade", apenas inibe o reajuste que consubstanciar discriminação desproporcional ao idoso, ou seja, aquele sem pertinência alguma com o incremento do risco assistencial acobertado pelo contrato.
7. Para evitar abusividades (Súmula nº 469/STJ) nos reajustes das contraprestações pecuniárias dos planos de saúde, alguns parâmetros devem ser observados, tais como (i) a expressa previsão contratual; (ii) não serem aplicados índices de reajuste desarrazoados ou aleatórios, que onerem em demasia o consumidor, em manifesto confronto com a equidade e as cláusulas gerais da boa-fé objetiva e da especial proteção ao idoso, dado que aumentos excessivamente elevados, sobretudo para esta última categoria, poderão, de forma discriminatória, impossibilitar a sua permanência no plano; e (iii) respeito às normas expedidas pelos órgãos governamentais: a) No tocante aos contratos antigos e não adaptados, isto é, aos seguros e planos de saúde firmados antes da entrada em vigor da Lei nº 9.656/1998, deve-se seguir o que consta no contrato, respeitadas, quanto à abusividade dos percentuais de aumento, as normas da legislação consumerista e, quanto à validade formal da cláusula, as diretrizes da Súmula Normativa nº 3/2001 da ANS.
b) Em se tratando de contrato (novo) firmado ou adaptado entre 2/1/1999 e 31/12/2003, deverão ser cumpridas as regras constantes na Resolução CONSU nº 6/1998, a qual determina a observância de 7 (sete) faixas etárias e do limite de variação entre a primeira e a última (o reajuste dos maiores de 70 anos não poderá ser superior a 6 (seis) vezes o previsto para os usuários entre 0 e 17 anos), não podendo também a variação de valor na contraprestação atingir o usuário idoso vinculado ao plano ou seguro saúde há mais de 10 (dez) anos.
c) Para os contratos (novos) firmados a partir de 1º/1/2004, incidem as regras da RN nº 63/2003 da ANS, que prescreve a observância (i) de 10 (dez) faixas etárias, a última aos 59 anos; (ii) do valor fixado para a última faixa etária não poder ser superior a 6 (seis) vezes o previsto para a primeira; e (iii) da variação acumulada entre a sétima e décima faixas não poder ser superior à variação cumulada entre a primeira e sétima faixas.
8. A abusividade dos aumentos das mensalidades de plano de saúde por inserção do usuário em nova faixa de risco, sobretudo de partici-

pantes idosos, deverá ser aferida em cada caso concreto. Tal reajuste será adequado e razoável sempre que o percentual de majoração for justificado atuarialmente, a permitir a continuidade contratual tanto de jovens quanto de idosos, bem como a sobrevivência do próprio fundo mútuo e da operadora, que visa comumente o lucro, o qual não pode ser predatório, haja vista a natureza da atividade econômica explorada: serviço público impróprio ou atividade privada regulamentada, complementar, no caso, ao Serviço Único de Saúde (SUS), de responsabilidade do Estado.

9. Se for reconhecida a abusividade do aumento praticado pela operadora de plano de saúde em virtude da alteração de faixa etária do usuário, para não haver desequilíbrio contratual, faz-se necessária, nos termos do art. 51, § 2º, do CDC, a apuração de percentual adequado e razoável de majoração da mensalidade em virtude da inserção do consumidor na nova faixa de risco, o que deverá ser feito por meio de cálculos atuariais na fase de cumprimento de sentença.

10. TESE para os fins do art. 1.040 do CPC/2015: O reajuste de mensalidade de plano de saúde individual ou familiar fundado na mudança de faixa etária do beneficiário é válido desde que (i) haja previsão contratual, (ii) sejam observadas as normas expedidas pelos órgãos governamentais reguladores e (iii) não sejam aplicados percentuais desarrazoados ou aleatórios que, concretamente e sem base atuarial idônea, onerem excessivamente o consumidor ou discriminem o idoso.

11. CASO CONCRETO: Não restou configurada nenhuma política de preços desmedidos ou tentativa de formação, pela operadora, de "cláusula de barreira" com o intuito de afastar a usuária quase idosa da relação contratual ou do plano de saúde por impossibilidade financeira.

Longe disso, não ficou patente a onerosidade excessiva ou discriminatória, sendo, portanto, idôneos o percentual de reajuste e o aumento da mensalidade fundados na mudança de faixa etária da autora.

12. Recurso especial não provido.

(REsp 1.568.244/RJ, Rel. Ministro RICARDO VILLAS BÔAS CUEVA, SEGUNDA SEÇÃO, julgado em 14/12/2016, DJe 19/12/2016)

5. A COLABORAÇÃO

Inserida na regra do art. 6º do NCPC o dever de colaboração alcança todos os personagens do processo: autor, réu, terceiros intervenientes, Ministério Público, *amicus curiae* e o seu próprio condutor, o Juiz de Direito.

Veja-se o seu teor:

> *Art. 6º Todos os sujeitos do processo devem cooperar entre si para que se obtenha, em tempo razoável, decisão de mérito justa e efetiva.*

O princípio da colaboração estabelece um processo cooperativo – nitidamente inspirado no modelo constitucional – vocacionado à prestação efetiva da tutela jurisdicional, com ampla participação de todos os sujeitos processuais, do início ao fim da atividade jurisdicional, como pondera Cassio Scarpinella Bueno (*Novo Código de Processo Civil Anotado.* Ed. Saraiva, 2015, pág. 45).

Conclui o mesmo autor que *a cooperação entre todos os sujeitos do processo deve significar a colaboração na identificação das questões de fato e de direito e de abster-se de provocar incidentes desnecessários e procrastinatórios já que tal vedação, aliás, decorre da expressa adoção do princípio da boa-fé pelo art. 5º do NCPC.*

> *Art. 5º Aquele que de qualquer forma participa do processo deve comportar-se de acordo com a boa-fé.*

Aliás, o dever de cooperação também é ressaltado no art. 266º do CPC português denotando um princípio angular e exponencial de forma a propiciar que juízes e mandatários em mútua cooperação alcancem uma justiça expedita e eficaz no caso concreto.

> *Art. 266º. Princípio da cooperação.*
> *1. Na condução e intervenção no processo, devem os magistrados, os mandatários judiciais e as próprias partes cooperar entre si, concorrendo para se obter, com brevidade e eficácia, a justa composição do litígio.*
> *2. O juiz pode, em qualquer altura do processo, ouvir as partes, seus representantes ou mandatários judiciais, convidando-os a fornecer os esclarecimentos sobre a matéria de facto ou de direito que se afigurem pertinentes e dando-se conhecimento à outra parte dos resultados da diligência.*
> *3. As pessoas referidas no número anterior são obrigadas a comparecer sempre que para isso forem notificadas e a prestar os esclarecimentos que lhes forem pedidos, sem prejuízo do disposto no nº 3 do art. 519º.*
> *4. Sempre que alguma das partes alegue justificadamente dificuldade séria em obter documento ou informação que condicione o eficaz exercício de faculdade ou o cumprimento de ónus ou dever processual, deve o juiz, sempre que possível, providenciar pela remoção do obstáculo.*

No dizer de Fernando Luso Soares, Duarte Romeira Mesquita e Wanda Ferraz de Brito ("Código de Processo Civil Anotado", Almedina, 2001, 12ª edição, pág. 289), respaldados em Miguel Teixeira de Sousa, "Estudos sobre o novo processo", 2ª ed., pág. 65, o dever de cooperação por parte do tribunal desdobra-se em quatro deveres essenciais:

a) o dever de esclarecimento, isto é, o dever de o tribunal se esclarecer quanto às dúvidas que tenha sobre as suas alegações, pedidos ou posições em juízo (cfr. Artigo 266º, nº 2), de molde a evitar que a sua decisão tenha por base a falta de informação e não a verdade apurada;

b) o dever de prevenção, ou seja, o dever de o tribunal prevenir as partes sobre eventuais deficiências ou insuficiências de suas alegações ou pedidos (cfr. artigos 508º nº 1, al. h; 508º-A, nº 1, al. c; 690º, nº 4 e 701, nº 1);

c) o dever de consultar as partes, sempre que pretenda conhecer da matéria de facto ou de direito sobre a qual aquelas não tenham tido a possibilidade de se pronunciar (cfr. artigo 3º, nº 3), porque, por exemplo, o tribunal enquadra juridicamente a situação de forma diferente daquela que é a perspectiva das partes ou porque esse órgão pretende conhecer oficiosamente certo facto relevante para a decisão da causa;

d) e o dever de auxiliar as partes na remoção de dificuldades ao exercício dos seus direitos ou faculdades ou no cumprimento de ônus ou deveres processuais (cfr. artigo 266º, nº 4).

O Novo CPC, além do dever de cooperação entre os sujeitos do processo, acima ressaltado, também estabelece o dever do juiz auxiliar as partes, corrigindo eventuais falhas procedimentais:

> *Art. 139. O juiz dirigirá o processo conforme as disposições deste Código, incumbindo-lhe:*
> *[...]*
> *IX - determinar o suprimento de pressupostos processuais e o saneamento de outros vícios processuais;*

> *Art. 7º É assegurada às partes paridade de tratamento em relação ao exercício de direitos e faculdades processuais, aos meios de defesa, aos ônus, aos deveres e à aplicação de sanções processuais, competindo ao juiz zelar pelo efetivo contraditório.*

6. Princípio da colaboração e a jurisprudência do STJ

Em arremate, vale a pena destacar a jurisprudência do STJ a respeito do princípio da colaboração que, como já dito, condiciona a conduta dos envolvidos no processo civil.

CIVIL E PROCESSUAL CIVIL. RECURSO ESPECIAL. RECURSO INTERPOSTO SOB A ÉGIDE DO NCPC. FAMÍLIA. DISSOLUÇÃO DE UNIÃO ESTÁVEL. PERÍODO DE CONVIVÊNCIA. PROCEDÊNCIA DO PEDIDO COM BASE EM DECISÃO SURPRESA. OFENSA AO ART. 10 DA NCPC CONFIGURADA. RECURSO ESPECIAL PROVIDO.

1. Aplicabilidade das disposições do NCPC, no que se refere aos requisitos de admissibilidade do recurso especial ao caso concreto ante os termos do Enunciado Administrativo nº 3, aprovado pelo Plenário do STJ na sessão de 9/3/2016: Aos recursos interpostos com fundamento no CPC/15 (relativos a decisões publicadas a partir de 18 de março de 2016) serão exigidos os requisitos de admissibilidade na forma do novo CPC.

2. Sentença de parcial procedência mantida pelo acórdão recorrido, definindo até o termo inicial da união estável, que repercutiu na esfera patrimonial dos litigantes, com amparo em fundamentação sobre a qual não se deu oportunidade de manifestação às partes, padece de nulidade e deve ser ineficaz em relação a elas, em virtude da vedação da chamada "decisão surpresa".

3. O princípio da cooperação e também o da "não surpresa" previstos no art. 10 do NCPC - que são desdobramentos do devido processo legal -, permitem e possibilitam que os sujeitos processuais possam influir concretamente na formação do provimento jurisdicional, garantindo um processo mais justo e isonômico, motivo pelo qual não se pode admitir que a sentença se valha de fatos trazidos pelo Ministério Público local não conhecidos por elas e não submetidos ao contraditório, impondo-lhes notório prejuízo.

4. Recurso especial provido.

(REsp 1.824.337/CE, Rel. Ministro MOURA RIBEIRO, TERCEIRA TURMA, julgado em 10/12/2019, DJe 13/12/2019)

CIVIL. PROCESSUAL CIVIL. FAMÍLIA. INVESTIGAÇÃO DE PATERNIDADE. PROTEÇÃO À DIGNIDADE DA PESSOA HUMANA E TUTELA DO DIREITO À FILIAÇÃO, À IDENTIDADE GENÉTICA E À BUSCA PELA ANCESTRALIDADE. REALIZAÇÃO DE NOVO EXAME DE DNA FACE A SUSPEITA DE FRAUDE NO TESTE ANTERIORMENTE REALIZADO. POSSIBILIDADE. PROVA IRREFUTÁVEL DA FRAUDE. REDUÇÃO DA EXIGÊNCIA PROBATÓRIA, REVALORAÇÃO DAS PROVAS PRODUZIDAS E NECESSIDADE DE EXAURIMENTO DA ATIVIDADE INSTRUTÓRIA. INÉRCIA PROBATÓRIA DA PARTE ADVERSA. VALORAÇÃO DA CONDUTA NA FORMAÇÃO DO CONVENCIMENTO JUDICIAL. POSSIBILIDADE. TESTE DE DNA. VALOR PROBANTE RELATIVO, A SER EXAMINADO EM CONJUNTO COM OS DEMAIS ELEMENTOS DE PROVA. COISA JULGADA. AFASTAMENTO NA HIPÓTESE.

1- Ação distribuída em 11/8/2008. Recurso especial interposto em 16/6/2015.
2- O propósito recursal é definir se é possível o afastamento da coisa julgada material formada em ação investigatória de paternidade cujo resultado foi negativo, na hipótese em que a parte interessada produz prova indiciária acerca de possível ocorrência de fraude no exame de DNA inicialmente realizado.
3- Os direitos à filiação, à identidade genética e à busca pela ancestralidade integram uma parcela significativa dos direitos da personalidade e são elementos indissociáveis do conceito de dignidade da pessoa humana, impondo ao Estado o dever de tutelá-los e de salvaguardá-los de forma integral e especial, a fim de que todos, indistintamente, possuam o direito de ter esclarecida a sua verdade biológica.
4- Atualmente se reconhece a existência de um direito autônomo à prova, assentado na possibilidade de a pessoa requerer o esclarecimento sobre fatos que a ela digam respeito independentemente da existência de um litígio potencial ou iminente, alterando-se o protagonismo da atividade instrutória, que passa a não ser mais apenas do Poder Judiciário, mas também das partes, a quem a prova efetivamente serve.
5- A existência de dúvida razoável sobre possível fraude em teste de DNA anteriormente realizado é suficiente para reabrir a discussão acerca da filiação biológica, admitindo-se a redução das exigências probatórias quando, não sendo possível a prova irrefutável da fraude desde logo, houver a produção de prova indiciária apta a incutir incerteza no julgador, aliada a possibilidade de exaurimento da atividade instrutória no grau de jurisdição originário.
6- A inércia probatória de uma das partes somada a atividade instrutória da outra deve ser levada em consideração na escolha do standard probatório mais adequado à hipótese e na valoração das provas então produzidas, pois as partes, em um processo civil norteado pela cooperação, tem o dever de colaborar com o Poder Judiciário para o descobrimento da verdade.
7- Embora de valiosa importância para as ações investigatórias ou negatórias de paternidade, o exame de DNA, por se tratar de prova técnica suscetível a falhas ou vícios, não pode ser considerado como o único meio de prova apto a atestar a existência ou não de vínculo paterno-filial, devendo o seu resultado ser cotejado com as demais provas produzidas ou suscetíveis de produção, sobretudo diante da célere e constante evolução científica e tecnológica.
8- Em situações excepcionais, é possível o afastamento da coisa julgada material formada nas ações investigatórias ou negatórias de paternidade, a fim de que seja exaustivamente apurada a existência da relação paterno-filial e, ainda, elucidadas as causas de eventuais vícios porventura existentes no exame de DNA inicialmente realizado.

9- Recurso especial provido.
(REsp 1.632.750/SP, Rel. Ministro MOURA RIBEIRO, Rel. p/ Acórdão Ministra NANCY ANDRIGHI, TERCEIRA TURMA, julgado em 24/10/2017, DJe 13/11/2017)

CONFLITO DE COMPETÊNCIA. EXECUÇÃO FISCAL AJUIZADA PELA FAZENDA NACIONAL CONTRA EMPRESA EM RECUPERAÇÃO JUDICIAL. REJEIÇÃO DA EXCEÇÃO DE PRÉ-EXECUTIVIDADE, COM O PROSSEGUIMENTO DA EXECUÇÃO, A AUTORIZAR A CONSTRIÇÃO JUDICIAL DOS BENS DA RECUPERANDA. A CARACTERIZAÇÃO DE CONFLITO DE COMPETÊNCIA PERANTE ESTA CORTE DE JUSTIÇA PRESSUPÕE A MATERIALIZAÇÃO DA OPOSIÇÃO CONCRETA DO JUÍZO DA EXECUÇÃO FISCAL À EFETIVA DELIBERAÇÃO DO JUÍZO DA RECUPERAÇÃO JUDICIAL A RESPEITO DO ATO CONSTRITIVO. CIRCUNSTÂNCIA NÃO VERIFICADA. CONFLITO DE COMPETÊNCIA NÃO CONHECIDO.
1. O dissenso constante do presente incidente centra-se em saber se o Juízo em que se processa a execução fiscal contra empresa em recuperação judicial, ao rejeitar a exceção de pré-executividade e determinar o prosseguimento do feito executivo, com a realização de atos constritivos sobre o patrimônio da executada -, invade ou não a competência do Juízo da recuperação judicial, segundo dispõe o § 7º-B do art. 6º da Lei de Recuperação e Falência, com redação dada pela Lei nº 14.112/2020.
2. A divergência jurisprudencial então existente entre esta Segunda Seção e as Turmas integrantes da Seção de Direito Público do Superior Tribunal de Justiça acabou por se dissipar em razão da edição da Lei nº 14.112/2020, que, a seu modo, delimitou a competência do Juízo em que se processa a execução fiscal (a qual não se suspende pelo deferimento da recuperação judicial) para determinar os atos de constrição judicial sobre os bens da recuperanda; e firmou a competência do Juízo da recuperação judicial para, no exercício de um juízo de controle, "determinar a substituição dos atos de constrição que recaiam sobre bens de capital essenciais à manutenção da atividade empresarial até o encerramento da recuperação judicial".
3. Ainda que se possa reputar delimitada, nesses termos, a extensão da competência dos Juízos da execução fiscal e da recuperação judicial a respeito dos atos constritivos determinados no feito executivo fiscal, tem-se, todavia, não se encontrar bem evidenciado, até porque a lei não o explicita, o modo de como estas competências se operacionalizam na prática, de suma relevância à caracterização do conflito positivo de competência perante esta Corte de Justiça.
3.1 É justamente nesse ponto - em relação ao qual já se antevê uma tênue dispersão nas decisões monocráticas e que motivou a submissão

da presente questão a este Colegiado - que se reputa necessário um direcionamento seguro por parte do Superior Tribunal de Justiça, para que o conflito de competência perante esta Corte Superior não seja mais utilizado, inadvertidamente, como mero subterfúgio para se sobrestar a execução fiscal (ao arrepio da lei), antes de qualquer deliberação do Juízo da recuperação judicial a respeito da constrição judicial realizada, e, principalmente, antes de uma decisão efetivamente proferida pelo Juízo da execução fiscal que se oponha à deliberação do Juízo da recuperação judicial acerca da constrição judicial.

4. A partir da vigência da Lei nº 14.112/2020, com aplicação aos processos em trâmite (afinal se trata de regra processual que cuida de questão afeta à competência), não se pode mais reputar configurado conflito de competência perante esta Corte de Justiça pelo só fato de o Juízo da recuperação ainda não ter deliberado sobre a constrição judicial determinada no feito executivo fiscal, em razão justamente de não ter a questão sido, até então, a ele submetida.

4.1. A submissão da constrição judicial ao Juízo da recuperação judicial, para que este promova o juízo de controle sobre o ato constritivo, pode ser feita naturalmente, de ofício, pelo Juízo da execução fiscal, em atenção à propugnada cooperação entre os Juízos. O § 7ª-B do art. 6º da Lei nº 11.101/2005 apenas faz remissão ao art. 69 do CPC/2015, cuja redação estipula que a cooperação judicial prescinde de forma específica. E, em seu § 2º, inciso IV, estabelece que "os atos concertados entre os juízos cooperantes poderão consistir, além de outros, no estabelecimento de procedimento para a efetivação de medidas e providências para recuperação e preservação de empresas".

4.2. Caso o Juízo da execução fiscal assim não proceda, tem-se de todo prematuro falar-se em configuração de conflito de competência perante esta Corte de Justiça, a pretexto, em verdade, de obter o sobrestamento da execução fiscal liminarmente. Não há, por ora, nesse quadro, nenhuma usurpação da competência, a ensejar a caracterização de conflito perante este Superior Tribunal. A inação do Juízo da execução fiscal - como um "não ato" que é - não pode, por si, ser considerada idônea a fustigar a competência do Juízo recuperacional ainda nem sequer exercida.

4.3. Na hipótese de o Juízo da execução fiscal não submeter, de ofício, o ato constritivo ao Juízo da recuperação judicial, deve a recuperanda instar o Juízo da execução fiscal a fazê-lo ou levar diretamente a questão ao Juízo da recuperação judicial, que deverá exercer seu juízo de controle sobre o ato constritivo, se tiver elementos para tanto, valendo-se, de igual modo, se reputar necessário, da cooperação judicial preconizada no art. 69 do CPC/2015.

5. Em resumo, a caracterização de conflito de competência perante esta Corte de Justiça pressupõe a materialização da oposição concreta do Juízo da execução fiscal à efetiva deliberação do Juízo da recuperação judicial a respeito do ato constritivo.
6. Conflito de competência não conhecido.
(CC 181.190/AC, Rel. Ministro MARCO AURÉLIO BELLIZZE, SEGUNDA SEÇÃO, julgado em 30/11/2021, DJe 07/12/2021)

RECURSO ESPECIAL. VIOLAÇÃO AO ART. 535 DO CPC/1973. NÃO OCORRÊNCIA. RESPONSABILIDADE CIVIL DO MÉDICO POR INADIMPLEMENTO DO DEVER DE INFORMAÇÃO. NECESSIDADE DE ESPECIALIZAÇÃO DA INFORMAÇÃO E DE CONSENTIMENTO ESPECÍFICO. OFENSA AO DIREITO À AUTODETERMINAÇÃO. VALORIZAÇÃO DO SUJEITO DE DIREITO. DANO EXTRAPATRIMONIAL CONFIGURADO. INADIMPLEMENTO CONTRATUAL. BOA-FÉ OBJETIVA. ÔNUS DA PROVA DO MÉDICO.
1. Não há violação ao artigo 535, II, do CPC, quando, embora rejeitados os embargos de declaração, a matéria em exame foi devidamente enfrentada pelo Tribunal de origem, que emitiu pronunciamento de forma fundamentada, ainda que em sentido contrário à pretensão da recorrente.
2. É uma prestação de serviços especial a relação existente entre médico e paciente, cujo objeto engloba deveres anexos, de suma relevância, para além da intervenção técnica dirigida ao tratamento da enfermidade, entre os quais está o dever de informação.
3. O dever de informação é a obrigação que possui o médico de esclarecer o paciente sobre os riscos do tratamento, suas vantagens e desvantagens, as possíveis técnicas a serem empregadas, bem como a revelação quanto aos prognósticos e aos quadros clínico e cirúrgico, salvo quando tal informação possa afetá-lo psicologicamente, ocasião em que a comunicação será feita a seu representante legal.
4. O princípio da autonomia da vontade, ou autodeterminação, com base constitucional e previsão em diversos documentos internacionais, é fonte do dever de informação e do correlato direito ao consentimento livre e informado do paciente e preconiza a valorização do sujeito de direito por trás do paciente, enfatizando a sua capacidade de se autogovernar, de fazer opções e de agir segundo suas próprias deliberações.
5. Haverá efetivo cumprimento do dever de informação quando os esclarecimentos se relacionarem especificamente ao caso do paciente, não se mostrando suficiente a informação genérica. Da mesma forma, para validar a informação prestada, não pode o consentimento do paciente ser genérico (blanket consent), necessitando ser claramente individualizado.

6. O dever de informar é dever de conduta decorrente da boa-fé objetiva e sua simples inobservância caracteriza inadimplemento contratual, fonte de responsabilidade civil per se. A indenização, nesses casos, é devida pela privação sofrida pelo paciente em sua autodeterminação, por lhe ter sido retirada a oportunidade de ponderar os riscos e vantagens de determinado tratamento, que, ao final, lhe causou danos, que poderiam não ter sido causados, caso não fosse realizado o procedimento, por opção do paciente.
7. O ônus da prova quanto ao cumprimento do dever de informar e obter o consentimento informado do paciente é do médico ou do hospital, orientado pelo princípio da colaboração processual, em que cada parte deve contribuir com os elementos probatórios que mais facilmente lhe possam ser exigidos.
8. A responsabilidade subjetiva do médico (CDC, art. 14, §4º) não exclui a possibilidade de inversão do ônus da prova, se presentes os requisitos do art. 6º, VIII, do CDC, devendo o profissional demonstrar ter agido com respeito às orientações técnicas aplicáveis. Precedentes.
9. Inexistente legislação específica para regulamentar o dever de informação, é o Código de Defesa do Consumidor o diploma que desempenha essa função, tornando bastante rigorosos os deveres de informar com clareza, lealdade e exatidão (art. 6º, III, art. 8º, art. 9º).
10. Recurso especial provido, para reconhecer o dano extrapatrimonial causado pelo inadimplemento do dever de informação.
(REsp 1.540.580/DF, Rel. Ministro LÁZARO GUIMARÃES (DESEMBARGADOR CONVOCADO DO TRF 5ª REGIÃO), Rel. p/ Acórdão Ministro LUIS FELIPE SALOMÃO, QUARTA TURMA, julgado em 2/8/2018, DJe 4/9/2018)

PROCESSUAL CIVIL. PREVIDENCIÁRIO. JULGAMENTO SECUNDUM EVENTUM PROBATIONIS. APLICAÇÃO DO ART. 10 DO CPC/2015. PROIBIÇÃO DE DECISÃO SURPRESA. VIOLAÇÃO. NULIDADE.
1. Acórdão do TRF da 4ª Região extinguiu o processo sem julgamento do mérito por insuficiência de provas sem que o fundamento adotado tenha sido previamente debatido pelas partes ou objeto de contraditório preventivo.
2. O art. 10 do CPC/2015 estabelece que o juiz não pode decidir, em grau algum de jurisdição, com base em fundamento a respeito do qual não se tenha dado às partes oportunidade de se manifestar, ainda que se trate de matéria sobre a qual deva decidir de ofício.
3. Trata-se de proibição da chamada decisão surpresa, também conhecida como decisão de terceira via, contra julgado que rompe com o modelo de processo cooperativo instituído pelo Código de 2015 para trazer questão aventada pelo juízo e não ventilada nem pelo autor nem pelo réu.

4. A partir do CPC/2015 mostra-se vedada decisão que inova o litígio e adota fundamento de fato ou de direito sem anterior oportunização de contraditório prévio, mesmo nas matérias de ordem pública que dispensam provocação das partes. Somente argumentos e fundamentos submetidos à manifestação precedente das partes podem ser aplicados pelo julgador, devendo este intimar os interessados para que se pronunciem previamente sobre questão não debatida que pode eventualmente ser objeto de deliberação judicial.
5. O novo sistema processual impôs aos julgadores e partes um procedimento permanentemente interacional, dialético e dialógico, em que a colaboração dos sujeitos processuais na formação da decisão jurisdicional é a pedra de toque do novo CPC.
6. A proibição de decisão surpresa, com obediência ao princípio do contraditório, assegura às partes o direito de serem ouvidas de maneira antecipada sobre todas as questões relevantes do processo, ainda que passíveis de conhecimento de ofício pelo magistrado. O contraditório se manifesta pela bilateralidade do binômio ciência/influência. Um sem o outro esvazia o princípio. A inovação do art. 10 do CPC/2015 está em tornar objetivamente obrigatória a intimação das partes para que se manifestem previamente à decisão judicial. E a consequência da inobservância do dispositivo é a nulidade da decisão surpresa, ou decisão de terceira via, na medida em que fere a característica fundamental do novo modelo de processualística pautado na colaboração entre as partes e no diálogo com o julgador.
7. O processo judicial contemporâneo não se faz com protagonismos e protagonistas, mas com equilíbrio na atuação das partes e do juiz de forma a que o feito seja conduzido cooperativamente pelos sujeitos processuais principais. A cooperação processual, cujo dever de consulta é uma das suas manifestações, é traço característico do CPC/2015. Encontra-se refletida no art. 10, bem como em diversos outros dispositivos espraiados pelo Código.
8. Em atenção à moderna concepção de cooperação processual, as partes têm o direito à legítima confiança de que o resultado do processo será alcançado mediante fundamento previamente conhecido e debatido por elas. Haverá afronta à colaboração e ao necessário diálogo no processo, com violação ao dever judicial de consulta e contraditório, se omitida às partes a possibilidade de se pronunciarem anteriormente "sobre tudo que pode servir de ponto de apoio para a decisão da causa, inclusive quanto àquelas questões que o juiz pode apreciar de ofício" (MARIONI, Luiz Guilherme; ARENHART, Sérgio Cruz; MITIDIERO, Daniel. Novo código de processo civil comentado. São Paulo: Editora Revista dos Tribunais, 2015, p. 209).

9. Não se ignora que a aplicação desse novo paradigma decisório enfrenta resistências e causa desconforto nos operadores acostumados à sistemática anterior. Nenhuma dúvida, todavia, quanto à responsabilidade dos tribunais em assegurar-lhe efetividade não só como mecanismo de aperfeiçoamento da jurisdição, como de democratização do processo e de legitimação decisória.
10. Cabe ao magistrado ser sensível às circunstâncias do caso concreto e, prevendo a possibilidade de utilização de fundamento não debatido, permitir a manifestação das partes antes da decisão judicial, sob pena de violação ao art. 10 do CPC/2015 e a todo o plexo estruturante do sistema processual cooperativo. Tal necessidade de abrir oitiva das partes previamente à prolação da decisão judicial, mesmo quando passível de atuação de ofício, não é nova no direito processual brasileiro. Colhem-se exemplos no art. 40, §4º, da LEF, e nos Embargos de Declaração com efeitos infringentes.
11. Nada há de heterodoxo ou atípico no contraditório dinâmico e preventivo exigido pelo CPC/2015. Na eventual hipótese de adoção de fundamento ignorado e imprevisível, a decisão judicial não pode se dar com preterição da ciência prévia das partes. A negativa de efetividade ao art. 10 c/c art. 933 do CPC/2015 implica error in procedendo e nulidade do julgado, devendo a intimação antecedente ser procedida na instância de origem para permitir a participação dos titulares do direito discutido em juízo na formação do convencimento do julgador e, principalmente, assegurar a necessária correlação ou congruência entre o âmbito do diálogo desenvolvido pelos sujeitos processuais e o conteúdo da decisão prolatada.
12. In casu, o Acórdão recorrido decidiu o recurso de apelação da autora mediante fundamento original não cogitado, explícita ou implicitamente, pelas partes. Resolveu o Tribunal de origem contrariar a sentença monocrática e julgar extinto o processo sem resolução de mérito por insuficiência de prova, sem que as partes tenham tido a oportunidade de exercitar sua influência na formação da convicção do julgador. Por tratar-se de resultado que não está previsto objetivamente no ordenamento jurídico nacional, e refoge ao desdobramento natural da controvérsia, considera-se insuscetível de pronunciamento com desatenção à regra da proibição da decisão surpresa, posto não terem as partes obrigação de prevê-lo ou advinha-lo. Deve o julgado ser anulado, com retorno dos autos à instância anterior para intimação das partes a se manifestarem sobre a possibilidade aventada pelo juízo no prazo de 5 (cinco) dias.
13. Corrobora a pertinência da solução ora dada ao caso o fato de a resistência de mérito posta no Recurso Especial ser relevante e guardar potencial capacidade de alterar o julgamento prolatado. A despeito da analogia realizada no julgado recorrido com precedente da

Corte Especial do STJ proferido sob o rito de recurso representativo de controvérsia (REsp 1.352.721/SP, Corte Especial, Rel. Min. Napoleão Nunes Maia Filho, DJ de 28/4/2016), a extensão e o alcance da decisão utilizada como paradigma para além das circunstâncias ali analisadas e para "todas as hipóteses em que se rejeita a pretensão a benefício previdenciário em decorrência de ausência ou insuficiência de lastro probatório" recomenda cautela. A identidade e aplicabilidade automática do referido julgado a situações outras que não aquelas diretamente enfrentadas no caso apreciado, como ocorre com a controvérsia em liça, merece debate oportuno e circunstanciado como exigência da cooperação processual e da confiança legítima em um julgamento sem surpresas.

14. A ampliação demasiada das hipóteses de retirada da autoridade da coisa julgada fora dos casos expressamente previstos pelo legislador pode acarretar insegurança jurídica e risco de decisões contraditórias. O sistema processual pátrio prevê a chamada coisa julgada secundum eventum probationis apenas para situações bastante específicas e em processos de natureza coletiva. Cuida-se de técnica adotada com parcimônia pelo legislador nos casos de ação popular (art. 18 da Lei 4.717/1965) e de Ação Civil Pública (art. 16 da Lei 7.347/1985 e art. 103, I, CDC). Mesmo nesses casos com expressa previsão normativa, não se está a tratar de extinção do processo sem julgamento do mérito, mas de pedido julgado "improcedente por insuficiência de provas, hipótese em que qualquer legitimado poderá intentar outra ação com idêntico fundamento, valendo-se de nova prova" (art. 16, ACP).

15. A diferença é significativa, pois, no caso de a ação coletiva ter sido julgada improcedente por deficiência de prova, a própria lei que relativiza a eficácia da coisa julgada torna imutável e indiscutível a sentença no limite das provas produzidas nos autos. Não impede que outros legitimados intentem nova ação com idêntico fundamento, mas exige prova nova para admissibilidade initio litis da demanda coletiva.

16. Não é o que se passa nas demandas individuais decidas sem resolução da lide e, por isso, não acobertadas pela eficácia imutável da autoridade da coisa julgada material em nenhuma extensão. A extinção do processo sem julgamento do mérito opera coisa julgada meramente formal e torna inalterável o decisum sob a ótica estritamente endoprocessual. Não obsta que o autor intente nova ação com as mesmas partes, o mesmo pedido e a mesma causa de pedir, inclusive com o mesmo conjunto probatório, e ainda assim receba decisão díspar da prolatada no processo anterior. A jurisdição passa a ser loteria em favor de uma das partes em detrimento da outra, sem mecanismos legais de controle eficiente. Por isso, a solução objeto do julgamento

proferido pela Corte Especial do STJ no REsp 1.352.721/SP recomenda interpretação comedida, de forma a não ampliar em demasia as causas sujeitas à instabilidade extraprocessual da preclusão máxima.
17. Por derradeiro, o retorno dos autos à origem para adequação do procedimento à legislação federal tida por violada, sem ingresso no mérito por esta Corte com supressão ou sobreposição de instância, é medida que se impõe não apenas por tecnicismo procedimental, mas também pelo efeito pedagógico da observância fiel do devido processo legal, de modo a conformar o direito do recorrente e o dever do julgador às novas e boas práticas estabelecidas no Digesto Processual de 2015.
18. Recurso Especial provido.
(REsp 1.676.027/PR, Rel. Ministro HERMAN BENJAMIN, SEGUNDA TURMA, julgado em 26/9/2017, REPDJe 19/12/2017, DJe 11/10/2017)

7. Conclusão

Anote-se, por fim, que o principal instrumento processual utilizado pelo Superior Tribunal de Justiça para a formação de precedentes qualificados está estruturalmente organizado em: a) temas repetitivos – processo ou o conjunto de processos afetados ao rito dos repetitivos e b) controvérsias: com a finalidade principal de publicidade e controle, representa o conjunto de processos recebidos pelo STJ na condição de representativos da controvérsia (candidatos à afetação).

8. Referências bibliográficas

GARCIA, José Miguel. *Novo Código de Processo Civil Comentado.* Ed. RT, 5ª edição revista, ampliada e atualizada, 2017.

BUENO, Cassio Scarpinella. *Novo Código de Processo Civil Anotado.* Ed. Saraiva, 2015.

SOARES, Fernando Luso, MESQUITA, Duarte Romeira e BRITO, Wanda Ferraz de. *Código de Processo Civil Anotado.* Almedina, 2001, 12ª edição, pág. 289).

REsp 1.726.563/SP, Rel. Ministro MOURA RIBEIRO, SEGUNDA SEÇÃO, julgado em 8/11/2018, REPDJe 3/12/2018, DJe 26/11/2018.

REsp 1.886.178/SP, Rel. Ministra NANCY ANDRIGHI, TERCEIRA TURMA, julgado em 25/11/2021, DJe 29/11/2021.

REsp 1.822.420/SP, Rel. Ministro MARCO BUZZI, SEGUNDA SEÇÃO, julgado em 13/10/2021, DJe 27/10/2021.

REsp 1.568.244/RJ, Rel. Ministro RICARDO VILLAS BÔAS CUEVA, SEGUNDA SEÇÃO, julgado em 14/12/2016, DJe 19/12/2016.

REsp 1.824.337/CE, Rel. Ministro MOURA RIBEIRO, TERCEIRA TURMA, julgado em 10/12/2019, DJe 13/12/2019.

REsp 1.632.750/SP, Rel. Ministro MOURA RIBEIRO, Rel. p/ Acórdão Ministra NANCY ANDRIGHI, TERCEIRA TURMA, julgado em 24/10/2017, DJe 13/11/2017.

CC 181.190/AC, Rel. Ministro MARCO AURÉLIO BELLIZZE, SEGUNDA SEÇÃO, julgado em 30/11/2021, DJe 07/12/2021.

REsp 1.540.580/DF, Rel. Ministro LÁZARO GUIMARÃES (DESEMBARGADOR CONVOCADO DO TRF 5ª REGIÃO), Rel. p/ Acórdão Ministro LUIS FELIPE SALOMÃO, QUARTA TURMA, julgado em 2/8/2018, DJe 4/9/2018.

REsp 1.676.027/PR, Rel. Ministro HERMAN BENJAMIN, SEGUNDA TURMA, julgado em 26/9/2017, REPDJe 19/12/2017, DJe 11/10/2017.

Controle de Constitucionalidade Concentrado de Súmulas de Jurisprudência

Paulo Gustavo Gonet Branco[1]
Pedro Henrique de Moura Gonet Branco[2]

A jurisprudência do Supremo Tribunal Federal consistentemente negava que verbete de súmula pudesse figurar como objeto de ação concentrada de inconstitucionalidade. Indicava-se como razão bastante o significado elementar da súmula no seu contexto processual. Com a ampliação do alcance dos precedentes judiciais a partir de 2015, a questão recebeu incremento no seu ângulo de controvérsia, na medida em que máximas de julgamento ganharam força vinculante em algumas hipóteses.

1. Algumas experiências de julgamentos vinculantes

A atribuição de efeito vinculante a deliberação do Judiciário não constitui solução sem par do Código de Processo Civil no contexto da nossa história jurídica. As Ordenações Manoelinas e Filipinas previam o instrumento do Assentos, expedidos pela Casa de Suplicação, com força de lei. Não se tratava de julgamento de casos concretos, mas de determinações sobre a inteligência das ordenações e das leis. Em 1808, surgiu a Casa de Suplicação do Rio de Janeiro, somando-se à de Lisboa. Ambas dispunham da competência para elaborar os assentos, registrados no Livro da Relação, para que não mais se cogitasse de dúvida sobre o conteúdo da norma. Em 1875, o Decreto Legislativo nº 2.684 atribuiu força de lei aos assentos provenientes da Casa de Lisboa, mesmo depois de criada a Casa da Suplicação do Rio de Janeiro, proferidos até a Independência. Dispôs também que o Supremo Tribunal de Justiça teria competência para elaborar esses assentos, a fim de estabelecer "a inteligência das leis civis, comerciais e criminais, quando na execução

---

1 Doutor em Direito (UnB). Professor do Mestrado e Doutorado em Direito Constitucional do Instituto Brasileiro de Ensino, Desenvolvimento e Pesquisa - IDP. Membro do Ministério Público Federal. Ex-aluno do homenageado por este livro. O autor revê aqui algumas posições assumidas anteriormente.

2 Bacharel em Direito pela Universidade de Brasília. Assessor de Ministro do Supremo Tribunal Federal.

delas ocorrerem dúvidas manifestadas por julgamentos divergentes havidos no mesmo Tribunal, Relações e Juízos de primeira instância" (art. 2º). Os assentos dependiam do assentimento dos votos de 2/3 dos Ministros da Corte e eram insuscetíveis de serem "revogados por esse Tribunal" (art. 2º, § 3º).

Essa competência do Supremo Tribunal desapareceu com a ordem republicana, tendo o Supremo Tribunal Federal declarado a sua perda de vigência, em novembro de 1903. A esta altura, o STF afirmou que "o Tribunal só decide *in specie*, no caso concreto a resolver entre as partes, e não tem a faculdade de tomar assentos ou lavrar decretos para casos gerais e futuros, a qual só compete ao poder legislativo".

De toda sorte, é interessante observar que o Supremo Tribunal nunca se lançou a compor assento algum no período de vigência do instituto.[3]

A experiência dos assentos foi buscada pelo Anteprojeto do Código de Processo Civil de 1964, que, na sua exposição de motivos, assume que "restabelece a antiga figura do assento, consagrada no antigo direito português". Justifica a reinserção do instituto entre nós, por considerá-lo elemento eficaz para a uniformização da jurisprudência, que "não é tanto um direito da parte quanto um dever do tribunal, a quem toca a interpretação lógica, ordenada e coerente dos preceitos legais". Explica que "o Anteprojeto assegura a uniformidade da jurisprudência mediante assentos com força obrigatória, isto é, com o valor de lei". No Projeto do Código, entretanto, não se incluiu a figura preconizada no anteprojeto. Escapou, assim, da censura à petrificação do direito que se dizia poder ser propiciada por esse meio, bem como da limitação à liberdade de julgar do juiz e da concorrência indevida com os afazeres típicos do legislador.

Na Justiça do Trabalho, durante o Estado Novo, também se concebeu, no art. 902, § 1º, da CLT, a compulsoriedade do respeito pelas demais instâncias trabalhistas dos prejulgados do Tribunal Superior do Trabalho. Em 1977, o Supremo Tribunal Federal declarou que o caráter vinculante desses instrumentos jurisprudenciais havia sido revogado quando da Constituição de 1946, à conta do sistema de separação de poderes adotado, incompatível com a delegação ao Judiciário do poder de

3 Cf. Candido de Oliveira Filho. Direito Prático e Direito Teórico, Rio, Livraria Editora, 1936, p. 217. Ver em José Neri da Silveira. "O Supremo Tribunal Federal e a Interpretação Jurídica com Eficácia Normativa", Revista Arquivos, Brasília, Ministério da Justiça, n. 159, julho/setembro de 1981.

adotar posições normativas vinculantes (Rp 946, rel. o Ministro Xavier da Silveira, RTJ 82/44).

2. A SÚMULA NO STF

Antes mesmo do Anteprojeto Buzaid, de 1964, o Supremo Tribunal adotara no seu Regimento Interno, em 30.8.1963, a Súmula da sua jurisprudência, iniciativa que foi sendo acolhida por outros tribunais, recebendo, enfim, tratamento legislativo.

A Súmula como atestou o seu criador, o Ministro Victor Nunes Leal, surgiu como "um método de trabalho":

> Por falta de técnicas mais sofisticadas, a Súmula nasceu - e colateralmente adquiriu efeitos de natureza processual - da dificuldade, para os Ministros, de identificar as matérias que já não convinha discutir de novo, salvo se sobreviesse algum motivo relevante. O hábito, então, era reportar-se cada qual à sua memória, testemunhando, para os colegas mais modernos, que era tal ou qual a jurisprudência assente da Corte.[4]

O Ministro se refere, com bom humor, à fórmula que idealizou:

> Daí surgiu a ideia da Súmula (...). Tenho mencionado que a Súmula é subproduto da minha falta de memória, pois fui eu afinal o relator (...) dos seus primeiros 370 enunciados.[5]

Vê-se que a Súmula não pretendia conferir uma primeira definição sobre um ponto de direito, nem pretendia estabelecer normas para o futuro. O intuito era mais imediato - o de registrar, em fórmula lapidar, a inteligência estabelecida em precedentes da jurisprudência, que assim não precisariam mais ser recuperados a cada julgamento, enquanto, é claro, o Tribunal se mantivesse fiel ao entendimento. O seu criador o reitera nesta passagem:

> (...) Não se pode subestimar sua [da Súmula] função de repertório oficial da jurisprudência dominante da Alta Corte. É quase certo, ali-

4 Victor Nunes Leal. Problemas de Direito Público e Outros Problemas. Brasília: Ministério da Justiça, 1997, p. 294.

5 id. p. 295.

> ás, que foi esta a primeira motivação da Súmula. Ela correspondeu, sob este aspecto, à necessidade de sistematizar os julgamentos do Tribunal, para se localizarem os precedentes com menor dificuldade.[6]

A Súmula veio a ser reverenciada pela legislação processual, que lhe conferiu efeitos apropriados à sua índole de compêndio jurisprudencial. Ressalvada a criação constitucional, em 2004, da sua fórmula qualificada, a Súmula Vinculante, não recebeu feição de norma obrigatória para terceiros. Tampouco se cogitou de atribuir um caráter de imutabilidade aos seus verbetes. A Emenda de 1963 ao Regimento Interno do STF que instituiu a Súmula também dispunha que, "sempre que o Plenário decidir em contrário ao que constar da Súmula será cancelado o respectivo enunciado".

É, assim, acurado o resumo de Victor Nunes Leal:

> A Súmula realizou o ideal do meio-termo, quanto à estabilidade da jurisprudência, ela ficou entre a dureza implacável dos antigos assentos da Casa da Suplicação, 'para a inteligência geral e perpétua da lei' e a virtual inoperância dos prejulgados. É um instrumento flexível, que simplifica o trabalho da Justiça em todos os graus, mas evita a petrificação, porque a Súmula regula o procedimento pelo qual pode ser modificada (...). Apenas exige, para ser alterada, mais aprofundado esforço dos advogados e juízes. Deverão eles procurar argumentos novos, ou aspectos inexplorados nos velhos argumentos, ou realçar as modificações operadas na própria realidade social e econômica. Com essa precaução, a Súmula substitui a *loteria judiciária* das maiorias ocasionais pela perseverança esclarecida dos autênticos profissionais do direito.[7]

3. A EXPERIÊNCIA DA REPRESENTAÇÃO INTERPRETATIVA

A Súmula Vinculante é, como o seu nome induz a perceber, instituto aparentado da Súmula, mas substancialmente mais impactante. Antes de chegarmos a ela, a conveniência cronológica recomenda que se recobre a experiência advinda da Emenda à Constituição nº 7, de 1977, que engendrou a representação interpretativa.

6 id., p. 294.

7 id., p. 290.

A inovação constitucional de 1977 conferiu ao Procurador-Geral da República legitimidade exclusiva para propor ao STF que estabelecesse a interpretação de lei ou ato normativo federal ou estadual que deveria ser por todos observada. O processo tinha por objeto a lei em tese, prescindindo de caso concreto; não dependia, portanto, de prévia controvérsia em torno do dispositivo. O resultado da representação era a compreensão devida da regra discutida. O entendimento tinha eficácia normativa e obrigava as instâncias inferiores. Não se previa mecanismo de reformulação do entendimento resultante do acórdão. O Regimento Interno do STF, à época com força de lei, complementava o regime normativo da representação interpretativa, estatuindo que, a partir da publicação da ementa do acórdão, "a interpretação nele fixada terá força vinculante, implicando a sua não-observância negativa de vigência do texto interpretado". Tanto o Ministro Néri da Silveira[8] como o Ministro Sepúlveda Pertence[9] entendiam que a decisão judicial contrária não ensejava reclamação, mas recurso extraordinário ou ação rescisória.

Questionamentos sobre a compatibilidade da representação com a separação de poderes, como ocorrera com os prejulgados da CLT, foram neutralizados pela circunstância de que o instrumento fora criado por norma de estatura constitucional, embora Victor Nunes Leal considerasse que a providência dispensasse a intervenção do constituinte, bastando a vontade do legislador comum[10]. De todo o modo, não faltaram os críticos da novidade.

A proposta da representação havia sido apresentada ao Congresso Nacional anteriormente, no contexto do que se chamava de a "reforma do Judiciário" e colhera parecer contrário do relator no Senado, que a desaconselhou com estas ponderações:

> Se a interpretação fosse normativa, ela teria o grave inconveniente de imobilizar o direito, de suprimir a atividade criadora dos tribunais, impondo-lhes uma interpretação estioladora da jurisprudência. A proposta do Projeto viria a estratificar o Direito, que se enriquece mais dos casos concretos do que do labor da ciência. É na aplicação da lei, mesmo de dispositivo com largo tempo de vigência e de sentido aparentemente claro e assentados, mas sempre suscetível de nuanças e ângulos novos, que o Direito toma força. (...) A dinâ-

8 ob. cit., p. 25.

9 voto na ADI 594, DJ 15-04-1994.

10 id. p. 299.

> mica, a multiplicidade e a complexidade dos atos do mundo de hoje não permitem que sejam alcançados e aprisionados inteiramente no só plano abstrato. O tempo atua, os tempos brotam, a vida muda – e o sentido das coisas, também das leis, enriquece-se com essas conquistas. Essa veia vivificante não deve ser cortada – a aplicação da lei, suprema coroação e momento culminante da criação jurídica, não pode ser estancada e tornada mera fórmula.[11]

O partido de oposição, que havia surpreendido o regime político com consistente vitória eleitoral recente, fechou questão contra a aprovação da reforma do Judiciário, em cujo contexto a representação para interpretação vinculante se inseria. O Congresso, pouco depois foi fechado. Em seguida, a representação e outras alterações do sistema político foram impostas pelo que ficou chamado de o "pacote de abril", editado pelo Presidente da República, em 1977.

O constituinte de 1988 não hesitou em repelir tanto a representação interpretativa como o outro instrumento processual que conferia ao STF a competência para tomar para si, de qualquer instância, o julgamento de uma causa. O instrumento recebia, na ordem constitucional passada, o nome de *avocatória*.

4. Inovações posteriores a 1988

Se o constituinte de 1988 ainda estava escarmentado com a experiência anterior de concentração hierárquica do poder de julgar, o tempo esmaeceu as impressões deixadas pelo período anterior. A inquietação com a eficiência do sistema de controle de constitucionalidade e de uniformização propícia à segurança jurídica ganhou tônus.

A Emenda Constitucional nº 3/93 dera o primeiro passo importante com a criação da ação declaratória de constitucionalidade, atribuindo efeito vinculante às suas decisões de mérito. O STF entendeu que, sendo a ação declaratória de constitucionalidade uma ação direta de inconstitucionalidade com sinal trocado, também a decisão de mérito nesses feitos haveria de ostentar o mesmo efeito. Em 2004, a Emenda Constitucional nº 45 deixou expressa a extensão do efeito vinculante à ação direta de inconstitucionalidade.

11 Transcrição em J. Neri da Silveira, ob. cit., p. 23.

A compulsoriedade da observância da decisão de mérito do Supremo Tribunal, porém, não foi mencionado pelo constituinte quando se referiu à arguição de descumprimento de preceito fundamental. Foi a Lei nº 9.882/99, que deu vida ao instrumento cogitado sem nenhum início de regulação, que lhe atribuiu essa eficácia. Logo se instalou controvérsia em torno da viabilidade constitucional de essa atribuição se realizar por meio de legislação comum, na senda das censuras que haviam sido lançadas à tentativa de ressurgimento dos assentos, no Anteprojeto Buzaid de 1964 e da jurisprudência firmada a propósito da compatibilidade dos prejulgados obrigatórios. Mencionou-se que tinha curso no Congresso Nacional proposta de emenda à Carta, visando a instituir o efeito vinculante e que, quando o constituinte admitiu esse efeito, ele o fez expressamente.[12]

O Conselho Federal da OAB ajuizou ação declaratória de inconstitucionalidade (ADI 2.231), até hoje não julgada[13].

Gilmar Mendes, em doutrina, sustenta a validade do efeito vinculante, independentemente de deliberação do constituinte, forte em que se tem aí uma consequência ínsita ao sistema de controle concentrado.[14] A prática do Supremo Tribunal Federal, não obstante a falta de deliberação específica desse ponto de controvérsia, parece encaminhar-se para a mesma conclusão, não sendo isolados os casos de reclamação bem sucedidos, por desobediência ao que deliberado pela Corte em ADPF – disso fazem exemplos tantos casos em que se invoca a ADPF 130, em que a Lei de Imprensa foi declarada incompatível com a Constituição de 1988.[15]

A criação da Súmula Vinculante no STF não deu margem a polêmicas de igual teor, uma vez que resultou de determinação do poder constituinte de revisão, ao editar a EC 45/2004.

---

12 A propósito, veja-se Ingo Sarlet. "Arguição de descumprimento de preceito fundamental: alguns aspectos controversos" **in** André Tavares e Walter Tothemburg (org). Arguição de descumprimento de preceito fundamental: análises à luz da Lei nº 9.882/99. São Paulo, Atlas, 2001, 157-164. Da mesma sorte, e no mesmo livro, o estudo de Ives Gandra da Silva Martins "Descumprimento de preceito fundamental: eficçia das decisões", pp. 172-179.

13 Verificação em 3.3.2023.

14 Gilmar Ferreira Mendes. Arguição de descumprimento de preceito fundamental. São Paulo, Saraiva, 2011.

15 A título de ilustração, a Rcl 21504 AgR, rel. o Ministro Celso de Mello, DJe 11-12-2015; e a Rcl 15243 MC-AgR, rel. o Ministro Celso de Mello, DJe 02-12-2014.

A Súmula Vinculante distingue-se da Súmula existente até a sua concepção constitucional, justamente pelos seus pressupostos inscritos dispostos pelo constituinte e os seus efeitos vinculantes para o resto do Judiciário e para os setores administrativos das três esferas da Federação. O próprio constituinte cuidou de estabelecer a revisibilidade do entendimento fixado, mediante procedimento que confiou ao legislador ordinário desenvolver, antecipando que os legitimados para a propositura da ação direta de inconstitucionalidade estariam também habilitados para sugerir a alteração ou o cancelamento do verbete, bem como a sua própria confecção.

O constituinte, no art. 103-A, § 1º, limitou a Súmula Vinculante aos casos em que controvérsias atuais no Judiciário e entre este e setores administrativos se provassem especialmente danosas à segurança jurídica e sendo indutora de multiplicação de processos. A Súmula Vinculante pode não somente afirmar a validade ou eficácia de qualquer norma, como estabelecer a sua interpretação cabível. É necessário, portanto, que a Súmula diga respeito a alguma questão concreta, não sendo compatível com o intuito inserir uma norma inteiramente nova no ordenamento. São exatas as palavras de Cândido Dinamarco, referindo-se às Súmulas Vinculantes como:

> Verdadeiros 'preceitos normativos' a serem emitidos pelo Supremo Tribunal Federal no exercício de suas funções jurisdicionais, [de modo a] não só estabelecer um clima de confiabilidade nas decisões judiciárias, mediante a eliminação dos efeitos perversos das variações jurisprudenciais, como ainda poupar tempo, evitando as notórias repetições.[16]

5. O Código de Processo Civil de 2015, as decisões vinculantes

O Código de Processo Civil de 2015 torna a prever decisões judiciais com força vinculante provenientes do Supremo Tribunal Federal, de Tribunais Superiores, alongadas também para os tribunais de segunda instância.

O CPC admite, agora, o efeito vinculante, em maior ou menor medida, aos julgamentos dos incidentes de resolução de demandas repetitivas e no incidente de assunção de competência. O art. 927 determina que os juízes

16 Cândido Rangel Dinamarco. Instituições de direito processual civil. São Paulo, Malheiros, 2005, v. I, p. 354.

e tribunais observem, não os situando em distintos graus de vinculatividade, tanto as decisões do STF em controle concentrado e os enunciados da Súmula Vinculante, como que acolham a solução de questões jurídicas tanto do Supremo Tribunal como do Superior Tribunal de Justiça, em recurso extraordinário repetitivo ou especial repetitivo respectivamente. Da mesma forma, os demais juízos devem observar as Súmulas do STF editadas sem o rito da Súmula Vinculante, desde que versando matéria constitucional, e as do STJ, em matéria infraconstitucional. A reclamação passa a ser instrumento processual ordinário dos tribunais superiores ou de segundo grau para preservar as decisões tomadas nos incidentes e também para preservar a tese firmada pelo STF em recurso extraordinário sob a sistemática da repercussão geral, se a divergência persistir depois de esgotadas as instâncias ordinárias (cf. arts. 985 e 988 do CPC).

Do apanhado histórico resumido anteriormente resulta que a primeira questão que o controle de constitucionalidade das decisões vinculantes suscita é justamente a da constitucionalidade da própria previsão desse efeito em lei ordinária.

Embora sob a Constituição de 1946 e de 1967/1969 se tenha afirmado a incompatibilidade da atribuição, por lei, de força normativa a decisões judiciais com o princípio da separação e da indelegabilidade de poderes, o fato é que o mesmo argumento não chegou a sensibilizar a comunidade jurídica atual.

As críticas inspiradas pelo receio de engessamento da intepretação da lei perdem força persuasiva ante a criação de mecanismos de revisão das teses vinculantes criadas pelos tribunais. A questão é mais sensível, quando vista sob o enfoque da colisão entre o sistema democrático de repartição de poderes e exigências tanto de uniformidade na aplicação da lei, em decorrência da igualdade de todos perante a lei, e de funcionalidade do sistema, que não pode prescindir da coerência.

Os números de demandas judiciais sofreram notória e exponencial expansão, desde a abertura propiciada pela redemocratização de 1988. São frequentes os alarmes com relação à capacidade do Judiciário de responder adequadamente e em tempo oportuno às múltiplas e reiteradas demandas que lhe sãos dirigidas. O reforço do sistema concentrado e abstrato de controle de constitucionalidade no STF, claramente avantajado ao longo dos anos de vigência da Constituição, responde a essa cobrança. Exigências de eficiência e de congruência com a regra constitucional da igualdade perante a lei têm merecido maior peso na balança que as confronta com considerações relativas a restrições de atribuições do Judiciário.

A vinculação dos órgãos do Judiciário às decisões tomadas por tribunais que lhes sejam processualmente superiores constitui passo que não se pode qualificar de inesperado, nem de impensável, quando os números de processos, de recursos e de decisões apontam, com nitidez crescente, para um caos do sistema judiciário. A solução legislativa, de toda sorte, veio acompanhada da cautela da admissão nas causa-pilotos de *amici curiae* e do Ministério Público.

As inquietudes que levaram os juristas há muito a propugnar por mecanismos proveitosos de controle da unidade do Direito ganham hoje proporção ainda mais avantajada do que nos tempos, não tão distantes, em que o Ministro José Néri da Silveira advertia que aos juízes e aos tribunais não lhes é dado "proceder com indiferença, diante das precedentes interpretações já conferidas às mesmas normas, especialmente quando sejam provenientes de órgãos judiciários superiores", e isso pelo grave pressuposto de que "a aplicação das leis, diferentemente a uns e outros, na mesma situação, gera estado de incerteza, inconciliável com os ideais do Direito, enquanto instrumento de realização da Justiça".[17]

O mesmo autor e antigo Ministro do STF recorda que juristas de antanho concordam na mesma apreciação. Cita René Morel que também assinalou, com proveito para o nosso sistema, que "a unidade de legislação seria um engodo sem unidade de jurisprudência". Recobra a interrogação retórica de Batoque e Abranches: "que importa que a lei seja conhecida e certa, se a interpretação dela oscila e varia a cada momento?". Esses mestres lusitanos concluem:

> Não se sabendo de antemão qual o sentido que virá a ser atribuído à disposição da lei, no caso de se provocar sobre ela o exercício da atividade jurisdicional, ninguém pode estar seguro do Direito".[18]

As premências práticas de operosidade e de consistência do Judiciário na soluções para conflitos sempre mais adensados numa sociedade complexa e democrática tornam mais contundente e precisa a avaliação de que "o problema da uniformidade da jurisprudência é dos mais graves e a ele se liga, não apenas a da função jurisdicional, mas também a da liberdade de interpretação", do que se deduz que a liberdade de interpretação não pode consistir num regra absoluta, sob

17 ob. cit., p. 13.

18 id., ibidem.

pena de se reduzir "a máxima da Constituição – a lei é igual para todos – a fórmula vã".[19]

Razões de segurança e de eficácia da própria ordem positiva, basilares num Estado democrático de Direito, impelem soluções que, se triscam a consensos do passado, apresentam-se, agora, como medidas úteis, sem alternativa visível, para o enfretamento dos desafios do presente.

Não se perca de vista, tampouco, que os enunciados interpretativos devem, por imposição lógica e do próprio legislador, guardar sintonia com situação de fato bem definida em face de preceito de lei igualmente bem identificado – de tal sorte que não se confundem com disposições em abstrato. Visam, antes, à explicitação minudenciada do sentido de lei preexistente, no contato com determinada realidade fática não menos particularizada. Esse aspecto dá a partida para a análise da possibilidade de controle concentrado no STF de Súmulas de tribunais.

6. Súmulas Vinculantes do STF.

Com relação à obrigatoriedade das decisões do STF em controle abstrato de constitucionalidade não há novidade a ser apreciada. Desde 1977 que se assentou na inteligência da Corte que é da natureza do controle direto a eficácia *erga omnes* até porque, como típico dos processos objetivos, não há neles *partes* no sentido da palavra no processo ordinário[20]. O Código, neste ponto, não inovou, vindo, antes, a regrar o uso e julgamento da reclamação cabível.

Resolvidos os pontos controvertidos de direito constitucional pelo guardião da Carta da República, a inteligência do Supremo Tribunal deve ser acolhida pelos demais órgãos de jurisdição sem disceptação. É dado, porém, ao próprio Supremo Tribunal rever algumas de suas decisões em momentos futuros, sobretudo quando defrontado com realidade social e valorações jurídicas substancialmente distintas das que orientaram a sua primeira deliberação.

19 José Neri da Silveira, ob. cit., p. 14, transcrevendo passagens de Buzaid e de José Alberto dos Reis.

20 Ver do Ministro Moreira Alves à **Mesa de Matéria Constitucional do Supremo Tribunal** Federal de 11111975. Sobre o tema, consulte-se sobretudo Gilmar Ferreira Mendes em Gilmar Ferreira Mendes e Paulo Gonet Branco. Curso de Direito Constitucional. São Paulo, Saraiva, 2023, pp. 1571-1572.

Com relação à Súmula Vinculante, a Emenda Constitucional nº 45/2004 previu a revisão ou o cancelamento da Súmula Vinculante por provocação dos mesmos legitimados para a ação direta de inconstitucionalidade. A Lei nº 11.417/2006, no art. 3º, em linha com o que lhe franqueou o constituinte, abriu ainda mais o leque desses legitimados, permitindo a iniciativa também do Defensor Público-Geral da União, dos Tribunais Superiores, dos Tribunais de Justiça e dos Tribunais Regionais, tanto os Federais, como os do Trabalho, Eleitorais e Militares, além dos Municípios (estes, de modo incidental, nos processos em que forem parte).

A proposta de revisão buscará, evidentemente, decotar do enunciado o que não parecer ao seu proponente adequado à ordem constitucional. A própria iniciativa de revisão ou de cancelamento leva ao Tribunal impugnação à inteligência sobre a Constituição que o verbete sumulado cristaliza. Este, portanto, é o meio de proporcionar controle de constitucionalidade das próprias Súmulas Vinculantes do STF, especificamente declinado pelo constituinte, não cabendo cogitar de outro processo objetivo para o mesmo fim.

Cabe indagar se as demais súmulas dos demais tribunais podem sofrer controle de constitucionalidade como objeto de um processo objetivo de índole concentrada.

6. Controle de constitucionalidade Súmula por meio de ação direta de inconstitucionalidade.

A jurisprudência do Supremo Tribunal registra recusa persistente da abertura da ação direta de inconstitucionalidade para desafiar Súmula formulada por Tribunais[21]. O propósito desse compêndio de teses, como explicado por Victor Nunes Leal[22], de esclarecer e divulgar inteligência jurisprudencial sobre um tema controvertido, não envolvendo criação de norma, mas a explicitação do seu sentido, seria bastante para excluir a hipótese do campo das ações diretas. Antes do Código de Processo

21 Cf. *v.g.*, a ADI 1493 MC, rel. o Ministro Sydney Sanches, DJ 6.12.1996 "Não pode ser conhecida a Ação Direta de Inconstitucionalidade, no ponto em que impugna Súmulas do T.S.E., por falta de possibilidade jurídica, já que não se trata de atos normativos (art. 102, I, "a", da C.F.). Precedentes do S.T.F."

22 Ver item 2, *supra*.

Civil de 2015, também se ressaltava que não havia cariz vinculante nos enunciados.

Há que se saber se, hoje, com o Código de Processo Civil impondo caráter vinculante à jurisprudência a inteligência longeva do STF deveria ser tida como superada.

O estatuto de 2015 atribui efeito vinculante às Súmulas do STJ em matéria infraconstitucional (art. 927, III, do CPC) e às Súmulas dos demais tribunais, entendido que a elas se estende o disposto no art. 927, V, do CPC. Não basta, entretanto, essa característica para que um ato se erga à condição de objeto lídimo de ação direta de inconstitucionalidade.

É certo que os atos aptos a se submeterem ao controle por ação direta, segundo a jurisprudência do STF, são os "que dispõem sobre situações gerais e impessoais, que têm alcance genérico e que disciplinam hipóteses neles abstratamente previstas"[23]. Exige-se, porém, mais ainda, que o ato seja *normativo autônomo*[24]. A razão de ser desses atos fiscalizáveis pela ação direta, portanto, não é a de ensejar a melhor aplicação de uma outra norma a que se refere, mas devem possuir força inovadora decorrente deles próprios [25]. Sabendo-se que as Súmulas não visam a criar direito novo, mas têm o seu intuito vinculado à exposição do sentido exato de uma norma preexistente, deixam elas, por isso, de preencher o requisito configurador de um *ato normativo autônomo*.

Assim, o antigo entendimento do STF sobre a incompatibilidade da Súmula de jurisprudência com o controle por meio de ação ações diretas de inconstitucionalidade subsiste, não obstante a vigência do novo Código de Processo Civil.

7. CONTROLE DE CONSTITUCIONALIDADE POR MEIO DE ARGUIÇÃO DE DESCUMPRIMENTO DE PRECEITO FUNDAMENTAL

Há um instrumento de controle concentrado, entretanto, que pode ser empregado para impugnar a constitucionalidade de uma Súmula. Trata-se da arguição de descumprimento de preceito fundamental.

---

23 MS 23809 AgR, Rel. o Ministro Celso de Mello, Tribunal Pleno, DJ 06-04-2001.

24 Nesse sentido, a ADI 5122, rel. o Ministro Edson Fachin, DJe 20.2.2020:
"Sobre a questão, o STF firmou jurisprudência no sentido de que se incluem, entre os atos passiveis de apreciação abstrata de constitucionalidade, os atos normativos editados por Pessoas Jurídicas de Direito Público criadas pela União, caso configurado seu caráter autônomo, abstrato e genérico".

25 Assim, *v.g.*, o ARE 955.557, rel. o Ministro Edson Fachin, DJe 30.10.2019.

A arguição de descumprimento de preceito fundamental deve ter por objeto um ato proveniente de qualquer dos poderes públicos que gere controvérsia de consistente relevância para o interesse geral. O ato submetido à ADPF não precisa, necessariamente, de se revestir da forma de ato normativo, mas deve contrastar com um preceito fundamental da Constituição.

A jurisprudência do Supremo Tribunal Federal quanto ao objeto da ADPF evoluiu desde a regulação do instituto pela Lei nº 9.882/1999. Na primeira década do século, houve precedentes considerando inadmissível o conhecimento de ADPF contra Súmula de jurisprudência. Na ADPF 80 AgR, a Corte decidiu que:

> A Arguição de Descumprimento de Preceito Fundamental de que ora se cuida não suporta as condições necessárias ao seu regular processamento, ausente ato do Poder Público com conteúdo que possa conduzir a efetiva lesão a preceito fundamental. Isso porque "enunciados de Sumule [que] nada mais são senão expressões sintetizadas de entendimentos consolidados na Corte[26].

Foi-se consolidando, todavia, a inteligência de que decisões judiciais também poderiam, em princípio, ser atacadas por meio de arguição de descumprimento de preceito fundamental em havendo controvérsia relevante a ser deslindada. Daí terem sido aceitas arguições de descumprimento de preceito fundamental que se voltavam contra interpretações constantes de decisões judiciais tidas como agressivas a normas fundamentais da Constituição da República. Foi o que se deu, por exemplo, na ADPF 33, relatada pelo Ministro Gilmar Mendes, em 7.12.2005, em que se discutia a legitimidade constitucional de decisões do Tribunal de Justiça do Pará sobre vinculação de salários a múltiplos do salário mínimo. De igual sorte, no ADPF 545 AgR, julgado em 24.8.2020, em que afirmou a "possibilidade de impugnação, mediante ADPF, de decisões judiciais, desde que não transitadas em julgado". Admitiu-se também ADPF que combatia decisões da Justiça Eleitoral, embora a ação tenha sido julgada improcedente no mérito. Foi dito na ADPF 167[27] que:

---

26 ADPF 80 AgR, rel. o Ministro Eros Grau, Pleno, DJe 10.8.2006. No mesmo sentido a decisão monocrática, dois anos depois, na ADPF 152, rel. o Ministro Cezar Peluso, DJe 17.9.2008.

27 Nesse precedente relatado pelo Ministro Luiz Fux. No julgamento ocorrido em julgada em 7.3.2008, o STF fixou a tese de que "o Tribunal Superior Eleitoral é o órgão competente para julgar os recursos contra a expedição de diploma nas eleições presidenciais e gerais (federais e estaduais)".

> A Arguição de Descumprimento de Preceito Fundamental é cabível para impugnação orientação jurisprudencial apontada como contrária a normas basilares da Constituição, desde que cumprido o requisito da subsidiariedade, ante a inexistência de outro meio processual para sanar a controvérsia com caráter abrangente e imediato.

Para acrescentar mais dois exemplos, citem-se a ADPF 101[28], que cuidou de decisões judiciais que permitiam a importação de pneus usados de Países não integrantes do Mercosul, e a ADPF 405-MC, impugnando decisões judiciais que determinavam o bloqueio, o arresto, o sequestro ou a liberação de valores administrados por entidades da Administração Pública direta ou indireta estadual[29].

Se decisões judiciais podiam ser objeto de arguição de descumprimento de preceito fundamental, decerto que súmulas de tribunais, que compendiam conjunto de decisões judiciais, estariam também abrangidas no domínio dessas ações concentradas. Efetivamente, o STF aceitou o emprego desse instrumento para examinar Súmulas, como aconteceu com duas do Tribunal Superior do Trabalho. Foi conhecida e acolhida a arguição de descumprimento de preceito fundamental movida contra a Súmula 277 do TST, que assentava a ultratividade de norma coletiva do trabalho[30]. A Corte também julgou procedente arguição de descumprimento de preceito fundamental que profligava a Súmula 450 do TST, que estabelecia pagamento de férias em dobro quando o empregador efetuava o pagamento fora do prazo legal.

8. Conclusão

O controle de constitucionalidade concentrado, por meio de processo objetivo, de Súmulas de tribunais é cabível independentemente de essas fórmulas lapidares de entendimentos jurisprudenciais reiterados não consistirem em atos normativos. O Código de Processo Civil de 2015 não lhes modificou a natureza não-normativa, ao conferir-lhes caráter vinculante. As Súmulas continuam a ser estranhas ao domínio das ações diretas de inconstitucionalidade. Isso não obstante, dada a amplitude

28 ADPF 101, rel. a Ministra Cármen Lúcia, julgada em 24.6.2009, DJe 4.6.2012.

29 ADPF 405 MC, rel. a Ministra Rosa Weber, julgada em 14.6.2017.

30 ADPF 323, julgada em 2.8.2021, rel. o Ministro Gilmar Mendes.

do objeto da arguição de descumprimento de preceito fundamental, as Súmulas podem ser investigadas nessas ações.

Em abono à tese de que a ação direta de inconstitucionalidade é descabida nessas hipóteses, é interessante notar que, dado o caráter subsidiário da arguição de descumprimento de preceito fundamental, para ela ser admissível, a ação direta deve ser tida como instrumento impróprio ao caso.

Pode-se afirmar que as Súmulas de tribunais são hoje passíveis de serem submetidas diretamente ao crivo da sua constitucionalidade, por meio de controle concentrado no STF, tendo por parâmetro os princípios fundamentais da Constituição da República. O instrumento apto para isso há de ser a arguição de descumprimento de preceito fundamental.

9. Referências bibliográficas

WAMBIER, Teresa Arruda Alvim et. al. Primeiros Comentários ao Novo Código de Processo Civil. São Paulo, RT, 2016.

TAVARES, André Ramos e ROTHEMBURG, Walter Claudius. Arguição de Descumprimento de Preceito Fundamental: Análise à Luz da Lei nº 9.882/99. São Paulo, Atlas, 2001.

MENDES, Gilmar Ferreira. Arguição de descumprimento de preceito fundamental – comentários à Lei nº 9.882, de 3-12-1999. São Paulo, Saraiva, 2007.

MENDES, Gilmar Ferreira e BRANCO, Paulo Gustavo Gonet. Curso de Direito Constitucional. São Paulo, Saraiva, 2023.

LEAL, Victor Nunes. Problemas de Direito Público e outros problemas. Brasília, Ministério da Justiça, v. 2, 1977.

SILVEIRA, José Néri. "O STF e a Interpretação Jurídica com Eficácia Normativa". Revista Arquivos. Brasília, Ministério da Justiça, nº 159, julho/setembro de 1981.

OLIVEIRA FILHO, Candido de. Direito Prático e Direito Teórico. Rio, Livraria Editora, 1936.

DINAMARCO, Cândido Rangel. Instituições de direito processual civil. São Paulo, Malheiros, 2005, v. I.

Repercussão Geral no Recurso Extraordinário e Fixação de Teses pelo Supremo Tribunal Federal

Paulo Mendes[1]
Tiago do Vale[2]

1. Introdução

O Supremo Tribunal Federal (STF), no exercício do controle difuso de constitucionalidade, caracterizou-se historicamente simplesmente como mais uma instância do Poder Judiciário, com competência para apreciar, por meio do recurso extraordinário, as questões constitucionais que lhe eram submetidas. Casos dos mais diversos eram endereçados ao Tribunal, independentemente da relevância social, jurídica, política ou econômica das questões jurídicas discutidas. Bastava ser alegada uma violação à Constituição, que as portas do tribunal se abriam para a análise dos casos concretos, ainda que as diversas demandas tratassem precisamente do mesmo tema.[3] Tratava-se, essencialmente, de uma corte de controle e de revisão das decisões dos tribunais de segundo grau, com requisitos de admissibilidade bastante convidativos à interposição do recurso extraordinário, que consubstanciava verdadeiro direito subjetivo de todos os litigantes.[4]

Esse perfil do STF, somado às demais competências recursais e originárias do Tribunal, trouxe consequências muito danosas para o exercício da jurisdição constitucional. Além de um excessivo número de processos submetidos à Corte, a coerência e a estabilidade da sua jurisprudência viam-se sempre em cheque, pois inúmeros casos eram

---

1 **Paulo Mendes,** Pós-Doutor em Direito pela UFBA, Doutor e Mestre em Direito pela UFRGS; Professor do IDP - Brasília, Vice-Presidente da Associação Brasiliense de Processo Civil (ABPC). Membro do Instituto Brasileiro de Direito Processual (IBDP) e da Associação Norte Nordeste de Professores de Processo (ANNEP). Procurador da Fazenda Nacional, Coordenador-Geral da Atuação da PGFN no STF.

2 **Tiago do Vale,** Procurador da Fazenda Nacional, Coordenador Substituto da Atuação da PGFN no STF. Foi assessor para assuntos tributários de Ministro do STF.

3 CORRÊA, Oscar Dias. *O Supremo Tribunal Federal, corte constitucional do Brasil.* Rio de Janeiro: Forense, 1987, p. 51.

4 MARINONI, Luiz Guilherme; MITIDIERO, Daniel. *Recurso extraordinário e recurso especial: do jus litigatoris aojus constitutionis.* 2.ed. rev. atual. e ampl. São Paulo: Thomson Reuters Brasil, 2020, p. 215.

julgados sobre o mesmo tema pelos Ministros, Turmas e Plenário, alcançando, não raro, soluções distintas.

Em 2007, por exemplo, a Corte alcançou a surpreendente marca de 118,7 mil recursos em seu acervo; em 2004 recebeu impressionantes 26.540 recursos extraordinários,[5] números surpreendentes para uma Corte Constitucional formada por apenas 11 Ministros e que tem por função definir o sentido normativo da Constituição e decidir sobre as principais questões jurídicas do país.

O modelo existente dava claros sinais de esgotamento. Problemas relacionados à unidade do Direito constitucional, ao excesso de recursos e à consequente morosidade na definição dos principais temas do país exigiam urgente solução. Era necessária, portanto, uma verdadeira recompreensão do papel do STF no sistema judiciário brasileiro, fazendo com que o tribunal deixasse de ser apenas mais uma instância do Poder Judiciário e se tornasse efetivamente uma Corte Constitucional.

É nesse contexto que, a exemplo de países como os Estados Unidos, a Alemanha, o Reino Unido, a Argentina etc,[6] foi forjado um filtro recursal que, por um lado, permitisse selecionar os temas que, ante à sua relevância, mereciam apreciação da Corte e, por outro, ofertasse ao Supremo a possibilidade de não decidir, desde que com critérios e justificativas.[7] Assim, com a Emenda Constitucional n.º 45/2004, foi introduzido o §3º ao art. 102 da Constituição Federal, estabelecendo que "no recurso extraordinário o recorrente deverá demonstrar a repercussão geral das questões constitucionais discutidas no caso, nos termos da lei, a fim de que o Tribunal examine a admissão do recurso (...)."[8]

Trata-se de técnica inédita em solo nacional, seja pela sua finalidade, seja pelo seu perfil dogmático.

---

5 In https://portal.stf.jus.br/internacional/content.asp?id=488131&ori=1&idioma=pt_br, acesso em 04.03.2023.

6 ASSIS, Araken de. *Manual dos recursos.* 9.ed. rev. atual. e ampl. São Paulo: Editora Revista dos Tribunais, 2017, p. 841 e 842.

7 Sobre a função da repercussão geral: MARINONI, Luiz Guilherme. *Zona de penumbra entre o STJ e o STF: a função das cortes supremas e a delimitação do objeto dos recursos especial e extraordinário.* São Paulo: Thompson Reuters Brasil, 2019, p. 138-143.

8 MENDES, Gilmar Ferreira; BRANCO, Paulo Gustavo Gonet. *Curso de Direito Constitucional.* 12.ed. rev. e atual. São Paulo: Saraiva, 2017, p.1.220.

A arguição de relevância que vigeu no período anterior à CF/1988, por exemplo, sempre lembrada quando se refere à história dos filtros recursais no Brasil, era instituto bem diverso. Foi regulamentada pelo Regimento Interno do STF, com base na delegação constitucional prevista no art. 119, §1º, da CF/1969,[9] e também tinha por escopo limitar o acesso à Suprema Corte. Contudo, além de ter por finalidade filtrar temas infraconstitucionais que seriam apreciados pelo STF,[10] podia ser rejeitada a relevância sem motivação e em sessão secreta, o que a afasta bastante do instituto da repercussão geral.

A repercussão geral foi criada como um requisito de admissibilidade exigido para o recurso extraordinário (art. 102, §3º, CF/88). A redação constitucional é bem aberta. O Constituinte utilizou-se de um conceito jurídico indeterminado para instituir o filtro recursal, referindo-se apenas à necessidade de o recorrente "*demonstrar a repercussão geral das questões constitucionais discutidas no caso*". Coube ao legislador ordinário definir o que seria a "*repercussão geral*" prevista na CF/88.

Assim, cumprindo tal mister, inicialmente o art. 543-A, §1º, do CPC/1973 e atualmente o art.1.035, §1º, do CPC/2015 estabeleceram que o recurso extraordinário deve ter por objeto *questões relevantes* do ponto de vista econômico, político, social ou jurídico, *que ultrapassem os interesses subjetivos do processo*. Também se utilizando de conceitos abertos, o legislador trilhou o caminho de efetivamente redesenhar a função que deveria ser exercida pela Corte Suprema, não atuando em questões específicas que digam respeito a apenas uma controvérsia, mas sim preocupada com as grandes divergências interpretativas da Constituição Federal. O STF, além de deixar de ser visto como mais uma Corte de Justiça voltada para o controle dos casos concretos, deveria se dedicar aos grandes temas do país, que apresentem, portanto, os requisitos de *relevância* e *transcendência*.[11]

---

9 Art. 119, §1º, CF/1967: "§ 1º. As causas a que se refere o item III, alíneas a e d deste artigo, serão indicadas pelo Supremo Tribunal Federal no Regimento Interno, que atenderá à sua natureza, espécie, valor pecuniário ou relevância da questão federal."

10 O art. 308, *caput*, do RISTF excepcionava do filtro da relevância os casos de ofensa à Constituição.

11 Ovídio Baptista da Silva vai mais além, perfilhando a necessidade de que as cortes superiores tenham competência seletiva, escolhendo os casos que, pela relevância para o sistema, mereçam apreciação: SILVA, Ovídio A. Baptista da. *Processo e ideologia: o paradigma racionalista.* Rio de Janeiro: Forense, 2004, p. 258. Sobre o *writ of certiorari* e sua influência na repercussão geral brasileira: SANTANNA, Ana

O estudo da repercussão geral, no entanto, deve ser bem mais amplo do que a análise do texto constitucional e das balizas legais que a disciplinam. O termo "repercussão geral" possui uma clara polissemia na disciplina regimental e na prática jurisprudencial do STF. Enquanto a CF/88 e o CPC tratam da repercussão geral principalmente como um *requisito de admissibilidade*, no STF esse termo é também utilizado como *técnica de julgamento*.[12] Importante compreender essa distinção para entender adequadamente o funcionamento da Corte. O STF, ao analisar a admissibilidade do recurso extraordinário, verifica se a postulação apresenta repercussão geral (requisito de admissibilidade), ou seja, se o tema é relevante do ponto de vista social, jurídico, político ou econômico. Sendo positiva a resposta, é possível que seja deflagrado um procedimento de formação de precedente vinculante, que o STF usualmente denomina "regime de repercussão geral" (técnica de julgamento). E é com base neste último sentido conferido ao instituto que, a partir dos julgamentos dos processos selecionados como paradigmas, serão fixadas as teses a serem observadas em controvérsias homogêneas, buscando-se a racionalização e a previsibilidade da atuação judicial na resolução de conflitos.[13]

Carolina Squadri. "O *writ of certiorari* e sua influência sobre o instituto da repercussão geral no recurso extraordinário ." *Revista de Processo*, São Paulo , v.235, p. 381-485, set./2014.

---

12 Conforme bem percebe Victor Marcel Pinheiro, a Lei 11.418/2006 "trouxe inovações que ultrapassam a caracterização da exigência de repercussão geral exclusivamente como requisito de admissibilidade do recurso extraordinário, pois foram atribuídas importantes consequências processuais à decisão a respeito da existência ou não de repercussão geral de uma questão constitucional e à decisão de mérito de um recurso extraordinário com repercussão geral reconhecida." (PINHEIRO, Victor Marcel. *Decisões vinculantes do STF: a cultura de precedentes*. São Paulo: Almedina, 2021, p. 70-71)

13 Apontando o advento da repercussão geral como marco para a vinculação dos precedentes do STF em controle difuso de constitucionalidade: PINHEIRO, Victor Marcel. *Decisões vinculantes do STF: a cultura de precedentes*. São Paulo: Almedina, 2021, p. 99-104. Três importantes decisões do STF podem ser consultadas sobre a imperatividade das decisões proferidas sob o regime da repercussão geral: Questão de Ordem no AI 760.358/SE, Rel. Min. Gilmar Mendes, julgada em 19.11.2009: "*Agora, uma vez submetida a questão constitucional à análise da repercussão geral, cabe aos tribunais dar cumprimento ao que foi estabelecido, sem a necessidade da remessa dos recursos individuais. (...) Houve uma opção política na reforma constitucional. Temos que assumir definitivamente a função de Corte Con-*

Presentes essas considerações iniciais, analisaremos a seguir a dinâmica de funcionamento do instituto da repercussão geral, sob os dois ângulos descritos – requisito de admissibilidade e técnica de julgamento -, para, ao final, investigarmos a fixação e o alcance das teses formalizadas pelo Supremo Tribunal Federal no julgamento no controle difuso de constitucionalidade.

2. REPERCUSSÃO GERAL COMO REQUISITO DE ADMISSIBILIDADE DO RECURSO EXTRAORDINÁRIO

2.1 A RELEVÂNCIA E A TRANSCENDÊNCIA DA QUESTÃO CONSTITUCIONAL

O instituto da repercussão geral foi concebido como um requisito de admissibilidade do recurso extraordinário. A CF/88, no seu art. 102, §3º, dispõe que o recorrente deverá demonstrar a repercussão geral das questões constitucionais discutidas no caso, nos termos da lei, *a fim de que o Tribunal examine a admissão do recurso.* A partir de tal parâmetro constitucional, o legislador densificou um pouco mais o que deveria ser entendido por "repercussão geral do recurso extraordinário", agregando, por meio da Lei nº 11.418/06, as expressões "relevantes" e "que ultrapassem os limites subjetivos da causa" – esta última sintetizada como "transcendência" -, buscando conferir balizas mais claras para os operadores do Direito.

É possível afirmar, portanto, que a repercussão geral é um importante requisito de admissibilidade, verdadeiro filtro recursal, por meio do qual o STF pode deliberar sobre a relevância e a transcendência dos temas que lhe são submetidos. Apenas os casos que efetivamente transcendam os interesses da causa e, ao mesmo tempo, sejam relevantes do ponto de vista social, político, jurídico ou econômico serão submetidos à atenção do Tribunal.

Como conceitos jurídicos indeterminados que são, o significado das expressões vem sendo construído paulatinamente pela doutrina

stitucional e abandonar a função de Corte de Revisão. Temos que confiar na racionalidade do sistema e na aplicação de nossas decisões pelas Cortes de origem." . Rcl 10.793, Min. Relatora Ellen Gracie, julgada em 13.04.2011: *"As decisões proferidas pelo Plenário do Supremo Tribunal Federal quando do julgamento de recursos extraordinários com repercussão geral vinculam os demais órgãos do Poder Judiciário na solução, por estes, de outros feitos sobre idêntica controvérsia."* e a Rcl 12.600, Min. Relator Ricardo Lewandowski, julgado em 17.11.2011.

e, principalmente, pela jurisprudência do Supremo, responsável por aferir a existência desses requisitos nos temas levados à apreciação da Corte. Essa indeterminação conceitual não implica, contudo, discricionariedade do Tribunal na análise da presença desses requisitos.[14] Daí a importância de se ter um esforço de objetivação dos referidos termos empregados pelo legislador, de modo a "permitir um controle social, pelas partes e demais interessados, da atividade do Supremo Tribunal Federal mediante um cotejo de casos já decididos pela própria Corte".[15]

Em uma primeira aproximação, pode-se afirmar que um dos critérios palpáveis para aferição da relevância e da transcendência da questão constitucional é a coerência em relação às decisões anteriores. Se o STF reconhece repercussão geral em relação a certo tema, está a informar à sociedade que as características daquele tema são adequadas para merecer a atenção da Corte. Por um dever de coerência, outros temas que apresentem semelhantes características também devem ter a repercussão geral reconhecida.

Não se faz necessário exigir que a controvérsia seja expressiva, simultaneamente, sob todos os ângulos citados (social, político, econômico ou jurídico), bastando o preenchimento de apenas um deles para possibilitar a caracterização da relevância exigida.[16] Presente algum desses aspectos, é necessário que a controvérsia denote efeitos transcendentes, isto é, que vá além do interesse *inter partes*, alcançando uma multiplicidade de sujeitos e/ou situações ou, ainda, revelando impactos sistêmicos no ordenamento jurídico, ao que a doutrina tem denominado como transcendência quantitativa e qualitativa, respectivamente.[17] Desnecessário que haja uma pluralidade de processos judiciais em curso, não podendo ser confundida a repercussão geral com as demandas repetitivas, apesar de a repetitividade ser um importante norte na investigação sobre a existência de repercussão geral. É possível, pois, que

---

14 Para uma contundente crítica à discricionariedade judicial: NOBREGA, Guilherme Pupe da. *O direito em suas entranhas: a discricionariedade judicial no Brasil, entre a estratégia e o arbítrio*. São Paulo: Thompson Reuters Brasil, 2022, p. 239-244.

15 MARINONI, Luiz Guilherme; MITIDIERO, Daniel. *Repercussão geral no recurso extraordinário*. 3. ed., rev. e atual. São Paulo: Revista dos Tribunais, 2013, p. 35.

16 MARINONI, Luiz Guilherme; MITIDIERO, Daniel. *Recurso extraordinário e recurso especial: do jus litigatoris aojus constitutionis.* 2.ed. rev. atual. e ampl. São Paulo: Thomson Reuters Brasil, 2020, p. 218..

17 Ibidem, p. 218-219.

um tema seja transcendente, sem que tenha havido ampla judicialização a seu respeito.

Há de se destacar, ainda, o caráter atemporal a que está sujeita a avaliação da existência da relevância e da transcendência. Não é imprescindível a contemporaneidade da controvérsia. Ela tanto pode ser referir a um evento presente, como foi, por exemplo, o enfrentamento da pandemia da Covid – Tema nº 1137 de RG[18] -, como a um evento no passado, como o debate a respeito do direito ao esquecimento - Tema nº 786 de RG[19] - ou, ainda, um evento no futuro, situação versando sobre algum direito transgeracional, como o direito à preservação do meio ambiente – Tema nº 1031 de RG[20].

Trata-se, de fato, de verdadeiro marco na história do Supremo Tribunal Federal a exigência da repercussão geral para que a demanda mereça a atenção da Corte. Se, antes, qualquer alegação de violação à Constituição Federal poderia ser apreciada pelo STF, atualmente, é indispensável que o objeto do processo seja relevante para a sociedade brasileira. Não se trata, portanto, de apenas mais um requisito de admissibilidade do recurso extraordinário, mas do seu requisito mais importante, sem o qual sequer devem ser apreciados os demais aspectos formais do recurso. Tal compreensão é essencial para se ter presente a própria função do STF. Deixou-se para trás uma Corte vista simplesmente como quarta instância do Poder Judiciário, para que o STF pudesse assumir a sua verdadeira função de Corte de precedentes sobre o sentido normativo da Constituição Federal.

Não à toa, para que o recurso extraordinário seja admitido, o recorrente deve fundamentar nas suas razões a existência da repercussão geral.[21] A demonstração da repercussão geral é exigida nos recursos extraordinários interpostos contra acórdãos publicados a partir de 03 de

18 RE 1311742, Relator Ministro Presidente, Pleno, acórdão publicado no DJe de 26 de maio de 2021

19 RE 1010606, Relator Ministro Dias Toffoli, Pleno, acordão publicado no DJe de 20 de maio de 2021

20 RE 1017365, Relator Ministro Edson Fachin, Pleno, acórdão publicado no DJe de 11 de abril de 2019

21 "O que interessa para a legitimação da aberturada cognição do Supremo Tribunal Federal é o impacto que pode advir, a partir do julgamento do recurso, para a ordem jurídica como um todo." (MARINONI, Luiz Guilherme; MITIDIERO, Daniel. *Recurso extraordinário e recurso especial: do jus litigatoris aojus constitutionis.* 2.ed. rev. atual. e ampl. São Paulo: Thomson Reuters Brasil, 2020, p. 218.)

maio de 2007, data da vigência da Emenda Regimental 21/07 do RISTF, que disciplinou as disposições legais e constitucionais sobre o então novo instituto.[22]-[23]

Há situações, contudo, em que legislador estabeleceu, antecipadamente, uma presunção de repercussão geral, a exigir do STF uma manifestação sobre o tema. Trata-se do art. 987, §1º, e do art. 1.035, §3º, ambos do CPC, que previram que a repercussão geral será presumida, sempre que o recurso impugnar acórdão que: a) *julgar o mérito do incidente de resolução de demandas repetitivas;* b) *contrarie súmula ou jurisprudência dominante do Supremo Tribunal Federal*; c) *tenha reconhecido a inconstitucionalidade de tratado ou de lei federal, nos termos do art. 97 da Constituição Federal.* Mesmo nesses casos, o STF entende que é necessária a demonstração da repercussão geral pelo recorrente nas razões do seu recurso extraordinário, sob pena de não conhecimento do recurso.[24] Fica claro, portanto, o dever de as partes sempre fundamentarem amplamente a existência de repercussão geral nos seus recursos, sob pena de o acesso à Corte restar inviabilizado, o que apenas ratifica a importância desse filtro recursal e a referida mudança no perfil do Supremo Tribunal Federal.

2.2. *Aferição da repercussão geral*

Apesar de toda a importância da repercussão geral antes sublinhada, nem todo recurso extraordinário que chega ao STF é submetido a uma análise específica desse requisito de admissibilidade. Muitos recursos extraordinários ainda são inadmitidos ou têm o seu mérito julga-

---

22 STF, QO-AI 664.567.

23 Por isso que os recursos extraordinários anteriormente interpostos não podem ter seu seguimento obstado por ausência da demonstração de repercussão geral nas razões recursais. Contudo, mesmo os recursos interpostos antes desta data podem ser inadmitidos se o STF entender que o tema neles veiculados não possuem repercussão geral. É necessário distinguir, no particular, a ausência de repercussão geral com a necessidade de demonstração da repercussão geral nas razões recursais.

24 STF, AgRg no RE 762.114, rel. Min. Rosa Weber, Primeira Turma, j. em 30.06.2015: "Repercussão geral presumida ou reconhecida em outro recurso não viabiliza apelo sem a preliminar fundamentada da repercussão geral." É um equívoco imaginar que a previsão legal de presunção de repercussão geral dispensa a regular demonstração da existência de repercussão geral, por meio de tópico específico da peça recursal, nos termos do art. 1.035, §2º, do CPC.

do, sem que o STF submeta o recurso à aferição da repercussão geral. É importante entender os distintos circuitos processuais que podem ser percorridos pelo recurso extraordinário para que possamos tratar dos casos em que haverá, de fato, formação de teses vinculantes no exercício do controle difuso de constitucionalidade pelo STF.[25]

Ao ingressar o recurso extraordinário no STF, é possível que ele trilhe distintos caminhos dentro da Corte. A hipótese mais recorrente é o recurso ser prontamente inadmitido na Presidência do Tribunal ou ser distribuído para a análise dos demais Ministros e das Turmas. Uma vez distribuídos, os recursos podem ser inadmitidos ou ter o seu mérito apreciado monocraticamente ou pelo colegiado. Nesses casos, além de não haver, em regra, qualquer juízo específico sobre a repercussão geral da controvérsia, a decisão proferida terá efeito apenas para o caso concreto, não gerando uma tese ou formando um precedente com força vinculante para os demais casos semelhantes.[26]

Podemos chamar esse circuito processual do recurso extraordinário de *procedimento comum* no STF, ao qual é submetida a maioria dos recursos que atualmente chegam à Corte.

Para que tenhamos a formação de precedentes e a elaboração de teses pelo STF, um segundo caminho deve ser trilhado pelo recurso extraordinário. Trata-se daquilo que chamamos de *procedimento especial de formação de precedente* ou simplesmente *regime de repercussão geral*.

Quando algum dos Ministros do STF entende que o recurso extraordinário versa sobre tema a respeito do qual se pretende formar um precedente, é expressamente deflagrado o referido procedimento especial (regime de repercussão geral), que se inicia por meio da submissão do recurso ao Plenário Virtual de análise da repercussão geral. Nesse caso, o Plenário do STF se debruçará especificamente sobre repercussão

25 Sobre os diversos circuitos processuais do recurso extraordinário, vide: OLIVEIRA, Paulo Mendes de. *Recurso extraordinário e seus circuitos processuais*. Publicado em 10.02.2022, em: https://www.jota.info/opiniao-e-analise/colunas/coluna-cpc-nos-tribunais/recurso-extraordinario-e-seus-circuitos-processuais-15102022. Acessado em 14 de janeiro de 2023.

26 O art. 543-A, §4º, do CPC de 1973 tinha uma disposição interessante que legitimava esse procedimento: "Se a Turma decidir pela existência da repercussão geral por, no mínimo, 4 (quatro) votos, ficará dispensada a remessa do recurso ao Plenário." Nos casos de análise de mérito, o que ocorre é o reconhecimento da repercussão geral (requisito de admissibilidade), ainda que não haja manifestação expressa a respeito, e efetiva apreciação da postulação recursal.

geral daquele tema, com o objetivo de proferir um precedente com força vinculante aos demais tribunais.

A aferição da existência da repercussão geral de determinado assunto é realizada no referido Plenário Virtual, ambiente eletrônico de cognição limitada,[27] por meio do qual o Ministro Presidente ou o Relator lançam, em campo próprio, manifestação no sentido afirmativo ou negativo acerca da repercussão geral e do caráter constitucional da questão submetida à apreciação.[28] Os demais Ministros terão o prazo de 6 dias úteis para se manifestar pontualmente sobre a repercussão geral e o caráter constitucional da controvérsia.[29] Daí que surgem os seguintes cenários possíveis: *(i)* o reconhecimento da natureza constitucional da controvérsia e da repercussão geral, situação em que o recurso será regularmente processado para formação de um precedente;[30] *(ii)* reconhecimento da natureza infraconstitucional da controvérsia; *(iii)* negativa de repercussão geral ou; *(iv)* reconhecimento da natureza infraconstitucional da controvérsia e negativa de repercussão geral. Em todas essas hipóteses, o STF definirá uma tese com força vinculante para os demais tribunais. O que distingue fundamentalmente a primeira situação das demais é que, enquanto na primeira haverá a definição do tema submetido ao STF, nas três últimas situações, haverá a formação de um *precedente vinculante negativo*, ou

27 A necessidade de maior participação dos jurisdicionados nesse momento deliberativo é algo que precisa ser aprimorado, por se tratar de uma das mais importantes definições da Corte. Sobre o tema: KRASSUSKI, Luiz. "*Como aprimorar o funcionamento da repercussão geral?*" In: MARINONI, Luiz; SARLET, Ingo. ***Processo Constitucional.*** São Paulo: RT, 2019. p.797- 830.

28 Art. 323 do RISTF "Quando não for caso de inadmissibilidade do recurso por outra razão, o(a) Relator(a) ou o Presidente submeterá, por meio eletrônico, aos demais ministros, cópia de sua manifestação sobre a existência, ou não, de repercussão geral. (Redação dada pela Emenda Regimental n. 42, de 2 de dezembro de 2010)"

29 Art. 324 do RISTF. "Recebida a manifestação do(a) Relator(a), os demais ministros encaminhar-lhe-ão, também por meio eletrônico, no prazo comum de 6 (seis) dias úteis, manifestação sobre a questão da repercussão geral."

30 Nesse caso, é possível que o STF já reafirme a jurisprudência dominante existente sobre o tema no próprio Plenário Virtual de repercussão geral, formando um precedente vinculante e já encerrando o procedimento. Trata-se de um procedimento sumaríssimo de formação de precedente vinculante no STF (art. 323-A do RISTF).

seja, no sentido de que o STF não apreciará o tema.[31] Trata-se da negativa de repercussão geral.[32]

Quando o STF nega repercussão geral a certo tema, tal decisão possui dois efeitos principais muito importantes para o funcionamento da Corte e para a coordenação com os demais tribunais.[33] Em primeiro lugar, tem-se o efeito de *gestão de casos repetitivos*, que implica o impedimento de subida ao STF de novos recursos que tratam do tema. O segundo efeito é de *gestão de precedentes*, pois, quando da negativa de repercussão geral, o STF informa à sociedade e aos demais órgãos do Poder Judiciário que não será ele a dar a última palavra sobre o tema.[34]

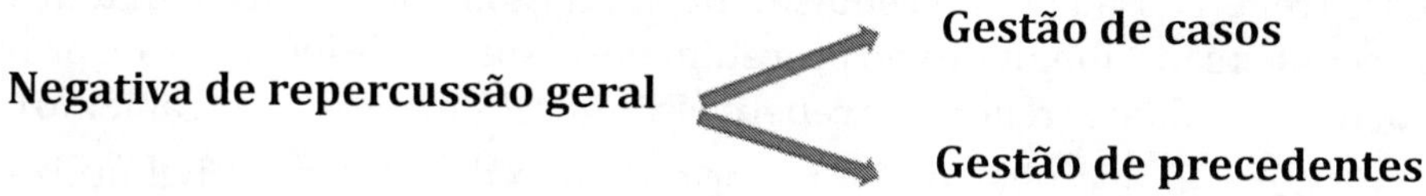

31 Importante esclarecer que o quórum exigido para a admissão do caráter constitucional difere daquele previsto para o reconhecimento da repercussão geral. No primeiro caso, exige-se a maioria absoluta dos Ministros, ou seja, no mínimo seis votos para o reconhecimento da natureza infraconstitucional da controvérsia; no segundo caso, são necessários dois terços dos Ministros, no mínimo oito votos, para placitar a proposta de negativa de repercussão geral. (Art. 324, § 1º do RISTF "Somente será analisada a repercussão geral da questão se a maioria absoluta dos ministros reconhecerem a existência de matéria constitucional.)

32 A título de exemplo, vide a tese fixada no Tema 957 de repercussão geral: "Tese - A controvérsia relativa à inclusão de créditos presumidos de ICMS na base de cálculo do IRPJ e da CSLL não possui repercussão geral, tendo em vista sua natureza infraconstitucional."

33 O STF atribui os efeitos de negativa de repercussão geral ao reconhecimento da natureza infraconstitucional da controvérsia. Art. 324, §2º, do RISTF: "A decisão da maioria absoluta dos ministros no sentido da natureza infraconstitucional da matéria terá os mesmos efeitos da ausência de repercussão geral, autorizando a negativa de seguimento aos recursos extraordinários sobrestados na origem que versem sobre matéria idêntica." (Redação dada pela Emenda Regimental n. 54, de 1º de julho de 2020)

34 Atualmente, na ampla maioria dos casos, o STF nega repercussão geral pela natureza infraconstitucional da controvérsia, o que significa que o tribunal superior competente para a análise do tema é que dará a última palavra a seu respeito (STJ, TSE, STM, TST). Trata-se de importante medida de esclarecimento à sociedade sobre qual o tribunal que editará o precedente vinculante que orientará a sociedade.

Por outro lado, reconhecida a repercussão geral da controvérsia constitucional, o procedimento segue o seu curso regular, a fim de que o mérito seja apreciado e seja formado o precedente em repercussão geral pelo STF.

3. Repercussão Geral Como Técnica De Julgamento E Fixação De Teses

3.1. Introdução

Conforme exposto, é requisito de admissibilidade de todos os recursos extraordinários que o tema nele veiculado seja relevante e transcendente (repercussão geral - requisito de admissibilidade), mas nem todos os recursos são submetidos ao procedimento especial de formação de precedente vinculante (regime de repercussão geral – técnica de julgamento).

É curioso perceber que o próprio Código de Processo Civil utiliza dois termos distintos para a técnica de julgamento de formação de precedente no STF. Além de se referir amplamente ao *julgamento de recurso extraordinário repetitivo* (vejam o art. 927 e o art. 1.036 e seguintes, por exemplo), as inserções feitas ao Código pela Lei 13.256/2016 (legislação que alterou o Código antes da sua entrada em vigor) referem-se a esta técnica como julgamento sob o *regime de repercussão geral*. Vide, por exemplo, o art. 1.030, I, "a", que autoriza os tribunais de origem a "negar seguimento a recurso extraordinário que discuta questão constitucional à qual o Supremo Tribunal Federal *não tenha reconhecido a existência de repercussão geral* ou a recurso extraordinário interposto contra acórdão que esteja em conformidade com entendimento do Supremo Tribunal Federal *exarado no regime de repercussão geral*"; o art. 1.035, §7º, que prevê o cabimento de agravo interno contra a decisão do presidente ou do vice-presidente que inadmitir recurso extraordinário por aplicação de entendimento firmado em *regime de repercussão geral*; o art. 1.042, *caput*, que excepciona o cabimento do agravo em recurso extraordinário quando a inadmissibilidade estiver fundada na aplicação de entendimento firmado em *regime de repercussão geral*; além dos arts. 1.030, V, "a", e art. 1.042, §2º.

Apesar da redação legal, o STF não utiliza a nomenclatura "*julgamento de recurso extraordinário repetitivo*" na sua atividade jurisdicional. Por isso é que não se identificam no STF recursos extraordinários julgados sob a sistemática dos repetitivos, mas apenas recursos submetidos ao "regime da repercussão geral", designação conferida pela Corte à técnica de formação de precedentes.

Essa técnica diferenciada de julgamento dos recursos extraordinários vige no Brasil desde o ano 2006, tendo sido estendida aos recursos especiais em 2008.[35] Tal distinção procedimental foi aprimorada com o CPC/2015, estando regulada nos arts. 1.036 a 1.040.[36] Ao se proferir um julgamento sob tal sistemática, o STF enuncia o sentido da Constituição Federal, devendo todos os demais casos que tratem daquela questão constitucional receber idêntico tratamento.

Com a implementação dessa técnica de formação de precedente, foi possível perceber significativa alteração procedimental, mas também uma maior conscientização dos operadores jurídicos quanto ao papel do Supremo Tribunal Federal.

Procedimentalmente, a grande mudança está na impossibilidade de serem dirigidos recursos ao STF para discutir um tema que já foi definido sob o regime de repercussão geral, quando o pronunciamento do tribunal estiver de acordo com o precedente firmado. Se antes era possível interpor amplamente recurso extraordinário, a fim de confrontar o entendimento pacificado no STF, tendo o jurisdicionado sempre a possibilidade de alcançar com sua impugnação a Corte Constitucional, atualmente isso não mais é possível. Mesmo para demonstrar que o caso julgado é distinto daquele tema definido no precedente (*distinguishing*), não é dado ao jurisdicionado acessar o STF, cabendo-lhe apenas demonstrar a distinção do seu caso no bojo do recurso extraordinário a ser interposto e, caso inadmitido por se entender que a distinção não prospera, restará a interposição de agravo interno para o próprio tribunal de origem. Se, ainda assim, sua irresignação não prosperar, sobre o tema estarão exauridas as possibilidades recursais (art. 1.030, §2º, CPC).[37]

No entanto, para além do aspecto procedimental, referida alteração da dinâmica do funcionamento do Poder Judiciário vem proporcionan-

35 Sobre o tema: DANTAS, Bruno. *Teoria dos recursos repetitivos. Tutela pluri-individual nos recursos dirigidos ao STF e STJ (art. 543-B e 543-C do CPC)*. São Paulo: Editora Revista dos Tribunais, 2015.

36 Consoante exposto na exposição de motivos da Lei 11.672/08: *"somente em 2005, foram remetidos mais de 210.000 processos ao Superior Tribunal de Justiça, grande parte deles fundados em matérias idênticas, com entendimento já pacificado naquela Corte. Já em 2006, esse número subiu para 251.020, o que demonstra preocupante tendência de crescimento."*

37 A propósito, vide a excepcional hipótese de cabimento de reclamação, prevista art. 988, §5º, II, do CPC, que não se trata de um meio recursal, mas de uma ação autônoma de impugnação.

do decisiva modificação na cultura jurídica nacional, sobretudo no que pertine à observância dos precedentes do STF. A definição de um tema sob o regime de repercussão geral vem sendo entendida pelos jurisdicionados e pelo Poder Judiciário como uma definição bastante sólida do sentido do Direito vigente, fazendo com que se acalme a ânsia desenfreada de recursos que sempre marcou a conduta das partes no Brasil.[38] Paralelamente, proporcionou um respeito mais elevado dos juízes pelos julgados do STF, seja para decidirem em consonância com o entendimento firmado, seja para se desincumbirem de um elevado ônus argumentativo quando pretendem discordar ou fazer alguma distinção.[39]

Tal constatação revela-se cientificamente importante, porquanto demonstra que o entendimento de que os precedentes do STF não são vinculantes decorre muito mais de *razões culturais*, reforçadas por um sistema processual que permitia larga margem de impugnabilidade das decisões, do que de uma permissão do ordenamento brasileiro de desrespeito ao entendimento da Corte Constitucional. O regime de julgamento de repercussão geral, com as repercussões procedimentais apontadas, representa nítida reação do Direito nacional à falta de percepção do papel do Poder Judiciário diante de divergências interpretativas e da sua função de conferir unidade ao Direito.

Todo esse aparato procedimental não seria necessário se a sociedade brasileira fosse culturalmente afeita à ideia de que se devem respeitar as decisões dos órgãos de cúpula do Poder Judiciário como um

38 Em recente e rumoroso julgamento, a Segunda Turma do STJ, no AgInt nos EDcl no Recurso em Mandado de Segurança de nº 34477, de relatoria do Ministro Og Fernandes, assentou a aplicabilidade da multa prevista no art. 1.021, § 4º, do Código de Processo Civil, em situação na qual a parte recorrente manejou pretensão contrária a entendimento firmado em recurso repetitivo, inobservando a modulação proclamada no precedente, erigindo os seguintes argumentos: "a extensão temporal expressamente afirmada no precedente invocado deve ser de conhecimento do patrono da parte (...) a conduta incorre em abuso do direito de recorrer e viola a boa-fé processual, atraindo a incidência da multa do art. 1.021, § 4º, do CPC/2015."

39 Não se desconhecem manifestações, até mesmo de desembargadores, no sentido de que os precedentes no Brasil não são vinculantes. Parece-nos, contudo, que tais pronunciamentos são cada vez mais escassos, sendo possível afirmar que a compreensão sobre a necessidade de observar os precedentes, especialmente dos Tribunais Superiores, no Brasil ampliou-se significativamente nos últimos anos.

imperativo de segurança jurídica.[40]-[41] No entanto, a implementação do regime de julgamento da repercussão geral foi necessária para a garantia da unidade do Direito, alcançada por meio do respeito aos precedentes, em uma sociedade que ainda resistia à vinculação das decisões da Corte Constitucional.[42] Se, ainda hoje, juízes e Administração Pública não observam os precedentes do STF, está-se diante muito mais de um problema de desrespeito à ordem jurídica vigente,[43] do que da constatação de que no Brasil não há um sistema jurídico apto a conferir à sociedade isonomia, coerência e segurança jurídica.[44]-[45]

---

40 Tratando do pouco uso do incidente de uniformização de jurisprudência nos tribunais brasileiros, Cruz e Tucci bem expõe os obstáculos culturais que inibem a assimilação de um sistema de precedentes: "Na verdade, o 'limitadíssimo emprego' da tradicional uniformização tem como principal obstáculo os próprios componentes dos tribunais, infensos em aceitar a atualidade da divergência pelo inescondível temor de imaginada influência recíproca, *intra muros*, consistente na eficácia vinculante em futuros julgamentos." (CRUZ E TUCCI, José Rogério. Variações sobre precedentes judiciais vinculantes e persuasivos. *Revista Magister de Direito Civil e Processual Civil*, Porto Alegre, n. 5, p. 13-23, mar./abr. 2005, p. 22).

41 Sobre as resistências culturais no Brasil à vinculação de precedentes: PINHEIRO, Victor Marcel. *Decisões vinculantes do STF: a cultura de precedentes*. São Paulo: Almedina, 2021, p. 149-151.

42 MITIDIERO, Daniel. "Precedentes, jurisprudência e súmulas no novo código de processo civil brasileiro." *Revista de Processo*, São Paulo , v.40, n.245, p. 333-349, jul. 2015.

43 "De forma acrítica, ao mesmo tempo em que se vê na obrigatoriedade dos precedentes um atentado contra a liberdade do juiz, celebra-se o duplo grau de jurisdição como garantia de justiça. Os juízes pensam que exercem poder quando julgam como desejam, mas não percebem que não têm poder para decidir (sozinhos) sequer uma ação de despejo fundada em falta de pagamento ou uma ação ressarcitória derivada de acidente de trânsito, e, além disto, que as suas sentenças, em regra, não interferem na vida dos litigantes." (MARINONI, Luiz Guilherme. O precedente na dimensão da segurança jurídica. In:______. (Coord.). *A força dos precedentes*. Estudos dos cursos de mestrado e doutorado em direito processual civil da UFPR. Salvador: Editora JusPodivm, 2010, p. 220).

44 "De tudo quanto exposto, concluímos por afirmar que o problema da força vinculante das decisões dos tribunais superiores, mesmo sem texto expresso, até desnecessário, ainda quando conveniente, decorre da lógica do sistema e só pode existir nessa perspectiva." (PASSOS, J. J. Calmon de. Súmula Vinculante. In: Ciência Jurídica, v. 13, n. 85, p. 279-295, p. 294, jan./fev. 1999.)

45 Em recente julgamento dos Temas 881 e 885 de repercussão geral, o STF reafirmou, mais uma vez, a qualidade de fonte formal do Direito que possui os seus precedentes, seja em controle concentrado de constitucionalidade, seja em controle difuso, editado sob a sistemática do regime de repercussão geral.

3.2. O REGIME DE REPERCUSSÃO GERAL E A FIXAÇÃO DE TESES PELO STF

Submetido um tema ao regime de repercussão gral, os Ministros do STF se dedicarão a dar uma resposta uniforme à sociedade, seja mediante a negativa de repercussão geral, seja por meio da solução da controvérsia constitucional. Para tanto, o STF sempre se utilizou da técnica de formulação de *teses de repercussão geral*, a fim de facilitar aos operadores do Direito a compreensão a respeito de suas conclusões. A tese definida pelo STF nada mais representa, portanto, do que *um resumo* das razões de decidir do caso, geralmente formada por uma ou algumas frases.

No particular, logo na largada, é de grande importância deixar claro que a tese jurídica não é o precedente do STF, mas sim uma tentativa de simplificar, em breves períodos, as razões de decidir do Tribunal. Essa percepção é das mais relevantes, pois a tese jurídica, apesar de ser bastante útil na prática, deve espelhar, na maior medida possível, as circunstâncias fático-jurídicas do precedente e, sobretudo, nunca deve ser aplicada sem ser contextualizada com aquilo que foi efetivamente decidido. A tese jurídica não pode ser vista como uma dicção abstrata, como se lei fosse, capaz de gerar efeitos normativos para além do que foi decidido pelo Tribunal. É essa circunstância, aliás, que distingue, fundamentalmente, a atividade dos Poderes Judiciário e Legislativo.

E essa aderência da tese ao precedente deve ser construída desde a afetação do *tema* ao regime de repercussão geral. O tema delimitado e que será apreciado pelo Supremo deve guardar pertinência com as balizas do caso submetido à apreciação da Corte. Daí a importância, conforme preceitua o artigo 1.037, inciso I, do CPC, de o Relator identificar com precisão a questão a ser submetida a julgamento. Essa é uma importante premissa a ser observada na formação das teses sob o regime da repercussão geral.

Quando da análise do *tema* inicialmente definido e submetido ao regime da repercussão geral, teremos a definição da *tese de repercussão geral*, que, por sua vez, precisa guardar absoluta correspondência com aquelas balizas definidas desde o início, para que seja dada concretude à especial eficácia expansiva advinda do precedente. Só haverá a *legítima* aplicação da tese de repercussão geral – seja em sede de juízo negativo ou positivo de repercussão geral –, se ela efetivamente guardar correlação com as balizas da questão jurídica presente no processo paradigma e esta mesma questão estar presente nos demais casos em que será aplicada. Ou seja, se, por um lado, a tese jurídica deve guardar aderência estrita com caso analisado, por outro, a tese não pode ser aplicada sem que seja interpretada à luz desse mesmo caso paradigma.[46] Há uma clara relação circular entre a questão jurídica do *caso paradigma*, o *precedente (ratio decidendi)* e a *tese de repercussão geral*. E essa necessidade de sempre se voltar aos contornos do caso afetado e às razões de decidir do Tribunal quando da aplicação da tese é a "pedra de toque" para o bom funcionamento do nosso sistema de precedentes. Tais cuidados na aplicação da tese, inclusive, constitui verdadeiro imperativo dos princípios do contraditório, da ampla defesa, da adstrição e, ainda, da separação dos Poderes.[47]

Como decorrência dessa *relação circular entre a questão jurídica do caso paradigma*, o *precedente (razões de decidir) e a tese de repercussão geral*, é necessário concluir que a circunstância de determinada matéria ser apenas semelhante a outra questão definida pela Corte sob o regime da repercussão geral não autoriza seja-lhe aplicada a tese anteriormente definida. Significa dizer: para que sejam aplicados os efeitos típicos da tese definida pelo STF, é essencial que as questões que serão decididas com base naquele precedente sejam realmente homogêneas àquela que serviu de base para o pronunciamento final da Corte.

Buscando ilustrar o que ora se afirma, vejamos, por exemplo, o que ocorreu no julgamento do Tema nº 115 de repercussão geral (RE nº 580.264). Após a submissão do processo ao Plenário Virtual de repercussão geral, o tema que seria apreciado foi delimitado nos seguintes termos: *"Aplicação da imunidade tributária recíproca às sociedades de economia mista que prestam serviços de saúde exclusivamente pelo SUS."* Quando do seu julgamento, os Ministros salientaram que o caso concreto guardava peculiaridade muito específica: a sociedade de economia mista resultou da desapropriação, pela União, de hospital privado, tendo aquela assumido a condição de controladora com 99,9% das ações, para prestar serviço público, mediante atendimento pelo SUS, em caráter transitório. Ante a especificidade do caso concreto, não foi implementada tese, nada obstante o julgamento da questão sob o regime da repercussão geral. Conforme acordado pelos Ministros da Corte,

---

46 "É vedado ao órgão colegiado decidir questão não delimitada na decisão de afetação por força ao direito ao contraditório das partes (...)." (MARINONI, Luiz Guilherme; MITIDIERO, Daniel. *Recurso extraordinário e recurso especial: do jus litigatoris aojus constitutionis.* 2.ed. rev. atual. e ampl. São Paulo: Thomson Reuters Brasil, 2020, p. 256.)

47 Vide o art. 1.038, §3º, do CPC: "O conteúdo do acórdão abrangerá a análise dos fundamentos relevantes da tese jurídica discutida".

"não foi fixada tese de repercussão geral, visto que a decisão de mérito do RE 580.264 vale apenas para o caso concreto, em razão de suas peculiaridades."

Este caso bem demonstra o que dito inicialmente a respeito da importância de se ter a identificação precisa dos contornos da demanda submetida a julgamento sob o regime da repercussão geral. A inconsistência entre a questão delimitada para julgamento e as balizas do caso concreto analisado pode inviabilizar a formação de tese de repercussão geral. Afinal, a aderência da tese ao caso concreto é fundamental para um legítimo sistema de precedentes judiciais.

No que concerne à formulação da tese após o julgamento do paradigma de repercussão geral, além da correspondência com as balizas do caso e com as razões de decidir da Corte, deve ser redigida de forma concisa, com objetividade, refletindo com clareza o entendimento final do Plenário do Supremo a respeito da questão jurídica controversa. Em linha com esse entendimento, a Recomendação n.º 134 do CNJ de 2022 formalizou as seguintes orientações no tocante à elaboração das teses:

> Art. 13. Recomenda-se que as teses: I – sejam redigidas de forma clara, simples e objetiva; II – não contenham enunciados que envolvam mais de uma tese jurídica; III – indiquem brevemente e com precisão as circunstâncias fáticas as quais diz respeito;

A Recomendação n.º 134/2022 foi um grande contributo do Conselho Nacional de Justiça para o aperfeiçoamento e o amadurecimento do sistema de precedentes brasileiro. Trata-se de trabalho detalhado que merece toda a atenção da comunidade jurídica.[48]

3.3. *A IMPORTÂNCIA DA TESE DE REPERCUSSÃO GERAL NO SENTIDO DA NATUREZA INFRACONSTITUCIONAL DA CONTROVÉRSIA*

Um aspecto interessante das teses e precedentes de repercussão geral é aquilo que já nos referimos como *precedente negativo de repercussão geral*. Como vimos, o STF, quando submete uma controvérsia ao regime de repercussão geral, pode reconhecer a relevância e a transcendência do tema, julgando o mérito do tema constitucional, mas pode

48 In https://atos.cnj.jus.br/atos/detalhar/4740, acessado em 03 de março de 2023.

também negar a repercussão geral do tema, informando à sociedade que, por ora, o tema não será enfrentado pela Corte. Essa negativa de repercussão geral pode se dar por dois motivos: a) o tema não manifesta relevância e transcendência; b) a controvérsia possui natureza infraconstitucional. Segundo o art. 324, §2º, do RISTF, a decisão da maioria absoluta dos ministros no sentido da natureza infraconstitucional da matéria terá os mesmos efeitos da ausência de repercussão geral.

Essa possibilidade de o STF definir, com força de precedente, que determinado tema possui natureza infraconstitucional constitui um dos instrumentos mais importantes que existe atualmente para a coordenação entre o STF e os demais tribunais superiores.[49]

Quando o STF define, pela sistemática da repercussão geral, que uma determinada controvérsia possui natureza infraconstitucional, ele está a informar aos jurisdicionados que quem dará a última palavra sobre o tema será o tribunal superior materialmente competente para julgá-lo (STJ, TSE, STM ou TST). Há aqui uma virtuosa definição sobre a Corte competente para definir o precedente.

Tal decisão de negativa de repercussão geral pela natureza infraconstitucional atualmente pode se dar por distintos circuitos processuais. Há um procedimento mais célere, em que o STF, quando da análise da existência de repercussão geral, já define a natureza infraconstitucional da controvérsia e encerra o procedimento liminarmente (*circuito processual curto*); e há a possibilidade de a natureza infraconstitucional da controvérsia ser reconhecida após todo o procedimento de formação de precedente (*circuito processual longo* - arts. 1.036 e seg., CPC). Em ambas as situações, teremos um precedente vinculante do STF, reconhecendo a natureza infraconstitucional da controvérsia, orientando os demais tribunais e os jurisdicionados em geral que a última palavra será dada pelo tribunal superior materialmente competente.[50]

---

49 Sobre os problemas decorrentes da dificuldade de definição do Tribunal competente para definir o precedente vinculante no Brasil: MARINONI, Luiz Guilherme. *Zona de penumbra entre o STJ e o STF: a função das cortes supremas e a delimitação do objeto dos recursos especial e extraordinário*. São Paulo: Thompson Reuters Brasil, 2019.

50 Essa definição tem especial relevância também para o caso de o STF, futuramente, decidir enfrentar o tema. Nesse caso, a decisão do STJ consubstancia um parâmetro seguro a legitimar a modulação de efeitos do futuro precedente do STF, caso a Corte Constitucional chegue à conclusão diversa daquela definida pelo STJ.

A partir de tal juízo realizado pelo STF, não será mais cabível a interposição de recurso extraordinário sobre o tema, mas apenas de recurso especial. Nos casos em que já tiverem sido interpostos recursos extraordinários, imperiosa será a aplicação do art. 1.033 do CPC, convertendo-se o recurso extraordinário em recurso especial, seja pelo próprio STF, seja pelo tribunal de origem.[51]

3.4. Aplicação da tese em decorrência de julgamento de mérito sob o regime de repercussão geral

O julgamento pelo Plenário do Supremo do paradigma de repercussão geral, além cumprir o importante papel de informar à sociedade sobre o conteúdo normativo da Constituição Federal, proporciona importantes efeitos sistêmicos para todo o Poder Judiciário.

Decididos os recursos afetados ao regime da repercussão geral, os órgãos colegiados do STF, assim como os Ministros Relatores, individualmente, decidirão aplicando a tese firmada (art. 1.039, caput, do CPC). Em outras palavras, a decisão originária sobre a questão submetida ao regime da repercussão geral é do Colegiado Maior – Plenário – do Supremo, mas a aplicação do "precedente" firmado em repercussão é delegada e pode ser objeto inclusive de decisões monocráticas.[52]

A "delegação" vale, inclusive, para os Tribunais de origem, ao exercerem o juízo de admissibilidade dos recursos extraordinários que estavam sobrestados. Publicado o acórdão paradigma: I - o presidente ou o vice-presidente do tribunal de origem negará seguimento aos recur-

---

51 Sobre a possibilidade de o tribunal de origem aplicar a "passarela recursal" prevista no art. 1.033 do CPC, vide importante decisão do Min. Luiz Fux: "Com efeito, não cabe ao Supremo Tribunal Federal apreciar recursos ou incidentes decorrentes da aplicação da sistemática da repercussão geral nos demais feitos que discutam a mesma questão objeto de apreciação por esta Suprema Corte. Essa lógica permeia o sistema de precedentes e transfere aos Tribunais de origem a competência para solucionar os demais casos em concreto, inclusive pedidos de fungibilidade recursal." (RE n.º 1.295.792/RS, Rel. Min. Presidente, j. em 15.12.2021)

52 Para uma ampla exposição sobre os efeitos sistêmicos do julgamento sob o regime de repercussão geral: CÔRTES, Osmar Mendes Paixão. *Recursos para os tribunais superiores: recurso extraordinário, recurso especial, embargos de divergência e agravos.* 4.ed. Brasília: Gazeta Jurídica, 2017, p. 120-127.

sos especiais ou extraordinários sobrestados na origem, se o acórdão recorrido coincidir com a orientação do tribunal superior; II - o órgão que proferiu o acórdão recorrido, na origem, reexaminará o processo de competência originária, a remessa necessária ou o recurso anteriormente julgado, se o acórdão recorrido contrariar a orientação do tribunal superior (art. 1.040, *caput*, CPC).

Essa última possibilidade merece atenção especial. Na hipótese de o entendimento do Supremo for contrário àquele perfilhado no acórdão recorrido, possibilita-se que a Corte de origem reveja a decisão objeto do recurso extraordinário sobrestado, a fim de oportunizar o alinhamento do seu julgado ao pronunciamento do STF. O que é curioso é que tal necessidade de retratação, à primeira vista, não aparece na legislação como uma obrigação do Tribunal de origem, mas como uma possibilidade.

Não à toa, o art. 1.041, *caput*, do CPC disciplina a hipótese de manutenção pela Corte de origem do entendimento divergente a que chegou o STF, nos seguintes termos: "mantido o acórdão divergente pelo tribunal de origem, o recurso extraordinário será remetido ao Supremo, na forma do art. 1.036, § 1º". É expresso o texto legal, como visto, a respeito da possibilidade de as Cortes de origem discordarem da conclusão a que chegou o STF e manterem o entendimento diverso. Indaga-se: como devemos interpretar tais disposições normativas, diante da obrigatoriedade de respeito aos precedentes em repercussão geral?

De fato, a não aplicação do precedente do STF não é uma postura ordinariamente desejável, diante da firme dicção dos arts. 489, §1º, VI, e 927, que orientam à observância dos precedentes pelos juízes e tribunais, além dos ditames constitucionais que preveem os princípios da segurança jurídica e da isonomia e disciplinam as funções dos Tribunais Superiores. A regra, portanto, deve ser a observância das conclusões da Suprema Corte.

Todavia, é interessante perceber que a referida possibilidade de dissenso constitui uma importante válvula de escape à própria rigidez do sistema de precedentes, porquanto possibilita que as partes convençam os tribunais de origem sobre eventual possibilidade de superação de entendimentos consolidados, fazendo com que tais postulações cheguem ao conhecimento das cortes superiores e, se for o caso, que revisitem seus entendimentos. Importante ressaltar: a disciplina do art. 1.041 do CPC, no que permite ao Tribunal de origem manter o entendimento diverso, não deve ser entendida como uma autorização de desrespeito ao entendimento do Supremo externado no julgamento do paradigma de repercussão geral. Ao contrário, como dito acima, o preceito deve ser lido como uma possibilidade *excepcional* de, mediante ampla fundamentação – a Corte de origem propor ao STF a superação (*overruling*) do enfoque antes firmado pela Corte Suprema, que, ao final, dará a última palavra.

Entendimento em sentido contrário traria consequências indesejáveis, malferindo os importantes valores buscados pelo sistema de precedentes, a exemplo da isonomia, da segurança jurídica, da duração razoável do processo, da estabilidade e da unidade do ordenamento jurídico. Definitivamente, não é essa a lógica que orienta o sistema jurídico brasileiro. Não podemos viver em um país marcado pela absoluta aleatoriedade e imprevisibilidade das decisões judiciais, causando problemas sistêmicos dos mais graves, a exemplo da excessiva judicialização, da formação de coisa julgadas em sentidos diversos, dúvidas quanto ao conteúdo normativo do Direito vigente etc.[53]-[54]

Reforçando essas as ideias, a Recomendação nº 134/2022 do CNJ, já citada anteriormente, a teor do art. 8º, veicula orientação no sentido de que "os precedentes devem ser respeitados, a fim de concretizar o princípio da isonomia e da segurança jurídica, bem como de proporcionar a racionalização do exercício da magistratura."

Até mesmo a Administração Pública foi incluída na disciplina legal do sistema de precedentes, a reforçar a ideia de que não se trata apenas de uma vinculação processual de juízes a precedentes, mas da necessidade de o Estado brasileiro se comportar de acordo com a concussões do STF. Consoante o art. 1.040, IV, do CPC: *"se os recursos versarem sobre questão relativa a prestação de serviço público objeto de concessão, permissão ou autorização, o resultado do julgamento será comunicado ao órgão, ao ente ou à agência reguladora competente para*

53 ROSAS, Roberto. "Segurança jurídica. Efetividade. Jurisprudência." *Revista da Academia Brasileira de Letras Jurídicas*. Rio de Janeiro, Academia Brasileira de Letras Jurídicas, 1985, v. 25, n. 35, p. 127-134, jul./dez., 2009, p. 127.

54 Identificando a previsibilidade como elemento fundamental da segurança jurídica, Gianmarco Gometz define a "certeza jurídica" como "una situaciòn de hecho caracterizada por la disposición de determinados indivíduos a la más o menos precisa, fiable, clarividente, previsión acerca de las consecuencias juridicas efetivamente enlazables a los actos o hechos que ellos consideran." (GOMETZ, Gianmarco. *La certeza jurídica como previsibilidad*. Trad. Dieogo Moreno Cruz e Diego Dei Vecchi. Madrid: Marcial Pons, 2012, p. 259).

fiscalização da efetiva aplicação, por parte dos entes sujeitos a regulação, da tese adotada."

De fato, a observância obrigatória do precedente deve se dar não só no âmbito jurisdicional, como no administrativo, presentes a segurança jurídica, a isonomia e na eficiência da resolução de litígios, inclusive os extrajudiciais. Não haveria sentido em permitir-se a um determinado órgão da Administração Pública contrariar o entendimento firmado pelo Supremo, sob o regime da repercussão geral, para, após, judicializada a questão, o Judiciário ter que intervir para adequar o caso à orientação alcançada pelo Tribunal. A dinâmica não se compatibiliza com os princípios constitucionais da Administração Pública - moralidade, eficiência e impessoalidade[55] -, e, tampouco, com aqueles evocados anteriormente, a exemplo da segurança jurídica e da isonomia.

Essa tem sido a tônica veiculada em atos da Administração Pública, a exemplo da Recomendação nº 134/2022 do CNJ, bem como em atos normativos e propostas normativas atinentes aos órgãos administrativos, nos quais valorizados os entendimentos dos Tribunais Superiores, especialmente quando formalizados sob o regime da repercussão geral.

No âmbito da Administração Pública Federal, por exemplo, a Lei nº 10.522/2002, a teor do artigo 19, veicula previsão normativa que dispensa a Procuradoria-Geral da Fazenda Nacional de contestar ou recorrer, bem como autoriza, observada a fase processual, o reconhecimento do pedido autoral e a desistência de recursos já interpostos, em situações nas quais a decisão judicial ou administrativa versar sobre tema decidido pelo Supremo Tribunal Federal, em sede de repercussão geral, em sentido contrário à Fazenda

55 Art. 37 da Constituição Federal 1988: "A administração pública direta e indireta de qualquer dos Poderes da União, dos Estados, do Distrito Federal e dos Municípios obedecerá aos princípios de legalidade, impessoalidade, moralidade, publicidade e eficiência [...]"

Nacional.[56]-[57] O preceito direciona à rápida assimilação do entendimento alcançado pelo Supremo, sob o regime de repercussão geral, conferindo celeridade à resolução dos litígios e proporcionando segurança jurídica e coerência decisória entre instâncias administrativa e judicial.

Tais premissas, inclusive, já foram utilizadas em dois importantes pareceres públicos da PGFN, que reconhecem a força normativa dos precedentes em relação à Administração Tributária. O primeiro deles, elaborado em 2010 (Parecer PGFN n.º 492/2010), reconhece a necessidade de a PGFN respeitar os precedentes definitivos do STJ e do STF, devendo deixar de interpor recursos e de apresentar contestação nos casos em que já há pronunciamento contrário aos interesses fazendários. O segundo parecer, elaborado em 2011 (Parecer PGFN n.º 2025/2011), estende as premissas antes expostas à Receita Federal do Brasil.

Recentemente, no âmbito da reforma do processo administrativo e tributário nacional, os projetos de lei formalizados contemplaram proposições legislativas que caminham para a observância obrigatória dos entendimentos fixados sob o regime de repercussão geral, prestigiando o sistema de precedentes judiciais.

---

56 Eis o teor do ato normativo: "Art. 19. Fica a Procuradoria-Geral da Fazenda Nacional dispensada de contestar, de oferecer contrarrazões e de interpor recursos, e fica autorizada a desistir de recursos já interpostos, desde que inexista outro fundamento relevante, na hipótese em que a ação ou a decisão judicial ou administrativa versar sobre: VI - tema decidido pelo Supremo Tribunal Federal, em matéria constitucional, ou pelo Superior Tribunal de Justiça, pelo Tribunal Superior do Trabalho, pelo Tribunal Superior Eleitoral ou pela Turma Nacional de Uniformização de Jurisprudência, no âmbito de suas competências, quando: a) for definido em sede de repercussão geral ou recurso repetitivo; § 1o Nas matérias de que trata este artigo, o Procurador da Fazenda Nacional que atuar no feito deverá, expressamente: I - reconhecer a procedência do pedido, quando citado para apresentar resposta, inclusive em embargos à execução fiscal e exceções de pré-executividade, hipóteses em que não haverá condenação em honorários; ou II - manifestar o seu desinteresse em recorrer, quando intimado da decisão judicial. § 2o A sentença, ocorrendo a hipótese do § 1o, não se subordinará ao duplo grau de jurisdição obrigatório."

57 Em sentido semelhante, os Estados editaram lei direcionando à observância dos precedentes formalizados pelo Supremo, sob o regime de repercussão geral: Art. 1º, II a VII, Lei do Estado de Minas Gerais de nº 23.172/2018; Art. 42, Lei do Estado do Pará de nº 6.182/1998; Art. 58, Lei da Lei do Estado do Rio Grande do Sul de nº 15.612/2021.

O Projeto de Lei Complementar nº 124 de 2022, no que dispõe acerca de normas gerais de prevenção de litígio, consensualidade e processo administrativo, em matéria tributária, alterando o Código Tributário Nacional -Lei nº 5.172/1966 - veicula as seguintes proposições:

> "Art. 194-B. O trânsito em julgado de controvérsia tributária decidida pelo Supremo Tribunal Federal, sob a sistemática da repercussão geral em matéria constitucional, ou pelo Superior Tribunal de Justiça, sob a sistemática dos recursos repetitivos em matéria infraconstitucional, favoravelmente a contribuintes ou responsáveis, terá eficácia vinculante para a Administração Tributária. Parágrafo único. No prazo máximo de 90 (noventa) dias, a contar do trânsito em julgado, a Fazenda Pública, por parecer devidamente fundamentado e publicizado: I - aplicará a orientação adotada pelo STF ou STJ em relação aos seus créditos tributários; II - indicará os casos em que a Fazenda Pública, tanto na esfera administrativa quanto na judicial, deixará de impugnar pleitos de contribuintes ou responsáveis; III - indicará os casos em que Fazenda Pública, tanto na esfera administrativa quanto na judicial, desistirá de impugnações ou recursos já formulados."
>
> [....]
>
> "Art. 208-G. No âmbito do processo administrativo tributário têm efeito vinculante: I - súmulas vinculantes do Supremo Tribunal Federal, na forma do art. 103-A da Constituição Federal; II - decisões já transitadas em julgado proferidas pelo Supremo Tribunal Federal ou pelo Superior Tribunal de Justiça sob a sistemática da repercussão geral ou dos recursos repetitivos, na forma dos artigos 927 e 928 do Código de Processo Civil;"

No que concerne ao Projeto de Lei nº 2483 de 2022, a versar sobre o processo administrativo tributário federal, as seguintes propostas foram formalizadas:

> Art. 40. No âmbito do processo administrativo tributário, têm efeito vinculante, inclusive para as Delegacias de Julgamento da Secretaria Especial da Receita Federal do Brasil:
>
> IV - decisões transitadas em julgado do Supremo Tribunal Federal ou do Superior Tribunal de Justiça, proferidas na sistemática da repercussão geral ou dos recursos repetitivos, na forma dos arts. 927 e 928 e 1036 a 1041 do Código de Processo Civil;

Com relação ao Projeto de Lei nº 2486/2022, mediante o qual disciplinada a arbitragem em matéria tributária e aduaneira, foram feitas as seguintes proposições normativas:

> Art. 21. A sentença arbitral submete-se ao mesmo regime jurídico de cessação de eficácia da coisa julgada aplicável à sentença judicial em virtude da superveniência do trânsito de julgado de precedente firmado sob o rito da repercussão geral ou de controle concentrado de constitucionalidade em sentido contrário ao definido na sentença.

Por fim, o Projeto de Lei Complementar nº 125/2022, no que estabelece normas gerais relativas a direitos, garantias e deveres dos contribuintes, em sentido propositivo, assim dispôs:

> Art. 16. Não será lavrado auto de infração ou notificação de lançamento, negada impugnação, pedido de restituição ou recurso, nem serão inscritos em dívida ativa os créditos cuja constituição esteja fundada em matéria decidida de modo favorável ao contribuinte:
> II - pelo Supremo Tribunal Federal em sede de controle difuso de constitucionalidade: a) submetido ao regime da repercussão geral;
> [...]
> Art. 17. O trânsito em julgado de controvérsia tributária decidida pelo Supremo Tribunal Federal, sob a sistemática da repercussão geral em matéria constitucional, ou pelo Superior Tribunal de Justiça, sob a sistemática dos recursos repetitivos em matéria infraconstitucional, favoravelmente a contribuintes ou responsáveis, terá eficácia vinculante para a Administração Tributária.
> [...]

Com apoio nas justificativas que acompanharam os projetos de leis mencionados, nota-se a pretensão de dinamizar, unificar e modernizar o processo administrativo e tributário nacional, mediante, a par de outras estratégias, assimilar, no âmbito da Administração Pública, a observância obrigatória dos precedentes qualificados, em especial, aqueles formalizados pela Suprema Corte, sob o regime da repercussão geral.

Todas esses atos normativos e propostas legislativas direcionados à Administração Pública buscam contribuir e consolidar a observância obrigatória dos precedentes judiciais, especialmente aqueles proclamados sob o regime da repercussão geral. Como dito anteriormente, só serviria ao aumento da insegurança jurídica e da excessiva litigiosidade entendimento no sentido de que as decisões da Corte de vértice do Poder

Judiciário fossem ignoradas em âmbito administrativo, direcionando à propositura de demandas judiciais para solução de cada caso concreto.

4. Conclusão

A evolução por que passou a metodologia da ciência jurídica nos últimos anos não deixa dúvidas sobre a natureza essencialmente problemática e argumentativa do Direito, sobre a sua dupla indeterminação (os textos são ambíguos e as normas são vagas) e, portanto, sobre as legítimas possibilidades interpretativas que o texto constitucional oferece. Essa percepção nos leva a entender melhor o papel do intérprete constitucional, que não tem uma função meramente cognitivista, diante de uma norma já pronta e acabada elaborada pelo Constituinte. Ao intérprete é conferida uma clara missão criativa ou reconstrutiva de sentidos normativos, tendo a norma jurídica como resultado da interpretação, após as devidas escolhas das complexas diretivas interpretativas que darão suporte à sua conclusão.[58]

É nesse contexto que se insere o Supremo Tribunal Federal, como órgão responsável por dar a última palavra sobre o sentido normativo da Constituição Federal. Mesmo com uma Constituição tão analítica e minuciosa como a brasileira, divergências interpretativas sempre haverá, exigindo que o Estado confira unidade ao Direito, de maneira que os brasileiros possam efetivamente viver em um país em que a isonomia e segurança jurídica sejam levadas a sério. A repercussão geral, nas suas duas acepções (requisito de admissibilidade e técnica de julgamento) vem ao encontro de tais propósitos, permitindo que o STF não só possa controlar com maior racionalidade sua pauta de julgamentos, mas também editar precedentes com suficiente força vinculante a orientar os demais tribunais e a sociedade em geral.

Certo de que o aperfeiçoamento é contínuo, a experiência demonstra o êxito alcançado pelo instituo da repercussão geral, na medida em que vem contribuindo significativamente para uma melhor percepção da sociedade sobre o conteúdo normativo da Constituição Federal, bem como possibilitando uma melhora na gestão do acervo de processos,

---

58 CHIASSONI, Pierluigi. *Tecnica dell'interpretazione giuridica.* Bologna: Il Mulino, 2007, p. 74.

com claros benefícios quantitativos e qualitativos na prestação jurisdicional do Supremo Tribunal Federal.[59]

5. Referência bibliográficas

ARRUDA ALVIM, Teresa. DANTAS, Bruno. *Recurso Especial, Recurso Extraordinário e a Nova Função dos Tribunais Superiores [livro eletrônico].* São Paulo: Editora Revista dos Tribunais, 2020.

ASSIS, Araken de. *Manual dos recursos.* 9.ed. rev. atual. e ampl. São Paulo: Editora Revista dos Tribunais, 2017.

ÁVILA, Humberto. *Teoria da segurança jurídica.* 4ª ed. rev. atual. e ampl. São Paulo: Malheiros, 2016, p. 355.

_____. *Teoria dos princípios*: da definição à aplicação dos princípios jurídicos. 12ª ed. São Paulo: Malheiros, 2011.

BARROSO, Luís Roberto; REGO, Frederico Montedonio. *Como salvar o sistema de Repercussão Geral:* transparência, eficiência e realismo na escolha do que o Supremo Tribunal Federal vai julgar. Revista Brasileira de Políticas Públicas, Brasília, v. 7, nº 3, pp. 695-713, dez. 2017.

BUSTAMANTE, Thomas da Rosa de. *Teoria do precedente judicial*: *a* justificação e a aplicação de regras jurisprudenciais. São Paulo: Noeses, 2012.

CHIASSONI, Pierluigi. *Tecnica dell'interpretazione giuridica.* Bologna: Il Mulino, 2007.

CORRÊA, Oscar Dias. *O Supremo Tribunal Federal, corte constitucional do Brasil.* Rio de Janeiro: Forense, 1987.

CÔRTES, Osmar Mendes Paixão. *Recursos para os tribunais superiores: rcurso extraordinário, recurso especial, embargos de divergência e agravos.* 4.ed. Brasília: Gazeta Jurídica, 2017.

___________. *Transcendência x Repercussão Geral.* Revista LTr: legislação do trabalho, São Paulo, v. 81, n. 9, pp. 1075-1080, set. 18 Sumário 2017. Revista

59 "A existência do filtro da repercussão geral está intimamente ligada à transformação do Supremo Tribunal Federal em uma Corte Suprema – isto é, em uma corte de interpretação e de precedentes. Apenas se o Supremo Tribunal Federal passar a decidir menos é que poderá decidir melhor, dedicando-se a manter uma agenda de trabalho mais organizada e previamente submetida à crítica pública." (MARINONI, Luiz Guilherme; MITIDIERO, Daniel. *Recurso extraordinário e recurso especial: do jus litigatoris aojus constitutionis.* 2.ed. rev. atual. e ampl. São Paulo: Thomson Reuters Brasil, 2020, p. 218.)

Eletrônica do Tribunal Regional do Trabalho da 9ª Região, Curitiba, v. 10, nº 92, pp. 72-81, set. 2020. Conteúdo: Semelhanças e diferenças entre a transcendência e a Repercussão Geral.

CRUZ E TUCCI, José Rogério. Variações sobre precedentes judiciais vinculantes e persuasivos. *Revista Magister de Direito Civil e Processual Civil*, Porto Alegre, nº 5, pp. 13-23, mar./abr. 2005.

___________. *A 'repercussão geral' como pressuposto de admissibilidade do recurso extraordinário*. Revista dos Tribunais, São Paulo, v. 848, p.60-65, jun. 2006.

DANTAS, Bruno. *Teoria dos recursos repetitivos. Tutela pluri-individual nos recursos dirigidos ao STF e STJ (art. 543-B e 543-C do CPC)*. São Paulo: Editora Revista dos Tribunais, 2015.

DIDIER JR., Fredie; CUNHA, Leonardo Carneiro da. *Curso de Direito Processual Civil*. Meios de impugnação às decisões judiciais e processo nos tribunais. 16ª ed. rev. atual. e ampl. Salvador: JusPodivm, 2019.

GOMETZ, Gianmarco. *La certeza jurídica como previsibilidad*. Trad. Diego Moreno Cruz e Diego Dei Vecchi. Madrid: Marcial Pons, 2012.

KRASSUSKI, Luiz. "*Como aprimorar o funcionamento da repercussão geral?*" In: MARINONI, Luiz; SARLET, Ingo. ***Processo Constitucional***. São Paulo: RT, 2019. p.797- 830.

MARINONI, Luiz Guilherme. O precedente na dimensão da segurança jurídica. In:_____. (Coord.). *A força dos precedentes*. Estudos dos cursos de mestrado e doutorado em direito processual civil da UFPR. Salvador: Editora JusPodivm, 2010, p. 220.

___________. *Precedentes obrigatórios*. São Paulo: Revista dos Tribunais, 2010.

___________. *Zona de penumbra entre o STJ e o STF: a função das cortes supremas e a delimitação do objeto dos recursos especial e extraordinário*. São Paulo: Thompson Reuters Brasil, 2019.

MARINONI, Luiz Guilherme; MITIDIERO, Daniel. *Recurso extraordinário e recurso especial: do jus litigatoris aojus constitutionis*. 2.ed. rev. atual. e ampl. São Paulo: Thomson Reuters Brasil, 2020.

___________. *Repercussão geral no recurso extraordinário*. 3. ed., rev. e atual. São Paulo: Revista dos Tribunais, 2013.

MARINONI, Luiz Guilherme; MITIDIERO, Daniel; ARENHART, Sérgio Cruz. *Novo curso de processo civil: tutela dos direitos mediante procedimento comum*. V. II. São Paulo: Editora Revista dos Tribunais, 2015.

MENDES, Gilmar Ferreira; BRANCO, Paulo Gustavo Gonet. *Curso de Direito Constitucional*. 12.ed. rev. e atual. São Paulo: Saraiva, 2017.

MITIDIERO, Daniel. *Cortes superiores e cortes supremas*: do controle à interpretação, da jurisprudência ao precedente. São Paulo: Revista dos Tribunais, 2013.

MITIDIERO, Daniel. "Precedentes, jurisprudência e súmulas no novo código de processo civil brasileiro." *Revista de Processo*, São Paulo, v.40, n.245, pp. 333-349, jul. 2015.

_____________. *Relevância no recurso especial [livro eletrônico].* 1ª ed. São Paulo: Thomson Reuters Brasil, 2022.

NERY JUNIOR, Nelson; Alvim, Teresa Arruda; Oliveira, Pedro Miranda de. *Aspectos polêmicos dos recursos cíveis e assuntos afins:* volume 14 [ebook]. São Paulo: RT, 2018.

OLIVEIRA, Paulo Mendes de. *Recurso extraordinário e seus circuitos processuais*. Publicado em 10.02.2022, em: https://www.jota.info/opiniao-e-analise/colunas/coluna-cpc-nos-tribunais/recurso-extraordinario-e-seus-circuitos-processuais-15102022.

_____________. *Segurança jurídica e processo*: da rigidez à flexibilização processual. São Paulo: Revista dos Tribunais, 2018.

PASSOS, J. J. Calmon de. Súmula Vinculante. In: Ciência Jurídica, v. 13, nº 85, pp. 279-295, p. 294, jan./fev. 1999.

PEREIRA, João Sergio dos Santos Soares; Vale, Luís Manoel Borges do. *A formação concentrada de precedentes no STF e o julgamento no plenário virtual:* dilemas e perspectivas. Revista de Processo. vol. 329. ano 47. p. 371-385. São Paulo: Ed. RT, julho 2022.

PINHEIRO, Victor Marcel. *Decisões vinculantes do STF: a cultura de precedentes.* São Paulo: Almedina, 2021.

REGO, Frederico Montedonio "Filtros de relevância no direito comparado: como as cortes supremas evitam a banalização de precedentes" R. EMERJ, Rio de Janeiro, v. 21, nº 3, t. 1, pp. 205-235, set.-dez., 2019.

ROSAS, Roberto. *Direito sumular: comentários às súmulas do Supremo Tribunal Federal e do Superior Tribunal de Justiça.* Malheiros Editores, 1995.

_____________. "Segurança jurídica. Efetividade. Jurisprudência." *Revista da Academia Brasileira de Letras Jurídicas.* Rio de Janeiro, Academia Brasileira de Letras Jurídicas, 1985, v. 25, nº 35, pp. 127–134, jul./dez., 2009.

SANTANNA, Ana Carolina Squadri. "O *writ of certiorari* e sua influência sobre o instituto da repercussão geral no recurso extraordinário." *Revista de Processo*, São Paulo, v.235, pp. 381-485, set./2014.

SILVA, Ovídio A. Baptista da. *Processo e ideologia: o paradigma racionalista.* Rio de Janeiro: Forense, 2004.

Parte III

LEADING CASES DOS TRIBUNAIS SUPERIORES À LUZ DA TEORIA DOS PRECEDENTES

Da Tese no Tema 210 à Tese no Tema 1.240: O STF e os Danos Morais aos Consumidores nos Contratos de Transporte Aéreo Internacional

Claudia Lima Marques[1]
Maria Luiza Baillo Targa[2]

Introdução

É uma grande honra e alegria participar do livro em homenagem a este grande jurista e advogado, Professor Titular da UnB e Ministro Roberto Rosas, que com suas obras e escritos tanto fez pela organização da jurisprudência e pela transcendência das súmulas, teses e precedentes. Com sua enorme fidalgia, lucidez de pensamento e gentileza ímpar, sempre contribuiu para a união e entendimento de advogados, magistrados e membros de todas as carreiras jurídicas. Homenagem justa e merecida, a que queremos nos unir.

Para bem homenagear esta mente privilegiada das letras jurídicas, escolhemos a evolução tortuosa da tese no Tema 210, sobre a não aplicação do Código de Defesa do Consumidor aos danos (materiais) sofridos por consumidores no transporte aéreo internacional de passageiros, que não parecia não prestigiar o diálogo das fontes entre o CDC e a Convenção de Montreal e Varsóvia, mas que acabou tendo de ser 'melhorada' ou corrigida pela Tese 1.240, que esclareceu que os danos morais ou extrapatrimoniais continuam regulados pelo Código de Defesa do Consumidor (CDC), uma vez que tais Convenções regulam apenas alguns aspectos (como seu nome diz, certas regras) do transporte aéreo internacional de passageiros. Esta evolução é paradigmática da necessidade de bem definir as teses vinculantes, em especial as que afetam indivíduos vulneráveis, como os consumidores (Art. 4, I do CDC). Ou como o nosso

---

1 Professora e Diretora da Faculdade de Direito da UFRGS, Doutora pela Universidade de Heidelberg, Mestre em Direito pela Universidade de Tübingen (Alemanha), Advogada. Da Academia Brasileira de Letras Jurídicas, Relatora-geral da Comissão de Juristas e Ex-Presidente do Brasilcon, cmarques.ufrgs@gmail.com.

2 Doutoranda e Mestre em Direito do Consumidor pela Universidade Federal do Rio Grande do Sul, Especialista em Direito Francês e Europeu dos Contratos pela Université Savoie Mont Blanc. Especialista em Direito do Consumidor e Direitos Fundamentais pela UFRGS. Especialista em Direito Público pelo UniCEUB. Advogada, mlbtarga@gmail.com.

querido homenageado destacou, temas que tratam do direito constitucional no direito privado, "porque estas têm grande conteúdo social, não fossem normas de regência do indivíduo na sociedade... Estabelece-se esse liame [da Constituição e do Direito Civil] a partir do direito à vida e o respeito à dignidade humana...em proteção o ser humano".[3]

O nosso homenageado ensinou a força das súmulas e das súmulas vinculantes, alertando:

> A reiteração ou reunião de julgados de um tribunal forma a jurisprudência. Esta é mais sólida quando se cristaliza num sentido, numa consolidação de um tema, de uma orientação. Pode, então, ser reduzida a um enunciado, a um verbete, a um resumo, uma súmula. Esta significa, portanto, a fixação de uma orientação predominante. Não é eterna. Pode ser alterada por outra interpretação, pela lei, pela alteração constitucional. A súmula tem caráter persuasivo. Serve como orientação, forte e prestigiada opinião. Por cautela e hierarquia, os juízes seguem sua direção. Quando é editada com força vinculante, deixa de ser orientação, para ser obrigatória. Deve ser cumprida. Não é mera sugestão[4].

A importância das súmulas vinculantes, ainda mais em conflitos de massa, como no direito do consumidor, não deve ser menosprezada, mas o cuidado com a redação das teses, nestes direitos transversais, que exigem 'calma e alma'[5] é bastante difícil e sobre isso queremos escrever.

I. CRÍTICA À TESE 210: PELO NECESSÁRIO DIÁLOGO DAS FONTES

Nos últimos anos, ante uma aparente antinomia entre as Convenções de Varsóvia e de Montreal e o Código de Defesa do Consumidor (CDC), especialmente no que diz respeito aos limites indenizatórios fixados pelas normas de origem internacional, a reparação de danos causados a passageiros decorrentes da má prestação do serviço de transporte aéreo internacional foi pauta de dois importantes temas no âmbito do

3 ROSAS, Roberto. Constitucional e Direito Civil, in *Revista de Direito Constitucional e Internacional*, vol. 28/1999, p. 34 - 37, Jul - Set / 1999.

4 ROSAS, Roberto. Da Súmula a Súmula vinculante, in *Revista dos Tribunais*, vol. 879/2009, p. 41, Jan / 2009, resumo inicial, p. 41.

5 MARQUES, Claudia Lima; MIRAGEM, Bruno. *O novo Direito Privado e a proteção dos vulneráveis*, 2. Ed, São Paulo: RT 2014, p. 178 e seg.

Supremo Tribunal Federal (STF): o 210 e o 1.240. Ambos resultaram na elaboração de teses de repercussão geral, as quais, diante da sistemática dos precedentes, devem ser aplicadas por todas as instâncias do Poder Judiciário a partir da publicação do inteiro teor das decisões[6], salvo hipótese de *distinguishing*[7].

Os acórdãos paradigmas representativos da controvérsia que deram azo à tese firmada no Tema 210 foram o Recurso Extraordinário (RE) 636.331 e o Recurso Extraordinário com Agravo (ARE) 766.618.

No âmbito do RE 636.331, uma consumidora ajuizou ação de indenização por danos morais e materiais em virtude do extravio de sua bagagem em voo internacional. O Tribunal de Justiça do Rio de Janeiro havia decidido que aplicáveis as disposições do CDC para fins de reparação dos danos sofridos pela passageira, uma vez que a relação é de consumo, de modo que a reparação deveria ser integral. A companhia aérea interpôs Recurso Extraordinário, suscitando violação a dispositivo constitucional. No seu entender, à luz do art. 178, *caput,* da CF/1988, deveria

6 O art. 1040 do Código de Processo Civil preconiza que, publicado o acórdão paradigma, (*i*) o presidente ou o vice-presidente do tribunal de origem negará seguimento aos recursos sobrestados se o acórdão recorrido coincidir com a orientação do tribunal superior; (*ii*) o órgão que proferiu o acórdão recorrido na origem reexaminará o recurso se o acórdão contrariar a nova orientação; (*iii*) os processos suspensos retomarão o curso para julgamento, aplicando-se a tese firmada e que (*iv*) o resultado do julgamento será comunicado ao órgão competente para fiscalização da tese se os recursos versem sobre prestação de serviço público objeto de concessão, permissão ou autorização. No mais, o entendimento jurisprudencial prevalente no âmbito do STF é precisamente que, em se tratando de precedente, o fato de ainda não haver transitado em julgado não impede sua aplicação imediata (Nesse sentido: BRASIL. Supremo Tribunal Federal. Reclamação 30.996. Relator: Min. Celso de Mello. Brasília, 9 ago. 2018. DJe 13 ago. 2018; *Idem,* AI 834076. Relator: Min. Ayres Britto. Brasília, 27 mar. 2012, DJe 14 maio 2012; e *Idem,* RE 612.375, Relator: Min. Dias Toffoli. Brasília, 21 ago. 2017, DJe 04 set. 2017).

7 Segundo Marinoni, para a correta aplicação dos precedentes, utiliza-se a técnica do *distinguished.* Refere o doutrinador que *distinguishing* é o que os juízes do sistema de *common law* fazem quando realizam a distinção entre um caso e outro: analisam a *ratio decidendi* do precedente e os fatos concretos que lhe deram azo, comparando-os com os fatos específicos do caso posterior para averiguar se semelhantes aos do precedente. Nas suas palavras, "o *distinguishing* expressa a distinção entre os casos para efeito de se subordinar, ou não o caso sob julgamento ao precedente" (MARINONI, Luiz Guilherme. *Precedentes obrigatórios.* 5ª ed. rev., atual. e ampl. São Paulo: Revista dos Tribunais, 2016. p. 144;232).

ser dada prevalência à aplicação dos limites indenizatórios previstos nas Convenções de Varsóvia e de Montreal.

Em 2011, o Ministro Gilmar Mendes, Relator do referido recurso, reconheceu a repercussão geral da questão constitucional nele suscitada, qual seja, se, à luz do referido artigo teriam efetivamente prevalência, na reparação de tais danos, as convenções internacionais frente ao CDC. O RE foi, então, eleito recurso paradigma do tema, que foi registrado sob o número 210.[8]

Dois anos depois, o Ministro Roberto Barroso, por entender que a discussão constitucional do ARE 766.618 já tinha tido a repercussão geral reconhecida no RE 636.331, converteu o Agravo em Recurso Extraordinário e ele também se tornou recurso representativo da mesma controvérsia.

A diferença, porém, consiste no fato de que, neste recurso, a passageira originalmente requereu indenização por danos morais e materiais em virtude de atraso no transporte aéreo internacional. Todavia, a sentença afastou a indenização por danos materiais porque não estariam devidamente comprovados e o Tribunal de Justiça de São Paulo manteve tal entendimento[9]. Assim, a discussão, quando submetida ao crivo do STF, girava apenas em torno dos danos morais, mais precisamente acerca do prazo prescricional para se pleitear reparação de tais danos (se bienal, nos termos das convenções, ou quinquenal, nos termos do CDC). Assim, a questão constitucional visava averiguar se, à luz do *caput*

8 Eis a sua descrição: "Agravo de instrumento interposto contra decisão que inadmitiu recurso extraordinário em que se discute, à luz do art. 178, da Constituição Federal, a possibilidade, ou não, de limitação, com base na Convenção de Varsóvia (Convenção para a Unificação de Certas Regras Relativas ao Transporte Aéreo Internacional), das indenizações por danos morais e materiais decorrentes de extravio de bagagem" (BRASIL. Supremo Tribunal Federal. Tema 210 - Limitação de indenizações por danos decorrentes de extravio de bagagem com fundamento na Convenção de Varsóvia. Leading case: RE 636331. Relator: Min. Gilmar Mendes. Brasília, 25 jul. 2017. DJe 13 nov. 2017).

9 Quando da prolação da sentença pela Vara do Juizado Especial Cível da Comarca de Santo André (processo 1827/09), foram fixados apenas danos morais. Foi afastada a indenização por dano material. O Colégio Recursal da Comarca de Santo André (Recurso 0019563-55.2009.8.26.0554) manteve a sentença por seus próprios fundamentos. Eis a ementa: "Atraso de voo internacional- aplicação ao caso do CDC, sendo objetiva a responsabilidade do transportador - risco da atividade – fortuito interno - danos morais arbitrados em quantia consentânea com o caso concreto – sentença mantida na íntegra por seus próprios fundamentos".

do artigo 178 da CF/1988, devem ou não prevalecer as regras de prescrição disciplinadas nas convenções internacionais em relação às regras previstas no Código Consumerista.

Apesar destas peculiaridades, os dois recursos foram pautados para julgamento conjunto, já que representativos, em tese, da mesma controvérsia (prevalência ou não das convenções internacionais relativamente à reparação de danos causados aos passageiros por falha na prestação do serviço de transporte aéreo internacional).

Em 08 de maio de 2014, teve início o julgamento conjunto. Em virtude de voto-vista da Ministra Rosa Weber, porém, o julgamento foi suspenso e apenas em 25 de maio de 2017 os *leading cases* foram novamente submetidos a julgamento em Plenário.

Em seu voto, o Ministro Gilmar Mendes pontuou que os limites indenizatórios previstos nas convenções teriam de prevalecer para os casos de danos de cunho patrimonial. Questionado pelo Ministro Marco Aurélio sobre os danos morais, frisou o Relator: "eu fiz questão de deixar claro, de qualquer forma, que a Convenção só limita por dano material".[10] Outros Ministros também frisaram que a discussão dizia respeito única e exclusivamente aos danos materiais, merecendo destaque as manifestações do Ministro Marco Aurélio – o qual iniciou o debate a esse respeito ao verificar que os dois paradigmas versavam sobre danos morais -, bem como dos Ministros Ricardo Lewandowski[11]

---

10 BRASIL. Supremo Tribunal Federal. Recurso Extraordinário 636.331. Recorrente: Société Air France. Recorrida: Sylvia Regina de Moraes Rosolem. Relator: Min Gilmar Mendes. Brasília, 25 maio 2017. DJe 10 nov. 2017.

11 Veja-se trecho de sua manifestação em plenário: "O SENHOR MINISTRO RICARDO LEWANDOWSKI - A meu ver, como corretamente assentado, tanto pelo Ministro Barroso, como pelo Ministro Gilmar e o Ministro Marco Aurélio, não está em causa aqui a condenação dos danos morais, até porque o Tribunal tem posição no sentido de cindir essas duas questões. O Ministro Marco Aurélio foi o Relator de um acórdão, como Sua Excelência revelou, aprovado por unanimidade na Segunda Turma, em que disse o seguinte - Vossa Excelência me corrija se eu estiver errado: que, com relação aos danos materiais, aplica-se sim a Convenção de Varsóvia. Mas, tendo em conta as disposições da Constituição, no que tange a proteção do consumidor, se houver dano moral, nesse aspecto, aplica-se inteiramente o Código do Consumidor, que se encontra inclusive fundado, arrimado na Constituição Federal. Apenas isso" (BRASIL. Supremo Tribunal Federal. Recurso Extraordinário 636.331. Recorrente: Société Air France. Recorrida: Sylvia Regina de Moraes Rosolem. Relator: Min Gilmar Mendes. Brasília, 25 maio 2017. DJe 10 nov. 2017).

e Rosa Weber[12], que, a todo momento nos seus respectivos votos, frisaram veementemente que a questão atinente à aplicabilidade ou não das convenções internacionais relativamente aos danos morais não estava em discussão.

Outrossim, o Ministro Teori Zavascki, ainda no ano de 2014, demonstrou preocupação de se afirmar tese de que, "em qualquer circunstância, a norma de direito internacional sobre transporte aéreo prevaleceria sobre a norma de direito interno", questionando se, em virtude do que dispõe o artigo 178 da Constituição Federal, estaria o legislador brasileiro inibido e proibido de dispor de forma diferente de uma convenção internacional. O Ministro Ricardo Lewandowski disse compreender tal preocupação, inclusive indagando se, diante da referida disposição constitucional, nenhuma norma editada pelo legislador nacional poderia prevalecer sobre um tratado internacional.

Dita preocupação é pertinente, uma vez que, ao integrar o ordenamento jurídico pátrio, a convenção, ratificada sob a forma de decreto, deve dialogar com as demais normas que também integram este sistema, já que elas devem harmonicamente coexistir. E esta questão, aliada ao fato de que ambos os recursos abarcavam pedidos de indenização por danos morais, não foi aprofundada neste primeiro julgamento. Como resultado, a tese acabou por conter uma redação bastante ampla, já que afirma que "as normas e os tratados internacionais limitadores da responsabilidade das transportadoras aéreas de passageiros, especialmente as Convenções de Varsóvia e Montreal, têm prevalência em relação ao Código de Defesa do Consumidor".[13]

A partir de sua leitura, percebe-se que não foram feitas ressalvas, nem em relação à natureza dos danos, nem em relação a quais danos, nem em relação à questão específica do prazo prescricional. A tese, a bem da verdade, parece sequer refletir o debate subjacente à sua elabo-

12 Veja-se trecho: "Esclareço que o enfoque se dá apenas quanto aos danos materiais, pois, como ressaltado pelo Ministro Marco Aurélio, quando do início do julgamento deste feito, na sessão de 08.5.2014, a Convenção de Varsóvia não cuidou dos danos morais, não cabendo, nessa perspectiva, estender a estes a aplicação dos limites indenizatórios estabelecidos no mencionado pacto internacional" (*Ibidem*).

13 BRASIL. Supremo Tribunal Federal. Tema 210 - Limitação de indenizações por danos decorrentes de extravio de bagagem com fundamento na Convenção de Varsóvia. Leading case: RE 636331. Relator: Min. Gilmar Mendes. Brasília, 25 jul. 2017. DJe 13 nov. 2017.

ração, oportunidade em que os Ministros expuseram suas preocupações e manifestaram a necessidade expressa de não incluir os danos morais no entendimento de repercussão geral a ser firmado.

Diante da amplitude da tese, após a publicação de ambas as decisões, dúvidas surgiram acerca do seu âmbito de aplicação, tanto na doutrina quanto na jurisprudência: as Convenções de Varsóvia e de Montreal apenas fazem menção expressa a quatro modalidades de danos (lesão corporal ou morte de passageiro, dano ou extravio de carga e de bagagem e atraso), logo, elas são aplicáveis somente em relação a esses danos ou a qualquer dano causado pela má prestação do serviço do transportador internacional? Ainda, a natureza destes danos é exclusivamente patrimonial ou as convenções também disciplinam danos extrapatrimoniais? E o prazo prescricional bienal, aplica-se para o requerimento de todos os danos decorrentes desta relação jurídica ou apenas para os danos efetivamente disciplinados pelas convenções. Tais dúvidas acabaram por dar azo a decisões judiciais distintas, com fundamentos diferentes, às vezes diametralmente opostos.

Precisamente com a finalidade de evitar essas dúvidas, logo após a publicação dos acórdãos, foram opostos Embargos de Declaração em ambos os processos[14]. Na oportunidade, alegou-se a necessidade de se deixar claro que a prevalência dada pela tese não pode excluir o necessário diálogo entre as convenções, o CDC e outras normas com campos de aplicação convergentes à relação entre passageiro e companhia aérea, uma vez que imperioso que o aplicador do direito realize, na aplicação do direito, interpretação conforme a Constituição. E dita interpretação demanda um olhar atento aos interesses da pessoa humana, especialmente quando esta for vulnerável (caso das relações de consumo) ou estiver em situação que gere uma assimetria em relação à outra parte[15].

---

14 A íntegra de ambos os recursos está disponível em: MARQUES, Claudia Lima; SQUEFF, Tatiana de A.F.R. Cardoso; TARGA, Maria Luiza Baillo. Embargos de Declaração no Recurso Extraordinário 636.331. *Revista de Direito do Consumidor*, São Paulo, v. 115, p. 507-559, jan./fev. 2018. p. 526-527; MARQUES, Claudia Lima; SQUEFF, Tatiana de A.F.R. Cardoso; TARGA, Maria Luiza Baillo. Embargos de Declaração no Recurso Extraordinário 766.618. *Revista de Direito do Consumidor*, São Paulo, v. 115, p. 561-598, jan./fev. 2018. p. 563-564.

15 Acerca da necessidade de uma interpretação conforme a Constituição Federal, em respeito à dignidade da pessoa humana e aos princípios norteadores do ordenamento jurídico pátrio, já se afirmou: "assim, a interpretação conforme a Constituição bem evidencia os dois caminhos a seguir: valorizar a presença de um sujeito

Igualmente, a interpretação conforme a Constituição impõe que se promovam os interesses do consumidor, diante da previsão expressa do art. 5º, XXXII, do texto constitucional.

No mais, apontou-se obscuridade na prevalência dada, que parece ir no sentido contrário ao que preconiza a Teoria do Diálogo das Fontes[16], que permite uma convergência de aplicação harmônica e simultânea a ser realizada pelo julgador em situações como esta[17], em relação a qual múltiplas normas simultaneamente incidem sobre uma mesma situação fática.

Igualmente, demonstrou-se importante contradição entre a conclusão adotada (e a tese firmada) e as diversas passagens dos votos dos Ministros, que, como visto, expressamente afirmam que as convenções internacionais não regulam danos de cunho extrapatrimonial. E mais, a

de direitos fundamentais no contrato de transporte, o consumidor, aplicando o CDC em diálogo com o CC e observar, em contratos de transportes internacionais, as convenções internacionais naquilo que não interferem com direitos fundamentais e os princípios constitucionais, realizando um diálogo de fontes orientado pelos valores constitucionais em jogo, para complementar, por exemplo, com a indenização de danos morais ou realizar a indenização integral dos danos aos consumidores" (MARQUES, Claudia Lima. *Contratos no Código de Defesa do Consumidor*: o novo regime das relações contratuais. 9ª ed. rev., atual. e ampl. São Paulo: Revista dos Tribunais, 2019. p. 785).

16 Erik Jayme cunhou pela primeira vez a expressão "diálogo das fontes", no ano de 1995, em seu Curso Geral de Haia. Tal expressão é semiótica e autoexplicativa: "di-a-logos, duas 'lógicas', duas 'leis' a seguir e a coordenar um só encontro no 'a', uma 'coerência' necessariamente 'a restaurar' os valores deste sistema, desta 'nov-a' ordem das fontes, em que uma não mais 're-vo-ga' a outra (o que seria um mono-logo, pois só uma lei 'fala')" (MARQUES, Claudia Lima. O 'diálogo das fontes' como método da nova teoria geral do direito: um tributo a Erik Jayme. In: MARQUES, Claudia Lima (coord.). *Diálogo das Fontes*: do conflito à coordenação de normas do direito brasileiro. 2ª tiragem. São Paulo: Revista dos Tribunais, 2012. p. 17-66. p. 26-27).

17 A respeito, veja-se o trecho da obra de Erik Jayme: "A existência de diversas fontes, característica dos sistemas jurídicos atuais, necessita a busca de soluções de conflitos que podem nascer entre elas. Dispõe-se, em princípio, de duas maneiras para resolver conflitos. A primeira consiste em dar prevalência a uma fonte descartando a outra, o que significa aplicar uma certa hierarquia entre elas. A segunda solução consiste na busca de coordenação das fontes. [...] No meu ver, um método que tende a coordenar as fontes é preferível a uma solução hierárquica" [tradução livre] (JAYME, Erik. Identité culturelle et intégration: le droit international privé postmoderne: cours général de droit international privé. *Recueil des cours:* collected courses of the Hague Academy of international law, tome. 251. Haia: Martinus Nijhoff Publishers, 1995. p. 60-61).

contradição é ainda maior porque um dos *leading cases* que ensejou a prolação da tese tratava exclusivamente de danos morais.

Diante da não apreciação dos Declaratórios opostos no ARE 766.618[18] até o presente momento, bem como da continuidade de dúvidas a surgir na aplicação da tese, a matéria teve novamente de ser submetida ao crivo do Supremo Tribunal Federal.

II. Os danos extrapatrimoniais e a tese 1240 do STF

A questão constitucional subjacente ao RE 1.394.401 consiste na aferição se, à luz do art. 178 da CF/1988 e, diante do que restou decidido no Tema 210, as convenções internacionais prevalecem sobre o CDC no que diz respeito ao dano extrapatrimonial em caso de atraso ou cancelamento de voo e de extravio de bagagem.

O Pleno do Supremo Tribunal Federal, ao se deparar com tal questão, não apenas reconheceu a sua repercussão geral como também, na mesma decisão, apreciou o mérito recursal. O recurso, paradigma do Tema 1.240[19], foi julgado em sessão virtual realizada no dia 16 de dezembro de 2022, tendo o pleno, por unanimidade, reafirmado a jurisprudência dominante que estava sendo construída após a tese no Tema 210, afastando a aplicação das normas de origem internacional relativamente aos danos de cunho extrapatrimonial decorrentes de falhas na prestação do serviço de transporte aéreo internacional. Foi fixada a seguinte tese de repercussão geral: "não se aplicam as Convenções de Varsóvia e Montreal às hipóteses de danos extrapatrimoniais decorrentes de contrato de transporte aéreo internacional".[20]

De fato, no âmbito do Superior Tribunal de Justiça (STJ), já havia sido consolidado entendimento neste sentido. Em 2020, quando da

18 Os declaratórios opostos no âmbito do RE 636.331 tiveram seu provimento negado e já foi certificado o trânsito em julgado do processo.

19 "Conflito entre o Código de Defesa do Consumidor e a Convenção de Varsóvia, no que diz com a reparação por dano moral decorrente da má prestação de serviço de transporte aéreo internacional" (BRASIL, Supremo Tribunal Federal. Tema 1.240. Disponível em: https://portal.stf.jus.br/jurisprudenciaRepercussao/tema.asp?num=1240. Acesso em: 28 fev. 2023).

20 BRASIL. Supremo Tribunal Federal. Convenções internacionais não se aplicam a dano moral em transporte internacional de passageiros. Disponível em: https://portal.stf.jus.br/noticias/verNoticiaDetalhe.asp?idConteudo=500904&ori=1. Acesso em: 28 fev. 2022.

apreciação do Recurso Especial (REsp) 1.842.066, a Terceira Turma reputou que os limites indenizatórios previstos nas referidas convenções não englobam danos extrapatrimoniais, sendo a sua reparação disciplinada pelas normas e princípios do CDC. O Ministro Moura Ribeiro, Relator do referido recurso, ressaltou que a Convenção de Montreal representa, tão somente, mera atualização da Convenção de Varsóvia, de 1929, período em que sequer se cogitava a possibilidade indenização de danos de cunho extrapatrimonial. Igualmente, pontuou que os prejuízos de ordem extrapatrimonial não admitem tabelamento prévio ou tarifação pela sua própria natureza.[21] Dita decisão abriu caminho para outras semelhantes, e o STJ acabou por pacificar a questão. A edição 164 da Jurisprudência em Teses - Direito do Consumidor VIII,[22] deixa evidente a questão.

No âmbito do STF, contudo, a questão não era tão pacífica. Como dito, ambos os *leading cases* tinham como objeto indenização por danos morais, espécie de dano extrapatrimonial, e a questão atinente ao prazo prescricional aplicável à reparação desses danos era precisamente objeto do recurso cuja única discussão girava em torno de danos morais (ARE 766.618). Por essa razão, algumas decisões posteriores à tese firmada passaram a entender que, se restou consolidado entendimento no sentido de que o prazo a ser aplicado é o bienal para os casos de danos decorrentes de falha na prestação de serviços de transporte aéreo internacional, então este prazo se aplica também aos danos extrapatrimoniais (vejam-se exemplificativamente as decisões prolatadas no AgRg nos EmbDecl no RE 1.158.691 e Ag no RE 1.213.708).

Decisões nesse sentido continuaram a ser proferidas muito embora o Pleno tenha, por unanimidade, no julgamento do AgRg nos EmbDiv no AgRg no RE 1.221.934, realizado no dia 18 de agosto de 2020, afastado

---

21 MARQUES, Claudia Lima; TARGA, Maria Luiza Baillo. Reparação de danos extrapatrimoniais nos contratos de transporte aéreo. Revista Consultor Jurídico, São Paulo, 24 jan. 2023, Disponível em: https://www.conjur.com.br/2023-jan-24/marques-targa-danos-extrapatrimoniais-transporte-aereo. Acesso em: 28 fev. 2023.

22 "As indenizações por danos morais envolvendo transporte aéreo internacional de passageiros não estão submetidas à tarifação prevista nas normas e nos tratados internacionais, devendo-se observar, nesses casos, a efetiva reparação do consumidor preceituada pelo Código de Defesa do Consumidor – CDC" (BRASIL. Superior Tribunal de Justiça. Jurisprudência em Teses, Edição nº 164: Direito do Consumidor VIII. Disponível em: https://scon.stj.jus.br/SCON/jt/toc.jsp?edicao=EDI%C7%C3O%20N.%20164:%20DIREITO %20DO%20CONSUMIDOR%20-%20VIII. Acesso em 28 fev. 2023).

in totum a tese quanto aos danos extrapatrimoniais, inclusive no tocante ao prazo prescricional de dois anos. Por essa razão que foi imperioso o reconhecimento da repercussão geral da questão constitucional do RE 1.394.401, uma vez que imprescindível pacificar a questão e pôr um fim a tais dúvidas.

Diferentemente da sua antecessora, a nova tese de repercussão geral parece[23] admitir o diálogo entre as convenções internacionais e o CDC, pois expressamente admite que, mesmo se tratando da mesma relação jurídica, estas normas devem coexistir harmonicamente, devendo o intérprete do direito realizar esta aplicação coerente e coordenada em cada situação concreta. Este diálogo, agora expressamente permitido, está orientado pelo *Leitmotiv* do direito pós-moderno, isto é, pois efetivamente assegura os interesses inerentes à pessoa humana mesmo em uma relação típica de direito privado[24].

Ora, não se pode olvidar que o passageiro, em sendo consumidor, é a parte vulnerável[25] desta típica relação de consumo. Assim, considerando que a vulnerabilidade é reconhecida pelo ordenamento jurídico e pressuposto para a proteção do consumidor[26] e para a existência de um código que tutele todos os direitos e interesse deste sujeito de direitos

---

23 Até o momento, o inteiro teor da decisão não foi disponibilizado, razão pela qual não é possível analisar os efetivos fundamentos utilizados pelos Ministros. De todo modo, pelo simples fato de assegurar que os danos extrapatrimoniais devem ser regulados pelo CDC permite concluir, estreme de dúvidas, que a decisão possibilita uma leitura harmônica do sistema jurídico e admite a coexistência de múltiplas normas em vez de dar prevalência a uma em detrimento das demais.

24 A respeito, ver: MARQUES, Claudia Lima. O 'Diálogo das Fontes' como método da nova teoria geral do direito: um tributo a Erik Jayme. In: MARQUES, Claudia Lima (coord.). *Diálogo das Fontes*: do conflito à coordenação de normas do direito brasileiro. 2ª tiragem. São Paulo: Revista dos Tribunais, 2012. p. 17-66.

25 Sob o enfoque jurídico, vulnerabilidade é o princípio pelo qual o sistema jurídico positivado brasileiro reconhece a qualidade ou condição dos sujeitos mais fracos em uma relação, tendo em vista a possibilidade de que venham a ser ofendidos ou feridos, na sua incolumidade física ou psíquica, bem como no âmbito econômico, por parte dos sujeitos mais potentes de uma mesma relação (MORAES, Paulo Valério Dal Pai. *O Código de Defesa do Consumidor*: princípio da vulnerabilidade no contrato, na publicidade, nas demais práticas comerciais: interpretação sistemática. 3ª ed. rev., atual. e ampl. Porto Alegre: Livraria do Advogado Editora, 2009, p. 125).

26 Significa dizer que todo consumidor, independentemente de qualquer característica pessoal (condição econômica, grau de escolaridade, profissão, idade, dentre outras), será vulnerável frente ao fornecedor de produtos e serviços diante da assimetria inerente às relações de consumo.

específico em todas as suas relações, é imprescindível que se assegure, também aos passageiros de transporte aéreo uma tutela adequada dos seus interesses, de modo a inclusive dar eficácia ao dever constitucional preconizado no art. 5º, XXXII, da Constituição Federal. E a nova tese, pelo menos no tocante aos danos extrapatrimoniais, parece efetivamente cumprir este dever.

Ora, a Convenção de Montreal, assim como a sua antecessora, regulamenta apenas certas regras do transporte aéreo. Sua pretensão jamais foi a de regular todas as regras, mormente porque possui lacunas[27] que, necessariamente devem ser preenchidas pela *lex fori:* caso fosse de interesse dos signatários regulamentar danos extrapatrimoniais, certamente assim teriam procedido, expressamente fazendo referência aos danos desta natureza; e o mesmo raciocínio se aplica a outros danos materiais que não estão expressamente previstos nas normas de origem internacional (tais como *overbooking,* preterição de embarque, questões relacionadas a contratos, práticas abusivas e dever de informação, dentre outros).

Precisamente diante das lacunas deixadas pela Convenção de Montreal e da previsão expressa do seu artigo 29[28], já se afirmou que a

---

27 Segundo pondera Olivier Cachard, as convenções internacionais possuem lacunas internas e externas: as primeiras devem ser preenchidas pelos princípios estabelecidos pela própria convenção e pelas regras gerais de interpretação do direito internacional público, por referência ao sistema convencional cuja exclusividade é protegida, ao passo que as segundas correspondem aos pontos que as partes deliberadamente optaram por não regular por não ter a intenção de unificar e cujo preenchimento deve ser realizado pela legislação nacional aplicável ao caso. Como exemplo de lacuna externa está a questão dos danos reparáveis/indenizáveis, tais como o dano moral, o dano de perigo (*préjudice d´angoise*) e o *pretium doloris.* Cachard, inclusive, assinala que os danos extrapatrimoniais sequer são regulados pela Convenção de Montreal, referindo que o art. 29 exclui a possibilidade de concessão de perdas e danos punitivos, mas não indica quais danos poderiam ser reparados, razão pela qual, implícita e necessariamente, a decisão é realizada de acordo com a prática e critérios do juiz competente (CACHARD, Olivier. *Le Transport International Aérien De Passagers.* Haye: LPRecueils de Cours, 2015. p. 82-83).

28 O artigo está assim redigido: "No transporte de passageiros, de bagagem e de carga, toda ação de indenização de danos, seja com fundamento na presente Convenção, em um contrato ou em um ato ilícito, seja em qualquer outra causa, somente poderá iniciar-se sujeita a condições e limites de responsabilidade como os previstos na presente Convenção, sem que isso afete a questão de que pessoas podem iniciar as ações e quais são seus respectivos direitos. Em nenhuma das referidas ações se outorgará uma indenização punitiva, exemplar ou de qualquer natureza que não seja compensatória".

norma permite derrogação *in favorem* dos direitos dos passageiros e assegura o diálogo com fontes de direito de proteção ao consumidor e à pessoa humana, admitindo a aplicação da *lex fori* para situações e para danos que não regulamenta expressamente. E não parece ser admissível ignorar-se a interpretação mais benéfica ao consumidor, especialmente porque as normas de origem internacional estão hierarquicamente abaixo da Constituição Federal porque disciplinam regras de Direito internacional geral[29] e não direitos humanos, equiparando-se a leis ordinárias, o que significa que devem ser observados desde que em diálogo com o sistema de proteção do consumidor, este sim, de clara origem constitucional[30].

Deve, assim, ser festejada a nova tese firmada pelo STF, que assegura ao consumidor uma aplicação coerente e coordenada entre as normas aplicáveis às relações de transporte aéreo internacional de passageiros, preconizando o necessário e inderrogável diálogo entre elas.

Espera-se que, tão logo publicada a nova decisão – momento em que se torna de observância obrigatória – as instâncias ordinárias pacifiquem a questão, passando a aplicar o direito de maneira mais favorável ao passageiro, assegurando a reparação integral dos danos extrapatrimoniais porventura sofridos. Outrossim, no que diz respeito ao prazo para ajuizamento de demanda de cunho indenizatório, deverá ser observada a previsão do art. 27 do CDC, que preconiza prazo de cinco anos a contar do conhecimento do dano.

Igualmente se espera que os Embargos de Declaração opostos no âmbito do ARE 766.618 sejam providos, mormente porque, se tiverem o provimento negado, continuará obscura a fundamentação da tese e contraditória a conclusão adotada em relação aos debates que ensejaram a sua elaboração.

Onze dias antes de ser julgado o RE 1.394.401, *leading case* da nova tese, o Pleno, em sessão virtual, por maioria, havia rejeitado os

---

29 O §3º do art. 5º da CF/1988 pondera que serão equivalentes a emendas constitucionais "os tratados e convenções internacionais sobre direitos humanos que forem aprovados, em cada Casa do Congresso Nacional, em dois turnos, por três quintos dos votos dos respectivos membros". Não é o caso, a toda evidência, das convenções que regulamentam certas regras relativas ao transporte aéreo internacional.

30 MARQUES, Claudia Lima; SQUEFF, Tatiana de A. F. R. Cardoso. As regras da Convenção de Montreal e o necessário diálogo das fontes com o CDC. *Conjur*, São Paulo, 21 jun. 2017. Disponível em: https://www.conjur. com.br/2017-jun-21/regras-convencao-montreal-dialogo-fontes-cdc. Acesso em: 28 fev. 2023.

Declaratórios. Divergindo do Relator (Ministro Roberto Barroso), os Ministros Edson Fachin e Luiz Fux votaram por acolher em parte os declaratórios para, "declarando tratar-se de indenização por danos morais, suprir omissão para negar provimento ao recurso extraordinário".[31] A Ministra Presidente Rosa Weber fez pedido de destaque, o que significa que será realizado um novo julgamento, bem como que este somente poderá ocorrer na modalidade presencial[32], o que facilita em muito os debates entre os magistrados.

Agora, com esta possibilidade de reiniciar o julgamento, aliada a nova tese que afirma categoricamente que os danos patrimoniais devem ser regulados pelo CDC, imperioso o provimento dos Declaratórios de modo a compatibilizar as duas teses e auxiliar a orientar os próximos passos deste longo caminho já trilhado entre o Tema 210 e o Tema 1.240.

Considerações finais

Se a tese firmada no Tema 210 causava dúvidas e era geradora de grandes incertezas, principalmente porque bastante ampla e porque não reflete a riqueza dos debates que antecederam a sua elaboração, a nova tese consolidada pelo Supremo Tribunal Federal no Tema 1.240 aparenta por um fim a algumas destas incertezas. Ao categoricamente afirmar que, no tocante aos danos extrapatrimoniais decorrentes de falha na prestação de serviço de transporte aéreo internacional devem ser observadas as disposições do Código de Defesa do Consumidor, deixa evidente o diálogo entre o CDC e as Convenções de Varsóvia e de Montreal.

31 BRASIL, Supremo Tribunal Federal. Ata de julgamento nº 40, de 05 dez. 2022, DJE 250, divulgado em 07 dez. 2022. Vide também: https://portal.stf.jus.br/processos/detalhe.asp?incidente=4450343.

32 Vide artigo 4º da Resolução 642/2019 do STF: "Art. 4º Não serão julgados em ambiente virtual as listas ou os processos com pedido de destaque feito: (redação, incluindo incisos e parágrafos, dada pela Resolução nº 669, de 19 de março de 2020, publicada no DJe nº 67, Edição Extra, em 20 de março de 2020) I - por qualquer ministro; II - por qualquer das partes, desde que requerido até 48 (quarenta e oito) horas antes do início da sessão e deferido pelo relator; § 1º Nos casos previstos neste artigo, o relator retirará o processo da pauta de julgamentos eletrônicos e o encaminhará ao órgão colegiado competente para julgamento presencial, com publicação de nova pauta. § 2º Nos casos de destaques, previstos neste artigo, o julgamento será reiniciado".

E mais, realiza interpretação que dá primazia aos interesses da parte vulnerável da relação, o passageiro.

A partir do momento em que se tornar obrigatória a sua aplicação pelas instâncias ordinárias, espera-se que não haja mais decisões em sentido contrário, qual seja, de se inserir, dentro dos limites indenizatórios previstos na convenção, as indenizações por danos extrapatrimoniais, tampouco de se aplicar o prazo bienal disciplinado pelas referidas normas em relação a danos que sequer regulamentam.

É certo que algumas dúvidas ainda perduram, uma vez que as convenções não disciplinam exaustivamente todos os danos de natureza material, ao contrário, disciplinam apenas certas regras, dentre elas, regras atinentes tão somente a quatro espécies de danos materiais. Tais lacunas têm de necessariamente ser preenchidas pelas normas brasileiras, em especial pelo CDC, uma vez que inviável afastar-se sua aplicação quando configurada relação de consumo.

De todo modo, há muito a se festejar. A nova tese cumpre o dever constitucional imposto ao Estado-Juiz de promover a defesa do consumidor, privilegia o diálogo das fontes e dá primazia aos interesses da pessoa humana. Se há ainda um longo caminho a ser trilhado para se assegurar uma efetiva proteção dos consumidores no âmbito das relações de transporte aéreo, é certo que o recente entendimento consolidado o ilumina e mostra a direção a ser seguida. À luz do que ensina o nosso homenageado, Ministro Roberto Rosas, incumbe aos magistrados segui-la.

Referências biliográficas

BRASIL, Supremo Tribunal Federal. Ata de julgamento nº 40, de 05 dez. 2022, DJE 250, divulgado em 07 dez. 2022. Vide também: https://portal.stf.jus.br/processos/detalhe.asp?incidente=4450343

BRASIL, Supremo Tribunal Federal. Tema 1.240. Disponível em: https://portal.stf.jus.br/jurisprudenciaRepercussao/tema.asp?num=1240. Acesso em: 28 fev. 2023.

BRASIL. Superior Tribunal de Justiça. Jurisprudência em Teses, Edição nº 164: Direito do Consumidor VIII. Disponível em: https://scon.stj.jus.br/SCON/jt/toc.jsp?edicao=EDI%C7%C3O%20N.%20164:%20DIREITO %20DO%20CONSUMIDOR%20-%20VIII. Acesso em 28 fev. 2023.

BRASIL. Supremo Tribunal Federal. AI 834076. Relator: Min. Ayres Britto. Brasília, 27 mar. 2012, DJe 14 maio 2012.

BRASIL. Supremo Tribunal Federal. Arguição de Descumprimento de Preceito Fundamental 101. Requerente: Presidente da República. Relatora: Carmen Lúcia. Brasília, 24 jun. 2009. DJe 01 jun 2012.

BRASIL. Supremo Tribunal Federal. Convenções internacionais não se aplicam a dano moral em transporte internacional de passageiros. Disponível em: https://portal.stf.jus.br/noticias/verNoticiaDetalhe.asp?idConteudo=500904&ori=1. Acesso em: 28 fev. 2022.

BRASIL. Supremo Tribunal Federal. RE 612.375, Relator: Min. Dias Toffoli. Brasília, 21 ago. 2017, DJe 04 set. 2017.

BRASIL. Supremo Tribunal Federal. Reclamação 30.996. Relator: Min. Celso de Mello. Brasília, 9 ago. 2018. DJe 13 ago. 2018;

BRASIL. Supremo Tribunal Federal. Recurso Extraordinário 636.331. Recorrente: Société Air France. Recorrida: Sylvia Regina de Moraes Rosolem. Relator: Min Gilmar Mendes. Brasília, 25 maio 2017. DJe 10 nov. 2017.

BRASIL. Supremo Tribunal Federal. Tema 210 – Limitação de indenizações por danos decorrentes de extravio de bagagem com fundamento na Convenção de Varsóvia. Leading case: RE 636331. Relator: Min. Gilmar Mendes. Brasília, 25 jul. 2017. DJe 13 nov. 2017.

CACHARD, Olivier. *Le Transport International Aérien De Passagers.* Haye: LPRecueils de Cours, 2015.

JAYME, Erik. Identité culturelle et intégration: le droit international privé post-moderne: cours général de droit international privé. *Recueil des cours:* collected courses of the Hague Academy of international law, tome. 251. Haia: Martinus Nijhoff Publishers, 1995.

MARINONI, Luiz Guilherme. *Precedentes obrigatórios.* 5ª ed. rev., atual. e ampl. São Paulo: Revista dos Tribunais, 2016.

MARQUES, Claudia Lima. *Contratos no Código de Defesa do Consumidor*: o novo regime das relações contratuais. 9ª ed. rev., atual. e ampl. São Paulo: Revista dos Tribunais, 2019.

MARQUES, Claudia Lima. O 'diálogo das fontes' como método da nova teoria geral do direito: um tributo a Erik Jayme. In: MARQUES, Claudia Lima (coord.). *Diálogo das Fontes*: do conflito à coordenação de normas do direito brasileiro. 2ª tiragem. São Paulo: Revista dos Tribunais, 2012. pp. 17-66. pp. 26-27.

MARQUES, Claudia Lima. O 'Diálogo das Fontes' como método da nova teoria geral do direito: um tributo a Erik Jayme. In: MARQUES, Claudia Lima (coord.). *Diálogo das Fontes*: do conflito à coordenação de normas do direito brasileiro. 2ª tiragem. São Paulo: Revista dos Tribunais, 2012.

MARQUES, Claudia Lima; MIRAGEM, Bruno. *O novo Direito Privado e a proteção dos vulneráveis*, 2. Ed, São Paulo: RT 2014.

MARQUES, Claudia Lima; SQUEFF, Tatiana de A. F. R. Cardoso. As regras da Convenção de Montreal e o necessário diálogo das fontes com o CDC. *Conjur*, São Paulo, 21 jun. 2017. Disponível em: https://www.conjur. com. br/2017-jun-21/regras-convencao-montreal-dialogo-fontes-cdc. Acesso em: 28 fev. 2023.

MARQUES, Claudia Lima; SQUEFF, Tatiana de A.F.R. Cardoso; TARGA, Maria Luiza Baillo. Embargos de Declaração no Recurso Extraordinário 636.331. *Revista de Direito do Consumidor*, São Paulo, v. 115, pp. 507-559, jan./fev. 2018. pp. 526-527.

MARQUES, Claudia Lima; SQUEFF, Tatiana de A.F.R. Cardoso; TARGA, Maria Luiza Baillo. Embargos de Declaração no Recurso Extraordinário 766.618. *Revista de Direito do Consumidor*, São Paulo, v. 115, pp. 561-598, jan./fev. 2018. pp. 563-564.

MARQUES, Claudia Lima; TARGA, Maria Luiza Baillo. Reparação de danos extrapatrimoniais nos contratos de transporte aéreo. Revista Consultor Jurídico, São Paulo, 24 jan. 2023, Disponível em: https://www.conjur.com. br/2023-jan-24/marques-targa-danos-extrapatrimoniais-transporte-aereo. Acesso em: 28 fev. 2023.

MORAES, Paulo Valério Dal Pai. *O Código de Defesa do Consumidor*: princípio da vulnerabilidade no contrato, na publicidade, nas demais práticas comerciais: interpretação sistemática. 3ª ed. rev., atual. e ampl. Porto Alegre: Livraria do Advogado Editora, 2009.

ROSAS, Roberto. Constitucional e Direito Civil, in *Revista de Direito Constitucional e Internacional*, vol. 28/1999, pp. 34-37, Jul – Set / 1999.

ROSAS, Roberto. Da Súmula a Súmula vinculante, in *Revista dos Tribunais*, vol. 879/2009, p. 41, Jan / 2009, resumo inicial.

DO LITÍGIO, AO LITÍGIO:
POR QUE A JUDICIALIZAÇÃO NÃO CONDUZ À PACIFICAÇÃO DOS CONFLITOS RELACIONADOS À PREVIDÊNCIA SOCIAL?

Fábio Cesar dos Santos Oliveira[1]
Thiago Mesquita Teles de Carvalho[2]

INTRODUÇÃO

As constantes transformações inerentes à complexidade da sociedade contemporânea desencadearam o surgimento de novas relações sociais e a reflexão sobre as já existentes, acarretando, consequentemente, o surgimento de conflitos de toda natureza[3].

O Estado, ao usar a legislação e a jurisdição, age para resolver esses conflitos. É tranquilo, no âmbito da doutrina processualista, o entendimento de que a jurisdição tem por escopo fundamental promover a paz social, atuando para resolver os desacordos surgidos[4]. A resposta estatal deve ser ajustada à natureza e às peculiaridades do conflito, de modo que a solução deve ser aquela mais adequada ao caso[5].

---

1 Juiz Federal. Mestre em Direito Público (UERJ). Doutor em Direito do Estado (USP). Visiting Scholar - Columbia University. Professor do Programa de Pós-graduação Profissional em Direito da Escola Nacional de Formação e Aperfeiçoamento de Magistrados (ENFAM). E-mail: fabiocesar@jfrj.jus.br

2 Juiz Federal. Aluno do curso de mestrado do Programa de Pós-Graduação Profissional em Direito da Escola Nacional de Formação e Aperfeiçoamento de Magistrados (ENFAM). E-mail: thiagomesquita@jfce.jus.br

3 SANOMYA, Renata Mayumi; CACHAPUZ, Rozane da Rosa. Os novos desafios da sociedade global: uma visão crítica acerca da importância da mediação e sua aplicabilidade na seara empresarial. **Justiça e o paradigma da eficiência na contemporaneidade. Organização CONPEDI/UNINOVE**. Coordenadores: Fernando Gustavo Knoerr, Rubia Carneiro Neves, Luana Pedrosa de Figueiredo Cruz. Florianópolis: FUNJAB, 2013.

4 Por todos, *v.* DINAMARCO, Candido Rangel. **A Instrumentalidade do Processo.** 12ª Edição. São Paulo: Malheiros Editores Ltda, 2005, p. 188 s.

5 BRASIL. Conselho Nacional de Justiça. **Resolução n. 125, de 29 de novembro de 2010**. DJE/CNJ nº 219/2010, de 01/12/2010, p.2-14 e republicada no DJE/CNJ nº 39/2011, de 01/03/2011, p. 2-15.

É possível asseverar que a solução adequada, para além de resolver o conflito intersubjetivo expressado na demanda judicial, deve ser apta a incrementar a paz social, prevenindo que o conflito volte a ocorrer.

Da perspectiva da judicialização de uma política pública, uma solução adequada deve ser capaz de solucionar o caso concreto, e também de promover o aprimoramento da própria política[6], evitando a reiteração dos conflitos. A solução deve viabilizar que as decisões judiciais sejam utilizadas como subsídio para a avaliação da política, fornecendo aos atores responsáveis – *e.g.*, ao INSS[7], no caso da política pública previdenciária – informações relevantes para o aprimoramento da tomada de decisão, seja para se adequar à jurisprudência, seja para buscar superá-la por meio da legislação.

O propósito deste artigo é analisar se o exercício da jurisdição, ao resolver conflitos atinentes à previdência social, tem concorrido para incrementar a paz social, é dizer, para aprimorar a política pública previdenciária, a ponto de eliminar desacordos, e prevenir litígios quanto à sua aplicação pelo INSS[8].

Para tanto, examinaremos a relevância social e econômica das políticas públicas previdenciárias a partir da Constituição da República de 1988 (seção 1) e o impulso que a sua promulgação deu ao controle jurisdicional sobre esse tema (seção 2). Empregado o método analítico-descritivo e empírico, na terceira seção, serão descritos o universo da pesquisa e as delimitações feitas para sua execução (seção 3). Em seguida, serão analisadas as variações na taxa de concessão judicial de benefícios previdenciários a partir de 2019 (seção 4) e, na seção seguinte, destacaremos os precedentes obrigatórios relacionados à Previdência e à Assistência Social firmados pelo Supremo Tribunal Federal e pelo Superior Tribunal de Justiça, com o propósito de aferir qual a repercussão da judicialização na forma de elaboração e execução de políticas públicas implementadas pelo INSS.

---

6 BARREIRO, Guilherme Scodeler de Souza; FURTADO, Renata Pedretti Morais. Inserindo a judicialização no ciclo de políticas públicas. **Revista de Administração Pública**. Rio de Janeiro 49(2), mar./abr. 2015, p. 308.

7 Instituto Nacional do Seguro Social.

8 DINAMARCO, Candido Rangel. **A Instrumentalidade do Processo**. 12ª Edição. São Paulo: Malheiros Editores Ltda, 2005, p. 191.

1. Seguridade Social e políticas públicas

Em 2019, os gastos com a previdência social corresponderam a 53% das despesas primárias do governo federal, com sua maior fração destinada ao Regime Geral da Previdência Social[9] [10]. As despesas do Regime Geral da Previdência Social são crescentes e registram aumento médio anual de aproximadamente 0,2% do Produto Interno Bruto (PIB) nacional entre 1988 e 2018, quando saltaram de 2,6% para 8,6% do PIB. O incremento das despesas pertinentes à previdência social não é fenômeno exclusivamente observado no Brasil, sendo frequentemente constatado em países que optaram por regimes públicos que, nas últimas décadas, têm lidado com os desafios macroeconômicos decorrentes de déficits orçamentárias e do aumento do número de titulares de benefícios. Contudo, discussões relacionadas a fontes de custeio e à extensão da cobertura aos segurados ganham contornos próprios em cada Estado a partir das opções políticas feitas para definição da abrangência e escopo do atendimento da Previdência Social, as quais embasam a conformação jurídica do regime adotado, o que, no Brasil, foi singularizado pela decisão do constituinte brasileiro de 1988 ao incluí-la como direito social (artigo 6º), e ao lhe reservar a Seção III do Capítulo II (Da Seguridade Social) do seu Título VIII (Da Ordem Social)[11], ao lado da Saúde (Seção II) e da Assistência Social (Seção IV).

---

9 BRASIL. Tribunal de Contas da União. "Parecer Prévio e Síntese do relatório sobre as contas do Presidente da República – exercício 2019". Disponível em: https://sites.tcu.gov.br/contas-do-governo-2019/resultado-previdenciario.htm Acesso em 06.01.2023. Acesso em 06/01/2023.

10 Os segurados do Regime Geral da Previdência Social incluem os empregados, "o exercente de mandato eletivo federal, estadual ou municipal, desde que não vinculado a regime próprio de previdência social" (art. 12, I, alínea 'j', da Lei n. 8.212/91), os contribuintes individuais, os segurados facultativos e os segurados especiais (art. 12, VII, da Lei n. 8.212/91) , assim considerados os que, individualmente ou em regime de economia familiar, dediquem-se à agropecuária, às atividades de seringueiro, extrativista vegetal, pescador artesanal, sem que seus rendimentos caracterizem capacidade econômica suficiente para subsumi-los à categoria de contribuinte individual.

11 O sistema brasileiro atual pode ser associado ao sistema securitário do Reino Unido, implantado com a partir das propostas expostas por William Beveridge em 1932, baseado na universalidade da proteção e na uniformidade. O sistema alternativo seria o inspirado no projeto alemão de Otto Von Bismarck, cuja proteção social se dá por categorias profissionais, estruturada por regras distintas para custeio e pagamento de benefícios. Cf. TAVARES, Marcelo Leonardo. **Previdência**

A inserção da Saúde, da Previdência e da Assistência Social no capítulo constitucional próprio à Seguridade Social acarretou a criação de fontes comuns de custeio (art. 195) e a obediência a iguais princípios (art. 194). A par disso, a disciplina constitucional previu de forma abrangente os princípios e regras a serem obrigatoriamente observados na instituição e na operação do Regime Geral da Previdência Social, o que, além de adstringir o legislador e o administrador, ampliou os parâmetros de controle a serem manejados pelo Poder Judiciário. A observância do "primado do trabalho" e dos objetivos de "bem-estar e justiça sociais" (art. 193, caput) da Ordem Social soma-se a princípios comuns à Seguridade Social, dos quais destacam-se os da "universalidade da cobertura e do atendimento", da "uniformidade e equivalência dos benefícios e serviços às populações urbanas e rurais", "irredutibilidade do valor dos benefícios", "equidade na forma de participação no custeio", "diversidade na base de financiamento" e do "caráter democrático e descentralizado da administração" (art. 194, incisos I a VII). A analítica descrição constitucional estende-se à definição dos sujeitos passivos, base de cálculo, critérios para definição de alíquotas, sanções aplicáveis aos devedores das contribuições destinadas à Seguridade Social; enunciação dos eventos cobertos, benefícios, cálculo dos salários de benefício, forma de apuração dos salários de contribuição e idades mínimas para fruição de aposentadoria, a par de outras disposições mais específicas.

O expressivo volume do orçamento público destinado ao pagamento de benefícios previdenciários e assistenciais remete a preocupações concorrentes sobre os recursos necessários para seu custeio e gestão, pressionados pelo aumento do número de titulares e pela previsão de reajustes de benefícios para preservação de seu valor real, o que, a despeito da repercussão positiva para incremento de renda, não foi acompanhada por aumento de receita adequada ao equilíbrio atuarial da Previdência Social. Desse modo, a manutenção do sistema fez com que a Previdência Social, no Brasil, sofresse direta repercussão das oscilações da economia nacional, que se traduziram, por exemplo, em divergências sobre índices a serem utilizados para atualização monetária dos salários de contribuição e reajuste dos benefícios em contexto de elevada inflação. A mudança do perfil etário da população brasileira, em que a menor taxa de natalidade é acompanhada pelo crescimento da proporção de

e Assistência Social: legitimação e fundamentação constitucional brasileira. Rio de Janeiro: Lumen Juris, 2003, pp. 227-228.

pessoas idosas, e do mercado do trabalho, com contratações com um menor rol de garantias e direitos para os trabalhadores, impõe preocupação sobre a arrecadação e os déficits do orçamento da Previdência Social, o que tende a ser respondido por modificações legislativas para restringir a concessão de novos benefícios ou reduzir suas rendas mensais, tal como pôde ser constatado a partir das reformas promovidas pelas Emendas Constitucionais ns. 20/1998, 41/2003 e 103/2019.

Embora a investigação das razões que motivaram o constituinte a conferir tratamento minudente à Seguridade Social exceda o propósito deste artigo, a importância dada ao tema reflete a compreensão redistributiva que lhe foi subjacente e a preocupação de que os benefícios e serviços prestados fossem concebidos como instrumentos de política pública voltada à preservação das condições econômicas de subsistência dos seu titulares frente aos riscos, temporários ou definitivos, ao seu sustento e à sua capacidade laboral. A participação de toda a sociedade no financiamento da Seguridade Social (art. 195, *caput*); a proibição de tratamento diferenciado às populações urbanas e rurais (art. 194, II); a previsão de reajuste dos benefícios para preservação de seu valor real (art. 201, §4º) e de que lei deverá ser promulgada com previsão de alíquotas diferenciadas para as contribuições vertidas pelos "trabalhadores de baixa renda" (art. 201, §12º) veiculam diretivas ao legislador infraconstitucional que, em maior ou menor grau, tornaram-se fundamento de reivindicações individuais levadas ao Poder Judiciário, sob a forma de direitos subjetivos, voltadas à contestação de condutas do legislador ou administrador que parcial ou integralmente teriam sido omissos na realização dos preceitos constitucionais.

A extensão dos direitos, a ampliação do rol dos segurados e dos riscos cobertos tornaram a Previdência e a Assistência Social instrumentos importantes para a implantação de políticas públicas que visassem à redução da desigualdade socioeconômica no Brasil. A concessão de aposentadorias, pensões e os benefícios assistenciais de prestação continuada tem significativo impacto para redistribuição de renda e redução de desigualdades regionais[12], especialmente para os segurados especiais, que – majoritariamente – abrangem os trabalhadores rurais que desenvolvem suas atividades individualmente ou em regime de economia familiar e podem fazer gozo de benefícios previdenciários sem

12 CAETANO, Marcelo Abi-Ramia. **Previdência social e redistribuição regional de renda**. Texto para discussão n. 1318. IPEA. Brasília, jan. 2018, p. 14.

que tenham feito prévio recolhimento de contribuições[13]. Ademais, a opção pelo uso da Assistência Social, como estratégia para desenvolvimento e implantação de políticas públicas voltadas ao combate à pobreza mediante a concessão dos benefícios de prestação continuada, tem se valido da estrutura do INSS e do compartilhamento das informações por ele geridas, tal como exemplificado pelo desenvolvimento de cadastro próprio para a unificação dos dados dos beneficiários e suas famílias[14].

---

13 KAGEYAMA, Angela; SILVA, José Graziano da. Previdência social rural: avanços e recuos. **Revista de Economia e Sociologia Rural**, v. 33, n. 1, 1995, p. 19. SCHWARZER, Helmut, QUERINO, Ana Carolina. **Benefícios sociais e pobreza: programas não contributivos da seguridade social brasileira**. Texto para discussão n. 929. Brasília, dez. 2002, p. 8. HELFAND, Steven M., ROCHA, Rudi, VINHAIS, Henrique E. F. Pobreza e desigualdade de renda no Brasil rural: uma análise da queda recente. **Pesquisa e Planejamento Econômico**, v. 39 , n. 1, abr. 2009, p. 70 : "O forte aumento da participação de previdência e pensões na renda em áreas rurais no início dos anos 1990 pode ser atribuído a mudanças institucionais presentes na Constituição de 1988 e nas Leis no 8.212 (Plano de Custeio) e no 8.213 (Plano de Benefícios) de 1991. Extinguiu-se o tratamento separado dado ao setor rural na previdência social, com a inclusão dos trabalhadores rurais e dos segurados em regime de produção familiar no plano de benefícios normal do Regime Geral de Previdência Social (RGPS). Essas mudanças implicaram a equiparação do piso dos benefícios em um SM (o piso rural anterior era de meio SM) e o acesso de mulheres à aposentadoria independentemente do acesso do cônjuge. Também reduziram-se as idades de acesso à aposentadoria, de 60 para 55 anos para mulheres, e de 65 para 60 anos, no caso dos homens. Estas mudanças, portanto, proporcionaram o aumento do número de beneficiários no início dos anos 1990 e do valor dos benefícios, e estão por trás da forte expansão da participação destes componentes na renda rural neste período. Por outro lado, o contínuo aumento real do valor do SM, que indexa a maioria dos benefícios previdenciários rurais, explica em grande medida a continuidade do crescimento da participação desta fonte de renda na composição da renda domiciliar per capita nas áreas rurais nos anos 2000."

14 O Decreto Federal n. 9.364, de 24 de outubro de 2001, criou grupo de trabalho para organização da sistemática de dados e informações para Cadastramento Único para Programas Sociais do Governo Federal. Por meio do Decreto Federal n. 6.135, de 26 de junho de 2007, criou-se o Cadastro Único para Programas Sociais – CadÚnico,"instrumento de identificação e caracterização sócio-econômica das famílias brasileiras de baixa renda, a ser obrigatoriamente utilizado para seleção de beneficiários e integração de programas sociais do Governo Federal voltados ao atendimento desse público" (art. 2º), sem que houvesse a sua obrigatória utilização pelo INSS (art. 2º, §§ 1° e 2°), o que somente passou a ser exigido a partir da edição da Medida Provisória n. 871/2019, convertida na Lei n. 13.846/2019, que incluiu o §12 ao art. 20, da Lei n. 8.742/93, segundo o qual a "concessão, a manutenção e a revisão" do benefício assistencial de prestação continuada estava condicionada às inscrições no "Cadastro de Pessoas Físicas (CPF) e no Cadastro Único para Programas Sociais do Governo Federal - Cadastro Único".

2. Acesso à justiça e judicialização de políticas públicas previdenciárias

A renovada compreensão do papel e da atuação do Poder Judiciário é um fenômeno contemporâneo à expansão da Seguridade Social após a promulgação da Constituição da República de 1988. As reflexões relacionadas ao acesso aos serviços do Poder Judiciário, limitados por questões referentes aos seus custos, à obtenção de assistência por advogados, à complexidade dos ritos e obstáculos para a defesa de direitos de titularidade coletiva ou difusa provocaram sucessivas reformas processuais voltadas à simplificação do acesso ao Judiciário, como exemplifica a legislação relacionada aos Juizados Especiais (Leis nº 9.099/95 e 10.259/2001). As preocupações relacionadas ao acesso também deram impulso a medidas institucionais que favoreceram a instalação de novas varas em número maior de comarcas e subseções judiciárias no interior do país, bem como a expansão da Defensoria Pública para assistência e representação processual daqueles que façam jus ao benefício de gratuidade de justiça.

A instauração do regime democrático e a compreensão de que a previsão de direitos fundamentais relacionados ao acesso ao Judiciário deveria propiciar medidas concretas que pudessem lhe dar efetivo conteúdo e influenciar a interpretação da legislação processual ordinária permitem identificar a Constituição da República de 1988 como marco normativo para o estudo do renovado escopo da atuação do Poder Judiciário e, por conseguinte, de como ela tem repercussão nos limites reconhecidos para aferição da validade dos atos administrativos relacionados à concessão de benefícios previdenciários ou assistenciais.

Com efeito, sendo a política pública de maior peso no orçamento do governo federal, a discussão de aspectos jurídicos de questões relacionadas à Previdência e à Assistência Social não escapou dos impactos decorrentes da ampliação do acesso aos serviços do Poder Judiciário. O INSPER – Instituto de Ensino e Pesquisa, no Relatório Final da Pesquisa "A judicialização de benefícios previdenciários e assistenciais", apesentado ao Conselho Nacional de Justiça em 2020, apurou, a partir dos dados disponíveis no BEPS – Boletim Estatístico da Previdência Social para o período entre janeiro de 2018 e abril de 2020, que 11% dos benefícios concedidos pelo INSS decorreram de decisões judiciais[15], bem com que a distribuição de novas ações tem aumentado em ritmo mais acelerado do

15 INSPER, Instituto de Ensino e Pesquisa. **A judicialização de benefícios previdenciários e assistenciais**. Brasília: CNJ, 2020, p. 46.

que a de ingresso de novos requerimentos administrativos[16]. Ao analisar as causas possíveis do expressivo quantitativo de ações judiciais relacionadas a questões previdenciárias e assistenciais, os responsáveis pela pesquisa apontam quatro hipóteses: "(i) dificuldade de acesso à instância administrativa para requerer benefícios; (ii) subaproveitamento da via administrativa pelo INSS; (iii) subaproveitamento das informações apuradas no processo administrativo em sede judicial, (iv) pouca permeabilidade do INSS a entendimentos jurisprudenciais consolidados"[17].

Embora a interseção de estudos sobre os efeitos da judicialização na implantação de políticas públicas previdenciárias e assistenciais possa ter como objeto as alternativas encontradas para evitar a exaustão do Poder Judiciário decorrente do volume de ações relacionadas a esse tema, sob o risco de torná-lo um "guichê de atendimento do INSS"[18], optamos pela análise mais detida de precedentes cujos resultados acarretaram a modificação dos critérios de avaliação e implementação de políticas públicas pelo INSS, conforme será abordado na próxima seção.

16 Idem, p. 63.

17 Idem, p. 134. Em esforço de síntese, é afirmado no citado Relatório que: "A excessiva judicialização pode ser entendida a partir de um duplo movimento. De um lado, as insuficiências da análise administrativa e, de outro, a expansão da atuação do Judiciário. Esse processo é marcado pelo ruída na comunicação entre as duas instituições, seja pela não interiorização da autarquia dos precedentes jurisprudenciais, seja, por vezes, pela desconsideração dos desenvolvimentos do processo administrativo na análise judicial". Op. cit. P. 134.

18 A expressão foi usada pelo ministro Luís Roberto Barroso em voto proferido no Recurso Extraordinário 631.240 (Supremo Tribunal Federal, Pleno, j. 03/09/2014, DJE 10/11/2014), em regime de repercussão geral, no qual se julgou a constitucionalidade da exigência de indeferimento administrativo como prova do interesse processual necessário para o ajuizamento de ação em matéria previdenciária (Tema 350). O Supremo Tribunal Federal, posteriormente, voltou a julgar questão relacionada à repercussão de gestão administrativa do INSS no Recurso Extraordinário 1.171.152, no qual se debatia a possibilidade de o Poder Judiciário fixar prazo para realização de perícia médica administrativa e determinar a implantação de benefício, caso a avaliação não ocorresse no intervalo previsto. Contudo, ao longo da tramitação do recurso no Supremo Tribunal Federal, houve a celebração de acordo com a definição de prazos e ações para a análise administrativa de requerimentos para concessões de benefícios previdenciários e assistenciais pelo INSS, o qual foi homologado pela Corte (RE 1.171.152 Acordo, Relator Ministro Alexandre de Moraes, j. 08/02/2021);

3. Metodologia da pesquisa

A pesquisa efetuada utilizou dados disponíveis nos boletins estatísticos da previdência social para estabelecer as variações na taxa de concessão judicial de benefícios previdenciários, por espécie e por clientela (urbana e rural), no período compreendido entre janeiro de 2019 e abril de 2022. O marco temporal foi arbitrariamente determinado, como forma de viabilizar materialmente a análise dos dados. Em seguida, foram catalogados os precedentes obrigatórios em matéria previdenciária julgados pelo Superior Tribunal de Justiça - STJ e pelo Supremo Tribunal Federal - STF.

Por fim, foram selecionados casos, e pesquisadas repercussões nas normas previdenciárias potencialmente decorrentes do julgamento dos precedentes obrigatórios correspondentes aos casos, a fim de avaliar eventuais impactos causados pela judicialização na forma como a política pública é implementada pelo INSS.

O universo de pesquisa abrangeu exclusivamente precedentes do STJ e STF por serem a última instância constitucionalmente prevista para uniformização da interpretação da legislação federal e da Constituição, respectivamente, de modo que é válido concluir que esses precedentes refletem a interpretação final do Poder Judiciário a respeito do tema julgado. Por essa razão, não foram considerados os representativos de controvérsia julgados pela Turma Nacional de Uniformização dos Juizados Especiais Federais, tampouco acórdãos proferidos pelos Tribunais Regionais Federais.

No universo de precedentes obrigatórios previstos no art. 927 do CPC, foram considerados apenas aqueles elencados no inciso III[19], como forma de viabilizar materialmente a pesquisa.

Os precedentes foram pesquisados a partir dos mecanismos de busca disponíveis nos respectivos sítios eletrônicos dos tribunais, a partir de busca pelo assunto "direito previdenciário", e busca livre pelo termo

---

19 Art. 927. Os juízes e os tribunais observarão:
(...)
III - os acórdãos em incidente de assunção de competência ou de resolução de demandas repetitivas e em julgamento de recursos extraordinário e especial repetitivos;

"previdenciário", limitando os resultados aos julgados previstos no art. 927, III, do CPC. Os dados foram tratados a partir de planilhas extraídas dos sistemas de busca, em formato *csv* e *xlsx*, nos dias 27 e 28 de junho de 2022.

4. Taxa de concessão judicial de benefícios previdenciários – período 2019 a 2022

A partir dos dados obtidos nos boletins estatísticos da previdência social, foi determinada a taxa da concessão judicial dos benefícios previdenciários[20], por espécie e por clientela (urbana ou rural).

A taxa de concessão judicial quantifica as situações em que o Poder Judiciário entendeu que o INSS errou na interpretação e aplicação da política pública previdenciária, considerando-se como "erro" tanto a falha no exame de fatos e provas, quanto na interpretação e aplicação das normas que compõem a política.

A representatividade das concessões judiciais frente às administrativas constitui, portanto, indicativo da magnitude do desacordo sobre a interpretação e aplicação da política pública previdenciária entre Poder Judiciário e INSS. Por sua vez, as flutuações nas taxas de concessão judicial ao longo do tempo são indicativas das variações nos níveis desse desacordo.

20 A taxa de concessão judicial pode ser obtida a partir da razão do quantitativo de concessões judiciais pelo total.

O quadro abaixo discrimina a taxa de concessão judicial dos benefícios previdenciários, por espécie e por clientela, nos anos 2019, 2020, 2021 e 2022 (janeiro a abril):

Espécies de Benefícios	Taxa de concessão judicial (em %)			Taxa de concessão judicial (em %)		
	Geral	Urbana	Rural	Geral	Urbana	Rural
Aposentadoria por idade	13,2	3,8	29,1	18,8	9,2	30,7
Aposentadoria por tempo de contribuição	13,6	13,5	23,0	25,3	25,3	31,1
Aposentadoria especial	84,4	84,4	0,0	93,9	93,9	0,0
Apos. por tempo de contribuição de professor	3,8	3,8	0,0	14,6	14,6	0,0
Aposentadoria por invalidez previdenciária	36,4	34,8	47,2	82,4	82,5	81,6
Aposentadoria por invalidez Acidentária	27,1	26,7	33,3	83,3	83,6	78,8
Pensão por morte previdenciária	9,0	7,2	13,3	9,5	7,9	13,3
Auxílio-doença previdenciário	6,4	5,8	13,7	6,7	6,0	19,3
Auxílio-doença Acidentário	1,3	1,3	2,1	5,5	5,4	10,1
Auxílio Acidente	49,3	52,6	35,3	80,5	82,2	68,9
Auxílio-acidente Acidentário	76,4	76,9	62,8	94,6	94,8	84,2
Auxílio-reclusão	31,6	32,0	23,3	61,6	62,8	38,1
Salário-maternidade	3,1	0,9	8,8	4,3	1,1	11,6
Outras espécies	17,9	18,3	0,6	13,0	13,2	0,7
Total	**10,5**	**8,9**	**19,0**	**12,9**	**11,2**	**22,6**

Espécies de Benefícios	Taxa de concessão judicial (em %)			Taxa de concessão judicial (em %)		
	Geral	Urbana	Rural	Geral	Urbana	Rural
Aposentadoria por idade	17,4	7,4	30,8	20,7	7,0	36,2
Aposentadoria por tempo de contribuição	29,6	29,6	28,1	23,9	23,9	26,1
Aposentadoria especial	95,5	95,5	0,0	92,7	92,7	0,0
Apos. por tempo de contribuição de professor	18,8	18,8	0,0	17,9	17,9	0,0
Aposentadoria por invalidez previdenciária	69,9	69,0	73,9	34,5	31,3	68,2
Aposentadoria por invalidez Acidentária	70,3	70,4	67,9	34,9	33,7	68,6
Pensão por morte previdenciária	7,4	5,7	12,6	10,1	7,6	16,0
Auxílio-doença previdenciário	8,3	7,4	20,9	10,4	9,3	24,7
Auxílio-doença Acidentário	2,4	2,4	4,8	2,8	2,8	5,4
Auxílio Acidente	65,1	66,6	54,2	72,3	74,7	54,5
Auxílio-acidente Acidentário	83,5	83,6	76,1	88,7	88,9	81,2
Auxílio-reclusão	51,0	51,7	42,3	51,1	51,9	39,5
Salário-maternidade	5,0	0,8	13,6	7,8	0,9	20,3
Outras espécies	15,6	15,6	0,0	19,3	19,3	0,0
Total	**13,2**	**11,1**	**22,9**	**15,6**	**12,7**	**28,3**

Quadro 1: Taxas de concessão judicial. Elaborado pelos autores com dados dos BEPS.

A taxa geral de concessão judicial de benefícios previdenciários passou de 10,5%, em 2019, para 15,6%, em 2022.

As taxas por clientela também aumentaram, sendo expressivo o caso das concessões judiciais de benefícios rurais, que foi de 19% para 28,3%, no mesmo período.

A representatividade das concessões judiciais de benefícios previdenciários mostra curva ascendente, sem indício que sugira mudança de tendência:

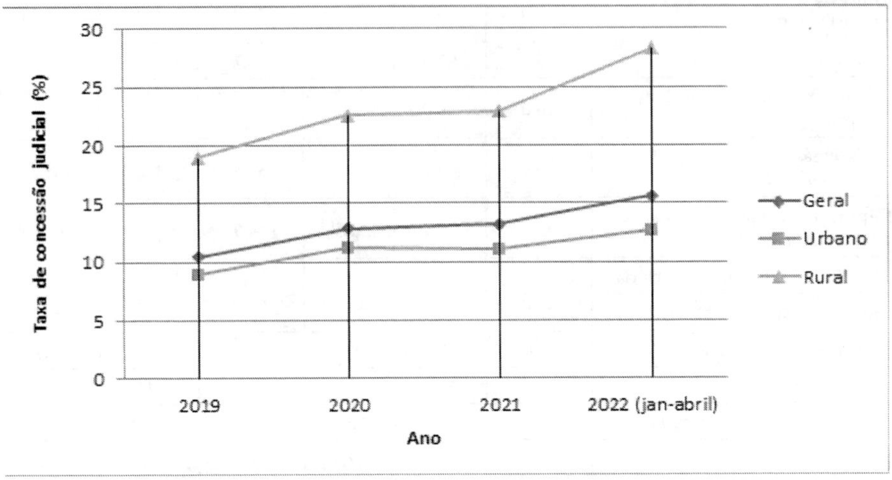

Figura 1: Trajetória da taxa de concessão judicial. Elaborado pelos autores com dados dos BEPS.

A taxa de concessão judicial de benefícios à clientela rural representa, aproximadamente, o dobro da taxa à clientela urbana. Esse dado indica que o regime jurídico dos segurados e benefícios rurais[21] enseja desacordos significativos – seja no exame de fatos e provas, seja na interpretação das normas – entre INSS e Poder Judiciário.

Analisando os dados pertinentes às espécies de benefícios, destaca-se o caso da aposentadoria especial[22], cujas taxas de concessão judicial, no período, gravitaram de 84% a 95%. Esse número significa que, a cada 10 (dez) aposentadorias especiais, apenas 1 (uma) é concedida administrativamente pelo INSS.

21 São segurados rurais previstos na Lei n. 8.213/1991: empregado rural, avulso rural, contribuinte individual rural e segurado especial.

22 Segundo o art. 57 da Lei n. 8.213/91, "[a] aposentadoria especial será devida, uma vez cumprida a carência exigida nesta Lei, ao segurado que tiver trabalhado sujeito a condições especiais que prejudiquem a saúde ou a integridade física, durante 15 (quinze), 20 (vinte) ou 25 (vinte e cinco) anos (...)".

5. Precedentes obrigatórios do STF e do STF

Percorrendo o caminho proposto por este trabalho, cumpre analisar os precedentes[23] do STJ e do STF, para, ao final, procurar correlacionar a resolução das questões por esses tribunais com o movimento das taxas de concessão judicial. A premissa é que, resolvida uma questão pela corte responsável por dar a última palavra a respeito do assunto, o conflito subjacente fique resolvido, e o assunto deixe de ser judicializado.

Para efeito de testar se essa premissa é verdadeira, os casos da aposentadoria especial e dos benefícios à clientela rural foram selecionados.

No âmbito do Supremo Tribunal Federal, a pesquisa retornou 24 (vinte e quatro) temas com repercussão geral sobre direito previdenciário. Desses, 3 (três) envolviam a aposentadoria especial ou assuntos relacionados ao seu regime jurídico, como a caracterização ou conversão de tempo especial, ao passo que 9 (nove), questões jurídicas específicas ao regime jurídico dos demais benefícios. Os demais temas não tinham relação com benefícios em espécie.

A pesquisa jurisprudencial no STJ retornou 63 (sessenta e três) temas afetados sobre direito previdenciário[24]. 10 (dez) temas envolviam o regime jurídico da aposentadoria especial, ao passo que 21 (vinte e um), todos os demais benefícios. Os demais temas não tinham relação com benefícios em espécie.

23 Apenas os precedentes obrigatórios previstos no art. 927, III, do CPC, são analisados.

24 Os temas em que a questão jurídica envolvia direito tributário (contribuições), regime próprio de previdência social ou direito da assistência social foram descartados.

O gráfico abaixo ilustra a distribuição dos assuntos julgados, por benefício, nos precedentes analisados:

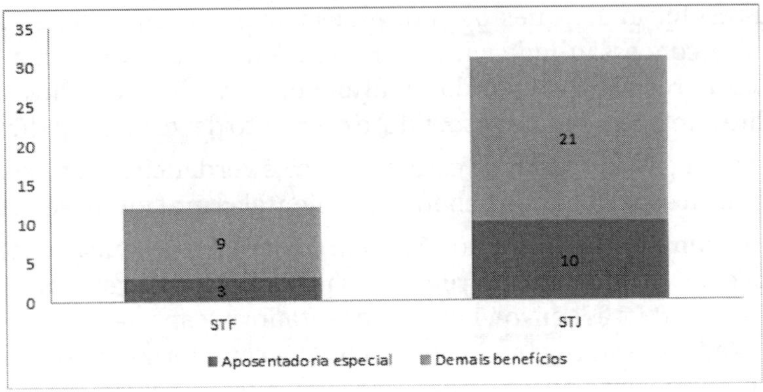

Considerando a variedade de benefícios previdenciários existentes, constata-se que a aposentadoria especial é o benefício que, proporcionalmente, figurou mais vezes nos precedentes analisados.

A pesquisa dos precedentes por clientela retornou 10 (dez) temas afetados pelo STJ especificamente relacionados ao regime jurídico dos segurados e benefícios rurais. Por sua vez, não foram identificados precedentes do STF sobre questões específicas ao regime jurídico da clientela rural. Aqui, houve uma maior dificuldade em delimitar os precedentes que são especificamente relativos a cada clientela, especialmente à urbana, pois a maioria deles envolvia questões comuns a ambas as clientelas. Sem embargo, considerando que o quantitativo de benefícios concedidos à urbana é, aproximadamente, 5 (cinco) vezes maior que à rural[25], é possível concluir que questões jurídicas afetadas envolvendo a clientela rural são, proporcionalmente, mais recorrentes.

Concluindo o percurso proposto por este trabalho, cumpre analisar se os precedentes impactaram a política previdenciária, promovendo a alteração do comportamento do INSS na análise e concessão de benefícios. Aqui, somente interessaram os precedentes cujo julgamento tenha sido desfavorável ao INSS, assumindo que os julgamentos favorá-

25 Conforme dados disponíveis em: https://www.gov.br/trabalho-e-previdencia/pt-br/acesso-a-informacao/dados-abertos/dados-abertos-previdencia. Consulta realizada em 27 jun 2022.

veis apenas ratificaram a política previdenciária tal como implementada administrativamente.

Quanto à aposentadoria especial, no STF, apenas o Tema 555[26] foi julgado em desfavor do INSS. No STJ, o julgamento foi desfavorável à autarquia previdenciária nos Temas 422[27], 423[28], 534[29], 546[30], 998[31], 1031[32] e 1083[33].

---

26 Tese: I - O direito à aposentadoria especial pressupõe a efetiva exposição do trabalhador a agente nocivo a sua saúde, de modo que, se o Equipamento de Proteção Individual (EPI) for realmente capaz de neutralizar a nocividade, não haverá respaldo constitucional à aposentadoria especial; II - Na hipótese de exposição do trabalhador a ruído acima dos limites legais de tolerância, a declaração do empregador, no âmbito do Perfil Profissiográfico Previdenciário (PPP), da eficácia do Equipamento de Proteção Individual (EPI), não descaracteriza o tempo de serviço especial para aposentadoria.

27 Tese: Permanece a possibilidade de conversão do tempo de serviço exercido em atividades especiais para comum após 1998, pois a partir da última reedição da MP n. 1.663, parcialmente convertida na Lei 9.711/1998, a norma tornou-se definitiva sem a parte do texto que revogava o referido § 5º do art. 57 da Lei n. 8.213/1991.

28 Tese: A adoção deste ou daquele fator de conversão depende, tão somente, do tempo de contribuição total exigido em lei para a aposentadoria integral, ou seja, deve corresponder ao valor tomado como parâmetro, numa relação de proporcionalidade, o que corresponde a um mero cálculo matemático e não de regra previdenciária.

29 Tese: As normas regulamentadoras que estabelecem os casos de agentes e atividades nocivos à saúde do trabalhador são exemplificativas, podendo ser tido como distinto o labor que a técnica médica e a legislação correlata considerarem como prejudiciais ao obreiro, desde que o trabalho seja permanente, não ocasional, nem intermitente, em condições especiais (art. 57, § 3º, da Lei 8.213/1991).

30 Tese: A lei vigente por ocasião da aposentadoria é a aplicável ao direito à conversão entre tempos de serviço especial e comum, independentemente do regime jurídico à época da prestação do serviço.

31 Tese: O Segurado que exerce atividades em condições especiais, quando em gozo de auxílio-doença, seja acidentário ou previdenciário, faz jus ao cômputo desse mesmo período como tempo de serviço especial.

32 Tese: É possível o reconhecimento da especialidade da atividade de Vigilante, mesmo após EC 103/2019, com ou sem o uso de arma de fogo, em data posterior à Lei 9.032/1995 e ao Decreto 2.172/1997, desde que haja a comprovação da efetiva nocividade da atividade, por qualquer meio de prova até 5.3.1997, momento em que se passa a exigir apresentação de laudo técnico ou elemento material equivalente, para comprovar a permanente, não ocasional nem intermitente, exposição à atividade nociva, que coloque em risco a integridade física do Segurado.

33 Tese: O reconhecimento do exercício de atividade sob condições especiais pela exposição ao agente nocivo ruído, quando constatados diferentes níveis de efei-

O Tema 555 do STF, em verdade, é apenas parcialmente desfavorável ao INSS. A tese resultante do julgado reconhece que a utilização de equipamento de proteção individual eficaz descaracteriza o tempo de serviço especial, ressalvando a hipótese do agente nocivo ruído. O trânsito em julgado ocorreu em 4/3/2015. Foi identificada repercussão na regulamentação. A rigor, a Instrução Normativa PRES/INSS nº 77, de 21 de janeiro de 2015, já previa regramento semelhante ao que consta do julgamento, ao passo que a Instrução Normativa PRES/INSS nº 128, de 28 de março de 2022 (que revogou a IN 77), passou a acolher a tese do STF ao dispor que o EPI eficaz não descaracteriza o enquadramento como atividade especial da atividade sujeita ao agente nocivo ruído[34].

Os Temas 422 e 423 do STJ definem regras para a conversão do tempo especial em comum. Ambos transitaram em julgado em 10/05/2011. Não foi identificado impacto na regulamentação contida na IN 77 e 128. Curiosamente, nesses casos, consta que o INSS sustentou, em juízo, tese contrária ao conteúdo da política previdenciária aplicada na esfera administrativa[35].

No Tema 534, o STJ entendeu que o rol de agentes nocivos previsto nas normas regulamentadoras é exemplificativo. O trânsito em julgado ocorreu em 26/6/2013. O caso concreto subjacente envolvia o reconhe-

---

tos sonoros, deve ser aferido por meio do Nível de Exposição Normalizado (NEN). Ausente essa informação, deverá ser adotado como critério o nível máximo de ruído (pico de ruído), desde que perícia técnica judicial comprove a habitualidade e a permanência da exposição ao agente nocivo na produção do bem ou na prestação do serviço.

---

34 Art. 290. *Parágrafo único.* Nos casos de exposição do segurado ao agente nocivo ruído, acima dos limites legais de tolerância, a declaração do empregador o âmbito o Perfil Profissiográfico Previdenciário (PPP), sobre a eficácia do Equipamento de Proteção Individual (EPI), não descaracteriza o enquadramento como atividade especial para fins de aposentadoria.

35 O seguinte excerto da ementa comum a ambos os julgados ilustra a situação: "4. Com a alteração dada pelo Decreto n. 4.827/2003 ao Decreto n. 3.048/1999, a Previdência Social, na via administrativa, passou a converter os períodos de tempo especial desenvolvidos em qualquer época pela regra da tabela definida no artigo 70 (art. 173 da Instrução Normativa n. 20/2007).
'5. Descabe à autarquia utilizar da via judicial para impugnar orientação determinada em seu próprio regulamento, ao qual está vinculada. Nesse compasso, a Terceira Seção desta Corte já decidiu no sentido de dar tratamento isonômico às situações análogas, como na espécie (EREsp n. 412.351/RS)".

cimento de tempo especial em razão de agente perigoso (eletricidade). Muito embora a IN 77/2015 contivesse dispositivo[36] reconhecendo o caráter exemplificativo do rol de agentes nocivos previstos no Anexo IV do Decreto 3.048/1999, esse entendimento não era estendido para reconhecer a periculosidade como parâmetro para caracterização de tempo de serviço especial, esvaziando a aplicação do Tema no âmbito administrativo. Importante registrar que a IN 128 passou a prever que o rol dos agentes nocivos é exaustivo[37], ressalvada a lista dos agentes químicos, e a inadmitir a caracterização do tempo especial em razão do agente perigoso eletricidade[38], contrariando diretamente o entendimento do STJ.

O Tema 546 trata de regra de direito intertemporal, definindo que o direito à conversão de tempo especial em comum é regido pela lei vigente à época da aposentadoria. O Regulamento da Previdência Social (Decreto 3.048/1999) continha dispositivos convergentes com o en-

---

36 Art. 277. São consideradas condições especiais que prejudicam a saúde ou a integridade física, conforme definido no Anexo IV do RPS, a exposição a agentes nocivos químicos, físicos, biológicos ou à associação de agentes, em concentração ou intensidade e tempo de exposição que ultrapasse os limites de tolerância estabelecidos segundo critérios quantitativos, ou que, dependendo do agente, torne a simples exposição em condição especial prejudicial à saúde, segundo critérios de avaliação qualitativa.
§ 1º Os agentes nocivos não arrolados no Anexo IV do RPS não serão considerados para fins de caracterização de período exercido em condições especiais.
(...)
§3º As atividades constantes no Anexo IV do RPS são exemplificativas, ressalvadas as disposições contrárias.

37 Art. 287. São consideradas atividades especiais, conforme definido no Anexo IV do RPS, a exposição a agentes prejudiciais à saúde, em concentração, intensidade e tempo de exposição que ultrapassem os limites de tolerância estabelecidos segundo critérios quantitativos, ou que, dependendo do agente, torne a efetiva exposição em condição especial prejudicial à saúde, segundo critérios de avaliação qualitativa.
(...)
§ 3° Os agentes prejudiciais à saúde não arrolados no Anexo IV do RPS não serão considerados para fins de caracterização de período exercido em condições especiais, mesmo que constem na lista referida no parágrafo anterior.
§ 4° Sem prejuízo do disposto no § 3°, as atividades constantes no Anexo IV do RPS são exaustivas, ressalvadas as exclusivamente relacionadas aos agentes nocivos químicos, que são exemplificativas, observado, nesse caso, a obrigatória relação com os agentes prejudiciais no Anexo IV do RPS.

38 Art. 301. Para as atividades com exposição aos agentes prejudiciais à saúde frio, eletricidade, radiações não ionizantes e umidade, o enquadramento somente será possível até 5 de março de 1997.

tendimento do STJ[39], que foram revogados, em 2020, pelo Decreto nº 10.410. Não foi identificada regra a respeito do tema nas IN 77 e 128.

O Tema 998 definiu que deve ser contado como tempo especial o período de gozo de benefício de auxílio-doença por segurado que exercia atividade em condições especiais. Não foi identificada qualquer norma acolhendo o entendimento do STJ na regulamentação da política previdenciária. De todo modo, uma vez que o trânsito em julgado ocorreu em 15/2/2022, não parece ter havido tempo suficiente para repercussão.

Os Temas 1031 e 1083 tratam, respectivamente, do reconhecimento do direito à aposentadoria especial ao vigilante, e do método para aferir o agente nocivo ruído, para fins de caracterização do tempo de serviço especial. Uma vez que o Tema 1031 foi afetado pelo STF, e aguarda julgamento, e que o 1083 ainda não transitou em julgado, não há como avaliar eventuais impactos dos julgamentos na política previdenciária.

Quanto aos precedentes sobre o regime jurídico dos segurados e benefícios rurais, os Temas 532[40], 627[41], 638[42], 644[43] e 1007[44], do STJ,

39 Art. 70, §§ 1º e 2º.

40 Tese: O trabalho urbano de um dos membros do grupo familiar não descaracteriza, por si só, os demais integrantes como segurados especiais, devendo ser averiguada a dispensabilidade do trabalho rural para a subsistência do grupo familiar, incumbência esta das instâncias ordinárias (Súmula 7/STJ).

41 Tese: O segurado especial, cujo acidente ou moléstia é anterior à vigência da Lei n. 12.873/2013, que alterou a redação do inciso I do artigo 39 da Lei n. 8.213/91, não precisa comprovar o recolhimento de contribuição como segurado facultativo para ter direito ao auxílio-acidente.

42 Tese: Mostra-se possível o reconhecimento de tempo de serviço rural anterior ao documento mais antigo, desde que amparado por convincente prova testemunhal, colhida sob contraditório.

43 Tese: APOSENTADORIA POR TEMPO DE SERVIÇO. AVERBAÇÃO DE TRABALHO RURAL COM REGISTRO EM CARTEIRA PROFISSIONAL PARA EFEITO DE CARÊNCIA. POSSIBILIDADE. (...) Mostra-se incontroverso nos autos que o autor foi contratado por empregador rural, com registro em carteira profissional desde 1958, razão pela qual não há como responsabilizá-lo pela comprovação do recolhimento das contribuições.

44 O tempo de serviço rural, ainda que remoto e descontínuo, anterior ao advento da Lei 8.213/1991, pode ser computado para fins da carência necessária à obtenção da aposentadoria híbrida por idade, ainda que não tenha sido efetivado o recolhimento das contribuições, nos termos do art. 48, § 3o. da Lei 8.213/1991, seja qual for a predominância do labor misto exercido no período de carência ou o tipo de trabalho exercido no momento do implemento do requisito etário ou do requerimento administrativo.

foram negativos à pretensão do INSS. Não foram identificados temas afetados pelo STF sobre a clientela rural.

No Tema 532 foi decidido que o trabalho urbano de um dos membros do grupo familiar não descaracteriza, por si só, os demais integrantes como segurados especiais, devendo ser examinada a situação no caso concreto. O trânsito em julgado ocorreu em 5/3/2013. O disposto no art. 43, II, *b*, da IN 77, não excepcionava a possibilidade de reconhecer a qualidade de segurado de um membro de grupo familiar que contasse com outro membro trabalhador urbano[45]. Por sua vez, a IN 128 estabeleceu regra[46] ajustando a regulamentação ao julgamento do Tema 532.

No Tema 627 foi decidido que o segurado especial faz jus ao auxílio-acidente decorrente de moléstia anterior à vigência da Lei nº 12.873/2013, independentemente de recolhimento de contribuição como segurado facultativo. Trânsito em julgado ocorrido em 28/5/2018. Não foram identificadas regras específicas sobre a questão na regulamentação previdenciária.

O Tema 638 envolveu a avaliação do início de prova material necessário à comprovação do efetivo exercício da atividade rural. O STJ decidiu que é possível o reconhecimento de tempo de serviço rural anterior ao documento mais antigo, desde que amparado por convincente prova testemunhal. O trânsito em julgado ocorreu em 4/3/2015. Não foi

---

45 Art. 43. O segurado especial fica excluído dessa categoria:
(...)
II - a contar do primeiro dia do mês subsequente ao da ocorrência, quando o grupo familiar a que pertence exceder o limite de:
(...)
b) dias em atividade remunerada estabelecidos na alínea "d"do inciso VIII do art. 42; e

46 Art. 113. O segurado especial fica excluído dessa categoria:
(...)
II - a contar do primeiro dia do mês subsequente ao da ocorrência, quando o grupo familiar a que pertence exceder o limite de:
(...)
b) dias em atividade remunerada estabelecidos na alínea "d" do inciso VIII do art. 112; e
(...)
Parágrafo único. Para fins da descaracterização deverá ser observado que:
I - descaracteriza somente o membro do grupo familiar que descumpra a previsão da norma, não sendo extensiva aos demais membros do grupo, o disposto nas alíneas "a" e "c" a "e" do inciso I, alínea "b" do inciso II e inciso III, do caput;

identificada norma na regulamentação administrativa coincidente com o entendimento firmado pelo STJ. A rigor, da análise depreendeu-se que a comprovação do exercício da atividade rural na esfera administrativa é feita dentro de regramento e procedimento distintos dos da esfera judicial. Enquanto a prova oral é usualmente exigida para a complementação da documentação rural em sede judicial, a atual regulamentação administrativa da IN 128 sequer prevê a realização de entrevista[47], sendo a comprovação da atividade rural feita exclusivamente por documentos.

O Tema 644 estabeleceu que o tempo de serviço rural anterior à Lei nº 8.213/1991 com registro em carteira profissional pode ser computado para fins de carência para a aposentadoria por tempo de serviço. O julgado transitou em julgado em 25/2/2014. A IN 77 dispunha que o tempo de serviço do segurado trabalhador rural anterior à Lei nº 8.213 somente poderia ser contado para a carência da aposentadoria por idade rural e aposentadoria por idade do segurado especial, contrariando a tese firmada pelo STJ[48]. A mesma regra foi mantida pela IN 128[49].

O STJ, no Tema 1007, reconheceu que o tempo de serviço rural, ainda que anterior à Lei nº 8.213/1991, pode ser computado para fins da carência necessária à obtenção da aposentadoria híbrida por idade, independentemente de recolhimento de contribuições previdenciárias. O julgado determinou, ainda, que é irrelevante qual tipo de labor (rural ou urbano) foi predominante na carência, e qual foi exercido no momento do implemento do requisito etário ou do requerimento administrativo. O acórdão transitou em julgado em 4/5/2021. Não foi identificada repercussão do julgado na IN 77. Contudo, a IN 128 assimilou parcialmente o entendimento do STJ, ao dispor que, para fins de concessão da

---

47 A entrevista tinha previsão de utilização para comprovação do exercício de atividade rural na disciplina original da IN 77 (art. 112).

48 Art.154. Não será computado como período de carência:
(...)
II - o tempo de serviço do segurado trabalhador rural anterior à competência novembro de 1991, exceto para os benefícios do inciso I do art. 39 e caput e § 2º do art. 48, ambos da Lei nº 8.213 de 24 de julho de 1991;

49 Art. 194. Não será computado como período de carência:
(...)
II - o tempo de serviço do segurado que exerceu atividade rural anterior à competência novembro de 1991, exceto para os benefícios garantidos ao segurado especial, na forma do inciso I do art. 39 e caput e § 2º do art. 48, ambos da Lei nº 8.213, de 1991;

aposentadoria híbrida, "o período de exercício de atividade como segurado especial, ainda que não recolha facultativamente, é considerado contributivo" (art. 220, §2º). Por outro lado, contrariou o entendimento do STJ ao exigir a comprovação do trabalho rural contemporâneo à data da implementação dos requisitos da aposentadoria[50].

O que se constata, ao final, é que a repercussão dos precedentes analisados sobre regulamentação da política pública previdenciária é modesta. Mesmo nos casos em que a regulamentação converge com o entendimento jurisprudencial, não há como concluir que o teor da regulamentação decorreu da assimilação da jurisprudência.

Conclusão

A partir do exame dos precedentes sobre a aposentadoria especial e os benefícios rurais, é possível concluir que a baixa assimilação da jurisprudência pela regulamentação previdenciária propicia uma realidade em que as regras efetivamente aplicadas para a concessão dos benefícios previdenciários na esfera administrativa são, em alguma medida, distintas daquelas aplicadas em âmbito jurisdicional, ensejando situação que incentiva a litigiosidade.

Esse contexto pode ajudar a compreender o motivo que leva as taxas de concessão judicial a se manterem estáveis ou em crescimento ao longo do tempo, e confirma achados já obtidos em pesquisas empíricas sobre o tema[51].

É importante reconhecer que o presente trabalho contou com limitações. A pesquisa se restringiu apenas a dois casos, e examinou exclusivamente uma espécie de precedente. Portanto, foi excluído da análise, além dos demais casos, um universo de julgados envolvendo questões de direito veiculadas por meio de outros tipos de precedentes,

50 Art. 257. Os trabalhadores rurais que não atendam às condições do art. 256, mas que satisfaçam a carência exigida computando-se os períodos de contribuição sob outras categorias, inclusive urbanas, farão jus ao benefício ao completarem 65 (sessenta e cinco) anos de idade, se homem, e 62 (sessenta e dois) anos, se mulher. §1º O disposto no caput aplica-se exclusivamente aos segurados que, na data da implementação dos requisitos, comprovem a condição de trabalhador rural, ainda que na DER o segurado não mais se enquadre como trabalhador rural, conforme dispõe o § 2º do art. 57 do RPS.

51 INSPER, Instituto de Ensino e Pesquisa. **A judicialização de benefícios previdenciários e assistenciais**. Brasília: CNJ, 2020.

e, sobretudo, de demandas cujas controvérsias restringiram-se ao exame de fatos e provas. Os desacordos entre Poder Judiciário e INSS quanto ao exame dos fatos e provas necessários à aplicação da política pública previdenciária foram, assim, apenas indiretamente abordados, quando da análise de precedentes cujo objeto consistia na resolução de questões jurídicas pertinentes ao regime probatório dos benefícios. Ademais, demandas coletivas[52] tampouco integraram o universo pesquisado neste trabalho.

Destacam-se também as dificuldades enfrentadas na obtenção e depuração dos dados extraídos dos sistemas de pesquisa do STF e STJ. A arbitrariedade na classificação dos processos, sem rigor no enquadramento na tabela processual unificada do Conselho Nacional de Justiça, dificultou as pesquisas, tornando-as menos precisas, e impôs, diversas vezes, a depuração dos dados caso a caso.

Críticas e discussões sobre as conclusões deste trabalho são necessárias. Espera-se, por fim, ter contribuído para alimentar o debate a respeito da judicialização da previdência social, e para lançar luzes sobre temas que reclamam mais pesquisas.

Referências bibliográficas

BARREIRO, Guilherme Scodeler de Souza; FURTADO, Renata Pedretti Morais. Inserindo a judicialização no ciclo de políticas públicas. **Revista de Administração Pública**. Rio de Janeiro 49(2):293-314, mar./abr. 2015

BRASIL. Casa Civil da Presidência da República. **Guia da política de governança pública**. Brasília: Casa Civil da Presidência da República, 2018.

BRASIL. Conselho Nacional de Justiça. **Resolução nº 125, de 29 de novembro de 2010**. DJE/CNJ nº 219/2010, de 01/12/2010, p.2-14 e republicada no DJE/CNJ nº 39/2011, de 01/03/2011.

BRASIL. Tribunal de Contas da União. **Acórdão 2894/2018 - Plenário** (Auditoria com o objetivo de identificar os riscos relacionados à judicialização dos benefícios concedidos pelo Instituto Nacional do Seguro Social). Relator: André de Carvalho, Data da sessão: 5 dez 2018, Número da ata:

52 Importante registrar que inúmeras ações civis públicas - ACP impactaram diretamente na regulamentação da política previdenciária. Ilustra-se a afirmação fazendo referência às ACP nº 2009.71.00.004103-4, nº 5019632-23.2011.404.7200, nº 000380795.2011.4.05.8300 e nº 97.0060590-6, que promoveram mudanças diretas no texto das IN 77 e 128.

48/2018 – Plenário, Data da aprovação: 12 dez 2018, Data da publicação no DOU: 7 jan 2019.

__________________. **Referencial para Avaliação de Governança em Políticas Públicas**. Brasília: TCU, 2014.

__________________. **Parecer Prévio e Síntese do relatório sobre as contas do Presidente da República - exercício 2019.** Disponível em: https://sites.tcu.gov.br/contas-do-governo-2019/resultado-previdenciario.htm Acesso em 06.01.2023. Acesso em 06/01/2023

BRASIL. Supremo Tribunal Federal. **Recurso Extraordinário 631.240 (Tema 350)**. Relator(a): ROBERTO BARROSO, Relator(a) p/ Acórdão: DIAS TOFFOLI, Tribunal Pleno, julgado em 27/10/2016, Processo Eletrônico Repercussão Geral - Mérito DJe-221, Divulg 27-09-2017, Public 28-09-2017.

BRASIL. Conselho de Monitoramento e Avaliação de Políticas Públicas. **Relatório de Avaliação: Judicialização dos Benefícios Administrados pelo INSS – Ciclo 2019**. Disponível em: <https://www.gov.br/economia/pt-br/acesso-a-informacao/participacao-social/conselhos-e-orgaos-colegiados/cmap/publicacoes>.

CAETANO, Marcelo Abi-Ramia. **Previdência social e redistribuição regional de renda**. Texto para discussão nº 1318. IPEA. Brasília, jan. 2018, pp. 1-13.

COOTER, Robert; ULEN, Thomas. **Law & Economics**. 6th Ed. Edição eletrônica.

DINAMARCO, Candido Rangel. **A Instrumentalidade do Processo**. 12ª Edição. São Paulo: Malheiros Editores Ltda, 2005.

FERRAZ, Octávio Luiz Motta. Para equacionar a judicialização da saúde no Brasil. **Revista Direito GV**: São Paulo, V. 15 Nº 3 e1934, 2019. Disponível em: < http://www.scielo.br/scielo.php?script=sci_arttext&pid=S1808-24322019000300208&tlng=pt>.

GICO JR, Ivo Teixeira. A tragédia do Judiciário. **Revista de Direito Administrativo**: Rio de Janeiro, v. 267, pp. 163-198, set./dez. 2014. Disponível em: < http://bibliotecadigital.fgv.br/ojs/index.php/rda/article/view/46462>.

GICO JR, Ivo Teixeira; ARAKE, Henrique Haruki. Taxa de recorribilidade, taxa de reversibilidade e eficiência judicial. **Revista Eletrônica do Curso de Direito da UFSM**: v. 14, nº 1 / 2019 e31820. Disponível em: <https://periodicos.ufsm.br/revistadireito/article/view/31820/pdf>.

HELFAND, Steven M., ROCHA, Rudi, VINHAIS, Henrique E. F. Pobreza e desigualdade de renda no Brasil rural: uma análise da queda recente. **Pesquisa e Planejamento Econômico**, v. 39 , nº 1, abr. 2009, pp. 59-80.

INSPER, Instituto de Ensino e Pesquisa. **A judicialização de benefícios previdenciários e assistenciais**. Brasília: CNJ, 2020.

KAGEYAMA, Angela; SILVA, José Graziano da. Previdência social rural: avanços e recuos. **Revista de Economia e Sociologia Rural**, v. 33, nº 1, 1995, pp. 7-21.

LIMA, George Marmelstein. *You can't always get what you want*: repensando a judicialização da saúde com base no fornecimento de medicamentos. **Revista de Informação Legislativa**: Brasília, v. 54, n. 216, pp. 105-130, out./dez. 2017. Disponível em: <http://www12.senado.leg.br/ril/edicoes/54/216/ril_v54_n216_p105>.

SANOMYA, Renata Mayumi; CACHAPUZ, Rozane da Rosa. Os novos desafios da sociedade global: uma visão crítica acerca da importância da mediação e sua aplicabilidade na seara empresarial. **Justiça e o paradigma da eficiência na contemporaneidade. Organização CONPEDI/UNINOVE**. Coordenadores: Fernando Gustavo Knoerr, Rubia Carneiro Neves, Luana Pedrosa de Figueiredo Cruz. Florianópolis: FUNJAB, 2013.

SCHWARZER, Helmut, QUERINO, Ana Carolina. **Benefícios sociais e pobreza: programas não contributivos da seguridade social brasileira**. Texto para discussão n. 929. Brasília, dez. 2002, pp. 1-52.

SECCHI, Leonardo; COELHO, Fernando de Souza; PIRES, Valdemir. **Políticas Públicas**. Cengage Learning. Edição do Kindle.

TAVARES, Marcelo Leonardo. **Previdência e Assistência Social: legitimação e fundamentação constitucional brasileira**. Rio de Janeiro: Lumen Juris, 2003.

VASCONCELOS, Natalia Pires de. Entre justiça e gestão: colaboração interinstitucional na judicialização da saúde. **Revista de Administração Pública**: Rio de Janeiro 55(4): 923-949, jul. - ago. 2021. Disponível em: < http://www.scielo.br/scielo.php?script=sci_arttext&pid=S0034-76122021000400923&tlng=pt>.

Repercussão Geral, Segurança Jurídica e Proteção Contra Regulações Expropriatórias

Gustavo Binenbojm[1]

I. Nota prévia

Roberto Rosas é um dos maiores advogados do Brasil. Ex-Ministro do Tribunal Superior Eleitoral, Rosas é ainda autor de diversos livros importantes da bibliografia jurídica do país. Discreto, estudioso e dotado de inteligência ímpar, tê-lo ao lado numa causa é motivo de honra e (quase) certeza de vitória. Litigar contra ele é um desafio para o qual poucos estão habilitados. Prefiro não arriscar. Registro aqui, uma vez mais, minha admiração e respeito pela grande figura humana e pelo brilhante causídico que é o Mestre Roberto Rosas.

II. Da responsabilidade civil da União pela fixação de preços em valores inferiores aos que decorreriam da aplicação da metodologia imposta pelo ordenamento jurídico: inexistência de exceção constitucional

O presente artigo relaciona três importantes institutos consagrados no ordenamento jurídico brasileiro: repercussão geral, segurança jurídica e a proteção dos particulares contra regulações expropriatórias. Pela expressão *regulação expropriatória* entendemos a medida estatal, de natureza legislativa ou administrativa, que a pretexto de condicionar ou limitar o exercício de um direito acaba por inviabilizar o seu exercício ou esvaziar o seu conteúdo econômico, sem justa compensação. O estudo de caso exposto a seguir explora e entrelaça esses valores, de maneira a preservá-los e promove-los em sua máxima extensão, respeitados eventuais entendimentos diversos.

Havia jurisprudência mansa e pacífica do Supremo Tribunal Federal, desde o *leading case* relatado pelo Ministro Carlos Velloso (RE 422.941-DF), julgado ainda em 2005, reconhecendo haver responsabilidade civil

---

1 Professor Titular de Direito Administrativo da Faculdade de Direito da Universidade do Estado do Rio de Janeiro – UERJ. Professor Emérito da Escola da Magistratura do Estado do Rio de Janeiro – EMERJ Doutor e Mestre em Direito Público pela UERJ. Master of Laws (LL.M.) pela Yale Law School (EUA). Procurador do Estado do Rio de Janeiro e Advogado. Membro da Comissão de Estudos Constitucionais do Conselho Federal da OAB. Membro da Academia Brasileira de Letras Jurídicas – ABLJ.

da União pela fixação de preços para o setor sucroalcooleiro em valores inferiores aos que, nos termos do ordenamento jurídico então em vigor, deveriam ter sido estabelecidos a partir de levantamentos feitos pela Fundação Getúlio Vargas – FGV.[2] Aliás, esse sistema de tabelamento de preços foi ainda objeto de um "Acordo de pontos básicos para a condução da política de preços do setor sucroalcooleiro", celebrado pelos representantes do setor com os Ministérios da Fazenda, da Indústria e Comércio, e o hoje já extinto Instituto do Açúcar e do Álcool – IAA. Ocorre que o Governo Federal acabou por fixar preços para os produtos do setor em patamares inferiores àqueles indicados pela FGV, daí resultando o dimensionamento do dano a ser indenizado pela União.

Portanto, a jurisprudência dominante do Supremo Tribunal Federal consolidou-se no sentido da existência de responsabilidade civil da União Federal pela fixação de preços dos produtos do setor sucroalcooleiro em valores inferiores àqueles que decorreriam da aplicação da única metodologia técnica apta a legitimar a intervenção no domínio econômico de que se cuida, conforme prevista pelo ordenamento jurídico.[3]

---

2 STF, RE 422941, Rel. Min. Carlos Velloso, Segunda Turma, j. em 06/12/2005, p. em 24/03/2006.

3 Min. Gilmar Mendes: AgRg no ARE 644.726, Dje 11/10/11, AgRg no AI 764.187, Dje 01/08/12, AgRg no ARE 653.951, DJe 16/11/11, AgRg no AI 785.110, Dje 01/07/11, AgRg no AI 832.292, Dje 06/04/11, AgRg no AI 813.180, Dje 14/06/11; Min. Dias Toffoli: AgRg no RE 598.537, Dje 29/03/11, AgRg no AI 777.361, Dje 16/08/12, AgRg no AI 769.031, Dje 21/05/12, AgRg no AI 753.872, Dje 10/10/11, AgRg na AR 2.363, Dje 08/04/15; AgRg no RE 593.909, Dje 10/10/11, AgRg no RE 545.068, Dje 31/05/13, AgRg no AI 631.016, Dje 24/03/15, AgRg no AI 864.729, DJ 26/05/17, AgRg no AI 860.284, DJ 01/06/17; Min. Luiz Fux: AgRg no RE 634.438, Dje 10/05/12, AgRg no AI 854.694, Dje 24/09/12, AgRg no RE 632.644, Dje 10/05/12, AgRg no RE 648.622, Dje 22/02/13; Min. Ellen Gracie: AgRg no RE 540.122, Dje 10/02/09, AgRg no AI 758.912, Dje 19/03/10, AgRg no AI 683.098, Dje 25/06/10, AgRg no RE 588.471, Dje 07/08/09, AgRg no RE 583.992, Dje 12/06/09; Min. Carmen Lúcia: AgRg no AI 752.432, Dje 24/09/10, AgRg no AI 754.769, Dje 04/10/12, AR 2264, Dje 02/03/11; Min. Roberto Barroso: AgRg no RE 696.298, Dje 06/04/15, AgRg no AI 754.714, Dje 31/03/15, AgRg AR 2.339, Dje 01/03/17; Min. Rosa Weber: AgRg no ARE 648.682, Dje 24/02/15; AgRg no RE 711.703, DJe 20/11/14, AgRg no RE 982.390, Dje 24/11/16; Min. Carlos Velloso: RE 422.941, Dje 24/03/06; Min. Ricardo Lewandowski: AgRg na AR 2.393, Dje 26/02/15; Min. Teori Zavascki: AgRg na AR 2395, Dje 23/11/16, AgRg na AR 2.365, Dje 07/02/17; Min. Celso de Mello: AgRg no AI 816.299, Dje 29/11/11, AgRg no AI 725.303, Dje 28/10/11.

Trata-se, assim, de um típico caso de regulação expropriatória *(regulatory taking)*,[4] no qual o Poder Público criou um ambiente de preços a serem fixados de acordo com certa metodologia técnica, mas acabou por fixá-los em patamares inferiores, de maneira arbitrária e sem qualquer embasamento científico. O Estado interventor contratou empresa especializada e de notória reputação - Fundação Getúlio Vargas - FGV – para apuração técnica dos custos médios do setor, conforme a região do país, e o tabelamento se deu por critérios políticos, abaixo do que seria devido, tornando inconteste o dever do Poder Público de indenizar exatamente tal diferença.

O único remédio disponível na farmacologia jurídica para esta anomalia é o ressarcimento dos prejuízos causados pelo Estado ao particular, equivalente à diferença entre o preço que deveria ter sido fixado e aquele efetivamente estabelecido pelo governo. Neste sentido toda a jurisprudência do Supremo se consolidou desde o caso pioneiro antes referido. Qualquer outra solução significaria legitimar o confisco de direitos, isto é, a redução patrimonial imposta pelo Estado a um particular fora dos estritos casos previstos na Constituição.

Como se sabe, o art. 243 da Constituição da República estipula expressamente os casos de expropriação sem pagamento de indenização, que envolvem, estritamente, a perda da propriedade rural na qual se utiliza trabalho escravo e aquela em que se cultivam plantas psicotrópicas ilegais.[5]

---

4 No âmbito do direito norte-americano, o rótulo de *"expropriação regulatória"* (regulatory taking) designa estas situações em que o Poder Público, a pretexto de disciplinar o exercício de direitos, acaba por exceder suas atribuições na limitação à propriedade privada. São hipóteses em que o Estado vai longe demais, em desrespeito ao direito de propriedade e à vedação de sua utilização pública sem justa compensação (5a Emenda). O caso paradigma em que originariamente ficou reconhecida a possibilidade de expropriação regulatória foi Pennsylvania Coal Co. v. Mahon, 206 U.S. 393 (1922). No voto condutor da decisão da Suprema Corte americana, o celebrado Justice Oliver Wendell Holmes deixou assentado que *"quando a atividade regulatória atinge certa magnitude, na maioria, senão na totalidade dos casos, haverá exercício do domínio eminente do Estado, e a compensação ao particular é necessária para sustentar o ato."*

5 Art. 243. As propriedades rurais e urbanas de qualquer região do País onde forem localizadas culturas ilegais de plantas psicotrópicas ou a exploração de trabalho escravo na forma da lei serão expropriadas e destinadas à reforma agrária e a programas de habitação popular, sem qualquer indenização ao proprietário e sem prejuízo de outras sanções previstas em lei, observado, no que couber, o disposto no art. 5º. (Redação dada pela Emenda Constitucional nº 81, de 2014).

De igual modo, os bens de valor econômico apreendidos em decorrência do tráfico ilícito de entorpecentes e drogas afins e da exploração de trabalho escravo serão confiscados e reverterão a fundo especial com destinação específica, na forma da lei. Afora tais casos, a imposição de redução patrimonial a particulares pelo Estado gera sempre o dever de indenizar. Neste sentido as garantias constitucionais previstas no art. 5º, inciso LIV ("*ninguém será privado da liberdade ou de seus bens sem o devido processo legal*"), no art. 150, inciso IV ("*é vedado à União, Estados, Distrito Federal e Municípios utilizar tributo com efeito de confisco*") e, finalmente, o art. 37, § 6º ("*o Estado responderá pelos danos que seus agentes, nesta qualidade, causarem a terceiros, assegurado o direito de regresso nos casos de dolo ou culpa*").

Nada obstante, no julgamento do ARE 884325 (rel. Min. Edson Fachin), no qual foi reconhecida a repercussão geral da "*questão relativa à responsabilidade objetiva da União e à qualificação jurídica do dano causado ao setor sucroalcooleiro, em virtude da fixação dos preços dos produtos do setor em valores inferiores ao levantamento de custos realizados pela Fundação Getúlio Vargas, levando-se em conta o valor constitucional da livre iniciativa e a intervenção do Estado no domínio econômico*"[6], o STF adotou uma posição mais restritiva. O Ministro Fachin, apesar de reconhecer a existência do dano e da responsabilidade objetiva do Estado, desafiou a jurisprudência reiterada da Corte, restringindo o dano indenizável àqueles casos em que houvesse demonstração do prejuízo contábil da empresa do setor sucroalcooleiro. Ou seja, apenas as empresas que registrassem resultados negativos no período em questão fariam jus à indenização.

A tese de que apenas as empresas que registraram resultados contábeis negativos no período em questão fariam jus à indenização não faz sentido. O desempenho das sociedades empresariais depende de um conjunto de variáveis, que fazem com que algumas tenham resultados positivos e outras resultados negativos. É possível que algumas empresas do setor, em virtude da capacidade gerencial, qualificação de mão-

Parágrafo único. Todo e qualquer bem de valor econômico apreendido em decorrência do tráfico ilícito de entorpecentes e drogas afins e da exploração de trabalho escravo será confiscado e reverterá a fundo especial com destinação específica, na forma da lei. (Redação dada pela Emenda Constitucional nº 81, de 2014).

6 STF, ARE 884325 RG, Rel. Min. Teori Zavascki, Rel. p/ Acórdão: Min. Edson Fachin, j. em 26/06/2015, p. em 02/09/2015.

-de-obra, nível de automação, alienação de ativos, dentre outros fatores, tenham alcançado resultados positivos, *apesar da política de preços arbitrária do governo.* Mas isso, por evidente, não guarda qualquer relação com a existência do dano – isto é, a redução patrimonial decorrente da fixação de preços em patamar inferior ao que era devido, de acordo com o direito – que lhe foi causado pelo governo federal. Condicionar o pagamento da indenização à demonstração de prejuízos no balanço da empresa equivaleria a criar um regime de responsabilidade civil que incidiria à razão inversa da eficiência empresarial.

Conforme precedente do Supremo Tribunal Federal, "*a responsabilidade civil das pessoas jurídicas de direito público e das pessoas jurídicas de direito privado prestadoras de serviço público é objetiva - com base no risco administrativo - e ocorre diante dos seguintes requisitos: a) do dano; b) da ação administrativa; e c) desde que haja nexo causal entre o dano e a ação administrativa.*" (STF, RE nº 178.806, Rel. Min. Carlos Velloso, 2ª Turma, j. em 08/11/1994, DJ 30/06/1995). De fato, o dever de indenização do Estado surge sempre que qualificado um *dano*. A teoria da responsabilidade civil não condiciona a existência de um dever de indenizar a uma situação de déficit contábil; basta que tenha havido dano àquele que sofreu o ato ilícito, ainda que seus resultados financeiros sejam positivos.

Tal regime heterodoxo de responsabilidade civil do Estado nos levaria a imaginar situações nas quais pessoas jurídicas, sujeitas à mesma medida de ablação patrimonial imposta pelo Poder Público, teriam o direito à indenização condicionado ao seu sucesso ou insucesso empresarial. Suponha-se, *v.g.*, uma medida governamental que suprimisse direitos de propriedade intelectual de empresas de maneira linear. Segundo a tese adotada pelo Min. Edson Fachin, somente as empresas que registrassem prejuízo em sua escrituração contábil fariam jus à indenização; as empresas que, a despeito da expropriação, conseguissem alcançar resultado positivo, não teriam o mesmo direito reconhecido. Ou seja, seriam apenadas pelo seu esforço e eficiência.

Não é preciso ir longe para demonstrar a incompatibilidade desse regime de responsabilidade *sui generis* com a Constituição. Não há nenhuma norma na Lei Fundamental, nem muito menos no art. 37, §6º, o qual trata especificamente do tema, que condicione a percepção de indenização em decorrência de atos do Poder Público à existência de prejuízos contábeis registrados por sociedades empresárias. Por evidente, essa é uma circunstância anômala aos danos que lhes tenham sido causados por medidas estatais, comissivas ou omissivas. Além de não consagrado em qualquer norma constitucional, a aplicação de tal regime resultaria em insuperável violação ao princípio da isonomia.[7] Com efeito, empresas sujeitas aos mesmos danos causados pelo Estado devem fazer jus à idêntica indenização, independentemente dos resultados de seu balanço. Raciocínio diverso, destaca-se, resultaria em grave abalo concorrencial, em violação ao art. 170, IV, da CF, especialmente no caso do setor sucroalcooleiro, dada a relevância do dano causado pela União e das indenizações daí decorrentes, inúmeras delas já pagas aos particulares.

III. Repercussão geral, segurança jurídica e protecão da confiança dos agentes econômicos.

Inovação importante introduzida pela EC 45/2004 no art. 102, §3º, da Constituição, a repercussão geral é um requisito de cabimento do recurso extraordinário que condiciona o seu conhecimento à existência de uma questão constitucional cuja relevância econômica, política, social ou jurídica transcenda aos interesses intersubjetivos em disputa no caso concreto (CPC, art. 1.035, §1º). Isto significa que o acesso à jurisdição constitucional do STF deve ser justificado não apenas pela importância da solução do conflito de interesses específico que originou o recurso extraordinário, mas pela relevância de tal julgamento para o sistema de justiça, para o funcionamento das instituições políticas, para o bom andamento da economia ou para a sociedade de forma mais geral.

Mas o que o instituto da repercussão geral não significa – nem o STF deve permitir que ele venha a se tornar – é uma espécie de licença para se obviar o reconhecimento de direitos e a aplicação de garantias constitucionais a partir de argumentos fundados exclusivamente nas consequências econômicas a serem suportadas pelo Erário. Não há que se confundir o requisito de cabimento do recurso, agora vinculado à demonstração da sua relevância transcendente ao caso, com o uso dessa possível repercussão como pretexto para se deixar de aplicar a norma constitucional ou legal realmente aplicável àquela situação concreta.

---

7 Realmente, para usar as claras palavras da Min. Rosa Weber, "*para que se justifique a concessão de tratamento diferenciado a situações jurídicas idênticas, deve-se ter presente fator discriminador que – legitimamente – as diferencie e individualize*" (STF, RE 636.199, Rel. Min. Rosa Weber, Plenário, j. em 27/04/2017, DJ 03/08/2017)

Argumentos *ad terrorem* de finanças públicas, articulados normalmente em ambientes de crise econômica, costumam pavimentar o caminho para o descrédito das instituições e rupturas do Estado de direito cujos custos sociais e econômicos acabam sendo sempre mais elevados. Veja-se que, mesmo durante a pandemia, o STF impôs à Administração Pública o respeito às opiniões técnicas, inclusive em matéria econômica, sob pena de configurar-se erro grosseiro e isso deflagrar a responsabilidade administrativa e civil do agente público.[8]

Afinal, qual o papel institucional da repercussão geral como instrumento da jurisdição constitucional do STF? Embora o constituinte não a tenha dotado de efeitos vinculantes, parece clara a sua vinculação com a segurança jurídica e a proteção da confiança legítima dos cidadãos.[9] A disciplina do art. 1.035 do CPC, assim como a recente alteração promovida pela Lei nº 13.874/2019 no art. 19, VI, alínea "a" da Lei nº 10.522/2002, sugerem que a repercussão geral deve ser utilizada pelo STF como instrumento processual para preservação da sua jurisprudência, que só deve ser alterada em casos de uma distinção fática relevante entre casos concretos ou mutação inequívoca do parâmetro jurídico do controle de constitucionalidade.

Cumpre assinalar que a manutenção de um padrão jurisprudencial exerce relevante papel institucional de estabilização e previsibilidade nas relações econômicas e sociais. Consolidado o precedente na jurisprudência da Suprema Corte, sua preservação ao longo do tempo é essencial para sua **aplicação estável** a todos os demais casos idênticos ocorridos no passado – condição *sine qua non* de isonomia na aplicação

8 STF, ADI 6428, rel. Min. Luís Roberto Barroso, julgamento em 21.05.2020.

9 De acordo as palavras do Min. Dias Toffoli, "*(...) enquanto a dimensão objetiva da segurança jurídica demanda estabilidade e credibilidade do ordenamento jurídico, sua dimensão subjetiva demanda a intangibilidade de situações subjetivas, com base no princípio da proteção da confiança*" (STF, Pet 7074 QO, Rel. Min. Edson Fachin, Pleno, j. em 29/06/2017, DJe 03/05/2018, voto do Min. Dias Toffoli, p. 117). No ordenamento jurídico brasileiro, o princípio da proteção da confiança é compreendido como a dimensão subjetiva do princípio da segurança jurídica, sendo corolário das cláusulas do Estado Democrático de Direito (art. 1º, CRFB) e do devido processo legal (art. 5º, LIV, CRFB). Sobre o tema, v. BAPTISTA, Patrícia. Segurança Jurídica e Proteção da Confiança no Direito Administrativo. 1ª ed. CreateSpace Independent Publishing Platform, 2014; ÁVILA, Humberto. Segurança jurídica: entre permanência, mudança e realização no Direito Tributário. São Paulo: Malheiro, 2011; e ARAÚJO, Valter Shuenquener de. O princípio da proteção da confiança: uma nova forma de tutela do cidadão diante do Estado, Rio de Janeiro: Impetus, 2009.

do direito a todos os que vivenciaram a mesma situação jurídica – bem como na garantia de **calculabilidade** das consequências de suas condutas futuras, fundadas na orientação traçada no precedente.[10]

Neste sentido é que deve ser compreendida a previsão constante do art. 1.035, § 3º, inciso I, de que "*haverá repercussão geral sempre que o recurso impugnar acórdão que contrarie súmula ou jurisprudência dominante do Supremo Tribunal Federal.*" Trata-se de uma situação em que o legislador ordinário, ao regulamentar a Constituição, cuidou de dar concretude ao princípio constitucional da segurança jurídica, considerado pelo próprio STF como ínsito à cláusula do Estado de direito, viabilizando que a repercussão geral seja presumida sempre que o acórdão proferido em instância inferior houver contrariado a jurisprudência dominante do Supremo Tribunal Federal. A higidez do sistema de precedentes construído pelo Tribunal é um valor em si a ser preservado, como algo cuja relevância sistêmica, isto é, transcendente aos interesses concretos em disputa, é presumida pela lei.

Daí não decorre, por evidente, uma imutabilidade da jurisprudência dominante do Supremo, o que seria levar a ideia de segurança jurídica longe demais. Ao contrário, o que se postula com as regras de proteção da confiança legítima – aspecto subjetivo da noção de segurança jurídica – é a existência de algum grau de estabilidade e previsibilidade na mudança, quando esta se revelar inevitável e necessária. Nos sistemas de precedentes jurisprudenciais, a distinção fática relevante entre casos concretos e a mutação do parâmetro de controle jurídico constituem as duas situações típicas de mudança de rotas decisórias, a justificar a criação de um novo e distinto precedente (que passará a vigorar ao lado do antigo) ou a simples revisão do precedente antigo.

No primeiro caso, têm-se como relevantes elementos fáticos específicos do caso concreto para, à luz da norma constitucional ou legal aplicável, justificar um novo entendimento sobre a sua interpretação e aplicação. Tal foi o que se deu, por exemplo, no julgamento da ADPF n° 54, na qual o STF autorizou a interrupção da gestação de fetos anencefálicos, ampliando as hipótese de excludentes de ilicitude previstas no

---

10 Conforme ensina Canotilho, "[o] *homem necessita de segurança para conduzir, planificar e conformar autônoma e responsavelmente a sua vida. Por isso, desde cedo se consideravam os princípios da segurança jurídica e da proteção à confiança como elementos constitutivos do Estado de direito.*" (CANOTILHO, J. J. Gomes. Direito Constitucional e Teoria da Constituição. Coimbra: Almedina, 2000, p. 256).

Código Penal para a prática do aborto.[11] Naquele caso, o fato da inviabilidade do desenvolvimento com vida do nascituro, revelado pela ciência médica, constituiu fator relevante e decisivo para a distinção traçada pelo STF em relação aos demais casos de aborto criminalizado.

No segundo caso, dá-se uma mutação no próprio parâmetro de controle jurídico – no âmbito da jurisdição constitucional, uma mutação no sentido da própria Constituição. Essa metamorfose de significados pode decorrer do processo de reforma formal do texto constitucional – o que é algo comum e até banalizado no Brasil – ou de processos informais que atuam no plano da reconstrução coletiva do sentido das normas constitucionais. Um bom exemplo colhido da jurisprudência do STF foi o reconhecimento do valor jurídico das uniões homoafetivas como uma forma de união estável, para todos os fins do art. 226, §3º, inclusive a configuração de uma entidade familiar. Ao reconhecer a evolução da compreensão social sobre as uniões homoafetivas, o Supremo *ressignificou* o parâmetro constitucional de controle aplicável ao caso, passando a reconhecer a incidência das garantias inerentes à união estável também à união entre pessoas de orientação homoafetiva.[12]

Outro exemplo de viragem jurisprudencial do STF, nessa mesma linha, ocorreu no julgamento dos Recursos Extraordinários 330.817 (Tema 593) e 595.676 (Tema 259), com repercussão geral, em 2017. Na ocasião, o Plenário entendeu que, nos termos do artigo 150, inciso VI, alínea "d", da Constituição Federal, estão isentos de impostos os livros, jornais, periódicos e o papel destinado a sua impressão, e que essa imunidade deve abranger os livros eletrônicos, os suportes exclusivos para leitura e armazenamento e os componentes eletrônicos que o acompanham. Em 2020, a Corte aprovou a Súmula Vinculante n° 57, consagrando a tese em seu repertório de enunciados vinculantes. Trata-se de um caso interessante em que tanto a situação de fato se alterou – com a massificação do uso de livros eletrônicos – como a compreensão sobre a extensão da garantia constitucional contra a incidência tributária sobre livros.

Afora tais situações excepcionais – verdadeiras exceções em um Estado democrático de direito – a manutenção da jurisprudência dominante cumpre o papel de verdadeira garantia institucional essencial

---

11 ADPF 54, Rel. Min. Marco Aurélio, Tribunal Pleno, j. em 12/04/2012, DJe 30/04/2013.

12 ADI 4277 e ADPF 132, Rel. Min. Ayres Britto, Tribunal Pleno, j. em 05/05/2011, DJe 14/10/2011;

à preservação da estabilidade e da previsibilidade nas relações sociais e econômicas. O próprio sistema de precedentes depende, para a sua funcionalidade, de um mecanismo regulador eficaz que assegure a aplicação da mesma tese jurisprudencial a todos os casos idênticos, como condição para a redução do estoque de processos sobre a matéria e garantia de isonomia na distribuição da jurisdição. Além disso, a estabilidade jurisprudencial assegura um ambiente de equilíbrio concorrencial entre agentes econômicos, evitando que mudanças arbitrárias de entendimento possam aleatoriamente favorecer alguns em detrimento de outros. Essa é a orientação do Supremo Tribunal Federal, *in verbis*:

> "INGRESSO NA CARREIRA DA MAGISTRATURA. ART. 93, I, CRFB. EC 45/2004. TRIÊNIO DE ATIVIDADE JURÍDICA PRIVATIVA DE BACHAREL EM DIREITO. REQUISITO DE EXPERIMENTAÇÃO PROFISSIONAL. MOMENTO DA COMPROVAÇÃO. INSCRIÇÃO DEFINITIVA. CONSTITUCIONALIDADE DA EXIGÊNCIA. ADI 3.460. **REAFIRMAÇÃO DO PRECEDENTE PELA SUPREMA CORTE. PAPEL DA CORTE DE VÉRTICE. UNIDADE E ESTABILIDADE DO DIREITO. VINCULAÇÃO AOS SEUS PRECEDENTES. STARE DECISIS. PRINCÍPIOS DA SEGURANÇA JURÍDICA E DA ISONOMIA. AUSÊNCIA DOS REQUISITOS DE SUPERAÇÃO TOTAL (OVERRULING) DO PRECEDENTE.** (...) 3. **O papel de Corte de Vértice do Supremo Tribunal Federal impõe-lhe dar unidade ao direito e estabilidade aos seus precedentes.** 4. Conclusão corroborada pelo Novo Código de Processo Civil, especialmente em seu artigo 926, que ratifica a adoção – por nosso sistema – da **regra do stare decisis, que "densifica a segurança jurídica e promove a liberdade e a igualdade em uma ordem jurídica que se serve de uma perspectiva lógico-argumentativa da interpretação".** (MITIDIERO, Daniel. Precedentes: da persuasão à vinculação. São Paulo: Revista dos Tribunais, 2016). 5. **A vinculação vertical e horizontal decorrente do stare decisis relaciona-se umbilicalmente à segurança jurídica, que "impõe imediatamente a imprescindibilidade de o direito ser cognoscível, estável, confiável e efetivo, mediante a formação e o respeito aos precedentes como meio geral para obtenção da tutela dos direitos".** (MITIDIERO, Daniel. Cortes superiores e cortes supremas: do controle à interpretação, da jurisprudência ao precedente. São Paulo: Revista do Tribunais, 2013). 6. Igualmente, **a regra do stare decisis ou da vinculação aos precedentes judiciais "é uma decorrência do próprio princípio da igualdade: onde existirem as mesmas razões, devem ser proferidas as mesmas decisões, salvo se houver uma justificativa para a mudança de orienta-**

> **ção, a ser devidamente objeto de mais severa fundamentação. Daí se dizer que os precedentes possuem uma força presumida ou subsidiária." (ÁVILA, Humberto. Segurança jurídica: entre permanência, mudança e realização no Direito Tributário. São Paulo: Malheiro, 2011)**. 7. Nessa perspectiva, a superação total de precedente da Suprema Corte depende de demonstração de circunstâncias (fáticas e jurídicas) que indiquem que a continuidade de sua aplicação implicam ou implicarão inconstitucionalidade. 8. A inocorrência desses fatores conduz, inexoravelmente, à manutenção do precedente já firmado. 9. Tese reafirmada: "é constitucional a regra que exige a comprovação do triênio de atividade jurídica privativa de bacharel em Direito no momento da inscrição definitiva". 10. Recurso extraordinário desprovido." (RE 655265, Rel. p/ acórdão Min. Edson Fachin, Tribunal Pleno, j. em 13/04/2016, DJe 05/08/2016. Grifou-se)

A existência da situação de pandemia viral, com a consequente deflagração de uma crise econômica e social, por maior que seja a sua gravidade, não constitui razão suficiente a justificar uma revisão na jurisprudência dominante do STF, sob o argumento genérico de sua repercussão econômica transcendente. Bem ao contrário, o respeito à jurisprudência da Suprema Corte é um valor em si a ser promovido e celebrado, como um índice a atestar o amadurecimento das instituições no Brasil. Como pontuado pelo Ministro Edson Fachin no julgamento de ações em que eram questionados dispositivos da Lei de Responsabilidade Fiscal que permitiam aos entes federados reduzir os vencimentos e a jornada de servidores públicos: "*A jurisprudência da Corte inviabiliza qualquer forma de interpretação diversa, valendo-se da cláusula de irredutibilidade dos rendimentos. (...) Por mais inquietante e urgente que seja a necessidade de realização de ajustes nas contas públicas estaduais, a ordem constitucional vincula, independentemente dos ânimos econômicos ou políticos, a todos. (...) [a Constituição] não merece ser flexibilizada por mais pesadas que sejam as neves dos tempos.*" [13]

---

13 Trechos do voto proferido em 22.08.2019 no julgamento conjunto das ADIs 2.238, 2.365, 2.241, 2.261, 2.250, 2.238 e 2.256 e da ADPF 24 (ainda não concluído em razão de pedido de vista do Ministro Dias Toffoli), disponíveis em https://www.jota.info/stf/do-supremo/stf-tem-maioria-para-barrar-reducao-de-salario-de-servidores-prevista-na-lrf-22082019, http://www.stf.jus.br/portal/cms/verNoticiaDetalhe.asp?idConteudo=421330 e https://www.conjur.com.br/2019-ago-22/stf-forma-maioria-impedir-reducao-salarios-servidores.

Na mesma toada, em palavras do Ministro Alexandre de Moraes, "*o interesse fiscal das Fazendas Públicas devedoras não é suficiente para atribuir efeitos a uma norma inconstitucional*"[14], sendo insuficiente, portanto, para retirar a eficácia de uma norma constitucional aplicável a qualquer caso concreto.

Nesse sentido é que vale lembrar o sempre contemporâneo alerta do Ministro Celso de Mello:

> (...) RAZÕES DE ESTADO NÃO PODEM SER INVOCADAS PARA LEGITIMAR O DESRESPEITO À SUPREMACIA DA CONSTITUIÇÃO DA REPÚBLICA. - **A invocação das razões de Estado - além de deslegitimar-se como fundamento idôneo de justificação de medidas legislativas - representa, por efeito das gravíssimas conseqüências provocadas por seu eventual acolhimento, uma ameaça inadmissível às liberdades públicas, à supremacia da ordem constitucional e aos valores democráticos que a informam, culminando por introduzir, no sistema de direito positivo, um preocupante fator de ruptura e de desestabilização político-jurídica**. Nada compensa a ruptura da ordem constitucional. Nada recompõe os gravíssimos efeitos que derivam do gesto de infidelidade ao texto da Lei Fundamental. **A defesa da Constituição não se expõe, nem deve submeter-se, a qualquer juízo de oportunidade ou de conveniência, muito menos a avaliações discricionárias fundadas em razões de pragmatismo governamental**. A relação do Poder e de seus agentes, com a Constituição, há de ser, necessariamente, uma relação de respeito. Se, em determinado momento histórico, circunstâncias de fato ou de direito reclamarem a alteração da Constituição, em ordem a conferir-lhe um sentido de maior contemporaneidade, para ajustá-la, desse modo, às novas exigências ditadas por necessidades políticas, sociais ou econômicas, impor-se-á a prévia modificação do texto da Lei Fundamental, com estrita observância das limitações e do processo de reforma estabelecidos na própria Carta Política. A DEFESA DA CONSTITUIÇÃO DA REPÚBLICA REPRESENTA O ENCARGO MAIS RELEVANTE DO SUPREMO TRIBUNAL FEDERAL. - O Supremo Tribunal Federal - que é o guardião da Constituição, por expressa delegação do Poder Constituinte - não pode renunciar ao exercício desse encargo, pois, **se a Suprema Corte falhar no desempenho da gravíssima atri-**

14 STF, Embargos de declaração no RE 870.947, redator p/ acórdão Min. Alexandre de Moraes, julgamento em 03.10.2019.

> **buição que lhe foi outorgada, a integridade do sistema político, a proteção das liberdades públicas, a estabilidade do ordenamento normativo do Estado, a segurança das relações jurídicas e a legitimidade das instituições da República restarão profundamente comprometidas.** O inaceitável desprezo pela Constituição não pode converter-se em prática governamental consentida. Ao menos, enquanto houver um Poder Judiciário independente e consciente de sua alta responsabilidade política, social e jurídico-institucional. (ADI 2010 MC, Relator(a): Min. CELSO DE MELLO, Tribunal Pleno, julgado em 30/09/1999, DJ 12-04-2002 PP-00051 EMENT VOL-02064-01 PP-00086)

Consoante arguta observação de Daniel Goldberg, "*a tentação de endereçar desafios fiscais com decisões judiciais é grande, mas o Supremo tem demonstrado maturidade institucional e tem privilegiado a segurança jurídica. Não será fácil manter essa disciplina em tempos de Covid.*"[15] Espera-se que o STF transforme o desafio em oportunidade e reafirme, durante a crise, o seu compromisso com o cumprimento irrestrito da Constituição e a preservação dos marcos do Estado democrático de direito.

IV. Conclusões

A jurisprudência do STF é consolidada no sentido de que os danos causados direta e imediatamente por atos estatais – sejam eles ilícitos ou lícitos – acarretam para o Poder Público o dever de indenizar o lesado. Tal entendimento foi aplicado pela Corte no julgamento do "caso Alto Alegre" (RE 422.941, rel. Min. Carlos Velloso) – e em outras dezenas de casos análogos e até mesmo pelo Plenário do STF que, ao julgar o RE 571.969 (rel. Min. Cármen Lúcia), reportou-se ao "caso Alto Alegre" como razão de decidir –, no qual se reconheceu que o tabelamento imposto pelo governo federal aos produtos do setor sucroalcooleiro acarretava danos concretos às empresas do setor, que deveriam ser indenizados pela União Federal.

Portanto, pretender vincular o dever de indenizar do Poder Público ao resultado contábil das empresas do setor sucroalcooleiro no período do tabelamento em nada se relaciona com o ato estatal de fixação de preços e representa subversão indevida da teoria da *indenizabilidade* do

15 Goldberg, Daniel. *As abelhas e as leis em tempos de Covid-19.* Jota, 15.04.2020.

dano gerado como efeito direto e imediato da ação estatal. Atrelar o dever de indenizar a concausas – como seria o caso da demonstração do prejuízo contábil das empresas – importaria negar aplicação ao art. 37, §6°, da Constituição e a toda a jurisprudência reiterada do STF.

A tese esposada pelo Min. Edson Fachin no caso constitui, com a devida vênia, desrespeito à jurisprudência consolidada do STF desde o *leading case* (RE 422.941) e levaria ao absurdo econômico de se incentivar a má gestão empresarial, por atrelar o dever de indenizar ao prejuízo contábil da empresa. Não há, ademais, justificativa para a viragem jurisprudencial em tela. De fato, não se verifica nenhuma situação que permita evolução ou alteração jurisprudencial. Alegações de prejuízo aos cofres públicos não constituem argumento legítimo para justificar a viragem jurisprudencial em qualquer das hipóteses indicadas no quesito.

Ademais, o art. 927, § 4º do Código de Processo Civil dispõe que "a modificação de enunciado de súmula, de jurisprudência pacificada ou de tese adotada em julgamento de casos repetitivos observará a necessidade de fundamentação adequada e específica, considerando os princípios da segurança jurídica, da proteção da confiança e da isonomia." De tal dispositivo legal extrai-se o dever de o STF justificar, de maneira detalhada e transparente, as razões que o levaram a revogar ou alterar o seu critério de decisão até então pacificado em mais de quarenta julgados sucessivos. Eventual justificação – inexistente no caso em tela – deveria necessariamente levar em conta o impacto que a alteração da jurisprudência produziria em termos de insegurança jurídica, violação da confiança legítima e desrespeito à isonomia.

Eventual mudança jurisprudencial artificial ou decorrente de meras alegações de impacto para os cofres públicos será altamente prejudicial à economia, pois comprometerá a confiança legítima dos agentes econômicos e a segurança jurídica. Tal mudança jurisprudencial causará também impacto danoso à concorrência, pelo tratamento não igualitário dispensado a empresas que sofreram as consequências do mesmo ato estatal.

O art. 1.035, § 3º, inciso I, do Código de Processo Civil dispõe que "haverá repercussão geral sempre que o recurso impugnar acórdão que contrarie súmula ou jurisprudência dominante do Supremo Tribunal Federal." Trata-se de uma situação em que o legislador ordinário, ao regulamentar a Constituição, cuidou de dar concretude ao princípio constitucional da segurança jurídica, considerado pelo próprio STF como ínsito à cláusula do Estado de direito, viabilizando que a repercussão geral seja presumida sempre que o acórdão proferido em instância inferior houver contrariado a jurisprudência dominante do STF. A higidez do sistema de precedentes construído pelo Tribunal é um valor em si a ser preservado, como algo cuja relevância sistêmica é reconhecida pela lei.

A manutenção da jurisprudência dominante cumpre o papel de verdadeira garantia institucional essencial à preservação da estabilidade e da previsibilidade nas relações sociais e econômicas. O próprio sistema de precedentes depende, para a sua funcionalidade, de um mecanismo regulador eficaz que assegure a aplicação da mesma tese jurisprudencial a todos os casos idênticos, como condição para a redução do estoque de processos sobre a matéria e garantia de isonomia na distribuição da jurisdição. Além disso, a estabilidade jurisprudencial assegura um ambiente de equilíbrio concorrencial entre agentes econômicos, evitando que mudanças arbitrárias de entendimento possam aleatoriamente favorecer alguns em detrimento de outros. Ao fixar a tese da repercussão geral, o STF deve adotar parâmetros que contribuam para a redução da litigiosidade no país, incrementem a segurança jurídica e assegurem a aplicação isonômica de seus precedentes a todos os casos semelhantes.

Referências bibliográficas

ARAÚJO, Valter Shuenquener de. O princípio da proteção da confiança: uma nova forma de tutela do cidadão diante do Estado, Rio de Janeiro: Impetus, 2009.

ÁVILA, Humberto. Segurança jurídica: entre permanência, mudança e realização no Direito Tributário. São Paulo: Malheiro, 2011.

BAPTISTA, Patrícia. Segurança Jurídica e Proteção da Confiança no Direito Administrativo. 1ª ed. CreateSpace Independent Publishing Platform, 2014.

CANOTILHO, J. J. Gomes. Direito Constitucional e Teoria da Constituição. Coimbra: Almedina, 2000.

GOLDBERG, Daniel. As abelhas e as leis em tempos de Covid-19. Jota, 15.04.2020.

Construção Interpretativa do Direito Civil: Ativismo Judicial e o Dever de Fundamentação das Decisões Judiciais[1]

Gustavo Tepedino[2]

I. Introdução

Muito se tem debatido acerca das possibilidades e limites do que se tem designado, genericamente, como *ativismo judicial*. O fenômeno, que suscita intensa controvérsia, não pode ser tratado de maneira unitária e maniqueísta, ora como discurso sedicioso em favor de concepção política contrária ao ordenamento, ora como ardil antidemocrático a ser combatido. No tempo que passa, mostra-se notável a evolução do papel da magistratura, especialmente após a Constituição de 1988, que deflagrou o itinerário vitorioso da efetividade das normas constitucionais, notadamente nas relações privadas.[3] A vetusta imagem, cunhada por Montesquieu, do juiz como "*la bouche de la loi*", encontra-se definitivamente afastada da teoria da interpretação.[4]

---

1 O presente trabalho é dedicado ao estimado amigo e confrade na Academia Brasileira de Letras Jurídicas, o Prof. Roberto Rosas, advogado, ex-Ministro do Tribunal Superior Eleitoral, ex-professor de Direito Processual Civil da Faculdade de Direito da Universidade de Brasília (UnB) e autor de diversos livros dedicados ao estudo do direito. O texto revisita e atualiza a contribuição anterior do mesmo autor, *Ativismo judicial e construção do direito civil: entre dogmática e práxis.* In: TOLEDO, Cláudia. (org.). *Atual Judiciário.* Belo Horizonte: Fórum, 2022, p. 313-338. O autor agradece à Profa. Danielle Tavares Peçanha, Mestranda em Direito civil na UERJ, pelo trabalho de pesquisa e diálogo sobre as ideias aqui reunidas.

2 Professor Titular de Direito Civil e ex-diretor da Faculdade de Direito da Universidade do Estado do Rio de Janeiro - UERJ. Membro Titular da Academia Internacional de Direito Comparado e da Academia Brasileira de Letras Jurídicas (ABLJ).

3 Confira-se, acerca do significado hermenêutico da aproximação entre direito público e direito privado, TEPEDINO, Gustavo. Premissas Metodológicas para a Constitucionalização do Direito Civil. In: *Temas de Direito Civil*, t. I, Rio de Janeiro: Renovar, 2008, 4ª ed., p. 20 e ss.

4 Já se destacou, nesta linha, o ocaso da subsunção na teoria da interpretação, tendo em vista que, "se o ordenamento é unitário, moldado na tensão dialética da argamassa única dos fatos e das normas, cada regra deve ser interpretada e aplicada a um só tempo, refletindo o conjunto das normas em vigor. A norma do caso concreto é definida pelas circunstâncias fáticas na qual incide, sendo extraída do conjunto normativo em que se constitui o ordenamento como um todo" (TEPEDINO, Gustavo. O ocaso da subsunção, Editorial. *Revista trimestral de direito civil*, v. 34, abr.-jun./2008).

O novo papel da magistratura, contudo, longe de configurar tendência usurpadora da soberania popular, representa aspecto significativo do denominado constitucionalismo democrático,[5] legitimado na experiência brasileira pela Constituição da República, no âmbito do qual o ativismo judicial permite a atuação jurisdicional direcionada à concretização dos valores e fins constitucionais, com interferência crescente no espaço de atuação dos demais Poderes.[6] Os limites, portanto, dessa interferência é que devem ser objeto de reflexão por parte da teoria da interpretação, para que sejam estabelecidos critérios de preservação da segurança jurídica.[7]

Nesta medida, a noção de ativismo, como ruptura do formalismo positivista, mostra-se benfazejo e alvissareiro método hermenêutico em prol da efetividade dos comandos constitucionais, especialmente levando-se em conta o ambiente de justiça transicional identificado pela doutrina constitucionalista no processo político brasileiro.[8] Entretanto, a ausência de balizas pré-definidas para a atuação do magistrado pode

5 A expressão denota o reconhecimento de que a democracia não se esgota no respeito ao princípio majoritário, pressupondo antes o acatamento das regras do jogo democrático, que incluem a garantia de diretos e garantias fundamentais previstos na Constituição da República, de modo a viabilizar efetiva participação igualitária do cidadão na esfera pública, com a indispensável tutela das minorias. Tal noção de democracia é comungada por grande parte dos teóricos contemporâneos. Por todos, v. HABERMAS, Jürgen. Popular sovereignty as procedure. In: *Deliberative democracy*, org. James Bonham and William Rehg, Cambridge, The MIT Press, 1997, p. 49: "Human rights do not compete with popular sovereignty; they are identical with the constitutive condicions of a self-limiting practice of publicly discursive will-formation. The separation of powers is then explained by the logic of application and supervised implementation of laws that have been enacted through such a process".

6 BARROSO, Luís Roberto. Judicialização, Ativismo Judicial e Legitimidade Democrática. In: COUTINHO, Jacinto Nelson de Miranda; FRAGALE FILHO, Roberto; LOBÃO, Ronaldo (org.), *Constituição e Ativismo Judicial*: limites e possibilidades da norma constitucional e da decisão judicial, Rio de Janeiro: Lumen Juris, 2011, p. 279.

7 Sobre o tema, cfr. TEPEDINO, Gustavo; OLIVA, Milena Donato, *Fundamentos do Direito Civil*, v. 1: Teoria Geral do Direito Civil, Rio de Janeiro: Forense, 2022, 3ª ed., pp. 57-82.

8 Sobre a complexa transição jurídica entre os regimes autoritário e democrático, v. BARROSO, Luís Roberto. Vinte anos da Constituição brasileira de 1988: o Estado a que chegamos. In: *Temas de direito constitucional*, t. IV, Rio de Janeiro: Renovar, 2009, p. 50 e ss. Na mesma linha, cfr. SARMENTO, Daniel. *Por um constitucionalismo inclusivo*: história constitucional brasileira, teoria da Constituição e direitos fundamentais, Rio de Janeiro: Lumen Juris, 2010, p. 102 e ss.

gerar desequilíbrio na moldura institucional em que se assentam as democracias contemporâneas, com a separação do poder político entre as esferas administrativa, legislativa e judiciária.[9] No modelo contemporâneo de equilíbrio entre poderes,[10] a atuação dos agentes públicos, entre a ousadia e a prudência, mostra-se imprescindível na efetivação dos preceitos constitucionais.[11]

Certo é que ao intérprete, independentemente de sua boa intenção em favor de certos direitos com assento no ordenamento, não é dado julgar conforme a sua consciência,[12] encontrando-se vinculado à ordem jurídica como um todo, em cujo contexto caberá construir solução para os casos concretos a partir dos princípios constitucionais, o mais das vezes veiculados por meio da técnica das cláusulas gerais. A partir desta técnica, as Constituições e os legisladores contemporâneos, convencidos de sua própria incapacidade para regular todas as numerosas e multifacetadas situações nas quais a pessoa humana se insere e exige tutela, franqueiam espaço amplo de atuação do intérprete, o qual, contudo, não poderá se afastar do dever de promoção da axiologia constitucional. Insere-se neste contexto a reflexão acerca do ativismo judicial na experiência brasileira, ressaltando-se o esforço metodológico das últimas décadas na construção de hermenêutica que seja, a um só tempo, comprometida com a efetividade das normas constitucionais na complexidade do ordenamento e vinculada à estrutura institucional da democracia constitucional, em que não se admitem soluções subjetivas e discricionárias por parte da magistratura, descompromissadas com os valores do sistema jurídico.

---

9 Por todos, BINENBOJM, Gustavo. *A Nova Jurisdição Constitucional Brasileira*: legitimidade democrática e instrumentos de realização, Rio de Janeiro: Renovar, 2014, pp. 91 e ss.

10 Sobre o tema, v. BRITTO, Carlos Ayres. Separação dos Poderes na Constituição Brasileira. In: *Doutrinas Essenciais de Direito Constitucional*, v. 4, mai./2011, p. 42 e ss.

11 Acerca da atividade do magistrado, assevera o Prof. Roberto Rosas: "O Juiz investido dos poderes decorrentes da função jurisdicional, na decisão da lide, não pode abusar do reto caminho indicado pela lei, pois a função judicial é uma das três funções do Estado que organiza a Justiça a fim de dirimir os conflitos entre os indivíduos e grupos, através da situação do direito objetivo e a dissipação das contendas." (ROSAS, Roberto. Dano processual. *Revista do Tribunal Federal de Recursos*, n. 145, 1987, p. 169. Disponível em: https://www.stj.jus.br/publicacaoinstitucional/index.php/revtfr/article/view/10046/10181. Acesso em 15 out. 2022)

12 Assim, BARROSO, Luís Roberto. Judicialização, Ativismo Judicial e Legitimidade Democrática, *op. cit.*, p. 280.

II. Realidade social e fenômeno jurídico na complexidade do ordenamento

A alteração do perfil do Poder Judiciário coincide com a crescente solução de controvérsias interprivadas com fundamento em princípios constitucionais nem sempre refletidos na legislação infraconstitucional, cuja aplicação mecânica, no caso concreto, levaria ao sacrifício de valores constitucionalmente relevantes. Daí a necessária reflexão sobre a denominada *constitucionalização do direito civil,* que se associa à mudança do papel do Código Civil nas relações jurídicas de direito privado.[13]

O despertar do Direito Civil (e, por conseguinte, da magistratura) para a vida além do Código, na tentativa de abrir o sistema e buscar o conteúdo normativo dos preceitos codificados a partir do compromisso constitucional da sociedade relaciona-se, por sua vez, a duas circunstâncias históricas que alteraram radicalmente a preocupação da civilística nas últimas décadas, relativizando os confins entre o direito público e o privado: (i) a dignidade da pessoa humana alçada a paradigma axiológico das relações privadas; (ii) as novas tecnologias, que alteram fundamentalmente a dogmática concernente à autonomia privada, tanto do ponto de vista subjetivo, quanto dos pontos de vista objetivo e formal. Deve-se conceber a constitucionalização do direito civil, portanto, não como o deslocamento topográfico de normas de direito privado para cartas políticas ou tratados internacionais, mas como procedimento metodológico de compreensão do ordenamento em sua complexidade, no âmbito do qual os valores constitucionais se incorporam aos normativos e à própria racionalidade da legislação infraconstitucional.

Cuida-se de trajetória que invoca a profunda alteração do papel das codificações atuais em relação ao Códigos dos Séculos XVIII e XIX, dentre os quais se destaca a primeira codificação brasileira, cujo pensamento cultural ainda povoa o imaginário de muitos doutrinadores na atualidade. Com efeito, o Código Civil de 1916 refletia o pensamento dominante das elites europeias do século XIX, marcadamente individualista e liberal. O indivíduo, considerado sujeito de direito por sua capacidade de ser titular de relações patrimoniais, deveria ter plena liberdade para a apropriação, de tal sorte que o direito civil se estruturava a partir de dois grandes pilares, o contrato e a propriedade, instrumentos que asse-

13 Cfr. TEPEDINO, Gustavo. Diálogos entre fontes normativas na complexidade do ordenamento. Editorial. *Revista Brasileira de Direito Civil*, vol. 5, jul./set. 2015, pp. 6-9.

guravam o tráfego jurídico de aquisição e de preservação do patrimônio. Expressão normativa da Escola da Exegese, movimento inspirado pelo racionalismo, cujas origens romano-medievais foram retomadas e reelaboradas nos séculos XVIII e XIX, o Código Civil pretendia ser o corpo jurídico único e exclusivo das relações patrimoniais. Tal exclusividade normativa constituía elemento de segurança social.[14]

O Código Civil exercia esse papel de corpo normativo único das relações patrimoniais privadas e atendia plenamente à preocupação – que se tornou um verdadeiro mito – da completude, como forma de oferecer segurança à sociedade burguesa quanto às chamadas regras do jogo. O juiz teria o dever de julgar todos os casos que lhe fossem submetidos, e, em seu julgamento, deveria se basear na lei, que por sua vez trataria de todas as possíveis situações em que o sujeito de direito se vê em conflitos. O esquema se completava com a atribuição de grande espaço para a autonomia da vontade, de modo que as partes contratantes pudessem completar, nos casos concretos, a tarefa do legislador, que se limitava a reprimir ilícitos. Transferem-se aos contratantes, assim, os riscos e o sucesso da livre iniciativa, destinada à acumulação de capital. O dogma representando pela completude, na ideologia do liberalismo, fazia com que, de um lado, se situasse o Código Civil como norma exclusiva, levando-se ao extremo o monopólio estatal da produção legislativa concentrado em um único monumento legislativo. Por outro lado, exasperava-se a dicotomia entre o direito público e o direito privado: o direito público, responsável pelas garantias do cidadão perante o Estado, e o direito privado, expressão da razão e da natureza das coisas, que con-

14 Tullio Ascarelli, em página de aguda atualidade, analisa o conflito entre as codificações do Século XIX, moldadas por valores de sociedades rurais e pré-industriais, e a realidade econômica pós-industrial, especialmente após o segundo pós-guerra europeu, a exigir do intérprete a "reconstrução tipológica da realidade". É ver-se: "È così la stessa necessità di umana applicazione del diritto, in una realtà sempre mutevole perchè identica con la stessa storia umana, che impone la continua ricostruzione tipologica alla quale è indotto l'interprete e proprio per conciliare con la storicità e la concretezza della realtà, la costanza di un dato in realtà così sempre rinnovato nel rinnovamento di quella schematizzazione della realtà alla quale si referisce la disciplina, perciò stesso (e solo perciò) applicabile. Accanto a quelle che, riprendendo il passo paulino, diremo le regule juris, i riassunti mnemonici della disciplina, incontreremo sempre quei concetti (o, se vuolsi, pseudoconcetti) che, servendo a determinare lo stesso ambito di applicazione della norma, altrimenti inapplicabile, attengono a una costruzione tipologica della realtà in funzione della norma" (*Problemi giuridici*, tomo primo, Milano: Casa Editrice Dott. A. Giuffrè, 1959, pp. 75-76).

feria liberdade absoluta de contratação e de apropriação. Tais circunstâncias explicam o chamado significado constitucional do Código Civil para as relações de direito privado, bem como a compreensão da norma constitucional como mera norma de organização política, que tem como destinatário o legislador ordinário.

Este estado de coisas, cujo itinerário não se pode aqui percorrer, vai se alterando na Europa desde o início do século XX, e no Brasil a partir dos anos 30, com a intervenção do Estado na economia, que resultaria no fenômeno conhecido como dirigismo contratual. O Direito Civil, assim como os outros ramos do chamado direito privado, assistiu a uma profunda intervenção por parte do Estado, na tentativa de evitar que a exasperação da ideologia individualista – ao invés de gerar o que se imaginara no século anterior, ou seja, a riqueza das nações e das pessoas – continuasse a acirrar as desigualdades, com a formação de novos miseráveis, tornando inviável até mesmo o regime de mercado, essencial ao capitalismo.

A partir dessa intervenção do Estado e da configuração do dirigismo contratual, verificam-se mudanças profundas na técnica legislativa. O legislador deixa de simplesmente estabelecer as regras do jogo, passando a determinar metas econômicas, instrumentalizadas à consecução de finalidades sociais mediante políticas públicas pré-definidas. A funcionalização das situações jurídicas patrimoniais a valores não patrimoniais, atinentes à pessoa humana e à sua personalidade, torna-se, assim, postulado imperativo da ordem jurídica, introduzida pouco a pouco pela legislação especial e consagrada, no caso brasileiro, na esteira desse processo histórico, pela Constituição da República de 5 de outubro de 1988.

A dignidade humana, alçada a fundamento da República no art. 1º, III, da Constituição, assume particular relevo deste processo como vetor interpretativo-integrativo de todo o ordenamento jurídico. Nesta direção, atribui-se cada vez mais aos princípios o papel de reunificação do direito civil a partir da releitura de tradicionais institutos à luz da tábua axiológica constitucional, atribuindo-se ao magistrado a missão de delimitar categorias e conceitos jurídicos indeterminados de modo a assegurar eficácia jurídica às cláusulas gerais positivadas pelo legislador.[15] O direito civil como espaço de liberdade patrimonial garantido

15 Emblemática decisão, que ilustra o ponto, foi proferida pelo STF em 2005, no âmbito do RE 201.819/RJ, em que se pronunciou a Corte sobre os limites da autonomia privada e da liberdade associativa. No caso, o estatuto da União Brasileira de

ao proprietário e ao contratante expande-se na promoção da liberdade substancial e da autonomia existencial na legalidade constitucional.[16] O modelo teórico, racional e abstrato, desvinculado da práxis, cede lugar ao pensamento tópico-sistemático,[17] atento à realidade social, com características fenomenológicas diversas da ciência jurídica anteriormente concebida em sua neutralidade conceitual.

A perspectiva binária, separando realidade social e ciência jurídica, ignora que a atuação do direito depende visceralmente dos fatos, em recíproco condicionamento, de modo que a conceituação analítica das diversas espécies de fatos (jurídicos) mostra-se indispensável para a de-

---

Compositores, sociedade civil sem fins lucrativos, previa a automática exclusão do sócio em certas hipóteses livremente pactuadas pela autonomia associativa. O relator para acordão, Ministro Gilmar Mendes, ao invocar a eficácia dos direitos fundamentais nas relações privadas, considerou que "os direitos fundamentais assegurados pela Constituição vinculam diretamente não apenas os poderes públicos, estando direcionados também à proteção dos particulares em face dos poderes privados". Ressaltou textualmente que "o espaço de autonomia privada garantido pela Constituição às associações não está imune à incidência dos princípios constitucionais que asseguram o respeito aos direitos fundamentais de seus associados. A autonomia privada, que encontra claras limitações de ordem jurídica, não pode ser exercida em detrimento ou com desrespeito aos direitos e garantias de terceiros, especialmente aqueles positivados em sede constitucional, pois a autonomia da vontade não confere aos particulares, no domínio de sua incidência e atuação, o poder de transgredir ou de ignorar as restrições postas e definidas pela própria Constituição, cuja eficácia e força normativa também se impõem, aos particulares, no âmbito de suas relações privadas, em tema de liberdades fundamentais". (STF, 2ª T., RE 201.819/RJ, Rel. p/ Acórdão Min. Gilmar Mendes, julg. 11.10.2005, publ. DJ 27.10.2006) Para análise do paradigmático julgado, cfr. TEPEDINO, Gustavo. A eficácia dos direitos fundamentais entre particulares e o REsp 201.819: controle valorativo da autonomia privada na exclusão e admissão de associados. In: VICTOR, Sérgio Antônio Ferreira; FUCK, Luciano Felício; QUINTAS, Fábio Lima; ABBOUD, Georges. *A defesa da Constituição e do Estado de Direito: homenagem aos 20 anos do Ministro Gilmar Mendes no STF*, São Paulo: Editora Contracorrente, 2022, pp. 153-177.

16 Na palavra de Luiz Edson Fachin: "Da autonomia privada à liberdade substancial, das titularidades exclusivas aos deveres extraproprietários, dos modelos excludentes ao valor jurídico da afetividade, são exemplos dessa passagem da estrutura para a função, e bem assim dos princípios gerais do Direito para os princípios constitucionais como normas vinculantes" (*Direito Civil*: sentidos, transformações e fim, Rio de Janeiro: Renovar, 2015, p. 49).

17 Nessa perspectiva, FACHIN, Luiz Edson, *op. cit.*, p. 50.

finição da disciplina normativa correspondente. Fato social é o acontecimento que, submetido à incidência do direito, torna-se, tecnicamente, fato jurídico. Afirma-se, por isso mesmo, que um fato qualquer - pré-jurídico -, a partir do momento em que deixa de ser indiferente ao direito, adquire aptidão para gerar efeitos jurídicos. Nesta direção, se é verdade que o dado social - como elemento da realidade fática - não se confunde com o dado normativo - a norma jurídica -, parece arbitrário considerar alguns fatos simplesmente alheios ao direito, ou despidos de relevância ou pressupostos de eficácia, já que a experiência normativa alcança integralmente a vida social, mesmo os espaços de liberdade que o direito, valorando-os, preserva deliberadamente contra qualquer tipo de regulamentação.

Diante de tal circunstância, afirma-se que todo fato social interessa ao direito, já que potencialmente interfere na convivência social e, portanto, ingressa no espectro de incidência do ordenamento jurídico. Deste modo, considerando que os fatos sociais são plasmados pela ordem jurídica, que os valora em confronto com a tábua axiológica constitucional, não pode o intérprete furtar-se da análise fática que consistirá no suporte sobre o qual aplicará o ordenamento como um todo, em sua unidade e complexidade. Não havendo valores pré-jurídicos, imunes a qualquer filtro valorativo, caberá ao intérprete a árdua tarefa de encontrar, a partir da técnica da ponderação, o ordenamento do caso concreto.[18] Não se trata, aqui, de ativismo judicial, senão de pura atividade hermenêutica, essencial ao adequado funcionado do sistema.

A complexidade do ordenamento, em última análise, não decorre apenas de sua gênese - análise estrutural entre direito interno e externo e distinção cronológica e hierárquica da produção normativa -, mas da tensão dialética representada por sua inserção na realidade social. A experiência vivida forja a norma, e a cultura - como complexo de expe-

---

18 Ilustrativa da utilização da técnica pelo Supremo Tribunal Federal foi a decisão que definiu a impossibilidade de prisão civil do depositário infiel. Na ocasião, o Ministro Gilmar Mendes sustentou não ser possível admitir que, diante da ponderação entre a liberdade individual do fiduciante e o direito de crédito do fiduciário prevaleça o direito de crédito, em desfavor da liberdade. Assinalou o Ministro: "a definição desse conteúdo pelo legislador há de preservar o direito de propriedade enquanto garantia institucional. Ademais, as limitações impostas ou as novas conformações conferidas ao direito de propriedade hão de observar especialmente o princípio da proporcionalidade." (STF, Tribunal Pleno, RE 466.343/SP, Rel. Min. Cezar Peluso, julg. 3.12.2018, publ. DJ 5.6.2009)

riências econômica, religiosa, política, tecnológica – condiciona internamente o sistema jurídico e, conseguintemente, a teoria da interpretação, que assume necessariamente feição procedimental e dinâmica na formulação, pelo magistrado, da norma interpretada, ou do ordenamento do caso concreto, promulgado em cada sentença.

III. Dificuldades entre a teoria e a prática. Os sete pecados capitais: a preguiça

O apego à concepção cultural acima criticada, que antevê a realidade jurídica em perspectiva binária (a partir da separação do fato social e do fato jurídico) associa-se à visão do direito como modelo teórico, racional e abstrato em face das turbulências *da vida como ela é*, com características fenomenológicas diversas da ciência jurídica, suscitando ao menos cinco graves problemas na teoria da interpretação: (i) o descompasso insolúvel entre teoria e prática, entre o direito e a vida, aquele correndo sempre para alcançar esta, algo como o inconsolável cachorro que se desespera em torno da própria cauda; (ii) o fortalecimento da *lex mercatoria*, que capta melhor essa realidade e acaba por impor a hegemonia econômica na vida social; (iii) a crise da legalidade e da democracia representativa diante da aparente insensibilidade do dado legislativo, que, por definição, não dá conta – e nunca dará conta – de compor os conflitos da realidade social; (iv) a mistificação do precedente jurisdicional, que significaria a feliz solução para problema anterior, a simplificar a vida da Justiça, demonizando-se os enunciados normativos por sua distância da vida real; (v) a dificuldade de aplicação da norma constitucional como o mais distante desses modelos normativos, já que desprovida da lógica racional-descritiva típica das regras jurídicas.

Tais problemas sintetizam, em alguma medida, as dificuldades interpostas entre a teoria (civilística) e a práxis (jurisprudencial), que se traduzem, de forma alegórica, naquilo que se poderia bem designar – tomando-se por empréstimo a teologia católica imortalizada nos versos de Dante Alighieri – os sete pecados capitais do intérprete (tanto na academia quanto na magistratura). Em primeiro lugar, incorrendo no pecado da *preguiça*, tem-se o reiterado recurso ao silogismo na aplicação do direito, mediante a técnica da subsunção.[19]

---

19 *"Aquele que a existência assim consuma, / Tal vestígio de si deixa na terra, / Como o fumo no ar e na água a espuma. / Ergue-te, pois! Torpor de ti desterra! / Recobra o*

Como se sabe, o magistrado tem o dever de julgar as controvérsias que lhe são submetidas, desde que no âmbito de sua competência e se encontrando presentes os pressupostos e as condições da ação. E deve fazê-lo com base no ordenamento:[20] unitário, complexo e sistemático.[21] Vale-se de princípios e valores que uniformizem o sentido das decisões, reconduzindo-as da fragmentação da casuística à unidade axiológica indispensável à compreensão do ordenamento como sistema. Para tanto, não pode levar em conta uma regra isoladamente considerada, ainda que apropriada para a hipótese, mas o conjunto das normas inserido no ordenamento.[22] Nada obstante, a persistência da subsunção deve-se à aparente neutralidade técnica de sua utilização, mediante operação ló-

esforço que os perigos vence! / Impere alma no corpo em que se encerra!" (Inferno, Canto XXIV, versos 49-54). *"Pressa; pressa! De tempo já sem perda! / Pouco zelo não haja! – outros clamaram – / Não refloresce a Graça n'alma lerda!"* (Purgatório, Canto XVIII, versos 103-105).

20 Norberto Bobbio associa o problema da completude do ordenamento jurídico à dinâmica dos sistemas em que vigorem duas regras: "1) o juiz é obrigado a julgar todas as controvérsias que se apresentarem ao seu exame; 2) deve julgá-las com base em uma norma pertencente ao sistema. Entende-se que, se uma das duas regras perder o efeito, a completude deixará de ser considerada como um requisito do ordenamento. Podemos imaginar dois tipos de ordenamentos incompletos, caso falte a primeira ou a segunda regra. Num ordenamento em que faltasse a primeira regra, o juiz não teria que julgar todas as controvérsias que lhe fossem apresentadas: poderia pura e simplesmente repelir o caso como juridicamente irrelevante, com um juízo de *non liquet* (não convém). (...) Num ordenamento no qual faltasse a segunda regra, o juiz seria, sim, levado a julgar cada caso, mas não seria obrigado a julgá-lo baseado em uma norma do sistema." (*Teoria do ordenamento jurídico*, Brasília, UnB, 1995, pp. 118-119).

21 Pietro Perlingieri observa a influência recíproca entre direito e realidade social e daí faz derivar os seguintes corolários, caracterizadores do ordenamento jurídico: "a) historicidade da *societas* e historicidade do *ius* são um todo único; b) o *ius* coincide com a *societas* sem exaurir-se na pura normatividade; c) o *ius*, que justamente pode se definir totalidade da experiência jurídica, é, como qualquer totalidade, necessariamente complexidade; d) a complexidade do *ius* exige que a sua análise não perca a sua necessária unidade; e) tal unidade conceitual é síntese individual somente na efetividade da sua aplicação" (*O direito civil na legalidade constitucional*, trad. Maria Cristina de Cicco, Rio de Janeiro: Renovar, 2008, p. 194).

22 Ao propósito, afirmou-se que "não se interpreta o direito em tiras; não se interpreta textos normativos isoladamente, mas sim o direito no seu todo, marcado, na dicção de Ascarelli, pelas suas premissas implícitas" (GRAU, Eros. *Ensaio e discurso sobre a interpretação/aplicação do direito*, 5ª ed., São Paulo, Malheiros, 2009, p. 101).

gica conhecida como silogismo, pela qual o processo interpretativo consistiria na identificação da previsão legislativa geral e abstrata (chamada premissa maior) contendo a hipótese fática em questão (chamada de premissa menor). A etapa seguinte seria mecânica, mediante a aplicação da premissa maior à premissa menor, enquadrando esta àquela.[23]

Entretanto, a despeito da racionalidade lógica do silogismo, há duas premissas equivocadas que autorizam a subsunção. A primeira delas é a separação entre o mundo abstrato das normas e o mundo real dos fatos no qual aquelas devem incidir, já que, a rigor, o direito se insere na sociedade e, por conseguinte, os textos legais e a realidade mutante se condicionam mutuamente no processo interpretativo. Em segundo lugar, a subsunção distingue artificialmente o momento da interpretação da norma abstrata (identificação da premissa maior) e o momento da aplicação da norma ao suporte fático concreto (enquadramento da premissa menor ao texto normativo). Contrariamente a tal compreensão, não é possível interpretar a norma aplicável sem levar em conta a hipótese fática que, por sua vez, se encontra moldada pelas normas de comportamento estabelecidas pelo direito (o qual condiciona a atuação individual). Daí a unicidade da interpretação e aplicação, sendo falsa a ideia de que haveria normas ideais em abstrato, capazes de tipificar e captar as relações jurídicas em concreto.[24]

Mediante o raciocínio da subsunção, reduz-se a atividade do magistrado à aplicação mecânica da norma ao fato concreto, procedimento que se torna ainda menos criativo quando o texto legal é considerado claro: *in claris non fit interpretatio*, eis o brocardo que se tornou verdadeiro dogma para a hermenêutica clássica. Ainda como consequência de tal orientação, a norma infraconstitucional, porque tendencialmente mais detalhada, torna-se protagonista do processo de interpretação do direito, exercendo papel de mediadora entre os princípios e o suporte fático sobre o qual incide. Já os princípios constitucionais, incompletos como modelo abstrato de comportamento, mostram-se inaptos para exercerem a função de premissa maior da subsunção, o que os torna coadjuvantes das regras, a despeito de sua superioridade hierárquica sobre estas.

---

23 Para a descrição da subsunção em sua perspectiva clássica, v., por todos, ENGISCH, Karl. *Introdução ao pensamento jurídico*, 8ª ed., Lisboa: Calouste Gulbekian, 2001, p. 94.

24 Para uma crítica veemente à subsunção em julgamento do Supremo Tribunal Federal, v. STF, Tribunal Pleno, ADIn 3.689/PA, Rel. Min. Eros Grau, julg. 10.5.2007.

Desse modo, a tarefa do intérprete circunscreve-se à adequação do conteúdo principiológico à regra infraconstitucional, a qual será legítima desde que não viole frontalmente o texto constitucional. Reduz-se, assim, a força normativa da Constituição ao conteúdo estabelecido pelo legislador infraconstitucional. O princípio, em uma palavra, será aquilo que o legislador infraconstitucional entender sê-lo. E como, por exigência prática, quanto mais pedestre se situar a regra na pirâmide normativa mais analítica e minuciosa será a sua linguagem, os valores e princípios constitucionais transformam-se em limite remoto à atuação (teratológica) do legislador ordinário.

Em direção oposta, consolida-se hoje o entendimento de que cada regra deve ser interpretada a aplicada em conjunto com a totalidade do ordenamento, refletindo a integralidade das normas em vigor.[25] A norma do caso concreto é definida pelas circunstâncias fáticas nas quais incide, sendo extraída do complexo de textos normativos em que se constitui o ordenamento.[26] O objeto da interpretação são as disposições infracons-

25 Da constatação se extrai a necessidade de vinculação do intérprete aos direitos fundamentais, conforme já destacado pelo Ministro Gilmar Mendes, de maneira que "tal vinculação resulta para o Judiciário não só o dever de guardar estrita obediência aos chamados direitos fundamentais de caráter judicial, mas também o se assegurar a efetiva aplicação do direito, especialmente dos direitos fundamentais, seja nas relações entre os particulares e o Poder Público, seja nas relações tecidas exclusivamente entre particulares. Da vinculação do Judiciário aos direitos fundamentais decorre, ainda, a necessidade de se aferir a legitimidade das decisões judiciais, tendo em vista sobretudo a correta aplicação desses direitos aos casos concretos." (MENDES, Gilmar Ferreira. Direitos fundamentais: eficácia das garantias fundamentais constitucionais nas relações privadas – análise da jurisprudência da corte constitucional alemã, p. 241. In: Introdução ao Direito Previdenciário, São Paulo: LTR, 1998, pp. 237-253)

26 A suposta clareza de determinado texto legal não existe sem a atividade da interpretação. A clareza demonstra-se como um *posterius*, um resultado interpretativo, já que não antecede a norma, mas decorre justamente da atividade do intérprete. Nessa direção: "Toda lei está sujeita a interpretação. Toda norma jurídica tem de ser interpretada, porque o direito objetivo, qualquer que seja a sua roupagem exterior, exige seja entendido para ser aplicado, e neste entendimento vem consignada a sua interpretação. Inexato é, portanto, sustentar que somente os preceitos obscuros, ambíguos ou confusos, exigem interpretação, e que a clareza do dispositivo a dispensa, como se repete na velha parêmia '*in claris cessat interpretatio*'. Inexato o brocardo, como outros muitos que amiúde se repetem com o propósito de orientar o intérprete, mas que na verdade muito comumente lhe falseiam o trabalho. (...) Interpretar não é tão somente contentar-se com o que a letra da lei revela, pois que, na sociedade animada pela civilização jurídica, a fórmula sacramental

titucionais integradas visceralmente às normas constitucionais, sendo certo que cada decisão abrange a totalidade do ordenamento, complexo e unitário.[27] Cada decisão judicial, nessa perspectiva, é um ordenamento singular extraído da mesma tábua axiológica.[28] Curiosamente, o último bastião em defesa da subsunção tem sido a possibilidade de excepcioná-la, como válvula de escape para o sistema. Admite-se, deste modo, em hipóteses específicas, que o magistrado possa valer-se de princípios, afastando a previsão regulamentar, nos chamados casos difíceis – *hard cases* –, assim discricionariamente compreendidos certos casos sensíveis à sociedade, dignos de comoção popular, que justificariam, ao contrário de todas as outras causas julgadas pelo mesmo magistrado – e consideradas (a *contrario sensu*) fáceis –, o abandono da subsunção e a adoção franca dos princípios constitucionais.

A solução mostra-se arbitrária e injustificada. Os chamados casos difíceis são aqueles que, por sua suposta dificuldade, decorrente de colisão de direitos, autorizariam o juiz a afastar regra expressa, que lhe serviria comodamente de premissa maior, evitando a subsunção em favor da ponderação. Todavia, cada caso concreto mostra-se sempre singular e difícil, devendo ser resolvido mediante a aplicação integral do ordenamento – insista-se: unitário, complexo, sistemático e coerente.[29] Mesmo quando aparentemente o magistrado aplica somente uma regra, de linguagem clara e direta, vale-se, a rigor, de cada uma das normas que convivem unitariamente no ordenamento, reclaman-

perdeu a validade que era o seu prestígio num estágio primitivo, em que dominava a escravidão da forma". (PEREIRA, Caio Mário da Silva. *Instituições de direito civil*, v.1., 26 ed., Rio de Janeiro: Forense, 2013, pp. 161/162).

27 Desse modo, a verdadeira certeza jurídica "*deve ser alcançada através da confluência das decisões judiciais com os princípios e valores constitucionais, que traduzem a identidade cultural da sociedade*" (TEPEDINO, Gustavo. Teoria da interpretação e relações privadas: a razoabilidade e o papel do juiz na promoção dos valores constitucionais, p. 289. In: TEPEDINO, Gustavo; MENEZES, Joyceane Bezerra de. *Autonomia privada, liberdade existencial e direitos fundamentais*, Belo Horizonte: Fórum, 2019, pp. 285/297).

28 Assim, PERLINGIERI, Pietro. *Complessità e unitarietà dell'ordinamento giuridico vigente*, in *Rassegna di diritto civile*, vol. 1/05, *Edizioni Scientifiche Italiane*, p. 192. No mesmo sentido, TEPEDINO, Gustavo. Normas constitucionais e direito civil na construção unitária do ordenamento. In: *Temas de direito civil*, t. 3, Rio de Janeiro: Renovar, 2009, p. 11.

29 BOBBIO, Norberto. *Teoria do ordenamento jurídico*, *op. cit.*, pp. 34-35.

do coerência e interrelação normativa; e especialmente dos princípios que lhe dão fundamento, respeitada a hierarquia constitucional. Por isso, e a despeito da dificuldade em estabelecer a fronteira entre casos difíceis e fáceis, não se pode considerar a ponderação como expediente excepcional, a ser utilizado em hipóteses extremas, quando não fosse possível a aplicação mecânica das regras, sob pena de se subverter a hierarquia do ordenamento.

Tais conclusões estimulam a revisão do conceito de segurança jurídica. A subsunção propicia a falsa impressão de garantia de igualdade na aplicação da lei. Entretanto, não há respeito à isonomia quando o magistrado deixa de perceber a singularidade de cada caso concreto e, mediante procedimento mecânico, faz prevalecer o texto abstrato da regra. Por outro lado, o silogismo revela-se capaz de camuflar intenções subjetivas ou ideológicas do magistrado, poupando-lhe da imperiosa necessidade de justificar sua decisão e oferecendo-lhe salvo-conduto para escapar do controle social quanto à aderência de sua atividade interpretativa à axiologia constitucional. Segurança jurídica deve ser alcançada pela compatibilidade das decisões judiciais com os princípios e valores constitucionais, que traduzem a identidade cultural da sociedade.[30] Em alguma medida, as novas tecnologias denunciam, com o dinamismo de sua evolução, o ocaso da *ideologia da subsunção*. Surgem a cada dia questões inovadoras, sequer cogitadas pelo legislador, muito distantes das previsões abstratas pretensamente capazes de regular o comportamento social. Basta pensar no impacto das tecnologias de captação, armazenamento e divulgação de imagens na tutela da personalidade; das tecnologias de comunicação na formação dos contratos; das tecnologias de construção e exploração econômica sobre a propriedade e outros direitos reais; das tecnologias reprodutivas sobre o direito de família e de sucessões, e assim por diante.

Reflexo ainda dessa *ideologia da subsunção* e da diminuta relevância por ela reservada às peculiaridades do caso concreto mostra-se o

30 Permita-se remeter a TEPEDINO, Gustavo. Pós-verdades hermenêuticas e o Princípio da Segurança Jurídica. In: *Coluna OAB/RJ*. Disponível em: <https://www.oabrj.org.br/colunistas/gustavo-tepedino/pos-verdades-hermeneuticas-principio-seguranca-juridica>. Acesso em 18.10.2022, em que se conclui que: "Os valores constitucionais servem de norte ou *leitmotif* permanente da teoria da interpretação. Desse modo, independentemente da técnica legislativa empregada, sejam princípios ou regras, cláusulas gerais ou prescrições específicas, a segurança jurídica é alcançada a partir da recondução sistemática de cada norma à legalidade constitucional."

entendimento jurisprudencial, consolidado nos Tribunais Superiores, pelo qual o *simples* reexame de provas não justifica os Recursos Especial e Extraordinário. Nesta direção unificaram-se a jurisprudência das Súmulas 279, do STF ("Para simples reexame de prova não cabe recurso extraordinário"), e 7, do STJ ("A pretensão de simples reexame de prova não enseja recurso especial").

Tal entendimento jurisprudencial, forjado pela compreensível preocupação de reduzir o número de processos nos Tribunais Superiores, certamente causa embaraço aos eminentes julgadores, os quais dificilmente poderiam explicar sua atuação jurisdicional sem a indispensável análise dos fatos concretos e de suas circunstâncias, traduzidas no material probatório. Ao propósito, há quem sustente a inconstitucionalidade de tal posicionamento, observando que "a aplicação do direito expresso na Súmula acabou por fazer com que em muitas situações o STJ se visse tolhido no seu propósito de ministrar a Justiça".[31] Diante do rigor das aludidas Súmulas, alguns julgadores procuram, com razão, contornar a dicção dos enunciados, construindo valorosa tese segundo a qual o *reexame* das provas não se confunde com a sua revaloração: "a revaloração da prova constitui em atribuir o devido valor jurídico a fato incontroverso sobejamente reconhecido nas instâncias ordinárias".[32] Na perspectiva que se procurou traçar, não há interpretação jurídica sem qualificação do fato, cujo exame, portanto, se faz imprescindível e insuperável. A valoração da prova pelo magistrado, em outras palavras, ocorrerá necessariamente, na medida em que procure compreender os fatos para analisar a incidência normativa (norma do fato concreto qualificado pelo intérprete à luz da integralidade do ordenamento).

A valoração dos direitos a partir do seu exercício, que somente *in concreto* se poderá aferir, remete à já mencionada crítica à dicotomia entre a realidade social e os modelos jurídicos; e, em consequência, à necessária superação da distinção entre fato social e fato jurídico. O desafio do intérprete, portanto, consiste em atingir o equilíbrio em atividade hermenêutica que, fugindo à facilidade tentadora dos silogismos, considere o ordenamento em sua unidade e complexidade sem, contudo, derivar para ativismo irresponsável, de criação livre do direito, des-

31 MOREIRA, Joaquim Manhães. Revaloração das provas pelos tribunais, *Valor Econômico*, 17.4.2012.

32 STJ, 4ª T., AgRg no REsp. 1.036.178/SP, Rel. Min. Marco Buzzi, julg. 13.12.2011.

preocupado com o desenho institucional democrático que deve pautar a atuação do Estado, inclusive o Estado-juiz.

Como instrumento imprescindível ao intérprete neste desafio que se lhe apresenta, tem-se a ponderação, como técnica de sopesamento dos diversos vetores normativos incidentes no caso concreto.[33] Por isso mesmo, a ponderação não deve ser adotada apenas na aplicação de princípios, mas também entre regras, e regras e princípios, já que todos os enunciados normativos dialogam entre si, contemporaneamente, sob a mesma tábua axiológica.[34] E a valoração prévia do legislador, na

33 Sobre o tema, já se assinalou, em sede doutrinária, que no processo de ponderação levado à cabo com o fim de solucionar o conflito entre direitos individuais, "não se deve atribuir primazia absoluta a um ou a outro princípio ou direito. Ao revés, esforça-se o Tribunal para assegurar a aplicação das normas conflitantes, ainda que, no caso concreto, uma delas sofra atenuação." (MENDES, Gilmar. Colisão de direitos fundamentais: liberdade de expressão e de comunicação e direito à honra e à imagem. In: Revista de Informação Legislativa, Brasília, vol. 122, p. 1994, pp. 297-301. Disponível em: http://www.gilmarmendes.com.br/wp-content/uploads/2018/09/COLIS%C3%83O-DE-DIREITOS-FUNDAMENTAIS-LIBERDADE-DE-EXPRESS%C3%83O-E-DE-COMUNICA%C3%87%C3%83O-E-DIREITO-%C3%80-HONRA-E-%C3%80-IMAGEM.pdf#new_tab . Acesso em 5.1.2023). Ilustrando a necessidade de ponderação dos interesses em jogo em dada situação, o STF examinou, sob relatoria do Min. Gilmar Mendes, a circulação de sátira com crítica a elementos caros ao cristianismo, caso que envolveu o embate entre a liberdade artística, assentada na livre circulação de ideias, e a proteção à identidade religiosa de certo grupo. Naquela ocasião, distinguindo-se intolerância religiosa de crítica religiosa, assentou-se o entendimento de que a "proibição de divulgação de determinado conteúdo deve-se dar apenas em casos excepcionalíssimos, como na hipótese de configurar ocorrência de prática ilícita, de incitação à violência ou à discriminação, bem como de propagação de discurso de ódio." (STF, 2ª T., Rcl 38.782/RJ, Rel. Min. Gilmar Mendes, julg. 3.11.2020, publ. DJ 24.2.2021)

34 A doutrina constitucionalista costuma restringir a técnica da ponderação às hipóteses de compatibilização de princípios em conflito. Robert Alexy, referência obrigatória na matéria, descreve a técnica da seguinte maneira: "*The first stage involves establishing the degree of non-satisfaction of, or detriment to, a first principle. This is followed by a second stage in which the importance of satisfying the competing principle is established. Finally, in the third stage, it is established whether the importance of satisfying the latter principle justifies the detriment to or non-satisfaction of the former*" (Balancing, constitutional review, and representation. *International Journal of Constitutional Law*, vol. 3, n. 4, 2005, p. 574). Na civilística contemporânea, mostra-se bem mais ampla a utilização da ponderação, uma vez que a noção de legalidade constitucional impõe ao intérprete "argumentar sobre normas-princípios, cuja aplicação 'não assume a forma silogística da subsunção, mas aquela da otimização ao realizar o preceito" (PERLINGIERI, Pietro. *O direito*

sociedade democrática, não afasta, antes reclama, o exercício do dever inderrogável do magistrado de compatibilizar as escolhas legislativas com as escolhas efetuadas pelo constituinte.[35] A técnica da ponderação como mecanismo de utilização indispensável na atividade interpretativa decorre da constatação de que o texto legislativo se mostra necessariamente incompleto e de que a decisão judicial revela procedimento de construção da norma do caso concreto. Interpretação e aplicação da norma constituem-se em processo unitário, inexistindo duplicidade de etapas entre a qualificação do fato e do direito aplicável. Tal conclusão implica a definitiva superação da subsunção como método interpretativo.[36] Afirmou-se, nesta direção, que o "CC não é um conjunto de normas. É um conjunto de possibilidades de normas. Um ordenamento em potência. Só será norma depois da interpretação. O intérprete desvencilha o texto do seu invólucro. A norma é o resultado da interpretação".[37]

civil na legalidade constitucional, cit., p. 596). No direito civil brasileiro, v., dentre outros, SCHREIBER, Anderson. *Novos paradigmas da responsabilidade civil*, Rio de Janeiro, Renovar, 2007, pp. 146 e ss.; NEVARES, Ana Luiza Maia. *A função promocional do testamento*: tendências do direito sucessório, Rio de Janeiro, Renovar, 2009, pp. 170 e ss. (em matéria de controle da autonomia privada testamentária); MAIA, Roberta Mauro Medina. *Teoria geral dos direitos reais*, São Paulo: RT, 2013, p. 256 e ss. (em matéria de relatividade dos efeitos obrigacionais); OLIVA, Milena Donato. *Patrimônio separado*: herança, massa falida, securitização de créditos imobiliários, incorporação imobiliária, fundos de investimento imobiliário, trust. Rio de Janeiro: Renovar, 2009; BANDEIRA, Paula Greco. *Contrato Incompleto*, São Paulo: Atlas, 2015.

35 TEPEDINO, Gustavo. A Constitucionalização do Novo Código Civil. Editorial. *Revista Trimestral de Direito Civil*, vol. 15, Rio de Janeiro, Padma, jul-set/2003.

36 Cfr., na perspectiva do direito italiano, PERLINGIERI, Pietro. *O direito civil na legalidade constitucional, op. cit.*, p. 579.

37 GRAU, Eros. *A construção do direito: da elaboração do texto à produção da norma*, palestra proferida na Faculdade de Direito da Universidade do Estado do Rio de Janeiro – UERJ, em 31.3.2008, na qual se observou, ainda: "*Não há distinção entre interpretação e aplicação do direito: a interpretação do direito consiste em encontrar uma solução que só se opera na medida em que se realize a sua aplicação*". No mesmo sentido, observa Lenio Streck: "Pensar que uma regra pode ser interpretada independente dos princípios ou que uma regra pode 'valer' mais do que um princípio é uma concessão ao positivismo ou uma espécie de retorno ao positivismo, como se regra e princípio contivessem uma ambiguidade, e que pudessem ser, ao mesmo tempo, um 'critério' de conhecimento (regra) e um 'critério' de explicação (princípio), aferíveis a partir do esquema representacional sujeito-objeto" (O papel da constituição dirigente na batalha contra decisionismos e arbitrariedades

Exemplo emblemático das dificuldades acarretadas pela subsunção tem-se na decisão extraída da jurisprudência alemã em que uma transexual de identidade feminina, com órgãos genitais masculinos, pretendeu, para consolidar sua relação homoafetiva com uma mulher, celebrar a união legal prevista pela lei alemã para pessoas do mesmo sexo. A autoridade local negou-se a conceder tal permissão, ao argumento de que, sendo o seu sexo genético masculino, ser-lhe-ia facultado o casamento com a sua parceira (previsto pelo Código Civil alemão para pessoas de sexos diferentes), não já a união legal para pessoas do mesmo sexo. Inconformada, a interessada recorreu ao juiz de primeiro grau e ao Tribunal de Apelação, sendo-lhe, contudo, indeferido o pedido nas duas instâncias. De fato, com base em técnica subsuntiva, as previsões legais de casamento e de união de pessoas do mesmo sexo associam-se a premissas fáticas diversas, indiscutíveis e imponderáveis. A Corte Constitucional alemã, contudo, reverteu a decisão, autorizando a união homoafetiva pretendida, mediante a técnica da ponderação.[38]

IV. Os demais pecados capitais: o orgulho; a ganância; a inveja; a avareza; a gula; a luxúria.

O segundo pecado capital na interpretação jurídica parece ser o apego às abstrações conceituais dos grandes tratados, que consagram classificações quase imutáveis às quais devem os fatos se amalgamarem, numa espécie de renascimento do leito de Procusto, onde todos os fatos sociais devem se compatibilizar. Identifica-se aqui o pecado do *orgulho*.[39] Orgulho de uma realidade abstrata, teórica, de elevada magnitude, cuidadosamente preservada ao longo dos séculos como verdadeira *opera di formica*, em que se acantona como excepcional tudo aquilo que destoa dos conceitos e noções gerais.[40] Esse verdadeiro orgulho na conserva-

interpretativas. In: COUTINHO, Jacinto Nelson de Miranda, MORAIS, Jose Luis Bolzan de, STRECK, Lenio Luiz (org.), *Estudos Constitucionais*, Rio de Janeiro: Renovar, 2007, p. 186).

38 Tribunal Constitucional Federal da Alemanha, BVerfGE 128, 109 (2011).

39 *"Por que do orgulho assim passais a meta, / Se sois insetos no embrião somente / Vermes de formação inda incompleta? / A modo de pilar ver-se é frequente / Joelhos, peito unido, uma figura / Cornija ou teto a sustentar ingente"* (Purgatório, Canto X, versos 127-132).

40 RODOTÀ, Stefano. Ideologia e tecniche della riforma del diritto civile. *Rivista di diritto commerciale*, I, 1967, p. 83.

ção de categorias gerais destoa da fugacidade dos fatos e enunciados normativos, com a ruptura das grandes classificações e institutos, como o negócio jurídico, a propriedade, a família, e assim por diante (alude-se, na terminologia alemã, à fragmentação dos conceitos jurídicos: *Umbruchcharakter*). A consequência de tal perspectiva é a qualificação errônea de novas pretensões e interesses jurídicos.

Ilustrativamente, na jurisprudência brasileira, pode-se mencionar o caso Glória Trevi, amplamente difundido pela mídia. A famosa cantora mexicana foi presa, em 2000, e mantida sob custódia na carceragem da Polícia Federal em Brasília, aguardando o trâmite do processo de extradição. Neste ínterim, Glória Trevi, grávida, alegou que a gestação seria fruto de estupro do qual teria sido vítima nas dependências da Polícia Federal. Diante disso, instaurou-se no Supremo Tribunal Federal celeuma quanto à possibilidade de realização de exame de DNA utilizando-se a placenta da cantora – coletada após o parto – com o escopo de identificar a origem genética do recém-nascido. A extraditanda, negando-se a fornecer material genético para o exame, ajuizou Reclamação no STF,[41] sob o argumento de que a coleta à sua revelia representaria flagrante violação a seus direitos fundamentais. Dentre os argumentos erigidos pela Corte Suprema para deferir a realização do exame, estava o de que não haveria, no caso, colisão de direitos fundamentais, tendo em vista que a placenta seria "lixo biológico" que, após o parto, "não é mais parte do corpo da mãe". Nesta linha afirmou-se: "Tampouco se diga que a realização do exame fere direito fundamental da extraditanda. Não há qualquer procedimento invasivo na coleta da placenta – que a perícia já qualificou como refugo hospitalar". Considerou-se como determinante o fato de que o material orgânico já se encontrava "separado da pessoa da paciente", de modo que não mais lhe pertencia, sendo, portanto, uma espécie de *res derelicta*, despido das características próprias do bem jurídico na vetusta concepção romana.[42]

41 STF, Tribunal Pleno, Rcl 2040 QO/DF, julg. 21.2.2002.

42 A dissonância entre a classificação estática e a funcional dos bens jurídicos é analisada por TEPEDINO, Gustavo. Livro (eletrônico) e o perfil funcional dos bens jurídicos na experiência brasileira. In: VICENTE, Dário Moreira; VIEIRA, José Alberto Coelho; CASIMIRO, Sofia de Vasconcelos; SILVA, Ana Maria Pereira da (Org.), *Estudos de Direito Intelectual em homenagem ao Prof. Doutor José de Oliveira Ascensão*, Coimbra: Almedina, 2015, p. 269-287.

Pode-se destacar, ainda, como exemplo paradigmático desta tendência, a evolução jurisprudencial brasileira em matéria de família.[43] Durante algumas décadas no Século passado, qualificou-se a família extramatrimonial como união ilícita, reconhecendo-se, no entanto, incialmente, por questões humanitárias, relação de emprego estabelecida entre o marido e a mulher dedicada aos serviços domésticos, à qual se assegurava o salário-mínimo durante o tempo em que perdurara a convivência abjeta. Posteriormente, durante quase cinquenta anos, recusava-se ainda a designação de família à união constituída fora do casamento, admitindo-se, todavia, a relação societária de fato, no âmbito do direito das obrigações, estabelecida entre os companheiros na construção do patrimônio comum, como forma de se evitar o enriquecimento sem causa. Mesmo após a Constituição de 1988, que reconheceu expressamente como entidade familiar a união estável,[44] continuou-se a negar a esta igualdade de tratamento em relação às famílias constituídas pelo casamento, o que só seria admitido, não sem espessa controvérsia (especialmente em matéria sucessória), com a vigência do Código Civil de 2002.

O terceiro pecado capital é a ganância do julgador, que pretende resolver todos os problemas segundo sua própria ideologia. A ganância se associa ao excesso de subjetivismo na fixação de *standards* pelo juiz, que, mesmo quando movido pela melhor das intenções, deixa de fundamentar adequadamente suas decisões com base na opção constitucional e legislativa. Nessa direção, encontra-se o comportamento que tem sido designado de "ativismo maximalista", em que o magistrado extrapola sua atividade hermenêutica, abandona os parâmetros normativos vigentes e se dedica à atividade doutrinária por vezes hermética, baseada em seus próprios critérios ou categorias, confundindo ou dificultando o controle das decisões pela sociedade. Daqui a exigência constitucional de fundamentação das decisões, como mecanismo legítimo (não de autocontenção ou abdicação da elevada missão da magistratura,[45] mas) de

43 Sobre tal processo evolutivo, v. TEPEDINO, Gustavo. A disciplina civil-constitucional das relações familiares. In: *Temas de Direito Civil*, t. I, Rio de Janeiro: Renovar, 2008, pp. 419-443.

44 C.R./1988, "Art. 226. A família, base da sociedade, tem especial proteção do Estado. (...) § 3º. Para efeito da proteção do Estado, é reconhecida a união estável entre o homem e a mulher como entidade familiar, devendo a lei facilitar sua conversão em casamento".

45 "O ativismo judicial procura extrair o máximo das potencialidades do texto constitucional, sem contudo invadir o campo da criação livre do Direito. A autoconten-

transparência e controle da atividade hermenêutica do juiz pelo corpo social.

No âmbito da responsabilidade civil, mostram-se ilustrativas dessa indesejada ganância as decisões que utilizam a cláusula geral do parágrafo único do art. 927 do Código Civil para sustentar a responsabilidade objetiva de forma ilimitada, quase a suprimir a responsabilidade subjetiva de que trata o *caput* do mesmo dispositivo.[46] Nessa vertente, com fundamento no art. 927, parágrafo único, condenou-se o proprietário do veículo (juntamente com o condomínio) à reparação de danos causados a terceiros pelo porteiro do prédio, aduzindo-se: "O proprietário do veículo responde objetiva e solidariamente pelos atos culposos de terceiro que o conduz e que provoca o acidente, pouco importando que o motorista não seja seu empregado ou preposto, ou que o transporte seja gratuito ou oneroso, uma vez que sendo o automóvel um veículo perigoso, o seu mau uso cria a responsabilidade pelos danos causados a terceiros".[47]

Assim também se situa a hipótese em que um menino obteve indenização por danos morais e estéticos, incluindo pensão vitalícia de 75% do salário-mínimo vigente, por acidente causado no manuseio de aparelho ortodôntico extrabucal sem trava de segurança. Ao tentar retirar sozinho o aparelho, o menino, sob a guarda de seus pais, feriu-se gravemente, acarretando a perda da visão de um dos olhos, condenando-se, com base em responsabilidade objetiva, os dentistas responsáveis pelo tratamento.[48]

ção, por sua vez, restringe o espaço de incidência da Constituição em favor das instâncias tipicamente políticas" (BARROSO, Luís Roberto. Judicialização, Ativismo Judicial e Legitimidade Democrática. In: COUTINHO, Jacinto Nelson de Miranda; FRAGALE FILHO, Roberto; LOBÃO, Ronaldo. *Constituição e Ativismo Judicial*: limites e possibilidades da norma constitucional e da decisão judicial, Rio de Janeiro: Lumen Juris, 2011, p. 280).

46 Para o exame analítico do dispositivo e de sua potencialidade hermenêutica, v., TEPEDINO, Gustavo; BARBOZA, Heloisa Helena; MORAES, Maria Celina Bodin de. *Código Civil interpretado conforme a Constituição da República*, v. II, Rio de Janeiro: Renovar, 2012, p. 809.

47 TJRJ, 21ª C.C., Ap. Cív. 0132282-14.2011.8.19.0001, julg. 25.2.2015.

48 A notícia referente ao caso pode ser consultada em <http://www.tjgo.jus.br/index.php/home/imprensa/noticias/119-tribunal/6422-ortodontistas-sao-condenados-a-pagar-r-100-mil-a-menino-que-ficou-cego-durante-tratamento>. Acesso em 14.10.2022.

Em direção oposta, destaque-se decisão que rechaçou a expansão exagerada da responsabilidade objetiva, proferida pela 4ª Turma do STJ. A Corte, com efeito, afastou a responsabilidade objetiva da Companhia do Metropolitano de São Paulo (Metrô) pela morte de uma passageira que caiu nos trilhos e foi atropelada pelo trem após sofrer um mal súbito.[49] Segundo a Corte, não foi provado o nexo de causalidade entre a conduta da empresa e o dano, de tal modo que não se lhe poderia atribuir responsabilidade. Os familiares da falecida, que tinha 29 anos à época, ajuizaram pedido de indenização por danos morais e materiais, apontando que o serviço prestado pela companhia teria sido falho, pois era sua obrigação transportar a usuária ilesa ao destino. Alegaram também que teria ocorrido defeito na prestação do serviço, pois a estação não tinha as chamadas "portas de plataforma", que mantêm os passageiros isolados do espaço dos trilhos enquanto o trem não chega.

O Min. Luis Felipe Salomão, relator do recurso, destacou que o "lamentável e fatídico" acidente decorreu de caso fortuito – a convulsão sofrida pela passageira na estação –, que não seria possível antever ou prevenir. Assim, "*não há como considerar à luz da teoria da causalidade adequada, a conduta da ré causa específica e determinante para o evento danoso, pois o risco de a passageira cair na linha férrea, sem que seja por fatores ligados à própria organização do serviço, é fortuito externo, isto é, o risco não está abrangido pela esfera imputável objetivamente à concessionária de serviço público*".

Além disso, lembrou que, nas relações de consumo, só existe responsabilidade civil por fato do produto ou do serviço quando houver defeito, que seja a causa dos danos sofridos pelo consumidor – o que não teria ocorrido, já que o serviço estava funcionando em condições normais, inclusive quanto à fiscalização do local. O sistema de "portas de plataforma", que nem países com alto nível de desenvolvimento possuem em todas as linhas de metrô, ainda estava no início de sua implantação no metrô paulistano quando ocorreu o acidente, e mesmo hoje não chegou a todas as estações.

A matéria não se encontra ainda pacificada. De todo modo, o Código Civil consagrou sistema dualista de responsabilidade subjetiva e objetiva, não sendo consentido, sob pena de ruptura do sistema, sacrificar um critério de imputabilidade em favor do outro.

---

49 STJ, 4ª T., REsp 1.936.743, Rel. Min. Luis Felipe Salomão, julg. 14.6.2022.

Em síntese, decorrem ao menos duas observações do julgado. Em primeiro lugar, não há como estabelecer critérios para a solução do problema da reparação de danos com base exclusivamente nas normas do Código Civil. Torna-se indispensável a busca de balizas que, fundadas nos princípios e valores constitucionais, sirvam para unificar o sistema de responsabilidade, discriminando-se os chamados danos ressarcíveis e reconhecendo a irreparabilidade de inúmeros danos do cotidiano. Em segundo lugar, por mais louvável que seja a ampliação do dever de reparar, protegendo-se as vítimas de uma sociedade cada vez mais sujeita a riscos – decorrentes das novas tecnologias, dos bancos de dados pessoais, dos aparatos industriais, de engenharia genética, e assim por diante –, não se pode desnaturar a finalidade e os elementos da responsabilidade civil. O dever de reparar não há de ser admitido sem a presença do dano e do nexo de causalidade entre a atividade e evento danoso, tendo por escopo o ressarcimento da vítima.

Muito próximo de tal postura encontra-se o quarto pecado capital, que se assemelha à *inveja* do intérprete em relação aos poderes eleitos.[50] Há aqui comprometimento da relação entre os Poderes, com déficit de democracia quando magistrados não eleitos pretendem se assenhorar de opções valorativas. Critica-se nessa direção, o que se chamou de "oba-oba constitucional", caracterizado pela invocação vaga de princípios cujo conteúdo é livremente forjado pelo intérprete, que se recusa a admitir sua vinculação ao direito positivo, e se mostra refratário a qualquer deferência ao legislador.[51]

A tendência por vezes se traduz no que se poderia chamar de "ativismo louvável", quando se altera o sentido do texto legal para garantir a tutela da pessoa humana à míngua de proteção estatal. Reconheceu-se, nessa direção, com o evidente propósito de tutelar os interesses existenciais de pessoa vulnerável – maior interdito –, a legitimidade de adoção *post mortem* em família anaparental. No caso, a União postulava a anulação da adoção com o intuito principal de sustar o pagamento de benefícios previdenciários ao adotado. A Corte posicionou-se no sentido

50 *"Pune este círculo a culpa traiçoeira – / O mestre diz – da inveja; o açoite aplica / O amor, que os rigores lhe aligeira / [...] Fio de ferro as pálpebras prendia / A todas, como o gavião selvage / Para domar-lhe a condição bravia"* (Purgatório, Canto XIII, versos 37-39 ss; 70-72).

51 SARMENTO, Daniel. Ubiquidade constitucional: os dois lados da moeda. In: SOUZA NETO, Cláudio Pereira de; SARMENTO, Daniel (coords.). *A Constitucionalização do Direito*: fundamentos teóricos e aplicações específicas, Rio de Janeiro: Lumen Juris, 2007, p. 144.

de reconhecer a validade da adoção, sem embargo da literalidade do art. 42, § 2º, da Lei nº 8.069/1990 (Estatuto da Criança e do Adolescente), que dispõe: "Para adoção conjunta, é indispensável que os adotantes sejam casados civilmente ou mantenham união estável, comprovada a estabilidade da família". Para tanto, aduziu-se que "o fim expressamente assentado pelo texto legal - colocação do adotando em família estável - foi plenamente cumprido, pois os irmãos, que viveram sob o mesmo teto, até o óbito de um deles, agiam como família que eram, tanto entre si, como para o então infante, e naquele grupo familiar o adotado se deparou com relações de afeto, construiu - nos limites de suas possibilidades - seus valores sociais, teve amparo nas horas de necessidade físicas e emocionais, em suma, encontrou naqueles que o adotaram, a referência necessária para crescer, desenvolver-se e inserir-se no grupo social que hoje faz parte".[52]

Em hipótese diversa, autorizou-se a inserção de nome materno fictício na certidão de uma criança de três 3 anos adotada unicamente por um homem. A decisão foi tomada com base na alegação do pai adotivo de que a ausência do nome de uma mãe no registro civil estaria causando problemas, uma vez que a maioria das instituições exige, para o cadastramento, o nome materno. O pai aduziu, ainda, que o objetivo era facilitar a vida do menor em termos práticos e evitar a possibilidade de *bullying* escolar ou no meio social. Dentre os argumentos erigidos na sentença encontra-se o art. 3º do Estatuto da Criança e do Adolescente ao determinar que devem ser asseguradas às crianças e aos adolescentes "todas as oportunidades e facilidades, a fim de lhes facultar o desenvolvimento físico, mental, moral, espiritual e social, em condições de liberdade e de dignidade".[53] Há aqui risco de usurpação de competência legislativa por parte do Judiciário, ainda que movido por inveja bem-intencionada.

O quinto pecado capital encontra-se numa certa obsessão fazendária de alguns setores da magistratura que, preocupados com o custo das decisões para o erário, incorrem em inequívoca *avareza*.[54] Cria-se

52 STJ, 3ª T., REsp 1.217.415/RS, julg. 19.6.2012.

53 A decisão, da 11ª Vara de Família e Registro Civil da Capital (TJ/PE), foi noticiada em diversos veículos de imprensa, como o que pode ser acessado em <http://brasil.estadao.com.br/noticias/geral,filho-adotivo-tera-nome-ficticio-de-mae-em-registro-de-nascimento,1510259>. Acesso em 15.10.2022.

54 "*Como a avareza em nós tinha extinguida / A propensão ao bem, aos santos feitos, / Assim nos tem justiça a ação tolhida. / Pés e mãos ata em vínculos estreitos: / Enquanto a Deus prouver, nós, estendidos, / Imóveis estaremos nesses leitos*" (Purgatório, Canto XIX, versos 121-126).

verdadeira esquizofrenia institucional entre, de um lado, a efetivação de valores existenciais proclamados pelo Poder Constituinte, e, de outro, a prioridade conferida à fazenda pública por parte do Poder Judiciário. Deixa-se de acolher pretensões justas pelo medo avaro de sacrificar a Fazenda Pública. Incorre nessa avareza em desfavor de garantias constitucionais o entendimento jurisprudencial que, alterando orientação anterior, considera que o prazo prescricional para a pretensão de restituição de tributo considerado, em controle difuso, inconstitucional tem seu termo inicial no momento da homologação do pagamento, e não na data em que a declaração de inconstitucionalidade é proclamada por ato do Senado Federal que retira a norma inconstitucional do mundo jurídico, nos termos do art. 52, X, da C.R.[55] Assim, pela denominada "tese dos cinco mais cinco", o termo inicial do prazo prescricional, nos casos de tributos sujeitos a lançamento por homologação, é a data em que ocorrida essa, de maneira expressa ou tácita – pelo decurso do prazo quinquenal. Com a homologação, portanto, deflagra-se o prazo prescricional quinquenal para postular a restituição pelo pagamento de tributo inconstitucional, o que, em termos práticos, leva o contribuinte a ter sua pretensão fulminada pelo decurso do prazo antes mesmo da declaração de inconstitucionalidade da lei.

Em direção oposta, felizmente, andou o Superior Tribunal de Justiça ao estabelecer, mais de vinte anos após a promulgação do Código de Defesa do Consumidor, que o prazo para surgimento de vícios ocultos nos produtos ou serviços, deliberadamente deixado em aberto pelo legislador, não poderia ser reduzido ao prazo de garantia, mas se projeta, em favor do consumidor, de acordo com a natureza do bem ou serviço adquirido, por toda a vida útil legitimamente esperada pelo consumidor.[56] No caso, o vendedor de máquina agrícola ajuizou ação de cobrança

55 "O prazo prescricional é de cinco anos e deve ser contado a partir da homologação do lançamento do crédito tributário. Se a lei não fixar prazo para a homologação, será ele de 05 (cinco) anos a contar da ocorrência do fato gerador" (STJ, 1ª T., AgRg no REsp 285.676/ES, julg. 22.5.2001). V., ainda, STJ, 1ª S., EREsp 435.835/SC, julg. 24.3.2004, em que restou assentado: "Não há que se falar em prazo prescricional a contar da declaração de inconstitucionalidade pelo STF ou da Resolução do Senado. A pretensão foi formulada no prazo concebido pela jurisprudência desta Casa Julgadora como admissível, visto que a ação não está alcançada pela prescrição, nem o direito pela decadência. Aplica-se, assim, o prazo prescricional nos moldes em que pacificado pelo STJ, *id est*, a corrente dos cinco mais cinco".

56 STJ, 4ª T., REsp 984.106/SC, Rel. Min. Luís Felipe Salomão, julg. 4.10.2012.

pleiteando os custos com o reparo do produto vendido. Reconheceu-se, contudo, a responsabilidade do vendedor pelo vício que inquinava o produto adquirido pelo recorrido, tendo sido comprovado que se tratava de defeito de fabricação.

Tão grave quanto o pecado anterior mostra-se a *gula*,[57] constituída pela apropriação, em estruturas dogmáticas antigas, de novos bens jurídicos com elas incompatíveis. Mais uma vez tem-se aqui processo mecânico de subsunção, em que se pretende aplicar regra jurídica isoladamente a hipóteses fáticas diferenciadas, oferecendo soluções para novos problemas a partir de técnicas com estes dissonantes. Ilustra bem esta tendência a hipótese em que a usucapião extraordinária urbana, prevista para o acesso ao direito fundamental da moradia, foi negada pelo Judiciário ao argumento de que a área usucapida seria inferior ao módulo mínimo local, "não constituindo o referido imóvel, portanto, objeto legalizável, nos termos da lei municipal". Em nome do respeito à lei municipal, portanto, afastou-se a efetivação de direito fundamental do autor, simplificando-se assunto complexo em mera operação matemática.[58]

Finalmente, o sétimo pecado capital, a *luxúria*, consiste no apego ao paradigma das relações patrimoniais - e ao fetiche da propriedade - na

57 *"Os que o rosto, cantando, têm banhado / De pranto, havendo entregue à gula a vida, / Sobem, na fome e sede, o santo estado. / A fome, a sede sente-se incendida / Dos pomos pelo aroma e por frescura / Das águas, sobre as ramas espargida"* (Purgatório, Canto XXIII, versos 64-69).

58 STJ, 4ª T., REsp 402.792/SP, julg. 26.10.2004. Contra, o TJ/RJ, em sua Súmula da Jurisprudência Predominante, a de número 317, procurando pacificar os entendimentos em torno da concepção majoritária na corte estadual, nos seguintes termos: "É juridicamente possível o pedido de usucapião de imóvel com área inferior ao módulo mínimo urbano definido pelas posturas municipais" (A publicação da Súmula data de 18.08.2014, a partir do julgamento do Incidente de Uniformização de Jurisprudência n. 001314964.2005.8.19.0202, julgamento em 14.4.2014). O STJ alterou seu posicionamento, em boa hora, como se vê no REsp 1.040.296/ES, 4ª T., Rel. p/ Acórdão Min. Luis Felipe Salomão, julg. 2.6.2015, em caso envolvendo a usucapião rural do art. 191 da C.R. Seguiu, nesta linha, o posicionamento perfilhado pelo STF sobre a usucapião extraordinária urbana (RE 422.349/RS, Rel. Min. Dias Toffoli, julg. 29.4.2015). Sobre o tema, com arguta crítica à orientação anterior, v. MONTEIRO FILHO, Carlos Edison do Rêgo. Usucapião imobiliária urbana independente de metragem mínima. In: *Revista Brasileira de Direito Civil*, v. 2, out.-dez./2014, pp. 9-29. <https://www.ibdcivil.org.br/rbdc.php?ip=123&titulo=%20VOLUME%202%20|%20Out-Dez%202014&category_id=32&arquivo=-data/revista/pdf/rbdcivil-volume-2.pdf>. Acesso em 4.1.2016.

análise de questões de natureza existencial.[59] Verifica-se, em consequência, promiscuidade de categorias e conceitos, valorando-se a autonomia existencial com fundamento na lógica proprietária. Na experiência norte-americana, serve de exemplo a hipótese em que a Suprema Corte declarou inconstitucional a instalação de GPS no automóvel do réu, por violação à sua intimidade, invalidando, assim, por ilícita, portentosa investigação criminal que resultara na prisão de poderoso traficante de drogas.[60] O aresto considerou desrespeitada a 4ª Emenda à Constituição e o debate se circunscreveu aos confins do direito de propriedade do réu. O GPS fora instalado em local e período que extrapolaram mandado judicial para o rastreamento, este equiparado à noção de "busca". Desacompanhado de ordem judicial (uma vez expirado o mandado), a ilegitimidade do monitoramento com GPS foi arguída com fundamento na defesa da propriedade privada. Curiosamente, mesmo o voto vencido, da Justice Sotomayor, ao afastar o precedente da inegerência em propriedade alheia (*trespass test*), submetendo-se exclusivamente ao precedente de Katz v. U.S. (nº 389 U.S., p. 347), que associa a tutela da 4ª emenda ao critério da '*reasonable expectation of privacy*', embora louvável por se rebelar contra o *trespass test* naquela hipótese, não consegue se afastar da ótica proprietária no exame de direitos da personalidade.[61]

Em outro julgado dos Estados Unidos, sobrepôs-se, mais uma vez, a tutela da personalidade, do corpo humano (e de seus fluidos) e o conceito de propriedade. A médica Sharon Irons engravidou após coletar, durante sexo oral, o sêmen do também médico Richard O. Phillips, seu namorado. A Corte de Apelação do Illinois (Chicago) aceitou a alegação da ré de que teria uma espécie de doação do material genético, acarretando "transferência absoluta e irrevogável do título de propriedade

59 "*De luxúria fez tantas demasias / Que em lei dispôs ser lícito e agradável / Para desculpa às torpes fantasias*" (Inferno, Canto V, versos 55-57); "*Cantaram; cada qual como antes disse / Esposas e maridos, que hão guardado / A fé, que Deus mandou sempre os unisse: / Este modo há de ser, creio, alternado, / Enquanto os rodear a chama ardente: / A chaga por tal bálsamo e cuidado / Há de ser guarnecida finalmente*" (Purgatório, Canto XXV, versos 133-139).

60 United States v. Jones (nº. 10-1259, District of Columbia Circuit, january 23, 2012, disponível em: http://www.supremecourt.gov/opinions/11pdf/10-1259.pdf). Acesso em 4.1.2015.

61 Veja-se o seguinte trecho citado no voto: "*Privacy is not a discrete commodity, possessed absolutely or not at all. Those who disclose certain facts to a bank or phone company for a limited business purpose need not assume that this information will be released to other persons for other purposes*".

entre doador e doadora". Por esse motivo, Phillips não teve reconhecido direito algum sobre a decisão acerca da concepção e do nascimento do filho. No entender da Corte, mesmo que houvesse um suposto "depósito", as partes não teriam acordado quanto à necessidade de devolução do bem mediante solicitação.[62]

Também na jurisprudência trabalhista brasileira, legitimou-se o acesso (e consequente controle) do empregador ao conteúdo do correio eletrônico de seu empregado com base na titularidade dominical. Segundo tal entendimento, "o que está em jogo, antes de tudo, é o exercício do direito de propriedade do empregador sobre o computador capaz de acessar a internet e sobre o próprio provedor". A prescindir da solução concreta a ser dada para as diversas hipóteses de colisão de interesses acima aludidas, o título de propriedade certamente não há de ser o paradigma para a afirmação do direito merecedor de tutela. Se assim não fosse, a propriedade do aparelho telefônico seria argumento suficiente para legitimar, por exemplo, a interceptação telefônica no âmbito das relações de trabalho.

V. Dever de fundamentação das decisões judiciais (art. 489, § 1º, CPC)

Conforme já se pôde sublinhar, é dever do magistrado fundamentar adequadamente suas decisões. Não prospera, nesse sentido, o comportamento do juiz que extrapola sua atividade hermenêutica, abandonando os parâmetros normativos vigentes, de tal modo que é seu dever afastar-se de tomadas de decisões ancoradas em critérios pessoais, dificultando o controle das decisões pela sociedade. É fundamental, portanto, a construção interpretativa do dever de fundamentação das decisões, de matriz constitucional,[63] e como mecanismo legítimo de transparência e controle da atividade hermenêutica do juiz pelo seio social.[64]

62 Esta e outras hipóteses, ilustrativas do apego do intérprete ao paradigma patrimonialista, são analisadas por TEPEDINO, Gustavo. A estranha revolta dos fatos contra o intérprete. Editorial. In: *Revista trimestral de direito civil*, v. 31, jul.-set./2007.

63 Assim dispõe o art. 93, inciso IX, da Constituição da República: "todos os julgamentos dos órgãos do Poder Judiciário serão públicos, e fundamentadas todas as decisões, sob pena de nulidade, podendo a lei limitar a presença, em determinados atos, às próprias partes e a seus advogados, ou somente a estes, em casos nos quais a preservação do direito à intimidade do interessado no sigilo não prejudique o interesse público à informação".

64 Como anota Daniel Sarmento, "a fundamentação das decisões judiciais, muito mais do que um requisito formal da sua validade, consiste em um pressuposto da sua

O alto nível de complexidade exigida da atividade do intérprete aponta inexoravelmente para uma relação de experiência entre ele, a norma e o caso concreto, implicando a influência inafastável de aspectos subjetivos, como as ideias, os valores prévios e os preconceitos, que compõem sua pré-compreensão.[65] A cautela, nesse quesito, será em se impedir que as pré-opiniões do intérprete entrem em jogo de tal modo a impossibilitar a exata e adequada compreensão da norma, à luz da complexidade e unidade do sistema, reduzindo-se a decisão ao "horizonte de expectativa" ditado pelas experiências prévias do intérprete e seus preconceitos.[66]

---

legitimidade no âmbito do Estado Democrático de Direito" (Ubiquidade Constitucional: Os Dois Lados da Moeda. In: *A Constitucionalização do Direito*: Fundamentos Teóricos e Aplicações Específicas, coord. Cláudio Pereira de Souza Neto; Daniel Sarmento, Rio de Janeiro: Lumen Juris, 2007, p. 146).

---

65 A respeito da denominada "pré-compreensão", Daniel Sarmento a define da seguinte forma: "Em sintonia com o "giro linguístico" na filosofia contemporânea, ela parte da premissa inquestionável de que nenhum ser humano habita um vazio axiológico-cultural. Todos nós somos seres enraizados, que compartilhamos ideias, valores e preconceitos com nossos semelhantes, e não nos despimos deles na hora de interpretar e aplicar o Direito. Quando um problema jurídico qualquer nos é apresentado, o nosso inescapável ponto de partida para equacioná-lo não é o texto da norma jurídica, como costumava proclamar a doutrina mais tradicional, mas a visão que já temos da questão, que é inevitavelmente impregnada pelos valores da cultura em que nos inserimos". (SARMENTO, Daniel. *Por um constitucionalismo inclusivo: História Constitucional brasileira, teoria da Constituição e Direitos Fundamentais*. Editora Lumen Juris: Rio de Janeiro, 2010, p. 220). V., no mesmo sentido, "O intérprete está munido de uma 'pré-compreensão', com que acede ao texto. Esta pré-compreensão refere-se à coisa de que o texto trata e à linguagem em que se fala dela. Sem uma tal pré-compreensão, tanto num como noutro aspecto, seria difícil, ou de todo impossível, formar-se uma 'conjectura de sentido'. O intérprete necessita da sua para se entranhar no processo do compreender. (...) A sua 'pré-compreensão' é o resultado de um longo processo de aprendizagem, em que se incluem tanto os conhecimentos adquiridos na sua formação ou posteriormente com as últimas experiências profissionais e extraprofissionais, mormente as que respeitam a factos e contextos sociais". (LARENZ, Karl. *Metodologia da ciência do direito*. 8ª ed. Fundação Calouste Gulbenkian: Lisboa, 2019, p. 288).

66 "Esta disposição inicial do intérprete concebida como uma assunção originária de sentido, resultante do seu horizonte de expectativas, não pode tornar-se um preconceito e assim impedir a plena compreensão do fato, devendo, portanto, assim como os demais aspectos do processo interpretativo, ser explicitada na fundamentação da decisão (PERLINGIERI, *O direito civil na legalidade constitucional*. Rio de Janeiro: Renovar, 2008, p. 608). Por outro lado, esta mesma pré-compreensão não apenas deve ser explicitada na fundamentação para que seja também objeto de

Em um mundo plural, há, dialeticamente, diversas pré-compreensões individuais pautadas em valores subjetivos e psiquismos diversos que influenciam diuturnamente os sujeitos e suas compreensões da vida. Diante disso, a solução almejada será no sentido de se interpretar o enunciado normativo, com o controle assertivo da fundamentação, impedindo-se que tais pré-compreensões sejam utilizadas como parâmetros determinantes para a solução do caso concreto. É dever do intérprete expor suas razões e fundamentos, possibilitando o controle externo e democrático da decisão, em um processo lógico-axiológico o mais explícito possível, voltado a realizar a legalidade constitucional.[67] Trata-se de redesenhar o princípio da segurança jurídica na hermenêutica contemporânea, com a construção da solução do caso concreto aliada à necessidade de preservação da unidade axiológica do ordenamento.[68]

avaliação crítica, mas também atua como mecanismo indireto de controle da liberdade criativa, pois se constrói normalmente a partir de parâmetros minimamente compartilhados coletivamente". (KONDER, Carlos Nelson de Paula. Interpretação dos contratos, interpretação da lei e qualificação: superando fronteiras. *Scientia Iuris*, Londrina, v.19, n.1, pp.47/62, jun.2015, p. 59).

67 TEPEDINO, Gustavo. Normas Constitucionais e Direito Civil na Construção Unitária do Ordenamento. In: *Temas de direito civil*, t. III. Rio de Janeiro: Renovar, 2009, p. 4. Nesse sentido, afirma Eduardo Nunes de Souza: "A metodologia aqui proposta simplesmente postula que não se pode conferir qualquer relevância jurídica a essa primeira identificação (de moldes silogísticos), uma vez que em nenhuma hipótese se admite que a interpretação esgote-se nela; ao contrário, é necessário que o julgador (re)conheça suas pré-compreensões, justamente para impedir que seu convencimento se forme apenas com base nelas. O entendimento que o magistrado adquire sobre o caso concreto forma-se no processo que a filosofia denomina círculo hermenêutico, um movimento dialético constante que faz com que ele se reporte do fato à norma e da norma ao fato, até alcançar a solução" (SOUZA, Eduardo Nunes de. Merecimento de tutela: a nova fronteira da legalidade no direito civil. In: MORAES, Carlos Eduardo Guerra de; RIBEIRO, Ricardo Lodi (coord.). *Direito Civil*. Rio de Janeiro: Freitas Bastos, 2015, p. 81).

68 TEPEDINO, Gustavo. A razoabilidade na experiência brasileira. In: Gustavo Tepedino; Ana Carolina Brochado Teixeira; Vitor Almeida (coords.), *Da dogmática à efetividade do Direito Civil: Anais do Congresso Internacional de Direito Civil Constitucional - IV Congresso do IBDCivil*, Belo Horizonte: Fórum, 2019, 2ª ed., p. 30. Ademais, nas palavras de Carlos Nelson Konder: "O olhar do jurista passa a compreender as repercussões da aplicação de uma norma, os interesses jurídicos em jogo, os fins que ela visa atingir, a ratio que a alimenta. Assim, o intérprete deixa de lado aquela postura supostamente neutra e asséptica para assumir o papel - e a responsabilidade daí decorrente - de intervenção na realidade social a que o direito se destina.

Tamanha a relevância da tarefa de fundamentação das decisões judiciais, que se constitui no principal limite à discricionaridade do juiz,[69] que sua previsão é testemunhada nos mais diversos diplomas legais, como aquela fixada no art. art. 489, do Código de Processo Civil,[70] que estabelece que não se considerarão fundamentadas as seguintes decisões: i) aquela que se limitar a indicar, reproduzir ou parafrasear ato normativo, sem explicar sua relação com a causa ou questão decidida; ii) empregar conceitos jurídicos indeterminados, sem explicar o motivo concreto de sua incidência no caso; iii) invocar motivos que se prestariam a justificar qualquer outra decisão; iv) não enfrentar todos os argumentos deduzidos e capazes de, em tese, infirmar a conclusão adotada pelo julgador; v) se limitar a invocar precedente ou enunciado sumular, sem identificar seus fundamentos determinantes ou demonstrar que o caso sob julgamento se ajusta àqueles fundamentos; iv) deixar de seguir enunciado de súmula,[71] jurisprudência ou precedente invocado pela

---

A atividade interpretativa necessariamente envolve valores, o intérprete está sempre guiado por certos fins, objetivos, indicados pelo próprio direito, que devem ser buscados. Portanto, considerando que isso é inevitável, é preferível que o intérprete assuma e explicite esses fins, para que eles possam ser debatidos democraticamente, do que ocultá-los sob o manto de uma suposta neutralidade na atribuição de significado aos enunciados normativos. Nesse sentido, a ideia de função dos institutos jurídicos é central: quando discutimos para que eles servem, estamos trabalhando não para diminuir, mas para aumentar a segurança jurídica na sua aplicação, dando uma baliza objetiva, uma diretriz, para o intérprete." (KONDER, Carlos Nelson. Para além da 'Principialização' da função social do contrato, p. 41. In: *Revista Brasileira de Direito Civil* – RBDCivil, vol. 13, jul/set/2017, pp. 39/59)

---

69 MONTEIRO FILHO, Carlos Edison do Rêgo, Reflexões metodológicas: a construção do observatório de jurisprudência no âmbito da pesquisa jurídica, p. 20. *Revista Brasileira de Direito Civil – RBDCivil*, vol. 9, jul./set. 2016, pp. 8-30.

70 Ao propósito, Roberto Rosas já destacou, em matéria de segurança jurídica na seara processual: "A segurança jurídica é a tranquilidade do cidadão, do empresário, do administrador. Isso significa a estabilidade da jurisprudência e das relações jurídicas. De nada adianta uma eficiente legislação processual se as decisões variam ao sabor do dia, do julgador, da Câmara julgadora. É instabilidade pura." (ROSAS, Roberto. Segurança jurídica. Efetividade. Jurisprudência. In: *Revista de Informação Legislativa - Brasília*, ano 48, n. 190, abr./jun. 2011, pp. 215-220. Disponível em: file:///C:/Users/tavda/Downloads/ril_v48_n190_t2_p215.pdf. Acesso em 10.10.2022)

71 Afinal: "a preocupação com a segurança jurídica permeia o instituto da súmula vinculante como um todo. Não só existe evidente relação natural entre a edição de uma súmula vinculante e o grau de segurança relativo à matéria sumulada, como também o princípio da segurança jurídica é assegurado pela própria forma

parte, sem demonstrar a existência de distinção no caso em julgamento ou a superação do entendimento.[72]

Das duas primeiras exigências do dispositivo, extrai-se a necessidade de se explicitar as normas aplicáveis e as razões de serem elas as mais adequadas à solução do caso concreto, não bastando a simples transcrição do dispositivo legal ou a menção genérica a conceitos jurídicos indeterminados, o que impede a necessária individualização da normativa aplicável.[73] Nessa direção, o art. 20 da Lei de Introdução às Normas do Direito Brasileiro, incluído pela Lei nº 13.655/2018, proíbe que se

---

do instituto: ao determinar que a edição de súmula pressupõe a existência de reiteradas decisões sobre um determinado tema; ao exigir *quorum* qualificado para a sua edição; ao prever procedimento rígido para a sua revisão; e ao estabelecer mecanismos céleres e eficientes para a sua efetivação." (MENDES, Gilmar. A reforma do sistema judiciário no Brasil: elemento fundamental para garantir segurança jurídica ao investimento estrangeiro no Brasil. In: *Doutrinas Essenciais de Direito Empresarial*, vol. 8, dez/2010, p. 771-777).

72 Eis o teor do dispositivo: CPC/2015, "Art. 489. São elementos essenciais da sentença: I - o relatório, que conterá os nomes das partes, a identificação do caso, com a suma do pedido e da contestação, e o registro das principais ocorrências havidas no andamento do processo; II - os fundamentos, em que o juiz analisará as questões de fato e de direito; III - o dispositivo, em que o juiz resolverá as questões principais que as partes lhe submeterem. § 1º Não se considera fundamentada qualquer decisão judicial, seja ela interlocutória, sentença ou acórdão, que: I - se limitar à indicação, à reprodução ou à paráfrase de ato normativo, sem explicar sua relação com a causa ou a questão decidida; II - empregar conceitos jurídicos indeterminados, sem explicar o motivo concreto de sua incidência no caso; III - invocar motivos que se prestariam a justificar qualquer outra decisão; IV - não enfrentar todos os argumentos deduzidos no processo capazes de, em tese, infirmar a conclusão adotada pelo julgador; V - se limitar a invocar precedente ou enunciado de súmula, sem identificar seus fundamentos determinantes nem demonstrar que o caso sob julgamento se ajusta àqueles fundamentos; VI - deixar de seguir enunciado de súmula, jurisprudência ou precedente invocado pela parte, sem demonstrar a existência de distinção no caso em julgamento ou a superação do entendimento."

73 A vedação à decisão genérica encontra guarida na Constituição da República, como consta do art. 93, IX, segundo o qual "todos os julgamentos dos órgãos do Poder Judiciário serão públicos, e fundamentadas todas as decisões, sob pena de nulidade, podendo a lei limitar a presença, em determinados atos, às próprias partes e a seus advogados, ou somente a estes, em casos nos quais a preservação do direito à intimidade do interessado no sigilo não prejudique o interesse público à informação".

decida com base em valores jurídicos abstratos, desconsiderando-se as consequências práticas da decisão.[74]

Em linha com tais exigências, também é vedada a invocação de precedente sem a devida justificação da semelhança entre os casos; e a omissão de justificativa capaz de distinguir o caso sob exame do caso invocado no precedente; sem falar da necessidade de se justificar a superação de precedente invocado pela parte, ou demonstrar a existência de distinção em relação ao caso em julgamento ou a superação do entendimento invocado.[75] Não se pretende aqui promover identidade entre decisões que envolvem casos análogos, mas sim garantir coerência entre elas, evitando-se um emaranhado de decisões contraditórias num mesmo órgão julgador.[76] Ademais, a decisão deve ter o condão de particularizar o caso concreto,[77] de tal modo que se uma decisão apresenta

---

74 Eis o teor do dispositivo: "Art. 20. Nas esferas administrativa, controladora e judicial, não se decidirá com base em valores jurídicos abstratos sem que sejam consideradas as consequências práticas da decisão. Parágrafo único. A motivação demonstrará a necessidade e a adequação da medida imposta ou da invalidação de ato, contrato, ajuste, processo ou norma administrativa, inclusive em face das possíveis alternativas." Veja-se também o conteúdo do art. 21 da mesma norma: "Art. 21. A decisão que, nas esferas administrativa, controladora ou judicial, decretar a invalidação de ato, contrato, ajuste, processo ou norma administrativa deverá indicar de modo expresso suas consequências jurídicas e administrativas."

75 Afinal, conforme identificou o Prof. Roberto Rosas quanto ao entendimento sumular, "o passo decisivo na importância da súmula não está no seu momento de elaboração, e sim no futuro, na aplicação, na alteração, no cancelamento. Se os julgadores não seguem, de nada vale. Se o legislador altera a norma supedânea do texto, ela será alterada ou cancelada. Sem dúvida, ela é grande material de pacificação, ainda que haja discordância do seu texto (...)". (ROSAS, Roberto. Segurança jurídica. Efetividade. Jurisprudência. In: *Revista de Informação Legislativa - Brasília*, ano 48, n. 190, abr./jun. 2011, pp. 215-220. Disponível em: file:///C:/Users/tavda/Downloads/ril_v48_n190_t2_p215.pdf. Acesso em 10.10.2022)

76 Nesse sentido: "um juiz não deveria criar um arcabouço teórico *ad hoc* para a discussão de cada caso, mas sim empregar o arcabouço usado para outros casos. Uma estrutura bem elaborada – este é um aspecto da elaboração do direito – contribui para o principal projeto do direito, que é o de decidir de modo similar casos similares. A estrutura também proporciona um sistema para ancorar as decisões depois que elas tenham sido tomadas, tornando possível localizar precedentes relevantes no curso de demandas subsequentes." (HYLAND, Richard. Vamos dançar? Trad. Eduardo Nunes de Souza. *Civilistica.com*, Rio de Janeiro: a. 3, n. 2, 2014. Disponível em: http://civilistica.com/vamos-dancar/. Acesso em 18.10.2022)

77 Ao propósito, propondo que o juiz deve também estar aberto às lições da doutrina, afirma Carlos Edison do Rêgo Monteiro Filho: "O respeito e a valorização

suposta fundamentação apta a justificar qualquer decisão em abstrato, trata-se de resposta padronizada, desatenta às demandas e particularidades levadas à cabo concretamente pelas partes, e incompatível com o dever de fundamentação delineado no dispositivo.

Em adição, entre os processualistas, aduz-se que a fundamentação, nos termos do art. 489, se torna parte integrante da decisão em que o magistrado examina as questões fático-jurídicas trazidas pelas partes ao processo, incluindo-se a prova produzida. É através dela que o juiz exprime as razões jurídicas que o levaram a decidir as questões processuais e materiais que sustentam a decisão, sendo tamanha sua relevância que o legislador dedicou espaço especial a disciplinar aquilo que se entende por decisão carente de fundamentação.[78]

VI. Notas conclusivas

Como se pode confirmar a partir do panorama jurisprudencial brasileiro, a corajosa atuação da magistratura não deve ser combatida, embora se mostre imprescindível a definição pela doutrina de parâmetros constitucionais para a valoração e solução de controvérsias que, multiplicadas inevitavelmente pelo exercício da cidadania inerente à dinâmica da democracia e da sociedade da informação, agitam o Judiciário

das especificidades mostram-se fundamentais para a individuação da normativa a ser aplicada, não podendo servir de escusa, contudo, para a adoção de decisões racionalmente contraditórias produzidos pelo mesmo órgão julgador. (...) O juiz precisa, necessariamente, estar aberto às lições da doutrina. Foi-se o tempo em que o atributo acadêmico, no seio dos tribunais, associava-se a magistrados e profissionais não compromissados com a prática da jurisdição, mas com elucubrações em teorias que os afastavam, senão física, espiritualmente, das atribuições do cotidiano. Hoje, as qualificações de mestre, doutor, pesquisador, professor de direito tornaram-se disputadas por juízes, desembargadores e ministros em busca de aproximar a pesquisa científica dos conflitos do dia a dia, em processo de aprimoramento teórico-prático que em última análise favorece o jurisdicionado, o país." (MONTEIRO FILHO, Carlos Edison do Rêgo, Reflexões metodológicas: a construção do observatório de jurisprudência no âmbito da pesquisa jurídica, p. 20-21. *Revista Brasileira de Direito Civil – RBDCivil*, vol. 9, jul./set. 2016, pp. 8-30)

78 MARINONI, Luiz Guilherme. *Novo curso de processo civil*: tutela dos direitos mediante procedimento comum, vol. II, São Paulo: Editora Revista dos Tribunais, 2ª ed., 2016, p. 425.

sem que o legislador possa dar conta de sua específica e mutante regulamentação.

Em tal contexto, o papel constitucional da magistratura assume importância crucial para a democracia, seja em favor da segurança jurídica representada pelo respeito às leis legitimamente promulgadas, seja para tutelar direitos fundamentais de minorias, mesmo quando a intervenção do Poder Judiciário assuma feição contramajoritária. A tênue linha divisória entre essa atuação alvissareira do magistrado e o voluntarismo ideológico deve ser contornada não de modo autoritário – ainda que escamoteado por argumento de autoridade –, mas mediante o estímulo à fundamentação das decisões, conforme exigido pelo art. 93, inciso IX, da Constituição da República e em conformidade com o art. 489, do Código de Processo Civil, exigindo-se argumentação que permita o amplo e transparente controle social da magistratura e a paulatina construção de padrões de comportamento estáveis na reconstrução da segurança jurídica – aparentemente perdida pela ocaso da técnica legislativa regulamentar.

Segue-se daí a importância de se evitar a contaminação dos novos valores e categorias que compõem a teoria da interpretação contemporânea por métodos e tendências extraídos da dogmática tradicional, que guarda constrangedora incompatibilidade com a legalidade constitucional. Tal perigo, recorrente e iminente, encontra-se representado, ainda que de forma reducionista, como os sete pecados capitais do intérprete, todos eles interligados e reproduzidos quer no ensino jurídico, quer na manualística, quer na prática judiciária. Não se mostra infrequente, por exemplo, a designação dos princípios constitucionais, situados no ápice da pirâmide normativa, como princípio geral de direito, previsto no art. 4º da LINDB como instrumento residual de integração, formulado pelo intérprete pelo método indutivo, em nível infraconstitucional, na ausência de lei, analogia ou costume aplicáveis. Cuida-se de subversão hermenêutica que impede a preservação da unidade do ordenamento construída a partir (e com a incorporação plena) das normas constitucionais. Muito já se evoluiu, nas últimas décadas, na experiência brasileira, no campo da interpretação. E o só fato de se refletir, entre os diversos domínios do direito público e privado, acerca do ativismo judicial, indica provavelmente o itinerário vicejante e auspicioso, posto nada linear, em direção a ordem jurídica mais justa, igualitária e democrática.

REFERÊNCIAS BIBLIOGRÁFICAS

ALEXY, Robert. Balancing, constitutional review, and representation. *International Journal of Constitutional Law*, vol. 3, nº 4, 2005.

ASCARELLI, Tullio. *Problemi giuridici*, tomo primo, Milano: Casa Editrice Dott. A. Giuffrè, 1959.

BARROSO, Luís Roberto. Judicialização, Ativismo Judicial e Legitimidade Democrática. In: COUTINHO, Jacinto Nelson de Miranda; FRAGALE FILHO, Roberto; LOBÃO, Ronaldo (org.), *Constituição e Ativismo Judicial*: limites e possibilidades da norma constitucional e da decisão judicial, Rio de Janeiro: Lumen Juris, 2011.

BARROSO, Luís Roberto. Vinte anos da Constituição brasileira de 1988: o Estado a que chegamos. In: *Temas de direito constitucional*, t. IV, Rio de Janeiro: Renovar, 2009.

BINENBOJM, Gustavo. *A Nova Jurisdição Constitucional Brasileira*: legitimidade democrática e instrumentos de realização, Rio de Janeiro: Renovar, 2014.

BOBBIO, Norberto. *Teoria do ordenamento jurídico*, Brasília, UnB, 1995.

BRITTO, Carlos Ayres. Separação dos Poderes na Constituição Brasileira. In: *Doutrinas Essenciais de Direito Constitucional*, v. 4, mai./2011.

ENGISCH, Karl. *Introdução ao pensamento jurídico*, 8ª ed., Lisboa: Calouste Gulbekian, 2001.

FACHIN, Luiz Edson. *Direito Civil*: sentidos, transformações e fim, Rio de Janeiro: Renovar, 2015.

GRAU, Eros. *A construção do direito: da elaboração do texto à produção da norma*, palestra proferida na Faculdade de Direito da Universidade do Estado do Rio de Janeiro – UERJ, em 31.3.2008.

GRAU, Eros. *Ensaio e discurso sobre a interpretação/aplicação do direito*, 5ª ed., São Paulo, Malheiros, 2009.

HABERMAS, Jürgen. Popular sovereignty as procedure. In: *Deliberative democracy*, org. James Bonham and William Rehg, Cambridge, The MIT Press, 1997.

HYLAND, Richard. Vamos dançar? Trad. Eduardo Nunes de Souza. *Civilistica.com*, Rio de Janeiro: a. 3, n. 2, 2014. Disponível em: http://civilistica.com/vamos-dancar/ . Acesso em 18.10.2022.

KONDER, Carlos Nelson de Paula. Interpretação dos contratos, interpretação da lei e qualificação: superando fronteiras. *Scientia Iuris*, Londrina, v.19, n.1, pp. 47-62, jun.2015.

KONDER, Carlos Nelson. Para além da 'Principialização' da função social do contrato. In: *Revista Brasileira de Direito Civil* – RBDCivil, vol. 13, jul/set/2017.

LARENZ, Karl. *Metodologia da ciência do direito.* 8ª ed. Fundação Calouste Gulbenkian: Lisboa, 2019.

MARINONI, Luiz Guilherme. *Novo curso de processo civil*: tutela dos direitos mediante procedimento comum, vol. II, São Paulo: Editora Revista dos Tribunais, 2ª ed., 2016.

MENDES, Gilmar Ferreira. Direitos fundamentais: eficácia das garantias fundamentais constitucionais nas relações privadas – análise da jurisprudência da corte constitucional alemã. In: *Introdução ao Direito Previdenciário*, São Paulo: LTR, 1998.

MENDES, Gilmar. A reforma do sistema judiciário no Brasil: elemento fundamental para garantir segurança jurídica ao investimento estrangeiro no Brasil. In: *Doutrinas Essenciais de Direito Empresarial*, vol. 8, dez/2010.

MENDES, Gilmar. Colisão de direitos fundamentais: liberdade de expressão e de comunicação e direito à honra e à imagem. In: Revista de Informação Legislativa, Brasília, vol. 122, p. 1994, pp. 297-301. Disponível em: http://www.gilmarmendes.com.br/wp-content/uploads/2018/09/COLIS%C3%83O-DE-DIREITOS-FUNDAMENTAIS-LIBERDADE-DE-EXPRESS%C3%83O-E-DE-COMUNICA%C3%87%C3%83O-E-DIREITO-%C3%80-HONRA-E-%C3%80-IMAGEM.pdf#new_tab . Acesso em 5.1.2023.

MONTEIRO FILHO, Carlos Edison do Rêgo, Reflexões metodológicas: a construção do observatório de jurisprudência no âmbito da pesquisa jurídica. *Revista Brasileira de Direito Civil – RBDCivil*, vol. 9, jul./set. 2016.

PEREIRA, Caio Mário da Silva. *Instituições de direito civil*, v.1., 26 ed., Rio de Janeiro: Forense, 2013.

PERLINGIERI, Pietro. *Complessità e unitarietà dell'ordinamento giuridico vigente*, in *Rassegna di diritto civile*, vol. 1/05, *Edizioni Scientifiche Italiane.*

PERLINGIERI, Pietro. *O direito civil na legalidade constitucional*, trad. Maria Cristina de Cicco, Rio de Janeiro: Renovar, 2008.

RODOTÀ, Stefano. Ideologia e tecniche della riforma del diritto civile. *Rivista di diritto commerciale*, I, 1967.

ROSAS, Roberto. Dano processual. *Revista do Tribunal Federal de Recursos*, nº 145, 1987, p. 169. Disponível em: https://www.stj.jus.br/publicacaoinstitucional/index.php/revtfr/article/view/10046/10181. Acesso em 15 out. 2022.

ROSAS, Roberto. Segurança jurídica. Efetividade. Jurisprudência. In: *Revista de Informação Legislativa - Brasília*, ano 48, nº 190, abr./jun. 2011.

SARMENTO, Daniel. *Por um constitucionalismo inclusivo: História Constitucional brasileira, teoria da Constituição e Direitos Fundamentais*. Editora Lumen Juris: Rio de Janeiro, 2010.

SARMENTO, Daniel. Ubiquidade constitucional: os dois lados da moeda. In: SOUZA NETO, Cláudio Pereira de; SARMENTO, Daniel (coords.). *A Constitucionalização do Direito*: fundamentos teóricos e aplicações específicas, Rio de Janeiro: Lumen Juris, 2007.

SOUZA, Eduardo Nunes de. Merecimento de tutela: a nova fronteira da legalidade no direito civil. In: MORAES, Carlos Eduardo Guerra de; RIBEIRO, Ricardo Lodi (coord.). *Direito Civil*. Rio de Janeiro: Freitas Bastos, 2015.

STRECK, Lenio. O papel da constituição dirigente na batalha contra decisionismos e arbitrariedades interpretativas. In: COUTINHO, Jacinto Nelson de Miranda, MORAIS, Jose Luis Bolzan de, STRECK, Lenio Luiz (org.), *Estudos Constitucionais*, Rio de Janeiro: Renovar, 2007.

TEPEDINO, Gustavo. A Constitucionalização do Novo Código Civil. Editorial. *Revista Trimestral de Direito Civil*, vol. 15, Rio de Janeiro, Padma, jul-set/2003.

TEPEDINO, Gustavo. A disciplina civil-constitucional das relações familiares. In: *Temas de Direito Civil*, t. I, Rio de Janeiro: Renovar, 2008.

TEPEDINO, Gustavo. A eficácia dos direitos fundamentais entre particulares e o REsp 201.819: controle valorativo da autonomia privada na exclusão e admissão de associados. In: VICTOR, Sérgio Antônio Ferreira; FUCK, Luciano Felício; QUINTAS, Fábio Lima; ABBOUD, Georges. *A defesa da Constituição e do Estado de Direito: homenagem aos 20 anos do Ministro Gilmar Mendes no STF*, São Paulo: Editora Contracorrente, 2022.

TEPEDINO, Gustavo. A estranha revolta dos fatos contra o intérprete. Editorial. In: *Revista trimestral de direito civil*, v. 31, jul.-set./2007.

TEPEDINO, Gustavo. A razoabilidade na experiência brasileira. In: Gustavo Tepedino; Ana Carolina Brochado Teixeira; Vitor Almeida (coords.), *Da dogmática à efetividade do Direito Civil: Anais do Congresso Internacional de Direito Civil Constitucional – IV Congresso do IBDCivil*, Belo Horizonte: Fórum, 2019, 2ª ed.

TEPEDINO, Gustavo. Diálogos entre fontes normativas na complexidade do ordenamento. Editorial. *Revista Brasileira de Direito Civil*, vol. 5, jul./set. 2015.

TEPEDINO, Gustavo. Normas constitucionais e direito civil na construção unitária do ordenamento. In: *Temas de direito civil*, t. 3, Rio de Janeiro: Renovar, 2009.

TEPEDINO, Gustavo. O ocaso da subsunção, Editorial. *Revista trimestral de direito civil*, v. 34, abr.-jun./2008.

TEPEDINO, Gustavo. Pós-verdades hermenêuticas e o Princípio da Segurança Jurídica. In: *Coluna OAB/RJ*. Disponível em: <https://www.oabrj.org.br/

colunistas/gustavo-tepedino/pos-verdades-hermeneuticas-principio-seguranca-juridica>. Acesso em 18.10.2022.

TEPEDINO, Gustavo. Premissas Metodológicas para a Constitucionalização do Direito Civil. In: *Temas de Direito Civil*, t. I, Rio de Janeiro: Renovar, 2008, 4ª ed.

TEPEDINO, Gustavo. Teoria da interpretação e relações privadas: a razoabilidade e o papel do juiz na promoção dos valores constitucionais. In: TEPEDINO, Gustavo; MENEZES, Joyceane Bezerra de. *Autonomia privada, liberdade existencial e direitos fundamentais*, Belo Horizonte: Fórum, 2019.

TEPEDINO, Gustavo; BARBOZA, Heloisa Helena; MORAES, Maria Celina Bodin de. *Código Civil interpretado conforme a Constituição da República*, v. II, Rio de Janeiro: Renovar, 2012.

TEPEDINO, Gustavo; OLIVA, Milena Donato, *Fundamentos do Direito Civil*, v. 1: Teoria Geral do Direito Civil, Rio de Janeiro: Forense, 2022, 3ª ed.

Governança Judicial e Estado de Coisas Inconstitucional em Matéria Ambiental: breve análise do caso Fundo Clima (ADPF 708/DF), julgado pelo STF

Ingo Wolfgang Sarlet[1]

Tiago Fensterseifer[2]

1. Introdução

> "A questão climática é a questão de nosso tempo. É a pergunta interrogante que nos lança o destino e as respostas que nós pudermos formular decidirão qual futuro terá a humanidade – ou se haverá algum futuro. Não há outra pauta, não há outro problema, não há outra questão. A emergência climática é a antessala de todas as outras." (Ministro Luiz Edson Fachin, no julgamento da ADPF 708/DF)[3]

A atual crise, ou melhor, *estado de emergência* decorrente do aquecimento global e das mudanças climáticas representa um grande desafio para o Direito e, em particular, o Sistema de Justiça. A gravidade da questão climática e de suas consequências nefastas aos direitos fundamentais, como notório, é de tal magnitude que alguns países têm decretado um "estado de emergência climática", como, por exemplo, se deu na União Europeia, por meio do Parlamento Europeu, em 2019.[4] O reconhecimento de um estado de emergência climática, tem encontrado amplo respaldo por parte da comunidade científica, conforme dão conta, por

---

1 Doutor e Pós-Doutor em Direito pela Universidade de Munique. Professor titular e coordenador do Mestrado e Doutorado em Direito - PPGD da Escola de Direito da PUCRS. Desembargador aposentado do TJRS. Advogado e parecerista.

2 Doutor em Direito Público pela PUC/RS. Estudos em nível de pós-doutorado junto ao Instituto Max-Planck de Direito Social e Política Social de Munique, na Alemanha (2018-2019). Professor-Visitante (2021-2022) do Mestrado e Doutorado do PPGD da UNIFOR. Autor, com Ingo W. Sarlet, entre outras, das obras: *Curso de Direito Ambiental* (3.ed. Rio de Janeiro: GEN/Forense, 2022) e *Direito Constitucional Ecológico* (7.ed. São Paulo: Revista dos Tribunais, 2021). Defensor Público Estadual (SP).

3 Passagem do voto-vogal do Ministro Luiz Edson Fachin no julgamento da ADPF 708/DF pelo STF: Tribunal Pleno, Rel. Min. Barroso, j. 01.07.2022

4 A recente Lei de Bases do Clima (Lei 98/2021) da República Portuguesa reconheceu expressamente a "situação de emergência climática" (art. 2.º).

exemplo, os relatórios do Painel Intergovernamental sobre Mudança do Clima da Organização das Nações Unidas (IPCC), designadamente, o 6º Relatório (AR6) divulgado entre 2021 (Grupo 1) e 2022 (Grupos 2 e 3), constatando, entre outros pontos dignos de nota, a maior intensidade e frequência dos *eventos climáticos extremos* já em curso.

Nos últimos anos, o sistema de justiça brasileiro tem experimentado um aumento significativo e progressivo no que diz respeito à litigância extrajudicial e judicial em matéria ambiental e, em particular, climática, inclusive com importantes casos julgados recentemente pelos nossos Tribunais Superiores (em particular, o Superior Tribunal de Justiça e o Supremo Tribunal Federal). O presente artigo, nesse contexto, tem por objetivo analisar os temas da governança judicial, do estado de coisas inconstitucional e do processo estrutural no contexto da litigância ambiental e climática, tomando como exemplo do Caso Fundo Clima (ADPF 708/DF), julgado pelo STF em julho de 2022.

Antes de adentrar o tema propriamente dito, é necessário frisar que o presente texto é oferecido para integrar obra coletiva que rende justa, merecida e devida homenagem a um dos grandes juristas e advogados brasileiros contemporâneos, designadamente o Professor Doutor ROBERTO ROSAS, que conta, de há muito, com o respeito e admiração dos autores e de toda a comunidade jurídica brasileira.

2. Deveres de proteção do Estado-Juiz e governança judicial ecológica e climática

> "No Brasil, ao contrário de outros países, o juiz não cria obrigações de proteção do meio ambiente. Elas jorram da lei, após terem passado pelo crivo do Poder Legislativo. Daí não precisarmos de juízes ativistas, pois o ativismo é da lei e do texto constitucional. Felizmente nosso Judiciário não é assombrado por um oceano de lacunas ou um festival de meias-palavras legislativas. Se lacuna existe, não é por falta de lei, nem mesmo por defeito na lei; é por ausência ou deficiência de implementação administrativa e judicial dos inequívocos deveres ambientais estabelecidos pelo legislador" (Ministro Antonio Herman Benjamin do STJ).[5]

5 STJ, REsp 650.728/SC, 2ª Turma, Rel. Min. Herman Benjamin, j. 23.10.2007.

O modelo de um *Estado* (Democrático, Social e) *Ecológico de Direito*, tal como instituído e formatado pela Constituição Federal de 1988 (CF), é o de um Estado "guardião" dos direitos fundamentais, não somente das gerações humanas presentes, como também das futuras gerações, conforme consignado expressamente no *caput* do art. 225. Nessa perspectiva, todos os poderes e órgãos estatais encontram-se vinculados ao cumprimento dos deveres estatais de proteção do direito fundamental a viver em um ambiente sadio, seguro e equilibrado, sem prejuízo da responsabilidade dos particulares nesse contexto. Em face de seus deveres de proteção, também o Estado brasileiro, além da proibição de interferir no âmbito de proteção do direito fundamental a ponto de violá-lo, tem a missão constitucional de promover e garantir, mediante comportamentos positivos, o desfrute do direito ao meio ambiente, quando tal se fizer necessário.

Note-se que, como já amplamente sabido, todos os poderes estatais (Executivo, Legislativo e Judiciário) estão constitucionalmente obrigados a atuar, no âmbito da sua esfera constitucional de competências, no sentido de obter a maior eficácia e efetividade possível dos direitos e deveres fundamentais ecológicos. O Poder Judiciário, muito embora o caráter subsidiário da sua atuação em comparação com os demais poderes, também exerce um papel de extremo relevo na consecução no âmbito da proteção ambiental, notadamente atuando como instância revisora e mesmo corretiva das ações e omissões dos Poderes Legislativo e Executivo.

Assim como se dá com os direitos fundamentais em geral, o direito a um ambiente saudável e equilibrado não se encontra na esfera da plena discricionariedade dos órgãos estatais, que, seja por ação ou omissão, não estão autorizados constitucionalmente a violar o seu núcleo essencial, posto que, a despeito da (sempre mais ou menos relativa) autonomia dos bens jurídicos ambientais, também estarão sendo violados outros direitos humanos e fundamentais, e, a depender do caso, ofendida a dignidade da pessoa humana.

É, em apertada síntese, por tais razões, que, de acordo com a lição de Odete Medauar, que aqui se toma a liberdade de transcrever

> "cabe ao Judiciário apreciar o cumprimento, por parte do Legislativo ou por parte do Executivo, das diretrizes constitucionais ou legais relativas à proteção ambiental, para que tornem efetivas e não sejam desrespeitadas ou ignoradas. Resta claro, assim, que, no caso das omissões do Executivo, há muito consideradas pelo Judiciário na esfera da responsabilidade civil, hão de ser apreciadas em matéria de defesa do meio ambiente, para que as autoridades sejam

> obrigadas a adotar as medidas permanentes, com fundamento sobretudo na Constituição Federal".[6]

É nesse sentido, por sua vez, que o papel daquilo que se tem designado de uma *governança ambiental*[7] assume especial relevância no âmbito da discussão sobre qual a medida legítima da participação do Poder Judiciário no contexto do cumprimento dos deveres estatais de proteção ambiental. A despeito da recente evolução do sistema de justiça brasileiro no sentido da cada vez maior criação e difusão de alternativas extrajudiciais de resolução de conflitos (individuais e coletivos), inclusive à luz da principiologia que informa o Código de Processo Civil (CPC), de 2015, bem como dos já clássicos instrumentos jurídico-processuais do inquérito civil e do termo de ajustamento de conduta,[8] o Poder Judiciário continua a atuar como um agente privilegiado na esfera da proteção ecológica. A governança judicial ecológica é legitimada constitucionalmente, tanto pela vinculação do Poder Judiciário aos deveres de proteção estatais, quanto pela garantia da inafastabilidade do controle jurisdicional de qualquer lesão ou ameaça de lesão a direito, esta última consagrada no art. 5º, XXXV, da CF, sem que se esteja aqui a desconsiderar a acirrada controvérsia em torno dos limites da intervenção judicial na esfera das políticas públicas e do controle dos atos dos demais órgãos estatais.

Calha agregar, quanto ao ponto, que não se trata aqui de subverter o princípio democrático, tampouco de desconsiderar o princípio da separação de poderes. Da mesma forma, não se está aqui a advogar a concepção de um *Estado "Judicial" de Direito*, com a intenção de conferir "superpoderes" a Juízes e Tribunais, mas sim, de assegurar a possibilidade de atuação efetiva – mas sempre constitucionalmente orientada – do Poder Judiciário na consecução de sua missão constitucional, vinculado

---

6 MEDAUAR, Odete. Alcance da proteção do meio ambiente pela via jurisdicional: controle das políticas públicas ambientais? In: D'ISEP, Clarissa Ferreira M.; NERY JUNIOR, Nelson; MEDAUAR, Odete (coord.). *Políticas públicas ambientais: estudos em homenagem ao Professor Michel Prieur*. São Paulo: RT, 2009, p. 230.

7 Sobre o tema da governança ambiental, inclusive sob a ótica da atuação do Poder Judiciário, v. KOTZÉ, Louis J.; PATERSON, Alexander R. (ed.). *The Role of the Judiciary in Environmental Governance*: Comparative Perspectives. The Nederlands: Wolters Kluwer, 2009.

8 V., respectivamente, art. 8º, § 1º, e art. 5º, § 6º, da LACP.

que está à realização da ordem de princípios e valores constitucionais fundamentais.

Outro aspecto a ser considerado, no concernente à atuação do Poder Judiciário, diz respeito à amplitude dos interesses em jogo nas ações judiciais em matéria ambiental. A título de exemplo, a extinção de uma espécie biológica representa violação a um bem jurídico que transcende fronteiras nacionais e gerações humanas, caracterizando verdadeiro crime de lesa-humanidade. Nos *litígios judiciais ecológicos*, como ocorre hoje de forma paradigmática na denominada litigância climática, os interesses em jogo transcendem os interesses das partes que compõem os polos ativo e passivo da relação processual em si, alcançando, em muitos casos, escala global, como se verifica, em caráter meramente ilustrativo, com o caso da proteção da Floresta Amazônica.

Ademais, não são apenas interesses e conflitos que envolvem pessoas que habitam outras regiões e países e mesmo de diferentes gerações humanas, mas também interesses (e direitos?) de animais não humanos, entes naturais (rios, florestas, paisagens etc.) e da Natureza como um todo, na medida em que os sistemas jurídicos têm gradualmente reconhecido a sua proteção jurídica autônoma, ou seja, atribuindo a tais entes não humanos *valor intrínseco* e independentemente dos propósitos humanos. Isso, por sua vez, torna o Poder Judiciário uma espécie de "guardião" também dos interesses (e direitos?) "não representados pelas partes processuais", por exemplo, as futuras gerações, os animais não humanos e a Natureza em si.

Para ilustrar esse novo cenário, invoca-se decisão da Suprema Corte de Justiça do México, proferida em 14.11.2018, quando do julgamento do Recurso de Amparo de Revisão 307/2016 envolvendo danos ecológicos irreversíveis a ecossistemas de zonas úmidas costeiras e manguezais e a espécies terrestres e aquáticas de tais biomas, verificados na região da Cidade de Tampico, em razão de projeto de construção de parque temático ("Parque Temático Ecológico Laguna del Carpintero").

A decisão da Corte mexicana, serviu-se, na sua fundamentação, tanto da Opinião Consultiva 23/2017, da Corte Interamericana de Direitos Humanos (CIDH) quanto do Acordo Regional de Escazú para América Latina e Caribe sobre Acesso à Informação, Participação Pública e Acesso à Justiça em Matéria Ambiental (2018) – doravante apenas Acordo de Escazú. Além disso, a Corte reconheceu expressamente o direito a viver em um meio ambiente adequado e sadio a natureza de direito, como sendo um direito passível de ser deduzido em Juízo.

Além disso, ainda segundo a Suprema Corte do México, no contexto da luta pela efetividade do direito ao ambiente, e diante do risco de dano ambiental, o juiz deve exercer um papel mais ativo, no âmbito do qual tem o poder de buscar "de ofício as provas que julgar pertinentes para dispor de elementos que lhe permitam conhecer, com maior precisão, o risco de dano ambiental, suas causas, bem como as possíveis repercussões no ecossistema considerado violado" (...), com o que, por sua vez, não se rompe com o princípio da igualdade processual, pois "*não busca apenas o equilíbrio da relação assimétrica entre as partes, mas também, reitera-se, o eixo central na proteção do meio ambiente gira em torno de sua salvaguarda como bem jurídico em si, e não apenas em relação à proteção das partes, o que justifica este trabalho ativo do juiz*".

No caso do Brasil, em especial no âmbito das ações civis públicas ambientais, o Juiz - como pontua Vera L. R. S. Jucovsky - assume uma "tarefa de participação ativa e mais singular quanto ao princípio do impulso oficial", em virtude da relevância social do tema, bem como de se tratar de direito indisponível,[9] o que repercute, inclusive, na produção de provas, haja vista até mesmo a possibilidade de inversão do ônus probatório em tais pleitos, de modo a privilegiar a "paridade de armas" e uma relação equânime entre as partes, já que muitas vezes se verifica um grande desequilíbrio técnico e econômico.

Nessa mesma linha de entendimento, vale colacionar lição de Ada P. Grinover, para quem, num Estado Democrático de Direito, o Juiz "deve estar alinhado com os escopos do próprio Estado, não se podendo mais falar numa *neutralização da sua atividade*. Ao contrário, o Poder Judiciário encontra-se constitucionalmente vinculado à política estatal".[10] Assim, a intervenção judicial constitui, em verdade, tanto um poder quanto um dever constitucional do agente político investido no papel de prestar a jurisdição, tendo em conta o seu compromisso com a efetividade do pro-

9 JUCOVSKY, Vera Lucia R. S. O papel do Judiciário na proteção do ambiente. In: MILARÉ, Édis (coord.). *A ação civil pública após 20 anos*: efetividade e desafios. São Paulo: RT, 2005, p. 579-580. Conforme destaca a autora, "o Judiciário tem missão peculiar nessa seara, eis que a sociedade nele deposita grande expectativa na solução dos conflitos ambientais, por meio do acesso cada dia mais alargado a essa função estatal, para pleitear a almejada tutela jurisdicional, que necessita ser efetiva e célere, de forma preventiva e/ou reparatória, principalmente para evitar a realização de danos ambientais muitas vezes irreparáveis (Idem, p. 589)".

10 GRINOVER, Ada Pellegrini. Controle de políticas públicas pelo Poder Judiciário. *Revista de Processo*, São Paulo, n. 164, out. 2008, p. 12.

cesso e a tutela dos direitos materiais, enfatizando-se o dever dos órgãos judiciais no sentido de interpretar o processo e as técnicas processuais no sentido de sua adequação à tutela ambiental eficaz e constitucionalmente exigida.[11]

O controle judicial das políticas públicas ambientais, em especial (mas não só) de sua correta e constitucionalmente conforme execução, por sua vez, pode ser visto como um mecanismo conferido inclusive ao cidadão, individual ou coletivamente considerado,[12] para exercer uma espécie de controle social da atividade política tanto do legislador quanto do administrador, o que encontra fundamento no *caput* do art. 225, CF, ao estabelecer o dever não apenas do Estado, mas também da sociedade, no sentido de proteger o meio ambiente, estabelecendo, de tal sorte, um regime de natureza democrático-participativa, no que concerne a consecução de tal objetivo constitucional.

Isso se faz possível de modo marcante no Brasil, em razão da existência de diversos instrumentos processuais, como é o caso, por exemplo, da ação civil pública, da ação popular e das ações decorrentes dos direitos de vizinhança, disponibilizados tanto para o manejo em caráter individual (nos dois últimos casos) quanto pelas associações civis de proteção ambiental (no primeiro caso), aptos a canalizar tal fiscalização das ações poluidoras de agentes públicos e privados e defesa cidadã da Natureza.[13] Nessa toada, a utilização da ação judicial (e também dos instrumentos extrajudiciais) deve ser vista em certo sentido também como um instrumento de atuação política e exercício da cidadania ativa no contexto de uma democracia direta e participativa, no sentido - tal qual cunhado por Peter Häberle - de uma espécie de cidadania processual ativa (*status acti0vus procesualis*).

11 MARINONI, Luiz Guilherme. *Teoria geral do processo*. São Paulo: RT, 2006, p. 414-416.

12 De acordo com tal assertiva, por força do postulado da atipicidade da tutela jurisdicional e da primazia do direito material, Ada Pellegrini Grinover registra que "qualquer tipo ação - coletiva, individual com efeitos coletivos ou meramente individual - pode ser utilizada para provocar o Poder Judiciário a exercer o controle e a possível intervenção em políticas públicas" (GRINOVER, Ada Pellegrini. Controle de políticas públicas pelo Poder Judiciário. *Revista de Processo*, São Paulo, n. 164, p. 27, out. 2008).

13 V. GOMES, Luís Roberto. *O Ministério Público e o controle da omissão administrativa*: o controle da omissão estatal no direito ambiental. Rio de Janeiro: Forense Universitária, 2003, p. 265.

Já no que diz respeito ao marco normativo internacional, a tendência rumo ao reconhecimento da possibilidade e necessidade de uma governança judicial ambiental ou ecológica,[14] também inspirada nos direitos ambientais de participação ou direitos procedimentais previstos originariamente no Princípio 10 da Declaração do Rio (1992), foi consagrada de forma paradigmática na Convenção de Aarhus (1998). A Convenção estabelece, como um dos seus objetivos, o de garantir à cidadania em geral, bem como às organizações não governamentais, o acesso a mecanismos judiciais eficazes, de modo a viabilizar a proteção dos seus interesses legítimos e a garantir a aplicação da lei em questões ambientais. De acordo com o teor da Convenção, o Estado "além e sem prejuízo dos procedimentos de revisão referidos nos §§ 1º e 2º acima, assegurará aos membros da comunidade que satisfaçam os critérios estabelecidos no direito interno, o *acesso aos processos administrativos ou judiciais* destinados a *impugnar os atos e as omissões de particulares e de autoridades públicas* que infrinjam o disposto no respectivo direito interno em relação ao meio ambiente (art. 9º, 3)".

Em outra passagem relacionada ao tema, a Convenção estabelece que o Estado, notadamente o Poder Judiciário, deve proporcionar que os mecanismos e os procedimentos disponibilizados sejam "adequados e eficazes, bem como justos, equitativos, céleres e não exageradamente dispendiosos, considerando, ainda, a reparação do direito quando necessária. As decisões adotadas em aplicação do presente artigo devem ser apresentadas ou registradas por escrito. As decisões dos tribunais e, quando possível, também de outras instâncias deverão ser acessíveis ao público (art. 9º, 4)". No dispositivo em questão, verifica-se clara preocupação com a celeridade, equidade, publicidade e efetividade das decisões judiciais. Ainda quanto ao papel do Poder Judiciário, a Convenção

14 O papel do Poder Judiciário em matéria ambiental foi objeto da Declaração de Johanesburgo sobre "Princípios sobre o Papel do Direito e Desenvolvimento Sustentável" (*Principles on the Role of Law and Sustainable Development*), adotada no Simpósio Internacional de Juízes, ocorrido em Johanesburgo, África do Sul, 2002. Disponível em: <https://www.eufje.org/images/DocDivers/Johannesburg%20 Principles.pdf>. De acordo com a passagem do Preâmbulo do documento, "um Poder Judiciário independente e o processo judicial são vitais para a implementação, o desenvolvimento e a execução (*enforcement*) do Direito Ambiental, e os membros do Poder Judiciário, assim como aqueles que contribuem para o processo judicial nos níveis nacional, regional e global, são parceiros cruciais para promover o cumprimento (*compliance*), a aplicação e a execução do Direito Ambiental internacional e nacional".

destaca que, com o objetivo de aumentar a eficácia dos seus dispositivos, o Estado "assegurará a disponibilização ao público das informações relativas ao acesso aos processos de recursos administrativos e judiciais e considerará a possibilidade de estabelecer mecanismos de assistência adequados para eliminar ou reduzir os óbices financeiros e outros ao acesso à justiça (art. 9º, 5)".

A leitura da parte final do último dispositivo citado, por sua vez, indica a necessidade de criação, por parte dos Estados, instituições e instrumentos – no caso brasileiro, podemos citar os exemplos do Ministério Público, da Defensoria Pública e da ação civil pública – capazes de representar e assistir juridicamente indivíduos, grupos sociais e também organizações não governamentais na tutela de seus interesses de natureza ecológica, a fim de proteger e promover o direito de todos a viver em um meio ambiente sadio, equilibrado e seguro. Mais recentemente, seguindo as mesmas diretrizes da Convenção de Aarhus, em especial no tocante aos direitos de participação e os direitos procedimentais -, destaca-se a celebração do Acordo Regional de Escazú (2018).

A CIDH, por seu turno, escreveu outro capítulo importante relativo ao tema dos *direitos ambientais de participação,* com reflexos diretos na governança judicial ambiental. Trata-se da Opinião Consultiva 23/2017, da Corte IDH, com o título "Meio Ambiente e Direitos Humanos", que representa possivelmente e até o presente momento, o ponto culminante do assim chamado "greening" do Sistema Interamericano de Direitos Humanos. No documento referido, a Corte tratou de modo específico sobre os direitos ambientais procedimentais, bem como apontou para a importância e o dever dos Estados no sentido de garantirem a segurança e proteção das pessoas, coletiva e individualmente, envolvidas na missão de promover e proteger o meio ambiente.[15]

Ambos os documentos internacionais referidos, além de afirmarem de modo peremptório a interrelação entre direitos humanos e proteção ambiental, reconhecendo, em última instância, o "direito humano a viver em um meio ambiente sadio", tal como consagrado há mais de três décadas no art. 11 (11.1 e 11.2) do Protocolo de San Salvador em Matéria de Direitos Econômicos, Sociais e Culturais (1988), tratam dos denominados direitos ambientais procedimentais, também denominados como *direitos ambientais de acesso ou de participação*, os quais se configuram como sendo peça fundamental para a efetivação da legislação ambien-

15 Disponível em: <http://www.corteidh.or.cr/docs/opiniones/seriea_23_esp.pdf>.

tal, tanto no plano doméstico, quanto internacional, alavancando e legitimando, a *governança judicial ecológica*.

Ainda nesse contexto, importa sublinhar que os Tribunais Superiores (STF e STJ) brasileiros têm atuado concretamente em prol da efetivação da normativa ambiental – doméstica e internacional - no Brasil, inclusive no sentido do exercício de uma *governança judicial ecológica*, como imposição de um dever de defesa da ordem constitucional. Ainda no contexto da governança judicial ecológica, assume, também para o caso brasileiro, cada vez mais relevância a controvérsia em torno da existência de precedentes jurisdicionais vinculativos, no sentido de uma hierarquização a partir dos precedentes dos Tribunais Superiores. Para além do efeito vinculante já praticado em sede de controle de constitucionalidade, do instituto da repercussão geral e das súmulas vinculantes, o CPC consagrou a existência de um amplo *sistema de precedentes vinculantes*, prevendo, como regra, a obrigatoriedade de Juízes e Tribunais observarem as teses firmadas pelos Tribunais Superiores, conforme se pode apreender, a título de exemplo, do disposto nos artigos 489, § 1º, V e VI, 926, 927 e 928 do referido diploma processual.

3. Estado de coisas inconstitucional em matéria ambiental e climática

É possível identificar, à luz de alguns exemplos, situações que revelam profunda e sistemática incapacidade institucional do Estado – em especial, do Poder Executivo – de gerenciar as políticas públicas ambientais e climáticas de modo minimamente eficiente e suficiente, como ilustram, de forma tristemente emblemática, o aumento do desmatamento na Amazônia[16], os desastres de Mariana (2015) e Brumadinho (2019), bem como o derramamento de óleo no litoral do Nordeste (2019). As situações narradas, dada a sua magnitude e a violação massiva de direitos fundamentais por elas provocadas, demandaram o acionamento do Poder Judiciário, de modo a obter respostas de âmbito estrutural, ou seja, medidas corretivas de grande amplitude no que diz respeito às políticas públicas levadas a efeito pelo Poder Executivo.

É nesse contexto que surge a discussão acerca do "estado de coisas inconstitucional ambiental e climático", recordando-se que o STF já se serviu de tal conceito – utilizado de forma pioneira pela Corte

16 Disponível em: <http://www.obt.inpe.br/OBT/assuntos/programas/amazonia/prodes>.

Constitucional colombiana[17] – no julgamento da ADPF 347/DF, ao tratar, entre outros aspectos, da superlotação e violação massiva de direitos fundamentais verificada no âmbito do sistema carcerário brasileiro.

Na doutrina brasileira, a respeito da versão "ecológica" do estado de coisas inconstitucional, destaca-se estudo pioneiro de Bleine Queiroz Caúla e Francisco Lisboa Rodrigues, para os quais

> "(...) o princípio constitucional da separação dos poderes não pode obstar a aplicação da técnica decisória do Estado de Coisas Inconstitucional pelo Poder Judiciário como medida de proporcionalidade e razoabilidade dos limites de cada Poder. Referido princípio não é um escudo para proteger a administração pública das decisões judiciais que coíbam a generalizada violação dos direitos fundamentais. Deve ser ponderado o cabimento do controle jurisdicional das políticas públicas ambientais preventivas dos danos irreversíveis resultantes da inobservância do Poder Executivo à obrigação de realização do direito fundamental ao ambiente e os direitos humanos que com ele estejam imbrincados. (...) o debate sobre o Estado de Coisas Inconstitucional Ambiental nasce a partir da inobservância do Poder Executivo (federal, estadual e municipal) aos graves riscos ambientais e suas irreversíveis consequências danosas à Natureza e à sociedade – real afrontamento à sadia qualidade de vida e o meio ambiente equilibrado para a presente e as futuras gerações. Os princípios da prevenção e da responsabilidade são preteridos pelos interesses econômicos. A aplicação do ECI Ambiental é uma excepcionalidade para corrigir uma obrigação de não fazer ou impor a obrigação de fazer (funções precípuas e fiscalizatória). O Poder Judiciário atuará como o protagonista da medida coercitiva que restabeleça a segurança jurídica e a efetividade da norma

17 De acordo com o Tribunal Constitucional da Colômbia, na Sentença T-025, de 16.05.2004, a decisão que declara um *estado de coisas inconstitucional*"es una decisión judicial, por medio de la cual la Corte Constitucional declara que hay una violación masiva generalizada y sistemática de los derechos fundamentales es de tal magnitud, que configura una realidad contraria a los principios fundantes de la Constitución Nacional y estas situaciones pueden provenir de una autoridad pública específica que vulnera de manera constante los derechos fundamentales, o de un problema estructural que no solo compromete una autoridad sino que incluye también la organización y el funcionamiento del Estado, y que por tanto se puede calificar como una política pública, de donde nace la violación generalizada de los derechos fundamentales". Disponível em: <http://www.corteconstitucional.gov.co/relatoria/2004/t-025-04.htm>.

> constitucional. A Constituição, ao preceituar a harmonização entre os Poderes, conduz ao diálogo de correção. Quando um dos poderes não atingir a máxima responsabilidade a ele inerente, caberá uma correção-comando-tarefa que o obrigue a cumpri-la na sua integralidade. A independência dos Poderes não significa blindagem de eximi-lo de um comando de correção-obrigação de executar suas responsabilidades constitucionais. A aplicação do Estado de Coisas Inconstitucional Ambiental pode ser o remédio preventivo para a má gestão administrativa pública ambiental. Medidas cautelares poderão inibir a continuidade da negligência do poder público. O Poder Judiciário pode utilizar-se da ferramenta do Estado de Coisas Inconstitucional para reforçar o comprometimento e esforços dos governos locais (estados e municípios) na prossecução de suas funções".[18]

A Corte Constitucional colombiana, na Sentença T-025/2004, já referida, estabeleceu quais os "fatores" caracterizadores do estado de coisas inconstitucional:

> "Dentro de los factores valorados por la Corte para definir si existe un estado de cosas inconstitucional, cabe destacar los siguientes: (i) la vulneración masiva y generalizada de varios derechos constitucionales que afecta a un número significativo de personas; (ii) la prolongada omisión de las autoridades en el cumplimiento de sus obligaciones para garantizar los derechos; (ii) la adopción de prácticas inconstitucionales, como la incorporación de la acción de tutela como parte del procedimiento para garantizar el derecho conculcado; (iii) la no expedición de medidas legislativas, administrativas o presupuestales necesarias para evitar la vulneración de los derechos; (iv) la existencia de un problema social cuya solución compromete la intervención de varias entidades, requiere la adopción de un conjunto complejo y coordinado de acciones y exige un nivel de recursos que demanda un esfuerzo presupuestal adicional importante; (v) si todas las personas afectadas por el mismo problema acudieran a la acción de tutela para obtener la protección de sus derechos, se produciría una mayor congestión judicial".

---

18 CAÚLA, Bleine Queiroz; RODRIGUES Francisco Lisboa. O estado de coisas inconstitucional ambiental. *Revista de Direito Público Contemporânea*, ano 2, v. 1, n. 2, p. 137-151, jul.-dez. 2018.

Tomando por base os fatores e situações descritas pela Corte Constitucional colombiana, é perfeitamente possível o enquadramento de violações massivas a direitos ecológicos e climáticos como configurando um estado de coisas inconstitucional, como verificado nos exemplos citados no início deste tópico – relativos ao Brasil - ressaltando-se a persistente omissão do Estado em dar respostas efetivas e satisfatórias ao problema.

No contexto de uma governança judicial, a discussão em torno o reconhecimento de um "estado de coisas inconstitucional" em matéria ambiental, e, em particular, em matéria climática, já foi submetida ao crivo do STF, em especial na ADPF 708/DF (Caso Fundo Clima). O argumento foi suscitado na petição inicial e endossado na decisão do Ministro-Relator Luís Roberto Barroso[19] que convocou audiência pública, realizada nos dias 21 e 22.09.2020, para ouvir autoridades, especialistas e entidades da sociedade civil, a fim de estabelecer um relato oficial sobre as políticas públicas ambientais e a situação verificada especialmente em relação ao desmatamento na região amazônica, de modo a apurar a caracterização ou não de um "estado de coisas inconstitucional em matéria ambiental". Como fundamentos lançados na inicial pelos autores da ação para a sua configuração, destacam-se, entre outros fatores, a existência de ações e omissões estatais persistentes, comprometedoras da tutela do meio ambiente e da operação do Fundo Clima, imputáveis a autoridades diversas e ensejadoras de violações massivas de direitos fundamentais, tudo a sugerir a existência de um estado de coisas inconstitucional em matéria ambiental.

A decisão judicial a ser tomada diante da caracterização de um estado de coisas inconstitucional envolve, para além do reconhecimento e declaração de tal estado, a determinação da adoção de medidas estruturais (ou estruturantes). No caso da ADPF 708/DF, as ações e omissões reiteradas e sistemáticas violadoras do direito a um meio ambiente equilibrado e do direito a um clima íntegro, seguro e estável, são atribuídas, por exemplo, a órgãos como o Ministério do Meio Ambiente, o IBAMA, o ICMBio, a FUNAI, entre outros, resultando, em última instância, num cenário administrativo de políticas públicas em total desacordo com os deveres constitucionais de proteção ecológica impostos pelo art. 225, CF.

Além da imposição de medidas judiciais para o enquadramento e desbloqueio institucional de tal situação de violação massiva a direi-

19 STF, ADPF 708/DF, Rel. Min. Roberto Barroso, decisão monocrática, j. 28.06.2020.

tos fundamentais, é possível suscitar também a instalação de comitê de emergência ou crise ambiental (ou sala de situação ambiental)[20], formado por autoridades e órgãos públicos, entidades científicas (universidades, institutos etc.), entidades da sociedade civil de proteção ecológica, entidades representantes de povos indígenas etc. –, a fim de possibilitar a gestão da crise ambiental, subsidiar a tomada de decisões e acompanhar o cumprimento das medidas impostas judicialmente.

Nesse sentido, tramita, no STF, a ADPF 743/DF, proposta pelo Partido Rede Sustentabilidade, sob a relatoria originária do Ministro Marco Aurélio, em que é pleiteada, além do reconhecimento de um estado de coisas inconstitucional decorrente da omissão e da insuficiência das políticas públicas ambientais do Governo Federal, e a imposição de uma série de medidas, por exemplo, que o poder público apresente, no prazo de dez dias, um plano de prevenção e combate aos incêndios no Pantanal e na Amazônia –, bem como a criação de uma "sala de situação", de modo a permitir a gestão da crise em questão, subsidiar a tomada de decisões e acompanhar o cumprimento das medidas impostas judicialmente.

Na ADPF 709/DF, por sua vez, o Ministro Luís Roberto Barroso, relator da ação, determinou que o governo federal adote uma série de medidas para conter o contágio e a mortalidade por covid-19 na população indígena, entre as quais: planejamento com a participação das comunidades, ações para contenção de invasores em reservas e criação de barreiras sanitárias no caso de indígenas em isolamento (aqueles que por escolha própria decidiram não ter contato com a sociedade) ou contato recente (aqueles que têm baixa compreensão do idioma e dos costumes), acesso de todos os indígenas ao subsistema indígena de saúde e elaboração de plano para enfrentamento e monitoramento da covid-19. Além disso, o Ministro determinou a instalação, pelo Governo Federal, de "sala de situação", prevista em portaria do Ministério da Saúde e da Funai, para assegurar e implementar a gestão de ações de combate à pandemia no que diz respeito aos povos indígenas em isolamento ou de contato recente, com participação das comunidades, por meio da APIB, da Procuradoria-Geral da República e da Defensoria Pública da União.

---

20 Segundo dispõe o art. 6, VII, da Lei sobre a Política Nacional de Proteção e Defesa Civil – PNPDEC (Lei 12.608/2012), compete à União "instituir e manter sistema para declaração e reconhecimento de **situação de emergência** ou de estado de calamidade pública".

Apenas para não deixar de lançar um olhar, ainda que superficial, sobre o que se passa em outros países, calha agregar que a Suprema Corte de Justiça argentina, no âmbito de ação coletiva de proteção ambiental promovida por associação civil contra o Estado Nacional, as províncias de Santa Fé e Entre Ríos e os municípios de Rosário e Victoria, em virtude dos incêndios irregulares que vêm ocorrendo na cadeia de ilhas ao largo da costa da cidade de Rosário, em decisão de 11.08.2020, ordenou, como medida preventiva, que as províncias e os municípios processados constituíssem, imediatamente, um Comitê de Emergência Ambiental, com o objetivo de adotar medidas efetivas para a prevenção, o controle e a cessação de incêndios irregulares na região do Delta do Paraná. A decisão ordenou igualmente que, dentro de 15 dias de calendário, fosse apresentado ao Tribunal um relatório sobre o cumprimento das medidas ordenadas, a criação do Comitê de Emergência Ambiental e as ações tomadas. O Tribunal considerou, amparado na recente legislação climática argentina – Lei de Pressupostos Mínimos de Adaptação e Mitigação ao Câmbio Climático Global (Lei 27.520, de 18 de dezembro de 2019) –, que existiam elementos suficientes para considerar que os incêndios mencionados, embora constituam uma prática antiga, adquiriram uma dimensão que afeta todo o ecossistema e a saúde da população, de modo que não se trata de uma queima isolada de pastagens, mas sim o efeito cumulativo de numerosos incêndios que se espalharam por toda a região, colocando o meio ambiente em risco.[21]

O Poder Judiciário, diante de um cenário institucional omissivo e violador de direitos fundamentais em escala massiva, deve assumir o papel de guardião da Constituição e dos direitos fundamentais – entre eles o direito fundamental a viver em um clima limpo, saudável e seguro –, exercendo, em certa medida, a coordenação das políticas públicas necessárias à correção de tal cenário violador de direitos.

Precisamente sobre o papel a ser exercido pelo Poder Judiciário no sentido de "coordenar" as políticas públicas diante da caracterização de um "estado de coisas inconstitucional", destaca-se passagem do voto-relator do Ministro Marco Aurélio na ADPF 347/DF, por ocasião da liminar concedida no caso emblemático julgado pelo STF versando sobre sistema carcerário brasileiro:

21 Disponível em: <https://www.cij.gov.ar/nota-38022-La-Corte-Suprema-ordena-constituir-un--Comit--de-Emergencia-Ambiental--para-detener-y-controlar-los-incendios-irregulares-en-el-Delta-del-Paran-.html>.

> "Nada do que foi afirmado autoriza, todavia, o Supremo a substituir-se ao Legislativo e ao Executivo na consecução de tarefas próprias. O Tribunal deve superar bloqueios políticos e institucionais sem afastar esses Poderes dos processos de formulação e implementação das soluções necessárias. Deve agir em diálogo com os outros Poderes e com a sociedade. Cabe ao Supremo catalisar ações e políticas públicas, coordenar a atuação dos órgãos do Estado na adoção dessas medidas e monitorar a eficiência das soluções. Não lhe incumbe, no entanto, definir o conteúdo próprio dessas políticas, os detalhes dos meios a serem empregados. Em vez de desprezar as capacidades institucionais dos outros Poderes, deve coordená-las, a fim de afastar o estado de inércia e deficiência estatal permanente. Não se trata de substituição aos demais Poderes, e sim de oferecimento de incentivos, parâmetros e objetivos indispensáveis à atuação de cada qual, deixando-lhes o estabelecimento das minúcias. Há de se alcançar o equilíbrio entre respostas efetivas às violações de direitos e as limitações institucionais reveladas na Carta da República" (STF, MC na ADPF 347/DF, Tribunal Pleno, Rel. Min. Marco Aurélio, j. 09.09.2015).

Muito embora correta a ponderação do Ministro Marco Aurélio, indicando que o papel de coordenação (expressão direta de uma governança judicial) do Poder Judiciário encontra limites no princípio da separação de poderes, de tal sorte que lhe cabe definir o conteúdo de determinada política pública, ademais da exigência de uma postura dialógica, que leve em conta as capacidades institucionais, também é verdade que os níveis de intervenção judicial na esfera do campo de atuação dos demais poderes estatais dependem de uma série de fatores, até mesmo (mas não só) tendo em vista que também a separação dos poderes não é absoluta e não impede o controle pelos órgãos judiciais. Nesse sentido, colaciona-se passagem do voto do Ministro Édson Fachin quando do julgamento da ADPF 708/DF:

> "não se trata de argumentar que as escolhas políticas podem ser feitas nestas políticas públicas pelo Legislativo ou pelo Executivo e que seriam escolhas de discricionariedade técnica. Não há falar em separação de poderes quando políticas públicas são usadas para esvaziar a proteção ambiental, quando o legislador constituinte determinou aos Poderes Públicos, à coletividade – aos terrestres – a proteção ambiental. Os registros de desmatamento ambiental, a ausência de proteção às terras indígenas e o esvaziamento da fiscalização ambiental evidenciam a relevância e a importância do papel do Poder Judiciário nesta questão. A dimensão da tragédia que nos

bate à porta demanda providências urgentes. Não é possível fechar os olhos a esta realidade. Não se trata de uma tendência isolada ou de uma novidade. A litigância ambiental é uma realidade em todo o mundo."

Sendo bastante diversificados os instrumentos – no caso processuais – para o exercício de uma governança judicial em matéria ambiental e climática, opta-se aqui por tecer algumas considerações sobre os assim chamados processos estruturais e a adoção, pelo Poder Judiciário, de medidas de natureza estruturante, tudo no contexto de uma transição de um modelo embasado num "Juiz de danos" para um "Juiz de riscos".

Como já anunciado, a discussão em torno da existência e das possibilidades de uma governança judicial ecológica e climática, assim como do papel dos Juízes e Tribunais, também está relacionada a desenvolvimentos recentes no campo do direito processual em matéria dos assim chamados litígios e processos estruturais, disciplina que tem experimentado um desenvolvimento teórico cada vez maior no Brasil,[22] inclusive a ponto de se falar de uma *Teoria Geral do Processo Estrutural*, como o fazem, entre outros, Marco Felix Jobim,[23] Sérgio C. Arenhart, Fredie Didier Jr., Hermes Zaneti Jr.[24] e Edilson Vitorelli.[25]

Segundo os autores referidos, existe, em certa medida, uma inadequação entre a abordagem tradicional do processo civil e dos instrumentos processuais, desenvolvida para conflitos individuais, e as demandas relativas aos novos desafios no que diz respeito à proteção de determinados direitos, como é o caso do direito a um meio ambiente sadio e equilibrado. O mesmo ocorre, em alguma medida, em relação aos instrumentos de tutela processual coletiva, compreendidos muito

---

22 JOBIM, Marco Félix. Medidas Estruturantes na Jurisdição Constitucional, 2ª ed., Porto Alegre: Livraria do Advogado Editora, 2021. V. também, entre outros, a obra coletiva de ARENHART, Sérgio C.; JOBIM, Marco F. (Org.). *Processos estruturais.* 3ª ed. Salvador: JusPodivm, 2021.

23 JOBIM, Marco F. Reflexões sobre a necessidade de uma teoria geral do processo estrutural aplicada ao processo civil brasileiro. In: ARENHART, Sérgio C.; JOBIM, Marco F. (Org.). *Processos estruturais.* 3ª ed. Salvador: JusPodivm, 2021, p. 815-834.

24 DIDIER JR., Fredie; ZANETI JR., Hermes; OLIVEIRA, Rafael A. de. Elementos para uma teoria geral dos processos estruturais. In: ARENHART, Sérgio C.; JOBIM, Marco F. (Org.). *Processos estruturais.* 3ª ed. Salvador: JusPodivm, 2021, p. 423-461.

25 VITORELLI, Edilson. *Processo civil estrutural*: teoria e prática. 2ª ed. Salvador: JusPodivm, 2021.

mais como mecanismos de reparação de danos do que instrumentos de prevenção de litígios, demandando o seu aperfeiçoamento para o devido enfrentamento extrajudicial e judicial de litígios estruturais e complexos, como ocorre, por exemplo, no âmbito do controle de políticas públicas ambientais, notadamente em casos em que o Estado atua de forma omissiva ou insuficiente.

O direito ambiental, por exemplo, não pode se resumir a um "direito dos desastres ou direito dos danos", ou seja, apenas como um instrumento acionado posteriormente, quando da ocorrência de tragédias ecológicas, com o intuito de obter a reparação dos danos causados, muitos dos quais irreversíveis ou de dificílima reversão. Para além da reparação dos danos já perpetuados, o direito ambiental – e, portanto, os órgãos e agentes responsáveis pela sua efetividade - deve também atuar em caráter preventivo e prognóstico, de modo a obter o ajustamento de condutas de atores públicos e privados, salvaguardando interesses e direitos também das futuras gerações.

Por isso, a perspectiva dos processos estruturais e das medidas estruturantes neles estabelecidas, mostra-se extremamente promissora, não se limitando – convém frisar - ao âmbito judicial e à atuação de Juízes e Tribunais, na medida em que a proteção ambiental cabe também a instituições como o Ministério Público, a Defensoria Pública, etc, tanto pela via judicial, quanto na extrajudicial, por exemplo, por meio da celebração de termos de ajustamento de conduta.

Na própria prática judicial brasileira, já existem diversos exemplos a ilustrar tal fenômeno, como se verifica especialmente, no âmbito de demandas submetidas ao STF, nos seguintes casos, entre outros: Fundo Clima (ADPF 708/DF), Caso Fundo Amazônia (ADO 59/DF), Incêndios e Queimadas no Pantanal e na Amazônia (ADPF 743/DF) e Plano de Ação para Prevenção e Controle do Desmatamento na Amazônia Legal – PPCDAm (ADPF 760/DF).

Outro exemplo emblemático a ser aqui referido – ainda que não se trate de demanda por ora submetida ao STF - é o do caso Lagoa da Conceição[26], ação civil pública ajuizada por entidades da sociedade civil

26 Diversas entidades ambientalistas, em colaboração com o Grupo de Pesquisa em Direito Ambiental e Ecológica Política na Sociedade de Risco da Faculdade de Direito da Universidade Federal do Estado de Santa Catarina, coordenado pelo Professor José Rubens Morato Leite, ajuizaram ação civil pública perante a Justiça Federal de Florianópolis (Proc. 5012843-56.2021.4.04.7200) em defesa da inte-

perante Justiça Federal de Santa Catarina, objetivando o tratamento do litígio como "processo estrutural ambiental (puro)", já que não envolve pedidos indenizatórios, mas tão somente a correção e a adequação de condutas presentes e futuras em termos de gestão e políticas públicas de descontaminação e prevenção de danos ao ecossistema da Lagoa da Conceição, entre outras medidas.

À vista do exposto, já é possível perceber que o processo estrutural ambiental e climático é um campo extremamente promissor de desenvolvimento, oferecendo instrumentos processuais adequados para a defesa e promoção do direito a um meio ambiente sadio e equilibrado, dadas as suas peculiaridades e a ênfase que se deve dar à prevenção de danos. Como destacado pelo Ministro Herman Benjamin, a governança judicial ecológica e climática deve ter por paradigma o modelo de "Juiz de Riscos" (ou "Juiz de Prevenção ou Precaução"), ou seja, um Juiz ou Tribunal apto a evitar a ocorrência de danos ecológicos – muitos deles irreversíveis, como a destruição de um habitat e a extinção de espécie da fauna ou da flora – e "proteger o futuro", em contraposição a um modelo tradicional de "Juiz de Danos" ("constrangido a somente olhar para trás").[27]

A natureza dos litígios e dos danos ecológicos (e climáticos), comumente relacionados à omissão ou à atuação insuficiente do Estado no âmbito das políticas públicas ambientais, demanda soluções estruturais e de médio e longo alcance do ponto de vista temporal que transcendem o espectro limitado das demandas individuais. Nesse sentido, o assim chamado Caso Fundo Clima, já julgado pelo STF, ocupa uma posição central e paradigmática, de tal sorte que será abordado com destaque no próximo segmento, excluindo-se, por já ter sido abordada neste capítulo, a parte relativa aos processos estruturantes e governança judicial.

gridade do ecossistema da Lagoa da Conceição diante da omissão reiterada dos órgãos públicos responsáveis por assegurar a sua proteção ao longo de décadas, como ilustra o desastre provocado pelo rompimento da Barragem de Evapotranspiração da Companhia Catarinense de Águas e Saneamento (CASAN), ocorrido no dia 25 de janeiro de 2021.

27 STJ, REsp 1.616.027/SP, 2ª Turma, Rel. Min. Herman Benjamin, j. 14.03.2017.

4. Breve análise do caso Fundo Clima (ADPF 708)

É possível afirmar que foi somente no ano de 2022 que o STF inaugurou de fato o exercício de sua jurisdição em matéria climática, mediante dois julgamentos finalizados (ADPF 708/DF - Caso Fundo Clima e ADO 59/DF – Caso Fundo Amazônia), e um terceiro julgamento iniciado, mas ainda não concluído (ADPF 760/DF - Caso do Plano de Ação para Prevenção e Controle ao Desmatamento na Amazônia Legal, conhecido pela sigla PPCDAm).[28]

Nos Casos do Fundo Clima e do Fundo Amazônia, que tratam do bloqueio de recursos financeiros (na sua maioria, provenientes do estrangeiro) e da suspensão, pelo Governo Federal, do funcionamento de projetos e atividades diretamente relacionadas ao controle do desmatamento na Amazônia, foram realizadas duas audiências públicas.

Nos dois casos, um com relatoria do Ministro Roberto Barroso (Caso Fundo Clima), e outro relatado pela Ministra Rosa Weber (Caso Fundo Amazonia), o STF acabou, em linhas gerais, por reconhecer, pela primeira vez na sua jurisprudência, *deveres estatais de proteção climática* com base no artigo 225 da CF, bem como a omissão do Governo Federal em proteger de forma suficiente (à luz do *princípio da proporcionalidade* e, em particular, do *princípio da proibição de proteção insuficiente ou deficiente*) a Floresta Amazônica, consagrada pelo artigo 225 como patrimônio nacional.

No que concernente à ADPF 708/DF (Fundo Clima), foco do presente texto, calha salientar que Ministro Roberto Barroso, relator da ação, sustentou no seu voto a existência, no sistema jurídico-constitucional brasileiro, de um

> "*dever constitucional, supralegal e legal* da União e dos representantes eleitos, de proteger o meio ambiente e de combater as mudanças climáticas. A questão, portanto, tem natureza jurídica vinculante, não se tratando de livre escolha política. Determinação de que se abstenham de omissões na operacionalização do Fundo Clima e na

28 O PPCDAm foi uma das políticas ambientais mais bem sucedidas de todos os tempos no brasil, tendo reduzido, entre os anos de 2004 e 2012, de 27.772 km2 para 4.571 km2, ou seja, mais de 80 % do desmatamento florestal na Amazônia no período. O PPCDAm foi desativado no início do Governo Bolsonaro e, não por coincidência, o desmatamento voltou a crescer. De toda sorte, muito embora o voto-relator da Ministra Cármen Lúcia no sentido de reconhecer a omissão inconstitucional do Governo Federal no caso, o STF não conclui o julgamento em questão.

destinação dos seus recursos. Inteligência dos arts. 225 e 5º, § 2º, da Constituição Federal (CF)." [29]

Na linha do entendimento consolidado na jurisprudência recente do STF estabelecida nos precedentes citados, em especial no caso Fundo Clima, o regime jurídico-constitucional brasileiro, não apenas permite, como impõe o reconhecimento de deveres de proteção ecológica do Estado para além dos que constam do rol apenas exemplificativo enunciado pelo § 1º do art. 225, CF, mas também prevê *deveres estatais específicos de proteção climática*, ainda que não expressamente listados na CF. Tais deveres de proteção climáticos, de acordo com o STF, vinculam o Estado (Legislador, Executivo e Judiciário), de modo a limitar a sua discricionariedade, inclusive autorizando o controle judicial na hipótese de aquele, por sua ação ou omissão, violar o princípio (e correspondente dever) da proporcionalidade, seja quando da existência de um excesso de intervenção, seja, nos casos de omissão ou ação insuficiente (ou deficiente, como preferem alguns), quando se verifica uma violação da proibição de proteção insuficiente.

Um outro ponto de suma relevância a destacar, é que, com base no voto do relator, o STF, no julgamento da ADPF 708, reforçou e consolidou entendimento já formado em julgados anteriores[30], no sentido de reconhecer o valor supralegal dos tratados internacionais em matéria ambiental e climática – por exemplo, a Convenção-Quadro do Clima da ONU (1992) e o Acordo de Paris (2015). De acordo com o voto do Ministro Barroso, os "(...) tratados sobre direito ambiental constituem espécie do gênero tratados de direitos humanos e desfrutam, por essa razão, de status supranacional."

29 STF, ADPF 708/DF, Tribunal Pleno, Rel. Min. Barroso, j. 01.07.2022.

30 Cf. o julgamento da ADI 4.066/DF, Tribunal Pleno, Rel. Min. Rosa Weber, j. 24.08.2017. Também por ocasião do julgamento da medida cautelar na ADPF 747/DF, acerca do status normativo das resoluções do CONAMA, a Ministra Rosa Weber voltou a defender o status supralegal do marco normativo internacional em matéria ambiental, conforme se pode observar na passagem que segue: "a Resolução nº 500, de 28 de setembro de 2020, do Conselho Nacional do Meio Ambiente (CONAMA), ao revogar as Resoluções nºs 284/2001, 302/2002 e 303/2002, vulnera princípios basilares da Constituição, sonega proteção adequada e suficiente ao direito fundamental ao meio ambiente equilibrado nela assegurado e promove desalinho em relação a compromissos internacionais de caráter supralegal assumidos pelo Brasil e que moldam o conteúdo desses direitos" (STF, MC na ADPF 747/DF, Tribunal Pleno, Rel. Min. Rosa Weber, j. 28.10.2020).

À vista do exposto, nota-se que o STF, que já vinha protagonizando importantes avanços no que diz respeito ao papel dos tratados internacionais em matéria de direitos humanos nos últimos 15 anos, ampliou, nos julgamentos referidos (destaque para a ADPF 708), o espectro de possibilidades nessa matéria, o que se pode aferir não com base no fato de Suprema Corte brasileira atribuir status normativo supralegal a tais tratados (o que já havia assentado em meados dos anos 2000), mas sim, pela equiparação dos tratados em matéria ambiental e climática, aos tratados de direitos humanos.

Além disso, é possível afirmar que o STF passou a assumir de vez a compreensão da natureza multinível do direito ambiental e, em especial, do direito climático, reconhecendo, ademais, a noção de um direito ambiental e climático "sem fronteiras", ne perspectiva advogada por Vasco Pereira da Silva[31].

Outro ponto a sublinhar, ainda nesse contexto, é que o STF – e não apenas em matéria ambiental – está cada vez mais levando a sério (a despeito da existência, ainda, de alguns focos de resistência) a sua condição de órgão máximo, na esfera jurisdicional doméstica, a exercer, inclusive em caráter *ex officio*, o assim chamado controle de convencionalidade dos atos normativos infraconstitucionais internos brasileiros, alinhando-se, de tal sorte, ao entendimento já consolidado pela Corte Interamericana de Direitos Humanos (Corte IDH)[32]. Afinal de contas, como bem referido pelo Ministro Reynaldo Soares da Fonseca, do STJ:

31 SILVA, Vasco Pereira da. *Direito constitucional e administrativo sem fronteiras*. Coimbra: Almedina, 2019, p. 31-32.

32 O tema do controle de convencionalidade (e o dever dos Juízes e Tribunais internos de exercê-lo) resultou consagrado, de forma pioneira e paradigmática, em decisão da Corte IDH, por ocasião do julgamento do Caso Almonacid Arellano e Outros vs. Chile, em 26.09.2006. De acordo com o parágrafo 124 da referida sentença, decidida de forma unânime, "la Corte es consciente que los jueces y tribunales internos están sujetos al imperio de la ley y, por ello, están obligados a aplicar las disposiciones vigentes en el ordenamiento jurídico. Pero cuando un Estado ha ratificado un tratado internacional como la Convención Americana, sus jueces, como parte del aparato del Estado, también están sometidos a ella, lo que les obliga a velar porque los efectos de las disposiciones de la Convención no se vean mermadas por la aplicación de leyes contrarias a su objeto y fin, y que desde un inicio carecen de efectos jurídicos. En otras palabras, el Poder Judicial debe ejercer una especie de 'control de convencionalidad' entre las normas jurídicas internas que aplican en los casos concretos y la Convención Americana sobre Derechos Humanos. En esta tarea, El Poder Judicial debe tener en cuenta no solamente el tratado, sino también La interpretación que del mismo ha hecho la Corte Interamericana, intérprete última de la Convención Americana". Disponível em: <http://www.corteidh.or.cr/docs/casos/articulos/seriec_154_esp.pdf>.

"Os juízes nacionais devem agir como juízes interamericanos e estabelecer o diálogo entre o direito interno e o direito internacional dos direitos humanos (...)."[33]

5. Considerações finais

No julgamento da ADPF 708, o STF, não apenas exerceu, pelo menos em regra, a devida auto vinculação aos seus próprios precedentes, como também firmou novo precedente no âmbito do direito climático, seja pelo fato de ter estendido à questão climática o entendimento de que existem deveres estatais de proteção climáticos implícitos, dado o caráter meramente exemplificativo da lista constante do artigo 225, CF, seja quanto a hierarquia supralegal, não apenas dos tratados internacionais em matéria ambiental em geral (o que já havia assentado anteriormente), mas também dos tratados internacionais em matéria climática, em particular. Além disso, o julgamento da ADPF 708, na esteira de casos anteriores apreciados pelo STF (como, por exemplo, os da questão carcerária), fortalece o uso dos processos estruturais e o recurso, como prática decisória, a medidas de caráter estruturante, inclusive na esfera da litigância ambiental em geral e climática em particular.

O que se espera, ao fim e ao cabo, é que as diretrizes formuladas pelo STF na ADPF 708, não só, mas em especial no que diz respeito aos três pilares acima referidos, sejam efetivamente levadas em sério como precedentes vinculantes pelos demais juízes e tribunais. Há que considerar, contudo, que, ao passo em que no caso da hierarquia supralegal dos tratados internacionais em matéria ambiental e climática, inexiste a possibilidade de desvio por parte das instâncias ordinárias (no sentido de poderem negar tal hierarquia), no caso do reconhecimento de deveres de proteção ambientais e climáticos implicitamente enunciados pela CF, o leque de alternativas é mais aberto. Com efeito, se o STF protagonizar o reconhecimento de determinado dever de proteção, os demais órgãos judiciários estão vinculados de modo a terem de considerar e aplicar, se for o caso, tal (ou mesmo tais) dever específico. Para além disso, contudo, não está vedado (salvo precedente em sentido contrário) o reconhecimento de outros deveres de proteção ainda não afirmados pela Suprema Corte.

33 STJ, AgRg no Recurso em HC 136.961/RJ, 5ª T., Rel. Min. Reynaldo Soares da Fonseca, j. 15.06.2021.

Já no tocante aos processos estruturais e/ou medidas estruturantes (visto que mesmo num processo não estrutural na sua origem podem ser adotadas tais medidas), é possível afirmar que não se pode – pelo menos em regra – partir da premissa de que todo litígio de natureza coletiva deva se constituir e desenvolver como processo estruturante e que o órgão julgador deva adotar determinadas medidas, posto que isso somente poderá ser adequadamente avaliado caso a caso. De qualquer sorte, trata-se de matéria que aqui não se pretende desenvolver, remetendo o leitor à farta e qualificada literatura existente, parte da qual já referida.

6. Referências bibliográficas

CAÚLA, Bleine Queiroz; RODRIGUES Francisco Lisboa. O estado de coisas inconstitucional ambiental. ***Revista de Direito Público Contemporânea***, ano 2, v. 1, nº 2, pp. 137-151, jul.-dez. 2018.

DIDIER JR., Fredie; ZANETI JR., Hermes; OLIVEIRA, Rafael A. de. Elementos para uma teoria geral dos processos estruturais. *In:* ARENHART, Sérgio C.; JOBIM, Marco F. (Org.). ***Processos estruturais***. 3ª ed. Salvador: JusPodivm, 2021, pp. 423-461.

GOMES, Luís Roberto. **O Ministério Público e o controle da omissão administrativa:** o controle da omissão estatal no direito ambiental. Rio de Janeiro: Forense Universitária, 2003.

GRINOVER, Ada Pellegrini. **Controle de políticas públicas pelo Poder Judiciário. Revista de Processo,** São Paulo, nº 164, out. 2008.

JOBIM, Marco Félix. **Medidas Estruturantes na Jurisdição Constitucional**, 2ª ed., Porto Alegre: Livraria do Advogado Editora, 2021.

JOBIM, Marco F. Reflexões sobre a necessidade de uma teoria geral do processo estrutural aplicada ao processo civil brasileiro. *In:* ARENHART, Sérgio C.; JOBIM, Marco F. (Org.). ***Processos estruturais***. 3ª ed. Salvador: JusPodivm, 2021, pp. 815-834.

JUCOVSKY, Vera Lucia R. S. O papel do Judiciário na proteção do ambiente. *In:* MILARÉ, Édis (coord.). **A ação civil pública após 20 anos**: efetividade e desafios. São Paulo: RT, 2005, pp. 579-580.

KOTZÉ, Louis J.; PATERSON, Alexander R. (ed.). ***The Role of the Judiciary in Environmental Governance***: Comparative Perspectives. The Nederlands: Wolters Kluwer, 2009.

MARINONI, Luiz Guilherme. **Teoria geral do processo.** São Paulo: RT, 2006, pp. 414-416.

MEDAUAR, Odete. Alcance da proteção do meio ambiente pela via jurisdicional: controle das políticas públicas ambientais? *In:* D'ISEP, Clarissa Ferreira M.; NERY JUNIOR, Nelson; MEDAUAR, Odete (coord.). **Políticas públicas ambientais***:* estudos em homenagem ao Professor Michel Prieur. São Paulo: RT, 2009, p. 230.

SILVA, Vasco Pereira da. ***Direito constitucional e administrativo sem fronteiras***. Coimbra: Almedina, 2019.

VITORELLI, Edilson. ***Processo civil estrutural***: teoria e prática. 2ª ed. Salvador: JusPodivm, 2021.

O Caso dos Tomates e a Verdadeira Força dos Precedentes

José Roberto de Castro Neves[1]

1. Introdução

Ao ensinar o conceito de justiça, Aristóteles tratou da ideia de proporcionalidade, que ele qualificou como a "igualdade das razões".[2] Os iguais devem ser tratados da mesma forma, e os desiguais devem ser tratados como desiguais, na medida da sua desigualdade, sob pena de se afastar do justo. Mais recentemente, o filósofo e economista, vencedor do prêmio Nobel, Amarty Sen, seguiu a mesma linha: "a justiça tem que ser vista com relação às exigências da equidade".[3] O jurista, comprometido com a equidade, persegue esse ideal, pois apenas o tratamento igualitário aos jurisdicionados permite uma sociedade saudável. Em outras palavras, os mesmos fatos merecem receber tratamento idêntico, sob pena de não haver segurança e prevalecer o arbítrio.

"Não é possível a desigualdade no tratamento de casos iguais, que devem ter soluções idênticas"[4], ensina o jurista Roberto Rosas. Essa lição reflete a preocupação em fixar precedentes judiciais que garantam a segurança jurídica, tema que recebeu atenção especial e ganhou força sobretudo a partir do advento do Código de Processo Civil de 2015, pois o tema recebeu atenção especial. Tome-se, como exemplo, o art. 926 da legislação processual, segundo o qual "[o]s tribunais devem uniformizar sua jurisprudência e mantê-la estável, íntegra e coerente." Tome-se, ainda, o art. 927 que confere efeito vinculante (em alguns graus, conforme entendimento da doutrina) a determinadas decisões, acórdãos e enunciados de súmula, os quais são de observância obrigatória pelo julgador, sob risco de nulidade por falta de fundamentação, na forma do art. 489, §1º, VI, do Código de Processo Civil.

---

1 Doutor em Direito Civil pela Universidade do Estado do Rio de Janeiro (UERJ). Mestre em Direito pela Universidade de Cambridge, Inglaterra. Professor de Direito Civil da Pontifícia Universidade Católica (PUC-Rio) e da Fundação Getúlio Vargas (FGV-Rio). Advogado. Da Academia Brasileira de Letras Jurídicas.

2 ARISTÓTELES. Ética a Nicômacos, 3ª ed., *Editora da Universidade de Brasília*, Brasília, 1999, p. 96.

3 SEN, Amartya. A ideia de justiça. *Companhia das Letras*, São Paulo, 2011, p. 83.

4 ROSAS, Roberto. Da súmula à súmula vinculante. *Revista dos Tribunais*, São Paulo, v. 98, n. 879, p. 41-47, jan. 2009.

Observar a jurisprudência constitui, portanto, um dever (e não uma mera faculdade) do julgador. Entende-se, corretamente, que a valorização do direito jurisprudencial – além de expressar uma aproximação interessante com o sistema jurídico anglo-saxão – contribuiu, em larga medida, para o incremento da credibilidade do poder jurisdicional perante a sociedade.

O deslocamento dos precedentes dos Tribunais para o centro do Direito também se explica pela revolução tecnológica vivenciada pela contemporaneidade. O avanço dos meios de comunicação tornou simples e rápida a consulta ao repertório dos Tribunais. Pela facilidade (e velocidade assustadora) do acesso, a jurisprudência passa a ser o meio mais comum de conhecer o entendimento dominante do ordenamento jurídico acerca de determinado assunto. Por conta dessa força da tecnologia, a jurisprudência, de certa forma, assumiu o papel antes ocupado quase exclusivamente pela doutrina.

Permita-se um exemplo prático. Há algumas décadas, se uma pessoa desejasse compreender melhor uma discussão relacionada ao benefício da ordem, teria que, primeiro, encontrar na estante um livro sobre contratos, para, em seguida, abrir no capítulo destinado ao estudo da fiança. Em algum momento de sua pesquisa, possivelmente esbarraria com comentários acerca do benefício da ordem. Um caminho mais longo para encontrar a resposta, mas que, entretanto, permitiria ao pesquisador uma visão mais ampla. Hoje, o mesmo pesquisador, se tivesse premido pelo tempo (um mal que aflige a maior parte da humanidade nos dias de hoje), muito provavelmente digitaria "benefício de ordem" em algum site eletrônico de buscas e receberia, no tempo em que o diabo esfrega os olhos, um sem-fim de acórdãos tratando desse tema. Pronto: uma pesquisa que, antes demandaria considerável tempo, estava, com a eficiente ajuda do computador, realizada em segundos.

Essa praticidade impulsionou a jurisprudência, que passou a ser largamente consultada. Os mais velhos se lembrarão que, num passado não tão distante, as petições e decisões judiciais se valiam pouco de precedentes – no mais das vezes, citavam a doutrina. Já nos dias correntes, chega a ser difícil que uma peça processual não faça menção a um acórdão. A jurisprudência assume, também por esse motivo, um protagonismo.[5]

5 Fundamental, portanto, conhecer a posição dos Tribunais. Permita-se referir ao trabalho de referência: ROSAS, Roberto. *Direito Sumular*, 14ª ed., São Paulo: Malheiros, 2016.

De toda sorte, mesmo impulsionada pelas novas regras processuais e pela revolução tecnológica que testemunhamos, a força dos precedentes não existiria não fosse seu conteúdo. A qualidade das decisões judiciais, a reproduzir e esclarecer o melhor direito, em sintonia com os valores protegidos pela sociedade, é que as fortalece.

2. O CASO DOS TOMATES

Eis os fatos do caso: durante muitos anos, um agricultor de Canguçu, no interior do estado do Rio Grande do Sul, vendeu sua colheita a certa empresa alimentícia do ramo de tomates. Essa relação se dava sempre da mesma forma: antes do início da fase de plantio, a tal empresa alimentícia fornecia sementes de tomates, a fim de que o agricultor as cultivasse. Na época da colheita, então, o agricultor vendia o produto semeado e colhido para a empresa. Assim ocorreu por um longo período. Contudo, na safra entre 1987 e 1988, após ter entregue as sementes e o agricultor plantado os tomates, a empresa alimentícia, após a colheita, informou que não desejava adquirir os legumes. O agricultor, então, que havia suportado enorme prejuízo por conta da desistência da empresa, ajuizou ação, reclamando um ressarcimento pela frustração na venda de sua safra.

Não havia contrato escrito, garantindo que a empresa alimentícia iria adquirir a safra. A tese do agricultor se baseava no comportamento reiterado da empresa, que agiu sempre da mesma forma, dando-lhe a convicção de que o negócio seria celebrado – isto é, que a safra seria adquirida –, da mesma forma como foi durante muitos anos. Afinal, se a empresa não iria comprar os tomates, por que forneceu as sementes ao agricultor?

O agricultor acabou por vencer a demanda. O Tribunal de Justiça do Rio Grande do Sul, em acórdão prolatado em 1991,[6] entendeu que a empresa alimentícia, pela sua conduta, havia incutido no agricultor a justificada crença de que o negócio se concretizaria. De forma precursora, pois a decisão precede o Código Civil de 2002, foi dada fundamental importância à boa-fé objetiva, tornando concreta a aplicação de conceitos como o *venire contra factum proprium*[7]: daí a significar que as pes-

6 TJRS, Ap. 591028725, 5ª CC., Rel. Des. Ruy Rosado Júnior, j. 06.06.91.

7 "A vedação do comportamento contraditório (*venire contra factum proprium*) funda-se na proteção da confiança, tal como se extrai dos arts. 187 e 422 do Código Civil." (Enunciado nº 362 da IV Jornada de Direito Civil do Conselho da Justiça Federal)

soas são responsáveis pelo que cativam na contraparte, rechaçando-se o comportamento contraditório.

Os fundamentos aventados pelo relator convergiram ao entendimento (à época, inovador) de que as partes devem guardar, na sua conduta, comportamento leal e transparente, mesmo durante as negociações, a fim de proteger uma justa expectativa. A violação a essa regra de conduta honesta, por si só, já representa um desvio suficiente para ensejar a responsabilidade pelos danos eventualmente causados.

O entendimento do relator – o culto civilista, na época Desembargador e, depois, Ministro do Superior Tribunal de Justiça – Ruy Rosado de Aguiar não foi unânime. Na ocasião do julgamento referido, inaugurou a divergência o Desembargador Sérgio Pilla da Silva. O vogal atentou para o fato de o agricultor não ter-se desincumbido do ônus de demonstrar seu direito à indenização, eis que não restariam comprovados os seguintes fatos: o recebimento das sementes das mãos de prepostos da ré; o compromisso verbal efetivamente assumido com a empresa, "menos ainda que tal ou qual fosse o valor do preço por aquilo então estabelecido"; e, por fim, a ausência de indicação quantitativa do prejuízo ("sequer provando qual a área efetivamente plantada com tomates [...] ou, mesmo, se houve o plantio"[8]).

Para o Desembargador Pilla da Silva, os depoimentos dos diversos produtores locais, bem como os testemunhos de diretores da companhia agrícola, não bastaram para caracterizar o dever de reparação. Ademais, o fato de uma outra empresa – conveniada com a ré – ter absorvido parte da safra reforçaria a tese de improcedência do pedido.

Abram-se parênteses para observar que o apego ao acervo probatório por parte do primeiro vogal evidencia certa parcimônia do julgador: afinal, a incidência de princípios como o da boa-fé (e seus corolários, como o mencionado *venire contra factum proprium*) eram novidades, não havendo, na época, exemplos de sua aplicação concreta – afinal, o referido julgamento ocorreu mais de uma década antes do advento do art. 422 do atual Código Civil. Na visão de Pillar da Silva, não basta a reminiscência aos deveres de cooperação e de lealdade: para a tutela da confiança, seria necessário, antes de tudo, comprovar cabalmente o dever de indenizar à luz dos fatos.

8 TJRS, Ap. 591028725, 5ª CC., Rel. Des. Ruy Rosado Júnior, j. 06.06.91.

Por fim, o terceiro membro da Turma Julgadora, Desembargador Lio Cezar Schmitt, concordando com o relator, apenas divergiu parcialmente do voto condutor no que se refere ao *quantum* indenizatório.

A pretexto de reafirmar a segurança jurídica e a estabilidade das decisões, o Desembargador Schmitt colacionou trecho de decisão por ele proferida, em caso muito semelhante. Para Schmitt, a *mera intenção de comprar* configuraria, *per se*, um compromisso da companhia para com os agricultores. Contudo, inobstante a ausência de transparência na conduta da empresa agrícola, não passou desapercebido o fato de os produtores terem tido a chance – mesmo diante da expectativa frustrada – de comercializar ao menos parte da safra a uma empresa conveniada à companhia ré. Diante dessa circunstância, a indenização também deveria ser reduzida proporcionalmente. Tal premissa acabou acatada pela relatoria.

Por conta da potência de seu conteúdo, o acordão reverberou. Acabou conhecido como o "caso dos tomates", ganhando, merecidamente, a função, entre nós, de *leading case* no que se refere ao rompimento de expectativa, estabelecendo bases para o reconhecimento da responsabilidade pré-contratual.

Esse acórdão, disruptivo, abriu caminho para o fortalecimento de um ordenamento jurídico mais próximo aos valores éticos, respeitando a criação de deveres relacionados ao comportamento leal e transparente. Com efeito, a decisão proferida no caso dos tomates, pela força de sua mensagem, ganhou força de paradigma, contribuindo para a construção de um ordenamento mais próximo ao valor da solidariedade, na linha preconizada pela Constituição Federal.

3. DO PRETÓRIO AOS MANUAIS: O CASO DOS TOMATES PELA DOUTRINA

> "[...] na ausência de um diálogo verdadeiro entre doutrina e jurisprudência, a Ciência Jurídica não se desenvolve e a insegurança – filha do voluntarismo – passa a imperar."[9]

A doutrina, historicamente, oferece subsídios para a melhor aplicação do direito, muitas vezes influenciando os tribunais. No caso dos tomates, contudo, deu-se o caminho inverso. O acórdão iluminou. Ainda nos anos 90, partindo das conclusões apresentadas pelo Tribunal do Rio

9 MARTINS-COSTA, Judith. *A boa-fé no direito privado: critérios para a sua aplicação.* São Paulo: Marcial Pons, 2015. p. 10.

Grande do Sul, estudiosos se debruçaram sobre as conclusões e fundamentos adotados para discutir a boa-fé, a tutela da confiança e o solidarismo, temas que ainda não constavam, ao menos de forma expressa, na Lei Civil.

Uma vez publicado, o acórdão[10] passou a ser objeto de profundo estudo por parte da doutrina, justamente em razão de seu caráter disruptivo. Naquele tempo, como anota Judith Martins-Costa, a jurisprudência a respeito da boa-fé era "escassa, quase inexistente"[11], notadamente porque era majoritária "a concepção de serem as normas semanticamente abertas, meros (...) 'conceitos amortecedores' na fricção entre o direito e a vida"[12].

O caso dos tomates representou verdadeiro ponto de inflexão: sem dúvidas, o Tribunal do Rio Grande do Sul cumpriu com êxito a missão de conferir *aplicabilidade* a conceito abstrato. Como lembra Karina Nunes Fritz, o julgamento desse *leading case* foi a ocasião em que, pela primeira vez, o princípio da boa-fé objetiva foi invocado como fundamento da responsabilidade pré-contratual[13].

A respeito desse *leading case*, Judith Martins-Costa elencou as circunstâncias levadas em consideração pela Turma Julgadora, a saber: (i)

10 A doutrina anota, ainda, outro caso semelhante ao dos tomates, no qual Ruy Rosado de Aguiar também figurou como relator. Julgado dois meses antes do *leading case* aqui referido, o "caso do posto de gasolina" dizia respeito a negociações em torno da compra e venda de um estabelecimento comercial. Como recordado por Karina Nunes Fritz, "o potencial adquirente, depois de descobrir que seu parceiro negocial não era o único titular das quotas sociais da empresa (embora se apresentasse como tal), abandonou as conversações e desistiu de celebrar o contrato já dado como certo". Diante disso, o proprietário do posto ingressou com ação indenizatória, pleiteando o ressarcimento dos honorários do advogado contratado para elaborar as primeiras minutas. Tendo o pedido sigo julgado improcedente em primeiro grau, o Tribunal do Estado do Rio Grande do Sul reconheceu a existência, ao menos em tese, da responsabilidade pré-contratual, "mas negou-a no caso por ter tido o réu motivo legítimo para desistir do negócio, pois ficou comprovado que o autor se apresentava como único titular das quotas sociais". (Cf.. FRITZ, Karina Nunes. A responsabilidade pré-contratual por ruptura injustificada das negociações. In: *Revista dos Tribunais*, v. 883/2009, Maio/2009.)

11 MARTINS-COSTA, *op. cit.*, p. 10.

12 MARTINS-COSTA, Judith. *A boa-fé no direito privado: critérios para a sua aplicação.* São Paulo: Marcial Pons, 2015. p. 12.

13 FRITZ, Karina Nunes. A responsabilidade pré-contratual por ruptura injustificada das negociações. In: *Revista dos Tribunais*, v. 883/2009, Maio/2009.

a habitualidade das trocas havidas entre a empresa e os agricultores nos anos anteriores; (ii) a existência de prova do relacionamento entre os dois polos, mesmo que por meio de intermediadores; (iii) o fato de, naquela safra em especial, a companhia ter sido comunicada pelos transportadores de que muitos agricultores desejavam realizar o plantio de tomates; (iv) e, finalmente, a inexistência de instrumento escrito que embasasse a relação entre as partes.

Concluída a fase instrutória, restou claro que o *comportamento reiterado* da companhia teve o condão de incutir nos agricultores a justa expectativa de que o negócio seria efetivamente celebrado. Daí a se configurar a responsabilidade pré-contratual.

Sobre o caso dos tomates, Anderson Schreiber tece considerações igualmente relevantes. O autor relembra que a companhia suscitou em sua contestação o fato de ser "legítima sua decisão de não adquirir o produto porque não iria exercer a atividade de industrialização de tomates, em razão de modificações na sua política industrial"[14]. No conflito entre a liberdade de não contratar e o respeito à solidariedade social, privilegiou-se a segunda em detrimento da primeira.

Como leciona Schreiber, "'[o] *nemo potest venire contra factum proprium* representa (...) instrumento de proteção a razoáveis expectativas alheias e de consideração dos interesses de todos aqueles sobre quem um comportamento de fato possa vir a repercutir"[15].

As lições de tal acórdão paradigmático seguem reverenciadas por diversos manuais.[16] Certamente, a leitura da doutrina teve papel decisivo na reafirmação do caso dos tomates como verdadeiro *leading case*.

4. O CASO DOS TOMATES E SEUS ECOS NA JURISPRUDÊNCIA POSTERIOR

A Constituição Federal de 1988, ao indicar a solidariedade como um dos objetivos da República (art. 3º, I), deixou claro o propósito de estabelecer um novo padrão de conduta, atento à ética. O Código Civil de

14 SCHREIBER, Anderson. *Manual de direito civil: contemporâneo.* 3ª ed. São Paulo: Saraiva Educação, 2020. p. 667-668.

15 SCHREIBER, Anderson. *A proibição de comportamento contraditório: tutela da confiança venire contra factum proprium*, Rio de Janeiro: Renovar, 2005, p. 269-270.

16 Permita-se referir a CASTRO NEVES, José Roberto de. Teoria Geral dos Contratos, Rio de Janeiro: GZ Editora, 2021, p. 119 e seguintes.

2002, ao inserir, no art. 422, a boa-fé objetiva como cláusula geral das relações contratuais, explicita esse dever de atuação leal, de parte à parte.

Essa mudança de paradigma – promovida "além do direito positivo, mas por meio do direito positivo"[17] – trouxe sensíveis impactos, os quais foram, progressivamente, assimilados pelos Tribunais. Tome-se, como exemplo, o Enunciado 25 da I Jornada de Direito Civil[18] do Conselho da Justiça Federal, segundo o qual "[o] art. 422 do Código Civil não inviabiliza a *aplicação pelo julgador* do princípio da boa-fé nas fases pré-contratual e pós-contratual."

O caso dos tomates tornou, antes mesmo do Código Civil de 2002, concretos esses conceitos.

A partir desse julgamento paradigmático, o Tribunal do Rio Grande do Sul conservou certo protagonismo na compreensão do instituto da responsabilidade pré-contratual, como se nota de acórdãos proferidos logo após a publicação do Código Civil de 2002[19]:

> "(...) em observância ao princípio da eticidade (considerado para alguns doutrinadores como valor jurídico), tenho que a leitura e a interpretação do art. 422 do CC/02 não pode se limitar à sua restrita literalidade (...)
>
> (...) essa leitura e interpretação do dispositivo, à luz do princípio da eticidade, deve se operar de forma ampliativa, extensiva, de modo que a boa-fé objetiva deve estar presente não apenas na conclusão e execução do contrato, mas também na fase preparatória e de tratativas (fase de puntuação) e na fase pós-contratual, ou seja, nos efeitos decorrentes do contrato após a sua extinção. A constatação da observância doa boa-fé em todas as fases do contrato, e inclusive

17 KONDER, Carlos Nelson. Distinções hermenêuticas da constitucionalização do direito civil: o intérprete na doutrina de Pietro Perlingieri. *Revista da Faculdade de Direito – UFPR*, Curitiba, vol. 60, n. 1, jan./abr. 2015, p. 200.

18 Digno notar que o coordenador geral do referido evento foi justamente o Professor Ruy Rosado de Aguiar, relator do *leading case* por nós resgatado.

19 TJRS, Recurso Cível, 71000531376, 2ª Turma Recursal Cível, Rel. Des. Ricardo Torres Hermann, j. em 08.09.04; TJRS, Ap. 70012118220, 9ª CC., Rel. Des. Marilen Bonzanini Bernardi, j. 24.08.05; TJRS, Recurso Cível 71002009942, 3ª Turma Recursal Cível, Rel. Des. Eugênio Facchini Neto, j. em 16.07.09; TJRS, Ap. nº 70035736206, 20ª Câmara Cível, Rel. Des. Carlos Cini Marchionatti, j. em 02.06.10; TJRS, Ap. 70035756154, 17ª Câmara Cível, Rel. Des. Liege Puricelli Pires, j. 16.12.10; TJRS, Ap. nº 70080215148, 9ª Câmara Cível, Rel. Des. Eduardo Kraemer, j. em 18.12.19.

> após sua extinção, já se encontra consagrada na jurisprudência desta Corte, desde o clássico precedente do caso dos tomates (...)
>
> Nesse sentido, impõe-se salientar que dentre as funções da cláusula geral da boa-fé objetiva temos a função constitutiva de deveres anexos ou instrumentais (*Nebenpflichten*), cujo descumprimento implica na chamada violação positiva do contrato, porquanto decorrente não de um descumprimento de cláusula contratual (violação negativa), mas da não-observância de um desses deveres anexos decorrentes da boa-fé objetiva. Os deveres anexos, portanto, tem natureza extracontratual, mas encontram-se implícitos em qualquer negócio jurídico."[20]

Os Tribunais do Rio de Janeiro e de São Paulo, por sua vez, seguiram, num primeiro momento, com uma visão mais restrita para configurar a responsabilidade pré-contratual, sobretudo por se considerar como requisito caracterizador a existência de contrato preliminar (ou pré-contrato), para que reste comprovada a vinculação das partes nessa "fase negocial".[21]

Com o tempo, vingou o entendimento de identificar essa responsabilidade, mesmo não havendo um pré-contrato[22], dando-se ênfase à proteção da legítima expectativa, até mesmo porque, em havendo um contrato, adentra-se na seara da responsabilidade contratual.[23]

---

20 TJRS, Ap. 70029885506, Rel. Des. Liege Puricelli Pires, Sexta Câmara Cível, j. 02.09.10, DJe 15.09.10. No mesmo sentido: TJRS, Ap. 70034871970, Rel. Des. Liege Puricelli Pires, Décima Sétima Câmara Cível, j. 19.08.10, DJe 15.09.10.

21 TJSP, Ap. 89.432-4/7, 4ª Câmara de Direito Privado, Rel. Des. Jacobina Rabello, j. em 02.03.00, TJSP, Ap. 9107644-05.2007.8.26.0000, 24ª Câmara de Direito Privado, Rel. Des. José Luiz Germano, j. em 16.05.08; TJSP, Ap. 0008393-98.2009.8.26.0453, 8ª Câmara de Direito Privado, Rel. Des. Salles Rossi, j. em 01.08.12; TJRJ, Ap. 0246115-78.2009.8.19.0001, 11ª CC., Rel. Des. Adolpho Correa de Andrade Mello Junior, j. em 18.04.12; TJRJ, Ap. 2004.001.09953, Rel. Des. Paulo Gustavo Horta 5ª CC., j. em 01.06.04; TJRJ, Ap. 1991.001.03395, Rel. Des. Elmo Arueira, 3ª CC., j. em 26.05.92.

22 Nesse ponto, não deve passar desapercebida a diferença entre a *responsabilidade pré-contratual* e a *responsabilidade pré-contrato*. Nesse sentido: "a responsabilidade pré-contratual não surge a partir da violação de um contrato preliminar ou pré-contrato, como uma semelhança terminológica poderia sugerir" (FRITZ, Karina Nunes. A responsabilidade pré-contratual por ruptura injustificada das negociações. *Civilistica.com*. Ano 1, n. 2, 2012. p. 3.)

23 Há relevantes julgados no Tribunal de São Paulo também nesse sentido: TJSP, Ap. 0166582-35.2010.8.26.0100, 1ª Câmara Reservada de Direito Empresarial, Rel. Des. Francisco Loureiro, j. em 10.10.13; TJSP, Ap. 1026323-43.2015.8.26.0602, 26ª Câmara de Direito Privado, Rel. Des. Vianna Cotrim, j. em 13.09.18.

Importante destacar, ainda, que a noção da responsabilidade pré-contratual tem se estendido também às relações de particulares com a Administração Pública.[24]

No que se refere à indenização oriunda nos casos de responsabilidade pré-contratual, a jurisprudência pátria dedicou especial atenção ao debate entre a tutela do interesse (contratual) positivo e do interesse (contratual) negativo – conceitos introduzidos por Rudof von Jhering em seu clássico ensaio de 1860, *Culpa in Contrahendo ou Indenização por Contratos Nulos ou não chegados à perfeição.* O interesse positivo representa aquilo que o lesado teria direito a receber, a fim de se colocar economicamente no local onde estaria se o contrato fosse plenamente cumprido, enquanto o interesse negativo consiste no que o lesado receberia, mesmo se o contrato não fosse adiante.

O entendimento dominante é no sentido de que a indenização, na responsabilidade pré-contratual, corresponde ao interesse contratual negativo. A doutrina majoritária não admite que a indenização compreenda também o interesse positivo, ou seja, os benefícios que o lesado teria se o negócio fosse concretizado, como os lucros cessantes.[25]

No mesmo sentido, merece destaque acórdão do Tribunal de São Paulo em julgamento sobre o rompimento injustificado das tratativas. Em referência expressa ao caso dos tomates, o Relator Desembargador Francisco Loureiro salientou que a indenização por danos positivos (*i.e.*, danos pela não implementação do negócio) apenas teria lugar se restasse demonstrada a perda de outras oportunidades negociais:

> "(...) Realmente, parece razoável que o réu receba indenização pela frustração decorrente da ruptura ilegal e abrupta das tratativas, mas não pelo resultado que iria obter em caso de celebração do contrato. Entender o contrário seria equiparar a violação a dever de lealdade na fase da puntuação ao inadimplemento de um contrato já formado.
>
> (...) Vislumbro, como única possibilidade de indenização dos interesses positivos, a situação em que a ruptura injustificada acarretar a perda da possibilidade de a outra parte realizar o mesmo negócio com terceira pessoa. É o que ocorreu no famoso "caso dos tomates",

24 Castro Neves, José Roberto, Teoria Geral dos Contratos.

25 Nesse sentido, ver: CHAVES, Antônio. *Responsabilidade pré-contratual.* 2ª ed. Rio de Janeiro: Forense, 1997; VICENTE, Dário Moura, *A responsabilidade pré-contratual no Código Civil brasileiro de 2002*, in RTDC, vol. 18, 2004.

> julgado pelo TJ/RS (Ap. Cível nº 591.028.295). Apenas a oportunidade perdida de contratar com terceiro é que seria indenizável."[26]

Esse entendimento se assemelha àquele compartilhado pelo Desembargador Schmitt no julgamento do caso dos tomates: considerando a chance negocial obtida pelos agricultores (*i.e.*, venda de parte da safra à empresa congênere). A adequação do patamar indenizatório tornou-se uma questão premente.

Já no âmbito do Superior Tribunal de Justiça, vale ressaltar, de início, que os primeiros julgados a tratar do *venire contra factum proprium* – concet adotado, mesmo de modo implícito, no caso dos tomates – foram arestos cuja relatoria coube ao Ministro Ruy Rosado de Aguiar, responsável pelo voto condutor no *leading case* em análise.

De forma pioneira, o Superior Tribunal de Justiça passou a recepcionar os corolários da boa-fé, conferindo-lhes densidade normativa. A aplicação da *doutrina dos atos próprios* (leia-se, teoria sobre a vedação ao comportamento contraditório) foi, salvo engano, citado pela primeira vez pelo STJ em 1996 (cinco anos depois do julgamento do caso dos tomates), em recurso cujo objeto se relacionava à ausência de outorga uxória na celebração de compromisso de compra e venda.

Na ocasião, o Ministro Ruy Rosado de Aguiar destacou que o comportamento posterior do casal promitente vendedor teve o condão de suprir a falta formal verificada no contrato preliminar:

> "(...) considero o longo tempo decorrido desde quando celebrada a avença mais de 17 anos, durante o qual os promissários compradores exerceram a posse mansa e pacífica do bem, sem qualquer oposição dos recorridos, que assim tacitamente confirmaram o negócio feito (...)
>
> O Direito moderno não compactua com o *venire contra factum proprium*, que se traduz como o exercício de uma posição jurídica em contradição com o comportamento assumido anteriormente (...). Havendo real contradição entre dois comportamentos, significando o segundo quebra injustificada da confiança gerada pela prática do

26 TJSP, Ap. 0166582-35.2010.8.26.0100, 1ª Câmara Reservada de Direito Empresarial, Rel. Des. Francisco Loureiro, j. 10.10.13. No mesmo sentido: TJSP, Ap. 1003286-38.2014.8.26.0079, Rel. Des. Francisco Loureiro, j. 11.03.15, 6ª Câmara de Direito Privado, DJe 12.03.15; TJSP, Ap. 0112743-61.2011.8.26.0100, Rel. Des. Francisco Loureiro, j. 10.05.16, 1ª Câmara de Direito Privado, DJe 11.05.16.

> primeiro, em prejuízo da contraparte, não é admissível dar eficácia à conduta posterior.
>
> (...) O sistema jurídico nacional, a meu juízo, deve ser interpretado e aplicado de tal forma que, através dele possa ser preservado o princípio da boa-fé, para permitir o reconhecimento da eficácia e validade de relações obrigacionais assumidas e lisamente cumpridas, não podendo ser a parte surpreendida com alegações formalmente corretas, mas que se chocam com princípios éticos, inspiradores do sistema."[27]

Ao longo do tempo, o Superior Tribunal de Justiça continuou a amadurecer a aplicação direta dos princípios derivados da boa-fé objetiva[28], na medida em que o ordenamento jurídico brasileiro vivenciava a mudança de paradigma proporcionada sobretudo pelo art. 422 do Código Civil de 2002.

Na jurisprudência recente, encontra-se firme orientação da aplicação da responsabilidade pré-contratual, como ocorreu do Recurso Especial nº 1.051.065-AM, de relatoria do Ministro Ricardo Villas Bôas Cueva, julgado em 21.02.2013:

> "3. A responsabilidade pré-contratual não decorre do fato de a tratativa ter sido rompida e o contrato não ter sido concluído, mas do fato de uma das partes ter gerado à outra, além da expectativa legítima de que o contrato seria concluído, efetivo prejuízo material. 4. As instâncias de origem, soberanas na análise das circunstâncias fáticas da causa, reconheceram que houve o consentimento prévio mútuo, a afronta à boa-fé objetiva com o rompimento ilegítimo das tratativas, o prejuízo e a relação de causalidade entre a ruptura das tratativas e o dano sofrido. (...)" .

A partir desse acórdão, foi veiculado o informativo de jurisprudência nº 517 do STJ, que dá boa demonstração da importância que o or-

---

27 STJ, REsp n. 95.539/SP, Rel. Min. Ruy Rosado de Aguiar, Quarta Turma, j. 03.09.96, DJe 14.10.96.

28 STJ, REsp n. 1.116.108/RO, Rel. Min. Antonio Carlos Ferreira, Rel. para acórdão Ministro Marco Buzzi, Quarta Turma, julgado em 2.12.14, DJe 27.10.15; STJ, REsp n. 1.217.951/PR, Rel. Min. Mauro Campbell Marques, Segunda Turma, j. 17.02.11, DJe 10.03.11.

denamento confere à confiança despertada entre as partes na fase de tratativas a ponto de gerar a responsabilidade:

> "Com o advento do CC/2002, dispôs-se, de forma expressa, a respeito da boa-fé (art. 422), da qual se extrai a necessidade de observância dos chamados deveres anexos ou de proteção. Com base nesse regramento, deve-se reconhecer a responsabilidade pela reparação de danos originados na fase pré-contratual caso verificadas a ocorrência de consentimento prévio e mútuo no início das tratativas, a afronta à boa-fé objetiva com o rompimento ilegítimo destas, a existência de prejuízo e a relação de causalidade entre a ruptura das tratativas e o dano sofrido. Nesse contexto, o dever de reparação não decorre do simples fato de as tratativas terem sido rompidas e o contrato não ter sido concluído, mas da situação de uma das partes ter gerado à outra, além da expectativa legítima de que o contrato seria concluído, efetivo prejuízo material".

Vale destacar, no entanto, que o Superior Tribunal de Justiça, ao reconhecer a quebra da legítima expectativa na conclusão do contrato, e, portanto, a responsabilidade pré-contratual, acertadamente exige, para fins de indenização, a demonstração de prejuízos materiais efetivos, não bastando apenas o rompimento das tratativas.

Aliás, o STJ comumente se refere ao *leading case* do caso dos tomates ao examinar hipóteses envolvendo a frustração de expectativas:

> "A constatação da observância doa boa-fé em todas as fases do contrato, e inclusive após sua extinção, já se encontra consagrada na jurisprudência desta Corte, desde o clássico precedente do caso dos "tomates da [*omissis*]" – Apelação Cível nº 2591028295. Nesse sentido, impõe-se salientar que dentre as funções da cláusula geral da boa-fé objetiva temos a função constitutiva de deveres anexos ou instrumentais (*Nebenpflichten*), cujo descumprimento implica na chamada violação positiva do contrato, porquanto decorrente não de um descumprimento de cláusula contratual (violação negativa), mas da não-observância de um desses deveres anexos decorrentes da boa-fé objetiva."[29]

Tamanha a força da tutela da confiança no ordenamento jurídico brasileiro que o Superior Tribunal de Justiça tem admitido a responsabilidade se houve quebra da confiança, que, apesar de ter a mesma *ratio* da

29 STJ, REsp nº 1.729.730, Rel. Ministro Marco Aurélio Bellizze, DJe 01.06.2018.

responsabilidade pré-contratual, dela se diferencia na medida em que a formalização de um contrato pode não ser o escopo perseguido por uma das partes.[30] Na visão da Corte, a responsabilidade pela confiança, à semelhança da responsabilidade pré-contratual, "constitui uma das vertentes da boa-fé objetiva, enquanto princípio limitador do exercício dos direitos subjetivos, e coíbe o exercício abusivo do direito"[31].

O caso dos tomates representou ponto de inflexão em direção ao reconhecimento, pelos Tribunais, de responsabilidades a quem deixou de negociar de forma honesta, causando danos à contraparte. A conduta adotada pelas partes no âmbito das tratativas deixou o limbo jurídico, sujeitando-se à análise do Direito. Como se viu, a jurisprudência atuou de forma fundamental para que esse passo civilizatório fosse dado.

5. Conclusão

Muito justificadamente, o *leading case* do caso dos tomates continua celebrado pelos Tribunais pátrios, servindo de norte. Em 1991, o civilista Ruy Rosado de Aguiar Júnior – mesmo na ausência de previsão expressa com a lei civil vigente à época – ousou ao utilizar como fio condutor a boa-fé objetiva, tutelando interesses que sequer se respaldavam em documento escrito.

A verdadeira força das decisões, antes de qualquer efeito processual que ela possa ter, decorre dos valores que ela abraça e protege. A força dos *leading cases* (e dos precedentes, no geral) prolongam-se no tempo, justamente porque espelham os grandes vetores que movem e justificam o ordenamento jurídico.

O caso dos tomates reflete a sensibilidade da jurisprudência às mutações pelas quais o ordenamento passou, prestigiando uma sociedade atenta aos valores da solidariedade, que vê com repúdio condutas desleais e prestigia o contrato como um processo de mútua colaboração.

Ao se deparar com hipóteses nas quais a lealdade é preterida, ecoam as lições deixadas pelo caso dos tomates. Recorrer ao fundamento jurídico de uma decisão paradigmática é reafirmar, a um só tempo, o com-

30 Ver, sobre esse tema, o Recurso Especial nº 1.309.972/SP, de relatoria do Ministro Luís Felipe Salomão, julgado em 27.04.2017.

31 STJ, REsp 1879503/RJ, Rel. Min. Nancy Andrighi, Terceira Turma, j. 15.09.20, DJe 18.09.20.

promisso com a segurança jurídica, com a isonomia e com a qualidade na prestação do serviço jurisdicional. Eis a razão dos precedentes, cujos efeitos prospectivos permitem que se promova a verdadeira justiça.

Referências bibliográficas

ALMEIDA. Carlos Ferreira de, *Contratos I*, 4ª ed., Coimbra: Almedina, 2008;

CASTRO NEVES, José Roberto de. *Teoria Geral dos Contratos*, Rio de Janeiro: GZ Editora, 2021.

CHAVES, Antônio. *Responsabilidade pré-contratual.* 2ª ed. Rio de Janeiro: Forense, 1997;

FRITZ, Karina Nunes. *A responsabilidade pré-contratual por ruptura injustificada das negociações.* In: Revista dos Tribunais, v. 883/2009, Maio/2009;

FRITZ, Karina Nunes. *A culpa in contrahendo no direito alemão: um contributo para reflexões em torno da responsabilidade pré-contratual.* In: Revista de Direito Civil Contemporâneo, v. 15/2018, Abr-Jun/2018;

FRITZ, Karina Nunes. *A boa-fé objetiva e sua incidência na fase negocial: um estudo comparado com base na doutrina alemã.* In: Revista de Direito Privado, v. 29/2007, Jan-Mar/2007, pp. 201-237.

GOMES, Orlando. In: FACHIN, Luiz Edson, *Repensando fundamentos do direito civil brasileiro contemporâneo.* Rio de Janeiro: Renovar, 1998;

JUNQUEIRA DE AZEVEDO, Antônio. *Responsabilidade pré-contratual no Código de Defesa do Consumidor: estudo comparativo com a responsabilidade pré-contratual no direito comum.* Revista de Direito do Consumidor. nº 18. São Paulo: Revista dos Tribunais, 1996;

MARTINS-COSTA, Judith. *Um aspecto da obrigação de indenizar: notas para uma Sistematização dos deveres pré-negociais de proteção no Direito civil brasileiro.* In: Revista dos Tribunais, v. 867/2008, Jan/2008;

MARTINS, António Carvalho. *Responsabilidade pré-contratual.* Coimbra: Coimbra Editora, 2002;

MIRANDA, Francisco Pontes de, *Tratado de Direito Privado*, vol. XXXVIII, Rio de Janeiro: Borsoi, 1962;

PEREIRA, Regis Fitchner, *A Responsabilidade Pre-Contratual*, Rio de Janeiro: Renovar, 2001;

SCHREIBER, Anderson. *A proibição de comportamento contraditório: tutela da confiança e venire contra factum proprium.* 3ª ed. Rio de Janeiro: Renovar, 2012;

VICENTE, Dário Moura, *A responsabilidade pré-contratual no Código Civil brasileiro de 2002*, in RTDC, vol. 18, 2004.

Súmula 161 do STF: Limitação e de Exclusão do Dever de Indenizar em Contratos de Transporte Marítimo de Mercadorias[1]

Judith Martins-Costa[2]
Pietro Webber[3]

Introdução

É axiomático no Direito Civil: a vítima do dano deve ser ressarcida na medida do dano: o responsável deve reparar "*tout le dommage, mais rien que le dommage*"[4]. A primeira atitude do julgador ao buscar o montante da indenização traduz-se na diligente atenção ao *princípio da reparação integral* cuja relevância foi evidenciada pelo Código de 2002 ao inscrevê-lo em letra de forma (art. 944). Esse princípio assenta com clareza a distinção finalística entre, de um lado, a responsabilidade civil contratual e extracontratual (ressarcir o dano), e, de outro, a responsabilidade penal (punir o culpado), fornecendo ao intérprete o primeiro critério para a apuração do montante da indenização[5].

Porém, a densidade normativa do princípio da reparação integral não é autossuficiente. Completam-no outras regras e modelos jurídicos[6]

---

1 Esse artigo é destinado a homenagear o Professor Roberto Rosas, que com tanta proficiência tratou do Direito Sumular. Os Autores agradecem a Helena Gasparovic Chagas pelo auxílio na pesquisa bibliográfica a respeito do Direito Marítimo.

2 Doutora e Livre Docente em Direito Civil pela Universidade de São Paulo – USP. Foi Professora de Direito Civil na Faculdade de Direito da Universidade Federal do Rio Grande do Sul – UFRGS. É Presidente do Instituto de Estudos Culturalistas – IEC. Da Academia Brasileira de Letras Jurídicas.

3 Mestrando em Direito Civil na Universidade de São Paulo (USP). Bacharel em Ciências Jurídicas e Sociais pela Universidade Federal do Rio Grande do Sul (UFRGS). Ex-Presidente da Associação Brasileira de Estudantes de Arbitragem (ABEArb).

4 VINEY, Geneviève; JOURDAIN, Patrice. *Traité de Droit Civil*. Les conditions de la responsabilité. 3ª ed. Paris: L.G.D.J., 2010, p. 111-112.

5 Seja consentida a remissão a MARTINS-COSTA, Judith. O árbitro e o cálculo do montante da indenização. In: CARMONA, Carlos Alberto; LEMES, Selma Maria Ferreira; MARTINS, Pedro Batista (Orgs.). *20 anos da Lei de Arbitragem*: homenagem a Petrônio R. Muniz. São Paulo: Atlas, 2017, p. 609-638.

6 A noção de modelo jurídico aqui adotada corresponde, aproximativamente, à de "instituição". Modelos são estruturas normativas dinâmicas, que integram fatos e

destinados a indicar *quando* se indeniza, o *que* se indeniza, *em que medida* se indeniza, *como* é composto o montante da indenização devida. A tarefa do julgador torna-se mais complexa quando as partes convencionam modulação do dever de indenizar.

As cláusulas de limitação e de exclusão do dever de indenizar têm história antiga, testada pelo tempo. A origem histórica dessas cláusulas remonta aos contratos de transporte[7], especialmente os insertos no comércio marítimo[8]. Como está em Aguiar Dias, "o transporte marítimo parece haver sido o mais antigo campo de aplicação da cláusula de irresponsabilidade. Pelo menos, terá sido o em que mais rapidamente se as admitiu, em virtude da aceitação universal do princípio da limitação da responsabilidade do proprietário do navio imposto pela necessidade do comércio marítimo"[9].

O Direito brasileiro reconhece a licitude das cláusulas de limitação ou de exoneração do dever de indenizar, fundada na autonomia privada, assim como a sua utilidade, pois permitem aos figurantes do negócio jurídico circunscrever o campo da responsabilidade. Podem os contratantes estipular que, apesar de existente, a responsabilidade não produzirá ou produzirá limitadamente o seu principal efeito, qual seja: o dever de indenizar.

Contudo, a Súmula 161 do Supremo Tribunal Federal, editada em 1963, determina: "em contrato de transporte, é inoperante a cláusula de não indenizar". Ao comentá-la, Roberto Rosas acentua a razão do enunciado na conclui formação contratual por adesão, pois "não se poderia fortalecer o contratante contra o contratado, que necessita do transpor-

valores em normas jurídicas, como explicitou Miguel Reale, dentre outros textos em: REALE, Miguel. Vida e Morte dos Modelos Jurídicos. In: *Estudos e Filosofia e Ciência do Direito*. São Paulo: Saraiva, 1978; e REALE, Miguel. *Fontes e Modelos do Direito*. Para um novo paradigma hermenêutico. São Paulo: Saraiva, 1994, especialmente p. 63-122.

7 PRATA, Ana. *Cláusulas de exclusão e limitação da responsabilidade contratual*. Coimbra: Almedina, 2005, p. 24.

8 PINTO MONTEIRO, António. *Cláusulas limitativas e de exclusão de responsabilidade civil*. Coimbra: Almedina, 2011, p. 73; AGUIAR DIAS, José de. *Cláusula de não indenizar (chamada cláusula de irresponsabilidade)*. 4ª ed. Rio de Janeiro: Forense, 1980, p. 169.

9 AGUIAR DIAS, José de. *Cláusula de não indenizar (chamada cláusula de irresponsabilidade)*. 4ª ed. Rio de Janeiro: Forense, 1980, p. 165.

te sem discutir as cláusulas contratuais, às vezes ambíguas, contraditórias, que têm como finalidade a desobrigação"[10].

Para compreender a interação do entendimento sumulado com as peculiaridades do transporte marítimo, deve-se iniciar pelo exame *in abstracto* das cláusulas de limitação e de exoneração do dever de indenizar (*Parte I*), para, na sequência, apurar as particularidades do Direito Marítimo (*Parte II*).

1. AS CLÁUSULAS DE LIMITAÇÃO E DE EXONERAÇÃO DO DEVER DE INDENIZAR

As cláusulas ou convenções de limitação ou de exoneração do dever de indenizar consistem em um acordo prévio[11] em que as partes decidem afastar, parcial ou totalmente, o *efeito reparatório* consequente à incidência das regras legais sobre a responsabilidade civil. Seu escopo está em exonerar (totalmente, ou até certo limite) o responsável civil pela reparação que deveria prestar, não fosse a previsão da cláusula.

Tal qual as cláusulas penais, as cláusulas limitativas derivam dos poderes de autodeterminação e autorregulação dos recíprocos interesses reconhecidos aos sujeitos privados, mormente no âmbito de relações contratuais paritárias. Do ponto de vista econômico, constituem uma transação sobre os riscos[12]. Da perspectiva da dogmática jurídica, configuram convenção acessória a um contrato, pela qual o devedor eventual da obrigação de indenizar obtém do credor eventual da mesma

10 ROSAS, Roberto. *Direito sumular*: comentários às súmulas do Supremo Tribunal Federal e do Superior Tribunal de Justiça. 11ª ed. São Paulo: Malheiros, 2002, p. 75.

11 PONTES DE MIRANDA, Francisco Cavalcanti. *Tratado de direito privado*. Tomo LIII. 3ª ed. São Paulo: Revista dos Tribunais, 1984, § 5.503, 8, p. 131. Ainda: PONTES DE MIRANDA, Francisco Cavalcanti. *Manual do Código Civil Brasileiro*. Vol. XVI. Tomo I. Rio de Janeiro: Jacintho Ribeiro dos Santos, 1927, p. 492. No mesmo sentido: AGUIAR DIAS, José de. *Responsabilidade civil*. Vol. II. 2ª ed. Rio de Janeiro: Forense, 1950, p. 260; SANSEVERINO, Paulo de Tarso Vieira. *Responsabilidade civil no Código do Consumidor e a defesa do fornecedor*. 3ª ed. São Paulo: Saraiva, 2010, p. 348; CAVALIERI FILHO, Sérgio. *Programa de Responsabilidade Civil*. 11ª *ed*. São Paulo: Atlas, 2014, p. 590 e ss.

12 AZEVEDO, Antônio Junqueira de. Cláusula cruzada de não indenizar. (*Cross-waiver of liability*), ou cláusula de não indenizar com eficácia para ambos os contratantes – Renúncia ao direito de indenização – Promessa de fato de terceiro – Estipulação em favor de terceiro. In: *Estudos e Pareceres de Direito Privado*. São Paulo: Saraiva, 2004, p. 201.

obrigação ou o estabelecimento de um limite, fixado aprioristicamente, para o *quantum* devido ou – no caso da cláusula exoneratória – "a renúncia à ação de perdas e danos"[13].

Porém, as cláusulas limitativas e de exclusão do dever de indenizar são multifacetadas. Afirma-se mesmo que, diante da "riqueza extraordinária de cláusulas contratuais", a tentativa de realizar classificação exaustiva de todas as suas espécies consistiria em "*empeño inalcanzable*"[14]. O que se pode é traçar lineamentos gerais, apontando que as cláusulas podem exonerar integralmente o devedor; ou simplesmente fixar o montante máximo da indenização[15], bem como enfatizando o seu suporte fático (seção 1.1.), bem como as restrições à sua validade e eficácia (seção 1.2).

1.1. Suporte fático

Os contratantes podem afastar, total ou parcialmente, *uma consequência* decorrente da inexecução da obrigação (não cumprimento ou cumprimento defeituoso)[16], qual seja, o dever de indenizar segundo o princípio da reparação integral (Código Civil, art. 927 c/c art. 944)[17]. Afasta-se o efeito, e não a responsabilidade em si mesmo considerada Por isso, não é rigorosamente correto o emprego da terminologia "cláusulas de irresponsabilidade". Apenas haverá "irresponsabilidade" (ou

---

13 AGUIAR DIAS, José de. *Cláusula de não indenizar (chamada cláusula de irresponsabilidade).* 4ª ed. Rio de Janeiro: Forense, 1980, p. 37.

14 As expressões são de GARCÍA AMIGO, Manuel. *Clausulas limitativas de la responsabilidad.* Madrid: Tecnos, 1965, p. 125, *apud* PINTO MONTEIRO, António. *Cláusulas limitativas e de exclusão de responsabilidade civil.* Coimbra: Almedina, 2011, p. 103.

15 Roberto Rosas afirma que "a cláusula limitativa estipula o grau de indenização por perdas e danos. Na cláusula de não indenizar há a irresponsabilidade, para a indenização" (ROSAS, Roberto. Validade das cláusulas de não-responsabilidade ou limitativas de responsabilidade. *Revista dos* Tribunais, vol. 479, set./1975, p. 12).

16 AGUIAR DIAS, José de. *Responsabilidade civil.* Vol. II. 2ª ed. Rio de Janeiro: Forense, 1950, p. 260-261; CAVALIERI FILHO, Sérgio. *Programa de Responsabilidade Civil. 11ª ed.* São Paulo: Atlas, 2014, p. 590 e ss.; PINTO MONTEIRO, António. *Cláusulas limitativas e de exclusão de responsabilidade civil.* Coimbra: Almedina, 2011, p. 100-101; OLIVEIRA, Nuno Manuel Pinto. *Cláusulas acessórias ao contrato*: cláusulas de exclusão e de limitação do dever de indemnizar e cláusulas penais. 3ª ed. Coimbra: Almedina, 2008, p. 19.

17 Art. 927, *in verbis*: "Aquele que, por ato ilícito (arts. 186 e 187), causar dano a outrem, fica obrigado a repará-lo"; Art. 944, *caput, in verbis*: "A indenização mede-se pela extensão do dano".

não-responsabilidade) quando a própria norma legal determinar que, não obstante a conduta e o dano, o agente não será responsabilizado, como, *e.g.*, na hipótese do art. 393 do Código Civil[18].

A pretensão indenizatória não é a única alternativa de que o credor dispõe em face do inadimplemento contratual (*lato sensu*, compreensivo do inadimplemento relativo, do inadimplemento absoluto e da violação positiva do contrato). Há, modo geral, quatro pretensões exercíveis pelo credor[19]: (*a*) o cumprimento específico; (*b*) o cumprimento pelo equivalente em gênero; (*c*) o cumprimento pelo equivalente pecuniário; ou (*d*) a resolução do contrato. Todas essas soluções visam a reparar o interesse do credor atingido pelo descumprimento do dever decorrente do contrato, sendo também lícito ao credor pleitear, cumulativamente, indenização pelas perdas e danos.

A primeira das vias pela qual o credor pode buscar ver atendido seu interesse é a execução específica. Sendo expressiva de um "ponto de estrangulamento"[20], de nítida conexão entre o direito substancial e o processual, a execução específica basicamente consiste em obrigar o devedor à prática dos atos necessários ao cumprimento. Essa solução tem "prevalência natural" e normativa[21] (art. 947, Código Civil; e arts.

18 Como percebe Pontes de Miranda, "[à] incidência da regra jurídica é indiferente o que se passa nas pessoas e até mesmo no que diz respeito aos seus atos de infringência" (PONTES DE MIRANDA, Francisco Cavalcanti. *Tratado de Direito Privado.* Tomo I. Atualizado por Judith Martins-Costa, Gustavo Haical e Jorge Cesa Ferreira da Silva. São Paulo: Revista dos Tribunais, 2012, § 4, 3, p. 70).

19 Assim se afirmou em MARTINS-COSTA, Judith. O árbitro e o cálculo do montante da indenização. In: CARMONA, Carlos Alberto; LEMES, Selma Maria Ferreira; MARTINS, Pedro Batista (Orgs.). *20 anos da Lei de Arbitragem*: homenagem a Petrônio R. Muniz. São Paulo: Atlas, 2017, p. 609-638.

20 TALAMINI, Eduardo. *Tutela relativa aos deveres de fazer e de não fazer.* E sua extensão aos deveres de entrega de coisa. 2ª ed. São Paulo: Revista dos Tribunais, 2003, p. 35 (referindo ser a expressão de Cândido Rangel Dinamarco); NERY JR., Nelson. Contrato de associação: inadimplemento e execução específica. In: *Soluções Práticas de Direito.* Vol. II. São Paulo: Revista dos Tribunais, 2010, acesso pelo RT Online. PEREIRA, Caio Mário da Silva. *Instituições de Direito Civil.* Vol. II. Atualizado por Guilherme Calmon Nogueira da Gama. Rio de Janerio: Gen-Forense, 2014, p. 61 ("[...] os arts. 639 a 641 do Código de Processo Civil de 1973, a pretexto de regular a *execução* das obrigações de fazer e de não fazer, assentou norma jurídico-material, mais que formal, quando atinente com o próprio conteúdo da obrigação", e ainda: ASSIS, Araken de. *Manual da execução.* 20ª ed. São Paulo: Revista dos Tribunais, 2018, p. 254.

21 CALVÃO DA SILVA, João. *Cumprimento e sanção pecuniária compulsória.* 2ª ed. Coimbra: Almedina, 1995, p. 140-191.

497 e 499 do Código de Processo Civil) sobre as demais sanções, sendo representada pelo exercício da pretensão à prestação, por meio da qual o contratante lesado reclama *in natura* o direito que o contrato lhe conferiu. A prevalência natural se justifica ao se reconhecer a função primordial dos contratos: as partes saem da inércia e contratam visando uma finalidade.

O interesse do credor também é satisfeito quando este exige o equivalente em gênero. Trata-se da solução preconizada pelo art. 236 do Código Civil, relativo às obrigações de dar coisa certa, segundo o qual "sendo culpado o devedor, poderá o credor exigir o equivalente, ou aceitar a coisa no estado em que se acha, com direito a reclamar, em um ou em outro caso, indenização das perdas e danos"[22].

Diante da impossibilidade do cumprimento específico ou do equivalente em gênero, o credor pode também optar[23] entre exercer pretensão ao cumprimento substitutivo (execução pelo equivalente pecuniário) e a pretensão à resolução por inadimplemento. No primeiro caso, a relação contratual remanesce até que seja extinta pelo adimplemento da prestação pecuniária substitutiva, acrescida de perdas e danos. Na segunda hipótese, os efeitos da relação contratual cessam e, havendo dano, o contrato ingressa numa nova fase, chamada de relação de liquidação.

A execução pelo equivalente pecuniário consiste em "ação de cumprimento"[24]. Na sempre precisa lição de Pontes de Miranda, "equivalente da prestação = valor igual, em dinheiro, da prestação"[25]. Permite-se, assim, alcançar a distinção conceitual entre execução pelo equivalente

---

22 Código Civil, art. 236.

23 Com razão Cristiano Zanetti ao perceber que a "opção" referida no art. 475 do Código Civil é entre a execução pelo equivalente e a resolução, pois se a prestação ainda é possível e útil ao credor, cabendo (pela possibilidade e pela utilidade) execução específica, não caberá invocar o art. 475 do Código Civil (ZANETTI, Cristiano de Sousa. A transformação da mora em inadimplemento absoluto. *Revista dos Tribunais*, vol. 942, abr./2014, especialmente p. 136 e 137). Do mesmo modo, ZANETTI, Ana Carolina Devito Dearo. *Contrato de distribuição*: o inadimplemento recíproco. São Paulo: GEN-Atlas, 2015, p. 121 e ss.; TERRA, Aline de Miranda Valverde. Execução pelo equivalente como alternativa à resolução: repercussões sobre a responsabilidade civil. *Revista Brasileira de Direito Civil*, vol. 18, out.-dez./2018, p. 51-55.

24 ASSIS, Araken de. *Resolução do contrato por inadimplemento*. 5ª ed. São Paulo: Revista dos Tribunais, 2013, p. 36.

25 PONTES DE MIRANDA, Francisco Cavalcanti. *Tratado de Direito Privado*. Tomo XXVI. Rio de Janeiro: Borsoi, 1959, § 3.107, 6, p. 28.

e indenização de perdas e danos[26]. Como sintetizado mais recentemente por Renata Steiner, "o prejuízo sofrido pelo credor lesado pelo descumprimento abrange tanto os danos pela falta de cumprimento da obrigação em si considerada (o equivalente), quanto as perdas e danos necessárias a apagar os efeitos do tempo (a mora). Essa divisão, contudo, não se apresenta externamente, pois a indenização devida ao lesado é unitária"[27].

A questão foi bem apreendida em estudo monográfico, no qual se conclui que, "se pactuada cláusula excludente ou limitativa do dever de indenizar, apenas a reparação por perdas e danos sofrerá constrição, *permanecendo hígido o direito do credor à execução pelo equivalente*"[28]. Trata-se de interpretação coerente com o Ordenamento e atenta às diversas pretensões que exsurgem do inadimplemento imputável, pois não haveria sentido em restringir o interesse do credor ao adimplemento do contrato. Dito de outro modo, a parte lesada pelo inadimplemento, podendo exigir o cumprimento específico, não pode ser "penalizada" por ter optado manejar pretensão de cumprimento pelo equivalente pecuniário, voltada à mesma finalidade.

A apreensão do suporte fático das cláusulas de limitação do dever de indenizar também exige atenção às distinções em relação aos deveres de restituir e de reembolsar.

Na linguagem do Direito brasileiro, o *dever de indenizar* é a forma de recompor patrimonialmente a vítima de um ato ilícito[29] extracontra-

---

26 Nesse sentido, vide TERRA, Aline de Miranda Valverde. Execução pelo equivalente como alternativa à resolução: repercussões sobre a responsabilidade civil. *Revista Brasileira de Direito Civil*, Vol. 18, out.-dez./2018, p. 56.

27 STEINER, Renata Carlos. Descumprimento contratual: remédios à disposição do credor lesado. In: GUEDES, Gisela Sampaio da Cruz; TERRA, Aline de Miranda Valverde (Coords.). *Inexecução das Obrigações*: pressupostos, evolução e remédios. Vol. II. Rio de Janeiro: Ed. Processo, 2021, p. 323.

28 CASTRO, Diana Loureiro Paiva de. *Potencialidades funcionais das cláusulas de não indenizar*: releitura dos requisitos tradicionais de validade. Dissertação de Mestrado apresentada à Universidade do Estado do Rio de Janeiro. Orientador Prof. Dr. Gustavo Tepedino. Rio de Janeiro, 2018, p. 35.

29 Rigorosamente: fato ilícito (ato ilícito absoluto, ato-fato ilícito absoluto, fato ilícito *stricto sensu* absoluto). Por todos: PONTES DE MIRANDA, Francisco Cavalcanti. *Tratado de Direito Privado*. Tomo XXII. São Paulo: Revista dos Tribunais, 2012, p. 263 e ss. O ordenamento contempla em raras hipóteses, e desde que previamente prevista em lei, a responsabilidade derivada de um ato lícito causador de dano a outrem, como na responsabilidade por *effusis e dejectis*, ou, ainda, em certas hipóteses de nascimento do dever de indenizar à Administração Pública, como na desapropriação.

tual ou de um inadimplemento imputável ("ilícito contratual"), ou quem é o credor de dever de garantia. O transpasse patrimonial tem por causa um dano derivado de um ilícito.

Diferentemente, haverá *dever de restituir* quando o transpasse patrimonial ocorreu sem causa, abrangendo tanto os atos jurídicos que nasceram sem causa quanto aqueles que, por efeito da nulidade, se tornaram sem causa reconhecida pelo Ordenamento[30]. O Direito brasileiro acolhe o princípio da conservação estática dos patrimônios, exigindo a existência de causa lícita para que haja a transmissão patrimonial[31].

Já o *dever de reembolsar* diz respeito a despesas, que são gastos ou "diminuições do patrimônio que a pessoa se impõe por vontade própria, ou por dever, ou a favor de terceiro, ou de quem seja dono ou tenha direito real sobre bem ou bens ou patrimônio"[32]. Danos são indenizáveis; despesas são reembolsáveis[33]. A causa do reembolso não é nem o ato ilícito, nem um transpasse patrimonial destituído de causa. A causa do reembolso existe e é uma causa lícita.

Consideradas essas distinções, pode-se concluir que as cláusulas de limitação e de exoneração do dever de indenizar não projetam eficácia sobre a pretensão ao cumprimento pelo equivalente pecuniário, nem mesmo sobre os deveres de restituir e de reembolsar.

É necessário também atentar ao que Pinto Monteiro apodou de "ponto de equilíbrio entre a liberdade individual e as necessidades sociais de protecção do lesado, entre a autonomia privada e a ordem pública"[34].

---

30 Seja consentida a remissão a MARTINS-COSTA, Judith. Efeitos obrigacionais da invalidade: o caso dos contratos viciados por ato de corrupção. In: BARBOSA, Henrique; FERREIRA DA SILVA, Jorge Cesa (Coord.). *A Evolução do Direito Empresarial e Obrigacional*: 18 anos do Código Civil. Vol. II. São Paulo: Quartier Latin, 2021, p. 227-256.

31 Veja-se: MICHELON JR., Claudio. *Direito Restitutório*. São Paulo: Revista dos Tribunais, 2006, especialmente p. 19-38; PONTES DE MIRANDA, Francisco Cavalcanti. *Tratado de Direito Privado*. Tomo XXII. São Paulo: Revista dos Tribunais, 2012, § 2.727, p. 322 e ss.

32 PONTES DE MIRANDA, Francisco Cavalcanti. *Tratado de Direito Privado*. Tomo XXII. Atualizado por Nelson Nery Jr. e Rosa Maria de Andrade Nery. São Paulo: Revista dos Tribunais, 2012, § 2.731, p. 333.

33 PONTES DE MIRANDA, Francisco Cavalcanti. *Tratado de Direito Privado*. Tomo XXII. Atualizado por Nelson Nery Jr. e Rosa Maria de Andrade Nery. São Paulo: Revista dos Tribunais, 2012, § 2.731, p. 333.

34 PINTO MONTEIRO, António. *Cláusulas limitativas e de exclusão de responsabilidade civil*. Coimbra: Almedina, 2011, p. 69.

Para tanto, deve-se analisar as restrições impostas pelo Ordenamento à validade e à eficácia de cláusulas de limitação e de exclusão do dever de indenizar.

1.2. Restrições à sua validade e eficácia

Há limites que derivam (*i*) da *natureza da cláusula* (atinentes aos elementos do negócio jurídico); e (*ii*) da *ordem pública*, inadmitindo-se a exoneração do agente tanto no que tange a normas de incidência cogente, quanto ao ferimento das "normas gerais" referidas no art. 425 do Código Civil, bem como em caso de dolo e de negligência grave, também não sendo tolerada a exclusão e/ou limitação quando houver interesse direto à vida e à integridade física das pessoas naturais[35].

Quanto aos primeiros (limites derivados da natureza da cláusula), basta lembrar que, sendo a cláusula de não indenizar acessória em um contrato, é elemento de seu suporte fático a declaração de vontade dos contratantes. Há de se atender, portanto, aos requisitos do art. 104 do Código Civil. A pactuação da cláusula limitativa sujeita-se ao exame nos planos da existência, validade e eficácia, devendo reunir as "condições exigidas para qualquer contrato ou ato jurídico"[36]. Alocam-se essas cláusulas, ademais, naquele grupo de negócios que, "para a produção de seus efeitos, necessitam dos fatores de eficácia, entendida a palavra fatores como algo extrínseco ao negócio, algo que dele não participa, que não o integra, mas contribui para a obtenção do resultado visado"[37]. O fator extrínseco do qual depende a sua eficácia é, justamente, a configuração dos pressupostos do dever de indenizar.

35 Em sentido semelhante: AZEVEDO, Antônio Junqueira de. Cláusula cruzada de não indenizar. (*Cross-waiver of liability*), ou cláusula de não indenizar com eficácia para ambos os contratantes - Renúncia ao direito de indenização - Promessa de fato de terceiro - Estipulação em favor de terceiro. In: *Estudos e Pareceres de Direito Privado*. São Paulo: Saraiva, 2004, p. 201.

36 AGUIAR DIAS, José de. *Cláusula de não indenizar (chamada cláusula de irresponsabilidade)*. 4ª ed. Rio de Janeiro: Forense, 1980, p. 43.

37 AZEVEDO, Antônio Junqueira de. *Negócio jurídico*: existência, validade e eficácia. 3ª ed. São Paulo: Saraiva, 2000, p. 54. Também Sílvio Rodrigues refere "a vantagem paralela, em benefício do outro contratante", embora não situe tal requisito entre os requisitos de validade (RODRIGUES, Sílvio. *Direito Civil*. Vol. IV. São Paulo: Saraiva, 2002, p. 181-182).

Já quanto aos segundos (limites derivados da ordem pública), importa discernir entre (*ii.a*) a proibição de excluir normas legais cogentes; (*ii.b*) a não-ultrapassagem das "normas gerais" referidas no art. 425 do Código Civil, inclusive do que, relativamente a cada contrato, a doutrina classifica como "obrigações fundamentais"; bem como (*ii.c*) a hipótese de dolo e/ou negligência grave contaminar a validade da cláusula; e, finalmente, (*ii.d*) a proteção a direitos fundamentais da pessoa humana e de sua personalidade.

É até mesmo um truísmo afirmar que as normas cogentes não podem ser afastadas: a cogência é, justamente, a qualidade de impor-se à vontade privada, sendo cogentes, incontroversamente, as normas de ordem pública. É pacífica a doutrina ao interditar à autonomia privada dispor sobre a não obediência à lei e à ordem pública[38]. Contrassenso maior não haveria do que permitir aquilo que a ordem jurídica veda. Assim está no art. 166 do Código Civil, norma imperativa, determinando nulo o negócio quando for ilícito o seu objeto (inc. II); tiver por objetivo fraudar lei imperativa (inc. VI); ou quando a lei taxativamente o declarar nulo, ou proibir-lhe a prática, sem cominar sanção (inc. VII).

A autonomia privada também cede quando a cláusula limitativa afasta o dever de indenizar decorrente do inadimplemento de obrigação fundamental do contrato. A obrigação fundamental ou essencial do contrato é aquela que não pode ser modificada ou suprimida sem atentar à razão de ser objetiva do contrato, indicando o atributo característico, constitutivo ou intrínseco do ajuste[39]. Isto é, se afastada, apagada ou extirpada a obrigação, o contrato, enquanto regulação de interesses econômicos dotado de sentido, deixaria de ter um mínimo significado

38 *E.g.*, PONTES DE MIRANDA, Francisco Cavalcanti. *Tratado de Direito Privado*. Tomo III. Atualizado por Marcos Bernardes de Mello e Marcos Ehrhardt Jr. São Paulo: Revista dos Tribunais, 2012, § 257, p. 120-121; SERPA LOPES, Miguel Maria de. *Curso de Direito Civil*. Vol. III. 3ª ed. Rio de Janeiro: Freitas Bastos, 1961, p. 19; LARENZ, Karl. *Derecho Civil*. Parte General. Tradução de Miguel Izquierdo e Macias-Picavea. Madrid: Editoriales de Derecho Reunidas, 1978, p. 40-41; TUHR, Andreas von. *Derecho Civil*. Teoria General del Derecho Civil Alemán. Vol. I. Tradução para espanhol por Tito Ravá. Madrid: Marcial Pons, 1998, p. 34; CARNELUTTI, Francesco. *Teoria Geral do Direito*. São Paulo: LEJUS, 1999, p. 181; e, mais recentemente, AMARAL, Francisco. A autonomia privada como fonte normativa e como cânone de interpretação. In: MARTINS-COSTA, Judith (Coord.). *Conversa sobre Autonomia Privada*. Canela: Instituto de Estudos Culturalistas, 2015, p. 165.

39 CARDOSO-ROULOT, Nelia. *Les obligations essentielles en Droit Privé des contrats*. Paris: L'Harmattan, 2008, p. 28.

racional. A figura distingue-se da *obrigação principal* – a qual é o núcleo da relação obrigacional, sendo caracterizada por dar, fazer ou não-fazer –, por ser a obrigação que, *funcional e concretamente*, define a racionalidade do contrato[40].

A obrigação fundamental é "irredutível" e "insuprimível"[41]. Nesse sentido, Camila Vicenci Fernandes defende a nulidade de "cláusulas de não obrigação" que retirem a importância da obrigação fundamental do contrato. Para tanto, ilustra com o exemplo de empresa contratada para garantir a segurança de um local e declina de sua obrigação de vigilância. "A presença de cláusulas de não obrigação suprimirá de maneira tão intensa a obrigação fundamental vislumbrada pelo contrato que não restará outra alternativa senão reputá-lo nulo"[42].

A limitação desse *minimum contratual* importaria, segundo alguns, em incursão em vedada potestatividade, pois cumprir ou não cumprir o contrato estaria, a rigor, à libido do contraente beneficiado com a cláusula exoneratória ou limitativa[43], enquanto, para outros, sua admissão equivaleria transformar uma obrigação contratual em um símile de *obrigação natural*: esta restaria total ou parcialmente despelada da consequente responsabilidade pelos prejuízos advindos do incumprimento ou do cumprimento defeituoso[44].

40 Assim se expôs em MARTINS-COSTA, Judith. Notas comparativas sobre a Obrigação Fundamental do Contrato. In: BAPTISTA, Luiz Olavo; VISCONTE, Debora; ALVES, Mariana Cattel (Orgs.). *Estudos de Direito*: uma homenagem ao Prof. Dr. José Carlos de Magalhães. São Paulo: Atelier Jurídico, 2018, p. 621.

41 As expressões são de SEFTON-GREEN, Ruth. *La Notion d'Obligation Fondamentale*: comparaison franco-anglaise. Paris: LGDJ, 2000, p. 263.

42 FERNANDES, Camila Vicenci. A Obrigação Fundamental. In: MOTA, Mauricio; KLOH, Gustavo (Orgs). *Transformações Contemporâneas do Direito das Obrigações*. Rio de Janeiro: Elsevier, 2011, p. 80-81.

43 Referem essa temática, dentre outros: CARDOSO-ROULOT, Nelia. *Les obligations essentielles en Droit Privé des contrats*. Paris: L'Harmattan, 2008, p. 156 e ss. No mesmo sentido: AZEVEDO, Antônio Junqueira de. Cláusula cruzada de não-indenizar (*cross-waiver of liability*), ou cláusula de não-indenizar com eficácia para ambos os contratantes. Renúncia ao direito de indenização. Promessa de fato de terceiro. Estipulação em favor de terceiro. In: *Estudos e pareceres de direito privado*. São Paulo: Saraiva, 2004, p. 201.

44 CAVALIERI FILHO, Sérgio. *Programa de Responsabilidade Civil*. 11ª ed. São Paulo: Atlas, 2014, p. 595.

Ademais, é consolidado[45] o entendimento de que a validade de cláusulas exoneratórias e limitativas quanto ao dever de indenizar é tolhida quando o dano a ser reparado advém de inadimplemento decorrente de dolo ou de culpa grave.

Conquanto o dolo e a culpa grave sejam categorias jurídicas distintas, é remansosa a posição doutrinária em equipará-las para o efeito de fundamentar a nulidade das cláusulas de limitação ou de exclusão do dever de indenizar[46]. Essa equiparação se mostra adequada quando a

---

45 *E.g.*, PONTES DE MIRANDA, Francisco Cavalcanti. *Tratado de direito privado*. Tomo XXIII. 3ª ed. São Paulo: Revista dos Tribunais, 1984, § 2.684, 2, p. 42; AGUIAR DIAS, José de. *Responsabilidade civil*. Vol. II. 2ª ed. Rio de Janeiro: Forense, 1950, p. 262; AZEVEDO, Antônio Junqueira de. Cláusula cruzada de não-indenizar (*cross-waiver of liability*), ou cláusula de não-indenizar com eficácia para ambos os contratantes. Renúncia ao direito de indenização. Promessa de fato de terceiro. Estipulação em favor de terceiro. In: *Estudos e pareceres de direito privado*. São Paulo: Saraiva, 2004, p. 202; PERES, Fábio Henrique. *Cláusulas contratuais excludentes e limitativas do dever de indenizar*. São Paulo: Quartier Latin, 2009, p. 168-179; FERNANDES, Wanderley. *Cláusulas de exoneração e de limitação de responsabilidade*. São Paulo: Saraiva, 2013, p. 209-230; GOMES, Orlando. *Obrigações*. 11ª ed. Atualizado por Humberto Theodoro Júnior. Rio de Janeiro: Forense, 1997, p. 158; FERNANDES, Adaucto. *O contrato no direito brasileiro*. Vol. II. Rio de Janeiro: A. Coelho Franco Filho, 1945, p. 520; BANDEIRA, Luiz Octávio Villela de Viana. *As cláusulas de não indenizar no direito brasileiro*. São Paulo: Almedina, 2016, p. 165-157; CAVALIERI FILHO, Sérgio. *Programa de responsabilidade civil*. 11ª ed. São Paulo: Atlas, 2014, p. 594 e ss.; SANSEVERINO, Paulo de Tarso Vieira. *Responsabilidade civil no Código do Consumidor e a defesa do fornecedor*. 3ª ed. São Paulo: Saraiva, 2010, p. 349; CASTRO NEVES, José Roberto de. *Direito das obrigações*. 2ª ed. Rio de Janeiro: GZ Editora, 2009, p. 374. No direito italiano: ROPPO, Vicenzo. *Il contrato*. 2ª ed. Milano: Giuffrè, 2011, p. 932. No direito português: PINTO MONTEIRO, Antônio. *Cláusulas limitativas e de exclusão de responsabilidade civil*. Coimbra: Almedina, 2011, p. 128; OLIVEIRA, Nuno Manuel Pinto. *Cláusulas acessórias ao contrato*: cláusulas de exclusão e de limitação do dever de indemnizar e cláusulas penais. 3ª ed. Coimbra: Almedina, 2008, p. 19; PRATA, Ana. *Cláusulas de exclusão e limitação da responsabilidade contratual*. Coimbra: Almedina, 1985, p. 289-308; GALVÃO TELLES, Inocêncio. *Direito das obrigações*. 7ª ed. Coimbra: Coimbra Editora, 2010, p. 430-432.

46 Na doutrina brasileira, especialmente: PONTES DE MIRANDA, Francisco Cavalcanti. *Tratado de direito privado*. Tomo II. 4ª ed. São Paulo: Revista dos Tribunais, 1983, § 177, 1-4, p. 248-253. Do mesmo autor: *Tratado de direito privado*. Tomo XXIII. 3ª ed. São Paulo: Revista dos Tribunais, 1984, § 2.790, 1, p. 72; AZEVEDO, Antônio Junqueira de. Nulidade de cláusula limitativa de responsabilidade em caso de culpa grave. Caso de equiparação entre dolo e culpa grave. Configuração da culpa grave em caso de responsabilidade profissional. In: *Novos estudos e pareceres de direito privado*. São Paulo: Saraiva, 2009, p. 431.

ênfase não recai no exame da intenção do lesante, mas no fato da gravidade do inadimplemento.

Rememore-se que o dolo é caracterizado por um consciente e reprovável enganar a outrem[47]. Para o dolo restar caracterizado, o lesado deve comprovar o *enganar consciente*, isto é, o ato positivo ou negativo, com que se induz ou se mantém outrem em representação errônea da realidade[48]. Dolo é enganação[49]. Sem a constatação de ardil, manobra ou silêncio intencional que influam sobre o consentimento a contratar, não há dolo, nem incidem as sanções específicas cominadas em lei.

Já a culpa grave consiste em um comportamento *enormemente deficiente*, denunciando a incúria do contratante ou, ainda, a extrema gravidade do descumprimento (ou da defeituosidade da execução) respeitantemente à prestação prometida no contrato[50]. Diferentemente, a culpa ("mera culpa", para discernir da culpa grave) – a qual *não gera* a invalidade da cláusula limitativa do dever de indenizar – é a negligência, isto é: a violação de dever preexistente que o agente devia e podia observar.

Como está em Geneviève Viney, respeitadíssima estudiosa da responsabilidade civil, é "sobretudo no campo da responsabilidade contratual que a existência de uma culpa grave é justificada não tanto por uma apreciação voltada à conduta do lesante, mas por constatações atinentes seja à importância da obrigação inadimplida, seja pelas consequências

---

47 BENETTI, Giovana Valentiniano. *Dolo no Direito Civil*: uma análise da omissão de informações. São Paulo: Quartier Latin, 2019, p. 46.

48 PONTES DE MIRANDA, Francisco Cavalcanti. *Tratado de Direito Privado*. Tomo IV. Atualizado por Marcos Bernardes de Mello e Marcos Ehrhardt Jr. São Paulo: Revista dos Tribunais, 2012, § 449, 1, p. 443.

49 A sintética e certeira qualificação está no voto-vista do Min. Carlos Alberto Menezes Direito em STJ. REsp 554.622/RS. 3ª Turma. Rel. Min. Ari Pargendler. J. em 17.11.2005.

50 Conforme Pontes de Miranda, "a culpa ou é grave, *lata culpa*, ou *leve*, *levis culpa*. A primeira, a culpa crassa, magna, nímia, como se dizia, que tanto pode haver no ato positivo como no negativo, é a culpa ressaltante, a culpa que denuncia descaso, temeridade, falta de cuidado indispensáveis" (PONTES DE MIRANDA, Francisco Cavalcanti. *Tratado de Direito Privado*. Tomo XXIII. Atualizado por Nelson Nery Jr. E Rosa Maria de Andrade Nery. São Paulo: Revista dos Tribunais, 2012, § 2.790, 1, p. 151). A respeito, permito-me remeter a MARTINS-COSTA, Judith. Contrato de Construção. "Contratos-Aliança". Interpretação Contratual. Cláusulas de Exclusão e de Limitação do Dever de Indenizar. Parecer. *Revista de Direito Civil Contemporâneo*, vol. 1, p. 315-351, out.-dez./2014.

da inexecução"[51]. O entendimento é tradicional, como se lê em obra de referência: "deve-se atribuir a mesma consequência à culpa grave, a qual deve ser assimilada ao dolo. *Culpa lata dolo aequiparatur*. Trata-se de atos praticados com negligência de tamanha gravidade que o seu autor deve ser responsável por todas as consequências, como seria nos casos de agir com dolo"[52].

Não faria sentido, assinala Pinto Monteiro – festejado monografista na matéria –, afirmar que o devedor continua vinculado à prestação no caso de afastamento prévio da obrigação de indenizar abranger situações de incumprimento doloso ou gravemente culposo. Nesse caso, adverte "a obrigação tornar-se-ia, na prática, *ilusória*"[53]. Tolerar a culpa grave, ou o dolo, "é assegurar a impunidade às ações danosas de maior gravidade, o que contradiz a própria ideia de ordem pública"[54]. O efeito seria o de esgarçar o próprio instituto da responsabilidade, pois, como já se observou, "o sentimento de responsabilidade do devedor afrouxa na proporção em que esta diminui; ele não sente o mesmo estímulo à diligência; os casos de negligência avolumam-se e isso constitui um mal social e económico"[55].

---

51 VINEY, Geneviève. *Traité de Droit Civil*. Les conditions de la responsabilité. 4ª ed. Paris: LGDJ, 2013, § 612, p. 735. No original: "C'est surtout dans le domaine de la responsabilité contractuelle que l'existence d'une faute lourde a été souvent justifiée non pas tant par une appréciation portée sur la conduite du défendeur, que par des constatations ayant trait soit à l'importante de l'obligation méconnue, soit aux conséquences de l'inexécution".

52 ALPHANDERY, Léon. *Des clauses d'irresponsabilité dans le contrat de transport*. Marseille: Barthelet, 1896, p. 26. No original: "Il faut attribuer le même caractère aux fautes graves; elles doivent être assimilées au dol, *lata culpa dolo æquiparatur*. Il y a en effet certaines négligences d'une gravité telle que leur auteur doit être déclaré responsable de toutes leurs conséquences comme il le serait de celles de son dol". Em sentido semelhante: LALOU, Henri. *La responsabilité civile*: príncipes élémentaires et applications pratiques. Paris: Dalloz, 1932, § 517, p. 285-286; BAYARD, Pierre. *Dictionnaire des transports maritimes et mixtes et des ventes maritimes*. Paris: J. Labie, 1924, p. 137.

53 PINTO MONTEIRO, Antônio. *Cláusulas limitativas e de exclusão de responsabilidade civil*. Coimbra: Almedina, 2011, p. 214, destaque do Autor.

54 CAVALIERI FILHO, Sérgio. *Programa de Responsabilidade Civil*. 11ª ed. São Paulo: Atlas, 2014, p. 594.

55 GALVÃO TELLES, Inocêncio. *Direito das Obrigações*. 7ª ed. Coimbra: Coimbra Editora, 2010, p. 435.

É preciso o nexo causal entre o ato ou a omissão dolosa (ou derivada de culpa grave) e o inadimplemento contratual para se concluir pelo afastamento do limite indenizatório. Se, porém, estiver em causa a culpa leve, a ordem jurídica aceita as cláusulas de exoneração e de limitação da obrigação de indenizar[56].

Finalmente, quanto aos limites relacionados ao bem jurídico atingido, o Ordenamento não admite a limitação e a exoneração do dever de indenizar que atinjam normas destinadas à proteção a direitos fundamentais da pessoa humana e de sua personalidade. A esse respeito, alguns autores justificam a limitação no princípio da dignidade da pessoa humana[57], enquanto outros afirmam se tratar de restrição "redundante", pois o Ordenamento impede a pactuação de convenções que violem normas de ordem pública[58].

Quando a cláusula de limitação ou de exoneração do dever de indenizar for pactuada em contrato formado por adesão, exige-se atenção à regra contida no art. 424 do Código Civil. Como Roberto Rosas afirma, "a imposição de cláusulas pelo mais forte nos leva a pensar na fábula onde o mais forte predomina com sua vontade. As cláusulas leoninas são constantes imposições, tolhendo a liberdade de contratar"[59]. Por isso, conclui com uma condicionante de relevo: é admitida a cláusula de limitação ou de exoneração do dever de indenizar, "desde que regularmente discutida e aceita por ambas as partes"[60].

A doutrina brasileira não tem entendimento uníssono acerca da melhor exegese ao art. 424 do Código Civil. Para alguns, a incidência da regra sempre terá como consequência a invalidade, porque a cláusula implicaria uma renúncia, ainda que parcial, por parte do aderente, à in-

---

56 PINTO MONTEIRO, António. *Cláusulas limitativas e de exclusão de responsabilidade civil*. Coimbra: Almedina, 2011, p. 216.

57 AZEVEDO, Antônio Junqueira de. Cláusula cruzada de não-indenizar (*cross-waiver of liability*), ou cláusula de não-indenizar com eficácia para ambos os contratantes. Renúncia ao direito de indenização. Promessa de fato de terceiro. Estipulação em favor de terceiro. In: *Estudos e pareceres de direito privado*. São Paulo: Saraiva, 2004, p. 202.

58 FERNANDES, Wanderley. *Cláusulas de exoneração e de limitação de responsabilidade*. São Paulo: Saraiva, 2013, p. 231.

59 ROSAS, Roberto. Validade das cláusulas de não-responsabilidade ou limitativas de responsabilidade. *Revista dos* Tribunais, vol. 479, set./1975, p. 12.

60 ROSAS, Roberto. *Direito sumular*: comentários às súmulas do Supremo Tribunal Federal e do Superior Tribunal de Justiça. 11ª ed. São Paulo: Malheiros, 2002, p. 79.

denização. Para outros, o dever de indenizar não decorre da "natureza do negócio", portanto, *prima facie* é válida a cláusula[61]. Em posição intermediária entre esses dois extremos, há os que defendem – em entendimento aqui partilhado – que, embora a *regra geral* seja a da nulidade das cláusulas de exoneração e de limitação de responsabilidade, são admitidas exceções, servindo o recurso à natureza do negócio como "o critério mais adequado para estabelecer os limites consentidos à liberdade contratual no âmbito dos contratos civis por adesão"[62].

Para aferir a sua validade, importa avaliar o comportamento do predisponente e/ou o impacto da cláusula sobre os direitos decorrentes da natureza do negócio[63]. Quanto a este segundo ponto, considera-se que, não havendo negociação, "não há um racional conjunto das partes quanto a alocação dos riscos da avença, mas sim, a análise unilateral do predisponente que, tendencialmente, incluirá disposições que o favoreçam – dentre elas, limitações à sua responsabilidade"[64].

Como observa o Professor Cristiano de Sousa Zanetti, "a cláusula geral da boa-fé impõe que todos os contratos apresentem um equilíbrio mínimo entre os direitos e deveres das partes. Nos contratos concluídos de comum acordo, o equilíbrio é fundamentalmente ditado pela conveniência das partes. Nos contratos concluídos por adesão, a intervenção legal deve ser mais incisiva, para evitar que apenas uma das partes se aproprie de todo o proveito gerado pela conclusão da avença. Impõe, destarte, a preservação das regras que assegurem o equilíbrio

61 Para um painel dos diferentes entendimentos, vide: NERY, Débora Cristina dos Santos. *Contratos de prestação de serviços por adesão*. Uma análise do art. 424 do Código Civil. São Paulo: Almedina, 2021, p. 131-135.

62 ZANETTI, Cristiano de Sousa. Contratos civis por adesão no direito latino-americano. In: *Obligaciones*: contratos, responsabilidad. Grupo para la armonización del Derecho Privado latinoamericano. Bogotá: Universidade Externado de Colombia, 2011, p. 497.

63 ZANETTI, Cristiano de Sousa. Contratos civis por adesão no direito latino-americano. In: *Obligaciones*: contratos, responsabilidad. Grupo para la armonización del Derecho Privado latinoamericano. Bogotá: Universidade Externado de Colombia, 2011, p. 515; NERY, Débora Cristina dos Santos. *Contratos de Prestação de Serviços por Adesão*. Uma análise do art. 424 do Código Civil. São Paulo: Almedina, 2021, p. 131-135.

64 NERY, Débora Cristina dos Santos. *Contratos de prestação de serviços por adesão*. Uma análise do art. 424 do Código Civil. São Paulo: Almedina, 2021, p. 132.

mínimo da relação negocial, isto é, daquelas diretamente relacionadas ao sinalagma contratual"[65].

Dentre as regras de preservação do sinalagma estão as que definem a responsabilidade. Como ainda se lê em Zanetti, "a definição da responsabilidade é essencial à preservação da natureza do contrato, pois de pouco adianta conferir a titularidade do direito se a parte não é dada a possibilidade de responsabilizar a outra pela inobservância da conduta devida"[66]. Consequentemente, "não se pode limitar a extensão da responsabilidade para que o contratante forte responda pelo incumprimento de apenas parte do contrato"[67]. Como regra, o predisponente deve sempre responder pela sua conduta.

Traçados esses lineamentos de ordem geral, deve-se investigar, de modo específico, como essas restrições à autonomia privada interagem com as regras referentes ao dever de indenizar em contratos de transporte marítimo de mercadorias.

2. Os limites ao dever de indenizar no transporte marítimo de mercadorias

O Direito Marítimo sofre grande influência do Direito Internacional, notadamente dos usos do comércio[68]. Logo, ganham destaque nesse

65 ZANETTI, Cristiano de Sousa. Contratos civis por adesão no direito latino-americano. In: *Obligaciones*: contratos, responsabilidad. Grupo para la armonización del Derecho Privado latinoamericano. Bogotá: Universidade Externado de Colombia, 2011, p. 504.

66 ZANETTI, Cristiano de Sousa. Contratos civis por adesão no direito latino-americano. In: *Obligaciones*: contratos, responsabilidad. Grupo para la armonización del Derecho Privado latinoamericano. Bogotá: Universidade Externado de Colombia, 2011, p. 511.

67 ZANETTI, Cristiano de Sousa. Contratos civis por adesão no direito latino-americano. In: *Obligaciones*: contratos, responsabilidad. Grupo para la armonización del Derecho Privado latinoamericano. Bogotá: Universidade Externado de Colombia, 2011, p. 515.

68 RAPHAEL, Leandro. *Direito marítimo*. São Paulo: Aduaneiras, 2003, p. 15. Também sublinham o ponto DOS ANJOS, J. Haroldo; GOMES, Carlos Rubens Caminha. *Curso de direito marítimo*. Rio de Janeiro: Renovar, 1992, p. 11-15; ARROYO MARTÍNEZ, Ignacio. Derecho marítimo y su uniformidad. In: MARTINS, Eliane Maria Octaviano; OLIVEIRA, Pedro Henrique Reis de (Orgs.). *Direito marítimo e portuário*: estudos em homenagem ao Professor Sérgio Matte. Belo Horizonte: Arraes, 2017, p. 243. A respeito das funções interpretativa e integradora atribuída aos usos e

campo os tratados e as convenções internacionais – nomeadamente Regras da Haia e as Regras de Hamburgo – que estabelecem a limitação do dever de indenizar, considerada "uma das particularidades do direito marítimo"[69] (seção 2.1). Na sequência, caberá adentrar na análise do Direito brasileiro (seção 2.2).

2.1. AS REGRAS CONTIDAS NAS PRINCIPAIS CONVENÇÕES INTERNACIONAIS SOBRE TRANSPORTE MARÍTIMO

A expansão do comércio internacional por via marítima tornou usual convencionar a exclusão integral do dever de os armadores repararem danos causados à carga transportada[70]. Surgiram, então, as Regras da Haia[71], apontadas pela doutrina como "a primeira tentativa por parte da comunidade internacional para encontrar um meio viável e uniforme de lidar com [esse] problema"[72]. Por um lado, impôs-se aos transportadores o dever de atuar diligentemente para a adequação das condições de navegabilidade da embarcação, da tripulação e das áreas em que as mercadorias seriam transportadas[73]. Por outro, foram arroladas diversas causas excludentes do dever de indenizar[74], dentre as quais estavam

---

costumes, veja-se ROSAS, Roberto Ferreira. Usos e Costumes. In: REZEK, Francisco (Org.). *Aliomar Baleeiro no Supremo Tribunal Federal*. Vol. I. São Paulo: Forense, 1987, p. 107-112.

69 MENIN JUNIOR, Romeu Felix. A responsabilidade dos terminais portuários pelas avarias de carga durante a armazenagem e estiva. *Revista Coleta Científica*, Ano I, Vol. I, n. 2, 2017, p. 17. Há autores a considerar "a limitação da responsabilidade seja um princípio de direito marítimo" (MOURÃO, Mariana Mazziero. Da Responsabilidade Civil do Transportador Marítimo. *Revista de Direito Privado*, vol. 33, 2008, p. 215-235. Acesso pelo RT Online).

70 MENDES VIANNA, Godofredo. *Direito Marítimo*. Vol. I. Rio de Janeiro: Fundação Getúlio Vargas, 2016, p. 15.

71 International Convention for the Unification of Certain Rules of Law relating to Bills of Lading (Brussels, 25.08.1924).

72 MENDES VIANNA, Godofredo. *Direito Marítimo*. Vol. I. Rio de Janeiro: Fundação Getúlio Vargas, 2016, p. 15.

73 International Convention for the Unification of Certain Rules of Law relating to Bills of Lading (Brussels, 25.08.1924), Art. 3(1).

74 International Convention for the Unification of Certain Rules of Law relating to Bills of Lading (Brussels, 25.08.1924), Art. 4(2).

o agir negligente de capitães, marinheiros e pilotos[75], e estipulou-se um limite quantitativo ao dever de reparar perdas e danos relacionadas à mercadoria transportada[76].

Em 1968, as Regras da Haia foram alteradas, majorando substancialmente os limites do dever de indenizar[77] e registrando que "o benefício da limitação de responsabilidade" não se aplicaria "se for provado que o dano resultou de um ato ou omissão do transportador com a intenção de causar dano, ou caso tenha agido imprudentemente e com o conhecimento de que o dano provavelmente seria causado"[78]. Esse conjunto normativo forma "a base da legislação nacional em quase todas as grandes nações do comércio marítimo, com as maiores frotas mercantes"[79].

Posteriormente, foi editada a Convenção das Nações Unidas sobre Carregamento de Mercadorias pelo Mar (Regras de Hamburgo), representativa do interesse da países exportadores e em desenvolvimento, contrapondo-se às Regras da Haia[80]. As principais disposições das Regras de Hamburgo estão no Artigo 5(1), que estabelece a responsabilidade do transportador por perdas e danos causados por avarias, perdas e atraso na entrega, salvo se o transportador provar ter adotado todas as medidas razoavelmente necessárias para evitar a causação do dano[81]. Foram fixados limites ao dever de reparar os danos relacionados

75 International Convention for the Unification of Certain Rules of Law relating to Bills of Lading (Brussels, 25.08.1924), Art. 4(2)(a).

76 International Convention for the Unification of Certain Rules of Law relating to Bills of Lading (Brussels, 25.08.1924), Art. 4(5). A regra ressalvou uma situação especial: caso a natureza e o valor da mercadoria tenham sido declarados pelo transportador e registradas no conhecimento de embarque, o limite do dever de indenizar não incidiria.

77 MENDES VIANNA, Godofredo. *Direito Marítimo.* Vol. I. Rio de Janeiro: Fundação Getúlio Vargas, 2016, p. 15.

78 International Convention for the Unification of Certain Rules of Law relating to Bills of Lading (Hague-Visby Rules 1968), Art. 4(5)(e).

79 MENDES VIANNA, Godofredo. *Direito Marítimo.* Vol. I. Rio de Janeiro: Fundação Getúlio Vargas, 2016, p. 16.

80 MENDES VIANNA, Godofredo. *Direito Marítimo.* Vol. I. Rio de Janeiro: Fundação Getúlio Vargas, 2016, p. 16.

81 United Nations Convention on Carriage of Goods by Sea, Art. 5(1).

tanto às mercadorias, quanto ao atraso na entrega[82], os quais são inaplicáveis em caso de ato doloso ou gravemente culposo do transportador[83].

O Brasil, embora seja signatário das Regras de Hamburgo, ainda não ratificou essa convenção internacional. Não foi recepcionado pelo Ordenamento qualquer tratado que regule a responsabilidade civil no transporte marítimo[84]. A matéria é, pois, regida pelo Código Civil e, supletivamente[85], pela Parte Segunda do Código Comercial.

2.2. O TRATAMENTO CONFERIDO PELO DIREITO BRASILEIRO

O Código Civil determina, em seu art. 750, que a responsabilidade do transportador é "limitada ao valor constante do conhecimento"[86]. O montante fixado pelo remetente atua como "teto indenizatório", circunscrito tão-somente à reparação de danos causados às mercadorias.

Como o transportador marítimo também está sujeito à imputação de responsabilidade não apenas quando há perda (total ou parcial) da carga, mas também diante da ocorrência de avarias ou de atraso na entrega[87], entende-se que a Lei não estabelece um limite ao dever de reparar danos causados por avarias à embarcação ou pelo atraso na entrega[88].

---

82 United Nations Convention on Carriage of Goods by Sea, Art. 6(1).

83 United Nations Convention on Carriage of Goods by Sea, Art. 8(1).

84 CASTRO JUNIOR, Osvaldo Agripino. Direito marítimo, *lex mercatoria* e *lex maritima*: breves notas. *Cadernos da Escola de Direito e Relações Internacionais*, Vol. I, 2010, p. 86.

85 Código Civil, art. 732, *in verbis*: "contratos de transporte, em geral, são aplicáveis, quando couber, desde que não contrariem as disposições deste Código, os preceitos constantes da legislação especial e de tratados e convenções internacionais".

86 *In verbis*: "Art. 750. A responsabilidade do transportador, limitada ao valor constante do conhecimento, começa no momento em que ele, ou seus prepostos, recebem a coisa; termina quando é entregue ao destinatário, ou depositada em juízo, se aquele não for encontrado".

87 SAMPAIO DE LACERDA, Jose Candido. *Curso de Direito Privado Marítimo e Aeronáutico*: Direito Privado da Navegação. Rio de Janeiro: Freitas Bastos, 1949, § 155, p. 210; AGUIAR DIAS, José de. *Cláusula de não indenizar* (chamada cláusula de irresponsabilidade). 4ª ed. Rio de Janeiro: Forense, 1980, p. 167.

88 Veja-se, nesse sentido, ZULIANI, Enio Santarelli. Art. 750. In: NANNI, Giovanni Ettore (Coord.). *Comentários ao Código Civil*: Direito Privado Contemporâneo. 2ª ed. São Paulo: Saraiva, 2021. Disponível em: Minha Biblioteca; GODOY, Cláudio Luiz Bueno de. Art. 750. In: PELUSO, Cezar (Coord.). *Código Civil comentado*. 13ª ed. São Paulo: Manole, 2019, p. 761.

Sendo o Código Comercial silente a esse respeito, as cláusulas de limitação do dever de indenizar tornaram-se amplamente utilizadas no setor marítimo[89]. Tome-se por exemplo a "Minuta de Contrato de Afretamento de Embarcação a ser celebrado com Empresa Estrangeira", divulgada por Petrobras[90], a qual fixa o limite do dever de indenizar em 10% sobre o valor total do contrato[91]. Já os "Termos e Condições do Conhecimento Marítimo" dos contratos de transporte celebrados por Hamburg Süd determinam o limite do dever de indenizar em função do peso da mercadoria transportada[92].

Como a incolumidade do bem se inclui na obrigação fundamental em relações jurídicas de transporte[93], há tradicional orientação a considerar-se inexistente, inválida ou ineficaz a convenção que tem por objeto a exoneração do dever de indenizar do transportador. Trata-se da

89 MENDES VIANNA, Godofredo. *Direito Marítimo.* Vol. I. Rio de Janeiro: Fundação Getúlio Vargas, 2016, p. 215; CASTRO JUNIOR, Osvaldo Agripino. Direito marítimo, *lex mercatoria* e *lex maritima*: breves notas. *Cadernos da Escola de Direito e Relações Internacionais*, Vol. I, 2010, p. 86.

90 Disponível em: <www.petronect.com.br/irj/go/km/docs/documents/Petronect/Conteudo_Publico/ MinutasContratuais/minuta-afretamento_band-estrangeira_petronect.PDF>. Último acesso em 22.01.2023.

91 *In verbis*: "17.1 - A responsabilidade da AFRETADORA e da FRETADORA por perdas e danos será limitada aos danos diretos de acordo com o Código Civil e legislação aplicável, excluídos os lucros cessantes e os danos indiretos, ficando os danos diretos limitados a 10% (dez por cento) do valor contratual reajustado ou US$ XXX.XX, convertidos para Reais (R$) pela PTAX de venda do Dólar dos Estados Unidos da América em moeda nacional corrente, publicada pelo Banco Central do Brasil, no dia útil imediatamente anterior ao do pagamento do dano, o que for menor"; "17.3 - Não se aplicarão aos danos previstos nos itens 17.1 e 17.2, os limites estabelecidos nesta cláusula, nas hipóteses abaixo discriminadas:
17.3.1 - Dolo por qualquer das partes na execução do objeto contratual, que cause danos à outra ou a terceiros, observando-se o disposto nos artigos 927 e 932, inciso III, do Código Civil. 17.3.2 - Descumprimento da legislação fiscal, trabalhista e previdenciária".

92 *In verbis*: "4.2 LIMITATION OF LIABILITY (a) In no event shall Carrier's liability under or in connection with this bill of lading exceed 2 SDR per kilo of the gross weight of the Goods lost or damaged, except that if COGSA applies, liability shall not exceed US$ 500 per package or per customary freight unit, as the case may be".

93 AZEVEDO, Antônio Junqueira de. Cláusula cruzada de não-indenizar (*cross-waiver of liability*), ou cláusula de não-indenizar com eficácia para ambos os contratantes. Renúncia ao direito de indenização. Promessa de fato de terceiro. Estipulação em favor de terceiro. In: *Estudos e pareceres de direito privado.* São Paulo: Saraiva, 2004, p. 203, embora aludindo à obrigação principal.

Súmula 161 do Supremo Tribunal Federal. A origem do entendimento sumulado está no conjunto de acórdãos proferidos pelo STF nas décadas de 1950 e 1960, assentando ser "repelida" a cláusula excludente do dever de o transportador marítimo reparar danos causados pelo extravio da carga[94].

A restrição não incide sobre as cláusulas limitativas do dever de indenizar. Há consolidada jurisprudência do Superior Tribunal de Justiça afirmando que, conquanto seja "inoperante a cláusula excludente de responsabilidade, nos termos da citada súmula, admite-se, entretanto, estipulação limitativa dessa responsabilidade, desde que não tenha o caráter de leonina e se justifique à vista das peculiaridades de cada caso"[95].

Dentre as circunstâncias a serem examinadas pelo julgador está o impacto da limitação do dever de indenizar na operação econômica. É frequente o transportador oferecer tarifa reduzida quando convencionado o limite à indenização[96]. Nessa situação, como "se ao embarcador era dado optar, preferindo pagar o frete reduzido, não há razão para não prevalecer a cláusula limitativa de responsabilidade, livremente ajustada pelas partes contratantes, sem atrito com a lei"[97].

---

94 STF. RE 38.625/DF. 1ª Turma. Relator Min. Barros Barreto. J. em 14.08.1958. Vide, ainda, STF. RE 38.625 EI/RJ. Tribunal Pleno. Relator Min. Victor Nunes. J. em 16.10.1961; STF. RE 38.094 EI/GB. Tribunal Pleno. Relator Min. Ribeiro da Costa. J. em 19.05.1961; STF. RE 41.931 EI/GB. Tribunal Pleno. Relator Min. Ribeiro da Costa. J. em 26.05.1961; STF. RE 43.794 EI/GB. Tribunal Pleno. Relator Min. Gonçalves de Oliveira. J. em 28.04.1961; STF. RE 44.165 EI/SP. Tribunal Pleno. Relator Min. Antonio Martins Vilas Boas. J. em 20.01.1961; STF. RE 26.684/DF. 2ª Turma. Relator Min. Antonio Martins Vilas Boas. J. em 05.11.1957.

95 O trecho está no voto do Min. Antônio Torreão Braz em STJ. REsp 39.082/SP. Rel. Min. Nilson Naves. Relator p/ Acórdão Min. Fontes de Alencar. J. em 09.11.1994. No mesmo sentido: STJ. REsp 67.558/SP. 3ª Turma. Rel. Min. Costa Leite. J. em 15.08.1995; STJ. REsp 36.706/SP. 4ª Turma. Rel. Min. Sálvio de Figueiredo Teixeira. J. em 05.11.1996; STJ. REsp 153.787/SP. 4ª Turma. Rel. Min. Barros Monteiro. J. 18.12.1997; STJ. REsp 233.023/SP. 4ª Turma. Rel. Min. Massami Uyeda. J. em 25.03.2008. Na doutrina, vide, *e.g.*, GOMES, Orlando. *Contratos*. 28ª ed. Rio de Janeiro: GEN, 2022, p. 350.

96 SAMPAIO DE LACERDA, José Candido. *Curso de direito comercial marítimo e aeronáutico*: direito privado da navegação. Rio de Janeiro: Freitas Bastos, 1949, § 158, p. 214.

97 Voto do Min. Costa Leite em STJ. REsp 39.082/SP. Rel. Min. Nilson Naves. Relator p/ Acórdão Min. Fontes de Alencar. J. em 09.11.1994.

Portanto, no transporte marítimo o âmbito de atuação das cláusulas de limitação e de exoneração do dever de indenizar é mais restrito. Não se admite a *exclusão* da reparação do transportador em face do remetente ou do destinatário da mercadoria. Já a *limitação* do dever de indenizar está sujeita às restrições estabelecidas pelo Direito Privado. Isto é, essas convenções atuam sobre a pretensão indenizatória (não abrangendo os deveres de restituir e de reembolsar, nem mesmo a pretensão ao cumprimento pelo equivalente), e não podem afastar a reparação de danos causados por ato praticado com dolo ou culpa grave, nem mesmo incidir sobre obrigação fundamental.

Como se alertou, há também de se atentar aos efeitos da regra contida no art. 424 do Código Civil. Tomando por exemplo os contratos de afretamento celebrados por Petrobras, o Decreto nº 2.745/1998 (Regulamento Licitatório Simplificado), aplicável para contratos celebrados até o início da vigência da Lei das Estatais (Lei 13.303/2016)[98], prevê que os contratos "obedecerão a minutas padronizadas, elaboradas com a orientação do órgão jurídico e aprovadas pela Diretoria"[99] (art. 7.1.1). A jurisprudência recorrentemente afirma a adesividade de contratos celebrados por Petrobras[100]. Portanto, nessas relações jurídicas, o predisponente deve, como regra, responder pela sua conduta.

No setor marítimo, a situação ganha contornos especiais ao se examinar as convenções que visem a exonerar ou limitar o dever de o capitão reparar as perdas e danos.

A Lei atribui ao capitão a responsabilidade pela carga[101], estando sujeito à reparação dos danos causados à carga ou à embarcação "por culpa sua, omissão ou imperícia", ou "pelos indivíduos da tripulação"[102]. Assim, o principal desafio para a aferição do dever de indenizar está na "discriminação entre as obrigações que devem corresponder a uma res-

98 *E.g.*, STF. AgRg em MS 27.796/DF. 1ª Turma. Rel. Min. Alexandre de Moraes. J. em 29.03.2019; STF. AgRg em MS 28.626/DF. 1ª Turma. Rel. Min. Carmen Lúcia. J. em 19.10.2021.

99 Decreto nº 2.745, de 24 de agosto de 1998, Anexo, art. 7.1.1.

100 *E.g.*, TJRJ. Ap. Cív. 0409040-74.2016.8.19.0001. 15ª Câmara Cível. Relator Des. Gilberto Matos. J. em 18.12.2018; TJRJ. Ap. Cív. 0256181-78.2013.8.19.0001. 21ª Câmara Cível. Relator Des. André Emilio Ribeiro von Melentovytch. J. em 24.07.2018.

101 Código Comercial, art. 519.

102 Código Comercial, art. 529.

ponsabilidade limitada e as que importam em responsabilidade ilimitada dos proprietários [das embarcações]"[103].

O discriminem entre as "obrigações náuticas" e as "obrigações comerciais" é tradicional para a análise do tema[104]. As obrigações náuticas abrangem as atividades de navegação e de manutenção da embarcação, enquanto as obrigações comerciais atinem, substancialmente, à conservação da carga. Assim já regrava o Código Comercial, cujos artigos 666 e 690, por exemplo, distinguiam o interesse segurado no seguro marítimo e estabeleciam presunção legal discernindo a extensão da cobertura securitária, abrangendo a embarcação e seus equipamentos, mas não a carga transportada[105].

---

103 OCTAVIO, Rodrigo. *Direito Marítimo.* Observações sobre o livro IV do Projecto do Codigo Commercial do Dr. Inglez de Souza. Rio de Janeiro: Graphicas da Livraria Francisco Alvez, 1917, p. 21-22.

104 COSTA, José da Silva. *Direito commercial maritimo.* Tomo I. 2ª ed. Paris: Société Générale d'Impression, 1912, p. 428, *in verbis*: "No intuito de restringir a cláusula de exoneração, procura-se distinguir entre duas espécies de obrigações. Referem-se as primeiras a navegação propriamente dicta: *navigating* or *managing the ship*; e as segundas concernem as mercadorias da carga, sua guarda, arrumação, conservação e entrega; entendendo-se que a exoneração só comprehende as omissões quanto às obrigações náuticas, excluídas as provinentes das comemerciaes". No mesmo sentido, SAMPAIO DE LACERDA, José Candido. *Curso de direito comercial marítimo e aeronáutico*: direito privado da navegação. Rio de Janeiro: Freitas Bastos, 1949, § 159, p. 218 ("é comum estabelecer-se uma distinção entre faltas náuticas e faltas comerciais do capitão, para responsabilizar o armador apenas pelas últimas"); AGUIAR DIAS, José de. *Cláusula de não indenizar (chamada cláusula de irresponsabilidade).* 4ª ed. Rio de Janeiro: Forense, 1980, p. 175 ("Erro náutico é o geralmente praticado no curso da viagem, ao passo que a falta comercial ocorre, ordinariamente, em terra ou nos portos"); e, para o Direito Francês, a demonstrar ser esse o uso tradicionalíssimo do setor: BONNECASE, Julien. *Précis élémentaire de droit maritime.* Paris: Sirey, 1932, p. 420.

105 Código Comercial, art. 666, *in verbis*: "O contrato de seguro marítimo, pelo qual o segurador, tomando sobre si a fortuna e riscos do mar, se obriga a indenizar ao segurado da perda ou dano que possa sobrevir ao objeto do seguro, mediante um prêmio ou soma determinada, equivalente ao risco tomado, só pode provar-se por escrito, a cujo instrumento se chama apólice; contudo julga-se subsistente para obrigar reciprocamente ao segurador e ao segurado desde o momento em que as partes se convierem, assinando ambas a minuta, a qual deve conter todas as declarações, cláusulas e condições da apólice"; art. 690, *in verbis*: "Declarando-se genericamente na apólice, que se segura o navio sem outra alguma especificação, entende-se que o seguro compreende o casco e todos os pertences da embarcação, aprestos, aparelhos, mastreação e velame, lanchas, escaleres, botes, utensílios e vitualhas ou provisões; mas em nenhum caso os fretes nem o carregamento, ainda que este seja por conta do capitão, dono, ou armador do navio".

Do mesmo modo, também destacava no início do século XX José da Silva Costa, Professor Catedrático da Academia de Comércio do Rio de Janeiro. Considerada a distinção, ensinava Silva Costa, "a exoneração [do dever de indenizar] só comprehende as omissões quanto às obrigações náuticas, excluídas as provinientes das commerciaes"[106]. Por isso, as cláusulas de limitação do dever de indenizar atuam, em benefício do capitão, sobre as obrigações náuticas, devendo ser integralmente reparados os danos relacionados com as obrigações comerciais.

Para regrar a responsabilidade do capitão perante o proprietário da embarcação, é comum pactuar-se cláusula prevendo a exoneração do dever de este (o proprietário) reparar danos causados por atos praticados por aquele (o capitão) (usualmente chamada de "*negligence clause*")[107]. A esse respeito, a doutrina reconhece: "sofrem as normas de direito comum certas influências que temperam o rigor com que se aplicam em outros setores"[108].

Como o capitão tem ampla iniciativa para decidir os rumos da embarcação, trata-se de espécie peculiar de responsabilidade por fato de terceiro[109]. Nesse caso, admite-se inclusive a exoneração do dever de indenizar, pois se está a examinar a relação *interna*, entre capitão e proprietário da embarcação. A exclusão do dever de indenizar do proprietário abrange "todo e qualquer ato culposo do preposto, independentemente de sua gravidade"[110]. Isto é, caso seja pactuada a exoneração do dever de indenizar, a reparação devida pelo capitão deve ser apurada conforme o princípio da reparação integral. Não há desrespeito ao entendimento consolidado na Súmula 161 do Supremo Tribunal Federal, pois a *negligence clause* não afasta a reparação da vítima do dano; apenas aloca o dever de indenizar exclusivamente ao capitão.

---

106 COSTA, José da Silva. *Direito commercial maritimo*. Tomo I. 2ª ed. Paris: Société Générale d'Impression, 1912, p. 428.

107 SAMPAIO DE LACERDA, José Candido. *Curso de direito comercial marítimo e aeronáutico*: direito privado da navegação. Rio de Janeiro: Freitas Bastos, 1949, p. 218.

108 AGUIAR DIAS, José de. *Cláusula de não indenizar (chamada cláusula de irresponsabilidade)*. 4ª ed. Rio de Janeiro: Forense, 1980, p. 169.

109 OCTAVIO, Rodrigo. *Direito Marítimo*. Observações sobre o livro IV do Projecto do Codigo Commercial do Dr. Inglez de Souza. Rio de Janeiro: Graphicas da Livraria Francisco Alvez, 1917, p. 15.

110 AGUIAR DIAS, José de. *Cláusula de não indenizar (chamada cláusula de irresponsabilidade)*. 4ª ed. Rio de Janeiro: Forense, 1980, p. 173-174.

Conclusões

O poder de modular o dever de indenizar, limitando o montante devido ou afastando por completo a reparação, não é ilimitado. Roberto Rosas afirma, com razão, que "a jurisprudência brasileira tem fixado regras contrárias às cláusulas exonerativas de responsabilidade. Em geral, com apoio na legislação; outras vezes, autêntica construção pretoriana"[111]. Seja com base na lei, seja na jurisprudência, as restrições à autonomia privada devem estar rigorosamente amparadas no Ordenamento.

Nos contratos paritários, a validade e eficácia das cláusulas de limitação ou de exoneração do dever de indenizar é obstada na hipótese de inadequação a certos elementos de ordem negativa: não podem infringir lei imperativa ou normas destinadas à proteção da ordem pública; não podem incidir sobre obrigações essenciais do contrato; não podem afastar dever de indenizar decorrente de ação ou de omissão fundada em dolo ou culpa grave; e não podem afetar a proteção a direitos fundamentais da pessoa humana e de sua personalidade. Ademais, em contratos formados por adesão, a lei comina a nulidade das cláusulas de exoneração e de limitação de responsabilidade, sendo admitidas pontuais exceções, a depender do comportamento do predisponente e/ou do impacto da cláusula sobre os direitos decorrentes da natureza do negócio.

Em contratos de transporte marítimo, a Súmula 161 do Supremo Tribunal Federal se aplica apenas para as cláusulas de exoneração do dever de indenizar, de forma a afrontar a obrigação fundamental do transportador marítimo de mercadorias. É necessário, todavia, atentar para as peculiaridades da relação jurídica estabelecida entre capitão e proprietário da embarcação, as quais fundamentam a distinção quanto à situação examinada nos julgados que deram origem à Súmula.

Referências bibliográficas

AGUIAR DIAS, José de. *Responsabilidade civil*. Vol. II. 2ª ed. Rio de Janeiro: Forense, 1950.

________. *Cláusula de não indenizar (chamada cláusula de irresponsabilidade)*. 4ª ed. Rio de Janeiro: Forense, 1980.

111 ROSAS, Roberto. *Direito sumular*: comentários às súmulas do Supremo Tribunal Federal e do Superior Tribunal de Justiça. 11ª ed. São Paulo: Malheiros, 2002, p. 78.

ALPHANDERY, Léon. *Des clauses d'irresponsabilité dans le contrat de transport*. Marseille: Barthelet, 1896.

AMARAL, Francisco. A autonomia privada como fonte normativa e como cânone de interpretação. In: MARTINS-COSTA, Judith (Coord.). *Conversa sobre Autonomia Privada*. Canela: Instituto de Estudos Culturalistas, 2015.

ARROYO MARTÍNEZ, Ignacio. Derecho marítimo y su uniformidad. In: MARTINS, Eliane Maria Octaviano; OLIVEIRA, Pedro Henrique Reis de (Orgs.). *Direito marítimo e portuário*: estudos em homenagem ao Professor Sérgio Matte. Belo Horizonte: Arraes, 2017.

ASSIS, Araken de. *Resolução do contrato por inadimplemento*. 5ª ed. São Paulo: Revista dos Tribunais, 2013.

________. *Manual da execução*. 20ª ed. São Paulo: Revista dos Tribunais, 2018.

AZEVEDO, Antônio Junqueira de. *Negócio jurídico*: existência, validade e eficácia. 3ª ed. São Paulo: Saraiva, 2000.

________. Cláusula cruzada de não indenizar. (*Cross-waiver of liability*), ou cláusula de não indenizar com eficácia para ambos os contratantes - Renúncia ao direito de indenização - Promessa de fato de terceiro - Estipulação em favor de terceiro. In: *Estudos e Pareceres de Direito Privado*. São Paulo: Saraiva, 2004.

________. Nulidade de cláusula limitativa de responsabilidade em caso de culpa grave. Caso de equiparação entre dolo e culpa grave. Configuração da culpa grave em caso de responsabilidade profissional. In: *Novos estudos e pareceres de direito privado*. São Paulo: Saraiva, 2009.

BANDEIRA, Luiz Octávio Villela de Viana. *As cláusulas de não indenizar no direito brasileiro*. São Paulo: Almedina, 2016.

BAYARD, Pierre. *Dictionnaire des transports maritimes et mixtes et des ventes maritimes*. Paris: J. Labie, 1924.

BENETTI, Giovana Valentiniano. *Dolo no Direito Civil*: uma análise da omissão de informações. São Paulo: Quartier Latin, 2019.

BONNECASE, Julien. *Précis élémentaire de droit maritime*. Paris: Sirey, 1932.

CALVÃO DA SILVA, João. *Cumprimento e sanção pecuniária compulsória*. 2ª ed. Coimbra: Almedina, 1995.

CARDOSO-ROULOT, Nelia. *Les obligations essentielles en Droit Privé des contrats*. Paris: L'Harmattan, 2008.

CARNELUTTI, Francesco. *Teoria Geral do Direito*. São Paulo: LEJUS, 1999.

CASTRO, Diana Loureiro Paiva de. *Potencialidades funcionais das cláusulas de não indenizar*: releitura dos requisitos tradicionais de validade.

Dissertação de Mestrado apresentada à Universidade do Estado do Rio de Janeiro. Orientador Prof. Dr. Gustavo Tepedino. Rio de Janeiro, 2018.

CASTRO JUNIOR, Osvaldo Agripino. Direito marítimo, *lex mercatoria* e *lex maritima*: breves notas. *Cadernos da Escola de Direito e Relações Internacionais*, Vol. I, 2010.

CASTRO NEVES, José Roberto de. *Direito das obrigações*. 2ª ed. Rio de Janeiro: GZ Editora, 2009.

CAVALIERI FILHO, Sérgio. *Programa de Responsabilidade Civil. 11ª ed.* São Paulo: Atlas, 2014.

COSTA, José da Silva. *Direito commercial maritimo*. Tomo I. 2ª ed. Paris: Société Générale d'Impression, 1912.

DOS ANJOS, J. Haroldo; GOMES, Carlos Rubens Caminha. *Curso de direito marítimo*. Rio de Janeiro: Renovar, 1992.

FERNANDES, Adaucto. *O contrato no direito brasileiro*. Vol. II. Rio de Janeiro: A. Coelho Franco Filho, 1945.

FERNANDES, Camila Vicenci. A Obrigação Fundamental. In: MOTA, Mauricio; KLOH, Gustavo (Orgs). *Transformações Contemporâneas do Direito das Obrigações*. Rio de Janeiro: Elsevier, 2011.

FERNANDES, Wanderley. *Cláusulas de exoneração e de limitação de responsabilidade*. São Paulo: Saraiva, 2013.

GALVÃO TELLES, Inocêncio. *Direito das obrigações*. 7ª ed. Coimbra: Coimbra Editora, 2010.

GODOY, Cláudio Luiz Bueno de. Art. 750. In: PELUSO, Cezar (Coord.). *Código Civil comentado*. 13ª ed. São Paulo: Manole, 2019.

GOMES, Orlando. *Obrigações*. 11ª ed. Atualizado por Humberto Theodoro Júnior. Rio de Janeiro: Forense, 1997.

________. *Contratos*. 28ª ed. Rio de Janeiro: GEN, 2022.

LALOU, Henri. *La responsabilité civile*: príncipes élémentaires et applications pratiques. Paris: Dalloz, 1932.

LARENZ, Karl. *Derecho Civil*. Parte General. Tradução de Miguel Izquierdo e Macias-Picavea. Madrid: Editoriales de Derecho Reunidas, 1978.

MARTINS-COSTA, Judith. Contrato de Construção. "Contratos-Aliança". Interpretação Contratual. Cláusulas de Exclusão e de Limitação do Dever de Indenizar. Parecer. *Revista de Direito Civil Contemporâneo*, vol. 1, out.-dez./2014.

________. O árbitro e o cálculo do montante da indenização. In: CARMONA, Carlos Alberto; LEMES, Selma Maria Ferreira; MARTINS, Pedro Batista

(Orgs.). *20 anos da Lei de Arbitragem*: homenagem a Petrônio R. Muniz. São Paulo: Atlas, 2017.

________. Notas comparativas sobre a Obrigação Fundamental do Contrato. In: BAPTISTA, Luiz Olavo; VISCONTE, Debora; ALVES, Mariana Cattel (Orgs.). *Estudos de Direito*: uma homenagem ao Prof. Dr. José Carlos de Magalhães. São Paulo: Atelier Jurídico, 2018.

________. Efeitos obrigacionais da invalidade: o caso dos contratos viciados por ato de corrupção. In: BARBOSA, Henrique; FERREIRA DA SILVA, Jorge Cesa (Coord.). *A Evolução do Direito Empresarial e Obrigacional*: 18 anos do Código Civil. Vol. II. São Paulo: Quartier Latin, 2021.

MENDES VIANNA, Godofredo. *Direito Marítimo.* Vol. I. Rio de Janeiro: Fundação Getúlio Vargas, 2016.

MENIN JUNIOR, Romeu Felix. A responsabilidade dos terminais portuários pelas avarias de carga durante a armazenagem e estiva. *Revista Coleta Científica*, Ano I, Vol. I, nº 2, 2017.

MICHELON JR., Claudio. *Direito Restitutório.* São Paulo: Revista dos Tribunais, 2006.

MOURÃO, Mariana Mazziero. Da Responsabilidade Civil do Transportador Marítimo. *Revista de Direito Privado*, vol. 33, 2008.

NERY, Débora Cristina dos Santos. *Contratos de prestação de serviços por adesão.* Uma análise do art. 424 do Código Civil. São Paulo: Almedina, 2021.

NERY JR., Nelson. Contrato de associação: inadimplemento e execução específica. In: *Soluções Práticas de Direito.* Vol. II. São Paulo: Revista dos Tribunais, 2010.

OCTAVIO, Rodrigo. *Direito Marítimo.* Observações sobre o livro IV do Projecto do Codigo Commercial do Dr. Inglez de Souza. Rio de Janeiro: Graphicas da Livraria Francisco Alvez, 1917.

OLIVEIRA, Nuno Manuel Pinto. *Cláusulas acessórias ao contrato*: cláusulas de exclusão e de limitação do dever de indemnizar e cláusulas penais. 3ª ed. Coimbra: Almedina, 2008.

PEREIRA, Caio Mário da Silva. *Instituições de Direito Civil.* Vol. II. Atualizado por Guilherme Calmon Nogueira da Gama. Rio de Janerio: Gen-Forense, 2014.

PERES, Fábio Henrique. *Cláusulas contratuais excludentes e limitativas do dever de indenizar.* São Paulo: Quartier Latin, 2009.

PINTO MONTEIRO, António. *Cláusulas limitativas e de exclusão de responsabilidade civil.* Coimbra: Almedina, 2011.

PONTES DE MIRANDA, Francisco Cavalcanti. *Manual do Código Civil Brasileiro.* Vol. XVI. Tomo I. Rio de Janeiro: Jacintho Ribeiro dos Santos, 1927.

PONTES DE MIRANDA, Francisco Cavalcanti. *Tratado de Direito Privado.* Tomo I. Atualizado por Judith Martins-Costa, Gustavo Haical e Jorge Cesa Ferreira da Silva. São Paulo: Revista dos Tribunais, 2012.

________. *Tratado de direito privado.* Tomo II. 4ª ed. São Paulo: Revista dos Tribunais, 1983.

________. *Tratado de Direito Privado.* Tomo III. Atualizado por Marcos Bernardes de Mello e Marcos Ehrhardt Jr. São Paulo: Revista dos Tribunais, 2012.

________. *Tratado de Direito Privado.* Tomo IV. Atualizado por Marcos Bernardes de Mello e Marcos Ehrhardt Jr. São Paulo: Revista dos Tribunais, 2012.

________. *Tratado de Direito Privado.* Tomo XXII. São Paulo: Revista dos Tribunais, 2012.

________. *Tratado de direito privado.* Tomo XXIII. 3ª ed. São Paulo: Revista dos Tribunais, 1984.

________. *Tratado de Direito Privado.* Tomo XXVI. Rio de Janeiro: Borsoi, 1959.

________. *Tratado de direito privado.* Tomo LIII. 3ª ed. São Paulo: Revista dos Tribunais, 1984.

PRATA, Ana. *Cláusulas de exclusão e limitação da responsabilidade contratual.* Coimbra: Almedina, 2005.

RAPHAEL, Leandro. *Direito marítimo.* São Paulo: Aduaneiras, 2003.

REALE, Miguel. Vida e Morte dos Modelos Jurídicos. In: *Estudos e Filosofia e Ciência do Direito.* São Paulo: Saraiva, 1978.

________. *Fontes e Modelos do Direito.* Para um novo paradigma hermenêutico. São Paulo: Saraiva, 1994.

RODRIGUES, Sílvio. *Direito Civil.* Vol. IV. São Paulo: Saraiva, 2002.

ROPPO, Vicenzo. *Il contrato.* 2ª ed. Milano: Giuffrè, 2011.

ROSAS, Roberto. Validade das cláusulas de não-responsabilidade ou limitativas de responsabilidade. *Revista dos* Tribunais, vol. 479, set./1975.

________. *Direito sumular*: comentários às súmulas do Supremo Tribunal Federal e do Superior Tribunal de Justiça. 11ª ed. São Paulo: Malheiros, 2002.

________. Usos e Costumes. In: REZEK, Francisco (Org.). *Aliomar Baleeiro no Supremo Tribunal Federal.* Vol. I. São Paulo: Forense, 1987.

SAMPAIO DE LACERDA, Jose Candido. *Curso de Direito Privado Marítimo e Aeronáutico*: Direito Privado da Navegação. Rio de Janeiro: Freitas Bastos, 1949.

SANSEVERINO, Paulo de Tarso Vieira. *Responsabilidade civil no Código do Consumidor e a defesa do fornecedor.* 3ª ed. São Paulo: Saraiva, 2010.

SEFTON-GREEN, Ruth. *La Notion d'Obligation Fondamentale*: comparaison franco-anglaise. Paris: LGDJ, 2000.

SERPA LOPES, Miguel Maria de. *Curso de Direito Civil*. Vol. III. 3ª ed. Rio de Janeiro: Freitas Bastos, 1961.

STEINER, Renata Carlos. Descumprimento contratual: remédios à disposição do credor lesado. In: GUEDES, Gisela Sampaio da Cruz; TERRA, Aline de Miranda Valverde (Coords.). *Inexecução das Obrigações*: pressupostos, evolução e remédios. Vol. II. Rio de Janeiro: Ed. Processo, 2021.

TALAMINI, Eduardo. *Tutela relativa aos deveres de fazer e de não fazer.* E sua extensão aos deveres de entrega de coisa. 2ª ed. São Paulo: Revista dos Tribunais, 2003.

TERRA, Aline de Miranda Valverde. Execução pelo equivalente como alternativa à resolução: repercussões sobre a responsabilidade civil. *Revista Brasileira de Direito Civil*, vol. 18, out.-dez./2018.

TUHR, Andreas von. *Derecho Civil*. Teoria General del Derecho Civil Alemán. Vol. I. Tradução para espanhol por Tito Ravá. Madrid: Marcial Pons, 1998.

VINEY, Geneviève; JOURDAIN, Patrice. *Traité de Droit Civil*. Les conditions de la responsabilité. 3ª ed. Paris: L.G.D.J., 2010.

________. *Traité de Droit Civil*. Les conditions de la responsabilité. 4ª ed. Paris: LGDJ, 2013.

ZANETTI, Ana Carolina Devito Dearo. *Contrato de distribuição*: o inadimplemento recíproco. São Paulo: GEN-Atlas, 2015.

ZANETTI, Cristiano de Sousa. Contratos civis por adesão no direito latinoamericano. In: *Obligaciones*: contratos, responsabilidad. Grupo para la armonización del Derecho Privado latinoamericano. Bogotá: Universidade Externado de Colombia, 2011.

________. A transformação da mora em inadimplemento absoluto. *Revista dos Tribunais*, vol. 942, abr./2014.

ZULIANI, Enio Santarelli. Art. 750. In: NANNI, Giovanni Ettore (Coord.). *Comentários ao Código Civil*: Direito Privado Contemporâneo. 2ª ed. São Paulo: Saraiva, 2021.

STF. RE 26.684/DF. 2ª Turma. Relator Min. Antonio Martins Vilas Boas. J. em 05.11.1957.

STF. RE 38.625/DF. 1ª Turma. Relator Min. Barros Barreto. J. em 14.08.1958.

STF. RE 44.165 EI/SP. Tribunal Pleno. Relator Min. Antonio Martins Vilas Boas. J. em 20.01.1961.

STF. RE 43.794 EI/GB. Tribunal Pleno. Relator Min. Gonçalves de Oliveira. J. em 28.04.1961.

STF. RE 38.094 EI/GB. Tribunal Pleno. Relator Min. Ribeiro da Costa. J. em 19.05.1961.

STF. RE 41.931 EI/GB. Tribunal Pleno. Relator Min. Ribeiro da Costa. J. em 26.05.1961.

STF. RE 38.625 EI/RJ. Tribunal Pleno. Relator Min. Victor Nunes. J. em 16.10.1961.

STJ. REsp 39.082/SP. Rel. Min. Nilson Naves. Relator p/ Acórdão Min. Fontes de Alencar. J. em 09.11.1994.

STJ. REsp 67.558/SP. 3ª Turma. Rel. Min. Costa Leite. J. em 15.08.1995.

STJ. REsp 36.706/SP. 4ª Turma. Rel. Min. Sálvio de Figueiredo Teixeira. J. em 05.11.1996.

STJ. REsp 153.787/SP. 4ª Turma. Rel. Min. Barros Monteiro. J. 18.12.1997.

STJ. REsp 554.622/RS. 3ª Turma. Rel. Min. Ari Pargendler. J. em 17.11.2005.

STJ. REsp 233.023/SP. 4ª Turma. Rel. Min. Massami Uyeda. J. em 25.03.2008.

STF. AgRg em MS 27.796/DF. 1ª Turma. Rel. Min. Alexandre de Moraes. J. em 29.03.2019.

STF. AgRg em MS 28.626/DF. 1ª Turma. Rel. Min. Carmen Lúcia. J. em 19.10.2021.

TJRJ. Ap. Cív. 0256181-78.2013.8.19.0001. 21ª Câmara Cível. Relator Des. André Emilio Ribeiro von Melentovytch. J. em 24.07.2018.

TJRJ. Ap. Cív. 0409040-74.2016.8.19.0001. 15ª Câmara Cível. Relator Des. Gilberto Matos. J. em 18.12.2018.

Os Temas 881 e 885 da Repercussão Geral: cessação dos efeitos da coisa julgada em matéria tributária e a mutação constitucional do art. 52, x, da constituição

Nina Pinheiro Pencak[1]

Introdução

Em 01.04.2016, no RE 955.227, de relatoria do Min. Luís Roberto Barroso, foi reconhecida a repercussão geral da controvérsia referente aos "Efeitos das decisões do Supremo Tribunal Federal em controle difuso de constitucionalidade sobre a coisa julgada formada nas relações tributárias de trato continuado". Trata-se do Tema 885 da sistemática da repercussão geral.

Dias antes, em 25.03.2016, a Corte já havia se manifestado acerca da existência de questão constitucional e de repercussão geral no RE 949.297 (Rel. Min. Edson Fachin), Tema 881, que versa sobre os "Limites da coisa julgada em matéria tributária, notadamente diante de julgamento, em controle concentrado pelo Supremo Tribunal Federal, que declara a constitucionalidade de tributo anteriormente considerado inconstitucional, na via do controle incidental, por decisão transitada em julgado".

A partir da leitura de ambas as controvérsias, verifica-se que se trata de temas análogos, mas não idênticos: enquanto no RE 955.227, o STF deveria dirimir os efeitos das suas decisões em controle concreto de constitucionalidade, quando contrárias à coisa julgada nas relações tributárias de trato sucessivo, no RE 949.297, à Corte caberia se debruçar sobre os efeitos dos seus acórdãos em controle abstrato.

Apesar de ambos os temas serem de extrema relevância, não apenas para a matéria tributária, mas para toda a dogmática constitucional, o enfoque do presente artigo serão os fundamentos determinantes do voto proferido pelo Min. Luís Roberto Barroso, na condição de relator do RE 955.227, os quais foram acatados por unanimidade pelo Plenário da Corte, no julgamento encerrado em 08.02.2023.

---

1 Doutoranda e Mestre em Finanças Públicas, Tributação e Desenvolvimento pela UERJ. Sócia do escritório Mannrich e Vasconcelos Advogados. Secretária-geral da Comissão de Assuntos Constitucionais da OAB/DF. Cofundadora do coletivo Elas Discutem. Ex-Assessora de Ministro do STF.

Além de analisar o ponto central do julgamento de ambos os recursos, verificaremos que a decisão proferida no RE 955.227 também foi responsável por, finalmente, reconhecer a mutação constitucional do art. 52, X, da Constituição Federal.

Desse modo, dividiremos o presente artigo em três partes principais: (i) a descrição dos objetos dos RE 949.297 e do RE 955.227, bem como, em relação ao último caso, do voto do Relator, Min. Luís Roberto Barroso; (ii) os impactos da abstrativização do controle concreto de constitucionalidade e da mutação constitucional do art. 52, X, da Constituição, para o Direito Tributário; (iii) nossas conclusões sobre o tema.

I.1. Uma breve contextualização do RE 949.297 e do RE 955.227

Como já apontado, o RE 949.297 e o RE 955.227 foram, respectivamente, os recursos eleitos em 2016 como paradigmas dos Temas 881 e 885 da sistemática da repercussão geral. Em ambos os casos, a União é a recorrente e pessoas jurídicas, na condição de contribuintes da Contribuição Social sobre o Lucro Líquido (CSLL) são as recorridas (TBM - Textil Bezerra de Menezes S.A. figura no polo passivo do RE 949.297, e a Braskem S.A., no polo passivo do RE 955.227).

I.1. O RE 949.297

Em relação aos fatos concretos relevantes subjacentes ao RE 949.297, tem-se que em 28.04.1989, a empresa contribuinte (TBM) impetrou mandado de segurança preventivo perante a 5ª Vara da Justiça Federal em Fortaleza, a fim de obstar a autoridade administrativa fiscal de constituir créditos tributários de CSLL, instituída pela Lei nº 7.689/88. A empresa sustentava que a disciplina normativa da contribuição deveria estar prevista em lei complementar e não em lei ordinária, motivo pelo qual requereu a declaração incidental de inconstitucionalidade da referida lei federal.

A sentença, datada de 07.08.1989, concedeu a ordem mandamental e, incidentalmente, declarou a inconstitucionalidade da incidência de CSLL com base na Lei nº 7.689/88. E, em 28.06.1990, a Primeira Turma do TRF da 5ª Região negou provimento à remessa necessária e à apelação da União, confirmando a segurança. Em face do referido acórdão, a União interpôs recurso extraordinário o qual foi inadmitido pelo STF em despacho de relatoria do Min. Moreira Alves, tendo sido certificado o trânsito em julgado em 14.08.1992 o acórdão do TRF 5.

Por sua vez, em 23.04.2001, a TBM impetrou novo mandado de segurança preventivo – de que se originou o presente recurso extraordinário – a fim de obstar autuações de CSLL, alegando que possuía a seu favor decisão transitada em julgado em que foi reconhecida a inconstitucionalidade da Lei nº 7.689/88. A sentença de primeiro grau, proferida em 18.08.2004, denegou a segurança, por entender ser possível a revisão da decisão transitada em julgado. No entanto, em julgamento realizado em 03.09.2009, a Terceira Turma do TRF da 5ª Região deu provimento à apelação do contribuinte. Em face desse acórdão, a União interpôs o recurso extraordinário, que foi conhecido pelo Tribunal de origem e remetido ao STF, tendo sido autuado sob o nº 949.297 e distribuído à relatoria do Ministro Edson Fachin em fevereiro/2016.

Em março/2016, o Plenário do STF decide, então, por unanimidade, pelo reconhecimento da existência de repercussão geral da controvérsia referente aos "Limites da coisa julgada em matéria tributária, notadamente diante de julgamento, em controle concentrado pelo Supremo Tribunal Federal, que declara a constitucionalidade de tributo anteriormente considerado inconstitucional, na via do controle incidental, por decisão transitada em julgado.". O *leading case* se tornou o Tema de nº 881 da sistemática da repercussão geral.

Em seu voto sobre o conhecimento do recurso, o relator resumiu a controvérsia da seguinte forma:

> "No caso concreto, trata-se de contribuinte que pretende obter ordem judicial que lhe assegure o direito de continuar a não recolher a Contribuição Social sobre o Lucro Líquido, instituída pela Lei 7.689/88, com base em decisão proferida em mandado de segurança ajuizado em 1989 e com trânsito em julgado em 1992, cujo fundamento é a inconstitucionalidade do diploma legal precitado por ofensa ao princípio da irretroatividade.
>
> Ocorre que, de modo superveniente, o Plenário do Supremo Tribunal Federal, por unanimidade, declarou a constitucionalidade da Contribuição Social sobre o Lucro Líquido (CSLL), tal como prevista na Lei 7.689/88, no bojo da ADI 15, de relatoria do Ministro Sepúlveda Pertence, DJe 31.08.2007 (...).
>
> (...)
>
> Feito esse breve relato, parece evidente a repercussão geral da presente matéria de índole eminentemente constitucional, na medida em que está em questão a própria arquitetura do sistema de controle de constitucionalidade pátrio, tendo em vista a imbricada relação

entre as modalidades abstrata e concreta de fiscalização da constitucionalidade dos atos normativos.".

Frise-se que, conforme destacado pelo Ministro, no julgamento da ADI 15, ocorrido em junho/2007, o Supremo Tribunal Federal declarou a constitucionalidade da incidência da CSLL com base na Lei nº 7.869/88, em acórdão de que destacamos os relevantes trechos de sua ementa:

> "(...) IV. ADIn: L. 7.689/88, que instituiu contribuição social sobre o lucro das pessoas jurídicas, resultante da transformação em lei da Medida Provisória 22, de 1988. 1. Não conhecimento, quanto ao art. 8º, dada a invalidade do dispositivo, declarado inconstitucional pelo Supremo Tribunal, em processo de controle difuso (RE 146.733), e cujos efeitos foram suspensos pelo Senado Federal, por meio da Resolução 11/1995. 2. Procedência da arguição de inconstitucionalidade do artigo 9º, por incompatibilidade com os artigos 195 da Constituição e 56, do ADCT/88, que, não obstante já declarada pelo Supremo Tribunal Federal no julgamento do RE 150.764, 16.12.92, M. Aurélio (DJ 2.4.93), teve o processo de suspensão do dispositivo arquivado, no Senado Federal, que, assim, se negou a emprestar efeitos erga omnes à decisão proferida na via difusa do controle de normas. 3. **Improcedência das alegações de inconstitucionalidade formal e material do restante da mesma lei, que foram rebatidas, à exaustão, pelo Supremo Tribunal, nos julgamentos dos RREE 146.733 e 150.764, ambos recebidos pela alínea b do permissivo constitucional, que devolve ao STF o conhecimento de toda a questão da constitucionalidade da lei.**"[2]. (Negritos acrescidos).

Desse modo, para resolução do caso concreto subjacente ao RE 949.297, caberia ao STF analisar se a decisão da Corte que, na ADI 15, declarou a constitucionalidade formal e material dos dispositivos da Lei nº 7.869/88 que criaram a CSLL, faria cessar automaticamente os efeitos futuros das coisas julgadas obtidas por contribuintes antes do julgamento da ação direta. E, para fins de fixação de teses de repercussão geral, como já explicitado, o STF deveria analisar se decisões em controle abstrato interrompem os efeitos futuro das coisas julgadas formadas anteriormente e a elas contrárias.

2 ADI 15, Tribunal Pleno, Rel. Min. Sepúlveda Pertence, DJe 31.08.2007.

A resposta conferida pelo Supremo a ambos os questionamentos será abordada em tópico específico do presente artigo.

I.2. O RE 955.227

Por sua vez, também como já adiantado, a discussão posta no RE 955.227 é diversa. Assim como feito no item supra, trataremos do caso concreto subjacente ao recurso e da delimitação do tema de repercussão geral.

A parte recorrida no RE 955.227 incorporou empresa que obteve provimento judicial do TRF 1, transitado em julgado em 1992, em que se reconheceu a inconstitucionalidade formal da instituição da CSLL, com base na Lei nº 7.869/1988, sob o fundamento de necessidade de lei complementar.

Ocorre que, a União, em 2006, lavrou auto de infração em face da empresa, a fim de cobrar o crédito tributário de CSLL referente aos anos de 2001 a 2003, tendo logrado êxito em todas as instâncias administrativas, de modo que o referido crédito foi constituído definitivamente

Assim, em 2010, a empresa contribuinte impetrou mandado de segurança para desconstituir os referidos créditos tributários. Obteve sentença concedendo a segurança, a qual foi mantida por acórdão proferido pela Sétima Turma do TRF 1, que aplicou ao caso entendimento firmado pelo Superior Tribunal de Justiça, no REsp nº 1.118.893, julgado sob a sistemática dos recursos repetitivos[3].

Em face do acórdão do TRF 1, a União interpôs recurso extraordinário, o qual não foi admitido. Após a interposição de agravo, em janeiro/2015, os autos foram remetidos ao STF e o recurso foi autuado como ARE 861.473, tendo sido distribuído à relatoria do Ministro Luís Roberto Barroso.

---

3 Em 23.03.2011, a Primeira Seção do STJ, sob relatoria do Ministro Arnaldo Esteves Lima, firmou a seguinte tese de julgamento no Tema 340 da sistemática dos recursos repetitivos (REsp nº 1.118.893): "Não é possível a cobrança da Contribuição Social sobre o Lucro (CSLL) do contribuinte que tem a seu favor decisão judicial transitada em julgado declarando a inconstitucionalidade formal e material da exação conforme concebida pela Lei 7.689/88, assim como a inexistência de relação jurídica material a seu recolhimento. O fato de o Supremo Tribunal Federal posteriormente manifestar-se em sentido oposto à decisão judicial transitada em julgado em nada pode alterar a relação jurídica estabilizada pela coisa julgada, sob pena de negar validade ao próprio controle difuso de constitucionalidade.".

O relator, em decisão inicialmente chancelada pela Primeira Turma, manteve o não conhecimento do recurso por entender se tratar de matéria infraconstitucional, afirmando que "De fato, é firme o entendimento desta Corte no sentido de que a controvérsia relativa aos limites objetivos da coisa julgada, quando dependente da análise de legislação infraconstitucional, não enseja a abertura da via extraordinária."[4].

No entanto, quando do julgamento dos embargos de declaração opostos pela União em face do acórdão do agravo interno, a Turma reformou o acórdão e conheceu o recurso extraordinário. Na ocasião, o relator afirmou que:

> "Não obstante ter inicialmente consignado que a controvérsia teria caráter infraconstitucional, reconheço a plausabilidade das questões suscitadas pela embargante. De fato, não existem precedentes do Supremo Tribunal Federal aptos a manter a decisão proferida pelo Tribunal de origem. Nessas circunstâncias, há que se reconhecer que a matéria merece minucioso exame por este Tribunal, a fim de que haja pronunciamento definitivo acerca dos limites temporais da coisa julgada, quando se analisam seus desdobramentos em situações que manifestam uma continuidade do tempo."[5].

Assim, o recurso foi autuado sob o nº 955.227 e, em abril/2016, por unanimidade, o Plenário concluiu que "Constitui questão constitucional saber se e como as decisões do Supremo Tribunal Federal em sede de controle difuso fazem cessar os efeitos futuros da coisa julgada em matéria tributária, quando a sentença tiver se baseado na constitucionalidade ou inconstitucionalidade do tributo".

Restando claros os objetos dos recursos extraordinários paradigmas dos Temas 881 e 885, é necessário reiterar que não estava em julgamento a cessação automática dos efeitos pretéritos da coisa julgada, mas apenas de seus efeitos futuros. Assim, não estava abarcada pela decisão proferida pelo STF no RE 949.297 e no RE 955.227 a rescisão da coisa em julgada para momento anterior à decisão em controle abstrato ou concreto em sentido contrário. A desconstituição dos efeitos pretéritos (pretéritos em relação à decisão em controle abstrato ou concreto) da coisa julgada, apenas poderia vir a ser feita pela ação rescisória ajuizada com base no art. 966, V, do CPC/2015.

---

4 Primeira Turma, DJe 19.05.2015.

5 Primeira Turma, DJe 13.10.2015.

Sobre a rescisão dos efeitos pretéritos da coisa julgada, aplica-se a tese de repercussão geral firmada no RE 730.462 (Tema 733, Rel. Min. Teori Zavascki), em 28.05.2015: "A decisão do Supremo Tribunal Federal declarando a constitucionalidade ou a inconstitucionalidade de preceito normativo não produz a automática reforma ou rescisão das decisões anteriores que tenham adotado entendimento diferente. Para que tal ocorra, será indispensável a interposição de recurso próprio ou, se for o caso, a propositura de ação rescisória própria, nos termos do art. 485 do CPC, observado o respectivo prazo decadencial (CPC, art. 495)."[6].

Esse *distinguishing* fica claro inclusive a partir do voto do Ministro Luís Roberto Barroso quando da propositura da afetação do tema. Confira-se:

> "Por fim, registro que o objeto do presente recurso não se assemelha àquele julgado nos autos do RE 730.643-RG, de relatoria do Ministro Teori Zavascki, no qual se discutiu a possibilidade de ser mantida a coisa julgada fundamentada em norma posteriormente declarada inconstitucional, considerada a eficácia *ex tunc* da decisão. Nesse julgamento o Supremo decidiu sobre a possibilidade de desconstituição automática e pretérita da coisa julgada pelas sentenças de inconstitucionalidade/constitucionalidade. (...).".

Tendo feito o necessário registro, passaremos à análise da solução conferida pelo STF às controvérsias, com destaque ao RE 955.227.

II. O julgamento dos Temas 881 e 885

Após três sessões de julgamento do Plenário Virtual no ano de 2022 – 06/05, 30/09 e 18/11 – um pedido destaque do Ministro Edson Fachin levou à inclusão dos feitos na pauta de julgamentos presenciais do dia 01.02.2023. 02.02.2023 e seu encerramento em 08.02.2023.

Desse modo, antes de adentrarmos no que restou decidido no julgamento que se encerrou em fevereiro/2023, apresentaremos um panorama das sessões virtuais ocorridas em 2022.

6 Plenário, DJe 09.09.2015.

II.1. Os julgamentos virtuais ocorridos em 2022

Logo em maio/2022, já era possível ter uma certa noção do encaminhamento que seria dado aos processos pela Corte. Em ambos os casos, os relatores se manifestavam pela cessação automática dos efeitos futuros da coisa julgada quando, posteriormente, o STF viesse a se manifestar em sentido contrário em controle abstrato (proposta do relator do RE 949.297) ou em controle concreto, desde que essa última decisão fosse proferida em recurso extraordinário submetido à sistemática da repercussão geral (proposta do relator do RE 955.227), conforme se verifica pelas teses de julgamento propostas no respectivos recursos:

> **Tese de julgamento proposta pelo Min. Edson Fachin no RE 949.297 em 06.05.2022:**
>
> "A eficácia temporal de coisa julgada material derivada de relação tributária de trato continuado possui condição resolutiva que se implementa com a publicação de ata de ulterior julgamento realizado em sede de controle abstrato e concentrado de constitucionalidade pelo Supremo Tribunal Federal, quando os comandos decisionais sejam opostos, observadas as regras constitucionais da irretroatividade, a anterioridade anual e a noventena ou a anterioridade nonagesimal, de acordo com a espécie tributária em questão.".
>
> **Tese de julgamento proposta pelo Min. Luís Roberto Barroso no RE 955.227 em 06.05.2022:**
>
> "1. As decisões do STF em controle incidental de constitucionalidade, anteriores à instituição do regime de repercussão geral, não impactam automaticamente a coisa julgada que se tenha formado, mesmo nas relações jurídicas tributárias de trato sucessivo.
>
> 2. Já as decisões proferidas em ação direta ou em sede de repercussão geral interrompem automaticamente os efeitos temporais das sentenças transitadas em julgado nas referidas relações, respeitadas a irretroatividade, a anterioridade anual e a noventena ou a anterioridade nonagesimal, conforme a natureza do tributo.".

É importante destacar que, quando do início do primeiro julgamento virtual dos recursos, em 06.05.2022, ambos os relatores propunham que as teses de julgamento produzissem efeitos apenas a partir da publicação das respectivas atas de julgamento[7]. Os julgamentos virtuais

---

7 A proposta de modulação de efeitos apresentada pelos Ministros Edson Fachin,

no RE 949.297, e pelo Ministro Luís Roberto Barroso, no RE 955.227, constou da decisão parcial de julgamento divulgada pelo STF em 16.05.2022:

RE 949.297:
Decisão: Após o voto do Ministro Edson Fachin (Relator), que conhecia do recurso extraordinário a que se dava provimento para reformar o acórdão recorrido, com a denegação da ordem mandamental, condenava a parte recorrida ao pagamento das despesas processuais da parte recorrente, conforme os arts. 82, § 2º, e 84 do CPC, ficando a parte vencida exonerada do pagamento de honorários advocatícios, nos termos da Súmula 512 do STF, **modulava os efeitos temporais da decisão para que tenha eficácia pró-futuro a partir da publicação da ata de julgamento deste acórdão**, considerando o período de anterioridade nonagesimal, nos casos de restabelecimento de incidência de contribuições sociais, e de anterioridade anual e nonagesimal, para o restabelecimento da incidência das demais espécies tributárias, ressalvadas as exceções previstas na Constituição, e, ao final, propunha a fixação da seguinte tese de repercussão geral (tema 881): "A eficácia temporal de coisa julgada material derivada de relação tributária de trato continuado possui condição resolutiva que se implementa com a publicação de ata de ulterior julgamento realizado em sede de controle abstrato e concentrado de constitucionalidade pelo Supremo Tribunal Federal, quando os comandos decisionais sejam opostos, observadas as regras constitucionais da irretroatividade, a anterioridade anual e a noventena ou a anterioridade nonagesimal, de acordo com a espécie tributária em questão", no que foi acompanhado pela Ministra Rosa Weber; do voto do Ministro Roberto Barroso, que acompanhava o Relator, mas propunha a fixação de tese diversa (...). (Negritos acrescidos).

RE 955.227:
"Decisão: Após o voto do Ministro Roberto Barroso (Relator), que negava provimento ao recurso extraordinário da União, reconhecia, porém, a constitucionalidade da interrupção dos efeitos futuros da coisa julgada em relações jurídicas tributárias de trato sucessivo, quando esta Corte se manifestar em sentido contrário em recurso extraordinário com repercussão geral, propunha a fixação da seguinte tese de repercussão geral (tema 885): "1. As decisões do STF em controle incidental de constitucionalidade, anteriores à instituição do regime de repercussão geral, não impactam automaticamente a coisa julgada que se tenha formado, mesmo nas relações jurídicas tributárias de trato sucessivo. 2. Já as decisões proferidas em ação direta ou em sede de repercussão geral interrompem automaticamente os efeitos temporais das sentenças transitadas em julgado nas referidas relações, respeitadas a irretroatividade, a anterioridade anual e a noventena ou a anterioridade nonagesimal, conforme a natureza do tributo", e, **por fim, propunha, com base no art. 27 da Lei nº 9.868/1999, que a tese firmada venha a ser aplicada, a partir da publicação da ata de julgamento deste acórdão**, considerando o período de anterioridade nonagesimal, nos casos de restabelecimento de incidência de contribuições sociais, e de anterioridade anual e noventena, para o restabelecimento da incidência das demais espécies tributárias, observadas as exceções constitucionais (...).". (Negritos acrescidos).

foram interrompidos em 12.05.2022, por pedido de vista do Ministro Alexandre de Moraes.

Até essa data, acompanhavam os relatores os Ministros Dias Toffoli e Rosa Weber. O Ministro Gilmar Mendes apresentou voto divergente principalmente no que se referia à restrição feita pelo Ministro Luís Roberto Barroso no RE 955.227, que definiu que apenas as decisões do STF em controle concreto em sede de repercussão geral faziam cessar os efeitos da coisa julgada.

Para o Ministro Gilmar Mendes, qualquer decisão em sede de controle de constitucionalidade, seja ela em controle abstrato ou concreto, desde que, por óbvio, proferida pelo Plenário da Corte deveriam ter os mesmos efeitos. Assim, para Sua Excelência uma decisão em recurso extraordinário, com ou sem repercussão geral, desde que proferida pelo Plenário, seria vinculante *erga omnes*[8].

No retorno de vista, em julgamento iniciado em 30.09.2022, o Ministro Alexandre de Moraes proferiu voto em que acompanhou integralmente os relatores (inclusive em relação à modulação de efeitos), mas em 03.10.2022, os julgamentos são novamente suspensos por pedido de vista do Ministro Gilmar Mendes.

E, em sessão iniciada em 18.11.2022, o Ministro Gilmar Mendes apresentou voto readequado, em que acompanhou os relatores com ressalva de seu entendimento em relação à aplicação das anterioridades quando da cessação dos efeitos das coisas julgadas. No entanto, nessa data, os Ministros Edson Fachin e Luís Roberto Barroso, surpreendentemente passaram a apresentar votos sem qualquer menção à modulação de efeitos.

E, em 22.11.2022, após pedido de destaque do Ministro Edson Fachin, os processos são redirecionados para julgamentos presenciais a serem iniciados em 01.02.2023.

II.2. O JULGAMENTO PRESENCIAL FINALIZADO EM 08.02.2023

Em 08.02.2023, por unanimidade, o Plenário do Supremo Tribunal Federal, decidiu que as suas decisões em controle abstrato de consti-

8 Tal entendimento do Ministro Gilmar Mendes é antigo. Sobre o tema ver o encaminhamento inicialmente proposto por Sua Excelência quando do julgamento da Reclamação nº 4335.

tucionalidade e em controle concreto (apenas em sede de recurso extraordinário com repercussão geral) interrompem automaticamente os efeitos futuros da coisa julgada que delas destoarem.

Conforme observamos, a não ser pela primeira versão do voto do Ministro Gilmar Mendes (que foi reajustada em 18.11.2022) que entendia que qualquer decisão do Plenário em controle concreto teria o mesmo efeito da decisão proferida em controle abstrato, a cessação automática dos efeitos nunca se mostrou controverso entre os Ministros. Em outras palavras, nenhum dos Ministros da Corte divergiu quanto à desnecessidade de proposição de ação revisional ou entendeu que as coisas julgadas individuais prevaleciam no tempo mesmo após o STF se manifestar em sentido contrário de forma vinculante.

No julgamento dos dias 02.02.2023 e 08.02.2023, concluímos que as divergências entre os Ministros eram acerca de dois pontos: (i) a aplicação das anterioridades constitucionais para a incidência dos tributos após a cessação dos efeitos das coisas julgadas diante de decisão contrária em controle abstrato ou em recurso extraordinário com repercussão geral; (ii) a atribuição de efeitos prospectivos às teses firmadas nos REs 949.297 e 955.227.

Sobre o primeiro ponto, divergiram das teses propostas pelos relatores os Ministros Gilmar Mendes, André Mendonça, Alexandre de Moraes e Dias Toffoli. Para esses Ministros, não caberia a aplicação de qualquer tipo de anterioridade.

E quanto à modulação de efeitos, restaram vencidos os Ministros Edson Fachin, Luiz Fux, Ricardo Lewandowski, Dias Toffoli e Nunes Marques, que votavam pela atribuição de efeitos *ex nunc* aos julgados.

Quanto a ambos os pontos, prevaleceu o voto do Ministro Luís Roberto Barroso pela aplicação das anterioridades e pela atribuição de efeitos *ex tunc* às decisões. Além de relator do RE 955.227, por ter sido o primeiro a divergir do relator do RE 949.297, tornou-se, então, redator para o acórdão desse último recurso.

A tese por ele proposta e aprovada pelo Plenário passou a ser aplicável a ambos os temas: "1. As decisões do STF em controle incidental de constitucionalidade, anteriores à instituição do regime de repercussão geral, não impactam automaticamente a coisa julgada que se tenha formado, mesmo nas relações jurídicas tributárias de trato sucessivo. 2. Já as decisões proferidas em ação direta ou em sede de repercussão geral interrompem automaticamente os efeitos temporais das decisões transitadas em julgado nas referidas relações, respeitadas a irretroatividade, a anterioridade anual e a noventena ou a anterioridade nonagesimal, conforme a natureza do tributo".

Desse modo, em relação ao caso concreto - cessação dos efeitos futuros de decisões transitadas em julgado que declaravam a inconstitucionalidade da CSLL com base na Lei nº 7.869/88 – o STF definiu que as coisas julgadas individuais ou coletivas tinham seus efeitos cessados noventa dias após a publicação da ata de julgamento da ADI 15.

Isso porque foi com a ADI 15 que o STF reconheceu com efeitos vinculantes *erga omnes* a constitucionalidade da Lei nº 7.869/88. Frise-se que as decisões proferidas em sede de recursos extraordinários sobre a matéria foram todas anteriores à sistemática da repercussão geral, não havendo, portanto, manifestação da Corte sobre o tema com efeitos vinculantes em controle concreto.

Restou claro, a partir da leitura das versões preliminares dos votos dos relatores disponibilizadas em ambiente virtual e pelos votos orais proferidos na sessão de 08/02, que a Corte entendeu que uma decisão em controle de constitucionalidade vinculante *erga omnes* altera o cenário fático-normativo e faz cessar a eficácia de coisa julgada individual (ou coletiva) anterior quando essa é contrária àquela.

Equiparou-se, assim, a decisão em controle de constitucionalidade – que produz norma jurídica – à lei nova que altera regramento anterior e sobre ele prevalece prospectivamente. Quando essa norma produzida pelo STF declara a constitucionalidade de incidência tributária e "revoga" coisa julgada anterior em que havia declaração de inconstitucionalidade, além de prospectiva, a norma nova deve obedecer às anterioridades previstas no art. 150, III, *b* e *c*, da Constituição Federal.

Os Ministros entenderam que os contribuintes que possuíam coisas julgadas pela inconstitucionalidade de determinada incidência (ou seja, não pagavam o tributo), enquanto o ato normativo já havia sido declarado constitucional pela Corte com efeitos vinculantes e *erga omnes,* possuíam uma vantagem competitiva em relação aos seus concorrentes de modo a desequilibrar a livre concorrência e a isonomia. Com base nesses fundamentos constitucionais – art. 150, II, e art. 170, IV –, o STF firmou, então, a referida tese de julgamento para ambos os recursos.

No entanto, conforme já amplamente exposto no presente artigo, havia uma diferença sutil e, ao mesmo tempo, muito importante entre os Temas 881 e 885. Enquanto no primeiro à Corte caberia dizer se as decisões em controle abstrato seriam oponíveis *erga omnes* a fim de fazer cessar automaticamente os efeitos das coisas julgadas, no segundo, a pergunta se referia à força das decisões em controle concreto.

A resposta a ambas as perguntas foi a mesma, o que nos direciona ao ponto central do presente artigo: a mutação constitucional do art. 52, X, da Constituição Federal, reconhecida pelo Ministro Luís Roberto Barroso e fundamento determinante de seu voto que, de forma incontroversa, equiparou os efeitos das decisões proferidas em controle abstrato às decisões proferidas em recursos extraordinários julgados sob a sistemática da repercussão geral.

III. A MUTAÇÃO CONSTITUCIONAL DO ART. 52, X, DA CONSTITUIÇÃO FEDERAL, E OS SEUS IMPACTOS PARA O DIREITO TRIBUTÁRIO

Em seu voto disponibilizado em Plenário Virtual e reproduzido oralmente na sessão de 02.02.2023, o Ministro Luís Roberto Barroso assim se manifestou sobre o tema:

> "21. Assim, aproveito para afirmar ser necessário que esta Corte reconheça que a declaração de inconstitucionalidade, em sede de recurso extraordinário com repercussão geral, possui os mesmos efeitos vinculantes e eficácia erga omnes atribuídos às ações de controle abstrato. Nesses casos, a resolução do Senado, a que faz menção o art. 52, X, da CF/1988, possuirá a finalidade de publicizar as decisões de inconstitucionalidade, não configurando requisito para a atribuição de efeitos vinculantes erga omnes. (...).
>
> 23. Desse modo, entendo ser imprescindível que se reconheça a mutação do art. 52, X, da CF/1988, para as decisões proferidas em recurso extraordinário com repercussão geral. Apesar de a matéria de fundo, no presente caso, tratar da constitucionalidade de lei e não de sua inconstitucionalidade, a nova interpretação do referido dispositivo constitucional é relevantíssima, sobretudo em matéria tributária. **Isso porque, atualmente, a Administração Pública não se vincula automaticamente às decisões proferidas em repercussão geral e, em sendo ela que constitui os créditos tributários, é bastante comum que autuações sejam feitas mesmo após esta Corte ter se manifestado pela inconstitucionalidade do tributo em repercussão geral. Além disso, caso o Tribunal não entenda dessa forma, a própria decisão proferida neste recurso vinculará o Judiciário, mas não as autoridades administrativas.**". (Negritos acrescidos).

Comentaremos no tópico a seguir a relevância do reconhecimento da mutação constitucional do art. 52, X, da Constituição Federal, especialmente em matéria tributária.

III.1. A ABSTRATIVIZAÇÃO DO CONTROLE CONCRETO DE CONSTITUCIONALIDADE[9]

Com a sistemática da repercussão geral como requisito de admissibilidade dos recursos extraordinários, instituída pela EC nº 45/2004, e a sucessiva adoção de teses de julgamento, o processo de objetivação do controle concreto tornou-se ainda mais claro. O CPC/73, alterado pela Lei nº 11.418/2006, definiu a repercussão geral como a "existência, ou não, de questões relevantes do ponto de vista econômico, político, social ou jurídico, *que ultrapassem os interesses subjetivos da causa*", e do mesmo modo dispõe o art. 1.035, §1º, do CPC/2015.

Os números referentes às repercussões gerais impressionam. De acordo com dados do Programa Corte Aberta do STF, desde a regulamentação da repercussão geral em 2007, até e dezembro/2022, 658 recursos com repercussão geral reconhecida foram julgados pelo Plenário[10], sendo 200 casos tributários[11]. Por sua vez, no mesmo período, foram aprovadas 58 súmulas vinculantes, 13 delas tributárias[12]. Foram fixadas 15 vezes mais teses em recursos extraordinários do que súmulas em matéria tributária.

---

9 A partir desse tópico, a autora se utilizou de artigo por ela publicado na Revista Consultor Jurídico, em 20.02.2022: A repercussão geral e a vinculação da administração tributária. (Disponível em: https://www.conjur.com.br/2022-fev-20/pencak-repercussao-geral-vinculacao-administracao-tributaria).

10 Dados extraídos do Programa Corte aberta em 19.03.2023. Disponíveis em: https://transparencia.stf.jus.br/extensions/repercussao_geral/repercussao_geral.html. Ao número total de repercussão gerais apreciadas pela Corte, a autora aplicou os seguintes filtros: (i) mérito e reafirmação de jurisprudência; (ii) julgamentos de 2007 a 2022.

11 Dados extraídos do Programa Corte aberta em 19.03.2023. Disponíveis em: https://transparencia.stf.jus.br/extensions/repercussao_geral/repercussao_geral.html. Ao número total de repercussão gerais apreciadas pela Corte, a autora aplicou os seguintes filtros: (i) mérito e reafirmação de jurisprudência; (ii) julgamentos de 2007 a 2022; (iii) direito tributário.

12 Dados disponíveis em: https://portal.stf.jus.br/textos/verTexto.asp?servico=jurisprudenciaSumulaVinculante. Foram selecionadas as seguintes súmulas vinculantes: SV 8; SV 19; SV 21; SV 28; SV 29; SV 31; SV 32; SV 41; SV 48; SV 50; SV 52; SV 57; SV 58.

Se delimitarmos o tempo pesquisado para os últimos 5 anos (2018 a 2022), verificamos que os números são de 97 julgamentos de repercussões gerais tributárias[13] e aprovação de duas súmulas vinculantes[14], uma proporção de 48,5 teses de julgamento para cada súmula aprovada. Esses números demonstram uma tendência da Corte em substituir a aprovação de enunciados sumulares pelas teses de repercussão geral, o que se acentuou nos últimos anos.

Os números surpreendem e podem causar uma primeira impressão equivocada: a de que o STF, ao julgar recursos extraordinários, resolveria as questões neles postas com alto grau de definitividade, como acontece com a aprovação de súmulas vinculantes, que por expressa previsão constitucional vinculam o Poder Judiciário e a Administração Pública (art. 103-A, da Constituição Federal).

Sendo a Administração o Poder competente para constituir os créditos tributários, conforme previsto no Código Tributário Nacional, uma decisão de inconstitucionalidade que possua efeitos vinculantes *erga omnes* possui um efeito mais imediato e efetivo do que uma decisão de inconstitucionalidade que vincule apenas o Judiciário.

Como se sabe, os recursos extraordinários julgados sob a sistemática da repercussão geral, diferentemente das súmulas vinculantes e das ações de controle abstrato de constitucionalidade, ao menos até o julgamento do RE 955.227, não possuíam efeitos vinculantes *erga omnes* automáticos, devido à interpretação até então conferida ao art. 52, X, da Constituição Federal.

Assim, para que a declaração de inconstitucionalidade em recurso extraordinário viesse a vincular automaticamente a Administração, fazia-se necessário que o Senado editasse uma resolução suspendendo *a execução, no todo ou em parte, de lei declarada inconstitucional por decisão definitiva do Supremo Tribunal Federal.*[15] Ressalta-se que, apesar da

---

13 Dados extraídos do Programa Corte aberta em 19.03.2023. Disponíveis em: https://transparencia.stf.jus.br/extensions/repercussao_geral/repercussao_geral.html. Ao número total de repercussão gerais apreciadas pela Corte, a autora aplicou os seguintes filtros: (i) mérito e reafirmação de jurisprudência; (ii) julgamentos de 2018 a 2022; (iii) direito tributário.

14 Súmulas vinculantes nº 57 e 58.

15 Não desconhecemos que a Lei nº 10.522/2002 trata das hipóteses de dispensa de recurso pela Procuradoria-Geral da Fazenda Nacional. No entanto, o art. 19-A, III, afirma que, quando o julgamento ocorrer em sede de repercussão geral, *a*

previsão do art. 52, X, o Senado não era obrigado a editar a resolução e suspender lei julgada inconstitucional, sendo essa uma decisão discricionária, como já decidido há muito pelo STF[16].

A nosso ver, a existência de um tratamento diferenciado, quanto à vinculação, entre as formas de controle de constitucionalidade aparecia como um dos problemas mais urgentes a serem superados para a evolução da teoria dos precedentes.

Para solucioná-lo, era crucial o reconhecimento da mutação constitucional do art. 52, X, como inequivocamente feito pelo STF, quando do julgamento no RE 955.227. Isso porque, conforme já apontado, os diferentes tipos de efeitos das decisões proferidas pelo STF (em controle concreto ou abstrato) levavam à existência ou não de vinculação automática do Poder Executivo, o que produzia consequências deletérias para as relações jurídicas tributárias.

O tema não é novo. A mutação do art. 52, X, já foi debatida pelo Plenário do STF quando do julgamento da Reclamação (Rcl) nº 4.335, iniciado em 2007 e finalizado em 2014[17]. O Relator, Min. Gilmar Mendes, propôs que se conferisse nova interpretação ao dispositivo, de modo que a resolução do Senado passaria a servir tão somente para publicizar as decisões do STF em controle concreto. A resolução, portanto, deixaria de ser uma condição dos efeitos vinculantes *erga omnes* dessas decisões, proposta que, à época, foi acompanhada apenas pelo Min. Eros Grau.

Diante da recusa da maioria em chancelar a tese da mutação, o relator, então, readequou o seu voto pela procedência da reclamação diante de superveniência de súmula vinculante sobre a matéria. No entanto, na

---

Procuradoria-Geral da Fazenda Nacional deverá manifestar-se sobre as matérias abrangidas por esses dispositivos. Assim, na prática, entende-se que a manifestação da PGFN é condição para que a RFB deixe de autuar. E tal condição imposta pela lei não existe quando há resolução do Senado em controle difuso, súmula vinculante ou quando o controle de constitucionalidade é abstrato. Apenas nessas hipóteses, o cumprimento da decisão pela RFB é automático.

Destaco, ainda, que não ser possível afirmar que todos os órgãos do Poder Executivo de Estados, DF e Municípios possuem legislação análoga, o que faz com que o cumprimento das decisões em repercussão geral fique a critério da própria Administração distrital, estadual e municipal, ou seja judicializado.

---

16 Vide voto do Min. Victor Nunes Leal no MS 16.512 (Tribunal Pleno, Rel. Min. Oswaldo Trigueiro, julgado em 25.05.1966).

17 STF, Tribunal Pleno, Rcl nº 4335, Rel. Min. Gilmar Mendes, DJe 22.10.2014.

ocasião, o Plenário concordou que as decisões em controle concreto possuem eficácia *ultra partes* e efeitos expansivos, mas sem maioria quanto à sua vinculação *erga omnes* automática.

Assim, considerando que a Rcl 4.335 teve seu julgamento iniciado pouco antes do fim da *vacatio* da Lei nº 11.418/2006, que regulamentou a repercussão geral, era imprescindível que o STF revisitasse o tema da mutação do art. 52, X, à luz dos impactos da sistemática da repercussão geral para o controle de constitucionalidade.

Tal necessidade era corroborada pelo fato de que, atualmente, vige o art. 927, III, do CPC/2015, que afirma que *os juízes e tribunais observarão os acórdãos (...) em julgamento de recursos extraordinário e especial repetitivos*. O CPC se omite, porém, acerca da vinculação da Administração às decisões proferidas em julgamentos de recursos extraordinários repetitivos, o que gera um sistema incompleto de decisões vinculantes: o juiz é obrigado a respeitá-las, mas a Administração, não.

A urgência em se equipararem os efeitos das decisões em repercussão geral às decisões em controle abstrato e às súmulas vinculantes se intensificou nos últimos tempos justamente porque, conforme comprovam os números expostos, a aprovação de súmulas vinculantes parece ter caído em desuso.

Esse fenômeno (desuso das súmulas vinculantes) decorre do expresso temor do STF em relação ao aumento de reclamações constitucionais: quanto mais súmulas forem aprovadas, mais reclamações serão cabíveis. Atualmente, o acervo do STF é composto de aproximadamente 22.300 processos e a reclamação constitucional é a terceira maior classe processual em tramitação, são 2.870 casos, atrás apenas dos gravos em recurso extraordinário (AREs), 9.907 processos, e os recursos extraordinários (REs), 3.491)[18].

A resistência da Corte em relação à aprovação de súmulas vinculantes ficou evidente na manifestação da Ministra Cármen Lúcia na PSV 132:

> "Dados estatísticos disponíveis no sítio deste Supremo Tribunal revelam que a média de reclamações ajuizadas nos três anos anteriores à edição da primeira súmula vinculante em 2007 é de 779

18 Consulta ao acervo do STF em 19.03.2023. Disponível em: https://transparencia.stf.jus.br/single/?appid=e554950b-d244-487b-991d-abcc693bfa7c&sheet=9123f27b-bbe6-4896-82ea-8407a5ff7d3d&theme=simplicity&select=clearall.

> processos, passando para a média de 1.613 reclamações nos três anos seguintes, pelo que a edição de 27 enunciados de súmula vinculante no período mencionado resultou em aumento de mais de 100% no ajuizamento desse instrumento de garantia das decisões deste Supremo Tribunal.
>
> Em 2015, quando editado o maior número de súmulas vinculantes no período de um ano (16 súmulas vinculantes), o acervo deste Supremo Tribunal teve acréscimo de quase mil reclamações (3.273 reclamações ajuizadas em 2015) em comparação com 2014 (2.375 reclamações em 2014), permanecendo o ajuizamento acima de 3 mil reclamações por ano desde então.
>
> A inegável correspondência entre o advento de súmula vinculante e a quantidade de reclamações ajuizadas exige cautela na utilização desse instrumento."[19].

De modo similar, já havia se pronunciado o Min. Teori Zavascki na Rcl 4.335:

> "O mesmo sentido restritivo há de ser conferido à norma de competência sobre cabimento de reclamação. É que, considerando o vastíssimo elenco de decisões da Corte Suprema com eficácia expansiva, e a tendência de universalização dessa eficácia, a admissão incondicional de reclamação em caso de descumprimento de qualquer delas, transformará o Supremo Tribunal Federal em verdadeira Corte executiva, suprimindo instâncias locais e atraindo competências próprias das instâncias ordinárias. Em outras palavras, não se pode estabelecer sinonímia entre força expansiva e eficácia vinculante erga omnes a ponto de criar uma necessária relação de mútua dependência entre decisão com força expansiva e cabimento de reclamação. (...).".

E, como se vê, o temor da Corte em relação ao aumento do acervo de reclamações atinge tanto a aprovação de súmulas vinculantes, veículo que concederia às decisões em recursos extraordinários a eficácia imediata em face da Administração, quanto a atribuição de efeitos vinculantes *erga omnes* automáticos às decisões proferidas sob a sistemática da repercussão geral, conforme expressou o Min. Teori em seu voto na Rcl 4.335.

---

19 Disponível em: https://redir.stf.jus.br/estfvisualizadorpub/jsp/consultarprocessoeletronico/ConsultarProcessoEletronico.jsf?seqobjetoincidente=5534306 .

Há, pelo menos, dois bons motivos para que esse temor seja afastado: o primeiro consiste no fato de que efeitos vinculantes e *erga omnes* não se confundem com o cabimento de reclamação; o segundo é o de que, ainda que isso fosse verdade, o aumento do acervo processual não pode, nem deve, ser utilizado como fundamento para a manutenção de um sistema que gera litigiosidade excessiva, insegurança jurídica e situações extremamente anti-isonômicas, tudo que se pretende evitar com a adoção de um sistema de precedentes.

Tanto é assim que o próprio Min. Teori Zavascki, ao julgar, em 2016, a ADI 2418[20] de sua relatoria, afirmou que:

> "A distinção restritiva, entre precedentes em controle incidental e em controle concentrado, não é compatível com a evidente intenção do legislador, já referida, de valorizar a autoridade dos precedentes emanados do órgão judiciário guardião da Constituição, que não pode ser hierarquizada simplesmente em função do procedimento em que a decisão foi tomada. Sob esse enfoque, há idêntica força de autoridade nas decisões do STF tanto em ação direta quanto nas proferidas em via recursal, estas também com natural vocação expansiva, conforme reconheceu o STF no julgamento da Reclamação 4.335, Min. Gilmar Mendes, Dje 22.10.14, a evidenciar que está ganhando autoridade a recomendação da doutrina clássica de que a eficácia erga omnes das decisões que reconhecem a inconstitucionalidade, ainda que incidentalmente, deveria ser considerada 'efeito natural da sentença' (...).".

E o Plenário do STF, na ADI 3406[21], analisada em 2017, voltou a discutir a aproximação absoluta de ambos os controles de constitucionalidade e a mutação do art. 52, X, foi novamente levantada pelo Min. Gilmar Mendes sem adesão majoritária.

Como vimos, foi apenas recentemente, no julgamento do RE 955.227, que a Corte deu importante passo para a consolidação da teoria de precedentes, igualando os efeitos das decisões proferidas em controle abstrato aos efeitos das decisões proferidas em recursos extraordinários julgados sob a sistemática da repercussão geral.

Os impactos do reconhecimento da equivalência entre as decisões proferidas em controle abstrato e sob a sistemática da repercussão geral

20 Plenário, DJe 17.11.2006.

21 Plenário, DJe 01.02.2019.

têm especial significado para o cumprimento das decisões em matéria tributária, como ficará claro a seguir.

III.2. A vinculação da Administração às decisões proferidas pelo STF sob a sistemática da repercussão geral

Não é a primeira vez que abordamos o tema dos impactos sistêmicos deletérios da ausência de vinculação automática da Administração Pública às decisões do STF proferidas em controle concreto de constitucionalidade (especialmente, sob a sistemática da repercussão geral).

Após o julgamento do RE 576.967 (Tema 72 da RG), em que foi declarada a inconstitucionalidade da incidência de contribuição previdenciária do empregador sobre o salário-maternidade, a Receita Federal emitiu nota afirmando que, até que houvesse manifestação da Procuradoria-Geral da Fazenda Nacional, a decisão teria efeitos apenas entre as partes[22].

A manifestação mencionada na nota é a dispensa de recurso pela Procuradoria-Geral da Fazenda Nacional (PGFN) nas hipóteses previstas no artigo 19 da Lei nº 10.522/2002, de modo que o cumprimento da decisão do Supremo Tribunal Federal se torna condicionado a um ato administrativo do Procurador-Geral.

Além disso, a reiterada recusa das autoridades administrativas ao cumprimento da decisão do RE 330.817 (Tema 593 da RG), que reconheceu a imunidade de *e-books* e *e-readers*, levou à aprovação da Súmula Vinculante nº 57[23]. Citamos, ainda, as vinte e quatro ADIs propostas pela PGR, em face de leis de ITCMD de vinte quatro estados, a fim de que as administrações fazendárias estaduais implementassem a decisão do STF no RE 851.108[24].

---

22 Nota disponível em: https://www.gov.br/esocial/pt-br/noticias/receita-federal/nota-sobre-a-decisao-do-stf-a-respeito-da-nao-incidencia-de-contribuicao-previdenciaria-sobre-salario-maternidade.

23 SV nº 57: A imunidade tributária constante do art. 150, VI, d, da CF/88 aplica-se à importação e comercialização, no mercado interno, do livro eletrônico (e-book) e dos suportes exclusivamente utilizados para fixá-los, como leitores de livros eletrônicos (e-readers), ainda que possuam funcionalidades acessórias.

24 Vide artigos de nossa autoria ou coautoria, disponíveis em: https://www.jota.info/opiniao-e-analise/colunas/women-in-tax-brazil/stf-e-tributacao-da-tecnologia-19062020; https://www.jota.info/opiniao-e-analise/artigos/a-repercussao-geral-em-materia-tributaria-e-a-vinculacao-da-administracao-publica-04062021 ; https://www.conjur.com.br/2020-set-01/pencak-aquino-precedente-materia-tributaria

Vale mencionar, também, a polêmica decisão na ADC 49[25], em que a Corte definiu ser inconstitucional a incidência de ICMS sobre transferências de mercadorias entre estabelecimentos do mesmo titular, caso que deu origem a debates sobre direito a creditamento e cuja modulação de efeitos está pendente. Entretanto, a matéria já havia sido decidida meses antes sob a sistemática da repercussão geral no ARE 1.255.885, que transitou em julgado sem grande alarde, uma vez que o descumprimento pelos Estados adiou temporariamente as complexas discussões que são enfrentadas pelo Tribunal na ADC.

Todos esses são exemplos das nefastas consequências de coexistirem dois modelos de controles de constitucionalidade no país, mas com efeitos diferentes. Há o estímulo à litigiosidade, com a rotineira impetração de mandados de segurança para cumprimento das decisões do STF, na medida em que os órgãos administrativos, responsáveis pela constituição dos créditos tributários, não cumprem espontaneamente as decisões em repercussão geral e continuam a autuar. Além disso, os temas já decididos sob repercussão geral acabam retornando ao Supremo, seja por meio de proposta de súmula vinculante ou de ações de controle abstrato de constitucionalidade.

Desse modo, o reconhecimento da mutação constitucional do art. 52, X, para as no RE 955.227 foi extremamente importante para a consolidação do papel dos recursos extraordinários com repercussões gerais no sistema de precedentes.

Por óbvio, seria melhor que o Legislativo, por emenda constitucional, revogasse o dispositivo ou introduzisse artigo que expressamente atribuísse efeitos vinculantes *erga omnes* à repercussão geral, igualando-a às ações de controle abstrato e às súmulas vinculantes.

No entanto, a regulamentação dos efeitos de suas próprias decisões não é novidade. Ressalta-se que, até meados da década de 70, as decisões em controle abstrato também dependiam de resolução do Senado para terem efeitos vinculantes *erga omnes*, com base no art. 42, VII, da EC nº 1/1969.

Apenas no Processo Administrativo nº 4.477/1972 o Presidente do Tribunal definiu que não haveria mais remessa de comunicação ao Senado, mas apenas às autoridades prolatoras do ato julgado inconstitucional. E assim surgiram os efeitos vinculantes *erga omnes* das decisões

25 STF, Tribunal Pleno, ADC 49, Rel. Min. Edson Fachin, DJe 04.05.2021

em controle abstrato, o que foi positivado com a introdução do art. 175 no Regimento Interno, em 1980, e, posteriormente, com o art. 102, §2º, na Constituição de 1988[26].

E é antigo também o entendimento do Ministro Gilmar Mendes acerca da equivalência dos controles abstratos e concretos (quando ocorrem no Plenário do STF), conforme brilhantemente por ele sustentado na Reclamação nº 4335.

E, finalmente, a questão foi enfrentada pela Corte, justamente apreciando um tema tributário, quando do julgamento do RE 955.227.

Considerações finais e conclusões

Por todo o exposto, entende-se que o Supremo Tribunal Federal deu importante passo em direção à isonomia ao reconhecer a mutação constitucional do art. 52, X, da Constituição Federal.

Em um sistema em que se discute o princípio da praticabilidade administrativa, com a racionalização dos meios de fiscalização e cobrança, concluímos que a ausência de vinculação automática da Administração às decisões do Supremo Tribunal Federal, além de contrária à lógica do sistema de precedentes, era teratológico.

A situação anti-isonômica vigente até o julgamento do RE 955.227 era clara: quando a decisão em repercussão geral era desfavorável ao contribuinte, ou seja, era favorável à incidência de lei tributária, não era possível que ele se opusesse ao seu cumprimento por entender que só era aplicável às partes do processo, uma vez que a constituição do crédito tributário é feita pelo Poder Executivo. A decisão com repercussão geral ora era abstrativizada, com efeitos vinculantes e *erga omnes*, quando a decisão era favorável aos entes, e ora é restringida, com efeitos que se limitam ao caso concreto, como nas situações citadas, em que o STF declarava a inconstitucionalidade de determinada incidência tributária.

O anacronismo da interpretação até então conferida ao art. 52, X, fica claro em artigo produzido pelo Ministro Gilmar Mendes. Em suas palavras:

> "A amplitude conferida ao controle abstrato de normas e a possibilidade de que se suspenda, liminarmente, a eficácia de leis ou

26 Sobre o tema ver: Victor Marcel Pinheiro, Decisões vinculantes do STF: a cultura de precedentes, Ed. Almedina, 2021, p. 56.

> atos normativos, com eficácia geral, contribuíram, certamente, para que se quebrantasse a crença na própria justificativa desse instituto, que se inspirava diretamente numa concepção de separação de Poderes - hoje necessária e inevitavelmente ultrapassada. Se o Supremo Tribunal pode, em ação direta de inconstitucionalidade, suspender, liminarmente, a eficácia de uma lei, até mesmo de uma emenda constitucional, por que haveria a declaração de inconstitucionalidade, proferida no controle incidental, valer tão-somente para as partes?
>
> A única resposta plausível nos leva a crer que o instituto da suspensão pelo Senado assenta-se hoje em razão de índole exclusivamente histórica."[27].

Conforme ressaltado pelo ilustríssimo autor no decorrer do mencionado artigo, a resolução, por ser editada apenas quando da declaração de inconstitucionalidade, não era aplicada quando da declaração de constitucionalidade e, mais grave, quando da interpretação conforme à Constituição ou da declaração de inconstitucionalidade de trecho do dispositivo.

Além disso, em consulta ao site do Senado Federal, verificamos que a última resolução editada em atendimento ao art. 52, X, da Constituição Federal, foi em setembro/2017[28]. Tal fato reforça o argumento aqui sustentado de que os efeitos *erga omnes* das decisões proferidas pelo STF em sede de recurso extraordinário com repercussão geral não podem ficar a cargo de ato facultativo de outro Poder.

A evolução do controle concreto de constitucionalidade, sobretudo após a criação da sistemática da repercussão geral cujos efeitos foram reconhecidos como expansivos pelo STF e vinculantes ao Poder Judiciário pelo CPC/2015, não contemplada pela obsoleta interpretação conferida ao art. 52, X, da Constituição, justificam o reconhecimento da mutação constitucional do dispositivo.

No entanto, há de se reconhecer que a mutação constitucional do art. 52, X, da Constituição Federal só veio a ser chancelada pelo Plenário da Corte no julgamento do RE 955.227, o que, por si só, já seria o sufi-

27 Mendes, G. F. (2010). O Papel do Senado Federal no Controle de Constitucionalidade: Um Caso Clássico de Mutação Constitucional. Direito Público, 1(4). Recuperado de https://www.portaldeperiodicos.idp.edu.br/direitopublico/article/view/1376.

28 Resolução nº 16, de 2017, que suspendeu a execução do art. 1º da Lei nº 10.905, de 18 de dezembro de 1990, do Município de São Paulo (SP).

ciente para a modulação de efeitos do julgado. Isso porque não é possível atribuir efeitos retroativos à nova interpretação conferida ao dispositivo, o que acabou ocorrendo quando do julgamento do RE 949.297 e 955.227 houve a negativa de modulação de efeitos e ambas as decisões produziram efeitos *ex tunc*.

A mutação constitucional é norma nova, assim como o são as teses de julgamento firmadas em ambos os recursos, uma vez que existia manifestação do STJ, de 2011, em sede de recurso repetitivo em sentido contrário às teses firmadas pelo STF em 08.02.2023. Soma-se a esses dois pontos o fato de que a matéria referente à interrupção automática dos efeitos da coisa julgada vinha sendo declarada pela Corte até 2016 como infraconstitucional.

No julgamento dos RE 955.227 e 949.297, a Corte deu, ao mesmo tempo, importante passo rumo à isonomia ao reconhecer a mutação do art. 52, X, da Constituição Federal, mas a ausência de modulação de efeitos dos acórdãos – sobretudo diante de mudança de jurisprudência em relação ao que era decidido de forma vinculante pelo STJ – contrariou precedentes da própria Corte[29].

O reconhecimento expresso de que as repercussões gerais vinculam não só o Judiciário, mas também os órgãos do Poder Executivo, é irretocável. No entanto, diante de não raros casuísmos da Corte, corremos o sério risco de não termos perspectivas, a curto prazo, de sedimentarmos uma teoria séria de precedentes, inclusive em matéria tributária.

29 RE 574.706 Eds (Plenário, Rel. Min. Cármen Lúcia DJe 12.08.2021); RE 1.063.187 Eds (Plenário, Rel. Min. Dias Toffoli, DJe 12.05.2022); RE 912.888 Eds (Plenário, Red. p/ acórdão Min. Luiz Fux, j. 01.12.2022).

O Papel dos Precedentes Penais em Face da Segurança Jurídica: Embate Sobre a Persuação e Obrigatoriedade em Debates Futuros

Renato de Mello Jorge Silveira[1]

Introdução

Em uma clássica passagem sobre as possibilidades de futuro da dogmática penal (vista esta como *law in the books*), Gimbernat Ordeig pondera que um de seus papeis fundamentais seria o de assegurar uma previsibilidade à jurisprudência (entendida como *law in the* action) futura, garantindo, assim, uma segurança jurídica desejada. Ainda que intuitivamente, o Catedrático de Madrid já estabelecia, então, um importante liame entre dogmática e jurisprudência, hoje tão em voga.

A lembrança é pertinente, em especial no presente escrito em homenagem a Roberto Ferreira Rosas. Formado pela Nacional de Direito, lá se doutorou. Na sequência, marchou à Brasília, onde viu, viveu e acompanhou tantos momentos junto ao Supremo Tribunal Federal (STF). Foi, também, Procurador do Tribunal de Contas do Distrito Federal. Advogado já de renome na Capital Federal, junto à Universidade de Brasília novamente doutorou-se, vindo a tornar-se, derradeiramente, Professor Titular daquela casa, bem como da Universidade do Distrito Federal e do UNICEUB. Membro do Conselho Federal da Ordem dos Advogados do Brasil, ocupou a honrosa cadeira de Ministro do Tribunal Superior Eleitoral. Membro de inúmeros Institutos de Advogados Brasil afora (como é o caso do Instituto dos Advogados de São Paulo – IASP –, da onde ainda é Conselheiro), foi Presidente do Instituto dos Advogados do Distrito Federal.

Dentre muitos encantos e tantas muitas contribuições acadêmicas de Roberto Rosas, sobressai a preocupação vestibular com o Direito Sumular e a importância da construção jurisprudencial do Direito e sua aceitação no Brasil. Muito antes de se apontar as particularidades da *ratio decidendi*, Rosas já frisava pela necessidade de estudo de decisões do passado com vistas a decisões futuras, hoje visto, com particularidadaes próprias, sob a perspectiva dos precedentes.

---

1 Advogado. Presidente do Instituto dos Advogados de São Paulo. Professor Titular da Faculdade de Direito da Universidade de São Paulo.

O desenvolvimento do presente ensaio versa sobre o avanço posto pela questão dos precedentes em seara penal. E, aqui, que se tome em conta a aproximação dos sistemas de *civil law*, com os de *comon law*, que fez surgir a nova perspectiva de fonte de Direito, como ficou evidente no Código de Processo Civil (CPC), de 2015, bem como nas novas leituras sobre *ratio decidendi* e *obter dictum*.

Nesse passo, é de se recordar que o conhecimento penal tradicionalmente se mostra dado pela norma escrita, em exata obediência ao primado da legalidade. Seria, por assim dizer, uma legalidade *in the books*. Ocorre que, com a assunção da envergadura dos precedentes, passa-se a ter algo como uma legalidade *in action*, sendo esse Direito Penal jurisprudencial, persuasivo ou obrigatório, um dos temas aflitivos da atualidade.

1. A percepção original de Roberto Rosas

Em uma não autorizada alusão a Gil Vicente, na dicotomia entre todo mundo e ninguém, seria possível dizer que, hoje, nenhuma pessoa duvida da importância das decisões passadas como certa fonte de inspiração judicial posterior, ao mesmo tempo que todo mundo assevera pela análise do caso concreto. Talvez, no entanto, se mostre fundamental a estipulação de algumas balizas de trabalho prévio, pois a sinonímia, nesse terreno, pode ser bastante cruel.

Antes de mais nada, que se diga que, se o refletir sobre as variações da jurisprudência é antigo como a Sé de Braga, o mesmo não se pode dizer de outros tantos termos dela derivados. Ainda que corriqueiros, devem eles ser idealmente isolados, mesmo em razão de sua origem. Assim, é de se recordar que a ideia basilar em relação ao que se entende, hoje, por Súmula, deve-se ao esforço de Victor Nunes Leal, nos idos de 1960, quando ocupava cadeira junto ao Supremo Tribunal Federal. Defensor da anteposição do pensamento do Supremo Tribunal Federal, idealizou o que viria a ser tido, hoje, como as súmulas.[2] A evolução da

2 Na verdade, como coloca Tucci, "a construção de súmulas remonta a prática tradicional e consolidada do sistema judiciário luso-brasileiro. Não deriva da decisão de um caso concreto, mas de um enunciado interpretativo, extraído de reiterados julgamentos, formulado em termos gerais e abstratos. Por consequência, o *dictum* sumulado não faz referência aos fatos que estão na base da questão jurídica julgada e assim não pode ser considerado um precedente em sentido próprio, 'mas apenas um pronunciamento judicial que traduz a eleição entre opções interpretativas referentes a normas gerais e abstratas. Sua evidente finalidade consiste na

decisão até a sua consagração junto a Tribunais, para não se dizer em posterior vinculação a um contorno diferenciado relativo a relevância, deve, aprioristicamente, ser bem traçado.

Recorda Rosas que "em 1963, o STF criou a súmula da jurisprudência predominante, por sugestão e influência do Ministro Victor Nunes Leal, caminho para uma diretriz sobre uma tese ou diretriz. A súmula é uma síntese de uma orientação, pode não ser perfeita ou agrade a todos - é uma posição. Súmula é um sumário." E, mais. Diz ele que a súmula vingou, passou às legislações, até ser fortalecida no Código de Processo Civil (art. 960). Naquele tempo, ela era vista como meramente persuasiva, de convencimento, de respeito à hierarquia, sem impedir o livre convencimento do juiz. A partir da Emenda Constitucional nº 45, houve mudança de ares. Assim, a partir de então, ela, em certas hipóteses, também se mostra muitas vezes como vinculante, de caráter obrigatório.[3]

Com isso, Roberto Rosas, de forma pioneira como os ilustrados costumam fazer, dando azo ao vigor de seu pensamento, ponderava, em momento anterior, pela necessidade de verificação das várias etapas do processo decisório judicial e a sua vinculação com a importante função dos julgados anteriores. Abre, pois, o inicial leque em termos de "acórdão", "precedente", "jurisprudência", "súmula" e "direito sumular", pontuando seus aprofundamentos, durante anos, junto à Universidade de Brasília e seus estudos de Direito Sumular. Em termos navais, dir-se-ia que estava ele a bater a quilha sobre o tema.

Entendendo que "acórdão", diz respeito à "concentração de um julgado", perfazendo a "forma material de expressão da decisão judicial",[4]

---

eliminação de incertezas e divergências no âmbito da jurisprudência, procurando assegurar uniformidade na interpretação e aplicação do direito." TUCCI, José Rogério Cruz e. *Precedente judicial como fonte do direito.* São Paulo: GZ, 2021, p. 162.

3 CF. ROSAS, Roberto. *Lembranças do mundo jurídico.* Rio de Janeiro: GZ, 2021, pp. 92 e ss. Verifique-se, assim, consoante Galvão, que "a necessária adoção de um sistema de precedentes na seara penal não decorreu do advento do Código de Processo Civil, em 2015, até porque já existiam mecanismos de unificação da jurisprudência antes de sua entrada em vigor (recurso especial, embargos de divergência no recurso especial, incidente de uniformização de jurisprudência e súmula vinculante)." GALVÃO, Danyelle. *Precedentes judiciais no processo penal.* São Paulo: JusPodium, 2022, p. 119.

4 ROSAS, Roberto. *Direito sumular.* Comentários às súmulas do Supremo Tribunal Federal (incluindo as Súmulas Vinculantes) e do Superior Tribunal de Justiça. São Paulo: Malheiros, 2012, p. 10.

pondera sua distinção a "precedente", já que este diria respeito "a uma decisão anterior persuasiva para decisões futuras. Não é compulsória, apenas norteará o futuro julgador a seguir aquela decisão. Serve de informação, de simplificação de trabalho",[5] não sendo, pois, obrigatória. Jurisprudência, por outro lado, teria significado maior, embora possa "até ser formada com um precedente."[6] Súmula, nesse compasso, "reflete a jurisprudência de um tribunal ou de uma secção especializada autorizada a emitir a consolidação."[7] Tais considerações hão de se mostrar fundamentais para a compreensão do momento atual, em que o precedente assume novos contornos.

Ao longo do século XXI, a antevisão de Rosas sobre a importância das decisões judiciais passadas só se mostrou consagrada. Ao depois, em 2004, com a Emenda Constitucional nº 45, veio a noção de súmula vinculante, sendo a Lei nº 11.417/2006 a responsável por disciplinar a sua gestão. De todo modo, é a partir daquele momento que se pode verificar um novo Direito Sumular,[8] ou, ao menos, baseado neste. A par

---

5 ROSAS, Roberto *Direito sumular*...Op. cit., p.10.

6 ROSAS, Roberto. *Direito sumular*...Op. cit., p. 10. De modo um pouco distinto, Tucci esclarece que "em sistemas jurídicos de *civil law*, como o nosso, nos quais predomina a legislação escrita, o termo jurisprudência - que é polissêmico - geralmente indica uma pluralidade de decisões relativas a vários casos concretos, atinente a um determinado assunto, mas não necessariamente sobre uma idêntica questão jurídica. Esse modo de lidar com a jurisprudência, cujo conhecimento hoje em dia é, via de regra, fornecido pela consulta rápida nos sítios eletrônicos dos próprios tribunais, revela, em algumas hipóteses, apenas a tendência do posicionamento pretoriano sobre a interpretação de determinado texto legal (...). Saliente-se, por outro lado, que os órgãos judicantes, no exercício regular de pacificar os cidadãos, descortinam-se como celeiro inesgotável de atos decisórios. Assim, o núcleo de cada um destes pronunciamentos potencia, em princípio, um precedente judicial. O alcance eficacial deste somente pode ser inferido aos poucos, depois de decisões posteriores." TUCCI, José Rogério Cruz e. *Precedente judicial como fonte do direito.* Rio de Janeiro: GZ, 2021, pp. 159 e ss. Na verdade, como recorda Magalhães Gomes, "embora com origens distintas, é comum os termos precedente e jurisprudência serem usados como sinônimos." GOMES, Mariângela Gama de Magalhães. *Direito penal e interpretação jurisprudencial.* Do princípio da legalidade às súmulas vinculantes. São Paulo: Atlas, 2008, p. 73.

7 ROSAS, Roberto. *Direito sumular*...Op. cit., p. 10.

8 Note-se que, consoante Tavares, "em linhas gerais, continuava correta a percepção de que o direito sumular era aquele contido nas súmulas da jurisprudência predominante no STF, pensadas por Victor Nunes Leal. O estudo dessas súmulas veio a ser exemplarmente sistematizado na reconhecida obra de Roberto Rosas." TAVARES, André Ramos. *Novo direito sumular brasileiro.* Súmulas vinculantes do STF co-

disso, no entanto, e mesmo tendo-se em conta a permanência sumular, é de se ver que a questão, hoje, acaba por se mostrar em esferas distintas: precedentes e jurisprudência; súmulas, súmulas vinculantes e Direito Sumular; e a noção de relevância. O grau de Justiça buscado, no entanto, principalmente em função do delicado âmbito do trato penal, parece extremamente delicado, e impensado em uma primeira reflexão de Rosas.[9]

Trata-se, enfim, de imaginar como precedentes devem se comportar face a uma rama do Direito tão ciosa do princípio da legalidade. Estar-se-ia a fomentar novas bases conceituais ao Direito Penal? Em caso positivo, deve-se questionar sob quais bases isso se dá, já que, normativamente, influxos como Regimentos Internos de Tribunais e leis várias aumentam significativamente o poder de mando de decisões pretéritas ao futuro

Em curta medida, ainda sobrevieram o CPC, de 2015, o qual, sem dúvida, inovou sobre o tema. Os precedentes ganharam, assim, uma dimensão antes não imaginada, chegando, como menciona Didier Jr., quando tidos como precedentes judiciais obrigatórios, em se mostrar como um dos pilares do novo Código.[10] Mas vai além. Essa neodimensão sobre

mentadas. São Paulo: Liquet, 2021, p. 9. De fato, "a Emenda Constitucional nº 45, de 2004, a seu turno, voltou a institucionalizar, no sistema jurídico brasileiro, de forma limitada, a denominada 'súmula vinculante', ao adicionar no texto da Constituição federal o art. 103-A, com a seguinte redação: 'o Supremo Tribunal Federal poderá, de ofício ou por provocação, mediante decisão de dois terços dos seus membros, após reiteradas decisões sobre matéria constitucional, aprovar súmula que, a partir de sua publicação na imprensa oficial, terá efeito vinculante em relação aos demais órgãos do Poder Judiciário e à administração pública direta e indireta, nas esferas federal, estadual e municipal, bem como proceder à sua revisão ou cancelamento, na forma estabelecida em lei." TUCCI, José Rogério Cruz e. Op. cit., p. 162.

9 Andreucci, em sua construção que o alçou à Titularidade na Faculdade de Direito da Universidade de São Paulo, lembra que "a criação do Direito pela jurisprudência deflui não só em razão de autorização legal, da imprevisão e da ilogicidade do legislador, tendendo à busca da exata proporção capaz de superar o conflito entre a forma e a realidade, entre *la razione dell'autorità* e a *autorità della razione.* Tal ocorre nas hipóteses, já examinadas, das lacunas, das antinomias, dos aspectos do crime e da pena, que evidenciam que o legislador, em abstrato, não pode prever tudo, em razão do multifário emanado do concreto." ANDREUCCI, Ricardo Antunes. *Direito penal e criação judicial.* São Paulo: Revista dos Tribunais, 1989, p. 62.

10 DIDIER JR., Fredie. Sistema obrigatório de precedentes judiciais obrigatórios e os deveres institucionais dos tribunais: uniformidade, estabilidade, integridade e coerência da jurisprudência. *In*: SARLET, Ingo Wolfgang; JOBIM, Marco Félix. *Precedentes judiciais.* Diálogos transnacionais. Florianópolis: Tirant lo Blanch, 2018, p. 89.

a influência de decisões passadas em decisões futuras é algo que preocupa o Direito Penal e Direito Processual Penal, e que talvez mereça uma análise mais pormenorizadas, pois se revela um campo bastante delicado.[11]

2. A NOÇÃO DE PRECEDENTE JUDICIAL: DE FONTE DO DIREITO A FUNDAMENTAÇÃO DECISÓRIA

A noção de precedente remete a uma, ou muitas, decisões judiciais que vinculam não apenas o órgão expedidor, como também juízes outros.[12] Entendendo, de modo bastante amplo, e nem sempre absolutamente técnico, afirma-se, vez por outra, que um precedente pode se dar em termos horizontais, verticais ou autoprecedente, diversas poderiam ser as hipóteses de trabalho. Este último, note-se, seria adstrito a uma decisão anterior do próprio magistrado. O precedente horizontal seria o visto em decisões de similar instância e o vertical posto em decorrência de posição hierárquica do Juiz ou Tribunal que veio a proferir a anterior decisão. Não obstante, nem toda a decisão, mesmo em instância superior, tem, necessariamente, efeito vinculante, o que leva a pensar sobre outras tantas variáveis.

Todo esse estado de coisas talvez pudesse ser explicado mais facilmanete em tempos de distinção entre os sistemas de *civil law* e de *common law*. Historicamente, a jurisprudência em sentido lato já foi muito criticada em cenário de *civil law*, desacreditando-se, mesmo, seu caráter científico.[13] Hoje, a mutação altera tal cenário. Tucci, por exemplo, re-

---

11 Não obstante, até regramentos próprios, a aplicação subsidiária do CPC parece plenamente aceitável. GALVÃO, Danyelle. Op. cit., pp. 120 e ss. De todo modo, resta fundamental verificar que a partir do CPC de 2015, as súmulas tiveram seu significado alterado. Estas, antes, eram "apernas um método de trabalho capaz de ordenar e facilitar a tarefa dos juízes." Hoje, mostram-se como guias de interpretação do Direito para o sistema de administração da Justiça. Dessa forma, estariam a retratar de modo simples e direto precedentes. MITIDIERO, Daniel. *Precedentes.* Da persuasão à vinculação. São Paulo: Thomson Reuters Brasil, 2021, pp. 96 e ss. Cf. ANDREASSA JR., Gilberto. *Ativismo judicial e teoria dos precedentes.* Integração dos poderes e coerência nas decisões do Judiciário. Curitiba: Juruá, 2015, pp. 77 e ss.

12 Cf. GOMES, Mariângela Gama de Magalhães. *Direito penal e interpretação*...Op. cit., p. 73.

13 Cf. KIRCHMANN, Julius Hermann von. La mancanza di valore della giurisprudenza come scienza. *In*: KIRCHMANN, Julius Hermann von; WOLF, Erik. *Il valore scientifico della giurisprudenza.* Traduzione di Paolo Frezza eAlessandro Baratta. Milano: Giuffrè, 1964, pp. 39 e ss.

corda que, a depender do sistema em voga, a decisão, monocrática ou colegiada, pode ser vista como "precedente vinculante (*binding autority*: sistema do *common law*)" e "precedente persuasivo, ou, *de fato*, ou *revestido de valor moral* (*persiasive autority*: em regra, sistema do *civil law*)."[14] Atualmente, no entanto, o Brasil vive o que se poderia entender por um momento híbrido, de coexistência de ambos os sistemas.

Antes de mais nada, parece necessário avaliar a distinção potencial da *ratio decidendi* da *obiter dictum*. A primeira, genericamente, pode ser vista como a razão essencial de decidir, os fundamentos determinantes da tese jurídica colocada. *Obiter dictum*, por outro lado, vem a ser a argumentação marginal ou simples opinião prescindível que se mostra para o deslinde da controvérsia.[15] De todo modo, posta a diferença, é de se ver que a *ratio decidendi* para casos futuros vem a depender, em verdade, da proximidade entre o fato original e o futuro. Havendo diferenças, pode se dar um *distinguishing*, que nada mais vem a ser do que uma forma de verificar as diferenças entre ambos, e eventualmente afastar a aplicação do precedente invocado. Isso, aliado à possibilidade de *overruling*, vale

14 TUCCI, José Rogério Cruz e. Op. cit., p. 3.

15 MIRANDA, Victor Vasconcelos. *Precedentes judiciais*: construção e aplicação da *ratio decidendi*. São Paulo: Thomson Reuters Brasil, 2022, pp. 206 e ss. GALVÃO, Danyelle. Op. cit., pp. 78 e ss. Para Magalhães Gomes, "com relação ao conteúdo do precedente jurisprudencial, observa-se de início que na sua composição encontram-se o caso submetido ao juiz (que, por sua vez, é composto pelo fato delimitado e pelas questões jurídicas a ele inerentes), assim como sua resolução. Na resolução, por sua vez, podem ser identificadas duas partes distintas. Por um lado, encontram-se a *ratio decidendi*, que diz respeito à exposição das razões que são relevantes para a decisão proferida, ou seja, trata-se dos motivos sem os quais a decisão constante da parte dispositiva não teria sentido ou consistência. Na *ratio decidendi* consta a 'norma jurídica' que foi 'feita para o caso, a partir daquilo que foi discutido e arguido perante o juiz. Trata-se da norma jurídica que seja suficiente para, na sentença, decidir o caso concreto; não se trata, necessariamente, de algo *indispensável* para a decisão, já que, frequentemente, a sentença contém uma pluralidade de *ratio decidendi*, alternativas, concorrentes, subordinadas ou incompatíveis entre si (...). De outro lado, faz parte também do precedente aquilo que se denomina *obiter dictum*. Trata-se dos demais comentários ou afirmações que também integram a motivação da decisão, mas que são decisivos para o desfecho da questão. Embora não diga respeito ao cerne da questão jurídica principal, tem importância de orientação para as cortes subordinadas e para o advogado, no aconselhamento de seus clientes." GOMES, Mariângela Gama de Magalhães. *Direito penal e interpretação*...Op. cit., pp. 75 e ss.

dizer, de alteração de posicionamento e adoção de uma nova posição, permite a superação de um possível engessamento dos precedentes.[16]

Um grande problema, no entanto, se verifica, em especial na presença de contrastes jurisprudenciais, para além dos diacrônicos (decisões sucessivas opostas pelas percepções individuais de cada juiz), também os sincrônicos, nos quais, simultaneamente, coexistem diversas formas de interpretação do mesmo dispositivo da lei.[17]

Manes, de forma bastante sensível, destaca o aspecto mutacional vivido pelo juízes, passando de um juiz interprete a um juiz artífice da lei, bem como a tensão gerada entre um Direito jurisprudencial e o princípio da legalidade.[18] Já em momento anterior, mas, fundamentalmente a partir do CPC de 2015, verifica-se a adoção de um modelo de precedentes distinto de modelo de simples casos repetitivos, já que "um nasce da necessidade de termos técnicas processuais para gestão de casos repetitivos que sejam alternativas às ações coletivas, com inspiração alemã; outro nasce da necessidade de garantir racionalidade do Direito, a unidade do ordenamento jurídico, e mediante ela a segurança jurídica, a igualdade e a liberdade."[19]

3. O PROBLEMA DOS PRECEDENTES PENAIS: LIMITES E ABRANGÊNCIA

Mas o que se dizer do campo penal? De fato, a derradeira sequência de indagações diria respeito a se existem precedentes penais, de que modalidade e qual seu grau de persuasão ou vinculação. Em relação à primeira questão, indelevelmente, há de se dizer que, sim, eles existem e de diferente forma, como o próprio Direito Sumular de Rosas, em outros termos, já atestava.

16 Cf. PIMENTEL, Fabiano. *O* overruling *como fundamento para a revisão criminal.* Belo Horizonte: D'Plácido, 2016, pp. 203 e ss.

17 GOMES, Mariângela Gama de Magalhães. *Direito penal e interpretação...*Op. cit., pp. 77 e ss.

18 MANES, Vittorio. *Il giudice nel labirinto.* Profili delle intersezioni tra diritto penale e fonti sovranazionali. Roma: Dike, 2012, pp. 22 e ss.

19 ZANETI JR., Hermes. O modelo de precedentes no código de processo civil brasileiro. *In*: SARLET, Ingo Wolfgang; JOBIM, Marco Félix. *Precedentes judiciais.* Diálogos transnacionais. Florianópolis: Tirant lo Blanch, 2018, p. 117.

É certo que a noção de precedente tem um escopo bastante fechado, dizendo respeito as razões substanciais que são fundamentais e necessárias para a resolução de questão controvertida. Fala-se, assim, da *ratio decidendi* em termos de precedentes. Ocorre que também esta é verificada quando se fala em súmulas, súmulas vinculantes e matéria constitucional e infraconstitucional junto ao STF e STJ, [20] consoante a própria dicção do CPC de 2015. Muito embora não se confunda necessariamente com a noção de súmula ou de jurisprudência, deve-se imaginar certa zona de contato e influência entre um e outro, aproximando a lógica de tantas decisões de Cortes Superiores da teoria dos precedentes.[21]

---

20 Como menciona Miranda, "também integram a lista dos precedentes formalmente vinculantes as súmulas vinculantes e as súmulas do STF e STJ, em matéria constitucional e infraconstitucional, respectivamente, incisos II e IV do art. 927. A lógica pretendida pelo CPC/2015 dirige-se à observância da *ratio decidendi* que constaria no enunciado dessas súmulas. Porém, a pretensão de veiculação da *ratio decidendi* através de enunciados não é a leitura adequada desses dispositivos. A súmula não é precedente. O que se deve enxergar à luz dos incisos II e IV do CPC/2015 é a necessidade de observância da *ratio decidendi* subjacente aos casos que deram origem ao enunciado da súmula. Isto é, a norma do precedente constante da decisão judicial exarada nesses casos. O julgador deve, então, ao operar com súmulas identificar a *ratio decidendi* dos precedentes que culminaram na sua formação e, após esse processo hermenêutico (re)construtivo da *ratio decidendi*, aplicar ao caso concreto, respeitando o núcleo determinativo da *ratio decidendi*, aplicar ao caso concreto, respeitando o núcleo determinativo da *ratio decidendi* que deveria encontrar um correspondente na base do enunciado sumulado. A utilização de súmulas, como já tivemos a oportunidade de ressaltar, diz respeito apenas a um mecanismo de facilitação do discurso. As súmulas não se consubstanciam em *ratio decidendi*. Elas são apenas o extrato da jurisprudência dominante de um tribunal." MIRANDA, Victor Vasconcelos. *Precedentes judiciais*: construção e aplicação da *ratio decidendi*. São Paulo: Thomson Reuters Brasil, 2022, pp. 216 e ss.

21 Assim, tem-se que as súmulas funcionavam, quando de sua criação, "como um instrumento de simplificação do trabalho da Corte Suprema e da Justiça em geral. Na origem, entendia-se que a súmula não deveria ser interpretada, pois esta já seria o próprio resultado da interpretação da lei, e, para tanto, deveria ser redigida de forma clara, sem qualquer dubiedade, caso contrário, precisaria ser cancelada. Com o avançar da sua aplicação na realidade forense, as súmulas acabaram sendo percebidas como um resumo de uma tendência jurisprudencial em determinada matéria (jurisprudência predominante). Elas eram forjadas (ao menos na teoria) da repetição de julgamentos que estipulavam a interpretação de uma norma ou matéria em um dado sentido, não tendo, de início, caráter vinculante. Em sintonia com a função recursal, as súmulas passaram a contar com um traço repressivo, qual seja, de compor a divergência ou controlar a errônea aplicação do Direito. Assim, quando interposto o recurso ou invocada a súmula a fim de que a divergência

De fato, existem diferentes órbitas de incidência, toque e vinculação de decisões judiciais anteriores em seara penal (quer sejam precedentes, quer não). Assim, a pergunta básica a ser feita diz respeito a uma possível inovação verificada no sistema de precedentes penais. Seriam eles presentes no firmamento nacional? A resposta parece ser no sentido positivo.

Como recorda Kircher, "o CPC instituiu, de modo formal, um sistema de precedentes vinculantes no art. 927, o qual refere que os juízes e tribunais devem observar: as decisões do Supremo Tribunal Federal em controle concentrado de constitucionalidade; os enunciados de súmula vinculante; os acórdãos em incidente de assunção de competência ou de resolução de demandas repetitivas e em julgamento de recursos extraordinário e especial repetitivos; os enunciados da súmulas do Supremo Tribunal Federal (STF) em matéria constitucional e do Superior Tribunal de Justiça (STJ) em matéria infraconstitucional; e a orientação do ple-

fosse composta ou que fosse corrigida a aplicação da lei, essas já teriam ocorrido, daí bastando um sistema repressivo para promover a uniformidade do Direito na medida em que o parâmetro de correção seria a lei, a qual ensejaria apenas uma atividade de declaração corretiva pelo órgão judiciário superior. Desde 1963, ano de criação das súmulas, até hoje, houve uma evolução quanto às funções que lhes foram atribuídas. Seguindo essa lógica, com a Emenda Constitucional nº 45, de 2004, adveio a criação das súmulas vinculantes, e elas passaram, de modo mais claro, a ter a função de determinação do conteúdo das decisões, adquirindo um aspecto preventivo de evitar julgamentos em desconformidade com a posição já definida pelo Supremo Tribunal, tendo em vista o reconhecimento de que decidir passa a ser visto como ato valorativo que implica escolhas (algum grau de discricionariedade). Desse modo, percebe-se que as súmulas não têm preocupação propriamente com os fundamentos do julgamento, mas sim em expressar num enunciado o resultado da interpretação realizada pela Corte, não fornecendo as razões da decisão. A súmula deriva do julgamento de casos idênticos e não de fundamentos iguais, sendo difícil penas em uma súmula que contenha os fundamentos da decisão (que seria, na verdade, um grande arrazoado). Além disso, as súmulas continham o problema de não se vincularem aos fatos, o que era uma dificuldade adicional, pois, à luz de uma teoria dos precedentes, as circunstâncias fáticas (fatos relevantes ou materiais) são indispensáveis para a avaliação acerca de sua aplicação aos casos futuros. Entretanto, o CPC de 2015 visou a ressignificar o conceito de súmula, reconhecendo-as como guias de interpretação do Direito (art. 927, II e IV), exigindo a sua vinculação com as circunstâncias fáticas dos casos (art. 926, § 2º). Isso, por certo, pode aproximá-las da lógica dos precedentes." KIRCHER, Luís Felipe Schneider. *Uma teoria dos precedentes vinculantes no processo penal.* Salvador: JusPodium, 2018, pp. 104 e ss.

nário ou do órgãos especial aos quais estiverem vinculados."[22] Não sem razão, chega-se a afirmar que "a existência dos enunciados das súmulas, em que pese a ausência de correspondência do instituto no sistema da *common law*, faz parte do sistema brasileiro de precedentes."[23]

Mitidiero assevera que "os precedentes emanam exclusivamente das Cortes Supremas e são sempre obrigatórios – isto é, vinculantes,"[24] estabelecendo um forte efeito vinculante (*strong-binding-force*). Embora seja absoluta verdade em termos processuais civis, em termos penais parece razão caber à consideração de que em alguma medida podem eles variar quanto à sua vinculação.[25]

Em termos de aceitação da seara penal sobre tais previsões, é preciso dizer que súmulas penais, por exemplo, sempre se deram. O mesmo de se dizer sobre súmulas penais vinculantes, como são o caso a Súmula Vinculante nº 9 ("O disposto no art. 127 da Lei nº 7.210/1984 (Lei de Execução Penal) foi recebido pela ordem constitucional vigente, e não se lhe aplica o limite temporal previsto no caput do artigo 58"); Súmula Vinculante nº 11 ("só é lícito o uso de algemas em casos de resistência e de fundado receio de fuga ou de perigo à integridade física própria ou alheia, por parte do preso ou de terceiros, justificada a excepcionalidade por escrito, sob pena de responsabilidade disciplinar, civil e penal do agente ou da autoridade e de nulidade da prisão ou do ato processual a que se refere, sem prejuízo da responsabilidade civil do Estado"); Súmula Vinculante nº 14 ("é direito do defensor, no interesse do representado, ter acesso amplo aos elementos de prova que, já documentados em procedimento investigatório realizado pelo órgão com competência de Polícia Judiciária, digam respeito ao exercício da ampla defesa"); Súmula Vinculante nº 24 ("não se tipifica crime material contra a ordem tributária, previsto no art. 1º, incisos I a IV, da Lei nº 8.137/1990, antes do lançamento definitivo do tributo"). Dessa forma, poderia se imaginar que, nessa órbita mais alta, a todos englobando, estariam as súmulas vinculantes de caráter penal. Quanto a isso, parece não haver dúvida.

---

22 KIRCHER, Luís Felipe Schneider. Op. cit., p. 145.

23 Cf., por todos, GALVÃO, Danyelle. Op. cit., p. 247.

24 MITIDIERO, Daniel. *Precedentes*...Op. cit., pp. 91 e ss.

25 Cf. ZANETI JR., Hermes. Op. cit., p. 341. DIDIER JR., Fredie; BRAGA, Paula Sarno; OLIVEIRA, Rafael. *Curso de direito processual civil.* Salvador: JusPodium, 2015, pp. 454 e ss.

Ainda em órbita alta, com caráter forte, estariam as ações de controle constitucional, *v.g.*, as ações declaratórias de constitucionalidade (ADC) ou ações declaratórias de preceito fundamental (ADPF), que tem se mostrado, cada vez mais, com atuação em questões penais. Em homenagem a princípios constitucionais como o do direito fundamental à vida ou da dignidade da pessoa humana, limitou-se a abrangência da exclusão de ilicitude da legitima defesa em casos de honra (ADPF 779); ampliou-se o contexto do crime de aborto (ADPF 54); restringiu-se a incidência do crime de prevaricação a membros do Ministério Público (ADPF 881). Em ação direta de inconstitucionalidade por omissão (ADO), por sua vez, o Supremo Tribunal Federal já entendeu que, até que o Congresso Nacional venha a editar lei específica, as condutas homofóbicas e transfóbicas podem ser igualados aos crimes de racismo.[26] O mesmo, aliás, pode-se dizer de ações de controle concentrado. Por igual, as demais previsões elencadas no art. 927, do CPC. As questões ligadas a demandas repetitivas e em julgamento de recursos extraordinário e especial repetitivos,[27] dos enunciados das súmulas do Supremo Tribunal Federal (STF) em matéria constitucional e do Superior Tribunal de Justiça (STJ) em matéria infraconstitucional; bem como a orientação do plenário ou do órgão especial aos quais estiverem vinculados também por aqui estariam. Mesmo que previstos no art. 927, do CPC, a realidade ainda constata que, não raro, o grau de independência judicial acaba por se mostrar em escape da órbita do que em Cortes superiores já fora decidido. Isso se vê, aliás, a situação de tantas decisões em graus inferiores discordantes da orientação sedimentada, *v.g.*, no STJ. Talvez se esteja a vivenciar um momento de mutação, mas parece ser fato inequívoco que, hoje, não existe, ou se faz presente, uma automática e obrigatória vinculação como se precedente obrigatório fosse, se comportando muito mais de modo persuasivo do que outra coisa qualquer.

Ainda assim, as mencionadas situações poderiam ser vistas como precedentes próprios, e de fácil verificação. Existe, contudo, outra sorte de ponderação, que poderia ser tida como de situações equivalentes a precedentes impróprios, fora do escopo do art. 927, CPC. Um bom exemplo disso, e ainda que não se possa falar de precedente no sentido da

---

26 Cf. MARINONI, Luiz Guilherme. *Precedente constitucional.* São Paulo: Thomson Reuters Brasil, 2022, pp. 110 e ss.

27 Cf. KIRCHER, Luís Felipe Schneider. Op. cit., pp. 164 e ss. ANDREASSA JR., Gilberto. Op. cit., pp. 80 e ss.

ratio decidendi, pode ser vista quando está a se falar em jurisprudência dominante e jurisprudência consolidada. Embora seja verdade que não está a se tratar especificamente de precedentes, a adjetivação mencionada acaba por gerar efeitos próximos a estes. E, mais. Isso se mostra decidido de maneira monocrática pelo Relator. Tais situações são mencionadas notadamente em regimentos internos de Tribunais que podem atrelar o conhecimento de determinadas causas penais. Note-se, em especial, o caso do STF. O Regimento Interno do Supremo Tribunal Federal (RISTF) menciona, desde 2007, em seu art. 21, § 1º, que "poderá o Relator negar seguimento a pedido ou recurso manifestamente inadmissível, improcedente ou contrário à jurisprudência dominante ou à súmula do Tribunal, deles não conhecer em caso de incompetência manifesta, encaminhando os autos ao órgão que repute competente, bem como cassar ou reformar, liminarmente, acórdão contrário à orientação firmada nos termos do art. 543-B, do CPC. Do mesmo modo, seu art. 192, atinente ao habeas corpus, assinala que "quando a matéria for objeto de jurisprudência consolidada do Tribunal, o Relator poderá desde logo denegar ou conceder a ordem, ainda que de ofício, à vista da documentação da petição inicial ou do teor das informações."

Aqui, dois são os problemas apontados. Primeiramente, falta uma ideal definição sobre o que poderia ser tido como jurisprudência dominante e como jurisprudência consolidada, principalmente porque, em face da situação de divergência jurisdicional sincrônica, pode se dar, em uma mesma Corte, situações em que não existe uma jurisprudência unificada sobre determinado tema. Secundariamente, ao se destacar que a dominância da jurisprudência seria algo relativo, em verdade estar-se-ia a burlar o princípio do colegiado para permitir decisões monocráticas, para, quiçá em grau recursal, rediscutir a matéria. Necessário, senão fundamental, seria, em termos de segurança jurídica e mínimo seguimento do princípio da legalidade *in action*, de uma fixação da jurisprudência sobre temas controversos, caso contrário, haveria de se poder questionar a decisão, mesmo invocando situação clara de *distinguishing*. Nesse sentido, parece absolutamente recomendável que o Relator, em casos similares, venha a invocar a *ratio decidendi* que motivou seu entendimento, apontando como ela se adequa,[28] que eventualmente venha

28 A aferição do que deveria ser visto como jurisprudência dominante ou consolidada, em respeito ao princípio da colegialidade deveria, sempre, ser afirmada pelo Tribunal Pleno, sob pena de novos incidentes. Em um momento em que tanto se questiona a abrangência das decisões monocráticas, parece ser absolutamente ne-

a ter limitações para decisões monocráticas *in malam partem*, ou que submeta, necessariamente, *ex officio*, ao Plenário, uma decisão limitadora de direitos quaisquer. Em outras palavras, sempre que se estiver a restringir direitos, somente o órgão colegiado poderia ser autorizado a fazê-lo, ainda que em termos delimitatórios do que seria jurisprudência dominante ou consolidada, ao menos até que contornos ideais sejam dados pelo Tribunal.[29]

4. UM NOVO DILEMA PENAL E OS MOMENTOS FUTUROS

Sem dúvida, o sistema de interpretação penal judicial brasileiro encontra-se em mutação. A simples persuasão parece ceder cada vez mais espaço para um sistema de precedentes, passando, a legalidade *in action*, a se aproximar da situação prevista no CPC. E, aqui, a pretensão de uma jurisprudência uniformizada, vertendo-se em precedentes propriamente ditos, com certa previsibilidade das decisões, sempre com vistas à segurança jurídica, parece inafastável. Nesse sentido, a obediência aos precedentes obrigatórios é absolutamente necessária. Mas não só.

Inegável que inúmeros outros problemas poderiam ser imaginados no âmbito dos precedentes penais. Partindo-se de certa aceitação de sua realidade da teoria dos precedentes, tem-se a potencialidade de inúmeros princípios outros, os quais também poderiam ser questionados, como a legalidade, fragmentariedade, irretroatividade, reserva de

cessário que os Regimentos Internos venham a ser adequados para minimizar o risco de críticas ao eventual entendimento discricionário monocrático. Cf. GALVÃO, Danyelle. Op. cit., pp. 261 e ss. Cf., sobre a monocratização do processo decisório, ANDREASSA JR., Gilberto. *Precedentes judiciais e colegialidade.* A reforma no procedimento deliberativo dos tribunais como pressuposto para uma efetiva aplicação dos institutos. Londrina: Toth, 2021, pp. 142 e ss.

29 Tenha-se em conta que "ainda que o fenômeno da monocratização tenha crescido constantemente, não se pode desconsiderar o fato de que a *regra*, nos julgamentos, continua a ser o colegiado. E, assim como no excesso de julgamentos unipessoais, dentro da colegialidade nos tribunais existem grandes pontos de perigo, como o desprezo com o relatório do processo, elaboração de voto pelo relator – e, nos casos mais relevantes, pelos demais membros da turma julgadora – em momento anterior às sessões de julgamento, atuação estratégica de ministros e desembargadores, decisões plurais e ausência de predisposição ao debate por parte dos juízes seja antes, durante ou depois da sessão de julgamento." ANDREASSA Jr., Gilberto. *Precedentes...*Op. cit., p. 194.

lei, etc.[30] Observe-se, assim, que, ao se considerar que os precedentes se desenvolvem em termos de sua formação, incidência e modificação, a sua aplicabilidade na seara penal mostra-se bastante delicada. De um lado, em alguns casos, tem-se a complexa alternância sentida por parte de entendimentos do STF em curto espaço de tempo, como foi o caso da aplicação do princípio da presunção de inocência.[31] A ideia de falta de estabilidade soa, no mínimo, como preocupante na formatação de um sistema de precedentes.

Sempre com as loas que o homenageado merece, e fez por merecer, é de se ver que, em sentido lato, os precedentes se mostram de forma bifronte no cenário penal. Em primeiro lugar, ao se mencionar Súmulas Vinculantes, ou ações de cunho constitucional concentrado, se mostra verificável o caráter de vinculação obrigatória a casos futuros. Entretanto, fora de tais condições, nota-se, tão só, um cenário de persuasão a situações porvindouras, sem necessário atrelamento ou amarra.

Por outro lado, resta necessária a indagação sobre a escolha da jurisprudência dominante para a estipulação do gargalo de admissibilidade, em termos monocráticos (de tantas decisões com autorizado pelo RISTF), devendo ser repensada a própria investidura da possibilidade de decisão monocrática face ao colegiado. Mariângela Gama de Magalhães Gomes tratou do tema, em elogiável Doutorado, e com propriedade, ainda em 2008. Prega a autora, buscando uma segurança mínima a um novo Direito Penal jurisprudencial, que "a fim de tornar efetivas as garantias do princípio da legalidade no Direito Penal, a regra da anterioridade deve prevalecer na jurisprudência da mesma forma que em relação à lei e, nesse sentido, merece ser acolhida e utilizada."[32] Nesse cenário há de se imaginar que a questão tem, em verdade, que tecer considerações so-

30 Cf. CADOPPI, Alberto. *Il valore del precedente nel diritto penale.* Uno studio sulla dimensione in action della legalità. Torino: G. Giappichelli, 2014, pp. 39 e ss.

31 Para Zaneti Jr., "o Supremo Tribunal Federal modificou seu entendimento quanto ao princípio da presunção de inocência por três vezes na sequência após um longo período de admissibilidade da prisão a partir da segunda instância: a) 1941 até 2009 (possibilidade – longo período de estabilidade); b) 2009 até 2016 (impossibilidade), primeiro com a decisão pelo plenário (HC 84.078) e depois com a alteração do art. 283; 2016 até 2019 (possibilidade); e, 2019 até o presente (09/07/2020), impossibilidade, com o julgamento em 07/11/2019 das Ações Declaratórias de Constitucionalidade nº 43, 44 e 54, reconhecendo a constitucionalidade do art. 283, CPP." ZANETI JR., Hermes. Op. cit., 440.

32 GOMES, Mariângela Gama de Magalhães. *Direito penal e interpretação*...Op. cit., p. 173.

bre a definição do que se entende por jurisprudência dominante a ponto desta poder servir como baliza de quase legalidade para se infirmar a aceitabilidade, ou não, de determinada incursão judicial.

Ainda há de se imaginar um futuro próximo em que exista solução para o labirinto imaginado por Manes, segundo o qual o magistrado moderno pode, mesmo, encontrar-se no conflituoso caminho sobre a vinculação anterior. E, isso, mesmo em termos – bastante complexos – de decisões precedentes também de Cortes internacionais de Direitos Humanos. Esse, configurado no labirinto em se encontram juízes face às instâncias supranacionais,[33] talvez seja um dilema a ser enfrentado proximamente no Brasil, que ainda reluta em casos como o Gomez Lund.[34] No entanto, e ao momento, ainda há de se solucionar o dilema penal posto em cheque: sobre qual base referencial vive, hoje, o Direito nacional? Esse, o desafio atual, tendo sempre em vista a capacidade de aplicação dos precedentes penais no tempo e sua irretroatividade.[35]

Face toda a nova realidade posta, além de tantos pontos, dentro de uma visão democrática, deve, como se disse, inibir interpretações desfavoráveis ao réu. E isso vale, em especial para a atuação monocrática de interpretação da jurisprudência – em observância imprópria da lógica de precedentes. Mas também sedimenta importância fundamental do STF junto à seara penal. Entendimentos de que o Pretório Excelso deveria se distanciar de questões meramente penais, portanto, parecem perder significativa força. Se ele agora se mostra como uma Corte de precedentes (próprios e impróprios), deve-se, cada vez mais, assegurar os direitos individuais de cada qual, bem como a presença de balizas criminais naquele Tribunal.

Mesmo assim, e com tal destaque, o contorno de importância sobre os precedentes em Direito Penal sem dúvida está em mutação. Hoje, já são eles vinculantes e determinantes apenas em algumas órbitas de decisão.[36] Seu conhecimento se revela obrigatório quando a natureza

---

33 MANES, Vittorio. Op. cit., pp. 5 e ss. MAZZUOLI, Valerio de Oliveira. *Tratados internacionais de direitos humanos e direito interno.* São Paulo: Saraiva, 2010, pp. 116 e ss.

34 Cf. GOMES, Mariângela Gama de Magalhães. *Direito penal e direitos humanos.* Análise crítica da jurisprudência punitivista da Corte Interamericana de Direitos Humanos. Belo Horizonte: D'Plácido, 2018, pp. 154 e ss.

35 Cf., CADOPPI, Alberto. Op. cit., pp. 328 e ss. GALVÃO, Danyelle. Op cit., pp. 262 e ss. KIRCHER, Luís Felipe Schneider. Op. cit., pp. 178 e ss.

36 Nesse sentido, Andreassa Jr. ao afirmar que "podemos afirmar que a grande maio-

de sua incidência se mostrar em grau forte, apontando para um sistema cada vez mais híbrido, cabendo, por certo, eventual reclamação em caso de sua dessintonia. No entanto, para haver validade, *v.g*, quando se aponta pra questões como jurisprudência dominante e jurisprudência consolidada, tais dispositivos devem ser melhor regulamentados, sob pena de seu questionamento pelo *distinguishing*. Em outras sedes, em que a natureza de sua vinculação seja fraca, parece não haver outro efeito que não o meramente persuasivo.

Um sistema de precedentes penais em transformação, como o verificado no Brasil, deve conter balizas muito próprias. Mas a influência do fenômeno dos precedentes em matéria penal, afora algumas previsões, ainda se mostra distante de ser considerado como completamente vinculante às decisões futuras. Em alguns casos sim, em outros cabe dúvida, o que gera uma verdadeira insegurança jurídica. De todo modo, tal visualização do fenômeno passado ao futuro deve ser analisado e ser tido em conta, conhecendo-se a legalidade não só formal como também a judicial. O caminho iniciado a tanto tempo com Rosas ganhou nova dimensão, indo a um plano criminal por ele não imaginado. Cabe, agora, o passo definitivo de sua consagração também nesse ambiente.

REFERÊNCIAS BIBLIOGRÁFICAS

ANDREASSA JR., Gilberto. *Ativismo judicial e teoria dos precedentes*. Integração dos poderes e coerência nas decisões do Judiciário. Curitiba: Juruá, 2015.

ANDREASSA JR., Gilberto. *Precedentes judiciais e colegialidade*. A reforma no procedimento deliberativo dos tribunais como pressuposto para uma efetiva aplicação dos institutos. Londrina: Toth, 2021.

ANDREUCCI, Ricardo Antunes. *Direito penal e criação judicial*. São Paulo: Revista dos Tribunais, 1989.

BARBOSA, Ruy. O jury e a independência da magistratura. *Obras completas*. Rio de Janeiro: Ministério da Educação e Cultura, 1976, vol. XXIII, 1896, tomo III.

CADOPPI, Alberto. *Il valore del precedente nel diritto penale*. Uno studio sulla dimensione in action della legalità. Torino: G. Giappichelli, 2014.

DIDIER JR., Fredie. Sistema obrigatório de precedentes judiciais obrigatórios e os deveres institucionais dos tribunais: uniformidade, estabilidade, inte-

ria das decisões, infelizmente, não possui eficácia perante os tribunais locais e os juízes de primeiro grau." ANDREASSA JR., Gilberto. Op. cit., p. 84.

gridade e coerência da jurisprudência. *In*: SARLET, Ingo Wolfgang; JOBIM, Marco Félix. *Precedentes judiciais*. Diálogos transnacionais. Florianópolis: Tirant lo Blanch, 2018.

DIDIER JR., Fredie; BRAGA, Paula Sarno; OLIVEIRA, Rafael. *Curso de direito processual civil*. Salvador: JusPodium, 2015.

GALVÃO, Danyelle. *Precedentes judiciais no processo penal*. São Paulo: JusPodium, 2022.

GOMES, Mariângela Gama de Magalhães. *Direito penal e direitos humanos*. Análise crítica da jurisprudência punitivista da Corte Interamericana de Direitos Humanos. Belo Horizonte: D'Plácido, 2018.

GOMES, Mariângela Gama de Magalhães. *Direito penal e interpretação jurisprudencial*. Do princípio da legalidade às súmulas vinculantes. São Paulo: Atlas, 2008.

KIRCHER, Luís Felipe Schneider. *Uma teoria dos precedentes vinculantes no processo penal*. Salvador: JusPodium, 2018.

KIRCHMANN, Julius Hermann von. La mancanza di valore della giurisprudenza come scienza. *In*: KIRCHMANN, Julius Hermann von; WOLF, Erik. *Il valore scientifico della giurisprudenza*. Traduzione di Paolo Frezza eAlessandro Baratta. Milano: Giuffrè, 1964.

MANES, Vittorio. *Il giudice nel labirinto*. Profili delle interzsezioni tra diritto penale e fonti sovranazionali. Roma: Dike, 2012.

MARINONI, Luiz Guilherme. *Precedente constitucional*. São Paulo: Thomson Reuters Brasil, 2022.

MARINONI, Luiz Guilherme. *Precedentes obrigatórios*. São Paulo: Thomson Reuters Brasil, 2016.

MAZZUOLI, Valerio de Oliveira. *Tratados internacionais de direitos humanos e direito interno*. São Paulo: Saraiva, 2010.

MIRANDA, Victor Vasconcelos. *Precedentes judiciais*: construção e aplicação da *ratio decidendi*. São Paulo: Thomson Reuters Brasil, 2022.

MITIDIERO, Daniel. *Precedentes*. Da persuasão à vinculação. São Paulo: Thomson Reuters Brasil, 2021.

MITIDIERO, Daniel. *Relevância no recurso especial*. São Paulo: Thomson Reuters Brasil, 2022.

PIMENTEL, Fabiano. *O* overruling *como fundamento para a revisão criminal*. Belo Horizonte: D'Plácido, 2016.

ROSAS, Roberto. *Direito sumular*. Comentários às súmulas do Supremo Tribunal Federal (incluindo as Súmulas Vinculantes) e do Superior Tribunal de Justiça. São Paulo: Malheiros, 2012.

ROSAS, Roberto. *Lembranças do mundo jurídico.* Rio de Janeiro: GZ, 2021.

TAVARES, André Ramos. *Novo direito sumular brasileiro.* Súmulas vinculantes do STF comentadas. São Paulo: Liquet, 2021.

TUCCI, José Rogério Cruz e. *Precedente judicial como fonte do direito.* São Paulo: GZ, 2021.

ZANETI JR., Hermes. O modelo de precedentes no código de processo civil brasileiro. *In*: SARLET, Ingo Wolfgang; JOBIM, Marco Félix. *Precedentes judiciais.* Diálogos transnacionais. Florianópolis: Tirant lo Blanch, 2018.

Mito e Rito no Direito Tributário: Segurança Jurídica e Precedentes

Roque Antonio Carrazza[1]
Roberto Lima Campelo[2]

1. Introdução

Sentimo-nos sobremodo honrados em participar desta obra coletiva em homenagem ao Professor Roberto Rosas, que, sob a coordenação dos cultos e operosos Ministro Gilmar Ferreira Mendes e Professor Victor Marcel Pinheiro, a prestigiosa *GZ Editora*, em boa hora, deliberou dar à estampa.

Não é fácil traçar um retrato do Professor Roberto Rosas, tantos os seus cargos, atividades e obras. O que, porém, podemos de logo afirmar é que se trata de um dos mais respeitados e competentes juristas do País.

Tendo atingido o ápice da sua jornada vitoriosa, pode agora contemplar, lá embaixo, o que ficou: as veredas vencidas, os galardões conquistados, a vida bem vivida. Nele, tudo respira atualidade, finura de percepção, brilho de alvorecer, estrela que rompe a neblina.

Mas, segundo pensamos, a maior qualidade do Professor Roberto Rosas é o dom que tem de inspirar confiança nas relações pessoais. É, sem favor algum, muito querido por todos, em face de sua simpatia, bom humor, entrega ao próximo e espírito de colaboração.

Muito bem, inspirados nesse verdadeiro sacerdote do Direito, que, na sua humildade, parece pedir perdão à própria grandeza, desenvolveremos, nesse artigo, o tema "Mito e rito no Direito Tributário: segurança jurídica e precedentes".

2. Mito: conceito

I. Mito é uma palavra com inúmeros significados. Utilizaremos neste trabalho um sentido forte e um sentido fraco para o termo. O senti-

---

1 Professor Titular da Faculdade de Direito da Pontifícia Universidade Católica de São Paulo (PUC/SP), Advogado e Consultor Tributário.

2 Mestre e Doutorando em Direito Tributário pela Faculdade de Direito da Pontifícia Universidade Católica de São Paulo (PUC/SP) e Juiz Federal em Jales (3ª Região Federal).

do forte da palavra não é novo, e nos socorremos em Junito de Souza Brandão, mitólogo brasileiro, para realizarmos uma primeira abordagem ilustrativa da problemática ambivalência entre o mundo dos conceitos e o mundo do concreto.

Ia. Mito, em sentido forte, pode ser entendido como um relato de acontecimentos primordiais; nele se conta de que modo algo que antes não acontecia passou a acontecer. Cuida-se, pois, de uma representação coletiva de algo.[3]

II. O Direito é rico em termos e expressões abertas, de baixa compreensão[4] e plurissignificativas. Basta mencionarmos os símbolos utilizados desde o preâmbulo e por toda a extensão de nossa Constituição, como república, dignidade da pessoa humana, cidadania, federação, segurança jurídica, legalidade, boa-fé etc. Esses termos e expressões, contudo, não possuem definições estabelecidas. Dependem de uma articulação semiótica com a devida concatenação entre semântica, sintaxe e pragmática, para uma aproximação.

IIa. A ciência do Direito constrói proposições jurídicas dentro de um dado sistema de normas positivadas, sinalizando àqueles sujeitos à lei as decisões possíveis a serem tomadas em cada fato juridicamente relevante. Por outro lado, o Direito positivo prescreve condutas coativamente, transformando a realidade e impondo os comportamentos desejáveis dentro de um dado sistema de valores. Nesse sentido, Direito é ramo da Ética porque implica escolhas, entre comportamentos humanos, daquele mais valoroso.

IIb. Os valores, portanto, impulsionam as decisões práticas do legislador, do administrador e do juiz, que são constritos aos ditames do Estado de Direito. Lado outro, valores são objetos ideais e, portanto, metafísicos. Não podem ser acessados diretamente. Servem como guias simbólicos de onde queremos chegar metaforicamente, já que o ideal é um destino ainda incerto, ou mesmo impossível. Insistamos nos exemplos da mitologia grega.

III. A jornada de Ulisses, descrita por Homero, na *Odisseia*, narra a história do retorno do rei de Ítaca à sua terra natal, após a guerra de Troia. Não se trata apenas de uma aventura épica. A jornada de Ulisses

3 BRANDÃO, Junito de Souza. *Mitologia Grega*. vol. I. 26ª ed. Petrópolis: Editora Vozes, 2015, p.38-39.

4 DERZI, Misabel Abreu Machado. *Modificações da Jurisprudência no Direito Tributário*. São Paulo: Noeses, 2009. p. 577-579.

representa - ela própria - um símbolo, um mito de nossa jornada na Terra, cercada de idas e vindas, dúvidas, incertezas, hesitações, arroubos de soberba e, até mesmo, atos heroicos. Para sermos breves, de todos os símbolos, o que mais nos interessa, para fins deste trabalho, é a figura de Zeus que, na obra, representou o equilíbrio, a métrica e a justiça. De todas as suas passagens, certamente a mais contundente foi no momento em que, após a concretização da vingança tão desejada por Ulisses, lança um raio aos pés do herói, advertindo-o de que deveria cessar a guerra funesta empreendida contra os itacenses, revoltosos com a mortes de todos os pretendentes de Penélope, ao que Ulisses obedece.[5]

Também, nas tragédias gregas, vivenciamos o mito. É clássica a associação entre a dicotomia do direito natural e do direito positivo à tragédia Antígona, de Sófocles.[6] Na peça, Antígona, inconsolada com o decreto do então regente Creonte de não conceder as honras funerárias ao seu irmão Polinices, negando-lhe, assim, um direito dos mais inalienáveis– por ter traidor de Tebas, ao empreender guerra contra o irmão Eteocles - empreende implacável resistência ao cumprimento do direito posto, o que a leva à própria morte. Essa ambivalência entre o direito positivo e o direito natural fez com que Richard Claverhouse Jebb cunhasse a sintética e precisa frase, em tradução livre: "Creonte está certo na letra, mas errado no espírito. Antígona está certa no espírito, mas errada na letra".[7]

IIIa. O mito em sentido forte é, portanto, inatingível. Não é, portanto, o objeto da vida prática, mas uma representação de algo ideal. Não nos é dado estabelecer, exatamente, os limites de uma ideia, embora possamos senti-la, em maior ou menor grau. A aproximação com o mito é tão problemática, que preferimos trabalhar com um exemplo para expor nosso ponto: sentimos primeiro e definimos depois.

IIIb. Ávila trabalha de forma analítica o princípio da segurança jurídica no Direito Tributário, distinguindo três corolários que estariam presentes em um sentido; a saber: *a)* a *cognoscibilidade*, que impõe que o contribuinte não deve - ou não deveria - enganar-se com o que fez anteriormente, quando pautou sua ação no Direito; *b)* a *estabilidade* que exige que o contribuinte não seja frustrado com o que fez no passado,

5 Odisseia, XXIV, 547-545.

6 *V.* BOBBIO, Norberto. *O Positivismo Jurídico*: Noções de Filosofia do Direito. Ícone: São Paulo: 1995, p. 25.

7 JEBB, Richard Claverhouse, Sir. *Essays and Addresses.* Cambridge: University Press, 1907, p. 31-32

desde que tenha, também, pautado sua ação no Direito; e, por fim, *c)* a *calculabilidade* que determina que o contribuinte não seja surpreendido, com relação ao que está fazendo.[8] Utilizando-nos do princípio da segurança jurídica, podemos dizer que não temos acesso direto aos conceitos, às ideias, ao mito. Contudo, podemos notá-lo, quando nos sentimos enganados, frustrados ou surpreendidos ou quando os efeitos que pretendíamos obter com nossos atos tão somente cumprindo a lei, são negados ou invalidados pela autoridade de plantão.

IV. Já, o rito é a práxis do mito, é o mito em ação.[9] Por meio do rito é possível conhecer a origem das coisas, sendo possível dominá-las, multiplicá-las e reproduzi-las.[10] O rito reproduz o mito por meio da linguagem. É, pois, uma interpretação, sujeita a idas e vindas conceituais, baseada em aspectos não apenas objetivos, mas altamente subjetivos, de cunho psicológico, econômico, sociológico etc., que podem moldar as pessoas ou a sociedade.

Diferentemente, a palavra rito é de fácil associação no Direito. Ao nos referimos a rito, logo nos reportamos ao Direito Processual, ramo do Direito que estabelece, no plano prático, princípios e regras que devem ser seguidas para a construção de uma decisão judicial.

IVa. A ideia de que o rito é modo de vivenciarmos o mito, sem, contudo, termos acesso direto a este, encontra respaldo na afirmação de Lord Devlin, segundo a qual o objeto do processo não seria submeter as partes a uma forma de argumentação superior, mas prover um método civilizado de solucionar os conflitos.[11] Segundo Luhmann, a legitimação pelo procedimento e pela igualdade das probabilidades de obter decisões satisfatórias substitui os antigos fundamentos jusnaturalistas ou os métodos variáveis de estabelecimento do consenso.[12] Lado outro, a legitimação não diz respeito a uma teoria da verdade, mas sim, ao conjunto de elementos que devem ser observados em um dado procedimento de

8 ÁVILA, Humberto. *Teoria da Segurança Jurídica*. 4ª ed. São Paulo: Malheiros, 2016. p. 133., p. 690.

9 BRANDÃO, Junito de Souza. *Mitologia Grega*. vol. I. 26ª ed. Petrópolis: Editora Vozes, 2015, p. 41.

10 Idem, p. 41-42.

11 DEVLIN, Patrick Arthur. "Judges and Lawmakers". London: *Modern Law Review*, 39, 1976, p. 3.

12 LUHMANN, Niklas. *Legitimação pelo Procedimento*. Trad. Maria da Conceição Côrte-Real. Brasília: UNB, 1980, p. 31.

tomada de decisão, que possibilite a formação de uma disposição nos participantes "de aceitar decisões de conteúdo ainda não definido, dentro de certos limites de tolerância".[13]

IVb. Se os mitos não podem ser acessados diretamente, concluímos, também, que os termos e expressões legais, que simbolizam objetos metafísicos, não podem ser exatamente deduzidos pela ciência jurídica analítica ou hermenêutica, sendo, pois, necessário um processo evolutivo histórico de construção de sentido, levando em conta o texto e o contexto.

IVc. Da mesma forma, o processo judicial, não busca uma verdade superior, mas, tão somente um procedimento que inspire nas partes a crença de que a decisão tomada decorre da aplicação de regras previamente estabelecidas. O processo, portanto, não reproduz a segurança jurídica, mas permite que as partes a vivenciem, consolidando, assim, a confiança em um dado sistema de regras.

V. A lei pode prever regras que ritualizam valores. Por exemplo, o Código de Processo Civil de 2015 não apenas replicou os princípios constitucionais do processo, como criou regras específicas, para ritualizar alguns dos mitos presentes na nossa Constituição, como é o caso da regra do art. 10 do CPC, que proíbe o juiz de decidir sobre qualquer matéria, ainda que de ordem pública, como o instituto da prescrição ou da coisa julgada, sem que antes abra vista às partes para se manifestarem. O princípio do contraditório, o mito em sentido forte, é, assim, ritualizado, gerando nas partes a expectativa de que serão ouvidas previamente, sobre toda matéria relevante para formar a convicção do juiz.

VI. Entretanto, nem sempre o rito concretiza uma ideia sequer próxima à do mito. Por vezes, um termo ou uma expressão jurídica pode ser construído de maneira anti-histórica, não evolutiva e até cunhado exclusivamente para um caso concreto, que se apresenta perante o Poder Judiciário. Inúmeros fatores poderiam ser utilizados como motivos para assim se proceder. Não nos cabe, neste trabalho, investigá-los. Nele pretendemos apenas sustentar que um termo ou uma expressão jurídica pode simplesmente ter seu alcance reduzido, ou mesmo retirado de seu contexto, para que seja tomada uma decisão judicial.

VIa. É o caso do uso da modulação de efeitos de uma decisão de inconstitucionalidade pelo Supremo Tribunal Federal, para evitar impacto nos cofres públicos. Teremos a oportunidade de, mais adiante, aprofun-

---

13 *Idem*, p. 30.

dar o tema, mas antecipamos que a modulação de efeitos, tal qual permitida na legislação brasileira, serve para prestigiar dois dos nossos mais caros princípios jurídicos: a segurança jurídica e o interesse social. Porém, se tão relevantes princípios são, pura e simplesmente, reduzidos à ideia de evitar danos ao erário, ocorre uma corrupção do mito em sentido forte, transformando-se em mito em sentido fraco, isto é, em uma ilusão.

3. Direito Tributário e mito

I. Como sustenta um de nós,[14] "princípio jurídico é um enunciado lógico, implícito ou explícito, que, por sua grande generalidade, ocupa posição de preeminência nos vastos quadrantes do Direito e, por isso mesmo, vincula, de modo inexorável, o entendimento e a aplicação das normas jurídicas que com ele se conectam".

Ia. Princípios, portanto, são conceitos que, exatamente, por isso, necessitam de concretização no plano prático, especialmente na aplicação das normas jurídicas que, de certa forma, guardam pertinência com aqueles enunciados. Essa tarefa – a da aplicação – não é uma atividade de mera subsunção, mas de verdadeira construção, motivo pelo qual pressupõe certo grau de criatividade, por parte da autoridade competente. Eros Grau descreve com perfeição o caminho até a decisão final, no sentido de que a interpretação e aplicação do Direito parte dos textos legislativos, dos fatos e da realidade, passando pela construção da norma jurídica, até a norma de decisão, que exige uma tomada de atitude do aplicador.[15]

Ib. Isso importa dizer que pode haver, no plano pragmático, alguma dissociação entre o conceito e sua aplicação prática. Obviamente, devemos ponderar que cabe à doutrina e ao profissional do Direito traçar balizas jurídicas e válidas para controlar o grau de coerência entre o conceito, isto é, o mito, a ideia, o sagrado, e sua aplicação prática, ritualizada.

II. Particularmente, quanto ao nosso objeto de estudo, a doutrina brasileira é rica ao traçar as bases fundamentais da ideia de segurança jurídica. Ataliba, baseado na doutrina norte-americana, correlaciona a segurança jurídica à chamada *fair administration*, que impõe o dever de

14 CARRAZZA, Roque Antonio. *Curso de Direito Constitucional Tributário*. 33ª edição. São Paulo: Malheiros, 2021, p. 42.

15 GRAU, Eros Roberto. *Por que Tenho Medo dos Juízes: A Intepretação/Aplicação do Direito e os Princípios*. São Paulo: Malheiros, 2021, p. 33-34.74.

lealdade do Estado ao cidadão, sendo um traço fundamental dos atos dos três Poderes.[16]

IIa. Xavier explica que a segurança jurídica é considerada, pelo Tribunal Constitucional da Alemanha, decorrência lógica do Estado de Direito e que, no campo do Direito Tributário, passou a ser denominada "confiança na lei fiscal", segundo a qual "as leis tributárias devem ser elaboradas de tal modo que garantam ao cidadão a confiança de que lhe facultam um quadro completo de quais as suas ações ou condutas originadoras de encargos fiscais".[17]

IIb. Para Ferraz Júnior, a segurança jurídica está relacionada às ideias de certeza e igualdade, que habilitam o cidadão a ser "senhor de seus próprios atos".[18]

IIc. Já Paulsen associa a segurança jurídica à tutela jurisdicional: o que abrange o direito de acesso ao Poder Judiciário, os procedimentos que resguardem tanto a efetividade da tutela judicial, como o contraditório e a ampla defesa, as decisões devidamente fundamentadas e os órgãos jurisdicionais independentes e competentes, tudo em conformidade com o texto constitucional e o ordenamento jurídico como um todo.[19]

III. Outra faceta da segurança jurídica, aplicável ao processo judicial, está relacionada às modificações jurisprudenciais e sua aplicação a casos pendentes. Segundo Derzi, a confiança é consequência da aplicação efetiva dos princípios da irretroatividade, o que impõe ao Poder Judiciário o dever de preservar os fatos que foram realizados sob a égide de jurisprudência anterior, em caso de alteração de entendimento, devendo dar eficácia tão somente prospectiva à mudança.[20] O tema será abordado mais adiante.

---

16 ATALIBA, Geraldo. *República e Constituição*. 2ª ed. São Paulo: Malheiros, 1998, p. 173-174.

17 Idem, p. 46.

18 FERRAZ JR., Tercio Sampaio. "Segurança Jurídica e Normas Gerais Tributárias". *Revista de Direito Tributário*, São Paulo, n. 17/18, 51-56, 1981.

19 Idem, p. 61.

20 DERZI, Misabel Abreu Machado. *Modificações da Jurisprudência no Direito Tributário*. São Paulo: Noeses, 2009. p. 569-570.

4. Precedente e rito

I. Precedentes são decisões judiciais que funcionam como modelo para decisões posteriores. Segundo MacCormick, aplicar lições do passado, para resolver problemas do presente e do futuro, é uma parte fundamental de como exercermos nossa razão prática.[21] É intuitivo que, ao nos depararmos com problemas atuais, nos voltemos ao passado para questionar como determinado assunto já foi decidido, sob a crença de que o processo histórico significa um acúmulo de sabedoria do passado, na expressão de MacCormick.[22]

Ia. Psicologicamente, esse modo de proceder está relacionado de algum modo ao que Sigmond Freud chamava de "pulsão de ordem", que corresponde a "uma espécie de compulsão à repetição, que, por um dispositivo estabelecido de uma vez por todas, decide quando, onde e como algo tem de ser feito, de modo que, em cada caso idêntico, hesitações e oscilações são poupadas".[23]

Ib. Um precedente nos fornece uma argumentação já pronta a ser aplicada, desde que nos deparemos com uma situação semelhante ou análoga, nos poupando de nos aprofundarmos mais uma vez sobre questões que já encontram razoavelmente uma solução no passado.

II. Nesse sentido, em princípio, é muito mais simples, rápido e fácil aderirmos a um precedente para dar a solução de hoje. Porém, a doutrina aponta que seguir um precedente não necessariamente é algo, por si só, recomendável.

IIa. Na verdade, um precedente pode restringir ou libertar a atividade de um juiz no caso concreto, na medida em que se pode admitir duas possibilidades, quando nos deparamos com um caso e o cotejamos com o precedente. De fato, a depender do caso, o julgador de hoje pode imaginar que se seus antecessores fizeram deste ou daquele modo, não há motivos para que, ele próprio, não faça o mesmo. Também, diante das peculiaridades do caso, o julgador poderia repelir prontamente a

---

21 MACCORMICK, Neil; SUMMERS, Robert S.; GOODHART, Arthur L. *Interpreting Precedents*: *A Comparative Study*. New York: Routledge, 2016, p. 1.

22 Idem, p. 1.

23 FREUD, Sigmund. *Cultura, Sociedade, Religião*: *o mal-estar na cultura e outros ensaios*. Tradução Maria Rita Salzano Moraes. São Paulo: Autêntica, 2020, p. 342.

aplicação do precedente, imaginando quão absurda seria sua decisão se seguisse o precedente.[24]

III. De qualquer forma, a doutrina também concorda que argumentar por precedentes é ao mesmo tempo olhar para o passado e para o futuro, na medida em que o juiz, ao se deparar com os casos que lhe são submetidos, deve se guiar pelo que já estabelecido no passado para decidir o presente e, ao mesmo tempo, compreender que o que está sendo decidido hoje será o guia para as decisões dos juízes no futuro,[25] fato que leva à constatação de Duxbury de que precedentes têm uma dimensão histórica e uma dimensão consequencial,[26] e que, é nessa ambivalência que reside a própria razão de haver uma cultura de precedentes, pelo menos nos países do sistema legal da *Common Law*: uma doutrina capaz de criar restrições aos juízes por meio do *stare decidis*, mas, ao mesmo tempo, a depender do caso concreto, de criar uma margem de discrição, para eventual superação do precedente, em face da complexidade do caso e da própria evolução do Direito.[27]

IIIa. A propósito de sistemas jurídicos, necessário pontuarmos, para que não pairem dúvidas: o sistema jurídico brasileiro é da tradição da *Civil Law*, o que importa dizer que a fonte direta e primária do Direito é a lei, porque é ela que lhe dá *fundamento de validade*. Isso importa dizer que o juiz, embora possua alguma atividade criativa, está, sempre, realizando processos de aplicação do direito legislado, seja derivando uma norma específica de uma norma superior, seja criando uma norma, baseado no direito posto.

IIIb. Sejamos mais específicos. O que queremos dizer é que, no sistema brasileiro, de tradição do sistema da *Civil Law*, o juiz deve sempre seguir o direito positivo, aplicando as regras pertinentes aos diversos casos e, na hipótese de encontrar uma lacuna normativa, ontológica ou axiológica,[28] construindo uma norma jurídica baseada em interpretação razoável e no direito positivo vigente.

---

24 DUXBURY, Neil. *The Nature and Authority of Precedent*. Cambridge: Cambridge University Press, 2008, p. 4.

25 MACCORMICK, Neil; SUMMERS, Robert S.; GOODHART, Arthur L. *Interpreting Precedents: A Compa-Rative Study*. New York: Routledge, 2016, p. 2.

26 DUXBURY, Neil. *The Nature and Authority of Precedent*. Cambridge: Cambridge University Press, 2008, p. 4.

27 Idem, p. 183.

28 DINIZ, Maria Helena. *Lei de Introdução às Normas do Direito Brasileiro*. 18ª ed. São Paulo: Saraiva, 2013, p. 123.

IIIc. Para deixarmos mais evidente essa constatação, façamos o contraste da principal diferença entre a *Civil Law* a *Common Law*, ou seja, entre o uso da expressão *common law* com iniciais maiúsculas e minúsculas, tal qual utilizado, por exemplo, por Posner.[29] *Common Law* é um sistema jurídico típico dos países anglo-saxões que têm como figura central o precedente, instrumento jurídico estatal que dá fundamento de validade ao próprio Direito. Por outro lado, o termo *common law*, em letras minúsculas, é aquele que ombreado ao Direito Constitucional e o Direito Estatutário corresponde à autonomia de criar o Direito *ex novo*, não por conta de uma autorização legislativa, mas, sim, por força de uma tradição dos países anglo-saxões de reconhecer a figura do julgador como fonte primária do Direito.[30]

IV. Tanto é assim, que o sistema da *Common Law* existe muito antes de as cortes inglesas se auto constrangerem a seguir seus precedentes, o que começou a acontecer somente a partir do Século XVIII.[31] A doutrina dos precedentes e, mais especificamente, a doutrina de seguir os precedentes - doutrina *stare decisis* - teve origem na necessidade prática das cortes inglesas, na medida em que os relatórios e votos dos juízes passaram a ser transcritos e publicados com grau de precisão cada vez maior, ao ponto em que os advogados e operadores do Direito passaram a requerer o óbvio: que os juízes fossem coerentes e seguissem seus próprios entendimentos anteriores.

Na tradição inglesa, portanto, a doutrina do *stare decisis* não advém de imposição constitucional ou do Parlamento - diferentemente da legislação brasileira - e que o *stare decisis* não é a pedra angular da *Common Law*, mas autoimposição das Cortes, a partir do aperfeiçoamento e difusão dos registros das decisões judiciais e da passagem do sistema *plea* para o sistema do contencioso, que impõe que o juiz decida substituindo a decisão das partes, e mediante a exposição das suas razões de decidir.

---

29 *V.* POSNER, Richard Allen. *The Problems of Jurisprudence*. Cambridge: Harvard University Press, 1993. p. 247 e POSNER, Richard Allen. *Overcoming Law*. Cambridge: Harvard University Press, 1995. p. 400.

30 POSNER, Richard Allen. *Overcoming Law*. Cambridge: Harvard University Press, 1995. p. 400.

31 DUXBURY, Neil. *The Nature and Authority of Precedent*. Cambridge: Cambridge University Press, 2008, pp. 35-37 e 116.

V. Essa prática – esse rito, dizemos nós – consubstancia, concretamente, os valores – os mitos, as ideias inatas, os conceitos fundamentais – da consistência, segurança jurídica e eficiência. Não à toa, Posner, jurista e juiz pragmático por excelência, referindo-se ao sistema estadunidense, reconhece que, por um lado, o julgador precisa respeitar os valores políticos e sociais da continuidade, como a coerência, a generalidade, a imparcialidade e a previsibilidade na administração dos direitos e deveres e, por outro, a importância intrínseca de circunscrever a discricionariedade, seja interpretando a Constituição ou algum estatuto, seja atuando com maior liberdade, em algum caso que se restrinja ao *comnon law*.[32]

VI. Mas, afinal, por que seguimos os precedentes? Historicamente, podemos encontrar duas razões demasiadamente fortes para que trabalhemos doutrinariamente com a cultura dos precedentes. Uma de ordem deontológica; outra, de ordem consequencialista.[33] Para seguir os ditames da justiça, da igualdade e da segurança jurídica, torna-se imperativa a conduta de adesão aos precedentes para garantir que casos idênticos devem ter o mesmo fim e que o Direito se aplica de forma linear, desde que haja a mesma razão para decidir ou, em caso de desvio do precedente, necessária a argumentação reforçada e a exposição dos motivos pelos quais o precedente está sendo superado, em definitivo ou para um caso determinado.

VIa. De outra banda, seguir precedentes tem um motivo de ordem consequencialista,[34] na medida em que um conjunto de decisões ante-

---

32 POSNER, Richard Allen. *Law, Pragmatism and Democracy*. Cambridge: Harvard University Press, 2003. p. 61.

33 DUXBURY, Neil. *The Nature and Authority of Precedent*. Cambridge: Cambridge University Press, 2008, p. 97 e 168-170.

34 O termo "consequencialismo" foi cunhado originariamente por Gertrude Elizabeth Margaret Anscombe em artigo intitulado Modern Philosophy, em 1958. Anscombe foi uma escritora irlandesa que dedicou grande parte de sua obra ao estudo da ética. Anscombe criou o termo, dentre outros motivos, para abarcar a linha de pensamento dos acadêmicos morais ingleses que estruturam sua linha na máxima ética segundo a qual a ação correta é a ação que produz as melhores consequências possíveis (entre as consequências, os valores intrínsecos atribuídos a certos tipos de ato por alguns objetivistas). Objetivistas são os acadêmicos morais que fazem a distinção entre os valores intrínsecos de cada ação humana – como, por exemplo, o valor inerente a não matar alguém – e as consequências dos atos. Sendo assim, alguns atos seriam moralmente obrigatórios, independentemente dos resultados positivos que seriam atingidos. V. ANSCOMBE, Gertrude Elizabeth Margaret. "Mod-

riores sobre o mesmo tema representa um atalho para a administração da Justiça.

Discordamos parcialmente de MacCormic. quando afirma que sistemas jurídicos se diferenciam primordialmente sobre a questão de como ou até como se exige ou se espera que os juízes respeitem precedentes, como modelos para novas decisões, embora concordemos que haja uma tendência de aproximação dos sistemas, dada a maior relevância que países da *Common Law* atribuem aos estatutos, e a importância sempre crescente dada aos precedentes, por parte dos países da *Civil Law*, fenômeno que tem aumentado significativamente a complexidade dos sistemas jurídicas por todo o mundo.[35]

O fato de um determinado país atribuir força vinculante aos precedentes judiciais – independente da forma como são feitos naquele local – não implica afiliação a um ou outro sistema. Um sistema jurídico é fruto de uma tradição, decorre de um processo histórico complexo e não seria, por exemplo, uma lei editada pelo legislativo que alteraria essa realidade.

VII. Sendo mais específicos, podemos dizer, confortavelmente, que a adoção da força vinculante dos precedentes judiciais tal qual feita no CPC de 2015 não transmudou o sistema brasileiro. O que aconteceu foi que o legislador se imbuiu do espírito de dar segurança jurídica às pessoas, e que o sistema judicial brasileiro, marcado pela alta litigiosidade, ganhou eficiência. Podemos confirmar nossa conclusão nos utilizando dos chamados países de *mixed jurisdictions*, isto é, países – estes sim – cujos sistemas jurídicos são produto de uma fusão entre a *Civil Law* e a *Common Law* por aspectos peculiares.[36] É o caso, por exemplo, da Escócia e do Estado da Louisiana/EUA.

VIII. No sistema da *Civil Law*, o juiz está, sempre, vinculado à lei, de maneira mais ou menos forte, a depender do texto a ser interpreta-

ern moral philosophy". *Philosophy*, London, v. 33, p. 7-8, 1958. Embora Duxbury utilize o mesmo termo em sua obra, associa-o à eficiência e não exatamente no sentido utilizado por Anscombe.

35 MACCORMICK, Neil; SUMMERS, Robert S.; GOODHART, Arthur L. *Interpreting Precedents: a comparative study*. New York: Routledge, 2016, p. 2 e 4.

36 VALENTINE, Vernon. "A glimpse at the Extended Family", In *Mixed Jurisdictions Worldwide: the third legal family*. 2ª ed. Cambridge: Cambridge University Press, 2012, p. 3-7.

do – se de ordem constitucional, legal etc. Queremos com isso dizer que o fenômeno do Direito – pelo menos nos países de tradição do sistema *Civil Law* – não pode ser reduzido a simples previsões de como os juízes decidirão em determinado caso ou que, conforme uma vez pontuou Holmes, o sentido do Direito é o de fazer profecias acerca do que os tribunais irão decidir.[37]

Nesse ponto, entremostra-se mais do que adequada a observação de Vilanova,[38] ao criticar o sociologismo jurídico, exemplificando a tese de Holmes, no sentido de que a ciência do Direito serviria tão somente para estabelecer juízos de probabilidade, do que os tribunais decidiriam em cada caso, o que confundiria irremediavelmente os mundos do ser e o dever ser. Aliás, essa talvez seja a maior problemática da doutrina, ao fazer a aproximação do estudo dogmático do Direito e dos precedentes judiciais: o risco da redução da ciência jurídica ao sociologismo jurídico.[39]

IX- De forma alguma estamos recusando o estudo científico das decisões, como necessidade ao aprofundamento dos estudos de Direito. De há muito, Souto Maior Borges já destacava que as universidades deveriam estudar os precedentes judiciais.[40] O que defendemos é uma inversão na ordem que o sociologismo jurídico destaca: o estudo do Direito a partir da norma, isto é, a ciência jurídica como construtora de proposições válidas do Direito tendo por plano o direito positivo, e não o estudo

---

37 HOLMES JR, Oliver Wendell. "The Path of Law". *Harvard Law Review*, Boston, v. 10, n. 8, p. 458, mar. 1897.

38 VILANOVA, Lourival. *As Estruturas Lógicas e o Sistema de Direito Positivo*. 4ª ed. São Paulo: Noeses, 2010, p. 36-37.

39 "Sob a rubrica de sociologismo jurídico – expressão que preferimos a realismo jurídico, empirismo jurídico etc. – reunimos todas as teorias que consideram o Direito sob o prisma predominante, quando não exclusivo, do fato social, apresentando-o como simples componente dos fenômenos sociais e suscetível de ser estudado segundo nexos de causalidade não diversos dos que ordenam os fatos do mundo físico. O sociologismo jurídico traduz uma exacerbação ou exagero da Sociologia Jurídica, pois esta, quando se contém em seus justos limites, não pretende explicar todo o mundo jurídico através de seus esquemas e leis, até ao ponto de negar autonomia à Jurisprudência, reduzindo-a a uma arte de bem decidir com base nos conhecimentos fornecidos pelos estudiosos da realidade coletiva." (REALE, Miguel. *Filosofia do Direito*. 19ª ed. São Paulo: Saraiva, 1999. p. 93)

40 *V.* BORGES, José Souto Maior. "Um Ensaio Interdisciplinar em Direito Tributário: Superação da Dogmática". *Revista Dialética de Direito Tributário*, nº 211, 2013. pp. 106-121.

do Direito tendo por fonte primária a decisão judicial, sob pena de os precedentes servirem para a chancela de todo o comportamento, sob o argumento de que se o Poder Judiciário introduziu norma jurídica no ordenamento, cabe à doutrina tão somente chancelar as decisões judiciais e procurar em elementos estranhos ao Direito uma justificação política, econômica, sociológica, psicológica etc., para a decisão judicial.

IXa. Propomos exatamente o oposto. Entendemos, baseados na tradição da *Civil Law*, que o juiz ritualiza - ou deve ritualizar - os conceitos abstratos, as cláusulas gerais, os princípios - baseados na construção histórica do Direito. Com efeito, nas palavras de MacCormick, há uma diferença fundamental no processo de criação de uma lei e naquele que produz a decisão judicial. Leis requerem um ato legislativo, precedido de debates que desaguarão na construção de um estatuto que prevê - ou tenta prever - todas as possibilidades que podem surgir e que possam ser alcançadas pela nova lei. Por outro lado, o processo de construção de precedentes é muito mais longo, seguindo uma evolução, ajustes, gerando uma decisão que vai se limitar tão somente a resolver o caso concreto.[41]

IXb. Por igual modo, Derzi afirma que o legislador filtra os dados da realidade e constrói a norma geral e abstrata para transformar a realidade, considerando as consequências na formação das expectativas normativas, enunciando, em linguagem geral, universal e evolutiva, utilizando-se de conceitos gerais e de pouca compreensão apriorística. Já o Poder Judiciário atua para o passado, baseado na filtragem dos fatores externos já feita pelo legislador, operando em estrita vinculação à lei, à Constituição, ao Direito dentro daquilo já filtrado, determinando a interpretação única da norma geral, por meio da introdução de outra norma jurídica de alta compreensão no sistema.[42]

X. A concretização do sentido e do alcance das normas jurídicas não é atividade banal. Como já mencionamos, a construção dos precedentes no contexto da tradição da *Common Law* depende da aplicação do texto do direito legislado. É atividade da doutrina fornecer os elementos para essa atividade de especificação.

Xa. O rito da construção do precedente - e não conceitos presos a um determinado texto - constrói o conteúdo da norma jurídica. Aqui

41 MACCORMICK, Neil; SUMMERS, Robert S.; GOODHART, Arthur L. *Interpreting Precedents: A Comparative Study*. New York: Routledge, 2016, p. 5.

42 DERZI, Misabel Abreu Machado. *Modificações da Jurisprudência no Direito Tributário*. São Paulo: Noeses, 2009. p. 577-578.

fundamental o ensinamento de Kaufmann que preceitua que para a Teoria do Discurso – da argumentação, inclusive jurídica, portanto – a verdade não se encontra no conceito – no mito, no universal –, mas no processo, registrando-se, assim, que conteúdo e experiência são complementares entre si.[43] Construção e processo se interpenetram gerando a síntese de uma verdade aceitável, dentro de um sistema de regras pré-estabelecidas e, principalmente, dentro das expectativas normativas.

Xb. Kaufmann ainda retira do princípio da razão de Kant, os três pilares do discurso prático normativo: o princípio da argumentação, do princípio do consenso ou convergência e o princípio da falibilidade, que devem ser harmonizados. O princípio da argumentação, admite que todos os argumentos são livres. O princípio da convergência indica que embora os argumentos sejam livres, nenhum deles é definitivo. Por fim, o princípio da falibilidade indica que os argumentos não são definitivos porque são falhos, ou parciais.[44]

XI. Dentro de um sistema jurídico instituído no contexto de um Estado de Direito, esses princípios devem ser seguidos, mas sempre tendo como fundamento que a atividade jurisdicional aplica a Constituição e as leis, e que, portanto, a razão prática jurisdicional tem balizas irrenunciáveis, sob pena de tornar dispensável a tarefa do legislador.[45]

XIa. Concluímos, então, que a formação do precedente é o exercício do mito que transforma – ou vive, vivencia, simula, copia – o mito em sentido forte. Que mito? Para nossos fins, o mito da consistência, da segurança jurídica, da previsibilidade, da igualdade. Por outro lado, estudar os precedentes tendo como pressuposto o puro sociologismo jurídico significa dar ao Poder Judiciário uma atribuição que ele não tem. Haveria nessa atividade supostamente científica uma chancela de tudo o que é decidido, porque assim foi decidido e, em consequência, a corrupção do mito em sentido forte, por um mito em sentido fraco, isto é, uma lenda, uma ficção, um instituto sem um sistema de referência, que pudesse abarcar e compreender o próprio fenômeno que se pretende estudar.

XII. Veremos a seguir que essa conclusão é importante no estudo da modulação dos efeitos da declaração de inconstitucionalidade pelo

43 KAUFMANN, Arthut. *Filosofia do Direito*. Lisboa: Fundação Calouste Gulbenkian, 2004, p. 425.

44 Idem, p. 428-429.

45 DERZI, Misabel Abreu Machado. *Modificações da Jurisprudência no Direito Tributário*. São Paulo: Noeses, 2009. p. 577-578.

STF, nos contextos que restringiram os efeitos das decisões *(i)* no RE 593.849, em que foi fixada a tese, com repercussão geral "É devida a restituição da diferença do Imposto sobre Circulação de Mercadorias e Serviços (ICMS) pago a mais no regime de substituição tributária para frente se a base de cálculo efetiva da operação for inferior à presumida" e, *(ii)* no RE nº 574.706, em que foi fixada a tese com repercussão geral "O ICMS não compõe a base de cálculo para fins de incidência do PIS e da COFINS".

5. Segurança jurídica e modulação de efeitos: estudo de dois casos

I. É ponto bem averiguado, que as normas jurídicas devem ser vistas como partes integrantes daquilo que Norberto Bobbio chamou de "conjunto ordenado de regras de conduta".[46] No Brasil, as que tratam do dever de pagar tributos só podem nascer da interpretação da lei (cf. art. 150, I, da *CF*).

A importância da ideia cresce de ponto quando se está diante de uma decisão judicial, já que ela define a interpretação válida do texto da lei tributária. Com isso, como observa Mizabel Derzi, nasce uma "verdadeira expectativa normativa de comportamento para todos os integrantes do mesmo grupo de casos", sendo que, para as sentenças inaugurais, "a regra da retroação, do olhar para o passado, é decisiva".[47]

Vai daí que a não retroação da decisão judicial, por excepcionar a regra geral, exige aquilo que a dogmática alemã denomina *encargo especial de argumentação.*

46 BOBBIO, Norberto. *Teoria da Norma Jurídica*. Trad. Fernando Pavan Baptista e Ariani Bueno Sudatti. Bauru: EDIPRO, 2001, p. 26.

47 DERZI, Misabel Abreu Machado. *Modificações da jurisprudência no direito tributário.* São Paulo: Noeses, 2009. p. 580-581.

Tal determinação é encontrável, ainda que de modo implícito,[48] na Lei nº 9.868/1999 (ADI e ADC - art. 27[49]), na Lei nº 9.882/1999 (ADPF - art. 11[50]) e na Lei nº 11.417/2006 (súmula vinculante - art. 4º[51]). Esses atos normativos autorizam o STF, pelo voto fundamentado de pelo menos dois terços dos seus membros, a restringir os efeitos das suas decisões vinculantes ou a determinar que tenham eficácia a partir, quer do seu trânsito em julgado, quer de qualquer outro momento.

E é exatamente nesse ponto que surge o problema da modulação das decisões com eficácia vinculante (efeitos *erga omnes*), típicas dos pronunciamentos do STF, no controle concentrado de constitucionalidade (ADI, ADC e ADPF).[52]

---

48 Ao referirmos que a determinação está "implícita" queremos apenas significar que ela não se assenta em um único enunciado linguístico, mas em vários, que, tomados em conjunto, formam a norma jurídica.
Para o jurista, todas as normas jurídicas são explícitas, porque ele não se limita a ler os textos normativos, mas, os interpreta. Assim, por meio do labor exegético, e valendo-se do instrumental teórico que lhe é fornecido pela Ciência do Direito, acaba por trazer à clara luz do dia normas jurídicas que escapam à percepção do leigo.

49 Lei nº 9.868/1999: "Art. 27. Ao declarar a inconstitucionalidade de lei ou ato normativo, e tendo em vista razões de segurança jurídica ou de excepcional interesse social, poderá o Supremo Tribunal Federal, por maioria de dois terços de seus membros, restringir os efeitos daquela declaração ou decidir que ela só tenha eficácia a partir de seu trânsito em julgado ou de outro momento que venha a ser fixado".

50 Lei nº 9.882/1999: "Art. 11. Ao declarar a inconstitucionalidade de lei ou ato normativo, no processo de arguição de descumprimento de preceito fundamental, e tendo em vista razões de segurança jurídica ou de excepcional interesse social, poderá o Supremo Tribunal Federal, por maioria de dois terços de seus membros, restringir os efeitos daquela declaração ou decidir que ela só tenha eficácia a partir de seu trânsito em julgado ou de outro momento que venha a ser fixado".

51 Lei nº 11.417/2006: "Art. 4º A súmula com efeito vinculante tem eficácia imediata, mas o Supremo Tribunal Federal, por decisão de 2/3 (dois terços) dos seus membros, poderá restringir os efeitos vinculantes ou decidir que só tenha eficácia a partir de outro momento, tendo em vista razões de segurança jurídica ou de excepcional interesse público".

52 Embora a modulação das decisões com eficácia vinculante seja típica dos pronunciamentos do STF, no controle concentrado de constitucionalidade (ADI, ADC e ADPF), houve, após o advento do CPC/2015, significativa ampliação do rol de decisões judiciais que a admitem.
Conforme observa José Miguel Garcia Medina, "[c]ontrovertia-se, na jurisprudência, acerca da possibilidade de modulação, na vigência do CPC/1973. A polêmica resta superada, à luz do CPC/2015, que textualmente admite, em seu art. 927, § 3.º, a modulação dos efeitos da alteração jurisprudencial. De acordo com o § 3.º

II. Muito bem. Modulação, em apertada síntese, é a possibilidade de os tribunais decidirem sobre os aspectos temporais dos efeitos de uma decisão judicial, de modo a "...limitar sua retroação, excluir dela determinadas situações ou até mesmo conferir eficácia prospectiva (de modo a só começar a produzir efeitos num momento futuro)".[53]

IIa. Já, quanto aos casos que compreendem mudança de orientação, relativa à pauta de conduta a ser seguida pelo particular, merecem destaque:

A) a Lei nº 13.655/2018, que, ao alterar a Lei de Introdução às Normas do Direito Brasileiro, prescreve que *(i)* nos casos de nova orientação sobre norma, que imponha, ao particular, novo dever, é necessário, quando indispensável para que seja cumprido, o estabelecimento de regime de transição (art. 23[54]) e, *(ii)* os casos de revisão, na via administrativa ou judicial, do conteúdo de norma jurídica (ato administrativo, orientação jurisprudencial etc.), não invalidarão situações plenamente constituídas (art. 24[55]); e,

---

do art. 927 do CPC/2015, 'na hipótese de alteração de jurisprudência dominante do Supremo Tribunal Federal e dos Tribunais superiores ou daquela oriunda de julgamento de casos repetitivos, pode haver modulação dos efeitos da alteração no interesse social e no da segurança jurídica'. (...) Em *situações excepcionais*, quando presente interesse público em se protegerem situações jurídicas consolidadas, deve ser possível a modulação dos efeitos de alteração jurisprudencial, para se aplicar a nova orientação firmada apenas a casos futuros (*prospective overruling*)". (MEDINA, José Miguel Garcia. *Direito Processual Civil Moderno* [livro eletrônico] 3.ed. São Paulo: Editora Revista dos Tribunais, 2017, item 1.5.3).

---

53 TALAMINI, Eduardo. Impugnação ao Cumprimento do Título Executivo Inconstitucional. In: *Questões relevantes sobre Recursos, ações de impugnação e mecanismos de uniformização da jurisprudência* (Coord. Cassio Scarpinella Bueno, Bruno Dantas, Rita Dias Nolasco). São Paulo: Editora Revista dos Tribunais, 2017, parte V, item 27 – livro eletrônico.

54 LINDB: "Art. 23. A decisão administrativa, controladora ou judicial que estabelecer interpretação ou ori-entação nova sobre norma de conteúdo indeterminado, impondo novo dever ou novo condicionamento de direito, deverá prever regime de transição quando indispensável para que o novo dever ou condicionamento de direito seja cumprido de modo proporcional, equânime e eficiente e sem prejuízo aos interesses gerais".

55 LINDB "Art. 24. A revisão, nas esferas administrativa, controladora ou judicial, quanto à validade de ato, contrato, ajuste, processo ou norma administrativa cuja produção já se houver completado levará em conta as orientações gerais da época, sendo vedado que, com base em mudança posterior de orientação geral, se declarem inválidas situações plenamente constituídas".

B) o art. 927, § 3º, do CPC/2015, segundo o qual a modulação de efeitos poderá ser aplicada quando houver alteração de jurisprudência dominante dos tribunais superiores, ou, ainda, de teses firmadas em recursos repetitivos - tudo em prol do interesse social e da segurança jurídica.[56]/[57]

IIb. Em suma: as declarações do STF em ADI, ADC, ADPF e, também, os enunciados de súmulas vinculantes, poderão ter seus efeitos modulados, se houver interesse público/social a ser resguardado ou, ainda, estiver em jogo a preservação da segurança jurídica. A modulação também poderá ocorrer nos casos em que decisões do STF e/ou do STJ impliquem alteração de jurisprudência anterior consolidada, o que igualmente será feito no interesse público/social e/ou no da segurança jurídica.

III. Retornando às hostes do direito tributário, cumpre-nos indagar: caso o STF declare a inconstitucionalidade de um tributo, ou decida pela inconstitucionalidade do modo de sua apuração,[58] é possível a modulação dos efeitos de tal pronunciamento *pro futuro*[59] (ou seja, em favor do Fisco), em nome da preservação do interesse público e social?

---

56 CPC/2015: "Art. 927. (...) § 3º. Na hipótese de alteração de jurisprudência dominante do Supremo Tribunal Federal e dos tribunais superiores ou daquela oriunda de julgamento de casos repetitivos, pode haver modulação dos efeitos da alteração no interesse social e no da segurança jurídica".

57 Para Arruda Alvim, "...o CPC/2015 permite expressamente a modulação de efeitos em relação à tese que for alterada (art. 927, § 3º). Trata-se da situação em que, para preservar a segurança jurídica (isto é, não frustrar pautas de conduta e expectativas jurídicas já consolidadas), o tribunal pronuncia-se sobre a superação do entendimento mas delimita temporalmente quando a força vinculativa vai passar a produzir efeitos. Não quis o código estabelecer limites a essa modulação, para permitir que cada caso concreto seja adequadamente decidido neste ponto. Em face disso, sempre que o interesse social ou a proteção da confiança dos jurisdicionados exigir, há decisão, superando a tese, mas desde logo determinando, momento diferente do da decisão, a partir de quando essa alteração desbordará seus efeitos para o restante dos casos idênticos e futuros". (ALVIM, José Manoel de Arruda. *Manual de Direito Processual Civil: Teoria do Processo e Processo de Conhecimento.* 2.ed. São Paulo: Editora Revista dos Tribunais, 2017, item 3.3.1.- livro eletrônico).

58 Não raras vezes, a lei tributária, entre outras inconstitucionalidades, *(i)* "amplia", indevidamente, as bases de cálculo dos impostos e contribuições, *(ii)* "restringe" o direito de crédito (decorrente do princípio da não-cumulatividade), no âmbito dos impostos plurifásicos e das contribuições sociais e, *(iii)* prevê a exigência de taxas em valores superiores àquilo que seria a contraprestação pela atuação estatal.

59 Por exemplo, para momento posterior à publicação do acórdão que reconheceu a inconstitucionalidade.

A resposta é negativa, se por mais não fosse, em razão dos princípios da igualdade tributária e da capacidade contributiva.

IIIa. Realmente, modular, para o futuro, os efeitos de uma decisão com esse teor, além de caracterizar enriquecimento sem causa do Estado,[60] viola o princípio da igualdade tributária,[61] haja vista que o critério de *discrímen* utilizado para legitimar a cobrança da exação passa a ser o momento escolhido pelo STF, como adequado à propagação de efeitos da sua decisão – e, não, a capacidade contributiva, como deveria ser.[62]

Em outras palavras, no caso de modulação, nesta situação específica:

A) reconhece-se, por um lado, que o tributo é inconstitucional – o que equivale a dizer que não há capacidade contributiva, voltada ao dever de seu recolhimento; e,

B) permite-se, por outro lado, que os valores recebidos pelo Estado não sejam devolvidos (ou seja, impede-se a repetição do indébito), como se a cobrança do mesmo gravame, agora declarado inconstitucional, fosse legítima no período anterior à decisão que reconheceu sua incompatibilidade com o sistema constitucional tributário.

---

60 É postulado jurídico, universalmente aceito, que ninguém – muito menos o Poder Público – deve experimentar enriquecimento sem causa. Tal se dá, quando o pagamento efetuado não decorre de uma obrigação que o justifique.
Se uma pessoa paga a outra algo que não deve, o enriquecimento desta última é ilegítimo, já que despido de fundamento jurídico. No caso, o *solvens* (aquele que pagou o indevido) passa a ter, em relação ao *accipiens* (aquele que o recebeu), o direito subjetivo à repetição.
Sempre a propósito, a pessoa (aí compreendida a pessoa política) que conquistou indevidamente patrimônio alheio tem o dever, jurídico e moral, de restituí-lo espontaneamente. Se não o faz, possui o *solvens* uma ação própria para reavê-lo, que outra não é senão a ação de repetição do indébito (ação de *in rem verso*).

61 No âmbito das relações tributárias, o princípio da igualdade tem a importante tarefa de conferir efetividade à justiça fiscal.

62 A Constituição protege à igualdade (isonomia) sob duas importantes perspectivas: *perante a lei* (igualdade formal) e *na lei* (igualdade material). A *igualdade perante a lei* exige que este ato normativo seja aplicado para todos, sem distinções àqueles que se encontram em uma mesma situação jurídica. Já a *igualdade na lei* implica a adoção de critérios de distinção não abusivos (sem favorecimentos pessoais, por exemplo), a fim de que se possa conferir tratamento igual aos iguais, e desigual aos desiguais.
No direito tributário, essas duas formas de proteção da isonomia podem ser resumidas na seguinte proposição: a lei tributária deve ser aplicada de forma igual àqueles que manifestarem a mesma capacidade contributiva.

IIIb. É certo que a situação relatada na letra "A" compreende tratamento tributário diferenciado do conferido à situação indicada na letra "B". É igualmente certo, porém, que o critério de discriminação, longe de estar amparado na capacidade contributiva – até porque, se o tributo é inconstitucional, inexiste capacidade contributiva a ele relacionada –, distingue os sujeitos passivos tributários levando em conta um elemento temporal não previsto na Constituição, que supostamente atenderia ao interesse público/social.

IV. Nesse passo, não podemos perder de vista que o sistema jurídico é composto por subsistemas (tributário, administrativo, penal, processual civil, processual penal etc.), que gozam de autonomia meramente didática. De fato, há, entre eles, uma umbilical relação de interdependência normativa, que confere sentido e concretude ao princípio da unicidade do Direito.[63] É o quanto basta para impedir a aplicação de preceitos legais que tratam da modulação, sem levar em conta os princípios constitucionais tributários, entre os quais se destaca o da igualdade.

Melhor explicitando, o Poder Judiciário, ao aplicar a lei, deve considerar os deveres de coerência e integridade, que promanam dos princípios constitucionais. E tais deveres, como bem observa José Manoel de Arruda Alvim, "...relacionam-se diretamente com a promoção da igualdade".[64/65]

V. A assertiva *supra* vem ao encontro do pensamento de Teresa Arruda Alvim; *verbis*:

> A decisão do juiz deve, como regra, respeitar as características do conjunto de normas do direito material que disciplina o caso posto

---

63 Valemo-nos aqui das lições de Paulo de Barros Carvalho para sustentar que o Direito é, de fato, *uno*, pois "...está visceralmente ligado a todo o universo das regras jurídicas em vigor, não podendo dispensar, nas suas construções, qualquer delas, por mais distante que possa parecer". (CARVALHO, Paulo de Barros. *Curso de Direito Tributário*. 29.ed. São Paulo: Saraiva, 2018, p.49)

64 ALVIM, José Manoel de Arruda. *Novo Contencioso Civil no CPC/2015* [livro eletrônico]. 1.ed. São Paulo: Editora Revista dos Tribunais, 2017, item 1.9.

65 Conforme Luiz Guilherme Marinoni, "...a mudança do precedente não pode causar *surpresa injusta* (*unfair surprise*) nem ocasionar um tratamento não isonômico entre pessoas que se encontram temporalmente em situações idênticas ou semelhantes. (...) ...o interesse social aqui só pode ser compreendido como o interesse de se manter o respeito ao princípio da igualdade sincrônica e diacronicamente". (MARINONI, Luiz Guilherme. *Novo Curso de Processo Civil: Tutela dos Direitos Mediante Procedimento Comum*. vol.2. São Paulo: Editora Revista dos Tribunais, 2015, item 13.4 – livro eletrônico).

sob sua apreciação. Se se tratar por exemplo, de um caso a ser resolvido por normas de direito tributário, princípios de direito tributário hão de ser respeitados: o da estrita legalidade tributária, o da anterioridade, o da capacidade contributiva e tantos outros.[66]

A respeito, também é digna de nota a lição de Nelson Nery Junior; *verbis*:

> [Q]uando se admite a modulação de efeitos para preservação do interesse social, não se pode perder de vista que essa restrição de efeitos deve ser utilizada em benefício da sociedade, e o referido benefício concretiza-se quando a modulação resguarda direitos fundamentais dos próprios particulares. (...) Vale dizer, é vedado ao STF realizar a modulação de efeitos com base em argumentos vagos e imprecisos ou com o intuito de privilegiar o Poder Público.[67]

VI. Todos esses argumentos nos permitem concluir pela inadequação da modulação aplicada pelo STF, quando do julgamento do RE 593.849/MG (tema 201, da repercussão geral),[68] que tratou da substituição tributária "para frente" (ou progressiva); mais precisamente, do direito de o sujeito passivo ver restituído o ICMS, quando a base de cálculo presumida for superior à real.

VIa. Note-se que, no caso, a modulação ocorreu em virtude de mudança da jurisprudência anterior, firmada por ocasião do julgamento da ADI 1.851/AL,[69] na qual o STF decidiu que o sujeito passivo da obrigação tributária somente fazia jus à restituição do ICMS, na hipótese de não ocorrência do "fato gerador presumido".

VIb. Todavia, no julgamento do referido RE 593.849/MG, o Ministro Luís Roberto Barroso, ao discorrer sobre a modulação de efeitos do julgamento, asseverou; *verbis*:

> Assim, em casos como o que se apresenta para julgamento, em que se estará promovendo uma mudança da interpretação consolidada

---

66 ALVIM, Teresa Arruda. *Modulação na alteração da jurisprudência firme ou de precedentes vinculantes.* São Paulo: Thomson Reuters Brasil, 2019, p.39.

67 NERY JUNIOR, Nelson. *Direito Constitucional Brasileiro: Curso Completo.* São Paulo: Editora Revista dos Tribunais, 2017, item 5.18.1 – livro eletrônico.

68 RE 593849, Relator Min. Edson Fachin, DJe 31/03/2017.

69 Tribunal Pleno, Relator Ministro Ilmar Galvão, DJ de 22/11/2002.

> da Corte, a solução constitucionalmente adequada é a modulação dos efeitos da decisão, como decorrência direta da aplicação do princípio da segurança jurídica. Embora os direitos fundamentais se destinem, como regra, a proteger o particular em face do Poder Público, é fato que também a Fazenda Pública se beneficia das normas que resguardem a segurança jurídica, como corolário do Estado de Direito. Não poderia ser diferente, na medida em que a arrecadação tributária também se destina a viabilizar a efetivação de direitos fundamentais da população e seu comprometimento inesperado e retroativo – inclusive com a litigiosidade decorrentes dos pedidos de repetição – não deve ser respaldado pelo direito. Em suma: o novo entendimento que venha a ser adotado pelo Supremo Tribunal Federal equivale a uma norma jurídica nova e, portanto, somente deverá atingir fatos geradores ocorridos após a presente decisão, ressalvados os processos judiciais pendentes. Por sua vez, às situações passadas já transitadas em julgado ou que sequer foram judicializadas, deve ser aplicado o entendimento anterior.

VIc. Como facilmente podemos perceber, o real objetivo desta medida foi o de prevenir que uma possível proliferação de ações de repetição de indébito impactasse gravemente os cofres do Erário. Isso, no entanto, implicou grave violação ao princípio da isonomia, pois diferenciou particulares com base, não na capacidade contributiva, mas, sim, em critério temporal (momento da decisão do STF, que alterou a jurisprudência anterior), simplesmente para resguardar os interesses do Fisco (típico argumento consequencialista[70]).

Vd. Valem, neste particular, as palavras do então Ministro do STF, Joaquim Barbosa; *verbis*:

70 Na lição abalizada de Humberto Ávila, o consequencialismo "pode ser definido como a estratégia argu-mentativa mediante a qual o intérprete molda o conteúdo ou a força do direito conforme as consequências práticas que pretende evitar ou promover, em detrimento da estrutura normativa diretamente aplicável, dos efeitos diretamente produzidos nos bens jurídicos protegidos pelos direitos fundamentais e dos princípios fundamentais imediatamente aplicáveis à matéria.
"Pode esta estratégia argumentativa ser empreendida de três principais formas: alterando a estrutura normativa adotada pelo legislador, mudando o significado escolhido pelo legislador ou modificando ou postergando as consequências previstas pelo legislador" (*Constituição, Liberdade e Interpretação*. 1 ed. São Paulo: Malheiros, 2019, p. 52).

> Pondero que, em matéria tributária, a aplicação de efeitos prospectivos à declaração incidental de inconstitucionalidade demanda um grau ainda mais elevado de parcimônia, porquanto é um truísmo afirmar que os valores arrecadados com a tributação se destinam ao emprego em finalidades públicas. Portanto, não basta ao sujeito ativo apontar a destinação de índole pública do produto arrecadado para justificar a modulação temporal dos efeitos de declaração de inconstitucionalidade, sob o risco de se inviabilizar qualquer pretensão de restituição de indébito tributário, em evidente prejuízo da guarda da constitucionalidade e da legalidade das normas que instituem as exações.[71]

VIe. Mas, verdade seja, a modulação de efeitos *pro futuro* pode levar, como no caso do RE 593.849/MG (tema 201 da repercussão geral), a que pessoas com a mesma capacidade contributiva recebam tratamento tributário diverso, a depender do momento em que foi proferida a decisão judicial. Atente-se para o paradoxo: antes do pronunciamento judicial, os particulares teriam tratamento mais oneroso; após, mais benéfico, já que recolheriam o ICMS-ST, de acordo com a Constituição – calha referir, conforme a base de cálculo real, quando esta for inferior à presumida.

VII. Voltemos agora nossas atenções para o caso emblemático do RE nº 574.706 (que confirmou a chamada "*Tese do Século*"[72]).[73] Dentre outras questões ali decididas, que fogem ao escopo do nosso trabalho, o STF, naquela assentada, definiu os contornos do Tema 69 da Repercussão Geral, no sentido de que *o ICMS não compõe a base de cálculo para a incidência do PIS e da Cofins.*

A *ratio decidendi* que levou à essa conclusão foi a de que o valor cobrado do consumidor, pelo contribuinte do ICMS, não ingressa em seu

71 AI 557237 AgR, Relator Min. Joaquim Barbosa, DJe 26/10/2007.

72 A "*Tese do Século*" foi pioneiramente defendida, na tribuna do *STF*, por um de nós (Roque Antonio Carrazza), no julgamento do RE nº 240.785, iniciado em 23-9-1999 e ultimado em 8-10-2014, com a vitória dos contribuintes. Tal decisão, no entanto, só operou efeitos *inter partes*.
Como, porém, a maioria já estava formada, o previsível efeito vinculante foi obtido no julgamento do RE nº 574.706/PR (Tema 69 da Repercussão Geral), cuja decisão transitou em julgado em 09-9-2021.

73 RE 574706, Relator(a): CÁRMEN LÚCIA, Tribunal Pleno, julgado em 15/03/2017, ACÓRDÃO ELETRÔNICO REPERCUSSÃO GERAL - MÉRITO DJe-223 DIVULG 29-09-2017 PUBLIC 02-10-2017.

caixa, como receita ou faturamento, mas é apenas um montante que circula pela sua contabilidade, para, no momento apontado na lei, ser recolhido aos cofres públicos estaduais. Tal conclusão corretamente levou em conta *(i)* o princípio da não cumulatividade do ICMS, veiculado no art. 155, § 2º, I, da Constituição Federal e, *(ii)* o conceito de faturamento, tal como estabelecido no art. 195, I, *b*, do mesmo Diploma Magno.

Ocorre, porém, que a extensão temporal dessa decisão foi restringida por meio da aplicação da técnica da modulação de efeitos, quando do julgamento dos embargos de declaratórios opostos pela Fazenda Nacional, contra o acórdão originário. Sendo mais específicos, o Pretório Excelso determinou que a produção de efeitos do *decisum* somente se faria sentir a partir de 15/03/2017, ressalvadas as ações previamente ajuizadas até esta data, em relação às quais, eles não sofreriam qualquer modulação.

VIIa. Registre-se que, nos aludidos embargos de declaração, a Fazenda Nacional pretendia fossem modulados os efeitos da declaração de inconstitucionalidade, para que os resultados da decisão somente se fizessem sentir após o julgamento desse recurso, o que, segundo sustentou, evitaria uma *reforma tributária com efeitos retroativos*, que entraria em testilhas com os princípios constitucionais da isonomia e da capacidade contributiva. Como é fácil perceber, pretendia ritualizar esses princípios, reduzindo a extensão dos efeitos de uma decisão de inconstitucionalidade.

Contudo, ao invés de demonstrar suas inusitadas teses, a Fazenda Nacional exibiu argumentos puramente consequencialistas, baseada, inclusive, em matérias de jornal, para a final concluir, em síntese, que os efeitos da decisão, caso não fossem modulados, causariam *(i)* profundo desequilíbrio das contas públicas, alcançando diversos tributos, *(ii)* mudança dos preços relativos da Economia e, *(iii)* transferências indevidas de vultosas riquezas dentro da sociedade.

VIIb. Na modulação em análise, os contribuintes tiveram violados seus direitos, sob os aspectos formal e material. *Formal*, na medida em que o princípio da segurança jurídica impede que, em sede de embargos de declaração, se acolha pedido para que sejam restringidos os efeitos de uma decisão que declara a inconstitucionalidade de uma lei ou ato normativo.[74] E, *material*, pela quebra de confiança no comportamento

74 Mantemos esse entendimento, apesar de o próprio STF haver admitido a possibilidade, em vários precedentes, citados no voto da Ministra Relatora Carmen

dos agentes do processo, pois, durante todo o julgamento, notícias de jornal não foram alvo de debate, a ponto de influenciarem o convencimento dos ministros.[75]

VIIc. De outra parte, a mesma modulação infligiu maus tratos a direitos fundamentais, que são limitações objetivas da Carta Magna aos Poderes do Estado, em sua relação com o indivíduo e, por extensão, com as sociedades empresárias. Trata-se de um caminho de mão única, isto é, que só pode prosperar quando opera em favor destes últimos.

VIId- Cabe a propósito observar que, quando a Suprema Corte declara uma lei inconstitucional, estando em jogo direitos fundamentais das pessoas, é sinal inequívoco de que foram ultrapassados os limites da Constituição, o que exige não só pronto reparo, como a declaração da invalidade do ato normativo, desde sua criação. Modular, nesse contexto, os efeitos da decisão, significa admitir alguma validade à lei inconstitucional, o que não nos parece correto, mesmo que tal se dê em homenagem ao princípio da segurança jurídica.

Em matéria tributária, o embate entre o princípio da segurança jurídica e os direitos fundamentais feridos pela lei, deve ser sempre solvido em favor do contribuinte. Injurídica, pois, a modulação, quando visa a tão somente proteger um interesse do Fisco, como, por exemplo, evitar um suposto desequilíbrio das contas públicas.

Assim deve ser, porquanto incumbe ao órgão jurisdicional amparar o direito fundamental do cidadão em face do interesse do Fisco; jamais o contrário. Daí a lei tributária declarada inconstitucional dever sempre ter seus efeitos invalidados desde sua edição.

VIII. Aliás, a modulação, nesses casos, faz com que o mito em sentido forte da segurança jurídica se reduza a uma mera expressão linguística, desvinculada da proteção aos direitos fundamentais, tal qual plasmada no *caput* do art. 5º, da Constituição da República. Em outras

Lúcia: RE 669.069 ED (Rel. Min. TEORI ZAVASCKI, Pleno, DJe de 30/3/2016), na ADI 3.794 (Rel. Min. ROBERTO BARROSO, Pleno, DJe de 25/2/2015), na ADI 3.106 (Rel. Min. LUIZ FUX, Pleno, DJe de 13/8/2015), no RE 598.099 (Rel. Min. GILMAR MENDES, Pleno, DJe de 18/12/2012), no RE 500.171/ED (Rel. Min. RICARDO LEWANDOWSKI, DJ de 2/6/2011) e na ADI 3.601 ED (Rel. Min. DIAS TOFFOLI, Pleno, DJ de 15/12/2010).

75 A discussão, até a oposição dos embargos, foi exclusivamente jurídica, baseada na interpretação de disposi-tivos constitucionais e legais.

palavras, ele se ritualiza como mito em sentido fraco, isto é, como uma ilusão, uma ficção, uma quimera, que pode se vergar a qualquer argumento consequencialista, deliberadamente articulado após o próprio julgamento e a fixação da tese de algum precedente.

Ademais, tal modo de proceder, além de violar, de modo flagrante, a isonomia, legitima o enriquecimento sem causa do Estado - episódios não tolerados pela nossa ordem jurídica.

Podemos afirmar, portanto, que quando o STF restringe os efeitos de sua decisão de inconstitucionalidade de uma lei tributária - e aqui abstraímos os motivos que o levam a isso, por mais relevantes que sejam -, rompe as expectativas criadas pelo contribuinte e a própria certeza do direito.

VIIIa. Com efeito, modular tal decisão de inconstitucionalidade no tempo equivale a declará-la ambivalente ou cindida; assim: para determinado lapso de tempo, a lei tributária será inconstitucional, ao passo que, para outro, terá validade. Com tamanho despautério, haverá contribuintes que serão tutelados pela decisão e reaverão os montantes pagos a título de tributo declarado inconstitucional, mas também haverá aqueles que conviverão com um dano em seu direito de propriedade, impedidos que estarão de dispor de instrumentos jurídicos que lhes permitam recompor suas perdas.

VIIIb. Permitimo-nos insistir que quando a demanda envolver direito fundamental - como é o caso do direito de propriedade, que é onerado pela tributação -, é injurídico modular os efeitos de uma decisão de inconstitucionalidade, para favorecer o Fisco. Isso porque, como é de trivial sabença, os direitos fundamentais visam a proteger os cidadãos contra abusos que venham a ser perpetrados pelo Estado e, não, a este, maiormente quando, como nos casos acima descritos, a injuridicidade foi de sua própria lavra. Tal, de resto, o pensamento de Humberto Ávila; *verbis*:

> [O]s direitos fundamentais, na sua eficácia defensiva e protetiva, só podem ser utilizados pelos cidadãos, não pelo Estado. Ao Estado falta o substrato pessoal, a vinculação com o exercício da liberdade, a relação com a dignidade humana e a posição de destinatário das normas: o Estado é uma instituição objetiva, não uma pessoa humana; não exerce liberdade, mas competência e poder; não tem dignidade; não é destinatário das normas, mas seu editor.[76]

76 *Teoria da segurança jurídica*. 4ª ed. São Paulo: Malheiros, 2016, p. 155.

Seguindo nessa trilha, temos que os direitos fundamentais existem para tutelar o poder estatal tributante e, não, para instrumentalizar suas investidas inconstitucionais sobre o patrimônio dos contribuintes.

VIIIc. É imperioso enfatizar, ainda, dando fecho a essa linha de raciocínio, que as conveniências arrecadatórias jamais poderão sobrepor-se aos direitos fundamentais dos contribuintes. Ora, um deles é justamente o de apenas poderem serem compelidos a recolher tributos, quando estes se ajustam aos ditames constitucionais e legais.

XI. Aqui chegados, permitimo-nos lembrar, com Luhmann,[77] que a incerteza tolerável em dado processo reside na possibilidade de uma vitória ou de uma derrota. Tal incerteza é tolerada, na medida em que as partes têm a expectativa de que cada uma agirá de acordo com regras preestabelecidas e que o órgão julgador também o fará. Se, ao final, a sentença for contrária aos interesses de uma das partes, o fenômeno integra os riscos de uma sociedade complexa, que depende do Direito para estabelecer regras justas de convivência.

Podemos assim asseverar que, em um processo em que se busca a declaração de inconstitucionalidade de determinado tributo, com a consequente repetição do indébito, o contribuinte convive com a incerteza de sagrar-se ou não vencedor da demanda. Tal incerteza, no entanto, é absorvida, desde que o juiz aplique de modo correto as regras do sistema jurídico.

O mesmo não se dá acerca da possibilidade de o STF modular os efeitos da decisão que declarar inconstitucional uma dada exigência fiscal, de modo a impossibilitar que o contribuinte reavenha o indébito tributário. Agora, a incerteza não pode ser absorvida, por mais que, na construção do significado de *segurança jurídica* ou de *excepcional interesse social*, o Tribunal Excelso utilize a dogmática jurídica, para ritualizar o mito em sentido forte dessas expressões.

XII. Realmente, a modulação dos efeitos, de decisões que declaram a inconstitucionalidade de lei ou ato normativo, cria uma incerteza que passa ao largo das razoáveis expectativas do contribuinte. Melhor dizendo, a decisão que dá pela inconstitucionalidade de uma lei que instituiu uma exação ou lhe alterou algum critério (*v.g.*, a base de cálculo), revela que o STF fixou o *sentido único* da norma e que, portanto, o mínimo que o

77 LUHMANN, Niklas. *Legitimação pelo procedimento*. Trad. Maria da Conceição Côrte-Real. Brasília: UNB, 1980, p. 97-99.

contribuinte espera é que lhe sejam devolvidos, inclusive com correção monetária, todos os valores que indevidamente recolheu aos cofres públicos.

Definitivamente, não vemos como afastar a surpresa negativa do contribuinte, ao se deparar com a modulação dos efeitos da decisão que declarou a inconstitucionalidade de uma lei ou ato normativo tributário.

Poderíamos até levantar a hipótese de que o próprio direito positivo brasileiro, pelo fato de prever expressamente essa técnica de julgamento, "comunica" ao contribuinte a possibilidade de uma decisão judicial que lhe seja favorável, ter seus efeitos reduzidos, desde que ocorram motivos de segurança jurídica ou de excepcional interesse social. Todavia, o argumento, impressionante embora, não resiste a uma análise mais serena.

Então, vejamos.

XIII. Muitas vezes, surge nas sentenças o problema de se determinar seus efeitos no tempo. Daí falar-se na retroatividade das sentenças, que podem alcançar o momento em que se iniciou o processo ou mesmo a data do ato judicialmente questionado.

Conquanto os julgadores, na valoração do caso, da prova e da situação circunstancial devam colocar as razões estritamente jurídicas acima de quaisquer outras, sempre lhes sobra espaço para que levem em conta as expectativas sociais, políticas, econômicas etc. Assim, o ato de julgar demanda um exercício de bom senso e razoabilidade, denominado, pela doutrina, *prudentia juris*.

XIIIa. Concordamos, pois, ser impossível afastar totalmente a carga subjetiva das decisões do STF, mesmo quando elas declaram a inconstitucionalidade de leis tributárias. Afinal, por mais que os ministros que o integram queiram ser objetivos, veem as coisas com os próprios olhos e se esforçam para garantir a justiça da Justiça.

Entretanto, não lhes é dado, segundo pensamos, desiludir os contribuintes, que, calcados no senso comum, não compreendem a *ratio* da modulação, o que, bem por isso, lhes levanta um forte sentimento de que foram injustiçados.

XIIIb. É certo que o que passou, passou, e não volta mais. Mas o Direito, com sua Ética, exige a retomada reflexiva do passado, imprimindo-lhe, em alguns casos, outro sentido.

Ora, no assunto objeto desse artigo doutrinário, impõe-se a correção do que ocorreu no passado e, portanto, que se deem efeitos *ex tunc* às decisões que declaram inconstitucionais exigências tributárias. Nessa situação, o vício da inconstitucionalidade traduz-se não só na necessidade de extirpar do direito positivo o ato inválido, como de corrigir todas as injuridicidades que ele suscitou ao longo do tempo.

XIV. Em remate, é algo profundamente arraigado na própria ideia de administração da justiça que o ato jurisdicional transforme razoavelmente as normas jurídicas em decisões adequadas e equilibradas. Por isso, a razoabilidade converte-se, ao mesmo tempo, em requisito subjetivo do julgador e requisito objetivo do Direito.

Pode até ocorrer que, do ponto de vista técnico, econômico e político, a segurança jurídica e o relevante interesse social mereçam destaque, enquanto objetivo da decisão, mas é o senso técnico de justiça (justiça formal) que deve prevalecer, quando, como no caso em estudo, isso implica ofensa aos dogmas da igualdade tributária e da capacidade contributiva.

6. Conclusões

Tudo posto e considerado, podemos sumular as seguintes conclusões:

I. conceitos jurídicos são mitos em sentido forte, o que significa dizer que correspondem a ideias inatas, produto da própria cultura humana;

II. no plano prático e concreto, não se consegue acessar diretamente tais ideias, pelo que são necessários instrumentos idôneos a construir o significado do mito, no plano real;

III. esses instrumentos são os ritos, vale dizer, os procedimentos por meio dos quais se vivenciam, na prática, alguns elementos intrínsecos aos conceitos jurídicos;

IV. o Direito é produto cultural formado, pragmaticamente, por inúmeros procedimentos e ritos que visam a aplicar e dar sentido aos conceitos jurídicos; e,

V. descabe modulação, nas decisões judiciais em que se reconhece que a norma tributária padece do vício da inconstitucionalidade, se por mais não fosse, porque, nesta situação, deve prevalecer o princípio da capacidade contributiva, que se apresenta como norma de estrutura, voltada à concretização da igualdade tributária.

7. Referências bibliográficas

ALVIM, Arruda. *Manual de Direito Processual Civil: Teoria do Processo e Processo de Conhecimento.* 2.ed. São Paulo: Editora Revista dos Tribunais, 2017, item 3.3.1.- livro eletrônico.

_________. *Novo Contencioso Civil no CPC/2015* [livro eletrônico]. 1.ed. São Paulo: Editora Revista dos Tribunais, 2017.

ALVIM, Teresa Arruda. *Modulação na alteração da jurisprudência firme ou de precedentes vinculantes.* São Paulo: Thomson Reuters Brasil, 2019.

ATALIBA, Geraldo. *República e Constituição.* 2ª ed. São Paulo: Malheiros, 1998.

ÁVILA, Humberto. *Constituição, Liberdade e Interpretação.* 1ª ed. São Paulo: Malheiros, 2019.

_________. *Teoria da segurança jurídica.* 4ª ed. São Paulo: Malheiros, 2016.

BOBBIO, Norberto. *Igualdade e Liberdade.* Tradução: Carlos Nelson Coutinho. Rio de Janeiro: Ediouro, 1996.

_________ *O Positivismo jurídico: noções de filosofia do direito.* Ícone: São Paulo: 1995.

BORGES, José Souto Maior. "Um Ensaio Interdisciplinar em Direito Tributário: Superação da Dogmática". In *Revista Dialética de Direito Tributário,* nº 211, 2013. pp. 106-121.

BRANDÃO, Junito de Souza. *Mitologia grega.* vol. I. 26ª ed. Petrópolis: Editora Vozes, 2015.

CARRAZZA, Roque Antonio. *Curso de Direito Constitucional Tributário.* 33ª edição. São Paulo: Malheiros, 2021.

CARVALHO, Paulo de Barros. *Curso de Direito Tributário.* 29.ed. São Paulo: Saraiva, 2018.

DERZI, Misabel Abreu Machado. *Modificações da jurisprudência no direito tributário.* São Paulo: Noeses, 2009.

DEVLIN, Patrick Arthur. *Judges and Lawmakers.* London: Modern Law Review, 39, 1976.

DINIZ, Maria Helena. *Lei de Introdução às Normas do Direito Brasileiro.* 18ª ed. São Paulo: Saraiva, 2013.

DUXBURY, Neil. *The nature and authority of precedent.* Cambridge: Cambridge University Press, 2008.

GRAU, Eros Roberto. *Por que tenho medo dos juízes: a intepretação/aplicação do direito e os princípios.* São Paulo: Malheiros, 2021.

Homero, *Odisseia*. Tradução de Carlos Alberto Nunes. Rio de Janeiro: Nova Fronteira, 2015.

HOLMES JR., Oliver Wendell. *The Path of the Law*. Harvard Law Review, Boston, v. 10, nº 8, pp. 457-478, mar. 1897.

JEBB, Richard Claverhouse, Sir. *Essays and addresses*. Cambridge: University Press, 1907.

KAUFMANN, Arthut. *Filosofia do direito*. Lisboa: Fundação Calouste Gulbenkian, 2004.

LUHMANN, Niklas. *Legitimação pelo procedimento*. Trad. Maria da Conceição Côrte-Real. Brasília: UNB, 1980.

MACCORMICK, Neil; SUMMERS, Robert S.; GOODHART, Arthur L. *Interpreting precedents: a comparative study*. New York: Routledge, 2016.

MARINONI, Luiz Guilherme. *Novo Curso de Processo Civil: Tutela dos Direitos Mediante Procedimento Comum*. [livro eletrônico]. 1.ed., vol.2. São Paulo: Editora Revista dos Tribunais, 2015.

MEDINA, José Miguel Garcia. *Direito Processual Civil Moderno* [livro eletrônico] 3.ed. São Paulo: Editora Revista dos Tribunais, 2017.

NERY JUNIOR, Nelson. *Direito Constitucional Brasileiro: Curso Completo* [livro eletrônico]. 1.ed. São Paulo: Editora Revista dos Tribunais, 2017.

POSNER, Richard Allen. *Law, pragmatism and democracy*. Cambridge: Harvard University Press, 2003.

__________. *Overcoming law*. Cambridge: Harvard University Press, 1995. p. 400.

__________. *The problems of jurisprudence*. Cambridge: Harvard University Press, 1993.

TALAMINI, Eduardo. "Impugnação ao Cumprimento do Título Executivo Inconstitucional". In: *Questões relevantes sobre Recursos, ações de impugnação e mecanismos de uniformização da jurisprudência* (Coord. Cassio Scarpinella Bueno, Bruno Dantas, Rita Dias Nolasco) [livro eletrônico]. São Paulo: Editora Revista dos Tribunais, 2017.

VALENTINE, Vernon. "A glimpse at the extended family", In *Mixed jurisdictions worldwide: the third legal family*. 2ª ed. Cambridge: Cambridge University Press, 2012.

VILANOVA, Lourival. *As estruturas lógicas e o sistema de direito positivo*. 4ª ed. São Paulo: Noeses, 2010.

SÚMULA VINCULANTE Nº 5: UM EQUÍVOCO

Sergio Ferraz[1]

A Constituição Federal, art. 5º, LV, assegura aos litigantes em geral, tanto na esfera administrativa quanto judicial, o direito à defesa, com os meios a ela inerentes. É elementar que quem quer os fins deve propiciar os instrumentos necessários. Portanto, quando se fala no *princípio da ampla defesa*, na verdade está-se falando dos meios para isso pertinentes.

O primeiro requisito para que alguém possa exercitar o direito de defesa de maneira eficiente é saber do que está sendo acusado. Por isso é essencial que qualquer processo, particularmente o de cunho punitivo, comece pela informação ao acusado ou interessado, daquilo que, precisamente, pesa contra ele. Não basta, por exemplo, publicar um edital dizendo que determinada pessoa cometeu uma infração de trânsito sem especificá-la; é preciso efetivamente fazer chegar ao acusado a informação exata sobre qual específica infração teria sido cometida, com todos os detalhes relevantes ao exercício da defesa.

Além disso, no curso do processo, é preciso assegurar o acesso aos autos, a possibilidade de apresentar razões e documentos, de produzir provas testemunhais ou periciais, e, ao final, de conhecer os fundamentos e a motivação da decisão proferida. Fica ressalvada, entretanto, a possibilidade de recusa à produção de provas inúteis, desnecessárias ou puramente protelatórias.

Convém insistir em que a garantia constitucional do direito à ampla defesa exige que seja dada ao acusado, ou a qualquer pessoa contra a qual se faça uma irrogação, em desfavor da qual se estabeleça uma apreciação desfavorável (ainda que implícita), ou que esteja sujeita a alguma espécie de sanção ou restrição de direitos, a possibilidade de apresentação de defesa prévia à decisão administrativa. Sempre que o patrimônio jurídico e moral de alguém puder ser afetado por uma decisão administrativa, deve a ele ser proporcionada a possibilidade de exercitar a ampla defesa, que só tem sentido em sua plenitude se for produzida previamente à decisão, para que possa ser conhecida e efetivamente considerada pela autoridade competente para decidir.

O direito à ampla defesa impõe à autoridade o dever de fiel observância das normas processuais e de todos os princípios jurídicos inci-

---

1 Advogado, Parecerista e Árbitro. Da Academia Brasileira de Letras Jurídicas.

dentes sobre o processo. A desatenção a tais preceitos e princípios pode acarretar a nulidade da decisão, por cerceamento de defesa. Cabe, todavia, assinalar que muitos abusos são cometidos sob esse título, levando à invalidação despropositada de processos. Somente haverá cerceamento de defesa se da omissão ou falha puder resultar um dano, potencial ou efetivo, ao acusado ou interessado. Meras falhas formais, irrelevantes para o desfecho do feito, não são suficientes para acarretar a nulidade. É aí que assume relevância a questão da defesa técnica.

Entenda-se por direito à defesa técnica a garantia, da parte ou interessado, de ser assistido ou fazer-se representar por advogado. Há algum tempo existiam normas procedimentais, especialmente nos regulamentos disciplinares militares, proibindo a presença de advogado. O preconceito, entretanto, ainda permanece. Algumas autoridades administrativas tomam a presença do advogado como uma provocação, um acinte, um constrangimento, chegando mesmo a entender que isso é um indício seguro de culpabilidade ou má-fé. Na verdade, o advogado é um profissional habilitado para a defesa de direitos e interesses, que pode ressaltar ou expor com maior eficiência os fatos ou argumentos favoráveis ao seu constituinte, ou impedir que este sofra algum dano ou constrangimento, sem que, de qualquer forma, isso possa prejudicar os legítimos interesses da Administração. Daí dever ter-se como indispensável sua presença, sobretudo nos processos administrativos sancionatórios.

Na correta avaliação da imprescindibilidade da defesa técnica, por advogado, como via excelsa da plena realização da garantia constitucional da ampla defesa, o Superior Tribunal de Justiça chegou a cunhar sua Súmula 343, em 21.09.07, prescrevendo que

> "É obrigatória a presença de advogado em todas as fases do processo administrativo disciplinar".

É claro que, ao fazê-lo, o STJ não se fechara na figura do advogado constituído pela parte. Tanto assim que os precedentes, citados na enunciação da Súmula 343, tinham por satisfeita a exigência, se presente um defensor dativo, desde que advogado regularmente habilitado ao exercício da profissão. A designação desse dativo, por analogia ao que acontece no processo judicial, caberia à autoridade administrativa superior, incumbida da apuração. E não cremos que daí pudesse resultar dificuldade insuperável para a Administração (civil ou militar), eis que para tanto se pode contar com o auxílio das Defensorias Públicas, da

OAB e de várias organizações não governamentais dedicadas à advocacia *pro bono*.

De toda sorte, o tema sofreu duro revés, autêntico retrocesso e, em nosso entendimento, violação à Constituição, com a edição, pelo Supremo Tribunal Federal, da Súmula Vinculante n° 5, assim redigida:

> "A falta de defesa técnica por advogado no processo administrativo disciplinar não ofende a Constituição".

É óbvio que não desconhecemos caber ao Supremo Tribunal Federal, por dicção constitucional, dar a última palavra sobre o conteúdo das normas e princípios. E tampouco nos anima debater a constitucionalidade da edição de Súmulas Vinculantes, criação do constituinte derivado (art. 103-A), inserta em matéria de natureza pétrea (tripartição dos Poderes).

Mas também não desconhecemos que o Supremo Tribunal Federal, por mais qualificada que seja sua composição, é composto por homens, e, por isso mesmo, capaz de errar. No caso da Súmula Vinculante n° 5 o erro é grave, por isso que restaurador de uma prática administrativa que afeta o princípio da igualdade de armas e a amplitude do direito de defesa, destarte violando a garantia constitucional da ampla defesa[2]. Urge que os legitimados, especificados no artigo 103-A § 2° da Constituição, bem como no artigo 3° da Lei 11.417/06, proponham seu cancelamento.

O exame dos principais argumentos levantados pelos eminentes Ministros, quando da edição da Súmula Vinculante nº 5, de fato se revelam, com profunda vênia, totalmente equivocados. Assim:

> – o culto Ministro Gilmar Mendes aludiu à Lei 8.112/90 que, em seu artigo 156, só refere a defesa, e não, a defesa técnica. Ora, a exigência da defesa técnica seria um aperfeiçoamento – e esses são sempre de boa aceitação –, que não poderia ser obstaculizado por uma lei que conta com mais de 30 (trinta) anos, desde sua edição;
>
> – o ilustre Ministro Marco Aurélio, também lembrando a Lei 8.112/90, afirmou que a exigência de defesa técnica constituiria elemento de formação de uma reserva de mercado para o advogado; ora, a defesa técnica não é vocacionada aos proveitos dos advogados, mas sim à integridade do direito constitucional de ampla defesa

2 É também o pensamento de Nelson Nery Júnior e Rosa Maria Andrade Nery, *in Constituição Federal comentada e legislação constitucional*, 2ª ed., p. 390.

e ao princípio da paridade de armas (de seu turno, faceta relevante do princípio de isonomia);

– o destacado Ministro Ayres Britto ponderou que a exigência de defesa técnica acabaria por acarretar sobrecarga de serviço à Defensoria Pública; ora isso é "colocar a carroça na frente dos bois", *data venia*; se o serviço se avoluma, os princípios constitucionais da ampla defesa e da isonomia exigem não o seu sacrifício, mas a ampliação das Defensorias!

A lei federal de processo administrativo, nos incisos de seu art. 3º, cuidou de enumerar como direitos dos administrados todas aquelas prerrogativas que estão implícitas na afirmação constitucional do direito à ampla defesa: a ciência da tramitação do feito, a vista dos autos, a possibilidade de obtenção de cópias dos documentos deles constantes, a ciência da decisão, a possibilidade de apresentar razões e provas antes da decisão, a efetiva consideração das razões produzidas e a assistência por advogado.

"Acusado", "parte" e interessado representam conceitos já pacificados. "Acusado" não é apenas aquele a quem é feita uma acusação formal, a imputação do cometimento de uma ação tipificada como penalmente delituosa. Por "acusado", para fazer jus à garantia do devido processo legal, deve-se entender também aquele a quem é atribuído um comportamento correspondente a uma qualidade negativa, bem como aquele que se encontre em situação da qual lhe possa resultar um dano econômico, moral ou jurídico. Muitas vezes, para burlar o direito de defesa, o acusador usa de subterfúgios ou eufemismos destinados a mascarar uma acusação implícita. Tal comportamento é incompatível com o Estado de Direito.

A Constituição Federal, em seu art. 5º, ao afirmar os direitos e garantias fundamentais, é até redundante no que diz respeito ao direito de defesa. Algumas de suas prescrições não são específicas do processo administrativo, mas a ele se aplicam, como é o caso do acesso ao Poder Judiciário, se no processo administrativo sancionatório ocorrer alguma lesão (ou ameaça) de direito. Outras disposições, embora dirigidas ao processo criminal, repercutem sobre qualquer processo punitivo (por configurarem princípios fundamentais do Estado de Direito), como é o caso: da proibição de tribunais de exceção (XXXVII); da irretroatividade da norma sancionatória, salvo se benéfica ao acusado (XL); da exigência de individualização da condenação (XLVI); do respeito à integridade física e moral do condenado (XLIX), do que resulta a proibição de penalidades infamantes, tais como a "demissão a bem do serviço público"; da inadmissibilidade de provas obtidas de forma ilícita (LVI); e da presunção de inocência (LVII).

O inciso principal, entretanto, é o LIV, que afirma a imperatividade do devido processo legal. Dele já derivam todos os outros direitos e garantias destinados a assegurar a plenitude da defesa, com vistas à realização da justiça. É ainda recente e fragmentada, no pensamento e na prática jurídica brasileiros, a atribuição do devido valor e a extração de todas as consequências enfeixadas neste princípio constitucional (como em relação aos demais, também). Existe até um preconceito no sentido de que a invocação exclusiva do mencionado princípio corresponde ao reconhecimento da inexistência do direito postulado (!).

Talvez por essa razão o constituinte tenha preferido tornar mais explícitas as garantias do acusado e por isso, redundantemente talvez, no inciso LV, assegurou a ampla defesa e mais o contraditório e os meios e recursos inerentes à ampla defesa. De todo modo, fica certo que a defesa deve ser ampla e reverente ao contraditório, assegurando-se ao acusado, às partes, aos interessados, enfim, os meios necessários à produção da prova e da defesa, aí incluída a faculdade de recorrer da decisão proferida.

Repita-se, todavia, que tudo quanto foi dito no parágrafo acima são direitos, e não obrigações do acusado. Este tem também o direito de permanecer em silêncio, de esquivar-se à autoincriminação, de se quedar inerte, se assim o desejar, cabendo à autoridade processante, por força do princípio da oficialidade, providenciar a produção das provas e zelar pela regularidade do processo. Convém enfatizar que o direito de permanecer em silêncio e de esquivar-se à autoincriminação não compreende e não pode compreender o direito de mentir, nem a garantia da desfaçatez. O direito não briga com a ética. Quem cala não pode ser punido por isso, mas quem mente viola o princípio da moralidade administrativa e os deveres expressamente consignados na legislação processual administrativa. O julgador administrativo, muito embora possa a Administração, em muitos casos, desempenhar o papel de acusador, deve cuidar para que o julgamento seja feito da forma mais imparcial possível, examinando com cuidado e isenção todas as alegações apresentadas e provas produzidas.

Allan Randolph Brewer-Carias[3] ressalta que no processo administrativo o direito de defesa não é um imperativo apenas de justiça, mas, sim, também de eficiência e de eficácia, na medida em que assegura

3 *Principios del Procedimiento Administrativo*, p. 173.

melhor conhecimento dos fatos, contribui para o aprimoramento da Administração e dá garantias de uma decisão mais justa. Por isso, como decorrência do princípio do devido processo legal, devem ser proporcionados ao acusado todos os meios usuais de defesa, técnica inclusive, além de lhe possibilitar conhecer com precisão todos os fatos inerentes ao que lhe é imputado, bem como as disposições legais aplicáveis e os meios de prova admissíveis.

Poucos terão atinado tão exaustivamente, sobre o tema da efetiva dimensão da garantia constitucional do devido processo legal, quanto o culto Ministro Celso de Mello. Por ser ricamente copiosa sua contribuição no particular, vamos limitar, neste momento, nossa investigação a duas doutas decisões de Sua Excelência, concedendo tutela liminar.

No Mandado de Segurança 26.358/MC/DF[4], o Ministro Celso de Mello afirmou, já na ementa de sua manifestação:

> "A jurisprudência do Supremo Tribunal Federal tem reafirmado a essencialidade do princípio que consagra o *due process of law*, nele reconhecendo uma insuprimível garantia, que, instituída em favor de qualquer pessoa ou entidade, rege e condiciona o exercício, pelo Poder Público, de sua atividade, ainda que em sede materialmente administrativa, sob pena de nulidade do próprio ato punitivo ou da medida restritiva de direitos". (nossos os grifos)

Mais adiante, no corpo de seu erudito pronunciamento, o Ministro Celso de Mello configura o *due process of law* como um feixe de garantias, cujo conteúdo sabiamente identifica:

> "O exame da garantia constitucional do '*due process of law*' permite nela identificar, em seu conteúdo material, alguns elementos essenciais à sua própria configuração, dentre os quais avultam, por sua inquestionável importância, as seguintes prerrogativas:
> a) direito ao processo; b) direito à citação e ao conhecimento prévio do teor da acusação; c) direito a um julgamento público e célere, sem dilações indevidas; d) direito ao contraditório e à plenitude de defesa (direito à autodefesa e à defesa técnica); e) direito de não ser processado e julgado com base em leis '*ex post facto*'; f) direito à igualdade entre as partes; g) direito de não ser processado com fundamento em provas revestidas de ilicitude; h) direito ao benefício da gratuidade; i) direito à observância do princípio do juiz

4 *DJU* 02.03.07.

> natural; j) direito ao silêncio (privilégio contra a autoincriminação); e l) direito à prova".

E arremata seu insuperável magistério com assertiva de notável relevância:

> "Vê-se, daí, que o direito à prova qualifica-se como prerrogativa jurídica intimamente vinculada ao direito do interessado à observância, pelo Poder Público, da fórmula inerente ao '*due process of law*'........"

Com essa formulação, extraordinariamente valorizadora da prova, seguiu-se a consequência que era de se esperar: em julgamentos posteriores (*v.g.*, decisão concessiva de liminar na Medida Cautelar em Habeas Corpus 94.601-1[5]), o Ministro Celso de Mello, às *onze* prerrogativas que antes identificava como integrativas do devido processo legal, acresceu uma décima-segunda: o direito das partes, dos acusados e dos interessados em geral, de formular perguntas aos demais co-acusados e co-interessados, notadamente – mas não só – se colidentes as linhas de argumentação esposadas.

Diante disso tudo é que tanto a legislação federal quanto a legislação estadual paulista foram extremamente cuidadosas ao tratar da defesa. A Lei paulista 10.177/98 optou por disciplinar separadamente o processo sancionatório, descrevendo detalhadamente, no art. 63, todo o procedimento a ser obedecido, desde a instauração até o recurso, afirmando, inclusive, seu caráter sigiloso, até a decisão final. A Lei federal 9.784/99 não isolou qualquer específico procedimento, preferindo tratar genericamente dos processos administrativos, todos; mas cuidou de efetivamente assegurar a possibilidade de exercício da ampla defesa.

Egon Bockmann Moreira[6] enuncia com científica precisão o conteúdo do direito de defesa, acentuando que, além da *defesa* em sentido estrito (direta – de mérito, ou indireta – processual e procedimental), abarca também a articulação de razões, a garantia de que elas serão apreciadas e levadas em conta na decisão, a garantia do devido processo legal e a "*garantia do respeito a um Estado Democrático de Direito*". Alinha-se perfeitamente a essa consideração o magistério de Edgard Silveira Bueno

---

5 *DJe* 31.10.08, pp. 34-36.

6 *Processo Administrativo: Princípios Constitucionais e a Lei 9.784/1999*, 5ª ed., pp. 380 e seguintes.

Filho[7], quando assevera que o *"direito de defesa, que se insere dentre os direitos individuais e coletivos, só pode ostentar o seu significado e se tornar efetivo num Estado de Direito"*. E para tanto, reiteramos, imprescindível o reconhecimento do direito à defesa técnica, inclusive a dativa.

Cabe registrar o disposto no inciso III, do art. 3º, que determina a efetiva consideração dos argumentos e elementos de defesa no momento de julgar. Parece óbvio, mas é importante registrar que a defesa do acusado não pode consistir em mera formalidade; não basta dar oportunidade de defesa, é indispensável sopesar, com seriedade e isenção, os argumentos e as provas favoráveis ao acusado, ao interessado e às partes em geral. Somente assim se pode sinceramente falar em *princípio do contraditório*. É apenas quando o princípio do contraditório é amplamente prestigiado que se pode entender a luminosa lição do Ministro Gomes de Barros, no STJ: *"A Lei 9.784/99 é, certamente, um dos mais importantes instrumentos de controle do relacionamento entre Administração e Cidadania. Seus dispositivos trouxeram, para nosso Direito Administrativo, o devido processo legal. Não é exagero dizer que a Lei 9.784/1999 instaurou, no Brasil, o verdadeiro Estado de Direito"*.[8]

O contraditório é, pois, garantia da correta aplicação do Direito e da realização efetiva da justiça no caso concreto, surgindo como temperamento valioso à máxima *iura novit curia*. Como bem pondera Egon Bockmann Moreira[9], o contraditório é essencial a todo e qualquer processo administrativo, envolva ele, ou não, litígio entre as partes contrapostas, ou entre estas e a Administração. Com a sapiente conclusão:

> "O princípio do contraditório assegura ao particular a possibilidade de influenciar a atividade da Administração e o dever desta de auxiliar, de forma sempre isonômica, as partes da relação jurídico-processual".

É com esses cuidados em mente que se deve ler o inciso IX do parágrafo único, do artigo 2º, da Lei 9.784/99, cuja aplicação restringe-se aos processos meramente internos, burocráticos, que não encerrem,

7 *Direito à Defesa na Constituição*, p. 4.

8 STJ, MS 8.946/DF, *DJU* 17.11.03, p. 197.

9 *Processo Administrativo: Princípios Constitucionais e a Lei 9.784/1999*, 5ª ed., pp. 380 e seguintes.

sequer potencialmente, o risco de provocar ameaça ou lesão a direito de terceiros, ou de suscitar conflitos de interesses (entre particulares, ou entre estes e a Administração).

No inciso IV, desse mesmo art. 3º, assegura-se ao interessado fazer-se assistir por advogado. A legislação, embora omissa no tocante à designação de defensor dativo habilitado em Direito, há que ser interpretada em afinação à determinação constitucional de que o processo seja contraditório. Para tanto, é de rigor a defesa técnica, dativa ou não, pois sem isso não se poderá falar em ampla defesa ou em instrução contraditória, reais e efetivas.

Como efeito dessa ampla acepção, cremos inevitável proclamar: a ideia de ampla defesa, seja em âmbito judicial, seja no administrativo, não é minimamente questionável, eis que diretamente inserida na garantia constitucional textual, indisponível, do devido processo legal. E essa, como iluminadamente assinalou o Ministro Celso de Mello, é estatuída em favor das entidades e da

> "... generalidade das pessoas, inclusive às próprias pessoas jurídicas de direito público..."

Doutra banda, impende assinalar a necessária observância de várias pautas atinentes ao direito de defesa, já jurisprudencialmente consagradas. Assim, por exemplo:

a) membros de comissão de sindicância não podem participar de comissão disciplinar, eis que, ao menos parcial e provisoriamente, já formaram um juízo de convencimento;

b) ao interessado e a seu advogado há de ser assegurado acesso ao processo (mesmo que se trate de inquérito policial), excetuadas as diligências ainda em andamento (que não devem ser prejudicadas em seu curso, em razão da eventual retirada dos autos); mas é óbvio que tal vista não se dirige aos atos e documentos que não digam respeito ao interessado, naturalmente resguardado o sigilo em favor de terceiros.

A segurança quanto ao acerto dessas linhas argumentativas acabou por cristalizar-se na edição, pelo Supremo Tribunal Federal, da Súmula Vinculante nº 14, com a seguinte redação:

> "É direito do defensor, no interesse do representado, ter acesso amplo aos elementos de prova que, já documentados em procedimento

investigatório realizado por órgão com competência de polícia judiciária, digam respeito ao exercício do direito de defesa".

Não obstante a nitidez do verbete, clara revelação do efetivo conteúdo da garantia constitucional do direito de ampla defesa, deve ser sublinhado que a adoção da Súmula Vinculante nº 14 esteve sujeita a intensa discussão no Plenário do Supremo Tribunal Federal. Cremos útil fazer alguma apreciação sobre a matéria.

A Súmula Vinculante nº 14 resultou da proposta de Súmula Vinculante nº 1, formulada pelo Conselho Federal da Ordem dos Advogados do Brasil, com o apoio da Associação dos Advogados de São Paulo (AASP). O Ministério Público Federal oficiou nos autos, opinando desfavoravelmente à edição da Súmula. E, em apoio a essa manifestação, externou-se a Associação Nacional dos Procuradores da República (ANPR), fundando-se na afirmação, a nosso ver inteiramente inadequada, de descaber a iniciativa,

> "por não haver dúvida de que o modelo de persecução criminal brasileira ficará substancialmente comprometido, em especial na repressão dos delitos mais graves".

Em sessão plenária de 02 de fevereiro de 2008, sendo relator o saudoso Ministro Menezes Direito, foi a proposta aprovada por maioria, vencidos os então Ministros Joaquim Barbosa e Ellen Gracie. Deve ser assinalado que a maior parte das ponderações, antepostas à adoção da Súmula, disse respeito aos procedimentos policiais e aos processos jurisdicionais criminais, não se debruçando, de regra, sobre a generalidade dos processos administrativos. Todavia, mesmo na seara apertada focalizada, a objeção nos soa desarrazoada, a lume da amplitude constitucional assegurada ao direito de defesa, nem um pouco esmaecida pela circunstância de gozar o procedimento criminal de previsão igualmente constitucional.

Na hipótese de ser a defesa prestada por advogado, eventual irregularidade ou defeito na procuração não deve levar à rejeição, impondo-se seja oportunizada a correção do defeito, em homenagem ao princípio constitucional da ampla defesa. Aliás, a oportunidade para a regularização é também um dever da Administração, relativamente à documentação que o interessado/acusado aporte aos autos.

Cabe salientar que a lei federal, no art. 27, estatui que a ausência do interessado/acusado não implica renúncia a direito, confissão ou revelia. Sempre lhes será garantido o direito de, mesmo tardiamente, produzir defesa; e, por força do princípio da oficialidade, incumbe à autoridade processante colher todos os elementos probatórios necessários à obtenção da verdade material. O sistema jurídico não quer outra coisa senão a realização efetiva da justiça.

Com os olhos voltados às coordenadas ora desenvolvidas, supomos que seja útil assentar, fundamentadamente, duas conclusões que bem nos parecem gizar, com nitidez, o perfil do direito de defesa:

I: não significa exercício de ampla defesa o atendimento, pelo interessado/acusado, a ofício/intimação, para prestar esclarecimentos, em sede procedimental anterior à instauração do processo (em sentido estrito);

II: a ampla defesa não se cinge à simples manifestação no processo, exigindo, isso sim, que ao acusado/interessado seja propiciado pronunciar-se sobre a matéria jurídica e sobre quaisquer dados probatórios dos autos, sendo-lhe ainda garantido o exame, específico e motivado, pela autoridade processante, de todos os argumentos e elementos de convicção que tenha produzido. E tudo isso apenas é assegurado mediante defesa técnica.

Por todo o exposto, a revogação da Súmula Vinculante nº 5, do Supremo Tribunal Federal, nos parece um imperativo da maturidade científica e mesmo civilizatória, que os incisos LIV e LV, do artigo 5º constitucional, conferiram ao processo administrativo.

Marcas Fracas e Tribunais Superiores: o caso Apple vs. IGB & INPI[1]

Silmara Juny de Abreu Chinellato[2]
Pedro Marcos Nunes Barbosa[3]

1. Introdução

O Superior Tribunal de Justiça tem dedicado peculiar atenção aos recursos especiais em que a temática da propriedade industrial, particularmente dos sinais distintivos, é o objeto a ser dirimido. Como a pro-

---

1 Consideramos uma honra poder homenagear o Professor Doutor Roberto Rosas, admirado por todos por sua cultura e lhaneza, além de tantas outras qualidades. Sua trajetória intelectual, acadêmica e profissional, como grande causídico já é bastante conhecida e ambos os coautores desse artigo tiveram o privilégio de ter participado de eventos com o homenageado. A coautora Silmara Chinellato participou de atividades conjuntas na Faculdade de Direito da Universidade de São Paulo , na qual é sempre prestigiado e bem-vindo, bem como de inúmeros Congressos e Simpósios dos quais foram palestrantes, como os promovidos pelo Instituto Luso Brasileiro de Direito Comparado, no Rio de Janeiro e os Seminários do Instituto Ítalo Ibero Brasileiro de Estudos Jurídicos , em Brasília e Santiago de Compostela (Espanha) , além de outros eventos como os do Instituto dos Advogados de São Paulo. O coautor Pedro Marcos Nunes Barbosa também teve oportunidade de presenciar inúmeros eventos culturais protagonizados pelo ilustre homenageado. Agradecemos a feliz oportunidade de estarmos presentes nessa obra dedicada a quem bem o merece por todos os inequívocos méritos. Cultura, sabedoria, modéstia e lhaneza têm em Roberto Rosas seu melhor exemplo.

2 Professora Titular do Departamento de Direito Civil da Faculdade de Direito da Universidade de São Paulo, na qual atua na Pós-Graduação e na Graduação. Possui os seguintes títulos acadêmicos obtidos na Faculdade de Direito da Universidade de São Paulo: Doutora, Livre-Docente e Titular. Publicou trabalhos na França, Itália e Portugal. Coordenadora brasileira do Groupe de Recherche de Droit des Obligations entre a Faculté de Droit de Lyon III – Jean Moulin e a Faculdade de Direito da Universidade de São Paulo. Conselheira e Presidente da Comissão de Propriedade Intelectual do IASP- Instituto dos Advogados de São Paulo. Membro da Comissão Especial de Direitos Autorais do Conselho Federal da Ordem dos Advogados do Brasil. Conselheira da ABDA- Associação Brasileira de Direito Autoral. Membro do IIDA Instituto Interamericano de Derecho de Autor. Membro da APDI - Associação Portuguesa de Direito Intelectual.

3 Professor Doutor do Departamento de Direito da PUC-Rio. Sócio de Denis Borges Barbosa Advogados (pedromarcos@dbba.com.br). Estágio Pós-Doutoral (Direito Civil) e Doutor (Direito Comercial) pela USP. Mestre (Direito Civil) pela UERJ. Especialista em Propriedade Intelectual (PUC-Rio).

priedade industrial é disciplina multidisciplinar do ambiente jurídico (já que dela são nítidas as possíveis consequências civis, empresariais, criminais tributárias, administrativas, constitucionais e processuais), o Regimento Interno do Tribunal da Cidadania optou por afetar tais contendas à Segunda Seção[4] (também conhecida como a Seção de Direito Privado).

Exatamente pela multiplicidade de interesses (*rectius*, poliedria[5]) que uma titularidade sobre um bem imaterial alcança, não seria descabida a afetação do mesmo tema à Seção de Direito Público (Primeira)[6]. Assim, a concentração por pertinência temática dos direitos intelectuais à Seção de Direito Privado parece-nos ter sido a melhor escolha dentro da moldura hermenêutica do fenômeno.

Por sua vez, a Segunda Seção comporta as 3ª e 4ª Turmas, ambas compostas de cinco órgãos judiciais cada, personificadas pela meia dezena de Ministros que vivificam a relatoria e o quórum votante nas sessões.

Entre os vários e cultos magistrados do referido Tribunal Superior que se destacaram por dirimir contendas de propriedade intelectual (e, por sua vez, envolvendo marcas), permitimo-nos citar acórdãos relatados pela Ministra Fátima Nancy Andrighi[7] e pelo

---

4 RISTJ: "Art. 9º A competência das Seções e das respectivas Turmas é fixada em função da natureza da relação jurídica litigiosa. (...) § 2º À Segunda Seção cabe processar e julgar os feitos relativos a: (...) VI - propriedade industrial, mesmo quando envolverem arguição de nulidade do registro".

5 Permita-se a remissão à obra do coautor BARBOSA, Pedro Marcos Nunes. *Direito Civil da Propriedade Intelectual*. 3ª Edição, Rio de Janeiro: Lumen Juris, 2016, p. 84

6 Os direitos de propriedade industrial seriam afetos ao Direito Comercial – mais do que a outros campos segundo PONTES DE MIRANDA, Francisco Cavalcanti. *Tratado de Direito Privado*. Tomo XVI. 4ª Edição, São Paulo: Revista dos Tribunais, 1983, p. 217. Logo, o autor haveria de concordar com a escolha política do STJ.

7 Entre os precedentes relevantes em matéria de direitos intelectuais (relatados pela magistrada) estão: (a) o feito sobre sobreposição de direitos entre cultivares e patentes – STJ, 2ª Seção, Min. Nancy Andrighi, Incidente de Assunção de Competência (IAC) no Recurso Especial 1.610.728, DJ 14.10.2019; (b) o feito sobre a aplicação do Acordo TRIPs e seu efeito na vigência de patentes – STJ, 3ª Turma, Min. Nancy Andrighi, REsp 960.728, DJ 15.04.2009; (c) a alteração do prazo de vigência de patentes de revalidação (*pipeline*) – STJ, 3ª Turma, Min. Nancy Andrighi, REsp 1.038.032, DJ 24.11.2010; (d) o cômputo do prazo das patentes *mailbox* – STJ, 2ª Seção, Relatoria para Acórdão Min. Nancy Andrighi, REsp no IRDR 1.869.959, DJ 11.05.2022; (e) a inter-relação entre desenhos industriais e o conjunto-imagem

Ministro Luis Felipe Salomão[8] entre os mais citados e analisados pela doutrina

Como exemplo do mencionado, o mais renomado julgado de marcas do STJ no ano de 2018 foi o caso da IGB ELETRÔNICA S.A (mais conhecido pela marca Gradiente) *versus* a APPLE INC. (cujo nome de empresa equivale ao significante de sua marca) e o INSTITUTO NACIONAL DA PROPRIEDADE INDUSTRIAL. Tal lide foi apreciada em sede extraordinária no Recurso Especial 1.688.243/RJ, relatado pelo Min. Salomão, decidido por maioria (4x1) e publicado no DJ do dia 23.10.2018. Essa contenda será o cerne do presente artigo, de modo que a proposta ora empenhada é de uma revisão crítica do julgado, cotejando-se seu perfil dogmático, zetético e pragmático, bem como estudando seu bojo de precedente.

2. AS ORIGENS DO CASO

A causa de pedir submetida ao controle judicial no juízo instrutor, originário, da 25ª Vara Federal da Seção Judiciária do Estado do Rio de Janeiro[9] pode ser resumida como o pleito de invalidade do ato adminis-

(*trade dress*) – STJ, 3ª Turma, Min. Nancy Andrighi, REsp 1.943.690, DJ 22.10.2021; (f) danos morais *in re ipsa* pela contrafação da titularidade de marcas famosas – STJ, 3ª Turma, Min. Nancy Andrighi, REsp 466.761, DJ 04.08.2003.

8 Entre os julgados atinentes à propriedade intelectual estão: (a) competência do Juízo de Direito para aferir violação aos conjuntos-imagens e competência do Juízo Federal para averiguar a invalidade do ato administrativo praticado pelo INPI – 2ª Seção, Min. Luis Felipe Salomão, Recurso afetado ao Rito dos Recursos Repetitivos REsp 1.527.232, DJ 05.02.2018; (b) aproveitamento parasitário e registro de signos com potencial de violar direitos da Autoridade Olímpica – 4ª Turma, Min. Luis Felipe Salomão, REsp 1.583.007, DJ 10.05.202; e (c) links-patrocinados na internet e violação da titularidade de marca alheia – 4ª Turma, Min. Luis Felipe Salomão, REsp 1.937.989, DJ 07.11.2022.

9 Autuada naquela instância sob o número AO 0490011-84.2013.4.02.5101 e sentenciada em 19.09.2013 pelo culto magistrado Eduardo André Brandão de Brito Fernandes. É oportuno mencionar que no TRF-2 há quatro Varas Federais Especializadas em Propriedade Intelectual (9ª, 13ª, 25ª e 31ª), bem como duas Turmas com especialização na disciplina (1ª e 2ª). Não é gratuita ou arbitrária a criação dos juízos especializados no município do Rio de Janeiro. Isto ocorre pelo fato de que o Instituto Nacional da Propriedade Industrial é sediado na capital Fluminense. Aliás, tal especialização é relevante, seja para consagrar o disposto no art. 241 da Lei 9.279/96, majorando a qualidade da apreciação judicial, ou mesmo para agilizar o tempo litígios (em atenção ao art. 5º, LXXVIII, da CRFB). Este feito é um

trativo do INPI (autarquia federal co-Ré) que, por sua vez, resultou na constituição do registro da marca mista (já que conta com elementos figurativos - estilização - e nominativos) "G GRADIENTE IPHONE" em favor da IGB (sociedade Co-Ré). Especificamente, a APPLE (sociedade Autora) buscava a declaração/decretação de mácula no ato da autarquia quanto ao sufixo nominativo do signo, de modo que fosse reconhecida a ausência de exclusividade do termo IPHONE, por si só.

2.1. Os fatos incontroversos

Em termos de direito administrativo, a demandante não buscou em tal contenda a extirpação do ato administrativo, mas sua redução[10], já que alguma exclusividade permaneceria hígida após o apostilamento. Tal como é típico da Teoria das Nulidades, eventual vício no ato jurídico em sentido estrito não importa, necessariamente, em sua fulminação completa[11]. Havendo conteúdo jurídico apto a ser mantido, após a retificação com a invalidação parcial, é possível manter a polpa daquilo que foi engendrado pela constituição da exclusividade pelo INPI. *In casu*, o interesse da Autora era de que o ato do INPI não fosse mantido no sentido de engendrar o direito de propriedade da IGB albergando, especificamente, a expressão IPHONE.

Entre os fatos incontroversos (e pertinentes) elucidados em sede da instrução probatória cabível podem ser enumerados os subsequentes: **(a)** o produto administrativo *sub judice* era o registro 822.112.175, que fora depositado pela co-Ré privada perante a co-Ré autarquia em março de 2000, mas que só fora decidido em janeiro de 2008; **(b)** que,

exemplo das duas balizas tempo-qualidade, já que entre a distribuição da demanda (08.01.2013), a realização do devido processo legal substantivo para todas as partes e a sentença, pouco mais de nove meses foram transcorridos. Raros são os juízos especializados em direitos intelectuais, mundo afora, que dirimem contenda dessa complexidade, envolvendo hiperssuficientes em tempo tão célere.s

10 Sobre nulidade parcial e sanatória no ato administrativo vide MOREIRA NETO, Diogo de Figueiredo. *Curso de Direito Administrativo.* 16ª Edição, Rio de Janeiro: Forense, 2014, p.227.

11 Sobre redução parcial no direito privado vide MONTEIRO, António Pinto. *Teoria Geral do Direito Civil.* 4ª Edição, Coimbra: Coimbra Editora, 2005, p. 596. Ainda, vale a preciosa análise de MALUF, Carlos Alberto Dabus. A inexistência na teoria das nulidades. São Paulo: Imprenta, 2001.

desde junho de 2007, a Demandante passou a comercializar aparelho telefônico com acesso à internet e que consolidou tal espécie de eletroeletrônico como o mais famoso mundialmente (sempre fazendo uso do sinal IPHONE); **(c)** que, ulteriormente ao depósito da IGB, a APPLE depositou no Brasil (e alhures) a expressão IPHONE, isoladamente, como pedido de marca; **(d)** que o lançamento do primeiro IPHONE no Brasil, pela APPLE, só ocorreu em setembro de 2008; **(e)** que o registro efetuado pelo INPI não fazia qualquer ressalva sobre a exclusividade acerca de seus elementos, presumindo-se, portanto, que o direito de propriedade de que trata o art. 129 da Lei 9.279/96 alcançaria a distintividade por inteiro; **(f)** que a titular do registro anulando IGB passou por grave crise financeira a partir de 2007, tendo havido interstício na utência do signo registrado durante alguns anos; **(g)** que o INPI contestou o feito, defendendo o acerto da decisão impugnada após reavaliação do mérito administrativo; e **(h)** que as partes privadas do feito na JFRJ, constam de outra relação processual perante o TJSP, com os pólos invertidos; demanda aquela em que a IGB imputa atos contrafaccionais à APPLE pela violação da mesma marca que foi submetida ao Juízo Federal.

Como consequência dos fatos incontroversos **(a)**, **(b)** e **(d)**, é nítido que a IGB gozava de anterioridade do pedido de registro, quanto (até) da perfectibilização registral face à comercialização do IPHONE da APPLE no Brasil. Tais anterioridades são fundamentais ao sistema atributivo[12] de Direito que, entre outros fatores, leva a primazia como causa condicionante de tutela.

Por sua vez, o fato **(c)** é relevante para cotejar eventual ausência de higidez em argumento meritório da APPLE, já que, conforme será analisado, uma das teses *sub judice* é a própria registrabilidade da expressão IPHONE (uma vez que ela seria de frágil distintividade intrínseca). Ora, se segundo a Demandante APPLE o signo IPHONE seria inapropriável individualmente, não parece coerente que ela mesma o tenha requerido posteriormente perante o INPI.

O elemento **(e)** é pertinente pela compreensão de que o registro *sub judice* era espécie de *universalidade* (art. 90 do CC/2002) pela pluralidade de elementos distintivos albergados. Além dos três núcleos nominativos (G + GRADIENTE + IPHONE) havia a incidência figurativa na

12 Sobre anterioridade e sistema atributivo vide ASCARELLI, Tullio. *Teoria della concorrenza e dei Beni immateriali.* 3a Edição, Milão: Editore Dott A. Giuffré, 1960, p. 464.

estilização das letras e palavras que compõem a expressão visualmente perceptível. Assim, haveria a possibilidade jurídica de um pedido de invalidade parcial, já que acaso acolhido o pleito da APPLE, ainda haveria elementos nominativos/figurativos aptos a constituírem *marca* por si só. Ao contrário do que era a praxe do momento registral, no exercício de seu domínio eminente, o INPI não fizera qualquer limitação administrativa[13] (apostilamento) apto a que o signo em seu conjunto fosse mais amplo do que a *exclusividade*.

O fato **(f)** é pouco relevante para a demanda de invalidade do ato administrativo, já que o desuso de um registro de marca só é peculiar ao plano da *eficácia*, não atingindo o plano da *validade*. Como o desuso é apto a gerar a caducidade (extinção do registro por falta de função social, art. 142, III, da LPI), apenas o processo administrativo próprio perante o INPI, porventura sujeito ao controle judicial posteriormente, poderia resolver. Logo, a crise econômica da empresa co-Ré IGB é elemento impertinente ao pedido de nulidade parcial formulado pela APPLE.

Ainda, a relevância processual **(g)** da contestação do INPI é apta a influenciar o convencimento judicial. Tal se dá, pois o INPI tem a boa reputação de fazer uso criterioso da norma extraída do verbete da súmula 473 do STF[14]. Ou seja, quando citado sobre uma contenda, o INPI não é recalcitrante ao reexame de seu próprio ato, e quando a autarquia crê ter se equivocado[15], é corriqueiro que venha a reconhecer a procedência dos pedidos autorais. Para tanto, é comum que o examinador designado para o reexame do ato administrativo não seja o mesmo que constituiu o ato impugnado judicialmente. Tal distinção entre servidores públicos, aliás, é coerente com a regra constitucional da impessoalidade (art. 37, *caput*, da CRFB); além de ser bastante próprio ao princípio Republicano, pois não há espaço para orgulho, caprichos ou coerência no erro. Quando o INPI reconsidera seu ato em Juízo, além de tal poder minimizar a condenação em honorários sucumbenciais, é comum que a presunção de

13 Acerca das limitações administrativas vide MEIRELLES, Hely Lopes. *Direito Administrativo Brasileiro.* 39ª Edição, São Paulo: Editora Malheiros, 2013, p. 584.

14 Enunciado 473, publicado em 10.12.1969: "A administração pode anular seus próprios atos, quando eivados de vícios que os tornam ilegais, porque deles não se originam direitos; ou revogá-los, por motivo de conveniência ou oportunidade, respeitados os direitos adquiridos, e ressalvada, em todos os casos, a apreciação judicial".

15 Sobre fidelidade ao Estado Democrático de Direito e os atos da administração vide ATALIBA, Geraldo. *República e Constituição.* 2ª Edição, 3ª tiragem, São Paulo: Malheiros Editora, 2001, p. 120.

higidez de seus atos venha a ser modulada pelo Juízo. No caso concreto, todavia, o INPI compreendeu que o ato impugnado era imune de vícios, corroborando a tese defensiva da IGB.

Por fim, o fato **(h)** realça o interesse jurídico da APPLE na solução da contenda sobre o plano da validade, já que quanto ao plano da eficácia[16] pendia contra si pedido condenatório e de abstenção da utência do signo IPHONE em Juízo de Direito. Se a Lei da Propriedade Industrial ventila que a propriedade da marca engendra efeitos *erga omnes*[17], por óbvio que qualquer não-proprietário pode se insurgir contra a higidez do registro. Sem prejuízo de tal coerência no acesso ao direito de petição (administrativa/judicial), é fácil considerar a APPLE como titular de *interesse legítimo*[18] em fazê-lo, já que existe nítida prejudicialidade externa da ação de contrafação perante a de invalidade.

2.2. Os fatos controversos

Entre o desacordo acerca da moldura fática da lide entre as partes, merece destaque as seguintes alegações: **(i)** IPHONE seria expressão intrinsecamente genérica ou seria meramente evocativa?; **(j)** se a IGB estaria fazendo uso da expressão IPHONE como marca, ou como descrição (utência extrínseca) do produto, já que consistiria em constrição vocabular de Internet + Telefone (ambos originários da anglofonia); **(k)** se o transcurso temporal entre o pedido do registro (2000) e sua efetivação (2008) seria fato jurídico relevante a influenciar na registrabilidade

16 Sobre a diferença entre os três planos da teoria do fato jurídico, recomenda-se a leitura de AZEVEDO, Antônio Junqueira de. *Negócio Jurídico. Existência, Validade e Eficácia.* 4ª Edição, São Paulo: Editora Saraiva, 2002; MELLO, Marcos Bernardes de. Teoria do fato jurídico: plano da existência. 18ª Edição, São Paulo: Saraiva, 2012; e SOUZA, Eduardo Nunes de. *Teoria geral das invalidades do negócio jurídico: nulidade e anulabilidade no direito civil contemporâneo.* São Paulo: Almedina, 2017.

17 Lei 9.279/96: "Art. 129. A propriedade da marca adquire-se pelo registro validamente expedido, conforme as disposições desta Lei, sendo assegurado ao titular seu uso exclusivo em todo o território nacional, observado quanto às marcas coletivas e de certificação o disposto nos arts. 147 e 148".

18 Lei 9.279/96: "Art. 113. A nulidade do registro será declarada administrativamente quando tiver sido concedido com infringência dos arts. 94 a 98. § 1º O processo de nulidade poderá ser instaurado de ofício ou mediante requerimento de qualquer pessoa com legítimo interesse, no prazo de 5 (cinco) anos contados da concessão do registro, ressalvada a hipótese prevista no parágrafo único do art. 111".

em si; e **(l)** se o renome da APPLE na utência do signo IPHONE poderia deslegitimar a propriedade de tal sinal por parte da IGB.

Curiosamente, os itens **(i)** e **(j)** não consistiram em causas determinantes, ou mesmo condicionantes pelo Juízo de primeiro grau que, por sua vez, se concentrou nos elementos **(k)** e **(l)**. Em verdade, tais pontos foram tratados *en passant* no capítulo pertinente da sentença.

2.3. A SENTENÇA DE PRIMEIRA INSTÂNCIA

Tendo-se em conta que o controle judicial neste feito se deu sobre o mérito do ato administrativo, seria intuitivo compreender que as causas do suposto vício fossem afeitas (i) à mácula congênita ao ato; ou (ii) à "moléstia" incidental apta a contaminar o ato. Neste sentido, **(k)** o juízo se convenceu[19] de que cabia ao INPI analisar o mercado relevante no momento do término do processo administrativo – reconhecendo as vicissitudes que se passaram no ambiente da telefonia móvel e o uso da internet. Ou seja, a 25ª VFRJ compreendeu que o serviço público do INPI fora incompleto, já que adstrito à lógica *Quod non est in actis, non est in mundo* ("o que não está nos autos não está no mundo").

Em outros termos, tal como no Código de Processo Civil há fonte normativa que gera dever jurídico ao Juízo para que leve em consideração fatos *incidentais* à distribuição (e quiçá, a estabilização) da demanda (art. 493 do CPC/2015) no momento da sentença; dever símile teria o INPI no hiato entre o pedido e a decisão administrativa ocorrer.

Ainda, o juízo compreendeu[20] como determinante o fato de que a expressão litigiosa se **(l)** consagrou com a Autora (sociedade com utência mais recente do signo), e não com a proprietária (sociedade com

19 Excerto da sentença do Sr. Eduardo Brandão: "Logo, a Autarquia-ré ao analisar o pedido de registro da empresa Ré, jamais poderia ter desprezado a dimensão que o "mercado" do IPHONE tomou entre os anos de 2000 e 2008. O fato de o INPI ter demorado quase oito anos para concluir o processo administrativo, não lhe permite retroagir a situação fática da época do depósito, criando uma insegurança total para os envolvidos".

20 Excerto da sentença do Sr. Eduardo Brandão: "Assim, permitir que a empresa Ré utilize a expressão IPHONE de uma forma livre, sem ressalvas, representaria imenso prejuízo para a Autora, pois toda fama e clientela do produto decorreram de seu nível de competência e grau de excelência. A pulverização da marca, neste momento, equivaleria a uma punição para aquele que desenvolveu e trabalhou pelo sucesso do produto".

utilização vetusta do sinal). Logo, ao ver do Juízo Instrutor, o INPI não poderia ter contribuído para a titularidade de quem não ficou renomado com o signo.

Por ora, sem que se critique o mérito da fundamentação utilizada para o julgamento da procedência dos pedidos autorais, é mister um breve comentário sobre o modelo de INPI compreendido pelo Juízo como adequado. Note-se que se o capítulo da fundamentação da sentença inicia com grandes odes à liberdade de iniciativa e concorrência no Brasil (art. 170, IV da CRFB), o mesmo não pode ser dito do sufixo de tal capítulo.

Veja-se que a depender do grau de proatividade (*ex officio*) que se exija do INPI no exercício de seu serviço público, poder-se-ia aproximar de uma demanda de paternalismo jurídico ou de uma utopia quanto a onisciência (ao invés da inércia) da autarquia. Se partes hiperssuficientes (como é o caso) não bem albergam seus interesses e Direitos[21], é questionável o papel do Estado na tutela de quem pode e deve ser sancionado pela sua lerdeza (*dormientibus non sucurrit ius*).

Por fim, apesar de a força intrínseca ou extrínseca do signo IPHONE (art. 124, VI, da LPI[22]) parecer ser argumento relevante demais para ser escanteado, a leitura da sentença denota que tal não foi objeto de qualquer cotejo em primeiro grau. Tal fundamento da causa de pedir até foi citado por três vezes na sentença, mas nenhuma delas para amparar ou para ser rechaçado na decisão tomada. Trata-se de silêncio eloquente.

2.4. O Acórdão de Segundo Grau

Entre a distribuição dos recursos de apelação do INPI e da IGB (em 03.12.2013), ouvida a Procuradoria Regional da República (que se ma-

21 No caso, a APPLE não apresentou oposição ao pedido de registro, manifestando-se tardiamente (mas não fora do prazo decadencial) já em sede judicial pela sua invalidade.

22 Lei 9.279/96: "Art. 124. Não são registráveis como marca: (...) VI - sinal de caráter genérico, necessário, comum, vulgar ou simplesmente descritivo, quando tiver relação com o produto ou serviço a distinguir, ou aquele empregado comumente para designar uma característica do produto ou serviço, quanto à natureza, nacionalidade, peso, valor, qualidade e época de produção ou de prestação do serviço, salvo quando revestidos de suficiente forma distintiva".

nifestou pelo desprovimento dos remédios processuais voluntários[23]), realizada a sessão de julgamentos com as sustentações orais dos causídicos, e a publicação do acórdão, a 1ª Turma Especializada do TRF-2 dirimiu a contenda recursal analisando o mérito do feito.

Como cernes argumentativos nas apelações, os Réus/Recorrentes ventilaram que: **(l)** fama do empenho da marca IPHONE pela Autora/Recorrida era matéria extemporânea ao ato administrativo, bem como haveria uma confusão entre o sistema atributivo e o declarativo de direitos; **(i)** a conduta da Autora/Recorrida era contraditória ao ventilar a invalidade do ato que outorgou propriedade à IGB sobre o sufixo IPHONE com, pseuda, com base no art. 124, VI, da LPI, já que a APPLE ulteriormente realizou pedido idêntico junto ao INPI; e **(k)** que o recorte temporal para a análise do INPI é aquele do momento do depósito, e não à cronologia ulterior do registro.

O voto do relator, que foi albergado pela unanimidade do órgão colegiado em segundo grau[24], acabou por empenhar a conhecida técnica *per relationem* de duvidosa constitucionalidade (art. 93, IX, da CRFB). No caso concreto, os cernes argumentativos de tal voto foram edificados pela sentença de primeiro grau e pelo parecer da doutra Procuradoria Regional da República.

Entre as poucas questões abordadas no bojo do voto do Relator constou, com destaque, o mesmo fundamento que convencera o Juízo de primeiro grau. Qual seja, **(l)** que a APPLE é que ficou famosa na utência do signo IPHONE, de modo que se à IGB fosse permitida a utência de tal signo como marca, haveria indução do consumidor a erro. Em síntese, apesar de não haver minudente explicação a respeito de tal flexibilização do sistema atributivo de direito (que também pode ser considerado como espécie de *benefício do pioneiro*[25]), é possível classificar a metodo-

---

23 É útil mencionar que a manifestação do *parquet federal* concordou com o entendimento do Juízo *a quo* sobre a imperatividade de o INPI analisar o mercado relevante, no momento do registro e não no do depósito do pedido.

24 TRF-2, 1ª Turma Especializada, Des. Paulo César Morais Espírito Santo, AC 0490011-84.2013.4.02.5101, DJ 14.07.2014.

25 Sobre as vantagens de ser o primeiro no mercado relevante vide PÉREZ, Eva Domínguez. *Competência Desleal a Través de Actos de Imitación Sismática*. Navarra: Editorial Aranzadi, 2003, p. 81.

logia da análise realizada como adepta do sistema declaratório em que o *uso*[26] valeria mais do que a busca da burocracia estatal.

Sem prejuízo do afirmado, é interessante pontuar ter havido voto--vista de outro órgão julgador da mesma Turma[27] que, por fundamentos diversos[28], acabou por endossar a conclusão de manutenção da sentença apelada. Neste voto – mais técnico e empenhado em apreciar as nuances argumentativas das partes –, entre os fundamentos predominantes ao convencimento do Juízo *ad quem* foi o da demora do INPI em processar o feito **(k)**, e em como a autarquia não poderia ignorar as mutações fáticas ocorridas no interstício do início e do final do processo administrativo.

O segundo fundamento determinante à conclusão do voto-vista cuidou de tema **(i)**, que acabou ignorado pela sentença bem como pelo voto do Relator. Ou seja, se o signo IPHONE, isoladamente, estaria dentro da hipótese de incidência proibitiva de que trata o art. 124, VI, da LPI[29].

---

26 Sobre a tutela do utente, mesmo em contexto em que não se busca o registro vide BITTAR, Carlos Alberto. *Teoria e praticada concorrência desleal.* São Paulo: Saraiva, 1989, p. 58.

27 "Com efeito, a sentença recorrida contém uma consideração bastante procedente, à qual adiro: a de que a demora do INPI em apreciar o pedido de registro da empresa ré em nada contribuiu para amparar de segurança jurídica uma situação de fato e de direito, que carecia de sua atuação eficiente no sistema atributivo de propriedade industrial, sendo certo que, por outro lado, num ambiente social e tecnológico atual em que nos encontramos, os fatos não podem esperar o "tempo demorado" dos órgãos públicos, e por isso, no caso em questão, tais fatos acabaram se sobrepondo à inércia da autarquia, trazendo agora esta lide bastante peculiar ao Judiciário. Peculiar porque, de certa forma, como bem ponderou o magistrado sentenciante, nenhuma das duas partes pode ser responsabilizada pela demora da autarquia em atuar anteriormente na apreciação de um pedido de registro para marca atrelada a produto e atividade tecnológica tão evidentemente dinâmicos em seu desenvolvimento. Por isso, nem a ré se pode ver prejudicada porque em virtude de razões próprias da atividade comercial não teve oportunidade para usar a marca GRADIENTE IPHONE logo após o deferimento do registro, assim como não se pode dizer que a autora se houve com má-fé no desenvolvimento de atividades e idealização de produtos ligados a uma marca que, como se verá, contém realmente signos descritivos e evocativos de um produto de segmento tecnológico muito disseminado industrialmente" TRF-2, 1ª Turma Especializada, Voto-Vista do Des. Abel Fernandes Gomes, AC 0490011-84.2013.4.02.5101, DJ 14.07.2014.

28 Inclusive, expressamente, se manifestou pela vigência do sistema atributivo de direito no Brasil.

29 Lei 9.279/96: Art. 124. Não são registráveis como marca: VI - sinal de caráter genérico, necessário, comum, vulgar ou simplesmente descritivo, quando tiver

Em síntese, o voto-vista[30] acabou por compreender pela inapropriabilidade individual do sinal IPHONE, por não haver distintividade intrínseca que distanciasse o significado do significante. Como nota crítica, todavia, é merecedora de menção à circunstância de um erro técnico na fundamentação deste ponto. Parece-nos que o Juízo do voto-vista não diferenciou os conceitos de marca evocativa (sugestiva) com o de marca descritiva. Como bem reporta a doutrina nacional[31] (e estrangeira[32]), enquanto a marca sugestiva (proximidade entre significante e significado, em outros termos, diminuto contributo distintivo mínimo[33]) é digna de registro, mas recebe tutela *frágil* da legislação; a marca descritiva (sobreposição entre significante e significado, ou seja, ausência de contributo mínimo), *a priori*, é irregistrável – logo, despida de proteção.

Denotando cuidado com as provas documentais acostadas ao feito, o voto-vista aplicou a sanção de que trata o art. 124, VI, da LPI, apontando que as publicações pretéritas (1996) ao próprio pedido de registro (2000) consignavam a expressão IPHONE como acrônimo de telefone com acesso à internet. Desse modo, compreendeu como correta a decisão de primeiro grau quanto ao apostilamento de tal sufixo da marca da IGB *sub judice*.

Desta forma, é possível consignar que a unanimidade no resultado não significou unicidade nas premissas, parecendo-nos tenha havido melhor técnica no voto-vista do que no voto do relator ou mesmo na sentença.

---

relação com o produto ou serviço a distinguir, ou aquele empregado comumente para designar uma característica do produto ou serviço, quanto à natureza, nacionalidade, peso, valor, qualidade e época de produção ou de prestação do serviço, salvo quando revestidos de suficiente forma distintiva;

30 "Portanto, o termo "IPHONE" é descritivo e evocativo no segmento de mercado da apelante, ou seja, "*APARELHOS TELEFÔNICOS CELULARES QUE POSSIBILITAM ACESSO À INTERNET*", razão pela qual, nos termos da legislação vigente, não há possibilidade de apropriação exclusiva do termo "IPHONE", situação que constituiria um monopólio ilegal, consoante preceito estabelecido no inciso VI do art. 124 da Lei 9.279/96" TRF-2, 1ª Turma Especializada, Voto-Vista do Des. Abel Fernandes Gomes, AC 0490011-84.2013.4.02.5101, DJ 14.07.2014.

31 SCHMIDT. Lélio Denicoli. *A Distinitividade das Marcas*. São Paulo: Saraiva, 2013, p. 109.

32 SCHECHTER, Roger E. *Unfair Trade Pratices & Intelectual Property*. 2a Edição, United States of America: Black Letter Series 2002, p. 60.

33 Sobre marcas como contributos mnemónicos vide LANDES, William M & POSNER, Richard Allen. *The Economic Structure of Intellectual Property Law*. EUA: Harvard University Press, 2003, p. 161.

3. A FORMAÇÃO DO PRECEDENTE PELO STJ

No dia 17.08.2017 foram distribuídos (à 4ª Turma do STJ) os recursos especiais do INPI e da IGB, aviados contra o v. acórdão (mantido em sede de embargos de declaração) do TRF-2 que, por sua vez, manteve a R. sentença do Juízo da 25ª VFRJ que julgara procedentes os pedidos da APPLE. Se a agilidade dos Juízos de primeiro e segundo grau merecem elogios, o mesmo encômio deve ser destinado ao Tribunal da Cidadania, eis que entre os incidentes processuais perante o Tribunal Superior, o mérito dos recursos gerou acórdão publicado pouco mais de quatorze meses após sua distribuição (23.10.2018).

3.1. *O ESTADO DA ARTE QUANTO AOS JULGADOS NO STJ SOBRE SIGNOS INTRINSECAMENTE DISTINTIVOS PRETÉRITOS AO CASO APPLE VS. IGB & INPI*

Entre as causas de pedir atinentes ao caso (APPLE vs. IGB & INPI) consta a questão da distintividade intrínseca do signo IPHONE. Insta consignar, de outra monta, que tal causa de pedir – em termos de tese jurídica abstrata – já fora objeto de diversos julgados do Superior Tribunal de Justiça. Isto evidencia que a Corte Superior não se rende a uma análise maniqueísta[34] entre título proprietário constituído (marca registrada) e pleito proprietário denegado. Em verdade, havendo marca registrada há nuances[35] que diferem o grau qualitativo de tutela do qual seu proprietário é merecedor. Se fosse permitida uma sumarização, é possível ventilar que a doutrina e os precedentes de Tribunais superiores enquadram a força de proteção à titularidade a depender da proporção de *singularidade* e de *contexto*[36] do sinal distintivo.

---

34 Não há, todavia, maniqueísmo em recusar proteção se inexiste distintividade, já que para ser marca é imperativo que seja *signo distintivo*. Assim lecionava PONTES DE MIRANDA, Francisco Cavalcanti. *Tratado de Direito Privado.* Vol. XVII. 4ª Edição, São Paulo: Revista dos Tribunais, 1983, p. 7.

35 Assim já prelecionava a clássica doutrina nacional: RODRIGUES, Clovis Costa. *Concorrência Desleal.* Rio de Janeiro: Editora Peixoto S.A, 1945, p. 283.

36 Em exemplo duplamente pertinente: "*Instead, a trademark right, as traditionally understood, only gives a right to prohibit others from using a word or symbol in connection with goods or services in such a way as to usurp the right holder's goodwill. Thus, Apple, Inc., does not gain absolute dominion over the term "apple" by owning trademark rights in APPLE for electronic devices under the traditional formulation*" JANIS, Mark D. *Trademark and Unfair Competition.* 2ª Edição, Albuquerque: West Academic, 2017, p. 3. Tradução livre: "Ao invés, o direito de uma marca, tal como

Exemplificativamente, em 2008 o STJ julgou Recurso Especial[37] acerca de conflito de marcas envolvendo dois produtores de bebidas adocicadas, no qual o próprio vocábulo "marca fraca" foi cotejado como *ratio decidendi*. Entretanto, no corpo da fundamentação do voto, nota-se que a expressão tem emprego em um sentido diverso da questão afeita ao art. 124, VI, da LPI. Ou seja, utiliza-se a nomenclatura *fragilidade* ou *força* para designar a reputação (distintividade adquirida), e não o liame entre sinal e sentido.

Por sua vez, em 2011 o STJ[38] dirimiu recurso especial bem aplicando os conceitos de *marca fraca* e *marca forte*, tendo citado como fonte material-persuasiva[39] a doutrina do Prof. Denis Borges Barbosa para corroborar sua fundamentação. *In casu*, a contenda tratava de derivações do signo ÉBANO para produtos cosméticos de originadores diversos. Argumentando que a fragilidade intrínseca da distintividade acarreta menor rigor no exame pelo servidor público do INPI, de um lado; e maior tolerância com a proximidade de concorrentes que tenham a mesma (baixa) criatividade, de outro, o órgão fracionário do STJ corretamente aplicou o conceito.

Como último caso merecedor de menção para denotar os costumes pretorianos do Tribunal da Cidadania (em momento pretérito ao caso examinado neste artigo), destaca-se recurso decidido em 2013[40]. Em litígio, sociedades empresárias que comercializavam catálogos com informações sobre prestadores de serviços, endereços e telefones buscavam a utência da expressão AMARELAS como marca. Amparada na doutrina do Prof. João da Gama Cerqueira, o colegiado adequadamente definiu que a apropriabilidade privada da expressão, que designa a cor das páginas do produto, geraria uma ilegítima barreira à entrada e no desen-

tradicionalmente compreendido, apenas outorga a faculdade de proibir terceiros de usar uma palavra ou símbolo em conexão com bens ou serviços de certa forma a usurpar o aviamento do titular. Portanto, a APPLE INC, não ganha um domínio absoluto do termo "apple" por ter titular da marca APPLE para eletrônicos dentro da tradicional formulação".

37 STJ, 3ª Turma, Min. Sidnei Beneti, REsp 866.736, DJ 27.02.2008.

38 STJ, 3ª Turma, Min. Nancy Andrighi, REsp 1.116.498, DJ 30.03.2011.

39 Sobre a persuasão no contexto dos precedentes vide MITIDIERO, Daniel. *Precedentes: da persuasão à vinculação*. 2ª Edição, São Paulo: RT, 2017, p. 33.

40 STJ, 4ª Turma, Min. Marco Buzzi, REsp 1.107.558, DJ 06.11.2013.

volvimento da concorrência. Ou seja, o sinal era fraco e diversos atores poderiam dele gozar.

Vistos os três exemplos acima, é possível entabular conclusão primígena no sentido de que a força de um signo, sob os entendimentos do STJ, pode se referir à fenômeno etimológico[41] (contributo distintivo) ou reputacional[42] (poder econômico, tradição e fama). De uma forma ou de outra, a força de uma marca indicará a qualidade (maior ou menor) e a intensidade de tutela que um proprietário poderá almejar obter junto ao Poder Judiciário, incluindo eventual pedido inibitório ou de cessação de uso[43].

3.2. Os fundamentos decisórios do STJ no caso APPLE vs. IGB & INPI

Para evitar repetições, consigna-se que as ênfases recursais de IGB & INPI perante o STJ foram as mesmas que haviam sido destacadas no TRF: **(i)** a questão sobre distintividade intrínseca do sinal IPHONE; e **(k)** se o INPI teria a obrigação de considerar o mercado relevante em momento ulterior ao depósito do pedido.

Seguindo a boa técnica jurisdicional do voto-vista do TRF-2, o voto do relator Ministro Luis Felipe Salomão fez percuciente análise sobre a causa de pedir recursal acerca do art. 124, VI, da LPI. Considerando a intensidade da distintividade com quatro *graus* de força, o voto destacou que existem as marcas: (1) fantasiosas; (2) arbitrárias; (3) evocativas; e (4) genéricas/descritivas/comuns/vulgares[44].

Entre as marcas (1) fantasiosas, as mais potentes em termos de distintividade intrínseca, o conceito importa na criação do *sinal* em si e de seu *significado*. Ou seja, inventa-se um *significante* (algo que não é dicionarizado), tal como em um idioleto. O exemplo mais conhecido de tal marca forte é o do Häagen-Dazs®, que não compõe significante cul-

---

41 McMANIS, Charles R. *Intellectual Property and Unfair Competition*. St. Paul: West Publishing Co, 2004, p. 220.

42 "A reputação do industrial ou do comerciante assenta no crédito. Crédito em seu duplo aspecto: o moral que ele conquista pela honradez, e o profissional, que adquire pela sua capacidade de trabalho" LEONARDOS, Thomas. *Concurrencia Desleal*. Rio de Janeiro: Livraria Academica, 1936, p. 34.

43 MARINONI, Luiz Guilherme. *Tutela Inibitória e Tutela de Remoção do Ilícito*. São Paulo: Thomson Reuters Brasil, 2022, p. 12.

44 Tal não discrepa do que a doutrina já cataloga: BARBOSA, Denis Borges. *Proteção Jurídica das Marcas*. Rio de Janeiro: Lumen Juris, 2008, p. 37 (versão e-book).

tural em qualquer língua existente. Sob o ponto de vista do contributo mínimo oferecido pelo criador, a marca fantasiosa consiste no ápice da distintividade. De outra monta, há um risco econômico maior por parte do titular que selecionar tal estratégia empresarial, já que o público-alvo terá maior dificuldade de memorizar (barreira à entrada) um significante que é estranho ao seu contexto linguístico.

Por sua vez, entre as marcas (2) arbitrárias, o interessado não inventa um significante, porém entabula novo *significado contextual* para um sinal antes existente. Por exemplo, Giraffas® (no ambiente alimentício) não goza de qualquer interrelação com restaurantes que servem carne de caça ou mesmo animais ruminantes africanos. Se a duplificação de uma das consoantes da palavra conhecida não importa em grande contributo mínimo, a atribuição do significado contextual é completamente divorciada do sentido primígeno. Logo, tal como as (1) marcas fantasiosas, as (2) marcas arbitrárias são tidas como marcas fortes, ainda que menos robustas que as do tipo (1).

Em seguida, realça-se que as marcas (3) evocativas constituem bem imaterial na qual o interessado não inventa *significante* ou mesmo *significado*. O pretenso titular apenas escolhe significante preexistente que é próximo, sem se sobrepor, à descrição do significado. Assim, ainda que alguém desconheça qual seja o produto vendido sob a marca *fresquinho*, ao tomar ciência de que cuida de ventiladores ou de laticínios, vê-se que o liame entre sinal e sentido é lindeiro. Outro exemplo seria a de titulares de empresa que exploram o ramo de panificação optarem como marca para seus brioches a expressão *fofinho*. Constituindo-se espécie de marca fraca passível de registro, as marcas evocativas/sugestivas consistem em escolha empresarial sem grandes riscos bem como sem maiores contribuições ao estado da arte.

Por fim, apontam-se as marcas (4) descritivas em que o signo é despido de distintividade intrínseca, sendo confinantes os aspectos do *significante* e do *significado*. Aqui resta a proibição legal de que trata o art. 124, VI da LPI. Nesta toada, jamais um padeiro poderia se arvorar proprietário exclusivo da expressão "padaria" para enveredar seu comércio à base de trigo. Nada o precataria de buscar o registro da marca "padaria" para uma loja fincada no comércio de pochetes, de cabides, ou para uma oficina mecânica, já que naqueles contextos o significante seria *arbitrário*. Sob o ponto de vista da política pública, a Lei não poderia incentivar o tipo de conduta oportunista daqueles que querem se ocupar de signos descritivos, já que nenhum contributo mínimo haveria para com a sociedade. Em outras palavras, a mera primazia do banal não pode outorgar beneplácitos a quem quer que seja.

Em síntese, existe uma proporção inversa entre a facilidade mnemônica da clientela potencial para com a força distintiva intrínseca; bem como existe uma confluência específica entre marcas fortes e tutela intensa pela Ordem jurídica nacional. Quem opta pelos signos do tipo (1) e (2) têm mais chances de precatar concorrentes dele se aproximar; quem opta pela marca do tipo (3) terá que tolerar os concorrentes com exteriorização comunicativa próxima; e, quem concentra seus esforços em marcas do tipo (4) não tende a receber qualquer proteção.

No caso concreto, o voto do Min. Salomão compreendeu que a expressão IPHONE constante no sufixo da marca mista da IGB é caracterizada por ser (3) *evocativa*. A priori, tal conclusão quanto a causa de pedir **(i)** deveria ter resultado na *registrabilidade* do sufixo em favor da IGB, dentro do contexto da universalidade do signo "G GRADIENTE IPHONE". Contudo, ao corretamente apontar que as marcas evocativas/sugestivas fazem com que seu titular seja obrigado a conviver com a concomitância de utência por demais atores do mesmo mercado, concluiu haver acerto na decisão que determinou o *apostilamento* da expressão[45].

Para que se torne compreensível a aparente contradição entre os raciocínios antecedente e consequente no voto do Relator, é pertinente destacar como se concebeu o julgamento da causa de pedir **(k)**. O Ministro Salomão compreendeu restar provada a fama da APPLE quanto ao signo evocativo IPHONE, através do fenômeno da aquisição de significação incidental (*secondary meaning*). Assim, na ótica do relator, como

45 "Desse modo, não há como negar que tal expressão integrante da marca mista sugere característica do produto a ser fornecido. Cuida-se, portanto, de termo evidentemente sugestivo. Sob essa ótica, a IGB terá que conviver com o bônus e o ônus de sua opção pela marca mista "G GRADIENTE IPHONE": de um lado, a simplicidade e baixo custo de divulgação de um signo sugestivo de alguma característica ou qualidade do produto que visava comercializar (o que tinha por objetivo facilitar o alcance de seu público-alvo); e, de outro lado, o fato de ter de suportar a coexistência de marcas semelhantes ante a regra da exclusividade mitigada das evocativas, exegese consagrada nos precedentes dessa Corte. A utilização de marca sugestiva por empreendedores, como antes referido, caracteriza operação de risco, mas nada que não possa ser absorvido pela natural intercalação do empreendimento econômico. Assim, penso que o INPI deveria ter mesmo inserido a ressalva da falta de exclusividade da utilização isolada da expressão "iphone", ao conceder o registro da marca mista de titularidade do IGB" STJ, 4ª Turma, Min. Luis Felipe Salomão, REsp 1.688.243, DJ 23.10.2018.

a Autora/Recorrida é quem se tornou reconhecida internacionalmente pelo sufixo da marca da IGB, seria desaconselhável a manutenção da higidez registral apta a alcançar tal signo[46].

Fundamentando sua decisão no sentido de que a titularidade da marca não serve, apenas, ao seu proprietário, mas alcança impactos no mercado consumidor; defendeu que a ausência de apostilamento no registro da IGB poderia gerar confusão ao mercado finalístico entre os originadores *sub judice*. De modo a embasar seu entendimento sobre **(k)**, ventilou que, antes mesmo de o INPI consolidar o ato administrativo em favor da IGB, o signo IPHONE já era famoso nos produtos da APPLE. Destarte, sob as lentes do voto do Relator, durante o processo administrativo o INPI não poderia ter ignorado o fenômeno da vicissitude mercantil-reputacional quanto ao bem imaterial sujeito à constituição de direitos.

Emanado o voto do relator Ministro Luis Felipe Salomão, o Ministro Lázaro Guimarães (Desembargador Convocado do TRF-5) apresentou dissidência com um interessante fundamento, igualmente fincado na causa de pedir **(k)**. Para o Ministro Lázaro, o cerne da discussão era no sentido de que o pedido da APPLE versava sobre invalidade do ato administrativo do INPI que beneficiou a IGB. Contudo, a fundamentação prevalente na sentença, no acórdão do TRF-2 e no voto do Min. Salomão concerniriam à fama incidental da Autora; de tal modo que não haveria vício *ab initio*. Em outras palavras, o marco temporal da aferição de eventual invalidade do ato administrativo não poderia *suceder* o ato em si[47], já que o Poder Judiciário não examinaria o mérito do ato administrativo, mas apenas o seu controle.

---

46 "É claro que se poderia pensar, em princípio, o mesmo em relação à situação da Apple, que, em 2007, assumiu o risco da utilização de marca mista integrada por um único elemento de evidente caráter evocativo: a expressão «iPhone». Contudo, tal signo, com o passar do tempo, adquiriu incontestável distintividade e notoriedade em todo o mundo. Qualquer consumidor (independentemente de classe social ou nacionalidade) associa tal expressão ao smartphone comercializado pela sociedade empresária; inclusive, por ocasião do lançamento de modelos novos, os consumidores costumam enfrentar filas enormes e amplamente noticiadas para adquiri-los" STJ, 4ª Turma, Min. Luis Felipe Salomão, REsp 1.688.243, DJ 23.10.2018.

47 "É por isso que me parece – só atentando para a especificidade do pedido – que o pedido é de anulação de um ato administrativo do INPI. Repito que esse ato administrativo... Data máxima vênia, com toda admiração e respeito que tenho e que é devido por toda a comunidade jurídica brasileira, ao eminente Ministro Luís Felipe Salomão, parece-me que não há nenhuma razão para decretar nulidade.

De fato, sob uma ótica ortodoxa do direito administrativo, a aferição da forma, competência e requisitos é o que deveria prevalecer na eventual acolhida de um pedido de invalidação. Aqui, é nítida a percepção do Ministro Lázaro Guimarães quanto à inexistência de vício congênito, e que eventual pleito sobre uso isolado do signo IPHONE deveria ser apreciado em demanda distinta daquela que foi ajuizada perante o Juízo Federal. De outra monta, sabe-se que o direito Constitucional não é infenso a hipóteses em que o vício jurídico seja *incidental*, a exemplo dos processos de inconstitucionalização paulatina (ou progressiva[48]) ou de mutação constitucional[49]. Contudo, apesar de possível no mundo do direito público, factualmente não ficou evidenciada nas fundamentações do entendimento prevalente, se tal seria o caso concreto. Parece-nos que aqui seria possível anotar uma espécie de *salto hermenêutico* sem a devida imputação de responsabilidade.

O último órgão jurisdicional no STJ a declarar voto foi a Ministra Maria Isabel Gallotti. Da mesma forma que o Ministro Lázaro, a Ministra Gallotti entendeu como heterodoxa a tese da APPLE de que o ato administrativo do INPI seria viciado à época de sua emanação[50]. Em verdade, a Ministra Gallotti interpretou o pedido da APPLE como *declaratório* (e não constitutivo negativo) sobre os efeitos do ato administrativo do

---

Agora, se a Gradiente vai poder ou não usar isoladamente uma marca que venha a lançar como iPhone simplesmente, isso não é objeto dessa ação. O objeto é a anulação do ato administrativo do INPI que concedeu esse registro. Na época dessa concessão não há nenhum dever do Órgão administrativo de fazer qualquer análise mercadológica, na lei não há qualquer exigência" STJ, 4ª Turma, Voto-Vista Vencido Min. Lázaro Guimarães, REsp 1.688.243, DJ 23.10.2018.

48 BARCELLOS, Ana Paula de. Curso de Direito Constitucional. Rio de Janeiro: Forense, 2018, p. 568.

49 SARMENTO, Daniel. SOUZA NETO, Cláudio Pereira de. *Direito Constitucional:* teoria, história e métodos de trabalho. 2ª Edição, Belo Horizonte: Fórum, 2016, p. 340.

50 "Não é que o registro seja nulo, embora seja isso que conste do dispositivo da sentença. Mas se verificarmos o conteúdo da inicial e o da contestação, e mesmo o sentido lógico da sentença e do acórdão recorrido, penso que, embora requerida a anulação e a republicação da decisão de registro, para que dela conste a ressalva de que "iPhone" não é expressão isolada, de que ela pode ser utilizada pela Apple ou que não tem distintividade, na realidade, a pretensão era declaratória dos limites e efeitos do registro de que é titular a ré e das consequências desse registro em relação ao uso - legal ou ilegal - da expressão mencionada pela autora em sua atividade comercial" STJ, 4ª Turma, Voto-Vista Min. Maria Isabel Gallotti, REsp 1.688.243, DJ 23.10.2018.

INPI, ao invés do que constou textualmente como demanda de nulidade parcial (apostilamento).

Não obstante certa concordância com o voto do Ministro Lázaro quanto ao item **(k)**, a Ministra Gallotti seguiu o entendimento do Relator Salomão no sentido da fragilidade intrínseca do sinal IPHONE, tendo-o compreendido como *evocativo* e, simultânea e paradoxalmente, irregistrável. Aqui, repete-se a respeitosa crítica formulada ao voto do Ministro Salomão que bem conceituou as quatro forças marcárias existentes, porém não considerou a consequência da irregistrabilidade ínsita às marcas *descritivas*, para aquelas imputadas como *evocativas/sugestivas*.

Tendo sido formada a maioria de votos (4x1) para manter a decisão do TRF-2, ainda que com fundamentos divergentes mesmo dentro da convergência majoritária, o feito prosseguiu para o julgamento dos embargos de declaração (desprovidos) e, ainda, para os embargos de divergência (com seguimento negado). O processo só não transitou em julgado, pois, na origem, a parte sucumbente interpôs Recurso Especial e Extraordinário[51]. Com a admissão do Agravo em Recurso Extraordinário, o feito, hoje, tem seu trâmite perante o Pretório Excelso.

3.3. Breves comentários aos fundamentos decisórios do STJ

Se o voto do Ministro Salomão faz uma bela análise dogmática sobre a função (zetética), a força e a tutela do direito de marcas, de um lado; é preciso frisar que a subsunção (dogmática) entre os conceitos de marcas evocativas/sugestivas e de marca descritiva foi feita com erronia. Independentemente da leitura ou do convencimento ideológico sobre as postulações de ambas as partes, bastava a qualificação do sinal IPHONE como descritivo, para que a consequência da invalidade parcial (apostilamento) guardasse perfeita coerência com o entendimento do Relator, com a causa de pedir e com os pedidos da APPLE.

De outro lado, o fundamento do voto-vencido do Ministro Lázaro quanto a ausência de equívoco do INPI no momento do registro, é mais

51 Em outras palavras, após o acórdão da apelação, a GRADIENTE aviou recursos extraordinários contra o *decisum* ali. Com o processamento do recurso especial, o recurso extraordinário destinado ao STF ficou sobrestado. Agora, com o trânsito em julgado do acórdão do recurso perante o STJ, em que pese não ter havido insurgência contra o que foi decidido pelo STJ em si, permanece controverso o acórdão do TRF-2 no tocante ao regime de repercussão geral perante o STF.

convincente quanto ao papel da autarquia sobre a cognição ou previsão do porvir. Se a administração pública deve cotejar o máximo de subsídios e *fattispecie* trazida por terceiros que colaborem para a decisão, no caso concreto é útil recordar que a APPLE não se opôs administrativamente ao pedido de registro da IGB.

Por fim, ainda que o entendimento da Min. Gallotti seja coerente com a melhor hermenêutica para as consequências do interesse de agir da APPLE, é complexo defender tamanha liberdade interpretativa do STJ àquela altura da marcha processual, quando a moldura recursal posta discreparia da fundamentação utilizada para conhecer os pedidos.

4. Marcas fracas no STF

Para melhor contextualizar as etapas processuais do caso APPLE vs. IGB & INPI já em trâmite perante o STF, útil é analisar o contexto de um unívoco precedente da Suprema Corte em matéria análoga.

4.1. Um precedente do STF sobre signos frágeis

Ainda que o Pretório Excelso desconheça precedentes sobre o direito de marcas desde a Constituição de 1988, não se pode afirmar que o caso IPHONE será - genuinamente - um caso-líder quanto à matéria.

Por exemplo, em 1986 o Ministro Rafael Meyer relatou interessante caso de recurso extraordinário interposto contra decisão do, hoje, extinto Tribunal Federal de Recursos[52]. As partes litigavam sobre atos administrativos do INPI que resultaram nos registros do signo MARQUESA em favor de ente privado, no que seu concorrente do setor mobiliário se insurgiu. Em síntese, o demandante argumentou que o termo MARQUESA *descrevia* um tipo específico de mobiliário, e havendo a designação do titular dos pedidos de marca para que o sinal se referisse a camas, cadeiras e divans; além de proteção destinada a travesseiros, colchões e almofadas; tal importaria em vilipêndio ao comando do art. 65, 20), do Código da Propriedade Industrial de 1971[53]. Consigne-se que

52 STF, 1ª Turma, Min. Rafael Mayer, Rex 109.344, DJ 27.06.1986.

53 Lei 5.772/71: "Art. 65. Não é registrável como marca: 20) nome, denominação, sinal, figura, sigla ou símbolo de uso necessário, comum ou vulgar, quando tiver relação com o produto, mercadoria ou serviço a distinguir, salvo quando se revestirem de suficiente forma distintiva".

o texto proibitivo da Lei não se consubstancia por uma diáspora do atual art. 124, VI, da LPI.

A solução dada pelo TFR foi mantida pelo STF, no sentido de que o sinal MARQUESA era *descritivo* (irregistrável) para o ambiente mobiliário comum, porém era *arbitrário* (marca forte e registrável) para a alienação de travesseiros colchões e almofadas. Assim, um dos atos do INPI era correto e o outro viciado. Não poderia um agente econômico se apropriar, individualmente, de expressão *comum* para a alienação de mobiliário.

Ou seja, a fragilidade de uma marca não pode ser aferida, apenas, olhando-se para o significante, devendo ser analisado qual significado e qual o contexto pertinente.

4.2. A REPERCUSSÃO GERAL NO STF

Irresignado com os julgamentos meritórios à época do TRF-2, a IGB interpôs recurso extraordinário e, em seguida, aviou agravo no recurso extraordinário de modo que o feito fosse distribuído ao STF sob o número ARE 1.266.095, sob a relatoria do Min. Dias Toffoli. Com a autuação realizada em 24.04.2020, rapidamente o Relator negou seguimento ao recurso, pautando-se no verbete de súmula 279 do STF que consigna o descabimento recursal quando for necessário averiguar eventual exame de provas.

Interposto o agravo regimental contra a decisão monocrática no Pretório Excelso, o Ministro Dias Toffoli reconsiderou sua decisão primígena, bem como determinou a sequência processual. Realizada a redistribuição do feito ao Ministro Luiz Fux (já que o Ministro Toffoli ainda estava como chefe do Poder Judiciário Nacional), pouco tempo depois, com a eleição do Ministro Fux para presidente do STF, o Ministro Dias Toffoli herdou seu acervo processual, incluindo o AREx 1.266.095.

Pouco tempo depois, em 03.12.2020, o Ministro Dias Toffoli afetou o processo ao, então, recém criado Centro de Conciliação e Mediação, já que o cerne recursal cuidaria de "direitos patrimoniais disponíveis". Como Mediadora responsável para a tentativa conciliatória constou a ex-Ministra Ellen Gracie. Contudo, tal tentativa de solução harmônica do conflito restou frustrada.

Ouvida a Procuradoria Geral da República, na mesma linha que a Procuradoria Regional da República perante o TRF-2, o *parquet federal* opinou pelo não acolhimento das teses jurídicas da IGB. Em um segundo momento, a PGR ratificou seu entendimento e colacionou razões adicionais para tanto.

Assim, em 18.03.2022, por unanimidade, aos órgãos julgadores do STF compreendeu-se haver repercussão geral no recurso da IGB, de modo que os aspectos constitucionais dos preceitos contidos nos arts. 1o, inciso IV; 5o, incisos II e XXIX; 37, caput; e 170, inciso IV, da Constituição Federal passariam a ser analisados em decisão de mérito vindoura. A fundamentação do relator Ministro Dias Toffoli (que convenceu seus pares) foi embasada nos princípios da liberdade de iniciativa e de concorrência, bem como nos efeitos da mora administrativa com relação às vicissitudes e à titularidade de uma marca[54].

Sem que haja data designada para julgamento, o presente texto não se prestará a prever o que será decidido pelo Colendo Supremo Tribunal Federal nem pretende se posicionar quanto à melhor tese defendida.

5. Conclusão

Relatadas as vicissitudes do primeiro caso em que, quanto ao mérito, o STF deve analisar o direito de marcas desde a Constituição de 1988, é possível entabular algumas observações sobre as vicissitudes do caso até o presente momento.

Levando-se em consideração que o vocábulo e a cultura gramatical estão sob eterna mutação, é razoável admitir que classificar expressões como descritivas[55] possa alcançar expressões em língua estrangeira[56],

54 "Entendo, assim, ser extremamente recomendável que o Supremo Tribunal Federal se pronuncie, na sistemática da repercussão geral, sobre a possibilidade de, em razão da demora na concessão do registro de marca pelo INPI e surgimento, durante isso, de uso mundialmente consagrado da mesma marca por concorrente, o depositante deixar de ter exclusividade sobre ela, tendo-se presentes os princípios da livre iniciativa e da livre concorrência" STF, Min. Dias Toffoli, Decisão em Repercussão Geral no Agravo em Recurso Extraordinário 1.266.095, DJ 25.04.2022.

55 TRF-2, 2ª Turma Especializada, Des. Liliane Roriz, AC 200751018107507, DJ 05.05.2009.

56 "Cuida-se, portanto, de descobrir se a palavra EDELWEIN tem significado designativo, em relação à classe aqui analisada (35.10 – bebidas) ou não. Como se verifica da compulsação dos autos, em especial da lei alemã da economia vinícola (pp. 31 e ss.) juntada pela recorrida, "EDELWEIN" é designação de qualidade aplicável a vinhos de procedência alemã. É de conhecimento geral que a expressão "EDELWEIN" representa, em termos de vindima alemã, o que representa a expressão

especialmente quando originárias da anglofonia[57]. No caso concreto, a justaposição de um acrônimo sobre a palavra *internet* (I), com outra expressão telefone, em sua versão inglesa (PHONE), gerando o signo IPHONE é signo descritivo no contexto da telefonia.

Dessa forma, para efeitos do pedido e da causa de pedir quanto a ausência de distintividade intrínseca, parece correta a ótica da APPLE de que IPHONE é marca genérica, devendo ser invalidado o ato administrativo que o constituiu. Com a correta subsunção do tipo de classificação do signo, ao contrário do que apontou o TRF-2 e o STJ, não há como se asseverar tratar-se de marca *evocativa*.

Com a fuga de tal equívoco na *qualificação* do bem imaterial, menos relevante se torna a causa de pedir sobre as vicissitudes reputacionais havidas após o depósito do pedido de registro. Aliás, acaso o INPI tivesse sua capacidade de servidores aumentada, a União investisse nesta autarquia estratégica ao desenvolvimento nacional, a chance de uma alteração contextual relevante entre depósito e decisão administrativa seria diminuída.

Fato é que questões afeitas à fama do não titular da marca escapam à competência do Juízo Federal, especificamente em um processo que deveria dirimir, apenas, a invalidade do ato administrativo.

Talvez a melhor razão para que o STF tenha afetado o caso APPLE vs. IGB & INPI seja para admoestar a administração pública a prestigiar a autarquia federal, tal como o brilhante e correto voto do Min. Dias Toffoli na ADI 5529 apontou. Longe de constituir um *favor* aos administrados, o adequado tratamento da coisa pública perante uma autarquia superavitária e desenvolvimentista (art. 5º, XXIX, da CRFB) é demanda de toda a sociedade.

---

francesa "grand cru" ou a nossa "reserva". Logo, é expressão genérica e pode causar confusão ao consumidor" TRF-2, 2ª Turma Especializada, Des. André Fontes, AC 97.02.02974-0, DJ 14.04.2007. Em sentido símile: "Em regra, não há impedimento para o registro de marca em idioma estrangeiro, o qual deve seguir as mesmas regras e limitações exigidas para o registro de marca em português, sendo que, ao examinar o pedido de registro, o INPI levará em conta tanto o elemento nominativo na língua estrangeira quanto sua tradução para o português" STJ, 4ª Turma, Min. Raul Araújo Filho, REsp 1.339.817/RJ, J. 11.10.2022.

57 TRF-2, 1ª Turma Especializada, Des. Aluísio Gonçalves, AC 2003.51.01.540783-3, DJ 18.03.2008.

6. Referências

6.1. Referências bibliográficas

ASCARELLI, Tullio. *Teoria della concorrenza e dei Beni immateriali.* 3ª Edição, Milão: Editore Dott A. Giuffré, 1960.

ATALIBA, Geraldo. *República e Constituição.* 2º edição, 3º triagem, São Paulo: Malheiros Editora, 2001.

AZEVEDO, Antônio Junqueira de. *Negócio Jurídico. Existência, Validade e Eficácia.* 4ª Edição, São Paulo: Editora Saraiva, 2002.

BARBOSA, Denis Borges. *Proteção Jurídica das Marcas.* Rio de Janeiro: Lumen Juris, 2008.

BARBOSA, Pedro Marcos Nunes. *Direito Civil da Propriedade Intelectual.* 3ª Edição, Rio de Janeiro: Lumen Juris, 2016.

BARCELLOS, Ana Paula de. Curso de Direito Constitucional. Rio de Janeiro: Forense, 2018, p. 568.

BITTAR, Carlos Alberto. *Teoria e praticada concorrência desleal.* São Paulo: Saraiva, 1989.

JANIS, Mark D. *Trademark and Unfair Competition.* 2ª Edição, Albuquerque: West Academic, 2017.

LANDES, William M & POSNER, Richard Allen. *The Economic Structure of Intellectual Property Law.* EUA: Harvard University Press, 2003.

LEONARDOS, Thomas. *Concurrencia Desleal.* Rio de Janeiro: Livraria Academica, 1936.

MALUF, Carlos Alberto Dabus. A inexistência na teoria das nulidades. São Paulo: Imprenta, 2001, 222 p.

MARINONI, Luiz Guilherme. *Tutela Inibitória e Tutela de Remoção do Ilícito.* São Paulo: Thomson Reuters Brasil, 2022.

McMANIS, Charles R. *Intellectual Property and Unfair Competition.* St. Paul: West Publishing Co, 2004.

MEIRELLES, Hely Lopes. *Direito Administrativo Brasileiro.* 39ª Edição, São Paulo: Editora Malheiros, 2013.

MELLO, Marcos Bernardes de. Teoria do fato jurídico: plano da existência. 18ª Edição, São Paulo: Saraiva, 2012.

MITIDIERO, Daniel. *Precedentes: da persuasão à vinculação.* 2ª Edição, São Paulo: RT, 2017.

MONTEIRO, António Pinto. *Teoria Geral do Direito Civil.* 4ª Edição, Coimbra: Coimbra Editora, 2005.

MOREIRA NETO, Diogo de Figueiredo. *Curso de Direito Administrativo.* 16ª Edição, Rio de Janeiro: Forense, 2014.

PÉREZ, Eva Domínguez. *Competência Desleal a Través de Actos de Imitación Sismática.* Navarra: Editorial Aranzadi, 2003.

PONTES DE MIRANDA, Francisco Cavalcanti. *Tratado de Direito Privado.* Tomo XVI. 4ª Edição, São Paulo: Revista dos Tribunais, 1983.

________. *Tratado de Direito Privado.* Vol. XVII. 4ª Edição, São Paulo: Revista dos Tribunais, 1983

RODRIGUES, Clovis Costa. *Concorrência Desleal.* Rio de Janeiro: Editora Peixoto S.A, 1945.

SARMENTO, Daniel. SOUZA NETO, Cláudio Pereira de. *Direito Constitucional:* teoria, história e métodos. 2ª Edição, Belo Horizonte: Fórum, 2016.

SCHECHTER, Roger E. *Unfair Trade Pratices & Intelectual Property.* 2ª Edição, United States of America: Black Letter Series 2002.

SCHMIDT. Lélio Denicoli. *A Distinitividade das Marcas.* São Paulo: Saraiva, 2013.

SOUZA, Eduardo Nunes de. *Teoria geral das invalidades do negócio jurídico: nulidade e anulabilidade no direito civil contemporâneo.* São Paulo: Almedina, 2017.

6.2. Referências judiciais

STF, 1ª Turma, Min. Rafael Mayer, RE 109.344, DJ 27.06.1986.

________. Pleno, Min. Dias Toffoli, Decisão em Repercussão Geral no Agravo em Recurso Extraordinário 1.266.095, DJ 25.04.2022.

STJ, 2ª Seção, Min. Nancy Andrighi, Incidente de Assunção de Competência (IAC) no Recurso Especial 1.610.728, DJ 14.10.2019.

________. 2ª Seção, Relatoria para Acórdão Min. Nancy Andrighi, REsp no IRDR 1.869.959, DJ 11.05.2022.

________. 2ª Seção, Min. Luis Felipe Salomão, Recurso afetado ao Rito dos Recursos Repetitivos REsp 1.527.232, DJ 05.02.2018

________. 3ª Turma, Min. Nancy Andrighi, REsp 466.761, DJ 04.08.2003.

________. 3ª Turma, Min. Sidnei Beneti, REsp 866.736, DJ 27.02.2008.

________. 3ª Turma, Min. Nancy Andrighi, REsp 960.728, DJ 15.04.2009.

________. 3ª Turma, Min. Nancy Andrighi, REsp 1.038.032, DJ 24.11.2010.

________. 3ª Turma, Min. Nancy Andrighi, REsp 1.116.498, DJ 30.03.2011.

________. 3ª Turma, Min. Nancy Andrighi, REsp 1.943.690, DJ 22.10.2021.

________. 4ª Turma, Min. Marco Buzzi, REsp 1.107.558, DJ 06.11.2013.

________. 4ª Turma, Min. Luis Felipe Salomão, REsp 1.688.243, DJ 23.10.2018.

________. 4ª Turma, Voto-Vista da Min. Maria Isabel Gallotti, REsp 1.688.243, DJ 23.10.2018.

________. 4ª Turma, Voto-Vista Vencido do Min. Lázaro Guimarães, REsp 1.688.243, DJ 23.10.2018.

________. 4ª Turma, Min. Luis Felipe Salomão, REsp 1.583.007, DJ 10.05.2021.

________. 4ª Turma, Min. Raul Araújo Filho, REsp 1.339.817/RJ, J. 11.10.2022

________. 4ª Turma, Min. Luis Felipe Salomão, REsp 1.937.989, DJ 07.11.2022.

TRF-2, Justiça Federal da Seção Judiciária do Estado do Rio de Janeiro, 25ª VFRJ, J. Eduardo André Brandão de Brito Fernandes, AO 0490011-84.2013.4.02.5101 e sentenciada em 19.09.2013.

________. 2ª Turma Especializada, Des. André Ricardo Cruz Fontes, AC 97.02.02974-0, DJ 14.04.2007.

________. 2ª Turma Especializada, Des. Liliane Roriz, AC 200751018107507, DJ 05.05.2009

________. 1ª Turma Especializada, Des. Aluísio Gonçalves, AC 2003.51.01.540783-3, DJ 18.03.2008.

________. 1ª Turma Especializada, Des. Paulo César Morais Espírito Santo, AC 0490011-84.2013.4.02.5101, DJ 14.07.2014.

________. 1ª Turma Especializada, Voto-Vista do Des. Abel Fernandes Gomes, AC 0490011-84.2013.4.02.5101, DJ 14.07.2014.

RISTJ – Regimento Interno do Superior Tribunal de Justiça.

STF – Súmulas do Supremo Tribunal Federal.

6.3. Referências legislativas

CC – Código Civil de 2002 – Lei 10.406/2002.

CPC – Código de Processo Civil de 2015 – Lei 13.105/2015.

CPI – Código da Propriedade Industrial de 1971 – Lei 5.772/71.

CRFB – Constituição da República Federativa do Brasil de 1988.

LPI – Lei de Propriedade Industrial, Lei 9.279/96.